해양경찰공무원 시험

해양경찰학개론

김대근 저

승진·간부·특채·공채

기본이론과 심화학습까지 한권으로 정리
최근 출제경향과 개정법령 완벽 반영
온·오프라인 강의 지원

cambus 출판사

머리말

해양경찰학개론은 2018년 하반기부터 해양경찰 간부후보, 공개채용(순경), 경력채용(함정요원)시험에 새롭게 등장하였습니다. 신설되는 과목은 일반적으로 처음에는 평이한 난이도로 출제되지만 결국 변별력을 높이기 위해서 어렵게 출제되는 경향이 있습니다. 이 책은 해양경찰학개론을 공부하시는 수험생님들이 적은 시간 투자로 가장 높은 학습의 효율성을 이룰 수 있도록 구성되었습니다.

> **이 책의 특징은**
>
> 첫째 해양경찰학개론의 특성상 법령이 자주 개정되므로 가장 최신의 법령(2023. 5월 현재)을 반영하였습니다.
>
> 둘째 기출문제 표시를 통하여 공부의 강약을 조절할 수 있도록 하였습니다.
>
> 셋째 중요부분은 도표로 정리하여 오랫동안 머리 속에 기억되도록 하였습니다.

이 교재가 수험생님들의 빠른 합격에 도움이 되기를 간절히 기원합니다.

김대근 올림

Contents

PART 01   해양경찰학의 기초
- 제1절 해양경찰의 개념과 종류 ·· 10
- 제2절 해양경찰의 임무와 관할 ·· 13
- 제3절 해양경찰의 이념 ·· 17
- 제4절 해양경찰의 법적 토대 ·· 20
- 제5절 해양경찰의 수단 ·· 24
- 제6절 해양경찰과 윤리 ·· 24

PART 01-1   해양경찰의 역사와 제도
- 제1절 해양경찰의 역사 ·· 50
- 제2절 비교 경찰 ·· 54

PART 02   해양경찰조직법
- 제1절 해양경찰청장 등 ·· 57
- 제2절 해양경찰청과 그 소속기관 ·· 59
- 제3절 해양경찰위원회 ·· 63
- 제4절 경찰관청의 대리와 위임 ··· 76
- 제5절 해양경찰관청 권한의 감독 ·· 79

PART 03   경찰공무원법
- 제1절 경찰공무원 관계의 발생 ··· 88
- 제2절 경찰공무원 관계의 변경 ··· 92
- 제3절 경찰공무원 관계의 소멸 ·· 108
- 제4절 경찰공무원 권리와 의무 ·· 111
- 제5절 경찰공무원 징계 ··· 114
- 제6절 소청심사 ·· 124

차 례

PART 04　해양경찰작용법
제1절 해양경찰작용 일반 …………………………………………………………… 134
제2절 경찰관 직무집행법 …………………………………………………………… 179

PART 05　경찰의 관리
제1절 경찰조직관리 ………………………………………………………………… 190
제2절 경찰인사관리 ………………………………………………………………… 192
제3절 경찰예산관리 ………………………………………………………………… 194
제4절 해양경찰홍보 ………………………………………………………………… 203
제5절 경찰보안관리 ………………………………………………………………… 205
제6절 경찰장비관리 ………………………………………………………………… 210
제7절 경찰문서관리(행정효율과 협업 촉진에 관한 규정) ……………………… 235
제8절 해양경찰 행정응원 …………………………………………………………… 237

PART 06　경찰의 통제
제1절 경찰통제 ……………………………………………………………………… 238
제2절 정보공개 및 개인정보보호 ………………………………………………… 244
제3절 언론중재 및 피해구제 등에 관한 법률 …………………………………… 254

PART 07　경비
제1절 해양경비 ……………………………………………………………………… 258
제2절 작전·위기관리 ……………………………………………………………… 283
제3절 해양대테러·경호 …………………………………………………………… 296

PART 08 　구조안전

　제1절　해양안전 ·· 305
　제2절　수상레저 ·· 370
　제3절　해상교통 ·· 405

PART 09 　수사

　제1절　수사의 기초 ·· 529
　제2절　수사의 진행 ·· 537
　제3절　수사행정 ·· 569
　제4절　각종 수사기법 ·· 578

PART 10 　정보

　제1절　총설 ·· 603
　제2절　정보의 순환 과정 ·· 606

PART 11 　보안

　제1절　방첩 ·· 610
　제2절　심리전 ·· 613
　제3절　국가보안법과 보안관찰법 ·· 614
　제4절　남북교류협력과 북한이탈주민 대책 ·································· 621

PART 12 　외사

　제1절　외사 일반 ·· 627
　제2절　국제협력 ·· 647

차 례

PART 13 해양환경

제1절 해양환경관리법 ·· 655
제2절 방제대책본부 운영 규칙 ·· 687

김대근 해양경찰학

해양경찰학개론

CHAPTER 01 해양경찰학의 기초
CHAPTER 01-1 해양경찰학의 역사와 제도
CHAPTER 02 해양경찰조직법
CHAPTER 03 경찰공무원법
CHAPTER 04 해양경찰작용법
CHAPTER 05 경찰의 관리
CHAPTER 06 경찰의 통제
CHAPTER 07 경비
CHAPTER 08 구조안전
CHAPTER 09 수사
CHAPTER 10 정보
CHAPTER 11 보안
CHAPTER 12 외사
CHAPTER 13 해양환경

CHAPTER 01 해양경찰학의 기초

제1절 │ 해양경찰의 개념과 종류

1 대륙법계 경찰개념의 변천

경찰국가시대(17C)	경찰은 소극적인 치안유지뿐만 아니라 적극적인 공공복리의 증진을 위해서도 강제력을 행사하는 절대주의적 국가권력의 기초가 되었다.
법치국가시대(18C~19C)	계몽철학, 인권존중, 권력분립주의, 법치주의 등의 영향으로 경찰은 소극적인 위험방지분야에 한정되었다.
제2차 세계대전 이후(20C)	행정경찰사무가 비경찰화(위생경찰, 경제경찰, 건축경찰 등과 같은 행정경찰사무를 다른 행정관청의 분장사무로 이관하는 현상)의 과정을 거치면서, 경찰의 임무는 공공의 안녕과 질서유지에 국한되었다.

◆ 대륙법계 경찰개념 관련 법령 및 판례

독일의 프로이센일반란트법(1794)	공공의 평온・안녕 및 질서를 유지하고 공중 및 개개 구성원들에 대한 절박한 위험을 방지하기 위해 필요한 수단을 강구하는 것이 경찰의 책무이다.
프랑스의 죄와 형벌법전(1795)	"경찰은 공공의 질서・자유・재산 및 개인의 안전을 보호한다."
크로이쯔베르크(Kreuzberg) 판결(1882)	베를린의 크로이쯔베르크(Kreuzberg)에 있는 전승기념비의 전망확보를 위해 부근 지역에 건축 고도 제한을 하는 경찰명령에 대하여, 프로이센 고등행정법원은 "경찰권은 소극적인 위해방지를 위한 조치만 할 수 있고, 적극적으로 공공복리를 위한 조치를 할 권한이 없으므로 위 경찰명령은 일반적 수권조항을 위반하여 무효이다."라고 판시하였다.
프랑스 지방자치법전(1884)	"자치제 경찰은 공공의 질서・안전 및 위생을 확보함을 목적으로 한다."
독일 프로이센 경찰행정법(1931)	"경찰관청은 일반 또는 개인에 대한 공공의 안녕과 질서를 위협하는 위험을 방지하기 위하여 현행법의 범위 내에서 의무에 합당한 재량에 따라 필요한 조치를 취하지 않으면 안 된다."
독일의 띠톱판결	처음으로 경찰개입청구권을 인정

2 형식적 의미의 해양경찰과 실질적 의미의 해양경찰   [22 간부, 21 해경]

	형식적 의미의 해양경찰	실질적 의미의 해양경찰
	① 실정법(ex 정부조직법, 해양경찰법, 해양경비법, 경찰관직무집행법)상 해양경찰기관의 권한에 속하는 일체의 작용을 말한다. ② 역사적, 제도적인 면에서 정립된 경찰개념이다 (실정법상·조직법상 개념).	① 해양의 안녕·질서를 유지하기 위하여 일반통치권에 근거하여 국민에게 명령·강제하는 사회목적적·소극적 권력작용을 말한다. [19 간부, 18 채용] ② 의원경찰이나 법정경찰처럼 내부질서유지를 위한 명령과 강제는 경찰작용에 속하지 않는다. ③ 이론적·학문적인 면에서 정립된 해양경찰개념이다.
내용	① 법령에 해양경찰이 담당하도록 규정되어 있는 사항이라면 모두 형식적 의미의 해양경찰이다. **정보경찰과 사법(수사)경찰이 포함된다.** ② 형식적 의미의 해양경찰은 조직을 기준으로 결정한다. ③ 해양범죄수사·정보·보안·외사·해양경비·해양안전 등과 구조·구난 등 비권력적 활동(ex 해양경찰서비스) 등은 모두 형식적 의미의 해양경찰이다. ④ **경찰의 범위는 각국의 전통이나 현실적 환경에 따라 다르며 형식적 의미의 해양경찰과 실질적 의미의 해양경찰은 반드시 일치하는 것은 아니다.**	① 국민에게 명령·강제하는 권력적 작용이라면 모두 실질적 의미의 해양경찰이다. **경찰조직이 아닌 다른 국가기관의 권력작용도** 실질적 의미의 해양경찰이 될 수 있다. ② 실질적 의미의 경찰은 성질·작용을 기준으로 결정하고, 학문적으로 정립된 개념이다. ③ 해양경찰기관이 아닌 일반 행정기관의 작용도 비권력적 작용은 실질적 의미의 해양경찰이 아니다. ④ **독일 행정법학에서 행정작용 중 경찰작용이 가지는 공통적인 법적 특성을 추상화한 개념.**

3 해양경찰의 종류

(1) 행정해양경찰과 사법해양경찰(해양경찰의 목적·임무에 따른 구분) : 삼권분립의 사상이 투철했던 프랑스에서 확립

(광의의) 행정해양경찰	사법해양경찰
① 사회의 공공질서를 유지하기 위하여 일반통치권에 의하여 행하는 권력적 작용 ② 실질적 의미의 해양경찰 ③ 행정법규 적용 ④ 현재 및 장래의 사태에 대해 발동	① 범죄의 수사, 범인의 체포 등을 위하여 행하는 통치권의 작용(과거의 법위반에 대한 제재작용). ② 형식적 의미의 해양경찰 ③ 형사소송법 적용 ④ 과거의 사태에 대한 작용

(2) 예방해양경찰과 진압해양경찰(경찰권 발동시점에 따른 구분)

예방해양경찰	진압해양경찰
범죄나 위험이 발생하기 전에 이를 예방하기 위한 권력적 작용(ex 기상이 나쁠 때 선박 출항 통제, 항·포구 예방순찰, 총포 취급제한, 만취자에 대한 보호조치)	이미 발생한 범죄를 진압·수사하고, 범인을 발견·체포하기 위한 권력적 작용(사법경찰)(ex 해상시위의 진압, 범죄의 수사, 범인의 발견·체포)

(3) 질서해양경찰과 봉사해양경찰(경찰 활동의 질과 내용에 따른 구분)

질서경찰	봉사경찰
강제력을 수단으로 사회공공의 안녕과 질서유지를 위한 법집행 활동[ex 범죄수사, 다중범죄진압, 경찰처분, 경찰강제(강제집행, 즉시강제)]	서비스·계몽·지도 등을 통하여 직무를 수행하는 활동(ex 수난구호, 해수욕장 안전관리, 생활안전지도, 청소년선도, 교통정보제공, 항·포구 순찰)

(4) 평시경찰과 비상경찰(위해 정도 및 담당기관에 따른 구분)

평시경찰	비상경찰
평상시에 일반해양경찰이 관련법규에 의하여 행하는 경찰작용	국가비상사태시에 통합방위법이나 계엄법 등에 의하여 병력으로 공공의 안녕·질서를 유지하는 작용(ex 통합방위사태가 발생한 경우 함대사령관이 관할 해역에서 하는 작용)

(5) 국가해양경찰과 자치해양경찰(경찰유지의 권한과 책임의 소재에 따른 구분 = 경찰의 조직·인사·비용부담에 따른 구분)

	국가해양경찰	자치해양경찰
의의	국가가 설립·관리하고 권한과 책임이 국가에 있는 권력적 경찰(중앙집권적·관료적 조직)	지방정부가 설립·관리하고 권한과 책임이 지방정부에 있는 비권력적 경찰(지방분권적·민주적 조직)
장점	① 국가권력을 배경으로 강력한 법집행 ② 조직의 통일적 운영과 경찰활동의 능률성·기동성을 발휘 ③ 전국적으로 균등한 법집행과 경찰서비스 제공 가능 ④ 전국적인 통계자료의 정확성	① 인권보장과 주민 지향적인 봉사활동으로 주민들의 지지가 용이 ② 지방의 특성에 적합한 경찰활동 ③ 경찰조직과 운영과 개혁이 쉬움

(6) 보안경찰과 협의의 행정경찰(다른 행정작용에 부수하느냐 여부에 따른 분류 = 업무의 독자성에 따른 분류)

보안경찰	협의의 행정경찰
사회 공공의 안녕·질서를 유지하기 위하여 다른 행정 작용에 수반함이 없이 그 자체로서 독립하여 행해지는 경찰작용[ex 교통경찰, 해양경찰, 풍속경찰(오락실, 파친코, 단란주점 등), 생활안전경찰]	다른 행정작용에 부수하여 그 행정작용과 관련하여 행해지는 경찰작용(ex 도로경찰, 건축경찰, 식품위생경찰, 철도경찰) 비경찰화작업(경찰권의 분산)은 협의의 행정경찰을 대상으로 한다.

제2절 | 해양경찰의 임무와 관할

1 해양경찰의 임무

(1) 실정법적 측면

정부조직법	제44조(해양수산부) ① 해양수산부장관은 해양정책, 수산, 어촌개발 및 수산물 유통, 해운·항만, 해양환경, 해양조사, 해양수산자원개발, 해양과학기술연구·개발 및 해양안전심판에 관한 사무를 관장한다. ② 해양에서의 경찰 및 오염방제에 관한 사무를 관장하기 위하여 해양수산부장관 소속으로 해양경찰청을 둔다. ③ 해양경찰청에 청장 1명과 차장 1명을 두되, 청장 및 차장은 경찰공무원으로 보한다.
경찰관직무집행법 [20 간부]	제2조(직무의 범위) 경찰관은 다음 각 호의 직무를 수행한다. 1. 국민의 생명·신체 및 재산의 보호 2. 범죄의 예방·진압 및 수사 2의2. 범죄피해자 보호 3. 경비, 주요 인사(人士) 경호 및 대간첩·대테러 작전 수행 4. 공공안녕에 대한 위험의 예방과 대응을 위한 정보(치안정보 X)의 수집·작성 및 배포 5. 교통 단속과 교통 위해(危害)의 방지 6. 외국 정부기관 및 국제기구와의 국제협력 7. 그 밖에 공공의 안녕과 질서 유지
해양경찰법 [20 해경]	제14조(직무) ① 해양경찰은 해양에서의 수색·구조·연안안전관리 및 선박교통관제와 경호·경비·대간첩·대테러작전에 관한 직무를 수행한다. ② 해양경찰은 해양에서 공공의 안녕과 질서유지를 위하여 해양관련 범죄의 예방·진압·수사와 피해자 보호에 관한 직무를 수행한다. ③ 해양경찰은 해양에서 공공안녕에 대한 위험의 예방과 대응을 위한 정보의 수집·작성·배포에 관한 직무를 수행한다.

	④ 해양경찰은 해양오염 방제 및 예방활동에 관한 직무를 수행한다. ⑤ 해양경찰은 직무와 관련된 외국 정부기관 및 국제기구와 협력하여야 한다. ※ 항로표지관리는 해양수산부 소관 업무이다.
해양경비법	제7조(해양경비 활동의 범위) 해양경찰청 소속 경찰공무원(이하 "해양경찰관"이라 한다)은 다음 각 호의 어느 하나에 해당하는 해양경비 활동을 수행한다. 1. 해양 관련 범죄에 대한 예방 2. 해양오염 방제 및 해양수산자원 보호에 관한 조치 3. 해상경호, 대테러 및 대간첩작전 수행 4. 해양시설의 보호에 관한 조치 5. 해상항행 보호에 관한 조치 6. 그 밖에 경비수역에서 해양경비를 위한 공공의 안녕과 질서유지
해양경찰청과 그 소속기관 직제	제3조(직무) 해양경찰청은 해양에서의 경찰 및 오염방제에 관한 사무를 관장한다.

	경찰관 직무집행법 제2조 제7호 규정이 일반적 수권조항의 성격을 가지는 것인가에 관하여 견해가 대립되고 있다.
대법원	청원경찰관의 권한행사에 관한 판례에서 경찰관직무집행법 제2조 제5호(현 제7호)를 일반조항으로 보는 것으로 해석하고 있다.
헌법재판소	보충의견(재판관 김종대, 송두환)(憲裁 21. 6. 30. 2009헌마406) 경찰의 임무 또는 경찰관의 직무 범위를 규정한 경찰법 제3조, **경찰관직무집행법 제2조는 그 성격과 내용 및 아래와 같은 이유로 '일반적 수권조항'이라 하여 국민의 기본권을 구체적으로 제한 또는 박탈하는 행위의 근거조항으로 삼을 수는 없으므로** 위 조항 역시 이 사건 통행제지행위 발동의 법률적 근거가 된다고 할 수 없다. 따라서 경찰청장의 이 사건 통행제지행위는 법률적 근거를 갖추지 못한 것이므로 법률유보원칙에도 위반하여 청구인들의 일반적 행동자유권을 침해한 것이다.

(2) 이론적 측면

1) 위험의 방지

의의	해양경찰의 기본적 임무는 '공공의 안녕'과 '질서'에 대한 '위험'의 방지, '수사', '각종 치안서비스 제공' 등이다.
공공의 안녕	공공의 안녕에는 법질서의 불가침성, 국가의 존립과 기능의 불가침성, 개인의 권리와 법익의 불가침성을 그 내용으로 하는데, 이 중 '법질서의 불가침성'이 공공의 안녕의 제1요소이다. [19 간부, 18 해경] 공공의 안녕은 국가 등 집단과 관련되어 있음은 물론이고 개인과도 연결되어 있는 이중적 개념이다. 공법질서를 침해하는 위험의 존재 또는 법규를 위반하는 경우에 고의·과실·가벌성·유책성을 묻지 않고 해양경찰권이 발동하게 된다. 이 때 위험은 보호를 받게 되는 법익에 대해 필수적으로 존재해야 하는 것은 아니다. 형법적 가벌성 범위 내에 이르지 않았더라도 국민의 자유와 권리를 침해하지 않는 범위 내에서 경찰활동이 가능하다. 사법질서를 침해하는 경우에 해양경찰권은 보충적(=사법상의 권리가 적시에 보호되지 않고 경찰원조 없이는 법을 실현시키는 것이 무효화되거나 사실상 어려워질 경우에만)으로 개입한다.
공공의 질서	① 지배적인 윤리와 가치관을 기준으로 판단할 때 그것을 준수하는 것이 시민으로서 원만한

		국가 공동체생활을 영위하기 위한 불가결적 전제조건이 되는 각 개인의 행동에 대한 불문 규범의 총체 ② 공공의 질서개념은 시대에 따라 달라지는데, 오늘날 거의 모든 생활영역에 대한 법적 규범화 추세에 따라 공공의 '질서' 개념이 사용되는 분야는 점점 축소됨. [19 간부, 18 해경]
위험		① '위험'이란 가까운 장래에 공공의 안녕과 질서에 대한 손해가 발생할 수 있는 가능성이 있는 상태. 구체적 위험은 물론이고 추상적 위험이 있을 경우에도 경찰의 개입은 가능하다. [19 간부, 18 해경] 따라서 추상적 위험 이전 단계에서 경찰개입은 허용되지 않는다. 구체적 위험은 손해가능성이 충분히 존재하는 상태 즉 손해발생의 가능성이 충분히 존재하는 상태를 말하고, 추상적 위험은 구체적 위험의 예상가능성을 의미한다. 이 때 위험이 보호법익에 대하여 필수적으로 존재하지 않더라도 그 행위자는 해양경찰책임자가 되고, 법규위반자가 된다. 범죄의 예방이나 장래 위험 방지를 위하여 해양경찰이 활동하는 것도 가능하다. 경찰이 개입하기 위해서 사실적·물리적 위험이 반드시 존재해야 하는 것은 아니다. ② '손해'란 보호받는 개인 및 공동의 법익에 관한 정상적 상태의 객관적 감소, 보호법익에 대한 현저한 침해행위이다. 손해발생의 가능성만으로 경찰권이 발동될 수 있다면 장해의 정도는 경찰권 발동의 충분한 근거가 된다.
위험에 대한 인식	㉠ 외관적 위험	경찰이 의무에 합당한 사려깊은 판단을 하였음에도 위험을 잘못 인정하는 경우(=위험이 없는데도 있다고 잘못 생각한 경우)로 경찰의 개입은 적법한 것으로 인정된다. 따라서 경찰관에게 민·형사책임을 물을 수 없다. 다만 경찰개입으로 인한 피해가 특별한 희생에 해당하는 경우에는 국가의 손실보상책임은 발생할 수 있다.
	㉡ 위험혐의	경찰이 의무에 합당한 사려깊은 판단을 할 때 실제로 위험의 가능성은 예측되지만 불확실·불명확한 경우로 경찰은 예방적(=예비적) 조치만을 할 수 있다(ex 조사 차원의 경찰개입).
	㉢ 오상위험 (추정적 위험, 추정성 위험)	이성적이고 객관적으로 판단할 때 위험의 외관이나 혐의가 정당화되지 않음에도 경찰이 위험의 존재를 잘못 추정하고 개입한 경우이다. 위법한 개입이므로 경찰관의 민·형사책임과 국가의 배상책임이 발생할 수 있다.

2) 범죄의 수사

범죄의 수사는 범인을 확인하여 체포하고 유죄를 입증하기 위한 증거를 수집·확보하는 절차로 사법해양경찰의 주된 임무이다. 수사는 해양경찰에게 재량권이 없고(=기속행위), 법에 규정되어 있다(=법정주의). 「형사소송법」은 범죄수사 목적의 달성과 인권보장의 조화를 위하여 임의수사를 원칙으로 하고 예외적으로 강제수사를 허용하고 있다.

임의수사는 상대방의 동의나 임의적 협조를 전제로 수행되는 수사활동이다
(ex 출석요구나 피의자의 신문). 체포·구속·압수·수색 등은 강제수사에 해당하며, 이러한 강제수사가 법규정에 위반할 경우 위법한 경찰권 발동에 해당한다.

> **형사소송법 제197조(사법경찰관리)**
> ① 경두관, 총경, 경정, 경감, 경위는 사법경찰관으로서 범죄의 혐의가 있다고 사료하는 때에는 범인, 범죄사실과 증거를 수사한다.
> ② 경사, 경장, 순경은 사법경찰리로서 수사의 보조를 하여야 한다.

3) 대국민 서비스

오늘날 복지행정이 강화되고 국민들이 레저활동을 통하여 자아를 실현하기 때문에 해양경찰의 대국민 서비스 역할이 강조되고 있다. 또한 법의 집행도 권력적 작용보다는 비권력적 서비스가 요구되고 있다. 해상교통정보·해양정보의 제공, 인명구조와 같은 각종 보호조치, 어린이 수상안전 교육, 해양순찰활동을 통한 범죄의 예방 등을 들 수 있다.

2 해양경찰의 관할 [22 간부, 19 해경]

사물관할(직무범위, 조직규범, 조직법적 근거)	경찰이 행하는 임무나 직무(=사무)내용의 범위 (ex 정부조직법 제43조, 「해양경찰법」 제14조, 「해양경비법」 제7조, 「경찰관직무집행법」 제2조). 우리나라의 경우 영미법계의 영향으로 범죄수사에 관한 임무가 경찰의 사물관할로서 인정되고 있다.
인적관할	해양경찰권이 적용되는 사람의 문제로 해양경찰권은 원칙적으로 모든 사람에게 적용되지만, 국내법적으로(ex 대통령과 국회의원) 국제법적으로(ex 대통령, 국회의원, 외교사절, 주한 미군 등) 일정한 한계가 있다. 선박은 국제법적으로 기국주의가 적용되기 때문에 해당 선박에 승선하고 있는 선원에 대해서는 국제법상 경찰권 행사에 일정한 제한이 있다. [21 간부]
지역관할 (토지관할)	해양경찰권이 미치는 지역의 문제로 해양경찰권은 원칙적으로 대한민국의 영해, 접속수역, 배타적 경제수역에 미치지만 국회, 법원, 치외법권지역(ex 외교공관, 외교관의 개인주택, 외교사절의 승용차·보트·비행기)이나 미군 영내의 경우에는 일정한 한계가 있다. 토지관할과 사물관할은 별개의 개념으로 일치하지 않는다. ※ 미군시설 및 구역 내 경찰권(sofa 협정) a. 미군당국은 그 시설 및 구역 내에서 범죄를 행한 모든 자를 체포할 수 있다. b. 대한민국 당국이 체포하려는 자로서 미군·군속 또는 그 가족이 아닌 자가 이러한 시설 및 구역 내에 있을 때에는 대한민국 당국이 요청하는 경우에는 미군당국은 그 자를 체포하여 즉시 대한민국 당국에 인도하여야 한다. c. 미군당국은 국적 여하를 불문하고 시설 및 구역 주변의 안전에 대해 현행범을 체포 또는 유치할 수 있다. d. 중대한 죄를 범하고 도주하는 현행범을 추적할 때에는 미군시설 및 구역 내에서 범인을 체포할 수 있다.

제3절 | 해양경찰의 이념

1 민주주의

(1) 근거 법규

> **헌법 제1조**
> ① 대한민국은 민주공화국이다.
> ② 대한민국의 주권은 국민에게 있고, 모든 권력은 국민으로부터 나온다.
>
> **헌법 제7조**
> ① 공무원은 국민전체에 대한 봉사자이며, 국민에 대하여 책임을 진다.

(2) 민주적 경찰이 되기 위한 구체적 내용

대외적 민주화 방안	경찰에 대한 국민의 민주적 통제 및 참여 장치	ex) 경찰책임의 확보, 국민감사청구제도
	경찰활동의 공개	ex) 공공기관의 정보공개에 관한 법률, 행정절차법
대내적 민주화 방안	경찰조직 내부의 권한 분배	ex) 중앙조직과 지방조직 간, 상하 경찰기관 간에 적절한 권한의 분배
	경찰관 개인의 민주적 의식	특히 경찰간부에게는 민주적 리더십이 필요

2 법치주의(=법치행정의 원리) [19 간부, 18 해경]

(1) 권력적 작용

국민의 자유와 권리를 제한하고 의무를 부과하는 모든 활동은 법률로써만 가능하다(헌법 §37②). 해양경찰처분이나 해양경찰상 강제집행·즉시강제 등은 법치주의의 원리가 엄격하게 적용되어 개별적·구체적 수권조항이 필요하다.

(2) 비권력적 작용

법률의 개별적 수권규정이 없더라도 해양경찰임무에 관한 일반적 수권조항(임무 규정·조직규범)만으로도 행할 수 있다.

◆ **법치주의**

(1) 법률의 법규창조력
  국회가 제정한 법률만이 법규를 창조할 수 있다. 여기서 법규란 국민의 권리·의무에 영향을 미치는 일반적·추상적 규범을 말한다.

(2) 법률의 우위

행정은 법률에 저촉될 수 없다는 것을 의미하는데, 이는 행정의 모든 영역에 적용된다. 여기서 법률은 헌법, 국회제정의 형식적 의미의 법률, 법률의 위임에 따른 법규명령, 자치법규, 행정법의 일반법원리 등 모든 법을 의미한다(다만 행정규칙은 포함되지 않는다). 법률의 우위는 법치행정의 소극적 측면을 나타낸다.

(3) 법률의 유보

행정권의 발동에는 개별적인 법률의 근거(법률의 수권)를 요한다는 원칙인데, 법률유보는 행정의 일정한 영역에서만 적용된다. 이러한 법률의 유보는 법치행정의 적극적 측면을 나타낸다. 또한 이러한 법률은 일반적으로 국회가 제정한 '형식적 의미의 법률'을 의미하며, 법률의 위임에 의한 명령이나 조례도 포함된다. 법률유보에서 논의되는 것은 조직규범(권한규범)이 아니라, 작용규범(=수권규범, 근거규범)인 작용법적 근거이다.

◆ 형식적 법치주의와 실질적 법치주의

	형식적 법치주의 (법률이라는 형식만 강조)	실질적 법치주의 (법의 내용이나 이념을 더욱 강조)
법률의 법규창조력	법규는 법률의 제정을 통해서만 창조될 수 있다.	일반적·포괄적 위임입법의 금지
법률우위의 원칙	행정권의 행사가 법률에 저촉되거나 위반되어서는 아니된다.(형식적 법률우위)	합헌적 법률우위의 원칙(위헌법률심사제도)
법률유보의 원칙	행정권의 발동은 반드시 개별적인 법률의 수권(근거)에 의하여야 한다.	법률유보의 범위 확대(본질성설 또는 중요사항 유보설)
행정구제 제도	〈행정구제제도 미비〉 (1) 행정소송사항의 열기주의 (2) 국가배상책임 부인	〈행정구제제도의 확충〉 (1) 행정소송사항의 개괄주의 (2) 국가배상책임 인정, 　　결과책임·위험책임 인정 (3) 행정절차제도 채택

3 인권존중주의

(1) 근거 법규

헌법 제10조
모든 국민은 인간으로서의 존엄과 가치를 가지며 행복을 추구할 권리를 가진다. 국가는 개인이 가지는 불가침의 기본적 인권을 확인하고 이를 보장할 의무를 진다.

해양경찰법 제3조(권한남용의 금지 등)
해양경찰은 그 직무를 수행할 때 국민 전체에 대한 봉사자로서 공정·중립을 지켜야 하고, 헌법과 법률에 따라 국민의 자유와 권리를 존중하며, 부여된 권한을 남용하여서는 아니 된다.

(2) 수사과정에서의 인권존중

해양경찰은 법률의 규정에 의하여 그 권한을 행사함에 있어 직무수행에 필요한 최소한도의 범위 내에서 행사되어야 하며 이를 남용하여서는 아니 된다. 또한 경찰상의 목적을 달성하기 위한 여러 수단 중에서 인권을 적게 제한하는 수단을 선택하여야 한다.

「형사소송법」이 임의수사를 원칙으로 하고 강제처분 법정주의를 택하고 있는 것도 인권 존중주의에 입각한 것이다.

3 정치적 중립주의

(1) 의의

경찰은 특정 정당이나 정치단체를 위해 활동하여서는 아니되며 오로지 주권자인 전체 국민과 국가의 이익을 위하여 활동하여야 한다. 국가경찰위원회를 민간인으로 구성토록 한 것도 정치적중립주의와 관련이 있다.

(2) 근거

헌법 제7조
② 공무원의 신분과 정치적 중립성은 법률이 정하는 바에 의하여 보장된다.

경찰공무원법 제23조(정치 관여 금지) [21 간부]
① 경찰공무원은 정당이나 정치단체에 가입하거나 정치활동에 관여하는 행위를 하여서는 아니 된다.

국가공무원법 제65조(정치 운동의 금지)
① 공무원은 정당이나 그 밖의 정치단체의 결성에 관여하거나 이에 가입할 수 없다.
② 공무원은 선거에서 특정 정당 또는 특정인을 지지 또는 반대하기 위한 다음의 행위를 하여서는 아니 된다.

4 경영주의

경영차원에서 조직화하고 관리·운영하여 생산성을 극대화하고 높은 서비스를 국민에게 제공하는 것을 말한다. 종래의 능률성이나 효과성의 차원을 넘어 생산성 차원의 경영 마인드가 요구된다. 이를 확보하기 위한 수단으로 조직혁신·구조조정·감축관리 등이 요구된다.

제4절 | 해양경찰의 법적 토대

1 경찰법의 법원

(1) 성문법원 [19 해경]

헌법	대한민국 최고법으로 모든 법령의 기초가 된다. 법률이 헌법에 위반되면 헌법재판소의 위헌 결정에 의하여 그 법률은 효력을 상실한다.
법률	① 국민의 대표인 국회에서 제정된다.(ex 해양경찰법, 경찰관 직무집행법, 해양경비법 등) ② 헌법에 의하여 체결·공포된 조약과 일반적으로 승인된 국제법규는 국내법과 같은 효력을 가진다.(ex 해양법에 관한 국제연합 협약, 해상수색 및 구조에 관한 국제협약 등)
명령 (법규명령)	① 대통령, 국무총리, 해양수산부장관 등 행정부에서 제정하는 법령이다. (ex 해양경찰청과 그 소속기관 직제, 경찰관 직무집행법 시행령, 해양경비법 시행규칙 등) ② 내용에 따라 위임명령(법률 등에서 구체적으로 범위를 정하여 위임받은 사항에 관하여 제정하는 것)과 집행명령(법률 등을 집행하기 위하여 필요한 사항에 관하여 제정하는 것)으로 구분되고, 형식에 따라 대통령령(=시행령), 총리령(=시행규칙), 부령(=시행규칙) 등으로 구분된다.
조례	지방의회에서 제정하는 법령이다. 지방자치단체는 법령의 범위 안에서 그 사무에 관하여 조례를 제정할 수 있다. 다만, 주민의 권리 제한 또는 의무 부과에 관한 사항이나 벌칙을 정할 때에는 법률의 위임이 있어야 한다.
규칙	지방자치단체의 장이 제정하는 법령이다. 지방자치단체의 장은 법령이나 조례가 위임한 범위에서 그 권한에 속하는 사무에 관하여 규칙을 제정할 수 있다.

◆ 국제법의 국내법에 수용

국제법	국내법
UN해양법 협약	영해 및 접속수역법, 배타적 경제수역 및 대륙붕에 관한 법률, 해양과학조사법, 해양환경관리법, 해양경비법
SAR(=해상수색 및 구조에 관한 국제협약)	수상에서의 수색·구조 등에 관한 법률
SOLAS(=국제해상인명안전협약)	선박안전법, 해사안전법
선박으로부터 해양오염방지를 위한 국제협약 및 동 협약에 관한 의정서(MARPOL)	해양환경관리법
ISPS Code(=국제선박 및 항만 시설보안규칙)	국제항해선박 및 항만시설의 보안에 관한 법률
COLREG 72(=국제해상충돌예방규칙)	해사안전법
STCW 78(=선원의 훈련·자격증명 및 당직근무의 기준에 관한 국제협약)	선원법, 선박직원법

◆ 해사(海事) 관련 주요 법률의 소관 부처

해양경찰청 단독 소관(8개)	수상에서의 수색·구조 등에 관한 법률[구 수난구호법(시행 61. 11. 1)], 수상레저안전법(시행 00. 2. 9), 연안사고 예방에 관한 법률(시행 14. 8. 22), 해양경찰법(시행 20. 2. 21), 선박교통관제에 관한 법률(시행 20. 6. 4), 해양경비법(시행 20. 7. 30), **해양경찰장비도입 및 관리에 관한 법률**(시행 22. 4. 14), **수상레저기구의 등록 및 검사에 관한 법률**(시행 23. 6. 11)
해양수산부	배타적 경제수역에서의 외국인어업 등에 대한 주권적 권리의 행사에 관한 법률, 해양과학조사법, 해사안전법, 선박의 입항 및 출항 등에 관한 법률, 해운법, 항만운송사업법, 수중레저활동의 안전 및 활성화 등에 관한 법률, 낚시 관리 및 육성법, 해수욕장의 이용 및 관리에 관한 법률, 선박법, 선박안전법, 어선법, 선박직원법, 선원법, 도선법, 수산업법, 양식산업발전법, 수산자원관리법, 항만법, 어촌·어항법, 해양환경관리법, 해양사고의 조사 및 심판에 관한 법률
외교부	영해 및 접속수역법, 배타적 경제수역 및 대륙붕에 관한 법률
행정안전부	유선 및 도선 사업법
공동 소관(6개)	경찰청 공동 / 경찰공무원법, 경범죄처벌법, 경찰공무원 보건안전 및 복지기본법 법무부 공동 / 밀항단속법 국토부·법무부·해수부 공동 / 자동차 등 특정동산 저당법 행정안전부·소방청 공동 / 재난 및 안전관리 기본법

◆ 해양경찰의 조직법과 작용법

구분		내용
해양경찰 조직법		정부조직법, 해양경찰법, 해양경찰청과 그 소속기관 직제 등
해양경찰 작용법	일반법	경찰관 직무집행법
	특별법	경비 관련 법률 : 해양경비법 수색·구조 관련 법률 : 수상에서의 수색·구조 등에 관한 법률 해양안전 관련 법률 : 수상레저안전법, 연안사고 예방에 관한 법률 해양오염 관련 법률 : 해양환경관리법
해양경찰 구제법		행정절차법, 국가배상법, 행정심판법, 행정소송법

(2) 불문법원 [19 해경, 18 승진]

관습법	관행이 장기적·계속적으로 반복되어 일반국민의 법적 확신에 의해 법규범으로 승인된 규범, 행정절차법 제4조 제2항에서는 행정선례법의 존재를 인정하고 있다.

판례	동일한 내용의 판결이 반복되어 그 내용이 법으로서 확신되는 경우(우리나라는 대법원 판례의 법원성을 인정하지 않지만, 사실상의 구속력은 있다). 다만 헌법재판소의 위헌결정은 법원성이 인정된다(=법원 기타 국가기관 및 지방자치단체를 기속한다).
조리(법의 일반원칙)	평등의 원칙, 자기구속의 원칙, 비례의 원칙(과잉금지의 원칙), 신뢰보호의 원칙, 신의성실의 원칙, 부당결부금지의 원칙 등

◆ 비례의 원칙 (과잉금지의 원칙 = 목적의 정당성, 수단의 적합성, 침해의 최소성, 법익의 균형성)

의의		경찰작용에 있어서 목적 달성을 위한 수단과 목적 사이에 합리적인 비례관계가 있어야 한다라는 원칙 [19 간부, 18 해경]
내용		비례의 원칙은 적합성의 원칙, 필요성의 원칙(=최소침해의 원칙), 상당성의 원칙(=협의의 비례의 원칙)으로 구성되며, 적합성의 원칙, 필요성의 원칙, 상당성의 원칙의 순서로 단계적 심사를 거친다. 이 3가지 원칙을 모두 충족되어야 하며, 어느 하나라도 충족되지 않으면 비례의 원칙에 위반된다. [19 간부, 18 해경]
실정법적 근거 [19 간부, 18 해경]	헌법 제37조 제2항	국민의 모든 자유와 권리는 국가안전보장·질서유지 또는 공공복리를 위하여 필요한 경우에 한하여 법률로써 제한할 수 있으며, 제한하는 경우에도 자유와 권리의 본질적인 내용을 침해할 수 없다.
	경찰관 직무집행법 제1조 제2항	이 법에 규정된 경찰관의 직권은 그 직무 수행에 필요한 최소한도에서 행사되어야 하며 남용되어서는 아니 된다.
	해양경비법 제8조	해양경찰관은 이 법에 따른 직무를 수행할 때 권한을 남용하여 개인의 권리 및 자유를 침해하여서는 아니 된다.
비례의 원칙	적합성의 원칙	경찰의 조치·수단이 목적을 달성하는 데에 적합해야 한다.
	필요성의 원칙 (최소침해의 원칙)	경찰의 조치는 어떤 목적을 위하여 필요한 한도 이상으로 해서는 안 된다
	상당성의 원칙 (협의의 비례의 원칙)	경찰의 조치에 있어서 달성하려는 이익과 침해되는 이익 사이에 정당한 균형관계가 이루어져야 한다. "참새를 잡기 위해 대포로 쏘아서는 안 된다" [20 간부, 19 간부, 18 채용]

2 법규명령과 행정규칙

구 분	법규명령(위임명령+집행명령)	행정규칙
성 질	법규성이 인정되며 일반적·양면적 구속력 (일반국민의 권리·의무에 관계되는 규정)	법규성이 부정되며 대내적·일면적 구속력 (공무원간의 내부적 구속력만 있음)
근 거	• 위임명령 : 상위법령의 근거 필요 • 집행명령 : 근거 불필요	• 행정권의 당연한 권능으로 제정 • 법령의 근거 불필요
형 식	대통령령, 총리령, 부령, 중앙선거관리위원회규칙 등	고시, 훈령, 지침, 예규 등

효력발생	공포를 요함	공포를 요하지 않음
소 멸	폐지, 종기의 도래, 해제조건의 성취, 근거법령의 소멸	자유로이 폐지·변경
위반의 효과	법규명령을 위반한 행위는 위법한 행위로 무효·취소 할 수 있음	행정규칙을 위반하였다고 바로 위법이 되는 것은 아니다(공무원 내부의 징계사유는 될 수 있음)
재판규범성	인정됨	인정되지 않음

※ 행정규칙형식의 법규명령(법령보충적 행정규칙)

고시·훈령 등 행정규칙의 형식으로 제정되었으나, 그 내용은 근거가 되는 법령의 규정과 결합하여 법규의 내용을 보충하는 것으로서 실질에 있어서 법규적 성질을 갖는다.

이러한 법령보충적 행정규칙은 그 자체로서는 법규명령이 아니라 상위법령과 결합하여 법규명령의 성질을 갖는 것으로 보아야 한다.

3 법률종속명령

법률의 수권에 의하여(위임명령) 또는 법률의 집행을 위하여(집행명령) 발하는 명령으로서, 법률보다 하위의 효력을 가지는 법규명령이다. 이러한 위임명령과 집행명령은 실제로는 하나의 명령에 함께 규율되고 있다.

	위임명령(보충명령)	집행명령(직권명령)
의 의	상위법령에서 위임받은 사항을 정하는 일종의 법률보충적 명령	법률의 범위 내에서 이를 시행하기 위하여 필요한 세부적·기술적 사항을 정하기 위하여 발하는 명령
차이점	• 상위법령의 근거(직접적 수권, 간접적 수권)를 요한다. • 위임을 받은 범위 내에서 국민의 권리의무사항을 새로이 정할 수 있음	• 법률의 명시적·개별적인 근거가 없더라도 발할 수 있음 • 국민의 권리의무사항을 새롭게 정할 수 없음
공통점	• 발령권자는 행정기관이다. • 법규성이 있어 일반국민에게 구속력이 있다. • 문서·법조의 형식에 의하며, 공포를 요한다. • 근거법령의 소멸로 인하여 그 효력이 소멸한다.	

4 재량준칙

재량권행사의 일반적 기준을 정하는 행정규칙을 말하는데, 별도의 법적 근거를 요하지 않는다.

재량준칙은 직접적인 대외적 효력은 없으나, 예외적으로 행정의 자기구속의 법리와 결합하여 외부적 효력을 가진다고 헌법재판소가 명시적으로 인정하였다.

> 행정규칙이 법령의 규정에 의하여 행정관청에 법령의 구체적 내용을 보충할 권한을 부여한 경우 또는 재량권행사의 준칙인 규칙이 그 정한 바에 따라 되풀이 시행되어 행정관행이 생기게 되면, 평등의 원칙이나 신뢰보호의 원칙에 따라 행정기관은 그 상대방에 대한 관계에서 그 규칙에 따라야 할 자기구속을 당하게 되고, 그러한 경우에는 대외적인 구속력을 가지게 된다(憲裁 90. 9. 3. 90헌마13).

제5절 | 해양경찰의 수단

1 권력적 수단

경찰하명	경찰하명이 있으면 상대방에게는 경찰의무(작위, 부작위, 수인, 급부의무)가 발생한다. (ex 해기사 운전면허가 없는 자는 선박을 운항해서는 안 된다(부작위하명).
즉시강제	긴급을 요하고 명령을 내릴 시간적 여유가 없는 경우 실력으로 경찰목적을 달성하는 것으로 경찰관직무집행법이 즉시강제의 일반법으로서의 역할을 한다. 이러한 즉시강제(권력적 사실행위)로서 권리·이익의 침해를 받은 사람은 항고소송을 제기하지만 위법한 즉시강제가 완료된 경우에는 손해배상을 청구하여 권리구제를 받는다.

2 비권력적 수단

서비스지향적 활동에 속하는 도보순찰, 차량순찰, 일상적인 교통의 관리, 정보의 제공, 지리안내, 권고 등의 행정지도와 범죄예방활동, 항해표지 등의 해상교통시설의 설치, 정보수집활동 등을 말한다.

제6절 | 해양경찰과 윤리

1 해양경찰에서 윤리의 필요성

(1) 행정권의 강화(=상당한 재량에 의한 해양경찰권의 행사)
(2) 해양경찰업무의 특수성(=위기상황 하에서의 업무수행)과 강한 유혹에의 직면
(3) 관료제의 역기능
(4) 사회의 바람직하지 않은 윤리의식의 영향

2 해양경찰윤리 교육의 목적

존 클라이니히(John Kleinig)에 의하면 경찰윤리교육의 목적은 도덕적 결의의 강화, 도덕적 감수성의 배양, 도덕적 전문능력의 함양이다.

도덕적 결의의 강화	해양경찰관이 실무에서 내부 및 외부로부터의 여러 압력과 유혹에도 굴복하지 않고 자신의 소신과 직업의식에 따라 일을 처리하는 것이다.	
	A 해경에게 사건관련자가 뇌물을 주면서 잘 처리해 달라고 하자 처음에는 거절하다가 결국 뇌물을 수수하는 경우	도덕적 결의 약화
	해양경찰교관이 신입 해경에게 "해양경찰이 받은 돈은 불과 몇 십만원인데 뇌물수수로 파면될 경우 퇴직연금을 받을 수 없으니 뇌물을 받은 사람은 멍청한 사람이다."라고 정신교육을 하는 경우	교육의 주된 목적은 도덕적 결의의 강화

도덕적 감수성의 강화	해양경찰은 모든 사람들을 존중하고 공평하게 봉사하는 것이 사명이다.
도덕적 전문능력 강화	경찰이 비판적·반성적 사고방식을 배양하여 조직 내에 관습적으로 내려오는 관행을 비판적으로 검토하여 수용하는 것으로 경찰윤리교육에 있어서 가장 중요한 목적이다.

3 사회계약설로부터 도출되는 경찰활동의 기준 : 코헨과 펠드버그(Cohen and Feldberg)

공정한 접근 (fair access)	① 경찰은 사회 전체의 필요에 의해서 생겨난 기구로서 경찰 서비스에 대한 공정한 접근을 보장해 주어야 한다. ② 공정한 접근은 경찰 서비스에 대한 동등한 필요를 가진 사람들이 그것을 받을 동등한 기회를 가져야 함을 의미하므로 경찰은 성(性), 나이, 전과의 유무 등에 의해 서비스의 제공을 거부해서는 아니 된다. ③ 위배되는 사례 - 음주단속을 하던 경찰관이 음주운전을 한 사람이 자신의 동료라는 이유로 눈감아 주었다(편들기 사례). - A지역과 B지역에 대한 순찰근무를 부여받은 경찰관이 B지역에 자신의 부모님이 거주한다는 이유로 순찰시간의 대부분을 B지역에만 할애하였다(해태와 무시 사례).
공공의 신뢰 (public trust)	① 사회계약에 의하여 시민들은 자신을 대신하여 강제력을 행사할 수 있는 권한을 경찰에게 부여하였으므로 경찰은 시민들의 신뢰에 합당한 방식으로 권한을 행사해야 한다. ② 경찰관은 자기 자신이 아닌 공공의 이익을 위하여 적정한 권한을 행사하여야 하고, 물리력의 행사는 필요최소한에 그쳐야 한다.(=경찰비례의 원칙) ③ 합치되는 사례 - 甲은 컴퓨터를 잃어버렸고 옆집에 사는 乙이 의심스럽다고 생각하였으나, 자신이 직접 물건을 찾지 않고 경찰서에 신고하여 범인을 체포하도록 하였다. ④ 위배되는 사례 - 경찰관이 순찰 중 강도가 칼로 편의점 직원을 위협하는 것을 보고도 신변의 위험을 느껴 모르는 척하고 지나갔다. - 경찰관이 절도범을 추격하던 중 범인의 등 뒤에서 권총을 쏘아 사망하게 하였다.
생명과 재산의 안전 (safety and security)	① 경찰은 시민들의 생명과 재산의 안전을 지키는 차원에서 법집행을 하여야 하고, 경솔하거나 과잉된 단속활동을 해서는 아니된다. ② 위배되는 사례 - 경찰관이 10대 폭주족들을 발견하고 정지명령을 내렸으나, 폭주족들이 이를 무시하고 달아나자 그들을 무리하게 추격하는 과정에서 폭주족이 다른 자동차를 들이받아 중상을 입었다.
역할한계와 협동 (teamwork)	① 경찰은 행정부의 일부이고 사법정의에 있어 일부 분야만 대표하는 기관이므로, 경찰활동은 협동적으로 수행되어야 하고 다른 입법·사법·행정 기구들과 협력해야 한다. ② 위배되는 사례 - 경찰관이 특진할 욕심으로 주요 탈옥범을 혼자 검거하려다 실패하였다.
냉정하고 객관적인 자세 (objectivity)	① 경찰은 사회의 일부분이 아닌 사회 전체의 이익을 염두에 두어 시민들에게 냉정하고 객관적인 방식으로 업무를 처리해야 한다. ② 객관성을 저해하는 주된 원인으로 지나친 관여가 있는데, 이의 원인은 개인적 열정, 개인적 편견이나 선호에 의해 나타난다.

③ 위배되는 사례
- 도둑을 당한 경험이 있는 경찰관이 절도범을 검거하는 과정에서 과도하게 물리력을 행사하였다.
- 어렸을 적 아버지로부터 가정폭력을 경험한 경찰관이 가정폭력사건을 처리하면서 모든 잘못은 남편에게 있다고 단정지었다.

4 해양경찰의 부패 [22 간부]

(1) 부패의 개념(하이덴하이머)

관직중심적 정의	부패는 반드시 금전적인 행태일 필요는 없으며 사적인 이익을 위하여 권한을 남용하는 경우도 포함한다.
시장중심적 정의	원하는 이익을 보장받기 위해 높은 가격(뇌물)을 지불하려고 하므로 부패가 일어난다.
공익중심적 정의	관료가 법적으로 규정되지 않은 금전적인 또는 다른 형태의 보수를 제공하는 사람들에게 이로운 행위를 하고 공중에게는 손해를 가져오는 것을 부패라고 정의한다.

(2) 미끄러운 경사로 이론(slippery slope hypothesis) : 셔먼(Sherman)

작은 호의가 습관화될 경우 미끄러운 경사로를 타고 내려오듯이 점점 더 큰 부패와 범죄로 이어진다는 가설이다.(ex 바늘 도둑이 소 도둑이 된다. 공짜 커피를 마시는 관행, 처음에는 부패가 아닌 작은 선물)

(3) 전체사회 가설 (society at large hypothesis) : 윌슨(Wilson)

사회 전체가 경찰의 부패를 묵인하거나 조장할 때 경찰이 자연스럽게 부패행위를 하게 되며, 처음 단계에는 설령 불법적인 행위를 하지 않더라도 작은 호의에 길들여져 나중에는 명백한 부정부패로 빠져들게 된다는 설명이다(미끄러지기 쉬운 경사로 이론과 유사하다). → 시카고 시민사회의 부패를 경찰부패의 주요 원인으로 본다. ex) 지역주민들이 관내 경찰관들과 어울려 도박을 일삼고 부적절한 사건 청탁을 하는 경우가 종종 있었으나 아무도 이를 문제화하지 않았는데 새로 발령받은 신임경찰관에게도 지역주민들이 접근하여 도박을 함께 하게 되는 경우

(4) 구조원인 가설(structural hypothesis) : 니더호퍼(Niederhoffer), 로벅(Roebuck), 바커(Barker)

신참 경찰이 그들의 선임 경찰(고참 동료)에 의해 조직의 부패전통 내에서 사회화됨으로써 부패의 길로 들어선다는 입장이다. 부패의 원인을 조직의 체계적 원인으로 본다. 이런 부패의 관행은 경찰 사이의 "**침묵의 규범**" 에 의해 받아들여진다고 본다. ex) 정직하고 청렴하였던 경찰관들이 동료경찰관으로부터 관내 유흥업소업자들로부터 월정금을 받는 것을 보고 점점 그 방식을 답습한 경우

(5) 썩은 사과나무 가설(rotten apple hypothesis)

시카고 범죄위원회(Chicago Crime Commission)가 내린 결론으로 경찰부패는 자질이 없는 경찰이 모집단계에서 배제되지 못하고 조직 내에 유입됨으로써 발생한다. → 부패문제를 개인적 결함(=개인의 윤리적 성향) 문제로 본다.

5 회의주의와 냉소주의

(1) 의의

회의주의	개별적(특정) 사안에서 합리적 의심을 하여 비판을 하는 것으로 건전한 회의주의는 대상을 개선시키겠다는 의지가 있다.
냉소주의	대상이 특정화되어 있지 않고 정치 일반, 경찰 제도에 대하여 아무런 근거없이 신뢰하지 않는 것으로 대상을 개선시키겠다는 의지가 없다.

(2) 냉소주의 극복방안

1) 의사결정 과정에서 참여 2) 상사와 부하의 신뢰회복 방안
3) 커뮤니케이션 과정의 개선 4) Y이론에 입각한 행정관리

> Y이론 : 인간에게 노동은 놀이와 마찬가지로 자연스러운 것이고, 인간은 노동을 통하여 자기의 능력을 발휘하고 자아를 실현하고자 한다. 경영자는 자율적이고 창의적으로 일할 수 있는 여건을 제공해야 한다.

6 동료부패에 대한 반응

(1) 내부고발(whistle blowing)(클라이니히)

1) 의의
동료나 상사의 부정을 감찰이나 외부의 언론매체를 통하여 공표하는 내부고발 행위.

2) 정당화 요소
a. 적절한 도덕적 동기에 의하여 이루어져야 하고 공표 전 다른 채널을 통하여 자신의 의견을 말하여야 한다.
b. 중대성·급박성과 어느 정도 성공할 가능성이 있어야 한다.
c. 개인의 출세, 보복하려는 동기가 없어야 한다.
d. 부적절한 행동을 하도록 지시받았다는 자신의 신념이 합리적 근거에 의하여 뒷받침되어야 한다.

(2) 비지 바디니스(busy bodiness)
남의 비행에 대하여 일일이 참견하여 도덕적 충고를 하는 것

◆ 깨진 유리창 이론
지하철의 깨진 유리창을 방치할 경우 시민의 준법의식이 결여되어서 더 큰 범죄를 야기하게 한다는 이론으로 기초질서위반사범, 무관용의 원칙과 관련이 있다.

7 경찰윤리강령과 관련법률

(1) 각종 경찰윤리강령

경찰윤리헌장 (1966)	1. 우리는 헌법과 법률을 수호하고 명령에 복종하며 각자의 맡은 바 책임과 임무를 충실히 완수한다. 2. 우리는 냉철한 이성과 투철한 사명감을 가지고 모든 위해와 불법과 불의에 과감하게 대결하여 항상 청렴 검소한 생활로써 명리를 멀리하고 오직 양심에 따라 행동한다. 3. 우리는 주권을 가진 국민의 수임자로서 공공의 복리를 증진하고 국민의 자유와 권리를 존중하며 성실하게 봉사한다. 4. 우리는 국민의 신뢰를 명심하여 편견이나 감정에 사로잡히지 않고 공명정대하게 업무를 처리한다. 5. 우리는 이 모든 목표와 사명을 달성하기 위하여 끊임없이 인격과 지식의 연마에 노력할 것이며 민주경찰의 발전에 헌신한다.
경찰공무원 복무규정 제3조(1970)	1. 경찰사명 : 경찰공무원은 국가와 민족을 위하여 충성과 봉사를 다하며, 국민의 생명·신체 및 재산을 보호하고, 공공의 안녕과 질서를 유지함을 그 사명으로 한다. 2. 경찰정신 : 경찰공무원은 국민의 수임자로서 일상의 직무수행에 있어서 국민의 자유와 권리를 존중하는 호국·봉사·정의의 정신을 그 바탕으로 삼는다. 3. 규율 : 경찰공무원은 법령을 준수하고 직무상의 명령에 복종하며, 상사에 대한 존경과 부하에 대한 신애로써 규율을 지켜야 한다. 4. 단결 : 경찰공무원은 주어진 사명을 다하기 위하여 긍지를 가지고 한마음 한뜻으로 굳게 뭉쳐 임무수행에 모든 역량을 기울여야 한다. 5. 책임 : 경찰공무원은 창의와 노력으로써 소임을 완수하여야 하며, 직무수행의 결과에 대하여 책임을 진다. 6. 성실·청렴 : 경찰공무원은 성실하고 청렴한 생활태도로써 국민의 모범이 되어야 한다.
새경찰신조 (1980)	1. 우리는 새시대의 사명을 완수한다. 2. 우리는 깨끗하고 친절하게 봉사한다. 3. 우리는 공정과 소신으로 일한다. 4. 우리는 스스로의 능력을 계발한다.
해양경찰헌장 (1998. 7. 1)	우리는 해양민족의 기상과 전통을 계승하여 우리의 바다를 지키는 자랑스런 대한민국 해양경찰이다. 우리는 국민의 자유와 권익을 보호하고 국가의 안정과 번영을 추구하며 나아가 인류 평화에 이바지하는 역사적 사명을 지고 있다. 이에 우리는 맡은 바 책임을 완수할 것을 다짐하여 우리의 나아갈 길을 밝히고자 한다. 1. 우리는 해양치안의 주역으로서 어떠한 고난에도 굴하지 않고 헌신하는 충성스런 해양경찰이다. 2. 우리는 법과 정의의 상징으로서 오직 양심에 따라 올바르게 법을 집행하는 의로운 해양경찰이다. 3. 우리는 국제 해양질서를 유지하고 인류공동의 자산인 해양을 보전하는 세계적인 해양경찰이다. 4. 우리는 창의적 자세로 지식과 능력을 개발하여 미래를 지향하는 발전적인 해양경찰이다.

◆ **해양경찰헌장(2021. 1. 1)** [21 간부, 20 해경]

해양경찰 헌장은 1998년 제정됐으나 시간이 지나면서 사문화가 되다시피 했다.

이에 따라, 해양경찰의 이념과 정신을 강조하고 현재뿐만 아니라 미래 세대까지도 아우를 수 있도록 변화된 시대상과 국민의 눈높이에 맞춰 헌장을 새롭게 개정했다.

기존 헌장이 해양경찰로서의 사명감을 중시했다면 개정된 헌장은 공직자이자 해양경찰로서 올바른 공직가치와 함께 실천 의지를 강조하고 있다.

헌장 전문은 국가에 헌신하고 국민에 봉사하는 공무원 본연의 자세와 해양경찰의 임무와 역할을 명시했다. 본문에서는 조직의 독자적 특성을 반영해 '바다의 수호자', '정의의 실현자', '국민의 봉사자', '해양의 전문가'로서 해양경찰 구성원이 지켜야 할 4가지 실천 목표를 제시했다.

이렇게 해양경찰이 추구해야할 목표와 태도를 보다 더 명확하고 쉽게, 구체적으로 제시함으로써 일선 현장에서 행동지침으로도 활용할 수 있도록 했다.

> **해 양 경 찰 헌 장**
>
> 우리는 자랑스러운 대한민국 해양경찰이다.
> 우리는 헌법을 준수하며
> 국가에 헌신하고 국민에게 봉사한다.
> 우리는 해양주권 수호와 해상치안 확립에 힘쓰며
> 안전하고 깨끗한 바다를 만들기 위해 최선을 다한다.
> 이에 굳은 각오로 다음을 실천한다.

1. '**바다의 수호자**'로서 국민의 생명과 안전을 지키며
   인류의 미래 자산인 해양 보전에 맡은 바 책임을 다한다.
1. '**정의의 실현자**'로서 청렴과 공정을 생활화하며
   원칙과 규범을 준수하고 올바르게 법을 집행한다.
1. '**국민의 봉사자**'로서 소통과 배려를 바탕으로
   국민이 만족하고 신뢰하는 해양서비스를 제공한다.
1. '**해양의 전문가**'로서 창의적 자세와 도전정신으로
   어떠한 어려움도 극복하며 임무를 완성한다.

(2) 부패방지 및 국민권익위원회의 설치와 운영에 관한 법률 제59조

⑥ 위원회에 신고가 접수된 당해 부패행위의 혐의대상자가 다음 각 호에 해당하는 고위공직자로서 부패혐의의 내용이 형사처벌을 위한 수사 및 공소제기의 필요성이 있는 경우에는 위원회의 명의로 검찰, 수사처, 경찰 등 관할 수사기관에 고발을 하여야 한다.
1. 차관급 이상의 공직자
2. 특별시장, 광역시장, 특별자치시장, 도지사 및 특별자치도지사
3. 경무관급 이상의 경찰공무원
4. 법관 및 검사
5. 장성급(將星級) 장교
6. 국회의원
⑦ 관할 수사기관은 제6항에 따른 고발에 대한 수사결과를 위원회에 통보하여야 한다. 위원회가 고발한 사건이 이미 수사 중이거나 수사 중인 사건과 관련된 사건인 경우에도 또한 같다.

(3) 해양경찰청 공무원 행동강령 [시행 22. 9. 21.] [해양경찰청훈령]

제1장 총 칙

제1조(목적) 이 규칙은 「부패방지 및 국민권익위원회의 설치와 운영에 관한 법률」 제8조 및 「공무원 행동강령」 제24조에 따라 해양경찰청 소속 공무원이 지켜야 할 행동 기준을 규정하는 것을 목적으로 한다.

제2조(정의) 이 규칙에서 사용하는 용어의 뜻은 다음과 같다.
1. "직무관련자"란 해양경찰청 소속 공무원(이하 "공무원"이라 한다)의 소관 업무와 관련된 사람으로서 다음 각 목의 어느 하나에 해당하는 개인[공무원이 사인(私人)의 지위에 있는 경우에는 개인으로 본다] 또는 단체를 말한다.
   가. 다음의 어느 하나에 해당하는 민원을 신청하는 중이거나 신청하려는 것이 명백한 개인 또는 단체
      1) 「민원 처리에 관한 법률」 제2조제1호가목1)에 따른 법정민원(장부·대장 등에 등록·등재를 신청 또는 신고하거나 특정한 사실 또는 법률관계에 관한 확인 또는 증명을 신청하는 민원은 제외한다)
      2) 「민원 처리에 관한 법률」 제2조제1호가목2)에 따른 질의 민원
      3) 「민원 처리에 관한 법률」 제2조제1호나목에 따른 고충 민원
   나. 인가·허가 등의 취소, 영업정지, 과징금 또는 과태료의 부과 등으로 이익 또는 불이익을 직접적으로 받는 개인 또는 법인·단체
   다. 수사, 감사(監査), 감독, 검사, 단속, 행정지도 등의 대상인 개인 또는 법인·단체
   라. 재결(裁決), 결정, 검정(檢定), 감정(鑑定), 시험, 사정(査定), 조정, 중재 등으로 직접적인 이익 또는 불이익을 받는 개인 또는 법인·단체
   다. 징집, 소집, 동원 등의 대상인 개인 또는 법인·단체

바. 해양경찰관서와 계약을 체결하거나 체결하려는 것이 명백한 개인 또는 법인·단체
사. 정책·사업 등의 결정 또는 집행으로 이익 또는 불이익을 직접적으로 받는 개인 또는 법인·단체
아. 「해양경찰청과 그 소속기관 직제」 및 「해양경찰청과 그 소속기관 직제 시행규칙」으로 정한 직무와 관련하여 해양경찰청과 그 소속기관이 지도·감독하는 투자·출자·출연 기관, 관련법인 및 이에 소속된 업무담당자
자. 해양경찰관서에 복무중인 의무 경찰의 부모·형제자매
차. 그 밖에 해양경찰관서에 대하여 특정한 행위를 요구하는 개인 또는 법인·단체

2. "직무관련공무원"이란 공무원의 직무 수행과 관련하여 이익 또는 불이익을 직접적으로 받는 다른 공무원(기관이 이익 또는 불이익을 받는 경우에는 그 기관의 관련 업무를 담당하는 공무원을 말한다) 중 다음 각 목의 어느 하나에 해당하는 공무원을 말한다.
가. 공무원의 소관 업무와 관련하여 명령을 받는 하급자
나. 인사·예산·감사·상훈 또는 평가 등의 직무를 수행하는 공무원이 소속된 기관의 공무원과 이와 관련되는 다른 기관의 담당 공무원 및 관련 공무원
다. 사무를 위임·위탁하는 경우 그 사무를 위임·위탁하는 공무원 및 사무를 위임·위탁받는 공무원
라. 그 밖에 제2조제1호아목에서 정하고 있는 직무 수행과 관련하여 이익 또는 불이익을 직접적으로 받는 공무원

3. "금품등"이란 다음 각 목의 어느 하나에 해당하는 것을 말한다.
가. 금전, 유가증권, 부동산, 물품, 숙박권, 회원권, 입장권, 할인권, 초대권, 관람권, 부동산 등의 사용권 등 일체의 재산적 이익
나. 음식물·주류·골프 등의 접대·향응 또는 교통·숙박 등의 편의 제공
다. 채무 면제, 취업 제공, 이권(利權) 부여 등 유형·무형의 경제적 이익

제3조(적용범위) 이 규칙은 공무원과 해양경찰청에 파견된 다른 기관 공무원에게 적용하며, 「국가공무원 복무규정」에 따른 근무 시간 이외의 휴무, 휴가 등인 때에도 적용된다. [22 간부, 20 해경]

제2장 공정한 직무수행

제4조(공정한 직무수행을 해치는 지시에 대한 처리) ① 공무원은 상급자가 자기나 타인의 부당한 이익을 위해 공정한 직무수행을 현저하게 해치는 지시를 했을 때에는 그 사유를 그 상급자에게 별지 제1호서식에 따라 서면 또는 전자우편 등의 방법으로 소명하고 그 지시에 따르지 않거나, 별지 제2호서식에 따라 서면 또는 전자우편 등의 방법으로 제35조에 따른 행동강령책임관(이하 "행동강령책임관"이라 한다)과 상담할 수 있다. [20 해경]

② 공무원은 제1항에 따른 방법으로 소명하고 상급자의 지시를 이행하지 않았는데도 같은 지시가 반복될 때에는 별지 제2호서식에 따라 서면 또는 전자우편 등의 방법으로 즉시 행동강령책임관과 상담해야 한다.

③ 제1항 또는 제2항에 따른 상담 요청을 받은 행동강령책임관은 지시 내용을 확인하여 그 지시를 취소하거나 변경할 필요가 있다고 인정되면 해양경찰청장 또는 소속 기관의 장(이하 "해양경찰관서장"이라 한다)에게 보고해야 한다. 다만, 지시 내용을 확인하는 과정에서 부당한 지시를 한 상급자가 스스로 그 지시를 취소하거나 변경했을 때에는 소속 해양경찰관서장에게 보고하지 않을 수 있다.

④ 제3항에 따른 보고를 받은 해양경찰관서장은 필요하다고 인정되면 지시를 취소·변경하는 등 적절한 조치를 해야 한다. 이 경우 공정한 직무수행을 해치는 지시를 반복한 상급자에게는 징계 등 필요한 조치를 할 수 있다.

제5~10조 삭제

제11조(특혜의 배제) 공무원은 직무를 수행함에 있어 지연·혈연·학연·종교 등을 이유로 특정인에게 특혜를 주거나 특정인을 차별해서는 안 된다.

제12조(예산의 목적 외 사용 금지) 공무원은 여비, 업무추진비 등 공무 활동을 위한 예산을 목적 외의 용도로 사용하여 소속 기관에 재산상 손해를 입혀서는 안 된다.

제13조(정치인 등의 부당한 요구에 대한 처리) ① 공무원은 정치인이나 정당 등으로부터 부당한 직무수행을 강요

받거나 청탁을 받은 경우에는 자신의 인적사항, 요구내용 등을 기재한 별지 제10호서식에 따라 서면 또는 전자우편 등의 방법으로 소속 해양경찰관서장에게 보고하거나 행동강령책임관과 상담한 후 처리해야 한다.
② 제1항에 따라 보고를 받은 해양경찰관서장 또는 상담을 한 행동강령책임관은 그 공무원이 공정한 직무수행을 할 수 있도록 적절한 조치를 해야 한다.

제14조(인사청탁 등의 금지) ① 공무원은 자신의 임용·승진·전보 등 인사에 부당한 영향을 미치기 위해 타인으로 하여금 인사업무 담당자에게 청탁을 하도록 해서는 안 된다.
② 공무원은 직위를 이용하여 다른 공무원의 임용·승진·전보 등 인사에 부당하게 개입해서는 안 된다.

제15조(투명한 회계 관리) 공무원은 관련 법령과 일반적으로 인정된 회계원칙 등에 따라 사실에 근거하여 정확하고 투명하게 회계를 관리해야 한다.

제3장 부당 이득의 수수 금지 등

제16조(이권 개입 등의 금지) 공무원은 자신의 직위를 직접 이용하여 부당한 이익을 얻거나 타인이 부당한 이익을 얻도록 해서는 안 된다.

제17조(직위의 사적 이용 금지) 공무원은 직무의 범위를 벗어나 사적 이익을 위해 소속 기관의 명칭이나 직위를 공표·게시하는 등의 방법으로 이용하거나 이용하게 해서는 안 된다.

제18조(알선·청탁 등의 금지) ① 공무원은 자기 또는 타인의 부당한 이익을 위해 다른 공직자(「부패방지 및 국민권익위원회의 설치와 운영에 관한 법률」 제2조제3호가목 및 나목에 따른 공직자를 말한다. 이하 같다)의 공정한 직무수행을 해치는 알선·청탁 등을 해서는 안 된다.
② 공무원은 직무수행과 관련하여 자기 또는 타인의 부당한 이익을 위해 직무관련자를 다른 직무관련자나 공직자에게 소개해서는 안 된다.
③ 공무원은 자기 또는 타인의 부당한 이익을 위해 자신의 직무권한을 행사하거나 지위·직책 등에서 유래되는 사실상 영향력을 행사하여 공직자가 아닌 자에게 다음 각 호의 어느 하나에 해당하는 알선·청탁 등을 해서는 안 된다.
1. 특정 개인·법인·단체에 투자·예치·대여·출연·출자·기부·후원·협찬 등을 하도록 개입하거나 영향을 미치도록 하는 행위
2. 채용·승진·전보 등 인사업무나 징계업무에 관하여 개입하거나 영향을 미치도록 하는 행위
3. 입찰·경매·연구개발·시험·특허 등에 관한 업무상 비밀을 누설하도록 하는 행위
4. 계약 당사자 선정, 계약 체결 여부 등에 관하여 개입하거나 영향을 미치도록 하는 행위
5. 특정 개인·법인·단체에 재화 또는 용역을 정상적인 관행에서 벗어나 매각·교환·사용·수익·점유·제공 등을 하도록 하는 행위
6. 각급 학교의 입학·성적·수행평가 등의 업무에 관하여 개입하거나 영향을 미치도록 하는 행위
7. 각종 수상, 포상, 우수기관 또는 우수자 선정, 장학생 선발 등에 관하여 개입하거나 영향을 미치도록 하는 행위
8. 감사·조사 대상에서 특정 개인·법인·단체가 선정·배제되도록 하거나 감사·조사 결과를 조작하거나 또는 그 위반사항을 묵인하도록 하는 행위
9. 그 밖에 해양경찰관서장이 공직자가 아닌 자의 공정한 업무 수행을 저해하는 알선·청탁 등에 해당한다고 판단하는 행위

제19조(직무관련 정보를 이용한 거래 등의 제한) ① 공무원은 직무수행 중 알게 된 정보를 이용하여 유가증권, 부동산 등과 관련된 재산상 거래 또는 투자를 하거나 타인에게 그러한 정보를 제공하여 재산상 거래 또는 투자를 돕는 행위를 해서는 안 된다.
② 제1항에 따른 이용 또는 제공이 제한되는 정보란 공무원이 다음 각 호의 사항에 관한 직무를 수행하던 중 알게 된 미공개 정보를 말한다.
1. 경비함정 및 항공기 등 주요 장비도입·관리 계획의 수립 및 조정
2. 해양경비기본계획 및 시행계획의 수립 및 조정
3. 수난대비기본계획 및 집행계획의 수립 및 조정

4. 연안사고예방기본계획 및 시행계획의 수립 및 조정
5. 동력수상레저기구 조종면허시험 업무대행 기관 및 면허시험 면제교육기관, 수상안전교육 업무위탁기관 지정에 관한 계획 수립 및 조정
6. 유선·도선의 면허·신고, 수상레저사업 등록에 관한 계획 수립 및 조정
7. 해양환경관리업의 등록에 관한 계획 수립 및 조정
8. 해양오염물질 방제 자재·약제의 형식승인·성능인증에 관한 계획 수립 및 조정
9. 그 밖에 제1호부터 제8호에 준하는 업무의 계획 수립 및 조정

제20조 삭제

제21조(사적 노무 요구 금지) 공무원은 자신의 직무권한을 행사하거나 지위·직책 등에서 유래되는 사실상 영향력을 행사하여 직무관련자 또는 직무관련공무원으로부터 사적 노무를 제공받거나 요구 또는 약속해서는 안 된다. 다만, 다른 법령 또는 사회상규에 따라 허용되는 경우에는 예외로 한다.

제21조의2(직무권한 등을 행사한 부당 행위의 금지) 공무원은 자신의 직무권한을 행사하거나 지위·직책 등에서 유래되는 사실상 영향력을 행사하여 다음 각 호의 어느 하나에 해당하는 부당한 행위를 해서는 안 된다.
1. 인가·허가 등을 담당하는 공무원이 그 신청인에게 불이익을 주거나 제3자에게 이익 또는 불이익을 주기 위하여 부당하게 그 신청의 접수를 지연하거나 거부하는 행위
2. 직무관련공무원에게 직무와 관련이 없거나 직무의 범위를 벗어나 부당한 지시·요구를 하는 행위
3. 공무원 자신이 소속된 기관이 체결하는 물품·용역·공사 등 계약에 관하여 직무관련자에게 자신이 소속된 기관의 의무 또는 부담의 이행을 부당하게 전가(轉嫁)하거나 자신이 소속된 기관이 집행해야 할 업무를 부당하게 지연하는 행위
4. 다음 각 목의 어느 하나에 해당하는 기관 또는 단체에 공무원 자신이 소속된 기관의 업무를 부당하게 전가하거나 그 업무에 관한 비용·인력을 부담하도록 부당하게 전가하는 행위
  가. 공무원 자신이 소속된 기관의 소속기관
  나. 「공공기관의 운영에 관한 법률」제4조제1항에 따른 공공기관 중 공무원 자신이 소속된 기관이 관계 법령에 따라 업무를 관장하는 공공기관
  다. 「공직자윤리법」제3조의2제1항에 따른 공직유관단체 중 공무원 자신이 소속된 기관이 관계 법령에 따라 업무를 관장하는 공직유관단체
5. 그 밖에 직무관련자, 직무관련공무원, 제4호 각 목의 기관 또는 단체의 권리·권한을 부당하게 제한하거나 의무가 없는 일을 부당하게 요구하는 행위

제22조(금품등의 수수 금지) ① 공무원은 직무 관련 여부 및 기부·후원·증여 등 그 명목에 관계없이 같은 사람으로부터 <u>1회에 100만원</u> 또는 <u>매 회계연도에 300만원</u>을 초과하는 금품등을 받거나 요구 또는 약속해서는 안 된다.
② 공무원은 직무와 관련하여 대가성 여부를 불문하고 제1항에서 정한 금액 이하의 금품등을 받거나 요구 또는 약속해서는 안 된다.
③ 제24조에 따른 외부강의등에 관한 사례금 또는 다음 각 호의 어느 하나에 해당하는 금품등은 제1항 또는 제2항에서 수수(收受)를 금지하는 금품등에 해당하지 않는다.
1. 해양경찰관서장이 소속 공무원 또는 파견 공무원에게 지급하거나 상급자가 위로·격려·포상 등의 목적으로 하급자에게 제공하는 금품등
2. 원활한 직무수행 또는 사교·의례 또는 부조의 목적으로 제공되는 음식물·경조사비·선물 등으로서 별표 1에서 정하는 가액 범위 안의 금품등

■ 해양경찰청 공무원 행동강령 [별표 1]

음식물·경조사비·선물 등의 가액 범위(제22조제3항 관련)

구분	가액 범위
1. 음식물(제공자와 공직자등이 함께 하는 식사, 다과, 주류, 음료, 그 밖에 이에 준하는 것을 말한다)	3만원

2. 경조사비 : 축의금·조의금. 다만, 축의금·조의금을 대신하는 화환·조화는 10만원으로 한다.	5만원 (10만원)
3. 선물 : 금전, 유가증권, 제1호의 음식물 및 제2호의 경조사비를 제외한 일체의 물품, 그 밖에 이에 준하는 것. 다만, 「농수산물 품질관리법」 제2조제1항제1호에 따른 농수산물(이하 "농수산물"이라 한다) 및 같은 항 제13호에 따른 농수산가공품(농수산물을 원료 또는 재료의 50퍼센트를 넘게 사용하여 가공한 제품만 해당하며, 이하 "농수산가공품"이라 한다)은 10만원으로 한다.	5만원 (10만원)

3. 사적 거래(증여는 제외한다)로 인한 채무의 이행 등 정당한 권원(權原)에 의하여 제공되는 금품등
4. 공무원의 친족(「민법」 제777조에 따른 친족을 말한다)이 제공하는 금품등
5. 공무원과 관련된 직원상조회·동호인회·동창회·향우회·친목회·종교단체·사회단체 등이 정하는 기준에 따라 구성원에게 제공하는 금품등 및 그 소속 구성원 등 공무원과 특별히 장기적·지속적인 친분관계를 맺고 있는 자가 질병·재난 등으로 어려운 처지에 있는 공무원에게 제공하는 금품등
6. 공무원의 직무와 관련된 공식적인 행사에서 주최자가 참석자에게 통상적인 범위에서 일률적으로 제공하는 교통, 숙박, 음식물 등의 금품등
7. 불특정 다수인에게 배포하기 위한 기념품 또는 홍보용품 등이나 경연·추첨을 통하여 받는 보상 또는 상품 등
8. 그 밖에 사회상규(社會常規)에 따라 허용되는 금품등
④ 공무원은 제3항제5호에도 불구하고 같은 호에 따라 특별히 장기적·지속적인 친분관계를 맺고 있는 자가 직무관련자 또는 직무관련공무원으로서 금품등을 제공한 경우에는 그 수수 사실을 별지 제11호서식에 따라 지체 없이 소속 해양경찰서장에게 신고해야 한다.
⑤ 공무원은 자신의 배우자나 직계 존속·비속이 자신의 직무와 관련하여 제1항 또는 제2항에 따라 공무원이 받는 것이 금지되는 금품등(이하 "수수 금지 금품등"이라 한다)을 받거나 요구하거나 제공받기로 약속하지 않도록 해야 한다.
⑥ 공무원은 다른 공무원에게 또는 그 공무원의 배우자나 직계 존속·비속에게 수수 금지 금품등을 제공하거나 그 제공의 약속 또는 의사표시를 해서는 안 된다.

제22조의2(감독기관의 부당한 요구 금지) ① 감독·감사·조사·평가를 하는 기관(이하 이 조에서 "감독기관"이라 한다)에 소속된 공무원은 자신이 소속된 기관의 출장·행사·연수 등과 관련하여 감독·감사·조사·평가를 받는 기관(이하 이 조에서 "피감기관"이라 한다)에 다음 각 호의 어느 하나에 해당하는 부당한 요구를 해서는 안 된다.
1. 법령에 근거가 없거나 예산의 목적·용도에 부합하지 않는 금품등의 제공 요구
2. 감독기관 소속 공무원에 대하여 정상적인 관행을 벗어난 예우·의전의 요구
② 제1항에 따른 부당한 요구를 받은 피감기관 소속 공무원은 그 이행을 거부해야 하며, 거부했음에도 불구하고 감독기관 소속 공무원으로부터 같은 요구를 다시 받은 때에는 그 사실을 피감기관의 행동강령책임관(피감기관이 「공직자윤리법」 제3조의2제1항에 따른 공직유관단체인 경우에는 행동강령에 관한 업무를 담당하는 직원을 말한다. 이하 이 조에서 같다)에게 별지 제22호서식에 따른 서면으로 알려야 한다. 이 경우 행동강령책임관은 그 요구가 제1항 각 호의 어느 하나에 해당한다고 판단되면 지체 없이 피감기관의 장에게 보고해야 한다.
③ 제2항 후단에 따른 보고를 받은 피감기관의 장은 제1항 각 호의 어느 하나에 해당한다고 판단되던 그 사실을 해당 감독기관의 장에게 알려야 하며, 그 사실을 통지받은 감독기관의 장은 해당 요구를 한 소속 공무원에 대하여 징계 등 필요한 조치를 해야 한다.

제23조(청렴한 계약의 체결 및 이행) ① 공무원은 해양경찰관서에서 시행하는 입찰, 계약 및 계약이행 등에 있어서 관계 법령에서 정한 절차에 따라 공정하고 투명하게 업무를 수행해야 한다.
② 공무원은 제1항에 따른 입찰, 계약 및 계약이행 과정에서 거래상의 우월적인 지위를 이용하여 금품등을 요구하거나 불공정한 거래 조건의 강요, 경영간섭 등 부당한 요구를 해서는 안 된다.

제4장 건전한 공직풍토의 조성

제24조(외부강의등의 사례금 수수 제한) ① 공무원은 자신의 직무와 관련되거나 그 지위·직책 등에서 유래되는 사실상의 영향력을 이용하여 요청받은 교육·홍보·토론회·세미나·공청회 또는 그 밖의 회의 등에서 한 강의·강연·기고 등(이하 "외부강의등"이라 한다)의 대가로서 별표 2에서 정하는 금액을 초과하는 사례금(이하 "초과사례금"이라 한다)을 받아서는 안 된다.

해양경찰청 공무원 행동강령 [별표 2]

외부강의등 사례금 상한액(제24조제1항 관련)

1. 사례금 상한액
   가. **해양경찰청 소속 공무원: 40만원(사례금 최대한도 60만원)**
   나. 가목에도 불구하고 국제기구, 외국정부, 외국대학, 외국연구기관, 외국학술단체, 그 밖에 이에 준하는 외국기관에서 지급하는 외부강의 등의 사례금 상한액은 사례금을 지급하는 자의 지급기준에 따른다.

2. 적용기준
   가. 사례금 상한액은 강의 등의 경우 1시간당, 기고의 경우 1건당 상한액으로 한다.
   나. 1시간을 초과하여 강의 등을 하는 경우에도 사례금 총액은 강의시간에 관계없이 1시간 상한액의 100분의 150에 해당하는 금액을 초과하지 못한다.
   다. 상한액에는 강의료, 원고료, 출연료 등 명목에 관계없이 외부강의 등 사례금 제공자가 외부강의등과 관련하여 공직자에게 제공하는 일체의 사례금을 포함한다.
   라. 나목에도 불구하고 공직자가 소속 기관에서 교통비, 숙박비, 식비 등 여비를 지급받지 못한 경우에는 「공무원 여비 규정」의 기준 내에서 실비수준으로 제공되는 교통비, 숙박비 및 식비는 제1호의 사례금에 포함되지 않는다.

---

② 공무원은 사례금을 받는 외부강의등을 할 때에는 외부강의등의 요청 명세 등을 소속 해양경찰관서장에게 그 외부강의등을 마친 날부터 10일 이내에 전자인사관리시스템 또는 별지 제12호서식에 따른 서면으로 신고해야 한다. 다만, <u>외부강의등을 요청한 자가 국가나 지방자치단체인 경우에는 예외로 한다.</u>
③ 공무원은 제2항 본문에 따른 신고를 할 때 상세 명세 또는 사례금 총액 등을 미리 알 수 없는 경우에는 해당 사항을 제외한 사항을 신고한 후 해당 사항을 안 날부터 5일 이내에 보완해야 한다.
④ 해양경찰관서장은 제2항에 따라 공무원이 신고한 외부강의등이 공정한 직무수행을 저해할 수 있다고 판단하는 경우에는 그 공무원의 외부강의등을 제한할 수 있다.
⑤ <u>공무원은 월 3회 또는 월 6시간을 초과하여 대가를 받고 외부강의등을 하려는 경우에는 미리 소속 해양경찰관서장의 승인</u>을 받아야 한다. 다만, 국가나 지방자치단체에서 요청하거나 겸직허가를 받고 수행하는 외부강의등은 그 제한 횟수나 시간산정에서 제외한다.

제25조(초과사례금의 신고방법 등) ① 공무원은 제24조제1항에 따른 초과사례금을 받은 경우에는 소속 해양경찰관서장에게 초과사례금을 받은 사실을 안 날부터 2일 이내에 별지 제14호서식에 따라 서면으로 신고하고, 제공자에게 그 초과사례금을 지체 없이 반환해야 한다.
② 제1항에 따른 신고를 받은 해양경찰관서장은 초과사례금을 반환하지 않은 공무원에 대하여 신고사항을 확인 한 후 7일 이내에 반환해야 할 초과사례금의 액수를 산정하여 해당 공무원에게 통지해야 한다.
③ 제2항에 따라 통지를 받은 공무원은 지체 없이 초과사례금(신고자가 초과 사례금의 일부를 반환한 경우에는 그 차액으로 한정한다)을 제공자에게 반환하고 그 사실을 소속 해양경찰관서장에게 알려야 한다.
④ 공무원은 제1항에 따라 초과사례금을 반환한 경우 「공무원 행동강령」 제15조제6항에 따라 증명자료를 첨부하여 별지 제13호서식에 따라 서면으로 그 반환 비용을 소속 해양경찰관서장에게 청구할 수 있다.

제26조 삭제

제26조의2(직무관련자와 골프 및 사적여행 제한) ① 공무원은 직무관련자와는 비용 부담 여부와 관계없이 골프를 같이 해서는 안 된다. 다만, 다음 각 호와 같은 부득이한 사정에 따라 골프를 같이 하는 경우에는 소속 행동강령책임관에게 별지 제23호서식에 따른 서면으로 사전에 신고해야 하며, 사전에 신고하기 어려운 특별한 사유가 있는 경우에는 사후에 즉시 신고해야 한다.
1. 정책의 수립·시행을 위한 의견교환 또는 업무협의 등 공적인 목적을 위하여 필요한 경우
2. 직무관련자인 친족과 골프를 하는 경우

3. 동창회 등 친목단체에 직무관련자가 있어 부득이 골프를 하는 경우
4. 그 밖에 위 각 호와 유사한 사유로 부득이하다고 인정되는 경우
② 공무원은 직무관련자와 함께 사적인 여행을 해서는 안 된다. 다만, 제1항 각 호의 사유가 있어 같은 항 단서에 따른 신고를 한 경우에는 예외로 한다.

제27조(건전한 경조사 문화의 정착) ① 공무원은 건전한 경조사 문화의 정착을 위하여 솔선수범해야 한다.
② 공무원은 직무관련자나 직무관련공무원에게 경조사를 알려서는 안 된다. 다만, 다음 각 호의 어느 하나에 해당하는 경우에는 경조사를 알릴 수 있다.
1. 친족(「민법」 제767조에 따른 친족을 말한다)에게 알리는 경우
2. 현재 근무하고 있거나 과거에 근무하였던 기관의 소속 직원에게 알리는 경우
3. 신문, 방송 또는 제2호에 따른 직원에게만 열람이 허용되는 내부통신망 등을 통하여 알리는 경우
4. 공무원 자신이 소속된 종교단체·친목단체 등의 회원에게 알리는 경우

제5장 위반 시의 조치 등

제28조(위반 여부에 대한 상담) ① 공무원은 알선·청탁, 금품등의 수수, 외부강의등의 사례금 수수, 경조사의 통지, 직무권한 등을 행사한 부당행위, 감독기관의 부당한 요구 등에 대하여 이 규칙을 위반하는지가 분명하지 않을 때에는 소속 행동강령책임관과 상담한 후 처리해야 하며, 행동강령책임관은 별지 제16호서식에 따라 상담내용을 관리해야 한다.
② 행동강령책임관은 제1항에 따른 상담이 원활하게 이루어질 수 있도록 전용전화·상담실 설치 등의 필요한 조치를 해야 한다.

제29조(위반행위의 신고 및 확인) ① 누구든지 공무원이 「공무원 행동강령」 또는 이 규칙을 위반한 사실을 알게 되었을 때에는 별지 제17호서식에 따라 그 공무원의 소속 해양경찰관서장·행동강령책임관 또는 국민권익위원회에 신고할 수 있다.
② 제1항에 따라 신고하는 자는 자신과 위반자의 인적 사항 및 위반내용을 구체적으로 제시해야 한다.
③ 행동강령책임관은 제1항에 따라 신고 된 위반행위를 확인한 후 해당 공무원으로부터 제출받은 소명자료를 첨부하여 소속 해양경찰관서장에게 보고해야 한다.

제30조(신고인의 신분보장) ① 해양경찰관서장과 행동강령책임관은 제29조에 따른 신고인과 신고 내용에 대하여 비밀을 보장하고, 신고인이 신고에 따른 불이익을 받지 않도록 해야 한다.
② 제1항에도 불구하고 불이익을 받은 신고인은 소속 해양경찰관서장·행동강령책임관 또는 국민권익위원회에 보호조치 및 불이익의 구제 등을 요청할 수 있으며, 이 경우 해양경찰관서장과 행동강령책임관은 그에 필요한 적절한 조치를 해야 한다.
③ 제29조에 따른 신고로 자신의 위반행위가 발견되어 그 신고인에 대한 징계 처분 등을 할 경우에는 이를 감경 또는 면제할 수 있다.
④ 제1항부터 제3항까지는 이 규칙에 따른 상담·보고 등의 경우에도 준용한다.

제31조(행동강령 위반행위 조사위원회) ① 해양경찰관서장은 소속 공무원의 행동강령 위반행위에 대한 공정한 조사를 위해 필요한 경우에는 행동강령책임관을 위원장으로 하는 행동강령 위반행위 조사위원회(이하 "조사위원회"라고 한다)를 구성하여 운영할 수 있다.
② 조사위원회는 위원장 1명을 포함하여 3명 이상 10명 이하로 하며, 위원은 소속 공무원 중에서 해양경찰관서장이 지명한다.

제32조(징계) ① 해양경찰관서장은 이 규칙에 위반된 행위를 한 공무원에 대해서는 징계 등 필요한 조치를 해야 한다.
② 제1항에 따른 징계의 종류, 절차, 효력 등은 「국가공무원법」및 「공무원 징계령」, 「경찰공무원 징계령」, 「해양경찰공무원 징계양정 등에 관한 규칙」에 따른다. 이 경우, 제30조를 위반하여 신고자에게 불이익 등을 가한 경우에는 가중하여 징계할 수 있다.
③ 해양경찰관서장은 금품등 수수금지 위반행위자에 대한 징계처분을 하는 때에는 「공무원 징계령 시행규칙」 별표 1의3의 청렴의 의무 위반 징계기준에 따라 처리한다.

제33조(수수 금지 금품등의 신고 및 처리) ① 공무원은 다음 각 호의 어느 하나에 해당하는 경우에는 소속 해양경찰관서장에게 지체 없이 별지 제18 서식에 따라 신고해야 한다.
1. 공무원 자신이 수수 금지 금품등을 받거나 그 제공의 약속 또는 의사표시를 받은 경우
2. 공무원이 자신의 배우자나 직계 존속·비속이 수수 금지 금품등을 받거나 그 제공의 약속 또는 의사표시를 받은 사실을 알게 된 경우

② 공무원은 제1항 각 호의 어느 하나에 해당하는 경우에는 금품등을 제공한 자(이하 이 조에서 "제공자"라 한다) 또는 제공의 약속 또는 의사표시를 한 자에게 그 제공받은 금품등을 지체 없이 반환하거나 반환하도록 하거나 그 거부의 의사를 밝히거나 밝히도록 해야 한다.

③ 공무원은 제2항에 따라 금품등을 반환한 경우에는 증명자료를 첨부하여 별지 제13호서식에 따라 그 반환비용을 해양경찰관서장에게 청구할 수 있다.

④ 공무원은 제2항에 따라 반환하거나 반환하도록 해야 하는 금품등이 다음 각 호의 어느 하나에 해당하는 경우에는 소속 해양경찰관서장에게 인도하거나 인도하도록 해야 한다.
1. 멸실·부패·변질 등의 우려가 있는 경우
2. 제공자나 제공자의 주소를 알 수 없는 경우
3. 그 밖에 제공자에게 반환하기 어려운 사정이 있는 경우

⑤ 해양경찰관서장은 제4항에 따라 금품등을 인도받은 경우에는 즉시 사진으로 촬영하거나 영상으로 녹화하고 별지 제19호서식에 따라 관리해야 하며, 다른 법령에 특별한 규정이 있는 경우를 제외하고는 다음 각 호에 따라 처리한다.
1. 수수 금지 금품등이 아닌 것으로 확인된 경우: 금품등을 인도한 자에게 반환
2. 수수 금지 금품등에 해당하는 것으로 확인된 경우로서 추가적인 조사·감사·수사 또는 징계 등 후속조치를 위해 필요한 경우: 관계 기관에 증거자료로 제출하거나 후속조치가 완료될 때까지 보관
3. 제1호 및 제2호의 규정에도 불구하고 멸실·부패·변질 등으로 인하여 반환·제출·보관이 어렵다고 판단되는 경우: 별지 제20호서식에 따라 금품등을 인도한 자의 동의를 받아 폐기처분
4. 그 밖의 경우에는 세입조치 또는 사회복지시설·공익단체 등에 기증하거나 해양경찰관서장이 정하는 기준에 따라 처리

⑥ 해양경찰관서장은 제5항에 따라 처리한 금품등을 별지 제21호서식에 따라 관리해야 하며, 제5항에 따른 처리 결과를 금품등을 인도한 자에게 통보해야 한다.

⑦ 해양경찰관서장은 금품등의 신고자에 대하여 인사우대·포상 등을 시행할 수 있다.

제6장 보 칙

제34조(교육) ① 해양경찰관서장은 소속 공무원에 대하여 이 규칙의 준수를 위한 교육계획을 수립·시행해야 하며, 매년 1회 이상 교육을 하고 그 결과를 기록·관리해야 한다.

제35조(행동강령책임관) ① 이 규칙의 원활한 운영을 위해 해양경찰청과 그 소속기관에 행동강령책임관을 둔다.
② 제1항에 따른 해양경찰관서별 행동강령책임관은 다음 각 호와 같다.
1. 해양경찰청: 감사담당관
2. 해양경찰교육원: 운영지원과장
3. 중앙해양특수구조단: 행정지원팀장
4. 지방해양경찰청: 청문감사담당관
5. 해양경찰서: 기획운영과장
6. 해양경찰정비창: 기획운영과장

③ 행동강령책임관은 「부정청탁 및 금품등 수수의 금지에 관한 법률」 제20조에 따른 부정청탁 금지 등을 담당하는 담당관을 겸한다.
④ 행동강령책임관은 다음 각 호의 업무를 수행한다.
1. 행동강령의 교육·상담에 관한 사항
2. 행동강령의 준수 여부에 대한 점검 및 평가에 관한 사항
3. 행동강령 위반행위의 신고접수·조사처리 및 신고인 보호에 관한 사항
4. 그 밖에 공무원 행동강령의 운영을 위하여 필요한 사항

⑤ 행동강령책임관은 제4항에 따른 업무를 수행하면서 알게 된 비밀을 누설해서는 안 된다.
⑥ 행동강령책임관은 상담내용을 별지 제16호서식에 따라 기록·관리해야 한다.

제36조(행동강령 준수 여부 점검) ① 행동강령책임관은 소속 공무원의 행동강령 이행실태 및 준수 여부 등을 매년 2회 이상 정기적으로 점검해야 한다. [22 간부, 20 해경]
② 행동강령책임관은 제1항에 따른 정기점검 이외에도 휴가철, 명절 전후 등 부패 취약 시기에 수시점검을 실시할 수 있다.
③ 행동강령책임관은 제1항과 제2항에 따른 점검 결과를 소속 해양경찰관서장에게 보고해야 한다

(4) 공직자윤리법 [22 해경·승진]

공직자윤리법 제3조(등록의무자)
① 다음 각 호의 어느 하나에 해당하는 공직자(이하 "등록의무자"라 한다)는 이 법에서 정하는 바에 따라 재산을 등록하여야 한다.
1. 대통령·국무총리·국무위원·국회의원 등 국가의 정무직공무원
2. 지방자치단체의 장, 지방의회의원 등 지방자치단체의 정무직공무원
3. 4급 이상의 일반직 국가공무원(고위공무원단에 속하는 일반직공무원을 포함한다) 및 지방공무원과 이에 상당하는 보수를 받는 별정직공무원(고위공무원단에 속하는 별정직공무원을 포함한다)
4. 대통령령으로 정하는 외무공무원과 4급 이상의 국가정보원 직원 및 대통령경호처 경호공무원
5. 법관 및 검사
6. 헌법재판소 헌법연구관
7. 대령 이상의 장교 및 이에 상당하는 군무원
8. 교육공무원 중 총장·부총장·대학원장·학장(대학교의 학장을 포함한다) 및 전문대학의 장과 대학에 준하는 각종 학교의 장, 특별시·광역시·특별자치시·도·특별자치도의 교육감 및 교육장
9. 총경(자치총경을 포함한다) 이상의 경찰공무원과 소방정 이상의 소방공무원
10. 제3호부터 제7호까지 및 제9호의 공무원으로 임명할 수 있는 직위 또는 이에 상당하는 직위에 임용된 「국가공무원법」 제26조의5 및 「지방공무원법」 제25조의5에 따른 임기제공무원
11. 「공공기관의 운영에 관한 법률」에 따른 공기업(이하 "공기업" 이라 한다)의 장·부기관장·상임이사 및 상임감사, 한국은행의 총재·부총재·감사 및 금융통화위원회의 추천직 위원,
금융감독원의 원장·부원장·부원장보 및 감사, 농업협동조합중앙회·수산업협동조합중앙회의 회장 및 상임감사
12. 제3조의2에 따른 공직유관단체(이하 "공직유관단체"라 한다)의 임원
12의2. 「한국토지주택공사법」에 따른 한국토지주택공사 등 부동산 관련 업무나 정보를 취급하는 대통령령으로 정하는 공직유관단체의 직원
13. 그 밖에 국회규칙, 대법원규칙, 헌법재판소규칙, 중앙선거관리위원회규칙 및 대통령령으로 정하는 특정 분야의 공무원과 공직유관단체의 직원

공직자윤리법 시행령 제3조(등록의무자)
④ 법 제3조제1항제13호에서 "대통령령으로 정하는 특정 분야의 공무원과 공직유관단체의 직원"이란 다음 각 호의 사람을 말한다.
6. 경찰공무원 중 경정, 경감, 경위, 경사와 자치경찰공무원 중 자치경정, 자치경감, 자치경위, 자치경사

공직자윤리법 제5조(재산의 등록기관과 등록시기 등)
① 공직자는 등록의무자가 된 날부터 2개월이 되는 날이 속하는 달의 말일까지 등록의무자가 된 날 현재의 재산을 다음 각 호의 구분에 따른 기관(이하 "등록기관"이라 한다)에 등록하여야 한다. 다만, 등록의무자가 된 날부터 2개월이 되는 날이 속하는 달의 말일까지 등록의무를 면제받은 경우에는 그러하지 아니하며, 전보(轉補)·강임(降任)·강등(降等) 또는 퇴직 등으로 인하여 등록의무를 면제받은 사람이 3년(퇴직한 경우에는 1년) 이내에 다시 등록의무자가 된 경우에는 전보·강임·강등 또는 퇴직 등을 한 날 이후 또는 제11조제1항에 따른 재산변동사항 신고 이후의 변동사항을 신고함으로써 등록을 갈음할 수 있다.

제6조(변동사항 신고)

① 등록의무자는 매년 1월 1일부터 12월 31일까지의 재산 변동사항을 **다음 해 2월 말일까지** 등록기관에 신고하여야 한다. 다만, 최초의 등록 후 또는 제5조제1항 단서에 따른 신고 후 최초의 변동사항 신고의 경우에는 등록의무자가 된 날부터 그 해 12월 31일까지의 재산 변동사항을 등록기관에 신고하여야 한다.

② 퇴직한 등록의무자는 퇴직일부터 2개월이 되는 날이 속하는 달의 말일까지 그 해 1월 1일(1월 1일 이후에 등록의무자가 된 경우에는 등록의무자가 된 날)부터 퇴직일까지의 재산 변동사항을 퇴직 당시의 등록기관에 신고하여야 한다. 다만, 퇴직일부터 2개월이 되는 날이 속하는 달의 말일까지 다시 등록의무자가 된 경우에는 제1항에 따른 변동사항 신고만으로 신고를 갈음할 수 있다.

③ 10월부터 12월까지 중에 등록의무자가 되어 제1항에 따라 재산 변동사항을 신고하여야 하는 경우에는 등록의무자가 된 날부터 그 해 12월 31일까지의 재산 변동사항은 다음 해의 변동사항 또는 제2항에 따른 퇴직자 변동사항에 포함하여 신고할 수 있으며, 등록의무자가 1월 또는 2월 중에 퇴직한 경우에는 제1항에 따른 변동사항은 제2항에 따른 퇴직자 변동사항에 포함하여 신고할 수 있다.

제10조(등록재산의 공개) [23 간부, 22 승진]

① 공직자윤리위원회는 관할 등록의무자 중 다음 각 호의 어느 하나에 해당하는 공직자 본인과 배우자 및 본인의 직계존속·직계비속의 재산에 관한 등록사항과 제6조에 따른 변동사항 신고내용을 등록기간 또는
신고기간 만료 후 1개월 이내에 관보 또는 공보에 게재하여 공개하여야 한다.

8. **치안감 이상**의 경찰공무원 및 특별시·광역시·특별자치시·도·특별자치도의 **시·도경찰청장**

제17조(퇴직공직자의 취업제한)

① 제3조제1항제1호부터 제12호까지의 어느 하나에 해당하는 공직자와 부당한 영향력 행사 가능성 및 공정한 직무수행을 저해할 가능성 등을 고려하여 국회규칙, 대법원규칙, 헌법재판소규칙, 중앙선거관리위원회규칙 또는 대통령령으로 정하는 공무원과 공직유관단체의 직원(이하 이 장에서 "취업심사대상자"라 한다)은 퇴직일부터 3년간 다음 각 호의 어느 하나에 해당하는 기관(이하 "취업심사대상기관"이라 한다)에 취업할 수 없다. 다만, 관할 공직자윤리위원회로부터 취업심사대상자가 퇴직 전 5년 동안 소속하였던 부서 또는 기관의 업무와 취업심사대상기관 간에 밀접한 관련성이 없다는 확인을 받거나 취업승인을 받은 때에는 취업할 수 있다.

제18조(취업제한 여부의 확인 및 취업승인)

① 취업심사대상자가 제17조제1항 단서에 따라 퇴직 전 5년 동안 소속하였던 부서 또는 기관의 업무와 취업심사대상기관 간에 밀접한 관련성이 없다는 확인을 받아 취업심사대상기관에 취업을 하려는 경우에는 국회규칙, 대법원규칙, 헌법재판소규칙, 중앙선거관리위원회규칙 또는 대통령령으로 정하는 바에 따라 퇴직 당시 소속되었던 기관의 장을 거쳐 관할 공직자윤리위원회에 제17조제2항 및 제3항에 따라 취업이 제한되는지를 확인하여 줄 것을 요청하여야 한다.

② 취업심사대상자가 제17조제1항 단서에 따라 취업승인을 받으려는 경우에는 국회규칙, 대법원규칙, 헌법재판소규칙, 중앙선거관리위원회규칙 또는 대통령령으로 정하는 바에 따라 퇴직 당시 소속되었던 기관의 장을 거쳐 관할 공직자윤리위원회에 취업승인을 신청하여야 한다.

③ 제1항에 따라 취업제한 여부의 확인을 요청받거나 제2항에 따라 취업승인의 신청을 받은 관할 공직자윤리위원회는 국회규칙, 대법원규칙, 헌법재판소규칙, 중앙선거관리위원회규칙 또는 대통령령으로 정하는 바에 따라 심사 결과를 통지하여야 한다.

제18조의2(퇴직공직자의 업무취급 제한)

① 모든 공무원 또는 공직유관단체 임직원은 다른 법률에 특별한 규정이 있는 경우를 제외하고는 재직 중에 직접 처리한 제17조제2항 각 호의 업무를 퇴직 후에 취급할 수 없다.

② 기관업무기준 취업심사대상자는 다른 법률에 특별한 규정이 있는 경우를 제외하고는 퇴직 전 2년부터 퇴직할 때까지 근무한 기관이 취업한 취업심사대상기관에 대하여 처리하는 제17조제2항 각 호의 업무를 퇴직한 날부터 2년 동안 취급할 수 없다.

③ 제1항 및 제2항에도 불구하고 국가안보상의 이유나 공공의 이익을 위한 목적 등 해당 업무를 취급하는 것이 필요하고 그 취급이 해당 업무의 공정한 처리에 영향을 미치지 아니한다고 인정되는 경우로서 관할 공직자윤리위원회의 승인을 받은 경우에는 해당 업무를 취급할 수 있다.

제23조(시정 권고)
관할 공직자윤리위원회는 국가기관, 지방자치단체 또는 공직유관단체의 장이 제18조의5제2항을 위반하여 해당 기관의 취업심사대상자를 제17조제2항 각 호의 업무와 관련된 취업심사대상기관으로 취업을 알선하는 경우에는 시정을 권고할 수 있다. 이 경우 시정 권고를 받은 국가기관, 지방자치단체 또는 공직유관단체의 장은 특별한 사유가 없으면 그 시정 권고에 따라야 한다.

(5) 경찰공무원 복무규정 [시행 21. 1. 5] [대통령령]

목적	이 영은 경찰공무원의 복무에 관한 사항을 규정함을 목적으로 한다.
기본강령(§3)	경찰공무원은 다음의 기본강령에 따라 복무해야 한다. 1. 경찰사명 　경찰공무원은 국가와 민족을 위하여 충성과 봉사를 다하며, 국민의 생명·신체 및 재산을 보호하고, 공공의 안녕과 질서를 유지함을 그 사명으로 한다. 2. 경찰정신 　경찰공무원은 국민의 수임자로서 일상의 직무수행에 있어서 국민의 자유와 권리를 존중하는 호국·봉사·정의의 정신을 그 바탕으로 삼는다. 3. 규율 　경찰공무원은 법령을 준수하고 직무상의 명령에 복종하며, 상사에 대한 존경과 부하에 대한 존중으로써 규율을 지켜야 한다. 4. 단결 　경찰공무원은 주어진 사명을 다하기 위하여 긍지를 가지고 한마음 한뜻으로 굳게 뭉쳐 임무수행에 모든 역량을 기울여야 한다. 5. 책임 　경찰공무원은 창의와 노력으로써 소임을 완수하여야 하며, 직무수행의 결과에 대하여 책임을 진다. 6. 성실·청렴 　경찰공무원은 성실하고 청렴한 생활태도로써 국민의 모범이 되어야 한다.
복무 등	**제13조(여행의 제한)** 경찰공무원은 휴무일 또는 근무시간외에 2시간 이내에 직무에 복귀하기 어려운 지역으로 여행을 하고자 할 때에는 소속 경찰기관의 장에게 신고를 하여야 한다. 다만, 치안상 특별한 사정이 있어 경찰청장, 해양경찰청장 또는 경찰기관의 장이 지정하는 기간중에는 소속경찰기관의 장의 허가를 받아야 한다. **제14조(비상소집)** ① 경찰기관의 장은 비상사태에 대처하기 위하여 필요하다고 인정할 때에는 소속경찰공무원을 긴급히 소집하거나 일정한 장소에 대기하게 할 수 있다. ② 제1항의 규정에 의한 비상소집의 요건·종류·절차등에 관하여 필요한 사항은 경찰청장 또는 해양경찰청장이 정한다. **제18조(포상휴가)** 경찰기관의 장은 근무성적이 탁월하거나 다른 경찰공무원의 모범이 될 공적이 있는 경찰공무원에 대하여 1회 10일 이내의 포상휴가를 허가할 수 있다. 이 경우의 포상휴가기간은 연가일수에 산입하지 아니한다. **제19조(연일근무자 등의 휴무)** 경찰기관의 장은 특별한 사정이 없는 한 다음과 같이 휴무를 허가하여야 한다. 1. 연일근무자 및 공휴일근무자에 대하여는 그 다음날 1일의 휴무 2. 당직 또는 철야근무자에 대하여는 다음 날 오후 2시를 기준으로 하여 오전 또는 오후의 휴무

(6) 공직자의 이해충돌 방지법 [시행 22. 5. 19.]

제1조(목적)
이 법은 공직자의 직무수행과 관련한 사적 이익추구를 금지함으로써 공직자의 직무수행 중 발생할 수 있는 이해충돌을 방지하여 공정한 직무수행을 보장하고 공공기관에 대한 국민의 신뢰를 확보하는 것을 목적으로 한다.

제2조(정의)
이 법에서 사용하는 용어의 뜻은 다음과 같다.
1. "공공기관"이란 다음 각 목의 어느 하나에 해당하는 기관·단체를 말한다.
   가. 국회, 법원, 헌법재판소, 선거관리위원회, 감사원, 고위공직자범죄수사처, 국가인권위원회, 중앙행정기관(대통령 소속 기관과 국무총리 소속 기관을 포함한다)과 그 소속 기관
   나. 「지방자치법」에 따른 지방자치단체의 집행기관 및 지방의회
   다. 「지방교육자치에 관한 법률」에 따른 교육행정기관
   라. 「공직자윤리법」 제3조의2에 따른 공직유관단체
   마. 「공공기관의 운영에 관한 법률」 제4조에 따른 공공기관
   바. 「초·중등교육법」, 「고등교육법」 또는 그 밖의 다른 법령에 따라 설치된 각급 국립·공립 학교
2. "공직자"란 다음 각 목의 어느 하나에 해당하는 사람을 말한다.
   가. 「국가공무원법」 또는 「지방공무원법」에 따른 공무원과 그 밖에 다른 법률에 따라 그 자격·임용·교육훈련·복무·보수·신분보장 등에 있어서 공무원으로 인정된 사람
   나. 제1호라목 또는 마목에 해당하는 공공기관의 장과 그 임직원
   다. 제1호바목에 해당하는 각급 국립·공립 학교의 장과 교직원
3. "고위공직자"란 다음 각 목의 어느 하나에 해당하는 공직자를 말한다.
   가. 대통령, 국무총리, 국무위원, 국회의원, 국가정보원의 원장 및 차장 등 국가의 정무직공무원
   나. 지방자치단체의 장, 지방의회의원 등 지방자치단체의 정무직공무원
   다. 일반직 1급 국가공무원(「국가공무원법」 제23조에 따라 배정된 직무등급이 가장 높은 등급의 직위에 임용된 고위공무원단에 속하는 일반직공무원을 포함한다) 및 지방공무원과 이에 상응하는 보수를 받는 별정직공무원(고위공무원단에 속하는 별정직공무원을 포함한다)
   라. 대통령령으로 정하는 외무공무원
   마. 고등법원 부장판사급 이상의 법관과 대검찰청 검사급 이상의 검사
   바. 중장 이상의 장성급(將星級) 장교
   사. 교육공무원 중 총장·부총장·학장(대학교의 학장은 제외한다) 및 전문대학의 장과 대학에 준하는 각종 학교의 장, 특별시·광역시·특별자치시·도·특별자치도의 교육감
   아. 치안감 이상의 경찰공무원 및 특별시·광역시·특별자치시·도·특별자치도의 시·도경찰청장
   자. 소방정감 이상의 소방공무원
   차. 지방국세청장 및 3급 공무원 또는 고위공무원단에 속하는 공무원인 세관장
   카. 다목부터 바목까지, 아목 및 차목의 공무원으로 임명할 수 있는 직위 또는 이에 상당하는 직위에 임용된 「국가공무원법」 제26조의5 및 「지방공무원법」 제25조의5에 따른 임기제공무원. 다만, 라목·마목·아목 및 차목 중 직위가 지정된 경우에는 그 직위에 임용된 「국가공무원법」 제26조의5 및 「지방공무원법」 제25조의5에 따른 임기제공무원만 해당한다.
   타. 공기업의 장·부기관장 및 상임감사, 한국은행의 총재·부총재·감사 및 금융통화위원회의 추천직 위원, 금융감독원의 원장·부원장·부원장보 및 감사, 농업협동조합중앙회·수산업협동조합중앙회의 회장 및 상임감사
   파. 그 밖에 대통령령으로 정하는 정부의 공무원 및 공직유관단체의 임원
4. "이해충돌"이란 공직자가 직무를 수행할 때에 자신의 사적 이해관계가 관련되어 공정하고 청렴한 직무수행이 저해되거나 저해될 우려가 있는 상황을 말한다.
5. "직무관련자"란 공직자가 법령(조례·규칙을 포함한다. 이하 같다)·기준(제1호라목부터 바목까지의 공공기관의 규정·사규 및 기준 등을 포함한다. 이하 같다)에 따라 수행하는 직무와 관련되는 자로서 다음 각 목의 어느 하나에 해당하는 개인·법인·단체 및 공직자를 말한다.
   가. 공직자의 직무수행과 관련하여 일정한 행위나 조치를 요구하는 개인이나 법인 또는 단체
   나. 공직자의 직무수행과 관련하여 이익 또는 불이익을 직접적으로 받는 개인이나 법인 또는 단체
   다. 공직자가 소속된 공공기관과 계약을 체결하거나 체결하려는 것이 명백한 개인이나 법인 또는 단체

라. 공직자의 직무수행과 관련하여 이익 또는 불이익을 직접적으로 받는 다른 공직자. 다만, 공공기관이 이익 또는 불이익을 직접적으로 받는 경우에는 그 공공기관에 소속되어 해당 이익 또는 불이익과 관련된 업무를 담당하는 공직자를 말한다.
6. "사적이해관계자"란 다음 각 목의 어느 하나에 해당하는 자를 말한다.
   가. 공직자 자신 또는 그 가족(「민법」 제779조에 따른 가족을 말한다. 이하 같다)
   나. 공직자 자신 또는 그 가족이 임원·대표자·관리자 또는 사외이사로 재직하고 있는 법인 또는 단체
   다. 공직자 자신이나 그 가족이 대리하거나 고문·자문 등을 제공하는 개인이나 법인 또는 단체
   라. 공직자로 채용·임용되기 전 2년 이내에 공직자 자신이 재직하였던 법인 또는 단체
   마. 공직자로 채용·임용되기 전 2년 이내에 공직자 자신이 대리하거나 고문·자문 등을 제공하였던 개인이나 법인 또는 단체
   바. 공직자 자신 또는 그 가족이 대통령령으로 정하는 일정 비율 이상의 주식·지분 또는 자본금 등을 소유하고 있는 법인 또는 단체
   사. 최근 2년 이내에 퇴직한 공직자로서 퇴직일 전 2년 이내에 제5조제1항 각 호의 어느 하나에 해당하는 직무를 수행하는 공직자와 국회규칙, 대법원규칙, 헌법재판소규칙, 중앙선거관리위원회규칙 또는 대통령령으로 정하는 범위의 부서에서 같이 근무하였던 사람
   아. 그 밖에 공직자의 사적 이해관계와 관련되는 자로서 국회규칙, 대법원규칙, 헌법재판소규칙, 중앙선거관리위원회규칙 또는 대통령령으로 정하는 자
7. "소속기관장"이란 공직자가 소속된 공공기관의 장을 말한다.

제5조(사적이해관계자의 신고 및 회피·기피 신청)
① 다음 각 호의 어느 하나에 해당하는 직무를 수행하는 공직자는 직무관련자(직무관련자의 대리인을 포함한다. 이하 이 조에서 같다)가 사적이해관계자임을 안 경우 안 날부터 14일 이내에 소속기관장에게 그 사실을 서면(전자문서를 포함한다. 이하 같다)으로 신고하고 회피를 신청하여야 한다.
1. 인가·허가·면허·특허·승인·검사·검정·시험·인증·확인, 지정·등록, 등재·인정·증명, 신고·심사, 보호·감호, 보상 또는 이에 준하는 직무
2. 행정지도·단속·감사·조사·감독에 관계되는 직무
3. 병역판정검사, 징집·소집·동원에 관계되는 직무
4. 개인·법인·단체의 영업 등에 관한 작위 또는 부작위의 의무부과 처분에 관계되는 직무
5. 조세·부담금·과태료·과징금·이행강제금 등의 조사·부과·징수 또는 취소·철회·시정명령 등 제재적 처분에 관계되는 직무
6. 보조금·장려금·출연금·출자금·교부금·기금의 배정·지급·처분·관리에 관계되는 직무
7. 공사·용역 또는 물품 등의 조달·구매의 계약·검사·검수에 관계되는 직무
8. 사건의 수사·재판·심판·결정·조정·중재·화해 또는 이에 준하는 직무
9. 공공기관의 재화 또는 용역의 매각·교환·사용·수익·점유에 관계되는 직무
10. 공직자의 채용·승진·전보·상벌·평가에 관계되는 직무
11. 공공기관이 실시하는 행정감사에 관계되는 직무
12. 각급 국립·공립 학교의 입학·성적·수행평가에 관계되는 직무
13. 공공기관이 주관하는 각종 수상, 포상, 우수기관 선정, 우수자 선발에 관계되는 직무
14. 공공기관이 실시하는 각종 평가·판정에 관계되는 직무
15. 국회의원 또는 지방의회의원의 소관 위원회 활동과 관련된 청문, 의안·청원 심사, 국정감사, 지방자치단체의 행정사무감사, 국정조사, 지방자치단체의 행정사무조사와 관계되는 직무
16. 그 밖에 국회규칙, 대법원규칙, 헌법재판소규칙, 중앙선거관리위원회규칙 또는 대통령령으로 정하는 직무
② 직무관련자 또는 공직자의 직무수행과 관련하여 직접적인 이해관계가 있는 자는 해당 공직자에게 제1항에 따른 신고 및 회피 의무가 있거나 그 밖에 공정한 직무수행을 저해할 우려가 있는 사적 이해관계가 있다고 판단하는 경우에는 그 공직자의 소속기관장에게 기피를 신청할 수 있다.
③ 다음 각 호의 어느 하나에 해당하는 경우에는 제1항 및 제2항을 적용하지 아니한다.
1. 제1항 각 호에 해당하는 직무와 관련하여 불특정다수를 대상으로 하는 법률이나 대통령령의 제정·개정 또는 폐지를 수반하는 경우
2. 특정한 사실 또는 법률관계에 관한 확인·증명을 신청하는 민원에 따라 해당 서류를 발급하는 경우
④ 제1항 각 호에 해당하는 직무와 관련된 다른 법령·기준에 제척·기피·회피 등 이해충돌 방지를 위한 절차가 마련되어 있어 공직자가 그 절차에 따른 경우, 제1항에 따른 신고·회피 의무를 다한 것으로 본다.

제6조(공공기관 직무 관련 부동산 보유·매수 신고)
① 부동산을 직접적으로 취급하는 대통령령으로 정하는 공공기관의 공직자는 다음 각 호의 어느 하나에 해당하는 사람이 소속 공공기관의 업무와 관련된 부동산을 보유하고 있거나 매수하는 경우 소속기관장에게 그 사실을 서면으로 신고하여야 한다.
1. 공직자 자신, 배우자
2. 공직자와 생계를 같이하는 직계존속·비속(배우자의 직계존속·비속으로 생계를 같이하는 경우를 포함한다)
② 제1항에 따른 공공기관 외의 공공기관의 공직자는 소속 공공기관이 택지개발, 지구 지정 등 대통령령으로 정하는 부동산 개발 업무를 하는 경우 제1항 각 호의 어느 하나에 해당하는 사람이 그 부동산을 보유하고 있거나 매수하는 경우 소속기관장에게 그 사실을 서면으로 신고하여야 한다.
③ 제1항 및 제2항에 따른 신고는 부동산을 보유한 사실을 알게 된 날부터 14일 이내, 매수 후 등기를 완료한 날부터 14일 이내에 하여야 한다.

제7조(사적이해관계자의 신고 등에 대한 조치)
① 제5조제1항에 따른 신고·회피신청이나 같은 조 제2항에 따른 기피신청 또는 제6조에 따른 부동산 보유·매수 신고를 받은 소속기관장은 해당 공직자의 직무수행에 지장이 있다고 인정하는 경우에는 다음 각 호의 어느 하나에 해당하는 조치를 하여야 한다.
1. 직무수행의 일시 중지 명령
2. 직무 대리자 또는 직무 공동수행자의 지정
3. 직무 재배정
4. 전보
② 소속기관장은 제1항에도 불구하고 다음 각 호의 어느 하나에 해당하는 경우에는 해당 공직자가 계속 그 직무를 수행하도록 할 수 있다. 이 경우 제25조에 따른 이해충돌방지담당관 또는 다른 공직자로 하여금 공정한 직무수행 여부를 확인·점검하게 하여야 한다.
1. 직무를 수행하는 공직자를 대체하기가 지극히 어려운 경우
2. 국가의 안전보장 및 경제발전 등 공익 증진을 위하여 직무수행의 필요성이 더 큰 경우
③ 소속기관장은 제1항 또는 제2항에 따른 조치를 하였을 때에는 그 처리 결과를 해당 공직자와 기피를 신청한 자에게 통보하여야 한다.
④ 제6조제1항 및 제2항에 따른 부동산 보유 또는 매수 신고를 받은 소속기관장은 해당 부동산 보유·매수가 이 법 또는 다른 법률에 위반되는 것으로 의심될 경우 지체 없이 수사기관·감사원·감독기관 또는 국민권익위원회에 신고하거나 고발하여야 한다.

제8조(고위공직자의 민간 부문 업무활동 내역 제출 및 공개)
① 고위공직자는 그 직위에 임용되거나 임기를 개시하기 전 3년 이내에 민간 부문에서 업무활동을 한 경우, 그 활동 내역을 그 직위에 임용되거나 임기를 개시한 날부터 30일 이내에 소속기관장에게 제출하여야 한다.

제9조(직무관련자와의 거래 신고)
① 공직자는 자신, 배우자 또는 직계존속·비속(배우자의 직계존속·비속으로 생계를 같이하는 경우를 포함한다. 이하 이 조에서 같다) 또는 특수관계사업자(자신, 배우자 또는 직계존속·비속이 대통령령으로 정하는 일정 비율 이상의 주식·지분 등을 소유하고 있는 법인 또는 단체를 말한다. 이하 같다)가 공직자 자신의 직무관련자(「민법」 제777조에 따른 친족인 경우는 제외한다)와 다음 각 호의 어느 하나에 해당하는 행위를 한다는 것을 사전에 안 경우에는 안 날부터 14일 이내에 소속기관장에게 그 사실을 서면으로 신고하여야 한다.
1. 금전을 빌리거나 빌려주는 행위 및 유가증권을 거래하는 행위. 다만, 「금융실명거래 및 비밀보장에 관한 법률」에 따른 금융회사등, 「대부업 등의 등록 및 금융이용자 보호에 관한 법률」에 따른 대부업자등이나 그 밖의 금융회사로부터 통상적인 조건으로 금전을 빌리는 행위 및 유가증권을 거래하는 행위는 제외한다.
2. 토지 또는 건축물 등 부동산을 거래하는 행위. 다만, 공개모집에 의하여 이루어지는 분양이나 공매·경매·입찰을 통한 재산상 거래 행위는 제외한다.
3. 제1호 및 제2호의 거래 행위 외의 물품·용역·공사 등의 계약을 체결하는 행위. 다만, 공매·경매·입찰을 통한 계약 체결 행위 또는 거래관행상 불특정다수를 대상으로 반복적으로 행하여지는 계약 체결 행위는 제외한다.
② 공직자는 제1항 각 호에 따른 행위가 있었음을 사후에 알게 된 경우에도 안 날부터 14일 이내에 소속기관장에게 그 사실을 서면으로 신고하여야 한다.

③ 소속기관장은 제1항 또는 제2항에 따라 공직자가 신고한 행위가 직무의 공정한 수행을 저해할 수 있다고 판단되는 경우에는 해당 공직자에게 제7조제1항 각 호 또는 같은 조 제2항의 조치를 할 수 있다.

제10조(직무 관련 외부활동의 제한)
공직자는 다음 각 호의 행위를 하여서는 아니 된다. 다만, 「국가공무원법」 등 다른 법령·기준에 따라 허용되는 경우는 그러하지 아니하다.
1. 직무관련자에게 사적으로 노무 또는 조언·자문 등을 제공하고 대가를 받는 행위
2. 소속 공공기관의 소관 직무와 관련된 지식이나 정보를 타인에게 제공하고 대가를 받는 행위. 다만, 「부정청탁 및 금품등 수수의 금지에 관한 법률」 제10조에 따른 외부강의등의 대가로서 사례금 수수가 허용되는 경우와 소속 기관장이 허가한 경우는 제외한다.
3. 공직자가 소속된 공공기관이 당사자이거나 직접적인 이해관계를 가지는 사안에서 자신이 소속된 공공기관의 상대방을 대리하거나 그 상대방에게 조언·자문 또는 정보를 제공하는 행위
4. 외국의 기관·법인·단체 등을 대리하는 행위. 다만, 소속기관장이 허가한 경우는 제외한다.
5. 직무와 관련된 다른 직위에 취임하는 행위. 다만, 소속기관장이 허가한 경우는 제외한다.

제11조(가족 채용 제한)
① 공공기관(공공기관으로부터 출연금·보조금 등을 받거나 법령에 따라 업무를 위탁받는 산하 공공기관과 「상법」 제342조의2에 따른 자회사를 포함한다)은 다음 각 호의 어느 하나에 해당하는 공직자의 가족을 채용할 수 없다.
1. 소속 고위공직자
2. 채용업무를 담당하는 공직자
3. 해당 산하 공공기관의 감독기관인 공공기관 소속 고위공직자
4. 해당 자회사의 모회사인 공공기관 소속 고위공직자
② 다음 각 호의 어느 하나에 해당하는 경우에는 제1항을 적용하지 아니한다.
1. 「국가공무원법」 등 다른 법령(제2조제1호라목 또는 마목에 해당하는 공공기관의 인사 관련 규정을 포함한다. 이하 이 조에서 같다)에서 정하는 공개경쟁채용시험 또는 경력 등 응시요건을 정하여 같은 사유에 해당하는 다수인을 대상으로 하는 채용시험에 합격한 경우
2. 「국가공무원법」 등 다른 법령에 따라 다수인을 대상으로 시험을 실시하는 것이 적당하지 아니하여 다수인을 대상으로 하지 아니한 시험으로 공무원을 채용하는 경우로서 다음 각 목의 어느 하나에 해당하는 경우
　가. 공무원으로 재직하였다가 퇴직한 사람을 퇴직 시에 재직한 직급(고위공무원단에 속하는 공무원은 퇴직 시에 재직한 직위와 곤란성과 책임도가 유사한 직위를 말한다. 이하 이 호에서 같다)으로 재임용하는 경우
　나. 임용예정 직급·직위와 같은 직급·직위에서의 근무경력이 해당 법령에서 정하는 기간 이상인 사람을 임용하는 경우
　다. 국가공무원을 그 직급·직위에 해당하는 지방공무원으로 임용하거나, 지방공무원을 그 직급·직위에 해당하는 국가공무원으로 임용하는 경우
　라. 자격 요건 충족 여부만이 요구되거나 자격 요건에 해당하는 다른 대상자가 없어 다수인을 대상으로 할 수 없는 경우
③ 제1항 각 호의 어느 하나에 해당하는 공직자는 제1항을 위반하여 자신의 가족이 채용되도록 지시·유도 또는 묵인을 하여서는 아니 된다.
④ 제1항 및 제3항에도 불구하고 다른 법률에서 이 법의 적용을 받는 공공기관이 제1항 각 호의 어느 하나에 해당하는 공직자의 가족을 채용할 수 있도록 허용하고 있는 경우에는 그 법률의 규정에 따른다.

제12조(수의계약 체결 제한)
① 공공기관(공공기관으로부터 출연금·보조금 등을 받거나 법령에 따라 업무를 위탁받는 산하 공공기관과 「상법」 제342조의2에 따른 자회사를 포함한다)은 다음 각 호의 어느 하나에 해당하는 자와 물품·용역·공사 등의 수의계약(이하 "수의계약"이라 한다)을 체결할 수 없다. 다만, 해당 물품의 생산자가 1명뿐인 경우 등 대통령령으로 정하는 불가피한 사유가 있는 경우에는 그러하지 아니하다.
1. 소속 고위공직자
2. 해당 계약업무를 법령상·사실상 담당하는 소속 공직자
3. 해당 산하 공공기관의 감독기관 소속 고위공직자
4. 해당 자회사의 모회사인 공공기관 소속 고위공직자

5. 해당 공공기관이 「국회법」 제37조에 따른 상임위원회의 소관인 경우 해당 상임위원회 위원으로서 직무를 담당하는 국회의원
6. 「지방자치법」 제41조에 따라 해당 지방자치단체 등 공공기관을 감사 또는 조사하는 지방의회의원
7. 제1호부터 제6호까지의 어느 하나에 해당하는 공직자의 배우자 또는 직계존속·비속(배우자의 직계존속·비속으로 생계를 같이하는 경우를 포함한다. 이하 이 조에서 같다)
8. 제1호부터 제7호까지의 어느 하나에 해당하는 사람이 대표자인 법인 또는 단체
9. 제1호부터 제7호까지의 어느 하나에 해당하는 사람과 관계된 특수관계사업자

② 제1항제1호부터 제6호까지의 어느 하나에 해당하는 공직자는 제1항을 위반하여 같은 항 각 호의 어느 하나에 해당하는 자와 수의계약을 체결하도록 지시·유도 또는 묵인을 하여서는 아니 된다.

제13조(공공기관 물품 등의 사적 사용·수익 금지)
공직자는 공공기관이 소유하거나 임차한 물품·차량·선박·항공기·건물·토지·시설 등을 사적인 용도로 사용·수익하거나 제3자로 하여금 사용·수익하게 하여서는 아니 된다. 다만, 다른 법령·기준 또는 사회상규에 따라 허용되는 경우에는 그러하지 아니하다.

제14조(직무상 비밀 등 이용 금지)
① 공직자(공직자가 아니게 된 날부터 3년이 경과하지 아니한 사람을 포함하되, 다른 법률에서 이와 달리 규정하고 있는 경우에는 그 법률에서 규정한 바에 따른다. 이하 이 조, 제27조제1항, 같은 조 제2항제1호 및 같은 조 제3항제1호에서 같다)는 직무수행 중 알게 된 비밀 또는 소속 공공기관의 미공개정보(재물 또는 재산상 이익의 취득 여부의 판단에 중대한 영향을 미칠 수 있는 정보로서 불특정 다수인이 알 수 있도록 공개되기 전의 것을 말한다. 이하 같다)를 이용하여 재물 또는 재산상의 이익을 취득하거나 제3자로 하여금 재물 또는 재산상의 이익을 취득하게 하여서는 아니 된다.
② 공직자로부터 직무상 비밀 또는 소속 공공기관의 미공개정보임을 알면서도 제공받거나 부정한 방법으로 취득한 자는 이를 이용하여 재물 또는 재산상의 이익을 취득하여서는 아니 된다.
③ 공직자는 직무수행 중 알게 된 비밀 또는 소속 공공기관의 미공개정보를 사적 이익을 위하여 이용하거나 제3자로 하여금 이용하게 하여서는 아니 된다.

제15조(퇴직자 사적 접촉 신고)
① 공직자는 직무관련자인 소속 기관의 퇴직자(공직자가 아니게 된 날부터 2년이 지나지 아니한 사람만 해당한다)와 사적 접촉(골프, 여행, 사행성 오락을 같이 하는 행위를 말한다)을 하는 경우 소속기관장에게 신고하여야 한다. 다만, 사회상규에 따라 허용되는 경우에는 그러하지 아니하다.

제16조(공무수행사인의 공무수행과 관련된 행위제한 등)
① 다음 각 호의 어느 하나에 해당하는 자(이하 "공무수행사인"이라 한다)의 공무수행에 관하여는 제5조, 제7조, 제14조, 제21조(제5조 및 제14조에 관한 사항에 한정한다. 이하 이 조에서 같다), 제22조제1항·제3항 및 제25조제1항을 준용한다.
1. 「행정기관 소속 위원회의 설치·운영에 관한 법률」 또는 다른 법령에 따라 설치된 각종 위원회의 위원 중 공직자가 아닌 위원
2. 법령에 따라 공공기관의 권한을 위임·위탁받은 개인이나 법인 또는 단체(법인 또는 단체에 소속되어 위임·위탁받은 권한에 관계되는 업무를 수행하는 임직원을 포함한다)
3. 공무를 수행하기 위하여 민간부문에서 공공기관에 파견 나온 사람
4. 법령에 따라 공무상 심의·평가 등을 하는 개인이나 법인 또는 단체(법인 또는 단체에 소속되어 심의·평가 등을 하는 임직원을 포함한다)

② 제1항에 따라 공무수행사인에 대하여 제5조, 제7조, 제14조, 제21조, 제22조제1항·제3항 및 제25조제1항을 준용하는 경우 "공직자"는 "공무수행사인"으로, "소속기관장"은 다음 각 호의 구분에 따른 자로 본다.
1. 제1항제1호에 따른 위원회의 위원: 그 위원회가 설치된 공공기관의 장
2. 제1항제2호에 따른 개인이나 법인 또는 단체: 감독기관 또는 권한을 위임하거나 위탁한 공공기관의 장
3. 제1항제3호에 따른 사람: 파견을 받은 공공기관의 장
4. 제1항제4호에 따른 개인이나 법인 또는 단체: 해당 공무를 제공받는 공공기관의 장

제17조(공직자의 이해충돌 방지에 관한 업무의 총괄)

국민권익위원회는 이 법에 따른 다음 각 호의 사항에 관한 업무를 관장한다.
1. 공직자의 이해충돌 방지에 관한 제도개선 및 교육·홍보 계획의 수립 및 시행
2. 이 법에 따른 신고 등의 안내·상담·접수·처리 등
3. 제18조제1항에 따른 신고를 한 자(이하 "신고자"라 한다) 등에 대한 보호 및 보상
4. 제1호부터 제3호까지의 업무 수행에 필요한 실태조사 및 자료의 수집·관리·분석 등

제18조(위반행위의 신고 등)
① 누구든지 이 법의 위반행위가 발생하였거나 발생하고 있다는 사실을 알게 된 경우에는 다음 각 호의 어느 하나에 해당하는 기관에 신고할 수 있다.
1. 이 법의 위반행위가 발생한 공공기관 또는 그 감독기관
2. 감사원 또는 수사기관
3. 국민권익위원회
② 신고자가 다음 각 호의 어느 하나에 해당하는 경우에는 이 법에 따른 보호 및 보상을 받지 못한다.
1. 신고의 내용이 거짓이라는 사실을 알았거나 알 수 있었음에도 불구하고 신고한 경우
2. 신고와 관련하여 금품이나 근로관계상의 특혜를 요구한 경우
3. 그 밖에 부정한 목적으로 신고한 경우
③ 제1항에 따라 신고를 하려는 자는 자신의 인적사항과 신고의 취지·이유·내용을 적고 서명한 문서와 함께 신고 대상 및 증거 등을 제출하여야 한다.

제19조(위반행위 신고의 처리)
① 제18조제1항제1호 또는 제2호의 기관(이하 "조사기관"이라 한다)은 같은 조 제1항에 따라 신고를 받거나 이 조 제2항에 따라 국민권익위원회로부터 신고를 이첩받은 경우에는 그 내용에 관하여 필요한 조사·감사 또는 수사를 하여야 한다.
② 국민권익위원회가 제18조제1항에 따른 신고를 받은 경우에는 그 내용에 관하여 신고자를 상대로 사실관계를 확인한 후 대통령령으로 정하는 바에 따라 조사기관에 이첩하고, 그 사실을 신고자에게 통보하여야 한다.
③ 국민권익위원회는 제2항에 따라 신고자를 상대로 사실관계를 확인한 후에도 불구하고 제2항에 따른 이첩 여부를 결정할 수 없는 경우에는 그 결정에 필요한 범위에서 피신고자의 의사에 반하지 아니하는 때에 한정하여 피신고자에게 의견 또는 자료 제출 기회를 부여할 수 있다.
④ 조사기관은 제1항에 따른 조사·감사 또는 수사를 마친 날부터 10일 이내에 그 결과를 신고자와 국민권익위원회에 통보(국민권익위원회로부터 이첩받은 경우만 해당한다)하고, 조사·감사 또는 수사 결과에 따라 공소 제기, 과태료 부과 대상 위반행위의 통보, 징계처분 등 필요한 조치를 하여야 한다.
⑤ 국민권익위원회는 제4항에 따라 조사기관으로부터 조사·감사 또는 수사 결과를 통보받은 경우에는 지체 없이 신고자에게 조사·감사 또는 수사 결과를 통보하여야 한다.
⑥ 제4항 또는 제5항에 따라 조사·감사 또는 수사 결과를 통보받은 신고자는 대통령령으로 정하는 바에 따라 조사기관에 이의신청을 할 수 있으며, 제5항에 따라 조사·감사 또는 수사 결과를 통보받은 신고자는 국민권익위원회에도 이의신청을 할 수 있다.
⑦ 국민권익위원회는 조사기관의 조사·감사 또는 수사 결과가 충분하지 아니하다고 인정되는 경우에는 조사·감사 또는 수사 결과를 통보받은 날부터 30일 이내에 새로운 증거자료의 제출 등 합리적인 이유를 들어 조사기관에 재조사를 요구할 수 있다.
⑧ 제7항에 따른 재조사를 요구받은 조사기관은 재조사를 종료한 날부터 7일 이내에 그 결과를 국민권익위원회에 통보하여야 한다. 이 경우 국민권익위원회는 통보를 받은 즉시 신고자에게 재조사 결과의 요지를 통보하여야 한다.

제20조(신고자 등의 보호·보상)
① 누구든지 다음 각 호의 어느 하나에 해당하는 신고 등(이하 "신고등"이라 한다)을 하지 못하도록 방해하거나 신고등을 한 자(이하 "신고자등"이라 한다)에게 이를 취소하도록 강요하여서는 아니 된다.
1. 제18조제1항에 따른 신고
2. 제1호에 따른 신고에 관한 조사·감사·수사·소송 또는 보호조치에 관한 조사·소송 등에서 진술·증언 및 자료제공 등의 방법으로 돕는 행위
② 누구든지 신고자등에게 신고등을 이유로 불이익조치(「공익신고자 보호법」 제2조제6호에 따른 불이익조치를 말한다. 이하 같다)를 하여서는 아니 된다.
③ 이 법의 위반행위를 한 자가 위반사실을 자진하여 신고하거나 신고자등이 신고등을 함으로 인하여 자신이 한

이 법의 위반행위가 발견된 경우에는 그 위반행위에 대한 형사처벌, 과태료 부과, 징계처분, 그 밖의 행정처분 등을 감경하거나 면제할 수 있다.

④ 제1항부터 제3항까지에서 규정한 사항 외에 신고자등의 보호 등에 관하여는 「공익신고자 보호법」 제11조부터 제13조까지, 제14조제2항부터 제8항까지, 제16조부터 제20조까지, 제20조의2, 제21조, 제21조의2 및 제22조부터 제25조까지의 규정을 준용한다. 이 경우 "공익신고자등" 및 "공익신고자"는 각각 "신고자등" 및 "신고자"로, "공익신고등" 및 "공익신고"는 각각 "신고등" 및 "신고"로, "공익침해행위"는 "이 법의 위반행위"로 본다.

⑤ 국민권익위원회는 제18조제1항에 따른 신고로 인하여 공공기관에 재산상 이익을 가져오거나 손실을 방지한 경우 또는 공익을 증진시킨 경우에는 그 신고자에게 포상금을 지급할 수 있다.

⑥ 국민권익위원회는 제18조제1항에 따른 신고로 인하여 공공기관에 직접적인 수입의 회복·증대 또는 비용의 절감을 가져온 경우에는 그 신고자의 신청에 의하여 보상금을 지급하여야 한다.

⑦ 신고자등과 그 친족(「민법」 제777조에 따른 친족을 말한다) 또는 동거인은 신고등과 관련하여 다음 각 호의 어느 하나에 해당하는 피해를 입었거나 비용을 지출할 경우 국민권익위원회에 구조금의 지급을 신청할 수 있다.
1. 육체적·정신적 치료 등에 든 비용
2. 전직·파견근무 등에 따른 이사비용
3. 원상회복 관련 쟁송절차에 든 비용
4. 불이익조치 기간의 임금 손실액
5. 그 밖에 중대한 경제적 손해(「공익신고자 보호법」 제2조제6호아목 및 자목에 따른 손해는 제외한다)

제21조(위법한 직무처리에 대한 조치)
소속기관장은 공직자가 제5조제1항, 제6조, 제8조제1항·제2항, 제9조제1항·제2항, 제10조, 제11조제3항, 제12조제2항, 제13조, 제14조 또는 제15조를 위반한 사실을 발견한 경우에는 해당 공직자에게 위반사실을 즉시 시정할 것을 명하고 계속 불이행할 경우 해당 공직자의 직무를 중지하거나 취소하는 등 필요한 조치를 하여야 한다.

제22조(부당이득의 환수 등)
① 소속기관장은 공직자가 제5조의 신고 및 회피 의무 또는 제6조의 신고 의무를 위반하여 수행한 직무가 위법한 것으로 확정된 경우에는 그 직무를 통하여 공직자 또는 제3자가 얻은 재산상 이익을 환수하여야 한다.
② 소속기관장은 공직자가 제13조의 공공기관 물품 등의 사적 사용·수익 금지 의무를 위반한 경우에는 공직자 또는 제3자가 얻은 재산상 이익을 환수하여야 한다.
③ 제1항 또는 제2항에도 불구하고 다른 법률에서 공직자 또는 제3자가 얻은 부당이득의 몰수, 환수 등에 대하여 규정하고 있는 경우에는 그 법률에 따른다.

제23조(비밀누설 금지)
다음 각 호의 어느 하나에 해당하는 업무를 수행하거나 수행하였던 공직자는 재직 중은 물론 퇴직 후에도 그 업무 처리 과정에서 알게 된 비밀을 누설하여서는 아니 된다. 다만, 제2호의 업무로서 제8조제4항에 따라 공개하는 경우에는 그러하지 아니하다.
1. 제5조부터 제7조까지의 규정에 따른 사적이해관계자의 신고 및 회피·기피 신청 또는 부동산 보유·매수 신고의 처리에 관한 업무
2. 제8조에 따른 고위공직자의 업무활동 내역 보관·관리에 관한 업무
3. 제9조에 따른 직무관련자와의 거래 신고 및 조치에 관한 업무
4. 제15조에 따른 퇴직자 사적 접촉 신고 및 조치에 관한 업무

제24조(교육 및 홍보 등)
① 공공기관의 장은 공직자에게 이해충돌 방지에 관한 내용을 매년 1회 이상 정기적으로 교육하여야 한다.
② 공공기관의 장은 이 법에서 금지하고 있는 사항을 적극적으로 알리는 등 국민들이 이 법을 준수하도록 유도하여야 한다.
③ 공공기관의 장은 제1항 및 제2항에 따른 교육 및 홍보 등을 하기 위하여 필요하면 국민권익위원회에 지원을 요청할 수 있다. 이 경우 국민권익위원회는 적극 협력하여야 한다.

제25조(이해충돌방지담당관의 지정)
① 공공기관의 장은 소속 공직자 중에서 다음 각 호의 업무를 담당하는 이해충돌방지담당관을 지정하여야 한다.
1. 공직자의 이해충돌 방지에 관한 내용의 교육·상담

2. 사적이해관계자의 신고 및 회피·기피 신청, 부동산 보유·매수 신고 또는 직무관련자와의 거래에 관한 신고의 접수 및 관리
3. 사적이해관계자의 신고 및 회피·기피 신청 또는 부동산 보유·매수 신고에도 불구하고 그 직무를 계속 수행하게 된 공직자의 공정한 직무수행 여부의 확인·점검
4. 고위공직자의 업무활동 내역 관리 및 공개
5. 퇴직자 사적 접촉 신고의 접수 및 관리
6. 이 법에 따른 위반행위 신고·신청의 접수, 처리 및 내용의 조사
7. 이 법에 따른 소속기관장의 위반행위를 발견한 경우 법원 또는 수사기관에 그 사실의 통보
② 이 법에 따라 소속기관장에게 신고·신청·제출하여야 하는 사람이 소속기관장 자신인 경우에는 해당 신고·신청·제출을 이해충돌방지담당관에게 하여야 한다.

제26조(징계)
공공기관의 장은 소속 공직자가 이 법 또는 이 법에 따른 명령을 위반한 경우에는 징계처분을 하여야 한다.

(7) 해양경찰청 공직자의 이해충돌 방지제도 운영지침 [시행 22. 5. 19.] [해양경찰청예규]

제1조 (목적)
이 지침은 「공직자의 이해충돌 방지법」 및 같은 법 시행령에서 규정하고 있는 이해충돌 방지제도를 해양경찰청과 그 소속기관에서 원활하게 운영하기 위해 필요한 사항을 규정하는 것을 목적으로 한다.

제2조 (이해충돌 방지담당관의 지정)
「공직자의 이해충돌 방지법」(이하 "법"이라 한다) 제25조 및 같은 법 시행령(이하 "영"이라 한다) 제31조에 따른 해양경찰청과 그 소속기관의 이해충돌방지담당관은 다음 각 호와 같다.
1. 해양경찰청: 감사담당관
2. 해양경찰교육원: 운영지원과장
3. 중앙해양특수구조단: 행정지원팀장
4. 지방해양경찰청: 청문감사담당관
5. 해양경찰서, 해양경찰정비창: 기획운영과장

제3조 (사적이해관계자의 신고와 회피·기피신청)
① 해양경찰청과 그 소속기관 공직자(이하 "공직자"라 한다)는 법 제5조제1항에 따라 직무관련자가 사적이해관계자라는 사실을 신고하고 회피를 신청하려는 경우에는 별지 제1호서식을 작성하여 소속 해양경찰관서 이해충돌방지담당관에게 서면(전자문서 및 청렴포털의 이해충돌 방지법 표준신고시스템을 통한 신고를 포함한다. 이하 같다)으로 제출해야 한다.
② 이해충돌방지담당관은 법 제5조제2항에 따라 기피신청을 하려는 신청인에게 별지 제2호서식을 작성하여 서면으로 제출하도록 안내해야 한다.
③ 이해충돌방지담당관은 법 제5조제2항에 따라 기피신청의 대상이 된 공직자에게 기피사유에 대한 의견을 들을 수 있다. 이 경우 공직자는 별지 제3호서식을 작성하여 제출해야 한다.

제4조 (사적이해관계자의 신고 등에 대한 조치)
① 이해충돌방지담당관은 법 제5조제1항에 따른 신고 및 회피신청, 같은 조 제2항에 따른 기피신청을 받은 날부터 7일 이내에 법 제7조제1항 및 제2항에 따른 조치가 이행될 수 있도록 신고 내용을 확인하고 필요시 소속 해양경찰관서의 장에게 신속히 보고해야 한다.
② 이해충돌방지담당관은 신고·회피신청을 한 공직자 및 기피신청의 대상이 된 공직자를 지휘·감독하는 상급자 또는 소속 해양경찰관서의 장으로부터 의견을 들을 수 있다.
③ 이해충돌방지담당관은 소속 해양경찰관서의 장이 공직자를 대상으로 법 제7조제1항 또는 제2항에 따른 조치를 한 경우 같은 조 제3항에 따라 해당 공직자와 기피신청한 사람에게 지체 없이 그 내용을 별지 제4호서식에 따른 서면으로 통보해야 한다.
④ 이해충돌방지담당관은 제3항에 따라 통보한 내용이 이행되고 있는지를 확인·점검해야 한다.
⑤ 공직자는 직무관련자(직무관련자의 대리인을 포함한다)가 사적이해관계자가 아닌 경우에도 공정

한 직무 수행을 저해할 우려가 있다고 스스로 판단하여 법 제7조제1항 각 호의 조치를 신청하는 경우 별지 제5호서식을 작성하여 소속 해양경찰서의 이해충돌방지담당관에게 서면으로 제출해야 한다. 이 경우 신청에 대한 조치에 관하여는 제1항부터 제4항까지를 준용한다.

제5조 (고위공직자 민간부문 업무활동 내역 제출·관리)

① 고위공직자는 법 제8조제1항에 따라 민간 부문 업무활동 내역을 제출하는 경우 별지 제6호서식을 작성하여 해양경찰청 이해충돌방지담당관에게 서면으로 제출해야 한다.
② 해양경찰청장(민간 부문 업무활동 내역을 제출해야 하는 사람이 해양경찰청장인 경우에는 해양경찰청 이해충돌방지담당관을 말한다)은 법 제8조제4항에 따라 다른 법령에서 정보공개가 금지되지 않는 범위에서 민간 부문 기관명, 직위 또는 직급, 주요 업무활동 내역과 활동 기간을 공개할 수 있다.

제6조 (직무관련자와의 거래 신고 및 조치)

① 공직자는 법 제9조제1항에 따른 사실을 신고하려는 경우 별지 제7호서식을 작성하여 소속 해양경찰서 이해충돌방지담당관에게 서면으로 제출해야 한다.

제7조 (가족 채용 제한 대상 확인)

해양경찰관서의 채용 업무를 담당하는 공직자는 법 제11조제1항에 따른 가족 채용 제한 대상인지를 확인하기 위해 채용대상자로부터 별지 제8호서식에 따른 확인서를 제출받아야 한다. 다만, 법 제11조제2항 각 호의 어느 하나에 해당하는 경우에는 그렇지 않다.

제8조 (수의계약 체결 제한 대상 확인)

해양경찰관서의 계약 업무를 담당하는 공직자는 물품·용역·공사 등의 수의계약을 체결하려는 경우 법 제12조제1항에 따른 수의계약 체결 제한 대상인지를 확인하기 위해 계약의 상대방으로부터 별지 제9호서식에 따른 확인서를 제출받아야 한다.

제9조 (퇴직자 사적 접촉 신고 방법)

공직자는 법 제15조제1항에 따라 직무관련자인 소속 기관의 퇴직자와 사적 접촉을 신고하려는 경우 별지 제10호서식을 작성하여 소속 해양경찰관서 이해충돌방지담당관에게 서면으로 제출해야 한다.

제11조 (위반행위 신고)

① 공직자는 법 제18조제1항에 따라 법 위반행위가 발생했거나 발생하고 있다는 사실을 신고하려는 경우 별지 제11호서식을 작성하여 다음 각 호의 어느 하나에 해당하는 기관에 서면으로 제출해야 한다.
1. 법 위반행위가 발생한 소속 해양경찰관서 또는 그 감독기관
2. 감사원 또는 수사기관
3. 국민권익위원회
② 이해충돌방지담당관은 공직자가 아닌 국민이 제1항의 신고를 하려는 경우 별지 제11호서식을 작성하여 서면으로 제출하도록 안내해야 한다.
③ 이해충돌방지담당관은 신고자의 인적사항이나 신고내용이 외부에 알려지지 않도록 해야 한다.

제12조 (위반행위 신고의 처리)

이해충돌방지담당관은 법 제18조제1항에 따른 신고를 받은 경우 법 제19조제4항에 따라 조사·감사 또는 수사(이하 "조사등"이라 한다)를 마친 날부터 10일 이내에 그 결과를 신고자에게 별지 제12호서식에 따른 서면으로 통보해야 한다.

제13조 (이첩·송부의 처리)

해양경찰청 이해충돌방지담당관은 법 제19조제2항 및 영 제22조제5항에 따라 국민권익위원회로부터 신고를 이첩 또는 송부 받은 경우 법 제19조제4항에 따라 조사등을 마친 날부터 10일 이내에 그 결과를 신고자(신고자가 신분공개에 동의하지 않아 신고자의 인적사항을 제외하여 신고를 이첩 또는 송부 받은 경우는 제외한다. 이하 같다) 및 국민권익위원회에 별지 제12호서식에 따른 서면으

로 통보해야 한다.

제15조 (위반행위의 신고처리 결과에 대한 이의신청)

기해충돌방지담당관은 신고자가 법 제19조제6항에 따른 이의신청을 하려는 경우 같은 조 제4항 또는 제5항에 따라 조사등에 대한 결과를 통보받은 날부터 7일 이내에 별지 제14호서식을 작성하여 서면으로 신청할 수 있음을 안내해야 한다.

제16조 (교육)

① 해양경찰청 이해충돌방지담당관은 법 제24조제1항에 따라 이해충돌방지에 관한 교육계획을 수립하고 공직자를 대상으로 매년 1회 이상 교육을 실시해야 한다.

(8) 부정청탁 및 금품등 수수의 금지에 관한 법률

부정청탁 및 금품등 수수의 금지에 관한 법률 제8조(금품등의 수수 금지)
① 공직자등은 직무 관련 여부 및 기부·후원·증여 등 그 명목에 관계없이 동일인으로부터 1회에 100만원 또는 매 회계연도에 300만원을 초과하는 금품등을 받거나 요구 또는 약속해서는 아니 된다.
② 공직자등은 직무와 관련하여 대가성 여부를 불문하고 제1항에서 정한 금액 이하의 금품등을 받거나 요구 또는 약속해서는 아니 된다.
③ 제10조의 외부강의등에 관한 사례금 또는 다음 각 호의 어느 하나에 해당하는 금품등의 경우에는 제1항 또는 제2항에서 수수를 금지하는 금품등에 해당하지 아니한다. <개정 2021. 12. 16.>

1. 공공기관이 소속 공직자등이나 파견 공직자등에게 지급하거나 상급 공직자등이 위로·격려·포상 등의 목적으로 하급 공직자등에게 제공하는 금품등
2. 원활한 직무수행 또는 사교·의례 또는 부조의 목적으로 제공되는 음식물·경조사비·선물 등으로서 대통령령으로 정하는 가액 범위 안의 금품등. **다만, 선물 중「농수산물 품질관리법」제2조제1항제1호에 따른 농수산물 및 같은 항 제13호에 따른 농수산가공품(농수산물을 원료 또는 재료의 50퍼센트를 넘게 사용하여 가공한 제품만 해당한다)은 대통령령으로 정하는 설날·추석을 포함한 기간에 한정하여 그 가액 범위를 두배로 한다.**

시행령 제17조(사교·의례 등 목적으로 제공되는 음식물·경조사비 등의 가액 범위 등)
① 법 제8조제3항제2호 본문에서 "대통령령으로 정하는 가액 범위"란 별표 1에 따른 금액을 말한다. <개정 22. 1. 5.>

■ 부정청탁 및 금품등 수수의 금지에 관한 법률 시행령 [별표 1] <개정 22. 1. 5.>
음식물·경조사비·선물 등의 가액 범위(제17조제1항 관련)

1. 음식물(제공자와 공직자등이 함께 하는 식사, 다과, 주류, 음료, 그 밖에 이에 준하는 것을 말한다): 3만원
2. 경조사비: 축의금·조의금은 5만원. 다만, 축의금·조의금을 대신하는 화환·조화는 10만원으로 한다.
3. 선물: 금전, 유가증권, 제1호의 음식물 및 제2호의 경조사비를 제외한 일체의 물품, 그 밖에 이에 준하는 것은 5만원. 다만, 「농수산물 품질관리법」제2조제1항제1호에 따른 농수산물(이하 "농수산물"이라 한다) 및 같은 항 제13호에 따른 농수산가공품(농수산물을 원료 또는 재료의 50퍼센트를 넘게 사용하여 가공한 제품만 해당하며, 이하 "농수산가공품"이라 한다)은 10만원(**제17조제2항에 따른 기간 중에는 20만원**)으로 한다.

② 법 제8조제3항제2호 단서에서 "**대통령령으로 정하는 설날·추석을 포함한 기간**"이란 설날·추석 전 24일부터 설날·추석 후 5일까지(그 기간 중에 우편 등을 통해 발송하여 그 기간 후에 수수한 경우에는 그 수수한 날까지)를 말한다. <신설 22. 1. 5.>

01-1 해양경찰의 역사와 제도

제1절 | 해양경찰의 역사

1 해양경찰의 태동

(1) 맥아더 라인(1945. 9 ~ 1952. 4)

맥아더 라인은 우리나라와 일본의 해상경계를 획정하는 선으로서 해상에서의 국경을 의미하는 선으로 일본어선의 무차별적인 어족자원 남획행위를 규제하는 어로제한수역선으로 설정되었다.

(2) 평화선 설정(1952. 1. 18 ~ 1965. 6) : 이승만 라인(LEE 라인)

연안으로부터 평균 60마일 해역을 대한민국의 광물과 수산자원을 보존하기 위하여 설정한 인접해양에 대한 주권선이다. 평화선은 국제법적 절차에 따라 선포하여 일본 선박을 나포할 수 있는 국제법적 근거를 마련하였다. 일본은 이에 대항하여 1952년 ABC라인(=일본경비구역선)을 설정하였다. 1965년 체결된 한일어업협정으로 이승만 라인은 철폐되었다.

(3) 클라크 라인(1952. 9)

한반도 주변수역에 해상방위수역을 설정한 라인으로 일종의 해상봉쇄이다. 휴전(1953. 7. 27)과 동시에 철폐되었다.

(4) 어업자원보호법(1953. 12. 12)

1953년에는 「어업자원보호법」을 제정하여 외국선박의 불법어로를 엄격히 단속하는 국내법적 근거를 마련하였다.

(5) 해양경찰대의 창설(해양경찰대편성령 1953. 12. 14)

내무부 치안국 경비과 소속으로 해양경찰대 설치, 1953년 12월 23일 부산에서 평화선을 침범하는 외국어선 단속 및 어업자원 보호 등을 목적으로 창설되었다. 관할구역은 연안 3마일 외부로부터 인접해양주권선까지의 해역으로 지정되었다(3마일 이내의 해역은 육상경찰 관할). 해군에 배속된 6척의 함정으로 발족하였으며 경무관 1명, 총경 5명 등 총 658명이 7개 지구대(부산, 인천, 군산, 목포, 제주, 포항, 묵호)에 배치되었다.

(6) 상공부 해무청 해양경비대(1955. 2 ~ 1962. 4) ⇒ 경찰공무원이 아닌 해양경비원으로 특별사법경찰권이 부여되었다. [21 해경]

상공부 산하에 해무청(海務廳)을 신설하였고 해양 관련 업무를 통합 및 일원화하였다. 신분은 경찰관에서 해양경비원으로 변경되었다. 항로표지 관리업무를 관장하였다(1955).

(7) 해양경비대를 해양경비대 사령부로 개편(1956)

군 조직과 유사한 조직형태로 바뀌게 되었고, 참모장 제도가 부활하였다.

(8) 해양경비대 사령부를 해양경비대로 복귀(1957)

국가예산의 부족으로 1957년 11월 6일 해양경비대사령부는 조직 및 인원을 축소하고 해양경비대 체제로 복귀하였다.

(9) 경찰공무원법 제정(1961)

(10) 수난구호법 제정(1961)

해양경찰에서 처음으로 해난구조업무까지 관할이 확대되었다.

(11) 내무부 치안국 해양경찰대로 재탄생(1962. 5 ~ 1991. 7)

해무청을 해체하고 해양경비대를 원래의 내무부 치안국 소속으로 이관하여 경찰관 신분으로 다시 복귀하였다.
1) 해양경찰대설치법이 시행(1962. 5)되어 1973년에 폐지되었다.
2) 전관수역[어업에 관하여 배타적 관할권을 행사하는 수역] 중심 경비로 전환(1965)
3) 동・서해 어로보호본부 설치(1969) : 우리 어선이 북한에 피랍되는 것을 막기 위함
4) 정보수사과 신설(1969)
5) 지구해양경찰대 중심의 운영체제 개편(1972)
6) 내무부 치안국을 치안본부로 개편(1974) : 1974년 육영수 여사 저격사건을 계기로 내무부 치안국을 치안본부(차관급)로 격상시키고, 해양경찰대는 치안본부로 소속이 변경되었다.
7) 해양오염방지법의 제정(1977)으로 해양오염방제업무 신설(1978)
8) 선박 출・입항 신고기관 인수(1986~1989)
9) 해양경찰대 대훈(隊訓)과 해양경찰가(歌) 제정(1985)
10) 정보수사과는 수사과와 정보과로 분과(1990)

(12) 경찰청 소속 해양경찰청 시기(1991. 7 ~ 1996. 8) : 오늘날 '해양경찰서'의 이름이 처음 사용된 시기

1) 울산해양경찰서 신설, 해양경찰서장의 즉결심판 청구(1992)
2) 서해 훼리호 사건(1993)을 계기로 해수면 유・도선 관리업무가 시・도지사에서 해양경찰청으로 이관(1994)
3) 수난구호법 개정(1994)하여 해상에서의 수난구호는 관할 해양경찰서장이 행하고, 하천에서는 관할 소방서장이 행한하고 규정
4) SAR협약(=해상수색 및 구조에 관한 국제협약) 발효(1995)
5) 해양오염방제업무를 해양경찰청으로 일원화(1995)
6) 해양경찰정비창 신설, 낚시어선법의 제정(1995)

7) 유엔해양법협약 우리나라에서 발효(1996. 2. 28)

(13) 해양경찰청 독립 외청 시기(1996. 8 ~ 2014. 11)

정부조직법을 개정하여 해양수산부를 신설하고 해양경찰청을 처음으로 해양수산부 소속의 외청으로 독립시켰다.

1) 배타적 경제수역법 시행(1996. 9. 10)
2) 수상레저안전법 제정(1999) 및 시행(2000)
3) 해양경찰특공대 신설(2002) : 현재는 해양경찰청장이 각 지방해양경찰청 아래에 설치하고, 해양경찰청장의 명령에 따라 출동한다.
4) 해양경찰학교 신설(2004) ⇒ 해양경찰교육원(2013)
5) 공식 영문명칭 변경(2004. 11)
6) 해양경찰청장의 계급을 차관급(치안총감)으로 격상(2005)
7) 지방해양경찰청 개청(2006)
   2006년 12월에 동해·서해·남해지방해양경찰청으로 확대 개편되었고, 2012년 6월 제주지방해양경찰청이 신설되었다.
8) 해양수산부에서 국토해양부로 소속 변경(2008)
9) 해양경찰상징표지 선포(2009)
10) 해상교통관제(VTS)업무 인수(2010)
11) 해양경비법 제정(2012)
12) 제주지방해양경찰청 신설(2012)
13) 연안사고 예방에 관한 법률 제정(2014)

(14) 국민안전처 해양경비안전본부 시기(2014. 11 ~ 2017. 7)

2014년 4월 16일 진도 해상에서 세월호 사건이 발생한 것을 계기로 국민안전처를 설립하면서 해양경찰청은 해양경비안전본부로 개편되었다.

1) 수사·정보·외사 업무 일부가 경찰청으로 이관(2014)
2) 중부해양경비안전본부 신설(2014)
3) 부안해양경비안전서 신설(2014)
4) 중앙해양특수구조단 신설(2014)
5) 서해5도 특별경비단 신설(2017)
   서해5도 해역[백령도, 대청도, 소청도, 연평도, 우도]의 불법 외국 어선의 단속·수사·사후처리, 경비작전, 위기관리, 수색·구조를 담당하게 되었다.

(15) 해양경찰청 부활 독립 외청 시기(2017. 7 ~ 현재까지)

문재인 정부 출범에 따라 해양수산부 외청으로 부활하였다. [21 해경]

1) 수사·정보·외사 업무가 해양경찰청으로 환원
2) 울진해양경찰서 신설(2017)
3) 구조거점 파출소의 운영(2018) : 해양경찰서 구조대와 원거리에 위치하고 해양사고빈발해역을 관할하는 파출소의 현장대응 역량강화를 위함, 잠수구조요원을 배치·운영할 수 있다.

4) 해양경찰법 제정(2019) 및 시행(2020)
5) 선박교통관제에 관한 법률 제정(2019) 및 시행(2020)
6) 현재는 해양경찰청 아래 동해, 서해, 남해, 제주, 중부지방해양경찰청으로 편제되어 있다.

◆ **해양경찰의 역사** [20 해경·간부, 19 해경·간부, 18승진]

1952	「대한민국 인접해양의 주권에 대한 대통령의 선언」(평화선, 이승만 라인) : 연안으로부터 평균 60마일의 해역을 주권선으로 설정
1953	12월 23일 부산에서 내무부 치안국 소속 해양경찰대 창설(경비정 6척)되어 영해경비, 어업자원보호임무 수행
1955	상공부 해무청 소속 해양경비대로 변경 : 경찰 X, 해양경비원(특별사법경찰관리, 일반공무원)(1955~1962)
1956	상공부 해무청 소속 해양경비대 ⇒ 해양경비대사령부
1961	「수난구호법」 제정
1962	상공부 ⇒ 내무부 치안국 소속 해양경찰대로 변경 : 경찰공무원 신분으로 복귀
1965	한·일 국교정상화를 위한 기본조약 및 양국 간 어업협정 체결
1974	내무부 치안국 소속 해양경찰대 ⇒ 내무부 치안본부 소속 해양경찰대
1978	내무부 소속 해양경찰대로 변경
1991	경찰법 제정에 의하여 경찰청 아래 해양경찰청으로 편입
1995	해양경찰정비창 신설
1996	해양수산부 소속 해양경찰청으로 변경(독립 외청)(1996. 8) 「배타적경제수역법」 제정(1996. 9)
2004	해양경찰학교 신설(2013.11. 해양경찰교육원으로 개편)
2005	해양경찰청장의 계급을 차관급인 치안총감으로 격상
2006. 2	인천·목포·부산·동해지방해양경찰본부 신설
2006. 11	동해·목포·부산지방해양경찰본부를 각각 동해·서해·남해지방해양경찰청으로 확대·개편, 인천지방해양경찰본부를 폐지
2007	해양경찰청 소속기관으로 해양경찰연구개발센터 신설
2008	국토해양부 소속 해양경찰청으로 변경(독립 외청)
2012. 6	제주지방해양경찰청 신설
2012	「해양경비법」 2012. 2월 제정되어 2012. 8월 시행
2013	해양수산부 소속 해양경찰청으로 변경(독립 외청)
2014	국민안전처 소속 해양경비안전본부로 개편·축소 중부지방해양경비안전본부(현재 중부지방해양경찰청) 신설
2017. 4	서해5도 특별경비단 신설
2017. 7	해양수산부 소속 해양경찰청으로 부활(독립 외청) 중부지방해양경비안전본부가 중부지방해양경찰청으로 확대·개편
2019	「해양경찰법」 제정되어 2020년부터 시행

◆ **소속 부처 변천**

내무부(1953) ⇒ 상공부(1955) ⇒ 내무부(1962) ⇒ 해양수산부(1996) ⇒ 국토해양부(2008) ⇒ 해양수산부(2013) ⇒ 국민안전처(2014) ⇒ 해양수산부(2017)

제2절 | 비교 경찰

1. 대한민국 육상경찰과의 비교

(1) 차이점

소속의 차이점	육상경찰	치안에 관한 사무를 관장하기 위하여 행정안전부장관 소속으로 경찰청을 둔다. [19 간부]
	해양경찰	해양에서의 경찰 및 오염방제에 관한 사무를 관장하기 위하여 해양수산부장관 소속으로 해양경찰청을 둔다. [19 간부]
조직법의 차이점	육상경찰	「국가경찰과 자치경찰의 조직 및 운영에 관한 법률」과 「경찰청과 그 소속기관 직제」 등이 적용된다. [20 간부, 19 간부]
	해양경찰	「해양경찰법」과 「해양경찰청과 그 소속기관 직제」 등이 적용된다. [20 간부, 19 해경, 19 간부]

(2) 유사점

신분의 유사점	모두 「국가공무원법」, 「경찰공무원법」, 「경찰공무원 임용령」, 「경찰공무원 징계령」 등이 적용되고, 계급(치안총감·치안정감·치안감·경무관·총경·경정·경감·경위·경사·경장·순경)도 동일하다. [20 간부, 20 해경, 19 간부, 18 해경]
작용법의 유사성	모두 「경찰관 직무집행법」과 「형사소송법」 등이 적용되고, 관련 법령에 따라 보안경찰 및 사법경찰로서의 임무를 수행한다. [19 간부]
일반사법경찰권 행사	「형사소송법」상 동일한 일반사법권을 보유하고 있다.
제복의 착용과 휴대	해양경찰과 육상경찰 모두 「경찰공무원법」에 의해 제복을 착용할 의무가 있고, 필요한 때에는 무기를 휴대할 수 있다.

◆ 육상경찰과 해양경찰의 비교

	육상경찰(국가경찰과 자치경찰의 조직 및 운영에 관한 법률)	해양경찰 (해양경찰법)
소속	행정안전부	해양수산부
경찰청장 / 해양경찰청장	① 경찰청에 경찰청장을 두며, 경찰청장은 치안총감으로 보한다. ② 경찰청장은 국가경찰위원회의 동의를 받아 행정안전부장관의 제청으로 국무총리를 거쳐 대통령이 임명한다. 이 경우 국회의 인사청문을 거쳐야 한다. ③ 경찰청장의 임기는 2년으로 하고, 중임할 수 없다. ④ 경찰청장이 직무를 집행하면서 헌법이나 법률을 위배하였을 때에는 국회는 탄핵 소추를 의결할 수 있다.	① 해양경찰청에 해양경찰청장을 두며, 해양경찰청장은 치안총감으로 보한다. ② 해양경찰청장은 해양경찰위원회의 동의를 받아 해양수산부장관의 제청으로 국무총리를 거쳐 대통령이 임명한다. ③ 해양경찰청장의 임기는 2년으로 하고, 중임할 수 없다.

국가경찰위원회 / 해양경찰위원회	① 국가경찰행정에 관하여 일정한 사항을 심의·의결하기 위하여 행정안전부에 국가경찰위원회를 둔다. ② 국가경찰위원회는 위원장 1명을 포함한 7명의 위원으로 구성하되, 위원장 및 5명의 위원은 비상임으로 하고, 1명의 위원은 상임으로 한다. ③ 위원은 행정안전부장관의 제청으로 국무총리를 거쳐 대통령이 임명한다. ④ 위원의 임기는 3년으로 하며, 연임할 수 없다. ⑤ 행정안전부장관은 심의·의결된 내용이 적정하지 아니하다고 판단할 때에는 재의를 요구할 수 있다.	① 해양경찰행정에 관하여 일정한 사항을 심의·의결하기 위하여 해양수산부에 해양경찰위원회를 둔다. ② 위원회는 위원장 1명을 포함한 7명의 위원으로 구성하되, 위원장 및 위원은 비상임으로 한다. ③ 위원은 해양수산부장관의 제청으로 국무총리를 거쳐 대통령이 임명한다. ④ 위원의 임기는 3년으로 하며, 연임할 수 없다. ⑤ 해양수산부장관은 심의·의결된 내용이 적정하지 아니하다고 판단할 때에는 재의를 요구할 수 있다.

◆ 해군과의 비교

	해군	해양경찰
신분	군인	경찰공무원
목적	국가목적적 작용	사회목적적 작용
업무	국토방위	해양 법집행, 치안 유지
교전권	○	X

2. 외국 해양경찰과의 비교

(1) 미국 해안경비대(United States Coast Guard, USCG)

미국 해안경비대는 군인 신분이며 특별사법경찰권을 가지며, 해양은 물론이고 5대호 등 내수도 관할한다. [23 간부]

역사	미국 해안경비대의 시초는 1790년 재무장관 알렉산더 해밀턴에 의해 설치된 해상밀수단속반이다. 그 후 해상밀수단속반은 해상밀수감시대로 바뀌었고 이것이 1915년 「코스트가드 창설법」 제정, 해난구조대와 합병하여 해안경비대가 되었다. [20 간부, 19 해경]	
소속	미국 해안경비대는 미국 육군, 해군, 해병대, 공군과 함께 5대 군사 조직의 일부로서 평시에는 국토안보부 소속으로 활동하지만, 대통령의 명령이나 전시에서의 국회의 의결로서 해군 소속으로 활동한다. [20 간부, 19 해경] 계급은 장성급, 장교급, 부사관급, 일반 사병으로 체계화 되어 있다. 직원은 현역, 민간인, 직원, 자원봉사대인 보조대 및 예비역으로 구성되어 있다.	
직무	해상보안	국제법 등 법집행과 마약, 불법밀항과 이주, 해상작전 및 정보, 해양보호종(ex 고래) 관리임무, 배타적 경제수역과 공해상의 중요지역 보호
	해상안전	선박·레저기구 등에 대한 관리, 수상에서의 수색·구조업무
	천연자원보호	오염방제 등을 통해 해양환경을 보호
	해상교통 및 항로표지, 수로 등	선박교통장애제거 및 교통신호정보 제공, 해양오염방제업무

	해상수사	범죄의 예방·적발 및 법령위반자에 대한 질문·수색·압류·체포
	국 방	전시 제5의 군으로서 군과의 협력을 통해 국가방위의 임무를 수행

※ 미국 해안경비대는 항로표지 설치·관리업무까지 수행하지만, 한국 해양경찰청은 항로표지 설치·관리업무는 수행하지 않는다. 항로표지 설치·관리업무는 해양수산부 산하 한국항로표지기술원에서 수행한다(해사안전법 제44조 제1항). [23 간부] 또한 항만국통제업무도 해양수산부가 행한다. 수로서지 발간도 해양수산부 소관 업무이다.

※ 1912년 타이타닉 사건을 계기로 1914년 13개 주요 해운국 회의에서 '해상에서 인명의 안전을 위한 국제 조약(International Convention for the Safety of Life at Sea, SOLAS)'을 채택하기에 이르렀다.
또한 미국의 코스트가드는 국제유빙순찰업무를 맡게 되었다.

※ 미국 해안경비대와 대한민국 해양경찰의 공통적으로 해상수색업무·해양범죄단속·해양오염방제를 수행하고, 자체 교육기관을 가지고 있으며, 북태평양해양치안기관장회의(NPCGF) 회원국이다.

(2) 일본 해상보안청(Japan Coast Guard, JCG)

역사	1948년 일본은 미국의 해안경비대을 모방하여 해상 경비·구난 및 교통의 유지를 담당하는 민간 조직으로 당시 교통부(현재 국토교통부)의 외국(外局)으로 해상보안청을 창설하였다.
소속 [19 해경, 23 간부]	일본 해상보안청은 경찰 유사조직이다(경찰관 대신에 해상보안관이라는 명칭을 사용하고, 일본 「경찰관직무집행법」일부 조항을 준용하나 계급체계는 일본 육상경찰과 다르다. 해상보안관은 형사소송법에 따른 특별사법경찰직원이다), 유사시의 방위나 특별히 치안을 유지하기 위해 출동하는 경우에는 방위청장관의 지휘를 받게 된다.
임무	해난구조, 해양오염등방지, 해상선박·항행질서유지, 해상범죄예방·진압, 해상범인수사·체포, 해상선박교통규제, 수로 및 항로표지사무 기타 해상안전확보 등의 임무를 수행한다.

※ 일본 해상보안청은 해저지형 조사에 관한 업무를 수행하지만, 한국 해양경찰청은 해저지형 조사에 관한 업무를 수행하지 않는다. 일본 해상보안청이 한국 해양경찰보다 함정과 항공기 모두 많이 보유하고 있다.

(3) 중국 해양경찰국(China coast Guard, CCG)

역사	2013년 3월 여러 기구들을 통합하여 국가해양국 소속으로 해양경찰국을 창설하였다.
소속	중국 해경은 국가해양국 소속으로 있었다가 2018년 7월 1일 중앙군사위원회의 지휘를 받는 인민무장경찰로 전환되었는데, 전시에는 중국인민해방군해군의 지휘를 받게 된다.
임무	해상범죄단속, 해상치안, 해양자원개발·이용, 해양생태·환경보호, 해양어업관리, 해상밀수단속 등의 임무를 수행한다.

※ 전 세계 해상치안기관이 모두 "Coast Guard"라는 명칭을 사용하지는 않는다.
※ 미국과 일본 모두 해양경찰이 특별사법경찰권을 보유하지만, 한국해양경찰은 일반사법경찰권을 보유한다.

CHAPTER 02 해양경찰조직법

◆ 행정기관의 분류

행정관청 [19 해경]	국가의사를 결정하여 대외적으로 표시할 권한이 있는 기관	
	독임제	해양수산부장관, 해양경찰청장, 지방해양경찰청장, 해양경찰서장
	합의제	소청심사위원회, 감사원, 중앙선거관리위원회
보조기관	계선조직(line)으로 행정관청을 보조하는 것을 임무로 하는 기관 (ex 차관, 국장, 과장, 파출소장) [21 승진, 19 해경]	
보좌기관	참모조직(staff)으로 간접적으로 행정목적 수행에 이바지하는 기관 (ex 차관보, 기획조정관, 감사담당관) [19 해경]	
의결기관	의결의 형식으로 결정하는 권한을 가진 합의제 기관(ex 해양경찰위원회, 징계위원회)	
자문기관	행정관청에게 자문이나 의견을 제시하는 기관 (ex 정책자문위원회, 경찰공무원인사위원회, 국제해양법위원회) [19 해경]	
집행기관	국가의사를 구체적으로 집행하는 기관 (ex 경찰공무원, 소방공무원)	

제1절 해양경찰청장 등

해양경찰청장
(국회의
인사청문회 X)

① 해양경찰청에 해양경찰청장을 두며, 해양경찰청장은 치안총감으로 보한다.
② 해양경찰청장은 해양경찰위원회의 동의를 받아 해양수산부장관의 제청으로 국무총리를 거쳐 대통령이 임명한다.
③ 해양경찰청장은 해양경찰에 관한 사무를 총괄하고 소속 공무원 및 각급 해양경찰기관의 장을 지휘·감독한다.
④ 해양경찰청장의 임기는 2년으로 하고, 중임할 수 없다.
⑤ 해양경찰청장은 해양경찰의 수사에 관한 사무의 경우에는 개별 사건의 수사에 대하여 구체적으로 지휘·감독할 수 없다. 다만, 해양주권을 침해하거나 대형재난의 발생 등 국민의 생명·신체·재산 또는 공공의 안전에 중대한 위험을 초래하는 긴급하고 중요한 사건의 수사에 있어서 해양경찰의 자원을 대규모로 동원하는 등 통합적으로 현장 대응할 필요가 있다고 판단할 만한 상당한 이유가 있는 때에는 대통령령으로 정하는 해양경찰청 수사업무를 총괄 지휘·감독하는 부서의 장(이하 "수사부서의 장"이라 한다)을 통하여 개별 사건의 수사에 대하여 구체적으로 지휘·감독할 수 있다.
⑥ 해양경찰청장은 제5항 단서에 따라 개별 사건의 수사에 대한 구체적 지휘·감독을 개시한 때에는 이를 지체 없이 위원회에 보고하여야 한다.
⑦ 해양경찰청장은 제5항 단서의 사유가 해소된 경우에는 개별 사건의 수사에 대한 구체적 지휘·감독을 중단하여야 한다.
⑧ 해양경찰청장은 수사부서의 장이 제5항 단서의 사유가 해소되었다고 판단하여 개별 사건의 수사에 대한 구체적 지휘·감독의 중단을 건의하는 경우 특별한 이유가 없으면

	이를 승인하여야 한다. ⑨ 제5항 단서에서 규정하는 긴급하고 중요한 사건의 범위 등 필요한 사항은 대통령령으로 정한다. ⑩ **해양경찰청장**은 **해양경찰에서 15년 이상 경찰공무원으로 재직한 자로서 치안감 이상 경찰공무원으로 재직 중이거나 재직했던 사람 중에서 임명한다.** [20 해경, 23 간부]
지방해양경찰청장 [21 경감]	① 해양경찰청장의 관장사무를 분장하기 위하여 **해양경찰청장 소속으로 지방해양경찰청을** 둔다. ② 지방해양경찰청에 청장 1명을 둔다. ③ **중부지방해양경찰청장은 치안정감**으로, **서해지방해양경찰청장·남해지방해양경찰청장 및 동해지방해양경찰청장은 치안감**으로, **제주지방해양경찰청장은 경무관**으로 보한다. 〈개정 22. 2. 22.〉 ④ 지방해양경찰청장은 해양경찰청장의 명을 받아 소관사무를 총괄하고, 소속 공무원을 지휘·감독한다.
해양경찰서장	① 지방해양경찰청장 소속으로 해양경찰서를 둔다. ② 해양경찰서에 서장 1명을 둔다. ③ 서장은 총경으로 보한다. ④ 서장은 지방해양경찰청장의 명을 받아 소관사무를 총괄하고, 소속 공무원을 지휘·감독한다.

제2절 | 해양경찰청과 그 소속기관

소속기관 [23 간부, 20 간부, 20 해경, 19 해경]	① 해양경찰청장의 관장사무를 지원하기 위하여 해양경찰청장 소속 해양경찰교육원 및 중앙해양특수구조단을 둔다. ② 해양경찰청장의 관장사무를 분장하기 위하여 해양경찰청장 소속으로 지방해양경찰청을 두고, 지방해양경찰청장 소속으로 해양경찰서를 둔다. ③ 해양경찰청장의 관장 사무를 지원하기 위하여 해양경찰청장 소속의 책임운영기관으로 해양경찰정비창을 둔다.
해양경찰청 [20 간부, 20 해경, 19 간부, 18 해경]	① 해양경찰청은 해양에서의 경찰 및 오염방제에 관한 사무를 관장한다. ② 해양경찰청에 운영지원과·경비국·구조안전국·수사국·국제정보국·해양오염방제국 및 장비기술국을 둔다. ③ 청장 밑에 대변인 1명을 두고, 차장 밑에 기획조정관 및 감사담당관 각 1명을 둔다. ④ 운영지원과장은 총경으로, 경비국장·구조안전국장·수사국장·국제정보국장 및 장비기술국장은 모두 치안감 또는 경무관으로 보하며, 해양오염방제국장은 고위공무원단에 속하는 일반직공무원으로 보한다.
해양경찰교육원	해양경찰교육원은 다음 사무를 관장한다. 1. 소속 공무원(의무경찰 포함)의 교육 및 훈련 2. 해양에서의 경찰 및 오염방제 업무와 관련된 기관·단체가 위탁하는 교육 및 훈련 3. 해양에서의 경찰 및 오염방제 업무에 관한 연구·분석 및 장비·기술 개발 교육원에 원장 1명을 두며, 원장은 경무관으로 보한다.
해양경찰연구센터	① 해양에서의 경찰 및 오염방제 업무에 관한 연구·분석·장비개발 등에 관한 사무를 관장하기 위하여 해양경찰교육원장 소속으로 해양경찰연구센터(이하 "연구센터"라 한다)를 둔다. ② 연구센터에 센터장 1명을 두며, 센터장은 4급으로 보한다. ③ 센터장은 해양경찰교육원장의 명을 받아 소관사무를 총괄하고, 소속 공무원을 지휘·감독한다.
중앙해양특수구조단 [19 간부]	① 중앙해양특수구조단은 다음 사무를 관장한다. 1. 대형·특수 해양사고의 구조·수중수색 및 현장지휘 2. 잠수·구조 기법개발·교육·훈련 및 장비관리 등에 관한 업무 3. 인명구조 등 관련 국내외 기관과의 교류 협력 4. 중·대형 해양오염사고 발생 시 현장출동·상황파악 및 응급방제조치 5. 오염물질에 대한 방제기술 습득 및 훈련 ② 중앙해양특수구조단의 소관 사무를 분장하기 위해 중앙해양특수구조단장 소속으로 서해해양특수구조대 및 동해해양특수구조대를 둔다.
지방해양경찰관서	지방해양경찰청	① 지방해양경찰청은 관할 해양에서의 경찰 및 오염방제에 관한 사무를 수행한다. ② 지방해양경찰청의 소관 사무를 분장하기 위해 지방해양경찰청장 소속으로 해상교통관제센터를 둔다. 해상교통관제센터는 **광역해상**교통관제센터와 **항만해상**교통관제센터 및 **연안해상**교통센터로 구분한다. ③ 지방해양경찰청장 밑에 항공단을 직할단으로 두고, 특공대를 직할대로 둔다. 다만, 중부지방해양경찰청장 밑에는 서해5도 특별경비단 및 항공단을 직할단으로 두고, 특공대를 직할대로 둔다.[19 간부, 18 해경]

	해양경찰서	지방해양경찰청장 소속으로 해양경찰서를 둔다.
	파출소 등	① 지방해양경찰청장은 해양경찰서장의 소관 사무를 분장하기 위하여 해양경찰서장 소속으로 파출소를 둘 수 있다. [21 경감, 20 간부, 20 해경] ② 지방해양경찰청장은 필요한 경우에는 해양경찰서장 소속으로 출장소를 둘 수 있다. ③ 파출소 및 출장소의 명칭·위치와 관할구역, 그 밖에 필요한 사항은 지방해양경찰청장이 정한다. [22 간부]
		해양경찰서장의 소관 사무를 분장하기 위하여 해양경찰서장 소속으로 파출소를 두되, 다음 각 호의 어느 하나에 해당하는 경우에는 출장소를 둘 수 있다. 1. 도서, 농·어촌 벽지 등 교통·지리적 원격지로 인접 해양경찰관서에서의 출동이 용이하지 아니한 경우 2. 관할구역에 국가중요시설 등 특별한 경계가 요구되는 경우 3. 휴전선 인근 등 보안상 취약지역을 관할하는 경우 4. 제1호부터 제3호까지에서 규정한 사항 외에 치안수요가 특수하여 파출소를 운영하는 것이 적당하지 아니한 경우
해양경찰정비창		해양경찰정비창은 함정의 정비 및 수리에 관한 사무를 관장한다.

◆ **해양경찰청장의 소속기관**

구분	소속기관
해양경찰청장의 관장사무 지원	해양경찰교육원, 중앙해양특수구조단 [23 간부, 21 해경] ※ 해양경찰교육원장 소속으로 해양경찰연구센터를 둔다. [21 해경] ※ 중앙해양특수구조단장 소속으로 서해해양특수구조대 및 동해해양특수구조대를 둔다.
해양경찰청장의 관장사무 분장	지방해양경찰청 ※ 지방해양경찰청장 소속으로 해양경찰서를 둔다. ※ 지방해양경찰청장 밑에 항공단을 직할단으로 두고, 특공대를 직할대로 둔다. 다만, 중부지방해양경찰청장 밑에는 서해5도 특별경비단 및 항공단을 직할단으로 두고, 특공대를 직할대로 둔다. ※ 지방해양경찰청장 소속으로 해상교통관제센터를 둔다. [21 해경] ※ 해양경찰서장 소속으로 파출소 또는 출장소를 둘 수 있다.
해양경찰청장의 관장사무 지원	해양경찰정비창(책임운영기관) [21 해경, 19 해경]

◆ **해양수산부장관과 해양경찰청장의 소속기관**

해양수산부장관의 소속기관	해양경찰청장의 소속기관
1. 국립수산물품질관리원 2. 국립해양조사원 3. 어업관리단 4. 국립해사고등학교 5. 지방해양수산청	1. 해양경찰교육원 2. 중앙해양특수구조단 3. 지방해양경찰청 4. 해양경찰정비창

6. 해양안전심판원 7. 국립수산과학원 8. 해양수산인재개발원 9. 국립해양측위정보원	

◆ 해양경찰청 국장의 사무분장

경비국장	1. 해양경비에 관한 계획의 수립·조정 및 지도 2. 경비함정·항공기 등의 운용 및 지도·감독 3. 동·서해 특정해역에서의 조업 경비 4. 해양에서의 경호, 대테러 예방·진압 [19 간부] 5. 통합방위 및 비상대비 업무의 기획 및 지도·감독 6. 해양상황의 처리와 관련된 주요업무계획의 수립·조정 및 지도 7. 해양상황의 접수·처리·전파 및 보고 8. 해상교통관제(VTS) 정책 수립 및 기술개발 9. 해상교통관제센터의 설치·운영 [19 해경] 10. 해상교통관제센터의 항만운영 정보 제공 11. 해상교통관제 관련 국제교류·협력
구조안전국장	1. 연안해역 안전관리에 관한 정책의 수립·조정 및 지도 2. 연안해역 안전 관련 법령·제도의 연구·개선 3. 파출소 및 출장소 운영 4. 해수면 유선 및 도선 사업 관련 제도 운영 5. 해수면 유선 및 도선 사업의 면허·신고 및 안전관리 6. 해수욕장 안전관리 7. 어선출입항 신고업무 8. 해양사고 재난 대비·대응 9. 해양에서의 구조·구급 업무 10. 중앙해양특수구조단 운영 지원 및 해양경찰구조대 등 해양구조대 운영 관련 업무 11. 해양안전 관련 민·관·군 구조협력 및 합동 구조 훈련 12. 해양수색구조 관련 국제협력 및 협약 이행 13. 수상레저 안전관리에 관한 정책의 수립·조정 및 지도 14. 수상레저 안전 관련 법령·제도의 연구·개선 15. 수상레저 안전문화의 조성 및 진흥 16. 수상레저 관련 조종면허 및 기구 안전검사·등록 등에 관한 업무 17. 수상레저 사업의 등록 및 안전관리의 감독·지도 18. 수상레저 안전 관련 단체 관리 및 민관 협업체계 구성
수사국장	1. 수사업무 및 범죄첩보에 관한 기획·지도 및 조정 2. 범죄통계 및 수사 자료의 분석 3. 해양과학수사업무에 관한 기획·지도 및 조정 4~6. 삭제 7. 범죄의 수사
국제정보국장 [신설 21. 1. 14]	1. 정보업무의 기획·지도 및 조정 2. 정보의 수집·분석 및 배포 3. 보안경찰업무의 기획·지도 및 조정 4. 외사경찰업무의 기획·지도 및 조정 5. 국제사법공조 관련 업무 6. 해양경찰 직무와 관련된 국제협력업무의 기획·지도 및 조정
해양오염방제국장	1. 해양오염 방제 조치 2. 국가긴급방제계획의 수립 및 시행

	3. 해양오염 방제자원 확보 및 운영 4. 해양오염 방제를 위한 관계기관 협조 5. 국제기구 및 국가 간 방제지원 협력 6. 해양오염 방제 관련 조사·연구 및 기술개발 7. 방제대책본부의 구성·운영 및 긴급방제 총괄지휘 8. 해양오염 방제매뉴얼 수립 및 조정 9. 방제훈련 계획의 수립 및 조정 10. 기름 및 유해화학물질 사고 대비·대응 11. 오염물질 해양배출신고 처리 12. 방제비용 부담 등에 관한 업무 13. 방제조치에 필요한 전산시스템 구축·운용 14. 지방자치단체의 해안 방제조치 지원에 관한 업무 15. 해양오염 방지를 위한 예방활동 및 지도·점검 16. 선박해양오염·해양시설오염 비상계획서 검인 등에 관한 업무 17. 방제자재·약제 형식승인 18. 오염물질 해양배출행위 조사 및 오염물질의 감식·분석 등에 관한 업무 19. 해양환경공단의 방제사업 중 긴급방제조치에 대한 지도·감독 20. 해양오염방지를 위한 구난조치
장비기술국장	1. 해양경찰장비(함정, 항공기, 차량, 무기 등)의 개선 및 획득 2. 해양경찰장비의 정비 및 유지 관리 3. 해양경찰정비창에 대한 지도·감독 4. 물품·무기·탄약·화학 장비 수급관리 및 출납·통제 5. 경찰제복 및 의복의 보급·개선 6. 해양항공 업무 관련 계획의 수립·조정 등에 관한 업무 7. 해양에서의 항공기 사고조사 및 원인분석 [19 간부] 8. 정보통신 업무계획의 수립·조정 등에 관한 업무 9. 정보통신 보안업무

제3절 | 해양경찰위원회

[22 간부, 22 승진, 21 해경, 20 해경]

설치	해양경찰행정에 관하여 다음 각 호의 사항을 심의·의결하기 위하여 **해양수산부**에 **해양경찰위원회**(이하 "위원회"라 한다)를 둔다. 1. 해양경찰청 소관 법령 또는 행정규칙의 제정·개정·폐지, 소관 법령에 따른 기본계획·관리계획 등의 수립 및 이와 관련된 사항 2. 인권보호와 부패방지 및 청렴도 향상에 관한 주요 정책사항 3. 해양경찰청 소속 공무원의 채용·승진 등 인사운영 기준과 교육 및 복지증진에 관한 사항 4. 해양경찰장비·시설의 도입·운영에 관한 사항 5. 그 밖에 주요 정책과 제도 개선 및 업무발전에 관하여 필요하다고 인정되어 위원회 의결로 회의에 부치는 사항
구성	① 위원회는 **위원장 1명을 포함한 7명의 위원**으로 구성하되, **위원장 및 위원은 비상임**으로 한다. ② **위원 중 2명은 법관의 자격이 있는 사람**이어야 한다.
임명	① **위원은 해양수산부장관의 제청으로 국무총리를 거쳐 대통령이 임명**한다. 이 경우 해양수산부장관은 위원 임명을 제청할 때 해양경찰의 정치적 중립이 보장되도록 하여야 한다. ② 다음 각 호의 어느 하나에 해당하는 사람은 위원이 될 수 없다. 1. 당적을 이탈한 날부터 **3년**이 지나지 아니한 사람 2. 선거에 의하여 취임하는 공직에서 퇴직한 날부터 **3년**이 지나지 아니한 사람 3. 경찰, 검찰, 국가정보원 직원 또는 군인의 직에서 퇴직한 날부터 **3년**이 지나지 아니한 사람 4. 「국가공무원법」 제33조 각 호의 어느 하나에 해당하는 사람(=공무원임용결격자)
임기	① **위원의 임기**는 **3년**으로 하며, **연임할 수 없다.** 이 경우 보궐위원의 임기는 전임자 임기의 남은 기간으로 한다. ② 위원은 정당에 가입하거나 제6조제4항제2호 또는 제3호의 직에 취임 또는 임용되거나 제4호에 해당하게 된 때에는 당연히 퇴직된다.
신분 보장	위원은 중대한 신체상 또는 정신상의 장애로 직무를 수행할 수 없게 된 경우를 제외하고는 그 의사에 반하여 면직되지 아니한다.
의무	위원에 대하여는 「국가공무원법」 제60조(비밀 엄수의 의무) 및 제65조(정치 운동의 금지)를 준용한다.
재의	① 해양수산부장관은 심의·의결된 내용이 적정하지 아니하다고 판단할 때에는 재의를 요구할 수 있다. ② 해양수산부장관이 재의를 요구하려고 하는 경우에는 의결한 날부터 **10일 이내**에 재의요구서를 위원회에 제출하여야 한다. ③ 위원장은 재의요구가 있으면, 그 요구를 받은 날부터 **7일 이내**에 회의를 소집하여 다시 의결하여야 한다.
운영	① 위원회의 사무는 **해양경찰청**에서 수행한다. ② 위원회의 회의는 **재적위원 과반수의 출석과 출석위원 과반수의 찬성**으로 의결한다. ③ 해양경찰법에 규정된 것 외에 위원회의 운영 등에 필요한 사항은 **대통령령**으로 정한다.

◆ **해양경찰법** [시행 21. 1. 14]

제1장 총칙

제1조(목적) [21 해경]
이 법은 해양주권을 수호하고 해양 안전과 치안 확립을 위하여 해양경찰의 직무와 민주적이고 효율적인 운영에 필요한 사항을 규정함을 목적으로 한다.

제2조(해양경찰의 책무) [20 해경]
① 해양경찰은 해양에서 사람의 생명·신체 및 재산을 보호하고, 해양사고에 효율적으로 대응하기 위한 시책을 추진하여야 한다.
② 해양경찰은 대한민국의 국익을 보호하고 해양영토를 수호하며 해양치안질서 유지를 위하여 필요한 조치와 제도를 마련하여야 한다.
③ 해양경찰은 해양경찰의 정책에 대한 국민의 의견을 존중하고, 민주적이고 투명한 조직운영을 위하여 노력하여야 한다.

제3조(권한남용의 금지 등)
해양경찰은 그 직무를 수행할 때 국민 전체에 대한 봉사자로서 공정·중립을 지켜야 하고, 헌법과 법률에 따라 국민의 자유와 권리를 존중하며, 부여된 권한을 남용하여서는 아니 된다.

제4조(해양경찰의 날) [23 간부]
국민에게 해양주권 수호의 중요성을 널리 알리고 해양안전 의식을 높이기 위하여 매년 9월 10일을 해양경찰의 날로 하고, 기념행사를 한다.

제2장 해양경찰위원회

제5조(해양경찰위원회의 설치 등)
① 해양경찰행정에 관하여 다음 각 호의 사항을 심의·의결하기 위하여 해양수산부에 해양경찰위원회(이하 "위원회"라 한다)를 둔다.
  1. 해양경찰청 소관 법령 또는 행정규칙의 제정·개정·폐지, 소관 법령에 따른 기본계획·관리계획 등의 수립 및 이와 관련된 사항
  2. 인권보호와 부패방지 및 청렴도 향상에 관한 주요 정책사항
  3. 해양경찰청 소속 공무원의 채용·승진 등 인사운영 기준과 교육 및 복지증진에 관한 사항
  4. 해양경찰장비·시설의 도입·운영에 관한 사항
  5. 그 밖에 주요 정책과 제도 개선 및 업무발전에 관하여 필요하다고 인정되어 위원회 의결로 회의에 부치는 사항
② 제1항에도 불구하고 해양수산부장관 또는 해양경찰청장은 중요하다고 인정되어 위원회의 심의·의결이 필요한 사항은 회의에 부칠 수 있다.
③ 해양수산부장관은 제1항 또는 제2항에 따라 심의·의결된 내용이 적정하지 아니하다고 판단할 때에는 재의를 요구할 수 있다.

제6조(위원회의 구성 및 위원의 임명) [23 간부]
① 위원회는 위원장 1명을 포함한 7명의 위원으로 구성하되, 위원장 및 위원은 비상임으로 한다.
② 위원 중 2명은 법관의 자격이 있는 사람이어야 한다.
③ 위원은 해양수산부장관의 제청으로 국무총리를 거쳐 대통령이 임명한다. 이 경우 해양수산부장관은

위원 임명을 제청할 때 해양경찰의 정치적 중립이 보장되도록 하여야 한다.
④ 다음 각 호의 어느 하나에 해당하는 사람은 위원이 될 수 없다.
1. 당적을 이탈한 날부터 3년이 지나지 아니한 사람
2. 선거에 의하여 취임하는 공직에서 퇴직한 날부터 3년이 지나지 아니한 사람
3. 경찰, 검찰, 국가정보원 직원 또는 군인의 직에서 퇴직한 날부터 3년이 지나지 아니한 사람
4. 「국가공무원법」 제33조 각 호의 어느 하나에 해당하는 사람

제7조(위원의 임기 및 신분보장) [23 간부, 22 간부, 22 승진]
① 위원의 임기는 3년으로 하며, 연임할 수 없다. 이 경우 보궐위원의 임기는 전임자 임기의 남은 기간으로 한다.
② 위원은 정당에 가입하거나 제6조제4항제2호 또는 제3호의 직에 취임 또는 임용되거나 제4호에 해당하게 된 때에는 당연히 퇴직된다.
③ 위원은 중대한 신체상 또는 정신상의 장애로 직무를 수행할 수 없게 된 경우를 제외하고는 그 의사에 반하여 면직되지 아니한다.
④ 위원에 대하여는 「국가공무원법」 제60조(비밀엄수의 의무) 및 제65조(정치운동의 금지)를 준용한다.

제8조(재의요구)
① 제5조제3항에 따라 해양수산부장관이 재의를 요구하려고 하는 경우에는 의결한 날부터 10일 이내에 재의요구서를 위원회에 제출하여야 한다.
② 위원장은 재의요구가 있으면, 그 요구를 받은 날부터 7일 이내에 회의를 소집하여 다시 의결하여야 한다.

제10조(위원회의 운영 등)
① 위원회의 사무는 해양경찰청에서 수행한다.
② 위원회의 회의는 재적위원 과반수의 출석과 출석위원 과반수의 찬성으로 의결한다.
③ 이 법에 규정된 것 외에 위원회의 운영 등에 필요한 사항은 대통령령으로 정한다.

해양경찰위원회 규정 [시행 20. 2. 21.] [대통령령]

제1조(목적)
이 영은 「해양경찰법」 제10조제3항에 따라 해양경찰위원회의 운영 등에 필요한 사항을 규정함을 목적으로 한다.

제2조(위원장)
① 「해양경찰법」 (이하 "법"이라 한다) 제5조제1항에 따른 해양경찰위원회(이하 "위원회"라 한다)의 위원장(이하 "위원장"이라 한다)은 위원회를 대표하고, 위원회의 사무를 총괄한다.
② <u>**위원장은 위원 중에서 호선(互選)한다.**</u> [23 간부]
③ 위원장이 부득이한 사유로 직무를 수행할 수 없을 때에는 위원장이 미리 지명한 위원이 그 직무를 대행한다.

제4조(위원의 면직)
① 법 제7조제3항에 따라 위원이 중대한 신체상 또는 정신상의 장애로 직무를 수행할 수 없게 되어 면직되는 경우에는 위원회의 의결이 있어야 한다.
② 제1항에 따른 의결은 위원장 또는 해양수산부장관이 요구한다.

제5조(회의)
① 위원회의 회의는 정기회의와 임시회의로 구분한다.

② 정기회의는 특별한 사유가 있는 경우를 제외하고는 매월 2회 위원장이 소집한다.
③ 위원장은 필요한 경우 임시회의를 소집할 수 있으며, 3명 이상의 위원, 해양수산부장관 또는 해양경찰청장은 위원장에게 임시회의의 소집을 요구할 수 있다.

제3장 해양경찰청

제11조(해양경찰청장) [22 간부, 22 승진]
① 해양경찰청에 해양경찰청장을 두며, 해양경찰청장은 치안총감으로 보한다.
② 해양경찰청장은 해양경찰위원회의 동의를 받아 해양수산부장관의 제청으로 국무총리를 거쳐 대통령이 임명한다.
③ 해양경찰청장은 해양경찰에 관한 사무를 총괄하고 소속 공무원 및 각급 해양경찰기관의 장을 지휘·감독한다.
④ 해양경찰청장의 임기는 2년으로 하고, 중임할 수 없다.
⑤ 해양경찰청장은 해양경찰의 수사에 관한 사무의 경우에는 개별 사건의 수사에 대하여 구체적으로 지휘·감독할 수 없다. 다만, 해양주권을 침해하거나 대형재난의 발생 등 국민의 생명·신체·재산 또는 공공의 안전에 중대한 위험을 초래하는 긴급하고 중요한 사건의 수사에 있어서 해양경찰의 자원을 대규모로 동원하는 등 통합적으로 현장 대응할 필요가 있다고 판단할 만한 상당한 이유가 있는 때에는 대통령령으로 정하는 해양경찰청 수사업무를 총괄 지휘·감독하는 부서의 장(이하 "수사부서의 장"이라 한다)을 통하여 개별 사건의 수사에 대하여 구체적으로 지휘·감독할 수 있다.
⑥ 해양경찰청장은 제5항 단서에 따라 개별 사건의 수사에 대한 구체적 지휘·감독을 개시한 때에는 이를 지체 없이 위원회에 보고하여야 한다.
⑦ 해양경찰청장은 제5항 단서의 사유가 해소된 경우에는 개별 사건의 수사에 대한 구체적 지휘·감독을 중단하여야 한다.
⑧ 해양경찰청장은 수사부서의 장이 제5항 단서의 사유가 해소되었다고 판단하여 개별 사건의 수사에 대한 구체적 지휘·감독의 중단을 건의하는 경우 특별한 이유가 없으면 이를 승인하여야 한다.

제12조(해양경찰청장 임명자격) [23 간부, 21 승진, 20 해경]
해양경찰청장은 해양경찰에서 15년 이상 경찰공무원으로 재직한 자로서 치안감 이상 경찰공무원으로 재직 중이거나 재직했던 사람 중에서 임명한다.

제13조(해양경찰청 소속 공무원)
① 해양경찰청 소속 공무원은 경찰공무원과 일반직공무원으로 구성한다.
② 해양경찰청 소속 경찰공무원의 계급은 치안총감·치안정감·치안감·경무관·총경·경정·경감·경위·경사·경장·순경으로 한다.

제14조(직무) [23 간부, 22 승진]
① 해양경찰은 해양에서의 수색·구조·연안안전관리 및 선박교통관제와 경호·경비·대간첩·대테러 작전에 관한 직무를 수행한다.
② 해양경찰은 해양에서 공공의 안녕과 질서유지를 위하여 해양관련 범죄의 예방·진압·수사와 피해자 보호에 관한 직무를 수행한다.
③ 해양경찰은 해양에서 공공안녕에 대한 위험의 예방과 대응을 위한 정보의 수집·작성·배포에 관한 직무를 수행한다.
④ 해양경찰은 해양오염 방제 및 예방활동에 관한 직무를 수행한다.

⑤ 해양경찰은 직무와 관련된 외국 정부기관 및 국제기구와 협력하여야 한다.

제15조(직무수행)
① 해양경찰청 소속 공무원은 상관의 지휘·감독을 받아 직무를 수행하고, 그 직무수행에 관하여 서로 협력하여야 한다.
② 해양경찰청 소속 공무원은 구체적 수사와 관련된 제1항의 지휘·감독의 적법성 또는 정당성 여부에 대하여 이견이 있는 경우에는 이의를 제기할 수 있다.

제15조의2(수사의 지휘·감독)
① 수사부서의 장은 「형사소송법」에 따른 해양경찰의 수사에 관하여 대통령령으로 정하는 바에 따라 해양경찰청 소속 공무원을 지휘·감독한다.
② 수사부서의 장은 「경찰공무원법」 제10조제3항에도 불구하고 해양경찰청 외부를 대상으로 모집하여 임용할 수 있다. 이 경우 다음 각 호의 자격을 갖춘 사람 중에서 임용한다.
1. 10년 이상 해양수사업무에 종사한 사람 중에서 「국가공무원법」 제2조의2에 따른 고위공무원단에 속하는 공무원, 3급 이상 공무원 또는 총경 이상 경찰공무원으로 재직한 경력이 있는 사람
2. 판사·검사 또는 변호사의 직에 10년 이상 있었던 사람
3. 변호사 자격이 있는 사람으로서 국가기관, 지방자치단체, 「공공기관의 운영에 관한 법률」 제4조에 따른 공공기관(이하 "국가기관등"이라 한다)에서 법률에 관한 사무에 10년 이상 종사한 경력이 있는 사람
4. 대학이나 공인된 연구기관에서 법률학·경찰학·해양경찰학 분야에서 조교수 이상의 직이나 이에 상당하는 직에 10년 이상 있었던 사람
5. 제1호부터 제4호까지의 경력 기간의 합산이 15년 이상인 사람
③ 수사부서의 장을 해양경찰청 외부를 대상으로 모집하여 임용하는 경우 다음 각 호의 어느 하나에 해당하는 사람은 수사부서의 장이 될 수 없다.
1. 「경찰공무원법」 제8조제2항 각 호의 결격사유에 해당하는 사람
2. 정당의 당원이거나 당적을 이탈한 날부터 3년이 지나지 아니한 사람
3. 선거에 의하여 취임하는 공직에 있거나 그 공직에서 퇴직한 날부터 3년이 지나지 아니한 사람
4. 제2항제1호에 해당하는 공무원 또는 제2항제2호의 판사·검사의 직에서 퇴직한 날부터 1년이 지나지 아니한 사람
5. 제2항제3호에 해당하는 사람으로서 국가기관등에서 퇴직한 날부터 1년이 지나지 아니한 사람
④ 수사부서의 장을 해양경찰청 외부를 대상으로 모집하여 임용하는 경우 「경찰공무원법」 제30조에도 불구하고 수사부서의 장의 임기는 2년으로 하고 중임할 수 없다. 이 경우 수사부서의 장은 임기가 끝나면 당연히 퇴직한다.
⑤ 수사부서의 장을 해양경찰청 내부를 대상으로 임명하는 경우 수사부서의 장의 임기는 2년으로 한다.

◆ 해양경찰청과 그 소속기관 직제 [시행 22. 12. 29.] [대통령령]

제1장 총칙

제1조 (목 적) [20 승진]
이 영은 해양경찰청과 그 소속기관의 조직과 직무범위, 그 밖에 필요한 사항을 규정함을 목적으로 한다.

제2조 (소속 기관) [20 간부]

① 해양경찰청장의 관장사무를 **지원**하기 위하여 **해양경찰청장 소속**으로 **해양경찰교육원** 및 **중앙해양특수구조단**을 둔다.
② 해양경찰청장의 관장사무를 **분장**하기 위하여 **해양경찰청장 소속**으로 **지방해양경찰청**을 두고, **지방해양경찰청장 소속으로 해양경찰서를 둔다.**
③ 해양경찰청장의 관장사무를 **지원**하기 위하여 「책임운영기관의 설치·운영에 관한 법률」 제4조제1항, 같은 법 시행령 제2조제1항 및 별표 1에 따라 **해양경찰청장 소속의 책임운영기관**으로 **해양경찰정비창**을 둔다.

제2장 해양경찰청

제3조 (직무)

해양경찰청은 해양에서의 경찰 및 오염방제에 관한 사무를 관장한다.

제4조 (청장)

해양경찰청장은 **치안총감**으로 보한다.

제5조 (차장)

해양경찰청 차장은 **치안정감**으로 보한다.

제6조 (하부조직) [21 간부, 20 해경]

① 해양경찰청에 **운영지원과·경비국·구조안전국·수사국·국제정보국·해양오염방제국 및 장비기술국**을 둔다.
② **청장 밑**에 **대변인 1명**을 두고, **차장 밑**에 **기획조정관 및 감사담당관 각 1명**을 둔다.

제7조 (대변인)

① **대변인**은 **4급 또는 총경**으로 보한다.

제8조 (기획조정관)

① **기획조정관은 치안감**으로 보한다.

제9조 (감사담당관)

① **감사담당관**은 **4급 또는 총경**으로 보한다.

제10조 (운영지원과)

① **운영지원과장**은 **총경**으로 보한다.

제11조 (경비국) [22 간부, 19 승진]

① 경비국에 국장 1명을 둔다.
② **국장**은 **치안감 또는 경무관**으로 보한다.
③ 국장은 다음 사항을 분장한다.
1. 해양경비에 관한 계획의 수립·조정 및 지도
2. 경비함정·항공기 등의 운용 및 지도·감독
3. 동·서해 특정해역에서의 조업 경비
4. 해양에서의 경호, 대테러 예방·진압
5. 통합방위 및 비상대비 업무의 기획 및 지도·감독
6. 해양상황의 처리와 관련된 주요업무계획의 수립·조정 및 지도
7. 해양상황의 접수·처리·전파 및 보고
8. 해상교통관제(VTS) 정책 수립 및 기술개발
9. 해상교통관제센터의 설치·운영
10. 해상교통관제센터의 항만운영 정보 제공
11. 해상교통관제 관련 국제교류·협력

제12조 (구조안전국)
① 구조안전국에 국장 1명을 둔다.
② **국장**은 **치안감 또는 경무관**으로 보한다.
③ 국장은 다음 사항을 분장한다.
1. 연안해역 안전관리에 관한 정책의 수립·조정 및 지도
2. 연안해역 안전 관련 법령·제도의 연구·개선
3. 파출소 및 출장소 운영
4. 해수면 유선 및 도선 사업 관련 제도 운영
5. 해수면 유선 및 도선 사업의 면허·신고 및 안전관리
6. 해수욕장 안전관리
7. 어선출입항 신고업무
8. 해양사고 재난 대비·대응
9. 해양에서의 구조·구급 업무
10. 중앙해양특수구조단 운영 지원 및 해양경찰구조대 등 해양구조대 운영 관련 업무
11. 해양안전 관련 민·관·군 구조협력 및 합동 구조 훈련
12. 해양수색구조 관련 국제협력 및 협약 이행
13. 수상레저 안전관리에 관한 정책의 수립·조정 및 지도
14. 수상레저 안전 관련 법령·제도의 연구·개선
15. 수상레저 안전문화의 조성 및 진흥
16. 수상레저 관련 조종면허 및 기구 안전검사·등록 등에 관한 업무
17. 수상레저 사업의 등록 및 안전관리의 감독·지도
18. 수상레저 안전 관련 단체 관리 및 민관 협업체계 구성

제13조 (수사국)
① 수사국에 국장 1명을 둔다.
② **국장**은 **치안감 또는 경무관**으로 보한다.
③ 국장은 다음 사항을 분장한다.
1. 수사업무 및 범죄첩보에 관한 기획·지도 및 조정
2. 범죄통계 및 수사 자료의 분석
3. 해양과학수사업무에 관한 기획·지도 및 조정
7. 범죄의 수사

제13조의2 (국제정보국)
① 국제정보국에 국장 1명을 둔다.
② **국장**은 **치안감 또는 경무관**으로 보한다.
③ 국장은 다음 사항을 분장한다.
1. 정보업무의 기획·지도 및 조정
2. 정보의 수집·분석 및 배포
3. 보안경찰업무의 기획·지도 및 조정
4. 외사경찰업무의 기획·지도 및 조정
5. 국제사법공조 관련 업무
6. 해양경찰 직무와 관련된 국제협력업무의 기획·지도 및 조정

제14조 (해양오염방제국)
① 해양오염방제국에 국장 1명을 둔다.
② **국장**은 **고위공무원단에 속하는 일반직공무원**으로 보한다. [19 간부, 18 해경]
③ 국장은 다음 사항을 분장한다.
1. 해양오염 방제 조치
2. 국가긴급방제계획의 수립 및 시행
3. 해양오염 방제자원 확보 및 운영
4. 해양오염 방제를 위한 관계기관 협조

5. 국제기구 및 국가 간 방제지원 협력
6. 해양오염 방제 관련 조사·연구 및 기술개발
7. 방제대책본부의 구성·운영 및 긴급방제 총괄지휘
8. 해양오염 방제매뉴얼 수립 및 조정
9. 방제훈련 계획의 수립 및 조정
10. 기름 및 유해화학물질 사고 대비·대응
11. 오염물질 해양배출신고 처리
12. 방제비용 부담 등에 관한 업무
13. 방제조치에 필요한 전산시스템 구축·운용
14. 지방자치단체의 해안 방제조치 지원에 관한 업무
15. 해양오염 방지를 위한 예방활동 및 지도·점검
16. 선박해양오염·해양시설오염 비상계획서 검인 등에 관한 업무
17. 방제자재·약제 형식승인
18. 오염물질 해양배출행위 조사 및 오염물질의 감식·분석 등에 관한 업무
19. 해양환경공단의 방제사업 중 긴급방제조치에 대한 지도·감독
20. 해양오염방지를 위한 구난조치

제15조 (장비기술국) [22 간부, 19 간부]

① 장비기술국에 국장 1명을 둔다.
② **국장**은 **치안감 또는 경무관**으로 보한다.
③ 국장은 다음 사항을 분장한다.
1. 해양경찰장비(함정, 항공기, 차량, 무기 등)의 개선 및 획득
2. 해양경찰장비의 정비 및 유지 관리
3. 해양경찰정비창에 대한 지도·감독
4. 물품·무기·탄약·화학 장비 수급관리 및 출납·통제
5. 경찰제복 및 의복의 보급·개선
6. 해양항공 업무 관련 계획의 수립·조정 등에 관한 업무
7. 해양에서의 항공기 사고조사 및 원인분석
8. 정보통신 업무계획의 수립·조정 등에 관한 업무
9. 정보통신 보안업무

제3장 해양경찰교육원

제18조 (원장)

① 교육원에 원장 1명을 두며, **원장**은 **경무관**으로 보한다.

제20조 (해양경찰연구센터) [21 해경]

① 해양에서의 경찰 및 오염방제 업무에 관한 연구·분석·장비개발 등에 관한 사무를 관장하기 위하여 해양경찰교육원장 소속으로 해양경찰연구센터(이하 "연구센터"라 한다)를 둔다.
② 연구센터에 센터장 1명을 두며, 센터장은 4급으로 보한다.

제4장 중앙해양특수구조단

제21조 (직무)

중앙해양특수구조단(이하 "특수구조단"이라 한다)은 다음 사무를 관장한다.
1. 대형·특수 해양사고의 구조·수중수색 및 현장지휘
2. 잠수·구조 기법개발·교육·훈련 및 장비관리 등에 관한 업무
3. 인명구조 등 관련 국내외 기관과의 교류 협력
4. 중·대형 해양오염사고 발생 시 현장출동·상황파악 및 응급방제조치
5. 오염물질에 대한 방제기술 습득 및 훈련

제22조 (단장)

① 특수구조단에 단장 1명을 두며, **단장**은 **총경**으로 보한다.

② 단장은 해양경찰청장의 명을 받아 소관사무를 총괄하고, 소속 공무원을 지휘·감독한다.

제23조 (해양특수구조대)

① 특수구조단의 소관 사무를 분장하기 위하여 **특수구조단장 소속**으로 **서해해양특수구조대 및 동해해양특수구조대**를 둔다.
② 특수구조단 및 해양특수구조대의 위치는 별표 1과 같고, 그 관할구역은 해양수산부령으로 정한다.
③ 서해해양특수구조대 및 동해해양특수구조대에 각각 대장 1명을 두며, 각 **대장**은 **경정**으로 보한다.
④ 서해해양특수구조대장 및 동해해양특수구조대장은 특수구조단장의 명을 받아 소관 사무를 총괄하고, 소속 공무원을 지휘·감독한다.

제5장 지방해양경찰관서

제24조 (직무)

지방해양경찰청은 관할 해양에서의 경찰 및 오염방제에 관한 사무를 수행한다.

제26조 (지방해양경찰청장) [21 승진]

① 지방해양경찰청에 청장 1명을 둔다.
② **중부지방해양경찰청장은 치안정감**으로, **서해지방해양경찰청장·남해지방해양경찰청장 및 동해지방해양경찰청장은 치안감**으로, **제주지방해양경찰청장은 경무관**으로 보한다. <개정 22. 2. 22.>
③ 지방해양경찰청장은 해양경찰청장의 명을 받아 소관사무를 총괄하고, 소속 공무원을 지휘·감독한다.

제27조 (하부조직)

① **중부지방해양경찰청, 서해지방해양경찰청 및 남해지방해양경찰청**에 각각 **안전총괄부**를 둔다.

제28조 (지방해양경찰청 안전총괄부)

① 중부지방해양경찰청 안전총괄부, 서해지방해양경찰청 안전총괄부 및 남해지방해양경찰청 안전총괄부에 부장 각 1명을 둔다.
② **부장**은 **경무관**으로 보한다.

제29조 (직할단·직할대)

① **지방해양경찰청장**은 해양수산부령으로 정하는 범위에서 그 밑에 각각 **직할단과 직할대를 둘 수 있다**.
② 직할단의 장과 직할대의 장은 특정한 해양경찰사무에 관하여 각각 지방해양경찰청장을 보좌한다.

제30조 (해양경찰서)

① 해양경찰서에 서장 1명을 둔다.
② **서장**은 **총경**으로 보한다.
③ 서장은 지방해양경찰청장의 명을 받아 소관사무를 총괄하고, 소속 공무원을 지휘·감독한다.

제31조 (파출소 등) [22 간부]

① **지방해양경찰청장**은 해양경찰서장의 소관 사무를 분장하기 위하여 해양수산부령으로 정하는 바에 따라 **해양경찰서장 소속으로 파출소를 둘 수 있다**.
② 지방해양경찰청장은 필요한 경우에는 해양수산부령으로 정하는 바에 따라 **해양경찰서장 소속으로 출장소를 둘 수 있다**.
③ 파출소 및 출장소의 명칭·위치와 관할구역, 그 밖에 필요한 사항은 **지방해양경찰청장이 정한다**.

제32조 (해상교통관제센터)

① 지방해양경찰청의 소관 사무를 분장하기 위하여 **지방해양경찰청장 소속**으로 **해상교통관제센터**를

② 해상교통관제센터는 광역해상교통관제센터, 항만해상교통관제센터 및 연안해상교통관제센터로 구분한다. <개정 22. 12. 29.>
③ 해상교통관제센터의 명칭 및 위치는 해양수산부령으로 정하고, 관할구역 등 그 밖에 필요한 사항은 지방해양경찰청장이 정한다.
④ 해상교통관제센터에 센터장 1명을 두며, 광역해상교통관제센터장 및 항만해상교통관제센터장은 4급 또는 5급으로, 연안해상교통관제센터장은 5급 또는 경정으로 보한다. <개정 22. 12. 29.>

제6장 해양경찰정비창

제33조(직무)
해양경찰정비창은 함정의 정비 및 수리에 관한 사무를 관장한다.

◆ 해양경찰청과 그 소속기관 직제 시행규칙 [시행 23. 2. 28] [해양수산부령]

제1조(목적)
이 규칙은 해양경찰청과 그 소속기관에 두는 보조기관·보좌기관의 **직급 및 직급별 정원**, 「정부조직법」 제2조제3항 및 제5항에 따라 국장 밑에 두는 보조기관과 이에 상당하는 보좌기관의 설치 및 사무분장 등 「해양경찰청과 그 소속기관 직제」에서 위임된 사항과 그 시행에 필요한 사항을 정함을 목적으로 한다. [20 승진]

제2조(대변인)
대변인은 서기관 또는 총경으로 보한다.

제3조(기획조정관)
① 기획조정관 밑에 기획재정담당관·혁신행정법무담당관·인사담당관·교육훈련담당관 및 해양치안빅데이터팀장을 두며, 기획재정담당관·혁신행정법무담당관 및 인사담당관은 총경으로, 교육훈련담당관은 서기관 또는 총경으로, 해양치안빅데이터팀장은 전산사무관으로 보한다.

제4조(감사담당관)
감사담당관은 서기관 또는 총경으로 보한다.

제4조의2(스마트해양경찰추진팀) → 삭제(22. 12. 29) : 스마트해양경찰추진팀을 자율기구로 전환함에 따라 폐지

제4조의5(양성평등정책팀)
① 「행정기관의 조직과 정원에 관한 통칙」 제29조제3항 및 제4항에 따라 차장 밑에 양성평등정책팀을 둔다.
② 양성평등정책팀에 팀장 1명을 두며, 팀장은 경정으로 보한다.

제5조(운영지원과)
운영지원과장은 총경으로 보한다.

제6조(경비국)
① 경비국에 경비과·종합상황실·해상교통관제과 및 해양경비기획단을 두되, 경비과장·종합상황실장·해양경비기획단장은 총경으로 보하고, 해상교통관제과장은 서기관 또는 기술서기관으로 보한다.

제7조(구조안전국)
① 구조안전국에 해양안전과·수색구조과 및 수상레저과를 두며, 각 과장은 총경으로 보한다.

제8조(수사국)
① 수사국에 수사기획과·수사심사과·형사과 및 과학수사팀을 두며, 수사기획과장·수사심사과장·형사과장은 총경으로, 과학수사팀장은 경정으로 보한다.

제8조의2(국제정보국)
① 국제정보국에 정보과·외사과·보안과 및 국제협력과를 두며, 정보과장·외사과장·보안과장 및 국제협력과장은 총경으로 보한다.

제9조(해양오염방제국)
① 해양오염방제국장은 고위공무원단에 속하는 일반직공무원으로 보하되, 그 직위의 직무등급은 나등급으로 한다.
② 해양오염방제국에 방제기획과·기동방제과 및 해양오염예방과를 두며, 방제기획과장은 부이사관 또는 기술서기관으로, 기동방제과장 및 해양오염예방과장은 기술서기관으로 보한다.

제10조(장비기술국)
① 장비기술국에 장비기획과·장비관리과·항공과 및 정보통신과를 두되, 장비기획과장·장비관리과장·항공과장은 총경으로, 정보통신과장은 서기관·기술서기관 또는 총경으로 보한다.

제11조(해양경찰교육원)
해양경찰교육원(이 장에서 "교육원"이라 한다)에 운영지원과·교무과·교수과·직무교육훈련센터 및 학생과를 두며, 운영지원과장·교무과장·교수과장 및 직무교육훈련센터장은 총경으로, 학생과장은 경정으로 보한다.

제17조(해양경찰연구센터)
① 해양경찰연구센터장은 기술서기관으로 보한다.
② 해양경찰연구센터(이하 "연구센터"라 한다)에 운영지원팀·장비연구팀·화학분석연구팀 및 정책연구팀을 두며, 각 팀장은 공업사무관·보건사무관·환경사무관·해양수산사무관·방재안전사무관·공업연구관·환경연구관·경정 또는 경감으로 보한다.

제18조(중앙해양특수구조단 및 해양특수구조대)
① 중앙해양특수구조단 및 해양특수구조대의 위치 및 관할구역은 별표 1과 같다.
② 해양특수구조대장은 다음 사항을 분장한다.
1. 관할구역 내 대형·특수 해양사고의 구조·수중수색 및 현장지휘에 관한 사항
2. 소속 인력·특수구조장비의 운용·관리 및 유지에 관한 사항
3. 인명구조 등 관할구역 내 관련 기관과의 교류 협력에 관한 사항
4. 중·대형 해양오염사고 발생 시 현장출동·상황파악 및 응급방제 조치에 관한 사항
5. 오염물질에 대한 방제기술 습득 및 훈련에 관한 사항

제20조(지방해양경찰청)
① 지방해양경찰청에 다음 각 호의 구분에 따라 부 및 과를 두고, 지방해양경찰청장 밑에 청문감사담당관 및 종합상황실장을 둔다. 다만, 중부·서해 및 남해지방해양경찰청은 안전총괄부장 밑에 종합상황실장을 둔다.
2. 중부·서해 및 남해지방해양경찰청: 안전총괄부 및 기획운영과. 이 경우 안전총괄부에 경비과·구조안전과·수사과·정보외사과 및 해양오염방제과를 둔다.
3. 동해 및 제주지방해양경찰청: 기획운영과·경비안전과·수사과·정보외사과 및 해양오염방제과
② 기획운영과장·경비과장·구조안전과장·경비안전과장 및 수사과장은 총경으로, 정보외사과장은 총경 또는 경정으로, 해양오염방제과장은 기술서기관·공업사무관·보건사무관·환경사무관·해양수산사무관 또는 방재안전사무관으로, 청문감사담당관은 총경 또는 경정으로, 종합상황실장은 경정으로 보한다.
③ 지방해양경찰청장 밑에 항공단을 직할단으로 두고, 특공대를 직할대로 둔다. 다만, **중부지방해양경찰청장 밑에는 서해5도 특별경비단 및 항공단을 직할단으로 두고**, 특공대를 직할대로 둔다. [19 간부, 18 해경]
④ 서해5도 특별경비단장은 총경으로, 항공단장은 총경 또는 경정으로, 특공대장은 경정 또는 경감으로 보한다.
⑤ 각 직할단(서해5도 특별경비단은 제외한다)의 장 및 직할대의 장의 보좌사무는 해양경찰청장이 정하는 기준에 따라 지방해양경찰청장이 정한다.

제21조(청문감사담당관)
청문감사담당관은 다음 사항에 관하여 지방해양경찰청장을 보좌한다.
1. 지방해양경찰청과 그 소속기관에 대한 감사

2. 지방해양경찰청과 그 소속기관에 대한 다른 기관의 감사결과의 처리
3. 진정 및 비위사항의 조사·처리 등 사정업무에 관한 사항
4. 징계위원회 운영에 관한 사항
5. 청렴도 향상, 부패방지시책, 공무원 행동강령 운영에 관한 사항
6. 소속 공무원의 재산등록 및 심사에 관한 업무
7. 민원실 운영에 관한 사항
8. 그 밖에 지방해양경찰청장이 감사에 관하여 지시한 사항의 처리

제22조(종합상황실)
종합상황실장은 다음 사항에 관하여 지방해양경찰청장을 보좌한다. 다만, 중부·서해 및 남해지방해양경찰청 종합상황실장은 안전총괄부장을 보좌한다.
1. 해양 경비·재난·치안·오염 상황 등(이하 이 항에서 "해양상황 등"이라 한다)에 대한 접수·처리·전파 및 보고 등 초동조치에 관한 사항
2. 해양상황 등의 피해, 구조 및 대응 현황 등에 대한 파악·기록·통계관리 및 정보 분석에 관한 사항
3. 상황관리시스템 구축·운영 및 보안관리에 관한 사항
4. 함정, 항공기 출동상황 관리 및 안전 정보 제공에 관한 사항
5. 소속 해양경찰서의 상황관련 업무조정 등에 관한 사항

제23조(서해5도 특별경비단)
서해5도 특별경비단장은 다음 사항에 관하여 중부지방해양경찰청장을 보좌한다.
1. 불법외국어선 단속, 수사 및 사후처리에 관한 사항
2. 서해5도 해역에서의 경비 및 작전 업무에 관한 사항
3. 서해5도 해역에서의 경비·작전 관련 위기관리 업무에 관한 사항
4. 서해5도 해역에서의 수색 및 구조 업무에 관한 사항

제30조(해양경찰서)
① 해양경찰서에 기획운영과·경비구조과·해양안전과·수사과·정보외사과·해양오염방제과 및 장비관리과를 둔다. 다만, 인천해양경찰서 및 동해해양경찰서에는 기획운영과·경비구조과·해양안전과·수사과·정보외사과·해양오염방제과·장비관리과 및 보안팀을 두고, 태안해양경찰서·완도해양경찰서·울산해양경찰서·포항해양경찰서·속초해양경찰서·보령해양경찰서·부안해양경찰서·울진해양경찰서 및 사천해양경찰서에는 기획운영과·경비구조과·해양안전과·수사과·정보외사과·해양오염방제과 및 장비관리운영팀을 둔다.
② 각 과장 및 팀장은 경정 또는 경감으로 보한다. 다만, 해양오염방제과장은 공업사무관·보건사무관·환경사무관·해양수산사무관·방재안전사무관으로 보한다.

제31조(파출소 및 출장소의 설치기준)
해양경찰서장의 소관 사무를 분장하기 위하여 해양경찰서장 소속으로 파출소를 두되, 다음 각 호의 어느 하나에 해당하는 경우에는 출장소를 둘 수 있다.
1. 도서, 농·어촌 벽지 등 교통·지리적 원격지로 인접 해양경찰관서에서의 출동이 용이하지 아니한 경우
2. 관할구역에 국가중요시설 등 특별한 경계가 요구되는 경우
3. 휴전선 인근 등 보안상 취약지역을 관할하는 경우
4. 제1호부터 제3호까지에서 규정한 사항 외에 치안수요가 특수하여 파출소를 운영하는 것이 적당하지 아니한 경우

제32조(해상교통관제센터)
① 지방해양경찰청장 소속하에 두는 해상교통관제센터의 명칭 및 위치는 별표 3과 같다.
② 해상교통관제센터장은 기술서기관·방송통신사무관·해양수산사무관 또는 경정으로 보한다.
③ 해상교통관제센터장은 다음 사항을 분장한다.
1. 해상교통관제센터의 설치·운영에 관한 사항
2. 해상교통관제 시설 설치 및 관리·운영에 관한 사항
3. 해상교통관제절차 위반사항의 처리에 관한 사항
4. 항만운영에 관한 정보 제공에 관한 사항

5. 해상교통관제센터 직원 복무에 관한 사항
6. 해상교통관제업무 절차 홍보·안전교육 및 지도·점검에 관한 사항
7. 해상교통관제센터의 대내외 협력에 관한 사항

제6장 해양경찰정비창
제83조(창장)
① 해양경찰정비창(이하 "정비창"이라 한다)에 창장 1인을 두되, 창장은 임기제공무원으로 보한다.

■ 해양경찰청과 그 소속기관 직제 시행규칙 [별표 3] 〈개정 22. 12. 29.〉

해상교통관제센터의 명칭 및 위치(제32조제1항 관련)

구분	소속	명칭	위치
광역해상 교통관제센터	서해지방 해양경찰청	**군산**광역해상교통관제센터	전라북도 군산시
		목포광역해상교통관제센터	전라남도 목포시
항만해상 교통관제센터	중부지방 해양경찰청	**대산항**해상교통관제센터	충청남도 서산시
		평택항해상교통관제센터	경기도 평택시
		인천항해상교통관제센터	인천광역시 중구
		경인항해상교통관제센터	인천광역시 서구
	서해지방 해양경찰청	**여수항**해상교통관제센터	전라남도 여수시
		완도항해상교통관제센터	전라남도 완도군
	남해지방 해양경찰청	**울산항**해상교통관제센터	울산광역시 남구
		부산항해상교통관제센터	부산광역시 영도구
		부산신항해상교통관제센터	경상남도 창원시
		마산항해상교통관제센터	경상남도 창원시
	동해지방 해양경찰청	**동해항**해상교통관제센터	강원도 동해시
		포항항해상교통관제센터	경상북도 포항시
	제주지방 해양경찰청	**제주항**해상교통관제센터	제주특별자치도 제주시
연안 해상 교통 관제 센터	중부지방 해양경찰청	**경인**연안해상교통관제센터	인천광역시 중구
		태안연안해상교통관제센터	충청남도 서산시
	서해지방 해양경찰청	**여수**연안해상교통관제센터	전라남도 여수시
	남해지방 해양경찰청	**통영**연안해상교통관제센터	경상남도 통영시

◈ 국제해사기구(IMO)

국제해사기구(International Maritime Organization; IMO)는 1948년 3월 6일 채택되고 1958년 3월 17일에 발효된 국제해사기구에 관한 협약(Convention on the International Maritime Organization, 1948)에 따라 설립된 기구로 해상에서 안전, 보안과 선박으로부터의 해양오염 방지를 책임지는 국제연합 산하의 전문 기구이다. 즉, 국제해사기구의 목적은 국제교역에 종사하는 해운업에 영향을 미치는 모든 형태의 기술적인 문제에 관하여 정부가 수행하는 규정이나 지침에 있어서 정부 간 상호협력 촉진을 위한 장치를 제공하는 것이며, 해상안전, 효율적인 항해 및 선박으로부터의 오염방지 및 통제와 관련하는 최고 수준의 실질적인 기준을 제공하고 촉진하기 위해서 설치되었다. 우리나라는 1962년에 가입하였고, 북한은 1986년에 가입하였다. 사무총장의 임기는 4년이고, 1회 연임이 가능하다.

제4절 경찰관청의 대리와 위임

명령통일의 원리를 너무 강조하면 오히려 실제 업무에 있어서는 지체와 혼란을 가져오므로 대리나 위임을 통하여 기능을 대행하는 체제가 필요하다.

1 대리

의 의	경찰관청의 권한의 전부 또는 일부를 다른 행정기관(대리기관)이 피대리관청을 위한 것임을 표시하여 자기의 이름으로 행사하고, 피대리관청의 행위로서의 효과가 발생하는 것을 말함	
구분	임의대리(수권대리)	법정대리
발생원인	피대리관청의 수권행위에 의하여 성립하는 대리	법령의 규정에 의하여 당연히 성립하는 대리(협의의 법정대리) 또는 일정한 자의 지정에 의하여 성립하는 대리(지정대리)
범위	법령에 근거가 없더라도 가능하고, 권한의 일부에 대하여만 대리가 가능함	법령에 규정된 범위 내에서 가능하고, 경우에 따라 권한의 전부에 대한 대리도 가능함
책임·지휘·감독	대리기관은 원칙적으로 피대리관청의 책임하에 권한을 행사하고 피대리관청의 지휘·감독을 받음	대리기관은 자신의 책임하에 권한을 행사하고 피대리관청의 지휘·감독을 받지 않음
복대리	원칙적으로 불가능함	가능함
효과	피대리관청의 행위로서 효과가 발생	피대리관청의 행위로서 효과가 발생
행정소송의 피고	피대리관청	피대리관청

2 위임

의의	권한의 일부를 보조기관 또는 하급행정기관으로 이전시켜 수임기관이 자신의 명의와 책임으로 권한을 행사하는 것을 말함
근거	위임은 법령에 정해진 권한의 변경을 의미하므로 반드시 법령의 근거가 있어야만 가능함
한계	권한의 일부에 대하여만 위임이 가능하며, 전부 또는 대부분의 위임은 위임기관의 실질적인 폐지를 의미하므로 인정되지 않음
효과	① 권한을 위임한 상급기관은 수임기관을 지휘·감독할 수 있으며, 수임기관의 처분에 대한 취소·정지권을 가짐 ② 수임기관이 자신의 명의와 책임으로 권한을 행사하므로 행정쟁송 발생시 수임기관이 피고가 됨
재위임	위임이 있으면 그 권한은 수임기관의 것이 되므로, 법령에 근거가 있다면 수임기관은 위임받은 권한의 일부를 보조기관이나 하급행정기관에 재위임할 수 있음

3 대결 및 위임전결

대결	해양경찰관청 내부에서 결재권자가 일시 부재한 경우에 보조기관이 대신하여 결재하는 것으로 대외적으로 본래의 행정청의 이름으로 권한을 행사하는 것
위임전결	해양경찰관청의 보조기관 등이 해당 해양경찰관청의 이름으로 권한을 사실상 행사하는 것

대결과 위임전결은 권한 자체의 변경을 가져오지 않고 본래의 해양경찰관청의 이름으로 행해지는 행위이다.

◆ 행정권한의 위임 및 위탁에 관한 규정

제2조(정의)
이 영에서 사용하는 용어의 뜻은 다음과 같다.
1. "위임"이란 법률에 규정된 행정기관의 장의 권한 중 일부를 그 보조기관 또는 하급행정기관의 장이나 지방자치단체의 장에게 맡겨 그의 권한과 책임 아래 행사하도록 하는 것을 말한다.
2. "위탁"이란 법률에 규정된 행정기관의 장의 권한 중 일부를 다른 행정기관의 장에게 맡겨 그의 권한과 책임 아래 행사하도록 하는 것을 말한다.
3. "민간위탁"이란 법률에 규정된 행정기관의 사무 중 일부를 지방자치단체가 아닌 법인·단체 또는 그 기관이나 개인에게 맡겨 그의 명의로 그의 책임 아래 행사하도록 하는 것을 말한다.
4. "위임기관"이란 자기의 권한을 위임한 해당 행정기관의 장을 말하고, "수임기관"이란 행정기관의 장의 권한을 위임받은 하급행정기관의 장 및 지방자치단체의 장을 말한다.
5. "위탁기관"이란 자기의 권한을 위탁한 해당 행정기관의 장을 말하고, "수탁기관"이란 행정기관의 권한을 위탁받은 다른 행정기관의 장과 사무를 위탁받은 지방자치단체가 아닌 법인·단체 또는 그 기관이나 개인을 말한다.

제3조(위임 및 위탁의 기준 등)
① 행정기관의 장은 허가·인가·등록 등 민원에 관한 사무, 정책의 구체화에 따른 집행사무 및 일상적으로 반복되는 사무로서 그가 직접 시행하여야 할 사무를 제외한 일부 권한(이하 "행정권한"이라 한다)을 그 보조기관 또는 하급행정기관의 장, 다른 행정기관의 장, 지방자치단체의 장에게 위임 및 위탁한다.
② 행정기관의 장은 행정권한을 위임 및 위탁할 때에는 위임 및 위탁하기 전에 수임기관의 수임능력 여부를 점검하고, 필요한 인력 및 예산을 이관하여야 한다.
③ 행정기관의 장은 행정권한을 위임 및 위탁할 때에는 위임 및 위탁하기 전에 단순한 사무인 경우를 제외하고는 수임 및 수탁기관에 대하여 수임 및 수탁사무 처리에 필요한 교육을 하여야 하며, 수임 및 수탁사무의 처리지침을 통보하여야 한다.

제4조(재위임)
특별시장·광역시장·특별자치시장·도지사 또는 특별자치도지사(특별시·광역시·특별자치시·도 또는 특별자치도의 교육감을 포함한다. 이하 같다)나 시장·군수 또는 구청장(자치구의 구청장을 말한다. 이하 같다)은 행정의 능률향상과 주민의 편의를 위하여 필요하다고 인정될 때에는 수임사무의 일부를 그 위임기관의 장의 승인을 받아 규칙으로 정하는 바에 따라 시장·군수·구청장(교육장을 포함) 또는 읍·면·동장, 그 밖의 소속기관의 장에게 다시 위임할 수 있다.

제5조(위임 및 위탁사무의 처리)

수임 및 수탁기관은 수임 및 수탁사무를 처리할 때 법령을 준수하고, 수임 및 수탁사무를 성실히 수행하여야 한다.

제6조(지휘·감독)
위임 및 위탁기관은 수임 및 수탁기관의 수임 및 수탁사무 처리에 대하여 지휘·감독하고, 그 처리가 위법하거나 부당하다고 인정될 때에는 이를 취소하거나 정지시킬 수 있다.

제7조(사전승인 등의 제한)
수임 및 수탁사무의 처리에 관하여 **위임 및 위탁기관**은 **수임 및 수탁기관에 대하여 사전승인을 받거나 협의를 할 것을 요구할 수 없다**.

제8조(책임의 소재 및 명의 표시)
① **수임 및 수탁사무의 처리에 관한 책임**은 **수임** 및 수탁기관에 있으며, 위임 및 위탁기관의 장은 그에 대한 감독책임을 진다.
② **수임 및 수탁사무에 관한 권한을 행사할 때**에는 **수임 및 수탁기관의 명의**로 하여야 한다.

제9조(권한의 위임 및 위탁에 따른 감사)
위임 및 위탁기관은 위임 및 위탁사무 처리의 적정성을 확보하기 위하여 필요한 경우에는 수임 및 수탁기관의 수임 및 수탁사무 처리 상황을 수시로 감사할 수 있다.

제5절 | 해양경찰관청 권한의 감독

1 감독 수단

(1) 감시권

하급관청의 권한행사를 파악하기 위해 사무를 감독하는 권한으로 별도의 법적 근거를 요하지 않는다.

(2) 훈령권

① 의의

훈령이란 상급관청이 하급관청 또는 보조기관의 권한 행사를 일반적으로 지휘하기 위하여 발하는 명령을 말한다.

② 법적 근거

훈령은 특별한 법적 근거가 없어도 가능하다.

③ 훈령의 요건

형식적 요건	ⓐ 훈령권이 있는 상급관청이 발하여야 하고, ⓑ 하급관청의 권한에 속하는 사항에 대하여 발하여야 하며, ⓒ 하급관청의 권한행사의 독립성이 보장되는 것이 아니어야 한다.
실질적 요건	적법·타당·가능·명백하여야 한다.

④ 복종의무

하급행정청은 훈령에 복종해야 하며, 훈령이 경합하는 경우에는 직근 상급행정청의 훈령에 따라야 한다. 만약 하급행정청이 복종하지 않으면 징계사유가 되나, 훈령을 위반하였다고 하여 바로 위법한 행정행위가 되는 것은 아니다.

⑤ 하급기관의 심사가능성

㉠ 하급행정기관이 훈령의 요건을 심사할 수 있느냐가 문제된다. 이에 대하여 통설은 형식적 요건에 대하여는 가능하다고 하나, 실질적 요건은 중대하고 명백한 하자가 있어 당연무효가 아닌 한 내용의 적법·타당성을 심사할 수 없다고 한다.

㉡ 상급행정기관의 중대하고 명백한 하자가 있어 절대무효인 경우에는 복종을 거부하여야 한다. 그에 따른 행위에 대하여는 하급관청이 책임을 져야 하며 경우에 따라서 범죄가 성립 될 수도 있다.

> 공무원이 그 직무를 수행함에 있어 상관은 하관에 대하여 범죄행위 등 위법한 행위를 하도록 명령할 직권이 없는 것이고, 하관은 소속상관의 적법한 명령에 복종할 의무는 있으나 그 명령이 참고인으로 소환된 사람에게 가혹행위를 가하라는 등과 같이 명백한 위법 내지 불법한 명령인 때에는 이는 벌써 직무상의 지시명령이라 할 수 없으므로 이에 따라야 할 의무는 없다(大判 88. 2. 23, 87도2358).

⑥ 훈령과 직무명령과의 비교

	훈령	직무명령
개념	상급관청이 하급관청에게 내리는 명령	상관이 부하에게 내리는 직무상 명령
법적 근거	X	X
효력	경찰공무원이 변경·교체되어도 효력이 유지된다.	직무명령을 받은 경찰공무원의 변경·교체되면 효력이 상실된다.
형식	원칙적으로 일반적·추상적 사항에 대해서 발해져야 하지만, 개별적·구체적 사항에 대해서도 발해질 수 있다.	원칙적으로 개별적·구체적 사항에 대해서 발해진다.
경합	주관상급관청이 상하관계에 있는 때에는 직근 상급경찰관청의 훈령에 따른다.	2인 이상의 상관으로부터 서로 모순된 직무명령을 받았을 때에는 직근 상관의 명령에 따른다.
요건	① 형식적 요건 - 훈령권 있는 상급관청이 발한 것일 것 - 하급관청의 권한 내의 사항에 관한 것일 것 - 직무상 독립 범위에 속하는 사항이 아닐 것 ② 실질적 요건 - 내용이 상위법규에 저촉되지 않을 것 - 적법·타당하고 공익에 반하지 않을 것 - 실현가능하고 명확할 것	① 형식적 요건 - 권한 있는 상관이 발한 것일 것 - 부하공무원의 직무상 범위 내에 속하는 사항일 것 - 부하공무원의 직무상 독립의 범위에 속하는 사항이 아닐 것 - 직무명령을 발하는 데 법정의 형식과 절차가 있으면 이를 구비할 것 ② 실질적 요건 - 내용이 법령에 저촉되지 않을 것 - 적법·타당하고 공익에 반하지 않을 것 - 실현가능하고 명확할 것
구속력	대내적 구속력만 있고, 대외적 구속력은 없다.	
위반의 효과	위반하더라도 위법이 아니며 행위 자체의 효력에는 영향이 없다.	

CHAPTER 03 경찰공무원법

◆ **경찰공무원법** [시행 21. 1. 1]

제1조(목적)
이 법은 경찰공무원의 책임 및 직무의 중요성과 신분 및 근무조건의 특수성에 비추어 그 임용, 교육훈련, 복무(服務), 신분보장 등에 관하여 「국가공무원법」에 대한 특례를 규정함을 목적으로 한다.

제2조(정의)
1. "임용"이란 신규채용·승진·전보·파견·휴직·직위해제·정직·강등·복직·면직·해임 및 파면을 말한다.
2. "전보"란 경찰공무원의 동일 직위 및 자격 내에서의 근무기관이나 부서를 달리하는 임용을 말한다.
3. "복직"이란 휴직·직위해제 또는 정직(강등에 따른 정직을 포함한다) 중에 있는 경찰공무원을 직위에 복귀시키는 것을 말한다.

제3조(계급 구분)
경찰공무원의 계급은 다음과 같이 구분한다.
　　치안총감(治安總監) 치안정감(治安正監) 치안감(治安監)
　　경무관(警務官) 총경(總警) 경정(警正) 경감(警監)
　　경위(警衛) 경사(警査) 경장(警長) 순경(巡警)

제4조(경과 구분)
① 경찰공무원은 그 직무의 종류에 따라 경과(警科)에 의하여 구분할 수 있다.

제5조(경찰공무원인사위원회의 설치)
① 경찰공무원의 인사(人事)에 관한 중요 사항에 대하여 경찰청장 또는 해양경찰청장의 자문에 응하게 하기 위하여 경찰청과 해양경찰청에 경찰공무원인사위원회(이하 "인사위원회"라 한다)를 둔다.

제6조(인사위원회의 기능)
인사위원회는 다음 각 호의 사항을 심의한다.
1. 경찰공무원의 인사행정에 관한 방침과 기준 및 기본계획
2. 경찰공무원의 인사에 관한 법령의 제정·개정 또는 폐지에 관한 사항
3. 그 밖에 경찰청장 또는 해양경찰청장이 인사위원회의 회의에 부치는 사항

제7조(임용권자) [21 승진]
① 총경 이상 경찰공무원은 경찰청장 또는 해양경찰청장의 추천을 받아 행정안전부장관 또는 해양수산부장관의 제청으로 국무총리를 거쳐 대통령이 임용한다. 다만, 총경의 전보, 휴직, 직위해제, 강등, 정직 및 복직은 경찰청장 또는 해양경찰청장이 한다.

② 경정 이하의 경찰공무원은 경찰청장 또는 해양경찰청장이 임용한다. 다만, 경정으로의 신규채용, 승진임용 및 면직은 경찰청장 또는 해양경찰청장의 제청으로 국무총리를 거쳐 대통령이 한다.
③ 경찰청장은 대통령령으로 정하는 바에 따라 경찰공무원의 임용에 관한 권한의 일부를 특별시장·광역시장·도지사·특별자치시장 또는 특별자치도지사(이하 "시·도지사"라 한다), 국가수사본부장, 소속 기관의 장, 시·도경찰청장에게 위임할 수 있다. 이 경우 시·도지사는 위임받은 권한의 일부를 대통령령으로 정하는 바에 따라 「국가경찰과 자치경찰의 조직 및 운영에 관한 법률」 제18조에 따른 시·도자치경찰위원회(이하 "시·도자치경찰위원회"라 한다), 시·도경찰청장에게 다시 위임할 수 있다.
④ 해양경찰청장은 대통령령으로 정하는 바에 따라 경찰공무원의 임용에 관한 권한의 일부를 소속 기관의 장, 지방해양경찰관서의 장에게 위임할 수 있다.

제8조(임용자격 및 결격사유)
① 경찰공무원은 신체 및 사상이 건전하고 품행이 방정(方正)한 사람 중에서 임용한다.
② 다음 각 호의 어느 하나에 해당하는 사람은 경찰공무원으로 임용될 수 없다.
1. 대한민국 국적을 가지지 아니한 사람
2. 「국적법」 제11조의2제1항에 따른 복수국적자
3. 피성년후견인 또는 피한정후견인
4. 파산선고를 받고 복권되지 아니한 사람
5. 자격정지 이상의 형(刑)을 선고받은 사람
6. 자격정지 이상의 형의 선고유예를 선고받고 그 유예기간 중에 있는 사람
7. 공무원으로 재직기간 중 직무와 관련하여 「형법」 제355조 및 제356조에 규정된 죄를 범한 자로서 300만원 이상의 벌금형을 선고받고 그 형이 확정된 후 2년이 지나지 아니한 사람
8. 「성폭력범죄의 처벌 등에 관한 특례법」 제2조에 규정된 죄를 범한 사람으로서 100만원 이상의 벌금형을 선고받고 그 형이 확정된 후 3년이 지나지 아니한 사람
9. 미성년자에 대한 다음 각 목의 어느 하나에 해당하는 죄를 저질러 형 또는 치료감호가 확정된 사람(집행유예를 선고받은 후 그 집행유예기간이 경과한 사람을 포함한다)
　가. 「성폭력범죄의 처벌 등에 관한 특례법」 제2조에 따른 성폭력범죄
　나. 「아동·청소년의 성보호에 관한 법률」 제2조제2호에 따른 아동·청소년대상 성범죄
10. 징계에 의하여 파면 또는 해임처분을 받은 사람

제9조(벌금형의 분리선고)
「형법」 제38조에도 불구하고 제8조제2항제7호 또는 제8호에 규정된 죄와 다른 죄의 경합범에 대하여 벌금형을 선고하는 경우에는 이를 분리선고하여야 한다.

제10조(신규채용)
① 경정 및 순경의 신규채용은 공개경쟁시험으로 한다.
② 경위의 신규채용은 경찰대학을 졸업한 사람 및 대통령령으로 정하는 자격을 갖추고 공개경쟁시험으로 선발된 사람(이하 "경찰간부후보생"이라 한다)으로서 교육훈련을 마치고 정하여진 시험에 합격한 사람 중에서 한다.
③ 다음 각 호의 어느 하나에 해당하는 경우에는 경력 등 응시요건을 정하여 같은 사유에 해당하는 다수인을 대상으로 경쟁의 방법으로 채용하는 시험(이하 "경력경쟁채용시험"이라 한다)으로 경찰공무원을 신규채용할 수 있다. 다만, 다수인을 대상으로 시험을 실시하는 것이 적당하지 아니하여 대통령령으로 정하는 경우에는 다수인을 대상으로 하지 아니한 시험으로 경찰공무원을 채용할 수 있다.
1. 「국가공무원법」 제70조제1항제3호의 사유로 퇴직하거나 같은 법 제71조제1항제1호의 휴직 기간 만료

로 퇴직한 경찰공무원을 퇴직한 날부터 3년(「공무원 재해보상법」에 따른 공무상 질병 또는 부상으로 인한 휴직의 경우에는 5년) 이내에 퇴직 시에 재직한 계급의 경찰공무원으로 재임용하는 경우
2. 공개경쟁시험으로 임용하는 것이 부적당한 경우에 임용예정 직무에 관련된 자격증 소지자를 임용하는 경우
3. 임용예정직에 상응하는 근무실적 또는 연구실적이 있거나 전문지식을 가진 사람을 임용하는 경우
4. 「국가공무원법」에 따른 5급 공무원의 공개경쟁채용시험이나 「사법시험법」(2009년 5월 28일 법률 9747호로 폐지되기 전의 것을 말한다)에 따른 사법시험에 합격한 사람을 경정 이하의 경찰공무원으로 임용하는 경우
5. 섬, 외딴곳 등 특수지역에서 근무할 사람을 임용하는 경우
6. 외국어에 능통한 사람을 임용하는 경우
7. 제주특별자치도의 자치경찰공무원(이하 "자치경찰공무원"이라 한다)을 그 계급에 상응하는 경찰공무원으로 임용하는 경우
8. 「국가경찰과 자치경찰의 조직 및 운영에 관한 법률」 제16조에 따라 경찰청 외부를 대상으로 모집하여 국가수사본부장을 임용하는 경우

제11조(부정행위자에 대한 제재)
경찰청장 또는 해양경찰청장은 경찰공무원의 채용시험 또는 경찰간부후보생 공개경쟁선발시험에서 부정행위를 한 응시자에 대해서는 해당 시험을 정지 또는 무효로 하고, 그 처분이 있은 날부터 5년간 시험응시자격을 정지한다.

제12조(채용후보자 명부 등)
① 경찰청장 또는 해양경찰청장(제7조제3항 및 제4항에 따라 임용권을 위임받은 자를 포함한다)은 신규채용시험에 합격한 사람(경찰대학을 졸업한 사람과 경찰간부후보생을 포함한다, 이하 이 조에서 같다)을 대통령령으로 정하는 바에 따라 성적 순위에 따라 채용후보자 명부에 등재(登載)하여야 한다.
② 경찰공무원의 신규채용은 제1항에 따른 채용후보자 명부의 등재 순위에 따른다. 다만, 채용후보자가 경찰교육기관에서 신임교육을 받은 경우에는 그 교육성적 순위에 따른다.
③ 제1항에 따른 채용후보자 명부의 유효기간은 2년의 범위에서 대통령령으로 정한다. 다만, 경찰청장 또는 해양경찰청장은 필요에 따라 1년의 범위에서 그 기간을 연장할 수 있다.
④ 신규채용시험에 합격한 사람이 채용후보자 명부에 등재된 이후 그 유효기간 내에 「병역법」에 따른 병역 복무를 위하여 군에 입대한 경우(대학생 군사훈련 과정 이수자를 포함한다)의 의무복무 기간은 제3항에 따른 기간에 넣어 계산하지 아니한다.

제13조(시보임용) [22 간부, 20승진]
① 경정 이하의 경찰공무원을 신규 채용할 때에는 1년간 시보(試補)로 임용하고, 그 기간이 만료된 다음 날에 정규 경찰공무원으로 임용한다.
② 휴직기간, 직위해제기간 및 징계에 의한 정직처분 또는 감봉처분을 받은 기간은 제1항에 따른 시보임용기간에 산입하지 아니한다.
③ 시보임용기간 중에 있는 경찰공무원이 근무성적 또는 교육훈련성적이 불량할 때에는 「국가공무원법」 제68조 및 이 법 제28조에도 불구하고 면직시키거나 면직을 제청할 수 있다.
④ 다음 각 호의 어느 하나에 해당하는 경우에는 시보임용을 거치지 아니한다.
1. 경찰대학을 졸업한 사람 또는 경찰간부후보생으로서 정하여진 교육을 마친 사람을 경위로 임용하는 경우
2. 경찰공무원으로서 대통령령으로 정하는 상위계급으로의 승진에 필요한 자격 요건을 갖추고 임용예정

계급에 상응하는 공개경쟁 채용시험에 합격한 사람을 해당 계급의 경찰공무원으로 임용하는 경우
3. 퇴직한 경찰공무원으로서 퇴직 시에 재직하였던 계급의 채용시험에 합격한 사람을 재임용하는 경우
4. 자치경찰공무원을 그 계급에 상응하는 경찰공무원으로 임용하는 경우

제15조(승진)
① 경찰공무원은 바로 아래 하위계급에 있는 경찰공무원 중에서 근무성적평정, 경력평정, 그 밖의 능력을 실증(實證)하여 승진임용한다. 다만, 해양경찰청장을 보하는 경우 치안감을 치안총감으로 승진임용할 수 있다.
② 경무관 이하 계급으로의 승진은 승진심사에 의하여 한다. 다만, 경정 이하 계급으로의 승진은 대통령령으로 정하는 비율에 따라 승진시험과 승진심사를 병행할 수 있다.
③ 총경 이하의 경찰공무원에 대해서는 대통령령으로 정하는 바에 따라 계급별로 승진대상자 명부를 작성하여야 한다.

제16조(근속승진)
① 경찰청장 또는 해양경찰청장은 제15조제2항에도 불구하고 해당 계급에서 다음 각 호의 기간 동안 재직한 사람을 경장, 경사, 경위, 경감으로 각각 근속승진임용할 수 있다. 다만, 인사교류 경력이 있거나 주요 업무의 추진 실적이 우수한 공무원 등 경찰행정 발전에 기여한 공이 크다고 인정되는 경우에는 대통령령으로 정하는 바에 따라 그 기간을 단축할 수 있다.
1. 순경을 경장으로 근속승진임용하려는 경우 : 해당 계급에서 4년 이상 근속자
2. 경장을 경사로 근속승진임용하려는 경우 : 해당 계급에서 5년 이상 근속자
3. 경사를 경위로 근속승진임용하려는 경우 : 해당 계급에서 6년 6개월 이상 근속자
4. 경위를 경감으로 근속승진임용하려는 경우 : 해당 계급에서 8년 이상 근속자

제17조(승진심사위원회)
① 제15조제2항에 따른 승진심사를 위하여 경찰청과 해양경찰청에 중앙승진심사위원회를 두고, 경찰청·해양경찰청·시·도경찰청과 대통령령으로 정하는 경찰기관·지방해양경찰관서에 보통승진심사위원회를 둔다.

제19조(특별유공자 등의 특별승진)
① 경찰공무원으로서 다음 각 호의 어느 하나에 해당되는 사람에 대하여는 제15조에도 불구하고 1계급 특별승진시킬 수 있다. 다만, 경위 이하의 경찰공무원으로서 모든 경찰공무원의 귀감이 되는 공을 세우고 전사하거나 순직한 사람에 대하여는 2계급 특별승진 시킬 수 있다.
1. 「국가공무원법」 제40조의4제1항제1호부터 제4호까지의 규정 중 어느 하나에 해당되는 사람
2. 전사하거나 순직한 사람
3. 직무 수행 중 현저한 공적을 세운 사람
② 특별승진의 요건과 그 밖에 필요한 사항은 대통령령으로 정한다.

제23조(정치 관여 금지)
① 경찰공무원은 정당이나 정치단체에 가입하거나 정치활동에 관여하는 행위를 하여서는 아니 된다.
② 제1항에서 정치활동에 관여하는 행위란 다음 각 호의 어느 하나에 해당하는 행위를 말한다.
1. 정당이나 정치단체의 결성 또는 가입을 지원하거나 방해하는 행위
2. 그 직위를 이용하여 특정 정당이나 특정 정치인에 대하여 지지 또는 반대 의견을 유포하거나, 그러한 여론을 조성할 목적으로 특정 정당이나 특정 정치인에 대하여 찬양하거나 비방하는 내용의 의견 또는

사실을 유포하는 행위
3. 특정 정당이나 특정 정치인을 위하여 기부금 모집을 지원하거나 방해하는 행위 또는 국가·지방자치단체 및 「공공기관의 운영에 관한 법률」에 따른 공공기관의 자금을 이용하거나 이용하게 하는 행위
4. 특정 정당이나 특정인의 선거운동을 하거나 선거 관련 대책회의에 관여하는 행위
5. 「정보통신망 이용촉진 및 정보보호 등에 관한 법률」에 따른 정보통신망을 이용한 제1호부터 제4호까지의 규정에 해당하는 행위
6. 소속 직원이나 다른 공무원에 대하여 제1호부터 제5호까지의 행위를 하도록 요구하거나 그 행위와 관련한 보상 또는 보복으로서 이익 또는 불이익을 주거나 이를 약속 또는 고지(告知)하는 행위

제24조(거짓 보고 등의 금지)
① 경찰공무원은 직무에 관하여 거짓으로 보고나 통보를 하여서는 아니 된다.
② 경찰공무원은 직무를 게을리하거나 유기(遺棄)해서는 아니 된다.

제25조(지휘권 남용 등의 금지)
전시·사변, 그 밖에 이에 준하는 비상사태이거나 작전수행 중인 경우 또는 많은 인명 손상이나 국가재산 손실의 우려가 있는 위급한 사태가 발생한 경우, 경찰공무원을 지휘·감독하는 사람은 정당한 사유 없이 그 직무 수행을 거부 또는 유기하거나 경찰공무원을 지정된 근무지에서 진출·퇴각 또는 이탈하게 하여서는 아니 된다.

제26조(복제 및 무기 휴대)
① 경찰공무원은 제복을 착용하여야 한다.
② 경찰공무원은 직무 수행을 위하여 필요하면 무기를 휴대할 수 있다.

제27조(당연퇴직)
경찰공무원이 제8조제2항 각 호의 어느 하나에 해당하게 된 경우에는 당연히 퇴직한다. 다만, 제8조제2항제4호는 파산선고를 받은 사람으로서 「채무자 회생 및 파산에 관한 법률」에 따라 신청기한 내에 면책신청을 하지 아니하였거나 면책불허가 결정 또는 면책 취소가 확정된 경우만 해당하고, 제8조제2항제6호는 「형법」 제129조부터 제132조까지, 「성폭력범죄의 처벌 등에 관한 특례법」 제2조, 「아동·청소년의 성보호에 관한 법률」 제2조제2호 및 직무와 관련하여 「형법」 제355조 또는 제356조에 규정된 죄를 범한 사람으로서 자격정지 이상의 형의 선고유예를 받은 경우만 해당한다.

제28조(직권면직)
① 임용권자는 경찰공무원이 다음 각 호의 어느 하나에 해당될 때에는 직권으로 면직시킬 수 있다.
1. 「국가공무원법」 제70조제1항제3호부터 제5호까지의 규정 중 어느 하나에 해당될 때
2. 경찰공무원으로는 부적합할 정도로 직무 수행능력이나 성실성이 현저하게 결여된 사람으로서 대통령령으로 정하는 사유에 해당된다고 인정될 때
3. 직무를 수행하는 데에 위험을 일으킬 우려가 있을 정도의 성격적 또는 도덕적 결함이 있는 사람으로서 대통령령으로 정하는 사유에 해당된다고 인정될 때
4. 해당 경과에서 직무를 수행하는 데 필요한 자격증의 효력이 상실되거나 면허가 취소되어 담당 직무를 수행할 수 없게 되었을 때
② 제1항제2호·제3호 또는 「국가공무원법」 제70조제1항제5호의 사유로 면직시키는 경우에는 제32조에 따른 징계위원회의 동의를 받아야 한다.
③ 「국가공무원법」 제70조제1항제4호의 사유로 인한 직권면직일은 휴직기간의 만료일이나 휴직 사유의

소멸일로 한다.

제30조(정년)
① 경찰공무원의 정년은 다음과 같다.
1. 연령정년 : 60세
2. 계급정년
   치안감 : 4년
   경무관 : 6년
   총경 : 11년
   경정 : 14년
② 징계로 인하여 강등(경감으로 강등된 경우를 포함한다)된 경찰공무원의 계급정년은 제1항제2호에도 불구하고 다음 각 호에 따른다.
1. 강등된 계급의 계급정년은 강등되기 전 계급 중 가장 높은 계급의 계급정년으로 한다.
2. 계급정년을 산정할 때에는 강등되기 전 계급의 근무연수와 강등 이후의 근무연수를 합산한다.

③ 수사, 정보, 외사, 보안, 자치경찰사무 등 특수 부문에 근무하는 경찰공무원으로서 대통령령으로 정하는 바에 따라 지정을 받은 사람은 총경 및 경정의 경우에는 4년의 범위에서 대통령령으로 정하는 바에 따라 제1항제2호에 따른 계급정년을 연장할 수 있다.
④ 경찰청장 또는 해양경찰청장은 전시·사변이나 그 밖에 이에 준하는 비상사태에서는 2년의 범위에서 제1항제2호에 따른 계급정년을 연장할 수 있다. 이 경우 경무관 이상의 경찰공무원에 대해서는 행정안전부장관 또는 해양수산부장관과 국무총리를 거쳐 대통령의 승인을 받아야 하고, 총경·경정의 경찰공무원에 대해서는 국무총리를 거쳐 대통령의 승인을 받아야 한다.
⑤ 경찰공무원은 그 정년이 된 날이 1월에서 6월 사이에 있으면 6월 30일에 당연퇴직하고, 7월에서 12월 사이에 있으면 12월 31일에 당연퇴직한다.

제31조(고충심사위원회)
① 경찰공무원의 인사상담 및 고충을 심사하기 위하여 경찰청, 해양경찰청, 시·도자치경찰위원회, 시·도경찰청, 대통령령으로 정하는 경찰기관 및 지방해양경찰관서에 경찰공무원 고충심사위원회를 둔다.
② 경찰공무원 고충심사위원회의 심사를 거친 재심청구와 경정 이상의 경찰공무원의 인사상담 및 고충심사는 「국가공무원법」에 따라 설치된 중앙고충심사위원회에서 한다.

제32조(징계위원회)
① 경무관 이상의 경찰공무원에 대한 징계의결은 「국가공무원법」에 따라 국무총리 소속으로 설치된 징계위원회에서 한다.
② 총경 이하의 경찰공무원에 대한 징계의결을 하기 위하여 대통령령으로 정하는 경찰기관 및 해양경찰관서에 경찰공무원 징계위원회를 둔다.

제33조(징계의 절차)
경찰공무원의 징계는 징계위원회의 의결을 거쳐 징계위원회가 설치된 소속 기관의 장이 하되, 「국가공무원법」에 따라 국무총리 소속으로 설치된 징계위원회에서 의결한 징계는 경찰청장 또는 해양경찰청장이 한다. 다만, 파면·해임·강등 및 정직은 징계위원회의 의결을 거쳐 해당 경찰공무원의 임용권자가 하되, 경무관 이상의 강등 및 정직과 경정 이상의 파면 및 해임은 경찰청장 또는 해양경찰청장의 제청으로 행정안전부장관 또는 해양수산부장관과 국무총리를 거쳐 대통령이 하고, 총경 및 경정의 강등 및 정직은 경찰청장 또는 해양경찰청장이 한다.

제34조(행정소송의 피고)
징계처분, 휴직처분, 면직처분, 그 밖에 의사에 반하는 불리한 처분에 대한 행정소송은 경찰청장 또는 해양경찰청장을 피고로 한다. 다만, 제7조제3항 및 제4항에 따라 임용권을 위임한 경우에는 그 위임을 받은 자를 피고로 한다.

제36조(「국가공무원법」과의 관계)
① 경찰공무원에 대해서는 「국가공무원법」 제73조의4, 제76조제2항부터 제5항까지의 규정을 적용하지 아니하며, 치안총감과 치안정감에 대해서는 「국가공무원법」 제68조 본문을 적용하지 아니한다.

제1절 경찰공무원 관계의 발생

◆ 경찰공무원 임용권자

임용권자	① **총경 이상 경찰공무원**은 경찰청장 또는 해양경찰청장의 추천을 받아 행정안전부장관 또는 해양수산부장관의 제청으로 국무총리를 거쳐 대통령이 임용한다. 다만, **총경의 전보, 휴직, 직위해제, 강등, 정직 및 복직**은 경찰청장 또는 해양경찰청장이 한다. ② **경정 이하의 경찰공무원**은 경찰청장 또는 해양경찰청장이 임용한다. 다만, **경정으로의 신규채용, 승진임용 및 면직은 경찰청장 또는 해양경찰청장의 제청으로 국무총리를 거쳐 대통령**이 한다. ③ 경찰청장은 대통령령으로 정하는 바에 따라 경찰공무원의 임용에 관한 권한의 일부를 특별시장·광역시장·도지사·특별자치시장 또는 특별자치도지사(이하 "시·도지사"라 한다), 국가수사본부장, 소속 기관의 장, 시·도경찰청장에게 위임할 수 있다. 이 경우 시·도지사는 위임받은 권한의 일부를 대통령령으로 정하는 바에 따라 「국가경찰과 자치경찰의 조직 및 운영에 관한 법률」 제18조에 따른 시·도자치경찰위원회(이하 "시·도자치경찰위원회"라 한다), 시·도경찰청장에게 다시 위임할 수 있다. ④ **해양경찰청장**은 대통령령으로 정하는 바에 따라 **경찰공무원의 임용에 관한 권한의 일부를 소속 기관의 장, 지방해양경찰관서의 장에게 위임**할 수 있다. ⑤ 경찰청장, 해양경찰청장 또는 제3항 및 제4항에 따라 임용권을 위임받은 자는 행정안전부령 또는 해양수산부령으로 정하는 바에 따라 소속 경찰공무원의 인사기록을 작성·보관하여야 한다.

◆ 경찰공무원 임용시기(경찰공무원 임용령 제5조, 제6조)

원칙	임용장이나 임용통지서에 적힌 날짜(다만 사망으로 인한 면직의 경우 사망한 다음 날에 면직된 것으로 봄)
특례	① 전사하거나 순직한 사람을 다음 어느 하나에 해당하는 날을 임용일자로 하여 특별승진임용하는 경우 1. 재직 중 사망한 경우 : 사망일의 전날 2. 퇴직 후 사망한 경우 : 퇴직일의 전날 ② ~~형사사건으로 기소되어 직위해제하는 경우 : 기소된 날~~ ③ 「국가공무원법」 제70조 제1항 제4호에 따라 직권으로 면직시키는 경우 : 휴직기간의 만료일 또는 휴직사유의 소멸일 ④ 경찰간부후보생, 경찰대학의 학생 또는 시보임용예정자가 경찰공무원의 직무수행과 관련된 실무수습 중 사망한 경우 : 사망일의 전날

◆ 국가공무원 및 경찰공무원 임용결격사유(국가공무원법 제33조, 경찰공무원법 제8조 제2항)

국가공무원 임용결격사유	경찰공무원 임용결격사유
제33조(결격사유) 다음 각 호의 어느 하나에 해당하는 자는 공무원으로 임용될 수 없다. 1. **피성년후견인** 〈개정 21. 1. 12〉 2. 파산선고를 받고 복권되지 아니한 자 3. 금고 이상의 실형을 선고받고 그 집행이 종료되거나 집행을 받지 아니하기로 확정된 후 5년이 지나지 아니한 자 4. 금고 이상의 형을 선고받고 그 집행유예 기간이 끝난 날부터 2년이 지나지 아니한 자 5. 금고 이상의 형의 선고유예를 받은 경우에 그 선고유예 기간 중에 있는 자 6. 법원의 판결 또는 다른 법률에 따라 자격이 상실되거나 정지된 자 6의2. 공무원으로 재직기간 중 직무와 관련하여 「형법」 제355조 및 제356조에 규정된 죄를 범한 자로서 300만원 이상의 벌금형을 선고받고 그 형이 확정된 후 2년이 지나지 아니한 자 6의3. 다음 각 목의 어느 하나에 해당하는 죄를 범한 사람으로서 100만원 이상의 벌금형을 선고받고 그 형이 확정된 후 3년이 지나지 아니한 사람 〈개정 22. 12. 27〉 가. 「성폭력범죄의 처벌 등에 관한 특례법」 제2조에 다른 성폭력범죄 나. **「정보통신망 이용촉진 및 정보보호 등에 관한 법률」 제74조제1항제2호 및 제3호에 규정된 죄** 다. **「스토킹범죄의 처벌 등에 관한 법률」 제2조제2호에 따른 스토킹범죄** 6의4. 미성년자에 대한 다음 각 목의 어느 하나에 해당하는 죄를 저질러 파면·해임되거나 형 또는 치료감호를 선고받아 그 형 또는 치료감호가 확정된 사람(집행유예를 선고받은 후 그 집행유예기간이 경과한 사람을 포함한다) 가. 「성폭력범죄의 처벌 등에 관한 특례법」 제2조에 따른 성폭력범죄 나. 「아동·청소년의 성보호에 관한 법률」 제2조제2호에 따른 아동·청소년대상 성범죄 7. 징계로 파면처분을 받은 때부터 5년이 지나지 아니한 자 8. 징계로 해임처분을 받은 때부터 3년이 지나지 아니한 자	제8조(임용자격 및 결격사유) ② 다음 각 호의 어느 하나에 해당하는 사람은 경찰공무원으로 임용될 수 없다. 1. 대한민국 국적을 가지지 아니한 사람 2. 「국적법」 제11조의2제1항에 따른 복수국적자 3. 피성년후견인 또는 피한정후견인 4. 파산선고를 받고 복권되지 아니한 사람 5. 자격정지 이상의 형(刑)을 선고받은 사람 6. 자격정지 이상의 형의 선고유예를 선고받고 그 유예기간 중에 있는 사람 7. 공무원으로 재직기간 중 직무와 관련하여 「형법」 제355조 및 제356조에 규정된 죄를 범한 사람으로서 300만원 이상의 벌금형을 선고받고 그 형이 확정된 후 2년이 지나지 아니한 사람 8. 「성폭력범죄의 처벌 등에 관한 특례법」 제2조에 규정된 죄를 범한 사람으로서 100만원 이상의 벌금형을 선고받고 그 형이 확정된 후 3년이 지나지 아니한 사람 9. 미성년자에 대한 다음 각 목의 어느 하나에 해당하는 죄를 저질러 형 또는 치료감호가 확정된 사람(집행유예를 선고받은 후 그 집행유예기간이 경과한 사람을 포함한다) 가. 「성폭력범죄의 처벌 등에 관한 특례법」 제2조에 따른 성폭력범죄 나. 「아동·청소년의 성보호에 관한 법률」 제2조제2호에 따른 아동·청소년대상 성범죄 10. 징계에 의하여 파면 또는 해임처분을 받은 사람

◆ 채용후보자 자격상실(경찰공무원 임용령 제19조)

채용후보자 자격상실	채용후보자가 다음 각 호의 어느 하나에 해당하는 경우에는 채용후보자로서의 자격을 상실한다. 1. 채용후보자가 임용 또는 임용제청에 응하지 아니한 경우 2. 채용후보자로서 받아야 할 교육훈련에 응하지 아니한 경우 3. 채용후보자로서 받은 교육훈련성적이 수료점수에 미달되는 경우 4. 채용후보자로서 교육훈련을 받는 중에 퇴학처분을 받은 경우. 다만, 질병 등 교육훈련을 계속할 수 없는 불가피한 사정으로 퇴학처분을 받은 경우는 제외한다.

◆ 부정행위자에 대한 제재(경찰공무원법 제11조)

부정행위자에 대한 제재	경찰청장 또는 해양경찰청장은 경찰공무원의 채용시험 또는 경찰간부후보생 공개경쟁선발시험에서 부정행위를 한 응시자에 대해서는 해당 시험을 정지 또는 무효로 하고, 그 처분이 있은 날부터 5년간 시험응시자격을 정지한다.

◆ 시보임용(경찰공무원법 제13조)

① 경정 이하의 경찰공무원을 신규채용할 때에는 1년간 시보(試補)로 임용하고, 그 기간이 만료된 다음 날에 정규 경찰공무원으로 임용한다. [19 해경]
② 휴직기간, 직위해제기간 및 징계에 의한 정직처분 또는 감봉처분을 받은 기간은 제1항에 따른 시보임용기간에 산입하지 아니한다.
③ 시보임용기간 중에 있는 경찰공무원이 근무성적 또는 교육훈련성적이 불량할 때에는 「국가공무원법」 제68조 및 이 법 제28조에도 불구하고 면직시키거나 면직을 제청할 수 있다.

◆ 시보임용을 거치지 않는 사유(경찰공무원법 제13조 제4항)

1. 경찰대학을 졸업한 사람 또는 경찰간부후보생으로서 정하여진 교육을 마친 사람을 경위로 임용하는 경우
2. 경찰공무원으로서 대통령령으로 정하는 상위계급으로의 승진에 필요한 자격 요건을 갖추고 임용예정 계급에 상응하는 공개경쟁 채용시험에 합격한 사람을 해당 계급의 경찰공무원으로 임용하는 경우
3. 퇴직한 경찰공무원으로서 퇴직 시에 재직하였던 계급의 채용시험에 합격한 사람을 재임용하는 경우
4. 자치경찰공무원을 그 계급에 상응하는 경찰공무원으로 임용하는 경우

◆ 경과

해양경찰청 소속 경찰공무원 임용에 관한 규정 제3조(경과) [19 해경]
① 총경 이하 경찰공무원에게 부여하는 경과(警科)는 다음 각 호와 같다. 다만, 제2호부터 제5호까지의 경과는 경정 이하 경찰공무원에게만 부여한다.
1. 해양경과
2. 수사경과
3. 항공경과
4. 정보통신경과
5. 특임경과

② 임용권자(제4조에 따라 임용권을 위임받거나 재위임받은 자를 포함한다. 이하 같다) 또는 임용제청권자[「경찰공무원법」(이하 "법"이라 한다) 제7조제1항에 따른 해양경찰청장의 추천이 필요한 경우에는 해양경찰청장을 말한다. 이하 같다]는 경찰공무원을 신규채용할 때에 경과를 부여해야 한다.

경찰공무원 임용령 제3조(경과)
① 총경 이하 경찰공무원에게 부여하는 경과는 다음 각 호와 같다. 다만, 제2호와 제3호의 경과는 경정 이하 경찰공무원에게만 부여한다.
1. 일반경과
2. 수사경과
3. 보안경과
4. 특수경과
　가. 삭제〈16. 12. 30.〉　나. 삭제〈16. 12. 30.〉　다. 항공경과　라. 정보통신경과

◆ 용어 정리

임용		신규채용·승진·전보·파견·휴직·직위해제·정직·강등·복직·면직·해임 및 파면
전보		경찰공무원의 동일 직위 및 자격 내에서의 근무기관이나 부서를 달리하는 임용
복직		휴직·직위해제 또는 정직(강등에 따른 정직을 포함한다) 중에 있는 경찰공무원을 직의에 복귀시키는 것
경력직	일반직공무원	기술·연구 또는 행정 일반에 대한 업무를 담당하는 공무원
	특정직공무원	법관, 검사, 외무공무원, 경찰공무원, 소방공무원, 교육공무원, 군인, 군무원, 헌법재판소 헌법연구관, 국가정보원의 직원, 경호공무원과 특수 분야의 업무를 담당하는 공무원으로서 다른 법률에서 특정직공무원으로 지정하는 공무원
특수 경력직	정무직공무원	가. 선거로 취임하거나 임명할 때 국회의 동의가 필요한 공무원 나. 고도의 정책결정 업무를 담당하거나 이러한 업무를 보조하는 공무원으로서 법률이나 대통령령(대통령비서실 및 국가안보실의 조직에 관한 대통령령만 해당한다)에서 정무직으로 지정하는 공무원
	별정직공무원	비서관·비서 등 보좌업무 등을 수행하거나 특정한 업무 수행을 위하여 법령에서 별정직으로 지정하는 공무원

제2절 경찰공무원 관계의 변경

1 승진

의의와 종류(경찰공무원법 제15조)	① 경찰공무원은 바로 아래 하위계급에 있는 경찰공무원 중에서 근무성적평정, 경력평정, 그 밖의 능력을 실증(實證)하여 승진임용한다. 다만, 해양경찰청장을 보하는 경우 치안감을 치안총감으로 승진임용할 수 있다. ② 경무관 이하 계급으로의 승진은 승진심사에 의하여 한다. 다만, 경정 이하 계급으로의 승진은 대통령령으로 정하는 비율에 따라 승진시험과 승진심사를 병행할 수 있다. ③ 승진은 근속승진, 심사승진, 시험승진, 특별승진으로 구분한다.
승진소요 최저근무연수 (해양경찰청 소속 경찰공무원 임용에 관한 규정) [21 간부]	① 경찰공무원이 승진하려면 다음 각 호의 구분에 따른 기간 동안 해당 계급에 재직하여야 한다. 1. **총경 : 3년 이상** 2. **경정 및 경감 : 2년 이상** 3. **경위, 경사, 경장, 순경 : 1년 이상** ② 휴직 기간, 직위해제 기간, 징계처분 기간 및 제6조제1항제2호에 따른 승진임용 제한기간 (징계처분의 집행이 끝난 날부터 강등·정직은 18개월, 감봉은 12개월, 견책은 6개월[금품 및 향응 수수, 공금의 횡령·유용에 따른 징계처분과 소극행정, 음주운전(음주측정에 응하지 않은 경우를 포함), 성폭력, 성희롱 및 성매매에 따른 징계처분의 경우에는 각각 6개월을 더한 기간)이 지나지 않은 사람은 제1항의 기간에 포함하지 아니한다.
승진임용의 제한	① 다음 각 호의 어느 하나에 해당하는 경찰공무원은 승진임용될 수 없다. 1. 징계의결 요구, 징계처분, 직위해제, 휴직 또는 시보임용 기간 중에 있는 사람 2. 징계처분의 집행이 끝난 날부터 다음 각 목의 구분에 따른 기간(금품 및 향응 수수, 공금의 횡령·유용에 따른 징계처분과 소극행정, 음주운전(음주측정에 응하지 않은 경우를 포함한다), 성폭력, 성희롱 및 성매매에 따른 징계처분의 경우에는 각각 6개월을 더한 기간)이 지나지 않은 사람 가. 강등·정직 : 18개월 나. 감봉 : 12개월 다. 견책 : 6개월 3. 징계에 관하여 경찰공무원과 다른 법령을 적용받는 공무원으로 재직하다가 경찰공무원으로 임용된 사람으로서, 종전의 신분에서 징계처분을 받고 그 징계처분의 집행이 끝난 날부터 다음 각 목의 구분에 따른 기간이 지나지 아니한 사람 가. 강등 : 18개월 나. 근신·영창 또는 그 밖에 이와 유사한 징계처분 : 6개월 4. 법 제30조제3항에 따라 계급정년이 연장된 사람
승진임용의 내용	근속승진	경찰청장 또는 해양경찰청장은 해당 계급에서 다음 각 호의 기간 동안 재직한 사람을 경장, 경사, 경위, 경감으로 각각 근속승진임용 할 수 있다. 1. 순경을 경장으로 근속승진임용하려는 경우 : 해당 계급에서 **4년** 이상 근속자 2. 경장을 경사로 근속승진임용하려는 경우 : 해당 계급에서 **5년** 이상 근속자

		3. 경사를 경위로 근속승진임용하려는 경우 : 해당 계급에서 6년 6개월 이상 근속자 4. 경위를 경감으로 근속승진임용하려는 경우 : 해당 계급에서 ~~10년~~(→ 8년으로 개정) 이상 근속자
	심사승진	경찰공무원의 승진심사는 계급별로 하되, 경찰청장이 필요하다고 인정할 때에는 경과별 또는 특수분야별로 구분하여 실시할 수 있다.
	시험승진	경찰공무원의 승진시험은 계급별로 실시하되, 경찰청장이 필요하다고 인정할 때에는 경과별 또는 특수분야별로 구분하여 실시할 수 있다.
	특별승진	① 경찰공무원으로서 다음 각 호의 어느 하나에 해당되는 사람에 대하여는 1계급 특별승진시킬 수 있다. 다만, 경위 이하의 경찰공무원으로서 모든 경찰공무원의 귀감이 되는 공을 세우고 전사하거나 순직한 사람에 대하여는 2계급 특별승진시킬 수 있다. 1. 「국가공무원법」 제40조의4제1항제1호부터 제4호까지의 규정(1. 청렴하고 투철한 봉사 정신으로 직무에 모든 힘을 다하여 공무 집행의 공정성을 유지하고 깨끗한 공직 사회를 구현하는 데에 다른 공무원의 귀감(龜鑑)이 되는 자, 2. 직무수행 능력이 탁월하여 행정 발전에 큰 공헌을 한 자, 3. 제53조에 따른 제안의 채택·시행으로 국가 예산을 절감하는 등 행정 운영 발전에 뚜렷한 실적이 있는 자, 4. 재직 중 공적이 특히 뚜렷한 자가 제74조의2에 따라 명예퇴직 할 때) 중 어느 하나에 해당되는 사람 2. 전사하거나 순직한 사람 3. 직무 수행 중 현저한 공적을 세운 사람

◆ **해양경찰청 소속 경찰공무원 임용에 관한 규정** [시행 23. 3. 7]

제1장 총칙

제3조(경과)
① 총경 이하 경찰공무원에게 부여하는 경과(警科)는 다음 각 호와 같다. 다만, 제2호부터 제5호까지의 경과는 경정 이하 경찰공무원에게만 부여한다.
1. 해양경과
2. 수사경과
3. 항공경과
4. 정보통신경과
5. 특임경과

② 임용권자(제4조에 따라 임용권을 위임받거나 재위임받은 자를 포함한다. 이하 같다) 또는 임용제청권자[「경찰공무원법」(이하 "법"이라 한다) 제7조제1항에 따른 해양경찰청장의 추천이 필요한 경우에는 해양경찰청장을 말한다. 이하 같다]는 경찰공무원을 신규채용할 때에 경과를 부여해야 한다.

제4조(임용권의 위임)
① 해양경찰청장은 법 제7조제4항에 따라 중앙해양특수구조단·해양경찰교육원·해양경찰정비창 및 지방해양경찰청(이하 "소속기관등"이라 한다)의 장에게 다음 각 호의 구분에 따른 권한을 위임할 수 있다.
1. 중앙해양특수구조단장 : 중앙해양특수구조단 소속 경찰공무원 중 경감 이하의 전보권 및 경사 이하의

승진임용・파견・휴직・직위해제 및 복직에 관한 권한
   2. 해양경찰교육원장 또는 지방해양경찰청장 : 해양경찰교육원 또는 지방해양경찰청 소속 경찰공무원 중 경정의 전보・파견・휴직・직위해제 및 복직에 관한 권한과 경감 이하의 임용권
   3. 해양경찰정비창장 : 해양경찰정비창 소속 경찰공무원 중 경정의 전보권과 경감 이하의 임용권
② 제1항에 따라 임용권을 위임받은 소속기관등의 장은 소속 경찰공무원을 승진임용할 때에는 미리 해양경찰청장에게 보고해야 한다.
③ 제1항에도 불구하고 <u>해양경찰청장은 정원의 조정, 신규채용, 승진임용, 인사교류 및 파견을 위해 필요한 경우에는 직접 임용할 수 있다.</u>
④ 해양경찰교육원장은 해양경찰연구센터장에게 다음 각 호의 권한을 다시 위임할 수 있다. 이 경우 임용권을 재위임 받은 해양경찰연구센터장은 제2호에 따라 그 소속 경사 이하 경찰공무원을 승진임용하려면 미리 해양경찰교육원장에게 보고해야 한다.
   1. 해양경찰연구센터 소속 경찰공무원 중 경감 이하의 전보권
   2. 해양경찰연구센터 소속 경찰공무원 중 경사 이하의 승진임용・파견・휴직・직위해제 및 복직에 관한 권한
⑤ 지방해양경찰청장은 해양경찰서장에게 다음 각 호의 권한을 다시 위임할 수 있다. 이 경우 임용권을 재위임 받은 해양경찰서장은 제2호에 따라 그 소속 경사 이하 경찰공무원을 승진임용하려면 미리 지방해양경찰청장에게 보고해야 한다.
   1. 해양경찰서 소속 경찰공무원 중 경감 이하의 전보권
   2. 해양경찰서 소속 경찰공무원 중 경사 이하의 승진임용・파견・휴직・직위해제 및 복직에 관한 권한

제5조(임용시기)
① 경찰공무원은 해양수산부령으로 정하는 임용장이나 임용통지서에 적힌 날짜에 임용된 것으로 보며, 임용일자를 소급해서는 안 된다.
② 사망으로 인한 면직은 사망한 다음 날에 면직된 것으로 본다.

제6조(임용시기의 특례)
제5조제1항에도 불구하고 다음 각 호의 어느 하나에 해당하는 경우에는 다음 각 호의 구분에 따른 날짜에 임용된 것으로 본다.
   1. 법 제19조제1항제2호에 따라 <u>전사하거나 순직한 사람을 다음 각 목의 어느 하나에 해당하는 날을 임용일자로 하여 특별승진임용하는 경우</u>
      가. <u>재직 중 사망한 경우 : 사망일의 전날</u>
      나. <u>퇴직 후 사망한 경우 : 퇴직일의 전날</u>
   2. ~~형사사건으로 기소되어 직위해제하는 경우 : 기소된 날~~ 삭제 <22. 9. 16>
   3. 「국가공무원법」제70조제1항제4호[4. 휴직 기간이 끝나거나 휴직 사유가 소멸된 후에도 직무에 복귀하지 아니하거나 직무를 감당할 수 없을 때]에 따라 <u>직권으로 면직시키는 경우 : 휴직기간의 만료일 또는 휴직사유의 소멸일</u>
   4. 법 제10조제2항에 따른 <u>경찰간부후보생 또는 시보임용예정자가 제21조제1항에 따른 경찰공무원의 직무수행과 관련된 실무수습 중 사망한 경우 : 사망일의 전날</u>

제8조(계급정년 연한의 계산)
법 제10조제3항제1호에 따라 <u>재임용된 경찰공무원의 계급정년 연한은 재임용 전에 해당 계급의 경찰공무원으로 근무한 연수를 합하여 계산</u>한다.

제2장 경찰공무원인사위원회

제9조(경찰공무원인사위원회의 구성)
① 법 제5조에 따른 경찰공무원인사위원회(이하 "인사위원회"라 한다)는 위원장을 포함하여 5명 이상 7명 이하의 위원으로 구성한다.
② 인사위원회의 위원장(이하 이 장에서 "위원장"이라 한다)과 위원은 해양경찰청 소속 경찰공무원 중에서 해양경찰청장이 임명한다.

제10조(위원장의 직무)
① 위원장은 인사위원회를 대표하며, 인사위원회의 사무를 총괄한다.
② 위원장이 부득이한 사유로 직무를 수행할 수 없을 때에는 위원 중에서 최상위계급 또는 선임인 경찰공무원이 그 직무를 대행한다.

제11조(회의)
① 위원장은 인사위원회의 회의를 소집하고 그 의장이 된다.
② 회의는 재적위원 과반수의 찬성으로 의결한다.

제3장 신규채용

제15조(경력경쟁채용등의 임용직위 제한)
법 제10조제3항에 따른 채용시험(「해양경찰법」 제15조의2제2항에 따른 수사부서의 장의 임용을 위한 채용시험을 포함하며, 이하 "경력경쟁채용시험등"이라 한다)을 통하여 채용(이하 "경력경쟁채용등"이라 한다)하는 경우에는 그 경력경쟁채용시험등을 실시할 당시의 임용예정직위로만 임용할 수 있다.

제17조(채용후보자의 등록)
① 법 제10조제1항·제2항에 따른 공개경쟁채용시험, 경찰간부후보생 공개경쟁선발시험 및 경력경쟁채용시험등에 합격한 사람은 해양수산부령으로 정하는 바에 따라 임용권자 또는 임용제청권자에게 채용후보자 등록을 해야 한다.
② 제1항에 따른 채용후보자 등록을 하지 않은 사람은 경찰공무원으로 임용될 의사가 없는 것으로 본다.

제18조(채용후보자 명부의 작성)
① 법 제12조제1항에 따른 채용후보자 명부는 임용예정계급별로 작성하되, 채용후보자의 서류를 심사하여 임용 적격자만을 등재한다.
② 임용권자 또는 임용제청권자는 제1항에 따른 채용후보자 명부에의 등재 여부를 본인에게 알려야 한다.
③ 채용후보자 명부의 유효기간은 2년으로 하되, 해양경찰청장은 필요에 따라 1년의 범위에서 그 기간을 연장할 수 있다.

제13조의2(임용 또는 임용제청의 유예)
① 임용권자 또는 임용제청권자는 채용후보자 명부에 등재된 채용후보자가 다음 각 호의 어느 하나에 해당하는 경우에는 채용후보자 명부의 유효기간의 범위에서 기간을 정하여 임용 또는 임용제청을 유예할 수 있다. 다만, 유예기간 중이라도 그 사유가 소멸한 경우에는 임용 또는 임용제청을 할 수 있다.
1. 「병역법」에 따른 병역복무를 위해 징집 또는 소집되는 경우
2. 학업을 계속하는 경우
3. 6개월 이상의 장기요양이 필요한 질병이 있는 경우
4. 임신하거나 출산한 경우
5. 그 밖에 임용 또는 임용제청의 유예가 부득이하다고 인정되는 경우
② 제1항에 따른 임용 또는 임용제청의 유예를 원하는 사람은 해당 사유를 증명할 수 있는 자료를 첨부하

여 임용권자 또는 임용제청권자가 정하는 기간 내에 신청해야 한다. 이 경우 원하는 유예기간을 분명하게 적어야 한다.

제19조(채용후보자의 자격상실)
채용후보자가 다음 각 호의 어느 하나에 해당하는 경우에는 채용후보자로서의 자격을 상실한다.
1. 채용후보자가 임용 또는 임용제청에 응하지 않은 경우
2. 채용후보자로서 받아야 할 교육훈련에 응하지 않은 경우
3. 채용후보자로서 받은 교육훈련 성적이 수료점수에 미달되는 경우
4. 채용후보자로서 교육훈련을 받는 중에 퇴교처분을 받은 경우. 다만, 질병 등 교육훈련을 계속할 수 없는 불가피한 사정으로 퇴교처분을 받은 경우는 제외한다.

제20조(시보임용경찰공무원)
① 임용권자 또는 임용제청권자는 시보임용기간 중에 있는 경찰공무원(이하 "시보임용경찰공무원"이라 한다)의 근무사항을 항상 지도·감독해야 한다.
② 임용권자 또는 임용제청권자는 시보임용경찰공무원이 다음 각 호의 어느 하나에 해당하여 정규 경찰공무원으로 임용하는 것이 부적당하다고 인정되는 경우에는 제3항에 따른 정규임용심사위원회의 심사를 거쳐 해당 시보임용경찰공무원을 면직시키거나 면직을 제청할 수 있다.
1. 징계사유에 해당하는 경우
2. 제21조제1항에 따른 교육훈련성적이 만점의 60퍼센트 미만이거나 생활기록이 매우 불량한 경우
3. 제55조제2항제2호에 따른 제2평정요소의 평정점이 만점의 50퍼센트 미만인 경우
③ 시보임용경찰공무원을 정규 경찰공무원으로 임용하는 경우 그 적격 여부를 심사하게 하기 위해 임용권자 또는 임용제청권자 소속으로 정규임용심사위원회를 둔다.

제21조(시보임용경찰공무원 등에 대한 교육훈련)
① 임용권자 또는 임용제청권자는 시보임용경찰공무원 또는 시보임용예정자에게 일정 기간 교육훈련(실무수습을 포함)을 시킬 수 있다. 이 경우 시보임용예정자에게 교육훈련을 받는 기간 동안 예산의 범위에서 임용예정계급의 1호봉에 해당하는 봉급의 80퍼센트에 해당하는 금액 등을 지급할 수 있다.
② 임용권자 또는 임용제청권자는 시보임용예정자가 제1항에 따른 교육훈련성적이 만점의 60퍼센트 미만이거나 생활기록이 매우 불량한 경우에는 시보임용을 하지 않을 수 있다.

제5장 보직관리

제42조(전보)
임용권자 또는 임용제청권자는 장기근무 또는 잦은 전보로 인한 업무 능률 저하를 방지하기 위해 특별한 사정이 없으면 정기적으로 전보를 실시해야 한다.

제43조(전보의 제한)
① 임용권자 또는 임용제청권자는 소속 경찰공무원이 해당 직위에 임용된 날부터 1년 이내(감사업무를 담당하는 경찰공무원의 경우에는 2년 이내)에 다른 직위에 전보할 수 없다. 다만, 다음 각 호의 어느 하나에 해당하는 경우에는 전보할 수 있다.
1. 직제상 최하단위인 보조기관 또는 보좌기관 내에서 전보하는 경우
2. 해양경찰청과 소속기관등 또는 소속기관등 상호 간의 교류를 위해 전보하는 경우
3. 기구의 개편, 직제 또는 정원의 변경으로 해당 경찰공무원을 전보하는 경우
4. 승진임용된 경찰공무원을 전보하는 경우

5. 전문직위로 경찰공무원을 전보하는 경우
6. 징계처분을 받은 경우
7. 형사사건에 관련되어 수사기관에서 조사를 받고 있는 경우
8. 경찰공무원으로서의 품위를 손상하는 비위(非違)로 인한 감사 또는 조사가 진행 중이어서 해당 직위를 유지하는 것이 부적절하다고 판단되는 경찰공무원을 전보하는 경우
9. 해양수산부령으로 정하는 특수임무부서에서 정기적으로 교체하는 경우
10. 교육훈련기관의 교수요원으로 보직하는 경우
11. 시보임용 중인 경우
12. 신규채용된 경찰공무원을 해양경찰청장이 정하는 해당 계급의 보직관리기준에 따라 전보하는 경우 및 이와 관련한 전보의 경우
13. 감사담당 경찰공무원 중 부적격자로 인정되는 경우
14. 중요한 치안상황 대응, 긴급 현안 처리 또는 지휘권 확립에 필요한 경우
15. 경정 이하의 경찰공무원을 배우자 또는 직계존속이 거주하는 시·군·자치구 지역으로 전보하는 경우
16. 임신 중인 경찰공무원 또는 출산 후 1년이 지나지 않은 경찰공무원의 모성보호, 육아 등을 위해 필요한 경우

② 법 제22조제2항에 따른 **교육훈련기관의 교수요원으로 임용된 사람은 그 임용일부터 1년 이상 3년 이하의 범위에서 해양경찰청장이 정하는 기간 안에는 다른 직위에 전보할 수 없다. 다만, 다음 각 호의 어느 하나에 해당하는 경우에는 전보할 수 있다.**
1. 기구가 개편되거나 직제 또는 정원이 변경된 경우
2. 교육과정이 개편되거나 폐지된 경우
3. 교수요원으로서 부적당하다고 인정되는 경우

③ 법 **제10조제3항제5호[섬, 외딴곳 등 특수지역에서 근무할 사람을 임용하는 경우]에 따라 채용된 경찰공무원**은 제46조에도 불구하고 **그 채용일부터 5년의 범위에서 해양경찰청장이 정하는 기간(휴직기간, 직위해제기간 및 정직기간은 포함하지 않는다) 안에는 채용조건에 해당하는 기관 외의 기관으로 전보할 수 없다.**

④ 다음 각 호의 어느 하나에 해당하는 임용은 제1항에 따른 전보제한기간을 계산할 때에는 새로운 임용으로 보지 않는다.
1. 직제상 최하단위인 보조기관 또는 보좌기관 내에서 전보하는 경우
2. 승진 또는 강등 임용하는 경우
3. 시보임용 중인 경찰공무원을 정규 경찰공무원으로 임용하는 경우
4. 기구의 개편, 직제 또는 정원의 변경에 따라 담당직무의 변경 없이 소속·직위만을 변경하여 재발령하는 경우

제46조(특수지역 근무 경찰공무원의 인사교류)

① 임용권자는 2년의 범위에서 해양경찰청장이 정하는 기간 이상 특수지역에서 근무한 총경 이하 경찰공무원에 대해서는 따로 인사교류계획을 수립하여 해당 지역 외의 지역으로 전보를 해야 한다.
이 경우 전보는 해양경찰청장이 정하는 범위에서 본인이 희망하는 기관 또는 부서로 함을 원칙으로 한다.

② 제1항의 경우 본인이 다른 지역으로의 전보를 희망하지 않거나 그 밖의 부득이한 사유가 있는 경우에는 전보대상에서 제외할 수 있다.

제47조(파견근무)

① **임용권자 또는 임용제청권자**는 다음 각 호의 어느 하나에 해당하는 경우에는 「국가공무원법」 제32조

의4에 따라 **경찰공무원을 파견할 수 있다.**
1. 국가기관 외의 기관·단체에서 국가적 사업을 수행하기 위해 특히 필요한 경우
2. 다른 기관의 업무폭주로 인해 행정지원이 필요한 경우
3. 관련 기관 간의 긴밀한 협조가 필요한 특수업무를 공동으로 수행하기 위한 경우
4. 「공무원 인재개발법」 제13조 또는 법 제22조제3항에 따른 교육훈련을 위해 필요한 경우
5. 「공무원 인재개발법」에 따른 공무원교육훈련기관의 교수요원으로 선발된 경우
6. 국제기구, 외국의 정부 또는 연구기관에서 업무수행 및 능력개발을 위해 필요한 경우
7. 국내의 연구기관·민간기관 및 단체에서의 관련 업무 수행, 능력개발이나 국가 정책수립과 관련된 자료수집 등을 위해 필요한 경우

제48조(육아휴직 및 시간선택제전환경찰공무원의 지정)
① 「국가공무원법」 제71조제2항제4호의 사유로 인한 휴직명령은 해당 경찰공무원이 원하는 경우 이를 분할하여 할 수 있다.
② 임용권자 또는 임용제청권자는 경찰공무원이 원하는 경우에는 「국가공무원법」 제26조의2 및 「공무원 임용령」 제57조의3에 따라 통상적인 근무시간보다 짧은 시간을 근무하는 경찰공무원(이하 "시간선택제전환경찰공무원"이라 한다)으로 지정할 수 있다.
③ 시간선택제전환경찰공무원의 근무시간은 「경찰공무원 복무규정」 제15조 및 제20조에도 불구하고 1주당 15시간 이상 35시간 이하의 범위에서 해양경찰청장이 정한다.

제6장 승진임용

제1절 총칙

제51조(승진임용의 구분)
경찰공무원의 승진임용은 심사승진임용·시험승진임용 및 특별승진임용으로 구분한다.

제53조(승진소요 최저근무연수)
① 경찰공무원이 승진하려면 다음 각 호의 구분에 따른 기간 동안 해당 계급에 재직해야 한다.
1. 총경 : 3년 이상
2. 경정 및 경감 : 2년 이상
3. 경위, 경사, 경장, 순경 : 1년 이상
② 휴직기간, 직위해제기간, 징계처분기간 및 제54조제1항제2호에 따른 승진임용 제한기간은 제1항 각 호의 기간에 포함하지 않는다.

제54조(승진임용의 제한) [21 승진]
① **다음 각 호의 어느 하나에 해당하는 경찰공무원은 승진임용될 수 없다.**
1. 징계의결 요구, 징계처분, 직위해제, 휴직(「공무원 재해보상법」에 따른 공무상 질병 또는 부상으로 인하여 「국가공무원법」 제71조제1항제1호에 따라 휴직한 사람을 제86조제1항제4호 또는 같은 조 제2항에 따라 특별승진임용하는 경우는 제외한다) 또는 시보임용기간 중에 있는 사람
2. 징계처분의 **집행이 끝난 날부터** 다음 각 목의 구분에 따른 기간(제90조제1항 각 호의 사유로 인한 징계처분 또는 「적극행정 운영규정」 제2조제2호에 따른 소극행정으로 인한 징계처분의 경우에는 각각 6개월을 더한 기간)이 지나지 않은 사람
   가. 강등·정직 : 18개월
   나. 감봉 : 12개월

다. 견책 : 6개월
3. 징계에 관하여 경찰공무원과 다른 법령을 적용받는 공무원으로 재직하다가 경찰공무원으로 임용된 사람으로서, 종전의 신분에서 징계처분을 받고 그 징계처분의 집행이 끝난 날부터 다음 각 목의 구분에 따른 기간이 지나지 않은 사람
   가. 강등 : 18개월
   나. 근신·군기교육 또는 그 밖에 이와 유사한 징계처분 : 6개월
4. 법 제30조제3항에 따라 계급정년이 연장된 사람

② 제1항에 따라 승진임용 제한기간 중에 있는 사람이 다시 징계처분을 받은 경우 승진임용 제한기간은 전(前) 처분에 대한 승진임용 제한기간이 끝난 날부터 계산하고, 징계처분으로 승진임용 제한기간 중에 있는 사람이 휴직하거나 직위해제처분을 받은 경우 징계처분에 따른 남은 승진임용 제한기간은 복직일부터 계산한다.

③ 경찰공무원이 징계처분을 받은 후 해당 계급에서 다음 각 호의 포상을 받은 경우에는 제1항제2호 및 제3호에 따른 승진임용 제한기간의 2분의 1을 단축할 수 있다.
1. 훈장
2. 포장
3. 모범공무원 포상
4. 대통령표창 또는 국무총리표창
5. 제안이 채택·시행되어 받은 포상

제2절 경찰공무원 평정

제55조(근무성적 평정)

① 총경 이하의 경찰공무원에 대해서는 매년 근무성적을 평정해야 하며, 근무성적 평정의 결과는 승진 등 인사관리에 반영해야 한다.

② 근무성적은 다음 각 호의 평정요소에 따라 평정한다. 다만, 총경의 근무성적은 제2평정요소로만 평정한다.
1. 제1평정요소
   가. 해양경찰업무 발전에 대한 기여도
   나. 포상 실적
   다. 그 밖에 해양수산부령으로 정하는 평정요소
2. 제2평정요소
   가. 근무실적
   나. 직무수행능력
   다. 직무수행태도

③ 제2평정요소에 따른 근무성적 평정은 평정대상자의 계급별로 평정 결과가 다음 각 호의 분포비율에 맞도록 해야 한다. 다만, 평정 결과 제4호에 해당하는 사람이 없는 경우에는 제4호의 비율을 제3호의 비율에 가산하여 적용한다.
1. 수 : 20퍼센트
2. 우 : 40퍼센트
3. 양 : 30퍼센트
4. 가 : 10퍼센트

④ 근무성적 평정 결과는 공개하지 않는다. 다만, 해양경찰청장은 근무성적 평정이 완료되면 평정 대상 경찰공무원에게 해당 근무성적 평정 결과를 통보할 수 있다.

제57조(경력 평정)
① 경찰공무원의 경력 평정은 제53조에 따른 승진소요 최저근무연수가 지난 총경 이하의 경찰공무원(제58조제2항 각 호 외의 부분 단서에 해당하는 경찰공무원은 제외한다)이 해당 계급에서 근무한 연수(年數)에 대하여 실시하며, 경력 평정 결과는 승진대상자 명부 작성에 반영한다.
② 경력 평정은 해당 경찰공무원의 인사기록을 기준으로 하여 실시하며, 필요하다고 인정될 때에는 인사기록이 정확한지를 조회·확인할 수 있다.
③ 경력 평정은 기본경력과 초과경력으로 구분하여 실시하되, 계급별로 기본경력과 초과경력에 포함되는 기간은 다음 각 호와 같다.
1. 기본경력
  가. **총경** : 평정기준일부터 최근 **3년간**
  나. **경정·경감** : 평정기준일부터 최근 **4년간**
  다. **경위·경사** : 평정기준일부터 최근 **3년간**
  라. **경장** : 평정기준일부터 최근 **2년간**
  마. **순경** : 평정기준일부터 최근 **1년 6개월간**
2. 초과경력 [21 경사]
  가. **총경** : 기본경력 전 **1년간**
  나. **경정·경감** : 기본경력 전 **5년간**
  다. **경위** : 기본경력 전 **4년간**
  라. **경사** : 기본경력 전 **1년 6개월간**
  마. **경장** : 기본경력 전 **1년**
  바. **순경** : 기본경력 전 **6개월간**
④ 경력 평정의 시기, 방법, 기간 계산, 그 밖에 필요한 사항은 해양수산부령으로 정한다.

제3절 승진대상자 명부

제58조(승진대상자 명부의 작성)
① 총경 이하 경찰공무원에 대한 승진대상자 명부는 다음 각 호의 구분에 따른 해양경찰기관의 장(이하 "승진대상자명부작성자"라 한다)이 계급별로 작성한다.
1. 해양경찰청(소속기관등, 해양경찰연구센터, 해양경찰서는 제외한다) 소속 경찰공무원, 소속기관등·해양경찰연구센터·해양경찰서의 경감 이상 계급의 경찰공무원 및 중앙해양특수구조단 소속 경위 계급의 경찰공무원 : 해양경찰청장
2. 중앙해양특수구조단 소속 경사 이하 계급의 경찰공무원 : 중앙해양특수구조단장
3. 해양경찰교육원(해양경찰연구센터는 제외한다) 소속 경위 이하 계급의 경찰공무원 및 해양경찰연구센터 소속 경위 계급의 경찰공무원 : 해양경찰교육원장
4. 해양경찰정비창 소속 경위 이하 계급의 경찰공무원 : 해양경찰정비창장
5. 지방해양경찰청(해양경찰서는 제외한다) 소속 경위 이하 계급의 경찰공무원 및 해양경찰서 소속 경위 계급의 경찰공무원 : 지방해양경찰청장
6. 해양경찰연구센터 소속 경사 이하 계급의 경찰공무원 : 해양경찰연구센터장
7. 해양경찰서 소속 경사 이하 계급의 경찰공무원 : 해양경찰서장
② 승진대상자 명부는 제55조부터 제57조까지의 규정에 따라 산정된 평정점(評定點)을 다음 각 호의 구분에 따른 비율로 반영하여 작성한다. 다만, 법 제10조제3항제2호 또는 제4호에 따라 경정 이하의 경찰공무원으로 신규채용할 수 있는 사람으로서 제29조제1항의 응시연령에 이르지 않은 경감 이하 경찰

공무원에 대해서는 그가 경정으로 승진할 때까지 근무성적 평정만으로 승진대상자 명부를 작성할 수 있다.
1. 근무성적 평정점 : 65퍼센트
2. 경력 평정점 : 35퍼센트
⑥ 승진대상자 명부는 매년 1월 1일을 기준으로 작성한다. 다만, 경무관 및 총경으로의 승진대상자 명부는 매년 11월 1일을 기준으로 작성한다.

제4절 승진심사

제60조(승진심사)
① 경찰공무원의 승진심사는 계급별로 하되, 해양경찰청장이 필요하다고 인정할 때에는 경과별 또는 특수분야별로 구분하여 실시할 수 있다.
② 경정 이하 계급으로의 승진심사는 1월 2일부터 3월 31일 사이에 연 1회 실시한다. 다만, 해양경찰청장이 그 기간 내에 승진심사를 할 수 없다고 인정할 때에는 기간을 연장할 수 있으며, 경찰공무원의 증원이나 그 밖의 특별한 사유가 있으면 추가로 승진심사를 할 수 있다.

제61조(중앙승진심사위원회의 구성)
① 법 제17조제1항에 따른 중앙승진심사위원회(이하 "중앙승진심사위원회"라 한다)는 위원장을 포함한 3명 이상 7명 이하의 위원으로 구성한다.
② 경무관으로의 승진심사를 위해 구성되는 중앙승진심사위원회 회의에 부칠 사항을 사전에 심의하기 위해 중앙승진심사위원회에 2개의 승진심의위원회를 둘 수 있으며, 각각의 승진심의위원회는 위원장을 포함한 3명 이상 7명 이하의 위원으로 구성한다.
③ 제1항 및 제2항의 위원은 회의 소집일 전에 해양경찰청장이 승진심사대상자보다 상위계급인 경찰공무원 중에서 임명하되, 제2항에 따라 승진심의위원회를 두는 경우 중앙승진심사위원회 위원은 승진심의위원회 위원 중에서 임명한다.
④ 제1항 및 제2항의 위원장은 위원 중 최상위계급 또는 선임인 경찰공무원이 된다.

제62조(보통승진심사위원회의 구성)
① 법 제17조제1항에 따른 보통승진심사위원회(이하 "보통승진심사위원회"라 한다)는 해양경찰청·소속기관등·해양경찰연구센터 및 해양경찰서에 둔다.
② 보통승진심사위원회는 위원장을 포함한 5명 이상 7명 이하의 위원으로 구성한다. [21 경사]
③ 보통승진심사위원회 위원은 그 보통승진심사위원회가 설치된 해양경찰기관의 장이 승진심사대상자보다 상위계급인 경위 이상 소속 경찰공무원 중에서 임명하며, 위원장은 위원 중 최상위계급 또는 선임인 경찰공무원이 된다.

제63조(승진심사위원회의 관할)
① 총경 이상 계급으로의 승진심사는 중앙승진심사위원회에서 하고, 경정으로의 승진심사는 해양경찰청의 보통승진심사위원회에서 한다.
② 해양경찰청·해양경찰교육원·해양경찰정비창 또는 지방해양경찰청 소속 경찰공무원 중 경감 이하 계급으로의 승진심사는 해양경찰청·해양경찰교육원·해양경찰정비창 또는 지방해양경찰청 보통승진심사위원회에서 한다. 다만, 중앙해양특수구조단·해양경찰연구센터 또는 해양경찰서 소속 경찰공무원 중 경위 이하 계급으로의 승진심사는 해당 경찰공무원이 소속된 해양경찰기관의 보통승진심사위원회에서 한다.

제64조(승진심사위원회의 회의)

① 중앙승진심사위원회의 회의는 해양경찰청장이 소집하며, 보통승진심사위원회의 회의는 해당 해양경찰기관의 장이 해양경찰청장(해양경찰연구센터와 해양경찰서 보통승진심사위원회 회의의 경우 각각 해양경찰교육원장과 지방해양경찰청장을 말한다)의 승인을 받아 소집한다.
② 승진심사위원회의 회의는 재적위원 과반수의 찬성으로 의결한다.
③ 승진심사위원회의 회의는 비공개로 한다.

제71조(심사승진후보자 명부의 작성)

① 임용권자 또는 임용제청권자는 승진심사위원회에서 승진임용예정자로 선발된 사람에 대하여 심사승진후보자 명부를 작성해야 한다.
② 심사승진후보자 명부의 작성에 관하여는 제70조제2항을 준용한다.
③ **임용권자 또는 임용제청권자는 심사승진후보자 명부에 기록된 사람이 승진임용되기 전에 정직 이상의 징계처분을 받은 경우에는 심사승진후보자 명부에서 그 사람을 제외**해야 한다. [21 경사]

제72조(승진후보자의 승진임용 등)

① 경찰공무원의 승진임용 시 심사승진후보자와 시험승진후보자가 있을 때에는 승진임용 인원의 비율은 다음 각 호의 구분에 따른다.
  1. **경정·경감 계급으로의 승진: 심사승진후보자 70퍼센트, 시험승진후보자 30퍼센트**
  2. **경위 이하 계급으로의 승진: 심사승진후보자 60퍼센트, 시험승진후보자 40퍼센트**

제73조(근속승진)

① **법 제16조에 따른 근속승진(이하 "근속승진"이라 한다) 기간**은 제53조제2항부터 제7항까지의 규정에 따른 **승진소요 최저근무연수의 계산방법에 따라 계산**한다.
② 법 제16조제1항 각 호 외의 부분 단서에 따라 다음 각 호의 경찰공무원을 근속승진임용하는 경우에는 해당 호에서 정한 기간을 근속승진 기간에서 단축할 수 있다.
  1. **국정과제 등 주요 업무의 추진실적이 우수한 경찰공무원: 1년**
  2. **「적극행정 운영규정」 제14조에 따라 적극행정 우수공무원으로 선발된 경찰공무원: 1년**
③ 제2항에 따라 근속승진 기간을 단축하는 경찰공무원의 인원수는 인사혁신처장이 제한할 수 있다.
④ 임용권자는 경감으로의 근속승진임용을 위한 심사를 연 1회 실시할 수 있다. 이 경우 해당 기관의 근속승진 대상자의 100분의 40에 해당하는 인원수(소수점 이하의 수가 있는 경우에는 1명을 가산한다)를 초과하여 근속승진임용을 할 수 없다.

제5절 승진시험

제74조(승진시험 실시의 원칙)

① 경찰공무원의 승진시험은 계급별로 실시하되, 해양경찰청장이 필요하다고 인정할 때에는 경과별 또는 특수분야별로 구분하여 실시할 수 있다.
② 제1항에 따라 경과별 또는 특수분야별로 승진시험을 실시하는 경우에는 승진임용 후 2년 이상 5년 이하의 범위에서 해양경찰청장이 정하는 기간 동안 해양경찰청장이 지정하는 직무부서에서 근무할 것을 조건으로 할 수 있다.

제76조(응시자격)

승진시험에 응시하려는 경찰공무원은 다음 각 호의 요건을 갖춰야 한다.
1. 승진시험을 실시하는 해의 1월 1일을 기준으로 제53조에 따른 승진소요 최저근무연수 이상 해당 계급에서 재직했을 것
2. 「해양경찰청 소속 경찰공무원 교육훈련규정」 제8조제2항·제3항 또는 제5항에 따른 교육을 받은 사람으로서 그 교육성적이 만점의 60퍼센트 이상일 것
3. 제54조제1항에 따른 승진임용 제한 사유에 해당하지 않을 것

제84조(부정행위자에 대한 조치)
① 승진시험에서 다음 각 호의 어느 하나에 해당하는 행위를 한 경찰공무원에 대해서는 그 시험을 정지 또는 무효로 하거나 합격을 취소하고, 그 처분이 있은 날부터 5년간 이 영에 따른 경찰공무원의 승진시험에 응시할 수 없게 한다.
1. 다른 응시자의 답안지를 보거나 본인의 답안지를 보여 주는 행위
2. 대리 시험을 의뢰하거나 대리로 시험에 응시하는 행위
3. 통신기기, 그 밖의 신호 등을 이용하여 해당 시험내용에 관해 다른 사람과 의사소통하는 행위
4. 부정한 자료를 가지고 있거나 이용하는 행위
5. 실기시험에 영향을 미칠 목적으로 「공무원임용시험령」 제51조제1항제6호에 따라 인사혁신처장이 정하여 고시하는 금지약물을 복용하거나 금지방법을 사용하는 행위
6. 그 밖에 부정한 수단으로 본인 또는 다른 사람의 시험 결과에 영향을 미치는 행위

제7장 대우공무원

제93조(대우공무원의 선발 등)
① 임용권자 또는 임용제청권자는 소속 경찰공무원 중 해당 계급에서 제53조에 따른 승진소요 최저근무연수 이상 근무하고 승진임용 제한 사유가 없는 근무실적 우수자를 바로 위 계급의 대우공무원(이하 "대우공무원"이라 한다)으로 선발할 수 있다.

2 대우공무원제도 (해양경찰청 소속 경찰공무원 임용에 관한 규정 시행규칙 제74~76조)

의의	임용권자 또는 임용제청권자가 소속 경찰공무원 중에서 해당 계급에서 승진소요 최저근무연수를 경과하고 승진임용의 제한사유가 없는 근무실적 우수자를 바로 위 계급의 대우공무원으로 선발하는 것 : 인사적체를 해소하고 그에 상응하는 보수를 수당으로 지급
요건	승진소요 최저근무연수를 경과한 총경 이하 경찰공무원으로서 해당 계급에서 다음 각 호의 구분에 따른 기간 동안 근무해야 한다. 1. 총경·경정 : 7년 이상 2. 경감 이하 : 5년 이상
선발절차 및 시기	임용권자 또는 임용제청권자는 매월 말 5일 전까지 대우공무원 발령일을 기준으로 대우공무원 선발요건을 충족하는 대상자를 결정하고, 그 다음 달 1일에 일괄하여 대우공무원으로 발령해야 하고, 대우공무원 발령사항은 인사기록카드에 적어야 한다.

수당지급	원칙	대우공무원으로 선발된 해양경찰공무원에게는 대우공무원 수당(월 봉급액의 4.1%)을 지급한다. 대우공무원의 선발 또는 수당 지급에 중대한 착오가 발생한 경우 임용권자 또는 임용제청권자는 이를 정정하여 대우공무원 발령을 하고, 대우공무원수당을 소급하여 지급할 수 있다.
	감액	대우공무원이 징계 또는 직위해제 처분을 받거나 휴직하더라도 대우공무원수당은 계속 지급한다. 다만, 「공무원수당 등에 관한 규정」에서 정하는 바에 따라 대우공무원수당을 줄여서 지급한다.
자격상실		대우공무원이 다음의 어느 하나에 해당하는 경우에는 그 해당일에 대우공무원의 자격은 별도 조치 없이 당연히 상실된다. 1. 상위계급으로 승진임용되는 경우 : 승진임용일 2. 강등되는 경우 : 강등일

3 전보 (해양경찰청 소속 경찰공무원 임용에 관한 규정 제42조)

의의	경찰공무원의 동일 직위 및 자격 내에서의 근무기관이나 부서를 달리하는 임용을 말한다.
원칙	임용권자 또는 임용제청권자는 장기근무 또는 잦은 전보로 인한 업무 능률 저하를 방지하기 위하여 특별한 사정이 없으면 정기적으로 전보를 실시하여야 한다.
전보의 제한과 예외	① 임용권자 또는 임용제청권자는 소속 경찰공무원이 해당 직위에 임용된 날부터 1년 이내(감사업무를 담당하는 경찰공무원의 경우에는 2년 이내)에 다른 직위에 전보할 수 없다. 다만, 다음 각 호의 어느 하나에 해당하는 경우에는 전보할 수 있다. 1. 직제상 최저단위인 보조기관 또는 보좌기관 내에서 전보하는 경우 2. 해양경찰청과 소속기관등 또는 소속기관등 상호 간의 교류를 위하여 전보하는 경우 3. 기구의 개편, 직제 또는 정원의 변경으로 해당 경찰공무원을 전보하는 경우 4. 승진임용된 경찰공무원을 전보하는 경우 5. 전문직위로 경찰공무원을 전보하는 경우 6. 징계처분을 받은 경우 7. 형사사건에 관련되어 수사기관에서 조사를 받고 있는 경우 8. 경찰공무원으로서의 품위를 크게 손상하는 비위(非違)로 인한 감사 또는 조사가 진행 중이어서 해당 직위를 유지하는 것이 부적절하다고 판단되는 경찰공무원을 전보하는 경우 9. 해양수산부령으로 정하는 특수임무부서에서 정기적으로 교체하는 경우 10. 교육훈련기관의 교수요원으로 보직하는 경우 11. 시보임용 중인 경우 12. 신규채용된 경찰공무원을 해양경찰청장이 정하는 해당 계급의 보직관리기준에 따라 전보하는 경우 및 이와 관련한 전보의 경우 13. 감사담당 경찰공무원 가운데 부적격자로 인정되는 경우 [16 육경] 14. 중요한 치안상황 대응, 긴급 현안 처리 또는 지휘권 확립에 필요한 경우 15. 경정 이하의 경찰공무원을 배우자 또는 직계존속이 거주하는 시·군·자치구 지역으로 전보하는 경우 16. 임신 중인 경찰공무원 또는 출산 후 1년이 지나지 않은 경찰공무원의 모성보호, 육아 등을 위하여 필요한 경우 ② 교육훈련기관의 교수요원으로 임용된 사람은 그 임용일부터 1년 이상 3년 이하의 범위에서 해양경찰청장이 정하는 기간 안에는 다른 직위에 전보할 수 없다. 다만, 기구의 개편, 직제·

정원의 변경이나 교육과정의 개편 또는 폐지가 있거나 교수요원으로서 부적당하다고 인정될 때에는 그러하지 아니하다.
③ 법 제10조제3항제5호(섬, 외딴곳 등 특수지역에서 근무할 사람을 임용하는 경우)에 따라 채용된 경찰공무원은 그 채용일부터 5년의 범위에서 해양경찰청장이 정하는 기간(휴직기간, 직위해제기간 및 정직기간은 포함하지 아니한다) 안에는 채용조건에 해당하는 기관 외의 기관으로 전보할 수 없다.

4 복직

복직이란 휴직·직위해제 또는 정직(강등에 따른 정직을 포함) 중에 있는 경찰공무원을 직위에 복귀시키는 것을 말한다.

5 휴직 [21 승진, 20 승진, 19 승진]

◆ **휴직사유, 휴직기간 및 봉급**(국가공무원법 제71조·제72조, 경찰공무원법 제29조, 공무원보수규정 제28조)

	휴직사유	휴직기간	봉급
직권휴직	신체·정신상의 장애로 장기 요양이 필요할 때	1년 이내, 부득이한 경우 1년의 범위에서 연장할 수 있음. 다만, 요양급여 지급 대상 부상 또는 질병이나 요양급여 결정 대상 질병 또는 부상으로 인한 휴직기간은 3년 이내로 하되, 의학적 소견 등을 고려하여 대통령령등으로 정하는 바에 따라 2년의 범위에서 연장할 수 있다. (시행 21. 12. 9)	휴직 기간이 1년 이하 봉급의 70%를, 휴직 기간이 1년 초과 2년 이하인 경우 봉급의 50%를 지급함(공무상 질병 또는 부상으로 휴직한 경우 봉급 전액을 지급)
	병역법에 따른 병역 복무를 마치기 위하여 징집 또는 소집된 때 법률의 규정에 따른 의무를 수행하기 위하여 직무를 이탈하게 된 때	복무 기간이 끝날 때까지	봉급 미지급
	천재지변이나 전시·사변, 그 밖의 사유로 생사 또는 소재가 불명확하게 된 때	3개월 이내(경찰공무원의 경우는 법원의 실종선고를 받는 날)	〃
	노동조합 전임자로 종사하게 된 때	전임 기간	〃
의원휴직	국제기구, 외국 기관, 국내외의 대학·연구기관, 다른 국가기관 또는 대통령령으로 정하는 민간기업, 그 밖의 기관에 임시로 채용될 때	채용 기간(민간기업이나 그 밖의 기관에 채용되면 3년 이내)	〃
	국외 유학을 하게 된 때 외국에서 근무·유학 또는 연수하게 되는 배우자를 동반하게 된 때	3년 이내(부득이한 경우 2년의 범위에서 연장할 수 있음)	봉급의 50%를 지급할 수 있음
	중앙인사관장기관의 장이 지정하는 연구기관이나 교육기관 등에서 연수하게 된 때	2년 이내	1년 이상의 국외연수를 위하여 휴직한 경우 봉급의 50%를 지급할 수 있음
	만 8세 이하 또는 초등학교 2학년 이하의 자녀를 양육하기 위하여 필요하거나 여성공무원이 임신 또는 출산하게 된 때	자녀 1명에 대하여 3년 이내	봉급 미지급

	조부모, 부모(배우자의 부모를 포함한다), 배우자, 자녀 또는 손자녀를 부양하거나 돌보기 위하여 필요한 경우. 다만, 조부모나 손자녀의 돌봄을 위하여 휴직할 수 있는 경우는 본인 외에 돌볼 사람이 없는 등 대통령령등으로 정하는 요건을 갖춘 경우로 한정한다. (시행 21. 12. 9)	1년 이내(재직 기간 중 총 3년을 넘을 수 없음)	〃
	대통령령등으로 정하는 기간 동안 재직한 공무원이 직무 관련 연구과제 수행 또는 자기개발을 위하여 학습·연구 등을 하게 될 때	1년 이내	〃
효력	① 휴직 중인 공무원은 신분은 보유하나 직무에 종사하지 못한다. ② 휴직 기간 중 그 사유가 없어지면 30일 이내에 임용권자 또는 임용제청권자에게 신고하여야 하며, 임용권자는 지체 없이 복직을 명하여야 한다. ③ 휴직 기간이 끝난 공무원이 30일 이내에 복귀 신고를 하면 당연히 복직된다. ④ 휴직 기간이 끝나거나 휴직 사유가 소멸된 후에도 직무에 복귀하지 아니하거나 직무를 감당할 수 없을 때 임용권자는 직권으로 면직시킬 수 있다.		

6 직위해제 [20 간부, 18 승진]

의의	공무원으로서의 신분은 보유하지만 직위를 계속 유지시킬 수 없는 사유가 있어 직위는 부여하지 않는 조치
성격	① 직위해제는 본인에게 귀책사유가 있을 때에 행하는 것이므로 제재적 성격을 갖는다. ② 직위해제는 징계벌과 성질이 다르므로 동일한 사유를 이유로 직위해제 후 징계를 하거나 징계처분을 한 후에 직위해제를 하더라도 일사부재리의 원칙이나 이중처벌금지의 원칙에 위배되지 않는다.

◆ **직위해제사유 및 봉급, 효력**(국가공무원법 제73조의3, 공무원보수규정 제29조)

직위해제 사유	봉급
1. 직무수행 능력이 부족하거나 근무성적이 극히 나쁜 자 ⇒ 이 경우 임용권자 또는 임용제청권자는 직위해제된 자에게 3개월의 범위에서 대기를 명한다.	봉급의 80%를 지급함
2. **파면·해임·강등 또는 정직**에 해당하는 징계 의결이 요구 중인 자	봉급의 50% 지급. 다만, 직위해제일부터 3개월이 지나도 직위를 부여받지 못한 경우 그 3개월이 지난 후의 기간 중에는 봉급의 30%를 지급함
3. 형사 사건으로 기소된 자 (약식명령이 청구된 자는 제외)	〃
4. 고위공무원단에 속하는 일반직공무원으로서(① 근무성적평정에서 최하위 등급의 평정을 총 2년 이상 받은 때, ② 정당한 사유 없이 직위를 부여받지 못한 기간이 총 1년에 이른 때, ③ 근무성적평정에서 최하위 등급을 1년 이상 받은 사실이 있고 정당한 사유 없이 6개월 이상 직위를 부여받지 못한 사실이 있는 경우, ④ 조건부 적격자가 교육훈련을 이수하지 아니하거나 연구과제를 수행하지 아니한 때 등의 사유로) 적격심	봉급의 70% 지급. 다만, 직위해제일부터 3개월이 지나도 직위를 부여받지 못한 경우 그 3개월이 지난 후의 기간 중에는 봉급의 40%를 지급함

	사를 요구받은 자	
	5. 금품비위, 성범죄 등 대통령령으로 정하는 비위행위로 인하여 감사원 및 검찰·경찰 등 수사기관에서 조사나 수사 중인 자로서 비위의 정도가 중대하고 이로 인하여 정상적인 업무수행을 기대하기 현저히 어려운 자	봉급의 50% 지급. 다만, 직위해제일로부터 3개월이 지나도 직위를 부여받지 못한 경우 그 3개월이 지난 후의 기간 중에는 봉급의 30%를 지급함

효력	① 직위를 부여하지 아니한 경우에 그 사유가 소멸되면 임용권자는 지체 없이 직위를 부여하여야 한다. ② 임용권자는 직무수행 능력이 부족하거나 근무성적이 극히 나빠 직위해제된 자에게 3개월의 범위에서 대기를 명한다. ③ 임용권자 또는 임용제청권자는 대기 명령을 받은 자에게 능력 회복이나 근무성적의 향상을 위한 교육훈련 또는 특별한 연구과제의 부여 등 필요한 조치를 하여야 한다. ④ 직위해제기간은 승진소요 최저근무연수에 산입되지 않는다.
경합	공무원에 대하여 1.의 직위해제 사유와 2.3.5.의 직위해제사유가 경합할 때에는 2.3.5.의 직위해제 처분을 하여야 한다.

7 강등

강등은 경찰공무원의 신분은 보유하되, 1계급 아래로 직급을 내리며 3개월간 직무가 정지되고 그 기간 중 보수는 전액 감액한다.

제3절 경찰공무원 관계의 소멸

1. 퇴직

퇴직		

	당연퇴직	경찰공무원이 제8조제2항 각 호【임용결격사유(아래의 1~10)】의 어느 하나에 해당하게 된 경우에는 당연히 퇴직한다.
		다만, 같은 항 제4호는 파산선고를 받은 사람으로서「채무자 회생 및 파산에 관한 법률」에 따라 신청기한 내에 면책신청을 하지 아니하였거나 면책불허가 결정 또는 면책취소가 확정된 경우만 해당하고, 같은 항 제6호는「형법」제129조부터 제132조(뇌물죄)까지,「성폭력범죄의 처벌 등에 관한 특례법」제2조,「정보통신망 이용촉진 및 정보보호 등에 관한 법률」 제74조제1항제2호·제3호,「스토킹범죄의 처벌 등에 관한 법률」 제2조제2호,「아동·청소년의 성보호에 관한 법률」제2조제2호 및 직무와 관련하여「형법」제355조 또는 제356조에 규정된 죄(횡령·배임, 업무상 횡령·배임)를 범한 사람으로서 자격정지 이상의 형의 선고유예를 받은 경우만 해당한다.
		(국가공무원법 제69조)
		1. 대한민국 국적을 가지지 아니한 사람
		2. 「국적법」제11조의2제1항에 따른 복수국적자
		3. 피성년후견인 또는 피한정후견인
		4. 파산선고를 받고 복권되지 아니한 사람
		5. 자격정지 이상의 형(刑)을 선고받은 사람
		6. 자격정지 이상의 형의 선고유예를 선고받고 그 유예기간 중에 있는 사람
		7. 공무원으로 재직기간 중 직무와 관련하여「형법」제355조 및 제356조에 규정된 죄를 범한 사람으로서 300만원 이상의 벌금형을 선고받고 그 형이 확정된 후 2년이 지나지 아니한 사람
		8. 「성폭력범죄의 처벌 등에 관한 특례법」제2조에 규정된 죄를 범한 사람으로서 100만원 이상의 벌금형을 선고받고 그 형이 확정된 후 3년이 지나지 아니한 사람
		9. 미성년자에 대한 다음 각 목의 어느 하나에 해당하는 죄를 저질러 형 또는 치료감호가 확정된 사람(집행유예를 선고받은 후 그 집행유예기간이 경과한 사람을 포함한다)
		  가. 「성폭력범죄의 처벌 등에 관한 특례법」제2조에 따른 성폭력범죄
		  나. 「아동·청소년의 성보호에 관한 법률」제2조제2호에 따른 아동·청소년대상 성범죄
		10. 징계에 의하여 파면 또는 해임처분을 받은 사람

	정년퇴직	① 경찰공무원의 정년은 다음과 같다.
		1. 연령정년 : 60세
		2. 계급정년
		  치안감 : 4년
		  경무관 : 6년
		  총경 : 11년
		  경정 : 14년
		② 징계로 인하여 강등(경감으로 강등된 경우를 포함한다)된 경찰공무원의 계급정년은 제1항제2호에도 불구하고 다음 각 호에 따른다.
		1. 강등된 계급의 계급정년은 강등되기 전 계급 중 가장 높은 계급의 계급정년으로 한다.
		2. 계급정년을 산정할 때에는 강등되기 전 계급의 근무연수와 강등 이후의 근무연수를

		합산한다. ③ 수사, 정보, 외사, 보안, 자치경찰사무 등 특수 부문에 근무하는 경찰공무원으로서 대통령령으로 정하는 바에 따라 지정을 받은 사람은 총경 및 경정의 경우에는 4년의 범위에서 계급정년을 연장할 수 있다. ④ 경찰청장 또는 해양경찰청장은 전시·사변이나 그 밖에 이에 준하는 비상사태에서는 2년의 범위에서 계급정년을 연장할 수 있다. 이 경우 경무관 이상의 경찰공무원에 대하여는 행정안전부장관 또는 해양수산부장관과 국무총리를 거쳐 대통령의 승인을 받아야 하고, 총경·경정의 경찰공무원에 대하여는 국무총리를 거쳐 대통령의 승인을 받아야 한다. ⑤ 경찰공무원은 그 정년이 된 날이 1월에서 6월 사이에 있으면 6월 30일에 당연퇴직하고, 7월에서 12월 사이에 있으면 12월 31일에 당연퇴직한다. ⑥ 계급정년을 산정할 때 제주특별자치도의 자치경찰공무원으로 근무한 경력이 있는 경찰공무원의 경우에는 그 계급에 상응하는 자치경찰공무원으로 근무한 연수(年數)를 산입한다.

2 면직

면직	의원면직	공무원이 사직서를 임용권자에게 제출하고 임용권자가 사직서를 수리한 때어 효력이 발생한다.
	직권면직	① 임용권자는 경찰공무원이 다음 각 호의 어느 하나에 해당될 때에는 직권으로 면직시킬 수 있다. 1. 「국가공무원법」 제70조제1항제3호부터 제5호까지의 규정 중 어느 하나에 해당될 때 【3. 직제와 정원의 개폐 또는 예산의 감소 등에 따라 폐직(廢職) 또는 과원(過員)이 되었을 때, 4. 휴직 기간이 끝나거나 휴직 사유가 소멸된 후에도 직무에 복귀하지 아니하거나 직무를 감당할 수 없을 때, 5. 제73조의3제3항에 따라 대기 명령을 받은 자가 그 기간에 능력 또는 근무성적의 향상을 기대하기 어렵다고 인정된 때】 2. 경찰공무원으로는 부적합할 정도로 직무 수행능력이나 성실성이 현저하게 결여된 사람으로서 대통령령으로 정하는 사유에 해당된다고 인정될 때 3. 직무를 수행하는 데에 위험을 일으킬 우려가 있을 정도의 성격적 또는 도덕적 결함이 있는 사람으로서 대통령령으로 정하는 사유에 해당된다고 인정될 때 4. 해당 경과에서 직무를 수행하는 데 필요한 자격증의 효력이 상실되거나 면허가 취소되어 담당 직무를 수행할 수 없게 되었을 때 ② 제1항제2호·제3호【2. 경찰공무원으로는 부적합할 정도로 직무 수행능력이나 성실성이 현저하게 결여된 사람으로서 대통령령으로 정하는 사유에 해당된다고 인정될 때 3. 직무를 수행하는 데에 위험을 일으킬 우려가 있을 정도의 성격적 또는 도덕적 결함이 있는 사람으로서 대통령령으로 정하는 사유에 해당된다고 인정될 때】 또는 「국가공무원법」 제70조제1항제5호【5. 제73조의3제3항에 따라 대기 명령을 받은 자가 그 기간에 능력 또는 근무성적의 향상을 기대하기 어렵다고 인정된 때】의 사유로 면직시키는 경우에는 제26조에 따른 징계위원회의 동의를 받아야 한다. ③ 「국가공무원법」 제70조제1항제4호【4. 휴직 기간이 끝나거나 휴직 사유가 소멸된 후에도 직무에 복귀하지 아니하거나 직무를 감당할 수 없을 때】의 사유로 인한 직권면직일은 휴직기간의 만료일이나 휴직 사유의 소멸일로 한다.
		국가공무원법 제76조

	② **본인의 의사에 반하여 파면 또는 해임**이나 제70조제1항제5호(=대기 명령을 받은 자가 그 기간에 능력 또는 근무성적의 향상을 기대하기 어렵다고 인정된 때)에 따른 면직처분을 하면 그 처분을 한 날부터 40일 이내에는 후임자의 보충발령을 하지 못한다. 다만, 인력 관리상 후임자를 보충하여야 할 불가피한 사유가 있고, 제3항에 따른 소청심사위원회의 임시결정이 없는 경우에는 국회사무총장, 법원행정처장, 헌법재판소사무처장, 중앙선거관리위원회사무총장 또는 인사혁신처장과 협의를 거쳐 후임자의 보충발령을 할 수 있다.
징계면직	경찰공무원이 징계에 의하여 **파면 또는 해임처분**을 받은 경우 당연히 퇴직한다.

◆ 직권면직 사유 (국가공무원법 제70조, 경찰공무원법 제28조, 경찰공무원 임용령 제47조)

일반 국가공무원 직권면직 사유 [18 경감]	경찰공무원 직권면직 사유 [20 간부·승진]
제70조(직권 면직) ① 임용권자는 공무원이 다음 각 호의 어느 하나에 해당하면 직권으로 면직시킬 수 있다. 1. 삭제 2. 삭제 3. 직제와 정원의 개폐 또는 예산의 감소 등에 따라 폐직(廢職) 또는 과원(過員)이 되었을 때 4. 휴직 기간이 끝나거나 휴직 사유가 소멸된 후에도 직무에 복귀하지 아니하거나 직무를 감당할 수 없을 때 5. 제73조의3제3항에 따라 대기 명령을 받은 자가 그 기간에 능력 또는 근무성적의 향상을 기대하기 어렵다고 인정된 때 6. 전직시험에서 세 번 이상 불합격한 자로서 직무수행 능력이 부족하다고 인정된 때 7. 병역판정검사·입영 또는 소집의 명령을 받고 정당한 사유 없이 이를 기피하거나 군복무를 위하여 휴직 중에 있는 자가 군복무 중 군무(軍務)를 이탈하였을 때 8. 해당 직급·직위에서 직무를 수행하는데 필요한 자격증의 효력이 없어지거나 면허가 취소되어 담당 직무를 수행할 수 없게 된 때 9. 고위공무원단에 속하는 공무원이 제70조의2에 따른 적격심사 결과 부적격 결정을 받은 때	제28조(직권면직) ① 임용권자는 경찰공무원이 다음 각 호의 어느 하나에 해당될 때에는 직권으로 면직시킬 수 있다. 1. 「국가공무원법」 제70조제1항제3호부터 제5호까지의 규정 중 어느 하나에 해당될 때 2. 경찰공무원으로는 부적합할 정도로 직무 수행능력이나 성실성이 현저하게 결여된 사람으로서 대통령령으로 정하는 사유에 해당된다고 인정될 때(⇒ 1. 지능 저하 또는 판단력 부족으로 경찰업무를 감당할 수 없는 경우 2. 책임감의 결여로 직무수행에 성의가 없고 위험한 직무를 고의로 기피하거나 포기하는 경우) 3. 직무를 수행하는 데에 위험을 일으킬 우려가 있을 정도의 성격적 또는 도덕적 결함이 있는 사람으로서 대통령령으로 정하는 사유에 해당된다고 인정될 때(⇒ 1. 인격장애, 알코올·약물중독 그 밖의 정신장애로 인하여 경찰업무를 감당할 수 없는 경우 2. 사행행위 또는 재산의 낭비로 인한 채무과다, 부정한 이성관계 등 도덕적 결함이 현저하여 타인의 비난을 받는 경우) 4. 해당 경과에서 직무를 수행하는 데 필요한 자격증의 효력이 상실되거나 면허가 취소되어 담당 직무를 수행할 수 없게 되었을 때 ② 제1항제2호·제3호 또는 「국가공무원법」 제70조제1항제5호의 사유로 면직시키는 경우에는 제26조에 따른 징계위원회의 동의를 받아야 한다. ③ 「국가공무원법」 제70조제1항제4호의 사유로 인한 직권면직일은 휴직기간의 만료일이나 휴직 사유의 소멸일로 한다.

제4절 경찰공무원 권리와 의무

1. 경찰공무원의 권리

일반적 권리	국가공무원법	**신분보장을 받을 권리(제68조)** 공무원은 형의 선고, 징계처분 또는 이 법에서 정하는 사유에 따르지 아니하고는 본인의 의사에 반하여 휴직·강임 또는 면직을 당하지 아니한다. ※ 치안총감, 치안정감, 시보임용기간 중에 있는 경찰공무원은 신분보장이 되지 않는다.
		권익을 보장받을 권리(제75조) 공무원에 대하여 징계처분등을 할 때나 강임·휴직·직위해제 또는 면직처분을 할 때에는 그 처분권자 또는 처분제청권자는 처분사유를 적은 설명서를 교부하여야 한다. 다만, 본인의 원(願)에 따른 강임·휴직 또는 면직처분은 그러하지 아니하다(=처분사유설명서를 교부할 필요가 없다).
	경찰공무원법	**제복을 착용할 권리(제26조 제1항)** 경찰공무원은 제복을 착용하여야 한다.
		무기를 휴대할 권리(제26조 제2항) 경찰공무원은 직무 수행을 위하여 필요하면 무기를 휴대할 수 있다.
	해양경찰법	**이의제기권(제15조 제2항)** 해양경찰청 소속 공무원은 구체적 수사와 관련된 지휘·감독의 적법성 또는 정당성 여부에 대하여 이견이 있는 경우에는 이의를 제기할 수 있다.
	경찰관 직무집행법	**무기를 사용할 권리(제10조의4)** 경찰관은 범인의 체포, 범인의 도주 방지, 자신이나 다른 사람의 생명·신체의 방어 및 보호, 공무집행에 대한 항거의 제지를 위하여 필요하다고 인정되는 상당한 이유가 있을 때에는 그 사태를 합리적으로 판단하여 필요한 한도에서 무기를 사용할 수 있다.
		경찰장구를 사용할 권리(제10조의2) 경찰관은 직무를 수행하기 위하여 필요하다고 인정되는 상당한 이유가 있을 때에는 그 사태를 합리적으로 판단하여 필요한 한도에서 경찰장구(수갑, 포승, 경찰봉, 방패)를 사용할 수 있다.
재산상 권리	국가공무원법	**보수를 받을 권리(제46조)** 공무원의 보수는 직무의 곤란성과 책임의 정도에 맞도록 계급별·직위별 또는 직무등급별로 정한다. 판례는 보수청구권의 소멸시효를 3년이라고 본다(大判 66. 9. 20. 65다2506). 다만 학설은 3년설과 5년설의 대립이 있다.
		실비변상을 받을 권리(제48조) 공무원은 보수 외에 대통령령등으로 정하는 바에 따라 직무 수행에 필요한 실비(實費) 변상을 받을 수 있다.
		사회보장을 받을 권리(제77조) 공무원이 질병·부상·폐질(廢疾)·퇴직·사망 또는 재해를 입으면 본인이나 유족에게 법률로 정하는 바에 따라 적절한 급여를 지급한다.
	공무원연금법	**연금을 받을 권리(제28조)** 공무원의 퇴직·사망 및 비공무상 장해에 대하여 퇴직급여, 퇴직유족급여, 비공무상 장해급여, 퇴직수당의 급여를 지급한다. 연금은 5년의 소멸시효에 걸린다.
	공무원 재해보상법	**재해보상 등을 받을 권리(제1조)** 공무원의 공무로 인한 부상·질병·장해·사망에 대하여 적합한 보상을 하고, 공무상 재해를 입은 공무원의 재활 및 직무복귀를 지원하며, 재해예방을 위한 사업

		을 시행함으로써 공무원이 직무에 전념할 수 있는 여건을 조성하고, 공무원 및 그 유족의 복지 향상에 이바지함을 목적으로 한다.
	경찰공무원법	**보훈을 받을 권리(제21조)** 경찰공무원으로서 전투나 그 밖의 직무 수행 또는 교육훈련 중 사망한 사람(공무상 질병으로 사망한 사람을 포함) 및 부상(공무상의 질병을 포함)을 입고 퇴직한 사람과 그 유족 또는 가족은「국가유공자 등 예우 및 지원에 관한 법률」또는 「보훈보상대상자 지원에 관한 법률」에 따라 예우 또는 지원을 받는다.

2. 경찰공무원의 의무

	법령	내용
일반의무	국가공무원법	선서의무(제55조), 성실의무(제56조) ※ 성실의무는 경우에 따라서는 근무시간 외에 근무지 밖에까지 미칠 수 있다.
직무상 의무	국가공무원법 [20 해경]	◆ 법령준수의무(제56조), ◆ 복종의무(제57조), ◆ 직장이탈 금지의무(제58조 ① 공무원은 소속 상관의 허가 또는 정당한 사유가 없으면 직장을 이탈하지 못한다. ② 수사기관이 공무원을 구속하려면 그 소속 기관의 장에게 미리 통보하여야 한다. 다만, 현행범은 그러하지 아니하다), ◆ 친절·공정의무(제59조), ◆ 종교중립의무(제59조의2), ◆ 영리업무 및 겸직금지의무(제64조 공무원은 공무 외에 영리를 목적으로 하는 업무에 종사하지 못하며 소속 기관장의 허가없이 다른 직무를 겸할 수 없다)
	경찰공무원법 (5가지) [22 간부, 20 간부]	◆ 정치 관여 금지의무(제23조), ◆ 거짓보고 등 금지의무(제24조 제1항), ◆ 직무유기 금지의무(제24조 제2항), ◆ 지휘권남용 등 금지의무(제25조), ◆ 제복착용의무(제26조 제1항)
신분상 의무	국가공무원법 [20 해경]	◆ 비밀엄수의무(제60조, 공무원은 재직 중은 물론 퇴직 후에도 직무상 알게 된 비밀을 엄수하여야 한다), [22 해경, 19 간부] ◆ 청렴의무(제61조 제1항 : 공무원은 직무와 관련하여 직접적이든 간접적이든 사례·증여 또는 향응을 주거나 받을 수 없다. 제2항 : 공무원은 직무상의 관계가 있든 없든 그 소속 상관에게 증여하거나 소속 공무원으로부터 증여를 받아서는 아니 된다.), ◆ 영예 등의 제한(제62조, 공무원이 외국 정부로부터 영예나 증여를 받을 경우에는 대통령의 허가를 받아야 한다), [21 승진] ◆ 품위유지의무(제63조), ◆ 정치운동 금지의무(제65조), ◆ 집단행위 금지의무(제66조) ※ 경찰공무원은 노동3권이 인정되지 않는다.
	공직자윤리법	① 경사·경위·경감·경정인 경찰공무원은「공직자윤리법 시행령」에 따라 재산등록을 하여야 한다. 총경(자치총경 포함) 이상의 경찰공무원은「공직자윤리법」제3조 제1항 제9호에 따라 재산등록을 하여야 한다. 재산공개는 치안감 이상의 경찰공무원 및 특별시·광역시·특별자치시·도·특별자치도의 시·도경찰청장이 그 대상이 된다.

② 공직자윤리위원회는 **치안감 이상의 경찰공무원 및 시·도 지방경찰청장 본인과 배우자 및 본인의 직계존속·직계비속**의 재산에 관한 등록사항과 재산변동사항 신고내용을 등록기간 또는 신고기간 만료 후 1개월 이내에 관보 또는 공보에 게재하여 공개하여야 한다.
③ 등록의무자(취업심사대상자)는 **퇴직일부터 3년간 취업제한기관에 취업할 수 없다.** 다만, 관할 공직자윤리위원회로부터 취업심사대상자가 퇴직 전 5년 동안 소속하였던 부서 또는 기관의 업무와 취업심사대상기관 간에 밀접한 관련성이 없다는 확인을 받거나 취업승인을 받은 때에는 취업할 수 있다.(제17조 제1항) [20 승진]

제5절 │ 경찰공무원 징계

1. 징계

의의	경찰공무원의 의무위반에 대하여 특별권력관계의 내부 질서 유지를 위하여 국가가 과하는 제재를 말한다. 징계사유의 발생에 있어서 행위자의 고의·과실을 묻지 않고 인정되고 임명 전의 행위라도 공무원의 체면 또는 위신을 손상시킨 경우에는 징계사유가 될 수 있다.
경찰공무원 징계사유(국가 공무원법 제78조)	① 공무원이 다음 어느 하나에 해당하면 징계 의결을 요구하여야 하고 그 징계 의결의 결과에 따라 징계처분을 하여야 한다. 1. 「경찰공무원법」, 「국가공무원법」 및 「경찰공무원법」, 「국가공무원법」에 따른 명령을 위반한 경우 2. 직무상의 의무(다른 법령에서 공무원의 신분으로 인하여 부과된 의무를 포함한다)를 위반하거나 직무를 태만히 한 때 3. 직무의 내외를 불문하고 그 체면 또는 위신을 손상하는 행위를 한 때 ※ 직무수행능력이 부족하거나 근무성적이 극히 나쁜 경우는 징계사유가 되지 않고, 직위해제 사유이다. ② 공무원(특수경력직공무원 및 지방공무원을 포함한다)이었던 사람이 다시 공무원으로 임용된 경우에 재임용 전에 적용된 법령에 따른 징계 사유는 그 사유가 발생한 날부터 이 법에 따른 징계 사유가 발생한 것으로 본다. (시행 21. 12. 9) ③ 징계사유가 발생하는 한 징계권자는 반드시 징계위원회에 징계를 요구하여야 한다. 다만 징계의 종류 중 어떤 것을 선택할 것인지에 대한 선택재량은 인정된다.
감사원의 조사와의 관계 (국가공무원법 제83조) [21 승진, 19 승진, 18 승진]	① 감사원에서 조사 중인 사건에 대하여는 ③에 따른 조사개시 통보를 받은 날부터 징계 의결의 요구나 그 밖의 징계 절차를 진행하지 못한다. ② 검찰·경찰, 그 밖의 수사기관에서 수사 중인 사건에 대하여는 ③에 따른 수사개시 통보를 받은 날부터 징계 의결의 요구나 그 밖의 징계 절차를 진행하지 아니할 수 있다. ③ 감사원과 검찰·경찰, 그 밖의 수사기관은 조사나 수사를 시작한 때와 이를 마친 때에는 10일 내에 소속 기관의 장에게 그 사실을 통보하여야 한다. [20 간부]
징계시효 (국가공무원법 제83조의2)	① 징계의결등의 요구는 징계 등 사유가 발생한 날부터 다음 각 호의 구분에 따른 기간이 지나면 하지 못한다. [20 간부] 1. 징계 등 사유가 다음 각 목의 어느 하나에 해당하는 경우: 10년 　가. 「성매매알선 등 행위의 처벌에 관한 법률」 제4조에 따른 금지행위 　나. 「성폭력범죄의 처벌 등에 관한 특례법」 제2조에 따른 성폭력범죄 　다. 「아동·청소년의 성보호에 관한 법률」 제2조제2호에 따른 아동·청소년대상 성범죄 　라. 「양성평등기본법」 제3조제2호에 따른 성희롱 2. 징계 등 사유가 제78조의2제1항 각 호의 어느 하나에 해당하는 경우: 5년 3. 그 밖의 징계 등 사유에 해당하는 경우: 3년

2. 징계의 종류와 효과 [22 승진·간부, 21 승진, 20 간부, 19 간부, 18 승진]

파면	① 파면처분을 받은 공무원은 당연히 퇴직한다.
	② 퇴직급여와 퇴직수당 감액
	   - 퇴직급여는 재직기간이 5년 미만인 사람은 4분의 1 감액, 재직기간이 5년 이상인 사람은 2분의 1 감액
	   - 퇴직수당은 재직기간과 상관없이 2분의 1 감액
	③ 5년간 일반 국가공무원으로 임용될 수 없음(다만, 5년이 경과하더라도 경찰공무원으로는 다시 임용될 수 없음)
		중징계	배제징계

해임	① 해임처분을 받은 공무원은 당연히 퇴직한다.
	② 원칙적으로 퇴직급여와 퇴직수당을 감액하지 않지만, 금품 및 향응수수, 공금의 횡령·유용으로 해임된 경우에는 아래와 같이 감액
	   - 퇴직급여는 재직기간이 5년 미만인 사람은 8분의 1 감액, 재직기간이 5년 이상인 사람은 4분의 1 감액
	   - 퇴직수당은 재직기간과 상관없이 4분의 1 감액
	③ 3년간 일반 국가공무원으로 임용될 수 없음(다만, 3년이 경과하더라도 경찰공무원으로는 다시 임용될 수 없음)		

강등	1계급 아래로 직급을 내리고, 공무원 신분은 보유하나 3개월간 직무에 종사하지 못하며 보수 전액을 감한다.		교정징계
정직	1개월 이상 3개월 이하의 기간으로 하고, 공무원 신분은 보유하나 직무에 종사하지 못하며 보수 전액을 감한다.		
감봉	1개월 이상 3개월 이하의 기간으로 하고, 보수 3분의 1을 감함	경징계	
견책	전과에 대하여 훈계하고 회개하게 함		

◆ **경고·주의·경위서처분·장려**(해양경찰청 경고·주의 및 장려제도 운영 규칙 제2조)

경고	징계위원회 또는 소청심사위원회에서 불문으로 의결하고 경고를 권고하거나(불문경고), 징계사유에 이르지 않은 경미한 사안이나 감독자 등을 문책하는 경우 앞으로 그러한 행위가 다시 발생하지 않도록 엄중히 훈계하는 것(직권경고)
주의	의무위반행위의 정도가 경고에 이르지 아니한 경미한 사안이나 감독자 등을 문책하는 경우 앞으로 그러한 행위가 다시 발생하지 않도록 주의를 촉구하는 것
경위서 처분	과실이나 의무위반행위의 정도가 주의에 이르지 않은 경미한 사안의 경우 사실관계를 분명히 하고 사죄하여 같은 잘못이 재발되지 않게 하겠다고 문서로 서약하는 것
장려	「해양경찰 표창 규칙」의 표창의 정도에는 이르지 않은 공적이나 선행을 장려하고 우대하는 것

◆ **징계부가금**

국가공무원법 제78조의2(징계부가금)
① 제78조에 따라 공무원의 징계 의결을 요구하는 경우 그 징계 사유가 다음 각 호의 어느 하나에 해당하는 경우에는 해당 징계 외에 다음 각 호의 행위로 취득하거나 제공한 금전 또는 재산상 이득(금전이 아닌 재산상 이득의 경우에는 금전으로 환산한 금액)의 **5배 내의 징계부가금 부과 의결을 징계위원회에 요구**하여야 한다. [21 승진]

1. 금전, 물품, 부동산, 향응 또는 그 밖에 대통령령으로 정하는 재산상 이익을 취득하거나 제공한 경우
2. 다음 각 목에 해당하는 것을 횡령(橫領), 배임(背任), 절도, 사기 또는 유용(流用)한 경우
   가. 「국가재정법」에 따른 예산 및 기금
   나. 「지방재정법」에 따른 예산 및 「지방자치단체 기금관리기본법」에 따른 기금
   다. 「국고금 관리법」 제2조제1호에 따른 국고금
   라. 「보조금 관리에 관한 법률」 제2조제1호에 따른 보조금
   마. 「국유재산법」 제2조제1호에 따른 국유재산 및 「물품관리법」 제2조제1항에 따른 물품
   바. 「공유재산 및 물품 관리법」 제2조제1호 및 제2호에 따른 공유재산 및 물품
   사. 그 밖에 가목부터 바목까지에 준하는 것으로서 대통령령으로 정하는 것

3. 징계 절차

징계권자 (경찰공무원법 제33조)	경찰공무원의 징계는 징계위원회의 의결을 거쳐 **징계위원회가 설치된 소속 기관의 장**이 하되, 「국가공무원법」에 따라 국무총리 소속으로 설치된 징계위원회에서 의결한 징계는 **경찰청장 또는 해양경찰청장**이 한다. 다만, **파면·해임·강등 및 정직은 징계위원회의 의결을 거쳐 해당 경찰공무원의 임용권자가 하되, 경무관 이상의 강등 및 정직과 경정 이상의 파면 및 해임은 경찰청장 또는 해양경찰청장**의 제청으로 행정안전부장관 또는 해양수산부장관과 국무총리를 거쳐 **대통령이 하고, 총경 및 경정의 강등 및 정직은 경찰청장 또는 해양경찰청장이 한다.**
징계등 의결의 요구 (경찰공무원징 계령 제9조)	① **경찰기관의 장**은 소속 경찰공무원이 다음 각 호의 어느 하나에 해당할 때에는 지체 없이 관할 징계위원회를 구성하여 **징계등 의결을 요구하여야 한다**. 이 경우 별지 제1호서식의 경찰공무원 징계 의결 또는 징계부가금 부과 의결 요구서와 별지 제1호의2서식의 확인서를 관할 징계위원회에 제출하여야 한다. 1. 「국가공무원법」 제78조제1항제1호부터 제3호까지의 어느 하나에 해당하는 사유(이하 "징계사유"라 한다)가 있다고 인정할 때 2. 제2항에 다른 징계등 의결 요구 신청을 받았을 때 ② 경찰기관의 장은 그 소속 경찰공무원에 대한 징계등 사건이 상급 경찰기관에 설치된 징계위원회의 관할에 속한 경우에는 그 상급 경찰기관의 장에게 징계의결서등을 첨부하여 징계등 의결의 요구를 신청하여야 한다.
징계 등의 의결 (경찰공무원징 계령 제11조, 12조, 14조)	① **징계등 의결 요구를 받은 징계위원회**는 그 요구서를 받은 날부터 **30일 이내에 징계등에 관한 의결을 하여야 한다.** 다만, 부득이한 사유가 있을 때에는 해당 징계등 의결을 요구한 경찰기관의 장의 승인을 받아 **30일 이내의 범위에서 그 기간을 연장할 수 있다.** ② 징계위원회가 징계등 심의 대상자의 출석을 요구할 때에는 별지 제2호서식의 출석 통지서로 하되, 징계위원회 **개최일 5일 전까지 그 징계등 심의 대상자에게 도달되도록 해야 한다.** ③ 징계위원회는 출석 통지를 하였음에도 불구하고 징계등 심의 대상자가 정당한 사유 없이 출석하지 아니하였을 때에는 그 사실을 기록에 분명히 적고 서면심사로 징계등 의결을 할 수 있다. 다만, 징계등 심의 대상자의 소재가 분명하지 아니할 때에는 출석 통지를 관보에 게재하고, 그 **게재일부터 10일이 지나면 출석 통지가 송달된 것으로 보며**, 징계등 의결을 할 때에는 관보 게재의 사유와 그 사실을 기록에 분명히 적어야 한다. ④ 징계위원회의 의결은 **위원장을 포함한 위원 과반수의 출석과 출석위원 과반수의 찬성으로 의결**하되, 의견이 나뉘어 출석위원 과반수의 찬성을 얻지 못한 경우에는 출석위원 과반수가 될 때까지 징계등 심의 대상자에게 가장 불리한 의견을 제시한 위원의 수를 그 다음으로 불리한 의견을 제시한 위원의 수에 차례로 더하여 그 의견을 합의된 의견으로 본다. ※ 징계위원회의 의결을 거치지 않고 행한 징계처분은 무효가 된다.

◆ 징계위원회(경찰공무원법 제32조)

종류	대상	구성
국무총리 소속 중앙징계위원회 (경찰공무원법 제32조 제1항, 공무원 징계령 제4조 제1항)	경무관 이상	경무관 이상의 경찰공무원에 대한 징계의결은 '국가공무원법'에 따라 국무총리 소속 중앙징계위원회에서 한다. 위원장 1명을 포함하여 17명 이상 33명 이하의 공무원위원과 민간위원으로 구성한다. 이 경우 민간위원의 수는 위원장을 제외한 수의 2분의 1이상 이어야 한다.
경찰공무원 중앙징계위원회 (경찰공무원 징계령 제6조 제1항)	총경·경정	경찰청 소속이고, 총경 및 경정에 대한 징계 또는 징계부가금 부과사건을 심의·의결한다. 중앙징계위원회는 경찰청 또는 해양경찰청에 둔다. 위원장 1명을 포함하여 11명 이상 51명 이하의 공무원위원과 민간위원으로 구성한다. 위원 수의 2분의 1이상을 성별을 고려하여 민간위원으로 위촉해야 한다. 이 경우 특정 성별의 위원이 민간위원 수의 10분의 6을 초과하지 않도록 해야 한다.
경찰공무원 보통징계위원회 (경찰공무원 징계령 제6조 제1항)	경감 이하	보통징계위원회는 경찰청, 해양경찰청, 지방경찰청, 지방해양경찰청, 경찰대학, 경찰인재개발원, 중앙경찰학교, 경찰수사연수원, 해양경찰교육원, 경찰병원, 경찰서, 경찰기동대, 의무경찰대, 해양경찰서, 해양경찰정비창, 경비함정 및 경찰청장 또는 해양경찰청장이 지정하는 경감 이상의 경찰공무원을 장으로 하는 기관에 둔다. 위원장 1명을 포함하여 11명 이상 51명 이하의 공무원위원과 민간위원으로 구성한다. 위원 수의 2분의 1이상을 성별을 고려하여 민간위원으로 위촉해야 한다. 이 경우 특정 성별의 위원이 민간위원 수의 10분의 6을 초과하지 않도록 해야 한다.

◆ 경찰공무원 징계령 [시행 22. 3. 15]

제1조(목적)
이 영은 「경찰공무원법」 제32조 및 제33조에 따른 경찰공무원의 징계와 「국가공무원법」 제78조의2에 따른 징계부가금 부과에 필요한 사항을 규정함을 목적으로 한다.

제2조(정의)
1. "중징계"란 파면, 해임, 강등 및 정직을 말한다.
2. "경징계"란 감봉 및 견책을 말한다.

제3조(징계위원회의 종류 및 설치)
① 경찰공무원 징계위원회는 경찰공무원 중앙징계위원회(이하 "중앙징계위원회"라 한다)와 경찰공무원 보통징계위원회(이하 "보통징계위원회"라 한다)로 구분한다.
② 중앙징계위원회는 경찰청 및 해양경찰청에 두고, 보통징계위원회는 경찰청, 해양경찰청, 시·도경찰청, 지방해양경찰청, 경찰대학, 경찰인재개발원, 중앙경찰학교, 경찰수사연수원, 해양경찰교육원, 경찰병원, 경찰서, 경찰기동대, 의무경찰대, 해양경찰서, 해양경찰정비창, 경비함정 및 경찰청장 또는 해양경찰청장이 지정하는 경감 이상의 경찰공무원을 장으로 하는 기관(이하 "경찰기관"이라 한다)에 둔다.

제4조(징계위원회의 관할) [21 승진]
① 중앙징계위원회는 총경 및 경정에 대한 징계 또는 「국가공무원법」 제78조의2에 따른 징계부가금 부과 (이하 "징계등"이라 한다) 사건을 심의·의결한다.
② 보통징계위원회는 해당 징계위원회가 설치된 경찰기관 소속 경감 이하 경찰공무원에 대한 징계등 사건을 심의·의결한다. 다만, 다음 각 호의 기관에 설치된 보통징계위원회는 각 호의 구분에 따른 경찰공무원에 대한 징계등 사건을 심의·의결한다.
1. 경정 이상의 경찰공무원을 장으로 하는 경찰서, 경찰기동대·해양경찰서 등 총경 이상의 경찰공무원을 장으로 하는 경찰기관 및 정비창 : 소속 경위 이하의 경찰공무원
2. 의무경찰대 및 경비함정 등 경찰청장 또는 해양경찰청장이 지정하는 경감 이상의 경찰공무원을 장으로 하는 경찰기관 : 소속 경사 이하의 경찰공무원
③ 경찰청 및 해양경찰청에 설치된 보통징계위원회는 제2항에도 불구하고 경찰청장 또는 해양경찰청장이 징계등 의결을 요구하는 경찰공무원에 대한 징계등 사건을 심의·의결한다.
④ 제2항 단서 또는 제6조제2항 단서에 따라 해당 보통징계위원회의 징계 관할에서 제외되는 경찰공무원의 징계등 사건은 바로 위 상급 경찰기관에 설치된 보통징계위원회에서 심의·의결한다.

제5조(관련 사건의 관할)
① 상위 계급과 하위 계급의 경찰공무원이 관련된 징계등 사건은 제4조에도 불구하고 상위 계급의 경찰공무원을 관할하는 징계위원회에서 심의·의결하고, 상급 경찰기관과 하급 경찰기관에 소속된 경찰공무원이 관련된 징계등 사건은 상급 경찰기관에 설치된 징계위원회에서 심의·의결한다. 다만, 상위 계급의 경찰공무원이 감독상 과실책임만으로 관련된 경우에는 제4조에 따른 관할 징계위원회에서 각각 심의·의결할 수 있다.
② 소속이 다른 2명 이상의 경찰공무원이 관련된 징계등 사건으로서 관할 징계위원회가 서로 다른 경우에는 모두를 관할하는 바로 위 상급 경찰기관에 설치된 징계위원회에서 심의·의결한다.

제6조(징계위원회의 구성 등) [20 승진, 19 승진]
① 각 징계위원회는 위원장 1명을 포함하여 11명 이상 51명 이하의 공무원위원과 민간위원으로 구성한다.
② 징계위원회가 설치된 경찰기관의 장은 징계등 심의 대상자보다 상위 계급인 경위 이상의 소속 경찰공무원 또는 상위 직급에 있는 6급 이상의 소속 공무원 중에서 징계위원회의 공무원위원을 임명한다. 다만, 보통징계위원회의 경우 징계등 심의 대상자보다 상위 계급인 경위 이상의 소속 경찰공무원 또는 상위 직급에 있는 6급 이상의 소속 공무원의 수가 제3항에 따른 민간위원을 제외한 위원 수에 미달되는 등의 사유로 보통징계위원회를 구성하는 것이 곤란한 경우에는 징계등 심의 대상자보다 상위 계급인 경사 이하의 소속 경찰공무원 또는 상위 직급에 있는 7급 이하의 소속 공무원 중에서 임명할 수 있으며, 이 경우에는 제4조제2항에도 불구하고 3개월 이하의 감봉 또는 견책에 해당하는 징계등 사건만을 심의·의결한다.
③ 징계위원회가 설치된 경찰기관의 장은 제1항에 따른 위원 수의 2분의 1 이상을 다음 각 호의 구분에 따라 해당 호 각 목의 사람 중에서 민간위원으로 위촉한다. 이 경우 특정 성별의 위원이 민간위원 수의 10분의 6을 초과하지 않도록 해야 한다.
1. 중앙징계위원회
  가. 법관·검사 또는 변호사로 10년 이상 근무한 사람
  나. 「고등교육법」 제2조에 따른 학교 또는 이에 준하는 교육기관(이하 "대학"이라 한다)에서 경찰 관련 학문을 담당하는 정교수 이상으로 재직 중인 사람
  다. 총경 또는 4급 이상의 공무원으로 근무하고 퇴직한 사람[퇴직 전 5년부터 퇴직할 때까지 근무했던

적이 있는 경찰기관(해당 경찰기관이 소속된 중앙행정기관 및 그 중앙행정기관의 다른 소속기관에서 근무했던 경우를 포함한다)의 경우에는 퇴직일부터 3년이 경과한 사람을 말한다]
라. 민간부문에서 인사·감사 업무를 담당하는 임원급 또는 이에 상응하는 직위에 근무한 경력이 있는 사람
2. 보통징계위원회
 가. 법관·검사 또는 변호사로 5년 이상 근무한 사람
 나. 대학에서 경찰 관련 학문을 담당하는 부교수 이상으로 재직 중인 사람
 다. 공무원으로 20년 이상 근속하고 퇴직한 사람[퇴직 전 5년부터 퇴직할 때까지 근무했던 적이 있는 경찰기관(해당 경찰기관이 소속된 중앙행정기관 및 그 중앙행정기관의 다른 소속기관에서 근무했던 경우를 포함한다)의 경우에는 퇴직일부터 3년이 경과한 사람을 말한다]
 라. 민간부문에서 인사·감사 업무를 담당하는 임원급 또는 이에 상응하는 직위에 근무한 경력이 있는 사람
④ 징계위원회의 위원장은 위원 중 최상위 계급 또는 이에 상응하는 직급에 있거나 최상위 계급 또는 이에 상응하는 직급에 먼저 승진임용된 공무원이 된다.

제6조의2(위원의 임기)
제6조제3항에 따라 위촉되는 민간위원의 임기는 2년으로 하며, 한 차례만 연임할 수 있다.

제7조(징계위원회의 회의)
① 징계위원회의 회의는 위원장과 징계위원회가 설치된 경찰기관의 장이 회의마다 지정하는 4명 이상 6명 이하의 위원으로 성별을 고려하여 구성하되, 민간위원의 수는 위원장을 포함한 위원 수의 2분의 1 이상이어야 한다.
② 징계사유가 다음 각 호의 어느 하나에 해당하는 징계 사건이 속한 징계위원회의 회의를 구성하는 경우에는 피해자와 같은 성별의 위원이 위원장을 제외한 위원 수의 3분의 1 이상 포함되어야 한다.
 1. 「성폭력범죄의 처벌 등에 관한 특례법」에 따른 성폭력범죄
 2. 「양성평등기본법」에 따른 성희롱
③ 징계위원회의 위원장은 위원회의 사무를 총괄하며 위원회를 대표한다.
④ 징계위원회의 회의는 위원장이 소집한다.
⑤ 위원장은 표결권을 가진다.
⑥ 위원장이 부득이한 사유로 직무를 수행할 수 없거나 위원장이 필요하다고 인정하는 경우에는 출석한 위원 중 최상위 계급 또는 이에 상응하는 직급에 있거나 최상위 계급 또는 이에 상응하는 직급에 먼저 승진임용된 공무원이 위원장이 된다.

제9조(징계등 의결의 요구)
① 경찰기관의 장은 소속 경찰공무원이 다음 각 호의 어느 하나에 해당할 때에는 지체 없이 관할 징계위원회를 구성하여 징계등 의결을 요구하여야 한다. 이 경우 별지 제1호서식의 경찰공무원 징계 의결 또는 징계부가금 부과 의결 요구서와 별지 제1호의2서식의 확인서(이하 이 조에서 "징계의결서등"이라 한다)를 관할 징계위원회에 제출하여야 한다.
 1. 「국가공무원법」 제78조제1항제1호부터 제3호까지의 어느 하나에 해당하는 사유(이하 "징계 사유"라 한다)가 있다고 인정할 때
 2. 제2항에 다른 징계등 의결 요구 신청을 받았을 때

제10조(징계등 사건의 통지)

① 경찰기관의 장은 그 소속이 아닌 경찰공무원에게 징계 사유가 있다고 인정될 때에는 해당 경찰기관의 장에게 그 사실을 증명할 만한 충분한 사유를 명확히 밝혀 통지하여야 한다.
② 제1항에 따라 징계 사유를 통지받은 경찰기관의 장은 타당한 이유가 없으면 통지를 받은 날부터 30일 이내에 제9조에 따라 관할 징계위원회에 징계등 의결을 요구하거나 그 상급 경찰기관의 장에게 징계등 의결의 요구를 신청하여야 한다.

제11조(징계등 의결 기한)
① 징계등 의결 요구를 받은 징계위원회는 그 요구서를 받은 날부터 30일 이내에 징계등에 관한 의결을 하여야 한다. 다만, 부득이한 사유가 있을 때에는 해당 징계등 의결을 요구한 경찰기관의 장의 승인을 받아 30일 이내의 범위에서 그 기한을 연기할 수 있다.

제12조(징계등 심의 대상자의 출석)
① 징계위원회가 징계등 심의 대상자의 출석을 요구할 때에는 별지 제2호서식의 출석 통지서로 하되, 징계위원회 개최일 5일 전까지 그 징계등 심의 대상자에게 도달되도록 해야 한다. [20 승진]
② 징계위원회는 징계등 심의 대상자가 그 징계위원회에 출석하여 진술하기를 원하지 아니할 때에는 진술권 포기서를 제출하게 하여 이를 기록에 첨부하고 서면심사로 징계등 의결을 할 수 있다.
③ 징계위원회는 출석 통지를 하였음에도 불구하고 징계등 심의 대상자가 정당한 사유 없이 출석하지 아니하였을 때에는 그 사실을 기록에 분명히 적고 서면심사로 징계등 의결을 할 수 있다. 다만, 징계등 심의 대상자의 소재가 분명하지 아니할 때에는 출석 통지를 관보에 게재하고, 그 게재일부터 10일이 지나면 출석 통지가 송달된 것으로 보며, 징계등 의결을 할 때에는 관보 게재의 사유와 그 사실을 기록에 분명히 적어야 한다.

제13조(심문과 진술권)
① 징계위원회는 제12조제1항에 따라 출석한 징계등 심의 대상자에게 징계 사유에 해당하는 사실에 관한 심문을 하고 심사를 위하여 필요하다고 인정될 때에는 관계인을 출석하게 하여 심문할 수 있다.
② 징계위원회는 징계등 심의 대상자에게 진술할 수 있는 기회를 충분히 주어야 하며, 징계등 심의 대상자는 별지 제2호의2서식의 의견서 또는 말로 자기에게 이익이 되는 사실을 진술하거나 증거를 제출할 수 있다.

제14조(징계위원회의 의결)
① 징계위원회의 의결은 위원장을 포함한 위원 과반수의 출석과 출석위원 과반수의 찬성으로 의결하되, 의견이 나뉘어 출석위원 과반수의 찬성을 얻지 못한 경우에는 출석위원 과반수가 될 때까지 징계등 심의 대상자에게 가장 불리한 의견을 제시한 위원의 수를 그 다음으로 불리한 의견을 제시한 위원의 수에 차례로 더하여 그 의견을 합의된 의견으로 본다.
⑤ 징계위원회의 의결 내용은 공개하지 아니한다.

제14조의2(원격영상회의 방식의 활용)
① 징계위원회는 위원과 징계등 심의 대상자, 징계등 의결을 요구하거나 요구를 신청한 자, 증인, 관계인 등이 영에 따라 회의에 출석하는 사람(이하 이 항에서 "출석자"라 한다)이 동영상과 음성이 동시에 송수신되는 장치가 갖추어진 서로 다른 장소에 출석하여 진행하는 원격영상회의 방식으로 심의·의결할 수 있다. 이 경우 징계위원회의 위원 및 출석자가 같은 회의장에 출석한 것으로 본다.

제17조(징계등 의결의 통지)
징계위원회는 징계등 의결을 하였을 때에는 지체 없이 징계등 의결을 요구한 자에게 의결서 정본(正本)을 보내어 통지하여야 한다.

제18조(경징계 등의 집행)
① 징계등 의결을 요구한 자는 경징계의 징계등 의결을 통지받았을 때에는 통지받은 날부터 15일 이내에 징계등을 집행하여야 한다.
② 징계등 의결을 요구한 자는 제1항에 따라 징계등 의결을 집행할 때에는 의결서 사본에 별지 제4호서식의 징계등 처분 사유 설명서를 첨부하여 징계등 처분 대상자에게 보내야 한다.

제19조(중징계 등의 처분 제청과 집행) [21 승진]
① 징계등 의결을 요구한 자는 중징계의 징계등 의결을 통지받았을 때에는 지체 없이 징계등 처분 대상자의 임용권자에게 의결서 정본을 보내어 해당 징계등 처분을 제청하여야 한다. 다만, 경무관 이상의 강등 및 정직, 경정 이상의 파면 및 해임 처분의 제청, 총경 및 경정의 강등 및 정직의 집행은 경찰청장 또는 해양경찰청장이 한다.
② 제1항에 따라 중징계 처분의 제청을 받은 임용권자는 15일 이내에 의결서 사본에 별지 제4호서식의 징계등 처분 사유 설명서를 첨부하여 징계등 처분 대상자에게 보내야 한다.

제20조(보고 및 통지)
징계등 의결을 요구한 경찰기관의 장은 경징계의 징계등 의결을 집행하였을 때에는 지체 없이 그 결과에 의결서의 사본을 첨부하여 해당 임용권자에게 보고하고, 징계등 처분을 받은 사람의 소속 경찰기관의 장에게 통지하여야 한다.

◆ **해양경찰공무원 징계양정 등에 관한 규칙** [시행 22. 8. 19] [해양경찰청예규]

제1조(목적) 이 규칙은 해양경찰청과 그 소속기관에 근무하는 경찰공무원 및 의무경찰의 의무위반행위에 대한 합리적인 징계양정 기준을 마련하여 징계의 형평성과 적정성을 도모함을 목적으로 한다.

제2조(정의) 이 규칙에서 사용하는 용어의 뜻은 다음과 같다.
1. "의무위반행위"란 해양경찰청과 그 소속기관에 근무하는 경찰공무원 및 의무경찰(이하 "공무원"이라 한다)이 「국가공무원법」 등 관련 법령 또는 직무상 명령 등에 따른 각종 의무를 위반한 행위를 말한다.
2. "행위자"란 실제로 의무위반행위를 한 사람 또는 의무위반행위와 직접 관련이 있는 사람을 말한다.
3. "감독자"란 소관업무에 대하여 행위자를 직접 관리 감독하는 위치에 있거나 직무수행 상황을 확인 감독할 책임이 있는 사람을 말한다.
4. "경고"란 「해양경찰청 경고·주의 및 장려제도 운영 규칙」 제2조제1호에 따른 처분을 말한다.
5. "주의"란 「해양경찰청 경고·주의 및 장려제도 운영 규칙」 제2조제2호에 따른 처분을 말한다.

제3조(적용 범위) 이 규칙은 공무원에 적용한다.

제4조(행위자의 징계양정 기준)
① 징계의결요구권자 또는 징계위원회는 행위자의 다음 각 호의 사항을 참작하여 별표 1부터 별표 4까지, 별표 4의2 및 별표 4의3, 별표 5부터 별표 8까지의 기준에 따라 징계 또는 징계부가금(이하 "징계등"이라 한다)을 요구 또는 의결해야 한다.
1. 의무위반행위 유형
2. 비위의 정도
3. 과실의 경중
4. 평소의 행실
5. 근무성적
6. 공적
7. 뉘우치는 정도
8. 그 밖의 사정 등

② 징계의결요구권자 또는 징계위원회는 행위자가 다음 각 호의 어느 하나에 해당하는 경우에는 징계책임을 감경하여 징계등을 요구 또는 의결하거나 징계책임을 묻지 않을 수 있다.
1. 과실로 인하여 발생한 의무위반행위가 다른 법령에 의해 처벌사유가 되지 않고 비난가능성이 없는 경우
2. 국가 또는 공공의 이익을 증진하기 위해 성실하고 능동적으로 업무를 처리하는 과정에서 부분적인 절차상 결함 또는 비효율, 손실 등의 잘못이 발생한 경우
3. 의무위반행위의 발생을 방지하기 위해 최선을 다했으나 부득이한 사유로 결과가 발생한 경우
4. 의무위반행위를 자진신고하거나 사후조치에 최선을 다하여 원상회복에 크게 기여한 경우
5. 간첩 또는 사회이목을 집중시킨 중요사건의 범인을 검거한 공로가 있는 경우
6. 제8조제3항에 따른 감경 대상이 아닌 의무위반행위 중 직무와 관련이 없는 사고로 인한 의무위반행위로서 사회 통념에 비추어 공무원의 품위를 손상하지 않았다고 인정되는 경우

제4조의2(적극행정 등에 대한 징계면제)

① 징계의결요구권자 또는 징계위원회는 제4조에도 불구하고 고의 또는 중과실이 없는 비위로써 다음 각 호의 어느 하나에 해당하는 경우에는 징계등을 요구하거나 의결해서는 안 된다.
1. 국가적으로 이익이 되고 국민생활에 편익을 주는 정책 또는 소관 법령의 입법목적을 달성하기 위하여 필수적인 정책 등을 수립·집행하거나, 정책목표의 달성을 위하여 업무처리 절차·방식을 창의적으로 개선하는 등 성실하고 능동적으로 업무를 처리하는 과정에서 발생한 것으로 인정되는 경우
2. 국가의 이익이나 국민생활에 큰 피해가 예견되어 이를 방지하기 위하여 정책을 적극적으로 수립·집행하는 과정에서 발생한 것으로써 정책을 수립·집행할 당시의 여건 또는 그 밖의 사회통념에 비추어 적법하게 처리될 것이라고 기대하기가 극히 곤란했던 것으로 인정되는 경우
3. 불합리한 규제를 개선하거나 공익사업을 추진하는 등 공공의 이익을 증진하기 위하여 성실하고 능동적으로 업무를 처리하는 과정에서 발생한 것으로 인정되는 경우
② 징계위원회는 행위자가 다음 각 호를 모두 만족하는 경우 해당 비위에 고의 또는 중과실이 없는 것으로 추정한다.
1. 행위자와 비위 관련 직무 사이에 사적인 이해관계가 없을 것
2. 해당 직무를 처리하면서 중대한 절차상의 결함이 없을 것
③ 행위자가 감사원이나 해양경찰청 감사담당관에게 사전컨설팅을 신청하여 사전컨설팅 의견대로 업무를 처리한 경우에는 제1항과 제2항을 충족한 것으로 추정한다.

제8조(징계의 감경)
① 징계위원회는 징계등의 의결이 요구된 사람이 다음 각 호의 어느 하나에 해당하는 공적이 있는 경우 별표 9에 따라 징계를 감경할 수 있다.
1. 「상훈법」에 따른 훈장 또는 포장을 받은 공적
2. 「정부 표창 규정」에 따른 국무총리 이상의 표창을 받은 공적. 다만, 경감 이하의 공무원은 해양경찰청장 또는 중앙행정기관 차관급 이상의 표창을 받은 공적
3. 「모범공무원 규정」에 따라 모범공무원으로 선발된 공적
② 공무원이 징계처분 또는 징계위원회의 권고에 따른 경고를 받은 사실이 있는 경우에는 그 징계처분 또는 경고처분 전의 공적은 제1항에 따른 감경대상 공적에서 제외한다.
③ 제1항에도 불구하고 의무위반행위의 내용이 다음 각 호의 어느 하나에 해당하는 경우에는 징계를 감경할 수 없다.
1. 「국가공무원법」제83조의2제1항에 따른 징계 사유의 시효가 5년인 의무위반행위
2. 「양성평등기본법」제3조제2호에 따른 성희롱
3. 「성매매알선 등 행위의 처벌에 관한 법률」제2조제1호의 성매매, 같은 조 제2호의 성매매알선, 같은 조 제3호의 성매매 목적의 인신매매
4. 「성폭력범죄의 처벌 등에 관한 특례법」제2조에 따른 성폭력범죄
5. 「도로교통법」제44조제1항에 따른 음주운전 또는 같은 조 제2항에 따른 음주측정에 대한 불응
6. 부작위 또는 직무태만
7. 「공직자윤리법」제22조에 따른 재산등록 및 주식의 매각·신탁 관련 의무위반행위
8. 「해양경찰청 공무원 행동강령」제21조의2에 따른 부당한 행위
9. 성 관련 비위 또는 「해양경찰청 공무원 행동강령」제21조의2에 따른 부당한 행위를 은폐하거나 필요한 조치를 하지 않은 경우
10. 채용 및 승진 관련 부정청탁 또는 부정청탁에 따른 직무수행 등의 인사비리
11. 직무상 비밀 또는 미공개 정보를 이용한 부당행위
12. 우월적 지위 등을 이용하여 다른 공무원 등에게 신체적·정신적 고통을 주는 등의 부당행위

> **제9조(징계의 가중)**
> ① 징계의결요구권자 또는 징계위원회는 서로 관련이 없는 2개 이상의 의무위반행위가 경합될 때에는 그 중 책임이 중한 의무위반행위에 해당하는 징계보다 1단계 위의 징계등을 요구 또는 의결할 수 있다.
> ② 하나의 행위가 동시에 여러 종류의 의무위반행위에 해당될 때에도 제1항과 같다.
> ③ 징계위원회는 징계처분을 받은 사람이 「해양경찰청소속 경찰공무원 임용에 관한 규정」 제54조에 따른 승진임용 제한기간 중에 비위를 저질러 징계의결이 요구된 경우에는 그 비위에 해당하는 징계보다 2단계 위의 징계로 의결할 수 있다.
> ④ 징계위원회는 징계처분을 받은 사람이 「해양경찰청소속 경찰공무원 임용에 관한 규정」 제54조에 따른 승진임용 제한기간이 끝난 날부터 1년 이내에 비위를 저질러 징계의결이 요구된 경우에는 그 비위에 해당하는 징계보다 1단계 위의 징계로 의결할 수 있다.

◆ 징계에 대한 구제절차

1. 소청심사청구

징계처분을 받은 자는 처분사유 설명서를 받은 날로부터 30일 이내에 소청심사위원회에 심사를 청구할 수 있다.

2. 행정소송

국가공무원법 제75조에 따른 처분, 그 밖에 본인의 의사에 반한 불리한 처분이나 부작위에 관한 행정소송은 소청심사위원회의 심사·결정을 거치지 아니하면 제기할 수 없다. 소청심사에 불복 시 결정서를 받은 날로부터 90일 이내에 행정소송을 제기하여야 한다.

제6절 | 소청심사

의의	공무원의 징계처분 그 밖에 그 의사에 반하는 불리한 처분이나 부작위에 대하여 소청심사위원회에 심사를 청구하는 특별행정심판이다.
대상	징계처분, 강임, 휴직, 직위해제, 면직처분 그 밖에 본인의 의사에 반하는 불리한 처분 또는 부작위이다. '본인의 의사에 반하는 불리한 처분'이란 공무원의 신분에 관한 불이익처분 중 법에 열거되어 있는 것을 제외한 것을 말하는데, 의원면직의 형식에 의한 면직, 전직, 전보, 대기명령 등도 포함된다.
소청심사위원회	**설치** ① 행정기관 소속 공무원의 징계처분, 그 밖에 그 의사에 반하는 불리한 처분이나 부작위에 대한 소청을 심사·결정하게 하기 위하여 인사혁신처에 소청심사위원회를 둔다. ② 인사혁신처에 설치된 소청심사위원회는 위원장 1명을 포함한 5명 이상 7명 이하의 상임위원과 상임위원 수의 2분의 1 이상인 비상임위원으로 구성하되, 위원장은 정무직으로 보한다. **자격과 임명** ① 소청심사위원회의 위원(위원장을 포함한다)은 다음 어느 하나에 해당하고 인사행정에 관한 식견이 풍부한 자 중에서 인사혁신처장의 제청으로 국무총리를 거쳐 대통령이 임명한다.

		1. 법관·검사 또는 변호사의 직에 5년 이상 근무한 자 2. 대학에서 행정학·정치학 또는 법률학을 담당한 부교수 이상의 직에 5년 이상 근무한 자 3. 3급 이상 공무원 또는 고위공무원단에 속하는 공무원으로 3년 이상 근무한 자 ② 소청심사위원회의 상임위원의 임기는 3년으로 하며, 한 번만 연임할 수 있다. [20 간부] ③ 소청심사위원회의 상임위원은 다른 직무를 겸할 수 없다. ④ 다음 어느 하나에 해당하는 자는 소청심사위원회의 위원이 될 수 없다. 1.「국가공무원법」제33조 어느 하나에 해당하는 자 2.「정당법」에 따른 정당의 당원 3.「공직선거법」에 따라 실시하는 선거에 후보자로 등록한 자 ⑤ 소청심사위원회의 위원은 금고 이상의 형벌이나 장기의 심신 쇠약으로 직무를 수행할 수 없게 된 경우 외에는 본인의 의사에 반하여 면직되지 아니한다.
소청절차와 심사	심사청구	① 공무원에 대하여 징계처분등을 할 때나 강임·휴직·직위해제 또는 면직처분을 할 때에는 그 처분권자 또는 처분제청권자는 처분사유를 적은 설명서를 교부(交付)하여야 한다. 다만, 본인의 원(願)에 따른 강임·휴직 또는 면직처분은 그러하지 아니하다. ② 제75조에 따른 처분사유 설명서를 받은 공무원이 그 처분에 불복할 때에는 그 설명서를 받은 날부터, 공무원이 제75조에서 정한 처분 외에 본인의 의사에 반한 불리한 처분을 받았을 때에는 그 처분이 있은 것을 안 날부터 각각 30일 이내에 소청심사위원회에 이에 대한 심사를 청구할 수 있다. 이 경우 변호사를 대리인으로 선임할 수 있다.
	심사	① 소청심사위원회는 소청을 접수하면 지체 없이 심사하여야 한다. [20 간부] ② 소청심사위원회는 심사를 할 때 필요하면 검증·감정, 그 밖의 사실조사를 하거나 증인을 소환하여 질문하거나 관계 서류를 제출하도록 명할 수 있다. ③ 소청심사위원회가 소청 사건을 심사하기 위하여 징계 요구 기관이나 관계기관의 소속 공무원을 증인으로 소환하면 해당 기관의 장은 이에 따라야 한다. [20 간부] ④ 소청심사위원회가 소청 사건을 심사할 때에는 소청인 또는 대리인에게 진술 기회를 주어야 한다. 진술 기회를 주지 아니한 결정은 무효로 한다.
소청결정과 효력	의결	① 소청 사건의 결정은 재적 위원 3분의 2 이상의 출석과 출석 위원 과반수의 합의에 따르되, 의견이 나뉘어 출석 위원 과반수의 합의에 이르지 못하였을 때에는 과반수에 이를 때까지 소청인에게 가장 불리한 의견에 차례로 유리한 의견을 더하여 그 중 가장 유리한 의견을 합의된 의견으로 본다. ② ①에도 불구하고 파면·해임·강등 또는 정직에 해당하는 징계처분을 취소 또는 변경하려는 경우와 효력 유무 또는 존재 여부에 대한 확인을 하려는 경우에는 재적 위원 3분의 2 이상의 출석과 출석 위원 3분의 2 이상의 합의가 있어야 한다. 이 경우 구체적인 결정의 내용은 출석 위원 과반수의 합의에 따르되, 의견이 나뉘어 출석 위원 과반수의 합의에 이르지 못하였을 때에는 과반수에 이를 때까지 소청인에게 가장 불리한 의견에 차례로 유리한 의견을 더하여 그 중 가장 유리한 의견을 합의된 의견으로 본다.
	결정기간	소청심사청구를 접수한 날부터 60일 이내에 결정을 하여야 한다. 다만 불가피하다고 인정되면 소청심사위원회의 의결로 30일을 연장할 수 있다.
	소청결정	① 소청심사위원회의 결정은 다음과 같이 구분한다. 1. 심사 청구가「국가공무원법」이나 다른 법률에 적합하지 아니한 것이면 그 청구를

	각하한다. 2. 심사 청구가 이유 없다고 인정되면 그 청구를 기각한다. 3. 처분의 취소 또는 변경을 구하는 심사 청구가 이유 있다고 인정되면 처분을 취소 또는 변경하거나 처분 행정청에 취소 또는 변경할 것을 명한다. 4. 처분의 효력 유무 또는 존재 여부에 대한 확인을 구하는 심사 청구가 이유 있다고 인정되면 처분의 효력 유무 또는 존재 여부를 확인한다. 5. 위법 또는 부당한 거부처분이나 부작위에 대하여 의무 이행을 구하는 심사 청구가 이유 있다고 인정되면 지체 없이 청구에 따른 처분을 하거나 이를 할 것을 명한다. ② 취소명령 또는 변경명령 결정은 그에 따른 징계나 그 밖의 처분이 있을 때까지는 종전에 행한 징계처분 또는 징계부가금 부과처분에 영향을 미치지 아니한다. ③ 소청심사위원회가 징계처분 등을 받은 자의 청구에 따라 소청을 심사할 경우에는 원징계처분보다 무거운 징계 또는 원징계부가금 부과처분보다 무거운 징계부가금을 부과하는 결정을 하지 못한다. [21 간부] ④ 소청심사위원회의 결정은 그 이유를 구체적으로 밝힌 결정서로 하여야 한다.
효력	① 소청심사위원회의 결정은 처분 행정청을 기속한다. ② 제75조에 따른 처분, 그 밖에 본인의 의사에 반한 불리한 처분이나 부작위에 관한 행정소송은 소청심사위원회의 심사 결정을 거치지 아니하면 제기할 수 없다. [20 간부]

◆ 소청심사위원회

> **국가공무원법 제9조(소청심사위원회의 설치)** [22 승진, 20 승진, 18 승진]
> ① 행정기관 소속 공무원의 징계처분, 그 밖에 그 의사에 반하는 불리한 처분이나 부작위에 대한 소청을 심사·결정하게 하기 위하여 인사혁신처에 소청심사위원회를 둔다.
> ② 국회, 법원, 헌법재판소 및 선거관리위원회 소속 공무원의 소청에 관한 사항을 심사·결정하게 하기 위하여 국회사무처, 법원행정처, 헌법재판소사무처 및 중앙선거관리위원회사무처에 각각 해당 소청심사위원회를 둔다.
> ③ 국회사무처, 법원행정처, 헌법재판소사무처 및 중앙선거관리위원회사무처에 설치된 소청심사위원회는 위원장 1명을 포함한 위원 5명 이상 7명 이하의 비상임위원으로 구성하고, 인사혁신처에 설치된 소청심사위원회는 위원장 1명을 포함한 5명 이상 7명 이하의 상임위원과 상임위원 수의 2분의 1 이상인 비상임위원으로 구성하되, 위원장은 정무직으로 보한다.
>
>> **인사혁신처와 그 소속기관 직제 제23조(소청심사위원회의 구성)**
>> ① 소청심사위원회는 위원장 1명을 포함한 상임위원 5명과 7명의 비상임위원으로 구성한다.
>> ② 소청심사위원회 위원장은 정무직으로 하고, 상임위원은 고위공무원단에 속하는 임기제공무원으로 보한다.
>> ③ 소청심사위원회 비상임위원의 임기는 2년으로 한다.
>> ④ 소청심사위원회 비상임위원에게는 예산의 범위에서 수당을 지급하고, 상임위원의 예에 준하는 여비를 지급한다.
>
> **제10조(소청심사위원회위원의 자격과 임명)**
> ① 소청심사위원회의 위원(위원장을 포함한다. 이하 같다)은 다음 각 호의 어느 하나에 해당하고 인사행

정에 관한 식견이 풍부한 자 중에서 국회사무총장, 법원행정처장, 헌법재판소사무처장, 중앙선거관리위원회사무총장 또는 인사혁신처장의 제청으로 국회의장, 대법원장, 헌법재판소장, 중앙선거관리위원회위원장 또는 대통령이 임명한다. 이 경우 인사혁신처장이 위원을 임명제청하는 때에는 국무총리를 거쳐야 하고, 인사혁신처에 설치된 소청심사위원회의 위원 중 비상임위원은 제1호 및 제2호의 어느 하나에 해당하는 자 중에서 임명하여야 한다.
1. 법관·검사 또는 변호사의 직에 5년 이상 근무한 자
2. 대학에서 행정학·정치학 또는 법률학을 담당한 부교수 이상의 직에 5년 이상 근무한 자
3. 3급 이상 공무원 또는 고위공무원단에 속하는 공무원으로 3년 이상 근무한 자
② 소청심사위원회의 상임위원의 임기는 3년으로 하며, 한 번만 연임할 수 있다.
④ 소청심사위원회의 상임위원은 다른 직무를 겸할 수 없다.
⑤ 소청심사위원회의 공무원이 아닌 위원은 「형법」이나 그 밖의 법률에 따른 벌칙을 적용할 때 공무원으로 본다.

제10조의2(소청심사위원회위원의 결격사유)
① 다음 각 호의 어느 하나에 해당하는 자는 소청심사위원회의 위원이 될 수 없다.
1. 제33조 각 호의 어느 하나에 해당하는 자
2. 「정당법」에 따른 정당의 당원
3. 「공직선거법」에 따라 실시하는 선거에 후보자로 등록한 자
② 소청심사위원회위원이 제1항 각 호의 어느 하나에 해당하게 된 때에는 당연히 퇴직한다.

제11조(소청심사위원회위원의 신분 보장)
소청심사위원회의 위원은 금고 이상의 형벌이나 장기의 심신 쇠약으로 직무를 수행할 수 없게 된 경우 외에는 본인의 의사에 반하여 면직되지 아니한다.

제13조(소청인의 진술권)
① 소청심사위원회가 소청 사건을 심사할 때에는 대통령령등으로 정하는 바에 따라 소청인 또는 제76조 제1항 후단에 따른 대리인에게 진술 기회를 주어야 한다.
② 제1항에 따른 진술 기회를 주지 아니한 결정은 무효로 한다.

제14조(소청심사위원회의 결정)
① 소청 사건의 결정은 재적 위원 3분의 2 이상의 출석과 출석 위원 과반수의 합의에 따르되, 의견이 나뉘어 출석 위원 과반수의 합의에 이르지 못하였을 때에는 과반수에 이를 때까지 소청인에게 가장 불리한 의견에 차례로 유리한 의견을 더하여 그 중 가장 유리한 의견을 합의된 의견으로 본다.
② 제1항에도 불구하고 파면·해임·강등 또는 정직에 해당하는 징계처분을 취소 또는 변경하려는 경우와 효력 유무 또는 존재 여부에 대한 확인을 하려는 경우에는 재적 위원 3분의 2 이상의 출석과 출석 위원 3분의 2 이상의 합의가 있어야 한다. 이 경우 구체적인 결정의 내용은 출석 위원 과반수의 합의어 따르되, 의견이 나뉘어 출석 위원 과반수의 합의에 이르지 못하였을 때에는 과반수에 이를 때까지 소청인에게 가장 불리한 의견에 차례로 유리한 의견을 더하여 그 중 가장 유리한 의견을 합의된 의견으로 본다.
③ 소청심사위원회의 위원은 그 위원회에 계류(繫留)된 소청 사건의 증인이 될 수 없으며, 다음 각 호의 사항에 관한 소청 사건의 심사·결정에서 제척된다.
1. 위원 본인과 관계있는 사항
2. 위원 본인과 친족 관계에 있거나 친족 관계에 있었던 자와 관계있는 사항
④ 소청 사건의 당사자는 다음 각 호의 어느 하나에 해당하는 때에는 그 이유를 구체적으로 밝혀 그 위원에

대한 기피를 신청할 수 있고, 소청심사위원회는 해당 위원의 기피 여부를 결정하여야 한다. 이 경우 기피 신청을 받은 위원은 그 기피 여부에 대한 결정에 참여할 수 없다.
1. 소청심사위원회의 위원에게 제3항에 따른 제척사유가 있는 경우
2. 심사·결정의 공정을 기대하기 어려운 사정이 있는 경우
⑤ 소청심사위원회 위원은 제4항에 따른 기피사유에 해당하는 때에는 스스로 그 사건의 심사·결정에서 회피할 수 있다.
⑥ 소청심사위원회의 결정은 다음과 같이 구분한다.
1. 심사 청구가 이 법이나 다른 법률에 적합하지 아니한 것이면 그 청구를 각하(却下)한다.
2. 심사 청구가 이유 없다고 인정되면 그 청구를 기각(棄却)한다.
3. 처분의 취소 또는 변경을 구하는 심사 청구가 이유 있다고 인정되면 처분을 취소 또는 변경하거나 처분 행정청에 취소 또는 변경할 것을 명한다.
4. 처분의 효력 유무 또는 존재 여부에 대한 확인을 구하는 심사 청구가 이유 있다고 인정되면 처분의 효력 유무 또는 존재 여부를 확인한다.
5. 위법 또는 부당한 거부처분이나 부작위에 대하여 의무 이행을 구하는 심사 청구가 이유 있다고 인정되면 지체 없이 청구에 따른 처분을 하거나 이를 할 것을 명한다.
⑦ 소청심사위원회의 취소명령 또는 변경명령 결정은 그에 따른 징계나 그 밖의 처분이 있을 때까지는 종전에 행한 징계처분 또는 제78조의2에 따른 징계부가금(이하 "징계부가금"이라 한다) 부과처분에 영향을 미치지 아니한다.
⑧ 소청심사위원회가 징계처분 또는 징계부가금 부과처분(이하 "징계처분등"이라 한다)을 받은 자의 청구에 따라 소청을 심사할 경우에는 원징계처분보다 무거운 징계 또는 원징계부가금 부과처분보다 무거운 징계부가금을 부과하는 결정을 하지 못한다.
⑨ 소청심사위원회의 결정은 그 이유를 구체적으로 밝힌 결정서로 하여야 한다.

제15조(결정의 효력)
제14조에 따른 소청심사위원회의 결정은 처분 행정청을 기속(羈束)한다.

제16조(행정소송과의 관계)
① 제75조에 따른 처분, 그 밖에 본인의 의사에 반한 불리한 처분이나 부작위(不作爲)에 관한 행정소송은 소청심사위원회의 심사·결정을 거치지 아니하면 제기할 수 없다.
② 제1항에 따른 행정소송을 제기할 때에는 대통령의 처분 또는 부작위의 경우에는 소속 장관(대통령령으로 정하는 기관의 장을 포함한다. 이하 같다)을, 중앙선거관리위원회위원장의 처분 또는 부작위의 경우에는 중앙선거관리위원회사무총장을 각각 피고로 한다.

제50조의2(적극행정의 장려)
① 각 기관의 장은 소속 공무원의 적극행정(공무원이 불합리한 규제의 개선 등 공공의 이익을 위해 업무를 적극적으로 처리하는 행위를 말한다. 이하 이 조에서 같다)을 장려하기 위하여 대통령령등으로 정하는 바에 따라 인사상 우대 및 교육의 실시 등에 관한 계획을 수립·시행할 수 있다.

제75조(처분사유 설명서의 교부)
① 공무원에 대하여 징계처분등을 할 때나 강임·휴직·직위해제 또는 면직처분을 할 때에는 그 처분권자 또는 처분제청권자는 처분사유를 적은 설명서를 교부(交付)하여야 한다. 다만, 본인의 원(願)에 따른 강임·휴직 또는 면직처분은 그러하지 아니하다.

제76조(심사청구와 후임자 보충 발령)

① 제75조에 따른 처분사유 설명서를 받은 공무원이 그 처분에 불복할 때에는 그 설명서를 받은 날부터, 공무원이 제75조에서 정한 처분 외에 본인의 의사에 반한 불리한 처분을 받았을 때에는 그 처분이 있은 것을 안 날부터 각각 30일 이내에 소청심사위원회에 이에 대한 심사를 청구할 수 있다. 이 경우 변호사를 대리인으로 선임할 수 있다. [21 승진]
② 본인의 의사에 반하여 파면 또는 해임이나 제70조제1항제5호에 따른 면직처분을 하면 그 처분을 한 날부터 40일 이내에는 후임자의 보충발령을 하지 못한다. 다만, 인력 관리상 후임자를 보충하여야 할 불가피한 사유가 있고, 제3항에 따른 소청심사위원회의 임시결정이 없는 경우에는 국회사무총장, 법원행정처장, 헌법재판소사무처장, 중앙선거관리위원회사무총장 또는 인사혁신처장과 협의를 거쳐 후임자의 보충발령을 할 수 있다.
③ 소청심사위원회는 제1항에 따른 소청심사청구가 파면 또는 해임이나 제70조제1항제5호에 따른 면직처분으로 인한 경우에는 그 청구를 접수한 날부터 5일 이내에 해당 사건의 최종 결정이 있을 때까지 후임자의 보충발령을 유예하게 하는 임시결정을 할 수 있다.
④ 제3항에 따라 소청심사위원회가 임시결정을 한 경우에는 임시결정을 한 날부터 20일 이내에 최종 결정을 하여야 하며 각 임용권자는 그 최종 결정이 있을 때까지 후임자를 보충발령하지 못한다.
⑤ 소청심사위원회는 제3항에 따른 임시결정을 한 경우 외에는 소청심사청구를 접수한 날부터 60일 이내에 이에 대한 결정을 하여야 한다. 다만, 불가피하다고 인정되면 소청심사위원회의 의결로 30일을 연장할 수 있다.
⑥ 공무원은 제1항의 심사청구를 이유로 불이익한 처분이나 대우를 받지 아니한다.

제76조의2(고충 처리)
① 공무원은 인사·조직·처우 등 각종 직무 조건과 그 밖에 신상 문제와 관련한 고충에 대하여 상담을 신청하거나 심사를 청구할 수 있으며, 누구나 기관 내 성폭력 범죄 또는 성희롱 발생 사실을 알게 된 경우 이를 신고할 수 있다. 이 경우 상담 신청이나 심사 청구 또는 신고를 이유로 불이익한 처분이나 대우를 받지 아니한다.
④ 공무원의 고충을 심사하기 위하여 중앙인사관장기관에 중앙고충심사위원회를, 임용권자 또는 임용제청권자 단위로 보통고충심사위원회를 두되, 중앙고충심사위원회의 기능은 소청심사위원회에서 관장한다.
⑤ 중앙고충심사위원회는 보통고충심사위원회의 심사를 거친 재심청구와 5급 이상 공무원 및 고위공무원단에 속하는 일반직공무원의 고충을, 보통고충심사위원회는 소속 6급 이하의 공무원의 고충을 각각 심사한다. 다만, 6급 이하의 공무원의 고충이 성폭력 범죄 또는 성희롱 사실에 관한 고충 등 보통고충심사위원회에서 심사하는 것이 부적당하다고 대통령령등으로 정한 사안이거나 임용권자를 달리하는 둘 이상의 기관에 관련된 경우에는 중앙고충심사위원회에서, 원 소속 기관의 보통고충심사위원회에서 고충을 심사하는 것이 부적당하다고 인정될 경우에는 직근 상급기관의 보통고충심사위원회에서 각각 심사할 수 있다.

◆ 공무원고충처리규정 [시행 22. 4. 15]

제2조(고충처리대상)
① 공무원은 누구나 인사·조직·처우 등 직무 조건과 관련된 신상 문제와 「성폭력범죄의 처벌 등에 관한 특례법」 제2조에 따른 성폭력범죄(이하 "성폭력범죄"라 한다)·「양성평등기본법」 제3조제2호에 따른 성희롱(이하 "성희롱"이라 한다) 및 「공무원 행동강령」 제13조의3에 따른 부당한 행위 등으로 인한 신상 문제와 관련된 고충의 처리를 요구할 수 있다.

제2조의2(고충처리 절차)
① 고충처리는 고충상담, 고충심사 및 성폭력범죄·성희롱 신고 처리로 구분한다.
② 임용권자 또는 임용제청권자(이하 "임용권자등"이라 한다)와 인사혁신처장은 고충상담이나 성폭력범죄·성희롱 신고 처리 과정에서 고충심사가 필요하다고 판단될 때에는 다음 각 호의 구분에 따른 동의를 받아 고충심사 절차를 시작할 수 있다.
1. 고충상담 : 고충을 제기한 사람(이하 "청구인"이라 한다)의 동의
2. 성폭력범죄·성희롱 신고 : 피해자의 동의

제3조의2(경찰공무원 고충심사위원회)
① 「경찰공무원법」 제31조제1항에서 "대통령령이 정하는 경찰기관"이라 함은 경찰대학·경찰인재개발원·중앙경찰학교·경찰수사연수원·경찰서·경찰기동대·경비함정 기타 경감 이상의 경찰공무원을 장으로 하는 기관중 행정안전부장관 또는 해양수산부장관이 지정하는 경찰기관을 말한다.
② 「경찰공무원법」 제31조제1항에 따른 경찰공무원 고충심사위원회(이하 "경찰공무원고충심사위원회"라 한다)는 위원장 1명을 포함하여 7명 이상 15명 이내의 공무원위원과 민간위원으로 구성한다. 이 경우 민간위원의 수는 위원장을 제외한 위원 수의 2분의 1 이상이어야 한다.
③ 경찰공무원고충심사위원회의 위원장은 설치기관 소속 공무원 중에서 인사 또는 감사 업무를 담당하는 과장 또는 이에 상당하는 직위를 가진 사람이 된다.
④ 경찰공무원고충심사위원회의 공무원위원은 청구인보다 상위 계급 또는 이에 상당하는 소속 공무원 중에서 설치기관의 장이 임명한다.
⑤ 경찰공무원고충심사위원회의 민간위원은 다음 각 호의 어느 하나에 해당하는 사람 중에서 설치기관의 장이 위촉한다.
1. 경찰공무원으로 20년 이상 근무하고 퇴직한 사람
2. 대학에서 법학·행정학·심리학·정신건강의학 또는 경찰학을 담당하는 사람으로서 조교수 이상으로 재직 중인 사람
3. 변호사 또는 공인노무사로 5년 이상 근무한 사람
4. 「의료법」에 따른 의료인
⑥ 경찰공무원고충심사위원회 민간위원의 임기는 2년으로 하며, 한 번만 연임할 수 있다.
⑦ 경찰공무원고충심사위원회의 회의는 위원장과 위원장이 회의마다 지정하는 5명 이상 7명 이내의 위원으로 성별을 고려하여 구성한다. 이 경우 민간위원이 3분의 1 이상 포함되어야 한다.

제3조의6(고충심사위원회의 관할)
① 「국가공무원법」 제76조의2제4항에 따른 중앙고충심사위원회(이하 "중앙고충심사위원회"라 한다)는 보통고충심사위원회의 심사를 거친 재심청구와 5급 이상 공무원(고위공무원단에 속하는 일반직공무원을 포함한다)·연구관·지도관·전문직공무원 또는 이에 상당하는 일반직공무원의, 보통고충심사위원회는 소속 6급이하 공무원·연구사·지도사 또는 이에 상당하는 일반직공무원의 고충을 각각 심사한다.
② 상하직위자가 관련된 고충심사의 청구에 대하여는 그 중 최상위직에 있는 자를 관할하는 고충심사위원회가 이를 심사·결정한다.
③ 고충심사의 청구가 있는 경우 당해 기관의 사정으로 청구인보다 상위직에 있는 자로 고충심사위원회를 구성하기 어려운 때에는 바로 상위의 감독기관에 설치된 고충심사위원회가 이를 심사·결정한다.
④ 「국가공무원법」의 적용을 받는 자와 다른 법률의 적용을 받는 자가 서로 관련되는 고충심사의 청구에 대하여는 중앙고충심사위원회가 이를 심사·결정할 수 있다.
⑤ 「국가공무원법」 제76조의2제5항 단서에 따라 6급 이하의 공무원의 고충으로서 보통고충심사위원회에

서 심사하는 것이 부적당하여 중앙고충심사위원회에서 심사할 수 있는 사안은 다음 각 호의 어느 하나에 해당하는 사안을 말한다.
1. 성폭력범죄 또는 성희롱 사실에 관한 고충
2. 「공무원 행동강령」 제13조의3에 따른 부당한 행위로 인한 고충
3. 그 밖에 성별·종교·연령 등을 이유로 하는 불합리한 차별로 인한 고충

제4조(고충심사청구)
① 공무원이 고충심사를 청구할 때에는 설치기관의 장에게 다음 각호의 사항을 기재한 고충심사청구서(이하 "청구서"라 한다)를 제출하여야 하며, 재심을 청구하는 경우에는 당해 고충심사위원회의 고충심사결정서(이하 "결정서"라 한다) 사본을 첨부하여야 한다.
1. 주소·성명 및 생년월일
2. 소속기관명 및 직급 또는 직위
3. 고충심사청구의 취지 및 이유

제7조(고충심사절차)
① 고충심사위원회가 청구서를 접수한 때에는 30일 이내에 고충심사에 대한 결정을 해야 한다. 다만, 부득이하다고 인정되는 경우에는 고충심사위원회의 의결로 30일의 범위에서 그 기한을 연기할 수 있다.

제8조(심사일의 통지 등)
① 고충심사위원회는 심사일 5일 전까지 청구인 및 처분청에 심사일시 및 장소를 알려야 한다.

제10조(고충심사위원회의 결정)
① 보통고충심사위원회, 경찰공무원고충심사위원회, 소방공무원고충심사위원회 및 교육공무원보통고충심사위원회(이하 "보통고충심사위원회등"이라 한다)의 결정은 제3조제7항 전단, 제3조의2제7항 전단, 제3조의3제7항 전단 또는 제3조의4제6항 전단에 따른 위원 5명 이상의 출석과 출석위원 과반수의 합의에 따른다.
② 중앙고충심사위원회의 결정은 위원(「국가공무원법」 제9조제3항에 따라 인사혁신처에 설치된 소청심사위원회의 상임위원과 비상임위원을 말한다) 3분의 2 이상의 출석과 출석 위원 과반수의 합의에 따른다.
③ 고충심사위원회의 결정은 다음 각 호와 같이 구분한다.
1. 고충심사청구가 상당한 이유가 있다고 인정되는 경우 : 처분청이나 관계 기관의 장에게 시정을 요청하는 결정
2. 시정을 요청할 정도에 이르지 아니하나, 제도나 정책 등의 개선이 필요하다고 인정되는 경우 : 처분청이나 관계 기관의 장에게 이에 대한 합리적인 개선을 권고하거나 의견을 표명하는 결정
3. 고충심사청구가 이유 없다고 인정되는 경우 : 청구를 기각(棄却)하는 결정
4. 고충심사청구가 다음 각 목의 어느 하나에 해당하는 경우 : 청구를 각하(却下)하는 결정
   가. 고충심사청구가 적법하지 아니한 경우
   나. 사안이 종료된 경우, 같은 사안에 관하여 이미 소청 또는 고충심사 결정이 이루어진 경우 등 명백히 고충심사의 실익이 없는 경우

제11조(결정서작성 및 송부)
① 고충심사위원회가 고충심사청구에 대하여 결정을 한 때에는 결정서를 작성하고, 위원장과 출석한 위원이 서명·날인하여야 한다.
② 결정서가 작성된 경우에는 지체없이 이를 설치기관의 장에게 송부하여야 한다.

제12조(고충심사의 결과 처리)
① 제11조제2항에 따라 결정서를 송부받은 설치기관의 장은 청구인, 처분청 또는 관계 기관의 장에게 심사결과를 통보하여야 한다.
② 제1항에 따른 심사결과 중 제10조제3항제1호에 따른 시정을 요청받은 처분청 또는 관계 기관의 장은 특별한 사유가 없으면 이를 이행하고, 시정 요청을 받은 날부터 30일 이내에 그 처리 결과를 설치기관의 장에게 알려야 한다. 다만, 특별한 사유로 이행할 수 없는 경우 그 사유를 설치기관의 장에게 문서로 통보하여야 한다.

제13조(재심 청구기간)
보통고충심사위원회등의 고충심사 결정에 불복하여 중앙고충심사위원회 또는 「교육공무원법」 제49조제3항에 따른 교육공무원 중앙고충심사위원회에 재심을 청구하는 경우에는 그 심사결과를 통보받은 날부터 30일 이내에 청구서를 제출해야 한다.

제15조(성폭력범죄·성희롱 신고 및 조사)
① 「국가공무원법」 제76조의2제1항에 따라 누구나 기관 내 성폭력범죄 또는 성희롱 발생 사실을 알게 된 경우 이를 인사혁신처장 및 임용권자등에게 신고할 수 있다.
② 인사혁신처장은 제1항에 따른 신고를 받은 경우 지체 없이 신고 내용을 확인하고 해당 임용권자등이 「성희롱·성폭력 근절을 위한 공무원 인사관리규정」 제4조에 따른 조사를 실시했는지 여부를 확인하여 조사를 실시하지 않은 경우에는 조사 실시 및 그 결과 제출을 요구할 수 있다.

◈ 소청과 고충심사 비교

	소청	고충심사
대상	공무원의 징계처분 그 밖에 그 의사에 반하는 불리한 처분이나 부작위	공무원의 인사·조직·처우 등 각종 직무 조건과 그 밖에 신상 문제와 관련한 고충, 기관 내 성폭력 범죄 또는 성희롱 발생 사실을 알게 된 경우
청구기간	처분사유 설명서를 받은 날 또는 공무원이 제75조에서 정한 처분 외에 본인의 의사에 반한 불리한 처분을 받았을 때에는 그 처분이 있은 것을 안 날부터 각각 30일 이내	제한 X
결정기간	60일 이내(30일 연장 가능)	30일 이내(30일 연장 가능)
결정정족수	재적 위원 3분의 2 이상의 출석과 출석 위원 과반수의 합의	보통고충심사위원회의 결정은 위원 5명 이상의 출석과 출석위원 과반수의 합의, 중앙고충심사위원회의 결정은 위원 3분의 2 이상의 출석과 출석 위원 과반수의 합의
법적 기속력	O	X
불복	행정소송	재심청구

◈ 소청심사위원회의 결정

구 분	내 용
심사청구가 이 법 또는 다른 법률에 적합하지 아니한	각하한다

겻인 때	
심사청구가 이유 없다고 인정할 때	기각한다
처분의 취소 또는 변경을 구하는 심사청구가 이유 있다고 인정할 때	처분을 취소(변경)하거나 처분행정청에게 취소 또는 변경할 것을 명한다(취소 및 변경).
처분의 효력유무 또는 존재여부에 대한 확인을 구하는 심사청구가 이유 있다고 인정할 때	처분의 효력유무 또는 존재여부를 확인한다(무효 및 부존재 확인).
위법 또는 부당한 거부처분이나 부작위에 대하여 의무이행을 구하는 심사청구가 이유 있다고 인정할 때	지체없이 청구에 따른 처분을 하거나 이를 할 것을 명한다(의무이행 결정).

◆ 행정소송

의의	소청심사위원회의 결정에 불복이 있는 때 또는 소청제기 후 60일이 지나도록 위원회의 결정이 없는 때에 행정법원에 행정소송을 제기할 수 있다.
청구기간	소청결정서 정본을 송달받은 날로부터 90일(소청이 있은 날로부터 1년) 이내에 행정법원에 제기하여야 한다. [21 승진]
소송의 대상	행정소송은 원칙적으로 원처분주의를 취하고 있으므로 소송의 대상은 원래의 징계처분이 된다.
소송의 피고	행정소송의 피고는 해양경찰청장이 되는 것이 원칙이나, 임용권을 위임한 경우에는 그 위임을 받은 자를 피고로 한다.

CHAPTER 04 해양경찰작용법

제1절 | 해양경찰작용 일반

1 개인적 공권과 반사적 이익

1. 반사적 이익

행정상의 강행법규가 오직 공익만을 위한 것일 때에는 개인이 받는 이익은 반사적 이익에 불과하므로 법의 보호를 받지 못하여 행정소송을 통한 구제도 인정되지 않고, 손해배상이나 손실보상도 어렵다.

> (1) 한의사 면허는 경찰금지를 해제하는 명령적 행위(강학상 허가)에 해당하고, 한약조제시험을 통하여 약사에게 한약조제권을 인정함으로써 한의사들의 영업상 이익이 감소되었다고 하더라도 이러한 이익은 사실상의 이익에 불과하고 약사법이나 의료법 등의 법률에 의하여 보호되는 이익이라고는 볼 수 없으므로, 한의사들이 한약조제시험을 통하여 한약조제권을 인정받은 약사들에 대한 합격처분의 무효확인을 구하는 당해 소는 원고적격이 없는 자들이 제기한 소로서 부적법하다(大判 98. 3. 10. 97누4289).
>
> (2) 유기장영업허가는 유기장 경영권을 설정하는 설권행위가 아니고 일반적 금지를 해제하는 영업자유의 회복이라 할 것이므로 그 영업상의 이익은 반사적 이익에 불과하고 행정행위의 본질상 금지의 해제나 그 해제를 다시 철회하는 것은 공익성과 합목적성에 따른 행정청의 재량행위이다(大判 86. 11. 25. 84누147).

2. 개인적 공권과 반사적 이익의 구별기준

처분의 근거법규 및 관계법규의 목적이 공익의 보호는 물론이고 사익의 보호도 목적으로 한다고 해석되는 경우에 공권이 성립한다.

3. 개인적 공권과 반사적 이익의 구별실익

특히 반사적 이익은 행정소송에 있어서의 원고적격의 인정문제와 관련하여 중요한 의미가 있다. 행정소송법 제12조는 "취소소송은 처분 등의 취소를 구할 법률상 이익이 있는 자가 제기할 수 있다."고 규정하고 있는데, 이러한 법률상 이익의 의미에 대하여 우리 판례는 취소소송에 있어서 원고적격은 적어도 법적으로 보호되는 이익이 침해된 경우에만 인정되고, 단순한 사실상의 이익이나 반사적 이익이 침해된 경우에는 인정되지 않는다는 입장(부적법 각하판결)을 취하고 있다.

4. 개인적 공권(법적 보호이익)의 확대시도

과거에는 반사적 이익으로 취급하던 사례(ex 공물의 일반사용으로 얻는 이익, 영업허가에 의하여

누리는 이익, 제3자에 대한 법적 규제로부터 받는 이익 등)에서 해석상 관계법규가 공익뿐만 아니라 사익(ex 개인적 이익)도 보호하는 것으로 보아 국민의 권익구제의 길을 넓히고, 또한 판례는 관계법규의 범위를 확대하는 경향이 있다.

> (1) 일반적으로 도로는 국가나 지방자치단체가 직접 공중의 통행에 제공하는 것으로서 일반국민은 이를 자유로이 이용할 수 있는 것이기는 하나, 그렇다고 하여 그 이용관계로부터 당연히 그 도로에 관하여 특정한 권리나 법령에 의하여 보호되는 이익이 개인에게 부여되는 것이라고까지는 말할 수 없으므로, 일반적인 시민생활에 있어 도로를 이용만 하는 사람은 그 용도폐지를 다툴 법률상의 이익이 있다고 말할 수 없지만, 공공용재산이라고 하여도 당해 공공용재산의 성질상 특정개인의 생활에 개별성이 강한 직접적이고 구체적인 이익을 부여하고 있어서 그에게 그로 인한 이익을 가지게 하는 것이 법률적인 관점으로도 이유가 있다고 인정되는 특별한 사정이 있는 경우에는 그와 같은 이익은 법률상 보호되어야 할 것이고, 따라서 도로의 용도폐지처분에 관하여 이러한 직접적인 이해관계를 가지는 사람이 그와 같은 이익을 현실적으로 침해당한 경우에는 그 취소를 구할 법률상의 이익이 있다(大判 92. 9. 22. 91누13212).
>
> (2) 국립공원 집단시설지구개발사업에 관하여 당해 변경승인 및 허가처분을 함에 있어서는 반드시 자연공원법령 및 환경영향평가법령 소정의 환경영향평가를 거쳐서 그 환경영향평가의 협의내용을 사업계획에 반영하도록 하여야 하므로 자연공원법령뿐 아니라 환경영향평가법령도 당해 변경승인 및 허가처분에 직접적인 영향을 미치는 근거법률이 된다(大判 98. 4. 24. 97누3286).

보충적으로 헌법상의 자유권적 기본권을 근거로 개인적 공권을 인정하기도 한다. 그러나 사회적 기본권(ex 환경권)과 청구권적 기본권을 근거로 바로 권리가 도출되는 것은 아니다. 또한 기본권에 의하여 공권의 성립을 인정한다 하더라도 관계 법률이 존재하지 않는 경우에 보충적으로 공권 성립을 인정한다.

2 경찰권의 한계

(1) 법규상의 한계(제1단계 제약)

경찰권의 발동은 법치행정의 원칙에 따라 반드시 법규의 근거가 있을 때에만 발동될 수 있으며, 동시에 법규에 의하여 허용된 한도 안에서만 발동될 수 있다.

(2) 조리상의 한계(경찰권의 소극적 한계)(제2단계 한계)

경찰소극목적의 원칙	경찰권은 공공의 안녕과 질서에 대한 위험 방지라는 소극적인 목적을 의해서만 발동할 수 있고, 적극적으로 복리증진이라는 목적을 위해서는 발동할 수 없다는 원칙
경찰공공의 원칙	공공의 안녕과 질서 유지와 직접 관계 없는 개인의 사생활 관계는 경찰권 발동 대상 아니라는 원칙(사생활 불가침의 원칙, 사주소 불가침의 원칙, 민사관계 불간섭의 원칙 및 사경제 자유의 원칙으로 구성)
경찰비례의 원칙 (과잉금지의 원칙)	경찰권 발동에 있어서 목적 달성을 위한 수단과 당해 목적 사이에 합리적인 비례관계가 있어야 한다라는 원칙(적합성, 필요성 및 상당성의 원칙으로 구성)
경찰평등의 원칙	경찰권의 발동에 있어 상대방의 성별·종교·사회적 신분 등을 이유로 차별해서는 안 된다는 원칙
경찰책임의 원칙	경찰권은 경찰상 위험을 발생시켰거나 위험을 제거해야 할 책임이 있는 자에게 발동되어야 한다는 원칙

① **경찰소극목적의 원칙**
경찰소극목적의 원칙이란 경찰은 사회공공의 안녕과 질서유지를 위하여 위해의 방지와 제거(소극적 작용, 현상유지)가 본연의 임무로 하는 작용을 말한다.

② **경찰공공의 원칙** [21 승진]
경찰공공의 원칙이란 경찰은 사회공공의 안녕과 질서유지를 위한 목적이므로 개인의 생활활동에 대해서는 그것이 사회공공의 안녕과 질서에 영향을 미치는 경우에 한하여 그 범위 안에서만 발동할 수 있음을 말한다.

㉠ **사생활 불가침(=불간섭)의 원칙**
사생활 불간섭의 원칙이란 사회공공의 질서와 직접 관계없는 개인의 생활이나 행동에 간섭하여서는 아니된다는 원칙을 말한다. 그러나 개인적 생활활동일지라도 사회공공의 질서에 영향을 미칠 우려가 있을 때에는 예외적으로 경찰권 발동이 가능하다. 즉, 미성년자의 음주·흡연 등이 있다.

㉡ **사주소불가침의 원칙**
ⓐ 사주소불가침의 원칙이란 일반사회의 공공의 안녕과 질서유지를 위하여 일반사회와 직접 접촉되지 않는 사주소에는 침해할 수 없다는 원칙을 말한다. 그러나 사주소 내의 행위라도 사회공공의 질서에 영향을 미칠 우려가 있을 때에는 예외적으로 경찰권 발동이 가능하다. [22 경간]
ⓑ 여기에서의 사주소란 직접 일반공중과 접촉되지 않는 장소이므로 불특정다수인이 항상 자유로이 출입할 수 있는 장소에 대하여는 그 공개 중에 한하여 사주소에 해당하지 않는다. 즉 여관, 음식점, 역, 버스터미널 등은 사주소에 해당하지 않는다.

> 일반적으로 대학교의 강의실은 그 대학 당국에 의하여 관리되면서 그 관리업무나 강의와 관련되는 사람에 한하여 출입이 허용되는 건조물이지 널리 일반인에게 개방되어 누구나 자유롭게 출입할 수 있는 곳은 아니다(大判 92. 9. 25, 92도1520). - 사주소(O)
>
> 아파트 단지가 상당히 넓은 구역이고, 현실적으로 불특정 다수의 사람이나 차량의 통행이 허용된다는 이유로 아파트 단지 내의 통행로가 공개된 장소로서 교통질서유지 등을 목적으로 하는 일반교통경찰권이 미치는 공공성이 있는 곳으로 구 도로교통법 제2조 제1호 소정의 '도로'에 해당한다(大判 01. 7. 13, 2000두6909). - 사주소(X)

㉢ **민사관계불간섭의 원칙(=사경제불간섭의 원칙)**
ⓐ 민사관계불간섭의 원칙이란 직접 사회공공의 안전과 질서에 위해를 가하는 것이 아닌 민사상 법률관계에 대해서는 경찰권이 개입할 수 없다는 것을 말한다. 따라서 경찰관이 가옥 임대차나 채무이행에 개입할 수 없다.
ⓑ 민사상의 법률관계일지라도 그것이 당사자 간의 이익에 그치지 않고 동시에 사회공공의 질서에 영향을 미치는 경우에는 그 한도 내에서 예외적으로 경찰권의 대상이 된다. 즉, 암표행위, 청소년에게 술·담배판매행위, 화약류의 취급행위에 대하여는 경찰권 발동이 가능하다.

③ **경찰비례의 원칙**
㉠ **의의**
경찰비례의 원칙이란 경찰목적(공공의 안녕과 질서유지)의 실현과 수단 사이에 합리적 비례관계

가 있어야 함을 말한다. 이를 過剩禁止의 原則(과잉금지의 원칙)이라고 한다. 이 근거는 경찰관 직무집행법 제1조 제2항을 들 수 있다.
ⓒ **경찰비례원칙의 내용**
경찰작용은 적합성, 필요성, 상당성의 원칙 모두 충족되어야 한다.

적합성의 원칙	행정기관이 취한 조치 또는 수단이 그가 의도하는 행정목적을 달성하는 데 적합하여야 함을 의미한다.
필요성의 원칙 (최소침해의 원칙)	경찰행정목적을 실현하기 위하여 필요한 한도를 넘어서 경찰권을 발동해서는 안 된다는 것을 의미한다.
상당성의 원칙 (협의의 비례원칙)	어떤 조치가 경찰목적을 위하여 필요한 경우라도 그 조치를 취함에 따른 불이익이 그것에 의해 초래되는 이익보다 큰 경우에는 동 조치를 취해서는 안 된다는 것을 의미한다. 대포로 참새를 쏘아서는 안 된다라는 말은 상당성의 원칙을 표현하고 있다.

ⓒ **경찰권 발동의 정도에 대한 비례원칙**
경찰권의 발동은 사회질서유지상 장해 또는 위험의 제거를 위하여 불가피하게 요구되는 최소한도에 그쳐야 한다(경찰관직무집행법 제1조 제2항).

④ **경찰평등의 원칙**
경찰평등의 원칙이란 경찰권은 모든 국민에 대하여 성별·종교·사회적 신분·인종 등을 이유로 하는 불합리한 조건에 의한 자의적 행사를 해서는 안 된다는 것을 의미한다.

⑤ **경찰책임의 원칙(경찰권 발동의 대상)**
㉠ **의의**
경찰책임의 원칙이란 경찰권의 발동은 공공의 안녕이나 공공질서에 대한 위해를 발생시킨 직접적인 책임이 있는 자에 대하여 행하여야 한다는 원칙을 말한다.
㉡ **경찰책임의 주체(발동의 대상)**
ⓐ 자연인
당사자의 행위능력이나 불법행위능력이 있는지 여부도 문제되지 않고, 나아가 정당한 권한 유무도 가리지 않는다. 자연인이면 국적과도 무관하고 외국이나 무국적자도 경찰책임을 진다.
ⓑ 법인 등 [20 승진]
사법인뿐만 아니라 권리능력이 없는 사단도 경찰책임을 진다.
㉢ **요건**
경찰책임은 사실상의 경찰위반의 상태에 대한 책임으로서 그 위해의 발생에 대한 고의·과실과 같은 주관적 요건은 요하지 아니한다. 이 점에서 민사책임·형사책임과 구별된다.
㉣ **유형(발생원인 내지 귀속주체에 따른 분류)**
ⓐ 행위책임
㉮ 의의 : 행위책임은 자기 또는 자기의 보호·감독하에 있는 자의 행위로 인한 위해가 발생한 경우에 지는 경찰책임이다. 자기의 보호·감독하에 있는 자의 행위로 인한 감독자의 책임은 대위책임이 아니라 자기의 지배범위 내에서 경찰위반이 발생한 데 대한 '자기책임'이다.
[22 경간]

㉯ 책임귀속의 기준 : 행위책임에 있어서는 어떠한 경우에 그 경찰장해를 일으킨 것으로 볼 수 있는가의 문제에 관하여 조건설, 상당인과관계설, 직접원인설(통설)이 있다.

> 도로에 인접한 상점의 진열장에 통행인의 주의를 크게 끄는 진열을 하여 진열장 주위에 많은 사람들이 모여들어 교통에 중대한 방해를 가져오는 경우 누가 경찰책임을 지는가?
> 원칙 : 군중(O), 상점주인(X. 그 상점주인에게 경찰책임을 지우지 않고는 교통장해를 제거할 수 없는 경우에는 예외적으로 상점주인에게 경찰책임이 인정될 수 있다)

ⓑ 상태책임
㉮ 의의 : 상태책임이란 경찰위해의 물건을 현실적으로 지배하고 있는 자(소유자, 점유자, 관리자 등)가 당해 물건의 상태나 동물의 행위로부터 야기된 경찰상의 위해에 대해서 지는 책임을 말한다.
㉯ 상태책임의 귀속주체 : 당해 물건의 소유자뿐 아니라 사실상의 지배권을 행사하는 모든 사람(점유자, 보관자, 관리자, 절도자 등)이 대상이 된다.

1차적 책임자	사실상의 지배권자에 대해서는 지배권의 권원의 적법성 또는 정당성 여부는 묻지 않으며 그 원인에 관계 없이 책임을 진다.
2차적 책임자	사실상의 지배권을 행사하고 있는 자가 없는 경우에는 소유권자가 상태책임을 진다.

ⓒ 혼합책임
행위책임과 상태책임이 결합한 경우에 행위책임이 우선함이 일반적이다.
㉭ **복합적 책임(=다수자책임)**
다수인의 행위 또는 다수인이 지배하는 물건의 상태로 인하여 하나의 질서위반상태가 발생한 경우, 결정적인 장해를 일으키고 있는 일부 또는 다수인 전체에 대하여 경찰권 발동이 가능하다.
㉱ **경찰책임의 승계**
ⓐ 의의
경찰책임의 승계란 원래 경찰책임자가 사망하거나 물건을 양도한 경우에 그에게 부과된 경찰책임이 상속인이나 양수인에게 이전되어 승계되는 것을 말한다.
ⓑ 승계 여부
㉮ 행위책임 : 행위책임은 위험을 야기한 특정인의 행위에 대한 일신전속적 인적 책임이므로 법률에 특별한 규정이 없는 한 승계되지 않는다(통설). - 승계 (X)
㉯ 상태책임 : 상태책임은 물건의 상태와 관련된 책임으로서 사람의 개성과 무관하므로 상속인이나 양수인에게 승계된다(다수설). - 승계 (O)
ⓢ **경찰책임의 원칙의 예외(제3자에 대한 경찰권 발동) = 경찰긴급권**
ⓐ 의의
경찰권의 행사는 원칙적으로 경찰책임자에 대하여 이루어져야 하나, 예외적으로 경찰책임을 지지 않는 자에 대해서도 필요한 때 경찰권을 발동할 수 있다. 이를 경찰상의 긴급상태라고도 한다. 따라서 경찰책임이 없는 제3자에 대한 경찰권의 발동은 엄격한 요건하에서만 가능하다.
[22 경간]
ⓑ 근거

직접적인 일반적 법률은 없고, 개별법에서 예외적으로 인정하고 있는 경우가 있다(경찰관직무집행법, 수상에서의 수색·구조 등에 관한 법률, 경범죄처벌법, 소방기본법).
　　　ⓒ 손실보상
　　　　제3자에게 경찰권이 발동된 결과, 그 제3자가 손실을 입은 경우에는 손실보상청구권을 갖는다.
　ⓖ 보충성의 원칙
　　보충성의 원칙이란 경찰위해를 제거할 의무가 있는 직접적인 권한을 가진 행정기관(위생경찰, 건축경찰, 산림경찰 등)이 경찰작용을 행사할 수 없을 때 보충적으로 보통경찰기관이 행하는 경찰작용을 말한다.

(3) 경찰권의 적극적 한계 : 경찰개입청구권

1) 개념

경찰개입청구권은 경찰권의 발동을 적극적으로 청구할 수 있는 권리(실체적 권리)를 말한다. 경찰개입청구권은 행정편의주의를 극복하고 국민의 권리구제의 확대(반사적 이익의 보호이익화)라는 측면에서 최초로 인정한 판례는 독일의 띠톱 판결이다. 또한 경찰개입청구권은 결정재량이 문제될 때 성립여부가 검토되고, 선택재량사항에서는 논의되지 않는다.

2) 성립요건

첫째, 법규에 의하여 구체적인 경찰권발동의무(개입의무)가 부과되어 있어야 하고,
둘째, 당해 법규의 취지가 공익뿐만 아니라 사익도 보호하는 것이어야 한다.

3) 경찰개입청구권의 적용대상

행정개입청구권은 재량권의 0(또는 1)으로의 수축과 관련하여 논의될 수 있기 때문에 일반적으로 재량행위와 관련하여 검토되나, 기속행위에 대하여도 이 청구권이 인정될 수 있다. 다만 기속행위의 경우 행정청은 특정처분을 할 법적 의무가 있으므로 특별히 논의하지 않을 뿐이다.

4) 경찰개입청구권과 쟁송수단

행정심판으로서 의무이행심판과 행정소송으로서 거부처분취소소송 및 부작위위법확인소송에 의하여 다툴 수 있다. 행정개입청구권의 보장을 위한 가장 적절한 소송수단은 의무이행소송이지만, 권력분립의 원칙과 항고소송의 종류(행정소송법 §4)를 한정적인 열거규정으로 보아 판례는 부정한다.

5) 국가배상청구의 문제(ex 김신조 무장공비 사건, 오동도 사건, 극동호 사건, 농민시위사건 등)

국가의 개입의무가 있음에도 불구하고 게을리(해태)한 경우에 제기되는 국가배상청구소송에서 공무원의 직무상 불법행위로 인정되기 위해서는 '부작위의 위법성'을 인정하는 것이 중요한 문제인데, 행정청의 개입의무와 사익보호성이 증명되어야 한다. 이러한 행정청의 행위가 기속행위이거나 재량행위이더라도 재량권이 0으로 수축되면 그 부작위는 위법하게 된다.

3) 판례의 입장

(1) 긴급구호권한과 같은 경찰관의 조치권한은 일반적으로 경찰관의 전문적 판단에 기한 합리적인 재량에 위임

되어 있는 것이나, 그렇다고 하더라도 구체적 상황하에서 경찰관에게 그러한 조치권한을 부여한 취지와 목적에 비추어 볼 때 그 불행사가 현저하게 불합리하다고 인정되는 경우에는, 그러한 불행사는 법령에 위반하는 행위에 해당하게 되어 국가배상법상의 다른 요건이 충족되는 한, 국가는 그로 인하여 피해를 입은 자에 대하여 국가배상책임을 부담한다.

정신질환자의 평소 행동에 포함된 범죄 내용이 경미하거나 범죄라고 볼 수 없는 비정상적 행동에 그치고 그 거동 기타 주위의 사정을 합리적으로 판단하여 보더라도 정신질환자에 의한 집주인 살인범행에 앞서 그 구체적 위험이 객관적으로 존재하고 있었다고 보기 어려운 경우, 경찰관이 그때그때의 상황에 따라 그 정신질환자를 훈방하거나 일시 정신병원에 입원시키는 등 경찰관직무집행법의 규정에 의한 긴급구호조치를 취하였고, 정신질환자가 퇴원하자 정신병원에서의 장기 입원치료를 받는 데 도움이 되도록 생활보호대상자 지정의뢰를 하는 등 그 나름대로의 조치를 취한 이상, 더 나아가 경찰관들이 정신질환자의 살인범행 가능성을 막을 수 있을 만한 다른 조치를 취하지 아니하였거나 입건·수사하지 아니하였다고 하여 이를 법령에 위반하는 행위에 해당한다고 볼 수 없다는 이유로, 사법경찰관리의 수사 미개시 및 긴급구호권 불행사를 이유로 제기한 국가배상청구를 배척하였다(大判 96. 10. 25. 95다45927).

(2) 경찰관직무집행법 제5조는 경찰관은 인명 또는 신체에 위해를 미치거나 재산에 중대한 손해를 끼칠 우려가 있는 위험한 사태에 있을 때에는 그 각호의 조치를 취할 수 있다고 규정하여 형식상 경찰관에게 재량에 의한 직무수행권한을 부여한 것처럼 되어 있으나, 경찰관에게 그러한 권한을 부여한 취지와 목적에 비추어 볼 때 구체적인 사정에 따라 경찰관이 그 권한을 행사하여 필요한 조치를 취하지 않는 것이 현저하게 불합리하다고 인정되는 경우에는 그러한 권한의 불행사는 직무상의 의무를 위반한 것이 되어 위법하게 된다(大判 98. 8. 25. 98다16890).

2. 경찰행정행위

1 경찰행정행위의 종류

	법률행위적 행정행위	준법률행위적 행정행위
구성요소	의사표시	의사표시 이외의 정신작용(인식·판단 등)의 표시
법적 효과	표시된 의사의 내용에 따라 법적 효과 발생	행위자의 의사 여하를 불문하고 법이 정한 바에 따라 발생
형 식	부관 가능, 원칙적으로 불요식행위	부관 불가능, 원칙적으로 요식행위

법률행위적 행정행위	명령적 행정행위	① 하명 : 작위·부작위·수인 또는 급부를 명하는 행정행위. 경찰하명 위반시 경찰상 강제집행의 대상이 되거나 경찰벌이 과해질 수 있으나, 하명을 위반한 행위의 법적 효력에는 원칙적으로 영향을 미치지 않는다. ② 허가 : 일반적·상대적 금지를 일정한 경우에 해제하여 적법하게 행위를 할 수 있도록 자연적 자유를 회복시켜 주는 행정행위. 허가는 행위의 '적법요건'이지만 '유효요건'은 아니므로, 무허가행위는 행정상 강제집행 또는 행정벌의 대상은 되지만, 행위 자체의 법적 효력은 영향을 받지 않는다. ③ 면제 : 작위·급부·수인의 의무를 일정한 경우에 해제해 주는 행정행위
	형성적 행정행위	① 특허 : 특정인에게 일정한 권리를 설정해 주는 행정행위 ② 인가 : 특정인의 법률행위의 효력을 완성시켜 주는 보충적인 행정행위 ③ 대리 : 행정청이 행정객체의 행위를 대리하여 행정객체가 행위를 한 것과 같은 효과를 일으키는 행정행위
준법률행위적 행정행위	확인, 공증, 통지, 수리	

◈ 경찰하명

작위하명		선박입출항신고·변사체신고 등 신고의무, 「유선 및 도선 사업법」상 사고발생시 보고의무, 「수상에서의 수색·구조 등에 관한 법률」상 조난사실의 신고의무, 「집회 및 시위에 관한 법률」상 집회신고의무
부작위하명	법규하명	법령의 규정에 의하여 하명의 효과가 발생하는 경우 ex) 불법무기(대량살상무기) 소지금지, 음주운항금지, 「수상레저안전법」상 무면허 동력수상레저기구 조종금지, 야간수상레저활동의 금지 「해사안전법」상 어업의 제한
	경찰처분 (하명처분)	경찰기관의 권한 행사로 이루어지는 처분(ex 통행금지)
수인하명		「경찰관직무집행법」상 위험 방지를 위한 출입, 「해양환경관리법」상 출입검사

급부하명		동력수상레저기구 조종면허 수수료 등의 납부
위법한 경찰하명에 대한 구제	행정상 구제	감독청에 의한 취소·정지, 공무원의 징계책임, 행정쟁송
	민사상 구제	국가배상법에 의한 국가배상청구
	형사상 구제	공무원의 형사책임, 정당방위, 고소·고발
	기타	청원, 국가인권위원회

◆ 경찰허가

성질	허가는 허가가 유보된 상대적 금지의 경우에만 인정되기 때문에 절대적 금지사항은 허가의 대상이 될 수 없다. 허가는 상대방의 신청에 의하여 하는 것이 원칙이나 음주운항금지와 같이 신청에 의하지 않고 일방적으로 하는 직권허가도 있다.	
종류	동력수상레저기구 조종면허(대인적 허가), 유·도선 사업허가(대물적 허가), 혼합적 허가	
허가를 통하여 누리는 자의 이익	원칙 : 반사적 이익	ex) 각종 소규모 영리행위와 영업행위
	예외 : 법률상 이익	관계규정의 목적, 취지가 공익 뿐만 아니라 개인의 이익도 보호하는 것이면 법률상 이익이다. ex) 어업허가, 유·도선 사업허가 등
무허가행위의 효과	경찰허가는 적법요건이므로 무허가행위라도 사법상 효력은 유효하다.	
형식	항상 구체적인 처분의 형식으로 이루어진다.	
허가기준	허가를 신청할 때와 처분을 할 때 사이에 법이 개정된 경우에 원칙적으로 처분시의 법에 따른다.	
경찰허가와 다른 법률상의 금지	경찰허가는 다른 법률상의 경찰금지를 해제하는 것은 아니다. 따라서 공무원이 음식점 영업허가를 받은 경우 식품위생법상의 금지만 해제할 뿐 공무원의 영리업무금지까지 해제되는 것은 아니다.	

◆ 경찰면제

종류	ex) 시험의 면제, 수수료의 면제, 납기의 연기 등
허가와 면제의 차이점	허가는 부작위의무를 해제하는 것이고, 면제는 작위·수인·급부의무를 해제하는 것이다.

◆ 특허

의의	특정인을 위하여 새로이 독점적인 권리를 설정해 주는 행정행위(ex 공유수면매립면허, 어업면허, 해운업법상 각종 면허), 능력을 설정하는 행위(ex 한국해양교통안전공단 설립행위) 및 법적 지위를 설정하는 행위(ex 해양경찰공무원 임명)를 말한다.
출원	특허는 출원을 요건으로 한다. 따라서 특허는 특허신청을 한 특정인에 대해서만 행해질 뿐, 불특정 다수인에게는 적용되지 않는다.

◆ **인가**

대상	유선·도선 사업과 해운업상 각종 운임·요금에 대한 인가
신청	항상 신청에 의하여 행하여진다. 따라서 신청을 한 특정인에 대해서만 인가가 이루어지며 불특정 다수인에 대한 인가는 허용되지 않는다.

2 부관의 의의 및 종류

부관이란 경찰허가의 일반적 효과를 제한 또는 보충하기 위하여 그 행위의 요소인 의사표시의 주된 내용에 부가되는 종된 의사표시를 말한다. 부관은 탄력적인 행정을 가능하게 하는 장점이 있으나, 아무런 관련성이 없음에도 불구하고 행정편의주의에 의하여 붙여지면 부당결부금지의 원칙에 반할 소지가 있다.

부관	내용
조건	행정행위의 효력발생·소멸을 장래 불확실한 사실에 의존하는 의사표시 (정지조건, 해제조건)
기한	행정행위의 효력발생을 장래 도래확실한 사실에 의존하는 의사표시 (확정기한, 불확정기한)
부담	행정행위의 주된 내용에 부가하여 상대방에게 일정한 의무를 과하는 행정청의 의사표시 부담은 그 자체가 하나의 독립한 행정행위의 성질을 가지므로 당사자는 이를 대상으로 하여 독자적으로 취소소송을 제기할 수 있다. 또한 부담부 행정행위는 상대방이 그 의무를 이행하지 않는 경우에도 당연히 그 효력이 상실되는 것이 아니고, 행정청이 그 의무불이행을 이유로 당해 행정행위를 철회하거나, 행정상 강제집행 또는 일정한 제재를 받을 수 있을 뿐이다.
철회권의 유보	의무위반이나 사정변경 등의 경우에 당해 행정행위를 철회할 수 있는 권한을 유보한 의사표시
법률효과의 일부배제	법령이 당해 행정행위에 일반적으로 부여하고 있는 법적 효과의 일부를 배제시키는 의사표시
사후부관	① 법률에 명문의 규정 ② 변경이 미리 유보되어 있는 경우 ③ 상대방의 동의가 있는 경우 ④ 사정변경으로 인하여 당초에 부담을 부가한 목적을 달성할 수 없게 된 경우

◆ **무효와 취소의 구별**

무효	무효는 처음부터 전혀 법적 효과를 발생하지 않으므로, 누구든지 언제나 그 효력을 부인할 수 있다.
취소	취소할 수 있는 행정행위는 성립에 하자가 있지만 일단 유효한 행위로서 취소권자의 취소의 의사표시가 있어야 비로소 효력이 상실하는 행위를 말한다. 위법한 행정행위는 직권취소, 행정심판, 행정소송의 대상이 되나, 부당한 행정행위는 직권취소 및 행정심판의 대상이 될 수 있을 뿐, 행정소송을 통해서는 취소될 수 없다.

	무효인 행정행위	취소할 수 있는 행정행위
발생원인	공무원이 아닌 자의 행위, 내용이 실현불가능·불명확한 행위, 필요한 서식·공고·통지를 하지 않은 행위	사기·강박·착오에 의한 행위, 단순위법, 공익위반의 행위, 절차규정 위반
행정소송방법의 형태	무효확인소송, 무효선언적 의미의 취소소송	취소소송
행정심판전치주의	X	O
선결문제	O	X
사정판결·사정재결	X	O
하자(위법성)의 승계	당연히 승계	원칙: 승계X, 예외: 승계O
하자의 치유·전환	전환 O	치유 O
공정력·존속력	X	O
불가쟁력	X	O
간접강제	X	O
신뢰보호	X	O

◆ 취소와 철회의 구별

	취 소	철 회
권한행사자	• 직권취소[처분청(O), 감독청(견해대립 있음)] • 쟁송취소(처분청, 위원회, 법원)	처분청
사 유	행정행위의 성립상의 하자	새로운 사정변경
대 상	일단 유효한 행정행위(취소할 수 있는 행정행위)를 대상	완전히 유효한 행정행위를 대상
절 차	• 쟁송취소(행정심판법 및 행정소송법상의 규정) • 직권취소(특별한 절차 없음)	특별한 절차 없음
효 과	• 쟁송취소(원칙적 소급효) • 직권취소	장래효
손해전보	원칙적 손해배상	원칙적 손실보상

3 경찰상 의무이행 확보수단

경찰강제	강제집행	대집행	대체적 작위의무를 이행하지 않은 경우 경찰이 스스로 또는 제3자로 하여금 의무자가 해야 할 행위를 대신 한 후 그 비용을 의무자로부터 징수하는 강제집행 절차는 대집행의 계고(戒告) → 대집행영장에 의한 통지 → 대집행의 실행 → 비용의 징수 순서로 이루어진다
		집행벌 (이행강제금)	부작위 의무 또는 비대체적 작위의무를 이행하지 않는 경우 경찰이 의무 이행을 강제하기 위하여 강제금을 부과하는 강제집행
		직접강제	경찰이 직접적으로 의무자의 신체 또는 재산에 실력을 가하여 의무이행이 있었던 것과 동일한 상태를 실현시키는 강제집행
		강제징수	금전 급부의무를 이행하지 않는 경우 경찰이 「국세징수법」에 의하여 강제로 금전을 징수하는 강제집행절차는 독촉 → 재산 압류 → 매각 → 청산의 순서로 이루어진다
	즉시강제		미리 의무를 명할 시간적 여유가 없는 경우 또는 의무를 명해서는 목적을 달성하기 어려운 경우 경찰이 직접 상대방의 신체 또는 재산에 실력을 가하여 경찰강제
경찰벌	경찰형벌		경찰법규 위반자에 대한 제재로서 「형법」에 규정된 형벌을 부과하는 경찰벌
	경찰질서벌		경찰법규 위반자나 질서위반 행위자 대한 제재로서 「질서위반행위규제법」에 규정된 과태료를 부과하는 경찰벌

◆ 대집행

절차	계고	행정청은 대집행을 하려면, 상당한 이행기한을 정하여 그 기한까지 이행되지 아니할 때에는 대집행을 한다는 뜻을 미리 문서로써 계고하여야 하는데 구두에 의한 계고는 무효이다. 대집행의 요건은 계고시에 이미 특정되어 있어야 한다. 위법한 계고에 대하여는 취소소송 등을 제기할 수 있다. 이러한 계고는 원칙적으로 생략할 수 없지만, 법령에 규정이 있거나(건축법 §85) 비상시 또는 위험이 절박한 경우에는 생략이 가능하다.
	통지	의무자가 계고를 받고도 지정된 기한까지 그 의무를 이행하지 아니하는 경우에는, 당해 행정청은 대집행영장으로써 대집행의 시기, 대집행책임자의 성명과 대집행비용의 개산에 의한 견적액을 의무자에게 통지하여야 하는데, 이러한 통지는 준법률행위적 행정행위이고, 예외적으로 생략이 가능하다.
	실행	물리적인 실력을 가하여 의무가 이행된 것과 같은 상태를 실현하는 사실행위에 해당한다. 대집행은 행정청 또는 제3자에 의하여 집행되며, 대집행을 하기 위하여 현장에 파견되는 집행책임자는 그가 집행책임자라는 것을 표시한 증표를 휴대하여 이해관계인에게 제시하여야 한다. 이러한 실행행위는 권력적 사실행위로서의 성질을 가지므로 상대방은 수인의무가 있다. 적법한 대집행의 실행에 대하여 방해하는 자는 형법상의 공무집행방해죄의 현행범으로 체포되고 그 이후에 행정청이 대집행을 하게 된다.
	비용징수	대집행비용은 의무자로부터 징수하게 되는데, 실제로 요한 비용액과 납부기일을 정하여 의무자에게 문서로써 납부를 명하여야 한다. 만약 납부하지 아니하는 때에는 국세징수법의 예에 의하여 강제징수할 수 있다(행정대집행법 §5, §6). 그 징수금은 사무비의 소속에 따라 국고 또는 지방자치단체의 수입으로 한다.

◆ 대집행의 대상 여부

대집행의 대상이 되는 경우	대집행의 대상이 되지 않는 경우
대집행의 대상이 되는 의무는 대체적 작위의무이다. ① 위법건축물철거의무 ② 불법광고물철거의무	① 비대체적 작위의무: 　토지·건물의 인도의무, 증인출석의무, 의사의 진료의무, 전문가의 감정의무 ② 부작위의무: 　단순한 부작위의무의 위반은 철거명령 등을 통해 작위의무로 전환시킨 후에 대집행의 대상이 될 수 있다. ③ 수인의무: 　예방접종, 신체검사, 건강진단을 받을 의무

◆ 집행벌(=이행강제금)

의의	비대체적 작위의무 또는 부작위의무를 이행하지 않는 경우에 그 이행을 간접적으로 강제하기 위해 부과하는 금전벌이다. 일정한 기한까지 의무이행을 하지 않으면 일정액의 금전에 처할 것을 미리 알려서, 심리적 압박을 통하여 그 의무이행을 강제하는 간접적·심리적 강제수단이다. 대체적 작위위무에 대하여도 집행벌이 가능하다는 것이 헌법재판소의 입장이다.
성질	집행벌은 의무위반의 상태가 존재하는 이상 반복적으로 부과할 수 있어 일사부재리의 원칙이 적용되지 않는다. 또한 시정명령을 이행한 경우에도 이미 부과된 이행강제금은 납부하여야 한다. 집행벌과 경찰벌(ex 벌금, 과태료)은 그 성질과 목적을 달리하므로 병과될 수 있다.

◆ 직접강제

대상	직접강제의 대상이 되는 의무는 작위의무(대체적·비대체적 작위의무), 부작위의무 및 수인의무를 모두 포함한다. 이러한 직접강제는 간접적 의무이행확보수단인 행정벌의 문제점을 보완하기 위한 수단으로 환영받고 있다.
한계	직접강제는 국민의 기본권을 침해할 가능성이 높으므로 강제수단의 사용에 있어서 비례의 원칙을 준수하여야 한다. 따라서 대집행이 가능한 사안에서 직접강제는 원칙적으로 인정되지 않는다.
예	「출입국관리법」상의 사증 없이 강제 입국한 외국인 강제퇴거 및 선박수색, 정선명령 불응시의 발포와 나포

◆ 강제징수

절차		
	독촉	국세를 그 납부기한까지 완납하지 아니하면 세무서장·시장 또는 군수는 납기경과 후 10일 내에 독촉장(제2차 납세의무자에게는 납부최고서)을 발부하여야 한다. 독촉장 또는 납부최고서는 발부일로부터 20일 내의 납부기한을 주어야 한다. 독촉은 의무자에게 의무의 이행을 최고하고 그 불이행시에는 체납처분을 할 것을 예고하는 통지행위
	압류	체납자가 재산을 사실상·법률상으로 처분하는 것을 금함으로써, 체납액의 징수를 확보하는 강제행위이다. 체납액에 비하여 비례의 원칙을 위반하는 고액의 재산을 압류하는 것(과잉압류)은 금지된다. 세무공무원이 압류를 할 때에는 신분을 표시하는 증표를 지니고 이를 관계자에게 보여주어야 한다.
	매각	압류재산은 매각하여 금전으로 환가하여야 한다. 매각은 공정성을 확보하기 위하여 공매에 의하

		는 것이 원칙이나, 예외적으로 수의계약(거래상대방을 임의로 선택하는 계약)에 의하는 경우도 있다. 매각은 세무서장이 하나(공법상의 대리), 자산관리공사에 대행시킬 수도 있다.
	청산	청산은 세무서장이 압류재산의 매각대금과 기타 금액을 배분하는 행정작용을 말한다. 배분순위는 강제징수비⇒국세⇒가산세의 순으로 한다.

◆ 즉시강제

의의	급박히 행정상의 장애를 제거할 필요가 있는 경우 즉시 국민의 신체 또는 재산에 실력을 가하여 행정상 필요한 상태를 실현하는 행정작용
근거	경찰관직무집행법, 소방기본법, 재난 및 안전관리 기본법, 감염병예방 및 관리에 관한 법률
유형	대인적 즉시강제	(1) 경찰관직무집행법 　자살기도자의 보호조치, 위험발생방지조치, 범행의 예방과 제지, 무기 및 장구·분사기 사용 등 (2) 개별법 　무기사용(해양경비법), 소화종사명령(소방기본법), 강제격리·강제건강진단·교통차단(감염병의 예방 및 관리에 관한 법률), 강제퇴거(출입국관리법) 등 ※ 강제퇴거는 직접강제 또는 즉시강제 모두 가능하다.
	대물적 즉시강제	(1) 경찰관직무집행법 　무기·흉기·위험물의 임시영치 등 (2) 개별법 　물건의 폐기·영치·파괴, 비디오물 수거·폐기, 교통장애물 제거 등
	대가택 즉시강제	(1) 경찰관직무집행법 　대가택 강제위험방지를 위한 가택출입 (2) 개별법 　총포·화약류 제조소 등 출입 및 조사

◆ 즉시강제의 조리상 한계

급박성	행정상 장해가 눈 앞에 나타나야 한다. 이를 명백하고 현존하는 위험의 법리로 판단하는 견해가 있다.
보충성	다른 수단으로서는 목적을 달성할 수 없거나 시간적 여유가 없어야 한다.
비례성	필요최소한도에 그쳐야 하고, 침해의 정도는 공익과 상당한 비례가 유지되어야 한다.
소극성	소극적으로 공공의 안녕과 질서를 위해서 발동되어야 하고, 적극적인 행정목적달성을 위해서 행사되어서는 안된다.

◆ 즉시강제와 영장주의

(1) 사전영장주의는 인신보호를 위한 헌법상의 기속원리이기 때문에 인신의 자유를 제한하는 모든 국가작용의 영역에서 존중되어야 하지만, 헌법 제12조 제3항 단서도 사전영장주의의 예외를 인정하고 있는 것처럼 사전영장주의를 고수하다가는 도저히 행정목적을 달성할 수 없는 지극히 예외적인 경우에는 형사절차에서와 같은 예외가 인정되므로, (구)사회안전법(1989. 6. 16. 법률 제4132호에 의해 '보안관찰법'이란 명칭으로 전문 개정되기 전의 것) 제11조 소정의 동행보호규정은 재범의 위험성이 현저한 자를 상대로 긴급히 보호할 필요가

있는 경우에 한하여 단기간의 동행보호를 허용한 것으로서 그 요건을 엄격히 해석하는 한, 동 규정 자체가 사전영장주의를 규정한 헌법규정에 반한다고 볼 수는 없다(大判 97. 6. 13. 96다56115).

(2) 관계행정청이 등급분류를 받지 아니하거나 등급분류를 받은 게임물과 다른 내용의 게임물을 발견한 경우 관계공무원으로 하여금 이를 수거·폐기할 수 있도록 한 (구)음반·비디오물 및 게임물에 관한 법률 제24조 제3항 제4호 중 게임물에 관한 규정은 급박한 상황에 대처하기 위한 것으로서 그 불가피성과 정당성이 충분히 인정되는 경우이므로, 이 사건 법률조항이 영장없는 수거를 인정한다고 하더라도 이를 두고 헌법상 영장주의에 위배되는 것이라고 볼 수 없다(憲裁 02. 10. 31. 2000헌가12).

◆ 강제집행과 즉시강제의 차이점

		강제집행	즉시강제
선행의무의 존재		O	X
법적 근거	일반법	행정대집행법, 국세징수법	경찰관직무집행법, 해양경비법
	개별법	출입국관리법, 관세법, 식품위생법, 도로교통법 등	소방기본법, 식품위생법, 마약류 관리에 관한 법률 등

◆ 즉시강제와 경찰조사의 차이점

구 분	즉시강제	경찰조사
목 적	직접 개인의 신체나 재산에 실력을 행사하여 해양경찰상 필요한 상태의 실현	행정작용을 위한 자료나 정보수집 등의 목적(준비적·보조적 수단)
성 질	권력적 사실행위	권력적·비권력적 사실행위
급박성	O	X

◆ 해양경찰상 즉시강제에 대한 구제제도

손해전보	행정상 즉시강제가 적법한 경우에도 그로 인하여 특정인에게 잘못 없이 특별한 손실(희생)이 발생한 때에는 그에 대한 보상을 하여야 한다. 위법한 즉시강제에 의하여 권리나 이익의 침해를 받은 개인은 국가배상법에 의한 손해배상을 청구할 수 있다.
행정쟁송	즉시강제는 구체적 사실에 관한 법집행으로서의 권력적 작용이라는 점에서 처분성을 인정할 수 있으나 보통 단시간에 종료되는 것이므로, (협의의) 소의 이익이 부정된다. 따라서 이러한 경우에는 손해배상을 청구할 수 있다. 또한 즉시강제가 이미 종료된 후에라도 그 취소로 회복되는 법률상 이익이 있으면 행정쟁송을 제기할 수 있다.
정당방위	위법한 즉시강제에 대하여는 정당방위가 가능하며, 공무집행방해죄가 성립하지 않는다.

◆ 경찰형벌(행정형벌)과 경찰질서벌(행정질서벌)

	행정형벌	행정질서벌
처벌내용	형법상 형벌(사형, 징역, 금고, 자격상실, 자격정지, 벌금, 구류, 과료, 몰수)	과태료
형법총칙 적용여부	원칙적으로 적용됨	적용되지 않음
고의·과실	필 요	질서위반행위규제법 제7조는 "고의 또는 과실이 없는 질서위반행위는 과태료를 부과하지 아니한다."라고 규정하고 있다.
처벌절차	형사소송법(예외 : 통고처분)	질서위반행위규제법

◆ 경찰벌(행정벌)과 징계벌

	경찰벌(행정벌)	징계벌
법률관계	일반권력관계	특별권력관계
목적 및 권력적 기초	일반사회질서유지를 위한 일반통치권	특별권력관계의 내부질서유지를 위한 특별권력
양자의 관계	양자는 목적·대상·권력적 기초가 다르므로 일사부재리의 원칙이 적용되지 않으며 병과가 가능하다.	

◆ 경찰형벌(행정형벌)과 집행벌(=이행강제금)

	경찰형벌(행정형벌)	집행벌
성질	과거의 의무위반에 대한 제재	장래의 의무이행강제
고의·과실	원칙적으로 필요	불요
일사부재리	적용 O	적용 X (거듭 부과 가능)
의무이행 후 부과	가능	불가능
부과권자	원칙적으로 법원	행정청
관계	행정형벌과 집행벌은 병과 가능	

◆ 경찰상 의무이행확보수단

직접적 의무이행확보수단	간접적 의무이행확보수단
① 대집행, 직접강제, 강제징수 ② 즉시강제	① 경찰벌 ② 집행벌(=이행강제금) ③ 명단공개, 공급거부, 관허사업의 제한 등

◆ 통고처분

(1) 의의

통고처분은 현행법상 조세범, 관세범, 출입국사범, 교통사범 등에 대하여 적용된다. 이러한 통고처분은 정식재판에 갈음하여 행정청(ex 세무서장, 국세청장, 세관장, 관세청장, 출입국관리소장, 경찰서장, 해양경찰서장, 철도특별사법경찰대장, 제주특별자치도지사 등)이 일정한 금액(범칙금)을 납부할 것을 명하는 것으로서, 이 경우 그에 따라 납부하여야 하는 금액은 형법상의 벌금은 아니고 행정제재금의 성질을 가진다.

(2) 제도적 취지

> 도로교통법상의 통고처분은 처분을 받은 당사자의 임의의 승복을 발효요건으로 하고 있으며, 행정공무원에 의하여 발하여 지는 것이지만, 통고처분에 따르지 않고자 하는 당사자에게는 정식재판의 절차가 보장되어 있다. 통고처분제도는 경미한 교통법규 위반자로 하여금 형사처벌절차에 수반되는 심리적 불안, 시간과 비용의 소모, 명예와 신용의 훼손 등의 여러 불이익을 당하지 않고 범칙금 납부로써 위반행위에 대한 제재를 신속·간편하게 종결할 수 있게 하여주며, 교통법규 위반행위가 홍수를 이루고 있는 현실에서 행정공무원에 의한 전문적이고 신속한 사건처리를 가능하게 하고, 검찰 및 법원의 과중한 업무 부담을 덜어 준다. 또한 통고처분제도는 형벌의 비범죄화 정신에 접근하는 제도이다. 이러한 점들을 종합할 때, 통고처분 제도의 근거규정인 도로교통법 제118조 본문이 적법절차원칙이나 사법권을 법원에 둔 권력분립원칙에 위배된다거나, 재판청구권을 침해하는 것이라 할 수 없다(憲裁 03. 10. 30. 2002헌마275).

(3) 통보처분권자

통고처분권자는 경찰서장, 해양경찰서장, 철도특별사법경찰대장, 제주특별자치도지사, 국세청장, 지방국세청장, 세무서장, 관세청장, 세관장, 출입국관리소장 등을 들 수 있다.

(4) 내용

벌금 또는 과료에 상당하는 금액(ex 도로교통사범)이나 몰수에 해당하는 물품이나 추징금에 상당하는 금액(ex 조세범)을 말한다.

(5) 과벌절차

통고처분을 받은 범칙자가 법정기간 내에 통고된 내용을 이행한 때에는 동일 사건에 대하여 거듭 소추를 받지 아니하며(일사부재리의 원칙), 처벌절차는 종료된다.

그러나 통고처분을 받은 자가 일정한 기간 내에 통고된 내용을 이행하지 아니하면, 통고처분은 당연히 효력을 상실하고, 통고권자의 고발에 의하여 형사소송절차로 이행된다. 따라서 검찰은 통고권자의 고발없이는 공소제기를 할 수 없다.

> 통고처분은 상대방의 임의의 승복을 그 발효요건으로 하기 때문에 그 자체만으로는 통고이행을 강제하거나 상대방에게 아무런 권리의무를 형성하지 않으므로 행정심판이나 행정소송의 대상으로서의 처분성을 부여할 수 없고, 통고처분에 대하여 이의가 있으면 통고내용을 이행하지 않음으로써 고발되어 형사재판절차에서 통고처분의 위법·부당함을 얼마든지 다툴 수 있기 때문에 관세법 제38조 제3항 제2호가 법관에 의한 재판받을 권리를 침해한다든가 적법절차의 원칙에 저촉된다고 볼 수 없다(憲裁 98. 5. 28. 96헌바4).

다만 도로교통법과 경범죄처벌법상 형사소송절차에 선행하여 즉결심판절차를 거치기도 한다.

> 도로교통법 제118조에서 규정하는 경찰서장의 통고처분은 행정소송의 대상이 되는 행정처분이 아니므로 그 처분의 취소를 구하는 소송은 부적법하고, 도로교통법상의 통고처분을 받은 자가 그 처분에 대하여 이의가 있는 경우에는 통고처분에 따른 범칙금의 납부를 이행하지 아니함으로써 경찰서장의 즉결심판 청구에 의하여 법원의 심판을 받을 수 있게 될 뿐이다(大判 95. 6. 29. 95누4674).

◆ 즉결심판

> 20만원 이하의 벌금, 구류 또는 과료에 해당하는 행정형벌은 관할경찰서장 또는 관할해양경찰서장의 청구에 으하여 즉결심판에 관한 절차법에 따른 법원의 즉결심판에 의하여 과하여진다. 이에 불복하는 자는 정식재판을 청구할 수 있다. 정식재판의 청구는 즉결심판의 선고고지를 받은 날로부터 7일 이내에 정식재판청구서를 경찰서장에게 제출하여야 하고, 경찰서장은 지체없이 판사에게 이를 송부하여야 한다.

◆ 질서위반행위규제법

목적	이 법은 법률상 의무의 효율적인 이행을 확보하고 국민의 권리와 이익을 보호하기 위하여 질서위반행위의 성립요건과 과태료의 부과·징수 및 재판 등에 관한 사항을 규정하는 것을 목적으로 한다.

정의	이 법에서 사용하는 용어의 뜻은 다음과 같다.
	1. "질서위반행위"란 법률(지방자치단체의 조례를 포함)상의 의무를 위반하여 과태료를 부과하는 행위를 말한다. 다만, 다음 각 목의 어느 하나에 해당하는 행위를 제외한다.
	  가. 대통령령으로 정하는 사법상·소송법상 의무를 위반하여 과태료를 부과하는 행위
	  나. 대통령령으로 정하는 법률에 따른 징계사유에 해당하여 과태료를 부과하는 행위
	2. "행정청"이란 행정에 관한 의사를 결정하여 표시하는 국가 또는 지방자치단체의 기관, 그 밖의 법령 또는 자치법규에 따라 행정권한을 가지고 있거나 위임 또는 위탁받은 공공단체나 그 기관 또는 사인(私人)을 말한다.
	3. "당사자"란 질서위반행위를 한 자연인 또는 법인(법인이 아닌 사단 또는 재단으로서 대표자 또는 관리인이 있는 것을 포함)을 말한다.

법 적용의 시간적 범위	① 질서위반행위의 성립과 과태료 처분은 행위 시의 법률에 따른다. ② 질서위반행위 후 법률이 변경되어 그 행위가 질서위반행위에 해당하지 아니하게 되거나 과태료가 변경되기 전의 법률보다 가볍게 된 때에는 법률에 특별한 규정이 없는 한 변경된 법률을 적용한다. ③ 행정청의 과태료 처분이나 법원의 과태료 재판이 확정된 후 법률이 변경되어 그 행위가 질서위반행위에 해당하지 아니하게 된 때에는 변경된 법률에 특별한 규정이 없는 한 과태료의 징수 또는 집행을 면제한다.
법 적용의 장소적 범위	① 이 법은 대한민국 영역 안에서 질서위반행위를 한 자에게 적용한다. ② 이 법은 대한민국 영역 밖에서 질서위반행위를 한 대한민국의 국민에게 적용한다. ③ 이 법은 대한민국 영역 밖에 있는 대한민국의 선박 또는 항공기 안에서 질서위반행위를 한 외국인에게 적용한다.
질서위반행위 법정주의	법률에 따르지 아니하고는 어떤 행위도 질서위반행위로 과태료를 부과하지 아니한다.

고의 또는 과실	고의 또는 과실이 없는 질서위반행위는 과태료를 부과하지 아니한다.
위법성의 착오	자신의 행위가 위법하지 아니한 것으로 오인하고 행한 질서위반행위는 그 오인에 정당한 이유가 있는 때에 한하여 과태료를 부과하지 아니한다.
책임연령	14세가 되지 아니한 자의 질서위반행위는 과태료를 부과하지 아니한다. 다만, 다른 법률에 특별한 규정이 있는 경우에는 그러하지 아니하다.
심신장애	① 심신(心神)장애로 인하여 행위의 옳고 그름을 판단할 능력이 없거나 그 판단에 따른 행위를 할 능력이 없는 자의 질서위반행위는 과태료를 부과하지 아니한다. ② 심신장애로 인하여 제1항에 따른 능력이 미약한 자의 질서위반행위는 과태료를 감경한다. ③ 스스로 심신장애 상태를 일으켜 질서위반행위를 한 자에 대하여는 제1항 및 제2항을 적용하지 아니한다.
다수인의 질서위반행위 가담	① 2인 이상이 질서위반행위에 가담한 때에는 각자가 질서위반행위를 한 것으로 본다. ② 신분에 의하여 성립하는 질서위반행위에 신분이 없는 자가 가담한 때에는 신분이 없는 자에 대하여도 질서위반행위가 성립한다. ③ 신분에 의하여 과태료를 감경 또는 가중하거나 과태료를 부과하지 아니하는 때에는 그 신분의 효과는 신분이 없는 자에게는 미치지 아니한다.
수개의 질서위반행위의 처리	① 하나의 행위가 2 이상의 질서위반행위에 해당하는 경우에는 각 질서위반행위에 대하여 정한 과태료 중 가장 중한 과태료를 부과한다. ② 제1항의 경우를 제외하고 2 이상의 질서위반행위가 경합하는 경우에는 각 질서위반행위에 대하여 정한 과태료를 각각 부과한다. 다만, 다른 법령(지방자치단체의 조례를 포함)에 특별한 규정이 있는 경우에는 그 법령으로 정하는 바에 따른다.
과태료의 시효	과태료는 행정청의 과태료 부과처분이나 법원의 과태료 재판이 확정된 후 5년간 징수하지 아니하거나 집행하지 아니하면 시효로 인하여 소멸한다.
사전통지 및 의견 제출 등	① 행정청이 질서위반행위에 대하여 과태료를 부과하고자 하는 때에는 미리 당사자(제11조제2항에 따른 고용주등을 포함)에게 대통령령으로 정하는 사항을 통지하고, 10일 이상의 기간을 정하여 의견을 제출할 기회를 주어야 한다. 이 경우 지정된 기일까지 의견 제출이 없는 경우에는 의견이 없는 것으로 본다. ② 당사자는 의견 제출 기한 이내에 대통령령으로 정하는 방법에 따라 행정청에 의견을 진술하거나 필요한 자료를 제출할 수 있다. ③ 행정청은 제2항에 따라 당사자가 제출한 의견에 상당한 이유가 있는 경우에는 과태료를 부과하지 아니하거나 통지한 내용을 변경할 수 있다.
과태료의 부과	행정청은 제16조의 의견 제출 절차를 마친 후에 서면(당사자가 동의하는 경우에는 전자문서를 포함)으로 과태료를 부과하여야 한다.
과태료 부과의 제척기간	행정청은 질서위반행위가 종료된 날(다수인이 질서위반행위에 가담한 경우에는 최종행위가 종료된 날)부터 5년이 경과한 경우에는 해당 질서위반행위에 대하여 과태료를 부과할 수 없다.
이의제기	① 행정청의 과태료 부과에 불복하는 당사자는 과태료 부과 통지를 받은 날부터 60일 이내에 해당 행정청에 서면으로 이의제기를 할 수 있다. ② 제1항에 따른 이의제기가 있는 경우에는 행정청의 과태료 부과처분은 그 효력을 상실한다.

◆ **질서위반행위규제법** [시행 21. 1. 1]

1 목적

이 법은 법률상 의무의 효율적인 이행을 확보하고 국민의 권리와 이익을 보호하기 위하여 질서위반행위의 성립요건과 과태료의 부과·징수 및 재판 등에 관한 사항을 규정하는 것을 목적으로 한다.

2 정의

이 법에서 사용하는 용어의 뜻은 다음과 같다.
1. "**질서위반행위**"란 **법률**(지방자치단체의 조례를 포함한다. 이하 같다)**상의 의무를 위반하여 과태료를 부과하는 행위**를 말한다. 다만, **다음 각 목의 어느 하나에 해당하는 행위를 제외**한다.
   가. 대통령령으로 정하는 사법(私法)상·소송법상 의무를 위반하여 과태료를 부과하는 행위
   나. 대통령령으로 정하는 법률에 따른 징계사유에 해당하여 과태료를 부과하는 행위
2. "행정청"이란 행정에 관한 의사를 결정하여 표시하는 국가 또는 지방자치단체의 기관, 그 밖의 법령 또는 자치법규에 따라 행정권한을 가지고 있거나 위임 또는 위탁받은 공공단체나 그 기관 또는 사인(私人)을 말한다.
3. "당사자"란 질서위반행위를 한 자연인 또는 법인(법인이 아닌 사단 또는 재단으로서 대표자 또는 관리인이 있는 것을 포함한다. 이하 같다)을 말한다.

3 법 적용의 시간적 범위

① 질서위반행위의 성립과 과태료 처분은 행위 시의 법률에 따른다.
② 질서위반행위 후 법률이 변경되어 그 행위가 질서위반행위에 해당하지 아니하게 되거나 과태료가 변경되기 전의 법률보다 가볍게 된 때에는 법률에 특별한 규정이 없는 한 변경된 법률을 적용한다.
③ 행정청의 과태료 처분이나 법원의 과태료 재판이 확정된 후 법률이 변경되어 그 행위가 질서위반행위에 해당하지 아니하게 된 때에는 변경된 법률에 특별한 규정이 없는 한 과태료의 징수 또는 집행을 면제한다.

4 법 적용의 장소적 범위

① 이 법은 대한민국 영역 안에서 질서위반행위를 한 자에게 적용한다.
② 이 법은 대한민국 영역 밖에서 질서위반행위를 한 대한민국의 국민에게 적용한다.
③ 이 법은 대한민국 영역 밖에 있는 대한민국의 선박 또는 항공기 안에서 질서위반행위를 한 외국인에게 적용한다.

5 다른 법률과의 관계

과태료의 부과·징수, 재판 및 집행 등의 절차에 관한 다른 법률의 규정 중 이 법의 규정에 저촉되는 것은 이 법으로 정하는 바에 따른다.

6 질서위반행위 법정주의

법률에 따르지 아니하고는 어떤 행위도 질서위반행위로 과태료를 부과하지 아니한다.

7 고의 또는 과실

고의 또는 과실이 없는 질서위반행위는 과태료를 부과하지 아니한다.

8 위법성의 착오

자신의 행위가 위법하지 아니한 것으로 오인하고 행한 질서위반행위는 그 오인에 정당한 이유가 있는 때에 한하여 과태료를 부과하지 아니한다.

9 책임연령 [19 승진]

14세가 되지 아니한 자의 질서위반행위는 과태료를 부과하지 아니한다. 다만, 다른 법률에 특별한 규정이 있는 경우에는 그러하지 아니하다.

10 심신장애

① 심신(心神)장애로 인하여 행위의 옳고 그름을 판단할 능력이 없거나 그 판단에 따른 행위를 할 능력이 없는 자의 질서위반행위는 과태료를 부과하지 아니한다.
② 심신장애로 인하여 제1항에 따른 능력이 미약한 자의 질서위반행위는 과태료를 감경한다.
③ 스스로 심신장애 상태를 일으켜 질서위반행위를 한 자에 대하여는 제1항 및 제2항을 적용하지 아니한다.

12 다수인의 질서위반행위 가담

① 2인 이상이 질서위반행위에 가담한 때에는 각자가 질서위반행위를 한 것으로 본다.
② 신분에 의하여 성립하는 질서위반행위에 신분이 없는 자가 가담한 때에는 신분이 없는 자에 대하여도 질서위반행위가 성립한다.
③ 신분에 의하여 과태료를 감경 또는 가중하거나 과태료를 부과하지 아니하는 때에는 그 신분의 효과는 신분이 없는 자에게는 미치지 아니한다.

13 수개의 질서위반행위의 처리

① 하나의 행위가 2 이상의 질서위반행위에 해당하는 경우에는 각 질서위반행위에 대하여 정한 과태료 중 가장 중한 과태료를 부과한다.
② 제1항의 경우를 제외하고 2 이상의 질서위반행위가 경합하는 경우에는 각 질서위반행위에 대하여 정한 과태료를 각각 부과한다. 다만, 다른 법령(지방자치단체의 조례를 포함한다. 이하 같다)에 특별한 규정이 있는 경우에는 그 법령으로 정하는 바에 따른다.

15 과태료의 시효 [19 승진]

① 과태료는 행정청의 과태료 부과처분이나 법원의 과태료 재판이 확정된 후 5년간 징수하지 아니하거나 집행하지 아니하면 시효로 인하여 소멸한다.

16 사전통지 및 의견 제출 등

① 행정청이 질서위반행위에 대하여 과태료를 부과하고자 하는 때에는 미리 당사자(제11조제2항에 따른 고용주 등을 포함한다. 이하 같다)에게 대통령령으로 정하는 사항을 통지하고, 10일 이상의 기간을 정하여 의견을 제출할 기회를 주어야 한다. 이 경우 지정된 기일까지 의견 제출이 없는 경우에는 의견이 없는 것으로 본다.

17 과태료의 부과

① 행정청은 제16조의 의견 제출 절차를 마친 후에 서면(당사자가 동의하는 경우에는 전자문서를 포함한다. 이하 이 조에서 같다)으로 과태료를 부과하여야 한다.

19 과태료 부과의 제척기간

① 행정청은 질서위반행위가 종료된 날(다수인이 질서위반행위에 가담한 경우에는 최종행위가 종료된 날을 말한다)부터 5년이 경과한 경우에는 해당 질서위반행위에 대하여 과태료를 부과할 수 없다.

20 이의제기 [19 승진]

① 행정청의 과태료 부과에 불복하는 당사자는 제17조제1항에 따른 과태료 부과 통지를 받은 날부터 60일 이내에 해당 행정청에 서면으로 이의제기를 할 수 있다.
② 제1항에 따른 이의제기가 있는 경우에는 행정청의 과태료 부과처분은 그 효력을 상실한다.

21 법원에의 통보

① 제20조제1항에 따른 이의제기를 받은 행정청은 이의제기를 받은 날부터 14일 이내에 이에 대한 의견 및

증빙서류를 첨부하여 관할 법원에 통보하여야 한다. 다만, 다음 각 호의 어느 하나에 해당하는 경우에는 그러하지 아니하다.
1. 당사자가 이의제기를 철회한 경우
2. 당사자의 이의제기에 이유가 있어 과태료를 부과할 필요가 없는 것으로 인정되는 경우

24 가산금 징수 및 체납처분 등

① 행정청은 당사자가 납부기한까지 과태료를 납부하지 아니한 때에는 납부기한을 경과한 날부터 체납된 과태료에 대하여 100분의 3에 상당하는 가산금을 징수한다.
② 체납된 과태료를 납부하지 아니한 때에는 납부기한이 경과한 날부터 매 1개월이 경과할 때마다 체납된 과태료의 1천분의 12에 상당하는 가산금(이하 이 조에서 "중가산금"이라 한다)을 제1항에 따른 가산금에 가산하여 징수한다. 이 경우 중가산금을 가산하여 징수하는 기간은 60개월을 초과하지 못한다.

25 관할 법원

과태료 사건은 다른 법령에 특별한 규정이 있는 경우를 제외하고는 당사자의 주소지의 지방법원 또는 그 지원의 관할로 한다.

26 관할의 표준이 되는 시기

법원의 관할은 행정청이 제21조제1항 및 제2항에 따라 이의제기 사실을 통보한 때를 표준으로 정한다.

36 재판

① 과태료 재판은 이유를 붙인 결정으로써 한다.

37 결정의 고지

① 결정은 당사자와 검사에게 고지함으로써 효력이 생긴다.

38 항고

① 당사자와 검사는 과태료 재판에 대하여 즉시항고를 할 수 있다. 이 경우 항고는 집행정지의 효력이 있다

42 과태료 재판의 집행

① 과태료 재판은 검사의 명령으로써 집행한다. 이 경우 그 명령은 집행력 있는 집행권원과 동일한 효력이 있다.

43 과태료 재판 집행의 위탁

① 검사는 과태료를 최초 부과한 행정청에 대하여 과태료 재판의 집행을 위탁할 수 있고, 위탁을 받은 행정청은 국세 또는 지방세 체납처분의 예에 따라 집행한다.
② 지방자치단체의 장이 제1항에 따라 집행을 위탁받은 경우에는 그 집행한 금원(金員)은 당해 지방자치단체의 수입으로 한다.

52 관허사업의 제한

① 행정청은 허가·인가·면허·등록 및 갱신(이하 "허가등"이라 한다)을 요하는 사업을 경영하는 자로서 다음 각 호의 사유에 모두 해당하는 체납자에 대하여는 사업의 정지 또는 허가등의 취소를 할 수 있다.
1. 해당 사업과 관련된 질서위반행위로 부과받은 과태료를 3회 이상 체납하고 있고, 체납발생일부터 각 1년이 경과하였으며, 체납금액의 합계가 500만원 이상인 체납자 중 대통령령으로 정하는 횟수와 금액 이상을 체납한 자

2. 천재지변이나 그 밖의 중대한 재난 등 대통령령으로 정하는 특별한 사유 없이 과태료를 체납한 자

53 신용정보의 제공 등

① 행정청은 과태료 징수 또는 공익목적을 위하여 필요한 경우 「국세징수법」 제110조를 준용하여 「신용정보의 이용 및 보호에 관한 법률」 제25조제2항제1호에 따른 종합신용정보집중기관의 요청에 따라 체납 또는 결손처분자료를 제공할 수 있다. 이 경우 「국세징수법」 제110조를 준용할 때 "체납자"는 "체납자 또는 결손처분자"로, "체납자료"는 "체납 또는 결손처분 자료"로 본다.

54 고액・상습체납자에 대한 제재

① 법원은 검사의 청구에 따라 결정으로 30일의 범위 이내에서 과태료의 납부가 있을 때까지 다음 각 호의 사유에 모두 해당하는 경우 체납자(법인인 경우에는 대표자를 말한다. 이하 이 조에서 같다)를 감치(監置)에 처할 수 있다.
1. 과태료를 3회 이상 체납하고 있고, 체납발생일부터 각 1년이 경과하였으며, 체납금액의 합계가 1천만원 이상인 체납자 중 대통령령으로 정하는 횟수와 금액 이상을 체납한 경우
2. 과태료 납부능력이 있음에도 불구하고 정당한 사유 없이 체납한 경우

55 자동차 관련 과태료 체납자에 대한 자동차 등록번호판의 영치

① 행정청은 「자동차관리법」 제2조제1호에 따른 자동차의 운행・관리 등에 관한 질서위반행위 중 대통령령으로 정하는 질서위반행위로 부과받은 과태료(이하 "자동차 관련 과태료"라 한다)를 납부하지 아니한 자에 대하여 체납된 자동차 관련 과태료와 관계된 그 소유의 자동차의 등록번호판을 영치할 수 있다.

57 과태료

① 제22조제2항에 따른 검사를 거부・방해 또는 기피한 자에게는 500만원 이하의 과태료를 부과한다.
② 제1항에 따른 과태료는 제22조에 따른 행정청이 부과・징수한다.

> 수도조례 및 하수도사용조례에 기한 과태료의 부과 여부 및 그 당부는 최종적으로 질서위반행위규제법에 의한 절차에 의하여 판단되어야 한다고 할 것이므로, 그 과태료 부과처분은 행정청을 피고로 하는 행정소송의 대상이 되는 행정처분이라고 볼 수 없다(大判 12. 10. 11. 2011두19369)

4 구제수단

사전적 구제수단	행정절차법	행정절차에 관한 공통적인 사항을 규정하여 국민의 행정 참여를 도모함으로써 행정의 공정성・투명성 및 신뢰성을 확보하고 국민의 권익을 보호함을 목적으로 한다.
사후적 구제수단	국가배상법	국가나 지방자치단체의 손해배상의 책임과 배상절차를 규정함을 목적으로 한다.
	손실보상	개별법으로 규정되어 있음
	행정심판법	행정심판 절차를 통하여 행정청의 위법 또는 부당한 처분이나 부작위로 침해된 국민의 권리 또는 이익을 구제하고, 아울러 행정의 적정한 운영을 꾀함을 목적으로 한다.
	행정소송법	행정소송절차를 통하여 행정청의 위법한 처분 그 밖에 공권력의 행사・불행사등으로 인한 국민의 권리 또는 이익의 침해를 구제하고, 공법상의 권리관계 또는 법적용에 관한 다툼을 적정하게 해결함을 목적으로 한다.

사전적 구제	의 의	위법·부당한 경찰작용 등으로 인한 구체적인 권익침해가 발생하기 전에 그와 같은 침해를 예방하기 위한 구제수단
	유형	옴부즈만제도, 행정절차, 청원, 행정청에 의한 직권시정
사후적 구제	의의	경찰작용으로 인하여 권익을 침해당한 자가 경찰기관이나 법원에 대하여 원상회복, 손해전보 또는 당해 경찰작용의 시정을 구할 수 있게 하는 제도
	유형	행정상 손해전보(손실보상, 손해배상), 행정쟁송(행정심판, 행정소송), 헌법소원, 형사책임(공무원에 대한 고소·고발), 공무원에 대한 징계 등
위법한 침해	손해 배상	공무원의 위법한 직무집행행위(국가배상법 제2조) 또는 공공영조물의 설치·관리상의 하자(국가배상법 제5조)로 인하여 개인에게 재산상의 손해를 가한 경우에 국가나 공공단체가 그 손해를 배상하는 제도
	행정 쟁송	행정심판, 행정소송
	기타	정당방위, 청원, 감독청에 의한 통제, 공무원의 형사·징계책임, 헌법소원
적법한 침해	손실 보상	공공필요에 의한 적법한 공권력의 행사에 의하여 개인에게 가하여진 특별한 희생에 대하여 행하는 재산적 보상제도

◆ **행정절차법**

정의	1. "**처분**"이란 행정청이 행하는 구체적 사실에 관한 법 집행으로서의 공권력의 행사 또는 그 거부와 그 밖에 이에 준하는 행정작용을 말한다. 2. "**행정지도**"란 행정기관이 그 소관 사무의 범위에서 일정한 행정목적을 실현하기 위하여 특정인에게 일정한 행위를 하거나 하지 아니하도록 지도, 권고, 조언 등을 하는 행정작용을 말한다. 3. "**청문**"이란 행정청이 어떠한 처분을 하기 전에 당사자등의 의견을 직접 듣고 증거를 조사하는 절차를 말한다. 4. "**공청회**"란 행정청이 공개적인 토론을 통하여 어떠한 행정작용에 대하여 당사자등, 전문지식과 경험을 가진 사람, 그 밖의 일반인으로부터 의견을 널리 수렴하는 절차를 말한다. 5. "**의견제출**"이란 행정청이 어떠한 행정작용을 하기 전에 당사자등이 의견을 제시하는 절차로서 청문이나 공청회에 해당하지 아니하는 절차를 말한다.
신의성실 및 신뢰보호	① 행정청은 직무를 수행할 때 신의에 따라 성실히 하여야 한다. ② 행정청은 법령등의 해석 또는 행정청의 관행이 일반적으로 국민들에게 받아들여졌을 때에는 공익 또는 제3자의 정당한 이익을 현저히 해칠 우려가 있는 경우를 제외하고는 새로운 해석 또는 관행에 따라 소급하여 불리하게 처리하여서는 아니 된다.
의견청취	① 행정청이 처분을 할 때 다음 각 호의 어느 하나에 해당하는 경우에는 청문을 한다. 1. 다른 법령등에서 청문을 하도록 규정하고 있는 경우 2. 행정청이 필요하다고 인정하는 경우 3. 다음 각 목의 처분을 하는 경우 　가. 인허가 등의 취소 　나. 신분·자격의 박탈 　다. 법인이나 조합 등의 설립허가의 취소 ② 행정청이 처분을 할 때 다음 각 호의 어느 하나에 해당하는 경우에는 공청회를 개최한다.

	1. 다른 법령등에서 공청회를 개최하도록 규정하고 있는 경우 2. 해당 처분의 영향이 광범위하여 널리 의견을 수렴할 필요가 있다고 행정청이 인정하는 경우 3. 국민생활에 큰 영향을 미치는 처분으로서 대통령령으로 정하는 처분에 대하여 대통령령으로 정하는 수 이상의 당사자등이 공청회 개최를 요구하는 경우 ③ 행정청이 당사자에게 의무를 부과하거나 권익을 제한하는 처분을 할 때 제1항 또는 제2항의 경우 외에는 당사자등에게 의견제출의 기회를 주어야 한다.
행정지도	① 행정지도는 그 목적 달성에 필요한 최소한도에 그쳐야 하며, 행정지도의 상대방의 의사에 반하여 부당하게 강요하여서는 아니 된다. ② 행정기관은 행정지도의 상대방이 행정지도에 따르지 아니하였다는 것을 이유로 불이익한 조치를 하여서는 아니 된다. ③ 행정지도를 하는 자는 그 상대방에게 그 행정지도의 취지 및 내용과 신분을 밝혀야 한다. ④ 행정지도가 말로 이루어지는 경우에 상대방이 ③의 사항을 적은 서면의 교부를 요구하면 그 행정지도를 하는 자는 직무 수행에 특별한 지장이 없으면 이를 교부하여야 한다. ⑤ 행정지도의 상대방은 해당 행정지도의 방식·내용 등에 관하여 행정기관에 의견제출을 할 수 있다. ⑥ 행정기관이 같은 행정목적을 실현하기 위하여 많은 상대방에게 행정지도를 하려는 경우에는 특별한 사정이 없으면 행정지도에 공통적인 내용이 되는 사항을 공표하여야 한다.

행정절차법 [시행 23. 3. 24]

1 목적 [18 승진]

이 법은 행정절차에 관한 공통적인 사항을 규정하여 국민의 행정 참여를 도모함으로써 행정의 공정성·투명성 및 신뢰성을 확보하고 국민의 권익을 보호함을 목적으로 한다.

2 정의

이 법에서 사용하는 용어의 뜻은 다음과 같다.
1. "행정청"이란 다음 각 목의 자를 말한다.
    가. 행정에 관한 의사를 결정하여 표시하는 국가 또는 지방자치단체의 기관
    나. 그 밖에 법령 또는 자치법규(이하 "법령등"이라 한다)에 따라 행정권한을 가지고 있거나 위임 또는 위탁받은 공공단체 또는 그 기관이나 사인(私人)
2. "처분"이란 행정청이 행하는 구체적 사실에 관한 법 집행으로서의 공권력의 행사 또는 그 거부와 그 밖에 이에 준하는 행정작용(行政作用)을 말한다.
3. "행정지도"란 행정기관이 그 소관 사무의 범위에서 일정한 행정목적을 실현하기 위하여 특정인에게 일정한 행위를 하거나 하지 아니하도록 지도, 권고, 조언 등을 하는 행정작용을 말한다.
4. "당사자등"이란 다음 각 목의 자를 말한다.
    가. 행정청의 처분에 대하여 직접 그 상대가 되는 당사자
    나. 행정청이 직권으로 또는 신청에 따라 행정절차에 참여하게 한 이해관계인
5. "청문"이란 행정청이 어떠한 처분을 하기 전에 당사자등의 의견을 직접 듣고 증거를 조사하는 절차를 말한다.
6. "공청회"란 행정청이 공개적인 토론을 통하여 어떠한 행정작용에 대하여 당사자등, 전문지식과 경험을 가진 사람, 그 밖의 일반인으로부터 의견을 널리 수렴하는 절차를 말한다.
7. "의견제출"이란 행정청이 어떠한 행정작용을 하기 전에 당사자등이 의견을 제시하는 절차로서 청문이나 공청회에 해당하지 아니하는 절차를 말한다.
8. "전자문서"란 컴퓨터 등 정보처리능력을 가진 장치에 의하여 전자적인 형태로 작성되어 송신·수신 또는 저장된 정보를 말한다.

9. "정보통신망"이란 전기통신설비를 활용하거나 전기통신설비와 컴퓨터 및 컴퓨터 이용기술을 활용하여 정보를 수집·가공·저장·검색·송신 또는 수신하는 정보통신체제를 말한다.

3 적용 범위

① 처분, 신고, 확약, 위반사실 등의 공표, 행정계획, 행정상 입법예고, 행정예고 및 행정지도의 절차(이하 "행정절차"라 한다)에 관하여 다른 법률에 특별한 규정이 있는 경우를 제외하고는 이 법에서 정하는 바에 따른다.
② 이 법은 다음 각 호의 어느 하나에 해당하는 사항에 대하여는 적용하지 아니한다.
  1. 국회 또는 지방의회의 의결을 거치거나 동의 또는 승인을 받아 행하는 사항
  2. 법원 또는 군사법원의 재판에 의하거나 그 집행으로 행하는 사항
  3. 헌법재판소의 심판을 거쳐 행하는 사항
  4. 각급 선거관리위원회의 의결을 거쳐 행하는 사항
  5. 감사원이 감사위원회의의 결정을 거쳐 행하는 사항
  6. 형사(刑事), 행형(行刑) 및 보안처분 관계 법령에 따라 행하는 사항
  7. 국가안전보장·국방·외교 또는 통일에 관한 사항 중 행정절차를 거칠 경우 국가의 중대한 이익을 현저히 해칠 우려가 있는 사항
  8. 심사청구, 해양안전심판, 조세심판, 특허심판, 행정심판, 그 밖의 불복절차에 따른 사항
  9. 「병역법」에 따른 징집·소집, 외국인의 출입국·난민인정·귀화, 공무원 인사 관계 법령에 따른 징계와 그 밖의 처분, 이해 조정을 목적으로 하는 법령에 따른 알선·조정·중재(仲裁)·재정(裁定) 또는 그 밖의 처분 등 해당 행정작용의 성질상 행정절차를 거치기 곤란하거나 거칠 필요가 없다고 인정되는 사항과 행정절차에 준하는 절차를 거친 사항으로서 대통령령으로 정하는 사항

> 행정절차법 시행령 제2조(적용제외)
> 법 제3조제2항제9호에서 "대통령령으로 정하는 사항"이라 함은 다음 각 호의 어느 하나에 해당하는 사항을 말한다.
> 1. 「병역법」, 「예비군법」, 「민방위기본법」, 「비상대비자원 관리법」, 「대체역의 편입 및 복무 등에 관한 법률」에 따른 징집·소집·동원·훈련에 관한 사항
> 2. 외국인의 출입국·난민인정·귀화·국적회복에 관한 사항
> 3. 공무원 인사관계법령에 의한 징계 기타 처분에 관한 사항
> 4. 이해조정을 목적으로 법령에 의한 알선·조정·중재·재정 기타 처분에 관한 사항
> 5. 조세관계법령에 의한 조세의 부과·징수에 관한 사항
> 6. 「독점규제 및 공정거래에 관한 법률」, 「하도급거래 공정화에 관한 법률」, 「약관의 규제에 관한 법률」에 따라 공정거래위원회의 의결·결정을 거쳐 행하는 사항
> 7. 「국가배상법」, 「공익사업을 위한 토지 등의 취득 및 보상에 관한 법률」에 따른 재결·결정에 관한 사항
> 8. 학교·연수원등에서 교육·훈련의 목적을 달성하기 위하여 학생·연수생등을 대상으로 행하는 사항
> 9. 사람의 학식·기능에 관한 시험·검정의 결과에 따라 행하는 사항
> 10. 「배타적 경제수역에서의 외국인어업 등에 대한 주권적 권리의 행사에 관한 법률」에 따라 행하는 사항
> 11. 「특허법」, 「실용신안법」, 「디자인보호법」, 「상표법」에 따른 사정·결정·심결, 그 밖의 처분에 관한 사항

4 신의성실 및 신뢰보호

① 행정청은 직무를 수행할 때 신의(信義)에 따라 성실히 하여야 한다.
② 행정청은 법령등의 해석 또는 행정청의 관행이 일반적으로 국민들에게 받아들여졌을 때에는 공익 또는 제3자의 정당한 이익을 현저히 해칠 우려가 있는 경우를 제외하고는 새로운 해석 또는 관행에 따라 소급하여 불리하게 처리하여서는 아니 된다.

5 투명성

① 행정청이 행하는 행정작용은 그 내용이 구체적이고 명확하여야 한다.

② 행정작용의 근거가 되는 법령등의 내용이 명확하지 아니한 경우 상대방은 해당 행정청에 그 해석을 요청할 수 있으며, 해당 행정청은 특별한 사유가 없으면 그 요청에 따라야 한다.
③ 행정청은 상대방에게 행정작용과 관련된 정보를 충분히 제공하여야 한다.

6 관할

② 행정청의 관할이 분명하지 아니한 경우에는 해당 행정청을 공통으로 감독하는 상급 행정청이 그 관할을 결정하며, 공통으로 감독하는 상급 행정청이 없는 경우에는 각 상급 행정청이 협의하여 그 관할을 결정한다.

8 행정응원

① 행정청은 다음 각 호의 어느 하나에 해당하는 경우에는 다른 행정청에 행정응원(行政應援)을 요청할 수 있다.
1. 법령등의 이유로 독자적인 직무 수행이 어려운 경우
2. 인원·장비의 부족 등 사실상의 이유로 독자적인 직무 수행이 어려운 경우
3. 다른 행정청에 소속되어 있는 전문기관의 협조가 필요한 경우
4. 다른 행정청이 관리하고 있는 문서(전자문서를 포함한다. 이하 같다)·통계 등 행정자료가 직무 수행을 위하여 필요한 경우
5. 다른 행정청의 응원을 받아 처리하는 것이 보다 능률적이고 경제적인 경우
② 제1항에 따라 행정응원을 요청받은 행정청은 다음 각 호의 어느 하나에 해당하는 경우에는 응원을 거부할 수 있다.
1. 다른 행정청이 보다 능률적이거나 경제적으로 응원할 수 있는 명백한 이유가 있는 경우
2. 행정응원으로 인하여 고유의 직무 수행이 현저히 지장받을 것으로 인정되는 명백한 이유가 있는 경우
③ 행정응원은 해당 직무를 직접 응원할 수 있는 행정청에 요청하여야 한다.
④ 행정응원을 요청받은 행정청은 응원을 거부하는 경우 그 사유를 응원을 요청한 행정청에 통지하여야 한다.
⑤ 행정응원을 위하여 파견된 직원은 응원을 요청한 행정청의 지휘·감독을 받는다. 다만, 해당 직원의 복무에 관하여 다른 법령등에 특별한 규정이 있는 경우에는 그에 따른다.
⑥ 행정응원에 드는 비용은 응원을 요청한 행정청이 부담하며, 그 부담금액 및 부담방법은 응원을 요청한 행정청과 응원을 하는 행정청이 협의하여 결정한다.

9 당사자등의 자격

다음 각 호의 어느 하나에 해당하는 자는 행정절차에서 당사자등이 될 수 있다.
1. 자연인
2. 법인, 법인이 아닌 사단 또는 재단(이하 "법인등"이라 한다)
3. 그 밖에 다른 법령등에 따라 권리·의무의 주체가 될 수 있는 자

10 지위의 승계

① 당사자등이 사망하였을 때의 상속인과 다른 법령등에 따라 당사자등의 권리 또는 이익을 승계한 자는 당사자등의 지위를 승계한다.
② 당사자등인 법인등이 합병하였을 때에는 합병 후 존속하는 법인등이나 합병 후 새로 설립된 법인등이 당사자등의 지위를 승계한다.
③ 제1항 및 제2항에 따라 당사자등의 지위를 승계한 자는 행정청에 그 사실을 통지하여야 한다.
④ 처분에 관한 권리 또는 이익을 사실상 양수한 자는 행정청의 승인을 받아 당사자등의 지위를 승계할 수 있다.

11 대표자

① 다수의 당사자등이 공동으로 행정절차에 관한 행위를 할 때에는 대표자를 선정할 수 있다.
② 행정청은 제1항에 따라 당사자등이 대표자를 선정하지 아니하거나 대표자가 지나치게 많아 행정절차가 지연될 우려가 있는 경우에는 그 이유를 들어 상당한 기간 내에 3인 이내의 대표자를 선정할 것을 요청할 수 있다. 이 경우 당사자등이 그 요청에 따르지 아니하였을 때에는 행정청이 직접 대표자를 선정할 수 있다.

14 송달

① 송달은 우편, 교부 또는 정보통신망 이용 등의 방법으로 하되, 송달받을 자(대표자 또는 대리인을 포함한다. 이하 같다)의 주소·거소(居所)·영업소·사무소 또는 전자우편주소(이하 "주소등"이라 한다)로 한다. 다만, 송달받을 자가 동의하는 경우에는 그를 만나는 장소에서 송달할 수 있다.
② 교부에 의한 송달은 수령확인서를 받고 문서를 교부함으로써 하며, 송달하는 장소에서 송달받을 자를 만나지 못한 경우에는 그 사무원·피용자(被傭者) 또는 동거인으로서 사리를 분별할 지능이 있는 사람(이하 이 조에서 "사무원등"이라 한다)에게 문서를 교부할 수 있다. 다만, 문서를 송달받을 자 또는 그 사무원등이 정당한 사유 없이 송달받기를 거부하는 때에는 그 사실을 수령확인서에 적고, 문서를 송달할 장소에 놓아둘 수 있다.
③ 정보통신망을 이용한 송달은 송달받을 자가 동의하는 경우에만 한다. 이 경우 송달받을 자는 송달받을 전자우편주소 등을 지정하여야 한다.
④ 다음 각 호의 어느 하나에 해당하는 경우에는 송달받을 자가 알기 쉽도록 관보, 공보, 게시판, 일간신문 중 하나 이상에 공고하고 인터넷에도 공고하여야 한다.
  1. 송달받을 자의 주소등을 통상적인 방법으로 확인할 수 없는 경우
  2. 송달이 불가능한 경우

15 송달의 효력 발생

① 송달은 다른 법령등에 특별한 규정이 있는 경우를 제외하고는 해당 문서가 송달받을 자에게 도달됨으로써 그 효력이 발생한다.
② 제14조제3항에 따라 정보통신망을 이용하여 전자문서로 송달하는 경우에는 송달받을 자가 지정한 컴퓨터 등에 입력된 때에 도달된 것으로 본다.
③ 제14조제4항의 경우에는 다른 법령등에 특별한 규정이 있는 경우를 제외하고는 공고일부터 14일이 지난 때에 그 효력이 발생한다. 다만, 긴급히 시행하여야 할 특별한 사유가 있어 효력 발생 시기를 달리 정하여 공고한 경우에는 그에 따른다.

17 처분의 신청 [22 간부]

① 행정청에 처분을 구하는 신청은 문서로 하여야 한다. 다만, 다른 법령등에 특별한 규정이 있는 경우와 행정청이 미리 다른 방법을 정하여 공시한 경우에는 그러하지 아니하다.
② 제1항에 따라 처분을 신청할 때 전자문서로 하는 경우에는 행정청의 컴퓨터 등에 입력된 때에 신청한 것으로 본다.
③ 행정청은 신청에 필요한 구비서류, 접수기관, 처리기간, 그 밖에 필요한 사항을 게시(인터넷 등을 통한 게시를 포함한다)하거나 이에 대한 편람을 갖추어 두고 누구나 열람할 수 있도록 하여야 한다.
④ 행정청은 신청을 받았을 때에는 다른 법령등에 특별한 규정이 있는 경우를 제외하고는 그 접수를 보류 또는 거부하거나 부당하게 되돌려 보내서는 아니 되며, 신청을 접수한 경우에는 신청인에게 접수증을 주어야 한다. 다만, 대통령령으로 정하는 경우에는 접수증을 주지 아니할 수 있다.
⑤ 행정청은 신청에 구비서류의 미비 등 흠이 있는 경우에는 보완에 필요한 상당한 기간을 정하여 지체 없이 신청인에게 보완을 요구하여야 한다.
⑥ 행정청은 신청인이 제5항에 따른 기간 내에 보완을 하지 아니하였을 때에는 그 이유를 구체적으로 밝혀 접수된 신청을 되돌려 보낼 수 있다.

19 처리기간의 설정·공표

① 행정청은 신청인의 편의를 위하여 처분의 처리기간을 종류별로 미리 정하여 공표하여야 한다.
② 행정청은 부득이한 사유로 제1항에 따른 처리기간 내에 처분을 처리하기 곤란한 경우에는 해당 처분의 처리기간의 범위에서 한 번만 그 기간을 연장할 수 있다.

20 처분기준의 설정·공표 [22 간부]

① 행정청은 필요한 처분기준을 해당 처분의 성질에 비추어 되도록 구체적으로 정하여 공표하여야 한다. 처분기준을 변경하는 경우에도 또한 같다.
② 「행정기본법」 제24조에 따른 인허가의제의 경우 관련 인허가 행정청은 관련 인허가의 처분기준을 주된 인허가 행정청에 제출하여야 하고, 주된 인허가 행정청은 제출받은 관련 인허가의 처분기준을 통합하여 공표하여야 한다. 처분기준을 변경하는 경우에도 또한 같다.
③ 제1항에 따른 처분기준을 공표하는 것이 해당 처분의 성질상 현저히 곤란하거나 공공의 안전 또는 복리를 현저히 해치는 것으로 인정될 만한 상당한 이유가 있는 경우에는 처분기준을 공표하지 아니할 수 있다.

21 처분의 사전 통지 [22 간부]

① 행정청은 당사자에게 의무를 부과하거나 권익을 제한하는 처분을 하는 경우에는 미리 다음 각 호의 사항을 **당사자등**에게 통지하여야 한다.
  1. 처분의 제목
  2. 당사자의 성명 또는 명칭과 주소
  3. 처분하려는 원인이 되는 사실과 처분의 내용 및 법적 근거
  4. 제3호에 대하여 의견을 제출할 수 있다는 뜻과 의견을 제출하지 아니하는 경우의 처리방법
  5. 의견제출기관의 명칭과 주소
  6. 의견제출기한
  7. 그 밖에 필요한 사항
② 행정청은 청문을 하려면 청문이 시작되는 날부터 10일 전까지 제1항 각 호의 사항을 당사자등에게 통지하여야 한다. 이 경우 제1항제4호부터 제6호까지의 사항은 청문 주재자의 소속·직위 및 성명, 청문의 일시 및 장소, 청문에 응하지 아니하는 경우의 처리방법 등 청문에 필요한 사항으로 갈음한다.
③ 제1항제6호에 따른 기한은 의견제출에 필요한 기간을 10일 이상으로 고려하여 정하여야 한다.
④ 다음 각 호의 어느 하나에 해당하는 경우에는 제1항에 따른 통지를 하지 아니할 수 있다.
  1. 공공의 안전 또는 복리를 위하여 긴급히 처분을 할 필요가 있는 경우
  2. 법령등에서 요구된 자격이 없거나 없어지게 되면 반드시 일정한 처분을 하여야 하는 경우에 그 자격이 없거나 없어지게 된 사실이 법원의 재판 등에 의하여 객관적으로 증명된 경우
  3. 해당 처분의 성질상 의견청취가 현저히 곤란하거나 명백히 불필요하다고 인정될 만한 상당한 이유가 있는 경우

22 의견청취

① 행정청이 처분을 할 때 다음 각 호의 어느 하나에 해당하는 경우에는 청문을 한다.
  1. 다른 법령등에서 청문을 하도록 규정하고 있는 경우
  2. 행정청이 필요하다고 인정하는 경우
  3. 다음 각 목의 처분을 하는 경우
      가. 인허가 등의 취소
      나. 신분·자격의 박탈
      다. 법인이나 조합 등의 설립허가의 취소
② 행정청이 처분을 할 때 다음 각 호의 어느 하나에 해당하는 경우에는 공청회를 개최한다. [21 소방]
  1. 다른 법령등에서 공청회를 개최하도록 규정하고 있는 경우
  2. 해당 처분의 영향이 광범위하여 널리 의견을 수렴할 필요가 있다고 행정청이 인정하는 경우
  3. 국민생활에 큰 영향을 미치는 처분으로서 대통령령으로 정하는 처분에 대하여 대통령령으로 정하는 수 이상의 당사자등이 공청회 개최를 요구하는 경우
③ 행정청이 당사자에게 의무를 부과하거나 권익을 제한하는 처분을 할 때 제1항 또는 제2항의 경우 외에는 당사자등에게 의견제출의 기회를 주어야 한다.
④ 제1항부터 제3항까지의 규정에도 불구하고 **제21조제4항 각 호의 어느 하나에 해당하는 경우와 당사자가 의견**

진술의 기회를 포기한다는 뜻을 명백히 표시한 경우에는 의견청취를 하지 아니할 수 있다.
⑤ 행정청은 청문·공청회 또는 의견제출을 거쳤을 때에는 신속히 처분하여 해당 처분이 지연되지 아니하도록 하여야 한다.
⑥ 행정청은 처분 후 1년 이내에 당사자등이 요청하는 경우에는 청문·공청회 또는 의견제출을 위하여 제출받은 서류나 그 밖의 물건을 반환하여야 한다.

23 처분의 이유 제시 [22 경찰간부]

① 행정청은 처분을 할 때에는 다음 각 호의 어느 하나에 해당하는 경우를 제외하고는 당사자에게 그 근거와 이유를 제시하여야 한다.
  1. 신청 내용을 모두 그대로 인정하는 처분인 경우
  2. 단순·반복적인 처분 또는 경미한 처분으로서 당사자가 그 이유를 명백히 알 수 있는 경우
  3. 긴급히 처분을 할 필요가 있는 경우
② 행정청은 제1항제2호 및 제3호의 경우에 처분 후 당사자가 요청하는 경우에는 그 근거와 이유를 제시하여야 한다.

24 처분의 방식 [22 간부]

① 행정청이 처분을 할 때에는 다른 법령등에 특별한 규정이 있는 경우를 제외하고는 문서로 하여야 하며, 다음 각 호의 어느 하나에 해당하는 경우에는 전자문서로 할 수 있다.
  1. 당사자등의 동의가 있는 경우
  2. 당사자가 전자문서로 처분을 신청한 경우
② 제1항에도 불구하고 공공의 안전 또는 복리를 위하여 긴급히 처분을 할 필요가 있거나 사안이 경미한 경우에는 말, 전화, 휴대전화를 이용한 문자 전송, 팩스 또는 전자우편 등 문서가 아닌 방법으로 처분을 할 수 있다. 이 경우 당사자가 요청하면 지체 없이 처분에 관한 문서를 주어야 한다.
③ 처분을 하는 문서에는 그 처분 행정청과 담당자의 소속·성명 및 연락처(전화번호, 팩스번호, 전자우편주소 등을 말한다)를 적어야 한다.

26 고지

행정청이 처분을 할 때에는 당사자에게 그 처분에 관하여 행정심판 및 행정소송을 제기할 수 있는지 여부, 그 밖에 불복을 할 수 있는지 여부, 청구절차 및 청구기간, 그 밖에 필요한 사항을 알려야 한다.

27 의견제출

① 당사자등은 처분 전에 그 처분의 관할 행정청에 서면이나 말로 또는 정보통신망을 이용하여 의견제출을 할 수 있다.

27의2 제출 의견의 반영 등

① 행정청은 처분을 할 때에 당사자등이 제출한 의견이 상당한 이유가 있다고 인정하는 경우에는 이를 반영하여야 한다.
② 행정청은 당사자등이 제출한 의견을 반영하지 아니하고 처분을 한 경우 당사자등이 처분이 있음을 안 날부터 90일 이내에 그 이유의 설명을 요청하면 서면으로 그 이유를 알려야 한다. 다만, 당사자등이 동의하면 말, 정보통신망 또는 그 밖의 방법으로 알릴 수 있다.

28 청문 주재자

① 행정청은 소속 직원 또는 대통령령으로 정하는 자격을 가진 사람 중에서 청문 주재자를 공정하게 선정하여야 한다.
② 행정청은 다음 각 호의 어느 하나에 해당하는 처분을 하려는 경우에는 청문 주재자를 2명 이상으로 선정할

수 있다. 이 경우 선정된 청문 주재자 중 1명이 청문 주재자를 대표한다.
1. 다수 국민의 이해가 상충되는 처분
2. 다수 국민에게 불편이나 부담을 주는 처분
3. 그 밖에 전문적이고 공정한 청문을 위하여 행정청이 청문 주재자를 2명 이상으로 선정할 필요가 있다고 인정하는 처분

30 청문의 공개

청문은 당사자가 공개를 신청하거나 청문 주재자가 필요하다고 인정하는 경우 공개할 수 있다. 다만, 공익 또는 제3자의 정당한 이익을 현저히 해칠 우려가 있는 경우에는 공개하여서는 아니 된다.

37 문서의 열람 및 비밀유지

① 당사자등은 의견제출의 경우에는 처분의 사전 통지가 있는 날부터 의견제출기한까지, 청문의 경우에는 청문의 통지가 있는 날부터 청문이 끝날 때까지 행정청에 해당 사안의 조사결과에 관한 문서와 그 밖에 해당 처분과 관련되는 문서의 열람 또는 복사를 요청할 수 있다. 이 경우 행정청은 다른 법령에 따라 공개가 제한되는 경우를 제외하고는 그 요청을 거부할 수 없다.

38 공청회 개최의 알림

행정청은 공청회를 개최하려는 경우에는 공청회 개최 14일 전까지 다음 각 호의 사항을 당사자등에게 통지하고 관보, 공보, 인터넷 홈페이지 또는 일간신문 등에 공고하는 등의 방법으로 널리 알려야 한다. 다만, 공청회 개최를 알린 후 예정대로 개최하지 못하여 새로 일시 및 장소 등을 정한 경우에는 공청회 개최 7일 전까지 알려야 한다.
1. 제목
2. 일시 및 장소
3. 주요 내용
4. 발표자에 관한 사항
5. 발표신청 방법 및 신청기한
6. 정보통신망을 통한 의견제출
7. 그 밖에 공청회 개최에 필요한 사항

38의2 온라인공청회

① 행정청은 제38조에 따른 공청회와 병행하여서만 정보통신망을 이용한 공청회(이하 "온라인공청회"라 한다)를 실시할 수 있다.
② 제1항에도 불구하고 다음 각 호의 어느 하나에 해당하는 경우에는 온라인공청회를 단독으로 개최할 수 있다.
1. 국민의 생명·신체·재산의 보호 등 국민의 안전 또는 권익보호 등의 이유로 제38조에 따른 공청회를 개최하기 어려운 경우
2. 제38조에 따른 공청회가 행정청이 책임질 수 없는 사유로 개최되지 못하거나 개최는 되었으나 정상적으로 진행되지 못하고 무산된 횟수가 3회 이상인 경우
3. 행정청이 널리 의견을 수렴하기 위하여 온라인공청회를 단독으로 개최할 필요가 있다고 인정하는 경우. 다만, 제22조제2항제1호 또는 제3호에 따라 공청회를 실시하는 경우는 제외한다.

38의3 공청회의 주재자 및 발표자의 선정

① 행정청은 해당 공청회의 사안과 관련된 분야에 전문적 지식이 있거나 그 분야에 종사한 경험이 있는 사람으로서 대통령령으로 정하는 자격을 가진 사람 중에서 공청회의 주재자를 선정한다.
② 공청회의 발표자는 발표를 신청한 사람 중에서 행정청이 선정한다. 다만, 발표를 신청한 사람이 없거나 공청회의 공정성을 확보하기 위하여 필요하다고 인정하는 경우에는 다음 각 호의 사람 중에서 지명하거나 위촉할 수 있다.
1. 해당 공청회의 사안과 관련된 당사자등

2. 해당 공청회의 사안과 관련된 분야에 전문적 지식이 있는 사람
  3. 해당 공청회의 사안과 관련된 분야에 종사한 경험이 있는 사람

40 신고

① 법령등에서 행정청에 일정한 사항을 통지함으로써 의무가 끝나는 신고를 규정하고 있는 경우 신고를 관장하는 행정청은 신고에 필요한 구비서류, 접수기관, 그 밖에 법령등에 따른 신고에 필요한 사항을 게시(인터넷 등을 통한 게시를 포함한다)하거나 이에 대한 편람을 갖추어 두고 누구나 열람할 수 있도록 하여야 한다.
② 제1항에 따른 신고가 다음 각 호의 요건을 갖춘 경우에는 신고서가 접수기관에 도달된 때에 신고 의무가 이행된 것으로 본다.
  1. 신고서의 기재사항에 흠이 없을 것
  2. 필요한 구비서류가 첨부되어 있을 것
  3. 그 밖에 법령등에 규정된 형식상의 요건에 적합할 것
③ 행정청은 제2항 각 호의 요건을 갖추지 못한 신고서가 제출된 경우에는 지체 없이 상당한 기간을 정하여 신고인에게 보완을 요구하여야 한다.
④ 행정청은 신고인이 제3항에 따른 기간 내에 보완을 하지 아니하였을 때에는 그 이유를 구체적으로 밝혀 해당 신고서를 되돌려 보내야 한다.

40의2 확약

① 법령등에서 당사자가 신청할 수 있는 처분을 규정하고 있는 경우 행정청은 당사자의 신청에 따라 장래에 어떤 처분을 하거나 하지 아니할 것을 내용으로 하는 의사표시(이하 "확약"이라 한다)를 할 수 있다.
② 확약은 문서로 하여야 한다.
③ 행정청은 다른 행정청과의 협의 등의 절차를 거쳐야 하는 처분에 대하여 확약을 하려는 경우에는 확약을 하기 전에 그 절차를 거쳐야 한다.
④ 행정청은 다음 각 호의 어느 하나에 해당하는 경우에는 확약에 기속되지 아니한다.
  1. 확약을 한 후에 확약의 내용을 이행할 수 없을 정도로 법령등이나 사정이 변경된 경우
  2. 확약이 위법한 경우

40의3 위반사실 등의 공표

① 행정청은 법령에 따른 의무를 위반한 자의 성명·법인명, 위반사실, 의무 위반을 이유로 한 처분사실 등(이하 "위반사실등"이라 한다)을 법률로 정하는 바에 따라 일반에게 공표할 수 있다.
② 행정청은 위반사실등의 공표를 하기 전에 사실과 다른 공표로 인하여 당사자의 명예·신용 등이 훼손되지 아니하도록 객관적이고 타당한 증거와 근거가 있는지를 확인하여야 한다.
③ 행정청은 위반사실등의 공표를 할 때에는 미리 당사자에게 그 사실을 통지하고 의견제출의 기회를 주어야 한다. 다만, 다음 각 호의 어느 하나에 해당하는 경우에는 그러하지 아니하다.
  1. 공공의 안전 또는 복리를 위하여 긴급히 공표를 할 필요가 있는 경우
  2. 해당 공표의 성질상 의견청취가 현저히 곤란하거나 명백히 불필요하다고 인정될 만한 타당한 이유가 있는 경우
  3. 당사자가 의견진술의 기회를 포기한다는 뜻을 명백히 밝힌 경우

40의4 행정계획

행정청은 행정청이 수립하는 계획 중 국민의 권리·의무에 직접 영향을 미치는 계획을 수립하거나 변경·폐지할 때에는 관련된 여러 이익을 정당하게 형량하여야 한다.

41 행정상 입법예고

① 법령등을 제정·개정 또는 폐지(이하 "입법"이라 한다)하려는 경우에는 해당 입법안을 마련한 행정청은 이를 예고하여야 한다. 다만, 다음 각 호의 어느 하나에 해당하는 경우에는 예고를 하지 아니할 수 있다.

1. 신속한 국민의 권리 보호 또는 예측 곤란한 특별한 사정의 발생 등으로 입법이 긴급을 요하는 경우
2. 상위 법령등의 단순한 집행을 위한 경우
3. 입법내용이 국민의 권리·의무 또는 일상생활과 관련이 없는 경우
4. 단순한 표현·자구를 변경하는 경우 등 입법내용의 성질상 예고의 필요가 없거나 곤란하다고 판단되는 경우
5. 예고함이 공공의 안전 또는 복리를 현저히 해칠 우려가 있는 경우

③ 법제처장은 입법예고를 하지 아니한 법령안의 심사 요청을 받은 경우에 입법예고를 하는 것이 적당하다고 판단할 때에는 해당 행정청에 입법예고를 권고하거나 직접 예고할 수 있다.

42 예고방법

① 행정청은 입법안의 취지, 주요 내용 또는 전문(全文)을 다음 각 호의 구분에 따른 방법으로 공고하여야 하며, 추가로 인터넷, 신문 또는 방송 등을 통하여 공고할 수 있다.
  1. 법령의 입법안을 입법예고하는 경우 : 관보 및 법제처장이 구축·제공하는 정보시스템을 통한 공고
  2. 자치법규의 입법안을 입법예고하는 경우 : 공보를 통한 공고
② 행정청은 대통령령을 입법예고하는 경우 국회 소관 상임위원회에 이를 제출하여야 한다.

43 예고기간

입법예고기간은 예고할 때 정하되, 특별한 사정이 없으면 40일(자치법규는 20일) 이상으로 한다.

45 공청회

① 행정청은 입법안에 관하여 공청회를 개최할 수 있다.

46 행정예고

① 행정청은 정책, 제도 및 계획(이하 "정책등"이라 한다)을 수립·시행하거나 변경하려는 경우에는 이를 예고하여야 한다. 다만, 다음 각 호의 어느 하나에 해당하는 경우에는 예고를 하지 아니할 수 있다.
  1. 신속하게 국민의 권리를 보호하여야 하거나 예측이 어려운 특별한 사정이 발생하는 등 긴급한 사유로 예고가 현저히 곤란한 경우
  2. 법령등의 단순한 집행을 위한 경우
  3. 정책등의 내용이 국민의 권리·의무 또는 일상생활과 관련이 없는 경우
  4. 정책등의 예고가 공공의 안전 또는 복리를 현저히 해칠 우려가 상당한 경우
② 제1항에도 불구하고 법령등의 입법을 포함하는 행정예고는 입법예고로 갈음할 수 있다.
③ 행정예고기간은 예고 내용의 성격 등을 고려하여 정하되, 20일 이상으로 한다.
④ 제3항에도 불구하고 행정목적을 달성하기 위하여 긴급한 필요가 있는 경우에는 행정예고기간을 단축할 수 있다. 이 경우 단축된 행정예고기간은 10일 이상으로 한다.

48 행정지도의 원칙

① 행정지도는 그 목적 달성에 필요한 최소한도에 그쳐야 하며, 행정지도의 상대방의 의사에 반하여 부당하게 강요하여서는 아니 된다.
② 행정기관은 행정지도의 상대방이 행정지도에 따르지 아니하였다는 것을 이유로 불이익한 조치를 하여서는 아니 된다.

49 행정지도의 방식

① 행정지도를 하는 자는 그 상대방에게 그 행정지도의 취지 및 내용과 신분을 밝혀야 한다.
② 행정지도가 말로 이루어지는 경우에 상대방이 제1항의 사항을 적은 서면의 교부를 요구하면 그 행정지도를 하는 자는 직무 수행에 특별한 지장이 없으면 이를 교부하여야 한다.

| 50 | 의견제출 |

행정지도의 상대방은 해당 행정지도의 방식·내용 등에 관하여 행정기관에 의견제출을 할 수 있다.

| 51 | 다수인을 대상으로 하는 행정지도 |

행정기관이 같은 행정목적을 실현하기 위하여 많은 상대방에게 행정지도를 하려는 경우에는 특별한 사정이 없으면 행정지도에 공통적인 내용이 되는 사항을 공표하여야 한다.

◆ 행정기본법 [시행 23. 3. 24]

행정기본법

제1장 총칙

제1절 목적 및 정의 등

제1조(목적) 이 법은 행정의 원칙과 기본사항을 규정하여 행정의 민주성과 적법성을 확보하고 적정성과 효율성을 향상시킴으로써 국민의 권익 보호에 이바지함을 목적으로 한다.

제2조(정의) 이 법에서 사용하는 용어의 뜻은 다음과 같다.
1. "법령등"이란 다음 각 목의 것을 말한다.
   가. 법령: 다음의 어느 하나에 해당하는 것
      1) 법률 및 대통령령·총리령·부령
      2) 국회규칙·대법원규칙·헌법재판소규칙·중앙선거관리위원회규칙 및 감사원규칙
      3) 1) 또는 2)의 위임을 받아 중앙행정기관(「정부조직법」 및 그 밖의 법률에 따라 설치된 중앙행정기관을 말한다. 이하 같다)의 장이 정한 훈령·예규 및 고시 등 행정규칙
   나. 자치법규: 지방자치단체의 조례 및 규칙
2. "행정청"이란 다음 각 목의 자를 말한다.
   가. 행정에 관한 의사를 결정하여 표시하는 국가 또는 지방자치단체의 기관
   나. 그 밖에 법령등에 따라 행정에 관한 의사를 결정하여 표시하는 권한을 가지고 있거나 그 권한을 위임 또는 위탁받은 공공단체 또는 그 기관이나 사인(私人)
3. "당사자"란 처분의 상대방을 말한다.
4. "처분"이란 행정청이 구체적 사실에 관하여 행하는 법 집행으로서 공권력의 행사 또는 그 거부와 그 밖에 이에 준하는 행정작용을 말한다.
5. "제재처분"이란 법령등에 따른 의무를 위반하거나 이행하지 아니하였음을 이유로 당사자에게 의무를 부과하거나 권익을 제한하는 처분을 말한다. 다만, 제30조제1항 각 호에 따른 행정상 강제는 제외한다.

제5조(다른 법률과의 관계)
① 행정에 관하여 다른 법률에 특별한 규정이 있는 경우를 제외하고는 이 법에서 정하는 바에 따른다.
② 행정에 관한 다른 법률을 제정하거나 개정하는 경우에는 이 법의 목적과 원칙, 기준 및 취지에 부합되도록 노력하여야 한다.

제2절 기간의 계산

제6조(행정에 관한 기간의 계산)
① 행정에 관한 기간의 계산에 관하여는 이 법 또는 다른 법령등에 특별한 규정이 있는 경우를 제외하고는 「민법」을 준용한다.
② 법령등 또는 처분에서 국민의 권익을 제한하거나 의무를 부과하는 경우 권익이 제한되거나 의무가 지속되는 기간의 계산은 다음 각 호의 기준에 따른다. 다만, 다음 각 호의 기준에 따르는 것이 국민에게 불리한 경우에는 그러하지 아니하다.

1. 기간을 일, 주, 월 또는 연으로 정한 경우에는 기간의 첫날을 산입한다.
2. 기간의 말일이 토요일 또는 공휴일인 경우에도 기간은 그 날로 만료한다.

제7조(법령등 시행일의 기간 계산)
법령등(훈령·예규·고시·지침 등을 포함한다. 이하 이 조에서 같다)의 시행일을 정하거나 계산할 때에는 다음 각 호의 기준에 따른다.
1. 법령등을 공포한 날부터 시행하는 경우에는 공포한 날을 시행일로 한다.
2. 법령등을 공포한 날부터 일정 기간이 경과한 날부터 시행하는 경우 법령등을 공포한 날을 첫날에 산입하지 아니한다.
3. 법령등을 공포한 날부터 일정 기간이 경과한 날부터 시행하는 경우 그 기간의 말일이 토요일 또는 공휴일인 때에는 그 말일로 기간이 만료한다.

제2장 행정의 법 원칙

제8조(법치행정의 원칙)
행정작용은 법률에 위반되어서는 아니 되며, 국민의 권리를 제한하거나 의무를 부과하는 경우와 그 밖에 국민생활에 중요한 영향을 미치는 경우에는 법률에 근거하여야 한다.

제9조(평등의 원칙)
행정청은 합리적 이유 없이 국민을 차별하여서는 아니 된다.

제10조(비례의 원칙)
행정작용은 다음 각 호의 원칙에 따라야 한다.
1. 행정목적을 달성하는 데 유효하고 적절할 것
2. 행정목적을 달성하는 데 필요한 최소한도에 그칠 것
3. 행정작용으로 인한 국민의 이익 침해가 그 행정작용이 의도하는 공익보다 크지 아니할 것

제11조(성실의무 및 권한남용금지의 원칙)
① 행정청은 법령등에 따른 의무를 성실히 수행하여야 한다.
② 행정청은 행정권한을 남용하거나 그 권한의 범위를 넘어서는 아니 된다.

제12조(신뢰보호의 원칙)
① 행정청은 공익 또는 제3자의 이익을 현저히 해칠 우려가 있는 경우를 제외하고는 행정에 대한 국민의 정당하고 합리적인 신뢰를 보호하여야 한다.
② 행정청은 권한 행사의 기회가 있음에도 불구하고 장기간 권한을 행사하지 아니하여 국민이 그 권한이 행사되지 아니할 것으로 믿을 만한 정당한 사유가 있는 경우에는 그 권한을 행사해서는 아니 된다. 다만, 공익 또는 제3자의 이익을 현저히 해칠 우려가 있는 경우는 예외로 한다.

제13조(부당결부금지의 원칙)
행정청은 행정작용을 할 때 상대방에게 해당 행정작용과 실질적인 관련이 없는 의무를 부과해서는 아니 된다.

제3장 행정작용
제1절 처분

제14조(법 적용의 기준) [22 간부]
① 새로운 법령등은 법령등에 특별한 규정이 있는 경우를 제외하고는 그 법령등의 효력 발생 전에 완성되거나 종결된 사실관계 또는 법률관계에 대해서는 적용되지 아니한다.
② 당사자의 신청에 따른 처분은 법령등에 특별한 규정이 있거나 처분 당시의 법령등을 적용하기 곤란한 특별한 사정이 있는 경우를 제외하고는 처분 당시의 법령등에 따른다.
③ 법령등을 위반한 행위의 성립과 이에 대한 제재처분은 법령등에 특별한 규정이 있는 경우를 제외하고는 법령등을 위반한 행위 당시의 법령등에 따른다. 다만, 법령등을 위반한 행위 후 법령등의 변경에 의하여 그 행위가 법령등을 위반한 행위에 해당하지 아니하거나 제재처분 기준이 가벼워진 경우로서 해당 법령등에 특별한 규정이 없는 경우에는 변경된 법령등을 적용한다.

제15조(처분의 효력) [22 간부]
처분은 권한이 있는 기관이 취소 또는 철회하거나 기간의 경과 등으로 소멸되기 전까지는 유효한 것으로 통용된다. 다만, 무효인 처분은 처음부터 그 효력이 발생하지 아니한다.

제16조(결격사유)
① 자격이나 신분 등을 취득 또는 부여할 수 없거나 인가, 허가, 지정, 승인, 영업등록, 신고 수리 등(이하 "인허가"라 한다)을 필요로 하는 영업 또는 사업 등을 할 수 없는 사유(이하 이 조에서 "결격사유"라 한다)는 법률로 정한다.
② 결격사유를 규정할 때에는 다음 각 호의 기준에 따른다.
1. 규정의 필요성이 분명할 것
2. 필요한 항목만 최소한으로 규정할 것
3. 대상이 되는 자격, 신분, 영업 또는 사업 등과 실질적인 관련이 있을 것
4. 유사한 다른 제도와 균형을 이룰 것

제17조(부관) [22 간부]
① 행정청은 처분에 재량이 있는 경우에는 부관(조건, 기한, 부담, 철회권의 유보 등을 말한다. 이하 이 조에서 같다)을 붙일 수 있다.
② 행정청은 처분에 재량이 없는 경우에는 법률에 근거가 있는 경우에 부관을 붙일 수 있다.
③ 행정청은 부관을 붙일 수 있는 처분이 다음 각 호의 어느 하나에 해당하는 경우에는 그 처분을 한 후에도 부관을 새로 붙이거나 종전의 부관을 변경할 수 있다.
1. 법률에 근거가 있는 경우
2. 당사자의 동의가 있는 경우
3. 사정이 변경되어 부관을 새로 붙이거나 종전의 부관을 변경하지 아니하면 해당 처분의 목적을 달성할 수 없다고 인정되는 경우
④ 부관은 다음 각 호의 요건에 적합하여야 한다.
1. 해당 처분의 목적에 위배되지 아니할 것
2. 해당 처분과 실질적인 관련이 있을 것
3. 해당 처분의 목적을 달성하기 위하여 필요한 최소한의 범위일 것

제18조(위법 또는 부당한 처분의 취소)
① 행정청은 위법 또는 부당한 처분의 전부나 일부를 소급하여 취소할 수 있다. 다만, 당사자의 신뢰를 보호할 가치가 있는 등 정당한 사유가 있는 경우에는 장래를 향하여 취소할 수 있다.
② 행정청은 제1항에 따라 당사자에게 권리나 이익을 부여하는 처분을 취소하려는 경우에는 취소로 인하여 당사자가 입게 될 불이익을 취소로 달성되는 공익과 비교·형량(衡量)하여야 한다. 다만, 다음 각 호의 어느 하나에 해당하는 경우에는 그러하지 아니하다.
1. 거짓이나 그 밖의 부정한 방법으로 처분을 받은 경우
2. 당사자가 처분의 위법성을 알고 있었거나 중대한 과실로 알지 못한 경우

제19조(적법한 처분의 철회)
① 행정청은 적법한 처분이 다음 각 호의 어느 하나에 해당하는 경우에는 그 처분의 전부 또는 일부를 장래를 향하여 철회할 수 있다.
1. 법률에서 정한 철회 사유에 해당하게 된 경우
2. 법령등의 변경이나 사정변경으로 처분을 더 이상 존속시킬 필요가 없게 된 경우
3. 중대한 공익을 위하여 필요한 경우
② 행정청은 제1항에 따라 처분을 철회하려는 경우에는 철회로 인하여 당사자가 입게 될 불이익을 철회로 달성되는 공익과 비교·형량하여야 한다.

제20조(자동적 처분) [22 간부]
행정청은 법률로 정하는 바에 따라 완전히 자동화된 시스템(인공지능 기술을 적용한 시스템을 포함한다)으로 처분을 할 수 있다. 다만, 처분에 재량이 있는 경우는 그러하지 아니하다.

제21조(재량행사의 기준) [22 간부]

행정청은 재량이 있는 처분을 할 때에는 관련 이익을 정당하게 형량하여야 하며, 그 재량권의 범위를 넘어서는 아니 된다.

제22조(제재처분의 기준)
① 제재처분의 근거가 되는 법률에는 제재처분의 주체, 사유, 유형 및 상한을 명확하게 규정하여야 한다. 이 경우 제재처분의 유형 및 상한을 정할 때에는 해당 위반행위의 특수성 및 유사한 위반행위와의 형평성 등을 종합적으로 고려하여야 한다.

제23조(제재처분의 제척기간)
① 행정청은 법령등의 위반행위가 종료된 날부터 5년이 지나면 해당 위반행위에 대하여 제재처분(인허가의 정지·취소·철회, 등록 말소, 영업소 폐쇄와 정지를 갈음하는 과징금 부과를 말한다. 이하 이 조에서 같다)을 할 수 없다.
② 다음 각 호의 어느 하나에 해당하는 경우에는 제1항을 적용하지 아니한다.
1. 거짓이나 그 밖의 부정한 방법으로 인허가를 받거나 신고를 한 경우
2. 당사자가 인허가나 신고의 위법성을 알고 있었거나 중대한 과실로 알지 못한 경우
3. 정당한 사유 없이 행정청의 조사·출입·검사를 기피·방해·거부하여 제척기간이 지난 경우
4. 제재처분을 하지 아니하면 국민의 안전·생명 또는 환경을 심각하게 해치거나 해칠 우려가 있는 경우
③ 행정청은 제1항에도 불구하고 행정심판의 재결이나 법원의 판결에 따라 제재처분이 취소·철회된 경우에는 재결이나 판결이 확정된 날부터 1년(합의제행정기관은 2년)이 지나기 전까지는 그 취지에 따른 새로운 제재처분을 할 수 있다.
④ 다른 법률에서 제1항 및 제3항의 기간보다 짧거나 긴 기간을 규정하고 있으면 그 법률에서 정하는 바에 따른다.

제2절 인허가의제

제24조(인허가의제의 기준)
① 이 절에서 "인허가의제"란 하나의 인허가(이하 "주된 인허가"라 한다)를 받으면 법률로 정하는 바에 따라 그와 관련된 여러 인허가(이하 "관련 인허가"라 한다)를 받은 것으로 보는 것을 말한다.
② 인허가의제를 받으려면 주된 인허가를 신청할 때 관련 인허가에 필요한 서류를 함께 제출하여야 한다. 다만, 불가피한 사유로 함께 제출할 수 없는 경우에는 주된 인허가 행정청이 별도로 정하는 기한까지 제출할 수 있다.
③ 주된 인허가 행정청은 주된 인허가를 하기 전에 관련 인허가에 관하여 미리 관련 인허가 행정청과 협의하여야 한다.

제25조(인허가의제의 효과)
① 제24조제3항·제4항에 따라 협의가 된 사항에 대해서는 주된 인허가를 받았을 때 관련 인허가를 받은 것으로 본다.
② 인허가의제의 효과는 주된 인허가의 해당 법률에 규정된 관련 인허가에 한정된다.

제3절 공법상 계약

제27조(공법상 계약의 체결) [22 간부]
① 행정청은 법령등을 위반하지 아니하는 범위에서 행정목적을 달성하기 위하여 필요한 경우에는 공법상 법률관계에 관한 계약(이하 "공법상 계약"이라 한다)을 체결할 수 있다. 이 경우 계약의 목적 및 내용을 명확하게 적은 계약서를 작성하여야 한다.
② 행정청은 공법상 계약의 상대방을 선정하고 계약 내용을 정할 때 공법상 계약의 공공성과 제3자의 이해관계를 고려하여야 한다.

제4절 과징금

제28조(과징금의 기준)
① 행정청은 법령등에 따른 의무를 위반한 자에 대하여 법률로 정하는 바에 따라 그 위반행위에 대한 제재로

서 과징금을 부과할 수 있다.

제5절 행정상 강제

제30조(행정상 강제)
① 행정청은 행정목적을 달성하기 위하여 필요한 경우에는 법률로 정하는 바에 따라 필요한 최소한의 범위에서 다음 각 호의 어느 하나에 해당하는 조치를 할 수 있다.
1. 행정대집행: 의무자가 행정상 의무(법령등에서 직접 부과하거나 행정청이 법령등에 따라 부과한 의무를 말한다. 이하 이 절에서 같다)로서 타인이 대신하여 행할 수 있는 의무를 이행하지 아니하는 경우 법률로 정하는 다른 수단으로는 그 이행을 확보하기 곤란하고 그 불이행을 방치하면 공익을 크게 해칠 것으로 인정될 때에 행정청이 의무자가 하여야 할 행위를 스스로 하거나 제3자에게 하게 하고 그 비용을 의무자로부터 징수하는 것
2. 이행강제금의 부과: 의무자가 행정상 의무를 이행하지 아니하는 경우 행정청이 적절한 이행기간을 부여하고, 그 기한까지 행정상 의무를 이행하지 아니하면 금전급부의무를 부과하는 것
3. 직접강제: 의무자가 행정상 의무를 이행하지 아니하는 경우 행정청이 의무자의 신체나 재산에 실력을 행사하여 그 행정상 의무의 이행이 있었던 것과 같은 상태를 실현하는 것
4. 강제징수: 의무자가 행정상 의무 중 금전급부의무를 이행하지 아니하는 경우 행정청이 의무자의 재산에 실력을 행사하여 그 행정상 의무가 실현된 것과 같은 상태를 실현하는 것
5. 즉시강제: 현재의 급박한 행정상의 장해를 제거하기 위한 경우로서 다음 각 목의 어느 하나에 해당하는 경우에 행정청이 곧바로 국민의 신체 또는 재산에 실력을 행사하여 행정목적을 달성하는 것
   가. 행정청이 미리 행정상 의무 이행을 명할 시간적 여유가 없는 경우
   나. 그 성질상 행정상 의무의 이행을 명하는 것만으로는 행정목적 달성이 곤란한 경우
② 행정상 강제 조치에 관하여 이 법에서 정한 사항 외에 필요한 사항은 따로 법률로 정한다.
③ 형사(刑事), 행형(行刑) 및 보안처분 관계 법령에 따라 행하는 사항이나 외국인의 출입국·난민인정·귀화·국적회복에 관한 사항에 관하여는 이 절을 적용하지 아니한다.

제31조(이행강제금의 부과)
① 이행강제금 부과의 근거가 되는 법률에는 이행강제금에 관한 다음 각 호의 사항을 명확하게 규정하여야 한다. 다만, 제4호 또는 제5호를 규정할 경우 입법목적이나 입법취지를 훼손할 우려가 크다고 인정되는 경우로서 대통령령으로 정하는 경우는 제외한다.
1. 부과·징수 주체
2. 부과 요건
3. 부과 금액
4. 부과 금액 산정기준
5. 연간 부과 횟수나 횟수의 상한
③ 행정청은 이행강제금을 부과하기 전에 미리 의무자에게 적절한 이행기간을 정하여 그 기한까지 행정상 의무를 이행하지 아니하면 이행강제금을 부과한다는 뜻을 문서로 계고(戒告)하여야 한다.
④ 행정청은 의무자가 제3항에 따른 계고에서 정한 기한까지 행정상 의무를 이행하지 아니한 경우 이행강제금의 부과 금액·사유·시기를 문서로 명확하게 적어 의무자에게 통지하여야 한다.
⑤ 행정청은 의무자가 행정상 의무를 이행할 때까지 이행강제금을 반복하여 부과할 수 있다. 다만, 의무자가 의무를 이행하면 새로운 이행강제금의 부과를 즉시 중지하되, 이미 부과한 이행강제금은 징수하여야 한다.

제32조(직접강제)
① 직접강제는 행정대집행이나 이행강제금 부과의 방법으로는 행정상 의무 이행을 확보할 수 없거나 그 실현이 불가능한 경우에 실시하여야 한다.

제33조(즉시강제)
① 즉시강제는 다른 수단으로는 행정목적을 달성할 수 없는 경우에만 허용되며, 이 경우에도 최소한으로만 실시하여야 한다.

제6절 그 밖의 행정작용

제34조(수리 여부에 따른 신고의 효력)

법령등으로 정하는 바에 따라 행정청에 일정한 사항을 통지하여야 하는 신고로서 법률에 신고의 수리가 필요하다고 명시되어 있는 경우(행정기관의 내부 업무 처리 절차로서 수리를 규정한 경우는 제외한다)에는 행정청이 수리하여야 효력이 발생한다.

제7절 처분에 대한 이의신청 및 재심사

제36조(처분에 대한 이의신청)

① 행정청의 처분(「행정심판법」 제3조에 따라 같은 법에 따른 행정심판의 대상이 되는 처분을 말한다. 이하 이 조에서 같다)에 이의가 있는 당사자는 처분을 받은 날부터 30일 이내에 해당 행정청에 이의신청을 할 수 있다.

② 행정청은 제1항에 따른 이의신청을 받으면 그 신청을 받은 날부터 14일 이내에 그 이의신청에 대한 결과를 신청인에게 통지하여야 한다. 다만, 부득이한 사유로 14일 이내에 통지할 수 없는 경우에는 그 기간을 만료일 다음 날부터 기산하여 10일의 범위에서 한 차례 연장할 수 있으며, 연장 사유를 신청인에게 통지하여야 한다.

③ 제1항에 따라 이의신청을 한 경우에도 그 이의신청과 관계없이 「행정심판법」에 따른 행정심판 또는 「행정소송법」에 따른 행정소송을 제기할 수 있다.

④ 이의신청에 대한 결과를 통지받은 후 행정심판 또는 행정소송을 제기하려는 자는 그 결과를 통지받은 날(제2항에 따른 통지기간 내에 결과를 통지받지 못한 경우에는 같은 항에 따른 통지기간이 만료되는 날의 다음 날을 말한다)부터 90일 이내에 행정심판 또는 행정소송을 제기할 수 있다.

⑦ 다음 각 호의 어느 하나에 해당하는 사항에 관하여는 이 조를 적용하지 아니한다.

1. 공무원 인사 관계 법령에 따른 징계 등 처분에 관한 사항 [22 경찰간부]
2. 「국가인권위원회법」 제30조에 따른 진정에 대한 국가인권위원회의 결정
3. 「노동위원회법」 제2조의2에 따라 노동위원회의 의결을 거쳐 행하는 사항
4. 형사, 행형 및 보안처분 관계 법령에 따라 행하는 사항
5. 외국인의 출입국·난민인정·귀화·국적회복에 관한 사항
6. 과태료 부과 및 징수에 관한 사항

제37조(처분의 재심사)

① 당사자는 처분(제재처분 및 행정상 강제는 제외한다. 이하 이 조에서 같다)이 행정심판, 행정소송 및 그 밖의 쟁송을 통하여 다툴 수 없게 된 경우(법원의 확정판결이 있는 경우는 제외한다)라도 다음 각 호의 어느 하나에 해당하는 경우에는 해당 처분을 한 행정청에 처분을 취소·철회하거나 변경하여 줄 것을 신청할 수 있다.

1. 처분의 근거가 된 사실관계 또는 법률관계가 추후에 당사자에게 유리하게 바뀐 경우
2. 당사자에게 유리한 결정을 가져다주었을 새로운 증거가 있는 경우
3. 「민사소송법」 제451조에 따른 재심사유에 준하는 사유가 발생한 경우 등 대통령령으로 정하는 경우

② 제1항에 따른 신청은 해당 처분의 절차, 행정심판, 행정소송 및 그 밖의 쟁송에서 당사자가 중대한 과실 없이 제1항 각 호의 사유를 주장하지 못한 경우에만 할 수 있다.

③ 제1항에 따른 신청은 당사자가 제1항 각 호의 사유를 안 날부터 60일 이내에 하여야 한다. 다만, 처분이 있은 날부터 5년이 지나면 신청할 수 없다.

④ 제1항에 따른 신청을 받은 행정청은 특별한 사정이 없으면 신청을 받은 날부터 90일(합의제행정기관은 180일) 이내에 처분의 재심사 결과(재심사 여부와 처분의 유지·취소·철회·변경 등에 대한 결정을 포함한다)를 신청인에게 통지하여야 한다. 다만, 부득이한 사유로 90일(합의제행정기관은 180일) 이내에 통지할 수 없는 경우에는 그 기간을 만료일 다음 날부터 기산하여 90일(합의제행정기관은 180일)의 범위에서 한 차례 연장할 수 있으며, 연장 사유를 신청인에게 통지하여야 한다.

⑤ 제4항에 따른 처분의 재심사 결과 중 처분을 유지하는 결과에 대해서는 행정심판, 행정소송 및 그 밖의 쟁송수단을 통하여 불복할 수 없다.

⑧ 다음 각 호의 어느 하나에 해당하는 사항에 관하여는 이 조를 적용하지 아니한다.
1. 공무원 인사 관계 법령에 따른 징계 등 처분에 관한 사항
2. 「노동위원회법」 제2조의2에 따라 노동위원회의 의결을 거쳐 행하는 사항
3. 형사, 행형 및 보안처분 관계 법령에 따라 행하는 사항
4. 외국인의 출입국·난민인정·귀화·국적회복에 관한 사항
5. 과태료 부과 및 징수에 관한 사항
6. 개별 법률에서 그 적용을 배제하고 있는 경우

◆ 국가배상법 [시행 17. 10. 31]

제1조(목적)
이 법은 국가나 지방자치단체의 손해배상(損害賠償)의 책임과 배상절차를 규정함을 목적으로 한다.

제2조(배상책임)
① 국가나 지방자치단체는 공무원 또는 공무를 위탁받은 사인(이하 "공무원"이라 한다)이 직무를 집행하면서 고의 또는 과실로 법령을 위반하여 타인에게 손해를 입히거나, 「자동차손해배상 보장법」에 따라 손해배상의 책임이 있을 때에는 이 법에 따라 그 손해를 배상하여야 한다.
다만, 군인·군무원·경찰공무원 또는 예비군대원이 전투·훈련 등 직무 집행과 관련하여 전사(戰死)·순직(殉職)하거나 공상(公傷)을 입은 경우에 본인이나 그 유족이 다른 법령에 따라 재해보상금·유족연금·상이연금 등의 보상을 지급받을 수 있을 때에는 이 법 및 「민법」에 따른 손해배상을 청구할 수 없다.
② 제1항 본문의 경우에 공무원에게 고의 또는 중대한 과실이 있으면 국가나 지방자치단체는 그 공무원에게 구상(求償)할 수 있다.

제4조(양도 등 금지)
생명·신체의 침해로 인한 국가배상을 받을 권리는 양도하거나 압류하지 못한다.

제5조(공공시설 등의 하자로 인한 책임)
① 도로·하천, 그 밖의 공공의 영조물(營造物)의 설치나 관리에 하자(瑕疵)가 있기 때문에 타인에게 손해를 발생하게 하였을 때에는 국가나 지방자치단체는 그 손해를 배상하여야 한다. 이 경우 제2조제1항 단서, 제3조 및 제3조의2를 준용한다.
② 제1항을 적용할 때 손해의 원인에 대하여 책임을 질 자가 따로 있으면 국가나 지방자치단체는 그 자에게 구상할 수 있다.

제6조(비용부담자 등의 책임)
① 제2조·제3조 및 제5조에 따라 국가나 지방자치단체가 손해를 배상할 책임이 있는 경우에 공무원의 선임·감독 또는 영조물의 설치·관리를 맡은 자와 공무원의 봉급·급여, 그 밖의 비용 또는 영조물의 설치·관리 비용을 부담하는 자가 동일하지 아니하면 그 비용을 부담하는 자도 손해를 배상하여야 한다.
② 제1항의 경우에 손해를 배상한 자는 내부관계에서 그 손해를 배상할 책임이 있는 자에게 구상할 수 있다.

제7조(외국인에 대한 책임)

이 법은 외국인이 피해자인 경우에는 해당 국가와 상호 보증이 있을 때에만 적용한다.

제8조(다른 법률과의 관계)
국가나 지방자치단체의 손해배상 책임에 관하여는 이 법에 규정된 사항 외에는 「민법」에 따른다. 다만, 「민법」 외의 법률에 다른 규정이 있을 때에는 그 규정에 따른다.

제9조(소송과 배상신청의 관계)
이 법에 따른 손해배상의 소송은 배상심의회(이하 "심의회"라 한다)에 배상신청을 하지 아니하고도 제기할 수 있다.

제10조(배상심의회)
① 국가나 지방자치단체에 대한 배상신청사건을 심의하기 위하여 법무부에 본부심의회를 둔다. 다만, 군인이나 군무원이 타인에게 입힌 손해에 대한 배상신청사건을 심의하기 위하여 국방부에 특별심의회를 둔다.

제12조(배상신청)
① 이 법에 따라 배상금을 지급받으려는 자는 그 주소지·소재지 또는 배상원인 발생지를 관할하는 지구심의회에 배상신청을 하여야 한다.

◆ 행정심판과 행정소송

	행정심판	행정소송
목적	행정감독, 행정통제	행정구제, 권리구제
대상	위법, 부당	위법
담당기관	위원회	법원
성질	약식쟁송	정식쟁송
종류	항고심판 (취소심판, 무효등확인심판, 의무이행심판)	항고소송(취소소송, 무효등확인소송, 부작위위법확인소송), 당사자소송, 민중소송, 기관소송
공통점	① 법률상 이익이 있는 자, ② 청구의 변경, ③ 집행부정지원칙, ④ (보충적) 직권심리주의, ⑤ 구술심리, ⑥ 불이익변경금지의 원칙, ⑦ 사정재결(판결), ⑧ 불고불리의 원칙 ⑨ 대심주의 ⑩ 참가인제도	
심리절차	서면심리 or 구술심리, 비공개 원칙	구두변론, 공개의 원칙
부작위에 대한 쟁송	의무이행심판	부작위위법확인소송
적극적 변경여부	가능	불가능(취소소송에서의 적극적 변경 X)
의무이행확보수단	위원회의 직접처분권 인정	간접강제제도
고지규정	있음	없음
제소기간	처분이 있음을 안 날로부터 90일 이내, 처분이 있은 날로부터 180일 이내	처분이 있음을 안 날 또는 재결서의 정본을 송달받은 날로부터 90일 이내, 처분이 있은 날로부터 1년 이내

◆ 행정심판법 [시행 23. 3. 21]

제1조(목적)
이 법은 행정심판 절차를 통하여 행정청의 위법 또는 부당한 처분(處分)이나 부작위(不作爲)로 침해된 국민의 권리 또는 이익을 구제하고, 아울러 행정의 적정한 운영을 꾀함을 목적으로 한다.

제2조(정의)
이 법에서 사용하는 용어의 뜻은 다음과 같다.
1. "처분"이란 행정청이 행하는 구체적 사실에 관한 법집행으로서의 공권력의 행사 또는 그 거부, 그 밖에 이에 준하는 행정작용을 말한다.
2. "부작위"란 행정청이 당사자의 신청에 대하여 상당한 기간 내에 일정한 처분을 하여야 할 법률상 의무가 있는데도 처분을 하지 아니하는 것을 말한다.
3. "재결(裁決)"이란 행정심판의 청구에 대하여 제6조에 따른 행정심판위원회가 행하는 판단을 말한다.
4. "행정청"이란 행정에 관한 의사를 결정하여 표시하는 국가 또는 지방자치단체의 기관, 그 밖에 법령 또는 자치법규에 따라 행정권한을 가지고 있거나 위탁을 받은 공공단체나 그 기관 또는 사인(私人)을 말한다.

제3조(행정심판의 대상)
① 행정청의 처분 또는 부작위에 대하여는 다른 법률에 특별한 규정이 있는 경우 외에는 이 법에 따라 행정심판을 청구할 수 있다.
② 대통령의 처분 또는 부작위에 대하여는 다른 법률에서 행정심판을 청구할 수 있도록 정한 경우 외에는 행정심판을 청구할 수 없다.

제5조(행정심판의 종류)
행정심판의 종류는 다음 각 호와 같다.
1. 취소심판 : 행정청의 위법 또는 부당한 처분을 취소하거나 변경하는 행정심판
2. 무효등확인심판 : 행정청의 처분의 효력 유무 또는 존재 여부를 확인하는 행정심판
3. 의무이행심판 : 당사자의 신청에 대한 행정청의 위법 또는 부당한 거부처분이나 부작위에 대하여 일정한 처분을 하도록 하는 행정심판

제13조(청구인 적격)
① 취소심판은 처분의 취소 또는 변경을 구할 법률상 이익이 있는 자가 청구할 수 있다. 처분의 효과가 기간의 경과, 처분의 집행, 그 밖의 사유로 소멸된 뒤에도 그 처분의 취소로 회복되는 법률상 이익이 있는 자의 경우에도 또한 같다.
② 무효등확인심판은 처분의 효력 유무 또는 존재 여부의 확인을 구할 법률상 이익이 있는 자가 청구할 수 있다.
③ 의무이행심판은 처분을 신청한 자로서 행정청의 거부처분 또는 부작위에 대하여 일정한 처분을 구할 법률상 이익이 있는 자가 청구할 수 있다.

제17조(피청구인의 적격 및 경정)
① 행정심판은 처분을 한 행정청(의무이행심판의 경우에는 청구인의 신청을 받은 행정청)을 피청구인으로 하여 청구하여야 한다. 다만, 심판청구의 대상과 관계되는 권한이 다른 행정청에 승계된 경우에는 권한을 승계한 행정청을 피청구인으로 하여야 한다.

제23조(심판청구서의 제출)
① 행정심판을 청구하려는 자는 제28조에 따라 심판청구서를 작성하여 피청구인이나 위원회에 제출하여야 한다. 이 경우 피청구인의 수만큼 심판청구서 부본을 함께 제출하여야 한다.

제27조(심판청구의 기간)
① 행정심판은 처분이 있음을 알게 된 날부터 90일 이내에 청구하여야 한다.
② 청구인이 천재지변, 전쟁, 사변(事變), 그 밖의 불가항력으로 인하여 제1항에서 정한 기간에 심판청구를 할 수 없었을 때에는 그 사유가 소멸한 날부터 14일 이내에 행정심판을 청구할 수 있다. 다만, 국외에서 행정심판을 청구하는 경우에는 그 기간을 30일로 한다.
③ 행정심판은 처분이 있었던 날부터 180일이 지나면 청구하지 못한다. 다만, 정당한 사유가 있는 경우에는 그러하지 아니하다.
④ 제1항과 제2항의 기간은 불변기간(不變期間)으로 한다.
⑤ 행정청이 심판청구 기간을 제1항에 규정된 기간보다 긴 기간으로 잘못 알린 경우 그 잘못 알린 기간에 심판청구가 있으면 그 행정심판은 제1항에 규정된 기간에 청구된 것으로 본다.
⑥ 행정청이 심판청구 기간을 알리지 아니한 경우에는 제3항에 규정된 기간에 심판청구를 할 수 있다.
⑦ 제1항부터 제6항까지의 규정은 무효등확인심판청구와 부작위에 대한 의무이행심판청구에는 적용하지 아니한다.

제30조(집행정지)
① 심판청구는 처분의 효력이나 그 집행 또는 절차의 속행(續行)에 영향을 주지 아니한다.
② 위원회는 처분, 처분의 집행 또는 절차의 속행 때문에 중대한 손해가 생기는 것을 예방할 필요성이 긴급하다고 인정할 때에는 직권으로 또는 당사자의 신청에 의하여 처분의 효력, 처분의 집행 또는 절차의 속행의 전부 또는 일부의 정지(이하 "집행정지"라 한다)를 결정할 수 있다. 다만, 처분의 효력정지는 처분의 집행 또는 절차의 속행을 정지함으로써 그 목적을 달성할 수 있을 때에는 허용되지 아니한다.
③ 집행정지는 공공복리에 중대한 영향을 미칠 우려가 있을 때에는 허용되지 아니한다.

제43조(재결의 구분)
① 위원회는 심판청구가 적법하지 아니하면 그 심판청구를 각하(却下)한다.
② 위원회는 심판청구가 이유가 없다고 인정하면 그 심판청구를 기각(棄却)한다.
③ 위원회는 취소심판의 청구가 이유가 있다고 인정하면 처분을 취소 또는 다른 처분으로 변경하거나 처분을 다른 처분으로 변경할 것을 피청구인에게 명한다.
④ 위원회는 무효등확인심판의 청구가 이유가 있다고 인정하면 처분의 효력 유무 또는 처분의 존재 여부를 확인한다.
⑤ 위원회는 의무이행심판의 청구가 이유가 있다고 인정하면 지체 없이 신청에 따른 처분을 하거나 처분을 할 것을 피청구인에게 명한다.

제44조(사정재결)
① 위원회는 심판청구가 이유가 있다고 인정하는 경우에도 이를 인용(認容)하는 것이 공공복리에 크게 위배된다고 인정하면 그 심판청구를 기각하는 재결을 할 수 있다. 이 경우 위원회는 재결의 주문(主文)에서 그 처분 또는 부작위가 위법하거나 부당하다는 것을 구체적으로 밝혀야 한다.
② 위원회는 제1항에 따른 재결을 할 때에는 청구인에 대하여 상당한 구제방법을 취하거나 상당한 구제방법을 취할 것을 피청구인에게 명할 수 있다.

③ 제1항과 제2항은 무효등확인심판에는 적용하지 아니한다.

제45조(재결 기간)
① 재결은 제23조에 따라 피청구인 또는 위원회가 심판청구서를 받은 날부터 60일 이내에 하여야 한다. 다만, 부득이한 사정이 있는 경우에는 위원장이 직권으로 30일을 연장할 수 있다.

제47조(재결의 범위)
① 위원회는 심판청구의 대상이 되는 처분 또는 부작위 외의 사항에 대하여는 재결하지 못한다.
② 위원회는 심판청구의 대상이 되는 처분보다 청구인에게 불리한 재결을 하지 못한다.

제51조(행정심판 재청구의 금지)
심판청구에 대한 재결이 있으면 그 재결 및 같은 처분 또는 부작위에 대하여 다시 행정심판을 청구할 수 없다.

◆ 행정소송법 [시행 17. 7. 26]

제1조(목적)
이 법은 행정소송절차를 통하여 행정청의 위법한 처분 그 밖에 공권력의 행사·불행사등으로 인한 국민의 권리 또는 이익의 침해를 구제하고, 공법상의 권리관계 또는 법적용에 관한 다툼을 적정하게 해결함을 목적으로 한다.

제2조(정의)
① 이 법에서 사용하는 용어의 정의는 다음과 같다.
1. "처분등"이라 함은 행정청이 행하는 구체적 사실에 관한 법집행으로서의 공권력의 행사 또는 그 거부와 그 밖에 이에 준하는 행정작용(이하 "處分"이라 한다) 및 행정심판에 대한 재결을 말한다.

제3조(행정소송의 종류)
행정소송은 다음의 네가지로 구분한다.
1. 항고소송 : 행정청의 처분등이나 부작위에 대하여 제기하는 소송
2. 당사자소송 : 행정청의 처분등을 원인으로 하는 법률관계에 관한 소송 그 밖에 공법상의 법률관계에 관한 소송으로서 그 법률관계의 한쪽 당사자를 피고로 하는 소송
3. 민중소송 : 국가 또는 공공단체의 기관이 법률에 위반되는 행위를 한 때에 직접 자기의 법률상 이익과 관계없이 그 시정을 구하기 위하여 제기하는 소송
4. 기관소송 : 국가 또는 공공단체의 기관상호간에 있어서의 권한의 존부 또는 그 행사에 관한 다툼이 있을 때에 이에 대하여 제기하는 소송. 다만, 헌법재판소법 제2조의 규정에 의하여 헌법재판소의 관장사항으로 되는 소송은 제외한다.

제4조(항고소송)
항고소송은 다음과 같이 구분한다.
1. 취소소송 : 행정청의 위법한 처분등을 취소 또는 변경하는 소송
2. 무효등 확인소송 : 행정청의 처분등의 효력 유무 또는 존재여부를 확인하는 소송
3. 부작위위법확인소송 : 행정청의 부작위가 위법하다는 것을 확인하는 소송

제12조(원고적격)

취소소송은 처분등의 취소를 구할 법률상 이익이 있는 자가 제기할 수 있다. 처분등의 효과가 기간의 경과, 처분등의 집행 그 밖의 사유로 인하여 소멸된 뒤에도 그 처분등의 취소로 인하여 회복되는 법률상 이익이 있는 자의 경우에는 또한 같다.

제13조(피고적격)

① 취소소송은 다른 법률에 특별한 규정이 없는 한 그 처분등을 행한 행정청을 피고로 한다. 다만, 처분등이 있은 뒤에 그 처분등에 관계되는 권한이 다른 행정청에 승계된 때에는 이를 승계한 행정청을 피고로 한다.

제18조(행정심판과의 관계)

① 취소소송은 법령의 규정에 의하여 당해 처분에 대한 행정심판을 제기할 수 있는 경우에도 이를 거치지 아니하고 제기할 수 있다. 다만, 다른 법률에 당해 처분에 대한 행정심판의 재결을 거치지 아니하면 취소소송을 제기할 수 없다는 규정이 있는 때에는 그러하지 아니하다.

제19조(취소소송의 대상)

취소소송은 처분등을 대상으로 한다. 다만, 재결취소소송의 경우에는 재결 자체에 고유한 위법이 있음을 이유로 하는 경우에 한한다.

제20조(제소기간)

① 취소소송은 처분등이 있음을 안 날부터 90일 이내에 제기하여야 한다. 다만, 제18조제1항 단서에 규정한 경우와 그 밖에 행정심판청구를 할 수 있는 경우 또는 행정청이 행정심판청구를 할 수 있다고 잘못 알린 경우에 행정심판청구가 있은 때의 기간은 재결서의 정본을 송달받은 날부터 기산한다.
② 취소소송은 처분등이 있은 날부터 1년(第1項 但書의 경우는 裁決이 있은 날부터 1年)을 경과하면 이를 제기하지 못한다. 다만, 정당한 사유가 있는 때에는 그러하지 아니하다.

제23조(집행정지)

① 취소소송의 제기는 처분등의 효력이나 그 집행 또는 절차의 속행에 영향을 주지 아니한다.
② 취소소송이 제기된 경우에 처분등이나 그 집행 또는 절차의 속행으로 인하여 생길 회복하기 어려운 손해를 예방하기 위하여 긴급한 필요가 있다고 인정할 때에는 본안이 계속되고 있는 법원은 당사자의 신청 또는 직권에 의하여 처분등의 효력이나 그 집행 또는 절차의 속행의 전부 또는 일부의 정지(이하 "執行停止"라 한다)를 결정할 수 있다. 다만, 처분의 효력정지는 처분등의 집행 또는 절차의 속행을 정지함으로써 목적을 달성할 수 있는 경우에는 허용되지 아니한다.
③ 집행정지는 공공복리에 중대한 영향을 미칠 우려가 있을 때에는 허용되지 아니한다.

제28조(사정판결)

① 원고의 청구가 이유있다고 인정하는 경우에도 처분등을 취소하는 것이 현저히 공공복리에 적합하지 아니하다고 인정하는 때에는 법원은 원고의 청구를 기각할 수 있다. 이 경우 법원은 그 판결의 주문에서 그 처분등이 위법함을 명시하여야 한다.
② 법원이 제1항의 규정에 의한 판결을 함에 있어서는 미리 원고가 그로 인하여 입게 될 손해의 정도와 배상방법 그 밖의 사정을 조사하여야 한다.
③ 원고는 피고인 행정청이 속하는 국가 또는 공공단체를 상대로 손해배상, 제해시설의 설치 그 밖에 적당한 구제방법의 청구를 당해 취소소송등이 계속된 법원에 병합하여 제기할 수 있다.

제2절 | 경찰관 직무집행법

1~2 개요

목적 등	① 「경찰관 직무집행법」은 국민의 자유와 권리 및 모든 개인이 가지는 불가침의 기본적 인권을 보호하고 사회공공의 질서를 유지하기 위한 경찰관(경찰공무원만 해당한다)의 직무수행에 필요한 사항을 규정함을 목적으로 한다. [20 간부] ② 「경찰관 직무집행법」에 규정된 경찰관의 직권은 그 직무 수행에 필요한 최소한도에서 행사되어야 하며 남용되어서는 아니 된다. [20 간부]
직무의 범위	경찰관은 다음 직무를 수행한다. [20 간부] 1. 국민의 생명·신체 및 재산의 보호 2. 범죄의 예방·진압 및 수사 2의2. 범죄피해자 보호 3. 경비, 주요 인사 경호 및 대간첩·대테러 작전 수행 4. 공공안녕에 대한 위험의 예방과 대응을 위한 정보의 수집·작성 및 배포 5. 교통 단속과 교통 위해의 방지 6. 외국 정부기관 및 국제기구와의 국제협력 7. 그 밖에 공공의 안녕과 질서 유지
정보의 수집	① 경찰관은 범죄·재난·공공갈등 등 공공안녕에 대한 위험의 예방과 대응을 위한 정보의 수집·작성·배포와 이에 수반되는 사실의 확인을 할 수 있다. ② 제1항에 따른 정보의 구체적인 범위와 처리 기준, 정보의 수집·작성·배포에 수반되는 사실의 확인 절차와 한계는 대통령령으로 정한다.
국제협력	경찰청장 또는 해양경찰청장은 「경찰관 직무집행법」에 따른 경찰관의 직무수행을 위하여 외국 정부기관, 국제기구 등과 자료 교환, 국제 협력 활동 등을 할 수 있다.
유치장	법률에서 정한 절차에 따라 체포·구속된 사람 또는 신체의 자유를 제한하는 판결이나 처분을 받은 사람을 수용하기 위하여 경찰서와 해양경찰서에 유치장을 둔다.
처벌	「경찰관 직무집행법」에 규정된 경찰관의 의무를 위반하거나 직권을 남용하여 다른 사람에게 해를 끼친 사람은 1년 이하의 징역이나 금고에 처한다.

3 불심검문 [22 승진]

① 경찰관은 다음 각 호의 어느 하나에 해당하는 사람을 정지시켜 질문할 수 있다.
1. 수상한 행동이나 그 밖의 주위 사정을 합리적으로 판단하여 볼 때 어떠한 죄를 범하였거나 범하려 하고 있다고 의심할 만한 상당한 이유가 있는 사람
2. 이미 행하여진 범죄나 행하여지려고 하는 범죄행위에 관한 사실을 안다고 인정되는 사람
② 경찰관은 제1항에 따라 같은 항 각 호의 사람을 정지시킨 장소에서 질문을 하는 것이 그 사람에게 불리하거나 교통에 방해가 된다고 인정될 때에는 질문을 하기 위하여 가까운 경찰서·지구대·파출소 또는 출장소(지방해양경찰관서를 포함하며, 이하 "경찰관서"라 한다)로 동행할 것을 요구할 수 있다. 이 경우 동행을 요구받은 사람은 그 요구를 거절할 수 있다.
③ 경찰관은 제1항 각 호의 어느 하나에 해당하는 사람에게 질문을 할 때에 그 사람이 흉기를 가지고 있는지를

조사할 수 있다.
④ 경찰관은 제1항이나 제2항에 따라 질문을 하거나 동행을 요구할 경우 자신의 신분을 표시하는 증표를 제시하면서 소속과 성명을 밝히고 질문이나 동행의 목적과 이유를 설명하여야 하며, 동행을 요구하는 경우에는 동행 장소를 밝혀야 한다.
⑤ 경찰관은 제2항에 따라 **동행한 사람의 가족이나 친지 등에게 동행한 경찰관의 신분, 동행 장소, 동행 목적과 이유를 알리거나 본인으로 하여금 즉시 연락할 수 있는 기회를 주어야 하며, 변호인의 도움을 받을 권리가 있음을 알려야 한다.**
⑥ 경찰관은 제2항에 따라 동행한 사람을 6시간을 초과하여 경찰관서에 머물게 할 수 없다.
⑦ 제1항부터 제3항까지의 규정에 따라 질문을 받거나 동행을 요구받은 사람은 형사소송에 관한 법률에 따르지 아니하고는 신체를 구속당하지 아니하며, 그 의사에 반하여 답변을 강요당하지 아니한다.

◆ 불심검문 [18 해경]

경찰관이 법 제3조 제1항에 규정된 대상자(이하 '불심검문 대상자'라 한다) 해당 여부를 판단할 때에는 불심검문 당시의 구체적 상황은 물론 사전에 얻은 정보나 전문적 지식 등에 기초하여 불심검문 대상자인지를 객관적·합리적인 기준에 따라 판단하여야 하나, **반드시 불심검문 대상자에게 형사소송법상 체포나 구속에 이를 정도의 혐의가 있을 것을 요한다고 할 수는 없다**(大判 14. 2. 27. 2011도13999).

검문하는 사람이 경찰관이고 검문하는 이유가 범죄행위에 관한 것임을 피고인이 충분히 알고 있었다고 보이는 경우에는 신분증을 제시하지 않았다고 하여 그 불심검문이 위법한 공무집행이라고 할 수 없다(大判 14. 12. 11. 2014도7976).

◆ 임의동행

경찰관이 피고인에게 임의동행을 요구하다가 거절당하자 무리하게도 잡아끄는 등 강제로 인치하려고만 하였을 뿐 현행범으로 체포할 요건도 갖추지 않았거니와 현행범으로 체포하려고 한 것도 아닌 것이니 적법한 공무집행행위가 있었다고 볼 수 없다(大判 72. 10. 31. 72도2005). - 공무집행방해죄가 성립하지 않는다.

변호인의 조력을 받을 권리를 실질적으로 보장하기 위하여는 변호인과의 접견교통권의 인정이 당연한 전제가 되므로, 임의동행의 형식으로 수사기관에 연행된 피의자에게도 변호인 또는 변호인이 되려는 자와의 접견교통권은 당연히 인정된다고 보아야 하고, 임의동행의 형식으로 연행된 피내사자의 경우에도 이는 마찬가지이다. **접견교통권은 피고인 또는 피의자나 피내사자의 인권보장과 방어준비를 위하여 필수불가결한 권리이므로 법령에 의한 제한이 없는 한 수사기관의 처분은 물론 법원의 결정으로도 이를 제한할 수 없다**(大判 96. 6. 3. 96모18).

임의동행은 상대방의 동의 또는 승낙을 그 요건으로 하는 것이므로 경찰관으로부터 임의동행 요구를 받은 경우 상대방은 이를 거절할 수 있을 뿐만 아니라 임의동행 후 언제든지 경찰관서에서 퇴거할 자유가 있다 할 것이고, **경찰관직무집행법 제3조 제6항이 임의동행한 경우 당해인을 6시간을 초과하여 경찰관서에 머물게 할 수 없다고 규정하고 있다고 하여 그 규정이 임의동행한 자를 6시간 동안 경찰관서에 구금하는 것을 허용하는 것은 아니다**(大判 97. 8. 22. 97도1240).

수사관이 동행에 앞서 피의자에게 동행을 거부할 수 있음을 알려 주었거나 동행한 피의자가 언제든지 자유로이 동행과정에서 이탈 또는 동행장소에서 퇴거할 수 있었음이 인정되는 등 오로지 피의자의 자발적인 의사에 의하여 수사관서 등에 동행이 이루어졌다는 것이 객관적인 사정에 의하여 명백하게 입증된 경우에 한하여, 동행의 적법성이 인정된다고 보는 것이 타당하다(大判 11. 6. 30. 2009도6717).

4 보호조치 등 [19 간부, 18 해경]

① 경찰관은 수상한 행동이나 그 밖의 주위 사정을 합리적으로 판단해 볼 때 다음 각 호의 어느 하나에 해당하는 것이 명백하고 응급구호가 필요하다고 믿을 만한 상당한 이유가 있는 사람(이하 "구호대상자"라 한다)을 발견하였을 때에는 보건의료기관이나 공공구호기관에 긴급구호를 요청하거나 경찰관서에 보호하는 등 적절한 조치를 할 수 있다.
1. 정신착란을 일으키거나 술에 취하여 자신 또는 다른 사람의 생명·신체·재산에 위해를 끼칠 우려가 있는 사람
2. 자살을 시도하는 사람
3. 미아, 병자, 부상자 등으로서 적당한 보호자가 없으며 응급구호가 필요하다고 인정되는 사람. 다만, 본인이 구호를 거절하는 경우는 제외한다.
② 제1항에 따라 긴급구호를 요청받은 보건의료기관이나 공공구호기관은 정당한 이유 없이 긴급구호를 거절할 수 없다.
③ 경찰관은 제1항의 조치를 하는 경우에 구호대상자가 휴대하고 있는 무기·흉기 등 위험을 일으킬 수 있는 것으로 인정되는 물건을 경찰관서에 임시로 영치하여 놓을 수 있다.
④ 경찰관은 제1항의 조치를 하였을 때에는 지체 없이 구호대상자의 가족, 친지 또는 그 밖의 연고자에게 그 사실을 알려야 하며, 연고자가 발견되지 아니할 때에는 구호대상자를 적당한 공공보건의료기관이나 공공구호기관에 즉시 인계하여야 한다.
⑤ 경찰관은 제4항에 따라 구호대상자를 공공보건의료기관이나 공공구호기관에 인계하였을 때에는 즉시 그 사실을 소속 경찰서장이나 해양경찰서장에게 보고하여야 한다.
⑥ 제5항에 따라 보고를 받은 소속 경찰서장이나 해양경찰서장은 대통령령으로 정하는 바에 따라 구호대상자를 인계한 사실을 지체 없이 해당 공공보건의료기관 또는 공공구호기관의 장 및 그 감독행정청에 통보하여야 한다.
⑦ 제1항에 따라 구호대상자를 경찰관서에서 보호하는 기간은 24시간을 초과할 수 없고, 제3항에 따라 물건을 경찰관서에 임시로 영치하는 기간은 10일을 초과할 수 없다.

경찰관직무집행법상 정신착란자, 주취자, 자살기도자 등 응급의 구호를 요하는 자를 24시간을 초과하지 아니하는 범위 내에서 경찰관서에 보호조치할 수 있는 시설로 제한적으로 운영되는 경우를 제외하고는 구속영장을 발부받음이 없이 조사대기실에 유치하는 것은 영장주의에 위배되는 위법한 구금이다(大判 95. 5. 26. 94다37226).

구 윤락행위등방지법 및 같은법시행령 등 관계 규정에 의하더라도 '요보호여자'에 대한 수용보호처분은 오로지 보호지도소측에서 할 수 있도록 되어 있고, 보호지도소에서 '요보호여자'를 수용할 때까지 경찰관서에서 '요보호여자'를 경찰서 보호실에 강제로 유치할 수 있는 아무런 근거 규정이 없을 뿐 아니라, 경찰관직무집행법 제4조 제1항, 제4항의 규정에 의하면 경찰서 보호실에의 유치는 정신착란자, 주취자, 자살기도자 등 응급의 구호를 요하는 자를 24시간을 초과하지 아니하는 범위 내에서 경찰관서에서 보호조치하기 위한 경우에만 제한적으로 허용될 뿐이라고 할 것이어서, 구 윤락행위등방지법 제7조 제1항 소정의 '요보호여자'에 해당한다 하더라도 그들을 경찰서 보호실에 유치하는 것은 영장주의에 위배되는 위법한 구금에 해당한다(大判 98. 2. 13. 96다28578).

경찰관직무집행법 제4조 제1항 제1호에서 규정하는 술에 취한 상태로 인하여 자기 또는 타인의 생명·신체와 재산에 위해를 미칠 우려가 있는 피구호자에 대한 보호조치는 경찰 행정상 즉시강제에 해당하므로, 그 조치가 불가피한 최소한도 내에서만 행사되도록 발동·행사 요건을 신중하고 엄격하게 해석하여야 한다. 따라서 이 사

건 조항의 '술에 취한 상태'란 피구호자가 술에 만취하여 정상적인 판단능력이나 의사능력을 상실할 정도에 이른 것을 말하고, 이 사건 조항에 따른 보호조치를 필요로 하는 피구호자에 해당하는지는 구체적인 상황을 고려하여 경찰관 평균인을 기준으로 판단하되, 그 판단은 보호조치의 취지와 목적에 비추어 현저하게 불합리하여서는 아니 되며, 피구호자의 가족 등에게 피구호자를 인계할 수 있다면 특별한 사정이 없는 한 경찰관서에서 피구호자를 보호하는 것은 허용되지 않는다(大判 12. 12. 13. 2012도11162).

경찰관직무집행법 제4조 제1항 제1호의 보호조치 요건이 갖추어지지 않았음에도, 경찰관이 실제로는 범죄수사를 목적으로 피의자에 해당하는 사람을 이 사건 조항의 피구호자로 삼아 그의 의사에 반하여 경찰관서에 데려간 행위는, 달리 현행범체포나 임의동행 등의 적법 요건을 갖추었다고 볼 사정이 없다면, 위법한 체포에 해당한다(大判 12. 12. 13. 2012도11162).

위법한 체포 상태에서 음주측정요구가 이루어진 경우, 음주측정요구를 위한 위법한 체포와 그에 이은 음주측정요구는 주취운전이라는 범죄행위에 대한 증거 수집을 위하여 연속하여 이루어진 것으로서 개별적으로 적법 여부를 평가하는 것은 적절하지 않으므로 일련의 과정을 전체적으로 보아 위법한 음주측정요구가 있었던 것으로 볼 수밖에 없고, 운전자가 주취운전을 하였다고 인정할 만한 상당한 이유가 있다 하더라도 운전자에게 경찰공무원의 이와 같은 위법한 음주측정요구까지 응할 의무가 있다고 보아 이를 강제하는 것은 부당하므로 그에 불응하였다고 하여 음주측정거부에 관한 도로교통법 위반죄로 처벌할 수 없다(大判 12. 12. 13. 2012도11162).

5 위험 발생의 방지 등

① 경찰관은 사람의 생명 또는 신체에 위해를 끼치거나 재산에 중대한 손해를 끼칠 우려가 있는 천재, 사변, 인공구조물의 파손이나 붕괴, 교통사고, 위험물의 폭발, 위험한 동물 등의 출현, 극도의 혼잡, 그 밖의 위험한 사태가 있을 때에는 다음 각 호의 조치를 할 수 있다.
1. 그 장소에 모인 사람, 사물의 관리자, 그 밖의 관계인에게 필요한 경고를 하는 것
2. 매우 긴급한 경우에는 위해를 입을 우려가 있는 사람을 필요한 한도에서 억류하거나 피난시키는 것
3. 그 장소에 있는 사람, 사물의 관리자, 그 밖의 관계인에게 위해를 방지하기 위하여 필요하다고 인정되는 조치를 하게 하거나 직접 그 조치를 하는 것
② 경찰관서의 장은 대간첩 작전의 수행이나 소요 사태의 진압을 위하여 필요하다고 인정되는 상당한 이유가 있을 때에는 대간첩 작전지역이나 경찰관서·무기고 등 국가중요시설에 대한 접근 또는 통행을 제한하거나 금지할 수 있다.
③ 경찰관은 제1항의 조치를 하였을 때에는 지체 없이 그 사실을 소속 경찰관서의 장에게 보고하여야 한다.
④ 제2항의 조치를 하거나 제3항의 보고를 받은 경찰관서의 장은 관계 기관의 협조를 구하는 등 적절한 조치를 하여야 한다.

행정청이 행정대집행의 방법으로 건물철거의무의 이행을 실현할 수 있는 경우에는 건물철거 대집행 과정에서 부수적으로 건물의 점유자들에 대한 퇴거 조치를 할 수 있고, 점유자들이 적법한 행정대집행을 위력을 행사하여 방해하는 경우 형법상 공무집행방해죄가 성립하므로, 필요한 경우에는 '경찰관 직무집행법'에 근거한 위험발생 방지조치 또는 형법상 공무집행방해죄의 범행방지 내지 현행범체포의 차원에서 경찰의 도움을 받을 수도 있다(大判 17. 4. 28. 2016다213916).

6 범죄의 예방과 제지 : 즉시강제

경찰관은 범죄행위가 목전에 행하여지려고 하고 있다고 인정될 때에는 이를 예방하기 위하여 관계인에게 필요한 경고를 하고, 그 행위로 인하여 사람의 생명·신체에 위해를 끼치거나 재산에 중대한 손해를 끼칠 우려가 있는 긴급한 경우에는 그 행위를 제지할 수 있다.

구 집회 및 시위에 관한 법률에 의하여 금지되어 그 주최 또는 참가행위가 형사처벌의 대상이 되는 위법한 집회·시위가 장차 특정지역에서 개최될 것이 예상된다고 하더라도, 이와 시간적·장소적으로 근접하지 않은 다른 지역에서 그 집회·시위에 참가하기 위하여 출발 또는 이동하는 행위를 함부로 제지하는 것은 경찰관직무집행법 제6조 제1항의 행정상 즉시강제인 경찰관의 제지의 범위를 명백히 넘어 허용될 수 없다. 따라서 이러한 제지 행위는 공무집행방해죄의 보호대상이 되는 공무원의 적법한 직무집행이 아니다(大判 08. 11. 13. 2007도9794).

경찰관의 제지 조치가 적법한지 여부는 제지 조치 당시의 구체적 상황을 기초로 판단하여야 하고 사후적으로 순수한 객관적 기준에서 판단할 것은 아니다(大判 13. 6. 13. 2012도9937).

7 위험 방지를 위한 출입

① 경찰관은 제5조제1항·제2항 및 제6조에 따른 위험한 사태가 발생하여 사람의 생명·신체 또는 재산에 대한 위해가 임박한 때에 그 위해를 방지하거나 피해자를 구조하기 위하여 부득이하다고 인정하면 합리적으로 판단하여 필요한 한도에서 다른 사람의 토지·건물·배 또는 차에 출입할 수 있다.
② 흥행장, 여관, 음식점, 역, 그 밖에 많은 사람이 출입하는 장소의 관리자나 그에 준하는 관계인은 경찰관이 범죄나 사람의 생명·신체·재산에 대한 위해를 예방하기 위하여 해당 장소의 영업시간이나 해당 장소가 일반인에게 공개된 시간에 그 장소에 출입하겠다고 요구하면 정당한 이유 없이 그 요구를 거절할 수 없다.
③ 경찰관은 대간첩 작전 수행에 필요할 때에는 작전지역에서 제2항에 따른 장소를 검색할 수 있다.
④ 경찰관은 제1항부터 제3항까지의 규정에 따라 필요한 장소에 출입할 때에는 그 신분을 표시하는 증표를 제시하여야 하며, 함부로 관계인이 하는 정당한 업무를 방해해서는 아니 된다.

8 사실의 확인 등

① 경찰관서의 장은 직무 수행에 필요하다고 인정되는 상당한 이유가 있을 때에는 국가기관이나 공사 단체 등에 직무 수행에 관련된 사실을 조회할 수 있다. 다만, 긴급한 경우에는 소속 경찰관으로 하여금 현장에 나가 해당 기관 또는 단체의 장의 협조를 받아 그 사실을 확인하게 할 수 있다.
② 경찰관은 다음 각 호의 직무를 수행하기 위하여 필요하면 관계인에게 출석하여야 하는 사유·일시 및 장소를 명확히 적은 출석 요구서를 보내 경찰관서에 출석할 것을 요구할 수 있다.
1. 미아를 인수할 보호자 확인
2. 유실물을 인수할 권리자 확인
3. 사고로 인한 사상자 확인
4. 행정처분을 위한 교통사고 조사에 필요한 사실 확인

8의2 정보의 수집 등

① 경찰관은 범죄·재난·공공갈등 등 공공안녕에 대한 위험의 예방과 대응을 위한 정보의 수집·작성·배포와 이에 수반되는 사실의 확인을 할 수 있다.
② 제1항에 따른 정보의 구체적인 범위와 처리 기준, 정보의 수집·작성·배포에 수반되는 사실의 확인 절차와 한계는 대통령령으로 정한다.

경찰관의 정보수집 및 처리 등에 관한 규정
[시행 21. 3. 23.] [대통령령]

제1조(목적) 이 영은 「경찰관 직무집행법」 제8조의2에 따라 경찰관이 수집·작성·배포할 수 있는 공공안녕에 대한 위험의 예방과 대응을 위한 정보의 구체적인 범위와 처리 기준, 정보의 수집·작성·배포에 수반되는 사실의 확인 절차 및 한계에 관하여 규정함을 목적으로 한다.

제2조(정보활동의 기본원칙 등) ① 공공안녕에 대한 위험의 예방과 대응을 위한 정보의 수집·작성·배포와 이에 수반되는 사실의 확인을 위해 경찰관이 수행하는 활동(이하 "정보활동"이라 한다)은 국민의 자유와 권리를 보호하는 것을 목적으로 해야 하며, 필요 최소한의 범위에 그쳐야 한다.
② 경찰관은 정보활동과 관련하여 다음 각 호의 행위를 해서는 안 된다.
1. 정치에 관여하기 위해 정보를 수집·작성·배포하는 행위
2. 법령의 직무 범위를 벗어나 개인의 동향 등을 파악하기 위해 사생활에 관한 정보를 수집·작성·배포하는 행위
3. 상대방의 명시적 의사에 반해 자료 제출이나 의견 표명을 강요하는 행위
4. 부당한 민원이나 청탁을 직무 관련자에게 전달하는 행위
5. 직무상 알게 된 정보를 누설하거나 개인의 이익을 위해 사용하는 행위
6. 직무와 무관한 비공식적 직함을 사용하는 행위

제3조(수집 등 대상 정보의 구체적인 범위) 경찰관이 「경찰관 직무집행법」(이하 "법"이라 한다) 제8조의2제1항에 따라 수집·작성·배포할 수 있는 정보의 구체적인 범위는 다음 각 호와 같다.
1. 범죄의 예방과 대응에 필요한 정보
2. 「형의 집행 및 수용자의 처우에 관한 법률」 제126조의2 또는 「보호관찰 등에 관한 법률」 제55조의3에 따라 통보되는 정보의 대상자인 수형자·가석방자의 재범방지 및 피해자의 보호에 필요한 정보
3. 국가중요시설의 안전 및 주요 인사(人士)의 보호에 필요한 정보
4. 방첩·대테러활동 등 국가안전을 위한 활동에 필요한 정보
5. 재난·안전사고 등으로부터 국민안전을 확보하기 위한 정보
6. 집회·시위 등으로 인한 공공갈등과 다중운집에 따른 질서 및 안전 유지에 필요한 정보
7. 국민의 생명·신체·재산의 보호와 공공안녕에 대한 위험의 예방과 대응을 위한 정책에 관한 정보[해당 정책의 입안·집행·평가를 위해 객관적이고 필요한 사항에 관한 정보로 한정하며, 이와 직접적·구체적으로 관련이 없는 사생활·신조(信條) 등에 관한 정보는 제외한다]
8. 도로 교통의 위해(危害) 방지·제거 및 원활한 소통 확보를 위한 정보
9. 「보안업무규정」 제45조제1항에 따라 경찰청장이 위탁받은 신원조사 또는 「공공기관의 정보공개에 관한 법률」 제2조제3호에 따른 공공기관의 장이 법령에 근거하여 요청한 사실의 확인을 위한 정보
10. 그 밖에 제1호부터 제9호까지에서 규정한 사항에 준하는 정보

제4조(정보의 수집 및 사실의 확인 절차) ① 경찰관은 법 제8조의2제1항에 따라 정보를 수집하거나 정보의 수집·작성·배포에 수반되는 사실을 확인하려는 경우에는 상대방에게 자신의 신분을 밝히고 정보 수집 또는 사실 확인의 목적을 설명해야 한다. 이 경우 강제적인 방법을 사용해서는 안 된다.
② 제1항 전단에도 불구하고 다음 각 호의 어느 하나에 해당하는 경우에는 같은 항 전단에서 규정한 절차를 생략할 수 있다.
1. 국민의 생명·신체의 안전이나 국가안보에 긴박한 위험이 발생할 우려가 있는 경우

2. 범죄의 대응을 위한 정보활동에 현저한 지장을 초래할 우려가 있는 경우
  ③ 경찰관은 정보를 제공하거나 사실을 확인해 준 자가 신분이나 처우와 관련하여 불이익을 받지 않도록 비밀유지 등 필요한 조치를 해야 한다.

제5조(정보 수집 등을 위한 출입의 한계) 경찰관은 다음 각 호의 장소에 상시적으로 출입해서는 안 되며, 정보활동을 위해 필요한 경우에 한정하여 일시적으로만 출입해야 한다.
  1. 언론·교육·종교·시민사회 단체 등 민간단체
  2. 민간기업
  3. 정당의 사무소

제6조(정보의 작성) 경찰관은 수집한 정보를 작성할 때 객관적 사실에 기초해 중립적으로 작성해야 하며, 정치에 관여하는 등 특정한 목적을 가지고 그 내용을 왜곡해서는 안 된다.

제7조(수집·작성한 정보의 처리) ① 경찰관은 수집·작성한 정보를 그 목적 외의 용도로 사용해서는 안 된다.
  ② 경찰관은 공공안녕에 대한 위험의 예방과 대응을 위해 필요한 경우에는 수집·작성한 정보를 관계 기관 등에 통보할 수 있다.
  ③ 경찰관은 수집·작성한 정보가 그 목적이 달성되어 불필요하게 되었을 때에는 지체 없이 그 정보를 폐기해야 한다. 다만, 다른 법령에 따라 보존해야 하는 경우는 제외한다.

제8조(위법한 지시의 금지 및 거부) ① 누구든지 정보활동과 관련하여 경찰관에게 이 영과 그 밖의 법령에 반하여 지시해서는 안 된다.
  ② 경찰관은 명백히 위법한 지시라고 판단되는 경우에는 그 집행을 거부할 수 있다.
  ③ 경찰관은 명백히 위법한 지시를 거부했다는 이유로 인사·직무 등과 관련한 어떠한 불이익도 받지 않는다.

8의3 국제협력

경찰청장 또는 해양경찰청장은 이 법에 따른 경찰관의 직무수행을 위하여 외국 정부기관, 국제기구 등과 자료 교환, 국제협력 활동 등을 할 수 있다.

9 유치장

법률에서 정한 절차에 따라 체포·구속된 사람 또는 신체의 자유를 제한하는 판결이나 처분을 받은 사람을 수용하기 위하여 경찰서와 해양경찰서에 유치장을 둔다.

10 경찰장비의 사용 등

① 경찰관은 직무수행 중 경찰장비를 사용할 수 있다. 다만, 사람의 생명이나 신체에 위해를 끼칠 수 있는 경찰장비(이하 이 조에서 "위해성 경찰장비"라 한다)를 사용할 때에는 필요한 안전교육과 안전검사를 받은 후 사용하여야 한다.
② 제1항 본문에서 "경찰장비"란 무기, 경찰장구, 최루제와 그 발사장치, 살수차, 감식기구, 해안 감시기구, 통신기기, 차량·선박·항공기 등 경찰이 직무를 수행할 때 필요한 장치와 기구를 말한다.
③ 경찰관은 경찰장비를 함부로 개조하거나 경찰장비에 임의의 장비를 부착하여 일반적인 사용법과 달리 사용함으로써 다른 사람의 생명·신체에 위해를 끼쳐서는 아니 된다.
④ 위해성 경찰장비는 필요한 최소한도에서 사용하여야 한다.

⑤ 경찰청장은 위해성 경찰장비를 새로 도입하려는 경우에는 대통령령으로 정하는 바에 따라 안전성 검사를 실시하여 그 안전성 검사의 결과보고서를 국회 소관 상임위원회에 제출하여야 한다. 이 경우 안전성 검사에는 외부 전문가를 참여시켜야 한다.
⑥ 위해성 경찰장비의 종류 및 그 사용기준, 안전교육·안전검사의 기준 등은 대통령령으로 정한다.

10의2 경찰장구의 사용

① 경찰관은 다음 각 호의 직무를 수행하기 위하여 필요하다고 인정되는 상당한 이유가 있을 때에는 그 사태를 합리적으로 판단하여 필요한 한도에서 경찰장구를 사용할 수 있다.
1. 현행범이나 사형·무기 또는 장기 3년 이상의 징역이나 금고에 해당하는 죄를 범한 범인의 체포 또는 도주 방지
2. 자신이나 다른 사람의 생명·신체의 방어 및 보호
3. 공무집행에 대한 항거 제지
② 제1항에서 "경찰장구"란 경찰관이 휴대하여 범인 검거와 범죄 진압 등의 직무 수행에 사용하는 수갑, 포승, 경찰봉, 방패 등을 말한다.

10의3 분사기·최루탄의 사용

경찰관은 다음 각 호의 직무를 수행하기 위하여 부득이한 경우에는 현장책임자가 판단하여 필요한 최소한의 범위에서 분사기(「총포·도검·화약류 등의 안전관리에 관한 법률」에 따른 분사기를 말하며, 그에 사용하는 최루 등의 작용제를 포함한다. 이하 같다) 또는 최루탄을 사용할 수 있다.
1. 범인의 체포 또는 범인의 도주 방지
2. 불법집회·시위로 인한 자신이나 다른 사람의 생명·신체와 재산 및 공공시설 안전에 대한 현저한 위해의 발생 억제

10의4 무기의 사용

① 경찰관은 범인의 체포, 범인의 도주 방지, 자신이나 다른 사람의 생명·신체의 방어 및 보호, 공무집행에 대한 항거의 제지를 위하여 필요하다고 인정되는 상당한 이유가 있을 때에는 그 사태를 합리적으로 판단하여 필요한 한도에서 무기를 사용할 수 있다. 다만, 다음 각 호의 어느 하나에 해당할 때를 제외하고는 사람에게 위해를 끼쳐서는 아니 된다.(⇒ 사람에게 위해를 끼치는 무기사용요건)
1. 「형법」에 규정된 정당방위와 긴급피난에 해당할 때
2. 다음 각 목의 어느 하나에 해당하는 때에 그 행위를 방지하거나 그 행위자를 체포하기 위하여 무기를 사용하지 아니하고는 다른 수단이 없다고 인정되는 상당한 이유가 있을 때
   가. 사형·무기 또는 장기 3년 이상의 징역이나 금고에 해당하는 죄를 범하거나 범하였다고 의심할 만한 충분한 이유가 있는 사람이 경찰관의 직무집행에 항거하거나 도주하려고 할 때
   나. 체포·구속영장과 압수·수색영장을 집행하는 과정에서 경찰관의 직무집행에 항거하거나 도주하려고 할 때
   다. 제3자가 가목 또는 나목에 해당하는 사람을 도주시키려고 경찰관에게 항거할 때
   라. 범인이나 소요를 일으킨 사람이 무기·흉기 등 위험한 물건을 지니고 경찰관으로부터 3회 이상 물건을 버리라는 명령이나 항복하라는 명령을 받고도 따르지 아니하면서 계속 항거할 때
3. 대간첩 작전 수행 과정에서 무장간첩이 항복하라는 경찰관의 명령을 받고도 따르지 아니할 때
② 제1항에서 "무기"란 사람의 생명이나 신체에 위해를 끼칠 수 있도록 제작된 권총·소총·도검 등을 말한다.
③ 대간첩·대테러 작전 등 국가안전에 관련되는 작전을 수행할 때에는 개인화기 외에 공용화기를 사용할 수

11 사용기록의 보관

제10조제2항에 따른 살수차, 제10조의3에 따른 분사기, 최루탄 또는 제10조의4에 따른 무기를 사용하는 경우 그 책임자는 사용 일시·장소·대상, 현장책임자, 종류, 수량 등을 기록하여 보관하여야 한다.

11의2 손실보상

① 국가는 경찰관의 적법한 직무집행으로 인하여 다음 각 호의 어느 하나에 해당하는 손실을 입은 자에 대하여 정당한 보상을 하여야 한다.
1. 손실발생의 원인에 대하여 책임이 없는 자가 생명·신체 또는 재산상의 손실을 입은 경우(손실발생의 원인에 대하여 책임이 없는 자가 경찰관의 직무집행에 자발적으로 협조하거나 물건을 제공하여 생명·신체 또는 재산상의 손실을 입은 경우를 포함한다)
2. 손실발생의 원인에 대하여 책임이 있는 자가 자신의 책임에 상응하는 정도를 초과하는 생명·신체 또는 재산상의 손실을 입은 경우
② 제1항에 따른 보상을 청구할 수 있는 권리는 손실이 있음을 안 날부터 3년, 손실이 발생한 날부터 5년간 행사하지 아니하면 시효의 완성으로 소멸한다. [22 승진]
③ 제1항에 따른 손실보상신청 사건을 심의하기 위하여 손실보상심의위원회를 둔다.
④ 경찰청장 또는 시·도경찰청장은 제3항의 손실보상심의위원회의 심의·의결에 따라 보상금을 지급하고, 거짓 또는 부정한 방법으로 보상금을 받은 사람에 대하여는 해당 보상금을 환수하여야 한다.

> **시행령 제9조(손실보상의 기준 및 보상금액 등)**
> ① 법 제11조의2제1항에 따라 손실보상을 할 때 물건을 멸실·훼손한 경우에는 다음 각 호의 기준에 따라 보상한다.
> 1. 손실을 입은 물건을 수리할 수 있는 경우 : 수리비에 상당하는 금액
> 2. 손실을 입은 물건을 수리할 수 없는 경우 : 손실을 입은 당시의 해당 물건의 교환가액
> 3. 영업자가 손실을 입은 물건의 수리나 교환으로 인하여 영업을 계속할 수 없는 경우 : 영업을 계속할 수 없는 기간 중 영업상 이익에 상당하는 금액
> ② 물건의 멸실·훼손으로 인한 손실 외의 재산상 손실에 대해서는 직무집행과 상당한 인과관계가 있는 범위에서 보상한다.
>
> **제10조(손실보상의 지급절차 및 방법)**
> ① 법 제11조의2에 따라 경찰관의 적법한 직무집행으로 인하여 발생한 손실을 보상받으려는 사람은 별지 제4호서식의 보상금 지급 청구서에 손실내용과 손실금액을 증명할 수 있는 서류를 첨부하여 손실보상청구 사건 발생지를 관할하는 국가경찰관서의 장에게 제출하여야 한다.
> ② 제1항에 따라 보상금 지급 청구서를 받은 국가경찰관서의 장은 해당 청구서를 제11조제1항에 따른 손실보상청구 사건을 심의할 손실보상심의위원회가 설치된 경찰청, 해양경찰청, 시·도경찰청 및 지방해양경찰청의 장(이하 "경찰청장등"이라 한다)에게 보내야 한다.
> ⑤ 보상금은 다른 법률에 특별한 규정이 있는 경우를 제외하고는 현금으로 지급하여야 한다.
> ⑥ 보상금은 일시불로 지급하되, 예산 부족 등의 사유로 일시금으로 지급할 수 없는 특별한 사정이 있는 경우에는 청구인의 동의를 받아 분할하여 지급할 수 있다.
>
> **제11조(손실보상심의위원회의 설치 및 구성)**
> ① 법 제11조의2제3항에 따라 소속 경찰공무원의 직무집행으로 인하여 발생한 손실보상청구 사건을 심의하기 위하여 경찰청, 해양경찰청, 시·도경찰청 및 지방해양경찰청에 손실보상심의위원회(이하 "위원회"라 한다)를 설치한다.
> ② 위원회는 위원장 1명을 포함한 5명 이상 7명 이하의 위원으로 구성한다.

③ 위원회의 **위원**은 소속 경찰공무원과 다음 각 호의 어느 하나에 해당하는 사람 중에서 경찰청장등이 위촉하거나 임명한다. 이 경우 **위원의 과반수 이상은 경찰공무원이 아닌 사람**으로 하여야 한다.
1. 판사·검사 또는 변호사로 5년 이상 근무한 사람
2. 「고등교육법」 제2조에 따른 학교에서 법학 또는 행정학을 가르치는 부교수 이상으로 5년 이상 재직한 사람
3. 경찰 업무와 손실보상에 관하여 학식과 경험이 풍부한 사람
④ 위촉위원의 임기는 2년으로 한다.

제12조(위원장)
① 위원장은 위원 중에서 호선(互選)한다.

제13조(손실보상심의위원회의 운영)
① 위원장은 위원회의 회의를 소집하고, 그 의장이 된다.
② 위원회의 회의는 재적위원 과반수의 출석으로 개의(開議)하고, 출석위원 과반수의 찬성으로 의결한다.

11의3 범인검거 등 공로자 보상

① **경찰청장, 시·도경찰청장 또는 경찰서장**은 다음 각 호의 어느 하나에 해당하는 사람에게 **보상금을 지급할 수 있다.**
1. 범인 또는 범인의 소재를 신고하여 검거하게 한 사람
2. 범인을 검거하여 경찰공무원에게 인도한 사람
3. 테러범죄의 예방활동에 현저한 공로가 있는 사람
4. 그 밖에 제1호부터 제3호까지의 규정에 준하는 사람으로서 대통령령으로 정하는 사람

> 시행령 제18조(범인검거 등 공로자 보상금 지급 대상자)
> 법 제11조의3제1항제4호에서 "대통령령으로 정하는 사람"이란 다음 각 호의 어느 하나에 해당하는 사람을 말한다.
> 1. 범인의 신원을 특정할 수 있는 정보를 제공한 사람
> 2. 범죄사실을 입증하는 증거물을 제출한 사람
> 3. 그 밖에 범인 검거와 관련하여 경찰 수사 활동에 협조한 사람 중 보상금 지급 대상자에 해당한다고 법 제11조의3제2항에 따른 보상금심사위원회가 인정하는 사람

② 경찰청장, 시·도경찰청장 및 경찰서장은 제1항에 따른 보상금 지급의 심사를 위하여 대통령령으로 정하는 바에 따라 각각 보상금심사위원회를 설치·운영하여야 한다.

> 시행령 제19조
> ③ 법 제11조의3제2항에 따른 보상금심사위원회(이하 "보상금심사위원회"라 한다)는 다음 각 호의 사항을 심사·의결한다.
> 1. 보상금 지급 대상자에 해당하는 지 여부
> 2. 보상금 지급 금액
> 3. 보상금 환수 여부
> 4. 그 밖에 보상금 지급이나 환수에 필요한 사항
> ④ 보상금심사위원회의 회의는 재적위원 과반수의 찬성으로 의결한다.

③ 제2항에 따른 **보상금심사위원회**는 **위원장 1명을 포함한 5명 이내의 위원**으로 구성한다.
④ 제2항에 따른 **보상금심사위원회의 위원**은 소속 경찰공무원 중에서 경찰청장, 시·도경찰청장 또는 경찰서장이 임명한다.
⑤ 경찰청장, 시·도경찰청장 또는 경찰서장은 제2항에 따른 보상금심사위원회의 심사·의결에 따라 보상금을 지급하고, 거짓 또는 부정한 방법으로 보상금을 받은 사람에 대하여는 해당 보상금을 환수한다.

11의4 소송지원

경찰청장과 해양경찰청장은 경찰관이 제2조 각 호에 따른 직무의 수행으로 인하여 민·형사상 책임과 관련된 소송을 수행할 경우 변호인 선임 등 소송 수행에 필요한 지원을 할 수 있다.

11의5 직무 수행으로 인한 형의 감면

다음 각 호의 범죄가 행하여지려고 하거나 행하여지고 있어 타인의 생명·신체에 대한 위해 발생의 우려가 명백하고 긴급한 상황에서, 경찰관이 그 위해를 예방하거나 진압하기 위한 행위 또는 범인의 검거 과정에서 경찰관을 향한 직접적인 유형력 행사에 대응하는 행위를 하여 그로 인하여 타인에게 피해가 발생한 경우, 그 경찰관의 직무수행이 불가피한 것이고 필요한 최소한의 범위에서 이루어졌으며 해당 경찰관에게 고의 또는 중대한 과실이 없는 때에는 그 정상을 참작하여 형을 감경하거나 면제할 수 있다.
1. 「형법」 제2편제24장 살인의 죄, 제25장 상해와 폭행의 죄, 제32장 강간과 추행의 죄 중 강간에 관한 범죄, 제38장 절도와 강도의 죄 중 강도에 관한 범죄 및 이에 대하여 다른 법률에 따라 가중처벌하는 범죄
2. 「가정폭력범죄의 처벌 등에 관한 특례법」 에 따른 가정폭력범죄, 「아동학대범죄의 처벌 등에 관한 특례법」 에 따른 아동학대범죄

12 벌칙 [21 해경]

이 법에 규정된 경찰관의 의무를 위반하거나 직권을 남용하여 다른 사람에게 해를 끼친 사람은 1년 이하의 징역이나 금고에 처한다.

◆ 경찰장비, 경찰장구, 분사기, 무기

구분	의의	사용 요건
경찰장비	무기, 경찰장구, 최루제와 그 발사장치, 살수차, 감식기구, 해안 감시기구, 통신기기, 차량·선박·항공기 등	직무수행 중
경찰장구	수갑, 포승, 경찰봉, 방패 등	1. 현행범이나 사형·무기 또는 장기 3년 이상의 징역이나 금고에 해당하는 죄를 범한 범인의 체포 또는 도주 방지 2. 자신이나 다른 사람의 생명·신체의 방어 및 보호 3. 공무집행에 대한 항거 제지
분사기 등	「총포·도검·화약류 등의 안전관리에 관한 법률에 따른 분사기(최루 등의 작용제 포함) 또는 최루탄	1. 범인의 체포 또는 범인의 도주 방지 2. 불법집회·시위로 인한 자신이나 다른 사람의 생명·신체와 재산 및 공공시설 안전에 대한 현저한 위해의 발생 억제
무기	권총·소총·도검 등	1. 범인의 체포 또는 범인의 도주 방지 2. 자신이나 다른 사람의 생명·신체의 방어 및 보호 3. 공무집행에 대한 항거의 제지

CHAPTER 05

경찰의 관리

제1절 | 경찰조직관리

◆ Gulick의 관리자의 7가지 기능

귤릭은 미국의 행정학자로 어윅(Lyndall F. Urwick)과 함께 행정과학논문집(Papers on the Science of Administration, 1937)을 통해 가장 능률적인 행정원리인 '포스드코르브(POSDCoRB)'라는 용어를 제시했다.

기획(Planning), 조직(Organizing), 인사(Staffing), 지휘(Directing), 조정(Coordinating), 보고(Reporting), 예산(Budgeting)의 영문 단어의 머리글자를 따서 만든 용어인데 귤릭은 행정을 관리로 보고 행정에서의 절약과 능률을 강조했다.

ⓐ 기획(Planning) : 조직의 목적을 달성하기 위하여 행동의 대책과 방법을 개괄적으로 확정하는 행위
ⓑ 조직(Organizing) : 설정한 목표를 달성하기 위하여 직무를 배분·규정·조정하는 구조를 공식적으로 수립하는 일
ⓒ 인사(Staffing) : 직원을 채용·훈련하며, 좋은 근무 조건을 부여하도록 노력하는 일
ⓓ 지휘(=지시)(Directing) : 조직의 주도자로서 결정을 하고 그 결정을 구체적이며 일반적인 명령·지시의 형태로 구체화하는 일
ⓔ 조정(Coordinating) : 업무의 다양한 부분들을 상호 관련시키는 일
ⓕ 보고(Reporting) : 최고 행정 집행자가 하위 직원자들에게 작업의 진행 상황을 알려 주는 일
ⓖ 예산(Budgeting) : 예산을 편성하는 일

◆ 막스 베버의 관료제의 특징

① 법규에 의한 지배 : 결과에 대한 예측가능성과 신뢰성을 높일 수 있다.
② 계서제(=계층제) : 피라미드식의 계층 구조로서 상명하복의 질서정연한 체제
③ 문서주의 : 업무처리의 객관성·정확성·책임성을 높임
④ 업무수행의 비개인화
⑤ 관료의 전문화·전임화
⑥ 항구성 : 관료제가 정착되면 계속 지속하려는 관성과 변동을 거부하는 형태가 된다.
⑦ 고용관계의 자유계약성 : 관료제에서 구성원은 계약관계로 구성되어 있다.

◆ 관료제의 단점(역기능)

① 정보독점에 의한 특권집단화
② 인간소외현상

③ 과두제의 철칙(=소수의 우두머리에게 권력이 집중되는 현상)
④ 목적전치현상(=목표보다는 수단인 규칙이나 절차를 중시)
⑤ 복지부동과 무사안일주의
⑥ 피터의 원리(=무능한 자가 승진한다는 원리)
⑦ 레드테이프 현상(=일이 번잡해져서 오히려 능률성이 떨어지는 현상)
⑧ 파킨슨의 법칙(=공무원의 숫자는 업무량과 관계없이 계속 늘어간다)

◆ 기획 과정의 순서

① 목표설정
② 상황분석
③ 기획전제의 설정
④ 대안의 탐색·평가
⑤ 최적안의 선택

◆ 조직편성의 원리

계층제의 원리(hierarchy) [21 간부]	① 조직구성원 각자의 권한과 책임의 정도에 따라 상하로 등급화함으로써 상·하 조직단위 사이에 직무상 지휘·감독관계를 설정하는 것 ② 장점은 조직의 업무수행 활동에 질서와 통일을 기할 수 있다는 것이나, 계층이 많아질수록 의사소통의 단계가 늘어나고 처리시간이 길어지는 단점이 있다. ③ 따라서 엄격한 명령계통에 따라 상명하복의 관계 유지를 위해서는 통솔 범위를 좁게 설정한다.
통솔범위의 원리	① 조직에 있어 한 사람의 상관이 효과적으로 직접 통솔할 수 있는 부하의 수 ② 상관의 리더십과 능력이 좋을수록 그리고 부하의 능력과 의욕, 경험 등이 높을수록 통솔범위는 넓어진다. ③ 모든 조직은 일반적으로 상관보다 부하가 더 많은데 경찰 조직은 피라미드 모양을 취하고 있다.
분업(전문화)의 원리	① 기관별·개인별로 업무를 분담시키는 원리 ② 경찰조직의 목표달성을 위한 능률적인 수단이지만, 정형화된 업무를 반복함으로써 일에 대한 흥미를 잃게 되고 조정과 통합이 어려워질 수 있다.
명령통일의 원리	① 조직의 구성원간에 지시나 보고를 주고받는 과정에서 지시는 한 사람만 할 수 있고, 보고도 한 사람에게만 해야 한다는 원칙(경찰의 수사권 독립의 근거가 되는 경찰조직의 편성원리). ② 명령통일의 원리를 너무 철저하게 지키면 실제 업무수행에 지체와 혼란을 야기할 수도 있다(다만 이는 권한의 대리나 위임으로 보완할 수 있다).
조정과 통합의 원리 [18 승진]	① 조직의 목표달성 과정에서 여러 단위간의 충돌과 갈등을 방지하기 위해 질서정연한 행동통일을 기하는 원리[행정학자 무니(Mooney)는 이를 '조직의 제1의 원리'라고 하여 그 중요성을 강조하였다. ② 관리자의 리더십을 강화하거나 위원회제도 등을 활용하여 조직단위의 권한과 책임의 한계를 명확히 함으로써 제고될 수 있다.

제2절 경찰인사관리

1. 공직분류 방식 [21 승진, 20 간부, 20 해경, 18 해경]

구분	계급제	직위분류제
의의	① 개인의 자격·능력·학력을 중심으로 계급을 만드는 제도(사람 중심의 분류방법) ② 관료제 전통이 강한 독일, 프랑스 등에서 시작되었다.	① 직무의 종류, 난이도, 책임을 기준으로 직급이 같더라도 서로 다른 보수를 받고 권한과 책임의 영역을 명확하게 하는 제도 (직무 중심의 분류방법) ② 1909년 미국의 시카고시에서 처음 시작
충원방식	폐쇄형 충원방식 채택(내부에서 충원)	개방형 충원방식 채택(외부에서 충원)
장점	① 널리 일반적 교양·능력을 가진 사람을 채용하여 신분보장과 함께 장기간에 걸쳐 능력이 키워지므로 공무원이 보다 종합적·신축적인 능력을 가질 수 있고, 이해력이 넓어져 기관 간의 협조가 용이함 ② 동일계급에 동일보수 ③ 기관 간에 횡적인 협조 가능 ④ 직업공무원제도의 확립 ⑤ 일반행정가	① 시험·채용·전직의 합리적 기준을 제공하여 인사행정의 합리화를 기함 ② 동일직무에 동일보수 ③ 전직이 제한되고 동일한 직무를 장기간 담당하게 되어 행정의 전문화에 기여하고, 권한과 책임의 한계를 명확히 함 ④ 전문행정가
단점	계급의 수가 적지만 계급 간의 차별이 심함	유능한 일반행정가의 확보곤란, 인사배치의 비용통성, 신분보장의 미흡
우리나라	계급제 위주에 직위분류제적 요소를 가미한 혼합적 형태이다. [21 간부]	

2. 엽관주의와 실적주의

	엽관주의(spoils system)	실적주의(merit system)
의의	정당에 대한 충성도나 인사권자에 대한 개인적인 충성심·혈연·지연 등을 공무원 임용이나 인사관리의 기준으로 하는 인사행정제도	개인의 실적이나 능력을 공무원 임용이나 인사관리의 기준으로 하는 인사행정제도
장점	① 책임행정의 구현 - 국민의 지지를 받는 정당의 당원이 임명됨으로써 책임행정을 구현할 수 있다. ② 민주주의 이념의 실현 - 정권교체에 따른 공무원의 대량교체는 행정의 민주화로 이어진다. ③ 정당이념의 실현과 공약의 추진 용이 - 공무원들이 집권당의 당원이기 때문에 정당이념과 국민에게 공약한 정책을 수행하기가 용이하다. ④ 관료주의화 방지 - 공무원의 대량경질을 통하여 신분보장의 부작용으로 나타나는 관료주의화를 막을 수 있다.	① 공직에의 기회균등 - 공직이 모든 국민에게 개방되며 공직임용시 차별을 받지 않는다. ② 공무원의 신분보장 - 법령에 위배되지 않는 한 신분상의 불이익을 받지 않는다. ③ 공무원의 정치적 중립 - 당파성을 떠나 전문적인 지식과 경험에 의해 공정하게 봉사하며 공익을 추구할 수 있다. ④ 인사행정의 합리화 - 인사행정에서 정실주의를 배제하고 공직임용시 능력, 자격, 성적을 기준으로 한다.
단점	① 부정부패 만연 - 공무원으로서 신분이 보장되지 않아 임기 중 부정부패가 만연될 수 있다.	① 인사행정의 소극화 - 과학적 인사행정 추구와 정치적 영향력에 대한 방어에 치중한 나머지

	② 행정의 안정성 등 저해 - 정권교체에 따라 공무원들이 대량경질됨에 따라 행정의 안정성, 계속성, 능률성, 전문성을 떨어뜨린다. ③ 공직임용의 공정성 약화 - 능력, 자격, 실적 중심의 인사가 곤란한다.	유능한 인재의 적극적인 모집, 확보를 어렵게 한다. ② 형식화, 비인간화 - 형식화는 절차를 복잡하게 하고 인사행정의 신속성을 저해하며 객관적인 인사행정에 주력하여 인간적 요인이 무시된다. ③ 기타 - 관료주의와 정당정치의 실현곤란, 행정의 민주적 통제 곤란, 정책추진의 곤란, 행정의 정치성 과소평가, 관료주의 병폐 등의 문제가 발생한다.

3. 사기(士氣) 관리

의의	① 사기란 경찰조직의 구성원인 경찰관에게 개인적·집단적으로 경찰조직의 목적달성을 위한 열의와 솔선, 결의와 용기 등을 고취시키는 정신적 태도 또는 그러한 정신을 말한다. ② 매슬로우(Maslow)는 대부분의 사람은 다섯 가지의 기본적인 욕구를 가지고 있으며, 이를 충족시켜줌으로써 사기를 고양할 수 있다고 하였다. ③ 하위욕구가 충족되어야 다음의 상위욕구로 나아간다.		
매슬로우의 욕구 5단계	생리적 욕구	의식주나 건강·성욕 해결에 대한 욕구	적정보수, 휴양 등
	안전의 욕구	자신의 지위나 신분에 대한 안정 욕구	신분보장, 연금 등
	사회적 욕구(애정의 욕구)	동료, 상사, 조직에 대한 소속감이나 관계를 맺으려는 욕구	인간관계 개선, 고충처리 상담 등
	존경의 욕구	존경, 명예, 인정, 확신에 대한 욕구	참여확대, 권한 위임, 제안제도, 포상 등
	자아실현 욕구	가장 궁극적인 욕구로서 자기발전이나 자아실현에 대한 욕구	공정하고 합리적인 승진, 공무원단체 활동 등

제3절 | 경찰예산관리

1. 예산의 구분

(1) 회계에 따른 구분

일반회계	중앙정부의 예산을 중심으로 일반적으로 이루어지는 회계(경찰예산의 대부분은 일반회계에 속한다)
특별회계	특정한 사업 등을 운영하고자 할 때 특정한 세입으로 특정한 세출에 충당하는 회계

(2) 성립과정에 따른 구분 [19 해경]

본예산	정부가 회계연도마다 예산안을 편성하여 회계연도 개시 90일전까지 국회에 제출하고, 국회가 이에 따라 회계연도 개시 30일전까지 의결한 예산을 말한다.(헌법 제54조 제2항) 다만, 「국가재정법」은 "정부는 대통령의 승인을 얻은 예산안을 회계연도 개시 120일 전까지 국회에 제출하여야 한다"라고 규정하고 있다. (동법 제33조)
수정예산	정부가 예산안을 국회에 제출한 후 부득이한 사유로 인하여 그 내용의 일부를 수정하고자 하는 때에 국무회의의 심의를 거쳐 대통령의 승인을 얻어 국회에 제출하는 예산(국가재정법 제35조)
추가경정예산	예산 성립 후 정부가 예산에 변경을 가할 필요가 있을 때에 국회에 제출하는 예산(헌법 제56조)
준예산	새로운 회계연도가 개시될 때까지 예산안이 의결되지 못한 때에는 정부는 국회에서 예산안이 의결될 때까지 다음의 목적을 위한 경비는 전년도 예산에 준하여 집행할 수 있다(헌법 제54조 제3항). 1. 헌법이나 법률에 의하여 설치된 기관 또는 시설의 유지·운영 2. 법률상 지출의무의 이행 3. 이미 예산으로 승인된 사업의 계속

2. 각종 예산제도 [22 간부]

품목별 예산제도 (LIBS, 통제기능)	① 품목별예산제도(LIBS, Line Item Budgeting System)란 예산을 품목별로 분류하는 방식으로서 행정책임의 소재와 회계책임에 대한 감독부서 및 국회의 통제가 용이하도록 하기 위한 제도이다. ② 현재 우리나라 행정부 및 해양경찰의 예산제도 ③ 품목별 예산제도는 비교적 운영하기 쉽고 회계책임을 명확히 할 수 있다는 장점이 있다. ④ 사업의 목적이나 성과 및 정부생산성을 파악할 수 없다. 계획과 지출이 일치하지 않는 경우가 많고 기능의 중복을 피하기가 곤란하다. 또한 품목과 비용을 따지는 미시적 관리로 정부 전체활동의 통합조정이 어렵다는 단점이 있다.
성과주의 예산제도 (PBS, 관리기능)	① 성과주의 예산제도(PBS, Performance Budgeting System)란 예산을 사업별로 분류하고 각 사업별 업무단위를 측정하여 업무를 양적으로 표시하고 그 원가를 기준으로 예산을 편성하는 제도를 말한다 (단위원가 × 업무량 = 예산액). ② 성과주의 예산제도는 정부가 수행하는 업무에 중점을 두는 관리지향적 예산제도로 일반국민이 사업의 목적을 이해하기 쉽고 정책수립이나 계획수립이 용이하며 예산 편성시 자원배분 합리화, 예산집행의 신축성에 기여하며 입법부의 예산심의를 간

	편하게 하는 등의 장점이 있으나, 업무측정단위 선정 및 단위원가 계산이 어렵다는 단점이 있다.
계획예산제도(=프로그램 예산, PPBS)	계획예산제도(PPBS, Planning Programming Budgeting System)란 **장기적인 계획과 단기적인 예산편성의 유기적 결합을 통하여 제한된 재정자원을 합리적으로 배분함으로써 정부지출의 효과를 극대화 하고자 하는 제도**를 말한다. 예산의 정치적 성격과 실현에 필요한 비용부담 및 분석의 곤란으로 실패하였다.
영(점)기준 예산제도	영점기준예산제도(ZBB, Zero Based Budgeting)란 **매년 사업의 우선순위를 새롭게 결정하고 그에 따라 예산을 책정하는 제도**로 전년도 예산을 기준으로 점증적으로 예산액을 책정하는 폐단을 시정하려는 목적에서 유래하였다. 우선순위 결정에 많은 어려움이 있다. 예산편성에 관련된 행정적인 과정제도이다. ※ 일몰법은 예산에 관한 심의·통제를 위한 입법적인 과정이다.
자본예산제도	세입과 세출을 경상적인 것과 자본적인 것으로 나누어 경상적 지출은 경상적 수입으로 충당하고, 자본적 지출은 공채 발행 등의 차입으로 충당하는 복식예산제도이다.

3. 예산의 구성

예산총칙	세입세출예산·계속비·명시이월비 및 국고채무부담행위에 관한 총괄적 규정을 두는 외에 국채와 차입금의 한도액, 재정증권의 발행과 일시차입금의 최고액, 그 밖에 예산집행에 관하여 필요한 사항을 규정
세입세출예산	① 1회계 연도의 수입과 지출의 예정적 계수로서 예산의 본체를 이루고 있는 것 ② 세입세출예산은 **독립기관 및 중앙관서의 소관별로 구분**한 후 소관 내에서 **일반회계·특별회계로 구분**한다. ③ 세입예산은 그 내용을 성질별로 관·항으로 구분하고, 세출예산은 그 내용을 기능별·성질별 또는 기관별로 장·관·항으로 구분한다. ④ 예산의 구체적인 분류기준 및 세항과 각 경비의 성질에 따른 목의 구분은 기획재정부장관이 정한다.
예비비	① 정부는 예측할 수 없는 예산 외의 지출 또는 예산초과지출에 충당하기 위하여 **일반회계 예산총액의 100분의 1 이내의 금액**을 예비비로 **세입세출예산에 계상할 수 있다.** 다만, 예산총칙 등에 따라 미리 사용목적을 지정해 놓은 예비비는 본문에도 불구하고 별도로 세입세출예산에 계상할 수 있다. [20 간부] ② 제1항 단서에도 불구하고 공무원의 보수 인상을 위한 인건비 충당을 위하여는 예비비의 사용목적을 지정할 수 없다.
계속비	① 완성에 수년이 필요한 공사나 제조 및 연구개발사업은 그 경비의 총액과 연부액(年賦額 : 매년 지급하는 금액)을 정하여 미리 국회의 의결을 얻은 범위 안에서 수년도에 걸쳐서 지출할 수 있다. ② 제1항의 규정에 따라 **국가가 지출할 수 있는 연한**은 **그 회계연도부터 5년 이내**로 한다. 다만, 사업규모 및 국가재원 여건을 고려하여 필요한 경우에는 **예외적으로 10년 이내**로 할 수 있다. ③ 기획재정부장관은 필요하다고 인정하는 때에는 국회의 의결을 거쳐 제2항의 지출연한을 연장할 수 있다.
명시이월비	① 세출예산 중 **경비의 성질상 연도 내에 지출을 끝내지 못할 것이 예측되는 때에는 그 취지를 세입세출예산에 명시하여 미리 국회의 승인을 얻은 후 다음 연도에 이월하여 사용할 수 있다.** ② 매 회계연도의 세출예산은 다음 연도에 이월하여 사용할 수 없지만, 다음 어느 하나에 해당하는 경비의 금액은 다음 회계연도에 이월하여 사용할 수 있고, 이 경우 이월액은 다른 용도로 사용할 수 없으며, **제2호에 해당하는 경비의 금액은 재이월할 수 없다.** 1. 명시이월비 2. 연도 내에 지출원인행위를 하고 불가피한 사유로 인하여 연도 내에 지출하지 못한 경비와

	지출원인행위를 하지 아니한 그 부대경비 3. 지출원인행위를 위하여 입찰공고를 한 경비 중 입찰공고 후 지출원인행위까지 장기간이 소요되는 경우로서 대통령령으로 정하는 경비 4. 공익사업의 시행에 필요한 손실보상비로서 대통령령으로 정하는 경비 5. 경상적 성격의 경비로서 대령령으로 정하는 경비
국고채무부 담행위	국가는 법률에 따른 것과 세출예산금액 또는 계속비의 총액의 범위 안의 것 외에 **채무를 부담하는 행위를 하는 때**에는 미리 예산으로써 국회의 의결을 얻어야 함

4. 예산안 편성 [23 경사, 22 해경, 21경감, 20 간부]

중기사업계획서 제출	**각 중앙관서의 장(ex 해양경찰청장)**은 매년 1월 31일까지 해당 회계연도부터 5회계연도 이상의 기간 동안의 신규사업 및 기획재정부장관이 정하는 주요 계속사업에 대한 **중기사업계획서를 기획재정부장관에게 제출**
예산안편성지침 통보	**기획재정부장관**은 국무회의의 심의를 거쳐 대통령의 승인을 얻은 다음 연도의 예산안편성지침을 **매년 3월 31일까지 각 중앙관서의 장에게 통보**
예산안편성지침의 국회 보고	기획재정부장관은 각 중앙관서의 장에게 통보한 예산안편성지침을 국회 예산결산특별위원회에 보고하여야 한다.
예산요구서 제출	**각 중앙관서의 장**은 예산안편성지침에 따라 그 소관에 속하는 다음 연도의 세입세출예산·계속비·명시이월비 및 국고채무부담행위 요구서(이하 "예산요구서'라 한다)를 작성하여 **매년 5월 31일까지 기획재정부장관에게 제출**
예산안 편성 ⇒ 국무회의 심의 ⇒ 대통령 승인 ⇒ 국회제출 ⇒ 국회의결	① **기획재정부장관**은 예산요구서에 따라 예산안을 편성하여 국무회의의 심의를 거친 후 **대통령의 승인**을 얻어야 함 ② **정부**는 대통령의 승인을 얻은 예산안을 회계연도 개시 **120일 전까지 국회에 제출**

5. 예산의 집행 [23 간부]

예산배정요구서 제출	**각 중앙관서의 장(ex 해양경찰청장)**은 예산이 확정된 후 사업운영계획 및 이에 따른 세입세출예산·계속비와 국고채무부담행위를 포함한 **예산배정요구서를 기획재정부장관에게 제출**하여야 한다.
예산의 배정	① **기획재정부장관**은 예산배정요구서에 따라 분기별 예산배정계획을 작성하여 국무회의의 심의를 거친 후 **대통령의 승인**을 얻어야 한다. ② **기획재정부장관**은 **각 중앙관서의 장에게 예산을 배정한 때에는 감사원에 통지**하여야 한다.
예산집행지침의 통보	**기획재정부장관**은 예산집행의 효율성을 높이기 위하여 매년 예산집행에 관한 지침을 작성하여 **각 중앙관서의 장에게 통보**하여야 한다.
예산의 목적 외 사용금지	**각 중앙관서의 장**은 세출예산이 정한 목적 외에 경비를 사용할 수 없다.
중앙관서결산보고서의 작성 및 제출 [23 경위]	각 중앙관서의 장은 「국가회계법」에서 정하는 바에 따라 회계연도마다 작성한 결산보고서(이하 "중앙관서결산보고서"라 한다)를 다음 연도 2월 말일까지 기획재정부장관에게 제출하여야 한다.
국가결산보고서의 작성 및 제출 [23 경위, 22 해경]	기획재정부장관은 「국가회계법」에서 정하는 바에 따라 회계연도마다 작성하여 대통령의 승인을 받은 국가결산보고서를 다음 연도 4월 10일까지 감사원에 제출하여야 한다.

◆ 예산의 탄력적 운영제도 (국가재정법 §46~48) [20 승진]

전용	① 각 중앙관서의 장은 예산의 목적범위 안에서 재원의 효율적 활용을 위하여 대통령령으로 정하는 바에 따라 **기획재정부장관의 승인을 얻어 각 세항 또는 목**의 금액을 전용할 수 있다. [20 간부, 20 해경] ② 각 중앙관서의 장은 제1항에도 불구하고 **회계연도마다 기획재정부장관이 위임하는 범위 안에서 각 세항 또는 목의 금액을 자체적으로 전용할 수 있다.** ③ 제1항 및 제2항에도 불구하고 각 중앙관서의 장은 다음 각 호의 어느 하나에 해당하는 경우에는 전용할 수 없다. 1. 당초 예산에 계상되지 아니한 사업을 추진하는 경우 2. 국회가 의결한 취지와 다르게 사업 예산을 집행하는 경우
이용, 이체	① 각 중앙관서의 장은 **예산이 정한 각 기관 간 또는 각 장·관·항** 간에 상호 이용(移用)할 수 없다. 다만, 다음 각 호의 어느 하나에 해당하는 경우에 한정하여 **미리 예산으로써 국회의 의결을 얻은 때에는 기획재정부장관의 승인을 얻어 이용하거나 기획재정부장관이 위임하는 범위 안에서 자체적으로 이용할 수 있다.** [20 간부, 20 해경] 1. 법령상 지출의무의 이행을 위한 경비 및 기관운영을 위한 필수적 경비의 부족액이 발생하는 경우 2. 환율변동·유가변동 등 사전에 예측하기 어려운 불가피한 사정이 발생하는 경우 3. 재해대책 재원 등으로 사용할 시급한 필요가 있는 경우 4. 그 밖에 대통령령으로 정하는 경우 ② 기획재정부장관은 정부조직 등에 관한 법령의 제정·개정 또는 폐지로 인하여 중앙관서의 직무와 권한에 변동이 있는 때에는 그 중앙관서의 장의 요구에 따라 그 예산을 상호 이용하거나 이체할 수 있다.
명시이월	세출예산 중 경비의 성질상 연도 내에 지출을 끝내지 못할 것이 예측되는 때에는 그 취지를 세입세출예산에 명시하여 미리 국회의 승인을 얻은 후 다음 연도에 이월하여 사용할 수 있다.
이월	① **매 회계연도의 세출예산은 다음 연도에 이월하여 사용할 수 없다.** ② 제1항에도 불구하고 **다음 각 호의 어느 하나에 해당하는 경비의 금액은 다음 회계연도에 이월하여 사용할 수 있다.** 이 경우 이월액은 다른 용도로 사용할 수 없으며, **제2호에 해당하는 경비의 금액은 재이월할 수 없다.** [20 간부, 20 해경] 1. 명시이월비 2. **연도 내에 지출원인행위를 하고 불가피한 사유로 인하여 연도 내에 지출하지 못한 경비와 지출원인행위를 하지 아니한 그 부대경비** 3. 지출원인행위를 위하여 입찰공고를 한 경비 중 입찰공고 후 지출원인행위까지 장기간이 소요되는 경우로서 대통령령으로 정하는 경비 4. 공익사업의 시행에 필요한 손실보상비로서 대통령령으로 정하는 경비 5. 경상적 성격의 경비로서 대통령령으로 정하는 경비 ③ 제1항에도 불구하고 계속비의 연도별 연부액 중 해당 연도에 지출하지 못한 금액은 계속 비사업의 완성연도까지 계속 이월하여 사용할 수 있다.(제48조 제3항)

◆ 국가재정법 [시행 23. 1. 1.]

국가재정법

제1장 총칙

제1조(목적)

이 법은 국가의 예산·기금·결산·성과관리 및 국가채무 등 재정에 관한 사항을 정함으로써 효율적이고 성과 지향적이며 투명한 재정운용과 건전재정의 기틀을 확립하고 재정운용의 공공성을 증진하는 것을 목적으로 한다.

제2조(회계연도)

국가의 회계연도는 매년 1월 1일에 시작하여 12월 31일에 종료한다.

제3조(회계연도 독립의 원칙) [19 승진, 18 승진]

각 회계연도의 경비는 그 연도의 세입 또는 수입으로 충당하여야 한다.

제4조(회계구분)

① 국가의 회계는 일반회계와 특별회계로 구분한다.
② 일반회계는 조세수입 등을 주요 세입으로 하여 국가의 일반적인 세출에 충당하기 위하여 설치한다.
③ 특별회계는 국가에서 특정한 사업을 운영하고자 할 때, 특정한 자금을 보유하여 운용하고자 할 때, 특정한 세입으로 특정한 세출에 충당함으로써 일반회계와 구분하여 회계처리할 필요가 있을 때에 법률로써 설치하되, 별표 1에 규정된 법률에 의하지 아니하고는 이를 설치할 수 없다.

제7조(국가재정운용계획의 수립 등)

① 정부는 재정운용의 효율화와 건전화를 위하여 매년 해당 회계연도부터 5회계연도 이상의 기간에 대한 재정운용계획(이하 "국가재정운용계획"이라 한다)을 수립하여 회계연도 개시 120일 전까지 국회에 제출하여야 한다.

제2장 예산

제1절 총칙

제16조(예산의 원칙) 정부는 예산을 편성하거나 집행할 때 다음 각 호의 원칙을 준수하여야 한다.
1. 정부는 재정건전성의 확보를 위하여 최선을 다하여야 한다.
2. 정부는 국민부담의 최소화를 위하여 최선을 다하여야 한다.
3. 정부는 재정을 운용할 때 재정지출 및 「조세특례제한법」 제142조의2제1항에 따른 조세지출의 성과를 제고하여야 한다.
4. 정부는 예산과정의 투명성과 예산과정에의 국민참여를 제고하기 위하여 노력하여야 한다.
5. 정부는 「성별영향평가법」 제2조제1호에 따른 성별영향평가의 결과를 포함하여 예산이 여성과 남성에게 미치는 효과를 평가하고, 그 결과를 정부의 예산편성에 반영하기 위하여 노력하여야 한다.
6. 정부는 예산이 「기후위기 대응을 위한 탄소중립·녹색성장 기본법」 제2조제5호에 따른 온실가스(이하 "온실가스"라 한다) 감축에 미치는 효과를 평가하고, 그 결과를 정부의 예산편성에 반영하기 위하여 노력하여야 한다.

제17조(예산총계주의)

① 한 회계연도의 모든 수입을 세입으로 하고, 모든 지출을 세출로 한다.
② 제53조에 규정된 사항을 제외하고는 세입과 세출은 모두 예산에 계상하여야 한다.

제19조(예산의 구성)

예산은 예산총칙·세입세출예산·계속비·명시이월비 및 국고채무부담행위를 총칭한다.

제20조(예산총칙)

① 예산총칙에는 세입세출예산·계속비·명시이월비 및 국고채무부담행위에 관한 총괄적 규정을 두는 외에 다음 각 호의 사항을 규정하여야 한다.
1. 제18조 단서의 규정에 따른 국채와 차입금의 한도액(중앙관서의 장이 관리하는 기금의 기금운용계획안에 계상된 국채발행 및 차입금의 한도액을 포함한다)
2. 「국고금관리법」 제32조의 규정에 따른 재정증권의 발행과 일시차입금의 최고액
3. 그 밖에 예산집행에 관하여 필요한 사항

② 정부는 기존 국채를 새로운 국채로 대체하기 위하여 필요한 경우에는 제1항제1호의 한도액을 초과하여 국채를 발행할 수 있다. 이 경우 미리 국회에 이를 보고하여야 한다.

제21조(세입세출예산의 구분)

① 세입세출예산은 필요한 때에는 계정으로 구분할 수 있다.
② 세입세출예산은 독립기관 및 중앙관서의 소관별로 구분한 후 소관 내에서 일반회계·특별회계로 구분한다.
③ 세입예산은 제2항의 규정에 따른 구분에 따라 그 내용을 성질별로 관·항으로 구분하고, 세출예산은 제2항의 규정에 따른 구분에 따라 그 내용을 기능별·성질별 또는 기관별로 장·관·항으로 구분한다.
④ 예산의 구체적인 분류기준 및 세항과 각 경비의 성질에 따른 목의 구분은 기획재정부장관이 정한다.

제22조(예비비)

① 정부는 예측할 수 없는 예산 외의 지출 또는 예산초과지출에 충당하기 위하여 일반회계 예산총액의 100분의 1 이내의 금액을 예비비로 세입세출예산에 계상할 수 있다. 다만, 예산총칙 등에 따라 미리 사용목적을 지정해 놓은 예비비는 본문에도 불구하고 별도로 세입세출예산에 계상할 수 있다.
② 제1항 단서에도 불구하고 공무원의 보수 인상을 위한 인건비 충당을 위하여는 예비비의 사용목적을 지정할 수 없다.

제23조(계속비) [18 승진]

① 완성에 수년이 필요한 공사나 제조 및 연구개발사업은 그 경비의 총액과 연부액(年賦額)을 정하여 미리 국회의 의결을 얻은 범위 안에서 수년도에 걸쳐서 지출할 수 있다.
② 제1항의 규정에 따라 국가가 지출할 수 있는 연한은 그 회계연도부터 5년 이내로 한다. 다만, 사업규모 및 국가재원 여건을 고려하여 필요한 경우에는 예외적으로 10년 이내로 할 수 있다.

제24조(명시이월비)

① 세출예산 중 경비의 성질상 연도 내에 지출을 끝내지 못할 것이 예측되는 때에는 그 취지를 세입세출예산에 명시하여 미리 국회의 승인을 얻은 후 다음 연도에 이월하여 사용할 수 있다.

제25조(국고채무부담행위)

① 국가는 법률에 따른 것과 세출예산금액 또는 계속비의 총액의 범위 안의 것 외에 채무를 부담하는 행위를 하는 때에는 미리 예산으로써 국회의 의결을 얻어야 한다.

제26조(성인지 예산서의 작성)

① 정부는 예산이 여성과 남성에게 미칠 영향을 미리 분석한 보고서[이하 "성인지(性認知)예산서"라 한다]를 작성하여야 한다.

제27조(온실가스감축인지 예산서의 작성)

① 정부는 예산이 온실가스 감축에 미칠 영향을 미리 분석한 보고서(이하 "온실가스감축인지 예산서"라 한다)를 작성하여야 한다.

제2절 예산안의 편성

제28조(중기사업계획서의 제출) [20 승진]

각 중앙관서의 장은 매년 1월 31일까지 해당 회계연도부터 5회계연도 이상의 기간 동안의 신규사업 및 기획재정부장관이 정하는 주요 계속사업에 대한 중기사업계획서를 기획재정부장관에게 제출하여야 한다.

제29조(예산안편성지침의 통보) [20 승진]

① 기획재정부장관은 국무회의의 심의를 거쳐 대통령의 승인을 얻은 다음 연도의 예산안편성지침을 매년 3월 31일까지 각 중앙관서의 장에게 통보하여야 한다.
② 기획재정부장관은 제7조의 규정에 따른 국가재정운용계획과 예산편성을 연계하기 위하여 제1항의 규정에 따른 예산안편성지침에 중앙관서별 지출한도를 포함하여 통보할 수 있다.

제30조(예산안편성지침의 국회보고)

기획재정부장관은 제29조제1항의 규정에 따라 각 중앙관서의 장에게 통보한 예산안편성지침을 국회 예산결산특별위원회에 보고하여야 한다.

제31조(예산요구서의 제출) [18 승진]

① 각 중앙관서의 장은 제29조의 규정에 따른 예산안편성지침에 따라 그 소관에 속하는 다음 연도의 세입세출예산·계속비·명시이월비 및 국고채무부담행위 요구서(이하 "예산요구서"라 한다)를 작성하여 매년 5월 31일까지 기획재정부장관에게 제출하여야 한다.

제32조(예산안의 편성)

기획재정부장관은 제31조제1항의 규정에 따른 예산요구서에 따라 예산안을 편성하여 국무회의의 심의를 거친 후 대통령의 승인을 얻어야 한다.

제33조(예산안의 국회제출)

정부는 제32조의 규정에 따라 대통령의 승인을 얻은 예산안을 회계연도 개시 120일 전까지 국회에 제출하여야 한다.

제38조(예비타당성조사)

① 기획재정부장관은 총사업비가 500억원 이상이고 국가의 재정지원 규모가 300억원 이상인 신규사업으로서 다음 각 호의 어느 하나에 해당하는 대규모사업에 대한 예산을 편성하기 위하여 미리 예비타당성조사를 실시하고, 그 결과를 요약하여 국회 소관 상임위원회와 예산결산특별위원회에 제출하여야 한다. 다만, 제4호의 사업은 제28조에 따라 제출된 중기사업계획서에 의한 재정지출이 500억원 이상 수반되는 신규 사업으로 한다.
1. 건설공사가 포함된 사업
2. 「지능정보화 기본법」 제14조제1항에 따른 지능정보화 사업
3. 「과학기술기본법」 제11조에 따른 국가연구개발사업
4. 그 밖에 사회복지, 보건, 교육, 노동, 문화 및 관광, 환경 보호, 농림해양수산, 산업·중소기업 분야의 사업

제3절 예산의 집행

제42조(예산배정요구서의 제출)

각 중앙관서의 장은 예산이 확정된 후 사업운영계획 및 이에 따른 세입세출예산·계속비와 국고채무부담행위를 포함한 예산배정요구서를 기획재정부장관에게 제출하여야 한다.

제43조(예산의 배정)

① 기획재정부장관은 제42조의 규정에 따른 예산배정요구서에 따라 분기별 예산배정계획을 작성하여 국무회의의 심의를 거친 후 대통령의 승인을 얻어야 한다.
② 기획재정부장관은 각 중앙관서의 장에게 예산을 배정한 때에는 감사원에 통지하여야 한다.
③ 기획재정부장관은 필요한 때에는 대통령령으로 정하는 바에 따라 회계연도 개시 전에 예산을 배정할 수 있다.

> 시행령 제16조 ⑤ [18 승진]
> 법 제43조제3항에 따라 회계연도 개시 전에 예산을 배정할 수 있는 경비는 다음 각 호와 같다
> 1. 외국에서 지급하는 경비
> 2. 선박의 운영·수리 등에 소요되는 경비
> 3. 교통이나 통신이 불편한 지역에서 지급하는 경비
> 4. 각 관서에서 필요한 부식물의 매입경비
> 5. 범죄수사 등 특수활동에 소요되는 경비
> 6. 여비
> 7. 경제정책상 조기집행을 필요로 하는 공공사업비
> 8. 재해복구사업에 소요되는 경비

제44조(예산집행지침의 통보)

기획재정부장관은 예산집행의 효율성을 높이기 위하여 매년 예산집행에 관한 지침을 작성하여 각 중앙관서의 장에게 통보하여야 한다.

제45조(예산의 목적 외 사용금지)

각 중앙관서의 장은 세출예산이 정한 목적 외에 경비를 사용할 수 없다.

제46조(예산의 전용)

① 각 중앙관서의 장은 예산의 목적범위 안에서 재원의 효율적 활용을 위하여 대통령령으로 정하는 바에 따라 기획재정부장관의 승인을 얻어 각 세항 또는 목의 금액을 전용할 수 있다. 이 경우 사업 간의 유사성이 있는지, 재해대책 재원 등으로 사용할 시급한 필요가 있는지, 기관운영을 위한 필수적 경비의 충당을 위한 것인지 여부 등을 종합적으로 고려하여야 한다.
② 각 중앙관서의 장은 제1항에도 불구하고 회계연도마다 기획재정부장관이 위임하는 범위 안에서 각 세항 또는 목의 금액을 자체적으로 전용할 수 있다.
③ 제1항 및 제2항에도 불구하고 각 중앙관서의 장은 다음 각 호의 어느 하나에 해당하는 경우에는 전용할 수 없다.
1. 당초 예산에 계상되지 아니한 사업을 추진하는 경우
2. 국회가 의결한 취지와 다르게 사업 예산을 집행하는 경우

제47조(예산의 이용·이체)

① 각 중앙관서의 장은 예산이 정한 각 기관 간 또는 각 장·관·항 간에 상호 이용(移用)할 수 없다. 다만, 다음 각 호의 어느 하나에 해당하는 경우에 한정하여 미리 예산으로써 국회의 의결을 얻은 때에는 기획재정부장관의 승인을 얻어 이용하거나 기획재정부장관이 위임하는 범위 안에서 자체적으로 이용할 수 있다.
1. 법령상 지출의무의 이행을 위한 경비 및 기관운영을 위한 필수적 경비의 부족액이 발생하는 경우
2. 환율변동·유가변동 등 사전에 예측하기 어려운 불가피한 사정이 발생하는 경우
3. 재해대책 재원 등으로 사용할 시급한 필요가 있는 경우
4. 그 밖에 대통령령으로 정하는 경우
② 기획재정부장관은 정부조직 등에 관한 법령의 제정·개정 또는 폐지로 인하여 중앙관서의 직무와 권한에 변동이 있는 때에는 그 중앙관서의 장의 요구에 따라 그 예산을 상호 이용하거나 이체(移替)할 수 있다.

제48조(세출예산의 이월)

① 매 회계연도의 세출예산은 다음 연도에 이월하여 사용할 수 없다.
② 제1항에도 불구하고 다음 각 호의 어느 하나에 해당하는 경비의 금액은 다음 회계연도에 이월하여 사용할 수 있다. 이 경우 이월액은 다른 용도로 사용할 수 없으며, 제2호에 해당하는 경비의 금액은 재이월할 수 없다.
1. 명시이월비

2. 연도 내에 지출원인행위를 하고 불가피한 사유로 인하여 연도 내에 지출하지 못한 경비와 지출원인행위를 하지 아니한 그 부대경비
3. 지출원인행위를 위하여 입찰공고를 한 경비 중 입찰공고 후 지출원인행위까지 장기간이 소요되는 경우로서 대통령령으로 정하는 경비
4. 공익사업의 시행에 필요한 손실보상비로서 대통령령으로 정하는 경비
5. 경상적 성격의 경비로서 대통령령으로 정하는 경비

③ 제1항에도 불구하고 계속비의 연도별 연부액 중 해당 연도에 지출하지 못한 금액은 계속비사업의 완성연도까지 계속 이월하여 사용할 수 있다.

제3장 결산

제56조(결산의 원칙)

정부는 결산이 「국가회계법」에 따라 재정에 관한 유용하고 적정한 정보를 제공할 수 있도록 객관적인 자료와 증거에 따라 공정하게 이루어지게 하여야 한다.

제57조(성인지 결산서의 작성)

① 정부는 여성과 남성이 동등하게 예산의 수혜를 받고 예산이 성차별을 개선하는 방향으로 집행되었는지를 평가하는 보고서(이하 "성인지 결산서"라 한다)를 작성하여야 한다.
② 성인지 결산서에는 집행실적, 성평등 효과분석 및 평가 등을 포함하여야 한다.

제57조의2(온실가스감축인지 결산서의 작성)

① 정부는 예산이 온실가스를 감축하는 방향으로 집행되었는지를 평가하는 보고서(이하 "온실가스감축인지 결산서"라 한다)를 작성하여야 한다.
② 온실가스감축인지 결산서에는 집행실적, 온실가스 감축 효과분석 및 평가 등을 포함하여야 한다.

제58조(중앙관서결산보고서의 작성 및 제출)

① 각 중앙관서의 장은 「국가회계법」에서 정하는 바에 따라 회계연도마다 작성한 결산보고서(이하 "중앙관서결산보고서"라 한다)를 다음 연도 2월 말일까지 기획재정부장관에게 제출하여야 한다.
② 국회의 사무총장, 법원행정처장, 헌법재판소의 사무처장 및 중앙선거관리위원회의 사무총장은 회계연도마다 예비금사용명세서를 작성하여 다음 연도 2월말까지 기획재정부장관에게 제출하여야 한다.

제59조(국가결산보고서의 작성 및 제출) [22 승진]

기획재정부장관은 「국가회계법」에서 정하는 바에 따라 회계연도마다 작성하여 대통령의 승인을 받은 국가결산보고서를 다음 연도 4월 10일까지 감사원에 제출하여야 한다.

제60조(결산검사)

감사원은 제59조에 따라 제출된 국가결산보고서를 검사하고 그 보고서를 다음 연도 5월 20일까지 기획재정부장관에게 송부하여야 한다.

제61조(국가결산보고서의 국회제출)

정부는 제60조에 따라 감사원의 검사를 거친 국가결산보고서를 다음 연도 5월 31일까지 국회에 제출하여야 한다.

제66조(기금운용계획안의 수립)

① 기금관리주체는 매년 1월 31일까지 해당 회계연도부터 5회계연도 이상의 기간 동안의 신규사업 및 기획재정부장관이 정하는 주요 계속사업에 대한 중기사업계획서를 기획재정부장관에게 제출하여야 한다.
② 기획재정부장관은 자문회의의 자문과 국무회의의 심의를 거쳐 대통령의 승인을 얻은 다음 연도의 기금운용계획안 작성지침을 매년 3월 31일까지 기금관리주체에게 통보하여야 한다.

제89조(추가경정예산안의 편성) [18 승진]

① 정부는 다음 각 호의 어느 하나에 해당하게 되어 이미 확정된 예산에 변경을 가할 필요가 있는 경우에는 추가경정예산안을 편성할 수 있다.
   1. 전쟁이나 대규모 재해(「재난 및 안전관리 기본법」 제3조에서 정의한 자연재난과 사회재난의 발생에 따른 피해를 말한다)가 발생한 경우
   2. 경기침체, 대량실업, 남북관계의 변화, 경제협력과 같은 대내·외 여건에 중대한 변화가 발생하였거나 발생할 우려가 있는 경우
   3. 법령에 따라 국가가 지급하여야 하는 지출이 발생하거나 증가하는 경우
② 정부는 국회에서 추가경정예산안이 확정되기 전에 이를 미리 배정하거나 집행할 수 없다.

제96조(금전채권·채무의 소멸시효)
① 금전의 급부를 목적으로 하는 국가의 권리로서 시효에 관하여 다른 법률에 규정이 없는 것은 5년 동안 행사하지 아니하면 시효로 인하여 소멸한다.
② 국가에 대한 권리로서 금전의 급부를 목적으로 하는 것도 또한 제1항과 같다.

※ 예산과정은 "예산편성 ⇒ 예산심의 ⇒ 예산집행 ⇒ 예산결산"의 순으로 이루어진다.

제4절 | 해양경찰홍보

◆ 경찰홍보의 종류

협의의 홍보	각종 매체(ex 유인물, 팸플릿)를 통해 개인이나 단체의 좋은 점을 일방적으로 알리는 홍보
지역공동체관계	지역 사회 내의 각종 기관·단체·주민들과 유기적인 연락·협조체제를 구축하여 지역의 요구에 부응하는 경찰활동을 알리는 지역사회 홍보
대중매체관계	대중매체와 협조관계를 유지하여 대중매체의 필요를 충족시켜 주고 경찰의 긍정적인 측면을 널리 알리는 홍보
기업 이미지식 홍보	주민을 소비자로 보는 관점에서 영국과 미국에서 발달한 것으로 유료 광고를 내고 친근한 상징물을 개발하여 전파하여 경찰 이미지를 높이는 홍보

◆ 해양경찰의 상징

❶ 흰꼬리수리는 몸길이의 2배가 넘는 큰 길이의 날개를 가진 독수리로 신속한 구조로 대한민국 해상을 관할한다는 점, 오랜 비행은 오랜 시간 떠있는 함정, 또는 우리나라 해안가에서 서식하는 텃새로 해경의 역할을 대변하는 독수리입니다.
❷ 전통 방패 안의 삼태극 문양은 대한민국과 국민을 상징하며, 이를 감싸고 있는 발깃는 충(忠), 신(信), 용(勇), 인(仁), 의(義), 예(禮), 지(智), 덕(德)의 해양경찰이 지향하는 가치 개념을 상징합니다.
❸ 독수리 꼬리의 나누어진 6면은 해양경찰의 주요업무인 해양주권 수호와 해양자원 보호, 해상 안전망 개선으로 안전한 해양활동의 강화, 범죄 없는 바다를 위한 해양치안 확보, 깨끗한 바다를 위한 해양보호 활동, 창의적 업무 수행으로 선도하는 해양경찰 구현, 효율적 운영자원으로 해양경찰 역량 강화 등을 의미합니다.
❹ 꼬리와 선체 사이에는 해양을 상징하는 닻을 간접적으로 표현하고 있습니다.
❺ 독수리 꼬리 부분의 삼각형은 3면의 바다로 둘러싸여 있는 대한민국 해양을 힘차게 전진하는 함정의 선수를 나타내고 있습니다.

해누리   해우리

남성경찰관인 해우리는 바다 "해(海)"와 나와 듣는 이를 포함한 여러 사람을 의미하는 일인칭 대명사인 "우리"의 합성어로 해양경찰이 바다 가족의 친구로서 봉사한다는 의미이다.

여성경찰관인 해누리는 바다 "해(海)"와 세상(世上)을 높여 부르는 말인 "누리"의 합성어로 해양경찰이 완벽한 임무수행으로 세계화·국제화시대 모든 해양종사자들의 바다 안녕과 번영에 기여하겠다는 의미이다.

◆ 경찰과 대중매체와의 관계

로버트 마크	경찰과 대중매체의 관계는 단란하고 행복하지는 않더라도 오래 지속되는 결혼생활이다.
크랜든	경찰과 대중매체는 서로 필요하기 때문에 둘 사이에는 공생관계가 발달한다.
에릭슨	경찰과 대중매체는 서로 연합하여 그 사회의 일탈에 대한 개념을 규정하며, 도덕성과 정의를 규정짓는 사회적 엘리트 집단을 구성한다.

◆ 보도관련 용어 [23 경사]

리드(lead)	기사 내용을 요약하여 1~2 줄 정도로 간략하게 쓴 글
이슈(issue)	토론·논쟁이나 갈등의 요인이 되는 관심이나 사고
오프 더 레코드(off the record)	보도하지 않을 것을 조건으로 하는 자료나 정보의 제공
엠바고(embargo)	어느 시한까지 보도하지 않을 것을 조건으로 하는 자료·정보의 제공
데드라인(deadline)	취재된 기사를 편집부에 넘겨야 하는 기사 마감시간
백 브리핑(back briefing)	공식적인 브리핑이 끝난 이후에 비공식적으로 이어지는 브리핑.

제5절 | 경찰보안관리

1. 비밀의 의의와 구분

보안업무규정 [시행 21. 1. 1]

제1장 총칙

제1조(목적)
이 영은 「국가정보원법」 제4조에 따라 국가정보원의 직무 중 보안 업무 수행에 필요한 사항을 규정함을 목적으로 한다.

제2조(정의)
이 영에서 사용하는 용어의 뜻은 다음과 같다.
1. "비밀"이란 「국가정보원법」(이하 "법"이라 한다) 제4조제1항제2호에 따른 국가 기밀(이하 "국가 기밀"이라 한다 :)로서 이 영에 따라 비밀로 분류된 것을 말한다.

> 국가정보원법 제4조 제1항
> 2. 국가 기밀(국가의 안전에 대한 중대한 불이익을 피하기 위하여 한정된 인원만이 알 수 있도록 허용되고 다른 국가 또는 집단에 대하여 비밀로 할 사실·물건 또는 지식으로서 국가 기밀로 분류된 사항만을 말한다. 이하 같다)에 속하는 문서·자재·시설·지역 및 국가안전보장에 한정된 국가 기밀을 취급하는 인원에 대한 보안 업무. 다만, 각급 기관에 대한 보안감사는 제외한다.

2. "각급기관"이란 「대한민국헌법」, 「정부조직법」 또는 그 밖의 법령에 따라 설치된 국가기관(군기관 및 교육기관을 포함한다)과 지방자치단체 및 「공공기록물 관리에 관한 법률 시행령」 제3조에 따른 공공기관을 말한다.
3. "중앙행정기관등"이란 「정부조직법」 제2조제2항에 따른 부·처·청(이에 준하는 위원회를 포함한다)과 대통령 소속·보좌·경호기관, 국무총리 보좌기관 및 고위공직자범죄수사처를 말한다.
4. "암호자재"란 비밀의 보호 및 정보통신 보안을 위하여 암호기술이 적용된 장치나 수단으로서 Ⅰ급, Ⅱ급 및 Ⅲ급비밀 소통용 암호자재로 구분되는 장치나 수단을 말한다.

제2장 비밀보호

제4조(비밀의 구분) [22 승진, 19 승진]
비밀은 그 중요성과 가치의 정도에 따라 다음 각 호와 같이 구분한다.
1. Ⅰ급비밀 : 누설될 경우 대한민국과 외교관계가 단절되고 전쟁을 일으키며, 국가의 방위계획·정보활동 및 국가방위에 반드시 필요한 과학과 기술의 개발을 위태롭게 하는 등의 우려가 있는 비밀
2. Ⅱ급비밀 : 누설될 경우 국가안전보장에 막대한 지장을 끼칠 우려가 있는 비밀
3. Ⅲ급비밀 : 누설될 경우 국가안전보장에 해를 끼칠 우려가 있는 비밀

> 보안업무규정 시행규칙 제16조
> ③ 영 제4조에 따른 비밀 외에 「공공기관의 정보공개에 관한 법률」 제9조제1항제3호부터 제8호까지의 비공개 대상 정보 중 직무 수행상 특별히 보호가 필요한 사항은 이를 "대외비"로 한다.

제5조(비밀의 보호와 관리 원칙)
각급기관의 장은 비밀의 작성·분류·취급·유통 및 이관 등의 모든 과정에서 비밀이 누설되거나 유출되지 아니하도록 보안대책을 수립하여 시행하여야 한다. 이 경우 비밀의 제목 등 해당 비밀의 내용을 유추할

수 있는 정보가 포함된 자료는 공개하지 않는다.

제7조(암호자재 제작·공급 및 반납)
① 국가정보원장은 암호자재를 제작하여 필요한 기관에 공급한다. 다만, 국가정보원장이 필요하다고 인정하는 암호자재의 경우 그 암호자재를 사용하는 기관은 국가정보원장이 인가하는 암호체계의 범위에서 암호자재를 제작할 수 있다.
② 암호자재를 사용하는 기관의 장은 사용기간이 끝난 암호자재를 지체 없이 그 제작기관의 장에게 반납하여야 한다.
③ 국가정보원장은 암호자재 제작 등 암호자재와 관련된 기술을 확보하기 위하여「과학기술분야 정부출연연구기관 등의 설립·운영 및 육성에 관한 법률」제8조제1항에 따라 설립된 정부출연연구기관으로 하여금 관련 연구개발 및 기술지원을 수행하게 할 수 있다.

제10조(비밀·암호자재취급의 인가 및 인가해제)
① 비밀취급 인가권자는 비밀을 취급하거나 비밀에 접근할 사람에게 해당 등급의 비밀취급을 인가하고, 필요한 경우에는 인가 등급을 변경한다.
② 비밀취급 인가는 인가 대상자의 직책에 따라 필요한 최소한의 인원으로 제한하여야 한다.
③ 비밀취급 인가를 받은 사람이 다음 각 호의 어느 하나에 해당하는 경우에는 그 인가를 해제해야 한다.
1. 고의 또는 중대한 과실로 보안사고를 저질렀거나 이 영을 위반하여 보안업무에 지장을 주는 경우
2. 비밀취급이 불필요하게 되었을 경우
④ 암호자재취급 인가권자는 비밀취급 인가를 받은 사람 중에서 암호자재취급이 필요한 사람에게 해당 등급의 비밀 소통용 암호자재취급을 인가하고, 필요한 경우에는 인가 등급을 변경한다. 이 경우 암호자재취급 인가 등급은 비밀취급 인가 등급보다 높을 수 없다.
⑤ 암호자재취급 인가를 받은 사람이 다음 각 호의 어느 하나에 해당하는 경우에는 그 인가를 해제해야 한다.
1. 비밀취급 인가가 해제되었을 경우
2. 암호자재와 관련하여 보안사고를 저질렀거나 이 영을 위반하여 보안 업무에 지장을 주는 경우
3. 암호자재의 취급이 불필요하게 되었을 경우
⑥ 비밀취급 및 암호자재취급의 인가와 인가 등급의 변경 및 인가 해제는 문서로 하여야 하며, 직원의 인사기록사항에 그 사실을 포함하여야 한다.

제11조(비밀의 분류)
① 비밀취급 인가를 받은 사람은 인가받은 비밀 및 그 이하 등급 비밀의 분류권을 가진다.
② 같은 등급 이상의 비밀취급 인가를 받은 사람 중 직속 상급직위에 있는 사람은 그 하급직위에 있는 사람이 분류한 비밀등급을 조정할 수 있다.
③ 비밀을 생산하거나 관리하는 사람은 비밀의 작성을 완료하거나 비밀을 접수하는 즉시 그 비밀을 분류하거나 재분류할 책임이 있다.

제12조(분류원칙) [18 승진]
① 비밀은 적절히 보호할 수 있는 최저등급으로 분류하되, 과도하거나 과소하게 분류해서는 아니 된다.
② 비밀은 그 자체의 내용과 가치의 정도에 따라 분류하여야 하며, 다른 비밀과 관련하여 분류해서는 아니 된다.
③ 외국 정부나 국제기구로부터 접수한 비밀은 그 생산기관이 필요로 하는 정도로 보호할 수 있도록 분류하여야 한다.

제22조(비밀관리기록부)
① 각급기관의 장은 비밀의 작성·분류·접수·발송 및 취급 등에 필요한 모든 관리사항을 기록하기 위하여 비밀관리기록부를 작성하여 갖추어 두어야 한다. 다만, Ⅰ급비밀관리기록부는 따로 작성하여 갖추어 두어야 하며, 암호자재는 암호자재 관리기록부로 관리한다.

② 비밀관리기록부와 암호자재 관리기록부에는 모든 비밀과 암호자재에 대한 보안책임 및 보안관리 사항이 정확히 기록·보존되어야 한다.

제23조(비밀의 복제·복사 제한)
① 비밀의 일부 또는 전부나 암호자재에 대해서는 모사(模寫)·타자(打字)·인쇄·조각·녹음·촬영·인화(印畵)·확대 등 그 원형을 재현(再現)하는 행위를 할 수 없다. 다만, 다음 각 호의 구분에 따른 비밀의 경우에는 그러하지 아니하다.
1. Ⅰ급비밀 : 그 생산자의 허가를 받은 경우
2. Ⅱ급비밀 및 Ⅲ급비밀 : 그 생산자가 특정한 제한을 하지 아니한 것으로서 해당 등급의 비밀취급 인가를 받은 사람이 공용(共用)으로 사용하는 경우
3. 전자적 방법으로 관리되는 비밀 : 해당 비밀을 보관하기 위한 용도인 경우

제24조(비밀의 열람)
① 비밀은 해당 등급의 비밀취급 인가를 받은 사람 중 그 비밀과 업무상 직접 관계가 있는 사람만 열람할 수 있다.
② 비밀취급 인가를 받지 아니한 사람에게 비밀을 열람하거나 취급하게 할 때에는 국가정보원장이 정하는 바에 따라 소속 기관의 장(비밀이 군사와 관련된 사항인 경우에는 국방부장관)이 미리 열람자의 인적사항과 열람하려는 비밀의 내용 등을 확인하고 열람 시 비밀 보호에 필요한 자체 보안대책을 마련하는 등의 보안조치를 하여야 한다. 다만, Ⅰ급비밀의 보안조치에 관하여는 국가정보원장과 미리 협의하여야 한다.

제25조(비밀의 공개)
① 중앙행정기관등의 장은 다음 각 호의 어느 하나에 해당하는 사유가 있을 때에는 그가 생산한 비밀을 제3조의3에 따른 보안심사위원회의 심의를 거쳐 공개할 수 있다. 다만, Ⅰ급비밀의 공개에 관하여는 국가정보원장과 미리 협의해야 한다.
1. 국가안전보장을 위하여 국민에게 긴급히 알려야 할 필요가 있다고 판단될 때
2. 공개함으로써 국가안전보장 또는 국가이익에 현저한 도움이 된다고 판단될 때
② 공무원 또는 공무원이었던 사람은 법률에서 정하는 경우를 제외하고는 소속 기관의 장이나 소속되었던 기관의 장의 승인 없이 비밀을 공개해서는 아니 된다.

제27조(비밀의 반출)
비밀은 보관하고 있는 시설 밖으로 반출해서는 아니 된다. 다만, 공무상 반출이 필요할 때에는 소속 기관의 장의 승인을 받아야 한다.

제28조(안전 반출 및 파기 계획)
관계 기관의 장은 비상시에 대비하여 비밀을 안전하게 반출하거나 파기할 수 있는 계획을 수립하고, 소속 직원에게 주지(周知)시켜야 한다.

보안업무규정 시행규칙 제33조(보관기준)
① 비밀은 일반문서나 암호자재와 혼합하여 보관하여서는 아니 된다.
② Ⅰ급비밀은 반드시 금고에 보관하여야 하며, 다른 비밀과 혼합하여 보관하여서는 아니 된다. [21 해경]
③ Ⅱ급비밀 및 Ⅲ급비밀은 금고 또는 이중 철제캐비넷 등 잠금장치가 있는 안전한 용기에 보관하여야 하며, 보관책임자가 Ⅱ급비밀 취급 인가를 받은 때에는 Ⅱ급비밀과 Ⅲ급비밀을 같은 용기에 혼합하여 보관할 수 있다.
④ 보관용기에 넣을 수 없는 비밀은 제한구역 또는 통제구역에 보관하는 등 그 내용이 노출되지 아니하도록 특별한 보호대책을 마련하여야 한다.

제34조(보관용기)
① 비밀의 보관용기 외부에는 비밀의 보관을 알리거나 나타내는 어떠한 표시도 해서는 아니 된다.
② 보관용기의 잠금장치의 종류 및 사용방법은 보관책임자 외의 사람이 알지 못하도록 특별한 통제를 하여야 하며, 다른 사람이 알았을 때에는 즉시 이를 변경하여야 한다.

2. 비밀취급인가권자

> **보안업무규정 제8조(비밀·암호자재의 취급)**
> 비밀은 해당 등급의 비밀취급 인가를 받은 사람만 취급할 수 있으며, 암호자재는 해당 등급의 비밀 소통용 암호자재취급 인가를 받은 사람만 취급할 수 있다.
>
> **제9조(비밀·암호자재취급 인가권자)**
> ① Ⅰ급비밀 취급 인가권자와 Ⅰ급 및 Ⅱ급비밀 소통용 암호자재 취급 인가권자는 다음 각 호와 같다.
>   1. 대통령
>   2. 국무총리
>   3. 감사원장
>   4. 국가인권위원회 위원장
>   4의2. 고위공직자범죄수사처장
>   5. 각 부·처의 장
>   6. 국무조정실장, 방송통신위원회 위원장, 공정거래위원회 위원장, 금융위원회 위원장, 국민권익위원회 위원장, 개인정보 보호위원회 위원장 및 원자력안전위원회 위원장
>   7. 대통령 비서실장
>   8. 국가안보실장
>   9. 대통령경호처장
>   10. 국가정보원장
>   11. 검찰총장
>   12. 합동참모의장, 각군 참모총장, 지상작전사령관 및 육군제2작전사령관
>   13. 국방부장관이 지정하는 각군 부대장
> ② Ⅱ급 및 Ⅲ급비밀 취급 인가권자와 Ⅲ급비밀 소통용 암호자재 취급 인가권자는 다음 각 호와 같다.
>   1. 제1항 각 호의 사람
>   2. 중앙행정기관등인 청의 장(해양경찰청장)
>   3. 지방자치단체의 장
>   4. 특별시·광역시·도 및 특별자치시·특별자치도의 교육감
>   5. 제1호부터 제4호까지의 사람이 지정한 기관의 장
>
>> **해양경찰청 보안업무시행세칙 제10조(비밀·암호자재 취급 인가권자)**
>> 해양경찰청장은 규정 제9조제2항제5호에 따라 다음 각 호의 사람을 비밀·암호자재 취급 인가권자(이하 "인가권자"라 한다.)로 지정한다.
>> 1. 해양경찰교육원장(해양경찰연구센터장을 포함한다.)
>> 2. 중앙해양특수구조단장
>> 3. 지방해양경찰청장
>> 4. 해양경찰서장(서해5도 특별경비단장을 포함한다.)
>> 5. 해양경찰정비창장
>>
>> **제12조(특별인가)**
>> ① 해양경찰청 소속 경찰공무원(의무경찰을 포함한다. 이하 "경찰공무원"이라 한다.)은 임용과 동시에 Ⅱ급비밀 및 Ⅲ급비밀 소통용 암호자재 취급인가를 받는다.
>> ② 경찰공무원 중 신원특이자에 대해서는 위원회에서 인가 여부를 심의·의결하고, 인가 거부로 결정된 경우 보직결정 등 보안상 적합성을 판단하는 자료로 활용한다.

3. 신원조사

> **보안업무규정 제36조(신원조사)**
> ① 국가정보원장은 제3조제2호에 해당하는 사람의 충성심·신뢰성 등을 확인하기 위하여 **신원조사를 한다.**
> ③ **관계 기관의 장은** 다음 각 호에 해당하는 사람에 대하여 **국가정보원장에게 신원조사를 요청해야 한다.**
> 　1. 공무원 임용 예정자(국가안전보장에 한정된 국가 기밀을 취급하는 직위에 임용될 예정인 사람으로 한정한다)
> 　2. 비밀취급 인가 예정자
> 　4. 국가보안시설·보호장비를 관리하는 기관 등의 장(해당 국가보안시설 등의 관리 업무를 수행하는 소속 직원을 포함한다)
> 　6. 그 밖에 다른 법령에서 정하는 사람이나 각급기관의 장이 국가안전보장을 위하여 필요하다고 인정하는 사람
>
> **제37조(신원조사 결과의 처리)**
> ① 국가정보원장은 신원조사 결과 국가안전보장에 해를 끼칠 정보가 있음이 확인된 사람에 대해서는 관계 기관의 장에게 그 사실을 통보하여야 한다.
> ② 제1항에 따라 통보를 받은 관계 기관의 장은 신원조사 결과에 따라 필요한 보안대책을 마련하여야 한다.

4. 보호지역 설정

> **보안업무규정 제34조(보호지역)**
> ① 각급기관의 장과 관리기관 등의 장은 국가안전보장에 관련되는 인원·문서·자재·시설의 보호를 위하여 필요한 장소에 일정한 범위의 **보호지역을 설정할 수 있다.**
> ② 제1항에 따라 설정된 보호지역은 그 중요도에 따라 **제한지역, 제한구역 및 통제구역으로 나눈다.**
> ③ **보호지역에 접근하거나 출입하려는 사람은** 각급기관의 장 또는 관리기관 등의 장의 승인을 받아야 한다.
> ④ 보호지역을 관리하는 사람은 제3항에 따른 승인을 받지 않은 사람의 보호지역 접근이나 출입을 제한하거나 금지할 수 있다.
>
> **보안업무규정 시행규칙 제54조(보호지역의 구분)**
> ① 영 제34조제2항에 따른 제한지역, 제한구역 및 통제구역이란 각각 다음 각 호의 지역 또는 구역을 말한다.
> 　1. **제한지역** : 비밀 또는 국·공유재산의 보호를 위하여 **울타리 또는 방호·경비인력에 의하여** 영 제34조제3항에 따른 **승인을 받지 않은 사람의 접근이나 출입에 대한 감시가 필요한 지역**
> 　2. **제한구역** : 비인가자가 비밀, 주요시설 및 Ⅲ급 비밀 소통용 암호자재에 접근하는 것을 방지하기 위하여 **안내를 받아 출입**하여야 하는 구역
> 　3. **통제구역** : 보안상 매우 중요한 구역으로서 **비인가자의 출입이 금지되는 구역**

◆ 제한구역과 통제구역 (해양경찰청 보안업무시행세칙 제67조 제1항)

제한구역 [22 간부]	통제구역
1. 기록관, 문서고, 발간실 2. 인사기록카드 보관시설(장소) 3. 중앙망관리센터 내 통합지휘무선통신망 및 정보보안 관제시스템 운용실 4. 송·수신소 5. 함정 및 항공대 6. 작전·경호 및 정보·보안·외사 업무 담당부서 전역 7. 중앙감시실(CCTV 감시 및 저장 장소) 8. 수상레저조정면허 발급실 9. 해상교통관제(VTS)센터와 레이더 사이트 및 중계소 10. 그 밖에 해양경찰청장이 필요하다고 인정한 곳	1. 을지연습 및 전시 종합상황실 2. 중앙망관리센터 내 통합지휘무선통신망 장비실 3. 보안실(암호취급소) 4. 무기고 및 탄약고 5. 종합상황실 6. 비밀발간실 7. 사이버보안 관제센터, 행정전산실 8. 백업센터 및 중요 정보통신시설을 집중 제어하는 국소 9. 그 밖에 해양경찰청장이 필요하다고 인정한 곳

제6절 | 경찰장비관리

1. 물품관리법 [시행 20. 6. 9]

제1조(목적)
이 법은 국가 물품(物品)의 취득·보관·사용 및 처분에 관한 기본적인 사항을 정하여 국가 물품을 효율적이고 적정하게 관리하는 것을 목적으로 한다.

제2조(정의) [23 경위]
① 이 법에서 "물품"이란 국가가 소유하는 동산(動産)과 국가가 사용하기 위하여 보관하는 동산(「국유재산법」에 따라 관리하고 있는 국유재산에서 개별적으로 분리된 동산을 포함한다)을 말한다. 다만, 다음 각 호의 동산은 제외한다.
1. 현금
2. 법령에 따라 한국은행에 기탁(寄託)하여야 할 유가증권
3. 「국유재산법」 제5조제1항제1호부터 제3호까지와 같은 조 제2항에 따른 국유재산
② 이 법에서 "중앙관서의 장"이란 「국가재정법」 제6조에 따른 중앙관서의 장을 말한다.

제3조(군수품관리에 관한 특례)
군수품의 관리에 관하여는 따로 법률로 정한다.

제4조(다른 법률과의 관계)
물품관리에 관하여는 다른 법률에 특별한 규정이 있는 경우 외에는 이 법에서 정하는 바에 따른다.

제5조(분류)
① 각 중앙관서의 장은 그 소관(所管) 물품을 기관별·사업별 및 성질별로 분류하여 효율적이고 적정하게 관리하여야 한다.
② 각 중앙관서의 장은 그 소관 물품의 효율적인 사용과 처분을 위하여 필요하면 그 소관 물품의 소속 분류를 전환할 수 있다.

제6조(표준화)
① 각 중앙관서의 장은 해당 관서와 그 소속 기관에서만 사용하는 주요 물품에 관하여 그 표준을 정하고, 조달청장은 정부 각 기관에서 공통적으로 사용하는 주요 물품에 관하여 그 표준을 정하여야 한다.

제7조(총괄기관)
① 기획재정부장관은 물품관리의 제도와 정책에 관한 사항을 관장하며, 물품관리에 관한 정책의 결정을 위하여 필요하면 조달청장이나 각 중앙관서의 장으로 하여금 물품관리 상황에 관한 보고를 하게 하거나 필요한 조치를 할 수 있다.
② 조달청장은 각 중앙관서의 장이 수행하는 물품관리에 관한 업무를 총괄·조정한다.

제8조(관리기관)
각 중앙관서의 장은 그 소관 물품을 관리한다.

제9조(물품관리관)
① 각 중앙관서의 장은 대통령령으로 정하는 바에 따라 그 소관 물품관리에 관한 사무를 소속 공무원에게 위임할 수 있고, 필요하면 다른 중앙관서의 소속 공무원에게 위임할 수 있다.
② 제1항에 따라 각 중앙관서의 장으로부터 물품관리에 관한 사무를 위임받은 공무원을 물품관리관(物品管理官)이라 한다.

제10조(물품출납공무원)
① 물품관리관[제12조제1항에 따라 그의 사무의 일부를 분장(分掌)하는 공무원을 포함한다. 이하 같다]은 대통령령으로 정하는 바에 따라 그가 소속된 관서의 공무원에게 그 관리하는 물품의 출납(出納)과 보관에 관한 사무(출납명령에 관한 사무는 제외한다)를 위임하여야 한다.
② 제1항에 따라 물품의 출납과 보관에 관한 사무를 위임받은 공무원을 물품출납공무원이라 한다.

제11조(물품운용관)
① 물품관리관은 대통령령으로 정하는 바에 따라 그가 소속된 관서의 공무원에게 국가의 사무 또는 사업의 목적과 용도에 따라서 물품을 사용하게 하거나 사용 중인 물품의 관리에 관한 사무(이하 "물품의 사용에 관한 사무"라 한다)를 위임하여야 한다.
② 제1항에 따라 물품의 사용에 관한 사무를 위임받은 공무원을 물품운용관이라 한다.

제12조(관리기관의 분임 및 대리) [23 경위]
① 각 중앙관서의 장은 물품관리관의 사무의 일부를 분장하는 공무원을, 물품관리관은 물품출납공무원의 사무의 일부를 분장하는 공무원을 대통령령으로 정하는 바에 따라 각각 둘 수 있다.

제15조(물품수급관리계획)
① 조달청장은 대통령령으로 정하는 바에 따라 매년 물품수급관리계획 작성지침을 정하여 각 중앙관서의 장에게 통보하여야 한다. 이 경우 중앙관서별 지침을 따로 정할 수 있다.
② 각 중앙관서의 장은 제1항의 물품수급관리계획 작성지침에 따라 매년 그 소관 물품의 취득·보관·사용 및 처분에 관한 계획(이하 "물품수급관리계획"이라 한다)을 수립하여 조달청장에게 제출하여야 한다.
③ 조달청장은 제2항에 따라 제출된 물품수급관리계획을 종합한 정부종합물품수급관리계획을 작성하여 기획재정부장관에게 제출하여야 한다.
④ 각 중앙관서의 장은 물품수급관리계획에 따라 그 소관 물품을 관리하여야 한다.

제19조(재물조사)
① 각 중앙관서의 장은 대통령령으로 정하는 바에 따라 연 1회 그 소관 물품에 대한 정기재물조사(定期在物調査)를 실시하여야 하고, 필요하다고 인정하면 정기재물조사 외에 수시로 재물조사를 실시할 수 있다.
② 조달청장은 대통령령으로 정하는 바에 따라 각 중앙관서의 장의 소관 물품에 대한 특별재물조사를 실시할 수 있다.
③ 각 중앙관서의 장은 제1항에 따른 정기재물조사의 보고서를 조달청장에게 제출하여야 한다.

제20조(재물조정)
각 중앙관서의 장은 제19조제1항 및 제2항에 따른 재물조사 결과 물품의 증감(增減)이 발견된 경우 그 원인이 사무상 착오라는 것이 명백하면 대통령령으로 정하는 바에 따라 이를 조정할 수 있다.

제21조(물품관리운용보고서의 작성)
① 각 중앙관서의 장은 대통령령으로 정하는 바에 따라 그 소관 물품에 관하여 물품관리운용보고서를 작성하여 다음 연도 2월 20일까지 조달청장에게 제출하여야 하며, 조달청장은 이를 통합하여 3월 10일까지 기획재정부장관에게 제출하여야 한다.
② 제1항에 따른 물품관리운용보고서에 포함될 내용은 다음 각 호와 같다.
  1. 물품의 취득 및 처분 현황
  2. 소관별·품종별·회계별 물품 현황
  3. 그 밖에 대통령령으로 정하는 물품의 효율적 관리를 위하여 필요하다고 인정되는 사항
③ 기획재정부장관은 제1항의 물품관리운용보고서를 다음 연도 4월 10일까지 감사원에 제출하여 검사를 받아야 한다.
④ 기획재정부장관은 제3항에 따라 감사원의 검사를 받은 물품관리운용보고서와 감사원의 검사보고서를 다음 연도 5월 31일까지 국회에 제출하여야 한다.

제22조(관리전환)
① 물품관리관은 물품의 효율적인 사용 및 처분을 위하여 필요하면 그 소관 물품을 다른 물품관리관의 소관으로 전환(이하 "관리전환"이라 한다)할 수 있다. 다만, 다른 중앙관서 소관 물품으로의 관리전환은 대통령령으로 정하는 바에 따라 소속 중앙관서의 장의 승인을 받아야 한다.
② 물품관리관은 회계 상호 간의 관리전환 중 대통령령으로 정하는 관리전환의 경우 외에는 유상(有償)으로 정리하여야 한다.

제23조(물품의 정비)
① 각 중앙관서의 장은 주요 정비대상물품을 선정하고 그 정비기준을 정하여야 한다. 이 경우 조달청장이 정한 정비기준이 있으면 이에 따라 정하여야 한다.
② 각 중앙관서의 장은 제1항의 정비기준에 따라 주요 정비대상물품을 정비하여야 한다.
③ 조달청장은 제1항에 따라 선정된 주요 정비대상물품을 조달청에서 정비할 수 있다.

제28조(취득)
① 물품관리관은 물품수급관리계획에 정하여진 물품에 대하여는 그 계획의 범위에서, 그 밖의 물품에 대하여는 필요할 때마다 계약담당공무원에게 물품의 취득에 관한 필요한 조치를 할 것을 청구하여야 한다.
② 계약담당공무원은 제1항에 따른 청구가 있으면 예산의 범위에서 대통령령으로 정하는 바에 따라 해당 물품을 취득하기 위한 필요한 조치를 하여야 한다.
③ 물품은 중앙관서의 장 또는 그 위임을 받은 공무원이 지명하는 관계 공무원이나 기술자의 검수(檢受)를 받지 아니하고는 취득할 수 없다.

제30조(보관의 원칙)
물품은 항상 사용하거나 처분할 수 있도록 선량한 관리자의 주의로써 국가의 시설에 보관하여야 한다. 다만, 물품관리관이 국가의 시설에 보관하는 것이 물품의 사용이나 처분에 부적당하다고 인정하거나 그 밖에 특별한 사유가 있으면 국가 외의 자의 시설에 보관할 수 있다.

제31조(출납명령)

① 물품관리관은 물품을 출납하게 하려면 물품출납공무원에게 출납하여야 할 물품의 분류를 명백히 하여 그 출납을 명하여야 한다.
② 물품출납공무원은 제1항에 따른 명령이 없으면 물품을 출납할 수 없다.

제32조(사용할 수 없는 물품 등의 처리)
① 물품출납공무원은 보관 중인 물품(제34조제2항에 따른 명령에 따라 반납된 물품은 제외한다) 중 사용할 수 없거나 수선 또는 개조가 필요한 물품이 있다고 인정하면 그 사실을 물품관리관에게 보고하여야 한다.
② 물품관리관은 제1항 또는 제34조제1항에 따른 보고에 의하여 수선이나 개조가 필요한 물품이 있다고 인정하면 계약담당공무원이나 그 밖의 관계 공무원에게 그 수선이나 개조를 위한 필요한 조치를 할 것을 청구하여야 한다.

제33조(사용)
물품관리관은 물품을 사용하게 하기 위하여 출납명령을 한 때에는 그 사용 목적을 명백히 하여 그 사실을 물품운용관에게 알려야 한다. 다만, 물품운용관의 요청에 따라 출납명령을 한 때에는 그러하지 아니하다.

제34조(사용 중인 물품의 반납)
① 물품운용관은 사용 중인 물품 중 사용할 필요가 없거나 사용할 수 없는 물품 또는 수선이나 개조가 필요한 물품이 있다고 인정하면 그 사실을 물품관리관에게 보고하여야 한다.
② 물품관리관은 제1항에 따른 보고를 받은 경우에는 그 사실 여부를 확인하여 그에 해당되는 물품이라는 것이 인정되면 물품운용관에게 그 물품의 반납을 명하여야 한다.

제35조(불용의 결정 등)
① 물품관리관은 그 소관 물품 중 사용할 필요가 없거나 사용할 수 없는 물품이 있으면 그 물품에 대하여 불용의 결정을 하여야 한다. 다만, 대통령령으로 정하는 물품에 대하여는 소속 중앙관서의 장의 승인을 받아야 한다.
② 물품관리관은 제1항에 따라 불용의 결정을 한 물품(이하 "불용품"이라 한다)이 매각하기에 부적당하거나 매각하면 국가에 불리하다고 인정될 경우 또는 매각할 수 없는 경우에는 폐기할 수 있다. 다만, 대통령령으로 정하는 물품에 대하여는 소속 중앙관서의 장의 승인을 받아야 한다.

제45조(물품관리종사공무원의 책임)
물품관리관·물품운용관·물품출납공무원 및 제12조제2항에 따라 그 사무를 대리하는 공무원과 물품을 사용하는 공무원의 책임에 관하여는 따로 법률로 정한다.

제46조(망실·훼손된 물품의 처리)
각 중앙관서의 장은 제19조제1항 및 제2항에 따른 재물조사 결과 물품이 없어지거나 물품이 훼손(毁損)된 것이 발견되면 대통령령으로 정하는 바에 따라 「회계관계직원 등의 책임에 관한 법률」 제6조제1항에 따른 변상명령을 할 수 있다.

※ 불용처리 흐름 [23 경사]
재물조사 ⇒ 불용대상품의 반납 ⇒ 불용결정 ⇒ 관리전환 소요조회 ⇒ 불용품 처분

2. 무기·탄약류 등 관리 규칙

정의	1. "해양경찰관서등"이란 해양경찰청, 지방해양경찰청, 해양경찰교육원, 해양경찰정비창, 해양경찰서, 서해5도특별경비단, 파출소·출장소, 함정, 특공대, 항공단, 그 밖에 해양경찰청장이 지정한 소속기관을 말한다. 2. "무기"란 인명 또는 신체에 위해를 가할 수 있도록 제작된 장비를 말한다. 3. "개인화기"란 해양경찰관서등 경찰공무원(이하 "경찰관"이라 한다) 개인이 휴대하며 운용할 수 있는 무기를 말한다. 4. "공용화기"란 경비함정 등에서 공동 임무를 수행하기 위하여 사용하는 무기를 말한다. 5. "무기고"란 해양경찰관서등에 배정된 개인화기와 공용화기를 보관하기 위하여 설치된 시설을 말한다. 6. "간이무기고"란 해양경찰관서등의 각 기능별 운용부서에서 효율적 사용을 위하여 무기고로 부터 무기·탄약의 일부를 대여 받아 별도로 보관 관리하는 시설을 말한다. [22 간부] 7. "탄약고"란 경찰탄약 및 최루탄을 집중 보관하기 위하여 다른 용도의 사무실, 무기고 등과 분리 설치된 보관시설을 말한다. 8. "기수탄(基數彈)"이란 각 무기별 지정된 기준 정수량으로 책정된 탄약을 말한다. 9. "전시 비축탄(備蓄彈)"이란 전시에 대비해 보유하고 있는 탄약을 말한다. 10. "교육훈련탄"이란 교육훈련 계획에 따라 실시되는 각종 교육훈련에 소요되는 탄약을 말한다. 11. "항공조명탄"이란 항공기를 이용하는 해상항공순찰, 야간 비상착륙, 수색·구조 활동을 위해 사용되는 탄약을 말한다. 12. "무기·탄약 관리책임자"란 해양경찰관서등의 장으로부터 무기·탄약 관리업무를 위임받아 무기고, 탄약고 및 간이무기고에 보관된 무기·탄약을 총괄하여 관리 감독하는 사람을 말한다. 13. "무기·탄약 취급담당자"란 해당 해양경찰관서등의 무기·탄약의 보관·운반·수리·입출고 등 무기·탄약 관리에 종사하는 사람을 말한다.
무기·탄약 구분	① 무기는 다음 각 호와 같이 구분한다. 1. 개인화기 : 권총, 소총(자동소총 및 기관단총을 포함한다) 등 2. 공용화기 : 유탄발사기, 중기관총, 함포(부대장비를 포함한다) 등 [23 간부] 3. 도검 등 ② 탄약은 사용용도, 각 무기별 특성 및 성능에 따라 다음 각 호와 같이 구분한다. 1. 용도별 : 기수탄, 전시 비축탄, 교육훈련탄등 2. 특성 및 성능별 : 철갑탄, 방화탄, 예광탄, 보통탄, 공포탄 등
무기·탄약 관리책임자의 배치 [18 경감]	① 무기·탄약이 비치된 해양경찰관서등의 무기·탄약 관리책임자는 다음 각 호와 같다. 1. 해양경찰청 : 장비관리과장 2. 지방해양경찰청 : 경비(안전)과장 3. 해양경찰교육원 : 운영지원과장 4. 해양경찰정비창 : 정비관리과장 5. 해양경찰서 : 장비관리과장 6. 서해5도특별경비단 : 경비지원과장 7. 300톤 이상 함정 : 함장 8. 300톤 미만 및 특수함정(방제정, 소방정, 연안구조정) : 정장 9. **파출소·출장소 : 파출소장** 10. 특공대(항공단) : 특공대(항공단)장 ② 무기·탄약 관리책임자는 무기·탄약 취급담당자를 지정·운용할 수 있다.

무기고 및 탄약고 설치	① 무기고 및 탄약고는 다음 각 호의 해양경찰관서등에 설치한다. 1. 해양경찰청 2. 해양경찰교육원 3. 지방해양경찰청 4. 해양경찰정비창 5. 해양경찰서 6. 경비함정 및 특수함정 7. 파출소·출장소 8. 해양경찰특공대 및 항공단 9. 그 밖에 해양경찰청장이 지정하는 해양경찰관서등 ② 무기고와 탄약고는 견고해야 하고, 환기·방습장치와 방화시설, 총기를 세워서 진열할 수 있는 총가시설(銃架施設) 등을 갖추어야 한다. ③ 무기고와 탄약고는 본청사와 격리된 독립 단층건물로 분리되어야 한다. ④ 제3항에도 불구하고 무기고·탄약고 시설을 분리 또는 설치 할 수 없는 해양경찰관서등은 간이무기고를 자체경비용 무기보관시설(당직실, 민원실 등)에 간이무기고를 설치 할 수 있다. [23 간부] ⑤ 탄약고를 무기고와 분리하는 것이 불가능할 때에는 탄약을 반드시 별도의 상자에 넣어 잠금장치를 한 후 무기고에 보관해야 한다. ⑥ 육상 탄약고 내에는 전기시설을 설치해서는 안되며, 함정 탄약고에는 등화시설을 하되 배전반·분전반시설을 설치해서는 안된다. 이 경우 등화용 전구는 반드시 수밀(水密) 보호망을 설치하여 누전에 의한 전기화재를 방지해야 하며, 비상시를 대비하여 손전등과 소화기를 비치해야 한다. ⑦ 무기고·탄약고의 보안설비 기준은 다음 각 호와 같다. 1. 외곽에는 철조망 등 방책시설을 설치 할 것 2. 창문·환기통 등에는 철창살 시설을 설치 할 것 3. 출입문은 이중으로 설치하여 출입문 당 1개 이상의 잠금장치를 설치 할 것 4. 경보장치(정전대비 D/C 비상발전기연결, 배선이 노출되지 않을 것)을 설치하여 출입문 개방 시 근무자 또는 대기자가 경보를 인지할 수 도 있도록 할 것 5. 필요시는 폐쇄회로 영상감시장치(이하 "CCTV"라 한다)를 설치하여 도난·피탈을 방지할 것. ⑧ 함정 포대(砲臺) 주위에 탄약 상비상자(常備箱子)를 설치할 수 있으며, 상비상자는 견고하게 만들어야 하고 상비상자 외부에는 방열판, 수밀장치(水密裝置)와 한 개 의상의 잠금장치를 설치해야 한다.

◆ **안전기준검사**

해양경찰기관의 장은 다음 각 호에 해당하는 보유운용중인 **무기에 대한 안전기준 검사를 연간 1회 실시**하고 이상유무를 기록·유지 관리하여야 한다.

소총, 권총, 기관총, 유탄발사기	1. 총열의 균열유무 2. 방아쇠를 당길 수 있는 힘이 1킬로그램 이상인지 여부 3. 안전장치의 작동 여부
20미리이상 함포	~~포열의 균열 여부~~〈삭제〉
탄약 및 폭약류	1. 신관부 및 탄체의 부식 또는 충전물 누출 여부 2. 안전장치의 이상유무

◆ **안전수칙 준수** [18 경사]

경찰관은 권총, 소총 등 총기를 휴대, 사용하는 경우 다음 각 호의 안전수칙을 준수하여야 한다.

권총	1. 총구는 공중(안전지역)을 향할 것 2. 실탄 장전할 때는 반드시 안전장치(방아쇠울에 설치사용) 3. 1탄은 공포탄 2탄 이하는 실탄장전. 다만, 대간첩작전, 살인강도 등 중요범인이나 무기·흉기 등을 사용하는 범인의 체포 및 위해의 방호를 위하여 불가피한 경우에는 1탄부터 실탄을 장전할 수 있다. 4. 조준할 때는 대퇴부 이하
소총·기관총· 유탄발사기	1. 실탄은 분리휴대 및 보관 2. 실탄 장전시 조정간 안전위치 3. 사용 후 보관할 때는 약실과 총강을 점검할 것 4. 공포탄약은 총구에서 **6미터** 이내의 사람을 향해 사격 하지 말 것
20밀리이상 함포	1. 실탄은 사격목적 이외는 장전금지 2. 실탄 장전할 때는 안전장치 안전위치 3. 사용 전·후에는 약실과 총강을 점검할 것 4. 작동전에는 포대 주위의 안전저해 요소 사전제거
탄약류	1. 실탄 및 폭발류 등의 임의 변형금지 2. 마찰·충격금지 3. 취급 및 사용할 때는 안전수칙 준수
총기	• 총기를 손질한 후 검사총을 실시할 때는 총구를 공중 또는 지면을 향하도록 할 것 • 총기를 사용한 경우에는 지체 없이 별지 제6호서식에 따라 무기사용보고서를 작성하여 해양경찰관서등의 장에게 보고하고, 해양경찰관서등의 장은 해양경찰청장에게 보고할 것. 다만, 훈련의 경우에는 예외로 한다. • 대여 받은 총기를 다른 직원에게 임시로 인계할 때에는 검사총을 반드시 실시하여야 한다.

◆ **무기·탄약의 회수 및 보관** (무기·탄약류 등 관리 규칙 제19조) [21 해경]

> 제19조(무기·탄약의 회수 및 보관)
> ① 해양경찰관서등의 장은 무기를 휴대한 사람이 다음 각 호의 어느 하나에 해당하는 때에는 대여한 무기·탄약을 **즉시 회수해야 한다.**
> 1. **직무상의 비위로 인하여 징계대상이 된 경우**
> 2. **형사사건으로 인하여 조사의 대상이 된 경우**
> 3. **사의(辭意)를 표명한 경우**
>
> ② 해양경찰관서등의 장은 무기를 휴대한 사람이 다음 각 호의 어느 하나에 해당하는 때에는 대여한 무기·탄약을 **회수하여 보관할 수 있다.**
> 1. **경찰관 직무적성검사 결과 고위험군에 해당되는 경우**
> 2. **정신건강상 문제가 우려되어 치료가 필요한 경우**
> 3. **정서적 불안 상태로 인하여 무기소지가 적합하지 않은 자로서 소속 부서장의 요청이 있는 경우**
> 4. **그 밖에 해양경찰관서등의 장이 부적합하다고 판단하는 경우**
>
> ③ 해양경찰관서등의 장은 무기를 휴대한 사람이 다음 각 호의 어느 하나의 장소에 출입하는 경우에는 대여한 무기·탄약을 **회수 보관해야 한다.**

1. **술자리 또는 연회장소에 출입할 경우**
2. **상사의 사무실을 출입할 경우**
3. **그 밖에 정황을 판단하여 필요하다고 인정되는 장소에 출입하는 경우**

3. 함정 운영관리 규칙

◆ 함정의 의의와 종류 등 (함정운영 관리규칙 제3조, 제6조)

구분	내용
의의	① "함정"이란 해양경찰 업무수행을 위하여 운용되는 선박을 말한다. [20 간부] ② 함정은 그 운용목적에 따라 경비함정(해상경비를 주임무로 하는 함정)과 특수함정(해양경찰 특수목적 수행을 위해 운용되는 함정)으로 구분한다. ③ 경비함정의 호칭에 있어서는 250톤 이상 함정은 "함", 250톤 미만 함정은 "정"이라고 하며, 특수함정은 500톤 이상은 "함", 500톤 미만은 "정"이라 한다. [20 해경]
경비함정	톤수에 따라 다음과 같이 경비함과 경비정으로 구분한다. 1. 대형 경비함(영문표기 MPL) : 1,000톤급 이상 2. 중형 경비함(영문표기 MPM) : 1,000톤급 미만 250톤 이상 [20 해경] 3. 소형 경비정(영문표기 MPS) : 250톤 미만 [19 간부]
특수함정	운용 목적에 따라 다음과 같이 구분한다. 1. 형사기동정 : 해상범죄의 예방과 단속활동을 주 임무로 하는 함정 [20 해경] 2. 순찰정 : 항·포구를 중심으로 해상교통 및 민생치안 업무를 주 임무로 하는 함정 [20 해경] 3. 소방정 : 해상화재 진압업무를 주 임무로 하는 함정 4. 방제정 : 해양오염 예방활동 및 방제업무를 주 임무로 하는 함정 5. 예인정 (영문표기 T) : 예인업무를 주 임무로 하는 함정 6. 수리지원정 : 함정수리 지원업무를 주 임무로 하는 함정 7. 공기부양정(영문표기 H) : 천해, 갯벌, 사주 등 특수해역에서 해난구조와 테러예방 및 진압 임무를 수행하는 함정 [19 해경] 8. 훈련함 : 해양경찰교육원에서 실시하는 신임·기본·전문교육 및 대형 해양오염 방제 업무 등을 수행하는 함정 [19 해경] 9. 훈련정 : 불법외국어선 단속 훈련용으로 사용되는 함정 10. 잠수지원함(영문표기 D) : 해상 수색구조 및 잠수 지원업무를 수행하는 함정 11. 화학방제함 : 해상 화학사고 대비·대응 업무를 주 임무로 하는 함정 12. 특수기동정 (영문표기 S) : 불법조업 외국어선 단속 임무, 해양사고 대응 임무, 해양테러 및 PSI(=대량살상무기확산방지구상) 상황 대응 임무를 수행하는 함 | 구분 | 영문표기 | 톤수 | |---|---|---| | 중형특수기동정 | SM(Special Medium) | 50톤 이상 | | 소형특수기동정 | SS(Special Small) | 50톤 미만 |

◆ 용어 정리 (동규칙 제3조)

함정	해양경찰 업무수행을 위하여 운용되는 선박(부선 및 부선거는 제외)
경비함정 [20 간부]	해상경비를 주임무로 하는 함정
특수함정 [20 간부]	해양경찰 특수목적 수행을 위해 운용되는 함정
배속함정	해양경찰서, 서해5도 특별경비단 소속 함정을 일정한 기간 다른 해양경찰서, 서해5도 특별경비단에 소속시키는 것
당직함정 [21 해경]	전용부두 안전관리 및 각종 상황에 대한 조치 목적으로 매일 09:00부터 다음날 09:00까지 특별히 임무가 부여된 함정
예비당직함정	당직함정이 긴급 출동 시 당직함정 임무를 수행하기 위해 매일 09:00부터 다음날 09:00까지 지정된 함정

전용부두(기지)	함정운항의 근거지로서 평상시 정박장소로 지정된 항·포구의 부두
출동	함정이 출동 지시서를 받고 임무수행을 위하여 전용부두(기지)를 출항하는 경우 (기상악화로 인하여 피항 중인 경우를 포함).
정박	출동임무를 마치고 모항(전진기지를 포함한다)에 입항하는 것
모항	함정운항의 근거지로서 평상시 관할 해양경찰서 소속 함정의 정박장소로 지정된 전용부두가 있는 항·포구
정박당직	정박 중인 함정의 화재·도난 또는 그 밖의 사고의 경계와 문서처리 및 업무연락 등을 하기 위해 함정에서 휴일 또는 근무시간 외에 근무하는 것을 말한다.

해상종합훈련	함정직원의 정신자세와 근무기강 확립으로 함정의 안전운항, 긴급상황의 효과적 대처, 해상사격 등 직무수행 능력의 향상을 위하여 실시하는 종합적인 훈련으로 해양경찰교육원 종합훈련지원단에서 수립하는 연간 함정 교육훈련계획에 따라 실시하는 훈련
지방해양경찰청 주관 함정훈련	함정의 안전운항과 대형 해양사고 등 긴급 상황 대응, 해상 대간첩 작전 등 직무수행능력 향상을 위하여 지방해양경찰청 자체 계획에 따라 실시하는 종합적인 훈련
직무훈련 [21 해경]	지방해양경찰청 훈련단 및 해양경찰서에서 정기수리를 완료한 함정에 대하여 수리기간 동안 침체된 임무수행 능력을 정상수준으로 향상시키기 위한 훈련
취역훈련 [19 해경]	지방해양경찰청 훈련단 및 해양경찰서에서 신조함정에 대하여 장비 운용 및 함정 안전 운항능력 확보와 해상치안 임무수행 능력향상을 위하여 실시하는 훈련
함정자체훈련 [21 해경, 19 해경]	함정 승무원의 기본임무 수행에 필요한 지식 및 기술의 습득과 행동요령의 숙달을 위하여 함정별로 자체계획에 따라 실시하는 훈련으로 해양경찰교육원 종합훈련지원단에서 수립하는 연간 함정 교육훈련계획에 따른 함정별 자체계획에 따라 실시하는 훈련

특수직무	함정의 출·입항, 상황배치, 그 외의 특정한 상항에 따라 승무원에게 부여되는 직무
통합정박당직 [23 간부]	중형함정, 소형함정 또는 특수함정이 전용부두에 2척 이상, 동일한 장소에 정박계류시 통합하여 정박당직을 편성·운용하는 것
복수승조원제 [23 간부]	경비함정 출동률을 향상시키기 위해 2개 팀 이상의 승조원이 1척 이상의 함정에서 교대근무를 실시하는 인력 중심의 제도
대외지원	관련 법령 및 행정규칙에 따라 해상경비 등 해양경찰 고유임무 수행을 제외한 국가기관, 지방자치단체, 공공기관, 언론사, 민간단체 등의 요청에 따라 관련 사람을 편승하여 함정이 출항하는것을 말한다.
운용부서	함정 운항일정을 수립하는 부서로 해양경찰청은 경비과(형사기동정은 형사과, 방

제정 및 화학방제함은 방제기획과), 지방해양경찰청은 경비과 및 경비안전과, 해양오염방제과, 해양경찰교육원은 교육훈련과, 해양경찰서는 경비구조과(형사기동정은 형사과, 방제정 및 화학방제함은 해양오염방제과, 순찰정은 해양안전과)를 말한다.

◆ 함정의 소속 및 지휘

| 소속 및 지휘 | ① 함정은 **해양경찰청장**(이하 '해경청장' 이라 한다.), **지방해양경찰청장**(이하 '지방청장'이라 한다.), **해양경찰서장**(이하 '해경서장'이라 한다.), **서해5도 특별경비단장**(이하 '서특단장'이라 한다)이 지휘한다.
② **해양경찰 파출소에 대한 함정의 배치는 해경서장**이 한다.
③ **지방청장, 해경서장, 서특단장과 해양경찰교육원장은 함정의 지휘권**을 갖는다. 다만, 파출소에 배치된 함정에 대한 지휘권은 파출소장에게 위임할 수 있다. [23 간부]
④ **배속함정에 대한 지휘권은 배속받은 해양경찰관서의 장, 서특단장**에게 있다.
⑤ 해경청장 및 지방청장은 구난사항과 그 밖의 임무수행을 위하여 필요한 경우에는 제3항의 규정에 불구하고 함정을 직접 지휘할 수 있다. |

◆ 함정의 명명(命名) (함정운영 관리규칙 제8조)

구 분	내 용
명명권자	함정의 명명은 해양경찰청장이 행한다. [23 간부]
경비함정	① 경비함정은 톤급별 명칭을 지정 취역순서(또는 함정번호순서)로 다음과 같이 부여한다. [20 채용, 20 간부, 19 간부, 18 채용] 1. 5000톤급 : 역사적 지명, 인물 2. 3000톤급 : 태평양 1호, 2호, … 3. 1500톤급 : 제민 1호, 2호, … 4. 1000톤급 : 한강 1호, 2호, … 5. 500톤급 : 태극 1호, 2호, … 6. 500톤급 미만 250톤급 이상 : 해우리 1호, 2호, … 7. 250톤급 미만 50톤급 이상 : 해누리 1호, 2호, … 8. 50톤급 미만 : 함정번호를 사용 ② 경비함정의 번호는 톤급별로 구분하여 취역일자 순으로 부여하되, 번호부여 방법은 해양경찰청장이 따로 정하여 시행한다.
특수함정	특수함정의 명칭 및 번호는 그 용도별로 취역 일자 순으로 부여한다.

함정 운영관리 규칙
[시행 23. 1. 25.] [해양경찰청훈령]

제1장 총칙

제1조(목적) 이 규칙은 해양경찰청 소속 함정의 운용·관리 및 근무에 관한 사항을 규정하여 함정을 효율적으로 운용·관리함을 목적으로 한다.

제2조(다른 규칙과의 관계) 해양경찰청 소속 함정의 운용·관리 및 근무에 관하여 다른 규칙에 따로 정한 경우를 제외하고는 이 규칙이 정하는 바에 따른다.

제3조(정의) 이 규칙에서 사용하는 용어의 뜻은 다음과 같다. [21 해경, 20 경간, 19 해경]
1. "<u>함정</u>"이란 해양경찰 업무수행을 위하여 운용되는 선박(부선 및 부선거를 <u>제외</u>한다)을 말한다.
2. "경비함정"이란 해상경비를 주임무로 하는 함정을 말한다.
3. "<u>특수함정</u>"이란 해양경찰 특수목적 수행을 위해 운용되는 함정을 말한다.
4. "배속함정"이란 해양경찰서 또는 서해5도특별경비단 소속 함정을 일정한 기간 다른 해양경찰서 또는 서해5도특별경비단에 소속시키는 것을 말한다.
5. "<u>당직함정</u>"이란 전용부두 안전관리 및 각종 상황에 대한 조치 목적으로 매일 09:00부터 다음날 09:00까지 특별히 임무가 부여된 함정을 말한다.
6. "<u>예비당직함정</u>"이란 당직함정이 긴급 출동 시 당직함정 임무를 수행하기 위해 매일 09:00부터 다음날 09:00까지 지정된 함정을 말한다.
7. ~~대기유보함정~~ 삭제
8. "<u>전용부두(기지)</u>"란 함정운항의 근거지로서 평상시 정박장소로 지정된 항·포구의 부두를 말한다.
9. "출동"이란 함정이 출동 지시서를 받고 임무수행을 위하여 전용부두(기지)를 출항하는 경우를 말한다(기상악화로 인하여 피항 중인 경우를 포함한다).
10. "정박"이란 출동임무를 마치고 모항(전진기지를 포함한다)에 입항하는 것을 말한다.
11. "<u>모항</u>"이란 함정운항의 근거지로서 평상시 관할 해양경찰서 소속 함정의 정박장소로 지정된 전용부두가 있는 항·포구를 말한다.
12. "<u>정박당직</u>"이란 정박 중인 함정의 화재·도난 또는 그 밖의 사고의 경계와 문서처리 및 업무연락 등을 하기 위해 함정에서 휴일 또는 근무시간 외에 근무하는 것을 말한다.
13. "해상종합훈련"이란 함정직원의 정신자세와 근무기강 확립으로 함정의 안전운항, 긴급상황의 효과적 대처, 해상사격 등 직무수행 능력의 향상을 위하여, 해양경찰교육원 종합훈련지원단에서 수립하는 연간 함정 교육훈련계획에 따라 실시하는 훈련을 말한다.
14. "<u>지방해양경찰청 주관 함정훈련</u>"이란 함정의 안전운항과 대형 해양사고 등 긴급 상황 대응, 해상 대간첩 작전 등 직무수행 능력의 향상을 위하여 지방해양경찰청 자체 계획에 따라 실시하는 종합적인 훈련을 말한다.
15. "<u>직무훈련</u>"이란 지방해양경찰청 훈련단 및 해양경찰서에서 정기수리를 완료한 함정에 대하여 수리기간 동안 침체된 임무수행 능력을 정상수준으로 향상시키기 위하여 실시하는 훈련을 말한다.
16. "<u>취역훈련</u>"이란 지방해양경찰청 훈련단 및 해양경찰서에서 신조함정에 대하여 장비 운용 및 함정 안전운항능력 확보와 해상치안 임무수행 능력의 향상을 위하여 실시하는 훈련을 말한다.
17. "<u>함정자체훈련</u>"이란 함정 승무원의 기본임무 수행에 필요한 지식 및 기술의 습득과 행동요령의 숙달을 위하여 해양경찰교육원 종합훈련지원단에서 수립하는 연간 함정 교육훈련계획에 따른 함정별 자체계획에 따라 실시하는 훈련을 말한다.
18. "특수직무"란 함정의 출·입항, 상황배치, 그 밖의 특정한 상황에 따라 승무원에게 부여되는 직무를 말한다.
19. "<u>통합정박당직</u>"이란 <u>중형함정, 소형함정 또는 특수함정이 전용부두에 2척 이상, 동일한 장소에 정박계류시 통합하여 정박당직을 편성·운용하는 것</u>을 말한다.
20. "<u>복수승조원제</u>"란 <u>경비함정 출동률을 향상시키기 위해 2개 팀 이상의 승조원이 1척 이상의 함정에서 교대근무를 실시하는 인력 중심의 제도</u>를 말한다.
21. "대외지원"이란 관련 법령 및 행정규칙에 따라 해상경비 등 해양경찰 고유임무 수행을 제외한 국가기관, 지방자치단체, 공공기관, 언론사, 민간단체 등의 요청에 따라 관련 사람을 편승하여 함정이 출항하는것을 말한다.
22. "운용부서"란 함정 운항일정을 수립하는 부서로 해양경찰청은 경비과(형사기동정은 형사과, 방제정 및 화학방제함은 방제기획과), 지방해양경찰청은 경비과 및 경비안전과, 해양오염방제과, 해양경찰교육원은 교육훈련과, 해양경찰서는 경비구조과(형사기동정은 형사과, 방제정 및 화학방제함은 해양오염방제과, 순찰정은 해양안전과)를 말한다.

제5조(소속 및 지휘) ① 함정은 해양경찰청장(이하 "해경청장"이라 한다), 지방해양경찰청장(이하 "지방청장"이라 한다), 해양경찰서장(이하 "해경서장"이라 한다), 서해5도특별경비단장(이하 "서특단장"이라 한다), 해양경찰교육원장(이하 "교육원장"이라 한다), 중앙해양특수구조단장(이하 "중특단장"이

라 한다), 해양경찰정비창장(이하 "정비창장"이라 한다)이 지휘한다.
② 해양경찰 파출소에 대한 함정의 배치는 해경서장이 한다.
③ 파출소에 배치된 함정에 대한 지휘권은 파출소장에게 위임할 수 있다.
④ 배속함정에 대한 지휘권은 배속받은 해양경찰관서의 장, 서특단장에게 있다. [22 승진]
⑤ 해경청장 및 지방청장은 구난사항과 그 밖에 임무수행을 위하여 필요한 경우에는 제3항의 규정에도 불구하고 함정을 직접 지휘할 수 있다.

제6조(함정의 호칭 및 분류) [21 승진, 20 해경, 19 해경, 19 경간]

① 경비함정의 호칭에 있어서는 250톤 이상 함정은 "함", 250톤 미만 함정은 "정"이라고 하며, 특수함정은 500톤 이상은 "함", 500톤 미만은 "정"이라 한다.
② 함정은 그 운용목적에 따라 경비함정과 특수함정으로 구분한다.
③ 경비함정은 톤수에 따라 다음 각 호와 같이 경비함과 경비정으로 구분한다.
1. 대형 경비함(영문표기 MPL): 1,000톤급 이상
2. 중형 경비함(영문표기 MPM): 1,000톤급 미만 250톤 이상
3. 소형 경비정(영문표기 MPS): 250톤 미만
④ 경비함정은 해상경비 및 민생치안 업무 등 해상에서의 전반적인 업무를 수행하는 함정을 말한다.
⑤ 특수함정은 그 운용목적에 따라 다음 각 호와 같이 구분한다.
1. **형사기동정**: 해상범죄의 예방과 단속활동을 주 임무로 하는 함정
2. **순찰정**: 항·포구를 중심으로 해상교통 및 민생치안 업무를 주 임무로 하는 함정
3. 소방정: 해상화재 진압업무를 주 임무로 하는 함정
4. 방제정: 해양오염 예방활동 및 방제업무를 주 임무로 하는 함정
5. 예인정(영문표기 T): 예인업무를 주 임무로 하는 함정
6. 수리지원정: 함정수리 지원업무를 주 임무로 하는 함정
7. **공기부양정**(영문표기 H): 천해, 갯벌, 사주 등 특수해역에서 해난구조와 테러예방 및 진압 임무를 수행하는 함정
8. **훈련함**: 해양경찰교육원에서 실시하는 신임·기본·전문교육 및 대형 해양오염 방제 업무 등을 수행하는 함정
9. 훈련정: 불법외국어선 단속 훈련용으로 사용되는 함정
10. 잠수지원함(영문표기 D): 해상 수색구조 및 잠수 지원업무를 수행하는 함정
11. 화학방제함: 해상 화학사고 대비·대응 업무를 주 임무로 하는 함정
12. 특수기동정(영문표기 S): 불법조업 외국어선 단속 임무, 해양사고 대응 임무, 해양테러 및 PSI 상황 대응 임무를 수행하는 함정

제8조(함정 명명) [21 해경, 19 경간, 18 해경]

① 경비함정은 톤급별 명칭을 취역순서(또는 함정번호순서)로 다음 각 호와 같이 부여한다.
1. 5000톤급: 역사적 지명, 인물
2. 3000톤급: 태평양 1호, 2호, ·····
3. 1500톤급: 제민 1호, 2호, ·····
4. 1000톤급: 한강 1호, 2호, ·····
5. 500톤급: 태극 1호, 2호, ·····
6. 500톤급 미만 250톤급 이상: 해우리 1호, 2호, ·····
7. 250톤급 미만 50톤급 이상: 해누리 1호, 2호, ·····
8. 50톤급 미만: 함정번호를 사용
② 경비함정의 번호는 톤급별로 구분하여 취역일자 순으로 부여하되, 번호부여 방법은 해경청장이 따로 정하여 시행한다.
③ <u>특수함정의 명칭 및 번호는</u> 그 <u>용도별로 취역일자 순으로 부여</u>한다.
④ <u>함정의 명명</u>은 <u>해경청장</u>이 행한다.

제3장 함정운용

제13조(편제) [21 간부]

① 신조 또는 편입된 함정의 배치와 운용중인 함정의 지방해양경찰청간 이동배치는 해경청장의 편제명령에 따르고, 지방해양경찰청 소속 해양경찰관서간 이동배치(대형함정 제외)는 지방청장의 편제명령에 따른다.
② 해경청장과 지방청장은 해역별 특성 및 치안수요를 감안하여 함정의 편제를 조정한다. 다만, 지방청장이 함정의 편제를 조정할 경우 서면으로 해경청장에게 보고해야 한다.
③ 지방청장 또는 해경서장은 함정의 배속이 필요한 경우 서면으로 해양경찰청장의 승인을 받아야 한다.

제14조(함정의 운용 개념) [18 승진]
② 지방청장 또는 해경서장, 서특단장이 함정 증가배치를 하는 경우는 다음 각 호와 같다.
1. 간첩선 출현 등 적정상황 발생시
2. 대형 해양오염사고 발생시
3. 대형 해양사고 발생시
4. 해상 집단 행동 발생시
5. 중앙언론매체 보도 등 사회적 이목이 집중되는 사고 발생시
6. 그 밖의 중요 긴급상황으로 함정증가 배치가 불가피한 경우라고 판단될 때
③ 긴급상황 발생시 1차 초동조치는 인근 출동함정이, 2차는 상황에 따라 연안해역 출동함정, 특수함정, 당직함정이 대응하도록 한다.
④ 소속기관장은 경비함정에 복수승조원제 운영 관련하여 당직함정, 정박당직, 휴무일 지정, 함정정비 등 함정 운영에 관하여 필요한 사항은 지침으로 정하거나 별도의 운영규칙을 제정하여 시행할 수 있다.

제19조(당직함정 및 예비당직함정) ① 해경서장, 서특단장은 당직함정, 예비당직함정을 매일 1척씩 09:00시부터 다음날 09:00시까지 지정하여 운용한다. [21 간부]
② 관할해역, 서특단 구역 내 상황발생시 인근 출동함정이 초동조치하고, 상황에 따라 2차 대응을 위해 당직함정은 긴급출동에 대비해야 한다.
③ 당직함정이 긴급 출동 시 예비당직함정이 당직함정 임무를 수행한다.
④ 출동함정이 전용부두로 피항시에는 피항함정이 당직함정 임무를 겸하여 수행하며 총원대기 긴급출동에 대비한다. 다만, 출동함정 2척 이상이 전용부두에 피항한 경우 당직함정 임무를 겸하는 함정을 제외한 피항함정은 기상, 치안수요 등을 고려하여 해경서장, 서특단장이 대기여부를 적의 조정할 수 있다.
⑤ 경비함정에 복수승조원제 운영 시 당직함정의 정박당직근무자는 복수승조원 팀 중 정박함정에 근무하는 승조원 팀 직원으로 한다.
⑥ 당직함정의 정박당직근무자 또는 통합정박당직근무자(이하 '당직근무자'라 한다)를 제외한 다른 직원은 일과시간 후 긴급출동에 대비하여 자가대기를 원칙으로 한다.
⑨ 제1항부터 제5항까지의 규정에도 불구하고, 해경서장, 서특단장은 당직함정 운용에 관한 세부사항 등을 치안 여건 및 지역 특성에 맞게 적절하게 조정할 수 있다.

제19조의2(선임당직관) ① 당직함정의 함·정장은 당직근무자 중 선임당직관을 지정해야 한다. 다만, 당직함정의 선임당직관이 업무 수행이 곤란하다고 판단될 시 정박함정의 선임 함장이 정박함정 당직근무자 중 선임당직관을 지정할 수 있다.
② 선임당직관의 임무는 다음 각 호와 같다.
1. 전용부두 전반적인 안전관리 및 긴급상황에 대한 초동조치
2. 전체 정박함정 당직근무자 현황 파악 및 상황 발생 시 통제·지휘
3. 상황별 정박함정 당직근무자 각자의 임무 지정 및 교육
4. 전체 정박함정 당직근무자 간 통신망 운영 및 상황 발생 시 종합상황실 보고
5. 통합정박당직함정에 대해 무기탄약고 열쇠관리자 및 의무경찰 관리자 지정
6. 그 밖에 해경서장, 서특단장, 당직함정의 함·정장이 지시하는 사항
③ 선임당직관 소속 함정이 긴급 출동 시 정박함정 당직근무자 중 최고 선임자가 선임당직관 임무를 수행한다.
④ 제1항부터 제3항까지의 규정에도 불구하고, 해경서장(서특단장 포함)은 선임당직관 지정·운영에 관한 세부사항 등을 치안 여건 및 지역 특성에 맞게 적절하게 조정할 수 있다.

제20조(안전 운항) ① 함·정장은 함정의 안전을 위하여 필요한 예방조치와 인명 및 재산의 보호에 최선을 다해야 한다.
② 함·정장은 기상악화나 농무 등으로 인하여 임무수행이 불가능하거나 함정안전에 위험이 있다고 판단될 때에는 해경서장, 서특단장, 교육원장의 승인을 받아 안전해역으로 피항해야 한다. 다만, 사전승인을 받을 시간적 여유가 없는 경우에는 먼저 피항조치를 한 후 지체 없이 보고하여 승인을 받아야 한다.
③ 함·정장이 직접 함정을 지휘하는 경우는 다음 각 호와 같다.
1. 출입항, 투양묘, 해상에서 다른 선박과 계류할 때
2. 협수로를 통과하거나 저시정 상태에서 항해할 때
3. 함정 승무원 전원을 특수직무 분담표에 따라 배치할 때
4. 그 밖에 함정에 위험이 있거나 위험하다고 판단될 때

제20조의2(지도 점검) [22 승진, 21 승진]

① 지방청장은 소속 해양경찰서 함정의 안전관리 실태를 안전관리 점검표에 따라 연 1회 이상 지도·점검해야 한다.
② 해경서장은 소속 함정의 안전관리 실태를 안전관리 점검표에 따라 반기 1회 이상 지도·점검해야 한다.
③ 함정 안전관리 점검표는 별지 제10호서식과 같고 점검항목은 자체 실정에 맞게 작성한다. 다만, 다음 각 호는 포함되어야 한다.
1. 승조원 안전장구·장비 사용법 등 안전 교육·훈련 실시 여부
2. 야간 항해 중 함외 출입 통제 여부
3. 안전모·안전화 등 이용·관리 실태
4. 함외 갑판상 돌출 구조물 야광테이프 부착 및 미끄럼 방지 페인트 실태
④ 제1항과 제2항에 따른 지도·점검 결과 부적절한 항목에 대해서는 시정을 명해야 하고, 개선여부를 확인해야 한다.

제3장의2 공기부양정 운용

제21조의2(적용 범위) ① 이 장은 중형공기부양정과 대형공기부양정에만 적용한다.
② 제1항에 따른 중형공기부양정과 대형공기부양정의 구분은 아래와 같다.

구 분	명문표기	톤 수	비 고
대형공기부양정	HL(Hovercraft)	80톤 이상	200인승
중형공기부양정	HM(Hovercraft Medium)	25~80톤	70인승

제21조의3(공기부양정의 임무) ① 대형공기부양정은 서해5도 위기상황 발생시 도서주민 안전후송, 대응전력 및 복구물자 이송 지원에 관한 임무를 수행하며, 평상시에는 대체세력이 없고 긴급한 상황인 경우 저수심, 갯벌 등 연안해역 해양사고시 구조활동 및 안전관리 임무를 수행한다.
② 중형공기부양정은 저수심, 갯벌 등 연안해역 해양사고시 구조활동 및 안전관리 임무를 수행한다.
③ 중·대형 공기부양정을 운용하는 해경서장은 필요한 경우 「해양경비법」에 따른 해양경비활동을 수행하게 할 수 있다.

제21조의6(근무 방법) ① 4척의 공기부양정을 운영하는 경우 대형공기부양정은 일근근무(09:00~18:00), 중형공기부양정은 24시간 주기로 3교대 근무를 실시한다.
② 3척의 공기부양정을 운영하는 경우 24시간 근무, 48시간 휴식으로 3교대 근무를 실시한다.
③ 2척의 공기부양정을 운영하는 경우 24시간 근무, 24시간 휴식으로 2교대 근무를 실시한다.
④ 1척의 공기부양정을 운영하는 경우 일근근무(09:00~18:00)를 실시한다.
⑤ 제1항부터 제4항까지의 규정에도 불구하고, 불가피한 경우 해경서장은 근무시간을 조정하여 운영할 수 있다.

제3장의3 예인정 운용

제21조의9(예인정의 임무) ① 예인정의 주요임무는 다음 각 호와 같다.
가. 함정 출·입항 보조 및 수리함정 예인 이동

나. 연안 구조활동 및 구조선박의 항·포구 등 안전지대 예인 이동
　　다. 유류바지 및 전용부두 압송선박(외국선박) 등 예인 이동
② 제1항 각 호에 따른 주요 임무 이외에도 상황발생시 선박화재 진압 및 해양오염 방제활동 등을 지원할 수 있다.
③ 예인정을 운용하는 해경서장은 필요한 경우 「해양경비법」에 따른 해양경비활동을 수행하게 할 수 있다.

제21조의10(승조원 보직기준) ① 예인정 승조원은 「선박직원법 시행규칙」별표 1에 따른 예인선 직무교육을 이수한 자 중에서 보직한다.
② 예인정의 정장은 함정 근무경력 5년 이상, 예인정 근무경력 2년 이상인 자 중에서 보직한다.
③ 정장을 제외한 승조원은 함정 근무경력 3년 이상인 자 중에서 보직한다.
④ 제1항에 따른 직무교육 이수자가 없는 경우에는 미이수자 중에서 보직하되, 보직 후 6개월 이내 관련 교육을 이수해야 한다.
⑤ 제2항 및 제3항의 규정에도 불구하고, 인력 운영상 불가피한 경우 근무경력을 조정할 수 있다.

제21조의12(근무 방법) ① 예인정은 일근근무(09:00~18:00)를 원칙으로 한다.
② 제21조의9제2항 및 같은 조 제3항에 따른 임무수행시 근무시간을 연장하여 근무하게 할 수 있다.
③ 야간 등 근무시간 외에는 정박당직을 편성·운영하며, 제29조에 따른다.

제5장 함정 근무방법

제25조(출동중 근무) ① 함정이 출동시에는 함·정장의 허가 없이 하선하여서는 아니 된다.
② 함정이 항해 중에는 항해·기관·통신부서 등 항해 당직을 편성 운용한다.
③ 항해 당직근무는 함·정장을 제외한 총원에 대하여 각 기능별로 00:00시 기준으로 4시간씩 3직제로 편성하여 윤번제로 근무함을 원칙으로 하며, 항해목적 및 근무인원 등을 고려하여 함·정장이 적의 조정할 수 있다.
④ 기상악화 등으로 출동 중 전용부두 이외의 항·포구 또는 연안해역에서 피항중인 함정은 항해 당직조를 편성하여 배치해야 한다. 다만, 전용부두로 피항시는 총원 대기하되 긴급출동에 대비한다.
⑤ 중형 경비함정 이상의 출동 중 함정근무는 별표 1의 표준일과표에 의한다. [22 승진]
⑥ 출동 중 표준일과표 근무의 적용 배제 사항은 다음 각 호와 같다
1. 기상 불량, 미세먼지·혹서기·혹한기·대설 등 기상 이변 발생시
2. 해상종합훈련, 함정 행사 지원 등으로 표준일과표대로 운영이 불가하다고 함·정장이 판단할 시
3. 다수의 승조원들이 외국어선 단속·해양사고 대응 등 상황 발생으로 휴식을 하지 못하여 표준일과표대로 운영이 불가하다고 함·정장이 판단할 시

제26조(휴무일의 지정 등) ① 해경서장, 서특단장은 함정이 출동으로 인하여 연일 근무한 경우에는 출동에 따른 피로를 감안하여 출동임무를 종료하고 모항에 입항한 후 정박 기간중에 근무일 및 휴무일을 지정하여 운용한다.
② 경비함정에 복수승조원제 운영 시 소속기관장은 승조원 팀 별 휴무일을 지정하여 운용할 수 있다.

제29조(정박당직) ① 함·정장은 토요일, 공휴일, 휴무일 및 정상근무가 종료된 때부터 다음날 정상근무나 통합정박당직근무가 개시될 때까지 정박당직을 편성·운용한다. 정박당직명령부는 별지 제3호 서식과 같으며, 정박당직의 기본 근무요령은 다음 각 호와 같다.
1. 정박당직 중에는 함정내 근무를 원칙으로 한다(통합정박당직근무자의 순찰, 전용부두 순찰 등은 예외로 한다).
2. 함·정장은 당직근무자를 2조로 편성, 1조씩 당직실 근무를 명한다.[조별 교대시간: 13:00, 02:00(1시간 내외 조정 가능)]
3. 당직실 당직근무자는 순찰, 출입자 관리, 장비 점검 등 임무를 수행하며, 그 밖의 인원은 함정 내에서 자율 복장으로 취침 등 휴식을 취할 수 있다.
② 정박당직 인원 및 통합정박당직 편성·운영 등에 관한 세부사항은 해경서장, 서특단장 및 정비창장이 별도 지침으로 정하거나 별도의 운영규칙을 제정하여 시행한다.
③ 당직근무자의 인원은 함정의 크기 및 함정 승조원(의무경찰 제외)의 수를 고려하여 다음 각 호와 같이 편성하되, 당직관은 당직원과 함께 당직 근무를 편성 운용한다. 단 예인정은 톤급에 관계없

이 250톤급 미만 기준에 따른다. [21 간부]
1. 5,000톤급 이상: 4명 이내(당직함정은 4명)
2. 3,000톤급 이상: 3명 이내(당직함정은 4명)
3. 1,000톤급 이상: 3명 이내(당직함정은 3명)
4. 250톤급 이상: 2명 이내(당직함정은 2명)
5. 250톤급 미만: 1명
④ 중형함정, 250톤 미만의 소형함정 또는 특수함정이 전용부두에 2척 이상이 동일한 장소에 정박 계류 중일 때에는 다음 각 호와 같이 통합정박당직 근무를 편성·운용할 수 있다.
1. 중형함정: 척당 2명 이내
2. 소형함정: 척당 1명 이내

4. 함정정비

(1) 개념

함정정비	경비함정과 특수함정, 부선 및 부선거(이하 "함정"이라 한다.)의 선체와 장비의 성능유지 및 수명연장을 위하여 손질, 검사, 수리, 재생, 개조, 개장, 교정하는 등의 일체 행위. 함정 정비는 **해양경찰정비창에서 실시**하는 것을 원칙으로 한다.
함정 수리	함정의 선체 혹은 장비의 설계, 자재, 수량, 위치 또는 구성부품의 상호 관계를 변경하지 아니하고 본래의 선체 또는 장비를 사용할 수 있도록 유지하는데 필요한 작업
함정 개조 [21 해경]	함정의 성능이나 특성에 영향을 미치는 선체, 장비, 설비 및 의장에 있어서 설계 상의 기재 수량, 위치 또는 함정구조를 변경하는 작업

(2) 함정수리

자체정비 [21 경감]		함정을 정상적으로 운용하면서 운전시간에 따라 정기적으로 함정 승조원이 직접 부속품의 교환과 고장방지를 위한 예방적 정비 및 경미한 수리를 실시하는 정비
예방정비 [21 경감]		PMS(=함정계획정비제도)에 따라 함정에서 실시하는 정비로서 함정에 설치된 장비의 성능 유지를 위하여 제반 장비에 대한 주기적인 정비계획을 수립·시행하는 정비
경찰서 정비		함정 자체정비의 범위를 초과한 고장발생으로 해양경찰서 장비관리과에서 함정정비반 또는 민간 업체에 의뢰하여 수리를 실시하는 정비
계획정비 (함정 운용시간 및 수리주기에 맞춰 연간 수리 계획에 따라 시행하는 수리)	정기수리 [21 해경]	일정기간 운영 후 함정 전반에 걸친 검사, 정비사항을 해양경찰정비창, 해군정비창(수리창) 또는 민간업체에 의뢰하여 실시하는 정비로서 주기관 총 분해수리 및 부품 교환 등을 통한 함정의 성능회복을 위한 수리
	상가수리	수면 하 선체 및 구조물의 검사수리를 위하여 상가시설을 구비한 해양경찰정비창, 해군 정비창(수리창) 또는 민간업체에 의뢰 실시하는 정비로서 주기적으로 실시하는 정기상가, 중간상가 및 긴급소요에 의해 실시하는 긴급 상가가 있다.
창 정비		계획정비 이외의 긴급한 수리를 위해 해양경찰정비창 및 해군정비창(수리창)에 의뢰하여 수리를 실시하는 정비

◆ 함정 정비 유지에 대한 책임

해양경찰청 함정 정비규칙 제5조(함정 정비의 책임) [21 해경, 19 승진]
① 함정이 설계된 성능을 발휘하도록 정비 유지에 대한 총괄책임은 함(정)장에게 있다.
② 함정의 부서장은 소관장비의 정비유지, 보수의 1차적 책임을 진다.
③ 해양경찰서 장비관리과장은 함정의 자체정비능력을 초과하는 수리사항에 대하여 함(정)장의 요청에 따라 할당된 수리자금 한도 내에서 정비지원을 제공한다.

해양경찰청 함정 정비규칙
[시행 21. 10. 12.] [해양경찰청예규]

제1조(목적) 이 규칙은 경비함정과 특수함정, 부선 및 부선거와 연안구조장비의 선체와 장비의 성능유지 및 수명연장을 위한 정비활동에 관한 절차를 규정함을 목적으로 한다.

제2조(용어) 이 규칙에서 사용하는 용어의 정의는 다음 각 호와 같다.
1. "경비함정"과 "특수함정"이란 「함정 운영관리 규칙」 제3조제2호 및 제3호에 규정된 각 함정을 말한다.
2. "부선" 이란 유류·방제·계류바지를 말한다.
3. "부선거"란 특수함정 중 수리지원정에 해당하며 수리지원업무(상가)를 주임무로 하는 함정을 말한다.
4. "연안구조장비"란 해양경찰 파출소 및 출장소에 배치하여 운용하는 연안구조정 및 수상오토바이, 해경구조대 배치하여 운용하는 고속보트를 말한다.
5. "함정정비"란 경비함정과 특수함정, 부선 및 부선거(이하 "함정"이라 한다.)의 선체와 장비의 성능유지 및 수명연장을 위하여 손질, 검사, 수리, 재생, 개조, 개장, 교정하는 등의 일체 행위를 말한다.
6. "함정 수리"란 함정의 선체 혹은 장비의 설계, 자재, 수량, 위치 또는 구성부품의 상호 관계를 변경하지 아니하고 본래의 선체 또는 장비를 사용할 수 있도록 유지하는데 필요한 작업을 말한다.
7. "함정 개조"란 함정의 성능이나 특성에 영향을 미치는 선체, 장비, 설비 및 의장에 있어서 설계 상의 기재 수량, 위치 또는 함정구조를 변경하는 작업을 말한다.
8. "선저외판 검사"란 씨체스트를 포함한 수선하부 선저외판 및 선미 격벽 외판의 두께를 계측하여 마모도를 계측하여 확인하는 작업을 말한다.
9. "중대복구 수리"란 추산가 1억 원 이상 수리를 말한다.

제3조(적용범위) 함정 및 연안구조장비의 정비에 관하여 다른 규정에 따로 정한 경우를 제외하고 이 규칙을 적용한다.

제5조(함정 정비의 책임) ① 함정이 설계된 성능을 발휘하도록 정비 유지에 대한 총괄책임은 함(정)장에게 있다.
② 함정의 부서장은 소관장비의 정비유지, 보수의 1차적 책임을 진다.
③ 해양경찰서 장비관리과장은 함정의 자체정비능력을 초과하는 수리사항에 대하여 함(정)장의 요청에 따라 할당된 수리자금 한도 내에서 정비지원을 제공한다.

제6조(함정 정비의 종류 및 범위) 함정 정비의 종류는 자체정비, 예방정비, 경찰서 정비, 계획정비, 해양경찰정비창 정비(이하 '창 정비'라 한다)가 있으며 그 범위는 다음 각 호와 같다.
1. 자체정비 : 함정을 정상적으로 운용하면서 운전시간에 따라 정기적으로 함정 승조원이 직접 부속품의 교환과 고장방지를 위한 예방적 정비 및 경미한 수리를 실시하는 정비이다.
2. 예방정비 : PMS에 따라 함정에서 실시하는 정비로서 함정에 설치된 장비의 성능 유지를 위하여 제반 장비에 대한 주기적인 정비계획을 수립·시행하는 정비이다.
3. 경찰서 정비 : 함정 자체정비의 범위를 초과한 고장발생으로 해양경찰서 장비관리과에서 함정정비반 또는 민간업체에 의뢰하여 수리를 실시하는 정비이다.
4. 계획정비 : 함정 운용시간 및 수리주기에 맞춰 연간 수리계획에 따라 시행하는 수리로 정기수리와 상가수리

가 있다.
가. <u>정기수리</u> : 일정기간 운영 후 함정 전반에 걸친 검사, 정비사항을 해양경찰정비창, 해군정비창(수리창) 또는 민간업체에 의뢰하여 실시하는 정비로서 주기관 총 분해수리 및 부품교환 등을 통한 함정의 성능회복을 위한 수리를 말한다.
나. <u>상가수리</u> : 수면 하 선체 및 구조물의 검사수리를 위하여 상가시설을 구비한 해양경찰정비창, 해군 정비창(수리창) 또는 민간업체에 의뢰 실시하는 정비로서 주기적으로 실시하는 정기상가, 중간상가 및 긴급소요에 의해 실시하는 긴급 상가가 있다.
5. <u>창 정비</u> : 계획정비 이외의 긴급한 수리를 위해 해양경찰정비창 및 해군정비창(수리창)에 의뢰하여 수리를 실시하는 정비이다.

제7조(함정정비반의 운영) ① 해양경찰서장은 해양경찰서 함정정비 목적으로 경력경쟁 채용된 자(경찰관, 일반직)로 구성된 2명 이상의 함정정비반을 둔다.
② 함정정비반 업무는 전용부두 및 함정 주·보기관, 전기, 전자, 용접수리를 담당한다.
③ 해양경찰서 장비관리과장은 함정정비반을 운영·감독하고, 매분기 정비반 실적을 지방해양경찰청장에게 보고하며 지방해양경찰청장은 실적을 취합하여 해양경찰청장에게 보고한다.
④ 함정 정비반 운영을 위해 경력경쟁 채용된 자는 최초 임용 후 5년 이내 함정 정비반 업무외 겸직할 수 없으며 다른 보직을 부여할 수 없다.

제8조(수리의 제한) 해양경찰서장은 함정의 내구연한 심의위원회에서 사용기한이 결정되거나 퇴역예정인 함정에 대하여는 아래의 수리를 각 각 제한한다. 다만, 함정의 가동과 관계되는 장비로 2,000만원 미만의 수리 및 지방해양경찰청장이 승인하는 특별한 사유가 있는 경우에는 그러하지 아니하다.
1. 신조 또는 대체건조 함정의 계약이 확정되어 운항정지가 예상 되거나 퇴역예비 함정으로 지정되는 기일을 기준으로
가. 2년 전 - 정기수리 및 노후장비 교체
나. 1년 전 - 상가수리 및 단계별 정비
다. 6개월 전 - 경찰서 정비

제8조의2(용도폐지된 함정의 정비) ① 「해양경비법 시행령」 제3조의2제4항에 따라 해양경찰청장은 용도폐지된 함정에 대해 양여 전 필요한 경우에는 정비를 실시할 수 있다.
② 제1항에도 불구하고 무상양여 대상으로 선정된 용도폐지 예정인 함정이 양여 일정에 맞추어 정비가 곤란할 경우 해양경찰청장은 사전 정비를 할 수 있다.
③ 해양경찰청장은 제1항, 제2항에 따른 정비를 실시할 경우 정비심의위원회의 심의를 거쳐 정비 범위 등 함정 정비에 관한 사항을 결정할 수 있다.

제8조의3(정비심의위원회) ① 제8조의2제3항에 따라 구성된 정비심의위원회는 위원장을 포함하여 5명 이상 7명 이하의 위원으로 구성한다.
② 위원장은 장비기술국장이, 간사는 장비관리과장으로 하며, 위원은 본청 소속 공무원 중에서 해양경찰청장이 임명한다.

제9조(정비기준) ① 함정 정비는 해양경찰정비창에서 실시하는 것을 원칙으로 한다. 다만, 함정의 안전성, 경제성 및 해양경찰서별 정비능력을 감안하여 따로 정하여 실시할 수 있으며, 그 세부기준은 별표 1과 같다.
② 톤수별 정비주기 및 기간은 정비 종류와 함정 특성에 따라 실시하며, 그 세부기준은 별표 2와 같다.
③ 주기관 및 발전기관의 총 분해수리 주기는 제작사 지침기준에 따라 실시하는 것을 원칙으로 한다. 다만, 주기관 및 발전기관의 특성, 운전상태를 감안하여 가감할 수 있으며, 그 세부기준은 별표 3, 별표 4와 같다.
④ 발전기관의 총 분해수리는 계획정비 기간 중 시공함을 원칙으로 한다. 다만, 해양경찰서장이 운전시간 및 상태 등을 감안하여 지방해양경찰청장의 승인을 받은 경우에는 그러하지 아니한다.
⑤ 정비기준을 조정 또는 변경 할 필요가 있는 경우에는 각 지방해양경찰청장은 해양경찰정비창의 타당성, 안정성, 경제성 검토 후 승인한다. 승인결과는 해양경찰청장에게 보고한다.

제10조(정비계획) ① 해양경찰청 장비관리과장은 함정의 주기관 운전시간과 해상경비 소요 및 예산 등을 감안하여 시행 전년도에 연간 정비계획을 수립한다.

② 제9조에 따라 함정정비를 실시함에 있어 상가수리와 정기수리의 시차가 3개월 이내이거나 같은 해에 실시될 때에는 상가수리와 정기수리를 통합 실시한다.
③ 해양경찰서장은 정비계획을 변경할 경우 사전에 지방해양경찰청장의 승인을 받아야 하며 지방해양경찰청장은 해양경찰청장에게 보고한다.
④ 자체정비 계획은 함(정)장이 수립하며, 함(정)장은 PMS에 따라 세부 계획을 수립하여 시행한다.

제11조(집행 절차) 함정정비의 집행절차는 다음 각 호와 같다.
1. 정기 또는 상가수리 : 해양경찰서장은 수리 대상함정의 수리신청 목록을 수리실시 30일전까지 해양경찰정비창 또는 해군정비창(군수전대), 14일전까지 지방해양경찰청장, 7일전까지 해양경찰청장에게 보고 하여야 한다.
2. 경찰서 정비
  가. 함(정)장, 파출소장은 경찰서 정비가 필요한 경우 입항 전 또는 입항 직후 수리 목록을 작성하여 제출하며, 수리 완료 후 그 결과를 해양경찰서장에게 보고하여야 한다.
  나. 해양경찰서장은 소속 함정의 정비계획을 조정, 집행한다.
  다. 경찰서 정비는 중·대형 함정의 경우 함정출동 종료 후 차기 출동 전까지의 정박기간 중에 실시함을 원칙으로 하고, 소형함정(100톤 이하 함정)은 4일(96시간) 이내 실시함을 원칙으로 한다. 다만, 수리기간을 초과하여 함정 불가동이 발생하거나 예상될 경우 해양경찰서장의 승인을 받아 수리를 실시하고 그 결과를 지방해양경찰청장에게 보고한다.
  라. 외주수리는 해양경찰서 관할지역 민간수리업체에 의뢰하여 실시하는 것을 원칙으로 한다. 다만, 지역 수리업체의 수리 불가 시 타 지역 수리업체에 의뢰할 수 있다.
  마. 함정 주기관의 단계별 정비 및 총 분해수리와 1000톤급 이상 함정의 발전기관 단계별 정비 및 총 분해수리는 해양경찰정비창에서 실시한다.
  바. 경찰서 정비의 개별 장비에 대한 수리비용이 500만원 미만인 경우에는 「관서운영경비 집행처리지침」에 따라 처리한다.
3. 예방정비
  가. 함(정)장은 PMS 등재된 함정 장비에 대해 담당자를 지정하여 시행한다.
  나. PMS 시행여부에 대해 부서장, 연안구조정 담당자는 1차 책임을 지며 함(정)장, 파출소장은 2차 책임자이다.
  다. 부서장, 연안구조정 담당자는 PMS를 이행하지 못할 사유가 있을 시 함(정)장, 파출소장에게 문서로 보고하여야 한다.
  라. 함(정)장, 파출소장은 장비고장 발생시 반드시 PMS 이행 여부를 확인하여 보고내용에 첨부하여야 한다.
4. 장비관리 실태점검
  가. 점검단 구성은 제4조제2호에 해당하는 자를 단장으로 하며 부단장은 지방해양경찰청 훈련단장 또는 장비관리계장(해양경찰교육원 훈련기획팀장 또는 창조운영팀장)으로 한다. 또한 단원은 전문 분야별 실무경험이 풍부한 자 중 경사 이상인 자로 구성하여야 한다.
  나. 점검대상은 장비나라(통합 장비관리시스템) 등록 장비와 해양오염 방제장비 및 부두시설로 하며 매년 1회 실시하여야 한다.
  다. 점검단은 장비별 표준 체크리스트에 의한 관능 및 작동시험을 통해 장비 점검을 실시하여야 한다.

제13조(개조수리) 함정 성능향상과 승조원 근무편의를 도모하기 위하여 필요시 개조수리를 할 수 있으며, 함정 안전 및 성능에 영향을 미칠수 있는 중요한 개조수리는 사전에 해양경찰정비창의 타당성, 안전성, 경제성을 검토 후 지방해양경찰청장의 승인을 받아야 하고, 간단한 구조변경은 해양경찰서에서 지방해양경찰청 승인 후 실시할 수 있다.

제14조(선저외판 검사) 해양경찰정비창장은 해양경찰정비창 및 해군정비창 상가수리 함정에 대해서 선저외판 검사를 실시하여야 한다.
1. 선령 15년 이상 함정은 매 상가수리시 선저외판 검사 시행한다.
2. 선령 15년 미만 함정은 준공일로 부터 5년 주기로 시행한다. 단, 선령15년 미만 함정에도 불구하고, 상가수리 시 선정외판 파공·균열 함정은 그 상가수리 시점부터 매 상가수리 시 검사 시행한다.

5. 해양경찰장비법

해양경찰장비 도입 및 관리에 관한 법률 (약칭: 해양경찰장비법)
[시행 22. 4. 14.]

제1장 총칙

제1조(목적) 이 법은 해양경찰장비의 도입 및 관리에 관한 기본적인 사항을 정함으로써 해양에서의 주권 수호와 치안 및 안전 확보 등에 기여함을 목적으로 한다.

제2조(정의) 이 법에서 사용하는 용어의 뜻은 다음과 같다.
1. "해양경찰장비"란 「해양경찰법」 제14조에 따른 해양경찰의 직무를 수행하는 데 필요한 함정·항공기 및 탑재장비를 말한다.
2. "탑재장비"란 함정 또는 항공기에 탑재하여 사용하는 장비로서 대통령령으로 정하는 것을 말한다.

■ 해양경찰장비 도입 및 관리에 관한 법률 시행령 [별표 1]
탑재장비의 종류(제2조 관련)

1. 항해장비: 함정의 운항에 직접적으로 필요한 장비로서 레이더, 조타장치, 전파항법장치, 전자해도(電子海圖), 항행지원장치 등
2. 갑판장비: 함정의 기능을 지원하기 위하여 갑판 위에 설치되는 장비로서 크레인, 양묘기(닻줄을 감거나 푸는 기계를 말한다), 단정(短艇), 소화설비, 항공기 운용을 위한 이착륙보조설비, 인명구조장비 등
3. 기관장비: 함정의 추진체계를 구성하는 장비(주·보조기관, 동력전달장치, 보일러 압력용기와 그 제어장치를 포함한다)
4. 전기장비: 함정의 전력 및 전자시스템을 유지하기 위한 장비로서 기관제어장치(MCS), 배전반, 제어설비 등
5. 통신장비: 함정 내외부와의 통신을 위하여 설치된 장비로서 함정 내 통신장치(인터컴), 단측파대 통신기(SSB), 위성통신장비 등
6. 무장장비: 함정에 탑재된 함포 및 무기(비살상무기를 포함한다) 장비와 그 제어장치 등
7. 항공장비: 항공기의 운항과 그 기능을 지원하기 위하여 필요한 장비로서 열상장비, 탐조등, 인양기 등
8. 방제(防除)장비: 해양에 유출되거나 배출된 오염물질을 제거하거나 그 확산을 차단하기 위한 장비로서 유회수기(해양에 유출된 기름을 흡입 또는 흡착 방식으로 수거하는 장비를 말한다), 이송펌프 등

---

3. "도입"이란 해양경찰장비를 구매하거나 건조·제작하여 해양경찰장비관리자에게 인계하는 것을 말한다.
4. "관리"란 해양경찰장비관리자가 해양경찰장비를 인수하여 그 본래의 성능을 발휘할 수 있도록 하기 위한 점검·정비·처분 등의 행위를 말한다.
5. "운용"이란 해양경찰장비를 그 기능 및 목적에 맞도록 안전하게 사용하는 것을 말한다.
6. "처분"이란 매각, 양여 등의 방법으로 해양경찰장비의 소유권이 국가 외의 자에게 이전되거나 다른 기관에 관리권이 이전되는 것을 말한다.
7. "내용연수(耐用年數)란 해양경찰장비의 운용에 지장이 없는 상태에서 해양경찰의 직무를 원활하게 수행할 수 있을 것으로 예측한 해양경찰장비의 경제적 사용연수를 말한다.
8. "해양경찰장비관리자"란 해양경찰장비를 직접 관리·운용하는 해양경찰청 소속 공두원을 말한다.

제3조(다른 법률과의 관계) 해양경찰장비의 도입과 관리 등에 관하여 다른 법률에 특별한 규정이 있는 경우를 제외하고는 이 법에서 정하는 바에 따른다.

제2장 해양경찰장비 도입 및 관리 기본계획의 수립 등

제4조(해양경찰장비 도입 및 관리에 관한 기본계획의 수립) ① 해양경찰청장은 해양경찰의 직무를 효율적으로 수행하기 위하여 해양경찰장비 도입 및 관리에 관한 기본계획(이하 "기본계획"이라 한다)을 5년마다 수립하여 시행하여야 한다.
② 기본계획에는 다음 각 호의 사항이 포함되어야 한다.
1. 해양경찰장비 도입 및 관리의 중장기 정책목표 및 추진방향
2. 해양경찰장비 도입 및 관리에 관한 중장기 추진목표
3. 해양경찰장비 도입 및 관리를 위한 재원 확보
4. 해양경찰장비 도입 및 관리를 위한 제도의 수립 및 정비
5. 해양경찰장비의 기술혁신 및 실용화

6. 해양경찰장비 관리 관련 기반시설의 확충
7. 해양경찰장비의 운용 및 정비 인력의 양성
8. 그 밖에 해양경찰장비 도입 및 관리를 위하여 필요한 사항
③ 해양경찰청장은 기본계획을 효율적으로 추진하기 위하여 매년 해양경찰장비 도입 및 관리에 관한 시행계획(이하 "시행계획"이라 한다)을 수립하여 시행하여야 한다.
④ 해양경찰청장은 제1항 및 제3항에 따라 수립된 기본계획 및 시행계획을 국회 소관 상임위원회에 제출하여야 한다. 수립된 기본계획 및 시행계획 중 대통령령으로 정하는 중요한 사항을 변경할 때에도 또한 같다.

제5조(해양경찰장비 도입 및 관리를 위한 재원의 확보) 해양경찰청장은 기본계획 및 시행계획에 따라 해양경찰장비의 도입·관리 등을 효과적으로 추진하기 위하여 필요한 재원을 지속적이고 안정적으로 확보할 수 있는 방안을 마련하여야 한다.

제6조(실태조사) ① 해양경찰청장은 기본계획 및 시행계획의 수립·시행을 위하여 해양경찰장비의 도입·관리에 관한 실태를 조사할 수 있다.
② 해양경찰청장은 해양경찰장비 제조자·판매자 또는 해양경찰장비의 도입·관리와 관련된 기관의 장에게 실태조사에 필요한 자료의 제출을 요구할 수 있다. 이 경우 자료의 제출을 요청받은 자는 정당한 사유가 없으면 이에 따라야 한다.

제7조(해양경찰장비의 연구개발 및 관련 산업의 진흥 등) ① 해양경찰청장은 해양경찰장비의 성능 확보 및 직무수행능력 향상 등을 위하여 해양경찰장비의 연구개발 및 관련 산업의 진흥·육성 등에 필요한 시책을 수립하여 추진할 수 있다.
② 해양경찰청장은 해양경찰장비 연구개발사업을 효율적으로 추진하기 위하여 다음 각 호의 어느 하나에 해당하는 기관 또는 단체 등과 연구개발사업을 수행할 수 있다.
1. 국공립 연구기관
2. 「고등교육법」에 따른 대학·산업대학·전문대학 및 기술대학
3. 「과학기술분야 정부출연연구기관 등의 설립·운영 및 육성에 관한 법률」에 따라 설립된 과학기술분야 정부출연연구기관
4. 「기초연구진흥 및 기술개발지원에 관한 법률」제14조의2제1항에 따라 인정받은 기업부설연구소 또는 연구개발전담부서
5. 「민법」또는 다른 법률에 따라 설립된 법인으로서 치안분야 연구기관 또는 법인 부설 연구소
6. 「특정연구기관 육성법」제2조에 따른 특정연구기관
7. 그 밖에 대통령령으로 정하는 소관 분야 관련 연구·조사·기술개발 등을 수행하는 기관 또는 단체
③ 해양경찰청장은 해양경찰장비 관련 산업의 진흥 및 지원을 위하여 다음 각 호의 사업을 추진할 수 있다.
1. 해양경찰장비의 기술개발, 기술지원 등을 위한 국제협력에 관한 사항
2. 해양경찰장비의 전시 및 학술대회의 개최 및 운영 등

제8조(전문인력의 양성) ① 해양경찰청장은 해양경찰장비 관련 전문인력의 양성과 기술의 향상에 필요한 시책을 수립하여 추진할 수 있다.
② 해양경찰청장은 제1항에 따른 전문인력의 양성을 위하여 「고등교육법」제2조에 따른 대학, 「특정연구기관 육성법」제2조에 따른 특정연구기관, 해양경찰장비 관련 연구소·기관 또는 단체를 전문인력 양성기관으로 지정하여 필요한 교육훈련을 실시하게 할 수 있다.
③ 해양경찰청장은 제2항에 따라 지정된 전문인력 양성기관이 다음 각 호의 어느 하나에 해당하면 그 지정을 취소하거나 6개월 이내의 기간을 정하여 그 업무의 전부 또는 일부의 정지를 명할 수 있다. 다만, 제1호에 해당하는 경우에는 그 지정을 취소하여야 한다.
1. 거짓 또는 부정한 방법으로 지정을 받은 경우
2. 정당한 사유 없이 제2항에 따른 업무를 수행하지 아니한 경우
3. 제2항에 따른 업무를 계속하여 수행하기 곤란하다고 판단되는 경우

제3장 해양경찰장비의 도입

제9조(해양경찰장비 도입의 기본원칙) 해양경찰청장은 다음 각 호의 원칙을 고려하여 해양경찰장비를 도입할 수 있다.

1. 해양경찰장비 도입 사업의 투명성과 효율성을 확보할 것
2. 최신 기술을 활용한 우수 장비를 도입할 것
3. 장비 간의 호환성 확보를 통한 해양경찰장비의 운용성을 증진할 것
4. 해양경찰장비관리자 및 전문가들의 의견을 충분히 수렴할 것

제10조(계약의 특례) ① 해양경찰청장은 「통합방위법」에 따른 해상경비작전 임무를 수행하는 해양경찰 함정과 항공기 도입에 관한 계약을 체결하는 경우 그 성질상 착수금 및 중도금을 지급할 필요가 있다고 인정되는 때에는 「국가를 당사자로 하는 계약에 관한 법률」 및 관계 법령의 규정에도 불구하고 해당 연도의 예산에 계상된 범위에서 착수금 및 중도금을 지급할 수 있다. 이 경우 지급된 착수금 및 중도금은 해당 계약의 이행을 위한 용도를 벗어나서 사용하여서는 아니 된다.

제11조(중요탑재장비의 선정) ① 해양경찰청장은 함정·항공기를 도입하려는 경우 해당 장비의 성능 확보에 중대한 영향을 미치는 탑재장비(이하 "중요탑재장비"라 한다)를 선정하고 탑재하도록 할 수 있다.

제4장 해양경찰장비의 관리

제12조(해양경찰장비의 기록·관리) ① 해양경찰청장은 보유하고 있는 해양경찰장비의 현황 및 관리에 관한 사항을 해양수산부령으로 정하는 바에 따라 기록하여 관리하여야 한다.
② 해양경찰장비의 현황 및 관리에 관한 사항을 전산으로 입력하는 경우에는 별도의 서류에 기록하지 아니하고 전산입력으로 갈음할 수 있다.

제13조(해양경찰장비의 내용연수) ① 해양경찰장비의 내용연수는 「물품관리법」 제16조의2제1항에 따라 조달청장이 정한다. 다만, 조달청장이 내용연수를 정하지 아니한 해양경찰장비 또는 같은 법의 적용을 받지 아니하는 해양경찰장비의 내용연수는 해양경찰청장이 따로 정할 수 있다. 이 경우 해당 내용을 조달청장에게 통보하여야 한다.
② 해양경찰청장은 특수한 사정으로 「물품관리법」 제16조의2제1항에 따라 조달청장이 정한 내용연수를 적용하기 곤란한 경우에는 조달청장과 협의하여 내용연수를 조정할 수 있다.

제14조(해양경찰장비의 안전도 평가 등) 해양경찰청장은 제13조에 따른 내용연수를 초과한 함정에 대하여 함정의 건조시기, 성능 및 운용 여건 등을 고려하여 대통령령으로 정하는 바에 따라 안전도 평가를 실시할 수 있다.

■ 해양경찰장비 도입 및 관리에 관한 법률 시행령 [별표 4]

안전도 평가의 실시 기간 및 평가 항목(제9조 관련)

선박 구분	1차 평가	2차 평가	3차 평가
가. 강선(鋼船)	선령이 21년이 되는 해의 12월 31일까지	선령이 24년이 되는 해의 12월 31일까지	2차 평가 실시 후 5년의 범위에서 해양경찰청장이 정하는 기간까지
나. 알루미늄선	선령이 16년이 되는 해의 12월 31일까지	선령이 19년이 되는 해의 12월 31일까지	
다. 강화플라스틱선			

제15조(해양경찰장비의 용도폐지) 해양경찰청장은 제14조에 따른 안전도 평가결과 또는 사고나 고장으로 해당 해양경찰장비의 최소한의 성능과 안전을 확보하기 어렵다고 판단되는 경우에는 「국유재산법」 제40조에 따라 용도폐지를 하여야 한다.

제16조(용도폐지한 해양경찰장비의 처분) ① 해양경찰청장은 제15조에 따라 용도폐지한 해양경찰장비에 대하여 「국유재산법」 제2조제11호의 중앙관서의 장등에게 같은 법 제16조에 따른 관리전환에 대한 의견을 조회하여야 한다.
② 제1항에 따른 의견조회에도 불구하고 관리전환에 대한 의견이 없는 경우에는 용도폐지한 해양경찰장비를 「국유재산법」 제48조에 따라 매각할 수 있다.
③ 제2항에 따라 해양경찰장비를 매각할 때에는 해체하여 매각하는 것을 원칙으로 한다. 다만, 국가 간 우호증진을 목적으로 해외에 매각하거나 비영리 공공목적으로 지방자치단체 또는 공공단체에 매각할 때에는 해체하지 아니하고 매각할 수 있다.

제17조(해양경찰장비의 무상양여) ① 해양경찰청장은 제16조 및 「국유재산법」 제55조에도 불구하고 국제협력 증진을 위하여 용도폐지한 해양경찰장비를 「국제개발협력기본법」 제2조제2호에 따른 개발도상국에 무상으로 양여할 수 있다.
② 해양경찰청장은 제1항에 따라 무상양여하기로 결정한 해양경찰장비에 대해서는 그 성능의 유지에 필요한 정비 등을 할 수 있다.

> 시행령 제10조(해양경찰장비 무상양여 대상국가의 선정 등)
> ① 해양경찰청장은 법 제17조제1항에 따라 무상으로 양여할 개발도상국을 선정할 때에는 다음 각 호의 사항을 고려해야 한다.
>   1. 개발도상국과 해양안전·외교·방위산업 분야에서의 협력 가능성
>   2. 개발도상국의 해양경찰장비 관리·운용 역량
> ② 제1항에 따라 무상양여 대상 개발도상국을 선정할 때에는 다음 각 호의 관계 행정기관의 장과 협의해야 한다.
>   1. 기획재정부장관
>   2. 외교부장관
>   3. 국방부장관
>   4. 방위사업청장
>   5. 그 밖에 해양경찰청장이 협의가 필요하다고 인정하는 관계 행정기관의 장
> ③ 해양경찰청장은 제1항 및 제2항에 따라 선정된 개발도상국에 해양경찰장비를 무상으로 양여하려는 경우에는 무상으로 양여할 해양경찰장비의 명세, 무상양여 방법 등이 포함된 약정을 체결해야 한다.

제18조(해양경찰장비관리자의 교육 및 훈련 등) ① 해양경찰청장은 해양경찰장비의 효율적 관리·운용과 해양경찰장비관리자의 능력 향상을 위하여 해양경찰장비관리자 교육 및 훈련에 관한 시책을 수립하여 추진하여야 한다.
② 해양경찰장비관리자는 해양경찰장비 관리·운용에 필요한 기량과 지식을 습득하기 위하여 대통령령으로 정하는 바에 따라 해양경찰청장이 실시하는 교육 및 훈련을 받아야 한다.
③ 해양경찰청장은 해양경찰장비관리자의 전문성과 능력 향상을 위하여 해양경찰청장이 지정하는 기관 또는 단체로 하여금 제2항에 따른 교육 및 훈련을 대행하게 할 수 있다.

제19조(감독관의 운영) ① 해양경찰청장은 함정을 설계·건조·수리하거나 항공기를 제작·구매·수리하려는 때에는 공정관리 및 성능 확보 등을 위하여 설계·건조·수리 또는 제작 업체에 감독관을 지정·배치할 수 있다.

■ 해양경찰장비 도입 및 관리에 관한 법률 시행령 [별표 5]

감독관의 자격기준(제12조 관련)

분야	자격기준
1. 함정	다음 각 목의 어느 하나에 해당하는 해양경찰청 소속 공무원 가. 조선 설계·건조·수리·검사 관련 분야에서 3년 이상 업무를 수행한 경력이 있는 사람 나. 「해양경찰청 소속 경찰공무원 임용에 관한 규정」 제16조제3항제1호에 따라 특수기술부문 중 조선기술부문의 경력경쟁채용시험으로 채용된 사람 다. 「고등교육법」 제2조의 학교에서 조선 관련 분야의 석사 이상 학위를 취득한 사람 라. 「고등교육법」 제2조의 학교에서 조선 관련 분야의 학사 학위를 취득한 후 조선 관련 분야에서 1년 이상 업무를 수행한 경력이 있는 사람
2. 항공기	다음 각 목의 어느 하나에 해당하는 해양경찰청 소속 공무원 가. 항공기 제작·구매·수리·검사 관련 분야에서 7년 이상 업무를 수행한 경력이 있는 사람 나. 항공기 제작사에서 전문교육을 이수한 사람으로서 항공기 제작·수리 관련 분야에서 5년 이상 업무를 수행한 경력이 있는 사람 다. 항공기 제작사에서 전문교육을 이수한 사람으로서 항공기 공정 검사 분야에서 2년 이상 업무를 수행한 경력이 있는 사람

제5장 해양경찰장비의 표시 등

제20조(해양경찰장비의 도장 및 표시) ① 해양경찰청장은 해양경찰의 직무를 수행하는 데 필요한 장

비라는 것을 알 수 있도록 해양경찰장비의 외관을 도장(塗裝)하고 표시하여야 한다.
② 해양경찰장비의 도장 및 표시에 관한 사항은 해양경찰청장이 정한다.
③ 해양경찰청 및 그 소속 기관이 보유하거나 사용하는 함정 및 항공기를 제외한 선박 및 항공기에는 제1항에 따른 도장 및 표시를 하여서는 아니 된다. 다만, 해양에서의 안전관리 및 수색구조 등 해양경찰 업무를 지원하는 선박과 항공기에 대해서는 해양수산부령으로 정하는 바에 따라 해양경찰청장의 승인을 받은 후 사용할 수 있다.

제21조(경광등의 설치 등) ① 해양경찰청장은 해양경찰장비에 경광등을 설치할 수 있다.
② 누구든지 해양경찰장비가 아닌 선박에 제1항에 따른 경광등을 설치해서는 아니 된다. 다만, 공공기관에서 운용하는 선박은 그러하지 아니하다.

제6장 보칙

제22조(청문) 해양경찰청장은 제8조제3항에 따라 전문인력 양성기관의 지정을 취소하거나 지정 업무를 정지하려는 경우에는 청문을 하여야 한다.

제24조(과태료) ① 다음 각 호의 어느 하나에 해당하는 자에게는 500만원 이하의 과태료를 부과한다.
1. 제20조제3항을 위반하여 도장 및 표시를 하거나 이와 유사한 도장 및 표시를 한 자
2. 제21조제2항을 위반하여 선박에 경광등을 설치한 자
② 제1항에 따른 과태료는 대통령령으로 정하는 바에 따라 해양경찰청장이 부과·징수한다.

6. 해양경찰청 함정 내구연한에 관한 규칙 [시행 21. 10. 1.] [해양경찰청예규]

제1조(목적) 이 규칙은 해양경찰청 소속 함정의 내구연한과 그 처리에 관한 사항을 규정함으로써 효율적인 운용·관리를 통한 안전운항을 도모함을 목적으로 한다.

제2조(정의) 이 규칙에서 사용하는 용어의 뜻은 다음과 같다.
1. "함정"이란 「해양경찰청 함정 정비규칙」 제2조제1호부터 제3호까지에 따른 각 함정을 말한다
2. "강선(鋼船)"이란 선체의 재질이 철의 합금으로 만들어진 함정을 말한다.
3. "강화플라스틱선(Fiber Glass Reinforced Plastic, FRP 船)"이란 선체의 재질이 유리섬유 강화 플라스틱으로 만들어진 함정을 말한다.
4. "알루미늄선(Aluminum 船)"이란 선체의 재질이 알루미늄 경합금으로 만들어진 함정을 말한다.
5. "선령(船齡)"이란 함정을 건조하여 진수(進水)한 날부터 경과된 연수를 말한다.
6. "내구연한(耐久年限)"이란 함정의 안전운항에 지장을 초래하지 않고 임무를 원활히 수행할 수 있는 내용연수를 말한다.
7. "현상평가"란 선체 구조부재(構造部材, 선체를 이루는 외판, 늑골 등 각 구성요소를 말한다), 기관장치 및 전기설비 등의 일반적인 현상 파악을 위해 손이 닿을 수 있는 거리에서 눈으로 확인하는 평가를 말한다.
8. "효력시험"이란 기관장치 및 전기설비 등의 정상 작동상태를 확인하는 평가를 말한다.
9. "비파괴평가"란 검사체의 파괴 없이 선체 및 용접부의 면상 균열 등 결함을 검출하기 위한 평가로 「비파괴검사기술의 진흥 및 관리에 관한 법률 시행령」 제2조 각 호의 어느 하나에 따른 평가를 말한다.
10. "피로강도평가"란 선체 구조부재가 운항 중 받게 되는 반복응력 및 하중 등에 대해 견딜 수 있는 능력을 확인하기 위한 피로강도 해석 등의 평가를 말한다.
11. "운항정지"란 함정이 안전운항을 저해하는 사유가 발생하여 운항을 지속적으로 중단하게 되는 것을 말한다.
12. "퇴역함정"이란 함정의 선체 및 주요장비의 노후, 성능 저하 등으로 임무수행이 불가능하여 운항정지 명령을 받고 함정정수에서 제외되는 함정을 말한다.
13. "해양경찰관서"란 「해양경찰청과 그 소속기관 직제」 제2조에 따른 소속기관 중 함정이 배치된 기관(서해5도 특별경비단을 포함한다. 이하 같다)을 말한다.

제3조(다른 규칙과의 관계) 해양경찰청 함정의 내구연한에 관하여 다른 규칙에서 따로 정한 경우를 제외하고는 이

규칙에서 정하는 바에 따른다.

제4조(함정 내구연한의 기준) 함정의 내구연한은 다음 각 호와 같다.
1. 강선: 선령 20년
2. 강화플라스틱선 및 알루미늄선: 선령 15년

제5조(내구연한 초과 함정의 안전도 평가) ① 해양경찰정비창장(이하 "정비창장"이라 한다)은 내구연한이 초과한 함정에 대하여 「선박안전법」 제60조에 따른 공단 및 선급법인(이하 "공인 검사기관"이라 한다)에 의뢰하여 별표 1에 따른 차수별 안전도 평가를 실시한다. 이 경우 정비창장은 공인 검사기관으로부터 별지 제1호서식의 보안서약서를 미리 제출 받아야 한다.
② 정비창장은 별표 1에 따른 차수별 안전도 평가 시기에도 불구하고, 해당함정의 계획정비 일정에 따라 그 시기를 조정할 수 있다.
③ 정비창장은 동일한 함형(艦型)으로 설계하여 건조된 함정의 경우 먼저 실시한 함정의 평가결과를 준용하여 별도의 안전도 평가를 생략할 수 있다.

제6조(내구연한 미초과 함정의 안전도 평가) 해양경찰관서의 장은 내구연한이 지나지 않은 함정이 다음 각 호의 어느 하나에 해당되는 경우에는 제5조에 따른 안전도 평가를 실시할 수 있다. 이 경우, 해양경찰관서의 장은 안전도 평가 범위를 정하여 직접 공인 검사기관에 의뢰하거나 정비창장에게 안전도 평가를 요청할 수 있다.
1. 함정의 성능과 안전성이 현저하게 불량하다고 판단되는 경우
2. 함정의 충돌·좌초·전복·화재 등으로 안전 운항에 지장을 줄 우려가 있다고 판단되는 경우
3. 함정 주요장비(크레인, 양묘기 등)에 대하여 안전도 평가가 필요하다고 판단되는 경우

제8조(함정의 운항정지) 해양경찰관서의 장은 안전도 평가에 따른 최종 등급이 3등급으로 판정된 함정에 대하여 운항정지 처분을 할 수 있다.

제9조(운항정지처분심의위원회의 설치 및 구성) ① 해양경찰관서의 장은 제8조에 따른 함정의 운항정지 또는 퇴역 여부 등을 심의·의결하기 위하여 운항정지처분심의위원회(이하 "위원회"라 한다)를 둔다.
② 위원회는 위원장 1명을 포함하여 7명 이상 9명 이하의 위원으로 구성한다. 이 경우 외부위원이 과반수가 되도록 한다.

제10조(위원회의 회의) ① 위원장은 안건이 있는 경우 회의를 소집한다.
② 회의는 재적위원 3분의 2 이상 출석으로 개의하고, 출석위원 과반수의 찬성으로 의결한다.
③ 회의는 대면회의(화상회의를 포함한다)를 원칙으로 한다. 다만, 다음 각 호의 경우에는 서면회의로 대체할 수 있다.
1. 천재지변 등 긴급한 상황으로 회의소집이 어려운 때
2. 그 밖에 부득이한 사유로 회의소집이 어려운 때

제7절 | 경찰문서관리 (행정효율과 협업 촉진에 관한 규정)

1. 정의

공문서	행정기관에서 공무상 작성하거나 시행하는 문서(도면·사진·디스크·테이프·필름·슬라이드·전자문서 등의 특수매체기록을 포함한다. 이하 같다)와 행정기관이 접수한 모든 문서
전자문서	컴퓨터 등 정보처리능력을 가진 장치에 의하여 전자적인 형태로 작성되거나 송신·수신 또는 저장된 문서
서명	기안자·검토자·협조자·결재권자[제10조에 따라 결재, 위임전결 또는 대결(代決)하는 자를 말한다. 이하 같다] 또는 발신명의인이 공문서(전자문서는 제외한다)에 자필로 자기의 성명을 다른 사람이 알아볼 수 있도록 한글로 표시하는 것
전자이미지서명	기안자·검토자·협조자·결재권자 또는 발신명의인이 전자문서상에 전자적인 이미지 형태로 된 자기의 성명을 표시하는 것
전자문서시스템	문서의 기안·검토·협조·결재·등록·시행·분류·편철·보관·보존·이관·접수·배부·공람·검색·활용 등 모든 처리절차가 전자적으로 처리되는 시스템
업무관리시스템	행정기관이 업무처리의 모든 과정을 제22조제1항에 따른 과제관리카드 및 문서관리카드 등을 이용하여 전자적으로 관리하는 시스템
행정정보시스템	행정기관이 행정정보를 생산·수집·가공·저장·검색·제공·송신·수신하고 활용할 수 있도록 하드웨어·소프트웨어·데이터베이스 등을 통합한 시스템
정보통신망	「전기통신사업법」 제2조제2호에 따른 전기통신설비를 활용하거나 전기통신설비와 컴퓨터 및 컴퓨터의 이용기술을 활용하여 정보를 수집·가공·저장·검색·송신 또는 수신하는 정보통신체제
정책실명제	정책의 투명성과 책임성을 높이기 위하여 행정기관에서 소관 업무와 관련하여 수립·시행하는 주요 정책의 결정 및 집행 과정에 참여하는 관련자의 실명과 의견을 기록·관리하는 제도

2. 공문서의 종류

법규문서	헌법·법률·대통령령·총리령·부령·조례·규칙 등에 관한 문서
지시문서	훈령·지시·예규·일일명령 등 행정기관이 그 하급기관이나 소속 공무원에 대하여 일정한 사항을 지시하는 문서
공고문서	고시·공고 등 행정기관이 일정한 사항을 일반에게 알리는 문서
비치문서	행정기관이 일정한 사항을 기록하여 행정기관 내부에 비치하면서 업무에 활용하는 대장, 카드 등의 문서
민원문서	민원인이 행정기관에 허가, 인가, 그 밖의 처분 등 특정한 행위를 요구하는 문서와 그에 대한 처리문서
일반문서	제1호부터 제5호까지의 문서에 속하지 아니하는 모든 문서

3. 문서의 성립 및 효력발생

문서의 성립	문서는 결재권자가 해당 문서에 서명(전자이미지서명, 전자문자서명 및 행정전자서명을 포

	함한다. 이하 같다)의 방식으로 결재함으로써 성립한다.
문서의 효력발생	문서는 수신자에게 도달(전자문서의 경우는 수신자가 관리하거나 지정한 전자적 시스템 등에 입력되는 것을 말한다)됨으로써 효력을 발생한다. 그럼에도 불구하고 공고문서는 그 문서에서 효력발생 시기를 구체적으로 밝히고 있지 않으면 그 고시 또는 공고 등이 있은 날부터 5일이 경과한 때에 효력이 발생한다.

4. 문서의 작성

제7조(문서 작성의 일반원칙) ① 문서는 「국어기본법」 제3조제3호에 따른 어문규범에 맞게 한글로 작성하되, 뜻을 정확하게 전달하기 위하여 필요한 경우에는 괄호 안에 한자나 그 밖의 외국어를 함께 적을 수 있으며, 특별한 사유가 없으면 가로로 쓴다.
② 문서의 내용은 간결하고 명확하게 표현하고 일반화되지 않은 약어와 전문용어 등의 사용을 피하여 이해하기 쉽게 작성하여야 한다.
③ 문서에는 음성정보나 영상정보 등이 수록되거나 연계된 바코드 등을 표기할 수 있다.
④ 문서에 쓰는 숫자는 특별한 사유가 없으면 아라비아 숫자를 쓴다.
⑤ 문서에 쓰는 날짜는 숫자로 표기하되, 연·월·일의 글자는 생략하고 그 자리에 온점을 찍어 표시하며, 시·분은 24시각제에 따라 숫자로 표기하되, 시·분의 글자는 생략하고 그 사이에 쌍점을 찍어 구분한다. 다만, 특별한 사유가 있으면 다른 방법으로 표시할 수 있다.
⑥ 문서 작성에 사용하는 용지는 특별한 사유가 없으면 가로 210밀리미터, 세로 297밀리미터의 직사각형 용지로 한다.

제8조(문서의 기안) ① 문서의 기안은 전자문서로 하는 것을 원칙으로 한다. 다만, 업무의 성질상 전자문서로 기안하기 곤란하거나 그 밖의 특별한 사정이 있으면 그러하지 아니하다.
② 문서의 기안은 행정안전부령으로 정하는 기안문으로 하여야 한다. 다만, 관계 서식이 따로 있는 경우에는 그 내용을 관계 서식에 기입하는 방법으로 할 수 있다.
③ 둘 이상의 행정기관의 장의 결재가 필요한 문서는 그 문서 처리를 주관하는 행정기관에서 기안하여야 한다.
④ 기안문에는 행정안전부령으로 정하는 바에 따라 발의자(기안하도록 지시하거나 스스로 기안한 사람을 말한다)와 보고자를 알 수 있도록 표시하여야 한다. 다만, 다음 각 호의 문서에는 발의자와 보고자의 표시를 생략할 수 있다.
1. 검토나 결정이 필요하지 아니한 문서
2. 각종 증명 발급, 회의록, 그 밖의 단순 사실을 기록한 문서
3. 일상적·반복적인 업무로서 경미한 사항에 관한 문서

제10조(문서의 결재) ① 문서는 해당 행정기관의 장의 결재를 받아야 한다. 다만, 보조기관 또는 보좌기관의 명의로 발신하는 문서는 그 보조기관 또는 보좌기관의 결재를 받아야 한다.
② 행정기관의 장은 업무의 내용에 따라 보조기관 또는 보좌기관이나 해당 업무를 담당하는 공무원으로 하여금 위임전결하게 할 수 있으며, 그 위임전결 사항은 해당 기관의 장이 훈령이나 지방자치단체의 규칙으로 정한다.
③ 제1항이나 제2항에 따라 결재할 수 있는 사람이 휴가, 출장, 그 밖의 사유로 결재할 수 없을 때에는 그 직무를 대리하는 사람이 대결하고 내용이 중요한 문서는 사후에 보고하여야 한다.

제8절 | 해양경찰 행정응원

1. 의의 [19 해경]
행정응원은 법적 근거 없이도 가능하지만 법에 규정이 있는 경우에는 요구받은 행정관청은 이를 거부하지 못한다.

2. 「경찰직무응원법」상 행정응원

경찰직무 응원법 [시행 21. 1. 1]

제1조(응원경찰관의 파견)
① 시·도경찰청장 또는 지방해양경찰관서의 장은 돌발사태를 진압하거나 공공질서가 교란(攪亂)되었거나 교란될 우려가 현저한 지역(이하 "특수지구"라 한다)을 경비할 때 그 소관 경찰력으로는 이를 감당하기 곤란하다고 인정할 때에는 응원(應援)을 받기 위하여 다른 지방경찰청장이나 지방해양경찰관서의 장 또는 자치경찰단을 설치한 제주특별자치도지사에게 경찰관 파견을 요구할 수 있다.
② 경찰청장이나 해양경찰청장은 돌발사태를 진압하거나 특수지구를 경비할 때 긴급한 경우 시·도경찰청장, 소속 경찰기관의 장 또는 지방해양경찰관서의 장에게 다른 시·도경찰청 또는 지방해양경찰관서의 경찰관을 응원하도록 소속 경찰관의 파견을 명할 수 있다.

제2조(파견경찰관의 소속) [23 간부]
제1조에 따라 파견된 경찰관은 파견**받은** 시·도경찰청 또는 지방해양경찰관서의 경찰관으로서 직무를 수행한다.

제3조(이동 근무)
시·도경찰청장이나 지방해양경찰관서의 장은 경호, 이동 승무, 물품 호송 등에 특히 필요한 경우에는 그 소속 경찰관으로 하여금 다른 시·도경찰청 또는 지방해양경찰관서의 구역에서 직무를 수행하게 할 수 있다.

제4조(기동대의 편성) [23 간부]
경찰청장 또는 해양경찰청장은 돌발사태를 진압하거나 특수지구를 경비하도록 하기 위하여 특히 필요할 때에는 소속 경찰관으로 경찰기동대(이하 "기동대"라 한다)를 편성하여 필요한 지역에 파견할 수 있다.

제5조(기동대의 편성·파견·해체)
기동대의 편성, 파견 목적, 주둔지역과 해체는 그때마다 경찰청장이나 해양경찰청장이 공고한다.

제6조(기동대의 대장)
기동대에 대장을 두되, 대장은 경무관(警務官) 또는 총경(總警) 중에서 경찰청장이나 해양경찰청장이 임명한다. 다만, 필요에 따라 과장인 총경으로 하여금 대장을 겸하게 할 수 있다.

제7조(대장의 권한)
대장은 경찰청장이나 해양경찰청장의 명을 받아 기동대의 업무를 맡아 처리하며 소속 경찰관(이하 "대원"이라 한다)을 지휘·감독한다.

제8조(파견경찰관의 직무)
제1조와 제3조에 따라 파견된 경찰관과 제4조에 따른 기동대는 파견 목적 외의 직무를 수행할 수 없다.

3. 「수상에서의 수색·구조 등에 관한 법률」상 행정응원

제14조(수난구호협력기관과의 협조 등)
① 수난구호협력기관의 장은 수난구호활동을 위하여 구조본부의 장 또는 소방관서의 장으로부터 필요한 지원과 협조 요청이 있을 경우 특별한 사정이 없으면 이에 응하여야 한다. [23 간부]
② 구조본부의 장 또는 소방관서의 장은 수난구호협력기관의 장과 협의하여 구조대 및 구급대의 합동훈련 또는 합동교육을 실시하거나 구조대 및 구급대에 관한 정보교환 및 상호연락체제를 구축할 수 있다.
③ 특별자치도지사 또는 시장·군수·구청장(자치구의 구청장을 말한다. 이하 같다)은 구조된 사람의 보호와 습득한 물건의 보관·반환·공매 및 구호비용의 산정·지급·징수, 그 밖에 사후처리에 관한 일체의 사무를 담당한다.

CHAPTER 06 경찰의 통제

제1절 | 경찰통제

1. 경찰통제의 필요성 [18 해경]

경찰의 민주적 운영, 정치적 중립성 확보, 신뢰성과 정당성 확보, 인권 보호, 법치주의 확립, 경찰의 비행 방지와 조직의 건강성 유지 등을 위해 경찰통제가 필요하다.

2. 경찰통제의 기본요소

권한 분산	권한이 집중되면 남용의 가능성이 높아지므로 권한의 분산이 필요하다.
공개	국민의 알 권리를 보장하고 국민의 참여와 국정운영의 투명성을 확보하기 위해 정보의 공개가 필요하다.
참여	국민의 참여를 통하여 공정성, 투명성, 신뢰성을 확보하고 국민의 권익을 보장할 수 있다.
책임	경찰통제 과정에서 위법·부당한 행위에 대하여 책임을 물어야 한다.
환류(feedback)	경찰통제의 결과를 확인하여 재평가 및 의견수렴절차가 필요하다.

3. 경찰통제의 유형 [20 간부, 19 해경, 18 해경]

사전통제	① 행정절차법상 청문, 입법예고나 행정예고 등에 의한 통제 ② 국회의 입법권, 예산심의권 등에 의한 통제 ③ 해양경찰위원회의 심의·의결에 의한 통제
사후통제	① 사법부 : 행정소송 등 사법심사에 의한 통제 ② 입법부 : 국회의 예산결산권, 국정감사·조사권 등의 행정감독 기능에 의한 통제 ③ 행정부 : 징계책임이나 상급기관의 하급기관에 대한 감사권, 행정심판에 의한 통제
내부통제	① (청문)감사관제도 : 해양경찰청의 감사관, 지방해양경찰청의 청문감사담당관, 해양경찰서의 청문감사관을 두어 내부 감찰, 인권 보호, 민원업무감독 등의 업무 수행 ② 훈령권 : 상급기관이 하급기관에 대하여 지시·감독권 행사 ③ 직무명령권 : 상급해양경찰공무원이 하급해양경찰공무원을 통제하는 권한 ④ 이의신청에 대한 재결권 제도 ⑤ 공무원으로서 직업윤리

외부통제	① 사법부 : 행정소송이나 민·형사소송 등에 의한 통제 ② 입법부 : 입법권, 예산심의·결산권, 국정감사·조사권 등에 의한 통제 [20 간부] ③ 행정부 - 대통령에 의한 통제 : 경찰청장·경찰위원회 위원 등의 임명권 등에 의한 통제, 주요 정책 결정에 의한 통제 - 행정안전부장관에 의한 통제 : 경찰청장과 경찰위원회 위원의 임명제청권 행사에 의한 통제 - 경찰위원회에 의한 통제 : 국가경찰의 주요정책 등에 대한 심의·의결에 의한 통제 - 중앙행정심판위원회에 의한 통제 : 해양경찰관청의 처분 또는 부작위에 대하여 행정심판을 청구할 경우 중앙행정심판위원회가 재결로써 통제 - 소청심사위원회에 의한 통제 : 공무원이 징계처분이나 강임, 휴직, 면직처분 기타 그의 의사에 반하는 불리한 처분을 받았을 때에는 그 시정을 요청할 수 있음 - 국민권익위원회에 의한 통제 : 국무총리 소속 하에 부패방지와 국민의 권리보호 및 구제 등에 의한 통제 - 시민고충처리위원회에 의한 통제 : 각 지방자치단체 및 그 소속기관과 관련된 고충민원에 관한 조사결과 위법·부당한 처분 등에 대한 시정조치의 권고, 행정제도 및 운영의 개선에 관한 권고 또는 의견표명 등의 기능 수행 - 국가인권위원회에 의한 통제 : 인권침해행위에 대한 조사와 구제 등에 의한 통제. 유치장이나 사법경찰관리가 그 직무수행을 위하여 사람을 조사·유치·수용하는 데 사용하는 시설에 대한 방문조사권을 가짐 - 감사원에 의한 통제 : 해양경찰기관의 세입·세출의 결산, 해양경찰기관과 해양경찰공무원의 직무감찰에 의한 통제, 국민감사청구제도에 의한 통제([20 간부]) - 검찰에 의한 통제 : 체포·구속장소 감찰 등에 의한 통제 ④ 국민에 의한 통제 - **18세** 이상의 국민은 공공기관의 사무처리가 법령위반 또는 부패행위로 인하여 공익을 현저히 해하는 경우 대통령령으로 정하는 일정한 수(300명) 이상의 국민의 연서로 감사원에 감사를 청구할 수 있다(부패방지 및 국민권익위원회의 설치와 운영에 관한 법률). - 여론, 이익집단, 정당, 언론기관 등을 통한 통제

부패방지 및 국민권익위원회의 설치와 운영에 관한 법률 제72조(감사청구권)

① **18세** 이상의 국민은 공공기관의 사무처리가 법령위반 또는 부패행위로 인하여 공익을 현저히 해하는 경우 대통령령으로 정하는 일정한 수(**300명**) 이상의 국민의 연서로 감사원에 감사를 청구할 수 있다. 다만, 국회·법원·헌법재판소·선거관리위원회 또는 감사원의 사무에 대하여는 국회의장·대법원장·헌법재판소장·중앙선거관리위원회 위원장 또는 감사원장(이하 "당해 기관의 장"이라 한다)에게 감사를 청구하여야 한다.

② 제1항에도 불구하고 다음 각호의 어느 하나에 해당하는 사항은 감사청구의 대상에서 제외한다.

1. 국가의 기밀 및 안전보장에 관한 사항
2. 수사·재판 및 형집행(보안처분·보안관찰처분·보호처분·보호관찰처분·보호감호처분·치료감호처분·사회봉사명령을 포함한다)에 관한 사항
3. 사적인 권리관계 또는 개인의 사생활에 관한 사항
4. 다른 기관에서 감사하였거나 감사중인 사항. 다만, 다른 기관에서 감사한 사항이라도 새로운 사항이 발견되거나 중요사항이 감사에서 누락된 경우에는 그러하지 아니하다.
5. 그 밖에 감사를 실시하는 것이 적절하지 아니한 정당한 사유가 있는 경우로서 대통령령이 정하는 사항

4. 해양경찰청 감찰규칙 [시행 22. 8. 19.] [해양경찰청훈령]

제1장 총 칙

제1조(목적) 이 규칙은 해양경찰청과 그 소속기관 공무원 등의 공직기강 확립과 해양경찰 행정의 적정성 확보를 위한 감찰활동에 필요한 사항을 규정함을 목적으로 한다.

제2조(정의) 이 규칙에서 사용하는 용어의 뜻은 다음과 같다.
1. "의무위반행위"란 해양경찰청과 그 소속기관에 근무하는 공무원 및 의무경찰(이하 "공무원"이라 한다)이 「국가공무원법」 등 관련 법령 또는 직무상 명령 등에 따른 각종 의무를 위반한 행위를 말한다.
2. "감찰"이란 복무기강 확립과 해양경찰 행정의 적정성을 확보하기 위해 해양경찰관서 또는 공무원의 모든 업무와 활동 등을 조사·점검·확인하고 그 결과를 처리하는 감찰관의 직무활동을 말한다.
3. "감사기구의 장"이란 「공공감사에 관한 법률」 제2조제6호에 따른 감사기구의 장을 말한다.
4. "감찰관"이란 해양경찰관서에서 제2호에 따른 감찰업무를 담당하는 공무원을 말한다.

제3조(다른 규칙과의 관계) 해양경찰관서의 감찰업무에 관하여 다른 규칙에 특별한 규정이 있는 것을 제외하고는 이 규칙에서 정하는 바에 따른다.

제2장 감찰관

제4조(감찰관의 자격) 감찰관은 다음 각 호의 어느 하나에 해당하는 자격을 갖추어야 한다.
1. 1년 이상 감찰·감사·수사·법무, 예산·회계, 조사·기획·평가 등의 업무를 담당한 사람
2. 감찰·감사업무에 필요한 자격증 또는 전문학사 이상의 학위를 소지한 사람
3. 그 밖에 감사기구의 장이 감찰업무 수행에 필요한 전문성, 자질, 적성을 갖추었다고 인정하는 사람

제5조(감찰관의 결격사유) 다음 각 호의 어느 하나에 해당하는 사람은 감찰관이 될 수 없다.
1. 다음 각 목의 사유로 징계처분을 받은 사람
   가. 직무와 관련한 금품 및 향응 수수
   나. 공금의 횡령·유용
   다. 「성폭력범죄의 처벌 등에 관한 특례법」에 따른 성폭력범죄
   라. 「성매매알선 등 행위의 처벌에 관한 법률」에 따른 성매매·성매매 알선 등 행위, 성매매 목적의 인신매매
   마. 「양성평등기본법」에 따른 성희롱
   바. 「도로교통법」에 따른 음주운전
2. 제1호 이외의 사유로 징계처분을 받아 말소기간이 지나지 않은 사람
3. 질병 등으로 감찰관으로서의 업무수행이 어려운 사람
4. 민원, 복무규율 위반 등으로 수시 감찰조사대상이 되었던 사람
5. 그 밖의 감찰관으로서 적합하지 않다고 판단되는 사람

제6조(감찰관의 신분보장) ① 해양경찰관서의 장은 감찰관이 제5조에 따른 결격사유에 해당되는 것으로 밝혀졌을 경우와 다음 각 호의 어느 하나에 해당하는 경우를 제외하고는 2년 이내에 본인의 의사에 반하여 전보해서는 안 된다.
1. 징계사유가 있는 경우
2. 형사사건에 계류된 경우
3. 직무수행 능력이 현저히 부족하다고 판단되는 경우
4. 고압·권위적인 감찰활동을 반복하여 물의를 일으킨 경우
② 해양경찰관서의 장은 1년 이상 성실히 근무한 감찰관 중 다른 부서 근무를 희망하는 사람에 대해서는 희망부서를 고려하여 전보한다.

제6조의2(감찰관의 행동준칙) 감찰관이 감찰활동을 할 때에는 다음 각 호에 따라 행동해야 한다.
1. 감찰관은 관계 법령과 절차를 지킨다.
2. 감찰관은 해양경찰공무원등의 권위와 인격을 존중한다.

3. 감찰관은 객관적인 증거와 조사로 사실관계를 명확히 하고, 공정하게 직무를 수행한다.
4. 감찰관은 직무상 알게 된 사항에 대하여 비밀을 엄수한다.
5. 감찰관은 선행·수범 직원을 발견하는데 적극 노력한다.

제3장 감찰활동

제7조(감찰활동의 관할) 감찰관은 소속 해양경찰관서의 관할 구역 안에서 활동하는 것을 원칙으로 한다. 다만, 필요한 경우에는 관할 구역 밖에서도 활동할 수 있다.

제8조(감찰관의 권한 등) ① 감찰관은 해당 공무원에게 직무상 다음 각 호의 사항을 요구 할 수 있다. 다만, 제2호 및 제3호의 경우에는 필요 최소한의 범위에서 요구해야 한다.
1. 조사를 위한 출석
2. 질문에 대한 답변 및 진술서 제출
3. 증거품 및 자료 제출
4. 현지조사의 협조

② 공무원은 감찰관으로부터 제1항에 따른 요구를 받은 때에는 정당한 사유가 없으면 그 요구에 따라야 한다.
③ 감찰관은 직무수행 중 알게 된 정보나 제출 받은 자료를 감찰 목적 외의 용도로 이용해서는 안 된다.

제9조(감찰관 증명서 등 제시) 감찰관이 제8조제1항에 따른 요구를 할 때에는 소속 해양경찰관서의 장이 발행한 별지 제1호서식의 감찰관 증명서 또는 공무원증을 제시하여 신분을 밝히고 감찰활동 목적을 설명해야 한다.

제10조(감찰활동의 종류) 감찰활동의 종류는 다음 각 호와 같다.
1. 예방감찰: 불합리한 요소와 사고 발생 요인을 제거하기 위해 해양경찰공무원등의 직무실태를 점검하는 감찰활동
2. 특별감찰: 의무위반행위가 자주 발생하거나 그 발생 가능성이 높다고 인정되는 시기, 업무분야 및 해양경찰관서 등에 대해 일정기간 동안 전반적인 조직관리 및 업무추진 실태 등을 집중 점검하는 감찰활동
3. 교류감찰: 상급 해양경찰관서의 장의 지시에 따라 일정기간 소속 해양경찰관서가 아닌 다른 해양경찰관서의 소속 직원에 대한 복무실태, 업무추진 실태 등을 점검하는 감찰활동

제11조(감찰활동 결과의 보고 및 처리) ① 감찰관은 감찰활동 결과 공무원의 의무위반행위, 불합리한 제도·관행, 선행·수범 공무원을 발견한 때에는 이를 소속 해양경찰관서의 장에게 보고해야 한다.
② 해양경찰관서의 장은 제1항의 결과에 대하여 문책 요구, 시정·개선, 포상 등 필요한 조치를 해야 한다.

제4장 감찰조사

제12조(첩보 등의 처리) ① 감찰관은 공무원의 의무위반행위에 관한 첩보·진정·탄원 등을 입수한 경우 그 사실을 확인하여 의무위반혐의가 있다고 판단할 때에는 감찰부서의 장에게 보고하고 감찰조사에 착수해야 한다.
② 감찰관은 첩보 등 제공자의 신분 등을 공개해서는 안 된다.

제13조(감찰활동 현장에서 의무위반행위 발견시의 조치) 감찰관은 감찰활동 현장에서 의무위반행위를 발견한 경우에는 사안의 경중을 고려하여 현지시정, 감찰조사 등 필요한 조치를 취해야 한다.

제14조(민원사건의 처리) ① 감찰관은 소속 공무원의 의무위반 사실에 대한 민원을 접수했을 때에는 접수한날부터 2개월 내에 신속히 처리해야 한다. 다만, 부득이한 사유로 민원을 기한 내에 처리할 수 없을 때에는 감찰 부서의 장에게 보고하여 그 처리 기간을 연장할 수 있다.
② 민원사건을 배당받은 감찰관은 민원인, 피민원인 등 관련자에 대한 감찰조사 등을 거쳐 사실관계를 명확히 밝혀야 한다.
③ 감찰관은 불친절 또는 경미한 복무규율위반에 관한 민원사건에 대해서는 민원인에게 정식 조사절차 또는 조정절차를 선택할 수 있음을 알려야 한다.
④ 감찰관은 민원인이 제3항에 따른 조정절차를 선택한 경우 해당 공무원의 사과, 해명 등의 조정절차를 진행해야 한다. 다만, 조정이 이뤄지지 않은 때에는 지체 없이 조사절차를 진행해야 한다.

제15조(기관통보사건의 처리) ① 감찰관은 다른 경찰기관 또는 검찰, 감사원 등 행정기관으로부터 소속공무원의 의무위반행위를 통보받은 경우 통보받은 날부터 1개월 안에 신속히 처리해야 한다.
② 감찰관은 검찰·경찰, 그 밖의 수사기관으로부터 수사개시 통보를 받은 경우에는 징계의결요구권자의 결재를 받아 해당 기관으로부터 수사결과를 통보받을 때까지 감찰조사, 징계의결 요구 등의 절차를 진행하지 않을 수 있다.

제16조(출석요구) ① 감찰관은 감찰조사를 위해서 의무위반행위와 관련된 공무원(이하 "조사대상자"라 한다)에게 출석을 요구할 때에는 조사예정일 2일 전까지 별지 제2호서식의 출석요구서 또는 구두로 조사일시, 의무위반행위 사실 요지 등을 통지해야 한다. 다만, 사안이 급박한 경우에는 즉시 조사에 착수할 수 있다.
② 감찰관은 제1항에 따른 조사일시 등을 정할 때에는 조사대상자의 의사를 존중해야 한다.
③ 감찰관은 의무위반행위와 관련된 내용을 조사할 때에는 사전에 준비를 철저히 하여 잦은 출석으로 인한 피해를 주지 않도록 해야 한다.

제17조(심야조사의 금지) ① 감찰관은 원칙적으로 심야(자정부터 오전 6시까지를 말한다)조사를 해서는 안 된다. 다만, 사안에 따라 신속한 조사가 필요하고 조사 대상자로부터 별지 제3호서식의 심야조사 동의서를 받은 경우에는 그렇지 않다.
② 감찰관은 제1항에 따른 심야조사를 하는 경우 조사 대상자의 동의 여부와 심야조사의 사유를 문답서 등 관련서류에 명확히 기재해야 한다.

제18조(조사 참여 등) ① 감찰관은 감찰조사를 실시하기 전에 조사대상자에게 의무위반행위사실의 요지를 알려야 한다.
② 조사대상자는 감찰조사를 받기 전에 감찰관에게 다음 각 호의 사항을 요청할 수 있다. 이 경우 감찰관은 특별한 사유가 없으면 조사대상자의 요청에 따라야 한다.
1. 다른 감찰관의 참여
2. 조사대상자가 여성일 경우 다른 여성 공무원의 참여
3. 조사대상자의 동료 공무원 또는 변호인의 참여

제19조(조사 참여 제한) ① 감찰관은 제18조에 따라 조사에 참여한 사람이 다음 각 호의 어느 하나에 해당하는 경우 퇴거시킬 수 있다.
1. 조사 과정에 부당하게 개입하거나 조사를 제지·중단시키는 경우
2. 조사대상자에게 특정한 답변을 유도하거나 진술 번복을 유도하는 경우
3. 그 밖에 동석자의 말과 행동 등으로 조사에 지장을 주는 경우
② 감찰관은 제1항에 따라 조사에 참여한 사람을 퇴거시킨 경우 그 사유를 조사대상자에게 설명하고 그 구체적 정황을 문답서 등 관련서류에 기재하여 기록에 편철해야 한다.
③ 삭제

제20조(조사 시 유의사항) ① 감찰관은 엄정하고 공정하게 진실 발견을 위해 노력해야 한다.
② 감찰관은 조사대상자의 이익이 되는 주장 및 제출자료 등에 대해서도 사실관계를 명확히 하여 조사내용에 반영해야 한다.
③ 감찰관은 조사대상자의 연령, 성별 등을 고려하여 언행에 유의해야 한다.
④ 감찰관은 감찰에 필요한 정보 등을 제공한 자에 대해서는 정보제공 등으로 인하여 불이익을 받지 않도록 비밀을 유지하고 그 신원을 보호해야 한다.
⑤ 성폭력·성희롱 등 성범죄 피해자에 대하여는 동성(同性)의 공무원이 조사하거나 동성의 공무원을 조사에 참여시켜야 하고, 조사 과정에서 피해자의 인격이나 명예를 손상하거나 사적인 비밀을 침해하지 않도록 해야 한다. 다만, 피해자가 원하지 않을 경우에는 동성의 공무원을 참여시키지 않고 조사할 수 있다.
⑥ 감찰관은 조사대상자 중 신고인, 피해자 등이 가명조서 작성을 요청하거나 가명조서 작성이 필요한 경우 별지 제7호서식의 가명조서 신청서를 받아 가명조서를 작성할 수 있다.

제20조의2(영상녹화) ① 감찰관은 조사대상자가 영상녹화를 요청할 경우 별지 제8호서식의 영상녹화 동의서를 받아 그 조사과정을 영상녹화 할 수 있다.
② 감찰관은 조사과정에서 조사대상자의 방어권 보장 등 영상녹화가 필요한 경우 조사대상자에게 고지 후 영상녹화 할 수 있다.

③ 영상녹화를 할 경우에는 조사개시부터 종료까지의 전 과정 및 객관적 정황을 녹화해야 한다.
④ 감찰관은 조사대상자의 요구가 있는 때에는 영상녹화물을 재생하여 시청하게 해야 한다. 이 경우 그 내용에 대하여 이의를 진술하는 때에는 그 취지를 기재한 서면을 첨부해야 한다

제21조(감찰조사 후 처리) ① 감찰관은 감찰조사를 종료한 때에는 다음 각 호의 서류와 증빙자료 등을 첨부하여 소속 해양경찰관서의 장에게 감찰조사 결과를 보고해야 한다.
1. 별지 제4호서식의 문답서
2. 별지 제5호서식의 진술 확인서
3. 별지 제6호서식의 진술과정 확인서
② 감찰관은 조사한 의무위반행위 사건이 소속 해양경찰관서의 징계 관할이 아닌 때에는 관할 해양경찰관서로 이송해야 한다.
③ 제2항에 따라 의무위반행위 사건을 이송 받은 해양경찰관서의 감찰부서의 장은 필요한 경우 해당 사건을 추가로 조사할 수 있다.

제5장 보 칙

제22조(감찰관의 징계 등) ① 해양경찰관서의 장은 감찰관이 이 규칙을 위반하여 직무를 태만히 하거나 권한을 남용한 경우 및 직무상 취득한 비밀을 누설한 경우에는 해당 사건의 담당 감찰관을 교체하거나 징계의결 요구 등의 조치를 해야 한다.
② 감찰관의 의무위반행위는 「해양경찰공무원 징계양정 등에 관한 규칙」의 징계양정 기준보다 가중하여 징계의결을 요구할 수 있다.

제23조(감찰활동의 방해 등) 해양경찰관서의 장은 조사대상자가 조사를 회피할 목적으로 정당한 이유 없이 2회 이상 출석 거부, 현지조사 불응, 협박 또는 관련자에게 호의적으로 진술할 것을 회유하거나 협박하는 등의 방법으로 감찰조사를 방해하는 경우에는 징계의결 요구 등의 조치를 할 수 있다.

제24조(감찰관의 당직근무 제외 등) 감찰관(감사담당관, 청문감사담당관을 포함한다)은 해양경찰공무원등의 복무기강 확립과 감찰대상 개소에 대한 지속적인 확인 점검 등을 위하여 당직근무 편성에서 제외한다.

제25조(감찰관의 우대) 감찰관에 대하여 관계 법령 등에서 정하는 바에 따라 포상·성과평가, 근무성적 평정, 예산지원 등에서 우대할 수 있다.

제2절 | 정보공개 및 개인정보보호

1. 공공기관의 정보공개에 관한 법률 [21 간부·해경, 20 승진, 19 간부]

목적	이 법은 공공기관이 보유·관리하는 정보에 대한 국민의 공개 청구 및 공공기관의 공개 의무에 관하여 필요한 사항을 정함으로써 국민의 알권리를 보장하고 국정(國政)에 대한 국민의 참여와 국정 운영의 투명성을 확보함을 목적으로 한다.

정의	1. "정보"란 공공기관이 직무상 작성 또는 취득하여 관리하고 있는 문서(전자문서를 포함한다. 이하 같다) 및 전자매체를 비롯한 모든 형태의 매체 등에 기록된 사항을 말한다.
	2. "공개"란 공공기관이 이 법에 따라 정보를 열람하게 하거나 그 사본·복제물을 제공하는 것 또는 「전자정부법」 제2조제10호에 따른 정보통신망(이하 "정보통신망"이라 한다)을 통하여 정보를 제공하는 것 등을 말한다.
	3. "공공기관"이란 다음 각 목의 기관을 말한다.
	   가. 국가기관
	     1) 국회, 법원, 헌법재판소, 중앙선거관리위원회
	     2) 중앙행정기관(대통령 소속 기관과 국무총리 소속 기관을 포함한다) 및 그 소속 기관
	     3) 「행정기관 소속 위원회의 설치·운영에 관한 법률」에 따른 위원회
	   나. 지방자치단체
	   다. 「공공기관의 운영에 관한 법률」 제2조에 따른 공공기관
	   라. 「지방공기업법」에 따른 지방공사 및 지방공단
	   마. 그 밖에 대통령령으로 정하는 기관

정보공개의 원칙	공공기관이 보유·관리하는 정보는 국민의 알권리 보장 등을 위하여 이 법에서 정하는 바에 따라 적극적으로 공개하여야 한다. [21 해경]

정보공개 청구
[21 해경]
	① 모든 국민은 정보의 공개를 청구할 권리를 가진다.
	② 외국인의 정보공개 청구에 관하여는 대통령령으로 정한다.
	   시행령 제3조(외국인의 정보공개 청구)
	   법 제5조제2항에 따라 정보공개를 청구할 수 있는 외국인은 다음 각 호의 어느 하나에 해당하는 자로 한다.
	   1. 국내에 일정한 주소를 두고 거주하거나 학술·연구를 위하여 일시적으로 체류하는 사람
	   2. 국내에 사무소를 두고 있는 법인 또는 단체
	③ 정보의 공개를 청구하는 자는 해당 정보를 보유하거나 관리하고 있는 공공기관에 정보공개 청구서를 제출하거나 말로써 정보의 공개를 청구할 수 있다.

비공개대상 정보	① 공공기관이 보유·관리하는 정보는 공개 대상이 된다. 다만, 다음 각 호의 어느 하나에 해당하는 정보는 공개하지 아니할 수 있다.
	  1. 다른 법률 또는 법률에서 위임한 명령(국회규칙·대법원규칙·헌법재판소규칙·중앙선거관리위원회규칙·대통령령 및 조례로 한정한다)에 따라 비밀이나 비공개 사항으로 규정된 정보
	  2. 국가안전보장·국방·통일·외교관계 등에 관한 사항으로서 공개될 경우 국가의 중대한 이익을 현저히 해칠 우려가 있다고 인정되는 정보
	  3. 공개될 경우 국민의 생명·신체 및 재산의 보호에 현저한 지장을 초래할 우려가 있다고 인정되는 정보
	  4. 진행 중인 재판에 관련된 정보와 범죄의 예방, 수사, 공소의 제기 및 유지, 형의 집행, 교정(矯正), 보안처분에 관한 사항으로서 공개될 경우 그 직무수행을 현저히 곤란하게 하거나 형사피고인의 공정한 재판을 받을 권리를 침해한다고 인정할 만한 상당한 이유가 있는 정보

	5. 감사・감독・검사・시험・규제・입찰계약・기술개발・인사관리에 관한 사항이나 의사결정 과정 또는 내부검토 과정에 있는 사항 등으로서 공개될 경우 업무의 공정한 수행이나 연구・개발에 현저한 지장을 초래한다고 인정할 만한 상당한 이유가 있는 정보. 다만, 의사결정 과정 또는 내부검토 과정을 이유로 비공개할 경우에는 제13조제5항에 따라 통지를 할 때 의사결정 과정 또는 내부검토 과정의 단계 및 종료 예정일을 함께 안내하여야 하며, 의사결정 과정 및 내부검토 과정이 종료되면 제10조에 따른 청구인에게 이를 통지하여야 한다.
	6. 해당 정보에 포함되어 있는 성명・주민등록번호 등 「개인정보 보호법」 제2조제1호에 따른 개인정보로서 공개될 경우 사생활의 비밀 또는 자유를 침해할 우려가 있다고 인정되는 정보. 다만, 다음 각 목에 열거한 사항은 제외한다.
	   가. 법령에서 정하는 바에 따라 열람할 수 있는 정보
	   나. 공공기관이 공표를 목적으로 작성하거나 취득한 정보로서 사생활의 비밀 또는 자유를 부당하게 침해하지 아니하는 정보
	   다. 공공기관이 작성하거나 취득한 정보로서 공개하는 것이 공익이나 개인의 권리 구제를 위하여 필요하다고 인정되는 정보
	   라. 직무를 수행한 공무원의 성명・직위
	   마. 공개하는 것이 공익을 위하여 필요한 경우로서 법령에 따라 국가 또는 지방자치단체가 업무의 일부를 위탁 또는 위촉한 개인의 성명・직업
	7. 법인・단체 또는 개인(이하 "법인등"이라 한다)의 경영상・영업상 비밀에 관한 사항으로서 공개될 경우 법인등의 정당한 이익을 현저히 해칠 우려가 있다고 인정되는 정보. 다만, 다음 각 목에 열거한 정보는 제외한다.
	   가. 사업활동에 의하여 발생하는 위해(危害)로부터 사람의 생명・신체 또는 건강을 보호하기 위하여 공개할 필요가 있는 정보
	   나. 위법・부당한 사업활동으로부터 국민의 재산 또는 생활을 보호하기 위하여 공개할 필요가 있는 정보
	8. 공개될 경우 부동산 투기, 매점매석 등으로 특정인에게 이익 또는 불이익을 줄 우려가 있다고 인정되는 정보
	② 공공기관은 제1항 각 호의 어느 하나에 해당하는 정보가 기간의 경과 등으로 인하여 비공개의 필요성이 없어진 경우에는 그 정보를 공개 대상으로 하여야 한다.

정보공개의 청구방법	① 정보의 공개를 청구하는 자(이하 "청구인"이라 한다)는 해당 정보를 보유하거나 관리하고 있는 공공기관에 다음 각 호의 사항을 적은 정보공개 청구서를 제출하거나 말로써 정보의 공개를 청구할 수 있다. 1. 청구인의 성명・생년월일・주소 및 연락처(전화번호・전자우편주소 등을 말한다. 이하 이 조에서 같다). 다만, 청구인이 법인 또는 단체인 경우에는 그 명칭, 대표자의 성명, 사업자등록번호 또는 이에 준하는 번호, 주된 사무소의 소재지 및 연락처를 말한다. 2. 청구인의 주민등록번호(본인임을 확인하고 공개 여부를 결정할 필요가 있는 정보를 청구하는 경우로 한정한다) 3. 공개를 청구하는 정보의 내용 및 공개방법 ② 제1항에 따라 청구인이 말로써 정보의 공개를 청구할 때에는 담당 공무원 또는 담당 임직원(이하 "담당공무원등"이라 한다)의 앞에서 진술하여야 하고, 담당공무원등은 정보공개 청구조서를 작성하여 이에 청구인과 함께 기명날인하거나 서명하여야 한다.
정보공개 여부의 결정	① 공공기관은 제10조에 따라 정보공개의 청구를 받으면 그 청구를 받은 날부터 **10일 이내**에 공개 여부를 결정하여야 한다. ② 공공기관은 부득이한 사유로 제1항에 따른 기간 이내에 공개 여부를 결정할 수 없을 때에는 그 기간이 끝나는 날의 **다음 날**부터 기산(起算)하여 **10일의 범위에서** 공개 여부 결정기간을 연장할

	수 있다. 이 경우 공공기관은 연장된 사실과 연장 사유를 청구인에게 지체 없이 문서로 통지하여야 한다. ③ 공공기관은 공개 청구된 공개 대상 정보의 전부 또는 일부가 제3자와 관련이 있다고 인정할 때에는 그 사실을 **제3자에게 지체 없이 통지하여야 하며, 필요한 경우에는 그의 의견을 들을 수 있다.** ④ 공개 청구된 사실을 통지받은 제3자는 그 통지를 받은 날부터 **3일 이내**에 해당 공공기관에 대하여 자신과 관련된 정보를 공개하지 아니할 것을 요청할 수 있다.
정보공개 여부 결정의 통지	① 공공기관은 제11조에 따라 정보의 공개를 결정한 경우에는 공개의 일시 및 장소 등을 분명히 밝혀 청구인에게 통지하여야 한다. ② 공공기관은 청구인이 사본 또는 복제물의 교부를 원하는 경우에는 이를 교부하여야 한다. ③ 공공기관은 공개 대상 정보의 양이 너무 많아 정상적인 업무수행에 현저한 지장을 초래할 우려가 있는 경우에는 해당 정보를 일정 기간별로 나누어 제공하거나 사본·복제물의 교부 또는 열람과 병행하여 제공할 수 있다. ④ 공공기관은 제1항에 따라 정보를 공개하는 경우에 그 정보의 원본이 더럽혀지거나 파손될 우려가 있거나 그 밖에 상당한 이유가 있다고 인정할 때에는 그 정보의 사본·복제물을 공개할 수 있다. ⑤ 공공기관은 제11조에 따라 정보의 비공개 결정을 한 경우에는 그 사실을 청구인에게 지체 없이 문서로 통지하여야 한다. 이 경우 제9조제1항 각 호 중 어느 규정에 해당하는 비공개 대상 정보인지를 포함한 비공개 이유와 불복(不服)의 방법 및 절차를 구체적으로 밝혀야 한다.
비용부담 [21 해경]	① 정보의 공개 및 우송 등에 드는 비용은 실비(實費)의 범위에서 **청구인이 부담**한다. ② 공개를 청구하는 정보의 사용 목적이 공공복리의 유지·증진을 위하여 필요하다고 인정되는 경우에는 제1항에 따른 비용을 감면할 수 있다.
이의신청	제18조(이의신청) ① 청구인이 정보공개와 관련한 공공기관의 비공개 결정 또는 부분 공개 결정에 대하여 **불복이 있거나 정보공개 청구 후 20일이 경과하도록 정보공개 결정이 없는 때**에는 공공기관으로부터 정보공개 여부의 결정 통지를 받은 날 또는 정보공개 청구 후 20일이 경과한 날부터 **30일 이내**에 **해당 공공기관에 문서로 이의신청을 할 수 있다.** [21 해경] ② 국가기관등은 제1항에 따른 이의신청이 있는 경우에는 심의회를 개최하여야 한다. 다만, 다음 각 호의 어느 하나에 해당하는 경우에는 심의회를 개최하지 아니할 수 있으며 개최하지 아니하는 사유를 청구인에게 문서로 통지하여야 한다. 1. 심의회의 심의를 이미 거친 사항 2. 단순·반복적인 청구 3. 법령에 따라 비밀로 규정된 정보에 대한 청구 ③ 공공기관은 이의신청을 받은 날부터 **7일 이내**에 그 이의신청에 대하여 결정하고 그 결과를 청구인에게 지체 없이 문서로 통지하여야 한다. 다만, 부득이한 사유로 정하여진 기간 이내에 결정할 수 없을 때에는 그 기간이 끝나는 날의 다음 날부터 기산하여 **7일의 범위에서 연장할 수 있으며,** 연장 사유를 청구인에게 통지하여야 한다. ④ 공공기관은 이의신청을 각하(却下) 또는 기각(棄却)하는 결정을 한 경우에는 청구인에게 행정심판 또는 행정소송을 제기할 수 있다는 사실을 제3항에 따른 결과 통지와 함께 알려야 한다.
행정심판	① 청구인이 정보공개와 관련한 공공기관의 결정에 대하여 불복이 있거나 정보공개 청구 후 20일이 경과하도록 정보공개 결정이 없는 때에는 「행정심판법」에서 정하는 바에 따라 행정심판을 청구할 수 있다. 이 경우 국가기관 및 지방자치단체 외의 공공기관의 결정에 대한 감독행정기관은 관계 중앙행정기관의 장 또는 지방자치단체의 장으로 한다. ② 청구인은 제18조에 따른 **이의신청 절차를 거치지 아니하고 행정심판을 청구할 수 있다.** ③ 행정심판위원회의 위원 중 정보공개 여부의 결정에 관한 행정심판에 관여하는 위원은 재직 중은 물론 퇴직 후에도 그 직무상 알게 된 비밀을 누설하여서는 아니 된다.

행정소송	① 청구인이 정보공개와 관련한 공공기관의 결정에 대하여 불복이 있거나 정보공개 청구 후 20일이 경과하도록 정보공개 결정이 없는 때에는 「행정소송법」에서 정하는 바에 따라 행정소송을 제기할 수 있다. ② 재판장은 필요하다고 인정하면 당사자를 참여시키지 아니하고 제출된 공개 청구 정보를 비공개로 열람·심사할 수 있다. ③ 재판장은 행정소송의 대상이 제9조제1항제2호에 따른 정보 중 국가안전보장·국방 또는 외교관계에 관한 정보의 비공개 또는 부분 공개 결정처분인 경우에 공공기관이 그 정보에 대한 비밀 지정의 절차, 비밀의 등급·종류 및 성질과 이를 비밀로 취급하게 된 실질적인 이유 및 공개를 하지 아니하는 사유 등을 입증하면 해당 정보를 제출하지 아니하게 할 수 있다.

④ 제3항의 위원은 「형법」이나 그 밖의 법률에 따른 벌칙을 적용할 때에는 공무원으로 본다.

2. 개인정보보호법 [23. 3. 14 개정] [19 간부]

목적(§1)	이 법은 개인정보의 처리 및 보호에 관한 사항을 정함으로써 개인의 자유와 권리를 보호하고, 나아가 개인의 존엄과 가치를 구현함을 목적으로 한다.
정의(§2)	1. "개인정보"란 살아 있는 개인에 관한 정보로서 다음 각 목의 어느 하나에 해당하는 정보를 말한다. 　가. 성명, 주민등록번호 및 영상 등을 통하여 개인을 알아볼 수 있는 정보 　나. 해당 정보만으로는 특정 개인을 알아볼 수 없더라도 다른 정보와 쉽게 결합하여 알아볼 수 있는 정보. 이 경우 쉽게 결합할 수 있는지 여부는 다른 정보의 입수 가능성 등 개인을 알아보는 데 소요되는 시간, 비용, 기술 등을 합리적으로 고려하여야 한다. 　다. 가목 또는 나목을 제1호의2에 따라 가명처리함으로써 원래의 상태로 복원하기 위한 추가 정보의 사용·결합 없이는 특정 개인을 알아볼 수 없는 정보(이하 "가명정보"라 한다) 1의2. "가명처리"란 개인정보의 일부를 삭제하거나 일부 또는 전부를 대체하는 등의 방법으로 추가 정보가 없이는 특정 개인을 알아볼 수 없도록 처리하는 것을 말한다. 2. "처리"란 개인정보의 수집, 생성, 연계, 연동, 기록, 저장, 보유, 가공, 편집, 검색, 출력, 정정(訂正), 복구, 이용, 제공, 공개, 파기(破棄), 그 밖에 이와 유사한 행위를 말한다. 3. "정보주체"란 처리되는 정보에 의하여 알아볼 수 있는 사람으로서 그 정보의 주체가 되는 사람을 말한다. 4. "개인정보파일"이란 개인정보를 쉽게 검색할 수 있도록 일정한 규칙에 따라 체계적으로 배열하거나 구성한 개인정보의 집합물(集合物)을 말한다. 5. "개인정보처리자"란 업무를 목적으로 개인정보파일을 운용하기 위하여 스스로 또는 다른 사람을 통하여 개인정보를 처리하는 공공기관, 법인, 단체 및 개인 등을 말한다. 6. "공공기관"이란 다음 각 목의 기관을 말한다. 　가. 국회, 법원, 헌법재판소, 중앙선거관리위원회의 행정사무를 처리하는 기관, 중앙행정기관(대통령 소속 기관과 국무총리 소속 기관을 포함한다) 및 그 소속 기관, 지방자치단체 　나. 그 밖의 국가기관 및 공공단체 중 대통령령으로 정하는 기관 7. "**고정형 영상정보처리기기**"란 일정한 공간에 설치되어 지속적 또는 주기적으로 사람 또는 사물의 영상 등을 촬영하거나 이를 유·무선망을 통하여 전송하는 장치로서 대통령령으로 정하는 장치를 말한다. 7의2. "**이동형 영상정보처리기기**"란 사람이 신체에 착용 또는 휴대하거나 이동 가능한 물체에 부착 또는 거치(據置)하여 사람 또는 사물의 영상 등을 촬영하거나 이를 유·무선망을 통하여 전송하는 장치로서 대통령령으로 정하는 장치를 말한다.

	8. "과학적 연구"란 기술의 개발과 실증, 기초연구, 응용연구 및 민간 투자 연구 등 과학적 방법을 적용하는 연구를 말한다.
개인정보 보호원칙(§3)	① 개인정보처리자는 개인정보의 처리 목적을 명확하게 하여야 하고 그 목적에 필요한 범위에서 최소한의 개인정보만을 적법하고 정당하게 수집하여야 한다. ② 개인정보처리자는 개인정보의 처리 목적에 필요한 범위에서 적합하게 개인정보를 처리하여야 하며, 그 목적 외의 용도로 활용하여서는 아니 된다. ③ 개인정보처리자는 개인정보의 처리 목적에 필요한 범위에서 개인정보의 정확성, 완전성 및 최신성이 보장되도록 하여야 한다. ④ 개인정보처리자는 개인정보의 처리 방법 및 종류 등에 따라 정보주체의 권리가 침해받을 가능성과 그 위험 정도를 고려하여 개인정보를 안전하게 관리하여야 한다. ⑤ 개인정보처리자는 제30조에 따른 개인정보 처리방침 등 개인정보의 처리에 관한 사항을 공개하여야 하며, 열람청구권 등 정보주체의 권리를 보장하여야 한다. ⑥ 개인정보처리자는 정보주체의 사생활 침해를 최소화하는 방법으로 개인정보를 처리하여야 한다. ⑦ 개인정보처리자는 개인정보를 익명 또는 가명으로 처리하여도 개인정보 수집목적을 달성할 수 있는 경우 익명처리가 가능한 경우에는 익명에 의하여, 익명처리로 목적을 달성할 수 없는 경우에는 가명에 의하여 처리될 수 있도록 하여야 한다. ⑧ 개인정보처리자는 이 법 및 관계 법령에서 규정하고 있는 책임과 의무를 준수하고 실천함으로써 정보주체의 신뢰를 얻기 위하여 노력하여야 한다.
정보주체의 권리(§4)	1. 개인정보의 처리에 관한 정보를 제공받을 권리 2. 개인정보의 처리에 관한 동의 여부, 동의 범위 등을 선택하고 결정할 권리 3. 개인정보의 처리 여부를 확인하고 개인정보에 대하여 열람(사본의 발급을 포함)및 전송을 요구할 권리 4. 개인정보의 처리 정지, 정정·삭제 및 파기를 요구할 권리 5. 개인정보의 처리로 인하여 발생한 피해를 신속하고 공정한 절차에 따라 구제받을 권리 6. 완전히 자동화된 개인정보 처리에 따른 결정을 거부하거나 그에 대한 설명 등을 요구할 권리
개인정보 보호위원회 (§7)	개인정보 보호에 관한 사무를 독립적으로 수행하기 위하여 국무총리 소속으로 개인정보 보호위원회(이하 "보호위원회"라 한다)를 둔다.
개인정보의 수집·이용 (§15)	개인정보처리자는 다음 각 호의 어느 하나에 해당하는 경우에는 개인정보를 수집할 수 있으며 그 수집 목적의 범위에서 이용할 수 있다. 1. 정보주체의 동의를 받은 경우 2. 법률에 특별한 규정이 있거나 법령상 의무를 준수하기 위하여 불가피한 경우 3. 공공기관이 법령 등에서 정하는 소관 업무의 수행을 위하여 불가피한 경우 4. 정보주체와 체결한 계약을 이행하거나 계약을 체결하는 과정에서 정보주체의 요청에 따른 조치를 이행하기 위하여 필요한 경우 5. 명백히 정보주체 또는 제3자의 급박한 생명, 신체, 재산의 이익을 위하여 필요하다고 인정되는 경우 6. 개인정보처리자의 정당한 이익을 달성하기 위하여 필요한 경우로서 명백하게 정보주체의 권리보다 우선하는 경우. 이 경우 개인정보처리자의 정당한 이익과 상당한 관련이 있고 합리적인 범위를 초과하지 아니하는 경우에 한한다. 7. 공중위생 등 공공의 안전과 안녕을 위하여 긴급히 필요한 경우
개인정보의 수집 제한(§16)	① 개인정보처리자는 개인정보를 수집하는 경우에는 그 목적에 필요한 최소한의 개인정보를 수집하여야 한다. 이 경우 최소한의 개인정보 수집이라는 입증책임은 개인정보처리자가 부담한다. ② 개인정보처리자는 정보주체의 동의를 받아 개인정보를 수집하는 경우 필요한 최소한의 정보

	외의 개인정보 수집에는 동의하지 아니할 수 있다는 사실을 구체적으로 알리고 개인정보를 수집하여야 한다. ③ 개인정보처리자는 정보주체가 필요한 최소한의 정보 외의 개인정보 수집에 동의하지 아니한다는 이유로 정보주체에게 재화 또는 서비스의 제공을 거부하여서는 아니 된다.
개인정보의 제공(§17)	개인정보처리자는 다음 각 호의 어느 하나에 해당되는 경우에는 정보주체의 개인정보를 제3자에게 제공(공유를 포함한다. 이하 같다)할 수 있다. 1. 정보주체의 동의를 받은 경우 2. 제15조제1항제2호, 제3호 및 제5호부터 제7호까지에 따라 개인정보를 수집한 목적 범위에서 개인정보를 제공하는 경우
개인정보의 목적 외 이용·제공 제한(§18)	① 개인정보처리자는 개인정보를 제15조제1항에 따른 범위를 초과하여 이용하거나 제17조제1항 및 제28조의8제1항에 따른 범위를 초과하여 제3자에게 제공하여서는 아니 된다. ② 제1항에도 불구하고 **개인정보처리자는 다음 각 호의 어느 하나에 해당하는 경우에는 정보주체 또는 제3자의 이익을 부당하게 침해할 우려가 있을 때를 제외하고는 개인정보를 목적 외의 용도로 이용하거나 이를 제3자에게 제공할 수 있다.** 다만, **제5호부터 제9호까지에 따른 경우는 공공기관의 경우로 한정**한다. 〈개정 23. 3. 14〉[19 간부] 1. 정보주체로부터 별도의 동의를 받은 경우 2. 다른 법률에 특별한 규정이 있는 경우 3. 명백히 정보주체 또는 제3자의 급박한 생명, 신체, 재산의 이익을 위하여 필요하다고 인정되는 경우 4. 삭제 5. 개인정보를 목적 외의 용도로 이용하거나 이를 제3자에게 제공하지 아니하면 다른 법률에서 정하는 소관 업무를 수행할 수 없는 경우로서 보호위원회의 심의·의결을 거친 경우 6. 조약, 그 밖의 국제협정의 이행을 위하여 외국정부 또는 국제기구에 제공하기 위하여 필요한 경우 7. **범죄의 수사와 공소의 제기 및 유지를 위하여 필요한 경우** 8. 법원의 재판업무 수행을 위하여 필요한 경우 9. 형(刑) 및 감호, 보호처분의 집행을 위하여 필요한 경우 10. 공중위생 등 공공의 안전과 안녕을 위하여 긴급히 필요한 경우
이용·제공 제한(§19)	개인정보처리자로부터 개인정보를 제공받은 자는 다음 각 호의 어느 하나에 해당하는 경우를 제외하고는 개인정보를 제공받은 목적 외의 용도로 이용하거나 이를 제3자에게 제공하여서는 아니 된다. 1. 정보주체로부터 별도의 동의를 받은 경우 2. 다른 법률에 특별한 규정이 있는 경우
개인정보의 파기(§21)	① 개인정보처리자는 보유기간의 경과, 개인정보의 처리 목적 달성, 가명정보의 처리 기간 경과 등 그 개인정보가 불필요하게 되었을 때에는 지체 없이 그 개인정보를 파기하여야 한다. 다만, 다른 법령에 따라 보존하여야 하는 경우에는 그러하지 아니하다. ② 개인정보처리자가 제1항에 따라 개인정보를 파기할 때에는 복구 또는 재생되지 아니하도록 조치하여야 한다. ③ 개인정보처리자가 제1항 단서에 따라 개인정보를 파기하지 아니하고 보존하여야 하는 경우에는 해당 개인정보 또는 개인정보파일을 다른 개인정보와 분리하여서 저장·관리하여야 한다.
아동의 개인정보 보호(§22의2)	① 개인정보처리자는 만 14세 미만 아동의 개인정보를 처리하기 위하여 이 법에 따른 동의를 받아야 할 때에는 그 법정대리인의 동의를 받아야 하며, 법정대리인이 동의하였는지를 확인하여야 한다. ② 제1항에도 불구하고 법정대리인의 동의를 받기 위하여 필요한 최소한의 정보로서 대통령령으로 정하는 정보는 법정대리인의 동의 없이 해당 아동으로부터 직접 수집할 수 있다. ③ 개인정보처리자는 만 14세 미만의 아동에게 개인정보 처리와 관련한 사항의 고지 등을 할 때에

	는 이해하기 쉬운 양식과 명확하고 알기 쉬운 언어를 사용하여야 한다.
개인정보의 국외 이전(§28의8)	① 개인정보처리자는 개인정보를 국외로 제공(조회되는 경우를 포함한다)·처리위탁·보관(이하 이 절에서 "이전"이라 한다)하여서는 아니 된다. 다만, 다음 각 호의 어느 하나에 해당하는 경우에는 개인정보를 국외로 이전할 수 있다. 1. 정보주체로부터 국외 이전에 관한 별도의 동의를 받은 경우 2. 법률, 대한민국을 당사자로 하는 조약 또는 그 밖의 국제협정에 개인정보의 국외 이전에 관한 특별한 규정이 있는 경우 3. 정보주체와의 계약의 체결 및 이행을 위하여 개인정보의 처리위탁·보관이 필요한 경우로서 다음 각 목의 어느 하나에 해당하는 경우 가. 제2항 각 호의 사항을 제30조에 따른 개인정보 처리방침에 공개한 경우 나. 전자우편 등 대통령령으로 정하는 방법에 따라 제2항 각 호의 사항을 정보주체에게 알린 경우 4. 개인정보를 이전받는 자가 제32조의2에 따른 개인정보 보호 인증 등 보호위원회가 정하여 고시하는 인증을 받은 경우로서 다음 각 목의 조치를 모두 한 경우 가. 개인정보 보호에 필요한 안전조치 및 정보주체 권리보장에 필요한 조치 나. 인증받은 사항을 개인정보가 이전되는 국가에서 이행하기 위하여 필요한 조치 5. 개인정보가 이전되는 국가 또는 국제기구의 개인정보 보호체계, 정보주체 권리보장 범위, 피해구제 절차 등이 이 법에 따른 개인정보 보호 수준과 실질적으로 동등한 수준을 갖추었다고 보호위원회가 인정하는 경우
상호주의(§28의10)	제28조의8에도 불구하고 개인정보의 국외 이전을 제한하는 국가의 개인정보처리자에 대해서는 해당 국가의 수준에 상응하는 제한을 할 수 있다. 다만, 조약 또는 그 밖의 국제협정의 이행에 필요한 경우에는 그러하지 아니하다.
금지행위 (§59)	개인정보를 처리하거나 처리하였던 자는 다음 각 호의 어느 하나에 해당하는 행위를 하여서는 아니 된다. [19 간부] 1. 거짓이나 그 밖의 부정한 수단이나 방법으로 개인정보를 취득하거나 처리에 관한 동의를 받는 행위 2. 업무상 알게 된 개인정보를 누설하거나 권한 없이 다른 사람이 이용하도록 제공하는 행위 3. 정당한 권한 없이 또는 허용된 권한을 초과하여 다른 사람의 개인정보를 이용, 훼손, 멸실, 변경, 위조 또는 유출하는 행위

제23조(민감정보의 처리 제한)

① 개인정보처리자는 사상·신념, 노동조합·정당의 가입·탈퇴, 정치적 견해, 건강, 성생활 등에 관한 정보, 그 밖에 정보주체의 사생활을 현저히 침해할 우려가 있는 개인정보로서 대통령령으로 정하는 정보(이하 "민감정보"라 한다)를 처리하여서는 아니 된다. 다만, 다음 각 호의 어느 하나에 해당하는 경우에는 그러하지 아니하다.

1. 정보주체에게 제15조제2항 각 호 또는 제17조제2항 각 호의 사항을 알리고 다른 개인정보의 처리에 대한 동의와 별도로 동의를 받은 경우
2. 법령에서 민감정보의 처리를 요구하거나 허용하는 경우

> **시행령 제18조(민감정보의 범위)**
> 법 제23조제1항 각 호 외의 부분 본문에서 "대통령령으로 정하는 정보"란 다음 각 호의 어느 하나에 해당하는 정보를 말한다. 다만, 공공기관이 법 제18조제2항제5호부터 제9호까지의 규정에 따라 다음 각 호의 어느 하나에 해당하는 정보를 처리하는 경우의 해당 정보는 제외한다.
> 1. 유전자검사 등의 결과로 얻어진 유전정보
> 2. 「형의 실효 등에 관한 법률」 제2조제5호에 따른 범죄경력자료에 해당하는 정보
> 3. 개인의 신체적, 생리적, 행동적 특징에 관한 정보로서 특정 개인을 알아볼 목적으로 일정한 기술적 수단을 통해 생성한 정보
> 4. 인종이나 민족에 관한 정보

제24조(고유식별정보의 처리 제한)
① 개인정보처리자는 다음 각 호의 경우를 제외하고는 법령에 따라 개인을 고유하게 구별하기 위하여 부여된 식별정보로서 대통령령으로 정하는 정보(이하 "고유식별정보"라 한다)를 처리할 수 없다.
1. 정보주체에게 제15조제2항 각 호 또는 제17조제2항 각 호의 사항을 알리고 다른 개인정보의 처리에 대한 동의와 별도로 동의를 받은 경우
2. 법령에서 구체적으로 고유식별정보의 처리를 요구하거나 허용하는 경우
③ 개인정보처리자가 제1항 각 호에 따라 고유식별정보를 처리하는 경우에는 그 고유식별정보가 분실·도난·유출·위조·변조 또는 훼손되지 아니하도록 대통령령으로 정하는 바에 따라 암호화 등 안전성 확보에 필요한 조치를 하여야 한다.

> **시행령 제19조(고유식별정보의 범위)**
> 법 제24조제1항 각 호 외의 부분에서 "대통령령으로 정하는 정보"란 다음 각 호의 어느 하나에 해당하는 정보를 말한다. 다만, 공공기관이 법 제18조제2항제5호부터 제9호까지의 규정에 따라 다음 각 호의 어느 하나에 해당하는 정보를 처리하는 경우의 해당 정보는 제외한다.
> 1. 「주민등록법」 제7조의2제1항에 따른 주민등록번호
> 2. 「여권법」 제7조제1항제1호에 따른 여권번호
> 3. 「도로교통법」 제80조에 따른 운전면허의 면허번호
> 4. 「출입국관리법」 제31조제5항에 따른 외국인등록번호

제24조의2(주민등록번호 처리의 제한)
① 제24조제1항에도 불구하고 개인정보처리자는 다음 각 호의 어느 하나에 해당하는 경우를 제외하고는 주민등록번호를 처리할 수 없다.
1. 법률·대통령령·국회규칙·대법원규칙·헌법재판소규칙·중앙선거관리위원회규칙 및 감사원규칙에서 구체적으로 주민등록번호의 처리를 요구하거나 허용한 경우
2. 정보주체 또는 제3자의 급박한 생명, 신체, 재산의 이익을 위하여 명백히 필요하다고 인정되는 경우
3. 제1호 및 제2호에 준하여 주민등록번호 처리가 불가피한 경우로서 보호위원회가 고시로 정하는 경우
② 개인정보처리자는 제24조제3항에도 불구하고 주민등록번호가 분실·도난·유출·위조·변조 또는 훼손되지 아니하도록 암호화 조치를 통하여 안전하게 보관하여야 한다. 이 경우 암호화 적용 대상 및 대상별 적용 시기 등에 관하여 필요한 사항은 개인정보의 처리 규모와 유출 시 영향 등을 고려하여 대통령령으로 정한다.

제25조(고정형 영상정보처리기기의 설치·운영 제한)
① 누구든지 다음 각 호의 경우를 제외하고는 공개된 장소에 고정형 영상정보처리기기를 설치·운영하여서는 아니 된다.
1. 법령에서 구체적으로 허용하고 있는 경우
2. 범죄의 예방 및 수사를 위하여 필요한 경우
3. 시설의 안전 및 관리, 화재 예방을 위하여 정당한 권한을 가진 자가 설치·운영하는 경우
4. 교통단속을 위하여 정당한 권한을 가진 자가 설치·운영하는 경우
5. 교통정보의 수집·분석 및 제공을 위하여 정당한 권한을 가진 자가 설치·운영하는 경우
6. 촬영된 영상정보를 저장하지 아니하는 경우로서 대통령령으로 정하는 경우
② 누구든지 불특정 다수가 이용하는 목욕실, 화장실, 발한실(發汗室), 탈의실 등 개인의 사생활을 현저히 침해할 우려가 있는 장소의 내부를 볼 수 있도록 고정형 영상정보처리기기를 설치·운영하여서는 아니 된다. 다만, 교도소, 정신보건 시설 등 법령에 근거하여 사람을 구금하거나 보호하는 시설로서 대통령령으로 정하는 시설에 대하여는 그러하지 아니하다.
③ 제1항 각 호에 따라 고정형 영상정보처리기기를 설치·운영하려는 공공기관의 장과 제2항 단서에 따라 고정형

영상정보처리기기를 설치·운영하려는 자는 공청회·설명회의 개최 등 대통령령으로 정하는 절차를 거쳐 관계 전문가 및 이해관계인의 의견을 수렴하여야 한다.
④ 제1항 각 호에 따라 고정형 영상정보처리기기를 설치·운영하는 자(이하 "고정형영상정보처리기기운영자"라 한다)는 정보주체가 쉽게 인식할 수 있도록 다음 각 호의 사항이 포함된 안내판을 설치하는 등 필요한 조치를 하여야 한다. 다만, 「군사기지 및 군사시설 보호법」 제2조제2호에 따른 군사시설, 「통합방위법」 제2조제13호에 따른 국가중요시설, 그 밖에 대통령령으로 정하는 시설의 경우에는 그러하지 아니하다.
1. 설치 목적 및 장소
2. 촬영 범위 및 시간
3. 관리책임자의 연락처
4. 그 밖에 대통령령으로 정하는 사항
⑤ 고정형영상정보처리기기운영자는 고정형 영상정보처리기기의 설치 목적과 다른 목적으로 고정형 영상정보처리기기를 임의로 조작하거나 다른 곳을 비춰서는 아니 되며, 녹음기능은 사용할 수 없다.

제25조의2(이동형 영상정보처리기기의 운영 제한)

① 업무를 목적으로 이동형 영상정보처리기기를 운영하려는 자는 다음 각 호의 경우를 제외하고는 공개된 장소에서 이동형 영상정보처리기기로 사람 또는 그 사람과 관련된 사물의 영상(개인정보에 해당하는 경우로 한정한다. 이하 같다)을 촬영하여서는 아니 된다.
1. 제15조제1항 각 호의 어느 하나에 해당하는 경우
2. 촬영 사실을 명확히 표시하여 정보주체가 촬영 사실을 알 수 있도록 하였음에도 불구하고 촬영 거부 의사를 밝히지 아니한 경우. 이 경우 정보주체의 권리를 부당하게 침해할 우려가 없고 합리적인 범위를 초과하지 아니하는 경우로 한정한다.
3. 그 밖에 제1호 및 제2호에 준하는 경우로서 대통령령으로 정하는 경우
② 누구든지 불특정 다수가 이용하는 목욕실, 화장실, 발한실, 탈의실 등 개인의 사생활을 현저히 침해할 우려가 있는 장소의 내부를 볼 수 있는 곳에서 이동형 영상정보처리기기로 사람 또는 그 사람과 관련된 사물의 영상을 촬영하여서는 아니 된다. 다만, 인명의 구조·구급 등을 위하여 필요한 경우로서 대통령령으로 정하는 경우에는 그러하지 아니하다.
③ 제1항 각 호에 해당하여 이동형 영상정보처리기기로 사람 또는 그 사람과 관련된 사물의 영상을 촬영하는 경우에는 불빛, 소리, 안내판 등 대통령령으로 정하는 바에 따라 촬영 사실을 표시하고 알려야 한다.

제39조(손해배상책임)

① 정보주체는 개인정보처리자가 이 법을 위반한 행위로 손해를 입으면 개인정보처리자에게 손해배상을 청구할 수 있다. 이 경우 그 개인정보처리자는 고의 또는 과실이 없음을 입증하지 아니하면 책임을 면할 수 없다.
③ 개인정보처리자의 고의 또는 중대한 과실로 인하여 개인정보가 분실·도난·유출·위조·변조 또는 훼손된 경우로서 정보주체에게 손해가 발생한 때에는 법원은 그 손해액의 **5배**를 넘지 아니하는 범위에서 손해배상액을 정할 수 있다. 다만, 개인정보처리자가 고의 또는 중대한 과실이 없음을 증명한 경우에는 그러하지 아니하다.

제39조의2(법정손해배상의 청구)

① 제39조제1항에도 불구하고 정보주체는 개인정보처리자의 고의 또는 과실로 인하여 개인정보가 분실·도난·유출·위조·변조 또는 훼손된 경우에는 300만원 이하의 범위에서 상당한 금액을 손해액으로 하여 배상을 청구할 수 있다. 이 경우 해당 개인정보처리자는 고의 또는 과실이 없음을 입증하지 아니하면 책임을 면할 수 없다.
② 법원은 제1항에 따른 청구가 있는 경우에 변론 전체의 취지와 증거조사의 결과를 고려하여 제1항의 범위에서 상당한 손해액을 인정할 수 있다.
③ 제39조에 따라 손해배상을 청구한 정보주체는 사실심(事實審)의 변론이 종결되기 전까지 그 청구를 제1항에 따른 청구로 변경할 수 있다.

제51조(단체소송의 대상 등)
다음 각 호의 어느 하나에 해당하는 단체는 개인정보처리자가 제49조에 따른 집단분쟁조정을 거부하거나 집단분쟁조정의 결과를 수락하지 아니한 경우에는 법원에 권리침해 행위의 금지·중지를 구하는 소송(이하 "단체소송"이라 한다)을 제기할 수 있다.
1. 「소비자기본법」 제29조에 따라 공정거래위원회에 등록한 소비자단체로서 다음 각 목의 요건을 모두 갖춘 단체
가. 정관에 따라 상시적으로 정보주체의 권익증진을 주된 목적으로 하는 단체일 것
나. 단체의 정회원수가 1천명 이상일 것
다. 「소비자기본법」 제29조에 따른 등록 후 3년이 경과하였을 것
2. 「비영리민간단체 지원법」 제2조에 따른 비영리민간단체로서 다음 각 목의 요건을 모두 갖춘 단체
가. 법률상 또는 사실상 동일한 침해를 입은 100명 이상의 정보주체로부터 단체소송의 제기를 요청받을 것
나. 정관에 개인정보 보호를 단체의 목적으로 명시한 후 최근 3년 이상 이를 위한 활동실적이 있을 것
다. 단체의 상시 구성원수가 5천명 이상일 것
라. 중앙행정기관에 등록되어 있을 것

제52조(전속관할)
① 단체소송의 소는 피고의 주된 사무소 또는 영업소가 있는 곳, 주된 사무소나 영업소가 없는 경우에는 주된 업무담당자의 주소가 있는 곳의 지방법원 본원 합의부의 관할에 전속한다.

제3절 | 언론중재 및 피해구제 등에 관한 법률

목적(§1)	이 법은 언론사 등의 언론보도 또는 그 매개(媒介)로 인하여 침해되는 명예 또는 권리나 그 밖의 법익(法益)에 관한 다툼이 있는 경우 이를 조정하고 중재하는 등의 실효성 있는 구제제도를 확립함으로써 언론의 자유와 공적(公的) 책임을 조화함을 목적으로 한다.
정의(§2)	1. "**언론**"이란 방송, 신문, 잡지 등 정기간행물, 뉴스통신 및 인터넷신문을 말한다. 2. "**사실적 주장**"이란 증거에 의하여 그 존재 여부를 판단할 수 있는 사실관계에 관한 주장을 말한다. 3. "**언론보도**"란 언론의 사실적 주장에 관한 보도를 말한다. 4. "**정정보도**"란 언론의 보도 내용의 전부 또는 일부가 진실하지 아니한 경우 이를 진실에 부합되게 고쳐서 보도하는 것을 말한다. [23 간부, 22 승진, 21 승진] 5. "**반론보도**"란 언론의 보도 내용의 진실 여부에 관계없이 그와 대립되는 반박적 주장을 보도하는 것을 말한다.

언론중재
위원회(§7)
	① 언론등의 보도 또는 매개(이하 "언론보도등"이라 한다)로 인한 분쟁의 조정·중재 및 침해사항을 심의하기 위하여 언론중재위원회(이하 "중재위원회"라 한다)를 둔다.
	② 중재위원회는 다음 각 호의 사항을 심의한다.
	  1. 중재부의 구성에 관한 사항
	  2. 중재위원회규칙의 제정·개정 및 폐지에 관한 사항
	  3. 제11조제2항에 따른 사무총장의 임명 동의
	  4. 제32조에 따른 시정권고의 결정 및 그 취소결정
	  5. 그 밖에 중재위원회 위원장이 회의에 부치는 사항
	③ 중재위원회는 40명 이상 90명 이내의 중재위원으로 구성하며, 중재위원은 다음 각 호의 사람 중에서 문화체육관광부장관이 위촉한다. 이 경우 제1호부터 제3호까지의 위원은 각각 중재위원 정수의 5분의 1 이상이 되어야 한다.
	  1. 법관의 자격이 있는 사람 중에서 법원행정처장이 추천한 사람
	  2. 변호사의 자격이 있는 사람 중에서 「변호사법」 제78조에 따른 대한변호사협회의 장이 추천한 사람
	  3. 언론사의 취재·보도 업무에 10년 이상 종사한 사람
	  4. 그 밖에 언론에 관하여 학식과 경험이 풍부한 사람
	④ 중재위원회에 위원장 1명과 2명 이내의 부위원장 및 2명 이내의 감사를 두며, 각각 중재위원 중에서 호선(互選)한다.
	⑤ 위원장·부위원장·감사 및 중재위원의 임기는 각각 3년으로 하며, 한 차례만 연임할 수 있다.
	⑥ 위원장은 중재위원회를 대표하고 중재위원회의 업무를 총괄한다.
	⑦ 부위원장은 위원장을 보좌하며, 위원장이 부득이한 사유로 직무를 수행할 수 없을 때에는 중재위원회규칙으로 정하는 바에 따라 그 직무를 대행한다.
	⑧ 감사는 중재위원회의 업무 및 회계를 감사한다.
	⑨ 중재위원회의 회의는 재적위원 과반수의 출석과 출석위원 과반수의 찬성으로 의결한다.
	⑩ 중재위원은 명예직으로 한다. 다만, 대통령령으로 정하는 바에 따라 수당과 실비보상을 받을 수 있다.
	⑪ 중재위원회의 구성·조직 및 운영에 필요한 사항은 중재위원회규칙으로 정한다.

◆ 정정보도 청구 등

정정보도 (§14, §15)	**제14조(정정보도 청구의 요건)** [23 간부, 21 승진, 18 승진] ① 사실적 주장에 관한 언론보도등이 진실하지 아니함으로 인하여 피해를 입은 자(이하 "피해자"라 한다)는 해당 언론보도등이 있음을 안 날부터 3개월 이내에 언론사, 인터넷뉴스서비스사업자 및 인터넷 멀티미디어 방송사업자(이하 "언론사등"이라 한다)에게 그 언론보도등의 내용에 관한 정정보도를 청구할 수 있다. 다만, 해당 언론보도등이 있은 후 6개월이 지났을 때에는 그러하지 아니하다. 사실적 주장에 관한 언론보도 등의 내용에 관한 정정보도를 청구하는 피해자는 그 언론보도 등이 진실하지 아니하다는 데 대한 증명책임을 부담한다(大判(全合) 11. 9. 2. 2009다52649). ② 제1항의 청구에는 언론사등의 고의·과실이나 위법성을 필요로 하지 아니한다. [23 간부] ③ 국가·지방자치단체, 기관 또는 단체의 장은 해당 업무에 대하여 그 기관 또는 단체를 대표하여 정정보도를 청구할 수 있다. ④ 「민사소송법」상 당사자능력이 없는 기관 또는 단체라도 하나의 생활단위를 구성하고 보도 내용과 직접적인 이해관계가 있을 때에는 그 대표자가 정정보도를 청구할 수 있다. **제15조(정정보도청구권의 행사)** ① 정정보도 청구는 언론사등의 대표자에게 서면으로 하여야 하며, 청구서에는 피해자의 성명·주소·전화번호 등의 연락처를 적고, 정정의 대상인 언론보도등의 내용 및 정정을 청구하는 이유와 청구하는 정정보도문을 명시하여야 한다. 다만, 인터넷신문 및 인터넷뉴스서비스의 언론보도 등의 내용이 해당 인터넷 홈페이지를 통하여 계속 보도 중이거나 매개 중인 경우에는 그 내용의 정정을 함께 청구할 수 있다. ② 제1항의 청구를 받은 언론사등의 대표자는 3일 이내에 그 수용 여부에 대한 통지를 청구인에게 발송하여야 한다. 이 경우 정정의 대상인 언론보도등의 내용이 방송이나 인터넷신문, 인터넷뉴스서비스 및 인터넷 멀티미디어 방송의 보도과정에서 성립한 경우에는 해당 언론사등이 그러한 사실이 없었음을 입증하지 아니하면 그 사실의 존재를 부인하지 못한다. ③ 언론사등이 제1항의 청구를 수용할 때에는 지체 없이 피해자 또는 그 대리인과 정정보도의 내용·크기 등에 관하여 협의한 후, 그 청구를 받은 날부터 7일 내에 정정보도문을 방송하거나 게재(인터넷신문 및 인터넷뉴스서비스의 경우 제1항 단서에 따른 해당 언론보도등 내용의 정정을 포함한다)하여야 한다. 다만, 신문 및 잡지 등 정기간행물의 경우 이미 편집 및 제작이 완료되어 부득이할 때에는 다음 발행 호에 이를 게재하여야 한다. ④ 다음 각 호의 어느 하나에 해당하는 사유가 있는 경우에는 언론사등은 정정보도 청구를 거부할 수 있다. 1. 피해자가 정정보도청구권을 행사할 정당한 이익이 없는 경우 2. 청구된 정정보도의 내용이 명백히 사실과 다른 경우 3. 청구된 정정보도의 내용이 명백히 위법한 내용인 경우 4. 정정보도의 청구가 상업적인 광고만을 목적으로 하는 경우 5. 청구된 정정보도의 내용이 국가·지방자치단체 또는 공공단체의 공개회의와 법원의 공개재판절차의 사실보도에 관한 것인 경우 ⑤ 언론사등이 하는 정정보도에는 원래의 보도 내용을 정정하는 사실적 진술, 그 진술의 내용을 대표할 수 있는 제목과 이를 충분히 전달하는 데에 필요한 설명 또는 해명을 포함하되, 위법한 내용은 제외한다. ⑥ 언론사등이 하는 정정보도는 공정한 여론형성이 이루어지도록 그 사실공표 또는 보도가 이루어진 같은 채널, 지면(紙面) 또는 장소에서 같은 효과를 발생시킬 수 있는 방법으로 하여야 하며, 방송의 정정보도문은 자막(라디오방송은 제외한다)과 함께 통상적인 속도로 읽을 수 있게 하여

	야 한다. ⑦ 방송사업자, 신문사업자, 잡지 등 정기간행물사업자 및 뉴스통신사업자는 공표된 방송보도(재송신은 제외한다) 및 방송프로그램, 신문, 잡지 등 정기간행물, 뉴스통신 보도의 원본 또는 사본을 공표 후 6개월간 보관하여야 한다. ⑧ 인터넷신문사업자 및 인터넷뉴스서비스사업자는 대통령령으로 정하는 바에 따라 인터넷신문 및 인터넷뉴스서비스 보도의 원본이나 사본 및 그 보도의 배열에 관한 전자기록을 6개월간 보관하여야 한다.
반론보도 (§16)	① 사실적 주장에 관한 언론보도등으로 인하여 피해를 입은 자는 그 보도 내용에 관한 반론보도를 언론사등에 청구할 수 있다. ② 제1항의 청구에는 언론사등의 고의·과실이나 위법성을 필요로 하지 아니하며, 보도 내용의 진실 여부와 상관없이 그 청구를 할 수 있다. ③ 반론보도 청구에 관하여는 따로 규정된 것을 제외하고는 정정보도 청구에 관한 이 법의 규정을 준용한다.
추후보도 (§17)	① 언론등에 의하여 범죄혐의가 있거나 형사상의 조치를 받았다고 보도 또는 공표된 자는 그에 대한 형사절차가 무죄판결 또는 이와 동등한 형태로 종결되었을 때에는 그 사실을 안 날부터 3개월 이내에 언론사등에 이 사실에 관한 추후보도의 게재를 청구할 수 있다. ② 제1항에 따른 추후보도에는 청구인의 명예나 권리 회복에 필요한 설명 또는 해명이 포함되어야 한다. ③ 추후보도청구권에 관하여는 제1항 및 제2항에 규정된 것을 제외하고는 정정보도청구권에 관한 이 법의 규정을 준용한다. ④ 추후보도청구권은 특별한 사정이 있는 경우를 제외하고는 이 법에 따른 정정보도청구권이나 반론보도청구권의 행사에 영향을 미치지 아니한다.
조정신청 (§18)	① 이 법에 따른 정정보도청구등과 관련하여 분쟁이 있는 경우 피해자 또는 언론사등은 중재위원회에 조정을 신청할 수 있다. ② 피해자는 언론보도등에 의한 피해의 배상에 대하여 제14조제1항의 기간 이내에 중재위원회에 조정을 신청할 수 있다. 이 경우 피해자는 손해배상액을 명시하여야 한다. ③ 정정보도청구등과 손해배상의 조정신청은 제14조제1항(제16조제3항에 따라 준용되는 경우를 포함한다) 또는 제17조제1항의 기간 이내에 서면 또는 구술이나 그 밖에 대통령령으로 정하는 바에 따라 전자문서 등으로 하여야 하며, 피해자가 먼저 언론사등에 정정보도청구등을 한 경우에는 피해자와 언론사등 사이에 협의가 불성립된 날부터 14일 이내에 하여야 한다. ④ 제3항에 따른 조정신청을 구술로 하려는 신청인은 중재위원회의 담당 직원에게 조정신청의 내용을 진술하고 이의 대상인 보도 내용과 정정보도청구등을 요청하는 정정보도문 등을 제출하여야 하며, 담당 직원은 신청인의 조정신청 내용을 적은 조정신청조서를 작성하여 신청인에게 이를 확인하게 한 다음, 그 조정신청조서에 신청인 및 담당 직원이 서명 또는 날인하여야 한다. ⑤ 중재위원회는 중재위원회규칙으로 정하는 바에 따라 조정신청에 대하여 수수료를 징수할 수 있다. ⑥ 신청인은 조정절차 계속 중에 정정보도청구등과 손해배상청구 상호간의 변경을 포함하여 신청 취지를 변경할 수 있고, 이들을 병합하여 청구할 수 있다.
조정(§19)	① 조정은 관할 중재부에서 한다. 관할구역을 같이 하는 중재부가 여럿일 경우에는 중재위원회 위원장이 중재부를 지정한다. ② 조정은 신청 접수일부터 14일 이내에 하여야 하며, 중재부의 장은 조정신청을 접수하였을 때에는 지체 없이 조정기일을 정하여 당사자에게 출석을 요구하여야 한다. ③ 제2항의 출석요구를 받은 신청인이 2회에 걸쳐 출석하지 아니한 경우에는 조정신청을 취하한 것으로 보며, 피신청 언론사등이 2회에 걸쳐 출석하지 아니한 경우에는 조정신청 취지에 따라 정정보도등을 이행하기로 합의한 것으로 본다.

	④ 제2항의 출석요구를 받은 자가 천재지변이나 그 밖의 정당한 사유로 출석하지 못한 경우에는 그 사유가 소멸한 날부터 3일 이내에 해당 중재부에 이를 소명(疏明)하여 기일 속행신청을 할 수 있다. 중재부는 속행신청이 이유 없다고 인정하는 경우에는 이를 기각(棄却)하고, 이유 있다고 인정하는 경우에는 다시 조정기일을 정하고 절차를 속행하여야 한다. ⑤ 조정기일에 중재위원은 조정 대상인 분쟁에 관한 사실관계와 법률관계를 당사자들에게 설명·조언하거나 절충안을 제시하는 등 합의를 권유할 수 있다. ⑥ 변호사 아닌 자가 신청인이나 피신청인의 대리인이 되려는 경우에는 미리 중재부의 허가를 받아야 한다. ⑦ 신청인의 배우자·직계혈족·형제자매 또는 소속 직원은 신청인의 명시적인 반대의사가 없으면 제6항에 따른 중재부의 허가 없이도 대리인이 될 수 있다. 이 경우 대리인이 신청인과의 신분관계 및 수권관계(授權關係)를 서면으로 증명하거나 신청인이 중재부에 출석하여 대리인을 선임하였음을 확인하여야 한다. ⑧ 조정은 비공개를 원칙으로 하되, 참고인의 진술청취가 필요한 경우 등 필요하다고 인정되는 경우에는 중재위원회규칙으로 정하는 바에 따라 참석이나 방청을 허가할 수 있다. ⑨ 조정절차에 관하여는 이 법에서 규정한 것을 제외하고는 「민사조정법」을 준용한다. ⑩ 조정의 절차와 중재부의 구성방법, 그 관할, 구술신청의 방식과 절차, 그 밖에 필요한 사항은 중재위원회규칙으로 정한다.
중재(§24)	① 당사자 양쪽은 정정보도청구등 또는 손해배상의 분쟁에 관하여 중재부의 종국적 결정에 따르기로 합의하고 중재를 신청할 수 있다. ② 제1항의 중재신청은 조정절차 계속 중에도 할 수 있다. 이 경우 조정절차에 제출된 서면 또는 주장·입증은 중재절차에서 제출한 것으로 본다.
중재결정의 효력 등(§25)	① 중재결정은 확정판결과 동일한 효력이 있다.

CHAPTER 07 경비

제1절 | 해양경비

1. 해양경비법

1 목적 [18 해경, 18 경장승진, 21 해경, 22 해경]

이 법은 경비수역에서의 해양안보 확보, 치안질서 유지, 해양수산자원 및 해양시설 보호를 위하여 해양경비에 관한 사항을 규정함으로써 국민의 안전과 공공질서의 유지에 이바지함을 목적으로 한다.

2 정의 [14 경감승진, 15 해경·경장승진, 18 경감승진, 20 경장승진·간부]

1. 해양경비	해양경찰청장이 경비수역에서 해양주권의 수호를 목적으로 행하는 해양안보 및 해양치안의 확보, 해양수산자원 및 해양시설의 보호를 위한 경찰권의 행사
2. 경비수역	대한민국의 법령과 국제법에 따라 대한민국의 권리가 미치는 수역으로서 연안수역, 근해수역 및 원해수역
3. 연안수역	「영해 및 접속수역법」 제1조 및 제3조에 따른 영해 및 내수(「내수면어업법」 제2조제1호에 따른 내수면은 제외한다)
4. 근해수역	「영해 및 접속수역법」 제3조의2에 따른 접속수역
5. 원해수역	「해양수산발전 기본법」 제3조제1호에 따른 해양 중 연안수역과 근해수역을 제외한 수역
6. 해양수산자원	「해양수산발전 기본법」 제3조제2호에 따른 해양수산자원
7. 해양시설	「해양환경관리법」 제2조제17호에 따른 해양시설(항만 포함)
8. 경비세력	해양경찰청장이 해양경비를 목적으로 투입하는 인력, 함정, 항공기 및 전기통신설비 등
9. 해상검문검색	해양경찰청장이 경비세력을 사용하여 경비수역에서 선박등을 대상으로 정선(停船) 요구, 승선(乘船), 질문, 사실 확인, 선체(船體) 수색이나 그 밖에 필요한 조치를 하는 것
10. 선박등	「선박법」 제1조의2제1항에 따른 선박(이하 "선박"이라 한다), 「수상레저안전법」 제2조제3호에 따른 수상레저기구, 「어선법」 제2조제1호에 따른 어선, 그 밖에 수상에서 사람이 탑승하여 이동 가능한 기구를 말한다.
11. 임해 중요시설	바다와 인접하고 있는 공공기관, 공항, 항만, 발전소, 조선소 및 저유소(貯油所) 등 국민경제의 기간(基幹)이 되는 주요 산업시설로서 대통령령으로 정하는 시설

3 국가의 책무

국가는 경비수역에서의 해양안보 및 해양치안을 확보하고 해양수산자원 및 해양시설을 보호하기 위하여 해양경비에 필요한 제도와 여건을 확립하고 이를 위한 시책을 마련하여 추진하여야 한다.

4 적용 범위 [16 경감승진, 19 경사승진]

이 법은 다음 각 호의 어느 하나에 해당하는 선박등이나 해양시설에 대하여 적용한다.
1. 경비수역에 있는 선박등이나 해양시설
2. 경비수역을 제외한 수역에 있는 「선박법」 제2조에 따른 대한민국 선박
(∴ 경비수역을 제외한 수역에 있는 외국선박에 대하여는 해양경비법이 적용되지 않는다)

5 다른 법률과의 관계 [15 경감승진, 17 경사·경감승진, 20 간부, 22 경장승진]

① 해양경비에 관하여 「통합방위법」에서 규정한 것을 제외하고는 이 법에서 정하는 바에 따른다.
② 해양경비에 관하여 이 법에서 규정한 것을 제외하고는 「경찰관 직무집행법」을 적용한다.

> 해양경찰법 제4조(해양경찰의 날)
> 국민에게 해양주권 수호의 중요성을 널리 알리고 해양안전 의식을 높이기 위하여 매년 9월 10일(=배타적 경제수역의 발효일)을 해양경찰의 날로 하고, 기념행사를 한다.

6 해양경비기본계획의 수립 [16 경사승진, 18 경장승진, 20 간부]

① 해양경찰청장은 해양경비 활동을 효율적으로 수행하기 위하여 해양경비기본계획(이하 "기본계획"이라 한다)을 5년마다 수립하고 추진하여야 한다.
② 기본계획에는 다음 각 호의 사항이 포함되어야 한다.
  1. 주변정세의 변화에 따른 해양치안 수요 분석에 관한 사항
  2. 해양치안 수요에 따른 경비세력의 운용방안 및 국제공조에 관한 사항
  3. 경비세력 증감에 대한 전망 및 인력·재원의 조달에 관한 사항
  4. 경비수역별 특성에 알맞은 경비 방법에 관한 사항
  5. 그 밖에 해양경비 운용에 필요한 사항
③ 해양경찰청장은 기본계획을 수립하려는 경우에는 외교부장관, 국방부장관, 경찰청장 등 관계 중앙행정기관의 장 및 특별시장·광역시장·특별자치시장·도지사·특별자치도지사(이하 "시·도지사"라 한다)의 의견을 들어야 한다.

7 해양경비 활동의 범위 [14 경장승진, 17 경사승진, 19 경장·경사·경감, 20 경사승진]

해양경찰청 소속 경찰공무원(이하 "해양경찰관"이라 한다)은 다음 각 호의 어느 하나에 해당하는 해양경비 활동을 수행한다.
1. 해양 관련 범죄에 대한 예방
2. 해양오염 방제 및 해양수산자원 보호에 관한 조치
3. 해상경호, 대(對)테러 및 대간첩작전 수행
4. 해양시설의 보호에 관한 조치
5. 해상항행 보호에 관한 조치
6. 그 밖에 경비수역에서 해양경비를 위한 공공의 안녕과 질서유지

8 권한남용의 금지

해양경찰관은 이 법에 따른 직무를 수행할 때 권한을 남용하여 개인의 권리 및 자유를 침해하여서는 아니 된다.

9 국제협력

① 해양경찰청장은 국제협력을 위한 국가 간 합동훈련 및 구호활동을 위하여 대통령령으로 정하는 바에 따라 경비세력의 일부를 외국에 파견할 수 있다.

② 해양경찰청장은 「국유재산법」 제55조에도 불구하고 국제협력 증진을 위하여 용도폐지된 함정을 「국제개발협력기본법」 제2조제2호에 따른 개발도상국에 무상으로 양여할 수 있다.

> 시행령 제3조(경비세력의 해외파견)
> 해양경찰청장은 법 제9조제1항에 따라 경비세력을 외국에 파견하는 경우에는 미리 관계 중앙행정기관의 장과 협의하여야 한다.
>
> 시행령 제3조의2(용도폐지된 함정의 양여)
> ① 해양경찰청장은 법 제9조제2항에 따른 양여 대상 개발도상국을 선정할 때에는 다음 각 호의 사항을 고려해야 한다.
>   1. 해당 개발도상국과 해양안전·외교·방위산업 분야에서의 협력가능성
>   2. 해당 개발도상국의 함정 관리·운용 역량
> ② 제1항에 따라 양여 대상 개발도상국을 선정할 때에는 다음 각 호의 관계 행정기관의 장과 협의해야 한다.
>   1. 기획재정부장관
>   2. 외교부장관
>   3. 국방부장관
>   4. 방위사업청장
>   5. 그 밖에 해양경찰청장이 협의가 필요하다고 인정하는 관계 행정기관의 장

10 협의체의 설치 및 운영

① 해양경찰청장은 해양경비 활동과 관련하여 긴급한 사안이 있을 경우 신속한 정보의 수집·전파 등 업무협조를 위하여 외교부, 해양수산부 및 경찰청 등 관계 기관과 협의체를 설치하여 운영할 수 있다.

> 시행령 제4조(협의체의 설치 및 구성 등)
> ① 법 제10조제1항에 따른 협의체(이하 "협의체"라 한다)는 해양경찰청에 설치한다.
> ② 협의체는 다음 각 호의 사항을 협의·조정한다.
>   1. 해양경비 활동과 관련된 긴급 대책의 협의에 관한 사항
>   2. 관계 기관 간 신속한 정보 교류 및 활용 등에 관한 사항
>   3. 외국과의 분쟁 발생 가능성이 높은 사안에 대한 긴급한 업무협조에 관한 사항
>   4. 그 밖에 위원장이 긴급한 업무협조가 필요하다고 인정하여 회의에 부치는 사항
> ③ 협의체는 위원장 1명을 포함한 10명 이내의 위원으로 구성한다.
> ④ 협의체의 위원장은 해양경찰청 경비국장이 되며, 협의체의 위원은 다음 각 호의 중앙행정기관의 과장급 또는 이에 상응하는 공무원 중에서 그 소속 기관의 장이 지명하는 사람이 된다.
>   1. 외교부

2. ~~농림수산식품부~~ 삭제
3. 해양수산부
4. 경찰청
5. 해양경찰청
6. 그 밖에 해양경비와 관련된 업무협조와 관련하여 해양경찰청장이 필요하다고 인정하는 중앙행정기관

11 경비수역별 중점 경비사항 [16 경장승진, 17 경장승진, 19 간부]

① 해양경찰청장은 경비수역의 구분에 따라 경비세력의 배치와 중점 경비사항을 달리할 수 있다.
② 제1항의 구분에 따른 중점 경비사항은 다음 각 호와 같다.
　1. 연안수역 : 해양 관계 국내법령을 위반한 선박등의 단속 등 민생치안 확보 및 임해 중요시설의 보호 경비 [15 해경, 16 해경, 20 경장승진]
　2. 근해수역 :「영해 및 접속수역법」제6조의2에 따른 법령을 위반한 외국선박의 단속을 위한 경비 [13 해경], [16 경감승진, 18 승진, 18 해경]
　3. 원해수역 : 해양수산자원 및 해양시설의 보호, 해양환경의 보전·관리, 해양과학조사 실시 등에 관한 국내법령 및 대한민국이 체결·비준한 조약을 위반한 외국선박의 단속을 위한 경비

12 해상검문검색 [16 해경, 18 경사승진, 19 경사승진, 19 간부]

① 해양경찰관은 해양경비 활동 중 다음 각 호의 어느 하나에 해당하는 선박등에 대하여 주위의 사정을 합리적으로 판단하여 상당한 이유가 있는 경우 해상검문검색을 실시할 수 있다. 다만, 외국선박에 대한 해상검문검색은 대한민국이 체결·비준한 조약 또는 일반적으로 승인된 국제법규에 따라 실시한다.
　1. 다른 선박의 항행 안전에 지장을 주거나 진로 등 항행상태가 일정하지 아니하고 정상적인 항법을 일탈하여 운항되는 선박등
　2. 대량파괴무기나 그 밖의 무기류 또는 관련 물자의 수송에 사용되고 있다고 의심되는 선박등
　3. 국내법령 및 대한민국이 체결·비준한 조약을 위반하거나 위반행위가 발생하려 하고 있다고 의심되는 선박등
② 해양경찰관은 해상검문검색을 목적으로 선박등에 승선하는 경우 선장(선박등을 운용하는 자를 포함한다. 이하 같다)에게 소속, 성명, 해상검문검색의 목적과 이유를 고지하여야 한다.

13 추적·나포 [15 경사승진, 18 경감승진, 19 경감승진]

해양경찰관은 다음 각 호의 어느 하나에 해당하는 선박등에 대하여 추적·나포(拿捕)할 수 있다. 다만, 외국선박에 대한 추적권의 행사는 「해양법에 관한 국제연합 협약」 제111조에 따른다.
1. 제12조에 따른 해상검문검색에 따르지 아니하고 도주하는 선박등
2. 해당 경비수역에서 적용되는 국내법령 및 대한민국이 체결·비준한 조약을 위반하거나 위반행위가 발생하려 하고 있다고 확실시되는 상당한 이유가 있는 선박등

14 해상항행 보호조치 등 [16 경장·경감승진, 19 경장·경감승진, 20 해경, 20 경사승진, 22 경장승진, 23 경감승진]

① 해양경찰관은 경비수역에서 다음 각 호의 어느 하나에 해당하는 행위를 하는 선박등의 선장에 대하여 경고, 이동·해산 명령 등 해상항행 보호조치를 할 수 있다.
　다만, 외국선박에 대한 해상항행 보호조치는 연안수역에서만 실시한다.
　1. 선박등이 본래의 목적을 벗어나 다른 선박등의 항행 또는 입항·출항 등에 현저히 지장을 주는 행위
　2. 선박등이 항구·포구 내외의 수역과 지정된 항로에서 무리를 지어 장시간 점거하거나 항법상 정상적인 횡단방법을 일탈하여 다른 선박등의 항행에 지장을 주는 행위
　3. 임해 중요시설 경계 바깥쪽으로부터 1킬로미터 이내 경비수역에서 선박등이 무리를 지어 위력적인 방법으로 항행 또는 점거함으로써 안전사고가 발생할 우려가 높은 행위
② 해양경찰관은 경비수역(이 항에서 「선박의 입항 및 출항 등에 관한 법률」에 따른 무역항의 수상구역등의 수역은 제외한다)에서 다음 각 호의 어느 하나에 해당하는 사유로 선박등이 좌초·충돌·침몰·파손 등의 위험에 처하여 인명·신체에 대한 위해나 중대한 재산상 손해의 발생 또는 해양오염의 우려가 현저한 경우에는 그 선박등의 선장에 대하여 경고, 이동·피난 명령 등 안전조치를 할 수 있다.
　다만, 외국선박에 대한 안전조치는 연안수역에서만 실시한다.
　1. 태풍, 해일 등 천재(天災)
　2. 위험물의 폭발 또는 선박의 화재
　3. 해상구조물의 파손
③ 해양경찰관은 선박등의 통신장치 고장 등의 사유로 제2항에 따른 명령을 할 수 없거나 선박등의 선장이 제2항에 따른 명령에 불응하는 경우로서 인명·신체에 대한 위해, 중대한 재산상 손해 또는 해양오염을 방지하기 위하여 긴급하거나 불가피하다고 인정할 때에는 합리적으로 판단하여 필요한 한도에서 다음 각 호의 조치를 할 수 있다.
　1. 선박등을 안전한 곳으로 이동시키는 조치
　2. 선박등의 선장, 해원(海員) 또는 승객을 하선하게 하여 안전한 곳으로 피난시키는 조치
　3. 그 밖에 대통령령으로 정하는 조치
④ 해양경찰관은 제3항에 따른 조치를 하려는 경우에는 선박등의 선장에게 자신의 신분을 표시하는 증표를 제시하고 조치의 목적·이유 및 이동·피난 장소를 알려야 한다. 다만, 기상상황 등으로 선박에 승선할 수 없는 경우에는 무선통신 등을 이용하여 자신의 신분 고지 등을 할 수 있다.
⑤ 해양경찰서장은 제3항제1호에 따른 이동조치와 관련하여 발생한 비용을 대통령령으로 정하는 선박등의 소유자에게 부담하게 할 수 있다.

> **시행령 제4조의3(이동조치 비용 부담)**
> 　법 제14조제5항에서 "대통령령으로 정하는 선박등"이란 해양경찰청 소속 경찰공무원이 동원한 선박·크레인, 그 밖의 장비 등(국가와 지방자치단체가 관리·운용하는 것은 제외한다)에 의하여 이동조치된 선박등을 말한다.

⑥ 제1항부터 제4항까지에 따른 해상항행 보호조치 등에 필요한 사항은 해양수산부령으로 정한다.

> **시행규칙 제2조(해상항행 보호조치 등의 순서)** [18 경사승진]
> 　① 해양경찰청 소속 경찰공무원(이하 이 조에서 "해양경찰관"이라 한다)은 「해양경비법」(이하 "법"이라 한다) 제14조제1항부터 제3항까지에 따른 해상항행 보호조치 등을 하는 경우 다음 각 호의 순서에 따라야 한다.
> 　　1. 경고 : 법 제14조제1항 각 호의 어느 하나의 행위를 하는 선박등의 선장(선박등을 운용하는 자를 포함

한다)에게 그 행위를 중단할 것과 해양경찰관의 이동·해산·피난 명령 또는 이동·피난 조치를 따르지 아니하는 경우 벌칙이 부과된다는 내용을 경고할 것

2. **이동·해산·피난 명령**: 제1호에 따른 경고에도 불구하고 법 제14조제1항 각 호의 행위를 멈추지 아니하거나, 법 제14조제2항에 따른 인명·신체에 대한 위해나 중대한 재산상 손해의 발생 또는 해양오염의 우려가 현저한 경우에는 선박등을 이동·해산하거나 선장, 해원(海員) 또는 승객에게 피난할 것을 세 번 이상 명령할 것

3. **이동·해산·피난 실행**: 제2호에 따른 이동·해산·피난 명령을 따르지 아니하는 경우에는 직접 선박 등을 이동· 해산시키거나 선장, 해원(海員) 또는 승객을 피난시킬 것

② 해양경찰관은 제1항에 따라 해상항행 보호조치 등을 하는 경우 필요한 최소한의 범위에서 하여야 한다.

※ 경고 ⇒ 이동·해산·피난 명령 ⇒ 이동·해산·피난 실행의 순서로 진행된다.

15 지원요청

① 해양경찰관서의 장은 해양경비 활동 중 긴급하게 지원이 필요한 경우에는 인근에 있는 행정기관에 선박 및 항공기 등의 지원을 요청할 수 있다.

16의2 해양 대테러 계획의 수립

① 해양경찰청장은 제7조제3호에 따른 대테러작전의 수행 및 「국민보호와 공공안전을 위한 테러방지법」제10조에 따른 테러예방대책의 원활한 수립과 해양에서의 효율적인 테러 예방·대응을 위하여 5년마다 해양 대테러 계획을 수립하여야 한다.

② 해양경찰관서의 장은 제1항에 따른 해양 대테러 계획의 원활한 시행을 위하여 매년 유관기관과의 협의를 통하여 해양 테러 예방 및 대응 활동계획을 수립·시행하여야 한다.

> 시행규칙 제2조의2(해양 대테러 계획 등의 내용)
> 법 제16조의2제1항에 따른 해양 대테러 계획과 같은 조 제2항에 따른 해양 테러 예방 및 대응 활동계획에는 다음 각 호에 관한 사항이 포함되어야 한다.
> 1. 국내외 테러 정세 및 전망 분석
> 2. 해양 대테러 조직·인력·시설·장비의 확충·관리
> 3. 해양 대테러 역량 강화를 위한 교육·훈련 및 제도 개선
> 4. 해양테러 관련 정보의 수집·교환
> 5. 국내외 대테러 유관기관과의 유기적 협력체제 구축
> 6. 그 밖에 해양 테러 예방 및 대응역량 강화를 위해 필요한 내용

17 무기의 사용 [14 경사승진, 15 경감승진, 16 해경, 16 경사승진, 16 해경, 20 해경]

① 해양경찰관은 해양경비 활동 중 다음 각 호의 어느 하나에 해당하는 경우에는 무기를 사용할 수 있다(공용화기 X). 이 경우 무기사용의 기준은 「경찰관 직무집행법」 제10조의4에 따른다.

1. 선박등의 나포와 범인을 체포하기 위한 경우
2. 선박등과 범인의 도주를 방지하기 위한 경우
3. 자기 또는 다른 사람의 생명·신체에 대한 위해(危害)를 방지하기 위한 경우
4. 공무집행에 대한 저항을 억제하기 위한 경우

② 다음 각 호의 어느 하나에 해당하는 경우에는 개인화기(個人火器) 외에 공용화기를 사용할 수 있다. [17 경장·경감승진, 17 해경, 18 해경, 19 경장승진]
  1. 대간첩·대테러 작전 등 국가안보와 관련되는 작전을 수행하는 경우
  2. 제1항 각 호의 어느 하나에 해당하는 경우로서 선박등과 범인이 선체나 무기·흉기 등 위험한 물건을 사용하여 경비세력을 공격하거나 공격하려는 경우
  3. 선박등이 3회 이상 정선 또는 이동 명령에 따르지 아니하고 경비세력에게 집단으로 위해를 끼치거나 끼치려는 경우

18 해양경찰장비 및 장구의 사용 [17 해경, 18 경장승진]

① 해양경찰관은 「경찰관 직무집행법」 제10조제2항 및 제10조의2제2항에 따른 경찰장비 및 경찰장구 외에 다음 각 호의 어느 하나에 따른 경찰장비 및 경찰장구를 사용할 수 있다.
  1. 해상검문검색 및 추적·나포 시 선박 등을 강제 정선, 차단 또는 검색하는 경우 경비세력에 부수되어 운용하는 경찰장비 및 경찰장구
  2. 선박등에 대한 이동·해산 명령 등 해상항행 보호조치에 필요한 경찰장비 및 경찰장구
  3. 제1호 및 제2호에 따른 경찰장비 및 경찰장구 외에 정당한 직무수행 중 경비세력에 부당하게 저항하거나 위해를 가하려 하는 경우 경비세력의 자체 방호를 위한 경찰장비 및 경찰장구

> **경찰관직무집행법 제10조(경찰장비의 사용 등)**
> ① 경찰관은 직무수행 중 경찰장비를 사용할 수 있다. 다만, 사람의 생명이나 신체에 위해를 끼칠 수 있는 경찰장비(이하 이 조에서 "위해성 경찰장비"라 한다)를 사용할 때에는 필요한 안전교육과 안전검사를 받은 후 사용하여야 한다.
> ② 제1항 본문에서 "경찰장비"란 무기, 경찰장구(警察裝具), 최루제(催淚劑)와 그 발사장치, 살수차, 감식기구(鑑識機具), 해안 감시기구, 통신기기, 차량·선박·항공기 등 경찰이 직무를 수행할 때 필요한 장치와 기구를 말한다.
>
> **경찰관직무집행법 제10조의2(경찰장구의 사용)**
> ① 경찰관은 다음 각 호의 직무를 수행하기 위하여 필요하다고 인정되는 상당한 이유가 있을 때에는 그 사태를 합리적으로 판단하여 필요한 한도에서 경찰장구를 사용할 수 있다.
>   1. 현행범이나 사형·무기 또는 장기 3년 이상의 징역이나 금고에 해당하는 죄를 범한 범인의 체포 또는 도주 방지
>   2. 자신이나 다른 사람의 생명·신체의 방어 및 보호
>   3. 공무집행에 대한 항거(抗拒) 제지
> ② 제1항에서 "경찰장구"란 경찰관이 휴대하여 범인 검거와 범죄 진압 등의 직무 수행에 사용하는 수갑, 포승(捕繩), 경찰봉, 방패 등을 말한다.
>
> **해양경비법 시행령 제5조(경찰장비·경찰장구의 종류 및 사용기준)**
> ① 법 제18조제1항에 따른 경찰장비 및 경찰장구의 종류는 다음 각 호와 같다. [19 경사승진]
>   1. 경찰장비 : 소화포(消火砲)
>   2. 경찰장구 : 페인트볼 및 투색총(줄을 쏘도록 만든 특수총을 말한다)
> ② 법 제18조제1항에 따른 경찰장비 및 경찰장구의 사용기준은 다음 각 호와 같다.
>   1. 통상의 용법에 따라 사용할 것
>   2. 목적 달성에 필요한 최소한의 범위에서 사용할 것

3. 다른 사람의 생명·신체에 대한 위해(危害)를 최소화할 것

> ※ 소화포 : 물을 쏘는 포
> ※ 페인트볼 : 페인트가 들어 있는 총알을 발사하는 총

20 경비수역 내 점용·사용허가 등의 통보 [18 경사승진]

① 해양수산부장관, 특별시장·광역시장·특별자치시장·도지사·특별자치도지사·시장·군수·구청장(자치구의 구청장을 말한다. 이하 같다)은 경비수역에서 「공유수면 관리 및 매립에 관한 법률」 제8조에 따른 공유수면 점용·사용허가를 하는 경우 제7조제1호부터 제5호까지의 규정에 따른 해양경비 활동에 중대한 지장을 줄 것으로 인정할 때에는 해양경찰청장, 지방해양경찰청장 또는 관할 해양경찰서장에게 그 사실을 통보하여야 한다.
② 해양수산부장관은 「항만법」 제2조제6호에 따른 항만개발사업을 시행하는 경우 제7조제1호부터 제5호까지의 규정에 따른 해양경비 활동에 중대한 지장을 줄 것으로 인정할 때에는 해양경찰청장, 지방해양경찰청장 또는 관할 해양경찰서장에게 그 사실을 통보하여야 한다.
③ 해양수산부장관, 시·도지사 또는 시장·군수·구청장은 「어촌·어항법」 제23조제1항에 따른 어항개발사업을 시행하는 경우 제7조제1호부터 제5호까지의 규정에 따른 해양경비 활동에 중대한 지장을 줄 것으로 인정할 때에는 해양경찰청장, 지방해양경찰청장 또는 관할 해양경찰서장에게 그 사실을 통보하여야 한다.
④ 시·도지사 또는 시장·군수·구청장은 「수산업법」 제7조에 따른 어업 면허 또는 「양식산업발전법」 제10조에 따른 면허를 하는 경우 제7조 각 호에 따른 해양경비 활동과 관련이 있는 사항에 대하여는 관할 해양경찰서장에게 통보하여야 한다.

> 해양경비법 시행규칙 제3조(경비수역 내 점용·사용허가 등의 통보)
> ① 법 제20조제1항부터 제4항까지의 규정에 따른 통보는 다음 각 호의 허가, 공사 또는 사업의 시행, 면허(이하 이 조에서 "허가등"이라 한다)를 하기 5일 전까지 이루어져야 한다. [23 경감승진]
>   1. 「공유수면 관리 및 매립에 관한 법률」 제8조에 따른 공유수면 점용·사용허가
>   2. 「항만법」 제9조제1항에 따른 항만개발사업 시행
>   3. 「어촌·어항법」 제23조제1항에 따른 어항개발사업 시행
>   4. 「수산업법」 제7조에 따른 어업면허
>   5. 「양식산업발전법」제10조에 따른 양식업 면허(같은 조 제1항제7호에 따른 내수면양식업 면허는 제외한다)
> ② 법 제20조제1항부터 제4항까지의 규정에 따른 통보에는 다음 각 호의 사항이 포함되어야 한다.
>   1. 허가등과 관련된 인적 현황에 관한 사항
>   2. 허가등의 기간에 관한 사항
>   3. 허가등의 장소에 관한 사항
>   4. 허가등에 따라 해양경비활동에 지장을 초래하는 사항
>   5. 그 밖에 허가등의 내용과 관련하여 해양경찰청장이 정하여 고시하는 사항

20의2 포상 [23 경감승진]

해양경찰청장은 제13조에 따라 외국선박을 나포하는 데 공로가 있는 자에 대하여는 대통령령으로 정하는 바에 따라 포상할 수 있다.

> 시행령 제5조의2(포상의 방법 등)
> ① 해양경찰청장은 법 제20조의2에 따라 외국선박을 나포하는 데 공로가 있는 자에 대하여 예산의 범위에서 포상금을 지급할 수 있다.
> ② 해양경찰청장은 제1항에 따라 포상금을 지급하는 경우 표창을 함께 수여할 수 있다.

21 벌칙

① 제12조제1항에 따른 해상검문검색을 정당한 사유 없이 거부, 방해 또는 기피한 자는 1년 이하의 징역 또는 1천만원 이하의 벌금에 처한다.
② 제14조에 따른 이동·해산·피난 명령 또는 이동·피난 조치를 거부, 방해 또는 기피한 자는 6개월 이하의 징역 또는 500만원 이하의 벌금에 처한다.

◆ 무기의 사용 (해양경비법 제17조)

무기사용 요건 (공용화기 제외)	1. 선박등의 나포와 범인을 체포하기 위한 경우 2. 선박등과 범인의 도주를 방지하기 위한 경우 3. 자기 또는 다른 사람의 생명·신체에 대한 위해를 방지하기 위한 경우 4. 공무집행에 대한 저항을 억제하기 위한 경우
개인화기 이외에도 공용화기 사용요건	1. 대간첩·대테러 작전 등 국가안보와 관련되는 작전을 수행하는 경우 2. 무기를 사용할 수 있는 경우로서 선박등과 범인이 선체나 무기·흉기 등 위험한 물건을 사용하여 경비세력을 공격하거나 공격하려는 경우 3. 선박등이 3회 이상 정선 또는 이동 명령에 따르지 아니하고 경비세력에게 집단으로 위해를 끼치거나 끼치려는 경우

◆ 해상검문검색, 추적·나포, 해상항행 보호조치 및 안전조치 대상 또는 사유

해상검문검색	1. 다른 선박의 항행 안전에 지장을 주거나 진로 등 항행상태가 일정하지 아니하고 정상적인 항법을 일탈하여 운항되는 선박등 2. 대량파괴무기나 그 밖의 무기류 또는 관련 물자의 수송에 사용되고 있다고 의심되는 선박등 3. 국내법령 및 대한민국이 체결·비준한 조약을 위반하거나 위반행위가 발생하려 하고 있다고 의심되는 선박등 ※ 외국선박에 대한 해상검문검색은 대한민국이 체결·비준한 조약 또는 일반적으로 승인된 국제법규에 따라 실시한다.
추적·나포	1. 해상검문검색에 따르지 아니하고 도주하는 선박등 2. 해당 경비수역에서 적용되는 국내법령 및 대한민국이 체결·비준한 조약을 위반하거나 위반행위가 발생하려 하고 있다고 확실시되는 상당한 이유가 있는 선박등 ※ 외국선박에 대한 추적권의 행사는 「해양법에 관한 국제연합 협약」 제111조에 따른다.
해상항행보호 조치	1. 본래의 목적을 벗어나 다른 선박등의 항행 또는 입항·출항 등에 현저히 지장을 주는 행위를 하는 선박등

	2. 항구·포구 내외의 수역과 지정된 항로에서 무리를 지어 장시간 점거하거나 항법상 정상적인 횡단방법을 일탈하여 다른 선박등의 항행에 지장을 주는 행위를 하는 선박등 3. 임해 중요시설 경계 바깥쪽으로부터 1km 이내 경비수역에서 무리를 지어 위력적인 방법으로 항행 또는 점거함으로써 안전사고가 발생할 우려가 높은 행위를 하는 선박등 ※ 외국선박에 대한 해상항행 보호조치는 연안수역에서만 실시한다.
안전조치	태풍, 해일 등 천재(天災), 위험물의 폭발 또는 선박의 화재, 해상구조물의 파손 사유로 선박등이 좌초·충돌·침몰 파손 등의 위험에 처하여 인명·신체에 대한 위해나 중대한 재산상 손해의 발생 또는 해양오염의 우려가 현저한 경우(「선박의 입항 및 출항 등에 관한 법률」에 따른 무역항의 수상구역등의 수역은 제외한다) ※ 외국선박에 대한 안전조치는 연안수역에서만 실시한다.

2. 영해 및 접속수역법

1 영해의 범위 [16 경감승진, 17 경사승진, 18 해경, 21 해경, 22 경장승진]

대한민국의 영해는 기선(基線)으로부터 측정하여 그 바깥쪽 12해리의 선까지에 이르는 수역(水域)으로 한다. 다만, 대통령령으로 정하는 바에 따라 일정수역의 경우에는 12해리 이내에서 영해의 범위를 따로 정할 수 있다.

> ※ 1해리(海里, 거리 단위) = 1.852km 1노트(knot, 시속 단위) = 1.852km/h
> ※ 1.5미터암 : 해운대구 송정 앞바다의 영해기점 무인도서

시행령 제3조(대한해협에 있어서의 영해의 범위)
국제항행에 이용되는 대한해협을 구성하는 수역에 있어서의 영해는 법 제1조 단서에 따라 별표 2에서 정한 선을 연결하는 선의 육지측에 있는 수역으로 한다.

대한해협에 있어서의 영해의 외측한계	
1	별표 1에 따른 기점중 기점 5(1.5미터암)와 기점 6(생도) 및 기점 7(홍도)을 차례로 연결하는 직선기선으로부터 측정하여 그 외측 3해리의 선
2	별표 1에 따른 기점중 기점 5(1.5미터암)에서 127도로 그은 선과 제1호에 따른 선의 교점으로부터 93도로 그은 선이 12해리선과 교차하는 점까지의 선
3	별표 1에 따른 기점중 기점 7(홍도)에서 120도로 그은 선과 제1호에 따른 선의 교점으로부터 172도로 그은 선이 12해리선과 교차하는 점까지의 선

2 기선 [13 경감승진, 14 승진, 17 승진, 15 해경, 16 해경, 18 해경, 21 해경, 22 경장승진]

① 영해의 폭을 측정하기 위한 통상의 기선(=통상기선)은 대한민국이 공식적으로 인정한 대축척해도(大縮尺海圖)에 표시된 해안의 저조선(低潮線)으로 한다.

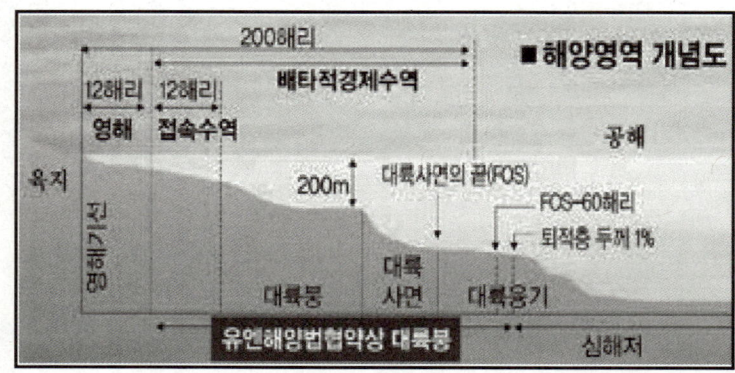

② 지리적 특수사정이 있는 수역의 경우에는 대통령령으로 정하는 기점을 연결하는 직선을 기선으로 할 수 있다(=직선기선). [22 경장승진]

시행령 [별표 1]

직선을 기선으로 하는 수역과 그 기점(제2조관련) [21 해경]

수역	기점과 지명
영일만	1. 달만갑, 2. 호미곶
울산만	3. 화암추, 4. 범월갑
남해안	5. 1.5미이터암, 6. 생도, 7. 홍도(鴻島), 8. 간여암, 9. 하백도, 10. 거문도, 11. 여서도, 12. 장수도, 13. 절명서
서해안	14. 소흑산도, 15. 소국흘도(소흑산도북서방), 16. 홍도(紅島), 17. 고서(홍도북서방), 18. 횡도, 19. 상왕등도, 20. 직도, 21. 어청도, 22. 서격렬비도, 23. 소령도

3 내수 [22 경장승진]

영해의 폭을 측정하기 위한 기선으로부터 육지 쪽에 있는 수역은 내수(內水)로 한다.

3의2 접속수역의 범위 [14 경감승진, 15 경장승진, 18 해경, 19 경장·경사·경감승진]

대한민국의 접속수역은 기선으로부터 측정하여 그 바깥쪽 24해리의 선까지에 이르는 수역에서 대한민국의 영허를 제외한 수역으로 한다. 다만, 대통령령으로 정하는 바에 따라 일정수역의 경우에는 기선으로부터 24해리 이내에서 접속수역의 범위를 따로 정할 수 있다.

4 인접국 또는 대향국과의 경계선 [18 해경]

대한민국과 인접하거나 마주 보고 있는 국가와의 영해 및 접속수역의 경계선은 관계국과 별도의 합의가 없으면 두 나라가 각자 영해의 폭을 측정하는 기선상의 가장 가까운 지점으로부터 같은 거리에 있는 모든 점을 연결하는 중간선으로 한다.

5 외국선박의 통항 [15 해경, 16 경장승진, 20 해경, 21 해경]

① 외국선박은 대한민국의 평화·공공질서 또는 안전보장을 해치지 아니하는 범위에서 대한민국의 영해를 무해통항(無害通航)할 수 있다. 외국의 군함 또는 비상업용 정부선박이 영해를 통항하려는 경우에는 대통령령으로 정하는 바에 따라 관계 당국에 미리 알려야 한다(=사전통고).

> 시행령 제4조(외국군함등의 통항) [13 경감승진, 14 경장승진, 15 경사승진, 17 해경, 18 해경, 18 경감승진]
> 외국의 군함 또는 비상업용 정부선박이 영해를 통항하려는 경우에는 법 제5조제1항 후단에 따라 그 통항 3일 전까지(공휴일은 제외한다) 외교부장관에게 다음 각 호의 사항을 통고해야 한다. 다만, 해당 군함 또는 선박이 통과하는 수역이 국제항행에 이용되는 해협으로서 해당 수역에 공해대(公海帶)가 없을 경우에는 그렇지 않다.
> 1. 당해 선박의 선명·종류 및 번호
> 2. 통항목적
> 3. 통항항로 및 일정

② 외국선박이 통항할 때 다음 각 호의 행위를 하는 경우에는 대한민국의 평화·공공질서 또는 안전보장을 해치는 것으로 본다. 다만, 제2호부터 제5호까지, 제11호 및 제13호의 행위로서 관계 당국의 허가·승인 또는 동의를 받은 경우에는 그러하지 아니하다(=대한민국의 평화·공공질서 또는 안전보장을 해치는 것으로 보지 않는다). [17 경장승진, 18 경사승진, 19 간부]

1. 대한민국의 주권·영토보전 또는 독립에 대한 어떠한 힘의 위협이나 행사(行使), 그 밖에 국제연합헌장에 구현된 국제법원칙을 위반한 방법으로 하는 어떠한 힘의 위협이나 행사
2. 무기를 사용하여 하는 훈련 또는 연습
3. 항공기의 이함(離艦)·착함(着艦) 또는 탑재
4. 군사기기의 발진(發進)·착함 또는 탑재
5. 잠수항행
6. 대한민국의 안전보장에 유해한 정보의 수집
7. 대한민국의 안전보장에 유해한 선전·선동
8. 대한민국의 관세·재정·출입국관리 또는 보건·위생에 관한 법규에 위반되는 물품이나 통화(通貨)의 양하(揚荷)·적하(積荷) 또는 사람의 승선·하선
9. 대통령령으로 정하는 기준을 초과하는 오염물질의 배출
10. 어로(漁撈) ∴ 어로행위는 허가·승인·동의 대상이 아니고 절대로 할 수 없다.
11. 조사 또는 측량
12. 대한민국 통신체제의 방해 또는 설비 및 시설물의 훼손
13. 통항과 직접 관련 없는 행위로서 대통령령으로 정하는 것

> 시행령 제5조(외국선박의 영해내 활동)
> ① 외국선박이 영해내에서 법 제5조제2항제2호 내지 제5호·제11호 또는 제13호의 행위를 하고자 할 때에는 외교부장관에게 다음 각호의 사항을 기재한 신청서를 제출하여 관계당국의 허가·승인 또는 동의를 얻어야 한다.
>   1. 당해 선박의 선명·종류 및 번호
>   2. 활동목적
>   3. 활동수역·항로 및 일정

③ 대한민국의 안전보장을 위하여 필요하다고 인정되는 경우에는 대통령령으로 정하는 바에 따라 일정수역을 정하여 외국선박의 무해통항을 일시적으로 정지시킬 수 있다.

> 시행령 제7조(무해통항의 일시정지) [14 경사승진, 19 해경]
> ① 법 제5조제3항의 규정에 따라 영해내의 일정수역에 있어서 외국선박의 무해통항의 일시적 정지는 국방부장관이 행하되, 미리 국무회의 심의를 거쳐 대통령의 승인을 얻어야 한다.
> ② 국방부장관이 제1항의 규정에 따라 대통령의 승인을 얻은 때에는 무해통항의 일시적 정지수역·정지기간 및 정지사유를 지체없이 고시하여야 한다.

6 정선 등

외국선박(외국의 군함 및 비상업용 정부선박은 제외한다. 이하 같다)이 제5조를 위반한 혐의가 있다고 인정될 때에는 관계 당국은 정선(停船)·검색·나포(拿捕), 그 밖에 필요한 명령이나 조치를 할 수 있다.

6의2 접속수역에서의 관계 당국의 권한   [18 경장승진]

대한민국의 접속수역에서 관계 당국은 다음 각 호의 목적에 필요한 범위에서 법령에서 정하는 바에 따라

그 직무권한을 행사할 수 있다.
1. 대한민국의 영토 또는 영해에서 관세·재정·출입국관리 또는 보건·위생에 관한 대한민국의 법규를 위반하는 행위의 방지
2. 대한민국의 영토 또는 영해에서 관세·재정·출입국관리 또는 보건·위생에 관한 대한민국의 법규를 위반한 행위의 제재

7 조약 등과의 관계

대한민국의 영해 및 접속수역과 관련하여 이 법에서 규정하지 아니한 사항에 관하여는 헌법에 의하여 체결·공포된 조약이나 일반적으로 승인된 국제법규에 따른다.

8 벌칙

① 제5조제2항 또는 제3항을 위반한 외국선박의 승무원이나 그 밖의 승선자는 5년 이하의 징역 또는 3억원 이하의 벌금에 처하고, 정상을 고려하여 필요할 때에는 해당 선박, 기재(器材), 채포물(採捕物) 또는 그 밖의 위반물품을 몰수할 수 있다.
② 제6조에 따른 명령이나 조치(ex 정선명령)를 거부·방해 또는 기피한 외국선박의 승무원이나 그 밖의 승선자는 2년 이하의 징역 또는 1억원 이하의 벌금에 처한다.
③ 제1항 및 제2항의 경우 징역형과 벌금형은 병과(倂科)할 수 있다.
④ 이 조를 적용할 때 그 행위가 이 법 외의 다른 법률에 규정된 죄에 해당하는 경우에는 그 중 가장 무거운 형으로 처벌한다.

9 군함 등에 대한 특례 [16 경사승진]

외국의 군함이나 비상업용 정부선박 또는 그 승무원이나 그 밖의 승선자가 이 법이나 그 밖의 다른 법령을 위반하였을 때에는 이의 시정이나 영해로부터의 퇴거를 요구할 수 있다.

3. 배타적 경제수역 및 대륙붕에 관한 법률

1 목적

이 법은 「해양법에 관한 국제연합 협약」(이하 "협약"이라 한다)에 따라 배타적 경제수역과 대륙붕에 관하여 대한민국이 행사하는 주권적 권리와 관할권 등을 규정하여 대한민국의 해양권익을 보호하고 국제해양질서 확립에 기여함을 목적으로 한다.

2 배타적 경제수역과 대륙붕의 범위

① 대한민국의 배타적 경제수역은 협약에 따라 「영해 및 접속수역법」 제2조에 따른 기선(基線)(이하 "기선"이라 한다)으로부터 그 바깥쪽 200해리의 선까지에 이르는 수역 중 대한민국의 영해를 제외한 수역으로 한다. [15 경사승진]

② 대한민국의 대륙붕은 협약에 따라 영해 밖으로 영토의 자연적 연장에 따른 대륙변계(大陸邊界)의 바깥 끝까지 또는 대륙변계의 바깥 끝이 200해리에 미치지 아니하는 경우에는 기선으로부터 200해리까지의 해저지역의 해저와 그 하층토로 이루어진다. 다만, 대륙변계가 기선으로부터 200해리 밖까지 확장되는 곳에서는 협약에 따라 정한다.

③ 대한민국과 마주 보고 있거나 인접하고 있는 국가(이하 "관계국"이라 한다) 간의 배타적 경제수역과 대륙붕의 경계는 제1항 및 제2항에도 불구하고 국제법을 기초로 관계국과의 합의에 따라 획정한다.

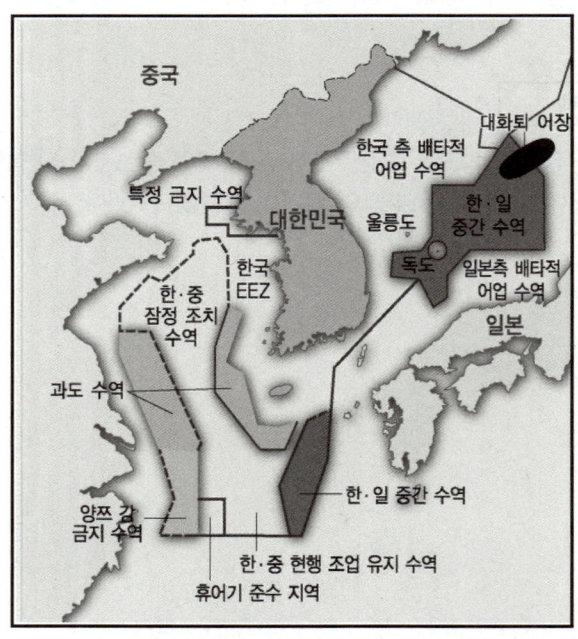

3 배타적 경제수역과 대륙붕에서의 권리   [16 경장·경감승진, 17 경사승진, 19 해경, 22 경장승진]

① 대한민국은 협약에 따라 배타적 경제수역에서 다음 각 호의 권리를 가진다.
  1. 해저의 상부 수역, 해저 및 그 하층토(下層土)에 있는 생물이나 무생물 등 천연자원의 탐사·개발·보존 및 관리를 목적으로 하는 주권적 권리와 해수(海水), 해류 및 해풍(海風)을 이용한 에너지 생산 등 경제적 개발 및 탐사를 위한 그 밖의 활동에 관한 주권적 권리

2. 다음 각 목의 사항에 관하여 협약에 규정된 관할권
   가. 인공섬·시설 및 구조물의 설치·사용
   나. 해양과학 조사
   다. 해양환경의 보호 및 보전
3. 협약에 규정된 그 밖의 권리

② 대한민국은 협약에 따라 대륙붕에서 다음 각 호의 권리를 가진다.
1. 대륙붕의 탐사를 위한 주권적 권리
2. 해저와 하층토의 광물, 그 밖의 무생물자원 및 정착성 어종에 속하는 생물체(협약 제77조제4항에 규정된 정착성 어종에 속하는 생물체를 말한다)의 개발을 위한 주권적 권리
3. 협약에 규정된 그 밖의 권리

> ※ 주권적 권리 : 주권에 준하는 권리
> ※ 관할권 : 해양법에 관한 국제연합협약에 규정된 권한

4 외국 또는 외국인의 권리 및 의무 [22 경장승진]

① 외국 또는 외국인은 협약의 관련 규정에 따를 것을 조건으로 대한민국의 배타적 경제수역과 대륙붕에서 항행(航行) 또는 상공 비행의 자유, 해저 전선(電線) 또는 관선(管線) 부설의 자유 및 그 자유와 관련되는 것으로서 국제적으로 적법한 그 밖의 해양 이용에 관한 자유를 누린다.
② 외국 또는 외국인은 대한민국의 배타적 경제수역과 대륙붕에서 권리를 행사하고 의무를 이행할 때에는 대한민국의 권리와 의무를 적절히 고려하고 대한민국의 법령을 준수하여야 한다.

5 대한민국의 권리 행사 등

① 외국과의 협정으로 달리 정하는 경우를 제외하고 대한민국의 배타적 경제수역과 대륙붕에서는 제3조에 따른 권리를 행사하거나 보호하기 위하여 대한민국의 법령을 적용한다. 배타적 경제수역과 대륙붕의 인공섬·시설 및 구조물에서의 법률관계에 대하여도 또한 같다.
② 제3조에 따른 대한민국의 배타적 경제수역에서의 권리는 대한민국과 관계국 간에 별도의 합의가 없는 경우 대한민국과 관계국의 중간선 바깥쪽 수역에서는 행사하지 아니한다. 이 경우 "중간선"이란 그 선상(線上)의 각 점으로부터 대한민국의 기선상의 가장 가까운 점까지의 직선거리와 관계국의 기선상의 가장 가까운 점까지의 직선거리가 같게 되는 선을 말한다. [22 경장승진]
③ 대한민국의 배타적 경제수역과 대륙붕에서 제3조에 따른 권리를 침해하거나 그 배타적 경제수역과 대륙붕에 적용되는 대한민국의 법령을 위반한 혐의가 있다고 인정되는 자에 대하여 관계 기관은 협약 제111조에 따른 추적권(追跡權)의 행사, 정선(停船)·승선·검색·나포 및 사법절차를 포함하여 필요한 조치를 할 수 있다. [15 경장승진, 19 경장·경사승진, 22 경장승진]

> ◆ 해양법에 관한 국제연합 협약 제111조 추적권
> 1. 외국선박에 대한 추적은 연안국의 권한있는 당국이 그 선박이 자국의 법령을 위반한 것으로 믿을 만한 충분한 이유가 있을 때 행사할 수 있다. 이러한 추적은 외국선박이나 그 선박의 보조선이 추적국의 내수·군도수역·영해 또는 접속수역에 있을 때 시작되고 또한 추적이 중단되지 아니한 경우에 한하여 영해나 접속수역 밖으로 계속될 수 있다.
> 영해나 접속수역에 있는 외국선박이 정선명령을 받았을 때 정선명령을 한 선박은 반드시 영해나 접속수역

에 있어야 할 필요는 없다. 외국선박이 제33조에 정의된 접속수역에 있을 경우 추적은 그 수역을 설정함으로써 보호하려는 권리가 침해되는 경우에 한하여 행할 수 있다.
2. 추적권은 배타적경제수역이나 대륙붕(대륙붕시설 주변의 안전수역 포함)에서 이 협약에 따라 배타적경제수역이나 대륙붕(이러한 안전수역 포함)에 적용될 수 있는 연안국의 법령을 위반한 경우에 준용한다.
3. 추적권은 추적당하는 선박이 그 국적국 또는 제3국의 영해에 들어감과 동시에 소멸한다.
4. 추적당하는 선박이나 그 선박의 보조선 또는 추적당하는 선박을 모선으로 사용하면서 한 선단을 형성하여 활동하는 그 밖의 보조선이 영해의 한계 내에 있거나, 경우에 따라서는, 접속수역·배타적경제수역 한계 내에 또는 대륙붕 상부에 있다는 사실을 추적선박이 이용가능한 실제적인 방법으로 확인하지 아니하는 한, 추적은 시작된 것으로 인정되지 아니한다. 추적은 시각이나 음향 정선신호가 외국선박이 보거나 들을 수 있는 거리에서 발신된 후 비로소 이를 시작할 수 있다.
5. 추적권은 군함·군용항공기 또는 정부업무에 사용중인 것으로 명백히 표시되어 식별이 가능하며 그러한 권한이 부여된 그 밖의 선박이나 항공기에 의하여서만 행사될 수 있다.
6. 추적이 항공기에 의하여 행하여지는 경우
  (a) 제1항부터 제4항까지의 규정을 준용한다.
  (b) 정선명령을 한 항공기는 선박을 직접 나포할 수 있는 경우를 제외하고는 그 항공기가 요청한 연안국의 선박이나 다른 항공기가 도착하여 추적을 인수할 때까지 그 선박을 스스로 적극적으로 추적한다. 선박의 범법사실 또는 범법혐의가 항공기에 의하여 발견되었더라도, 그 항공기에 의하여 또는 중단 없이 계속하여 그 추적을 행한 다른 항공기나 선박에 의하여 정선명령을 받고 추적당하지 아니하는 한, 영해 밖에서의 나포를 정당화시킬 수 없다.
7. 어느 국가의 관할권 내에서 나포되어 권한있는 당국의 심리를 받기 위하여 그 국가의 항구에 호송된 선박은 부득이한 사정에 의하여 그 항행 도중에 배타적경제수역의 어느 한 부분이나 공해의 어느 한 부분을 통하여 호송되었다는 이유만으로 그 석방을 주장할 수 없다.
8. 추적권의 행사가 정당화되지 아니하는 상황에서 선박이 영해 밖에서 정지되거나 나포된 경우, 그 선박은 이로 인하여 받은 모든 손실이나 피해를 보상받는다.

◆ 배타적 경제수역과 대륙붕 [19 간부]

배타적 경제수역	1. 해저의 상부 수역, 해저 및 그 하층토에 있는 생물이나 무생물 등 천연자원의 탐사·개발·보존 및 관리를 목적으로 하는 주권적 권리와 해수, 해류 및 해풍을 이용한 에너지 생산 등 경제적 개발 및 탐사를 위한 그 밖의 활동에 관한 주권적 권리 2. 다음 사항에 관하여 협약에 규정된 관할권 　가. 인공섬·시설 및 구조물의 설치·사용 　나. 해양과학 조사 　다. 해양환경의 보호 및 보전 3. 협약에 규정된 그 밖의 권리
대륙붕	1. 대륙붕의 탐사를 위한 주권적 권리 2. 해저의 하층토의 광물, 그 밖의 무생물자원 및 정착성 어종에 속하는 생물체의 개발을 위한 주권적 권리 3. 협약에 규정된 그 밖의 권리

4. 배타적 경제수역에서의 외국인어업 등에 대한 주권적 권리의 행사에 관한 법률

1 목적 [17 승진]

이 법은 「해양법에 관한 국제연합협약」의 관계 규정에 따라 대한민국의 배타적 경제수역에서 이루어지는 외국인의 어업활동에 관한 우리나라의 주권적 권리의 행사 등에 필요한 사항을 규정함으로써 해양생물자원의 적정한 보존·관리 및 이용에 이바지함을 목적으로 한다.

2 정의

배타적 경제수역	「배타적 경제수역 및 대륙붕에 관한 법률」에 따라 설정된 수역(水域)
외국인	다음의 어느 하나에 해당하는 자 가. 대한민국 국적을 가지지 아니한 사람 나. 외국의 법률에 따라 설립된 법인(대한민국의 법률에 따라 설립된 법인으로서 외국에 본점 또는 주된 사무소를 가진 법인이나 그 주식 또는 지분의 2분의 1 이상을 외국인이 소유하고 있는 법인을 포함한다)
어업	수산동식물(水産動植物)을 포획·채취하거나 양식하는 사업
어업활동	어업이나 어업에 관련된 탐색·집어(集魚), 어획물의 보관·저장·가공, 어획물 또는 그 제품의 운반, 선박에 필요한 물건의 보급 또는 그 밖에 해양수산부령으로 정하는 어업에 관련된 행위

3 적용 범위 등

① 외국인이 배타적 경제수역에서 어업활동을 하는 경우에는 「수산업법」, 「양식산업발전법」 및 「수산자원관리법」에도 불구하고 이 법을 적용한다. [18 경장승진, 18 해경]
② 이 법에서 규정하는 사항에 관하여 외국과의 협정에서 따로 정하는 것이 있을 때에는 그 협정에서 정하는 바에 따른다. [22 경장승진]
③ 배타적 경제수역에서 이루어지는 외국인의 어업활동에 관하여는 「배타적 경제수역 및 대륙붕에 관한 법률」 제5조제1항에도 불구하고 대통령령으로 정하는 법령의 규정을 적용하지 아니한다. [18 경사승진]

4 특정금지구역에서의 어업활동 금지 [15 해경, 19 경장승진, 22 경장승진]

외국인은 배타적 경제수역 중 어업자원의 보호 또는 어업조정(漁業調整)을 위하여 대통령령으로 정하는 구역(이하 "특정금지구역"이라 한다)에서 어업활동을 하여서는 아니 된다.

5 어업의 허가 등

① 외국인은 특정금지구역이 아닌 배타적 경제수역에서 어업활동을 하려면 선박마다 해양수산부장관의 허가를 받아야 한다. [14 해경, 15 경장승진, 16 경장승진, 17 경감승진, 18 해경, 20 해경]
② 해양수산부장관은 제1항에 따라 허가를 하였을 때에는 해당 외국인에게 허가증을 발급하여야 한다.
③ 제1항에 따라 허가를 받은 외국인은 허가를 받은 선박에 허가 사항을 식별할 수 있도록 표지(標識)를 하여야 하며, 제2항의 허가증을 갖추어 두어야 한다.

시행령 제3조(어업 등의 허가사항)

① 법 제5조에 따라 **배타적 경제수역에서 어업활동을 하려는 외국인이 해양수산부장관으로부터 허가를 받아야 하는 사항**은 다음 각 호와 같다. [14 경장승진, 15 경사승진, 16 경사승진, 19 경사승진]
  1. **어업의 종류**
  2. **어선의 규모**
  3. **부속선의 선박 수**
  4. **포획대상 수산동식물의 종류 및 예상어획량**

시행규칙 제5조(허가증의 발급절차 등)

① **해양수산부장관**은 법 제5조에 따라 **어업활동 허가**를 한 경우에는 **해당 외국인**(외국정부가 해당 국가의 국민을 대행하여 일괄적으로 법 제5조에 따라 어업활동 허가를 신청한 경우에는 외국정부를 말한다)에게 제3항에 따른 **허가증과 다음 각 호의 서류**(이하 "허가증등"이라 한다)를 발급하여야 한다.
  1. 별지 제4호서식(외국 정부에 허가증을 발급하는 경우만 해당한다)의 **어업활동 허가현황 및 입어료 부과명세서**
  2. **입어료 납입고지서**(「국고금관리법 시행규칙」 제10조에 따른 납입고지서로 하되, 그 내용 중 한글로 표기된 부분에는 영문을 함께 적는다)

② **해양수산부장관**은 제1항에 따라 **외국정부에 허가증등을 발급하는 경우**에는 해당 허가증등을 **주한 외국공관**(대사관·공사관·총영사관 및 영사관을 말하며, **명예영사관은 제외**한다. 이하 같다)의 장에게 송부하여 **그 교부를 의뢰할 수 있다**.

시행규칙 제6조(허가증의 비치) [18 경장승진]

법 제5조에 따라 **어업활동 허가를 받은 외국인은 그 허가증을 허가받은 선박의 조타실에 갖추어 두어야 한다. 부속선이 있는 선박의 경우에는 그 부속선의 조타실에 허가증 사본을 갖추어 두어야 한다.**

시행규칙 제8조(허가증의 반납)

법 제5조에 따라 **허가증을 발급받은 외국인은 다음 각 호의 어느 하나에 해당하는 경우에는 그 허가증을 반납하여야 한다**. 다만, 제2호에 해당하는 경우로서 허가증을 반납할 수 없을 때에는 그 사유서를 제출하여야 한다.
  1. **어업활동 허가가 취소된 경우**
  2. **선박이 침몰하거나 사용할 수 없게 된 경우**

시행규칙 제9조(어업활동 허가번호의 표지) [14 해경]

법 제5조에 따라 **어업활동 허가를 받은 외국인은 선박마다 별지 제1도의 어업활동 허가번호판**(이하 "허가번호판"이라 한다)을 **조타실 좌우 측면의 중앙부**에 각각 붙여야 한다.

시행규칙 제10조(표지깃발의 게양) [11 경사승진]

법 제5조에 따라 **어업활동 허가를 받은 외국인**은 **다음 각 호의 어느 하나에 해당하는 경우에는 선박마다 별지 제2도의 표지깃발을 선박의 마스트 상단부에 게양해야 한다.**
  1. **배타적 경제수역 안으로 들어오는**(이하 "입역"이라 한다) **경우**
  2. **배타적 경제수역 밖으로 나가는**(이하 "출역"이라 한다) **경우**
  3. **배타적 경제수역 안에서 어업활동을 하는 경우**

시행규칙 [별표 1] 어업활동 허가번호 및 시험·연구 승인번호의 부여방법(시행규칙 제11조제2항 및 제30조

관련)
1. 어업활동 허가번호 및 시험·연구 승인번호는 국호(國號)의 약자(略字), 업종 또는 허가·승인의 구분, 허가·승인의 일련번호로 구성한다.
2. 업종 또는 허가·승인의 구분과 허가·승인의 일련번호는 가운뎃점으로 구분한다.
3. 국호의 약자는 다음과 같이 한다.
   일본국 : J, 중화인민공화국 : C, 러시아 연방 : R, 기타 국가 : E [13 해경, 14 해경]
4. 업종 또는 허가·승인의 구분은 다음과 같이 한다.
   가. 어업활동 허가
      기선저인망어업 : 21, 트롤어업 : 22, 선망어업 : 23, **채낚기어업 : 24**,
      자망어업 : 25, 안강망어업 : 26, 봉수망어업 : 27, 통발어업 : 28,
      연승어업 : 29, 기타 어업 : 30, 어업 외의 어업활동 : 40
   나. 시험·연구 승인 : 70
5. 허가·승인의 일련번호는 허가·승인의 순서에 따른 업종별 일련번호로 한다.
   〈예시〉
   가. 어업활동 허가번호의 예 : E21·0045(기타 국가 기선저인망어업의 어업활동 허가 제45호)
   나. 시험·연구 승인번호의 예 : E70·0001(기타 국가 시험·연구 승인 제1호)
      ex) C21·0027 : 중화인민공화국 기선저인망어업의 어업활동 허가 제27호

6 허가기준

① 해양수산부장관은 제5조제1항에 따른 허가 신청을 받았을 때에는 다음 각 호의 기준을 모두 충족하는 경우에만 허가할 수 있다.
1. 허가 신청된 어업활동이 국제협약 또는 국가 간의 합의나 그 밖에 이에 준하는 것의 이행에 지장을 주지 아니한다고 인정될 것
2. 허가 신청된 어업활동으로 인하여 해양수산부령으로 정하는 바에 따라 해양수산부장관이 정하는 어획량의 한도를 초과하지 아니한다고 인정될 것
3. 허용 가능한 어업 및 선박 규모의 기준 등 해양수산부령으로 정하는 기준을 충족한다고 인정될 것

6의2 불법 어업활동 혐의 선박에 대한 정선명령 [18 경장승진]

검사(檢事)나 대통령령으로 정하는 사법경찰관(이하 "사법경찰관"이라 한다)은 배타적 경제수역에서 다음 각 호의 어느 하나에 해당하는 불법 어업활동 혐의가 있는 외국선박에 정선명령(停船命令)을 할 수 있다. 이 경우 그 선박은 명령에 따라야 한다.
1. 이 법, 이 법에 따른 명령 또는 제한이나 조건을 위반한 혐의가 있다고 인정되는 경우
2. 대한민국과 어업에 관한 협정을 체결한 국가의 선박이 그 협정, 그 협정에 따른 명령 또는 제한이나 조건을 위반한 혐의가 있다고 인정되는 경우

시행령 제3조의2(사법경찰관)
법 제6조의2 각 호 외의 부분 전단에서 "대통령령으로 정하는 사법경찰관"이란 다음 각 호의 사람을 말한다.
1. 「형사소송법」 제196조제1항에 따른 사법경찰관

> 형사소송법 제197조(사법경찰관리) [시행 21. 1. 1.]
> ① 경무관, 총경, 경정, 경감, 경위는 사법경찰관으로서 범죄의 혐의가 있다고 사료하는 때에는 범인, 범죄사실과 증거를 수사한다.
> ② 경사, 경장, 순경은 사법경찰리로서 수사의 보조를 하여야 한다.
>
> 2. 「사법경찰관리의 직무를 수행할 자와 그 직무범위에 관한 법률」 제5조제18호에 따른 어업감독 공무원 중 7급 이상의 공무원

7 입어료

① 허가증을 발급받은 외국인은 대한민국 정부에 입어료(入漁料)를 내야 한다.
② 제1항에 따른 입어료는 특별한 사유가 있으면 감액(減額)하거나 면제할 수 있다.

> 시행령 제4조(입어료)
> ① 법 제7조에 따른 입어료(入漁料)는 기본입어료와 예상어획량에 따른 입어료로 구분한다.
> ② 제1항에 따른 기본입어료는 다음 각 호와 같다.
>   1. 총톤수 30톤 이하의 어선(부속선은 제외한다. 이하 이 조에서 같다) : 3만원
>   2. 총톤수 30톤을 초과하는 어선 : 3만원에 총톤수 30톤을 초과하는 1톤당 1천원씩을 더한 금액 [21 해경]
>   cf) 100톤 : 10만원, 45톤 : 4만5천원

8 시험·연구 등을 위한 수산동식물 포획·채취 등의 승인

① 배타적 경제수역에서 시험·연구, 교육실습 또는 그 밖에 해양수산부령으로 정하는 목적을 위하여 다음 각 호의 어느 하나의 행위를 하려는 외국인은 선박마다 해양수산부령으로 정하는 바에 따라 해양수산부장관의 승인을 받아야 한다. [17 경장승진, 18 해경]
  1. 수산동식물의 포획·채취
  2. 어업에 관련된 탐색·집어
  3. 어획물의 보관·저장·가공
  4. 어획물 또는 그 제품의 운반

9 수수료

① 외국인은 제8조 제1항에 따라 승인 신청을 할 때에는 해양수산부령으로 정하는 바에 따라 대한민국 정부에 수수료를 내야 한다.
② 제1항에 따른 수수료는 특별한 사유가 있으면 감액하거나 면제할 수 있다.

> 시행규칙 제17조(수수료)
> ① 법 제9조에 따른 수수료의 금액은 다음 각 호와 같다.
>   1. 총톤수 100톤 미만인 선박 : 3만원
>   2. 총톤수 100톤 이상 1천톤 미만인 선박 : 5만원
>   3. 총톤수 1천톤 이상인 선박 : 10만원

10 허가 등의 제한 또는 조건 [17 해경]

해양수산부장관은 제5조 제1항에 따른 허가나 제8조 제1항에 따른 승인을 할 때에는 제한이나 조건을 붙일

수 있으며, 그 제한 또는 조건은 변경할 수 있다.

11 어획물 등을 옮겨 싣는 행위 등 금지   [17 해경, 20 해경]

외국인이나 외국어선의 선장은 배타적 경제수역에서 어획물이나 그 제품을 다른 선박에 옮겨 싣거나 다른 선박으로부터 받아 실어서는 아니 된다. 다만, 해양사고의 발생 등 해양수산부령으로 정하는 경우에는 그러하지 아니하다.

> 시행규칙 제19조(어획물 등을 옮겨 싣는 행위 등의 특례) [18 경장·경사승진, 18 해경]
> 법 제11조 단서에 따라 외국인이나 외국어선의 선장이 배타적 경제수역에서 어획물 또는 그 제품을 다른 선박에 옮겨 싣거나 다른 선박으로부터 받아 실을 수 있는 경우는 다음 각 호와 같다.
> 1. 해양사고가 발생한 경우
> 2. 법 제5조제1항에 따라 어업활동 허가를 받은 부속선에 옮겨 싣는 경우
> 3. 법 제5조제1항에 따라 어획물 운반을 목적으로 허가를 받은 선박에 옮겨 싣는 경우

12 어획물 등의 직접 양륙 금지   [17 해경]

외국인이나 외국어선의 선장은 배타적 경제수역에서 어획한 어획물이나 그 제품을 대한민국의 항구에 직접 양륙(揚陸)할 수 없다. 다만, 해양사고의 발생 등 해양수산부령으로 정하는 경우에는 그러하지 아니하다.

> 시행규칙 제20조(어획물의 직접 양륙 금지의 특례)
> 법 제12조 단서에 따라 외국인이나 외국어선의 선장이 배타적 경제수역에서 어획한 어획물 또는 그 제품을 대한민국의 항구에 직접 양륙(揚陸)할 수 있는 경우는 다음 각 호의 어느 하나에 해당하는 경우로 한다.
> 1. 해양사고가 발생한 경우
> 2. 선박 또는 인명의 안전유지를 위하여 부득이한 경우

13 허가 및 승인의 취소 등   [17 해경]

해양수산부장관은 제5조제1항에 따른 허가를 받거나 제8조제1항에 따른 승인을 받은 외국인이 이 법, 이 법에 따른 명령 또는 제한이나 조건을 위반하였을 때에는 1년의 범위에서 배타적 경제수역에서의 어업활동 또는 시험·연구 등을 위한 수산동식물 포획·채취 등(이하 "어업활동등"이라 한다)의 정지를 명하거나 제5조제1항에 따른 허가나 제8조제1항에 따른 승인을 취소할 수 있다.

> 시행규칙 제25조(행정처분 상황의 통보) [18 경감승진, 19 해경]
> 해양수산부장관은 법 제13조에 따라 행정처분을 한 경우에는 다음 각 호의 어느 하나에 해당하는 사람에게 그 처분사항을 통보하여야 한다.
> 1. 부산광역시장, 인천광역시장, 울산광역시장, 도지사(충청북도지사는 제외한다) 및 특별자치도지사
> 2. 해양경찰청장
> 3. 영 제6조에 따라 행정처분을 요구한 검사

14 대륙붕의 정착성 어종에 관계되는 어업활동에의 준용

① 대한민국의 대륙붕 중 배타적 경제수역 외측(外側) 수역에서의 정착성 어종(「해양법에 관한 국제연합협약」

제77조 제4항의 정착성 어종에 속하는 생물을 말한다)에 관련되는 어업활동등에 관하여는 제3조부터 제13조까지의 규정을 준용한다.

16의2 벌칙

제4조 또는 제5조제1항을 위반하여 어업활동(=특정금지구역에서의 어업활동, 무허가 어업활동)을 한 자는 3억원 이하의 벌금에 처한다.

17 벌칙 [13 경감승진]

다음 각 호의 어느 하나에 해당하는 자는 2억원 이하의 벌금에 처한다.
2. 제10조에 따라 제5조제1항의 허가에 붙이는 제한 또는 조건(제10조에 따라 변경된 제한 또는 조건을 포함한다)을 위반한 자
3. 제11조를 위반하여 어획물이나 그 제품을 다른 선박에 옮겨 싣거나 다른 선박으로부터 받아 실은 자
4. 제13조에 따른 어업활동의 정지명령을 위반한 자
5. 제14조제1항(대륙붕의 정착성 어종에 관계되는 어업활동에의 준용)에 따라 준용되는 제4조, 제5조제1항, 제10조 또는 제13조를 위반하여 어업활동을 한 자

17의2 벌칙

제6조의2(불법 어업활동 혐의 선박에 대한 정선명령)를 위반하여 정선명령을 따르지 아니한 선박의 소유자 또는 선장은 1억원 이하의 벌금에 처한다. [13 경사승진, 14 해경, 18 해경]

18 벌칙

제12조를 위반하여 어획물이나 그 제품을 항구에 직접 양륙한 자는 3천만원 이하의 벌금에 처한다.

19 벌칙

다음 각 호의 어느 하나에 해당하는 자는 500만원 이하의 벌금에 처한다.
1. 제8조제1항(제14조제1항에 따라 준용되는 경우를 포함한다)에 따라 승인을 받지 아니하고 시험·연구 등을 위한 수산동식물 포획·채취 등의 행위를 한 자
2. 제10조에 따라 제8조제1항의 승인에 붙이는 제한 또는 조건(제10조에 따라 변경된 제한 또는 조건을 포함한다)을 위반한 자(제14조제1항에 따라 준용되는 제한 또는 조건이나 변경된 제한 또는 조건을 위반한 자를 포함한다)
3. 제13조(제14조제1항에 따라 준용되는 경우를 포함한다)에 따라 시험·연구 등을 위한 수산동식물 포획·채취 등의 정지명령을 위반한 자

20 벌칙

제5조제3항에 따른 허가 사항의 표지를 하지 아니하거나 허가증을 갖추어 두지 아니한 자(제8조제2항 또는 제14조제1항에 따라 준용되는 경우를 포함한다)는 200만원 이하의 벌금에 처한다.

21 몰수 또는 추징 [18 경장·경감승진]

① 제16조의2, 제17조, 제18조 또는 제19조의 죄를 범한 자가 소유하거나 소지하는 어획물 및 그 제품, 선박, 어구(漁具) 또는 그 밖의 어업활동등에 사용한 물건(이하 이 조에서 "어획물등"이라 한다)은 몰수할

수 있다. 다만, 제16조의2의 죄(특정금지구역에서의 어업활동 또는 무허가 어업활동)를 받한 자가 자국(自國)으로부터 어업활동에 관한 허가를 받지 아니한 경우에는 어획물등을 몰수한다. [∴ 제17조의2(정선명령 위반)와 제20조(허가사항의 표지를 하지 않거나 허가증 미구비)의 경우에는 몰수할 수 없다)
② 제1항에 따라 어획물등의 전부 또는 일부를 몰수할 수 없는 경우에는 그 가액(價額)을 추징한다.

22 양벌규정

법인의 대표자, 법인 또는 개인의 대리인, 사용인, 그 밖의 종업원이 그 법인 또는 개인의 업무 또는 재산에 관하여 제16조의2, 제17조, 제17조의2 또는 제18조부터 제20조까지의 어느 하나에 해당하는 위반행위를 하면 그 행위자를 벌하는 외에 그 법인 또는 개인에게도 해당 조문의 벌금형을 과(科)한다. 다만, 법인 또는 개인이 그 위반행위를 방지하기 위하여 해당 업무에 관하여 상당한 주의와 감독을 게을리하지 아니한 경우에는 그러하지 아니하다.

23 위반 선박 등에 대한 사법절차 [12 해경, 13 경사승진, 20 해경]

① 검사나 사법경찰관은 이 법, 이 법에 따른 명령 또는 제한이나 조건을 위반한 선박 또는 그 선박의 선장이나 그 밖의 위반자에 대하여 정선, 승선, 검색, 나포(拿捕) 등 필요한 조치를 할 수 있다.
② 사법경찰관은 제1항의 조치를 하였을 때에는 그 결과를 검사에게 보고하되, 사정이 급하여 미리 지휘를 받을 수 없는 경우를 제외하고는 검사의 지휘를 받아 제1항의 조치를 하여야 한다.
③ 검사는 제1항의 조치를 하였거나 제2항에 따른 보고를 받았을 때에는 선장이나 그 밖의 위반자에게 지체 없이 다음 각 호의 사항을 고지하여야 한다. 다만, 대통령령으로 정하는 외국인이 하는 어업활동등에 대하여는 그러하지 아니하다.
  1. 담보금이나 담보금 제공을 보증하는 서류가 법무부령으로 정하는 바에 따라 검사에게 제출되었을 때에는 선장이나 그 밖의 위반자를 석방하고, 선박을 반환한다는 취지
  2. 담보금의 금액
④ 검사는 제3항에 따라 고지된 담보금 또는 그 제공을 보증하는 서류를 받았을 때에는 지체 없이 선장이나 그 밖의 위반자를 석방하고 선박을 반환하여야 한다. [13 경감승진]
⑤ 제3항제2호에 따른 담보금의 금액은 대통령령으로 정하는 기준에 따라 검사가 위반 사항의 내용과 위반 횟수, 그 밖의 사정을 고려하여 정한다. [14 해경, 16 해경, 20 해경]

> **시행령 제8조(위반선박 등의 나포·억류 통보)**
> ① 검사는 법 제23조제1항에 따라 법, 법에 따른 명령 또는 제한이나 조건을 위반한 선박(이하 이 조에서 "위반선박"이라 한다) 또는 그 선박의 선장이나 그 밖의 위반자를 나포(拿捕)하거나 억류한 경우에는 해당 위반선박의 선적국(船籍國)과 해양수산부장관에게 다음 각 호의 사항을 지체 없이 통보하여야 한다.
>   1. 위반선박의 명칭 및 총톤수
>   2. 위반선박 소유자의 성명 및 주소
>   3. 선장의 성명 및 주소
>   4. 승무원의 수
>   5. 위반선박 또는 그 선박의 선장이나 그 밖의 위반자에 대한 조치사항
> ② 검사는 위반선박의 선장이나 그 밖의 위반자가 벌금형의 선고를 받고 그 형이 확정되면 그 판결에 관한 사항을 해당 위반선박의 선적국에 지체 없이 통보하여야 한다.

시행규칙 제27조(정선명령) [11 경사승진, 15 경장승진, 17 경감승진, 18 경장승진, 19 경사·경감승진, 22 경장승진]

① 검사나 영 제3조의2에 따른 사법경찰관은 법 제23조제1항에 따라 외국선박을 정선(停船)시키려는 경우에는 다음 각 호의 어느 하나에 해당하는 방법에 따라야 한다.
  1. 국제해사기구의 국제신호서에 규정된 신호기 엘(L)의 게양
  2. 국제해사기구의 국제신호서에 규정된 사이렌·뱃고동 또는 그 밖의 음향신호에 의한 엘(L)의 신호(단음 1회, 장음 1회, 단음 2회를 7초의 간격으로 계속한다)
  3. 국제해사기구의 국제신호서에 규정된 투광기에 의한 엘(L)의 신호[단광(短光) 1회, 장광(長光) 1회, 단광 2회를 7초의 간격으로 계속한다]
  4. 마이크로폰 또는 육성(肉聲)
② 제1항에서 "장음" 또는 "장광"이란 3초간 계속 소리를 울리거나 빛을 비추는 것을 말하며, "단음" 또는 "단광"이란 1초간 계속 소리를 울리거나 빛을 비추는 것을 말한다.

24 담보금의 보관·국고귀속 및 반환 등

① 담보금은 법무부령으로 정하는 바에 따라 검사가 보관한다.
② 담보금은 다음 각 호의 어느 하나에 해당하는 경우에는 대통령령으로 정하는 바에 따라 지정일 다음 날부터 계산하여 1개월이 지난 날에 국고에 귀속된다. 다만, 국고 귀속일 전날까지 선장이나 그 밖의 위반자가 지정일 다음 날부터 계산하여 3개월이 지나기 전의 특정일에 출석하거나 압수물을 제출한다는 취지의 신청을 한 경우에는 그러하지 아니하다.
  1. 선장이나 그 밖의 위반자가 검사 또는 법원으로부터 출석을 요구받고도 그 지정일 및 지정 장소에 출석하지 아니하는 경우
  2. 선장이나 그 밖의 위반자가 검사 또는 법원으로부터 반환된 압수물의 제출을 요구받고도 그 지정일 및 지정 장소에 제출하지 아니하는 경우

◆ 배타적 경제수역에서의 불법 어업활동 등에 대한 제재

행위	제재
1. 특정금지구역에서의 어업활동 2. 무허가 어업활동	3억원 이하의 벌금(제16조의2)
1. 어업활동 허가 제한 또는 조건 위반 2. 어획물이나 그 제품을 다른 선박에 옮겨 적재 또는 다른 선박으로부터 받아 적재 3. 어업활동 정지명령 위반	2억원 이하의 벌금(제17조)
정선명령 위반	1억원 이하의 벌금(제17조의2)
어획물이나 그 제품을 항구에 직접 양륙	3천만원 이하의 벌금(제18조)

◆ 불법외국어선 단속의 근거

국제법적 근거	해양법에 관한 국제연합 협약, 한·중 어업협정, 한·일 어업협정
국내법적 근거	영해 및 접속수역법, 배타적 경제수역 및 대륙붕에 관한 법률, 배타적 경제수역에서의 외국인어업 등에 대한 주권적 권리의 행사에 관한 법률, 해양경비법

제2절 | 작전·위기관리

1. 통합방위법

목적(§1)		이 법은 적(敵)의 침투·도발이나 그 위협에 대응하기 위하여 국가 총력전(總力戰)의 개념을 바탕으로 국가방위요소를 통합·운용하기 위한 통합방위 대책을 수립·시행하기 위하여 필요한 사항을 규정함을 목적으로 한다.
정의(§3)	통합방위	적의 침투·도발이나 그 위협에 대응하기 위하여 각종 국가방위요소를 통합하고 지휘체계를 일원화하여 국가를 방위하는 것을 말한다.
	통합방위작전	통합방위사태가 선포된 지역에서 통합방위본부장, 지역군사령관, 함대사령관 또는 시·도경찰청장(이하 "작전지휘관"이라 한다)이 국가방위요소를 통합하여 지휘·통제하는 방위작전을 말한다. [21 간부, 20 해경]
	갑종사태	일정한 조직체계를 갖춘 적의 대규모 병력 침투 또는 대량살상무기(大量殺傷武器) 공격 등의 도발로 발생한 비상사태로서 통합방위본부장 또는 지역군사령관의 지휘·통제 하에 통합방위작전을 수행하여야 할 사태
	을종사태	일부 또는 여러 지역에서 적이 침투·도발하여 단기간 내에 치안이 회복되기 어려워 지역군사령관의 지휘·통제 하에 통합방위작전을 수행하여야 할 사태 [22 간부]
	병종사태	적의 침투·도발 위협이 예상되거나 소규모의 적이 침투하였을 때에 시·도경찰청장, 지역군사령관 또는 함대사령관의 지휘·통제 하에 통합방위작전을 수행하여 단기간 내에 치안이 회복될 수 있는 사태
	침투	적이 특정 임무를 수행하기 위하여 대한민국 영역을 침범한 상태
	도발	적이 특정 임무를 수행하기 위하여 대한민국 국민 또는 영역에 위해(危害)를 가하는 모든 행위
	위협	대한민국을 침투·도발할 것으로 예상되는 적의 침투·도발 능력과 기도(企圖)가 드러난 상태
	방호	적의 각종 도발과 위협으로부터 인원·시설 및 장비의 피해를 방지하고 모든 기능을 정상적으로 유지할 수 있도록 보호하는 작전 활동
	국가중요시설	공공기관, 공항·항만, 주요 산업시설 등 적에 의하여 점령 또는 파괴되거나 기능이 마비될 경우 국가안보와 국민생활에 심각한 영향을 주게 되는 시설 [21 승진]
통합방위 협의회	중앙협의회(§4)	① 국무총리 소속으로 중앙 통합방위협의회(이하 "중앙협의회"라 한다)를 둔다. ② 중앙협의회의 의장은 국무총리가 되고, 위원은 기획재정부장관, 교육부장관, 과학기술정보통신부장관, 외교부장관, 통일부장관, 법무부장관, 국방부장관, 행정안전부장관, 국가보훈부장관, 문화체육관광부장관, 농림축산식품부장관, 산업통상자원부장관, 보건복지부장관, 환경부장관, 고용노동부장관, 여성가족부장관, 국토교통부장관, 해양수산부장관, 중소벤처기업부장관, 국무조정실장, 법제처장, 식품의약품안전처장, 국가정보원장 및 통합방위본부장과 그 밖에 대통령령으로 정하는 사람이 된다. ③ 중앙협의회에 간사 1명을 두고, 간사는 통합방위본부의 부본부장이 된다.
	시·도협의회(§5)	① 특별시장·광역시장·특별자치시장·도지사·특별자치도지사(이하 "시·도지사"라 한다) 소속으로 특별시·광역시·특별자치시·도·특별자치도 통합방위협의회(이하 "시·도 협의회"라 한다)를 두고, 그 의장은 시·도지사가 된다. ② 시장·군수·구청장(자치구의 구청장을 말한다. 이하 같다) 소속으로 시·

		군·구 통합방위협의회를 두고, 그 의장은 시장·군수·구청장이 된다.
	직장협의회 (§6)	① 직장에는 직장 통합방위협의회(이하 "직장협의회"라 한다)를 두고, 그 의장은 직장의 장이 된다. ② 직장협의회를 두어야 하는 직장의 범위와 직장협의회의 운영 등에 필요한 사항은 대통령령으로 정한다.
통합방위 본부 등 (§8, §9)		① 합동참모본부에 통합방위본부를 둔다. ② 통합방위본부에는 본부장과 부본부장 1명씩을 두되, **통합방위본부장**은 **합동참모의장**이 되고 부본부장은 합동참모본부 합동작전본부장이 된다. ③ 시·도지사 소속으로 시·도 통합방위 지원본부를 두고, 시장·군수·구청장·읍장·면장·동장 소속으로 시·군·구·읍·면·동 통합방위 지원본부를 둔다.
경계태세 (§11) [21 승진]		① 대통령령으로 정하는 군부대의 장 및 경찰관서의 장(이하 이 조에서 "발령권자"라 한다)은 적의 침투·도발이나 그 위협이 예상될 경우 통합방위작전을 준비하기 위하여 경계태세를 발령할 수 있다. ② 제1항에 따라 경계태세가 발령된 때에는 해당 지역의 국가방위요소는 적의 침투·도발이나 그 위협에 대응하기 위하여 필요한 지휘·협조체계를 구축하여야 한다. ③ 발령권자는 경계태세 상황이 종료되거나 상급 지휘관의 지시가 있는 경우 경계태세를 해제하여야 하고, 제12조에 따라 통합방위사태가 선포된 때에는 경계태세는 **해제**된 것으로 본다. ④ 경계태세의 종류, 발령·해제 절차 및 경계태세 발령 시 국가방위요소 간 지휘·협조체계 구축 등에 필요한 사항은 대통령령으로 정한다. **시행령 제22조(경계태세의 종류)** ① 법 제11조제1항에 따른 경계태세는 적의 침투·도발 상황을 고려하여 경계태세 3급, 경계태세 2급, 경계태세 1급으로 구분하여 발령할 수 있다. ② 제1항의 경계태세 구분에 대한 세부 내용 및 조치사항 등은 대통령이 정한다. **제23조(경계태세 발령 시의 지휘 및 협조 관계)** ① 법 제11조제1항 및 이 영 제22조제1항에 따라 경계태세 1급 발령 시 국가방위요소 간 지휘 및 협조 관계는 다음 각 호의 구분에 따른다. 1. 경찰관할지역: 시·도경찰청장이 지역군사령관으로부터 위임받은 군 작전요소를 작전통제(지휘를 받는 부대, 부서 또는 기관에 통합방위를 위한 작전임무를 부여하고 지시하는 것을 말한다. 이하 같다)하여 군·경 합동작전을 수행한다. 2. 군관할지역: 지역군사령관이 시·도경찰청장으로부터 위임받은 경찰 작전요소를 작전통제하여 군·경 합동작전을 수행한다. 3. 특정경비지역: 지역군사령관이 해당 지역의 모든 국가방위요소를 작전통제하여 작전을 수행한다. 4. 특정경비해역 및 일반경비해역: 함대사령관이 관할해역의 해양경찰을 작전통제하여 군·경 합동작전을 수행한다. 5. 해안경계 부대의 장은 선박의 입항·출항 신고기관에 근무하는 해양경찰을 작전통제하여 임무를 수행한다. 6. 지방자치단체의 장 및 읍·면·동장은 각 통합방위 지원본부를 통하여 작전을 지원한다. ② 법 제11조제1항 및 이 영 제22조제1항에 따라 경계태세 2급 또는 3급 발령 시 국가방위요소는 상호 협조하여 적의 침투·도발에 대비한다. ③ 지역군사령관, 시·도경찰청장, 함대사령관, 지방해양경찰청장은 평시(平時)부터 적의 침투·도발에 대비하여 상호 연계된 각각의 작전계획을 수립하여야 한다.
통합방위 사태의 선포(§12) [22 승진]		① 통합방위사태는 **갑종사태, 을종사태 또는 병종사태**로 구분하여 선포한다. ② 제1항의 사태에 해당하는 상황이 발생하면 다음 각 호의 구분에 따라 해당하는 사람은 즉시 국무총리를 거쳐 대통령에게 통합방위사태의 선포를 건의하여야 한다. 1. 갑종사태에 해당하는 상황이 발생하였을 때 또는 둘 이상의 특별시·광역시·특별자치시·

	도·특별자치도(이하 "시·도"라 한다)에 걸쳐 을종사태에 해당하는 상황이 발생하였을 때 : 국방부장관 　2. 둘 이상의 시·도에 걸쳐 병종사태에 해당하는 상황이 발생하였을 때 : 행정안전부장관 또는 국방부장관 ③ 대통령은 제2항에 따른 건의를 받았을 때에는 중앙협의회와 국무회의의 심의를 거쳐 통합방위사태를 선포할 수 있다. ④ 시·도경찰청장, 지역군사령관 또는 함대사령관은 을종사태나 병종사태에 해당하는 상황이 발생한 때에는 즉시 시·도지사에게 통합방위사태의 선포를 건의하여야 한다. ⑤ 시·도지사는 제4항에 따른 건의를 받은 때에는 시·도 협의회의 심의를 거쳐 을종사태 또는 병종사태를 선포할 수 있다.
통합방위사태의 해제 (§14)	① 대통령은 통합방위사태가 평상 상태로 회복되거나 국회가 해제를 요구하면 지체 없이 그 통합방위사태를 해제하고 그 사실을 공고하여야 한다. ② 대통령은 제1항에 따라 통합방위사태를 해제하려면 중앙협의회와 국무회의의 심의를 거쳐야 한다. 다만, 국회가 해제를 요구한 경우에는 그러하지 아니한다. ③ 국방부장관 또는 행정안전부장관은 통합방위사태가 평상 상태로 회복된 때에는 국무총리를 거쳐 대통령에게 통합방위사태의 해제를 건의하여야 한다. ④ 시·도지사는 통합방위사태가 평상 상태로 회복되거나 시·도의회에서 해제를 요구하면 지체 없이 통합방위사태를 해제하고 그 사실을 공고하여야 한다. 이 경우 시·도지사는 그 통합방위사태의 해제사실을 행정안전부장관 및 국방부장관과 국무총리를 거쳐 대통령에게 보고하여야 한다. ⑤ 시·도지사는 제4항 전단에 따라 통합방위사태를 해제하려면 시·도 협의회의 심의를 거쳐야 한다. 다만, 시·도의회가 해제를 요구하였을 때에는 그러하지 아니한다. ⑥ 시·도경찰청장, 지역군사령관 또는 함대사령관은 통합방위사태가 평상 상태로 회복된 때에는 시·도지사에게 통합방위사태의 해제를 건의하여야 한다.
통합방위 작전(§15)	① 통합방위작전의 관할구역은 다음 각 호와 같이 구분한다. 　1. 지상 관할구역 : 특정경비지역, 군관할지역 및 경찰관할지역 　2. 해상 관할구역 : 특정경비해역 및 일반경비해역 　3. 공중 관할구역 : 비행금지공역(空域) 및 일반공역 ② 시·도경찰청장, 지역군사령관 또는 함대사령관은 통합방위사태가 선포된 때에는 즉시 다음 각 호의 구분에 따라 통합방위작전(공군작전사령관의 경우에는 통합방위 지원작전)을 신속하게 　수행하여야 한다. 다만, 을종사태가 선포된 경우에는 지역군사령관이 통합방위작전을 수행하고, 갑종사태가 선포된 경우에는 통합방위본부장 또는 지역군사령관이 통합방위작전을 수행한다. 　1. 경찰관할지역 : 시·도경찰청장 　2. 특정경비지역 및 군관할지역 : 지역군사령관 　3. 특정경비해역 및 일반경비해역 : 함대사령관 　4. 비행금지공역 및 일반공역 : 공군작전사령관
통제구역 등(§16)	① 시·도지사 또는 시장·군수·구청장은 다음 각 호의 어느 하나에 해당하면 대통령령으로 정하는 바에 따라 인명·신체에 대한 위해를 방지하기 위하여 필요한 통제구역을 설정하고, 통합방위 작전 또는 경계태세 발령에 따른 군·경 합동작전에 관련되지 아니한 사람에 대하여는 출입을 금지·제한하거나 그 통제구역으로부터 퇴거할 것을 명할 수 있다. 　1. 통합방위사태가 선포된 경우 　2. 적의 침투·도발 징후가 확실하여 경계태세 1급이 발령된 경우

대피명령 (§17)	① 시·도지사 또는 시장·군수·구청장은 통합방위사태가 선포된 때에는 인명·신체에 대한 위해를 방지하기 위하여 즉시 작전지역에 있는 주민이나 체류 중인 사람에게 대피할 것을 명할 수 있다. ② 제1항에 따른 대피명령(이하 "대피명령"이라 한다)은 방송·확성기·벽보, 그 밖에 대통령령으로 정하는 방법에 따라 공고하여야 한다. **시행령 제28조(대피명령의 방법)** 법 제17조제2항에서 "대통령령으로 정하는 방법"이란 다음 각 호의 방법을 말한다. 1. 텔레비전·라디오 또는 유선방송 등의 방송 2. 중앙 및 지방의 일간신문에의 게재 3. 해당 지방자치단체의 인터넷 홈페이지에 게시 4. 「정보통신망 이용촉진 및 정보보호 등에 관한 법률」 제2조제1항제3호에 따른 정보통신서비스 제공자의 인터넷 홈페이지에 게시 5. 사회 관계망 서비스(Social Network Service)에 게시 6. 전단 살포 7. 비상연락망을 통한 구두전달 8. 타종(打鐘), 경적(警笛) 또는 신호기(信號旗)의 게양 9. 휴대전화 긴급 문자메시지 ③ 대피명령을 위반한 사람은 300만원 이하의 벌금에 처한다.
검문소의 운용(§18)	시·도경찰청장, 지방해양경찰청장(대통령령으로 정하는 해양경찰서장을 포함), 지역군사령관 및 함대사령관은 관할구역 중에서 적의 침투가 예상되는 곳 등에 검문소를 설치·운용할 수 있다. 다만, 지방해양경찰청장이 검문소를 설치하는 경우에는 미리 관할 함대사령관과 협의하여야 한다.
국가중요시설의 경비·보안 및 방호(§21)	① 국가중요시설의 관리자(소유자를 포함한다. 이하 같다)는 경비·보안 및 방호책임을 지며, 통합방위사태에 대비하여 자체방호계획을 수립하여야 한다. 이 경우 국가중요시설의 관리자는 자체방호계획을 수립하기 위하여 필요하면 시·도경찰청장 또는 지역군사령관에게 협조를 요청할 수 있다. ② 시·도경찰청장 또는 지역군사령관은 통합방위사태에 대비하여 국가중요시설에 대한 방호지원계획을 수립·시행하여야 한다. ③ 국가중요시설의 평시 경비·보안활동에 대한 지도·감독은 관계 행정기관의 장과 국가정보원장이 수행한다. ④ 국가중요시설은 국방부장관이 관계 행정기관의 장 및 국가정보원장과 협의하여 지정한다.

◆ **국가위기관리 활동 단계** [20 승진, 19 승진]

예방	① 위기요인을 사전에 제거·감소시킴으로써 위기의 발생 자체를 억제·방지하기 위한 활동 ② 제도개선, 정책적·기술적 대안강구, 취약점의 보완·관리
대비	① 위기상황에서 수행해야 할 여러 사항을 사전에 계획, 준비, 교육, 훈련함으로써 위기대응능력을 높이고 위기 발생시 즉시 대응할 수 있도록 태세를 강화시키는 활동 ② 매뉴얼의 작성·보완 등 위기대응책의 수립 및 점검, 위기 대응 투입자원의 확보·관리, 위기대응조치 절차의 교육 및 연습·훈련, 비상근무태세 유지
대응	① 위기발생시 국가의 자원과 역량을 효율적으로 활용하고 신속히 대처함으로써 피해를 최소화하고 2차 위기 발생 가능성을 감소시키는 활동 ② 초기 대응조직 및 비상대책기구의 가동, 응급대응 및 공조체계 유지, 대내·외 홍보
복구	① 위기로 인한 피해를 위기 이전의 상태로 회복시키고, 평가 등에 의한 제도 개선과 운영체계 보완을 통해 재발을 방지하고 위기관리능력을 향상시키는 활동 ② 복구자원의 투입 및 원상회복, 위기관리 활동의 평가 및 개선책의 강구

2. 재난 및 안전관리 기본법 [시행 23. 1. 5]

목적(§1)	이 법은 각종 재난으로부터 국토를 보존하고 국민의 생명·신체 및 재산을 보호하기 위하여 국가와 지방자치단체의 재난 및 안전관리체제를 확립하고, 재난의 예방·대비·대응·복구와 안전문화활동, 그 밖에 재난 및 안전관리에 필요한 사항을 규정함을 목적으로 한다.
정의(§3)	"재난"이란 국민의 생명·신체·재산과 국가에 피해를 주거나 줄 수 있는 것으로서 다음 각 목의 것을 말한다. [21 해경] 가. **자연재난** : 태풍, 홍수, 호우(豪雨), 강풍, 풍랑, 해일(海溢), 대설, 한파, 낙뢰, 가뭄, 폭염, 지진, 황사(黃砂), 조류(藻類) 대발생, 조수(潮水), 화산활동, 소행성·유성체 등 자연우주물체의 추락·충돌, 그 밖에 이에 준하는 자연현상으로 인하여 발생하는 재해 나. **사회재난** : 화재·붕괴·폭발·교통사고(항공사고 및 해상사고를 포함한다)·화생방사고·환경오염사고 등으로 인하여 발생하는 대통령령으로 정하는 규모 이상의 피해와 국가핵심기반의 마비, 「감염병의 예방 및 관리에 관한 법률」에 따른 감염병 또는 「가축전염병예방법」에 따른 가축전염병의 확산, 「미세먼지 저감 및 관리에 관한 특별법」에 따른 미세먼지 등으로 인한 피해 "**재난관리**"란 재난의 **예방·대비·대응 및 복구**를 위하여 하는 모든 활동을 말한다. "**안전관리**"란 재난이나 그 밖의 각종 사고로부터 사람의 생명·신체 및 재산의 안전을 확보하기 위하여 하는 모든 활동을 말한다. "**긴급구조**"란 재난이 발생할 우려가 현저하거나 재난이 발생하였을 때에 국민의 생명·신체 및 재산을 보호하기 위하여 긴급구조기관과 긴급구조지원기관이 하는 인명구조, 응급처치, 그 밖에 필요한 모든 긴급한 조치를 말한다. "**긴급구조기관**"이란 소방청·소방본부 및 소방서를 말한다. 다만, 해양에서 발생한 재난의 경우에는 해양경찰청·지방해양경찰청 및 해양경찰서를 말한다. [21 간부] "국가재난관리기준"이란 모든 유형의 재난에 공통적으로 활용할 수 있도록 재난관리의 전 과정을 통일적으로 단순화·체계화한 것으로서 행정안전부장관이 고시한 것을 말한다. "안전취약계층"이란 어린이, 노인, 장애인, 저소득층 등 신체적·사회적·경제적 요인으로 인하여 재난에 취약한 사람을 말한다. "재난관리정보"란 재난관리를 위하여 필요한 재난상황정보, 동원가능 자원정보, 시설물정보, 지리정보를 말한다. "재난안전통신망"이란 재난관리책임기관·긴급구조기관 및 긴급구조지원기관이 재난 및 안전관리업무에 이용하거나 재난현장에서의 통합지휘에 활용하기 위하여 구축·운영하는 통신망을 말한다. "국가핵심기반"이란 에너지, 정보통신, 교통수송, 보건의료 등 국가경제, 국민의 안전·건강 및 정부의 핵심기능에 중대한 영향을 미칠 수 있는 시설, 정보기술시스템 및 자산 등을 말한다.

중앙안전관리위원회(§9)	① 재난 및 안전관리에 관한 다음 각 호의 사항을 심의하기 위하여 국무총리 소속으로 중앙안전관리위원회(이하 "중앙위원회"라 한다)를 둔다. [22 간부]
	  1. 재난 및 안전관리에 관한 중요 정책에 관한 사항
	  2. 제22조에 따른 국가안전관리기본계획에 관한 사항
	  2의2. 제10조의2에 따른 재난 및 안전관리 사업 관련 중기사업계획서, 투자우선순위 의견 및 예산요구서에 관한 사항
	  3. 중앙행정기관의 장이 수립·시행하는 계획, 점검·검사, 교육·훈련, 평가 등 재난 및 안전관리업무의 조정에 관한 사항
	  3의2. 안전기준관리에 관한 사항

	4. 제36조에 따른 재난사태의 선포에 관한 사항 5. 제60조에 따른 특별재난지역의 선포에 관한 사항 6. 재난이나 그 밖의 각종 사고가 발생하거나 발생할 우려가 있는 경우 이를 수습하기 위한 관계 기관 간 협력에 관한 중요 사항 6의2. 재난안전의무보험의 관리·운용 등에 관한 사항 7. 중앙행정기관의 장이 시행하는 대통령령으로 정하는 재난 및 사고의 예방사업 추진에 관한 사항 8. 「재난안전산업 진흥법」 제5조에 따른 기본계획에 관한 사항 9. 그 밖에 위원장이 회의에 부치는 사항 ② 중앙위원회의 위원장은 국무총리가 되고, 위원은 대통령령으로 정하는 중앙행정기관 또는 관계 기관·단체의 장이 된다.
재난 및 안전관리 업무의 총괄·조정(§6)	행정안전부장관은 국가 및 지방자치단체가 행하는 재난 및 안전관리 업무를 총괄·조정한다.
중앙재난안전대책본부(§14)	① 대통령령으로 정하는 대규모 재난(이하 "대규모재난"이라 한다)의 대응·복구(이하 "수습"이라 한다) 등에 관한 사항을 총괄·조정하고 필요한 조치를 하기 위하여 행정안전부에 중앙재난안전대책본부(이하 "중앙대책본부"라 한다)를 둔다. ② 중앙대책본부에 본부장과 차장을 둔다. ③ 중앙대책본부의 본부장(이하 "중앙대책본부장"이라 한다)은 행정안전부장관이 되며, 중앙대책본부장은 중앙대책본부의 업무를 총괄하고 필요하다고 인정하면 중앙재난안전대책본부회의를 소집할 수 있다. 다만, 해외재난의 경우에는 외교부장관이, 「원자력시설 등의 방호 및 방사능 방재 대책법」 제2조제1항제8호에 따른 방사능재난의 경우에는 같은 법 제25조에 따른 중앙방사능방재대책본부의 장이 각각 중앙대책본부장의 권한을 행사한다.
지역재난안전대책본부(§16)	① 해당 관할 구역에서 재난의 수습 등에 관한 사항을 총괄·조정하고 필요한 조치를 하기 위하여 시·도지사는 시·도재난안전대책본부(이하 "시·도대책본부"라 한다)를 두고, 시장·군수·구청장은 시·군·구재난안전대책본부(이하 "시·군·구대책본부"라 한다)를 둔다. ② 시·도대책본부 또는 시·군·구대책본부(이하 "지역대책본부"라 한다)의 본부장(이하 "지역대책본부장"이라 한다)은 시·도지사 또는 시장·군수·구청장이 되며, 지역대책본부장은 지역대책본부의 업무를 총괄하고 필요하다고 인정하면 대통령령으로 정하는 바에 따라 지역재난안전대책본부회의를 소집할 수 있다. ③ 시·군·구대책본부의 장은 재난현장의 총괄·조정 및 지원을 위하여 재난현장 통합지원본부(이하 "통합지원본부"라 한다)를 설치·운영할 수 있다. 이 경우 통합지원본부의 장은 긴급구조에 대해서는 제52조에 따른 시·군·구긴급구조통제단장의 현장지휘에 협력하여야 한다.
재난 신고 등(§19)	누구든지 재난의 발생이나 재난이 발생할 징후를 발견하였을 때에는 즉시 그 사실을 시장·군수·구청장·긴급구조기관, 그 밖의 관계 행정기관에 신고하여야 한다.
재난상황의 보고(§20)	시장·군수·구청장, 소방서장, 해양경찰서장, 제3조제5호나목에 따른 재난관리책임기관의 장 또는 제26조제1항에 따른 국가핵심기반을 관리하는 기관·단체의 장(이하 "관리기관의 장"이라 한다)은 그 관할구역, 소관 업무 또는 시설에서 재난이 발생하거나 발생할 우려가 있으면 대통령령으로 정하는 바에 따라 재난상황에 대해서는 즉시, 응급조치 및 수습현황에 대해서는 지체 없이 각각 행정안전부장관, 관계 재난관리주관기관의 장 및 시·도지사에게 보고하거나 통보하여야 한다. 이 경우 관계 재난관리주관기관의 장 및 시·도지사는 보고받은 사항을 확인·종합하여 행정안전부장관에게 통보하여야 한다.
재난사태 선포	행정안전부장관은 대통령령으로 정하는 재난이 발생하거나 발생할 우려가 있는 경우 사람의 생

등(§36)	명·신체 및 재산에 미치는 중대한 영향이나 피해를 줄이기 위하여 긴급한 조치가 필요하다고 인정하면 중앙위원회의 심의를 거쳐 재난사태를 선포할 수 있다. 다만, 행정안전부장관은 재난상황이 긴급하여 중앙위원회의 심의를 거칠 시간적 여유가 없다고 인정하는 경우에는 중앙위원회의 심의를 거치지 아니하고 재난사태를 선포할 수 있다. ※ 재난사태 선포 지역에 대한 조치 1. 재난경보의 발령, **인력·장비 및 물자[⇒ 재난관리자원(시행 24. 1. 18)]**의 동원, 위험구역 설정, 대피명령, 응급지원 등 　이 법에 따른 응급조치 2. 해당 지역에 소재하는 행정기관 소속 공무원의 비상소집 3. 해당 지역에 대한 여행 등 이동 자제 권고 4. 「유아교육법」제31조, 「초·중등교육법」제64조 및 「고등교육법」제61조에 따른 휴업명령 및 휴원·휴교 처분의 요청 5. 그 밖에 재난예방에 필요한 조치
위기경보의 발령 등(§38)	① 재난관리주관기관의 장은 대통령령으로 정하는 재난에 대한 징후를 식별하거나 재난발생이 예상되는 경우에는 그 위험 수준, 발생 가능성 등을 판단하여 그에 부합되는 조치를 할 수 있도록 위기경보를 발령할 수 있다. 다만, 제34조의5제1항제1호 단서의 상황인 경우에는 행정안전부장관이 위기경보를 발령할 수 있다. ② 제1항에 따른 위기경보는 재난 피해의 전개 속도, 확대 가능성 등 재난상황의 심각성을 종합적으로 고려하여 관심·주의·경계·심각으로 구분할 수 있다. 다만, 다른 법령에서 재난 위기경보의 발령 기준을 따로 정하고 있는 경우에는 그 기준을 따른다.
긴급구조 현장지휘(§52)	① 재난현장에서는 시·군·구긴급구조통제단장이 긴급구조활동을 지휘한다. 다만, 치안활동과 관련된 사항은 관할 경찰관서의 장과 협의하여야 한다. ② 제1항에 따른 현장지휘는 다음 각 호의 사항에 관하여 한다. 　1. 재난현장에서 인명의 탐색·구조 　2. 긴급구조기관 및 긴급구조지원기관의 인력·장비의 배치와 운용 ⇒ 2. 긴급구조기관 및 긴급구조지원기관의 긴급구조요원·긴급구조지원요원 및 재난관리자원의 배치와 운용 **(시행 24. 1. 18)** 　3. 추가 재난의 방지를 위한 응급조치 　4. 긴급구조지원기관 및 자원봉사자 등에 대한 임무의 부여 　5. 사상자의 응급처치 및 의료기관으로의 이송 　6. 긴급구조에 필요한 물자의 관리 ⇒ 6. 긴급구조에 필요한 재난관리자원의 관리**(시행 24. 1. 18)** 　7. 현장접근 통제, 현장 주변의 교통정리, 그 밖에 긴급구조활동을 효율적으로 하기 위하여 필요한 사항 ③ 시·도긴급구조통제단장은 필요하다고 인정하면 제1항에도 불구하고 직접 현장지휘를 할 수 있다. ④ 중앙통제단장은 대통령령으로 정하는 대규모 재난이 발생하거나 그 밖에 필요하다고 인정하면 제1항 및 제3항에도 불구하고 직접 현장지휘를 할 수 있다. ⑤ 재난현장에서 긴급구조활동을 하는 긴급구조요원과 긴급구조지원기관의 **인력·장비·물자에 대한 운용(⇒긴급구조지원요원 및 재난관리자원에 대한 운용(시행 24. 1. 18))**은 제1항·제3항 및 제4항에 따라 현장지휘를 하는 긴급구조통제단장(이하 "각급통제단장"이라 한다)의 지휘·통제에 따라야 한다.
해상에서의 긴급구조(§56)	해상에서 발생한 선박이나 항공기 등의 조난사고의 긴급구조활동에 관하여는 「수상에서의 수색·구조 등에 관한 법률」등 관계 법령에 따른다. [21 간부]
항공기 등	① 소방청장은 항공기 조난사고가 발생한 경우 항공기 수색과 인명구조를 위하여 항공기 수색

조난사고 시의 긴급구조 등(§57)	・구조계획을 수립・시행하여야 한다. 다만, 다른 법령에 항공기의 수색・구조에 관한 특별한 규정이 있는 경우에는 그 법령에 따른다. ② 국방부장관은 항공기나 선박의 조난사고가 발생하면 관계 법령에 따라 긴급구조업무에 책임이 있는 기관의 긴급구조활동에 대한 군의 지원을 신속하게 할 수 있도록 다음 각 호의 조치를 취하여야 한다. 1. 탐색구조본부의 설치・운영 2. 탐색구조부대의 지정 및 출동대기태세의 유지 3. 조난 항공기에 관한 정보 제공
특별재난지역의 선포(§60)	① 중앙대책본부장은 대통령령으로 정하는 규모의 재난이 발생하여 국가의 안녕 및 사회질서의 유지에 중대한 영향을 미치거나 피해를 효과적으로 수습하기 위하여 특별한 조치가 필요하다고 인정하거나 지역대책본부장의 요청이 타당하다고 인정하는 경우에는 중앙위원회의 심의를 거쳐 해당 지역을 특별재난지역으로 선포할 것을 대통령에게 건의할 수 있다. ② 제1항에 따라 특별재난지역의 선포를 건의받은 대통령은 해당 지역을 특별재난지역으로 선포할 수 있다. ③ 지역대책본부장은 관할지역에서 발생한 재난으로 인하여 제1항에 따른 사유가 발생한 경우에는 중앙대책본부장에게 특별재난지역의 선포 건의를 요청할 수 있다.

◆ **재난 및 사고유형별 재난관리 주관기관** (재난 및 안전관리 기본법 시행령 제3조의2[별표 1의3]) [20 간부, 19 간부, 18 해경]

재난관리주관기관	재난 및 사고의 유형
외교부	해외에서 발생한 재난
행정안전부	1. 정부중요시설 사고 2. 공동구(共同溝) 재난(국토교통부가 관장하는 공동구는 제외) 3. 내륙에서 발생한 유도선 등의 수난 사고 4. 풍수해(조수는 제외)・지진・화산・낙뢰・가뭄・한파・폭염으로 인한 재난 및 사고로서 다른 재난관리주관기관에 속하지 아니하는 재난 및 사고
환경부	1. 수질분야 대규모 환경오염 사고 2. 식용수 사고 3. 유해화학물질 유출 사고 4. 조류(藻類) 대발생(녹조에 한정) 5. 황사 6. 환경부가 관장하는 댐의 사고 7. 미세먼지
해양수산부	1. 조류(藻類) 대발생(적조에 한정) 2. 조수(潮水) 3. 해양 분야 환경오염 사고 4. 해양 선박 사고
해양경찰청	해양에서 발생한 유・도선 등의 수난 사고

3. 해양경찰청 비상소집 및 근무 규칙

◆ 비상상황시 인력동원 기준 (해양경찰청 비상소집 및 근무 규칙 제6조 제1항·제2항)

구 분		내용
가용인력	갑호비상	가용인력의 100%까지 동원할 수 있다.
	을호비상	가용인력의 50%까지 동원할 수 있다.
	병호비상	가용인력의 30%까지 동원할 수 있다.
	해상경계강화	별도의 경력 동원없이 비상대기태세를 유지하되 필요에 따라 적정수준의 가용인력을 동원할 수 있다.
가용경비세력	갑호비상	가용경비세력의 100%까지 동원할 수 있다.
	을호비상	가용경비세력의 50%까지 동원할 수 있다.
	병호비상	가용경비세력의 30%까지 동원할 수 있다.
	해상경계강화	별도의 가용경비세력 동원없이 비상대기태세를 유지하되 필요에 따라 적정수준의 가용경비세력을 동원할 수 있다.

※ 갑호비상 근무 시 연가를 중지하고, 을호 및 병호 비상시 부득이한 경우를 제외하고 연가를 억제한다.

◆ 해양경찰청 비상소집 및 근무규칙 [시행 21. 10. 12.]

제1조 (목적)
이 규칙은「경찰공무원 복무규칙」제14조에 따라 가용인력과 가용경비세력을 동원하여 해상치안상의 비상상황에 효율적으로 대처함을 그 목적으로 한다.

제2조 (정의) [22 승진, 20 승진]
이 규칙에서 사용하는 용어의 정의는 다음 각 호와 같다.
1. "비상상황"이라 함은 해양주권·안보·안전·치안·오염과 관련하여 중요상황이 발생하거나 발생할 우려가 있어 다수의 경력을 동원할 필요가 있는 때를 말한다.
2. "비상소집"이라 함은 비상상황이 발생하거나 발생할 우려가 있어 현행 근무인력으로 상황조치가 어려운 경우 소속 공무원을 해당 소집장소로 집결하게 하는 것을 말한다. 다만, 비상상황에 미치는 상황은 아니나 현행 근무인력으로 상황처리가 어려운 경우도 포함한다.
3. "비상근무"라 함은 비상상황하에서 업무수행의 계속성을 유지하는 것을 말한다.
4. "해상경계강화"라 함은 관내 취약요소에 대한 순찰과 감시를 강화하고 유관기관 간 정보교환을 철저히 하는 등 즉응태세를 유지하는 것을 말한다.
5. "지휘통제선상 위치"라 함은 지휘관이 유사시 통신으로 즉시 상황지휘가 가능하고 1시간내 상황지휘 및 상황근무가 가능한 위치에서 대기하는 것을 말한다.
6. "비상대기 태세 유지"라 함은 지휘관을 제외한 공무원이 비상연락체계를 유지하면서 비상소집이 가능한 위치에서 대기하는 것을 말한다. [21 경위]
7. "비상업무 주무부서"라 함은 기관 전체의 비상연락망을 유지하고 비상업무를 관리·감독하는 부서로 종합상황실을 포함한 경비업무를 담당하는 부서(해양경찰교육원과 해양경찰정비창은 총무기능)를 말한다.
8. "가용인력"이라 함은 출장·휴직·휴가·파견·교육중(이하 사고)인 인원과 가용경비세력 운용인력을 제외하고 실제 동원될 수 있는 인원을 말한다. [20 해경]

9. "가용경비세력"이라 함은 수리중인 함정 및 항공기를 제외하고 실제 동원될 수 있는 함정 및 항공기와 그 운용인력을 말한다.
10. "필수요원"이라 함은 비상발령권자가 지정한 자로 비상소집 시 1시간 이내에 응소하여야 할 공무원을 말한다.
11. "일반요원"이라 함은 필수요원을 제외한 공무원으로 비상소집 시 2시간 이내에 응소하여야 할 공무원을 말한다.

제3조 (적용범위)
이 규칙은 법령 및 행정규칙에 따로 정한 경우를 제외하고 해양경찰청 소속 공무원(이하 공무원)에게 적용한다.

제4조 (비상근무의 종류 및 등급) [20 해경·승진]
① 비상근무의 종류는 다음 각 호와 같다.
1. 경비비상
2. 구조비상
3. 정보수사비상
4. 방제비상

② 비상근무의 등급은 다음 각 호와 같으며, 등급별 세부상황은 「별표」와 같다.
1. 갑호비상
2. 을호비상
3. 병호비상
4. 해상경계강화

③ 각종 비상상황의 긴급성 및 중요도에 따라 비상발령권자가 비상등급을 설정하여 운용한다.

제5조 (비상근무발령)
① 비상근무발령권자는 다음과 같다.
1. 전국 또는 2개 이상 지방해양경찰청 관할구역 : 해양경찰청장
2. 지방해양경찰청 또는 2개 이상 해양경찰서 관할구역 : 관할 지방해양경찰청장
3. 단일 해양경찰서 관할구역 : 관할 해양경찰서장

② 비상근무발령권자는 별지 1호 서식에 따라 비상근무를 발령한다.

제6조 (근무요령) [21 해경·승진, 20 해경·승진, 19 해경]
① 비상근무발령권자는 다음 각 호에 따라 인력을 동원하여 비상근무를 실시한다. 다만 상황의 특성을 고려하여 주무기능과 관련기능만 비상근무를 발령하여 비상근무를 실시 할 수 있다.
1. 갑호비상 : 가용인력의 100%까지 동원할 수 있다.
2. 을호비상 : 가용인력의 50%까지 동원할 수 있다.
3. 병호비상 : 가용인력의 30%까지 동원할 수 있다. [21 경감]
4. 해상경계강화 : 별도의 경력 동원없이 비상대기태세를 유지하되 필요에 따라 적정수준의 가용인력을 동원할 수 있다.

② 비상근무발령권자는 다음 각 호에 따라 경비세력을 동원하여 비상근무를 실시한다. 다만 상황을 특성을 고려하여 가용인력과 가용경비세력 동원을 다르게 지정할 수 있다.
1. 갑호비상 : 가용경비세력의 100%까지 동원할 수 있다.
2. 을호비상 : 가용경비세력의 50%까지 동원할 수 있다.

3. 병호비상 : 가용경비세력의 30%까지 동원할 수 있다.
4. 해상경계강화 : **별도의 가용경비세력 동원 없이** 비상대기태세를 유지하되 필요에 따라 적정수준의 가용경비세력을 동원 할 수 있다.

③ 비상대기태세 유지 시 기본 근무지침은 다음 각 호와 같다. [21 경위]
1. 각급 지휘관은 지휘통제선상 위치로 근무기강 확립 및 취약분야에 대한 지휘감독 철저
2. 상황 발생 시 보고·지휘체계 확립 및 대응철저
3. 전 직원 비상연락망 점검 및 비상소집 체계 유지
4. 안전수칙 준수로 자체사고 예방
5. 함정·항공기·특공대·구조대 긴급 출동태세 유지

④ 해상경계강화를 제외한 비상등급의 근무는 비상근무 목적과 인원 등을 종합적으로 고려하여 현장배치 및 교대근무, 대기근무 등으로 편성하여 운용한다.
⑤ 비상근무가 장기간 유지되거나 될 우려가 있는 경우 기본근무 복귀 또는 귀가하여 비상대기태세를 갖추도록 할 수 있다.
⑥ **갑호비상 근무 시 연가를 중지**하고, **을호 및 병호 비상시 부득이한 경우를 제외하고 연가를 억제**한다.

제7조 (지휘본부 운영) [21 승진]
① 비상근무발령권자는 필요시 지휘본부를 종합상황실에 설치하여 운영할 수 있다.
② 지휘본부장은 해양경찰청장이, 지방해양경찰청과 해양경찰서의 본부장은 당해 지방해양경찰청장 및 해양경찰서장이 된다.
③ 지휘본부의 구성은 각종 상황관련 매뉴얼에 따라 편성하여 운영한다.
④ 지휘본부의 각 반은 일일 종합보고서를 작성하여 지휘본부장에게 보고하거나 상황 주무기능에서 취합하여 통합 보고할 수 있다.

제8조 (해제)
비상근무발령권자는 비상상황이 종료되는 즉시 비상근무를 해제하고, 제5조제1항제2호 내지 제3호의 발령권자는 6시간이내 해제일시, 사유 및 비상근무 결과 등을 차상급 기관의 장에게 보고하여야 한다. 단, 해상경계강화의 경우는 별도보고를 실시하지 않을 수 있다

제9조 (비상소집)
① 비상소집은 비상근무발령권자의 지시에 따라 종합상황실장이 실시하며, 상황대응에 필요한 인원의 전부 또는 일부를 지역별, 계급별, 기능별로 구분하여 비상소집한다. 단, 자체 상황처리를 위하여 함·정장, 파출소장, 특공대장 등 현장 지휘관이 인력을 동원할 필요가 있는 경우 비상소집을 할 수 있다.

제10조 (소집전달)
① 제9조제2항의 소집발령이 하달되면 종합상황실장 및 당직근무자는 각 과 주무계 및 함정, 파출소 등 현장부서에 즉시 소집내용을 전달하여야 한다.
② 비상소집 자동전파장치가 구축되거나 이와 유사한 시스템을 활용할 수 있는 기관은 자동전파장치를 이용하되, 무응답으로 처리된 자에 대하여는 재 전파하도록 한다.

제11조 (응소 및 보고) [22 승진, 21 승진]
① 비상소집관은 별지 제2호 서식에 따라 비상소집응소부를 작성, 비치하여야 한다. 다만, 필요에 따라 각 과 주무계로부터 비상소집실시 결과보고로 비상소집응소부를 대체할 수 있다.

② 비상소집 명령을 전달받은 공무원은 소집장소로 응소함을 원칙으로 하고 함정, 항공대, 구조대, 특공대, 파출소 등 현장부서는 특별한 지시가 없을 경우 해당 근무장소로 응소한다. 단, 도서를 포함한 원거리 소재 파출소 및 출장소 근무자 등 시간 내 응소가 불가능한 경우에는 가까운 해양경찰관서에 응소 후 지시에 따른다.
③ **비상소집시 필수요원은 1시간 이내, 일반요원은 2시간이내 응소함을 원칙**으로 하고 응소자 명부에는 응소시간별로 기록하며, 시간내 응소자와 시간외 응소자, 미응소자를 구분하여 기록한다. [20 해경]
1. **시간내 응소 : 해당시간 내 응소**
2. **시간외 응소 : 해당시간 경과후 1시간내 응소**
3. **미응소 : 해당시간 경과 후 1시간 초과 응소**
④ 사고중인 공무원은 응소에서 제외하고 사고시간이 해결되었을 경우 즉시 응소하여야 한다.
⑤ 비상소집된 부서는 별지 제3호 서식에 따라 비상소집 후 1시간 내에 비상소집 실시보고를 주무부서에 통보하여야 한다.
⑥ 주무부서는 비상소집 또는 비상소집 전화훈련을 실시 할 때는 비상소집 실시 결과를 별지 제4호 내지 별지 제5호에 따라 지휘계통에 의거 보고 하여야 한다.
⑦ 해양경찰청장이 소속기관에 대해 비상소집 시 응소는 해당 소속기관으로 응소하고 비상업무 주무부서는 그 결과를 신속히 보고한다.

제12조(인원배치 및 장비지급)
① 비상근무발령권자는 응소자로 하여금 함정, 파출소 등 현장에 인원을 증원하게 할 수 있다.
② 비상근무발령권자는 응소자가 보기 쉬운 곳에 무기 또는 기타 장구의 휴대 기준 및 지급장소 등을 게시하여 지급할 수 있도록 한다.

제13조 (필수요원의 지정)
① 경비세력의 운용인력 및 파출소, 출장소, 특공대, 구조대 인력 등 현장 집행이 필요한 인원은 필수요원으로 지정한다.
② 사무실 일근 부서는 계장급 이상 및 과장이 지정하는 직원 2명으로 필수요원을 지정한다.
③ 필수요원에 대해서는 비상상황이 발생하거나 발생할 우려가 있어 현행 근무인력으로 상황대비 또는 조치가 어려운 경우를 포함하여 소집을 명할 수 있다.

제14조(비상연락망 운영 및 비치)
① 새로 임용되거나 소속 및 부서를 이동한 공무원(전·출입)은 부임 또는 이동한 날에, 비상연락 전화번호 및 주소가 변경된 공무원의 경우 변경된 날에 별지 제6호 서식에 따라 비상연락망을 작성하여 주무계로 제출하고 주무계는 취합하여 비상업무 주무부서에 제출한다.
② 비상업무 주무부서는 전체 비상연락망을 취합하여 종합상황실에 비치하고 당직업무 주관부서에 통보하며 각 과, 함정, 파출소·출장소, 항공대, 특공대, 구조대 등은 자체 비상연락망을 적절한 장소를 지정하여 비치한다.

제15조(교육훈련) [22 간부, 20 해경·승진]
① 비상근무발령권자는 직장교육 등의 교육기회를 통하여 다음 각 호의 사항을 교육하여야 한다.
1. 실제응소 및 전화 응소 요령
2. 비상소집 전달요령
3. 전출·입 및 변동사항 통보 의무와 책임
② **비상근무발령권자는 연1회 이상 불시 비상소집훈련을 실시**한다.

③ 비상근무발령권자는 전화 확인 방식으로 반기 1회 이상 불시 비상소집 전화훈련을 실시할 수 있으며, 비상소집 전화응소는 30분내 응소함을 원칙으로 하고, 30분 이후 응소자는 미응소로 한다.

◆ 비상근무 종류에 따른 등급별 세부상황

경비비상	
갑호	1. 전시, 사변 또는 이에 준하는 비상사태가 발생하였거나 발생이 임박하여 긴장이 최고조에 이른 경우 2. 대규모 집단사태·테러 등의 발생으로 사회가 극도로 혼란하게 되었거나 그 징후가 현저한 경우 3. 국제행사·기념일 등을 전후하여 해상경비수요가 증가하여 가용 경력을 100% 동원할 필요가 있는 경우
을호	1. 전시, 사변 또는 이에 준하는 비상사태와 관련된 긴장이 고조된 경우 2. 대규모 집단사태·테러 등의 발생으로 사회가 혼란하게 되었거나 그 징후가 예상되는 경우 3. 국제행사·기념일 등을 전후하여 해상경비수요가 증가하여 가용 경력을 50% 동원할 필요가 있는 경우
병호	1. 전시, 사변 또는 이에 준하는 비상사태와 관련된 징후가 현저히 증가된 경우 2. 적의 국지도발이 있는 경우로서 경비비상 "갑호" 또는 "을호"의 발령 단계에 이르지 아니한 경우 3. 집단사태·테러 등의 발생으로 사회적 혼란 발생이 예상되는 경우 4. 국제행사·기념일 등을 전후하여 해상경비수요가 증가하여 가용 경력을 30% 동원할 필요가 있는 경우

구조비상	
갑호	재난으로 인명 또는 재산의 피해정도가 매우 크거나 재난의 영향이 사회적·경제적으로 광범위한 경우
을호	재난으로 인명 또는 재산의 피해정도가 현저히 증가되거나 재난의 영향이 사회적·경제적으로 미치는 경우
병호	재난으로 인명 또는 재산의 피해정도가 크고 재난이 사회적·경제적으로 영향을 미칠것으로 예상되는 경우

정보수사비상	
갑호	사회 이목을 집중시킬만한 중대범죄 발생 시
을호	중요범죄 사건발생 시

방제비상	
갑호	전시 또는 재난적 해양오염사고로 인명, 재산 및 환경피해가 심각한 수준으로 확대된 경우
을호	전시 또는 재난적 해양오염사고로 인명, 재산 및 환경피해가 발생한 경우
병호	전시 또는 재난적 해양오염사고가 발생하거나, 발생될 우려가 있는 경우

해상경계강화	
	별도의 경력 동원이 없는 "병호"비상보다 낮은 단계로, 적 활동징후 및 취약시기를 고려 적정수준의 경비세력을 추가 배치하여 해상 경계를 강화할 필요가 있을 때

제3절 해양대테러·경호

1. 국민보호와 공공안전을 위한 테러방지법 [시행 21. 7. 20]

목적	이 법은 테러의 예방 및 대응 활동 등에 관하여 필요한 사항과 테러로 인한 피해보전 등을 규정함으로써 테러로부터 국민의 생명과 재산을 보호하고 국가 및 공공의 안전을 확보하는 것을 목적으로 한다.

정의	1. "테러"란 국가·지방자치단체 또는 외국 정부(외국 지방자치단체와 조약 또는 그 밖의 국제적인 협약에 따라 설립된 국제기구를 포함한다)의 권한행사를 방해하거나 의무 없는 일을 하게 할 목적 또는 공중을 협박할 목적으로 하는 다음 각 목의 행위를 말한다.
	
	가. 사람을 살해하거나 사람의 신체를 상해하여 생명에 대한 위험을 발생하게 하는 행위 또는 사람을 체포·감금·약취·유인하거나 인질로 삼는 행위
	나. 항공기(「항공안전법」 제2조제1호의 항공기를 말한다. 이하 이 목에서 같다)와 관련된 다음 각각의 어느 하나에 해당하는 행위
	  1) 운항중(「항공보안법」 제2조제1호의 운항중을 말한다. 이하 이 목에서 같다)인 항공기를 추락시키거나 전복·파괴하는 행위, 그 밖에 운항중인 항공기의 안전을 해칠 만한 손괴를 가하는 행위
	  2) 폭행이나 협박, 그 밖의 방법으로 운항중인 항공기를 강탈하거나 항공기의 운항을 강제하는 행위
	  3) 항공기의 운항과 관련된 항공시설을 손괴하거나 조작을 방해하여 항공기의 안전운항에 위해를 가하는 행위
	
	다. 선박(「선박 및 해상구조물에 대한 위해행위의 처벌 등에 관한 법률」 제2조제1호 본문의 선박을 말한다. 이하 이 목에서 같다) 또는 해상구조물(같은 법 제2조제5호의 해상구조물을 말한다. 이하 이 목에서 같다)과 관련된 다음 각각의 어느 하나에 해당하는 행위
	  1) 운항(같은 법 제2조제2호의 운항을 말한다. 이하 이 목에서 같다) 중인 선박 또는 해상구조물을 파괴하거나, 그 안전을 위태롭게 할 만한 정도의 손상을 가하는 행위(운항 중인 선박이나 해상구조물에 실려 있는 화물에 손상을 가하는 행위를 포함한다)
	  2) 폭행이나 협박, 그 밖의 방법으로 운항 중인 선박 또는 해상구조물을 강탈하거나 선박의 운항을 강제하는 행위
	  3) 운항 중인 선박의 안전을 위태롭게 하기 위하여 그 선박 운항과 관련된 기기·시설을 파괴하거나 중대한 손상을 가하거나 기능장애 상태를 일으키는 행위
	
	라. 사망·중상해 또는 중대한 물적 손상을 유발하도록 제작되거나 그러한 위력을 가진 생화학·폭발성·소이성(燒夷性) 무기나 장치를 다음 각각의 어느 하나에 해당하는 차량 또는 시설에 배치하거나 폭발시키거나 그 밖의 방법으로 이를 사용하는 행위
	  1) 기차·전차·자동차 등 사람 또는 물건의 운송에 이용되는 차량으로서 공중이 이용하는 차량
	  2) 1)에 해당하는 차량의 운행을 위하여 이용되는 시설 또는 도로, 공원, 역, 그 밖에 공중이 이용하는 시설
	  3) 전기나 가스를 공급하기 위한 시설, 공중이 먹는 물을 공급하는 수도, 전기통신을 이용하기 위한 시설 및 그 밖의 시설로서 공용으로 제공되거나 공중이 이용하는 시설
	  4) 석유, 가연성 가스, 석탄, 그 밖의 연료 등의 원료가 되는 물질을 제조 또는 정제하거나 연료로 만들기 위하여 처리·수송 또는 저장하는 시설
	  5) 공중이 출입할 수 있는 건조물·항공기·선박으로서 1)부터 4)까지에 해당하는 것을 제외한 시설
	
	마. 핵물질(「원자력시설 등의 방호 및 방사능 방재 대책법」 제2조제1호의 핵물질을 말한다. 이하

	이 목에서 같다), 방사성물질(「원자력안전법」 제2조제5호의 방사성물질을 말한다. 이하 이 목에서 같다) 또는 원자력시설(「원자력시설 등의 방호 및 방사능 방재 대책법」 제2조제2호의 원자력시설을 말한다. 이하 이 목에서 같다)과 관련된 다음 각각의 어느 하나에 해당하는 행위 1) 원자로를 파괴하여 사람의 생명·신체 또는 재산을 해하거나 그 밖에 공공의 안전을 위태롭게 하는 행위 2) 방사성물질 등과 원자로 및 관계 시설, 핵연료주기시설 또는 방사선발생장치를 부당하게 조작하여 사람의 생명이나 신체에 위험을 가하는 행위 3) 핵물질을 수수(授受)·소지·소유·보관·사용·운반·개조·처분 또는 분산하는 행위 4) 핵물질이나 원자력시설을 파괴·손상 또는 그 원인을 제공하거나 원자력시설의 정상적인 운전을 방해하여 방사성물질을 배출하거나 방사선을 노출하는 행위
	2. "테러단체"란 국제연합(UN)이 지정한 테러단체를 말한다. 3. "테러위험인물"이란 테러단체의 조직원이거나 테러단체 선전, 테러자금 모금·기부, 그 밖에 테러 예비·음모·선전·선동을 하였거나 하였다고 의심할 상당한 이유가 있는 사람을 말한다. 4. "외국인테러전투원"이란 테러를 실행·계획·준비하거나 테러에 참가할 목적으로 국적국이 아닌 국가의 테러단체에 가입하거나 가입하기 위하여 이동 또는 이동을 시도하는 내국인·외국인을 말한다. 5. "테러자금"이란 「공중 등 협박목적 및 대량살상무기확산을 위한 자금조달행위의 금지에 관한 법률」 제2조제1호에 따른 공중 등 협박목적을 위한 자금을 말한다. 6. "대테러활동"이란 제1호의 테러 관련 정보의 수집, 테러위험인물의 관리, 테러에 이용될 수 있는 위험물질 등 테러수단의 안전관리, 인원·시설·장비의 보호, 국제행사의 안전 확보, 테러위협에의 대응 및 무력진압 등 테러 예방과 대응에 관한 제반 활동을 말한다. 7. "관계기관"이란 대테러활동을 수행하는 국가기관, 지방자치단체, 그 밖에 대통령령으로 정하는 기관을 말한다. 8. "대테러조사"란 대테러활동에 필요한 정보나 자료를 수집하기 위하여 현장조사·문서열람·시료채취 등을 하거나 조사대상자에게 자료제출 및 진술을 요구하는 활동을 말한다.
다른 법률과의 관계	이 법은 대테러활동에 관하여 다른 법률에 우선하여 적용한다.
국가테러대책위원회	① 대테러활동에 관한 정책의 중요사항을 심의·의결하기 위하여 국가테러대책위원회를 둔다. ② 대책위원회는 국무총리 및 관계기관의 장 중 대통령령으로 정하는 사람으로 구성하고 위원장은 국무총리로 한다. [22 간부]
테러위험인물에 대한 정보수집 등	① 국가정보원장은 테러위험인물에 대하여 출입국·금융거래 및 통신이용 등 관련 정보를 수집할 수 있다. 이 경우 출입국·금융거래 및 통신이용 등 관련 정보의 수집은 「출입국관리법」, 「관세법」, 「특정 금융거래정보의 보고 및 이용 등에 관한 법률」, 「통신비밀보호법」의 절차에 따른다. ② 국가정보원장은 제1항에 따른 정보 수집 및 분석의 결과 테러에 이용되었거나 이용될 가능성이 있는 금융거래에 대하여 지급정지 등의 조치를 취하도록 금융위원회 위원장에게 요청할 수 있다. ③ 국가정보원장은 테러위험인물에 대한 개인정보(「개인정보 보호법」상 민감정보를 포함한다)와 위치정보를 「개인정보 보호법」 제2조의 개인정보처리자와 「위치정보의 보호 및 이용 등에 관한 법률」 제5조제7항에 따른 개인위치정보사업자 및 같은 법 제5조의2제3항에 따른 사물위치정보사업자에게 요구할 수 있다. ④ 국가정보원장은 대테러활동에 필요한 정보나 자료를 수집하기 위하여 대테러조사 및

	테러위험인물에 대한 추적을 할 수 있다. 이 경우 사전 또는 사후에 대책위원회 위원장에게 보고하여야 한다.
테러선동·선전물 긴급 삭제 등 요청	관계기관의 장은 테러를 선동·선전하는 글 또는 그림, 상징적 표현물, 테러에 이용될 수 있는 폭발물 등 위험물 제조법 등이 인터넷이나 방송·신문, 게시판 등을 통해 유포될 경우 해당 기관의 장에게 긴급 삭제 또는 중단, 감독 등의 협조를 요청할 수 있다.
외국인테러전투원에 대한 규제	① 관계기관의 장은 외국인테러전투원으로 출국하려 한다고 의심할 만한 상당한 이유가 있는 내국인·외국인에 대하여 일시 출국금지를 법무부장관에게 요청할 수 있다. ② 제1항에 따른 일시 출국금지 기간은 90일로 한다. 다만, 출국금지를 계속할 필요가 있다고 판단할 상당한 이유가 있는 경우에 관계기관의 장은 그 사유를 명시하여 연장을 요청할 수 있다. ③ 관계기관의 장은 외국인테러전투원으로 가담한 사람에 대하여 「여권법」 제13조에 따른 여권의 효력정지 및 같은 법 제12조제3항에 따른 재발급 거부를 외교부장관에게 요청할 수 있다.
처벌	① 테러단체를 구성하거나 구성원으로 가입한 사람은 다음 각 호의 구분에 따라 처벌한다. 　1. 수괴(首魁)는 사형·무기 또는 10년 이상의 징역 　2. 테러를 기획 또는 지휘하는 등 중요한 역할을 맡은 사람은 무기 또는 7년 이상의 징역 　3. 타국의 외국인테러전투원으로 가입한 사람은 5년 이상의 징역 　4. 그 밖의 사람은 3년 이상의 징역 ② 테러자금임을 알면서도 자금을 조달·알선·보관하거나 그 취득 및 발생원인에 관한 사실을 가장하는 등 테러단체를 지원한 사람은 10년 이하의 징역 또는 1억원 이하의 벌금에 처한다. ③ 테러단체 가입을 지원하거나 타인에게 가입을 권유 또는 선동한 사람은 5년 이하의 징역에 처한다.
세계주의	제17조의 죄(테러단체 구성죄 등)는 대한민국 영역 밖에서 저지른 외국인에게도 국내법을 적용한다.

◆ **대테러특공대** [22 해경, 21 승진, 19 해경]

설치·운영	국방부장관, 경찰청장 및 해양경찰청장은 테러사건에 신속히 대응하기 위하여 대테러특공대를 설치·운영한다(시행령 제18조).
임무	1. 대한민국 또는 국민과 관련된 국내외 테러사건 진압 2. 테러사건과 관련된 폭발물의 탐색 및 처리 3. 주요 요인 경호 및 국가 중요행사의 안전한 진행 지원 4. 그 밖에 테러사건의 예방 및 저지활동

◆ **테러사건대책본부**

> **시행령 제14조**
> ① 외교부장관, 국방부장관, 국토교통부장관, 경찰청장 및 해양경찰청장은 테러가 발생하거나 발생할 우려가 현저한 경우(국외테러의 경우는 대한민국 국민에게 중대한 피해가 발생하거나 발생할 우려가 있어 긴급한 조치가 필요한 경우에 한한다)에는 다음 각 호의 구분에 따라 테러사건대책본부(이하 "대책본부"라 한다)를 설치·운영하여야 한다.
> 　1. 외교부장관 : 국외테러사건대책본부

2. 국방부장관 : 군사시설테러사건대책본부
3. 국토교통부장관 : 항공테러사건대책본부
5. 경찰청장 : 국내일반 테러사건대책본부
6. 해양경찰청장 : 해양테러사건대책본부

2. 국제항해선박 및 항만시설의 보안에 관한 법률 [시행 21. 12. 9]

목적	이 법은 국제항해에 이용되는 선박과 그 선박이 이용하는 항만시설의 보안에 관한 사항을 정함으로써 국제항해와 관련한 보안상의 위협을 효과적으로 방지하여 국민의 생명과 재산을 보호하는데 이바지함을 목적으로 한다.
정의	1. "국제항해선박"이란 「선박안전법」 제2조제1호에 따른 선박으로서 국제항해에 이용되는 선박을 말한다. 2. "항만시설"이란 국제항해선박과 선박항만연계활동이 가능하도록 갖추어진 시설로서 「항만법」 제2조제5호에 따른 항만시설 및 해양수산부령으로 정하는 시설을 말한다. 3. "선박항만연계활동"이란 국제항해선박과 항만시설 사이에 승선·하선 또는 선적·하역과 같이 사람 또는 물건의 이동을 수반하는 상호작용으로서 그 활동의 결과 국제항해선박이 직접적으로 영향을 받게 되는 것을 말한다. 4. "선박상호활동"이란 국제항해선박과 국제항해선박 또는 국제항해선박과 그 밖의 선박 사이에 승선·하선 또는 선적·하역과 같이 사람 또는 물건의 이동을 수반하는 상호작용을 말한다. 5. "보안사건"이란 국제항해선박이나 항만시설을 손괴하는 행위 또는 국제항해선박이나 항만시설에 위법하게 폭발물 또는 무기류 등을 반입·은닉하는 행위 등 국제항해선박·항만시설·선박항만연계활동 또는 선박상호활동의 보안을 위협하는 행위 또는 그 행위와 관련된 상황을 말한다. 6. "보안등급"이란 보안사건이 발생할 수 있는 위험의 정도를 단계적으로 표시한 것으로서 「1974년 해상에서의 인명안전을 위한 국제협약」(이하 "협약"이라 한다)에 따른 등급 구분 방식을 반영한 것을 말한다. 7. "국제항해선박소유자"란 국제항해선박의 소유자·관리자 또는 국제항해선탁의 소유자·관리자로부터 선박의 운영을 위탁받은 법인·단체 또는 개인을 말한다. 8. "항만시설소유자"란 항만시설의 소유자·관리자 또는 항만시설의 소유자·관리자로부터 그 운영을 위탁받은 법인·단체 또는 개인을 말한다. 9. "국가보안기관"이란 국가정보원·국방부·관세청·경찰청 및 해양경찰청 등 보안업무를 수행하는 국가기관을 말한다.
국제협약과의 관계	국제항해선박과 항만시설의 보안에 관하여 국제적으로 발효된 국제협약의 보안기준과 이 법의 규정내용이 다른 때에는 국제협약의 효력을 우선한다. 다만, 이 법의 규정내용이 국제협약의 보안기준보다 강화된 기준을 포함하는 때에는 그러하지 아니한다. [22 간부]
국가항만보안계획	① 해양수산부장관은 국제항해선박 및 항만시설의 보안에 관한 업무를 효율적으로 수행하기 위하여 10년마다 항만의 보안에 관한 종합계획(이하 "국가항만보안계획"이라 한다)을 수립·시행하여야 한다. 이 경우 해양수산부장관은 관계 행정기관의 장과 미리 협의하여야 한다. ④ 해양수산부장관은 국가항만보안계획이 수립된 때에는 이를 관계 행정기관의 장과 항만에 관한 업무를 관장하는 해양수산부 소속 기관의 장(이하 "지방청장"이라 한다)에게 통보하여야 하며, 국가항만보안계획을 통보받은 관계 행정기관의 장 및 지방청장은 그

	시행을 위하여 필요한 조치를 하여야 한다. ⑤ 국가항만보안계획을 통보받은 지방청장은 국가항만보안계획에 따른 관할 구역의 항만에 대한 보안계획(이하 "지역항만보안계획"이라 한다)을 수립·시행하여야 한다. ⑥ 지방청장은 지역항만보안계획을 수립하려는 때에는 해양수산부장관의 승인을 받아야 한다. 이 경우 관계 국가보안기관의 장과 미리 협의하여야 한다.

보안등급의
설정·조정
	① 해양수산부장관은 국제항해선박 및 항만시설에 대하여 대통령령으로 정하는 바에 따라 보안등급을 설정하여야 한다. [22 간부]
	  1. 보안 1등급 : 국제항해선박과 항만시설이 정상적으로 운영되는 상황으로 일상적인 최소한의 보안조치가 유지되어야 하는 평상수준
	  2. 보안 2등급 : 국제항해선박과 항만시설에 보안사건이 일어날 가능성이 증대되어 일정기간 강화된 보안조치가 유지되어야 하는 경계수준
	  3. 보안 3등급 : 국제항해선박과 항만시설에 보안사건이 일어날 가능성이 뚜렷하거나 임박한 상황이어서 일정기간 최상의 보안조치가 유지되어야 하는 비상수준
	② 해양수산부장관은 제1항에 따라 설정된 보안등급의 근거가 되는 보안사건의 발생 위험의 정도가 변경되는 때에는 대통령령으로 정하는 바에 따라 그 보안등급을 조정하여야 한다.
	③ 해양수산부장관은 제1항 및 제2항에 따라 설정·조정된 보안등급을 해당 국제항해선박 소유자 또는 항만시설소유자에게 해양수산부령으로 정하는 바에 따라 즉시 통보하여야 한다.
	④ 해양수산부장관은 제1항 및 제2항에 따라 보안등급을 설정하거나 조정하는 경우 제34조에 따른 보안위원회의 심의를 거쳐야 한다. 다만, 해양수산부장관은 긴급한 필요가 있는 경우 관계 국가보안기관의 장과 미리 협의할 수 있다.

항만국통제의 시행	① 해양수산부장관은 대한민국의 항만 안에 있거나 대한민국의 항만에 입항하려는 외국 국적의 국제항해선박의 보안관리체제가 협약 등에서 정하는 기준에 적합한지 여부를 확인·점검하고 그에 필요한 조치(이하 "항만국통제"라 한다)를 할 수 있다. ② 항만국통제를 위한 확인·점검의 절차는 유효한 국제선박보안증서등의 비치 여부만을 확인하는데 한정되어야 한다. 다만, 해당 선박이 협약 등에서 정하는 기준에 적합하지 아니하다는 명백한 근거로서 해양수산부령으로 정하는 사유가 있는 때에는 그러하지 아니하다. ① 법 제19조제2항 단서에서 "해양수산부령으로 정하는 사유가 있는 때"란 다음 각 호의 어느 하나에 해당하는 때를 말한다. 1. 법 제39조제1항에 따른 보안책임자(이하 "보안책임자"라 한다) 또는 같은 항에 따른 보안담당자(이하 "보안담당자"라 한다)가 법 제39조제2항부터 제5항까지의 규정에 따른 교육·훈련을 받지 아니한 것으로 확인되는 등 선박보안관리체제에 중대한 결함이 있다고 인정될 때 2. 국제선박보안증서, 선박이력기록부 및 선박보안계획서 등 보안 관련 서류를 갖추지 아니하였거나 갖추어 둔 서류의 유효기간이 지났을 때 3. 선박보안경보장치를 갖추지 아니하였을 때 4. 국제항해선박 보안관리체제의 중대한 결함에 대한 신뢰할 만한 신고를 받았을 때 5. 법 제19조제4항에 따른 선박보안정보(이하 "선박보안정보"라 한다)를 통보하지 아니하였을 때, 통보시한이 지난 후에 통보하였을 때 또는 거짓으로 통보하였을 때 6. 대한민국 항만에 입항 예정인 외국 국적의 국제항해선박 보안관리체제의 중대한 결함에 대하여 해당 국가의 해운관청으로부터 통보가 온 경우 7. 그 밖에 국제항해선박이 보안에 관한 법령이나 국제협약을 위반한 증거가 있는 경우 ② 지방해양수산청장은 제1항에 따른 사유가 해소되면 지체 없이 해당 선박에 대한 법 제19조제1항에 따른 조치(이하 "항만국통제"라 한다)를 해제하여야 한다.

◆ 국제항해선박 및 항만시설의 보안에 관한 법률 적용 대상 여부(법 제3조) [20 간부]

적용 O	1. 다음 어느 하나에 해당하는 대한민국 국적의 국제항해선박 가. 모든 여객선 나. 총톤수 500톤 이상의 화물선 다. 이동식 해상구조물(천연가스 등 해저자원의 탐사·발굴 또는 채취 등에 사용되는 것을 말한다) 2. 제1호 어느 하나에 해당하는 대한민국 국적 또는 외국 국적의 국제항해선박과 선박항만연계활동이 가능한 항만시설
적용 X	비상업용 목적으로 사용되는 선박으로서 국가 또는 지방자치단체가 소유하는 국제항해선박

■ 국제항해선박 및 항만시설의 보안에 관한 법률 시행규칙 [별표 1] 〈개정 13. 6. 24〉

국제항해선박소유자 및 항만시설소유자의 보안등급별 세부 보안조치사항(제3조제3항 관련)

구 분		조 치 사 항
국제 항해 선박 소유자 조치 사항	보안 1등급	1. 국제항해선박에 승선할 수 있는 출입구별로 당직자를 배치하거나 폐쇄하여 무단출입을 방지할 것 2. 국제항해선박에 승선하려는 자의 신원을 확인할 것 3. 국제항해선박에 승선하려는 자의 소지품을 검색하고 무기류는 선내 반입을 금지할 것 4. 국제항해선박 내 보안이 필요한 구역은 제한구역으로 지정하여 선박보안책임자의 허락 없이 출입할 수 없도록 할 것 5. 국제항해선박 주위와 선박 내의 제한구역을 주기적으로 감시할 것 6. 국제항해선박에 선적되는 화물과 선용품을 검색할 것 7. 그 밖에 법 제4조에 따른 국제협약에서 국제항해선박에 대하여 보안 1등급에서 취하도록 정한 보안조치를 할 것
	보안 2등급	1. 국제항해선박에 대한 보안 1등급 시의 조치사항을 이행할 것 2. 국제항해선박에 승선할 수 있는 출입구를 2분의 1 이상 폐쇄할 것 3. 해상을 통하여 국제항해선박에 접근하는 행위를 감시하고 접근하는 자나 선박 등에 경고 등의 조치를 할 것 4. 국제항해선박에 승선하려는 자에 대하여 검색대를 설치하여 검색할 것 5. 제한구역에 근무자를 배치하여 상시 순찰할 것 6. 국제항해선박에 선적되는 화물 및 선용품에 대하여 금속탐지기 등으로 정밀검색을 할 것 7. 그 밖에 법 제4조에 따른 국제협약에서 국제항해선박에 대하여 보안 2등급에서 취하도록 정한 보안조치를 할 것
	보안 3등급	1. 국제항해선박에 대한 보안 2등급 시의 조치사항을 이행할 것 2. 선박출입구를 하나로 제한하고 보안상 필요한 자에게만 승선을 허락할 것 3. 국제항해선박에 화물이나 선용품 선적을 중단할 것 4. 국제항해선박 전체를 수색할 것 5. 국제항해선박의 모든 조명장치를 점등할 것 6. 국제항해선박(여객선에 한정한다)에 위탁 수하물의 선적을 금지할 것 7. 그 밖에 법 제4조에 따른 국제협약에서 국제항해선박에 대하여 보안 3등급에서 취하도록 정한 보안조치를 할 것
항만 시설 소유자 조치 사항	보안 1등급	1. 항만시설을 출입하는 인원이나 차량에 대한 일상적인 보안검색, 경계 및 무단출입 방지 업무를 수행할 것 2. 허락받지 아니한 인원과 무기류의 항만시설 반입을 금지할 것

		3. 항만시설 내에 보안상 필요에 따라 제한구역을 설정하고, 제한구역은 허가받은 인원만이 출입할 수 있도록 할 것 4. 화물과 선용품의 반입·반출, 항만시설 내 이동, 보관 및 처리과정에서의 보안상 위협을 초래하는 불법행위가 발생하지 아니하도록 감시할 것 5. 항만시설 보안업무 담당자 간 통신수단을 확보하고 통신보안에 대한 조치를 마련할 것 6. 국제여객터미널에서 탑승하는 여객의 위탁 수하물에 대한 검색을 할 것 7. 그 밖에 법 제4조에 따른 국제협약에서 항만시설에 대하여 보안 1등급에서 취하도록 정한 보안조치를 할 것
	보안 2등급	1. 항만시설에 대한 보안 1등급 시의 조치사항을 이행할 것 2. 항만시설을 순찰하는 인원을 평상시보다 늘려 배치할 것 3. 항만시설 출입구 2분의 1 이상을 폐쇄할 것 4. 출입자, 출입차량 및 출입자 소지품의 검색 비율을 높여 검색할 것 5. 해상에서의 보안강화를 위하여 순찰선을 운항시킬 것 6. 항만시설에 대한 감시 장비를 계속적으로 운용하고 운용기록은 상시 유지할 것 7. 항만시설 출입구에 철제차단기 등 접근 차단시설을 설치할 것 8. 정박한 선박 주위에 차량의 주차를 통제할 것 9. 국제여객터미널에서 탑승하는 여객의 위탁수하물을 금속탐지기 등으로 정밀검색 할 것 10. 그 밖에 법 제4조에 따른 국제협약에서 항만시설에 대하여 보안 2등급에서 취하도록 정한 보안조치를 할 것
	보안 3등급	1. 항만시설에 대한 보안 2등급 시의 조치사항을 이행할 것 2. 항만시설보안계획으로 지정한 항만시설에 대한 접근금지 조치를 할 것 3. 항만시설보안계획으로 지정한 항만시설에서 화물이동 및 차량이동을 중지시킬 것 4. 항만시설보안계획으로 지정한 항만시설의 운영을 중지할 것 5. 항만시설보안계획으로 지정한 항만시설에서 대피 조치를 할 것 6. 항만시설 내 제한구역에 대한 검색을 할 것 7. 항만시설 내 위험물질의 보호 조치 및 통제를 할 것 8. 항만시설 내 선용품의 인도를 중지할 것 9. 위탁 수하물의 취급을 금지할 것 10. 그 밖에 법 제4조에 따른 국제협약에서 항만시설에 대하여 보안 3등급에서 취하도록 정한 보안조치를 할 것

◆ 선박식별번호의 표시선박 (법 제18조 제1항), 표시방법과 표시장소 (시행규칙 제18조)

선박식별번호	다음 각 호에 해당하는 국제항해선박은 개별 선박의 식별이 가능하도록 부여된 번호(이하 "선박식별번호"라 한다)를 표시하여야 한다. [20 간부] 1. 총톤수 100톤 이상의 여객선 2. 총톤수 300톤 이상의 화물선
표시방법	1. 선박식별번호의 표시는 다른 표시와 구별되어 명확하게 보이도록 대비색으로 칠하고, 쉽게 변경되지 아니하도록 음각 또는 양각의 방법으로 표시할 것 2. 선박의 외부에 표시하는 선박식별번호 글자의 높이는 200mm 이상이어야 하고, 선박의 내부에 표시하는 선박식별번호 글자의 높이는 100mm 이상이어야 하며, 글자의 폭은 높이와 비례하여 균형을 이루도록 할 것
표시장소	1. 선박의 외부에 표시하는 경우 가. 여객선 : 상공에서 볼 수 있는 갑판의 수평면 나. 여객선 외의 선박 : 다음 위치 중 잘 보이는 어느 한 곳 (1) 선미 (2) 선체 중앙부의 좌현 및 우현의 만재흘수선 상부 (3) 선루(船樓)의 좌현과 우현 (4) 선루의 전방면 2. 선박의 내부에 표시하는 경우 가. 유조선 등 액체화물운반선 : 화물 펌프실 또는 기관구역의 횡격벽 중 접근이 가능한 곳 중 어느 한 곳 나. 그 밖의 선박 : 기관구역의 횡격벽, 화물구역 안쪽 또는 차량을 전용으로 운반하는 화물구역이 있는 선박의 경우 차량전용 화물구역의 횡격벽 중 접근이 가능한 곳 중 어느 한 곳

◆ 경호활동 범위 : 해상경호지역 [22 승진]

1선 : 안전해역	절대안전확보구역,	해안~3해리
2선 : 경비해역	주경비지역,	해안~6해리
3선 : 경계해역	조기경보지역,	해안~11해리

3. 선박 및 해상구조물에 대한 위해행위의 처벌 등에 관한 법률 (약칭 : 선박위해처벌법)
[시행 21. 3. 16]

> **제1조(목적)**
> 이 법은 운항 중인 선박 및 해상구조물에 대한 위해행위(危害行爲)를 방지함으로써 선박의 안전한 운항과 해상구조물의 안전을 보호함을 목적으로 한다.
>
> **제2조(정의)**
> 1. "선박"이란 기선(機船), 범선(帆船), 부선(艀船) 및 잠수선(潛水船) 등 해저(海底)에 항상 고착되어 있지 아니한 모든 형태의 배를 말한다. 다만, 군함, 국가가 소유하거나 운영하는 해군보조함 및 세관·경찰용 선박은 제외한다.
> 2. "운항"이란 항해, 정박(碇泊), 계류(繫留), 대기(待機) 등 해양에서의 선박의 모든 사용 상태를 말한다.
> 3. "대한민국 선박"이란 「선박법」 및 「어선법」 등 관계 법령에 따라 대한민국에 등록된 선박을 말한다.
> 4. "외국선박"이란 외국에 등록된 선박을 말한다.
> 5. "해상구조물"이란 자원의 탐사·개발, 해양과학조사, 그 밖의 경제적 목적 등을 위하여 「해양법에 관한 국제연합 협약」에 따른 대륙붕에 항상 고착된 인공섬, 시설 또는 구조물을 말한다.

6. "외국인"이란 대한민국의 국적을 가지지 아니한 사람을 말한다.

제3조(외국인에 대한 적용 범위)
이 법은 다음 각 호의 어느 하나에 해당하는 외국인에게도 적용한다.
1. 대한민국 영역 밖에서 대한민국 선박에 대하여 제5조부터 제13조까지의 죄를 범한 외국인
2. 대한민국 영역 밖에서 대한민국 대륙붕에 있는 해상구조물에 대하여 또는 그 해상구조물에서 제5조부터 제13조까지의 죄를 범한 외국인
3. 대한민국 영역 밖에서 제5조부터 제13조까지의 죄를 범하고 대한민국 영역 안에 있는 외국인

제4조(범죄인의 인도)
① 대한민국 선박의 선장은 운항 중에 제5조부터 제13조까지의 죄를 범한 것으로 의심할 만한 상당한 이유가 있다고 인정하는 사람(이하 "범죄인"이라 한다)을 「항해의 안전에 대한 불법행위의 억제를 위한 협약」(이하 "항해안전협약"이라 한다)의 당사국인 외국의 정부기관에 인도(引渡)할 수 있다. 이 경우 선장은 긴급히 처리하여야 할 부득이한 사유가 있는 경우를 제외하고는 인도하기 전에 인도 대상자, 인도 사유, 인도 예정 일시 및 인도 대상국 등에 관한 사항을 미리 법무부장관에게 보고하고 승인을 받아야 한다.
② 대한민국 선박의 선장은 제1항에 따라 범죄인을 인도하려는 경우에는 특별한 사정이 있는 경우를 제외하고는 외국의 영해에 진입하기 전에 인도 대상자, 인도 의사(意思) 및 인도 사유를 그 정부기관에 통보하여야 하고, 인도하는 경우에는 관련 증거를 함께 제공하여야 한다.
③ 제1항에 따라 범죄인을 인도한 선장은 즉시 법무부장관에게 인도 대상자, 인도 일시, 인도 장소 및 인수기관 등에 관한 사항을 보고하여야 한다.
④ 항해안전협약의 당사국인 외국선박의 선장이 범죄인을 대한민국에 인도하려는 경우에는 검사 또는 「형사소송법」 제197조제1항에 따른 사법경찰관(「사법경찰관리의 직무를 수행할 자와 그 직무범위에 관한 법률」 제5조제18호에 따른 어업감독 공무원 중 7급 이상 공무원을 포함한다. 이하 같다)은 특별한 사정이 있는 경우를 제외하고는 그 범죄인을 인수하여야 한다. 이 경우 사법경찰관이 인수할 때에는 긴급히 처리하여야 할 부득이한 사유가 있는 경우를 제외하고는 검사의 지휘를 받아야 한다.

CHAPTER 08 구조안전

제1절 | 해양안전

1. 수상에서의 수색·구조 등에 관한 법률

1 목적 [19 경사·경감 승진, 21 해경]

이 법은 수상에서 조난된 사람, 선박, 항공기, 수상레저기구 등의 수색·구조·구난 및 보호에 필요한 사항을 규정함으로써 조난사고로부터 국민의 생명과 신체 및 재산을 보호하고 공공의 복리증진에 이바지하는 것을 목적으로 한다. ⇒ SAR협약을 구체화

> 시행령 제3조(수난구호의 최우선 순위)
> 수난구호는 사람의 생명을 최우선으로 한다. [13 경사승진]

2 정의 [14 경사승진, 16 경장승진, 17 경사·경감승진, 18 해경]

이 법에서 사용하는 용어의 정의는 다음과 같다.
1. "수상"이란 해수면과 내수면을 말한다.
2. "해수면"이란 「수상레저안전법」 제2조제7호에 따른 바다의 수류나 수면을 말한다.
3. "내수면"이란 「수상레저안전법」 제2조제8호에 따른 하천, 댐, 호수, 늪, 저수지, 그 밖에 인공으로 조성된 담수나 기수(汽水)의 수류 또는 수면을 말한다.
4. "수난구호"란 수상에서 조난된 사람 및 선박, 항공기, 수상레저기구 등(이하 "선박등"이라 한다)의 수색·구조·구난과 구조된 사람·선박등 및 물건의 보호·관리·사후처리에 관한 업무를 말한다.
5. "조난사고"란 수상에서 다음 각 목의 사유로 인하여 사람의 생명·신체 또는 선박등의 안전이 위험에 처한 상태를 말한다.
   가. 사람의 익수·추락·고립·표류 등의 사고
   나. 선박등의 침몰·좌초·전복·충돌·화재·기관고장 또는 추락 등의 사고
6. "수난구호협력기관"이란 수난구호를 위하여 협력하는 중앙행정기관·지방자치단체, 「재난 및 안전관리 기본법」 제3조제8호에 따른 긴급구조지원기관, 대통령령으로 정하는 공공단체를 말한다.
7. "수색"이란 인원 및 장비를 사용하여 조난을 당한 사람 또는 사람이 탑승하였을 것으로 추정되는 선박등을 찾는 활동을 말한다.
8. "구조"란 조난을 당한 사람을 구출하여 응급조치 또는 그 밖의 필요한 것을 제공하고 안전한 장소로 인도

하기 위한 활동을 말한다.
9. "구난"이란 조난을 당한 선박등 또는 그 밖의 다른 재산(선박등에 실린 화물을 포함한다)에 관한 원조를 위하여 행하여진 행위 또는 활동을 말한다.
10. "구조대"란 수색 및 구조활동을 신속히 수행할 수 있도록 훈련된 인원으로 편성되고 적절한 장비를 보유한 단위조직을 말한다.
11. "민간해양구조대원"이란 지역해역에 정통한 주민 등 해양경찰관서에 등록되어 해양경찰의 해상구조활동을 보조하는 사람을 말한다.
12. "표류물"이란 점유를 이탈하여 수상에 떠 있거나 떠내려가고 있는 물건을 말한다.
13. "침몰품"이란 점유를 이탈하여 수상에 가라앉은 물건을 말한다.

2의2 적용범위

이 법 또는 이 법에 따른 명령 중 선박소유자에 관한 규정은 선박을 공유하는 경우로서 선박관리인을 임명하였을 때에는 그 선박관리인에게 적용하고, 선박을 임차하였을 때에는 그 선박임차인에게 적용하며, 선장에 관한 규정은 선장을 대신하여 그 직무를 수행하는 사람이 있는 경우 그 사람에게 적용한다.

3 다른 법률과의 관계

수상에서 발생한 모든 조난사고에 대하여는 다른 법률에서 따로 정한 경우를 제외하고는 이 법에서 정하는 바에 따른다.

4 수난대비기본계획의 수립 등 [16 경장승진, 15 해경, 17 경사·경감승진, 19 승진, 23 경감승진]

① **해양경찰청장**은 해수면에서 자연적·인위적 원인으로 발생하는 조난사고로부터 사람의 생명과 신체 및 재산을 보호하고 효율적인 수난구호를 위하여 **수난대비기본계획을 5년 단위로 수립**하여야 한다. [16 해경] 2차]
② **해양경찰청장**은 제1항의 수난대비기본계획을 집행하기 위하여 **수난대비집행계획을 매년 수립·시행**하여야 한다.
③ 제2항에 따른 **수난대비집행계획**은 「민방위기본법」에 따른 민방위계획에 포함하여 수립·시행할 수 있다. [12 해경, 16 경감승진]

♣ 구조본부의 설치

	중앙구조본부	광역구조본부	지역구조본부
설치처	해양경찰청	지방해양경찰청	해양경찰서
본부장	해양경찰청장	지방해양경찰청장	해양경찰서장
부본부장	소속 공무원 중 지명		
조정관	소속 공무원 중 지명	소속 공무원 중 지명	소속 공무원 중 지명

5 중앙구조본부 등의 설치 [16 해경]

① 해수면에서의 수난구호에 관한 사항의 총괄·조정, 수난구호협력기관과 수난구호민간단체 등이 행하는 수난구호활동의 역할조정과 지휘·통제 및 수난구호활동의 국제적인 협력을 위하여 **해양경찰청**에 중앙

구조본부를 둔다.

> **시행령 제4조(중앙구조본부의 구성·운영)**
> ① 법 제5조제1항에 따른 중앙구조본부(이하 "중앙구조본부"라 한다)에는 본부장·부본부장 각 1명과 중앙조정관 1명 및 업무 수행에 필요한 직원을 둔다.
> ② 중앙구조본부의 본부장(이하 "중앙구조본부의 장"이라 한다)은 해양경찰청장이 되고, 부본부장·중앙조정관 및 직원은 해양경찰청장이 소속 공무원 중에서 지명하는 사람이 된다. [11 경사승진, 15 경장승진, 17 해경]1차]
> ③ 중앙구조본부의 장은 다음 각 호의 사항을 관장한다. [11 해경, 18 경감승진, 19 경장승진, 23 경감승진]
>   1. 수난구호대책의 총괄·조정
>   1의2. 법 제5조의2제1항에 따른 수난대비기본훈련(이하 "수난대비기본훈련"이라 한다)의 실시
>   2. 법 제17조제4항에 따른 대규모 수난구호활동의 현장 지휘·통제
>   3. 해수면에서의 수난구호업무(이하 "해양수난구호업무"라 한다)에 관한 관계 기관·단체와의 협력
>   4. 해양수난구호업무에 관한 국제기구 및 외국기관과의 협력
>   5. 수난구호협력기관 등 관계 기관·단체의 구조대와의 합동훈련 및 합동수색·구조활동에 필요한 구조지침에 관한 사항
>   6. 법 제4조제2항에 따른 수난대비집행계획(이하 "수난대비집행계획"이라 한다)의 시행
>   7. 수난구호장비의 확충·보급 등
>   8. 법 제5조제2항에 따른 광역구조본부(이하 "광역구조본부"라 한다) 및 지역구조본부(이하 "지역구조본부"라 한다)의 지휘·감독
>   9. 그 밖에 해양수난구호업무의 효율적인 수행을 위하여 필요한 사항

② 해역별 수난구호에 관한 사항의 총괄·조정, 해당 지역에 소재하는 수난구호협력기관과 수난구호민간단체 등이 행하는 수난구호활동의 역할조정과 지휘·통제 및 수난현장에서의 지휘·통제를 위하여 지방해양경찰청에 광역구조본부를 두고, 해양경찰서에 지역구조본부를 둔다. [16 경사승진]

> **시행령 제5조(광역 및 지역 구조본부의 구성·운영)** [17 해경, 23 경감승진]
> ① 광역구조본부에는 본부장 1명과 광역조정관 1명을 두고, 지역구조본부에는 본부장 1명과 지역조정관 1명을 두며, 광역 및 지역 구조본부별로 업무 수행에 필요한 직원을 둔다.
> ② 광역구조본부의 본부장(이하 "광역구조본부의 장"이라 한다)은 해당 지방해양경찰청장이 되고, 광역조정관 및 광역구조본부 직원은 해당 지방해양경찰청장이 소속 공무원 중에서 지명하는 사람이 되며, 지역구조본부의 본부장(이하 "지역구조본부의 장"이라 한다)은 해당 해양경찰서장이 되고, 지역조정관 및 지역구조본부 직원은 해당 해양경찰서장이 소속 공무원 중에서 지명하는 사람이 된다.
> ③ 광역구조본부의 장은 다음 각 호의 사항을 관장한다. [19 경감승진]
>   1. 광역구조본부 관할해역에서의 수난구호업무 총괄·조정·지휘 및 관계 기관, 외국기관과의 협력
>   2. 관할해역에서의 수난구호업무 수행
>   3. 소속 구조대의 편성·운영 및 구조활동에 관한 지휘·통제
>   4. 지역 소재 수난구호협력기관과 수난구호민간단체의 수난구호활동 역할 분담 및 지휘·통제
>   5. 법 제33조에 따른 선박위치통보제도의 시행에 관한 사항
>   6. 해양수난구호업무를 위한 지역 통신망의 관리·운용
>   7. 그 밖에 중앙구조본부의 장으로부터 위임받거나 지시받은 사항
> ④ 지역구조본부의 장은 해양수난구호업무에 관하여 광역구조본부의 장의 조정·지휘를 받아 다음 각 호의 사항을 관장한다.
>   1. 관할해역에서의 수난구호업무 수행

2. 소속 구조대의 편성·운영 및 구조활동에 관한 지휘·통제
  3. 지역 소재 수난구호협력기관과 수난구호민간단체의 수난구호활동 역할 분담 및 지휘·통제
  4. 그 밖에 중앙구조본부의 장 또는 광역구조본부의 장으로부터 위임받거나 지시받은 사항

5의2 수난대비기본훈련의 실시 등

① 중앙구조본부는 수상에서 자연적·인위적 원인으로 발생하는 조난사고로부터 사람의 생명과 신체 및 재산을 보호하기 위하여 수난구호협력기관 및 수난구호민간단체 등과 공동으로 매년 수난대비기본훈련을 실시하여야 한다. [16 해경]
② 해양경찰청장은 제1항의 수난대비기본훈련의 실시결과를 매년 국회 소관상임위원회에 보고하여야 한다.

> 시행령 제5조의2(수난대비기본훈련의 실시 등)
> ① 중앙구조본부의 장은 수난대비기본훈련을 연 1회 이상 실시하여야 한다.

6 각급 해양수색구조기술위원회의 설치 [16 해경]

① 해양에서의 수색구조활동을 신속하고 효과적으로 지원하고, 수색구조 관련 정책조정과 유관기관 및 민간단체와의 협력체제를 구축하기 위하여 중앙구조본부의 장, 광역구조본부의 장 및 지역구조본부의 장(이하 "구조본부의 장"이라 한다) 소속으로 각각 **중앙, 광역 및 지역 해양수색구조기술위원회**를 둔다.
② 제1항에 따른 해양수색구조기술위원회의 구성·운영 등에 필요한 사항은 대통령령으로 정한다.

> **시행령 제6조(중앙 해양수색구조기술위원회의 구성)** [11 해경, 17 해경, 23 경감승진]
> ① 법 제6조제1항에 따른 중앙 해양수색구조기술위원회(이하 "중앙기술위원회"라 한다)는 위원장 및 부위원장 각 1명을 포함하여 40명 이내의 위원으로 구성한다.
> ② 중앙기술위원회의 위원장은 중앙구조본부의 부본부장이 되고, 부위원장은 중앙구조본부의 중앙조정관이 된다.
> ③ 중앙기술위원회의 위원은 다음 각 호의 사람이 된다.
> 1. 외교부·통일부·법무부·국방부·행정안전부·보건복지부·국토교통부·해양수산부·소방청·질병관리청·기상청 소속 공무원 중에서 그 소속 기관의 장이 지명하는 사람
> 2. 다음 각 목의 어느 하나에 해당하는 사람 중에서 중앙구조본부의 장이 위촉하는 사람
>   가. 법 제26조제1항에 따른 한국해양구조협회의 회원이나 민간해양구조대원
>   나. 다음의 각 분야에 관한 학식과 경험이 풍부한 사람
>   1) 선박 구조 및 설계 분야
>   2) 해상화물 분야
>   3) 해양기상 분야
>   4) 수중구조 및 구난 분야
>   5) 화재 분야
>   6) 감식(鑑識) 분야
>   7) 해상교통 분야
>   8) 의학, 법학, 심리학 또는 사회복지학 등 수난구호 관련 학문 분야
>   9) 그 밖에 수난구호업무와 관련이 있다고 해양경찰청장이 인정하는 분야
> ④ 제3항제2호에 따른 위원의 임기는 2년으로 한다.

> **시행령 제7조(광역 및 지역 해양수색구조기술위원회의 구성)**
> ① 법 제6조제1항에 따른 광역 해양수색구조기술위원회(이하 "광역기술위원회"라 한다)는 위원장·부위원장 각 1명을 포함하여 10명 이상 40명 이하의 위원으로 구성한다.
> ② 광역기술위원회의 위원장은 광역구조본부의 장이 되고, 부위원장은 광역조정관이 되며, 위원은 다음 각 호의 사람이 된다.
>   1. 지방우정청, 국립검역소, 지방기상청, 지방해양수산청, 지방항공청, 지방해양안전심판원, 해군함대사령부, 공군전투비행단, 광역시·도·특별자치도, 소방본부, 세관, 출입국·외국인청 또는 출입국·외국인사무소, 권역별질병대응센터 소속 공무원 중에서 그 소속 기관의 장이 지명하는 사람
>   2. 대한적십자사, 지구별 수산업협동조합, 해운조합의 지부 또는 출장소의 임직원, 법 제26조제1항에 따른 한국해양구조협회의 회원, 민간해양구조대원, 선박 등의 소유자 중에서 광역구조본부의 장이 위촉하는 사람
>   3. 제6조제3항제2호나목에 해당하는 사람 중 광역구조본부의 장이 위촉하는 사람
> ③ 법 제6조제1항에 따른 지역 해양수색구조기술위원회(이하 "지역기술위원회"라 한다)는 위원장·부위원장 각 1명을 포함하여 5명 이상 20명 이하의 위원으로 구성한다.
> ④ 지역기술위원회의 위원장은 지역구조본부의 장이 되고, 부위원장은 지역조정관이 되며, 위원은 다음 각 호의 사람이 된다.
>   1. 우체국, 국립검역소 또는 국립검역소 지소, 지방기상청 또는 기상대, 지방해양수산청·해양수산사무소 또는 출장소, 지방항공청, 지방해양안전심판원, 해군함대사령부, 공군전투비행단, 세관, 출입국·외국인청 또는 출입국·외국인사무소, 시·군·구(자치구를 말한다. 이하 같다), 소방서 소속 공무원 중에서 그 소속 기관의 장이 지명하는 사람
>   2. 대한적십자사, 지구별 수산업협동조합, 해운조합의 지부 또는 출장소의 임직원, 법 제26조제1항에 따른 한국해양구조협회의 회원, 민간해양구조대원, 선박 등의 소유자 중에서 지역구조본부의 장이 위촉하는 사람
>   3. 제6조제3항제2호나목에 해당하는 사람 중 지역구조본부의 장이 위촉하는 사람
> ⑤ 제2항제2호·제3호 및 제4항제2호·제3호에 따른 위원의 임기는 2년으로 한다.

7 구조대 및 구급대의 편성·운영

① 구조본부의 장은 해수면에서 수난구호를 효율적으로 수행하기 위하여 **구조대를 편성·운영**하고, 해수면과 연육로로 연결되지 아니한 도서(소방관서가 설치된 도서는 제외한다)에서 발생하는 응급환자를 응급처치하거나 의료기관에 긴급히 이송하기 위하여 **구급대를 편성·운영**하여야 한다.
② 소방청장, 소방본부장 및 소방서장(이하 "소방관서의 장"이라 한다)은 내수면에서의 수난구호를 위하여 구조대를 편성·운영하고, 내수면에서 발생하는 응급환자를 응급처치하거나 의료기관에 긴급히 이송하기 위하여 구급대를 편성·운영하여야 한다.
③ 수난구호협력기관의 장은 수난구호활동의 지원을 위하여 필요하다고 인정할 때에는 구조대 및 구급대를 편성·운영할 수 있다.

> **시행령 제16조(구조대 및 구급대의 편성·운영)**
> ① 법 제7조제1항에 따른 구조대의 편성·운영은 다음 각 호의 구분에 따른다.
>   1. **해양경찰구조대** : 조난사고 및 그 밖의 위급한 상황에서 사람의 생명 등을 안전하게 구조하기 위한 수색구조 활동을 위하여 두는 구조대로서 **해양경찰서마다 1개 이상 편성·운영** 다만, **해양경찰서 관할 구역에 중앙해양특수구조단 또는 해양특수구조대가 설치된 경우에는 해양경찰구조대를 편성·운영하지 않을 수 있다.
>   2. **중앙해양특수구조단** : 해수면에서의 대형 조난사고, 화재선박의 인명구조 등 특수구조 상황에서 필요한 구조활동과 해양경찰청 소속 경찰공무원(이하 "해양경찰관"이라 한다), 민간해양구조대원 등 해상인명구조 종사자의 훈련을 위하여 두는 구조대로서 **중앙구조본부에 편성·운영**

8 종합상황실의 설치·운영

① 구조본부의 장은 조난사고와 그 밖에 구조·구급이 필요한 상황의 발생에 대비하고, 신속한 구조활동을 위한 정보를 수집·전파하기 위하여 종합상황실을 설치·운영하여야 한다.

9 여객선비상수색구조계획서의 작성 등 [19 경사승진, 21 해경]

① 국제항해에 취항하는 여객선(「해운법」 제6조제1항에 따라 승인을 받은 외국의 해상여객운송사업자가 운영하는 여객선을 포함한다. 이하 "여객선"이라 한다) 소유자는 비상시 여객선의 수색구조를 위하여 구조본부의 비상연락망, 비상훈련계획 및 구명설비배치도 등이 기재된 계획서(이하 "여객선비상수색구조계획서"라 한다)를 작성하여 관할 해양경찰서장에게 신고하고 확인을 받아 해당 여객선 및 선박 소유자의 주된 사무실에 비치하여야 한다.
② 여객선 소유자는 여객선비상수색구조계획서의 내용에 변경이 있는 경우 지체 없이 변경된 내용을 관할 해양경찰서장에게 신고하여야 한다.
③ 관할 해양경찰서장은 여객선의 안전을 위하여 필요하다고 인정하는 경우 소속 경찰공무원으로 하여금 여객선 소유자의 선박 또는 주된 사무소에 출입하여 여객선비상수색구조계획서를 확인하게 할 수 있다.
④ 제3항에 따라 여객선 소유자의 선박 또는 주된 사무소에 출입하는 경찰공무원은 그 권한을 나타내는 증표를 지니고 이를 관계인에게 내보여야 한다.
⑤ 여객선 및 「해운법」 제2조제1호의2에 따른 여객선 소유자는 해양수산부령으로 정하는 바에 따라 여객선비상수색구조 훈련을 연 1회 이상 선장의 지휘하에 실시하여야 하며, 훈련의 시기와 방법은 관할 해양경찰서장 또는 소방서장과 협의하여 정한다.

> 시행규칙 제5조(여객선비상수색구조계획서) [19 경사승진]
> ② 법 제9조제5항에 따른 여객선비상수색구조 훈련은 충돌, 좌초, 침수, 화재, 전복 및 탑승객 해상추락 등의 상황을 대비한 훈련으로 한다.

10 선박의 이동 및 대피 명령 [14 경감승진, 17 경장·경감승진]

구조본부의 장은 다음 각 호의 어느 하나에 해당하는 선박의 경우에는 해양수산부령으로 정하는 바에 따라 해당 선박의 이동 및 대피를 명할 수 있다. 다만, 외국선박에 대한 이동 및 대피명령은 「영해 및 접속수역법」 제1조 및 제3조에 따른 영해 및 내수(「내수면어업법」 제2조제1호에 따른 내수면은 제외한다)에서만 실시한다.
1. 태풍, 풍랑 등 해상기상의 악화로 조난이 우려되는 선박
2. 선박구난현장에서 구난작업에 방해가 되는 선박

11 조난된 선박의 긴급피난

인명이나 해양환경에 손상을 초래할 수 있는 조난된 선박의 선장 또는 소유자는 계속 항해 시의 위험을 줄이기 위하여 긴급피난을 할 수 있다.

12 긴급피난의 신청과 허가

① 긴급피난을 하려는 조난된 선박의 선장 또는 소유자는 구조본부의 장에게 긴급피난의 허가를 신청하여야 한다.
② 제1항에 따른 긴급피난의 허가신청을 받은 구조본부의 장은 지체 없이 그 허가여부를 결정하여야 한다. 허가를 하는

경우 구조본부의 장은 조난된 선박이 초래할 수 있는 인명이나 해양환경에 미치는 영향을 고려하여 조건을 붙여 허가를 할 수 있다.
③ 구조본부의 장은 해상기상 또는 선박의 상태 등을 고려하여 긴급피난의 허가를 하지 아니한 때에는 즉시 신청자에게 알리고, 선박의 안전에 필요한 조치를 하여야 한다.

> 시행규칙 제7조(조난선박의 긴급피난 허가 절차)
> ① 법 제12조제1항에 따라 긴급피난 허가를 받으려는 조난선박의 선장 또는 소유자는 구조본부의 장에게 유선·무선 통신 또는 서면으로 긴급피난 허가를 신청하여야 하고, 다음 각 호의 사항 중 구조본부의 장이 요청하는 정보를 제공하여야 한다.
>   1. 선명(船名) 및 호출부호 2. 선적항 3. 선장의 성명 및 선원 수 4. 현재 위치(위도·경도)
>   5. 총톤수 및 전장(全長) 6. 최대 흘수 7. 항해장치·기기 작동상태 8. 위험물 적재 여부
>   9. 피난 이유 10. 도착 예정시각 11. 통신연락방법
> ② 제1항에 따라 긴급피난 허가 신청을 받은 구조본부의 장은 선박이 다음 각 호의 어느 하나에 해당하는 경우에는 유선·무선 통신을 이용하여 긴급피난을 허가한다.
>   1. 선체 및 기관의 중대한 손상 등의 사고로 인하여 선박에 급박한 위험이 있는 경우
>   2. 태풍 등 악천후(惡天候)로 인하여 선박운항에 급박한 위험이 있는 경우
>   3. 연료, 청수(淸水) 또는 식료품 등이 불의의 사태로 결핍되어 선박의 안전 또는 승무원의 생명에 급박한 위험이 있는 경우
>   4. 해적 및 폭동 등의 위험으로부터 피난할 경우
>   5. 선박 내에 있는 사람이 중상을 입거나 위급한 병에 걸려 신속히 전문의의 치료를 필요로 하는 경우
>   6. 그 밖에 긴급피난을 하지 않을 경우 선박 및 선원의 안전에 중대한 위험 발생이 예상되는 경우

13 수난구호의 관할

해수면에서의 수난구호는 구조본부의 장이 수행하고, 내수면에서의 수난구호는 소방관서의 장이 수행한다. 다만, 국제항행에 종사하는 내수면 운항선박에 대한 수난구호는 구조본부의 장과 소방관서의 장이 상호 협조하여 수행하여야 한다. [15 해경, 15 경감승진, 17 해경]

14 수난구호협력기관과의 협조 등

① 수난구호협력기관의 장은 수난구호활동을 위하여 구조본부의 장 또는 소방관서의 장으로부터 필요한 지원과 협조 요청이 있을 경우 특별한 사정이 없으면 이에 응하여야 한다.
② 구조본부의 장 또는 소방관서의 장은 수난구호협력기관의 장과 협의하여 구조대 및 구급대의 합동훈련 또는 합동교육을 실시하거나 구조대 및 구급대에 관한 정보교환 및 상호연락체제를 구축할 수 있다.
③ 특별자치도지사 또는 시장·군수·구청장(자치구의 구청장을 말한다. 이하 같다)은 구조된 사람의 보호와 습득한 물건의 보관·반환·공매 및 구호비용의 산정·지급·징수, 그 밖에 사후처리에 관한 일체의 사무를 담당한다.

15 조난사실의 신고 등

① 수상에서 조난사고가 발생한 때에는 다음 각 호의 어느 하나에 해당하는 자는 즉시 가까운 구조본부의 장이나 소방관서의 장에게 조난사실을 신고하여야 한다.
  1. 조난된 선박등의 선장·기장 또는 소유자
  2. 수상에서 조난사실을 발견한 자

3. 조난된 선박등으로부터 조난신호나 조난통신을 수신한 자
4. 조난사고 원인을 제공한 선박의 선장 및 승무원

② 선박등의 소재가 불명하고 통신이 두절되어 실종의 위험이 있다고 인정되는 경우에는 그 선박등의 소유자·운항자 또는 관리자는 지체 없이 그 사실을 구조본부의 장이나 소방관서의 장에게 신고하여야 한다.
③ 제1항 및 제2항에 따라 조난사실을 신고받거나 인지한 구조본부의 장 또는 소방관서의 장은 그 사실을 지체 없이 조난지역을 관할하는 구조본부의 장이나 소방관서의 장에게 통보하여야 한다.

16 구조본부 등의 조치

① 제15조에 따라 조난사실을 신고 또는 통보받거나 인지한 관할 구조본부의 장이나 소방관서의 장은 구조대에 구조를 지시 또는 요청하거나 조난현장의 부근에 있는 선박등에게 구조를 요청하는 등 수난구호에 필요한 조치를 취하여야 한다.
② 제1항에 따라 구조의 지시 또는 요청을 받은 구조대의 장은 구조상황을 수시로 관할 구조본부의 장 또는 소방관서의 장에게 보고 하거나 통보하여야 한다.
③ 제1항에 따른 수난구호를 위하여 필요하다고 인정할 때에는 구조본부의 장 또는 소방관서의 장은 수난구호협력기관의 장, 수난구호민간단체에게 소속 구조지원요원 및 선박을 현장에 출동시키는 등 구조활동(조난된 선박등의 예인을 포함한다)을 지원할 것을 요청할 수 있다. 이 경우 요청을 받은 수난구호협력기관의 장과 수난구호민간단체는 특별한 사유가 없는 한 즉시 이에 응하여야 한다.
④ 구조본부의 장 또는 소방관서의 장은 생존자의 구조를 위하여 필요한 경우 수중 수색구조활동을 실시할 수 있다. 다만, 그 업무를 수행하는 사람의 건강이나 생명에 중대한 위험을 초래할 우려가 있다고 판단되는 경우에는 실시하지 아니하거나 중지할 수 있다.

> **시행령 제18조(예인항해 사실 등의 통보)** [11 해경]
> 구조본부의 장은 법 제16조제3항에 따라 예인선 등 필요한 장비를 소유하거나 운영하는 자에게 조난된 선박, 항공기, 수상레저기구 등(이하 "선박등"이라 한다)을 예인항해하게 하거나 그 밖에 필요한 조치를 취하게 할 때에는 조난 선박등의 선장이나 소유자·운항자 또는 관리자(이하 "선장등"이라 한다)에게 그 사실을 통보하여 소요비용 등에 관하여 서로 협의하게 해야 한다. 다만, 조난 선박등의 선장등을 알 수 없거나 긴급한 상황일 때에는 그렇지 않다.

17 현장지휘 [21 경사승진]

① 조난현장에서의 수난구호활동의 지휘는 지역구조본부의 장 또는 소방서장이 행한다. 다만, 응급의료 및 이송 등과 관련된 사항에 대하여는 관련 수난구호협력기관의 장과 협의하여야 한다.
② 제1항에 따른 현장지휘는 다음 각 호의 사항에 관하여 행한다.
   1. 조난현장에서의 수난구호활동
   2. 수난구호협력기관, 수난구호민간단체, 자원봉사자 등의 임무 부여와 인력 및 장비의 배치와 운용
   3. 추가 조난의 방지를 위한 응급조치
   4. 사상자의 응급처치 및 의료기관으로의 이송
   5. 수난구호에 필요한 물자 및 장비의 관리
   6. 수난구호요원의 안전확보를 위한 조치
   7. 현장접근 통제, 조난현장의 질서유지 등 효율적인 수난구호활동을 위하여 필요한 사항
③ 광역구조본부의 장 또는 소방본부장은 둘 이상의 지역구조본부의 장 또는 소방서장의 공동대응 등이 필요하다고 인정하는 경우에는 제1항에도 불구하고 직접 현장지휘를 할 수 있다.

④ 중앙구조본부의 장 또는 소방청장은 대통령령으로 정하는 대규모의 수난이 발생하거나 그 밖에 필요하다고 인정하는 경우에는 제1항 및 제3항에도 불구하고 직접 현장지휘를 할 수 있다.
⑤ 조난현장에서 수난구호활동에 임하는 수난구호요원, 조난된 선박의 선원 및 승객은 제1항·제3항 및 제4항에 따라 현장지휘관의 지휘·통제에 따라야 한다. [19 승진]

18 인근 선박등의 구조지원

① 조난현장의 부근에 있는 선박등의 선장·기장 등은 조난된 선박등이나 구조본부의 장 또는 소방관서의 장으로부터 구조요청을 받은 때에는 가능한 한 조난된 사람을 신속히 구조할 수 있도록 최대한 지원을 제공하여야 한다. 다만, 조난된 선박 또는 조난사고의 원인을 제공한 선박의 선장 및 승무원은 요청이 없더라도 조난된 사람을 신속히 구조하는 데 필요한 조치를 하여야 한다.
② 구조본부의 장 또는 소방관서의 장으로부터 구조요청을 받은 선박등의 선장·기장 등은 구조에 착수하지 못할 경우에는 지체 없이 그 사유를 구조본부의 장 또는 소방관서의 장에게 통보하여야 한다.

19 조난된 선박등의 구난작업 신고   [21 경사승진, 22 경장승진]

① 누구든지 다음 각 호의 장소에서 조난된 선박등을 구난하려는 자는 구난작업을 시작하기 전에 구조본부의 장 또는 소방관서의 장에게 그 사실을 신고하여야 한다. 다만, 대통령령으로 정하는 소형선박을 구난하려는 경우, 제16조제3항에 따른 구조본부의 장 또는 소방관서의 장의 요청으로 구난을 하려는 경우에는 그러하지 아니하며, 긴급구난을 하려는 경우에는 구난작업을 시작한 후 지체 없이 구조본부의 장 또는 소방관서의 장에게 알려야 한다.
  1. 「영해 및 접속수역법」 제1조 및 제3조에 따른 영해 및 내수
  2. 「배타적 경제수역 및 대륙붕에 관한 법률」에 따른 배타적 경제수역

> 시행령 제20조(소형선박의 구난)
>   법 제19조제1항 단서에서 "대통령령으로 정하는 소형선박"이란 「해양환경관리법」 제2조제4호·제5호 또는 제7호에 따른 폐기물·기름 또는 유해액체물질의 산적운반(散積運搬)에 전용(轉用)되지 아니하는 선박으로서 총톤수 100톤 미만의 선박을 말한다.
>
> 시행규칙 제8조(구난작업 신고서의 제출) [16 해경]
>   법 제19조제1항에 따라 선박의 구난작업을 하려는 자는 법 제19조제1항 단서에 해당하는 경우를 제외하고는 구난작업을 시작하기 24시간 전에 별지 제2호서식의 구난작업 신고서를 관할 구조본부의 장 또는 소방청장, 소방본부장 및 소방서장(이하 "소방관서의 장"이라 한다)에게 제출하여야 한다.

19의2 구난작업 현장의 안전관리 등   [21 경사승진]

구조본부의 장 또는 소방관서의 장은 구난작업 현장의 안전관리와 환경오염 방지를 위하여 필요한 경우 구난작업 관계자에게 인력 및 장비의 보강, 인근 선박의 항행안전을 위한 조치 등을 할 것을 명할 수 있다.

20 조난된 선박등의 구난작업 시 보험가입

누구든지 조난된 선박등을 구난하려는 자는 안전사고 및 해양오염 발생에 대비하여 구난작업을 시작하기 전에 보험에 가입하여야 한다. 다만, 제19조제1항의 단서에 따른 구난작업의 경우에는 그러하지 아니하다.

21 조난된 선박등의 예인 시 책임

조난된 선박등을 예인하는 자는 다음 각 호의 어느 하나에 해당하는 예인으로 인하여 조난된 선박등이 파손되거나 멸실되더라도 고의 또는 중대한 과실이 없는 경우에는 민사상·형사상 책임을 지지 아니한다. 이 경우 조난된 선박등을 예인하는 자는 피예인선의 선장이나 소유자에게 그 뜻을 미리 알려주어야 한다.

1. 수난구호민간단체에 소속된 선박이 제16조제3항에 따른 구조본부의 장 또는 소방관서의 장의 요청을 받고 예인하는 경우
2. 민간에 소속된 선박이 보수(실비의 지급은 보수로 보지 아니한다)를 받지 아니하고 예인하는 경우. 이 경우 실비의 범위는 대통령령으로 한다.
3. 국가기관에 소속된 선박이 조난된 선박등을 긴급히 구난하기 위하여 예인하는 경우

22 외국구조대의 영해진입 허가 등

① 외국의 구조대가 신속한 수난구호활동을 위하여 우리나라와 체결한 조약에 따라 우리나라의 영해·영토 또는 그 상공에의 진입허가를 요청하는 때에는 중앙구조본부의 장은 지체 없이 이를 허가하고 그 사실을 관계 기관에 통보한다. [12 해경, 16 경사승진, 15 경감승진, 18 경장승진, 22 경장승진]

> 시행령 제22조(외국구조대의 진입허가)
> ① 법 제22조제1항에 따라 우리나라의 영해·영토 또는 그 상공에 진입하기 위하여 진입허가를 받으려는 외국구조대는 중앙구조본부의 장에게 다음 각 호의 사항을 기재한 신청서를 제출하여야 한다. 다만, 긴급한 상황일 때에는 무선통신 등의 방법으로 신청할 수 있으며, 이 경우에도 수난구호활동이 끝난 후에는 신청서를 제출하여야 한다.
>   1. 허가 대상 선박·항공기 등의 선명(船名)·기명(機名)·종류 및 번호
>   2. 활동목적
>   3. 활동수역·항로 및 일정
>   4. 구조대의 인원 및 주요 구조장비명
>   5. 그 밖에 양국 간 체결한 조약에 규정된 사항
> ② 제1항에 따라 신청을 받은 중앙구조본부의 장은 진입허가를 하기 전에 중앙기술위원회를 개최하여 관계 행정기관과 협의해야 한다. 다만, 긴급한 구조가 필요할 때에는 중앙기술위원회를 개최하지 않고 관계 행정기관과 협의할 수 있다.

23 해외 수난 발생 시 수색구조 등

① 해외에서 우리나라 국민과 선박등의 수난과 다른 나라 국민과 선박등의 수난에 대하여 수색·구조가 필요한 경우 중앙구조본부의 장은 구조대를 파견할 수 있다.

> 시행령 제23조(구조대의 해외파견)
> ① 법 제23조제1항에 따라 구조대를 해외에 파견하려는 중앙구조본부의 장은 파견하는 선박·항공기 및 활동수역 등에 관하여 상대국과 미리 협의하여야 한다.
> ② 중앙구조본부의 장은 제1항에 따른 협의를 하기 전에 중앙기술위원회를 개최하여 관계 행정기관과 협의해야 한다. 다만, 긴급한 구조가 필요할 때에는 중앙기술위원회를 개최하지 않고 관계 행정기관과 협의할 수 있다.
> ③ 중앙구조본부의 장은 제1항에 따른 협의 결과 구조대를 해외에 파견하는 경우에는 관계 행정기관에 그 사

실을 지체 없이 통보하여야 한다.

24 구조활동의 종료 또는 중지

구조본부의 장은 다음 각 호의 어느 하나에 해당하는 경우에는 구조활동을 종료 또는 중지할 수 있다. [13 경감승진, 17 경사승진, 19 간부]
1. 구조활동을 완료한 경우
2. 생존자를 구조할 모든 가능성이 사라지는 등 더 이상 구조활동을 계속할 필요가 없다고 인정되는 경우

25 국내 조난사고의 조사 [23 경장승진]

① 해양경찰청장은 해양에서 대규모의 조난사고가 발생한 경우에 관계 수난구호협력기관과 합동으로 사고조사단을 편성하여 사고원인과 피해상황에 관한 조사를 실시할 수 있다. 다만, 「해양사고의 조사 및 심판에 관한 법률」에 따라 조사하는 경우에는 그러하지 아니하다.
② 해양경찰청장은 제1항에 따른 사고조사단의 편성을 위하여 관계 수난구호협력기관의 장에게 소속 공무원 또는 직원의 파견을 요청할 수 있다. 이 경우 요청을 받은 관계 수난구호협력기관의 장은 특별한 사유가 없는 한 이에 응하여야 한다.

26 한국해양구조협회의 설립 등

① 해수면에서의 수색구조·구난활동 지원, 수색구조·구난에 관한 기술·제도·문화 등의 연구·개발·홍보 및 교육훈련, 행정기관이 위탁하는 업무의 수행과 해양 구조·구난 업계의 건전한 발전 및 해양 구조·구난 관계 종사자의 기술향상을 위하여 한국해양구조협회(이하 "협회"라 한다)를 설립한다.
② 협회는 법인으로 한다.
④ 협회에 관하여 이 법에서 규정한 것을 제외하고는 「민법」가운데 사단법인에 관한 규정을 준용한다.

29 수난구호를 위한 종사명령 등 [23 경감승진]

① 구조본부의 장 및 소방관서의 장은 수난구호를 위하여 부득이하다고 인정할 때에는 필요한 범위에서 사람 또는 단체를 수난구호업무에 종사하게 하거나 선박, 자동차, 항공기, 다른 사람의 토지·건물 또는 그 밖의 물건 등을 일시적으로 사용할 수 있다. 다만, 노약자, 정신적 장애인, 신체장애인, 그 밖에 대통령령으로 정하는 사람에 대하여는 제외한다.

> 시행령 제29조(수난구호업무 종사 제외자) [23 경감승진]
> 법 제29조제1항 단서에서 "대통령령으로 정하는 사람"이란 다음 각 호의 사람을 말한다.
> 1. 14세 미만인 사람
> 2. 그 밖에 피성년후견인·피한정후견인 등 수난구호업무에 종사하게 하는 것이 적당하지 아니하다고 인정되는 사람
>
> 시행규칙 제10조(수난구호업무 종사명령서 등) [16 해경]
> ① 구조본부의 장 및 소방관서의 장은 법 제29조제1항에 따라 수난구호를 위한 종사명령을 할 때에는 별지 제3호서식의 수난구호업무 종사명령서를 발급하여야 한다.
> ② 구조본부의 장 및 소방관서의 장은 법 제29조제1항에 따라 선박, 자동차, 항공기, 다른 사람의 토지, 건물 또는 그 밖의 물건 등을 사용할 때에는 별지 제4호서식의 시설·물자 등 사용통지서를 발급하여야 한다.

> 다만, 긴급한 경우에는 시설·물자 등 사용통지서를 발급하지 아니하고 구술로 통지하며, 사용이 끝난 후에 별지 제5호서식의 시설·물자 등 사용증명서를 발급할 수 있다.

② 제1항에 따라 수난구호업무에의 종사명령을 받은 자는 구조본부의 장 및 소방관서의 장의 지휘를 받아 수난구호업무에 종사하여야 한다.
③ 국가 또는 지방자치단체는 제1항에 따라 수난구호 업무에 종사한 사람이 부상(신체에 장애를 입은 경우를 포함한다)을 입거나 사망(부상으로 인하여 사망한 경우를 포함한다)한 경우에는 그 부상자 또는 유족에게 보상금을 지급하여야 한다. 다만, 다른 법령에 따라 국가 또는 지방자치단체의 부담에 의한 같은 종류의 보상금을 지급받은 사람에 대하여는 그 보상금에 상당하는 금액은 지급하지 아니한다.
④ 구조본부의 장 또는 소방관서의 장은 제1항에 따라 수난구호 업무에 종사한 사람이 「의사상자 등 예우 및 지원에 관한 법률」의 적용대상자인 경우에는 같은 법에 따른 보상을 받을 수 있도록 적극 지원하여야 한다.
⑤ 제3항 본문에 따른 보상금은 국가 또는 지방자치단체의 부담으로 하며, 그 기준 및 절차 등에 필요한 사항은 대통령령으로 정한다. 이 경우 특별한 사정이 없는 한 「의사상자 등 예우 및 지원에 관한 법률」의 보상기준을 준수하여야 한다.
⑥ 제3항에 따라 보상금을 지급받고자 하는 자는 해양수산부령으로 정하는 바에 따라 관할 지방자치단체의 장에게 신청하여야 한다.
⑦ 국가 또는 지방자치단체는 제1항에 따라 수난구호업무에 종사한 사람이 신체상의 부상을 입은 때에는 대통령령으로 정하는 바에 따라 치료를 실시하여야 한다.

30 민간해양구조대원등의 처우

① 민간해양구조대원은 해양경찰의 해상구조 및 조난사고 예방·대응 활동을 지원할 수 있다.
② 민간해양구조대원 및 수난구호참여자 중 해양수산부령으로 정하는 요건을 갖춘 자(이하 이 조에서 "민간해양구조대원등"이라 한다)가 제1항에 따라 해상구조 및 조난사고 예방·대응 활동을 지원한 때에는 해양수산부령으로 정하는 바에 따라 수당 및 실비를 지급할 수 있다.
③ 지방자치단체의 장은 필요한 경우 관할 구역에서 민간해양구조대원이 수난구호활동에 참여하는 데 소요되는 경비의 일부를 지원할 수 있다. **이 경우 수난구호활동 참여 소요경비 지원에 필요한 사항은 지방자치단체의 조례로 정한다.**
④ 구조본부의 장은 민간해양구조대원의 구조활동에 필요한 장비를 무상으로 대여할 수 있다.

30의2 수상구조사

① 해양경찰청장은 수상에서 조난된 사람을 구조하기 위한 전문적인 능력을 갖추었다고 인정되는 사람에게 수상구조사 자격을 부여할 수 있다. [19 경사승]
② 수상구조사가 되려는 사람은 해양경찰청장이 지정하는 관련 단체 또는 기관(이하 "교육기관"이라 한다)에서 교육과정을 이수한 후 해양경찰청장이 실시하는 시험에 합격하여야 한다.

> 시행령 제30조의3(수상구조사 자격시험의 실시 등)
> ① 법 제30조의2제2항에 따른 수상구조사 자격시험(이하 "자격시험"이라 한다)은 수시로 실시한다.
> ② 해양경찰청장은 자격시험을 실시하려는 경우 시험 일시·장소 및 그 밖에 자격시험의 실시에 필요한 사항을 시험일 2개월 전까지 공고하여야 한다. [18 경장승진, 23 경장승진]

③ 해양경찰청장은 제2항에 따라 공고된 내용대로 자격시험을 실시할 수 없는 불가피한 사정이 발생한 경우에는 제2항에 따른 공고내용을 변경할 수 있다. 이 경우 시험일 7일 전까지 변경내용을 공고해야 한다.
④ 자격시험에 응시하려는 사람은 해양수산부령으로 정하는 응시원서를 해양경찰청장에게 제출하여야 한다.

> 시 행령 제30조의4(자격시험의 응시자격) [18 해경, 18 경장승진]
> 자격시험에 응시하려는 사람은 법 제30조의2제2항에 따라 해양경찰청장이 지정하는 관련 단체 또는 기관(이하 "교육기관"이라 한다)에서 64시간 이상의 교육과정을 이수하여야 한다.

③ 해양경찰청장은 수상구조사 시험에 합격한 사람에 대하여 해양수산부령으로 정하는 바에 따라 수상구조사 자격증(이하 "자격증"이라 한다)을 발급하여야 한다.
④ 수상구조사 자격의 효력은 제3항에 따른 자격증을 발급받은 날부터 발생한다.
⑤ 수상구조사 시험의 시행일을 기준으로 제30조의3의 결격사유에 해당하는 사람은 수상구조사 시험에 응시할 수 없다.
⑦ 해양경찰청장은 수상구조사 시험의 실시에 관한 업무를 대통령령으로 정하는 바에 따라 시험관리 능력이 있다고 인정되는 관계 전문기관에 위탁할 수 있다.

30의3 결격사유 등 [18 해경, 18 경장승진]

① 다음 각 호의 어느 하나에 해당하는 사람은 수상구조사가 될 수 없다.
1. 피성년후견인·피한정후견인
2. 「정신건강증진 및 정신질환자 복지서비스 지원에 관한 법률」 제3조제1호에 따른 정신질환자
3. 「마약류 관리에 관한 법률」 제2조제2호부터 제4호까지의 규정에 따른 마약·향정신성의약품 또는 대마 중독자
4. 이 법 또는 다음 각 목의 어느 하나에 해당하는 죄에 의하여 금고 이상의 실형을 선고받고 그 집행이 끝나지 아니하거나 면제되지 아니한 사람
   가. 이 법 제43조부터 제45조까지의 죄
   나. 「형법」 제268조(수상에서의 안전관리 및 인명구조 업무와 관련한 과실만 해당한다)의 죄
   다. 「아동·청소년의 성보호에 관한 법률」 제7조 및 제8조의 죄
   라. 가목부터 다목까지의 죄로서 다른 법률에 따라 가중처벌되는 죄

30의4 부정행위에 대한 제재 [18 해경]

① 부정한 방법으로 수상구조사시험에 응시한 사람 또는 수상구조사시험에서 부정행위를 한 사람에 대하여는 그 시험을 정지시키거나 합격을 무효로 한다.
② 제1항에 따라 시험이 정지되거나 합격이 무효로 된 사람은 그 처분이 있은 날부터 2년간 수상구조사시험에 응시할 수 없다.

30의5 수상구조사의 준수사항

① 수상구조사는 다음 각 호에서 정하는 사항을 준수하여야 한다.
1. 구조 완료 후 구조된 사람에게 법령에 의하지 않은 금품 등의 대가를 요구하지 않을 것
2. 다른 사람에게 자기의 명의를 사용하게 하거나 그 자격증을 대여(貸與)하지 않을 것
② 누구든지 수상구조사 자격을 취득하지 아니하고 그 명의를 사용하거나 자격증을 대여받아서는 아니 되며, 명의의 사용이나 자격증의 대여를 알선하여서도 아니 된다.

30의6 비밀 준수 의무   [23 경장승진]

수상구조사는 조난된 사람의 구조 과정에서 알게 된 비밀을 누설하거나 공개하여서는 아니 된다.

30의7 자격유지   [18 경감승진, 18 해경, 21 해경]

① 수상구조사 자격을 취득한 사람은 다음 각 호의 구분에 따른 기간(이하 "보수교육 기간"이라 한다)에 해양수산부령으로 정하는 바에 따라 해양경찰청장이 실시하는 보수교육을 받아야 한다.
  1. 최초 수상구조사 자격을 취득한 경우 자격증을 발급 받은 날부터 기산하여 2년이 되는 날부터 6개월 이내
  2. 제1호 이외의 경우 직전의 보수교육을 받은 날부터 기산하여 2년이 되는 날부터 6개월 이내
② 다음 각 호의 어느 하나에 해당하는 사유로 인하여 보수교육 대상자가 보수교육 기간 중 보수교육을 받을 수 없다고 인정되는 경우 해양경찰청장은 해양수산부령으로 정하는 바에 따라 보수교육을 미리 받게 하거나 6개월의 범위에서 연기하도록 할 수 있다.
  1. 보수교육 기간 중 해외에 체류가 예정되어 있거나 체류 중인 경우 또는 재해·재난을 당한 경우
  2. 질병이나 부상으로 인하여 거동이 불가능한 경우
  3. 법령에 따라 신체의 자유를 구속당한 경우
  4. 군복무 중인 경우
  5. 그 밖에 보수교육 기간에 보수교육을 받을 수 없는 부득이한 사유라고 인정되는 경우
③ 해양경찰청장은 제1항에 따른 보수교육을 제30조의2제2항에 따른 교육기관에 위탁하여 실시할 수 있다.
④ 제1항에 따른 보수교육을 받지 않은 사람은 보수교육 기간이 만료한 다음 날부터 수상구조사 자격이 정지된다. 다만, 자격정지 후 1년 이내에 보수교육을 받은 경우 보수교육을 받은 날부터 자격의 효력이 다시 발생한다.
⑤ 해양경찰청장은 제4항에 따라 자격이 정지된 사람에게 자격 정지사실을 통보하여야 하고, 자격정지 통보를 받은 사람은 통보를 받은 날부터 15일 이내에 자격증을 해양경찰청장에게 반납하여야 한다.

30의8 자격의 취소 등

① 해양경찰청장은 수상구조사가 다음 각 호의 어느 하나에 해당하는 경우에는 그 자격을 취소하거나 1년의 범위에서 자격의 효력을 정지시킬 수 있다. 다만, 제1호부터 제3호까지의 어느 하나에 해당하면 자격을 취소하여야 한다.
  1. 거짓이나 그 밖의 부정한 방법으로 자격을 취득한 사실이 드러난 경우
  2. 제30조의3제1항제1호부터 제4호까지의 결격사유 중 어느 하나에 해당하게 된 경우
  3. 보수교육을 받지 않아 자격이 정지된 날부터 1년이 경과한 경우
  4. 제30조의5 제1항에 따른 준수사항을 위반한 경우
  5. 제30조의6에 따른 비밀 준수 의무를 위반한 경우
② 제1항제1호에 따라 자격이 취소된 사람은 그 처분이 있는 날부터 2년간 수상구조사 시험에 응시할 수 없다.
③ 제1항에 따라 자격이 취소된 사람은 취소된 날부터 15일 이내에 자격증을 해양경찰청장에게 반납하여야 한다.

30의12 심해잠수사의 양성 및 관리 [23 경장승진]

① 해양경찰청장은 심해(深海)에서의 잠수 및 수난구호를 전문으로 하는 심해잠수사의 양성 및 관리를 위하여 심해잠수구조훈련센터를 설치할 수 있다.
② 해양경찰청장은 심해잠수사(민간해양구조대원 중 해양수산부령으로 정하는 잠수사를 포함한다)를 대상으로 심해잠수에 적합한지를 확인하기 위한 신체검사를 실시할 수 있다.

31 해상구조조정본부 등

① 해양경찰청장은 「1979년 해상수색 및 구조에 관한 국제협약」과 「1944년 국제민간항공협약」에 따른 해상구조조정본부와 해상구조조정지부를 지정·운영하여야 한다.

32 조난통신의 수신

① 해상구조조정본부의 장은 조난통신을 수신할 수 있는 통신시설을 갖추고 조난사실을 신속히 알 수 있도록 항상 조난통신을 청취하여야 한다.

33 선박위치통보 등

① 선장은 선박이 항구 또는 포구로부터 출항하거나 해양경찰청장이 지정·고시하는 선박위치통보해역에 진입한 때에는 해상구조조정본부의 장에게 다음 각 호의 통보를 하여야 한다.
  1. 항해계획통보
  2. 위치통보
  3. 변경통보
  4. 최종통보

> 시행규칙 제13조(선박위치통보 선박의 범위)
> 법 제33조제2항에 따라 선박의 위치를 통보하여야 하는 선박의 범위는 다음 각 호와 같다. 다만, 제3호부터 제5호까지의 규정에 해당하는 선박의 경우에는 해수면에서의 인명 안전을 위한 국제협약 및 관련 의정서에 따른 세계 해상조난 및 안전제도의 시행에 필요한 통신설비를 설치하고 있는 선박으로 한정한다.
>   1. 국제항해에 취항하는 여객선
>   2. 국제항해에 취항하는 총톤수 300톤 이상의 선박 중 항행시간이 12시간 이상인 선박
>   3. 「해사안전법」 제2조제12호부터 제14호까지의 규정에 따른 조종불능선(操縱不能船)·조종제한선(操縱制限船) 및 흘수제약선(吃水制約船)
>   4. 예인선열(曳引船列)의 길이가 200미터를 초과하는 예인선
>   5. 석유류 액체화학물질 등 위험화물을 운송하고 있는 선박
>
> 시행규칙 제14조(선박위치통보의 시기 등) [12 해경, 15 해경, 16 해경, 17 경장·경감승진, 17 해경]2차, 18 경사승진, 18 해경, 22 경장승진]
>   ① 법 제33조제1항에 따른 선박위치통보(이하 "선박위치통보"라 한다)의 시기는 다음 각 호의 구분에 따른다.
>   1. 항해계획통보 : 선박이 항구 또는 포구를 출항하기 직전 또는 그 직후나 해양경찰청장이 지정·고시하는 선박위치통보해역에 진입한 때
>   2. 위치통보 : 항해계획 통보 후 약 12시간마다
>   3. 변경통보 : 항해계획의 내용을 변경한 때, 선박이 예정위치에서 25해리 이상 벗어난 때 또는 목적지를

변경한 때 [13 해경, 18 해경]
4. 최종통보 : 목적지에 도착하기 직전이나 도착한 때 또는 해양경찰청장이 지정·고시하는 선박위치통보해역을 벗어난 때
② 선박위치통보는 서면 제출 또는 유선·무선통신 등의 방법으로 할 수 있다.
④ 무선통신으로 선박위치통보를 할 때에는 「전파법」에 따라 선박에 개설된 무선국에 지정된 주파수 중에서 해양경찰청장이 고시하는 주파수를 이용하여야 한다.

> 시행규칙 제16조(관련 자료의 보호 및 제공)
> ① 해양경찰청장·지방해양경찰청장 및 해양경찰서장은 제14조에 따른 선박위치통보자료 및 제15조에 따른 자료를 조난사고의 방지와 수난구호의 목적으로만 사용될 수 있도록 보호·관리하여야 한다.
> ② 해양경찰청장은 수난구호업무를 위하여 외국의 수난구호업무 관련 기관이 제1항에 따른 자료를 요청하는 경우에는 이를 제공할 수 있다.

③ 「선박안전법」 제30조에 따라 선박위치발신장치를 갖추고 항행하는 선박의 경우에는 제1항제2호의 위치통보를 생략할 수 있다. [17 해경]

35 구조된 사람·선박등·물건의 인계 [15 해경, 15 경사승진, 17 경장·경감승진, 18 해경, 23 경감승진]

① 구조본부의 장 또는 소방관서의 장은 구조된 사람이나 사망자에 대하여는 그 신원을 확인하고 보호자 또는 유족이 있는 경우에는 보호자 또는 유족에게 인계하여야 하며, 구조된 선박등이나 물건에 대하여는 소유자가 확인된 경우에는 소유자에게 인계할 수 있다.
② 구조본부의 장 또는 소방관서의 장은 구조된 사람이나 사망자의 신원이 확인되지 아니하거나 인계받을 보호자 또는 유족이 없는 경우 및 구조된 선박등이나 물건의 소유자가 확인되지 아니한 경우에는 구조된 사람, 사망자, 구조된 선박등 및 물건을 특별자치도지사 또는 시장·군수·구청장에게 인계한다. [11 해경, 16 경사승진]
③ 표류물 또는 침몰품(이하 "표류물등"이라 한다)을 습득한 자는 지체 없이 이를 특별자치도지사 또는 시장·군수·구청장에게 인도하여야 한다. 다만, 그 표류물등의 소유자가 분명하고 그 표류물등이 법률에 따라 소유 또는 소지가 금지된 물건이 아닌 경우에는 습득한 날부터 7일 이내에 직접 그 소유자에게 인도할 수 있다.

> 시행령 제33조(구조된 사람 등의 인계)
> ① 구조본부의 장 또는 소방청장, 소방본부장 및 소방서장은 법 제35조제2항에 따라 특별자치도지사 또는 시장·군수·구청장에게 구조된 사람, 사망자, 구조된 선박등 및 물건을 인계할 때에는 수난구호현장에서 명단 또는 목록을 작성하여 확인한 후에 함께 인계하여야 한다.
> ② 제1항에 따른 인계 대상 지방자치단체는 조난지역을 관할하는 특별자치도지사 또는 시장·군수·구청장으로 하고, 관할 특별자치도지사 또는 시장·군수·구청장이 불분명할 때에는 조난지 또는 수난구호 현장 인근의 인계가 용이한 항구 또는 포구를 관할하는 특별자치도지사 또는 시장·군수·구청장으로 한다.

> 시행령 제34조(표류물 및 침몰품의 제출)
> ① 표류물 또는 침몰품(이하 "표류물등"이라 한다)을 습득한 자(이하 "습득자"라 한다)는 법 제35조제3항 본문에 따라 그 표류물등을 습득한 장소를 관할하는 특별자치도지사 또는 시장·군수·구청장에게 인도하여야 한다.

> 시행령 제36조(표류물등의 반환)
> ① 특별자치도지사 또는 시장·군수·구청장은 법 제35조제3항 본문에 따라 인도받은 표류물등을 소유자에게 인도할 때에는 그 표류물등에 관하여 필요한 질문을 하는 등의 방법으로 그 표류물의 소유자인 사실과 소유자의 이름·주소를 확인하여야 한다.
> ② 특별자치도지사 또는 시장·군수·구청장이 제1항에 따라 표류물등을 소유자에게 인도할 때에는 지체 없이 다음 각 호의 사항을 습득자에게 통지하여야 한다. 이 경우 제2호의 수령기한은 통지를 한 날부터 1개월 이상으로 정하여야 한다. [14 해경]
> 1. 보상금액
> 2. 수령기한
> 3. 수령상의 유의사항 및 수령기한 안에 수령하지 아니할 때에는 국고에 귀속한다는 뜻

37 인계된 물건의 처리

① 제35조제2항에 따라 구조된 선박등 또는 물건을 인계받거나 같은 조 제3항에 따라 습득한 표류물등을 인도받은 특별자치도지사 또는 시장·군수·구청장은 이를 안전하게 보관하여야 한다.
② 조난된 선박등의 선장·소유자·운항자 또는 관리자(이하 "선장등"이라 한다)나 물건의 소유자는 특별자치도지사 또는 시장·군수·구청장이 상당하다고 인정하는 담보를 제공하고 해당 물건의 인도를 청구할 수 있으며, 이 경우 제1항에도 불구하고 그 선장등이나 물건의 소유자에게 이를 인도할 수 있다.
③ 제1항의 경우 인계받은 물건이 다음 각 호의 어느 하나에 해당하여 보관이 부적당하다고 인정될 경우에는 대통령령으로 정하는 바에 따라 이를 공매하여 그 대금을 보관할 수 있다. [14 해경]
  1. 멸실·손상 또는 부패의 염려가 있거나 가격이 현저히 감소될 우려가 있는 것
  2. 폭발물, 가연성의 물건, 보건상 유해한 물건, 그 밖에 보관상 위험이 발생할 우려가 있는 것
  3. 보관비용이 그 물건의 가격에 비하여 현저히 고가인 것
④ 특별자치도지사 또는 시장·군수·구청장이 제3항에 따라 공매를 하고자 할 경우에는 물건의 소유자 또는 선장등에게 특별자치도지사 또는 시장·군수·구청장이 정하는 기간 내에 담보를 제공하고 물건을 인수하게 할 수 있으며, 담보를 제공하지 아니하거나 물건의 인도를 청구하지 아니하는 때에는 공매한다는 뜻을 미리 알려야 한다.

> 시행령 제37조(공매)
> ① 법 제37조제3항 및 제40조제3항에 따른 공매의 방법과 절차는 「공유재산 및 물품 관리법」의 일반재산의 매각에 관한 규정에 따른다. 이 경우 빨리 매각하지 아니하면 그 가치가 현저하게 감소될 우려가 있는 물건은 수의계약(隨意契約)으로 매각할 수 있다.

38 구조된 사람의 구호비용

① 구조된 사람에 대하여 제36조에 따른 조치에 소요된 비용은 구조된 사람의 부담으로 한다.
② 구조된 사람은 제1항의 비용을 특별자치도지사 또는 시장·군수·구청장이 지정하는 기한 내에 납부하여야 한다.
③ 구조된 사람이 제1항의 비용을 납부할 수 없는 때에는 국고의 부담으로 한다. 이 경우 비용을 납부할 수 없는 기준은 해양수산부령으로 정한다.

> 시행규칙 제18조(구호비용을 납부할 수 없는 기준)
> 법 제38조제3항 후단(법 제38조제4항에서 준용하는 경우를 포함한다)에 따른 구호비용을 납부할 수 없는

기준은 다음 각 호와 같다.
1. 구조된 사람 또는 유족이 「국민기초생활 보장법」제2조 제1호에 따른 수급권자에 해당하는 경우
2. 그 밖에 법 제6조제1항에 따른 지역 해양수색구조기술위원회에서 구조된 사람 또는 유족의 소득 수준을 고려할 때 구호비용을 납부할 수 없다고 인정하는 경우

④ 제1항부터 제3항까지의 규정은 사망자에 대하여 이를 준용한다. 이 경우 "구조된 사람"은 "유족"으로 본다.

39 수난구호비용의 지급

① 제29조제1항에 따른 명령에 따라 수난구호에 종사한 자와 일시적으로 사용된 토지·건물 등의 소유자·임차인 또는 사용인은 특별자치도지사 또는 시장·군수·구청장으로부터 수난구호비용을 지급받을 수 있다. 다만, 다음 각 호의 어느 하나에 해당하는 자의 경우에는 그러하지 아니하다. [13 경사승진]
1. 구조된 선박등의 선장등 및 선원 등
2. 고의 또는 과실로 인하여 조난을 야기한 자
3. 정당한 거부에도 불구하고 구조를 강행한 자
4. 조난된 물건을 가져간 자

② 제1항의 "수난구호비용"이란 다음 각 호의 어느 하나에 해당하는 비용을 말한다.
1. 제16조제3항에 따른 조난된 선박등의 예인에 소요된 비용
2. 제29조제1항의 명령에 따라 조난된 선박등과 그 여객·승무원의 수난구호에 종사한 자의 노무에 대한 보수와 그 밖의 구조비용
3. 제29조제1항에 따른 선박·자동차·항공기·토지·건물, 그 밖의 물건 등의 사용에 대한 손실보상비용
4. 구조된 물건의 운반·보관 또는 공매에 소요된 비용

40 수난구호비용의 금액과 납부고지

① 제39조의 수난구호비용의 금액은 대통령령으로 정하는 바에 의하여 특별자치도지사 또는 시장·군수·구청장이 해양경찰서장 또는 소방서장과 협의하여 정한다.
② 특별자치도지사 또는 시장·군수·구청장은 수난구호비용의 금액을 조난 선박등의 선장등에게 고지하고 기간을 정하여 이를 납부하게 하여야 한다.
③ 조난된 선박등의 선장등이 특별자치도지사 또는 시장·군수·구청장이 정한 기간 내에 구호비용을 납부하지 아니한 때에는 특별자치도지사 또는 시장·군수·구청장은 대통령령으로 정하는 바에 따라 그 선장등이 보관하는 물건을 공매하여 그 대금으로 구호비용에 충당하고, 잔여금액이 있는 경우에는 선장등에게 이를 환급한다.

41 수난구호비용의 지급신청

제39조에 따라 수난구호비용을 지급받고자 하는 자는 특별자치도지사 또는 시장·군수·구청장이 정하는 기한 내에 조난지역을 관할하는 해양경찰서장 또는 소방서장을 거쳐 특별자치도지사 또는 시장·군수·구청장에게 이를 청구하여야 한다.

시행령 제39조(수난구호비용의 지급신청)

> 특별자치도지사 또는 시장·군수·구청장은 법 제39조에 따른 수난구호비용을 지급할 때에는 1개월 이상의 청구기간을 정하여 수난구호비용을 청구할 것을 해당 기관의 게시판에 공고하여야 한다. 이 경우 수난구호비용을 지급받을 권리가 있는 자를 알 때에는 따로 서면으로 통지하여야 한다.

43 벌칙

① 다음 각 호의 어느 하나에 해당하는 자는 7년 이하의 징역 또는 7천만원 이하의 벌금에 처한다.
  1. 제15조제1항제4호에 해당하는 자(=조난사고 원인을 제공한 선박의 선장 및 승무원)로서 조난사실을 신고하지 아니한 자
  2. 제18조제1항 단서에 위반하여 구조에 필요한 조치를 하지 아니한 자(=조난된 선박 또는 조난사고의 원인을 제공한 선박의 선장 및 승무원)

② 제1항의 죄를 범하여 피해자를 죽게 하거나 상해에 이르게 한 경우에는 다음 각 호의 구분에 따라 가중 처벌한다.
  1. 피해자를 사망에 이르게 한 경우에는 무기 또는 3년 이상의 징역에 처한다.
  2. 피해자를 상해에 이르게 한 경우에는 10년 이하의 징역 또는 1억원 이하의 벌금에 처한다.

44 벌칙

구조본부의 장 또는 소방관서의 장이 행하는 수난구호를 방해한 자는 5년 이하의 징역 또는 5천만원 이하의 벌금에 처한다.

44의2 벌칙

다음 각 호의 어느 하나에 해당하는 자는 1년 이하의 징역 또는 1천만원 이하의 벌금에 처한다.
  1. 제30조의5제1항제2호를 위반하여 다른 사람에게 수상구조사의 명의를 사용하게 하거나 자격증을 대여한 사람
  2. 제30조의5제2항을 위반하여 수상구조사의 명의를 사용하거나 자격증을 대여받은 자 또는 명의의 사용이나 자격증의 대여를 알선한 자

45 벌칙   [23 경감승진]

정당한 사유 없이 제29조제1항에 따른 구조본부의 장 또는 소방관서의 장의 수난구호업무에의 종사명령에 불응하거나 선박·자동차·항공기·토지·건물, 그 밖의 물건 등의 일시사용을 거부한 자는 300만원 이하의 벌금에 처한다.

46 과태료

① 다음 각 호의 어느 하나에 해당하는 자에게는 200만원 이하의 과태료를 부과한다.
  1. 제9조제1항에 따른 여객선비상수색구조계획서를 신고 또는 비치하지 아니한 자
  2. 제9조제5항에 따른 여객선비상수색구조 훈련을 실시하지 아니한 자
  3. 제10조에 따른 이동 및 대피 명령을 이행하지 아니한 자
  4. 정당한 사유 없이 제15조제1항제1호·제3호 또는 같은 조 제2항에 따른 신고를 하지 아니하거나 거짓으로 신고한 자
  5. 정당한 사유 없이 제18조제2항에 따른 통보를 하지 아니하고 같은 조 제1항에 따른 구조요청을 받았을 때 지원을 제공하지 아니한 자
  6. 제30조의9제1항을 위반하여 보험등에 가입하지 아니한 자
  7. 정당한 사유 없이 제30조의9제2항을 위반하여 보험등의 가입 여부에 관한 정보를 알리지 아니하거나 거짓의 정보를 알린 자

② 제1항에 따른 과태료는 대통령령으로 정하는 바에 따라 구조본부의 장 또는 소방관서의 장이 부과·징수한다.
[13 경감승진, 17 경사·경감승진, 19 경장승진]

◆ 선박위치통보

항해계획통보	선박이 항구 또는 포구를 출항하기 직전 또는 그 직후나 해양경찰청장이 지정·고시하는 선박위치통보해역에 진입한 때
위치통보	항해계획 통보 후 약 12시간마다
변경통보	항해계획의 내용을 변경한 때, 선박이 예정위치에서 25해리 이상 벗어난 때 또는 목적지를 변경한 때
최종통보	목적지에 도착하기 직전이나 도착한 때 또는 해양경찰청장이 지정·고시하는 선박위치통보해역을 벗어난 때

◆ 선박위치통보를 해야 하는 선박의 범위 (수상에서의 수색·구조 등에 관한 법률 시행규칙 제13조)

1. 국제항해에 취항하는 여객선
2. 국제항해에 취항하는 총톤수 300톤 이상의 선박 중 항행시간이 12시간 이상인 선박
3. 「해사안전법」상 조종불능선·조종제한선 및 흘수제약선
4. 예인선열의 길이가 200m를 초과하는 예인선
5. 석유류 액체화학물질 등 위험화물을 운송하고 있는 선박

※ 3.부터 5.까지의 선박의 경우에는 해수면에서의 인명 안전을 위한 국제협약 및 관련 의정서에 따른 세계 해상 조난 및 안전제도의 시행에 필요한 통신설비를 설치하고 있는 선박으로 한정한다.

※ 수색구조절차
사고인지 ⇒ 초동조치 ⇒ 수색 ⇒ 구조 ⇒ 사후조치

◆ 구조본부 구성 및 운영 등에 관한 규칙 [시행 21. 12. 15.] [해양경찰청훈령]

제1조(목적) 이 규칙은 「수상에서의 수색·구조 등에 관한 법률」 제5조, 같은 법 시행령 제4조, 제5조에 따라 해양경찰, 지방해양경찰, 해양경찰서에 설치되는 중앙·광역·지역구조본부의 구성 및 운영 등에 필요한 사항을 규정함을 목적으로 한다.

제2조(정의) 이 규칙에서 사용하는 용어의 뜻은 다음과 같다.
1. "각급 구조본부"란 「수상에서의 수색·구조 등에 관한 법률」(이하"법"이라 한다) 제5조 및 같은 법 시행령(이하 "영"이라 한다) 제4조부터 제5조까지에 따른 중앙·광역·지역구조본부를 말한다.
2. "수색구조 주관부서"란 중앙구조본부는 해양경찰청(이하 "본청"이라 한다) 수색구조과, 광역구조본부는 지방해양경찰청(이하 "지방청"이라 한다) 구조안전과, 지역구조본부는 해양경찰서(이하 "경찰서"라 한다) 경비구조과를 말한다. 다만, 구조안전과가 설치되지 않은 광역구조본부는 지방청 경비안전과를 말한다.
3. "종합상황실"이란 법 제8조에 따라 각급 구조본부에 설치·운영하는 것으로서 본청, 지방청, 경찰서 종합상황실을 말한다.
4. "구조본부 비상가동"이란 해양 사고 또는 재난대응에 있어 종합상황실을 중심으로 평상단계로 운영하던 구조본부를 대비단계 또는 대응단계로 격상하여 운영하는 것을 말한다.
5. "대응부"란 구조본부 비상가동 조직을 구성하는 대응계획부·자원지원부·현장대응부·긴급복구부·공보관·

연락관・정보관을 말한다.
6. "대응반"이란 대응부에 소속된 하부기능을 말한다.
7. "지휘참모"란 소관 분야에 관하여 구조본부장의 임무수행을 보좌하는 사람으로, 대응부에 속하지 않은 중앙구조본부의 국장, 광역・지역구조본부의 과장・단장・대장을 말한다.
8. "운영요원"이란 대응부에 편성되어 구조본부 비상가동 시 근무하는 사람을 말한다.
9. "상황담당과장"이란 본청 종합상황실장, 지방청 종합상황실장, 경찰서 경비구조과장을 말한다.

제3조(다른 법령 등과의 관계) 각급 구조본부의 구성 및 운영 등에 관하여 다른 법령 또는 규칙 등에서 특별히 정한 사항이 없으면 이 규칙을 따른다.

제4조(평상시 운영체계) 평상시 각급 구조본부의 수색구조 주관부서는 수난구호대책의 총괄・조정 등의 사무를 수행하고, 종합상황실은 해양재난의 상황관리 및 처리업무를 수행한다.

제6조(비상가동 운영기준) ① 각급 구조본부 비상가동은 별표 2에 따라 대비단계, 대응 1단계, 대응 2단계 및 대응 3단계로 구분한다. 다만, 구조본부장은 사고의 규모, 사회적 파장, 수색구조 진행경과 등에 따라 비상단계 및 단계별 근무인원, 인원구성, 임무 등을 달리 운영할 수 있다.

단계	운영기준
대비단계	- 태풍・지진해일 등 관련 기상정보가 생산되어 자연재난 발생이 예상되는 경우 - 자연재난이 발생하여 중앙재난안전대책본부 "비상 1단계"를 발령한 경우 - 종합상황실의 사고대응에 단기적인 지원이 필요하다고 각급 조정관이 판단하는 경우 - 해양재난으로 인해 하급 구조본부가 대응 1단계 이상 비상가동 하고 있어 상급 구조본부에서 지원이 필요한 경우 - 그 밖에 구조본부장이 필요하다고 판단하는 경우

대응 1단계	- 사회재난이 발생하여 장기간 수색구조가 예상되거나 종합상황실 인력으로는 대응이 곤란한 사고로 다음 각 호의 경우
	  1. 대규모 인명구조활동이 필요하거나 다수 실종자 발생
	  2. 민간 항공기 추락(추정)
	- 태풍, 지진해일 관련 예비특보가 발표되어 자연재난 발생 가능성이 있는 경우
	- 자연재난이 발생하여 중앙재난안전대책본부 "비상 2단계"를 발령한 경우
	- 그 밖에 구조본부장이 필요하다고 판단하는 경우

대응 2단계	- 사고의 규모 및 사회적 파장이 매우 큰 대형 해양재난으로 인해 대응 1단계로는 대응이 곤란한 경우 - 민・관・군 세력의 조직적 동원, 현장기능 보급지원 등이 필요한 경우 - 태풍, 지진해일 관련 주의보가 발령되어 자연재난 발생 가능성이 현저한 경우 - 그 밖에 구조본부장이 필요하다고 판단하는 경우
대응 3단계	- 대응 2단계의 조건에서 확대 대응이 필요하거나 수습, 복구활동이 요구되는 대규모 해양오염사고, 대규모 유・도선 사고의 경우 - 범국가적 차원의 대응이 필요하거나 재난의 규모가 대응 2단계로는 대응이 곤란하다고 판단되는 경우 - 태풍, 지진해일 관련 경보가 발령되어 자연재난 발생 가능성이 매우 현저한 경우 - 그 밖에 구조본부장이 필요하다고 판단하는 경우

② 상급 구조본부는 하급 구조본부의 설정 단계와 같거나 낮은 단계로 설정해야 한다.
③ 제1항에도 불구하고 상급 구조본부장은 하급 구조본부의 운영 단계가 해양 재난 관리에 적절하지 않은 경우 하급 구조본부의 운영 단계를 상향하도록 지시할 수 있다.
④ 각급 구조본부의 조정관은 신속한 초동조치가 필요한 경우 직접 구조본부 비상가동(대비단계에 한정한다)을 할 수 있다. 이 경우 제9조에 따른 상황판단회의를 생략할 수 있다.

제8조(비상가동 지휘체계) ① 상급 구조본부와 하급 구조본부가 동시에 가동되는 경우 수색구조의 직접적인 지휘는 법 제17조에 따라 사고 발생지를 관할하는 지역구조본부장이 한다.
② 지역구조본부장이 수색구조 활동을 직접 지휘할 경우 광역구조본부장은 법 제29조에 따른 수난구호업무에의 종사명령 발령, 수난구호협력기관 및 민간해양구조대원 등과의 협력 등을 지원한다.
③ 중앙구조본부장은 사고의 규모 및 양상을 감안하여 사고 발생지를 관할하는 광역구조본부장으로 하여금 지역구조본부장으로부터 지휘권을 이양 받아 직접 지휘하도록 지시할 수 있다.
④ 상급 구조본부장은 하급 구조본부장이 수색구조를 지휘할 경우 지원 및 임무 조정을 수행한다.
⑤ 상급 구조본부장은 하급 구조본부를 통합하여 직접 지휘하는 것이 효율적이라고 판단하는 경우 지휘권을 이양 받고 하급 구조본부의 인력 및 장비 등을 통합하여 운영할 수 있다.

⑥ 상급 구조본부장은 둘 이상의 하급 구조본부의 공동대응 등이 필요하다고 판단하는 경우 하급 구조본부장 중 주된 지휘권을 행사하는 구조본부장을 지정할 수 있으며, 그 외의 구조본부장은 지휘권을 지정받은 구조본부장의 요청에 적극 협조해야 한다.

2. 연안사고 예방에 관한 법률

1 목적

이 법은 연안해역에서 발생하는 연안사고의 예방에 필요한 사항을 규정함으로써 국민의 생명·신체 및 재산을 보호하고 공공의 안전을 도모함을 목적으로 한다.

2 정의

1. "연안해역"이란 「연안관리법」 제2조제2호의 지역(「무인도서의 보전 및 관리에 관한 법률」 제2조제1호에 따른 무인도서를 포함한다)을 말한다.

> 연안관리법 제2조(정의)
> 1. "연안"이란 연안해역(沿岸海域)과 연안육역(沿岸陸域)을 말한다.
> 2. "연안해역"이란 다음 각 목의 지역을 말한다.
>   가. 바닷가[「공간정보의 구축 및 관리 등에 관한 법률」 제6조제1항제4호에 따른 해안선으로부터 지적공부(地籍公簿)에 등록된 지역까지의 사이를 말한다]
>   나. 바다[「공간정보의 구축 및 관리 등에 관한 법률」 제6조제1항제4호에 따른 해안선으로부터 영해(領海)의 외측한계(外側限界)까지의 사이를 말한다]

2. "연안사고"란 연안해역에서 발생하는 인명에 위해를 끼치는 다음 각 목의 사고를 말한다. 다만, 「해양사고의 조사 및 심판에 관한 법률」 제2조제1호에 따른 해양사고는 제외한다. [21 해경]
   가. 갯벌·갯바위·방파제·연육교·선착장·무인도서 등에서 바다에 빠지거나 추락·고립 등으로 발생한 사고
   나. 연안체험활동 중에 발생한 사고
3. "연안체험활동"이란 연안해역에서 이루어지는 체험활동으로서 해양수산부령으로 정하는 활동을 말한다.

> 시행규칙 제2조(연안체험활동) [17 승진]
> 「연안사고 예방에 관한 법률」(이하 "법"이라 한다) 제2조제3호에서 "**해양수산부령으로 정하는 활동**"이란 다음 각 호의 어느 하나에 해당하는 체험활동을 말한다.
> 1. 수상(水上)형 체험활동 : 「선박법」 제1조의2제1항에 따른 선박이나 「수상레저안전법」 제2조제3호에 따른 수상레저기구 등을 이용하지 않고 수상에서 이루어지는 체험활동. 다만, 체험활동 과정의 일부가 수중에서 이루어지는 경우에도 활동 내용의 주된 부분이 수상에서 이루어지는 체험활동은 전체를 수상형 체험활동으로 본다.
> 2. 수중(水中)형 체험활동 : 수중에서 이루어지는 체험활동. 다만, 체험활동 과정의 일부가 수상에서 이루어지는 경우에도 활동 내용의 주된 부분이 수중에서 이루어지는 체험활동은 전체를 수중형 체험활동으로 본다.
> 3. 일반형 체험활동 : 제1호 또는 제2호에 따른 체험활동 외에 연안해역에서 이루어지는 체험활동

5 연안사고 예방 기본계획의 수립 등 [19 승진]

① 해양경찰청장은 연안사고 예방을 위하여 5년마다 연안사고 예방 기본계획(이하 "기본계획"이라 한다)을 수립·추진하여야 한다.
② 해양경찰청장은 기본계획을 수립하려는 경우 미리 소방청장, 광역시장·도지사·특별자치도지사 및 특

별시 · 광역시 · 특별자치시 · 도 · 특별자치도의 교육감(이하 "시 · 도교육감"이라 한다)의 의견을 들어야 한다. 대통령령으로 정하는 중요한 사항을 변경하려는 경우에도 또한 같다.
③ 해양경찰청장은 기본계획의 수립 또는 변경에 필요한 경우에는 관계 행정기관의 장에게 관련 자료의 제출을 요청할 수 있다. 이 경우 자료의 제출을 요청받은 관계 행정기관의 장은 특별한 사유가 없으면 이에 따라야 한다.

7 시행계획의 수립 · 시행

① 해양경찰청장은 기본계획에 따라 매년 연안사고 예방 시행계획(이하 이 조에서 "시행계획"이라 한다)을 수립 · 시행하여야 한다.

8 연안사고예방협의회

① 연안사고 예방에 관하여 필요한 사항을 협의하기 위하여 해양경찰청장 소속으로 중앙연안사고예방협의회를 두고, 지방해양경찰청 및 해양경찰서에 각각 광역연안사고예방협의회 및 지역연안사고예방협의회를 둔다.

> **시행령 제3조(중앙연안사고예방협의회의 구성 · 기능 등)**
> ① 법 제8조제1항에 따른 중앙연안사고예방협의회(이하 "중앙협의회"라 한다)는 위원장 1명을 포함하여 35명 이내의 위원으로 구성한다.
> ② 중앙협의회의 위원장은 해양경찰청 차장이 된다.
> ③ 중앙협의회의 위원은 다음 각 호의 사람 중에서 해양경찰청장이 임명하거나 위촉한다.
> 1. 교육부, 국방부, 행정안전부, 문화체육관광부, 보건복지부, 여성가족부, 해양수산부 및 소방청 소속 고위공무원단에 속하는 공무원(이에 상당하는 특정직 · 별정직 공무원을 포함한다) 중에서 소속 기관의 장이 추천하는 사람
> 2. 해양경찰청 소속 경찰공무원 중 연안사고 예방 업무를 담당하는 치안감 또는 경무관
> 3. 소방청 소속 소방공무원 중 연안사고 예방 업무를 담당하는 소방감 또는 소방준감
> 3의2. 부산광역시, 인천광역시, 울산광역시, 경기도, 강원도, 충청남도, 전라북도, 전라남도, 경상북도, 경상남도, 제주특별자치도 소속 공무원 중 연안사고 예방 업무를 담당하는 3급 이상 일반직공무원(이에 상당하는 특정직 · 별정직 공무원을 포함한다) 중에서 해당 지방자치단체의 장이 추천하는 사람
> ⑤ 중앙협의회는 다음 각 호의 사항에 관하여 협의한다.
> 1. 법 제5조제1항에 따른 연안사고 예방 기본계획(이하 "기본계획"이라 한다) 및 법 제7조제1항에 따른 연안사고 예방 시행계획(이하 "시행계획"이라 한다)의 수립에 관한 사항
> 2. 기본계획의 변경에 관한 사항
> 3. 법 제9조제1항에 따른 연안사고 안전관리규정(이하 "안전관리규정"이라 한다)의 작성 및 변경에 관한 사항
> 5. 그 밖에 연안사고 예방과 관련하여 위원장이 중앙협의회의 협의에 부치는 사항
>
> **제3조의3(중앙협의회의 운영)**
> ① 중앙협의회의 정기회의는 연 1회 개최하고, 임시회의는 위원장이 필요하다고 인정하는 경우에 개최한다.
> ② 중앙협의회의 회의는 재적위원 과반수의 출석으로 개의(開議)하고, 출석위원 과반수의 찬성으로 의결한다.
>
> **제4조(광역연안사고예방협의회 및 지역연안사고예방협의회의 구성 · 기능 등)**
> ① 법 제8조제1항에 따른 광역연안사고예방협의회 및 지역연안사고예방협의회는 위원장 1명을 포함하여 20명 이내의 위원으로 각각 구성한다.
> ② 법 제8조제1항에 따른 광역연안사고예방협의회(이하 "광역협의회"라 한다)의 위원장은 지방해양경찰청장이 된다.
> ③ 광역협의회의 위원은 다음 각 호의 사람 중에서 지방해양경찰청장이 임명하거나 위촉한다.
> 1. 지방해양경찰청 관할구역에 있는 지방해양수산청 또는 지방자치단체의 연안사고 예방 업무를 담당하는 4급 이상 일반직공무원(이에 상당하는 특정직 · 별정직 공무원을 포함한다) 중 지방해양수산청장 또는 소속 지방자치단체의 장이 추천하는 사람
> 2. 지방해양경찰청 관할구역을 작전 · 훈련 등의 관할구역으로 하는 다음 각 목의 어느 하나에 해당하는 군부대 소속

군인(4급 이상의 일반직공무원에 상당하는 계급의 군인을 말한다) 중 소속 군부대의 장이 추천하는 사람
가. 육군 사단급 부대
나. 해군 함대급·사단급 부대
3. 지방해양경찰청 소속 경찰공무원 중 연안사고 예방 업무를 담당하는 총경 이상의 경찰공무원
④ 법 제8조제1항에 따른 지역연안사고예방협의회(이하 "지역협의회"라 한다)의 위원장은 해양경찰서장이 된다.
⑤ 지역협의회의 위원은 다음 각 호의 사람 중에서 해양경찰서장이 임명하거나 위촉한다.
1. 해양경찰서 관할구역에 있는 지방해양수산청 또는 지방자치단체에서 연안사고 예방 업무를 담당하는 5급 이상 일반직공무원(이에 상당하는 특정직·별정직 공무원을 포함한다) 중 지방해양수산청장이나 소속 지방자치단체의 장이 추천하는 사람
2. 해양경찰서 관할구역을 작전·훈련 등의 관할구역으로 하는 다음 각 목의 어느 하나에 해당하는 군부대 소속 군인 (5급 이상의 일반직공무원에 상당하는 계급의 군인을 말한다) 중 소속 군부대의 장이 추천하는 사람
가. 육군 연대급 부대
나. 해군 전단급·전대급 부대
3. 해양경찰서 소속 경찰공무원 중 연안사고 예방 업무를 담당하는 경정 이상의 경찰공무원

9 연안사고 안전관리규정의 작성·시행

① 해양경찰청장은 연안사고를 예방하기 위하여 소방청장, 특별자치도지사·시장·군수·구청장(자치구의 구청장을 말한다. 이하 같다) 및 시·도교육감의 의견을 들어 연안사고 안전관리규정(이하 이 조에서 "안전관리규정"이라 한다)을 작성하여 시행하여야 한다. 안전관리규정을 변경하려는 때에도 또한 같다.
② 안전관리규정에는 다음 각 호의 사항이 포함되어야 한다.
  1. 인명사고가 자주 발생하는 연안해역에 관한 사항
  2. 인명사고 예방조치에 관한 사항
  3. 인명사고 위험구역 설정 및 위험경보에 관한 사항
  4. 위험표지판 등 안전관리 시설물의 설치에 관한 사항
  5. 연안해역 안전점검 주기 및 안전점검 결과에 따른 응급조치에 관한 사항
  6. 그 밖에 해양수산부령으로 정하는 사항
③ 특별자치도지사·시장·군수·구청장은 안전관리규정을 준수하여야 한다.

10 출입통제 등   [19 승진]

① **해양경찰청장**은 연안사고 예방을 위하여 **특별자치도지사·시장·군수·구청장, 소방서장 및 항만에 관한 업무를 관장하는 해양수산부 소속 기관의 장**의 의견을 들어 인명사고가 자주 발생하거나 발생할 우려가 높은 다음 각 호의 장소에 대하여 **출입통제를 할 수 있다.**
  1. 너울성 파도가 잦은 해안가 또는 방파제
  2. 물살이 빠르고 갯골이 깊은 갯벌 지역
  3. 사고발생이 빈번하고 구조활동이 용이하지 아니한 섬 또는 갯바위
  4. 연안절벽 등 해상추락이 우려되는 지역
  5. 그 밖에 연안사고가 자주 발생하는 장소
② 해양경찰청장은 제1항에 따른 출입통제를 하려는 경우에는 그 사유와 기간 등 해양수산부령으로 정하는 사항을 포함하여 공고하고, 정보통신매체를 통하여 이를 적극 알려야 한다.
③ 해양경찰청장은 제1항에 따른 출입통제 사유가 없어졌거나 필요가 없다고 인정하는 경우에는 즉시 출입통제 조치를 해제하고 제2항에 따른 공고 등을 하여야 한다.

> **시행규칙 제5조(출입통제장소의 지정·해제)**
> 해양경찰서장은 법 제10조제2항 및 제3항에 따라 법 제10조제1항 각 호의 장소에 대하여 출입통제를 하거나 출입통제를 해제하려는 때에는 그 출입통제 개시일 또는 출입통제 해제일 20일 전까지 다음 각 호의 내용이 포함된 사항을 표지판으로 제작하여 해당 장소 입구 등 일반인이 잘 볼 수 있는 곳에 설치하여야 하고, 해당 해양경찰서 게시판·인터넷 홈페이지 등에 공고하여야 한다.
> 1. 출입통제 장소의 지정 또는 해제 사유
> 2. 출입통제 장소의 소재지
> 3. 출입통제 장소의 범위
> 4. 출입통제 기간(출입통제장소를 지정하는 경우에만 해당한다)
> 5. 출입통제의 지정일 또는 해제일
> 6. 그 밖에 출입통제와 관련하여 필요한 사항

11 연안체험활동 안전수칙

① 해양경찰청장은 연안체험활동 중 발생할 수 있는 사고를 예방하기 위하여 다음 각 호의 사항이 포함된 연안체험활동 안전수칙(이하 "안전수칙"이라 한다)을 정하여야 한다.
  1. 안전관리요원의 자격과 배치기준
  2. 안전장비의 종류와 배치기준
  3. 그 밖에 해양수산부령으로 정하는 사항

② 연안체험활동에 참가하려는 자(이하 "연안체험활동 참가자"라 한다)를 모집하여 연안체험 프로그램을 운영하려는 자(이하 "연안체험활동 운영자"라 한다)는 안전수칙을 준수하여야 한다.

③ ~~해양경찰청장은 연안체험활동 운영자 및 제1항제1호의 안전관리요원에 대하여 해양수산부령으로 정하는 바에 따라 필요한 안전교육을 실시하여야 한다.~~ [삭제 21. 10. 14]

> **시행규칙 제6조(연안체험활동 안전수칙과 안전교육 등)**
> ② 법 제11조제4항에 따른 안전관리요원의 자격과 배치기준, 안전장비의 종류와 배치기준은 별표 2와 같다.
>
> [별표 2]
> **안전관리요원의 자격과 배치기준 및 안전장비의 종류와 배치기준(제6조제2항 관련)**
>
> 1. 안전관리요원의 자격
>   가. 일반형 체험활동: 해양경찰청, 영 제11조제2항에 따른 안전교육 위탁기관 또는 이 규칙 제6조의3제3항에 따른 위탁기관에서 안전교육을 이수한 자
>   나. 수상형 체험활동: 「수상레저안전법 시행령」 제37조제1항에 따른 인명구조요원 또는 「수상에서의 수색·구조 등에 관한 법률」 제30조의2에 따른 수상구조사의 자격을 갖춘 자
>   다. 수중형 체험활동: 해양수산부장관 또는 해양경찰청장이 고시하는 수중 관련 단체에서 인정하는 자격을 갖춘 자
>
> 2. 안전관리요원의 배치기준
>   가. 수상형 체험활동: 1명 이상의 안전관리요원을 두고, 연안체험활동 참가자 10명 당 안전관리요원 1명 이상을 추가로 배치할 것. 이 경우 비상구조선마다 1명 이상의 안전관리요원이 배치되어야 한다.
>   나. 수중형 체험활동: 1명 이상의 안전관리요원을 두고, 연안체험활동 참가자 8명 당 안전관리요원 1명 이상을 추가로 배치할 것. 이 경우 비상구조선마다 1명 이상의 안전관리요원이 배치되어야 한다.
>   다. 일반형 체험활동: 1명 이상의 안전관리요원을 두고, 연안체험활동 참가자 20명 당 안전관리요원 1명 이상을 추가로 배치할 것
>
> 3. 안전장비의 종류 및 배치기준 [23 경장]

가. 수상형 체험활동
　1) 비상구조선(무동력 비상구조선을 포함한다. 이하 같다): 탑승정원이 연안체험활동 참가자 인원의 100퍼센트 이상인 비상구조선을 갖출 것
　2) 구명조끼(구명자켓 또는 구명슈트를 포함한다. 이하 같다): 연안체험활동 참가자를 **성인 및 어린이로 구분하여 각 참가자 수의 110퍼센트 이상에 해당하는 수의 구명조끼를 갖출 것**
　3) 구명튜브: 1개 이상의 구명튜브를 갖추고, 연안체험활동 참가자 10명 당 구명튜브 1개 이상을 추가로 갖출 것
　4) 구명줄: 지름 10밀리미터 이상, 길이 30미터 이상의 구명줄을 1개 이상 갖추고, 연안체험활동 참가자 10명 당 구명줄 1개 이상을 추가로 갖출 것
　5) 구급장비: 구급장비와 구급약품을 갖출 것
나. 수중형 체험활동
　1) 비상구조선: 탑승정원이 연안체험활동 참가자 인원의 100퍼센트 이상인 비상구조선을 갖출 것
　2) 구명조끼: 연안체험활동 참가자를 **성인 및 어린이로 구분하여 각 참가자 수의 110퍼센트 이상에 해당하는 수의 구명조끼를 갖출 것**
　3) 구명튜브: 1개 이상의 구명튜브를 갖추고, 연안체험활동 참가자 10명 당 구명튜브 1개 이상을 추가로 갖출 것
　4) 구명줄: 지름 10밀리미터 이상, 길이 30미터 이상의 구명줄을 1개 이상 갖추고, 연안체험활동 참가자 5명 당 구명줄 1개 이상을 추가로 갖출 것
　5) 구급장비: 구급장비와 구급약품을 갖출 것
다. 일반형 체험활동
　1) 구명튜브: 1개 이상의 구명튜브를 갖추고, 연안체험활동 참가자 20명 당 구명튜브 1개 이상을 추가로 갖출 것
　2) 구명줄: 지름 10밀리미터 이상, 길이 30미터 이상의 구명줄을 1개 이상 갖추고, 연안체험활동 참가자 20명 당 구명줄 1개 이상을 추가로 갖출 것
　3) 구급장비: 구급장비와 구급약품을 갖출 것

11의2 연안체험활동 안전교육　[22 경장승진]

① 연안체험활동 운영자 및 제11조제1항제1호의 안전관리요원은 연안체험활동의 안전에 관하여 해양수산부령으로 정하는 바에 따라 해양경찰청장이 실시하는 안전교육을 받아야 한다.
② 해양경찰청장은 연안체험활동 운영자 및 안전관리요원에 대한 안전교육을 효율적으로 수행하기 위하여 연안체험활동 안전에 관한 교육을 전문적으로 실시하는 교육기관을 지정하여 제1항에 따른 안전교육을 실시하게 할 수 있다.
③ 해양경찰청장은 제2항에 따라 지정된 안전교육 위탁기관(이하 "위탁기관"이라 한다)이 다음 각 호의 어느 하나에 해당하는 경우에는 지정을 취소하거나 6개월 이내의 기간을 정하여 위탁업무를 정지할 수 있다. 다만, 제1호에 해당하는 경우에는 지정을 취소하여야 한다.
　1. 거짓이나 그 밖의 부정한 방법으로 지정을 받은 경우
　2. 거짓이나 그 밖의 부정한 방법으로 안전교육 수료에 관한 증서를 발급한 경우
　3. 제5항에 따른 위탁기관의 지정기준에 미치지 못하게 된 경우
④ 제1항에 따른 안전교육을 받으려는 사람은 해양수산부령으로 정하는 바에 따라 수수료를 납부하여야 한다.

12 연안체험활동 신고

① **연안체험활동 운영자**는 해양수산부령으로 정하는 절차와 방법에 따라 **해양경찰서장**에게 **연안체험활동 안전관리 계획서(이하 "계획서"라 한다)를 작성하여 신고하여야 한다.** 다만, 다음 각 호의 경우는 제외한다.
　1. 「수상레저안전법」, 「유선 및 도선 사업법」, 「낚시 관리 및 육성법」, 「수중레저활동의 안전 및 활성화 등에 관한 법률」, 「청소년활동 진흥법」, 「체육시설의 설치・이용에 관한 법률」, 「도시와 농어촌 간의 교류촉진에 관한 법률」, 「수산업법」,

「양식산업발전법」 등 다른 법률에서 지도·감독 등을 받는 법인 또는 단체가 운영하는 경우
2. ~~종교단체가 운영하는 경우(해양수산부령으로 정하는 위험도가 높은 연안체험활동은 제외한다)~~ 〈삭제〉
3. 연안체험활동 참가자 수가 해양수산부령으로 정하는 규모 이하인 경우

> **시행규칙 제7조(연안체험활동 계획 신고 등)** [18 승진, 19 승진, 22 경장승진]
> ① 연안체험활동 운영자는 법 제12조제1항에 따라 별지 제2호서식의 연안체험활동 계획 신고서(전자문서로 된 신고서를 포함한다)에 다음 각 호의 서류(전자문서를 포함한다)를 첨부하여 연안체험활동 참가자 모집 **7일 전까지** 관할 해양경찰서장에게 제출해야 한다.
>   1. 연안체험활동 안전관리 계획서
>   2. 법 제11조제1항에 따른 안전관리요원 및 안전장비의 배치에 관한 서류
>   3. 연안체험활동 운영자 및 안전관리요원이 법 제11조의2제1항 또는 제2항에 따라 해양경찰청장(법 제22조제2항 및 영 제11조제2항에 따라 해양경찰청장으로부터 업무를 위탁받은 자를 포함한다) 또는 위탁기관이 실시하는 안전교육을 이수하였음을 증명하는 서류
>   4. 법 제13조제1항에 따른 보험등 가입 또는 보험등 가입 예정 사실을 증명하는 서류
> ② 제1항에도 불구하고 사전에 연안체험활동 참가자의 세부현황 및 안전관리요원 등에 관한 사항을 확정하기 어려운 연안체험활동 운영자는 별지 제2호의2서식에 따른 기간별 연안체험활동 신고서(전자문서로 된 신고서를 포함한다)에 제1항 각 호의 서류(전자문서를 포함한다)를 첨부하여 해당 연안체험활동이 시작되기 **7일 전까지** 관할 해양경찰서장에게 제출할 수 있다. 이 경우 연안체험활동 운영자는 신고된 기간 동안 실시되는 각각의 연안체험활동에 대하여 별지 제2호의3서식에 따른 현장체험활동 건별신고서(전자문서로 된 신고서를 포함한다)를 작성하여 해당 연안체험활동 시작 전에 관할 해양경찰서장에게 제출하여야 한다.
>
> **시행규칙 제9조(연안체험활동 신고 제외)**
> 법 제12조제1항제3호에서 "해양수산부령으로 정하는 규모 이하인 경우"란 다음 각 호의 어느 하나에 해당되는 연안체험활동을 말한다.
>   1. 연안체험활동 참가자가 **10명 미만인 수상형 체험활동**
>   2. 연안체험활동 참가자가 **5명 미만인 수중형 체험활동**
>   3. 연안체험활동 참가자가 **20명 미만인 일반형 체험활동**

② 계획서에는 다음 각 호의 사항이 포함되어야 한다.
  1. 연안체험활동의 기간과 장소 및 유형
  2. 제11조제1항에 따른 안전수칙 준수에 관한 사항
  3. 제13조에 따른 보험 또는 공제(이하 "보험등"이라 한다)의 가입사실
  4. 연안체험활동 중 사고발생 시 연안체험활동 운영자의 관계 기관에 대한 신고의무 부과 등 대처계획에 관한 사항
③ 연안체험활동 운영자는 계획서의 신고가 수리되기 전에는 연안체험활동 참가자의 모집을 하여서는 아니 된다.
④ **해양경찰서장**은 제1항 본문에 따른 **신고를 받은 날부터 7일 이내에 신고수리 여부를 신고인에게 통지**하여야 한다.
⑤ 해양경찰서장이 제4항에서 정한 기간 내에 신고수리 여부 또는 민원 처리 관련 법령에 따른 처리기간의 연장을 신고인에게 통지하지 아니하면 그 기간(민원 처리 관련 법령에 따라 처리기간이 연장 또는 재연장된 경우에는 해당 처리기간을 말한다)이 끝난 날의 다음 날에 신고를 수리한 것으로 본다.
⑥ 해양경찰서장은 계획서의 신고를 수리한 경우(제5항에 따라 신고를 수리한 것으로 보는 경우를 포함한다)에는 그 사실을 특별자치도지사·시장·군수·구청장에게 통보하여야 한다.
⑦ 연안체험활동 운영자 또는 안전관리요원은 연안체험활동 관련 사고로 사람이 사망하거나 실종된 경우 또는 중상을 입은 경우에는 해양수산부령으로 정하는 바에 따라 지체 없이 해양경찰관서나 소방관서 또는 경찰관서 등 관계 행정기관에 신고하여야 한다.

13 보험등의 가입

① 연안체험활동 운영자는 연안체험활동 참가자 및 안전관리요원에게 발생한 생명·신체의 손해를 배상하기 위하여 보험등에 가입하여야 한다.

> 시행령 제5조(보험등 가입 대상 연안체험활동)
> 연안체험활동 운영자가 법 제13조제1항에 따른 보험(이하 "보험등"이라 한다)에 가입하여야 할 연안체험활동은 수상(水上)이나 수중(水中)에서 이루어지는 연안체험활동으로 한다.

13의2 보험등의 가입 정보 제공 등

① 연안체험활동 운영자는 제13조에 따른 보험등의 가입 정보를 대통령령으로 정하는 바에 따라 연안체험활동 참가자 및 안전관리요원에게 알려야 한다.

14 연안체험활동의 제한 등

① 관할 해양경찰서장은 다음 각 호의 어느 하나에 해당하는 경우로서 연안체험활동이 곤란하거나 연안체험활동 참가자의 안전에 위해를 끼칠 우려가 있다고 인정하는 때에는 연안체험활동의 전부 또는 일부를 금지하거나 제한할 수 있다.
 1. 자연재해의 예보·경보 등이 발령된 경우
 2. 유류오염·적조·부유물질·유해생물이 발생하거나 출현하는 경우
 3. 어망 등 해상장애물이 많은 경우
 4. 그 밖에 연안사고 예방을 위하여 대통령령으로 정하는 경우

> 시행령 제7조(연안체험활동의 제한)
> 법 제14조제1항제4호에서 "대통령령으로 정하는 경우"란 다음 각 호의 어느 하나에 해당하는 경우를 말한다.
> 1. 연안체험활동 중 사망자나 실종자가 발생한 경우
> 2. 연안체험활동이 이루어지는 연안해역의 인근 해상에서 「수상에서의 수색·구조 등에 관한 법률」 제2조제5호에 따른 조난사고 또는 「해양사고의 조사 및 심판에 관한 법률」 제2조제1호에 따른 해양사고가 발생하여 이를 수습하기 위하여 필요한 경우
> 3. 연안체험활동이 이루어지는 연안해역에 해상교통량이 많은 경우
> 4. 그 밖에 해양경찰서장이 연안사고 예방을 위하여 연안체험활동을 제한할 필요가 있다고 인정하는 경우

15 연안체험활동 안전점검

① 관할 해양경찰서장은 소속 경찰공무원으로 하여금 연안사고 예방을 위하여 연안체험활동 장소에 출입하여 다음 각 호의 사항에 대한 안전점검을 하게 할 수 있다.
 1. 제11조제1항에 따른 안전수칙 준수 여부
 2. 연안체험활동 상황
 3. 그 밖에 해양수산부령으로 정하는 사항

16 연안순찰대의 편성·운영

① 해양경찰청장은 연안사고 예방을 위한 순찰·지도 등의 업무를 수행하기 위하여 연안순찰대를 편성하여 운영할 수 있다.

> **시행령 제9조(연안순찰대원의 임무)** [21 경사승진]
> 1. 연안해역의 순찰 및 연안사고 예방 활동 등 안전관리규정의 시행
> 2. 출입통제 장소의 관리
> 3. 연안체험활동의 금지 또는 제한
> 4. 연안체험활동 안전점검
> 5. 연안사고 발생시 긴급구조 등의 조치

17 연안안전지킴이 위촉 [22 경장승진, 23 경장승진]

① 해양경찰청장은 지역주민으로서 연안해역의 특성을 잘 아는 사람 등을 연안안전지킴이로 위촉하여 연안사고예방을 위한 순찰·지도업무를 보조하게 할 수 있다.
② 연안안전지킴이가 그 직무를 수행하는 경우에는 신분을 표시하는 증표를 지니고 이를 관계인에게 내보여야 한다.
③ 연안안전지킴이의 위촉방법, 활동범위, 수당의 지급 등에 관한 사항은 해양수산부령으로 정한다.
④ 지방자치단체의 장은 필요한 경우 관할 구역에서 연안안전지킴이가 활동하는 데 소요되는 경비의 전부 또는 일부를 지원할 수 있다.

> **시행규칙 제11조(연안안전지킴이의 위촉방법 및 활동범위 등)**
> ① 법 제17조제1항에 따른 연안안전지킴이(이하 "연안안전지킴이"라 한다)는 다음 각 호의 어느 하나에 해당하는 사람 중에서 지방해양경찰청장의 추천을 받아 해양경찰청장이 위촉한다.
> 1. 연안해역 인근에 거주하는 주민으로서 연안사고 예방에 관한 지식과 경험이 풍부한 사람
> 2. 해양사고 예방과 관련 있는 단체나 비영리법인의 임직원 또는 구성원으로서 해당 단체나 비영리법인의 대표자가 추천하는 사람
> 3. 그 밖에 연안사고 예방 활동에 참여하려는 사람
> ② 연안안전지킴이의 활동범위는 다음 각 호와 같다.
> 1. 법 제16조에 따른 연안순찰대원 임무의 보조·지원
> 2. 연안체험활동이 이루어지는 장소나 법 제10조제1항에 따른 출입통제 장소 등에서의 순찰·지도 및 위험표지판 등 안전관리 시설물에 대한 점검
> 3. 그 밖에 연안사고 예방을 위하여 필요한 사항
> ③ 해양경찰청장은 연안안전지킴이의 활동을 지원하기 위하여 예산의 범위에서 수당을 지급할 수 있다.
> ④ 해양경찰청장은 연안안전지킴이에게 제2항에 따른 업무를 수행하는 데 필요한 다음 각 호의 물품 및 경비를 예산의 범위에서 지원할 수 있다.
> 1. 모자, 근무복, 점퍼 등의 복장
> 2. 호각, 야광조끼 등의 장비
> 3. 단체상해보험료 등 활동에 필요한 경비
> 4. 그 밖에 해양경찰청장이 필요하다고 인정하는 물품

18 무인도서 안전관리

① 특별자치도지사·시장·군수·구청장은 「무인도서의 보전 및 관리에 관한 법률」 제2조제1호에 따른 무인도서로서

해양수산부령으로 정하는 무인도서에서 발생할 수 있는 인명사고의 예방을 위하여 필요한 안전관리체계를 마련하여야 한다.
② 관할 해양경찰서장은 제1항의 무인도서에서 발생하는 인명사고에 효과적으로 대처하기 위하여 특별자치도지사·시장·군수·구청장과 협의하여 긴급신고망을 운영할 수 있다.

20 연안안전의 날과 안전점검 주간

① 연안사고 예방을 위한 활동에 국민의 참여분위기를 조성하고 안전의식을 확산하기 위하여 매년 연안안전의 날과 안전점검 주간(週間)을 설정한다.

> 시행령 제10조(연안안전의 날과 안전점검 주간)
> ① 법 제20조제1항에 따른 연안안전의 날은 매년 **7월 18일**로 한다.
> ② 법 제20조제1항에 따른 안전점검 주간(週間)은 매년 7월 셋째 주로 한다.

21 연안사고 예방 및 피해경감 연구

① 해양경찰청장은 연안사고 예방 및 피해경감을 위한 조사·연구를 할 수 있다.
② 해양경찰청장은 제1항에 따른 연안사고 예방 및 피해경감을 위한 조사·연구를 위하여 필요한 경우 특별자치도지사·시장·군수·구청장에게 관련 자료를 요청할 수 있다. 이 경우 특별자치도지사·시장·군수·구청장은 특별한 사유가 없으면 이에 따라야 한다.

22의2 벌칙 적용에서 공무원 의제

제22조제2항에 따라 해양경찰청장이 위탁한 업무에 종사하는 기관 또는 단체의 임직원은 「형법」제129조부터 제132조까지의 규정에 따른 벌칙을 적용할 때에는 공무원으로 본다.

22의3 청문

해양경찰청장은 제11조의2제3항에 따라 위탁기관의 지정을 취소하거나 위탁업무를 정지하려는 경우에는 청문을 하여야 한다.

23 벌칙

다음 각 호의 어느 하나에 해당하는 자는 1년 이하의 징역 또는 1천만원 이하의 벌금에 처한다.
1. 제11조제2항을 위반하여 안전수칙을 준수하지 아니한 자
2. 제12조제1항에 따른 계획서를 신고하지 아니하거나 거짓이나 그 밖의 부정한 방법으로 신고하고 연안체험활동을 실시한 연안체험활동 운영자
3. 제14조제1항에 따른 연안체험활동 금지 등의 조치를 따르지 아니한 자
4. 제15조제1항에 따른 공무원의 출입을 거부·방해 또는 기피한 자

24 양벌규정

법인의 대표자나 법인 또는 개인의 대리인, 사용인, 그 밖의 종업원이 그 법인 또는 개인의 업무에 관하여 제23조의 위반행위를 하면 그 행위자를 벌하는 외에 그 법인 또는 개인에게도 해당 조문의 벌금형을 과(科)한다. 다만, 법인 또는 개인이 그 위반행위를 방지하기 위하여 해당 업무에 관하여 상당한 주의와 감독을 게을리하지 아니한 경우에는 그러하지 아니하다.

25 과태료

① 다음 각 호의 어느 하나에 해당하는 자에게는 300만원 이하의 과태료를 부과한다.
1. 제11조의2제1항에 따른 안전교육에 응하지 아니한 자
2~5 〈생략〉

② 다음 각 호의 어느 하나에 해당하는 자에게는 100만원 이하의 과태료를 부과한다.
 1. 제10조제1항에 따른 출입통제 지역을 출입한 사람
 2. 제12조제7항에 따른 신고를 하지 아니한 자
 3. 정당한 사유 없이 제13조의2제1항을 위반하여 보험등의 가입 정보를 알리지 아니하거나 거짓의 정보를 알린 연안체험활동 운영자

③ 제1항 및 제2항에 따른 과태료는 대통령령으로 정하는 바에 따라 해양경찰청장·특별자치도지사·시장·군수·구청장이 부과·징수한다.

연안사고 안전관리규정 [시행 20. 11. 15.] [해양경찰청훈령]

제1장 총칙

제1조(목적)
　이 규정은 「연안사고 예방에 관한 법률」 제9조, 같은 법 시행규칙 제4조에 따라 연안사고 안전관리에 필요한 사항에 대하여 규정함을 목적으로 한다.

제2조(정의)
　이 규정에서 사용하는 용어의 뜻은 다음과 같다.
 1. "위험성조사"란 「연안사고 예방에 관한 법률」(이하 "법"이라 한다) 제2조제1호의 연안해역(이하 "연안해역"이라 한다) 중 인명에 위해를 끼치는 사고가 발생한 장소 및 발생할 우려가 높은 장소를 조사하는 것을 말한다.
 2. "위험구역"이란 연안사고로 인해 직접적으로 인명피해가 발생했거나 발생할 우려가 있는 지점(길이×폭)을 말한다.
 3. "위험구역평가"란 위험성조사 결과를 바탕으로 다음 각 목와 같이 평가·분류하는 것을 말한다.
  가. 사망사고 발생구역
  나. 연안사고 다발구역
  다. 연안사고 위험구역
 4. "출입통제장소"란 인명사고가 자주 발생하거나 발생 우려가 높은 위험구역에 대해 특별자치도지사·시장·군수·구청장(자치구의 구청장을 말한다. 이하 "지방자치단체의 장"라 한다), 소방서장, 지방해양수산청장의 의견을 들어 해양경찰서장이 출입을 통제하기 위하여 지정한 장소를 말한다.
 5. "**위험예보제**"란 연안해역에서의 안전사고가 반복·지속적으로 발생했거나 발생할 우려가 있는 경우에 그 위험성을 **"관심", "주의보", "경보"**로 구분하여 국민에게 알리는 것을 말한다.
 6. "안전관리시설물"이란 위험한 장소에 대하여 안전사고 위험성을 국민들이 인식하여 사전에 위험에 대비할 수 있도록 설치하는 "위험표지판", "위험알림판", "인명구조장비함" 등을 말한다.
 7. "인명구조장비함"이란 연안사고 발생 시 신속한 인명구조를 목적으로 누구나 사용할 수 있도록 연안해역 위험한 장소에 설치하는 장비 보관함을 말한다.

제2장 안전사고 위험성 조사 및 위험구역 평가

제4조(위험성조사)
 ① 해양경찰서장은 인명사고가 자주 발생하는 관할 연안해역에 대하여 연간 1회 이상 위험성조사를 실시해야 한다.
 ② 위험성조사는 연안해역에서 인명에 위해를 끼치는 사고가 발생한 장소 및 발생할 우려가 높은 다음 각 호의 장소를 대상으로 한다.
 1. 법 제2조제3호의 연안체험활동 운영시설

2. 갯벌: 갯골이 깊고 조류의 흐름이 빠른 지역
3. 갯바위: 육상에 근접한 바위로 간조 시 건너갔다가 만조 시 육상으로 퇴출이 어렵거나 다수의 물이끼 형성으로 낙상 및 추락 위험이 있는 지역
4. 간출암: 간조 시 드러났다가 만조 시 해수에 잠기는 바위
5. 방파제: 너울성파도가 잦고 다수의 물이끼가 형성되어 낙상 및 해상추락의 위험이 높은 장소
6. 연육교: 육지와 섬을 이어주는 다리로 안전시설이 설치되어 있지 않거나 불량하여 해상 추락 가능성이 높은 다리
7. 선착장: 선박이 계류하는 장소로 안전시설이 설치되어 있지 않거나 물이끼 등으로 미끄러운 선착장
8. 무인도서: 안전기반이 확보되지 않은 무인도서에서 「연안사고 예방에 관한 법률 시행규칙」(이하 "시행규칙"이라 한다) 제2조의 연안체험활동이 이루어지는 장소

제5조(위험성조사 계획서 작성 및 방법)

① 해양경찰서장은 제4조에 따른 위험성조사를 실시할 경우에는 별지 제1호서식의 위험성조사 계획서를 작성해야 한다.
② 해양경찰서장은 위험성조사를 위하여 필요한 경우에는 지방자치단체의 장에게 합동조사 및 관련서류 제출을 요청할 수 있고, 지방자치단체의 장은 특별한 사유가 없는 한 이에 응해야 한다.
③ 위험성조사는 다음 각 호의 사항을 종합적으로 고려하여 실시한다.
1. 계절(시기)별로 찾아오는 행락객(관광·체험인원 포함한다) 수
2. 이상기후 등 자연재해에 대비한 안전관리시설물 미흡 또는 부적합 여부
3. 안전관리시설물, 인명구조장비함 설치 여부
4. 위험성에 대한 지역주민들이 전하는 정보 및 여론
5. 별지 제1호서식의 위험도조사 계획서 각 항목
④ 위험성조사는 객관적인 방법으로 하되, 객관적인 방법이 확립되지 않은 경우에는 기존의 사례 또는 자료를 참조한다.

제6조(위험구역평가 및 안전관리카드 작성·관리)

① 해양경찰서장은 별지 제2호서식에 따라 위험성조사 결과보고서를 작성하여 위험구역을 평가하고 개별 안전관리카드 및 총괄 안전관리카드를 작성·관리해야 한다.

제3장 위험구역 및 출입통제구역 지정관리

제7조(위험구역 지정관리) [20 승진]

① 해양경찰서장 및 지방자치단체의 장은 제6조의 위험성조사 결과를 바탕으로 위험한 장소에 대하여 인명사고 위험구역으로 지정·관리할 수 있다.
② 해양경찰서장은 위험구역으로 지정·관리할 경우에는 사전에 다음 각 호의 사항을 고려하여 지방자치단체의 장의 의견을 들어야 한다.
1. 최근 3년간 인명사고가 발생했던 지점
2. 위험요소가 많아 인명사고 발생 가능성이 높은 지역
3. 사고가 발생할 경우에 다수의 인명피해가 우려되는 지역
4. 그 밖에 지역주민들의 요청에 따라 위험하다고 판단되는 지역

제8조(출입통제장소 지정)

① 해양경찰서장은 법 제10조 및 시행규칙 제5조에 따라 지방자치단체의 장, 소방서장, 지방해양수산청장의 의견을 들어 관할 연안해역 중 인명사고가 자주 발생하거나 발생 우려가 높은 위험구역을 출입통제 장소로 지정 운용할 수 있다.

제4장 안전사고 위험예보제

제9조(안전사고 위험예보제)

해양경찰서장은 연안해역의 위험한 장소 또는 위험구역에서 특정시기에 기상악화 또는 자연재난 등으로 인하여

같은 유형의 안전사고가 반복·지속적으로 발생할 우려가 있거나 발생되는 경우 그 위험성을 국민에게 미리 알리는 안전사고 위험예보제를 운용해야 한다.

제10조(위험예보제 종류)
안전사고 위험예보는 "관심", "주의보", "경보"로 하며 다음 각 호에 따라 발령한다.
1. 안전사고 "관심": 연안해역에 안전사고가 과거 특정시기에 집중·반복적으로 발생하여 사전에 대비가 필요한 경우에 발하는 위험예보
2. 안전사고 "주의보": 연안해역에 안전사고가 발생될 우려가 높거나 발생되고 있어 피해확산이 우려되는 경우에 발하는 위험예보
3. 안전사고 "경보": 안전사고 "주의보"를 발령했음에도 안전사고가 확산되는 경우에 피해상황과 전망, 및 예방요령을 반복적으로 알리는 경우에 발하는 위험예보

제11조(위험예보 발령대상 안전사고)
위험예보의 발령대상이 되는 안전사고는 다음 각 호와 같다.
1. 특정시기에 같은 유형의 피해사례가 반복·지속적으로 발생한 안전사고
2. 태풍, 집중호우, 너울성 파도, 저시정(안개 등) 등과 같은 기상특보 또는 자연재난으로 인하여 피해발생이 예상되는 안전사고
3. 그 밖에 해양경찰서장이 국민의 생명과 안전을 보호하기 위하여 예방이 시급하다고 판단되는 안전사고

제12조(위험예보 발령 절차)
연안해역의 안전사고 위험예보는 해양경찰서 종합상황실과 지방자치단체 재난상황실 또는 해당 부서에서 발령 여부를 분석·판단하여 상호 협의를 거쳐 관할 해양경찰서장이 발령한다. 다만, 다음 각 호의 경우에는 협의를 생략할 수 있다.
1. 안전사고의 단기간 급증으로 긴급하게 위험예보 발령이 필요한 경우
2. 안전사고가 발생되고 있어 피해확산을 방지할 필요가 있는 경우

제13조(위험예보 발령 방법)
해양경찰서장은 다음 각 호의 방법으로 안전사고 위험예보를 발령하여 그 내용을 국민에게 알릴 수 있다.
1. 보도자료 배포 및 브리핑 실시
2. 해양경찰서 홈페이지, 인터넷 온라인 및 모바일 게시
3. 그 밖에 안전사고 위험예보가 발령된 지역을 찾은 일반인들이 쉽게 접할 수 있는 방법

제14조(예보의 내용)
해양경찰서장은 안전사고 위험예보를 발령할 때에는 다음 각 호의 내용을 포함해야 한다.
1. 위험예보의 종류 및 발령일시
2. 발령 이유
3. 안전사고 예방 안전수칙 및 행동요령

제15조(위험예보의 해제)
발령된 안전사고 위험예보는 발령이유가 해소되면 특별한 절차 없이 해제된 것으로 본다.

제5장 안전관리시설물의 설치·관리

제16조(안전관리시설물의 설치)
① 지방자치단체의 장 및 지방해양수산청장은 제7조에 따라 지정된 연안해역 위험구역에서의 위험을 방지하고 체계적인 안전관리를 위하여 안전관리시설물 등을 설치·관리해야 한다.
② 해양경찰청창은 국민들이 위험정보를 정확하게 인식하고 사전에 대비하도록 안전관리시설물의 표준화 및 설치기준을 정해야 한다.
③ 해양경찰서장은 위험구역 안전관리에 필요한 안전관리시설물 설치를 지방자치단체의 장 및 지방해양수산청장에게 요청할 수 있다.

제17조(위험표지판)
① 위험표지는 다음 각 호와 같이 구분한다.
1. 주의표지: 제7조에서 위험구역으로 지정된 장소에 대해 위험상황을 표시하여 위험에 주의할 수 있도록 알리는 표지
2. 규제표지: 법 제10조의 인명사고가 자주 발생하거나 발생 우려가 높은 장소에 법 제10조에 따라 출입통제 등의 규제를 하는 경우에 알리는 표지
3. 보조표지: 주의표지, 규제표지의 주 기능을 보충하여 알리는 표지
② 2개 이상의 복합적인 위험이 있는 장소에는 해당 위험표지판을 모두 설치할 수 있다.
③ 위험표지판 종류, 제작방법, 설치기준은 별표 2와 같다.

제18조(위험알림판)
① 위험알림판은 다음 각 호와 같이 구분한다.
1. 주의알림판: 주의표지와 안내하는 글을 함께 표시하여 특별한 위험상황을 주의할 수 있도록 알리는 표지
2. 규제알림판: 규제표지와 법 제10조에 따라 출입통제 사유 등을 함께 표시하여 알리는 표지
② 2개 이상의 복합적인 위험상황을 알리기 위하여 1개의 위험알림판에 모두 표시하여 설치할 수 있다.

제19조(인명구조장비함)
① 인명구조장비함에는 위험한 상황에 처했을 경우 인명을 구조하는데 필요한 장비를 비치해야 한다.

제20조(안전관리시설물의 관리)
① 지방자치단체의 장 및 지방해양수산청장은 안전관리시설물 관리자를 지정하여 관리해야 한다.
② 해양경찰서장은 안전관리시설물이 훼손·망실 또는 사용 불가능함을 발견했을 때에는 해당 지방자치단체의 장 및 지방해양수산청장에게 통보해야 한다.

제6장 연안해역 안전점검 및 응급조치에 관한 사항

제21조(연안해역 안전점검)
① 해양경찰서장은 연안해역에 대한 안전관리를 체계적으로 추진하기 위하여 안전관리 실태를 점검해야 한다.
② 안전관리 실태 점검은 다음 각 호와 같이 실시한다.
1. 일상점검: 일상적인 경찰활동을 통하여 연안해역 안전관리 실태에 대한 적정여부를 수시로 점검
2. 정기점검: 해양경찰서장 및 지방자치단체의 장이 합동으로 행락시기 이전, 이후 2회 점검
3. 특별점검: 자연재해 발생이 예상되는 경우와 해양경찰서장 또는 지방자치단체의 장이 필요하다고 인정할 경우 합동으로 일제 점검
③ 연안해역 안전관리 실태 점검사항은 다음 각 호를 참고하여 실시하여야 한다.
1. 일상점검
가. 안전관리시설물의 상태, 훼손, 파손, 오염 정도
나. 인명구조장비함 내에 비치된 인명구조장비 상태 및 수량
2. 정기점검
가. 위험성조사 결과 인명에 위해를 끼치는 사고가 발생된 장소 및 발생할 우려가 높은 장소가 전부 포함되어 있는지 여부
나. 위험구역평가 및 설정의 적절성
다. 개별 안전관리카드 및 총괄 안전관리카드 작성·관리 상태
라. 안전관리시설물 기능이 제대로 국민들에게 전달되고 있는지 여부
3. 특별점검: 자연재해 이후 달라진 환경 및 정보전달 시설상태 등

제22조(점검결과 응급조치)
① 해양경찰서장은 안전관리 점검 결과 부적합 사항 및 조치가 필요한 사항에 대하여는 다음 각 호의 사항이 반영된 안전관리계획을 수립해야 한다.

1. 부적합 사항 발생사유 및 원인에 대한 규명
2. 응급조치를 위한 착수 및 마무리 시기
3. 응급조치 결과 효과성 및 재발방지대책

② 제21조에 따른 안전점검 결과 및 제도개선사항에 대해서는 지속적으로 안전관리계획 등을 수정·보완하여 개선해야 한다.

③ 해양경찰서장은 안전점검 결과 안전관리시설물의 증설 또는 보수가 필요한 때에는 해당 지방자치단체의 장 및 지방해양수산청장과 협의하여 보완 될 수 있도록 해야 한다.

제23조(확인·점검)

해양경찰청장은 연 1회 전국 연안해역 안전관리 실태를 확인·점검해야 한다. 다만, 지방해양경찰청장 또는 해양경찰서장으로 하여금 실시하게 하고 그 결과를 보고받음으로써 확인·점검을 대신할 수 있다.

제7장 연안사고 예방업무 종사자 교육훈련에 관한 사항

제24조(예방업무 종사자 지정)

해양경찰서장 및 지방자치단체의 장은 체계적으로 연안사고 예방업무를 수행하기 위하여 업무담당자를 지정해야 한다.

제25조(예방업무 담당자 교육)

① 해양경찰청장은 매년 소속기관 및 지방자치단체의 예방업무 담당자가 이 규칙의 시행에 필요한 전문적인 지식을 습득하게 하고 예방업무를 원활하게 수행할 수 있도록 예방업무 담당자 교육·훈련(워크숍, 간담회 포함한다)을 실시해야 한다.

제8장 연안사고 원인의 조사·보고

제26조(연안사고 원인조사)

① 해양경찰서장은 관할 연안해역에서 인명피해 사고가 발생하였을 경우에는 사고 원인을 조사해야 한다.
② 사고원인을 조사할 때에는 다음 각 호의 내용으로 작성한다.
1. 위험구역으로 설정한 장소에서 발생한 사고인지 여부
2. 직접적인 사고 원인
3. 사고지점과 안전관리시설물 간의 거리
4. 사고지점에 인명구조장비함 설치 여부 및 거리
5. 사고발생 시 기상특보 및 안전사고 위험예보 발령사항
6. 그 밖에 같은 사고를 예방하기 위한 관련 법령 및 규정의 개선·보완 사항

제27조(원인조사 결과보고)

해양경찰서장은 원인조사가 종료한 때에는 다음 각 호의 사항이 포함된 사고조사 결과를 지방해양경찰청장을 거쳐 해양경찰청장에게 보고해야 한다.
1. 사고 개요(발생사실, 일시, 장소, 피해현황, 기상 및 위험예보 발령사항 등을 포함한다)
2. 제26조제2항 각 호를 포함한 원인분석
3. 시사점 및 개선·보완 대책

제28조(시정 등의 요청)

해양경찰청장은 사고원인 조사결과 연안사고 예방을 위하여 개선·보완할 사항이 있을 때에는 관련기관에 통보하여 개선·보완해야 한다.

3. 파출소 및 출장소 운영 규칙 [시행 21. 10. 12] [20 간부, 19 채용]

제1조(목적)
이 규칙은 체계적이고 효율적인 안전관리와 치안활동을 위해 파출소 출장소의 조직과 운영 등에 필요한 사항을 규정함을 목적으로 한다.

제2조(정의)
1. "파출소"란 해양경찰서장의 소관 사무를 분장하기 위하여 해양경찰서장 소속하에 설치하는 지방관서를 말한다.
2. "출장소"란 해양경찰서장의 소관 사무를 분장하기 위하여 파출소장 소속하에 설치한다.
3. "지역경찰 활동"이란 지역사회의 주민과 기관·단체 등과 협력을 통해 범죄와 안전사고를 예방하고 민원사항이나 지역주민의 의견을 청취하여 치안활동에 반영하며 해양경찰활동에 지역주민의 이해와 참여를 이끌어 내어 함께하는 해양경찰 활동을 말한다.
4. "연안구조정"이란 연안해역의 안전관리와 해상치안활동을 위해 파출소 및 출장소에 배치하여 운용하는 선박 등을 말한다.
5. "연안구조장비"란 파출소 및 출장소에 배치하여 운용하는 연안구조정 및 수상오토바이 등을 말한다. [18 경위]
6. "교대근무"란 근무조를 나누어 일정한 계획에 의한 반복 주기에 따라 교대로 업무를 수행하는 근무형태를 말한다.
7. "일근"이란 「국가공무원 복무규정」 제9조제1항에 규정된 근무형태를 말한다.
8. "당번"이란 교대근무자가 일정한 계획에 따라 근무하는 날 또는 시간을 말하며, 주간근무와 야간근무를 포함한다.
9. "상황대기근무"란 파출소장이 파출소의 전반적 안전관리와 긴급상황에 대응하기 위해 토요일·공휴일 및 일과시간 후에 근무하는 것을 말한다.
10. "휴무"란 근무일에 해당함에도 불구하고 누적된 피로 회복 등 건강 유지를 위하여 근무에서 벗어나 자유롭게 쉬는 것을 말한다.
11. "비번"이란 교대근무자가 다음 근무시작 전까지 자유롭게 쉬는 것을 말한다.
12. "휴게"란 교대근무자 또는 연일 근무자 등을 대상으로 근무 중 청사 내에서 자유롭게 쉬는 시간을 말한다.

제3조(적용범위)
이 규칙은 파출소와 출장소의 관리운영 및 지역경찰활동 등과 관련된 해양경찰청 관서 및 업무에 적용한다.

제4조(설치 및 폐지)
① 지방해양경찰청장은 인구, 선박, 해수욕장, 해상교통, 범죄, 해양사고 등 치안수요 및 지리적 여건 등을 고려하여 해양경찰서의 관할구역을 나누고, 해양경찰청장의 승인을 얻어 파출소 또는 출장소를 설치, 폐지한다.

제5조(파출소, 출장소 명칭 및 관할)
① 파출소, 출장소의 명칭, 위치 및 관할구역은 「해양경찰청과 그 소속기관 직제 시행규칙」, 「중부지방해양경찰청과 소속 해양경찰서 사무분장 규칙」, 「동해지방해양경찰청과 소속 해양경찰서 사무분장 규칙」, 「남해지방해양경찰청과 소속 해양경찰서 사무분장 규칙」, 「서해지방해양경찰청과 소속 해양경찰서 사무분장 규칙」 및 「제주지방해양경찰청과 소속 해양경찰서 사무분장 규칙」에 따른다.

② 출장소는 파출소 소속 하에 설치한다.
③ 출장소의 관할구역은 파출소 관할구역의 일부로 하되 해양경찰서장이 지정한다. [18 경사]

제6조(파출소 임무) [22 승진, 21 간부]
1. 범죄의 예방, 단속 및 치안·안전 정보의 수집
2. 다중이용선박 및 수상레저활동 안전관리
3. 선박 출입항 신고 접수 및 통제
4. 연안해역 안전관리
5. 각종 해양사고 예방 및 초동조치
6. 민원, 주민협력체계 구축 등 지역경찰 활동
7. 국가기관, 지방자치단체 등의 공익을 위한 행정지원
8. 그 밖에 해양경찰서장이 지시하는 업무처리 등

제7조(출장소 임무)
1. 선박 출입항 신고 접수 및 통제
2. 각종 해양사고 초동조치
3. 민원, 주민협력체계 구축 등 지역경찰 활동
4. 그 밖에 파출소장이 지시하는 업무처리 등

제8조(파출소장)
① 파출소의 사무를 통할하고 소속 출장소를 지휘·감독하기 위해 파출소장을 둔다.
② 파출소장은 경감 또는 경위로 보한다.
③ 파출소장은 다음 각 호의 직무를 수행한다.
1. 관내 해양안전·치안 분석 및 대책 수립
2. 파출소 및 관할 출장소의 시설, 예산, 무기·탄약 및 장비의 관리
3. 해양안전·치안에 대한 대민홍보 및 협력활동
4. 관내 순시 및 상황 처리 지휘 [18 경사]
5. 관내 대행신고소에 대한 지도 및 교육
6. 소속 경찰관 및 의경의 근무지정, 순찰 지시 등 근무와 관련된 제반사항에 대한 지휘 및 감독
7. 그 밖에 해양경찰서장의 지시사항 업무처리 등

제9조(파출소의 하부조직)
① 파출소에는 상시·교대근무로 운영하는 복수의 순찰구조팀을 둔다.
② 순찰구조팀의 수와 구성인원은 파출소의 안전관리 등 치안·안전 수요 및 인력여건 등을 고려하여 파출소장이 정한다.

제10조(순찰구조팀) [20 승진]
① 순찰구조팀은 범죄, 안전사고 예방과 각종 사건사고에 대한 초동조치 등 현장의 치안 및 안전관리 활동을 담당하며, 순찰구조팀장은 파출소장이 지정한다.
② 순찰구조팀장은 다음 각 호의 직무를 수행한다. [20 경사]
1. 근무교대 시 주요 취급사항, 무기·탄약 및 장비 등의 인계인수
2. 순찰구조팀원에 대한 일일 근무편성 및 지휘·감독
3. 관내 사건사고 발생시 초동조치 및 현장 상황처리

4. 연안구조정, 순찰차 등 보유장비 관리
5. 관내 안전관리, 순찰 등 지역경찰 활동
6. 파출소장 부재 시 업무 대행
7. 그 밖에 파출소장 지시사항 처리 등
③ 순찰구조팀원은 다음 각 호의 직무를 수행한다.
1. 관내 안전관리, 순찰 및 지역경찰 활동
2. 각종 사건사고 초동조치 및 상황전파
3. 연안구조정, 순찰차 등 보유장비 관리
4. 그 밖에 파출소장 지시사항 처리 등

제11조(구조거점파출소) [23 간부, 21 간부, 20 해경]
① 해양경찰서 구조대와 원거리에 위치하고 해양사고빈발해역을 관할하는 파출소의 현장대응 역량 강화를 위하여 구조거점파출소를 운영할 수 있다.
② 구조거점파출소장은 경정 또는 경감으로 보한다.
③ 구조거점파출소에는 잠수구조요원을 배치·운영할 수 있다.

제12조(출장소)
① 파출소의 관할 구역을 나누어 출장소를 설치·운영하며 안전관리 등 치안수요 및 인력 여건 등을 고려하여 "탄력근무형 출장소", "순찰형 출장소"를 운영할 수 있다.

제13조(탄력근무형 출장소) [21 승진, 20 승진·간부]
① 탄력근무형 출장소는 상주 근무자를 두지 않고, 해당 출장소를 관할하는 파출소 경찰관이 출장소에 일정 시간 근무하다, 파출소로 귀소 하는 방법으로 운영한다.
② 해양경찰서장은 지역의 치안·안전 수요와 인력운영 여건 등을 고려하여 탄력근무형 출장소의 근무시간을 탄력적으로 조정할 수 있다.
③ 탄력근무형 출장소의 관할은 따로 지정하지 아니한다.

제14조(순찰형 출장소) [21 승진, 18 승진]
① 순찰형 출장소는 상주 근무자를 배치하지 않고, 관할 파출소에서 탄력적으로 기동순찰하며 치안업무를 수행하는 출장소를 말한다.
② 파출소장은 치안·안전 수요를 고려하여 순찰형 출장소에 대하여 구체적으로 순찰지시 하여야 한다.
③ 순찰형 출장소에 원활한 선박출입항 업무를 위하여 대행신고소를 병행하여 운영할 수 있다.

제15조(출장소장) [18 경사]
① 출장소장은 다음 각 호의 직무를 수행한다.
1. 선박 출입항 신고 접수 및 통제
2. 각종 해양사고 초동조치
3. 출장소 시설, 장비의 관리
4. 민원, 주민협력체계 구축 등 지역경찰 활동
5. 관내 대행신고소에 대한 지도 및 교육
6. 무기·탄약 및 장비관리와 인계인수
7. 소속 경찰관 및 의경의 근무지정, 순찰 지시 등 근무와 관련된 제반사항에 대한 지휘 및 감독
8. 그 밖에 파출소장이 지시한 업무처리 등

② 교대근무 시에는 출장소장을 따로 정하지 않고, 각 조별 선임 경찰관이 출장소장의 직무를 수행한다.

제16조(지휘 및 감독) [22 승진]
1. **해양경찰서장** : 파출소 및 출장소 운영에 관하여 총괄 지휘 및 감독
2. **해양경찰서 각 과장** : 해양안전과장 협조 하에 각 과의 소관업무와 관련된 파출소 및 출장소 업무에 대한 지휘, 감독
3. **파출소장** : 소속 파출소와 출장소(월 1회 이상) 근무에 관한 제반사항 지휘·감독. 다만, 도서 지역 출장소는 기상, 선박운항 등 입도여건 감안 자체 조정 가능
4. **순찰구조팀장** : 근무시간 중 파출소 근무자에 대한 지휘 및 감독

제17조(복장의 착용)
파출소 및 출장소 근무자는 「해양경찰청 소속 경찰공무원 복제에 관한 규칙」 제14조에 규정된 근무복장을 단정하게 착용하여야 한다. 다만 해양경찰서장이 특별히 지정한 경우에는 별도의 복장을 할 수 있다.

제18조(장비의 휴대 등)
① 파출소 및 출장소 근무 경찰관은 다음 각 호의 장비를 **연안구조정에 비치하거나 개인 휴대**하여야 한다. 다만, **제1호에 해당하는 장비는 필요시에만 휴대**한다.
1. **경찰장비** : 권총 및 가스총 등 무기와 경찰봉, 수갑, 포승 등의 경찰장구
2. **인명구조장비** : 구명조끼, 구명줄 및 구조 튜브 등
3. **통신장비** : LTE 통신기, 모바일오피스 등
② 파출소장은 치안상황 및 임무수행의 특성 등을 고려하여 비치 및 휴대장비를 조정할 수 있다.

제19조(근무방법) [22 승진, 21 해경]
① 파출소장은 일근을 원칙으로 한다. 다만, 도서지역 파출소장의 근무는 교대근무로 운영할 수 있다.
② 해양경찰서장은 매월 일정한 계획에 따라 파출소장의 상황대기근무를 명할 수 있다.
③ **파출소의 순찰구조팀 및 출장소의 근무는 3교대 근무를 원칙**으로 한다.
④ 해양경찰서장은 파출소 및 출장소의 근무방법(교대시간, 근무시간 주기 등)을 치안·안전 수요와 인력 운영 여건 등을 고려하여 지역별 취약시간에 인력을 집중할 수 있도록 운영하여야 한다. 다만, 도서 지역 파출소 및 출장소 교대근무제는 지역별 실정에 맞게 해양경찰서장이 정할 수 있다.
⑤ 지방해양경찰청장은 지역별 취약시간에 인력을 집중하기 위하여 교대근무 운영 취지에 부합하는 범위 내에서 파출소의 교대근무제를 변형하여 운영할 수 있다. [23 간부, 22 해경]
⑥ 파출소 및 출장소에 근무하는 의무경찰은 「해양경찰청 의무경찰 관리규칙」에 규정한 범위 내에서 파출소장 및 출장소장이 인력운영 및 치안여건을 고려하여 지정하되, 주간근무 종료 이후 시간에는 휴식이 최대한 보장되도록 하여야 한다.

제20조(근무의 종류)
파출소 및 출장소의 근무는 **행정근무, 상황근무, 순찰근무, 대기근무 및 그 밖에 근무로 구분**한다.

제21조(근무교대 요령)
근무교대는 매일 근무시작 전 30분 내에서 파출소장 또는 출장소장 책임 하에 주요 취급사항, 중요업무 지시사항, 장비 등을 정확하게 인계인수하여 업무의 연속성을 유지하고, 업무처리에 차질이 없도록 하여야 한다.

제22조(행정근무)
행정근무를 지정받은 경찰관은 파출소 및 출장소 내에서 다음 각 호의 업무를 수행한다.
1. 문서의 접수 및 처리
2. 시설·장비의 관리 및 예산의 집행
3. 각종 현황, 통계, 자료 등 관리
4. 그 밖에 파출소장이 지시한 업무 등 행정업무

제23조(상황근무) [21 승진]
상황근무를 지정받은 경찰관은 파출소 및 출장소 내에서 다음 각 호의 업무를 수행한다.
1. 민간구조세력 등 관내 안전관리 및 치안상황 파악, 전파
2. 중요사건·사고 및 수배사항 전파
3. 민원 및 사건의 접수, 조사, 처리
4. 피보호자 또는 피의자, 수배자에 대한 보호·감시
5. 순찰 근무자와의 무전상황 유지 및 자체경비
6. 그 밖에 파출소장이 지시한 업무

제24조(순찰근무)
① 순찰근무는 파출소장 및 출장소장의 지시에 따라 파출소 또는 출장소의 관내를 순회하는 근무를 말하며, 해상순찰과 해안순찰로 구분하되 주로 해상순찰을 중심으로 하여야 한다.
② 파출소장 및 출장소장은 관내의 순찰요점, 순찰코스, 순찰방법, 순찰근무 중 착안사항 등을 구체적으로 지시하여야 한다.
③ 순찰근무자는 순찰활동 사항, 검문검색 등 순찰근무 중 취급사항을 근무일지에 기록한다.
④ 파출소장 및 출장소장은 관내 사건사고 현황 분석, 조치사항 및 사건사고 유형별 처리요령과 관내 지리적·인문적 참고자료 등을 담은 순찰자료집을 파출소, 순찰차 및 순찰정 내에 비치하여 순찰근무에 활용하여야 한다.

제25조(대기근무) [18 승진]
① 각종 사건사고 또는 신고에 따른 출동 등 안전·치안상황에 대응하기 위하여 일정시간 지정된 장소에서 근무태세를 갖추고 있는 형태의 근무를 말한다.
② 대기근무의 장소는 파출소 및 출장소 내로 한다.
③ 대기근무를 지정받은 경찰관은 지정된 장소에서 대기하되, 통신기기를 청취하며 5분 이내 출동이 가능한 상태를 유지하여야 한다.

제26조(기타 근무)
① 그 밖에 근무는 안전관리 및 치안상황에 효과적으로 대응하기 위하여 제22조부터 제25조까지 해당되지 않는 근무 형태를 말한다.
② 그 밖에 근무의 근무내용 및 방법 등은 파출소장이 정한다.

제27조(일일근무 지정)
① 파출소장은 근무인원, 치안수요 및 그 밖의 업무량 등을 고려하여 일일근무를 지정하여야 한다.
② 파출소 순찰구조팀장 및 출장소장은 제1항에 따라 해당 근무시간 내 근무자의 개인별 근무종류, 근무시간 등을 별지 제1호 서식의 근무일지에 구체적으로 지정하여야 한다.
③ 순찰구조팀장 및 출장소장은 지역의 안전관리 및 치안활동이 효율적으로 수행될 수 있도록 다음 각 호

의 사항을 고려하여야 한다. [23 해경, 22 해경]
1. 시간대별, 장소별 안전관리 및 치안수요
2. 안전사고 및 각종 사건사고 발생
3. 순찰인력 및 가용 장비
4. 관할 해안선, 해역 및 교통, 지리적 여건 등

제28조(선박출입항 업무)
① 선박 출입항 신고에 관한 업무는 「선박안전 조업규칙」 및 「선박통제규정」 등 관련 규정에 따른다.
② 선박출입항 신고 접수 시에는 신속하게 선박출입항관리 종합정보시스템에 입력을 하여야 한다. 단, 대행신고소의 선박출입항 신고 자료는 30일 이내에 입력하여야 한다. [18 경위]

제29조(경찰관서 등의 출입)
경찰관서 출입은 파출소 및 출장소 근무 경찰관이 조회, 회의, 교육훈련, 신병인계, 물품수령 및 그 밖의 사유로 해양경찰서 및 지정된 장소에 출입하는 것을 말한다.

제30조(민원 접수·처리) [19 해경]
① 파출소 및 출장소에서는 고소, 고발, 진정 및 탄원과 범죄 또는 피해신고에 관한 민원 등을 접수하였을 때에는 신속하게 해양경찰서에 이송한다. 다만, 출장소에서 접수한 경우에는 파출소장을 경유하여야 한다.
② 파출소 및 출장소에서 발급할 수 있는 민원서류는 다음 각 호와 같다. [18 경사]
1. 선원 승선신고 사실 확인서
2. 선박 출항·입항신고 사실 확인서
③ 파출소 및 출장소에서 제2항의 민원서류를 발급하는 경우에는 신청인에게 별지 제6호 서식의 발급 신청서를 작성하게 하고, 주민등록증·여권·자동차운전면허증 등 신청인의 신분증을 확인한 후 발급하여야 한다.
④ 제3항에 따라 작성된 발급신청서의 보존기간은 3년으로 하고, 파출소 및 출장소에서 2년간 보관한 다음 소속 해양경찰서로 이관한다.

제31조(사건·사고 처리 및 수사) [21 해경·승진, 20 간부]
① 사건·사고 처리 및 수사는 다음 각 호에 따라 처리하여야 한다.
1. 범죄현장의 보존, 증거의 수집, 피해현황과 범죄 실황조사 등 범죄 현장을 중심으로 필요한 초동조치와 수사를 행한다.
2. 해양경찰서의 수사 전문경찰관이 현장에 도착하면 이를 인계하고 사건 조사에 협조하여야 한다.
② 해양사고 또는 해양오염사고의 신고를 받았거나, 사고 발생사항을 인지하였을 때에는 다음 각 호에 정하는 바에 따른다.
1. 해양경찰서장에게 즉시 보고와 동시에 현장에 임하여 인명과 재산피해의 확대 방지와 필요한 초동조치를 취하여야 한다.
2. 사고현장을 보존하고 조사를 행하여야 한다.
3. 해양경찰서 구조담당자 또는 해양오염방제 담당자 등이 현장에 도착하면 상황을 인계하고, 사고처리에 협조하여야 한다.
4. 경미한 사건·사고에 대하여는 파출소장이 직접 처리할 수 있으며, 이 경우에는 조사 또는 처리사항을 해양경찰서장에게 보고하여야 한다.
③ 변사사건이 발생하였을 때에는 변사체의 발견 연월일시, 변사자의 인적사항, 변사체 발견 장소와 그

상황, 변사체 발견자의 성명, 그 밖의 참고사항을 조사하여 보고하여야 한다.

제32조(근무내용의 변경)
① 파출소 및 출장소 근무자가 물품구입, 경찰관서 등의 출입, 사건사고 처리 등 파출소 및 출장소 업무 수행으로 인하여 지정된 근무종류 및 근무시간 등을 변경하고자 할 경우에는 파출소 순찰구조팀장 및 출장소장에게 보고하여야 한다.

제33조(휴게 및 휴무 등 지정)
① 파출소 및 출장소 근무자의 업무효율과 건강관리를 위하여 치안수요 등을 감안하여 휴게를 실시하여야 한다.
1. 3교대 근무자는 8시간 당 1시간씩 야간 3시간 이내(2교대 근무 시에는 24시간 당 야간 4시간 이내)
2. 도서, 벽지 연일근무자는 1일 8시간(주간 4시간, 야간 4시간) 이내
② 휴게 방법, 휴게 시간, 휴무 횟수 등 구체적인 사항은 해양경찰서장이 정한다.
③ 파출소장은 지정된 휴게 시간이라 할지라도 업무수행 상 부득이 하다고 인정되는 경우에는 제1항의 규정에 따른 휴게 시간을 주지 아니하거나, 근무를 조정할 수 있다.
④ 파출소장은 2교대 근무자에 대하여 별도로 매월 정기적으로 휴무일을 지정할 수 있다.

제34조(경찰관 등 동원)
① 지방해양경찰청장 또는 해양경찰서장은 다음 각 호 중 특히, 필요하다고 인정되는 경우에 한하여 파출소 및 출장소의 기본근무에 지장을 초래하지 않은 범위 내에서 근무자를 다른 근무에 동원할 수 있다.
1. 해상집단행동 및 다중범죄의 진압
2. 대간첩작전 수행 및 통합방위사태 선포 등 그 밖의 비상사태
3. 경호경비 또는 각종 경기, 대회의 경비
4. 중요범인 체포 및 밀입국 등의 차단, 검거
5. 해양사고 및 해양오염 등 중요사건의 발생
6. 그 밖의 다수 경찰관의 동원을 필요로 하는 행사 또는 업무
② 파출소 및 출장소 동원은 근무자 동원을 원칙으로 하고, 불가피한 경우에 한하여 비번자, 휴무자 순으로 동원할 수 있다.
③ 지방해양경찰청장 또는 해양경찰서장은 비번자와 휴무자를 동원한 경우에는 초과근무수당을 지급하거나 추가 휴무를 부여하여야 한다.

제36조(순찰차 등) [20 해경]
① 파출소장 및 출장소장은 순찰차 및 이륜차량 등을 항상 안전관리 및 치안활동에 투입할 수 있도록 선량한 관리자로서의 의무를 다하여야 한다.
② 순찰차 등의 활동 구역은 담당 파출소 관내로 한정함을 원칙으로 하나, 해양경찰서장은 관내 치안여건 등을 감안하여 순찰 권역별로 통합 운영할 수 있다.
③ 순찰차는 불가피한 경우를 제외하고는 2명 이상 탑승을 원칙으로 하고, 순찰차 운전요원은 제2종 보통 운전면허 이상, 이륜차량 운전요원은 원동기장치 자전거면허 이상을 소지하여야 한다.
④ 순찰차 등은 순찰 이외에 경찰관서 출입, 출장소 감독순시 등 파출소 및 출장소의 효율적인 업무수행을 위하여 운용할 수 있다.

제37조(연안구조정) [22 승진, 21 간부, 20 해경]
① 연안구조정은 파출소 및 출장소의 임무수행을 위하여 파출소 및 출장소에 배치하며, 소속 해양경찰서

장의 지시를 받아 파출소장이 운용한다.
② 연안구조정의 활동구역은 파출소 관할해역으로 한정함을 원칙으로 한다. 다만, 해양사고 등 그 밖의 상황에 대처하기 위하여 필요하다고 인정될 때에는 관할해역 밖의 해역에서도 임무를 수행할 수 있다.
③ 연안구조정은 상시 운용하여야 한다. 다만, 항해・야간 장비의 보유여부, 장비의 성능, 치안수요 및 기상 등을 고려하여 소속 파출소장이 변경하여 운용할 수 있다.
④ 파출소장은 연안구조정을 근무자들이 원활하게 운용할 수 있도록 교육훈련을 실시하고 관내 지형과 특성을 숙지시켜야 한다.
⑤ 연안구조정 근무자는 출・입항 및 해상순찰 근무 시에는 1시간 간격으로 파출소에 위치 및 해상상황을 보고하고, 연안구조정의 행동사항, 검문검색 등 중요 순찰결과를 입항 즉시 파출소장에게 보고 및 별지 제1호 서식의 근무일지에 기록한다.

제38조(연안구조정 안전사항)
① 연안구조정의 근무자는 안전을 위하여 필요한 예방조치와 인명 및 재산의 보호에 최선을 다하여야 한다.
② 연안구조정의 근무자는 기상악화나 농무 등으로 인하여 임무수행이 불가능하거나 안전에 위험이 있다고 판단될 때에는 파출소장의 승인을 받아 안전해역으로 피항 또는 양육하여야 한다. 다만, 사전승인을 받을 시간적 여유가 없는 경우에는 먼저 조치 후, 지체 없이 보고하여 승인을 받아야 한다.
③ 연안구조정의 근무자는 연안구조정 운용 시에 구명조끼, 구명환 등 인명구조장비와 무전기, LTE 통신기 등 통신장비를 필히 적재하여야 한다.

제39조(연안구조정 등의 장비관리)
① 파출소장은 연안구조정 등의 고장예방과 효율적인 장비관리를 위하여 관리책임자를 지정할 수 있다.
② 연안구조정 등 관리책임자는 정박 시 이상유무를 확인하고, 다음 각 호의 사항을 이행하여야 한다.
1. 순찰정 PMS 이행 및 기록관리
2. 계류색, 수밀상태, 기관실 빌지 상태 및 SEA CHEST 밸브 확인 등
3. 워터제트식 추진기의 경우 해상 이물질에 의한 추진기의 흡입구가 막히지 않도록 이물질 제거
4. 평소 장비설명서(매뉴얼)에 따른 주기별 점검 및 관리
5. 긴급출동이 가능하도록 항상 최상의 장비상태 유지
6. 기상 악화 등으로 운용이 불가능한 경우 피항 또는 양육 및 도난 예방 등
③ 해양경찰서장은 효율적인 장비관리를 위하여 연안구조정 등을 집중보관 할 수 있다.
④ 해양경찰서장은 제3항에 따라 집중보관 할 경우에는 관리책임자를 지정할 수 있고, 관리책임자는 제2항 각 호의 사항을 확인, 점검 하여야 한다.

제40조(무기・탄약 및 장비관리)
파출소 순찰구조팀장 및 출장소장은 근무교대 전에 무기・탄약 및 순찰차, 연안구조정, 구조장비 등 주요 장비의 이상유무를 확인 후, 인계인수를 하여야 한다.

제41조(다른 규칙의 준용)
본 규칙에 규정되지 아니한 사항은 「함정운영관리 규칙」, 「무기・탄약류 등 관리 규칙」, 「해양경찰청 함정정비규칙」, 「해양경찰구조대 운영규칙(제6장 장비운용)」에서 정하는 바에 따른다.

제42조(정원 및 현원 관리)
① 지방해양경찰청장은 파출소 및 출장소의 관할구역, 안전관리 및 치안수요 등을 고려하여 적정한 인력

을 배치하여야 한다.
② 지방해양경찰청장 및 해양경찰서장은 파출소 및 출장소의 정원은 다른 부서에 우선하여 충원하며, **인명구조관련 자격취득, 경력경쟁채용 또는 전문교육(5년 이내) 이수자가 파출소 근무자의 30% 이상 유지되도록 하여야 한다.**
③ 지방해양경찰청장은 파출소 및 출장소의 충원 현황을 연 2회 점검하고, 현원이 정원에 미달할 경우, 별도의 충원 대책을 수립, 시행하여야 한다.

제46조(문서 및 부책) [20 경사]
① 파출소 및 출장소에는 다음 각 호와 법령 또는 다른 행정규칙에 정한 경우에만 문서 및 부책을 비치한다. 다만, 관련 시스템을 구축·운영할 경우 이를 갈음할 수 있다.
1. 근무일지
2. 관서운영경비 지출증명서류
3. 보안자재관리 기록부
4. 통고처분 처리부
5. 사건사고 처리대장(별지 제2호 서식)

② 다른 행정규칙에 의하여 비치하는 문서 및 부책은 법령이나 현실여건의 변화 등을 검토하여 이 규칙 시행 후 3년이 경과되기 전에 비치여부를 재검토 하여야 한다.

제47조(파출소 관리시스템의 구축·운영)
해양경찰청장은 파출소의 사무를 효율적으로 관리하기 위하여 파출소 관리시스템을 구축·운영할 수 있다.

제48조(근무일지 작성 및 보관) [19 승진, 18 승진]
① 파출소 근무일지의 보존기간을 3년으로 하고 매월 일자별로 편철하여 2년간 파출소에 보관한 다음 소속 해양경찰서로 이관한다.
② 출장소 근무일지의 보존기간은 3년으로 하고 매월 일자별로 편철하여 다음달 5일까지 파출소장의 결재를 받아 2년간 출장소에 보관한 다음 소속 해양경찰서로 이관한다.
③ 파출소 관리시스템으로 근무일지를 작성한 경우에는 제1항 및 제2항을 시행한 것으로 간주한다.

제49조(사무 간소화)
① 지방해양경찰청장 및 해양경찰서장은 연 2회 파출소 및 출장소 행정사무 실태 점검을 실시하여 불필요한 행정사무를 감축하여야 한다.
② 해양경찰서 각 기능에서 파출소에 각종 현황 및 통계 등을 정기 또는 수시로 보고하도록 지시할 경우 반드시 해양안전과의 협조를 받아야 하며, 이 경우에도 지시의 효력은 최초 보고를 받은 날로부터 1년이 경과하면 자동으로 소멸한다.
③ 제2항의 파출소 보고에 대한 지시 효력을 연장할 필요가 있는 경우에는 소속 해양경찰서 해양안전과장의 협조와 해양경찰서장의 승인을 받아 1년 단위로 연장할 수 있다.

4. 어선안전조업법

1 목적

이 법은 어선의 안전한 조업과 항행(航行)을 위하여 필요한 사항을 정함으로써 건전한 어업질서를 확립하고 국민의 생명·신체·재산을 보호함을 목적으로 한다.

2 정의 [19 승진]

1. "어선"이란 「어선법」 제2조제1호 각 목의 어느 하나에 해당하는 선박을 말한다.
2. "조업"이란 해상에서 어선·어구를 사용하여 수산동식물을 포획·채취하는 행위와 이를 목적으로 어구 등 시설물을 설치하는 행위를 말한다.
3. "조업한계선"이란 조업을 할 수 있는 동해 및 서해의 북쪽한계선으로서 대통령령으로 정하는 선을 말한다.
4. "특정해역"이란 동해 및 서해의 조업한계선 이남(以南)해역 중 어선의 조업과 항행이 제한된 해역으로서 대통령령으로 정하는 범위의 해역을 말한다.
5. "조업자제선"이란 조업자제해역의 동해 및 서해의 북쪽한계선으로서 대통령령으로 정하는 선을 말한다.
6. "조업자제해역"이란 북한 및 러시아 등의 배타적 경제수역(EEZ)과 인접한 동해특정해역의 이동(以東)해역 및 서해특정해역의 이서(以西)해역 중 어선의 조업과 항행이 제한된 해역으로서 대통령령으로 정하는 범위의 해역을 말한다.
7. "일반해역"이란 「원양산업발전법」 제2조제10호에 따른 해외수역을 제외한 해역 중 특정해역 및 조업자제해역을 제외한 모든 해역을 말한다.
8. "항포구"란 어선이 조업 또는 항행 등을 위하여 출항 또는 입항(이하 "출입항"이라 한다)하는 항구 또는 포구를 말한다.
9. "신고기관"이란 어선의 출입항 신고업무를 담당하는 해양경찰서 소속 파출소, 출장소 및 해양경찰서장이 민간인으로 하여금 출입항 신고업무를 대행하게 하는 대행신고소를 말한다.
10. "교신가입"이란 무선설비가 설치된 어선의 선주가 「전파법」 제19조에 따라 무선국 개설허가를 받고 어선안전조업본부에 가입하는 것을 말한다.

3 적용범위

이 법은 대한민국 국민(국내법에 따라 설립된 법인과 국내 어업허가 등을 받은 외국인·외국법인을 포함한다)과 대한민국 정부가 소유하는 모든 어선에 대하여 적용한다. 다만, 어업지도선, 원양어업에 종사하는 어선 등 대통령령으로 정하는 어선은 그러하지 아니하다.

> **시행령 제3조(적용제외)**
>
> 법 제3조 단서에서 "어업지도선, 원양어업에 종사하는 어선 등 대통령령으로 정하는 어선"이란 다음 각 호의 어선을 말한다.
> 1. 「어선법」 제2조제1호나목에 따른 수산업에 관한 시험·조사·지도·단속 또는 교습에 종사하는 선박
> 2. 「원양산업발전법」 제2조제2호에 따른 원양어업에 종사하는 어선
> 3. 「내수면어업법」 제2조제5호에 따른 내수면어업에 종사하는 어선

4. 「양식산업발전법」제10조제1항제7호에 따른 내수면양식업에 종사하는 어선

7 어선안전조업기본계획의 수립 등

① 해양수산부장관은 관계 행정기관의 장과 협의하여 어선의 안전한 조업과 항행을 위한 어선안전조업기본계획(이하 "기본계획"이라 한다)을 5년마다 수립하여야 한다.
② 기본계획에는 다음 각 호의 사항이 포함되어야 한다.
  1. 어선안전조업에 관한 중·장기 정책에 관한 사항
  2. 어선사고의 발생현황과 원인 분석, 감소 목표
  3. 어선안전조업제도의 개선에 관한 사항
  4. 어선사고를 예방하기 위한 교육·홍보 등에 관한 사항
  5. 어선안전조업을 위한 정책 및 기술 등의 연구·개발에 관한 사항
  6. 어선안전을 위한 연차별 세부 추진계획 및 투자계획
  7. 그 밖에 어선의 안전한 조업과 항행을 위하여 필요한 사항

8 출입항 신고   [18 해경]

① 항포구에 출입항하려는 어선의 소유자 또는 선장은 신고기관에 신고하여야 한다. 다만, 「수산업법」제27조제1항에 따라 관리선 사용지정을 받은 어선 또는 같은 조 제3항에 따라 사용승인을 받은 어선은 다음 각 호의 어느 하나에 해당하는 해역에 출어하는 경우에만 신고한다.
  1. 특정해역
  2. 조업자제해역
  3. 관할 해양경찰서장이 치안유지나 국방을 위하여 필요하다고 인정하여 관계 기관의 장과 협의를 거쳐 지정한 해역

시행규칙 제2조(출입항 신고의 절차 및 방법 등)
① 「어선안전조업법」(이하 "법"이라 한다) 제8조제1항에 따라 출입항 신고를 하려는 어선의 소유자 또는 선장은 별지 제1호서식의 어선출입항신고(확인)서를 출입항하려는 항포구를 관할하는 신고기관(다음 각 호의 어느 하나에 해당하는 경우에는 관할 해양경찰서 소속 파출소 및 출장소로 한정한다)에 제출하여 확인을 받은 후 해당 확인서를 어선에 갖춰 두어야 한다.
  1. 최초로 출입항 신고를 하는 경우
  2. 어선출입항신고(확인)서의 기재 내용에 변동이 있는 경우
  3. 특정해역이나 조업자제해역에 출어하는 경우
② 제1항에도 불구하고 제1항제2호에 따른 어선출입항신고(확인)서 기재 내용의 변동 사항이 다음 각 호의 어느 하나에 해당하는 경우에는 제1항에 따른 어선출입항신고(확인)서의 제출을 갈음하여 인터넷 등을 이용한 전자적 방법으로 출입항 신고를 할 수 있다.
  1. 승선원 명부
  2. 조업 업종
  3. 평균조업일수
③ 제1항에도 불구하고 총톤수 5톤 미만 어선의 소유자 또는 선장은 제1항 각 호의 경우 외에는 제1항에 따른 어선출입항신고(확인)서 제출을 갈음하여 전화 등으로 출입항 신고를 할 수 있다.
④ 어선의 소유자 또는 선장은 어선이 출항한 후 어선출입항신고(확인)서에 기재된 입항예정 일시 및 장소에 변동이

> 있을 때에는 관할 해양경찰서 소속 파출소 및 출장소(이하 "해양경찰서 신고기관"이라 한다)에 통보하거나 법 제19조제3항에 따른 어선안전조업본부(이하 "안전본부"라 한다)에 통보해야 한다. 이 경우 통보를 받은 안전본부는 이를 관할 해양경찰서 신고기관에 알려야 한다.
> ⑤ 신고기관의 장은 해양경찰청장이 어선의 출입항을 효율적으로 관리하기 위해 구축·운영하는 어선 출항·입항 종합정보시스템에 제1항에 따라 확인한 내용과 제2항에 따라 신고를 받은 내용을 기록·관리해야 한다.

② 제1항에도 불구하고 「어선법」 제5조의2제1항 단서에 따라 해양경찰청장이 정하는 어선위치발신장치를 갖추고 이를 정상적으로 작동하여 출입항하는 어선은 제1항에 따른 출입항 신고를 한 것으로 본다. 다만, 다음 각 호의 어느 하나에 해당하는 경우에는 그러하지 아니하다.
  1. 최초로 신고하는 경우
  2. 승선원 명부 등 어선출입항신고서의 내용에 변동이 있는 경우
  3. 특정해역이나 조업자제해역에 출어하는 경우
③ 제1항에 따른 출입항 신고를 하려는 어선의 소유자 또는 선장은 신고인 인적사항, 승선원 명부 등 해양수산부령으로 정하는 사항을 기재한 어선출입항신고서를 제출하여야 한다.

> **시행규칙 제3조(어선출입항신고서의 기재사항)**
>   법 제8조제3항에서 "신고인 인적사항, 승선원 명부 등 해양수산부령으로 정하는 사항"이란 다음 각 호의 사항을 말한다.
>   1. 신고인 인적사항
>   2. 승선원 명부
>   3. 어선의 제원(諸元)
>   4. 출항 일시, 출항지, 조업 업종 및 해역
>   5. 입항예정 일시 및 장소(출항하는 경우만 해당한다)
>   6. 입항 일시 및 장소(입항하는 경우만 해당한다)
>   7. 평균조업일수

9 항포구의 출입항 제한

① 어선은 신고기관이 설치되지 아니한 항포구에는 출입항하여서는 아니 된다. 다만, 기상 악화에 따른 피항, 기관 고장 등으로 인한 표류, 그 밖의 부득이한 사정이 있는 경우에는 그러하지 아니하다.
② 제1항 단서에 따라 어선이 항포구에 입항한 경우 어선의 선장은 입항한 항포구 인근에 있는 신고기관에 신고하여야 한다.

10 출항 등의 제한

① 신고기관의 장은 해상에 대하여 기상특보가 발효된 때에는 어선의 출항 및 조업을 제한할 수 있다.
② 어선의 선장은 해상에 대하여 기상예비특보(기상특보를 발표할 것으로 예상될 때 이를 사전에 알리는 것을 말한다) 또는 기상특보가 발표되거나 발효된 때에는 해양수산부령으로 정하는 어선의 안전조치 및 준수사항에 따라야 한다.

11 조업한계선 또는 조업자제선의 이탈 금지

어선은 조업한계선 또는 조업자제선을 넘어 조업 또는 항행을 하여서는 아니 된다. 다만, 조업한계선 또는 조업자제선 인근지역의 어선 등 대통령령으로 정하는 경우에는 그러하지 아니하다.

> 시행령 제6조(조업한계선 또는 조업자제선 이탈 금지의 예외)
> 법 제11조 단서에서 "조업한계선 또는 조업자제선 인근지역의 어선 등 대통령령으로 정하는 경우"란 다음 각 호의 경우를 말한다.
> 1. 조업한계선 또는 조업자제선 인근 지역·도서의 어선이 해양수산부령으로 정하는 해역에서 해양수산부령으로 정하는 기간 및 조업 조건을 준수하여 조업 또는 항행하는 경우
> 2. 「남북교류협력에 관한 법률」 제20조제1항에 따라 통일부장관의 승인을 받은 어선 또는 외국정부의 입어 허가를 받아 해당 외국수역으로 출어하는 어선이 해양수산부령으로 정하는 항로를 항행하는 경우

12 출어등록 [23 경감승진]

① 특정해역 또는 조업자제해역에서 조업하려는 어선의 소유자 또는 선장은 신고기관에 출어등록을 하여야 한다. 이 경우 출어등록의 유효기간은 대통령령으로 정한다.
② 제1항에 따른 출어등록의 절차·방법 등은 해양수산부령으로 정한다.

> 시행령 제7조(출어등록의 유효기간) [18 승진]
> 법 제12조제1항 후단에 따른 출어등록의 유효기간은 등록일부터 1년으로 한다.
>
> 시행규칙 제6조(출어등록의 절차·방법 등)
> ① 어선의 소유자 또는 선장은 법 제12조에 따라 출어등록을 하려는 경우에는 별지 제2호서식의 출어등록신청서 및 신분증 사본을 관할 해양경찰서 신고기관의 장에게 제출해야 한다.

13 특정해역에서의 조업 또는 항행의 제한 [17 채용]

① 해양수산부장관은 어선의 안전한 조업과 항행을 위하여 필요한 경우 관계 중앙행정기관의 장과 협의를 거쳐 특정해역에서의 어업별 조업구역 및 기간 등을 제한할 수 있다.
② 특정해역에서 조업을 하는 자는 해양수산부령으로 정하는 안전장비를 갖춘 어선으로 조업 또는 항행을 하여야 한다.

> 시행규칙 제7조(특정해역에서의 조업 등을 위한 안전장비)
> 법 제13조제2항에서 "해양수산부령으로 정하는 안전장비"란 「어선법」 제3조에 따른 구명설비, 같은 법 제5조에 따른 무선설비와 나침반 및 해도를 말한다. 다만, 특정해역에 인접한 지역(고성군 아야진항 이북 지역을 말한다)의 어업인이 보유하는 무동력어선은 본문의 안전장비를 갖추지 않고 조업 또는 항행을 할 수 있다.

14 특정해역 외의 해역에서의 조업 또는 항행의 제한

① 해양수산부장관은 어선의 안전한 조업과 항행을 위하여 필요한 경우 관계 중앙행정기관의 장과 협의하여 특정해역 외의 해역에서의 조업 또는 항행을 제한할 수 있다.
② 동해 조업자제해역에 출어하는 어선은 해양수산부령으로 정하는 바에 따라 특정해역 이남의 일반해역으로 항행하여야 한다.

> 시행규칙 제8조(동해 조업자제해역에 출어하는 어선에 대한 제한)
> ① 법 제14조제2항에 따라 동해 조업자제해역에 출어하는 어선은 해양수산부장관이 고시하는 장비를 갖추고 이를 작동해야 한다.
> ② 주문진항 이북에 위치한 항포구를 출항하는 어선으로서 동해 조업자제해역에 출어하는 어선은 주문진항

방향으로 남하한 후 특정해역 이남의 일반해역으로 항행해야 한다. 입항하는 경우에도 또한 같다.
③ 제2항에도 불구하고 다음 각 호의 어느 하나에 해당하여 어선이 입항하는 경우에는 안전본부에 통보하고 특정해역을 항행할 수 있다.
   1. 선원의 심각한 부상, 사망 또는 실종 등 인명사고가 발생한 경우
   2. 기상특보 발효에 따라 대피하는 경우
   3. 어선의 기관 고장으로 긴급한 수리가 필요한 경우
   4. 전시·사변 또는 이에 준하는 비상사태나 천재지변이 발생한 경우

15 어선의 선단 편성 조업

① 특정해역 또는 조업자제해역에서 조업하려는 어선은 선단(船團)을 편성하여 출항하고 조업하여야 한다. 다만, 어선장비의 고장, 인명사고 등 불가피한 경우에는 선단 편성 조업에서 이탈할 수 있다.
② 무선설비가 없는 어선으로서 「영해 및 접속수역법」 제2조에 따른 영해 내 기선으로부터 12해리 밖의 일반해역에서 조업하려는 어선은 무선설비가 있는 어선과 선단을 편성하여 신고기관에 신고하여야 한다.

> 시행규칙 제9조(어선의 선단 편성 방법 등)
> ① 어선의 소유자 또는 선장은 법 제15조제1항 및 제2항에 따라 선단을 편성한 경우에는 선단의 대표자를 선정해야 하며, 선단의 대표자는 해양경찰서 신고기관의 장에게 선단의 편성 사실을 신고해야 한다.
> ② 선단을 편성할 수 있는 다른 어선이 없어 제1항에 따른 선단 편성이 불가능한 어선의 경우에는 이미 조업 중인 선단에 편입할 수 있으며, 어획물운반선의 경우에는 선단을 편성하지 않고 출항할 수 있다.
> ③ 제1항에 따라 선단에 편성된 각 어선의 선장은 조업 중 안전본부의 안전조업 지도에 협조해야 한다.
> ④ 선단에 편성된 각 어선은 가시거리 내의 같은 어장에서 조업해야 하며, 해양사고 발생 시 구조 활동에 협조해야 한다.
> ⑤ 법 제15조제1항 본문에 따라 선단에 편성된 어선은 같은 항 단서에 따라 다음 각 호의 어느 하나에 해당하는 경우에는 선단에서 이탈할 수 있다. 이 경우 이탈하려는 어선의 선장은 그 사실을 안전본부에 통보해야 한다.
>   1. 어선설비가 고장난 경우
>   2. 선원의 심각한 부상, 사망 또는 실종 등 인명사고가 발생한 경우
>   3. 만선 등으로 조업을 계속할 수 없는 경우
>   4. 일반해역으로 이동하려는 경우
>   5. 기상특보 발효에 따라 대피하는 경우
>   6. 어구·어법의 특성상 선단의 다른 어선과 가시거리 내에서 조업하는 것이 현저히 곤란한 경우
> ⑥ 안전본부는 제5항에 따른 통보를 받은 경우 관할 해양경찰서 신고기관 및 어업관리단에 그 사실을 지체 없이 알려야 하고, 어선의 이탈로 선단에 1척의 어선만 남는 경우에는 해당 어선을 다른 선단에 편입시켜야 한다. 다만, 제5항제5호 및 제6호에 해당하는 사유로 어선이 이탈한 경우에는 남은 어선을 다른 선단에 편입시키지 않을 수 있다.

16 일시적인 조업 또는 항행의 제한

① 국방부장관 또는 해양경찰청장은 국가안전보장 또는 질서유지를 위하여 필요한 경우 해양수산부장관, 광역시장·도지사·특별자치도지사(이하 "시·도지사"라 한다)와 협의하여 해양수산부장관 또는 시·도지사에게 일정한 해역에서 지정된 기간 동안 조업 또는 항행의 제한을 요청할 수 있다. 다만, 국방부장관 또는 해양경찰청장은 조업 또는 항행을 즉시 제한하지 아니하면 어선의 안전한 조업 또는 항행에 중

대한 영향이 있다고 판단하는 경우 조업 또는 항행을 제한할 수 있다. 이 경우 국방부장관 또는 해양경찰청장은 해양수산부장관, 해당 시·도지사 및 관계기관에 즉시 통보하여야 한다.
② 해양수산부장관 또는 시·도지사는 제1항에 따른 요청을 받은 때에는 해양수산부령이 정하는 바에 따라 일시적으로 조업 또는 항행의 제한을 할 수 있다.

17 서해 접경해역의 통제

① 서해 북방한계선과 잇닿아 있는 접경해역 중 대통령령으로 정하는 어장에 대한 출입항은 신고기관의 협조를 받아 그 지역 관할 군부대장이 통제할 수 있다.

> 시행령 제9조(서해 접경해역의 어장) [19 해경]
> 법 제17조제1항에서 "대통령령으로 정하는 어장"이란 다음 각 호의 도서 주변의 어장을 말한다.
> 1. 백령도 2. 대청도 3. 소청도 4. 연평도 5. 강화도

18 조업보호본부의 설치·운영

① 해양경찰청장은 특정해역의 조업보호에 관한 다음 각 호의 사무를 처리하기 위하여 해양경찰관서에 조업보호본부를 설치·운영할 수 있다.
 1. 조업보호를 위한 경비 및 단속
 2. 어선의 출입항 및 출어등록의 현황 파악과 출어선(出漁船)의 동태 파악
 3. 해양사고 구조
 4. 조업을 하는 자의 위법행위의 적발·처리 및 관계 기관 통보
 5. 특정해역에 출입하는 어획물운반선의 통제

> 시행령 제11조(조업보호본부의 설치 및 운영)
> ① 법 제18조제1항에 따라 속초해양경찰서 및 인천해양경찰서에 각각 동해조업보호본부 및 서해조업보호본부를 설치한다.
> ② 제1항에 따른 조업보호본부의 장(이하 "조업보호본부장"이라 한다)은 관할 해양경찰서장으로 하고, 그 구성원은 관할 해양경찰서 소속 경찰공무원 중 조업보호본부장이 지명하는 사람으로 한다.
> ③ 조업보호본부장은 특정해역 조업 어선의 어장이탈 방지, 나포·피랍 예방 등 특정해역에서의 조업질서 및 조업안전 유지를 위한 관계기관 간 협조를 위해 조업보호협의회를 설치·운영할 수 있다.
> ④ 제3항에 따른 조업보호협의회의 구성·기능 및 운영에 관해 필요한 사항은 조업보호본부장이 관할 어업관리단장, 시장·군수·구청장, 군부대장, 안전본부의 장 등 관계기관의 장과 협의하여 정한다.

19 어선의 안전한 조업과 항행을 위한 사업

① 해양수산부장관은 어선의 안전한 조업과 항행을 위하여 다음 각 호의 사업을 수행할 수 있다.
 1. 조업어선의 위치파악
 2. 조업정보의 제공
 3. 조업한계선 또는 조업자제선의 이탈·피랍 방지 등 안전조업 지도
 4. 해상통합방위 지원사업
 5. 한·일, 한·중 배타적 경제수역(EEZ) 조업어선 관리

6. 어업인 안전조업교육
7. 어선사고 예방 및 신속구조를 위한 무선설비 시스템 운영
8. 어선안전종합관리시스템 운영·관리
9. 그 밖에 해양수산부장관이 필요하다고 인정하는 사업

② 해양수산부장관은 제1항의 사업 중 일부를 「수산업협동조합법」에 따라 설립된 수산업협동조합중앙회(이하 "중앙회"라 한다)에 위탁할 수 있다. 이 경우 해양수산부장관은 중앙회에 필요한 경비를 지원할 수 있다.
③ 중앙회는 제2항에 따른 위탁 사무를 수행하기 위해 어선안전조업본부(이하 "안전본부"라 한다)을 설치·운영할 수 있다.

20 지도·감독

① 해양수산부장관은 안전본부의 소관업무에 관하여 지도·감독할 수 있다.
② 해양수산부장관은 필요하다고 인정하는 경우 안전본부의 업무·회계 및 재산에 관한 사항을 보고하게 하거나 소속 공무원으로 하여금 안전본부의 장부·서류 또는 그 밖의 물건을 검사하게 할 수 있다.

21 어선 교신가입 및 위치통지

① 「어선법」 제5조에 따른 무선설비가 설치된 어선의 소유자는 해양수산부령으로 정하는 바에 따라 어선이 주로 출입항하는 항포구를 관할하는 안전본부에 교신가입하여야 한다.
② 제1항에 따라 교신가입한 어선이 출항할 때에는 지정된 시간에 맞추어 안전본부에 그 위치를 통지하여야 한다.
③ 어선이 제2항에 따라 지정된 시간까지 위치통지의무를 이행하지 않는 경우 해양수산부장관은 해당 어선의 위치를 확인하고, 수색·구조기관 등에 통보하는 등 필요한 조치를 하여야 한다.

> **시행령 제12조(위치통지의 횟수 및 절차 등)** [22 경장승진]
> ① 법 제21조제2항에 따른 위치통지(이하 "위치통지"라 한다)는 위도와 경도를 통지하는 방법으로 다음 각 호의 구분에 따른 안전본부에 해야 한다. 다만, 각 호의 구분에 따른 안전본부와 교신이 불가능한 경우에는 인근 안전본부에 위치통지를 해야 한다. [21 해경]
>   1. 특정해역에 출어하는 경우 : 해당 특정해역을 관할하는 안전본부
>   2. 제1호 외의 경우 : 출항지를 관할하는 안전본부
> ② 위치통지의 횟수는 다음 각 호의 구분에 따른다. 이 경우 출항시각을 기준으로 매 24시간을 1일로 한다. [18 승진, 21 해경]
>   1. 특정해역에 출어하는 어선 : 1일 3회(매일 최초의 위치통지는 출항시각에 해당하는 시각을 기준으로 6시간이 경과한 이후에 하고, 두 번째 및 세 번째 통지는 직전의 통지와 6시간 이상의 간격을 두어야 한다)
>   2. 조업자제해역에 출어하는 어선 : 1일 2회(매일 최초의 위치통지는 출항시각에 해당하는 시각을 기준으로 8시간이 경과한 이후에 하고, 두 번째 통지는 직전의 통지와 8시간 이상의 간격을 두어야 한다)
>   3. 일반해역에 출어하는 어선 : 1일 1회(매일 위치통지는 출항시각에 해당하는 시각을 기준으로 12시간이 경과한 이후에 해야 한다)
> ③ 기상특보가 발효된 경우에는 제2항에 따른 통지 외에 다음 각 호의 구분에 따라 추가로 위치통지를 해야 한다. 이 경우 기상특보 발효 당시 조업 또는 항행 중인 어선은 기상특보 발효시각을, 기상특보 발효 이후 출항한 어선은 출항시각을 각각 기준으로 하여 최초로 다음 각 호에 따른 간격이 되었을 때 최초 통지를 해야 한다. [21 해경]

1. 풍랑특보 발효시 : 매 12시간 간격(12시간 전후로 30분의 간격은 허용한다)
2. 태풍특보 발효시 : 매 4시간 간격(4시간 전후로 30분의 간격은 허용한다)

시행규칙 제10조(교신가입의 신청)
① 법 제21조제1항에 따라 교신가입하려는 어선의 소유자는 별지 제5호서식의 교신가입신청서에 다음 각 호의 서류를 첨부하여 안전본부에 제출해야 한다.
  1. 「전파법」 제21조제4항에 따른 무선국 허가증 사본
  2. 「양식산업발전법 시행규칙」 제5조제2항에 따른 양식업면허증, 「수산업법 시행규칙」 제6조제2항 또는 제38조제1항에 따른 어업면허증 또는 어업허가증(어획물운반선 또는 부속선의 경우에는 「어선법」 제27조제1항에 따른 어선검사증서를 말한다) 사본
② 안전본부는 제1항에 따라 교신가입신청서를 접수한 경우 별지 제6호서식의 교신가입증을 발급하고, 그 내용을 법 제19조제1항제8호에 따른 어선안전종합관리시스템에 기록·관리해야 한다.

22 선장의 의무

① 어선의 선장(이하 "선장"이라 한다)은 해양수산부령으로 정하는 방법으로 긴급사태에 관한 경보를 청취하여야 한다.

시행규칙 제11조(긴급사태에 관한 경보 청취) [22 경장승진]
무선설비가 설치된 어선의 선장은 긴급사태가 발생한 경우에는 법 제22조제1항에 따라 매시 정각부터 3분 이상 무선설비를 통해 긴급사태에 관한 경보를 청취해야 한다.

② 선장은 다음 각 호의 선박 또는 안전본부로부터 위험상황을 전파받거나 대피하도록 통보를 받은 경우에 즉시 이에 따라야 하며, 무선설비가 설치된 어선은 대피상황을 지체 없이 안전본부에 통보하여야 한다.
  1. 해양수산부 또는 지방자치단체의 어업지도선
  2. 해양경찰관서 함정
  3. 해군함정

23 정선 등 [20 해경]

① 해양수산부장관, 국방부장관 및 해양경찰청장은 어선이 이 법을 위반하였다고 인정되는 경우에는 정선(停船)·승선조사 등 필요한 명령이나 조치를 할 수 있다.

시행규칙 제12조(정선신호 방법 등)
① 법 제23조제1항에 따른 정선명령을 위한 정선신호는 다음 각 호의 구분에 따른 방법으로 한다.
  1. 주간 : 노란색과 검은색 표지를 교차하여 연결한 정선명령신호기를 게양하는 방법 또는 통신·방송을 이용하거나 육성으로 명령하는 방법
  2. 야간 : 기적을 짧게 한 번, 길게 한 번 연이어 울리거나 빛을 짧게 한 번, 길게 한 번 연이어 비추는 방법 또는 통신·방송을 이용하거나 육성으로 명령하는 방법
② 법 제23조제1항에 따라 승선조사를 할 때에는 승선조사를 받는 어선의 선장에게 조사자의 소속 및 성명, 승선조사의 목적 및 이유를 알려야 한다.

24 구명조끼 등의 착용

① 어선에 승선하는 자는 기상특보 발효 등 해양수산부령이 정하는 요건 발생 시 안전한 조업과 항행을 위해 구명조끼를 착용하여야 한다.
② 해양수산부장관은 해양수산부령이 정하는 자로 하여금 제1항에 따른 요건 발생 시 어선에 승선하는 자가 구명조끼를 착용하였는지를 확인하게 할 수 있다.

> 시행규칙 제13조(구명조끼의 착용 요건 등)
> ① 법 제24조제1항에서 "기상특보 발효 등 해양수산부령이 정하는 요건 발생 시"란 태풍·풍랑 특보 또는 예비특보 발효 중에 외부에 노출된 갑판에 있는 경우를 말한다.
> ② 법 제24조제2항에서 "해양수산부령이 정하는 자"란 「수산업법」 제69조에 따른 어업감독 공무원 및 해양경찰청 소속 경찰공무원을 말한다.

> 법 제24조(구명조끼 등의 착용)
> ① 어선에 승선하는 사람은 기상특보가 발효되거나 승선 인원이 소규모인 경우 등 해양수산부령으로 정하는 경우 안전한 조업과 항행을 위하여 구명조끼 또는 구명의(救命衣)를 착용하여야 한다. 〈개정 22. 10. 18.〉
> ② 제1항의 경우 어선의 선장은 어선에 승선하는 사람에게 구명조끼 또는 구명의를 착용하게 하여야 한다. 〈신설 22. 10. 18.〉
> ③ 제1항의 경우 해양수산부장관은 해양수산부령으로 정하는 사람으로 하여금 어선에 승선하는 사람이 구명조끼 또는 구명의를 착용하였는지를 확인하게 할 수 있다. 〈개정 22. 10. 18.〉
> [시행일 25. 10. 19]

25 안전조업교육

① 어선의 소유자와 선장, 기관장, 통신장 또는 그 직무를 대행하는 자는 조업질서의 유지 및 안전한 조업을 위하여 필요한 교육(이하 "안전조업교육"이라 한다)을 이수하여야 한다.

> 시행규칙 제14조(안전조업교육의 종류 등)
> ① 어선의 소유자와 선장, 기관장, 통신장 또는 그 직무를 대행하는 자(이하 "교육대상자"라 한다)는 법 제25조제1항에 따른 안전조업교육(이하 "안전조업교육"이라 한다)을 다음 각 호의 구분에 따라 이수해야 한다.
>   1. 정기교육
>   가. 어선의 소유자 : 어업허가 또는 어업·양식업 면허를 받은 날부터 6개월 이내 및 직전 교육 이수 후 1년 이내에 이수
>   나. 어선의 소유자를 제외한 교육대상자 : 선장, 기관장, 통신장 또는 그 직무를 대행하는 자로 승선하여 최초로 출입항 신고를 한 날부터 6개월 이내 및 직전 교육 이수 후 1년 이내에 이수
>   2. 특별교육
>   특정해역에 출어하는 경우 출어하기 전 및 직전 교육 이수 후 1년 이내(1년 이상 특정해역에 출어하는 경우만 해당한다)에 이수
> ② 제1항에도 불구하고 다음 각 호의 어느 하나에 해당하여 안전조업교육을 이수하지 못한 경우, 그 사유가 해소될 때까지의 기간은 제1항 각 호의 기간 계산에 산입하지 않는다.
>   1. 질병·사고 등의 사유로 교육대상자가 안전조업교육을 받을 수 없다고 인정되는 경우
>   2. 천재지변 또는 감염병 확산 등의 사유로 안전조업교육을 실시하지 않는 경우
> ③ 제1항제1호에 따른 정기교육(이하 "정기교육"이라 한다)은 「수산업협동조합법」에 따른 수산업협동조합중앙회의 회장(이하 "중앙회장"이라 한다)이 실시하며, 제1항제2호에 따른 특별교육(이하 "특별교육"이라

한다)은 법 제18조제1항에 따른 조업보호본부(이하 "조업보호본부"라 한다)의 장이 실시한다.

♣ 어선안전조업법 시행규칙 [별표 4]

안전조업교육의 내용 및 시간(제14조제7항 관련)

교육과정	교육내용	교육시간
정기교육	질서유지 및 안전한 조업 등	연 1회(4시간)
특별교육	월선·피랍 대비 안전사항 등	연 1회(2시간)

법 제25조제1항에 따른 안전조업교육 대상자 외의 선원에게는 어선의 소유자 또는 선장이 그 교육받은 내용을 전달하는 전달교육을 해야 한다.

26 재정지원

① 해양수산부장관 또는 지방자치단체의 장은 어선의 사고 및 인명피해 예방을 위해 필요하다고 인정하는 경우에는 예산의 범위에서 보조금을 교부하거나 자금을 융자할 수 있다.

27 행정처분

① 해양수산부장관은 「수산업법」에 따른 어업 또는 「양식산업발전법」에 따른 양식업의 허가나 면허를 받았거나 어업의 신고를 한 자 또는 어획물운반업의 등록을 한 자가 다음 각 호의 어느 하나에 해당하는 경우에는 해당 어업 또는 양식업의 허가, 면허, 신고, 등록(이하 "어업허가등"이라 한다)업무를 관할하는 지방자치단체의 장에게 어업허가등을 취소하거나 3개월 이내의 기간을 정하여 해당 어업허가등을 정지할 것을 요청할 수 있다.
1~10 〈생략〉

28 위반행위에 대한 지도단속

① 해양수산부장관은 이 법에 따른 명령·처분·제한·조건을 위반하여 조업을 하는 자에 대한 지도·단속을 할 수 있다. 이 경우 해양수산부장관은 「수산업법」 제69조에 따른 어업감독 공무원에게 그 지도·단속 업무를 수행하게 할 수 있다.

29 권한의 위임

해양수산부장관 또는 해양경찰청장은 이 법에 따른 권한의 일부를 대통령령으로 정하는 바에 따라 그 소속기관의 장 또는 지방자치단체의 장에게 위임할 수 있다.

30 벌칙

다음 각 호의 어느 하나에 해당하는 자는 1년 이하의 징역 또는 1천만원 이하의 벌금에 처한다.
1. 제11조를 위반하여 조업한계선 또는 조업자제선을 넘어 조업 또는 항행한 자
2. 제13조를 위반하여 특정해역에서 조업 또는 항행한 자
3. 제17조를 위반하여 서해 접경해역의 통제에 불응한 자
4. 제23조를 위반하여 정선명령을 위반하거나 승선조사 등 필요한 조치에 따르지 아니한 자

31 양벌규정

법인의 대표자, 법인 또는 개인의 대리인, 사용인 그 밖의 종업원이 그 법인 또는 개인의 업무에 관하여 제30조 각 호의 어느 하나에 해당하는 위반행위를 하면 그 행위자를 벌하는 외에 그 법인 또는 개인에게도 해당 조문의 벌금을 과(科)한다. 다만, 법인 또는 개인이 그 위반행위를 방지하기 위하여 해당 업무에 관하여 상당한 주의와 감독을 게을리하지 아니한 경우에는 그러하지 아니하다.

32 과태료

① 다음 각 호의 어느 하나에 해당하는 자에게는 5백만원 이하의 과태료를 부과한다.
  1. 제21조제1항을 위반하여 안전본부에 교신가입을 하지 아니한 자
  2. 제21조제2항을 위반하여 안전본부에 위치통지를 하지 아니하거나 허위로 통지한 자
  3. 제22조제2항을 위반하여 어업지도선, 함정 또는 안전본부로부터 위험 및 대피신호를 받고 이에 따르지 아니한 자

② 다음 각 호의 어느 하나에 해당하는 자에게는 3백만원 이하의 과태료를 부과한다.
  1. 제9조제1항 본문을 위반하여 신고기관이 설치되지 아니한 항포구에 출입항한 자
  2. 제9조제2항을 위반하여 입항한 항포구 인근에 있는 신고기관에 신고를 하지 아니한 자
  3. 제22조제1항을 위반하여 긴급사태에 관한 경보를 청취하지 아니한 자
  4. 제24조를 위반하여 구명조끼를 착용하지 아니한 자
  5. 제25조를 위반하여 안전조업교육을 이수하지 아니한 자

③ 제1항 및 제2항에 따른 과태료는 대통령령으로 정하는 바에 따라 해양경찰청장 또는 시장·군수·구청장이 부과·징수한다.

제32조(과태료)
① 다음 각 호의 어느 하나에 해당하는 자에게는 5백만원 이하의 과태료를 부과한다.
1. 제21조제1항을 위반하여 안전본부에 교신가입을 하지 아니한 자
2. 제21조제2항을 위반하여 안전본부에 위치통지를 하지 아니하거나 허위로 통지한 자
3. 제22조제2항을 위반하여 어업지도선, 함정 또는 안전본부로부터 위험 및 대피신호를 받고 이에 따르지 아니한 자
② 다음 각 호의 어느 하나에 해당하는 자에게는 3백만원 이하의 과태료를 부과한다. 〈개정 2022. 10. 18.〉
1. 제9조제1항 본문을 위반하여 신고기관이 설치되지 아니한 항포구에 출입항한 자
2. 제9조제2항을 위반하여 입항한 항포구 인근에 있는 신고기관에 신고를 하지 아니한 자
3. 제22조제1항을 위반하여 긴급사태에 관한 경보를 청취하지 아니한 자
4. **제24조제1항을 위반하여 구명조끼 또는 구명의를 착용하지 아니한 자**
5. **제24조제2항을 위반하여 구명조끼 또는 구명의를 착용하게 하지 아니한 자**
6. 제25조를 위반하여 안전조업교육을 이수하지 아니한 자
③ 제1항 및 제2항에 따른 과태료는 대통령령으로 정하는 바에 따라 해양경찰청장 또는 시장·군수·구청장이 부과·징수한다.
[시행일 25. 10. 19.] 제32조 제2항

◆ **선박패스(V-Pass) 장치 등의 설치기준 및 운영 등에 관한 고시** [시행 20. 2. 17.] [해양경찰청고시]

제2조(정의) 이 고시에서 사용하는 용어의 뜻은 다음 각 호와 같다.
1. "어선"이란 「어선법」 제2조제1호에 따른 어선을 말한다.
2. "선박패스<V-Pass> 장치"(이하 "선박패스 장치"라 한다.)란 선박의 위치를 자동으로 발신하는 기능을 가진 무선설비 장치로서 897㎒대역의 주파수를 사용하며 종류는 다음 각 목과 같다.
   가. "어선용 선박패스 장치"란 「어선법」 제5조의2제1항 단서에 따라 해양사고 발생 시 신속한 대응을 위해 어선의 위치 및 긴급구조신호를 발신하며, 「선박안전조업규칙」 제15조에 따른 어선의 출항·입항 신고를 자동으로 처리할 수 있는 장치를 말한다.
   나. "함정용 선박패스 장치"란 해양경찰청 및 군 함정 등에 설치하는 장치를 말한다.
   다. "관공선용 선박패스 장치"란 선박의 안전운항 등을 위하여 나목의 기관을 제외한 국가 및 지방 공공단체 소속 선박에 설치하는 장치를 말한다.
   라. "상선용 선박패스 장치"란 선박의 안전운항을 위하여 가목을 제외한 상업의 목적으로 국내를 운항하는 선박에 설치하는 장치를 말한다.
3. "선박패스 시스템"이란 선박패스 장치를 통해 선박의 위치정보를 활용하는 시스템을 말한다.
4. "어선위치발신장치"라 함은 어선의 위치를 자동으로 발신하는 기능을 가진 장치로서 「어선설비기준」 제191조에서 정하는 요건에 적합하여야 한다.

제3조(적용범위) 선박패스 장치의 설치기준 및 관리·운영 등에 관하여 다른 법령에 특별한 규정이 없으면 이 규칙에 따른다. 단, 제11조, 제12조와 제13조제1항은 「어선법」 제5조의2에 따라 다른 어선위치발신장치에도 적용한다.

제4조(설치대상 등) ① 「어선법 시행규칙」 제42조의2제1항에 따른 어선은 어선용 선박패스 장치를 설치하여야 한다. 다만, 「원양산업발전법」 제6조제1항에 따른 원양어업에 종사하는 어선은 제외하며, 다른 어선위치발신장치를 설치한 어선은 제외 할 수 있다.
② 해양경찰청장은 제1항에 따라 어선용 선박패스 장치를 설치하는 어선의 소유자에 대하여 예산의 범위에서 무상으로 보급할 수 있다. 이 경우 무상보급은 1회를 초과할 수 없다.
③ 어선소유자 등은 어선에 설치된 어선용 선박패스 장치(제2항에 따라 설치된 경우를 포함한다)가 정상적으로 작동하도록 관리하고, 고장 또는 분실 시 복구에 필요한 비용을 부담하여야 한다.

제5조(어선운항정보) [21 승진]
① 어선용 선박패스 장치에서 발신되는 정보(이하 '어선운항정보'라 한다)는 다음 각 호의 사항이 포함되어야 한다.
1. 어선의 식별번호
2. 어선의 위치, 침로 및 속력
3. 정보 발신시각
② 어선운항정보의 표시방법은 별표 1에 따른다.
③ 제1항에 따른 정보는 어선용 선박패스 장치에서 자동으로 발신되어야 하며, 어선의 소유자 또는 선장(이하 "어선소유자 등"이라 한다)이 조작 또는 변경할 수 없어야 한다.

4. 선박안전조업규칙

1 목적

이 규칙은 총톤수 100톤 미만 선박의 출항 및 입항에 관한 사항을 규정함을 목적으로 한다.

2 적용 범위

이 규칙은 총톤수 100톤 미만의 선박(이하 "선박"이라 한다)에 대해 적용한다. 다만, 「어선법」 제2조제1호에 따른 어선, 정부나 공공단체가 소유하는 선박, 여객선 및 국외에 취항하는 선박은 제외한다.
제3조 ~ 제14조 삭제

14의2 선박 출항·입항 종합정보시스템의 구축·운영

해양경찰청장은 선박의 출항 및 입항을 효율적으로 관리하기 위하여 선박 출항·입항 종합정보시스템을 구축·운영할 수 있다.

15 출입항의 신고

① 선박이 항포구에 출입하려는 경우 선박의 소유자 또는 선장은 별지 제2호서식의 선박출(입)항신고(확인)서와 별지 제3호서식의 선원명부를 출입항하려는 항포구를 관할하는 신고기관(「어선안전조업법」 제2조제9호에 따른 신고기관을 말한다. 이하 같다)에 제출하여 확인을 받은 후 해당 확인서를 선박에 갖춰 두어야 한다.
② 제1항에도 불구하고 제14조의2에 따른 선박 출항·입항 종합정보시스템에 의한 선박 출입항 발신장치를 갖추고 이를 정상적으로 작동하여 출입항하는 선박은 제1항에 따라 출입항 신고를 한 것으로 본다. 다만 다음 각 호의 어느 하나에 해당하는 경우에는 그렇지 않다.
  1. 최초로 신고하는 경우
  2. 선원명부 또는 선박출(입)항신고(확인)서의 내용에 변동이 있는 경우
③ 신고기관의 장은 제1항에 따라 확인한 내용을 제14조의2에 따른 선박 출항·입항 종합정보시스템에 기록·관리해야 한다.

18 출항·입항의 제한

① 신고기관이 설치되지 아니한 항·포구에는 선박이 출항·입항하여서는 아니 된다. 다만, 기상 악화에 따른 피항, 기관 고장으로 인한 표류, 그 밖의 부득이한 사정이 있는 경우에는 예외로 한다.

5. 어선 출입항 신고 관리규칙

1 목적

이 규칙은 「어선안전조업법」에 따른 어선 출입항 신고기관의 설치 및 운영에 필요한 사항을 규정함을 목적으로 한다.

2 정의

1. "출입항 신고"란 항포구에 출입항하려는 어선의 소유자 또는 선장이 「어선안전조업법」(이하 "법"이라 한다) 제2조제9호에 따른 신고기관(이하 "신고기관"이라 한다)에 어선의 출입항 사항을 신고하는 것을 말한다.
2. "입항하지 않는 어선"이란 「어선안전조업법 시행규칙」(이하 "시행규칙"이라 한다) 별지 제1호서식의 어선출입항신고서(이하 "출입항신고서"라 한다)에 기재한 입항예정 일시까지 입항하지 않는 어선을 말한다.
3. '대행신고소'란 민간인으로 하여금 출입항 신고의 접수업무를 대행하게 하는 신고기관을 말한다.
4. "어선출입항 종합정보시스템"이란 시행규칙 제2조제5항에 따라 어선출입항 신고관리 업무를 전자적으로 처리하기 위해 구축한 시스템(http://coss.kcg.go.kr/NMPA)을 말한다.
5. '어선용 선박패스(V-Pass)장치'란 「어선법」 제5조의2제1항 단서에 따라 어선의 위치를 자동으로 발신하고 출입항 신고를 자동으로 처리할 수 있는 장치를 말한다.
6. "선박패스(V-Pass)시스템"이란 선박패스 장치를 통해 선박의 위치정보를 활용하는 시스템을 말한다.
7. '지능형 해상교통정보서비스 단말기(e-Nav)'란 「지능형 해상교통정보서비스의 제공 및 이용 활성화에 관한 법률」 제18조에 따라 어선에 설치한 장치로서 어선의 위치를 자동으로 발신하고 출입항 신고를 자동으로 처리할 수 있는 장치를 말한다.

3 적용 범위

어선 출입항 신고관리 등은 다른 법령이나 규칙에 특별한 규정이 있는 경우를 제외하고는 이 규칙에서 정하는 바에 따른다.

4 출입항 신고

① 법 제8조제1항에 따라 항포구에 출입항 하려는 어선의 소유자 또는 선장은 출입항신고서를 작성하여 신고기관에 제출한 후에 신고기관 장의 확인을 받아야 하며, 출항 시에는 출입항신고서를 어선에 보관해야 한다.
② 신고기관의 장은 출입항신고서를 접수한 때에는 그 사실을 확인하여 어선출입항 종합정보시스템에 입력하고 신고인에게 교부해야 한다.
③ 신고기관의 장은 시행규칙 제2조제2항에 따라 전화 또는 정보통신망의 방법으로 출입항신고를 접수한 때에는 지체 없이 그 사실을 어선출입항 종합정보시스템에 입력해야 한다. 다만, 대행신고소에서 접수한 출입항 신고사항은 관할 파출소 및 출장소(이하 "해양경찰서 신고기관"이라 한다)에서 매월 1회 이상(해양경찰서 신고기관이 없는 도서지역은 분기 1회 이상) 입력할 수 있다.

5. 입항하지 않는 어선에 대한 조치

① 출항지의 신고기관의 장은 입항하지 않는 어선이 발생한 경우에는 그 어선의 소재를 파악하고 소재가 확인되지 않을 때에는 지체 없이 관할 해양경찰서장에게 보고해야 하며, 보고를 받은 해양경찰서장은 해당 어선을 전국에 수배한다. 다만, 5톤 미만의 어선은 인접 시·도까지만 수배할 수 있다.
② 입항하지 않는 어선의 발생통보를 받은 해양경찰서장은 관내 신고기관 및 출동 중인 함정에 어선의 소재를 파악하도록 조치해야 한다. 이 경우 입항하지 않은 어선의 소재가 확인되었을 때에는 출항지 관할 해양경찰서장에게 통보해야 한다.
③ 입항하지 않는 어선이 발생한 경우의 보고 및 수배내용은 다음 각 호와 같다.
  1. 출항일시 및 장소
  2. 어선제원(선명·톤수·마력수·승선인원) 및 어선의 특징
  3. 조업해역 또는 항해구역
  4. 입항 예정일시 및 장소

6. 선박패스 시스템의 출입항 구역설정

해양경찰서장은 관내 항포구에서 어선의 자동출입항 신고처리를 위하여 선박패스(V-Pass) 시스템에 어선 출입항구역을 설정해야 한다.

7. 대행신고소 지정

해양경찰서장은 법 제2조제7호에 따른 일반해역("이하 "일반해역"이라 한다)에 출입항하는 어선의 신고관리 업무를 위하여 다음 각 호의 어느 하나에 해당하는 경우를 제외하고는 해양경찰서 신고기관이 설치되지 않은 항포구에 대행신고소를 지정할 수 있다.
1. 해당 항포구에 출입항 하는 어선이 모두 5톤 미만인 경우
2. 해당 항포구에 출입항 하는 어선 중 5톤 이상 어선이 모두 어선용 선박패스(V-Pass) 장치나 지능형 해상교통정보서비스 단말기(e-Nav) 장치를 갖추고 출입하는 경우

8. 대행신고소 설치 절차

① 해양경찰서장은 제7조에 따라 대행신고소를 지정 할 때에는 별지 제1호서식의 대행신고서 설치 승인신청서를 작성하여 지방해양경찰청장의 승인을 받아야 한다.
② 지방해양경찰청장은 제1항에 따라 대행신고소의 설치승인을 한 때에는 그 내용을 해양경찰청장에게 보고하고, 각 지방해양경찰청장에게 통보해야 한다.
③ 대행신고소를 폐쇄하는 경우에는 제1항 및 제2항을 준용한다.

9. 대행신고소장의 위촉 등

① 해양경찰서장은 제7조에 따른 항포구에서 출입항 신고 업무를 대행할 사람(이하 "대행신고소장"이라 한다)을 위촉해야 하며 대행신고소장이 상주하거나 주로 위치하는 사무실 또는 주택을 대행신고소로 한다.
② 대행신고소장은 이장·어촌계장·수협직원·향토예비군의 중대장 또는 소대장, 그 밖에 책임감이 투철한 주민 중에서 본인의 동의를 받아 위촉한다.
③ 관할 해양경찰서장은 제1항에 따라 위촉한 대행신고소장이 다음 각 호의 어느 하나에 해당하는 경우에는

다를 해촉할 수 있다.
1. 제11조에 따른 업무를 위반하거나 부당한 행위를 하였을 경우
2. 주민의 신망을 잃고 민원의 대상이 되었을 경우
3. 대행신고소를 폐쇄하는 경우
4. 그 밖의 사유로 직무를 수행하지 못하는 경우

11 대행신고소 출입항 업무

① 대행신고소장은 관할 항포구를 근거지로 하는 어선의 현황을 별지 제5호서식의 어선 기본대장에 기록·유지해야 한다.
② 대행신고소장은 관할 항포구에 출입항하는 어선 현황을 별지 제6호서식의 출입항 기록부에 기록한다.

12 대행신고소장의 교육 등

해양경찰서 신고기관의 장은 관할 구역 내 대행신고소장의 출입항 신고 업무를 매월 1회 이상 (해양경찰서 신고기관이 없는 도서지역은 분기 1회 이상) 확인하고 업무처리에 필요한 교육을 해야 한다.

13 대행신고소장 수당 등의 지급

① 해양경찰서장은 출입항 신고업무의 효율적 수행을 위하여 확보된 예산의 범위에서 대행신고소장에게 수당을 지급할 수 있다.
② 제14조부터 제16조까지에 따른 대행신고소의 인장·현판 및 사무용품은 해양경찰서장이 지급할 수 있다.

16 서류의 비치

신고기관의 장은 다음 각 호의 부책을 갖추어 두어야 한다. 다만, 어선출입항 종합정보시스템을 구축하여 운영할 경우에는 이를 갈음한다.
1. 어선기본대장
2. 출입항기록부 및 출입항신고서

◆ 경범죄처벌법 [시행 17. 10. 24]

제1조(목적)
이 법은 경범죄의 종류 및 처벌에 필요한 사항을 정함으로써 국민의 자유와 권리를 보호하고 사회공공의 질서유지에 이바지함을 목적으로 한다.

제2조(남용금지)
이 법을 적용할 때에는 국민의 권리를 부당하게 침해하지 아니하도록 세심한 주의를 기울여야 하며, 본래의 목적에서 벗어나 다른 목적을 위하여 이 법을 적용하여서는 아니 된다.

제3조(경범죄의 종류)
① 다음 각 호의 어느 하나에 해당하는 사람은 10만원 이하의 벌금, 구류 또는 과료(科料)의 형으로 처벌한다.
1~41 〈생략〉

② 다음 각 호의 어느 하나에 해당하는 사람은 20만원 이하의 벌금, 구류 또는 과료의 형으로 처벌한다.
1. (출판물의 부당게재 등) 2. (거짓 광고) 3. (업무방해) 4. (암표매매)
③ 다음 각 호의 어느 하나에 해당하는 사람은 60만원 이하의 벌금, 구류 또는 과료의 형으로 처벌한다.
1. (관공서에서의 주취소란) 2. (거짓신고)

제4조(교사·방조)
제3조의 죄를 짓도록 시키거나 도와준 사람은 죄를 지은 사람에 준하여 벌한다.

제5조(형의 면제와 병과)
제3조에 따라 사람을 벌할 때에는 그 사정과 형편을 헤아려서 그 형을 면제하거나 구류와 과료를 함께 과(科)할 수 있다.

제6조(정의)
① 이 장에서 "범칙행위"란 제3조제1항 각 호 및 제2항 각 호의 어느 하나에 해당하는 위반행위를 말하며, 그 구체적인 범위는 대통령령으로 정한다.
② 이 장에서 "범칙자"란 범칙행위를 한 사람으로서 다음 각 호의 어느 하나에 해당하지 아니하는 사람을 말한다.
1. 범칙행위를 상습적으로 하는 사람
2. 죄를 지은 동기나 수단 및 결과를 헤아려볼 때 구류처분을 하는 것이 적절하다고 인정되는 사람
3. 피해자가 있는 행위를 한 사람
4. 18세 미만인 사람
③ 이 장에서 "범칙금"이란 범칙자가 제7조에 따른 통고처분에 따라 국고 또는 제주특별자치도의 금고에 납부하여야 할 금전을 말한다.

제7조(통고처분)
① 경찰서장, 해양경찰서장, 제주특별자치도지사 또는 철도특별사법경찰대장은 범칙자로 인정되는 사람에 대하여 그 이유를 명백히 나타낸 서면으로 범칙금을 부과하고 이를 납부할 것을 통고할 수 있다. 다만, 다음 각 호의 어느 하나에 해당하는 사람에게는 통고하지 아니한다.
1. 통고처분서 받기를 거부한 사람
2. 주거 또는 신원이 확실하지 아니한 사람
3. 그 밖에 통고처분을 하기가 매우 어려운 사람
③ 제주특별자치도지사, 철도특별사법경찰대장은 제1항에 따라 통고처분을 한 경우에는 관할 경찰서장에게 그 사실을 통보하여야 한다.

제8조(범칙금의 납부) [21 경장]
① 제7조에 따라 통고처분서를 받은 사람은 통고처분서를 받은 날부터 10일 이내에 경찰청장·해양경찰청장 또는 철도특별사법경찰대장이 지정한 은행, 그 지점이나 대리점, 우체국 또는 제주특별자치도지사가 지정하는 금융기관이나 그 지점에 범칙금을 납부하여야 한다. 다만, 천재지변이나 그 밖의 부득이한 사유로 말미암아 그 기간 내에 범칙금을 납부할 수 없을 때에는 그 부득이한 사유가 없어지게 된 날부터 5일 이내에 납부하여야 한다.
② 제1항에 따른 납부기간에 범칙금을 납부하지 아니한 사람은 납부기간의 마지막 날의 다음 날부터 20일 이내에 통고받은 범칙금에 그 금액의 100분의 20을 더한 금액을 납부하여야 한다.
③ 제1항 또는 제2항에 따라 범칙금을 납부한 사람은 그 범칙행위에 대하여 다시 처벌받지 아니한다.

제9조(통고처분 불이행자 등의 처리)

① 경찰서장, 해양경찰서장 및 제주특별자치도지사는 다음 각 호의 어느 하나에 해당하는 사람에 대하여는 지체 없이 즉결심판을 청구하여야 한다. 다만, 즉결심판이 청구되기 전까지 통고받은 범칙금에 그 금액의 100분의 50을 더한 금액을 납부한 사람에 대하여는 그러하지 아니하다.
1. 제7조제1항 각 호의 어느 하나에 해당하는 사람
2. 제8조제2항에 따른 납부기간에 범칙금을 납부하지 아니한 사람

② 제1항제2호에 따라 즉결심판이 청구된 피고인이 통고받은 범칙금에 그 금액의 100분의 50을 더한 금액을 납부하고 그 증명서류를 즉결심판 선고 전까지 제출하였을 때에는 경찰서장, 해양경찰서장 및 제주특별자치도지사는 그 피고인에 대한 즉결심판 청구를 취소하여야 한다.

③ 제1항 단서 또는 제2항에 따라 범칙금을 납부한 사람은 그 범칙행위에 대하여 다시 처벌받지 아니한다.

◆ 즉결심판에 관한 절차법 [시행 17. 7. 26]

제1조(목적)
이 법은 범증이 명백하고 죄질이 경미한 범죄사건을 신속·적정한 절차로 심판하기 위하여 즉결심판에 관한 절차를 정함을 목적으로 한다.

제2조(즉결심판의 대상)
지방법원, 지원 또는 시·군법원의 판사(이하 "判事"라 한다)는 즉결심판절차에 의하여 피고인에게 20만원 이하의 벌금, 구류 또는 과료에 처할 수 있다.

제3조(즉결심판청구)
① 즉결심판은 관할경찰서장 또는 관할해양경찰서장(이하 "경찰서장"이라 한다)이 관할법원에 이를 청구한다.
② 즉결심판을 청구함에는 즉결심판청구서를 제출하여야 하며, 즉결심판청구서에는 피고인의 성명 기타 피고인을 특정할 수 있는 사항, 죄명, 범죄사실과 적용법조를 기재하여야 한다.
③ 즉결심판을 청구할 때에는 사전에 피고인에게 즉결심판의 절차를 이해하는 데 필요한 사항을 서면 또는 구두로 알려주어야 한다.

제3조의2(관할에 대한 특례)
지방법원 또는 그 지원의 판사는 소속 지방법원장의 명령을 받아 소속 법원의 관할사무와 관계없이 즉결심판청구사건을 심판할 수 있다.

제4조(서류·증거물의 제출)
경찰서장은 즉결심판의 청구와 동시에 즉결심판을 함에 필요한 서류 또는 증거물을 판사에게 제출하여야 한다.

제5조(청구의 기각등)
① 판사는 사건이 즉결심판을 할 수 없거나 즉결심판절차에 의하여 심판함이 적당하지 아니하다고 인정할 때에는 결정으로 즉결심판의 청구를 기각하여야 한다.
② 제1항의 결정이 있는 때에는 경찰서장은 지체없이 사건을 관할지방검찰청 또는 지청의 장에게 송치하

여야 한다.

제6조(심판)
즉결심판의 청구가 있는 때에는 판사는 제5조제1항의 경우를 제외하고 즉시 심판을 하여야 한다.

제7조(개정)
① 즉결심판절차에 의한 심리와 재판의 선고는 공개된 법정에서 행하되, 그 법정은 경찰관서(해양경찰관서를 포함한다)외의 장소에 설치되어야 한다.
② 법정은 판사와 법원서기관, 법원사무관, 법원주사 또는 법원주사보(이하 "法院事務官등"이라 한다)가 열석하여 개정한다.
③ 제1항 및 제2항의 규정에 불구하고 판사는 상당한 이유가 있는 경우에는 개정없이 피고인의 진술서와 제4조의 서류 또는 증거물에 의하여 심판할 수 있다. 다만, 구류에 처하는 경우에는 그러하지 아니하다.

제8조(피고인의 출석)
피고인이 기일에 출석하지 아니한 때에는 이 법 또는 다른 법률에 특별한 규정이 있는 경우를 제외하고는 개정할 수 없다.

제8조의2(불출석심판)
① 벌금 또는 과료를 선고하는 경우에는 피고인이 출석하지 아니하더라도 심판할 수 있다.
② 피고인 또는 즉결심판출석통지서를 받은 자(이하 "被告人등"이라 한다)는 법원에 불출석심판을 청구할 수 있고, 법원이 이를 허가한 때에는 피고인이 출석하지 아니하더라도 심판할 수 있다.

제9조(기일의 심리)
① 판사는 피고인에게 피고사건의 내용과 「형사소송법」 제283조의2에 규정된 진술거부권이 있음을 알리고 변명할 기회를 주어야 한다.
② 판사는 필요하다고 인정할 때에는 적당한 방법에 의하여 재정하는 증거에 한하여 조사할 수 있다.

제10조(증거능력)
즉결심판절차에 있어서는 형사소송법 제310조, 제312조제3항 및 제313조의 규정은 적용하지 아니한다.

제11조(즉결심판의 선고)
① 즉결심판으로 유죄를 선고할 때에는 형, 범죄사실과 적용법조를 명시하고 피고인은 7일 이내에 정식재판을 청구할 수 있다는 것을 고지하여야 한다.
② 참여한 법원사무관등은 제1항의 선고의 내용을 기록하여야 한다.
③ 피고인이 판사에게 정식재판청구의 의사를 표시하였을 때에는 이를 제2항의 기록에 명시하여야 한다.
④ 제7조제3항 또는 제8조의2의 경우에는 법원사무관등은 7일 이내에 정식재판을 청구할 수 있음을 부기한 즉결심판서의 등본을 피고인에게 송달하여 고지한다. 다만, 제8조의2제2항의 경우에 피고인등이 미리 즉결심판서의 등본송달을 요하지 아니한다는 뜻을 표시한 때에는 그러하지 아니하다.
⑤ 판사는 사건이 무죄·면소 또는 공소기각을 함이 명백하다고 인정할 때에는 이를 선고·고지할 수 있다.

제12조(즉결심판서)
① 유죄의 즉결심판서에는 피고인의 성명 기타 피고인을 특정할 수 있는 사항, 주문, 범죄사실과 적용

법조를 명시하고 판사가 서명·날인하여야 한다.
② 피고인이 범죄사실을 자백하고 정식재판의 청구를 포기한 경우에는 제11조의 기록작성을 생략하고 즉결심판서에 선고한 주문과 적용법조를 명시하고 판사가 기명·날인한다.

제13조(즉결심판서등의 보존)
즉결심판의 판결이 확정된 때에는 즉결심판서 및 관계서류와 증거는 관할경찰서 또는 지방해양경찰관서가 이를 보존한다.

제14조(정식재판의 청구)
① 정식재판을 청구하고자 하는 피고인은 즉결심판의 선고·고지를 받은 날부터 7일 이내에 정식재판청구서를 경찰서장에게 제출하여야 한다. 정식재판청구서를 받은 경찰서장은 지체없이 판사에게 이를 송부하여야 한다.
② 경찰서장은 제11조제5항의 경우에 그 선고·고지를 한 날부터 7일 이내에 정식재판을 청구할 수 있다. 이 경우 경찰서장은 관할지방검찰청 또는 지청의 검사(이하 "檢事"라 한다)의 승인을 얻어 정식재판청구서를 판사에게 제출하여야 한다.
③ 판사는 정식재판청구서를 받은 날부터 7일 이내에 경찰서장에게 정식재판청구서를 첨부한 사건기록과 증거물을 송부하고, 경찰서장은 지체없이 관할지방검찰청 또는 지청의 장에게 이를 송부하여야 하며, 그 검찰청 또는 지청의 장은 지체없이 관할법원에 이를 송부하여야 한다.
④ 형사소송법 제340조 내지 제342조, 제344조 내지 제352조, 제354조, 제454조, 제455조의 규정은 정식재판의 청구 또는 그 포기·취하에 이를 준용한다.

형사소송법 제454조(정식재판청구의 취하) 정식재판의 청구는 제1심판결선고 전까지 취하할 수 있다.

제15조(즉결심판의 실효)
즉결심판은 정식재판의 청구에 의한 판결이 있는 때에는 그 효력을 잃는다.

제16조(즉결심판의 효력)
즉결심판은 정식재판의 청구기간의 경과, 정식재판청구권의 포기 또는 그 청구의 취하에 의하여 확정판결과 동일한 효력이 생긴다. 정식재판청구를 기각하는 재판이 확정된 때에도 같다.

제17조(유치명령등)
① 판사는 구류의 선고를 받은 피고인이 일정한 주소가 없거나 또는 도망할 염려가 있을 때에는 5일을 초과하지 아니하는 기간 경찰서유치장(지방해양경찰관서의 유치장을 포함한다. 이하 같다)에 유치할 것을 명령할 수 있다. 다만, 이 기간은 선고기간을 초과할 수 없다.
② 집행된 유치기간은 본형의 집행에 산입한다.

제18조(형의 집행)
① 형의 집행은 경찰서장이 하고 그 집행결과를 지체없이 검사에게 보고하여야 한다.
② 구류는 경찰서유치장·구치소 또는 교도소에서 집행하며 구치소 또는 교도소에서 집행할 때에는 검사가 이를 지휘한다.
③ 벌금, 과료, 몰수는 그 집행을 종료하면 지체없이 검사에게 이를 인계하여야 한다. 다만, 즉결심판 확정후 상당기간내에 집행할 수 없을 때에는 검사에게 통지하여야 한다. 통지를 받은 검사는 형사소송법 제477조에 의하여 집행할 수 있다.
④ 형의 집행정지는 사전에 검사의 허가를 얻어야 한다.

제2절 | 수상레저

◆ 조종면허 발급대상

구분		내용
일반조종면허	제1급	수상레저사업의 종사자, 시험대행기관의 시험관
	제2급	추진기관의 최대 출력 5마력 이상의 동력수상레저기구(세일링요트 제외)를 조종하려는 사람
요트조종면허		세일링요트를 조종하려는 사람

◆ 조종면허의 결격사유

1. 14세 미만(제1급 조종면허의 경우에는 18세 미만)인 자(체육 관련 단체에 동력수상레저기구의 선수로 등록된 자는 제외)
2. 정신질환자 중 수상레저활동을 할 수 없다고 인정되어 대통령령으로 정하는 자
3. 마약·향정신성의약품 또는 대마 중독자 중 수상레저활동을 할 수 없다고 인정되어 대통령령으로 정하는 자
4. 조종면허가 취소된 날부터 1년이 지나지 아니한 자
5. 조종면허를 받지 아니하고 동력수상레저기구를 조종한 자로서 그 위반한 날부터 1년(사람을 사상 후 구호 등 필요한 조치를 하지 아니하고 달아난 자는 이를 위반한 날부터 4년)이 지나지 아니한 자

◆ 조종면허의 취소·정지 사유

구분	내용
필요적 취소	1. 거짓이나 그 밖의 부정한 방법으로 조종면허를 받은 경우 2. 조종면허 효력정지 기간에 조종을 한 경우 3. 정신질환자 또는 마약·향정신성의약품·대마 중독자 중 수상레저활동을 할 수 없다고 인정되어 대통령령으로 정하는 자에 해당하는 경우 4. 술에 취한 상태에서 조종을 하거나 술에 취한 상태라고 인정할 만한 상당한 이유가 있음에도 불구하고 관계 공무원의 측정에 따르지 아니한 경우
취소 또는 1년의 범위 내에서 정지	1. 조종면허를 받은 자가 동력수상레저기구를 이용하여 살인 또는 강도 등 해양수산부령으로 정하는 범죄행위를 한 경우 2. 조종 중 고의 또는 과실로 사람을 사상하거나 다른 사람의 재산에 중대한 손해를 입힌 경우 3. 면허증을 다른 사람에게 빌려주어 조종하게 한 경우 4. 약물의 영향으로 인하여 정상적으로 조종하지 못할 염려가 있는 상태에서 동력수상레저기구를 조종한 경우 5. 그 밖에 수상레저안전법 또는 수상레저안전법에 따른 수상레저활동의 안전과 질서유지를 위한 명령을 위반한 경우

◆ 야간 수상레저활동시 구비가 필요한 운항장비

1. 항해등 2. 나침반 3. 야간 조난신호장비 4. 통신기기 5. 전등
6. 구명튜브 7. 소화기 8. 자기점화등 9. 위성항법장치 10. 등이 부착된 구명조끼

◆ 음주운항 등의 처벌

구분	내용	처벌
해사안전법	음주운항	① 최초 음주운항의 경우 다음 구분에 따라 처벌 1. 혈중알코올농도가 0.2% 이상인 사람은 2년 이상 5년 이하의 징역이나 2천만원 이상 3천만원 이하의 벌금 2. 혈중알코올농도가 0.08% 이상 0.2% 미만인 사람은 1년 이상 2년 이하의 징역이나 1천만원 이상 2천만원 이하의 벌금 3. 혈중알코올농도가 0.03% 이상 0.08% 미만인 사람은 1년 이하의 징역이나 1천만원 이하의 벌금 ② ~~2회 이상 음주운항의 경우 2년 이상 5년 이하의 징역이나 2천만원 이상 3천만원 이하의 벌금~~ ⇒ 위헌 ※ 다만 소형선박(5톤 미만)의 경우 500만원 이하의 벌금
	음주측정불응	1. 측정 요구에 1회 따르지 아니한 사람은 3년 이하의 징역이나 3천만원 이하의 벌금 2. 측정 요구에 2회 이상 따르지 아니한 사람은 2년 이상 5년 이하의 징역이나 2천만원 이상 3천만원 이하의 벌금 ※ 다만 소형선박(5톤 미만)의 경우 500만원 이하의 벌금
	약물운항	3년 이하의 징역 또는 3천만원 이하의 벌금
유선 및 도선사업법	음주·약물유선	1년 이하의 징역 또는 1천만원 이하의 벌금
	음주·약물도선	1년 이하의 징역 또는 1천만원 이하의 벌금
수상레저 안전법	음주조종	1년 이하의 징역 또는 1천만원 이하의 벌금
	음주측정불응	1년 이하의 징역 또는 1천만원 이하의 벌금
	약물조종	1년 이하의 징역 또는 1천만원 이하의 벌금
낚시 관리 및 육성법	음주조종	6개월 이하의 징역 또는 500만원 이하의 벌금
	음주측정불응	6개월 이하의 징역 또는 500만원 이하의 벌금
	약물조종	6개월 이하의 징역 또는 500만원 이하의 벌금

※ 음주, 즉 술에 취한 상태의 기준은 모두 혈중알코올농도 0.03% 이상으로 한다. (해사안전법 제41조 제5항, 유선 및 도선 사업법 제12조 제3항, 제16조 제3항, 수상레저안전법 제27조 제1항, 낚시 관리 및 육성법 제30조 제1항)

* 소형선박이란 선박직원법 제2조 제1호 가목 단서에 해당하지 아니하는 총톤수 5톤 미만의 한국선박을 말한다.
* 「해사안전법」의 적용대상인 장소에서 낚시어선을 조종한 경우에는 「낚시 관리 및 육성법」이 아니라 해사안전법이 적용된다.

◆ **해양경찰서장 또는 시장·군수·구청장이 영업구역·시간 제한 또는 영업 일시정지를 명할 수 있는 사유**

1. 기상·수상 상태가 악화된 경우
2. 수상사고가 발생한 경우
3. 유류·화학물질 등의 유출 또는 녹조·적조 등의 발생으로 수질이 오염된 경우
4. 부유물질 등 장애물이 발생한 경우
5. 사람의 신체나 생명에 피해를 줄 수 있는 유해생물이 발생한 경우
6. 그 밖에 대통령령으로 정하는 사유가 발생한 경우

※ 제3호부터 제5호까지에 해당하는 경우에는 이용자의 신체가 직접 수면에 닿는 수상레저기구 등 대통령령으로 정하는 수상레저기구를 이용한 영업행위에 대해서만 이를 명할 수 있다.

1. 수상레저안전법 [시행 23. 6. 11.]

1 목적

이 법은 수상레저활동의 안전과 질서를 확보하고 수상레저사업의 건전한 발전을 도모함을 목적으로 한다.

2 정의 [13 해경, 18 해경]

1. "수상레저활동"이란 수상(水上)에서 수상레저기구를 사용하여 취미·오락·체육·교육 등을 목적으로 이루어지는 활동을 말한다.
2. "래프팅"이란 무동력수상레저기구를 사용하여 계곡이나 하천에서 노를 저으며 급류 또는 물의 흐름 등을 타는 수상레저활동을 말한다. [16 경장승진]
3. "수상레저기구"란 수상레저활동에 사용되는 선박이나 기구로서 동력수상레저기구와 무동력수상레저기구로 구분된다. [16 경장승진]

> **시행령 제2조(정의)**
> ① 「수상레저안전법」(이하 "법"이라 한다) 제2조제3호에서 "대통령령으로 정하는 것"이란 다음 각 호의 어느 하나에 해당하는 것을 말한다.
>   1. 모터보트 2. 세일링요트(돛과 기관이 설치된 것을 말한다. 이하 같다) 3. 수상오토바이
>   4. 고무보트 5. 스쿠터 6. 공기부양정(호버크래프트) 7. 수상스키 8. 패러세일
>   9. 조정 10. 카약 11. 카누 12. 워터슬레드 13. 수상자전거 14. 서프보드 15. 노보트
>   16. 그 밖에 제1호부터 제15호까지의 수상레저기구와 비슷한 구조·형태 및 운전방식을 가진 것으로서 해양수산부령으로 정하는 것
>
> **시행규칙 제1조의2(정의)**
> ① 「수상레저안전법 시행령」(이하 "영"이라 한다) 제2조제1항제16호에서 "해양수산부령으로 정하는 것"이란 다음 각 호의 어느 하나에 해당하는 것을 말한다.
>   1. 무동력 요트 2. 윈드서핑 3. 웨이크보드 4. 카이트보드 5. 케이블 수상스키
>   6. 케이블 웨이크보드 7. 수면비행선박 8. 수륙양용기구 9. 공기주입형 고정식 튜브
>   10. 물추진형 보드
>   11. 패들보드(물에서 노를 저어 움직이게 하는 길고 좁은 형태의 보드를 말한다)
>   12. 그 밖에 영 제2조제1항제1호부터 제15호까지의 수상레저기구와 비슷한 구조·형태 및 운전방식을 가진 것

4. "동력수상레저기구"란 추진기관이 부착되어 있거나 추진기관을 부착하거나 분리하는 것이 수시로 가능한 수상레저기구로서 수상오토바이, 모터보트, 고무보트, 세일링요트(돛과 기관이 설치된 것을 말한다) 등 대통령령으로 정하는 것을 말한다. [15 경사, 16 해경, 19 경장승진]

> 시행령 제2조(정의)
>
> ② 법 제2조제4호에서 "대통령령으로 정하는 것"이란 다음 각 호의 어느 하나에 해당하는 것을 말한다.
> 1. 제1항제1호부터 제6호(모터보트, 세일링요트, 수상오토바이, 고무보트, 스쿠터, 공기부양정(호버크래프트))까지의 어느 하나에 해당하는 것
> 2. 제1항제16호에 해당하는 것(제1호와 비슷한 구조·형태 및 운전방식을 가진 것에 한정한다) 중 해양수산부령으로 정하는 것
>
> 시행규칙 제1조의2(정의)
>
> ② 영 제2조제2항제2호에서 "해양수산부령으로 정하는 것"이란 다음 각 호의 어느 하나에 해당하는 것을 말한다.
> 1. 제1항제7호·제8호 및 제10호(수면비행선박, 수륙양용기구, 물추진형보드) 중 어느 하나에 해당하는 것
> 2. 영 제2조제1항제1호부터 제6호까지의 수상레저기구와 비슷한 구조·형태 및 운전방식을 가진 것으로서 추진기관이 부착되어 있거나 수시로 부착 또는 분리할 수 있는 것

5. "무동력수상레저기구"란 동력수상레저기구 외의 수상레저기구로서 대통령령으로 정하는 것을 말한다.
6. "수상"이란 해수면과 내수면을 말한다. [19 경장·경감승진]
7. "해수면"이란 바다의 수류나 수면을 말한다.
8. "내수면"이란 하천, 댐, 호수, 늪, 저수지, 그 밖에 인공으로 조성된 담수나 기수(汽水)의 수류 또는 수면을 말한다. [11 경사승진, 14 경장승진]

3 적용 배제 [16 경장승진, 17 승진, 19 해경]

① 이 법은 다음 각 호의 경우에는 적용하지 아니한다.
  1. 「유선 및 도선사업법」에 따른 유·도선사업 및 그 사업과 관련된 수상에서의 행위를 하는 경우
  2. 「체육시설의 설치·이용에 관한 법률」에 따른 체육시설업 및 그 사업과 관련된 수상에서의 행위를 하는 경우
  3. 「낚시 관리 및 육성법」에 따른 낚시어선업 및 그 사업과 관련된 수상에서의 행위를 하는 경우
② 제1항에도 불구하고 다른 법률에서 제5조의 조종면허를 자격요건으로 규정한 경우에는 제16조 및 제17조를 적용한다.

4 수상레저안전관리 기본계획의 수립 등

① 해양경찰청장은 수상레저활동의 안전과 질서 확보를 위하여 대통령령으로 정하는 바에 따라 5년마다 수상레저안전관리 기본계획(이하 "기본계획"이라 한다)을 수립·시행하여야 한다.
④ 시·도지사 또는 해양경찰서장은 기본계획을 바탕으로 해양수산부령으로 정하는 바에 따라 매년 수상레저안전관리 시행계획(이하 "시행계획"이라 한다)을 수립·시행하여야 한다.

5 조종면허 [19 승진]

① 동력수상레저기구를 조종하는 사람은 제8조에 따른 면허시험에 합격한 후 해양경찰청장의 동력수상레저기구 조종면허(이하 "조종면허"라 한다)를 받아야 한다.

② 조종면허는 다음 각 호와 같이 구분한다.
  1. 일반조종면허 : 제1급 조종면허, 제2급 조종면허
  2. 요트조종면허
③ 일반조종면허의 경우 제2급 조종면허를 받은 사람이 제1급 조종면허를 받은 때에는 제2급 조종면허의 효력은 상실된다. [18 경사승진]
④ 조종면허의 기준·절차 및 방법 등에 필요한 사항은 대통령령으로 정한다.

> **시행령 제3조(조종면허 대상·기준 등)** [13 경사승진]
> ① 법 제4조제1항에 따라 해양경찰청장의 동력수상레저기구조종면허(이하 "조종면허"라 한다)를 받아야 하는 동력수상레저기구는 제2조제2항에 해당하는 동력수상레저기구 중 추진기관의 최대 출력이 5마력 이상인 것을 말한다. [19 경장·경감승진]
> ② 조종면허의 발급대상은 다음 각 호와 같이 구분한다.
>   1. 일반조종면허
>   가. 제1급 조종면허 : 법 제39조제1항에 따라 등록된 수상레저사업의 종사자 및 제11조제1항제1호에 따른 시험대행기관의 시험관
>   나. 제2급 조종면허 : 제1항에 따라 조종면허를 받아야 하는 동력수상레저기구(세일링요트는 제외한다)를 조종하려는 사람
>   2. 요트조종면허 : 세일링요트를 조종하려는 사람

6 외국인에 대한 조종면허의 특례 [18 경사승진]

① 수상레저활동을 하려는 외국인이 국내에서 개최되는 국제경기대회에 참가하여 수상레저기구를 조종하는 경우에는 제5조제1항(=조종면허) 및 제25조(=무면허조종의 금지)를 적용하지 아니한다.

> **시행규칙 제1조의4(외국인에 대한 조종면허의 특례)**
> 「수상레저안전법」(이하 "법"이라 한다) 제4조의2제2항에 따라 외국인이 국제경기대회에서 수상레저기구를 조종하는 경우에는 다음 각 호의 기준에 따른다.
> 1. 수상레저기구의 종류 : 영 제2조제2항에 따른 수상레저기구
> 2. 조종기간 : 국제경기대회 개최일 10일 전부터 국제경기대회 종료 후 10일까지
> 3. 조종지역 : 국내 수역
> 4. 국제경기대회 종류 및 규모 : 2개국 이상이 참여하는 국제경기대회

7 조종면허의 결격사유 등

① 다음 각 호의 어느 하나에 해당하는 자는 조종면허를 받을 수 없다.
  1. 14세 미만(제1급 조종면허의 경우에는 18세 미만)인 사람. 다만, 제9조제1항제1호에 해당하는 자(=선수로 등록된 사람)는 제외한다.
  2. 정신질환자(「정신건강증진 및 정신질환자 복지서비스 지원에 관한 법률」 제3조제1호의 정신질환자를 말한다. 이하 같다) 중 수상레저활동을 할 수 없다고 인정되어 대통령령으로 정하는 사람
  3. 마약·향정신성의약품 또는 대마 중독자(「마약류 관리에 관한 법률」 제2조제2호부터 제4호까지의 규정의 마약·향정신성의약품·대마를 말한다. 이하 같다) 중 수상레저활동을 할 수 없다고 인정되어 대통령령으로 정하는 사람
  4. 제17조제1항에 따라 조종면허가 취소된 날부터 1년이 지나지 아니한 사람

5. 제25조 각 호 외의 부분 본문을 위반하여 조종면허를 받지 아니하고 동력수상레저기구를 조종한 사람으로서 그 위반한 날부터 1년(사람을 사상한 후 구호 등 필요한 조치를 하지 아니하고 달아난 사람은 이를 위반한 날부터 4년)이 지나지 아니한 사람 [17 승진]

> **시행령 제3조의2(조종면허의 결격사유)**
> ① 법 제5조제1항제2호에서 "대통령령으로 정하는 자"란 치매, 정신분열병, 분열형 정동장애, 양극성 정동장애, 재발성 우울장애, 알코올 중독의 정신질환이 있는 사람으로서 해당 분야의 전문의가 정상적으로 수상레저활동을 할 수 없다고 인정하는 사람을 말한다.
>
> ② 법 제5조제1항제3호에서 "대통령령으로 정하는 자"란 마약, 향정신성의약품 또는 대마 중독자로서 해당 분야의 전문의가 정상적으로 수상레저활동을 할 수 없다고 인정하는 사람을 말한다.

② 개인정보를 가지고 있는 기관 중 대통령령으로 정하는 기관의 장은 조종면허의 결격사유와 관련이 있는 개인정보를 해양경찰청장에게 통보하여야 한다.

> **시행령 제3조의3(조종면허의 결격사유 관련 개인정보의 통보 등)**
> ① 법 제5조제2항에서 "대통령령으로 정하는 기관의 장"이란 다음 각 호의 어느 하나에 해당하는 사람을 말한다.
>   1. 병무청장
>   2. 보건복지부장관
>   3. 특별시장·광역시장·특별자치시장·도지사 및 특별자치도지사(이하 "시·도지사"라 한다) 또는 시장·군수·구청장(자치구의 구청장을 말한다. 이하 같다)
>   4. 해군참모총장, 공군참모총장, 육군의 각 군사령관 및 국군의무사령관
>   5. 「정신건강증진 및 정신질환자 복지서비스 지원에 관한 법률」에 따른 정신의료기관의 장(이하 "정신의료기관의 장"이라 한다)
> ③ 제1항 각 호의 어느 하나에 해당하는 사람은 해양수산부령으로 정하는 바에 따라 제2항에 따른 개인정보를 6개월마다 한 번 이상 해양경찰청장에게 통보하여야 한다.

8 면허시험

① 조종면허를 받으려는 사람은 해양경찰청장이 실시하는 시험(이하 "면허시험"이라 한다)에 합격하여야 한다.
② 면허시험은 필기시험·실기시험으로 구분하여 실시한다.
③ 면허시험의 실기시험 시행일을 기준으로 제7조제1항의 결격사유에 해당하는 사람은 면허시험에 응시할 수 없다.

> **시행령 제5조(필기시험)** [11 경사승진, 13 해경, 14 경사승진, 15 경사승진]
> ① 면허시험의 필기시험(이하 "필기시험"이라 한다)은 선택형으로 실시하되, 시험과목은 별표 1의2와 같다.
> ② 일반조종면허의 필기시험은 100점을 만점으로 하되, 제1급 조종면허의 경우에는 70점 이상을 받은 사람을 합격자로 하고, 제2급 조종면허의 경우에는 60점 이상을 받은 사람을 합격자로 한다.
> ③ 요트조종면허의 필기시험은 100점을 만점으로 하되, 70점 이상을 받은 자를 합격자로 한다.
> ④ 필기시험에 합격한 사람은 그 합격일부터 1년 이내에 실시하는 면허시험에서만 그 필기시험이 면제된다.

시행령 제6조(실기시험)
① 면허시험의 실기시험(이하 "실기시험"이라 한다)은 필기시험에 합격한 사람 또는 필기시험을 면제받은 사람에 대하여 실시한다.
② 일반조종면허의 실기시험은 100점을 만점으로 하되, 제1급 조종면허의 경우에는 80점 이상을 받은 사람을 합격자로 하고, 제2급 조종면허의 경우에는 60점 이상을 받은 사람을 합격자로 한다.
③ 요트조종면허의 실기시험은 100점을 만점으로 하되, 60점 이상을 받은 사람을 합격자로 한다.
④ 해양경찰청장은 실기시험을 실시할 때에는 응시자로 하여금 별표 2에 따른 규격에 적합한 시험용 수상레저기구를 사용하게 하여야 한다. 다만, 응시자가 따로 준비한 수상레저기구가 별표 2에 따른 규격에 적합한 때에는 해당 수상레저기구를 실기시험에 사용하게 할 수 있다.
⑤ 해양경찰청장은 실기시험을 실시할 때 수상레저기구 1대당 시험관 2명을 탑승시켜야 한다.

수상레저안전법 시행규칙 [별표 1]
9. 다음 각 목의 어느 하나에 해당하는 경우에는 시험을 중단하고 "실격"으로 한다.
　가. 3회 이상의 출발 지시에도 출발하지 못하거나 응시자가 시험포기의 의사를 밝힌 경우(3회 이상 출발 불가 및 응시자 시험포기)
　나. 속도전환 레버 및 핸들의 조작 미숙 등 조종능력이 현저히 부족하다고 인정되는 경우(조종능력 부족으로 시험진행 곤란)
　다. 부이 등과 충돌하는 등 사고를 일으키거나 사고를 일으킬 위험이 현저한 경우(현저한 사고위험)
　라. 법 제22조제1항에 따른 술에 취한 상태이거나 취한 상태는 아니더라도 음주로 원활한 시험이 어렵다고 인정되는 경우(음주상태)
　마. 사고 예방과 시험 진행을 위한 시험관의 지시 및 통제에 따르지 않거나 시험관의 지시 없이 2회 이상 임의로 시험을 진행하는 경우(지시·통제 불응 또는 임의 시험 진행)
　바. 이미 감점한 점수의 합계가 합격기준에 미달함이 명백한 경우(중간점수 합격기준 미달)

		내용
필기시험	일반조종면허	제1급 조종면허는 70점 이상, 제2급 조종면허는 60점 이상
	요트조종면허	70점 이상
실기시험	일반조종면허	제1급 조종면허는 80점 이상, 제2급 조종면허는 60점 이상
	요트조종면허	60점 이상

9 면허시험의 면제

① 해양경찰청장은 다음 각 호의 어느 하나에 해당하는 사람에 대하여 면허시험 과목의 전부 또는 일부를 면제할 수 있다. 다만, 제5호에 해당하는 때에는 면허시험(제2급 조종면허와 요트조종면허에 한정한다) 과목의 전부를 면제한다.
1. 대통령령으로 정하는 체육 관련 단체에 동력수상레저기구의 선수로 등록된 사람
2. 다음 각 목의 요건을 모두 갖춘 사람
　가. 「고등교육법」 제2조에 따른 학교에서 대통령령으로 정하는 동력수상레저기구 관련 학과를 졸업하였을 것(법령에 따라 이와 같은 수준의 학력이 있다고 인정되는 경우를 포함한다)
　나. 해당 면허와 관련된 동력수상레저기구에 관한 과목을 이수하였을 것
3. 「선박직원법」 제4조제2항 각 호에 따른 해기사면허 중 대통령령으로 정하는 면허를 가진 사람

시행령 제7조(면허시험의 면제 등)
○ 법 제7조제1항제1호에서 "대통령령으로 정하는 체육 관련 단체"란 「국민체육진흥법」 제2조제11호에 따른

경기단체를 말한다.
② 법 제7조제1항제2호에서 "대통령령으로 정하는 동력수상레저기구 관련 학과"란 동력수상레저기구와 관련된 과목을 6학점 이상 필수적으로 마쳐야 하는 학과를 말한다.
③ 법 제7조제1항제3호에서 "대통령령으로 정하는 면허"란 「선박직원법」에 따른 항해사·기관사·운항사 또는 소형선박 조종사의 면허를 말한다.
⑤ 해양경찰청장은 다음 각 호의 요건을 모두 갖춘 기관이나 단체를 면허시험(제2급 조종면허와 요트조종면허에 한정한다) 과목을 모두 면제하는 교육을 실시하는 기관이나 단체(이하 "면허시험 면제교육기관"이라 한다)로 지정·고시할 수 있다.
   1. 다음 각 목의 어느 하나에 해당하는 기관이나 단체
      가. 경찰, 해양경찰, 소방, 군 등 업무 수행 과정에서 동력레저수상기구와 유사한 수상기구를 운영하는 기관
      나. 그 밖에 그 설립목적이 수상레저활동과 관련 있는 기관이나 단체
   2. 별표 3에 따른 인적 기준 및 장비·시설 기준을 갖추고 그 교육내용을 운영할 수 있는 기관이나 단체

   4. 「한국해양소년단연맹 육성에 관한 법률」에 따른 한국해양소년단연맹 또는 「국민체육진흥법」 제2조제11호에 따른 경기단체에서 동력수상레저기구의 이용 등에 관한 교육·훈련업무에 1년 이상 종사한 사람으로서 해당 단체의 장의 추천을 받은 사람
   5. 해양경찰청장이 지정·고시하는 기관이나 단체(이하 "면허시험 면제교육기관"이라 한다)에서 실시하는 교육을 이수한 사람
   6. 제1급 조종면허 필기시험에 합격한 후 제2급 조종면허 실기시험으로 변경하여 응시하려는 사람
③ 면허시험 면제교육기관은 제2급 조종면허와 요트조종면허 교육을 위하여 필요한 교육내용을 운영하여야 하고, 인적 기준 및 장비·시설 기준을 갖추어야 한다.

10 면허시험 면제교육기관의 지정취소 등

① 해양경찰청장은 면허시험 면제교육기관이 다음 각 호의 어느 하나에 해당하는 경우 그 지정을 취소하거나 6개월의 범위에서 기간을 정하여 업무를 정지할 수 있다. 다만, 제1호에 해당하면 그 지정을 취소하여야 한다.
   1. 거짓이나 그 밖의 부정한 방법으로 지정을 받은 경우
   2. 면허시험 면제교육기관이 해양경찰청장에게 교육 이수 결과를 거짓으로 제출하여 제9조제1항제5호에 따른 교육을 이수하지 아니한 사람에게 면허시험 과목의 전부를 면제하게 한 경우
   3. 제9조제3항에 따른 교육내용을 지키지 아니한 경우
   4. 제9조제4항에 따른 지정 기준에 미치지 못하게 된 경우

11 부정행위자에 대한 제재 [18 해경]

① 해양경찰청장은 면허시험에서 부정행위를 한 사람에 대하여 그 시험을 중지하게 하거나 무효로 할 수 있다.
② 제1항에 따른 해당 시험의 중지 또는 무효의 처분을 받은 사람은 그 처분이 있은 날부터 2년간 면허시험에 응시할 수 없다.

12 조종면허증의 갱신 등 [19 승진]

① 조종면허를 받은 사람은 다음 각 호에 따른 동력수상레저기구 조종면허증(이하 "면허증"이라 한다) 갱신 기간 이내에 해양경찰청장으로부터 면허증을 갱신하여야 한다. 다만, 면허증을 갱신하려는 사람이 군복무 등 대통령령으로 정하는 사유로 인하여 그 기간 이내에 면허증을 갱신할 수 없는 경우에는 대통령령

으로 정하는 바에 따라 갱신을 미리 하거나 연기할 수 있다.
1. 최초의 면허증 갱신 기간은 면허증 발급일부터 기산하여 7년이 되는 날부터 6개월 이내
2. 제1호 외의 면허증 갱신 기간은 직전의 면허증 갱신 기간이 시작되는 날부터 기산하여 7년이 되는 날부터 6개월 이내

② 제1항에 따라 면허증을 갱신하지 아니한 경우에는 갱신기간이 만료한 다음 날부터 조종면허의 효력은 정지된다. 다만, 조종면허의 효력이 정지된 후 면허증을 갱신한 경우에는 갱신한 날부터 조종면허의 효력이 다시 발생한다.

> 시행령 제7조의4(조종면허증의 갱신연기 등) [19 승진]
> ① 법 제9조에 따라 동력수상레저기구 조종면허증(이하 "면허증"이라 한다)을 갱신해야 하는 사람이 다음 각 호의 어느 하나에 해당하는 사유로 면허증 갱신 기간 이내에 면허증을 갱신할 수 없는 경우에는 해양수산부령으로 정하는 바에 따라 그 이유를 증명할 수 있는 서류를 첨부한 조종면허증 갱신기간연기(사전갱신) 신청서를 해양경찰청장에게 제출하여야 한다.
>   1. 갱신 기간 중 해외에 머물 예정이거나 해외에 머물러 있는 경우 또는 재해·재난을 당한 경우
>   2. 질병에 걸리거나 부상을 입어 움직일 수 없는 경우
>   3. 법령에 따라 신체의 자유를 구속당한 경우
>   4. 군복무 중(「병역법」에 따라 의무경찰 또는 의무소방원으로 전환복무 중인 경우를 포함한다)이거나 「대체역의 편입 및 복무 등에 관한 법률」에 따라 대체복무요원으로 복무 중인 경우
>   5. 그 밖에 사회통념상 갱신 기간 이내에 면허증을 갱신할 수 없는 부득이한 사유가 있다고 인정되는 경우
> ② 해양경찰청장은 제1항에 따른 신청 사유가 타당하다고 인정되는 경우에는 면허증 갱신 기간 이전에 갱신할 수 있도록 하거나 면허증 갱신 기간을 한 번만 연기하여야 한다.
> ③ 제2항에 따라 면허증 갱신이 연기된 사람은 그 사유가 없어진 날부터 3개월 이내에 면허증을 갱신하여야 한다.

13 수상안전교육

① 조종면허를 받으려는 사람은 제8조에 따라 면허시험 응시원서를 접수한 후부터, 면허증을 갱신하려는 사람은 제12조에 따른 면허증 갱신 기간 이내에 각각 해양경찰청장이 실시하는 다음 각 호의 수상안전교육(이하 "안전교육"이라 한다)을 받아야 한다. 다만, 최초 면허시험 합격 전의 안전교육의 유효기간은 6개월로 하며, 대통령령으로 정하는 사람에 대해서는 안전교육을 면제할 수 있다.
1. 수상안전에 관한 법령
2. 수상레저기구의 사용과 관리에 관한 사항
3. 그 밖에 수상안전을 위하여 필요한 사항

> 시행령 제8조(수상안전교육의 면제)
> 법 제10조제1항 각 호 외의 부분 단서에서 "대통령령으로 정하는 사람"이란 다음 각 호의 어느 하나에 해당하는 사람을 말한다.
>   1. 법 제9조에 따른 갱신 기간의 마지막 날부터 소급하여 2년 이내의 기간에 법 제16조에 따른 교육을 마친 사람
>   2. 법 제6조에 따라 면허시험 응시원서를 접수한 시점이나 법 제9조에 따라 면허증을 갱신하는 시점부터 과거 1년 이내에 다음 각 목의 어느 하나에 해당하는 교육을 마친 사람
>   가. 법 제10조에 따른 수상안전교육(이하 "안전교육"이라 한다)

　　　　나. 「선원법 시행령」 제43조에 따른 기초안전교육 또는 상급안전교육
　　3. 법 제7조제1항제6호에 따라 면허시험 과목의 면제를 받는 사람

② 해양경찰청장은 안전교육에 관한 사무의 전부 또는 일부를 해양경찰청장이 지정하는 기관이나 단체(이하 "안전교육 위탁기관"이라 한다)에 위탁하여 실시할 수 있다.

> 시행령 제9조(안전교육 위탁기관의 지정기준 등)
> ① 법 제10조제2항에 따른 안전교육 위탁기관(이하 "안전교육 위탁기관"이라 한다)의 지정기준은 별표 5와 같다.
>
> ♣ 수상레저안전법 시행령 [별표 5]
>
> 안전교육 위탁기관의 지정기준(제9조제1항 관련)
>
> | 항목 | 기준 |
> |---|---|
> | 1. 시설·설비 기준 | 가. 안전교육장(시청각 교육이 가능한 공간으로 50제곱미터 이상)
나. 행정실(10제곱미터 이상)
다. 화장실(남녀로 구별되어야 한다)
라. 승용차 10대 이상 주차 가능한 주차장 |
> | 2. 강사 기준 | 해당 업무에 3년 이상 종사한 경력이 있는 안전교육 강사를 2명 이상 둘 것 |
> | 3. 운영 기준 | 가. 3시간의 교육과정을 매월 2회 이상 마련할 것
나. 20명 이상의 수강자가 있고 요청이 있으면 출장교육을 실시할 것 |
> | 4. 그 밖의 기준 | 안전교육 위탁기관 지정 신청일부터 최근 3년 이내에 제10조에 따라 안전교육 위탁기관 지정이 취소된 사실이 없을 것 |

14 안전교육 위탁기관의 지정취소 등

① 해양경찰청장은 안전교육 위탁기관이 다음 각 호의 어느 하나에 해당하는 경우 그 지정을 취소하거나 6개월의 범위에서 기간을 정하여 업무를 정지할 수 있다. 다만, 제1호에 해당하면 그 지정을 취소하여야 한다.
　1. 거짓이나 그 밖의 부정한 방법으로 지정을 받은 경우
　2. 거짓이나 그 밖의 부정한 방법으로 안전교육 수료에 관한 증서를 발급한 경우
　3. 제13조제3항에 따른 지정 기준에 미치지 못하게 된 경우

15 면허증 발급

① 해양경찰청장은 다음 각 호의 어느 하나에 해당하는 경우에는 면허증을 발급하여야 한다.
　1. 제8조제1항에 따른 면허시험에 합격하여 면허증을 발급하는 경우
　2. 제12조에 따라 면허증을 갱신하는 경우
② 조종면허의 효력은 제1항에 따라 면허증을 본인이나 그 대리인에게 발급한 때부터 발생한다.
③ 면허증을 잃어버렸거나 면허증이 헐어 못쓰게 된 경우 해양경찰청장에게 신고하고 다시 발급받을 수 있다.

> 시행규칙 제8조(면허증의 발급 등)
> ① 해양경찰서장은 법 제11조제1항에 따라 동력수상레저기구 조종면허시험(이하 "면허시험"이라 한다)의 합격자, 재발급 신청자 또는 갱신 신청자에게 합격일(재발급의 경우에는 재발급 신청일, 갱신의 경우에는 갱신 신청을 한 날)부터 14일 이내에 별지 제9호서식의 동력수상레저기구 조종면허증을 발급하여야 한다.

16 면허증 휴대 등 의무

① 동력수상레저기구를 조종하는 사람은 면허증을 지니고 있어야 한다.
② 제1항의 조종자는 조종 중에 관계 공무원이 면허증의 제시를 요구하면 면허증을 내보여야 한다.
③ 누구든지 면허증을 빌리거나 빌려주거나 이를 알선하는 행위를 하여서는 아니 된다.

17 조종면허의 취소·정지 [15 해경, 16 해경, 17 경장·경사승진, 17 해경, 18 해경, 18 경사승진, 19 경사승진]

① 해양경찰청장은 조종면허를 받은 사람이 다음 각 호의 어느 하나에 해당하는 경우에는 해양수산부령으로 정하는 바에 따라 조종면허를 취소하거나 1년의 범위에서 기간을 정하여 그 조종면허의 효력을 정지할 수 있다. 다만, 제1호, 제2호 또는 제4호부터 제6호까지에 해당하면 조종면허를 취소하여야 한다.
1. 거짓이나 그 밖의 부정한 방법으로 조종면허를 받은 경우
2. 조종면허 효력정지 기간에 조종을 한 경우
3. 조종면허를 받은 사람이 동력수상레저기구를 사용하여 살인 또는 강도 등 해양수산부령으로 정하는 범죄행위를 한 경우
4. 제7조제1항제2호 또는 제3호에 따라 조종면허를 받을 수 없는 사람에 해당된 경우
5. 제7조제1항에 따라 조종면허를 받을 수 없는 사람이 조종면허를 받은 경우
6. 제27조제1항 또는 제2항을 위반하여 술에 취한 상태에서 조종을 하거나 술에 취한 상태라고 인정할 만한 상당한 이유가 있음에도 불구하고 관계공무원의 측정에 따르지 아니한 경우
7. 조종 중 고의 또는 과실로 사람을 사상하거나 다른 사람의 재산에 중대한 손해를 입힌 경우
8. 면허증을 다른 사람에게 빌려주어 조종하게 한 경우
9. 제28조를 위반하여 약물의 영향으로 인하여 정상적으로 조종하지 못할 염려가 있는 상태에서 동력수상레저기구를 조종한 경우
10. 그 밖에 이 법 또는 이 법에 따른 수상레저활동의 안전과 질서 유지를 위한 명령을 위반한 경우

② 제1항에 따라 조종면허가 취소되거나 그 효력이 정지된 사람은 조종면허가 취소되거나 그 효력이 정지된 날부터 7일 이내에 해양경찰청장에게 면허증을 반납하여야 한다.
[2016. 1. 7. 법률 제13754호에 의하여 2015. 7. 30. 헌법재판소에서 위헌 결정된 이 조 제1항 제3호를 개정함.]

> 시행규칙 제9조(조종면허의 취소·정지처분의 기준 및 절차)
> ① 법 제13조제1항에 따른 조종면허의 취소 또는 정지처분에 관한 세부 기준은 별표 2와 같다.
> ② 해양경찰서장은 조종면허의 취소 또는 정지처분을 통지할 때에는 별지 제16호서식의 동력수상레저기구 조종면허 취소·정지 통지서로 하되, 정지처분의 경우에는 처분 집행 예정일 7일 전까지 처분 대상자에게 통지하여야 한다. 다만, 처분 대상자의 소재를 알 수 없어 처분내용을 통지할 수 없을 때에는 그 면허증에 적힌 주소지의 관할 해양경찰관서 게시판에 14일간 공고함으로써 통지를 갈음할 수 있다.

> 시행규칙 제9조의2(동력수상레저기구를 이용한 범죄의 종류 등)
> 법 제13조제1항제3호에서 "해양수산부령으로 정하는 범죄행위"는 다음 각 호의 어느 하나에 해당하는 범죄행위를 말한다.
> 1. 「국가보안법」을 위반한 범죄행위
> 2. 「형법」 등을 위반한 다음 각 목의 어느 하나의 범죄행위
>   가. 살인·사체유기 또는 방화   나. 강도·강간 또는 강제추행
>   다. 약취·유인 또는 감금   라. 상습절도(절취한 물건을 운반한 경우에 한한다)

3. 다음 각 목의 어느 하나에 해당하는 법을 위반한 범죄행위
　　가.「유선 및 도선 사업법」　나.「체육시설의 설치·이용에 관한 법률」　다.「낚시 관리 및 육성법」
　　라.「해사안전법」　마.「수산법」　바.「내수면어업법」　사.「수산자원관리법」　아.「양식산업발전법」
4. 이 법을 위반한 범죄행위

■ 수상레저안전법 시행규칙 [별표 2] <개정 22. 8. 10.>
조종면허의 취소 또는 정지처분에 관한 세부 기준(제9조제1항 관련)

1. 일반기준
　가. 위반행위가 둘 이상인 경우로서 그에 해당하는 각각의 처분기준이 다른 경우에는 그중 무거운 처분기준에 따른다. 다만, 둘 이상의 처분기준이 모두 면허정지인 경우에는 각 처분기준을 합산한 기간(1년을 초과하는 경우에는 1년을 말한다)을 넘지 않는 범위에서 무거운 처분기준에 그 처분기준의 2분의 1 범위에서 가중한다.
　나. 위반행위의 횟수에 따른 행정처분의 기준은 최근 1년 동안 같은 위반행위로 행정처분을 받은 경우에 적용한다. 이 경우 기간의 계산은 위반행위에 대해 행정처분을 받은 날과 그 처분 후 다시 같은 위반행위를 하여 적발된 날을 기준으로 한다.
　다. 나목에 따라 가중된 행정처분을 하는 경우 가중처분의 적용 차수는 그 위반행위 전 행정처분 차수(나목에 따른 기간 내에 행정처분이 둘 이상 있었던 경우에는 높은 차수를 말한다)의 다음 차수로 한다.
　라. 처분권자는 행정처분의 기준이 면허정지인 경우에는 위반행위의 동기, 내용 및 위반의 정도 등을 고려하여 면허정지 기간의 2분의 1 범위에서 감경할 수 있다.
　마. 법 제4조제2항에 따른 일반조종면허와 요트조종면허를 소지한 사람이 조종면허의 취소 또는 정지처분에 해당하게 된 경우에는 위반 당시에 이용한 동력수상레저기구의 조종 또는 운항에 필요한 면허에 대해서만 취소 또는 정지처분을 해야 한다.

2. 개별기준

위반행위	근거 법조문	1차 위반	2차 위반	3차 위반	4차 위반
가. 거짓이나 그 밖의 부정한 방법으로 조종면허를 받은 경우	법 제13조제1항제1호	면허취소			
나. 조종면허 효력정지 기간에 조종을 한 경우	법 제13조제1항제2호	면허취소			
다. 조종면허를 받은 자가 동력수상레저기구를 이용하여 범죄행위를 한 경우	법 제13조제1항제3호				
1)「국가보안법」을 위반한 범죄		면허취소			
2)「형법」등을 위반한 다음의 어느 하나의 범죄					
가) 살인·사체유기 또는 방화		면허취소			
나) 강도·강간 또는 강제추행		면허취소			
다) 약취·유인 또는 감금		면허취소			
라) 상습절도(절취한 물건을 운반한 경우로 한정한다)		면허취소			
3) 다음의 어느 하나에 해당하는 법을 위반한 범죄		면허정지 3개월	면허정지 6개월	면허취소	
가)「유선 및 도선 사업법」					
나)「체육시설의 설치·이용에 관한 법률」					
다)「낚시 관리 및 육성법」					
라)「해사안전법」					
마)「수산업법」					
바)「내수면어업법」					

사)「수산자원관리법」 아)「양식산업발전법」 4) 이 법을 위반하여 범죄행위를 한 경우			면허정지 3개월	면허정지 6개월	면허취소
라. 법 제5조제1항제2호 또는 제3호에 해당하는 경우	법 제13조제 1항제3호의2	면허취소			
마. 법 제22조제1항 또는 제2항을 위반하여 술에 취한 상태에서 조종을 하거나 술에 취한 상태라고 인정할 만한 상당한 이유가 있음에도 불구하고 관계 공무원의 측정에 따르지 않은 경우	법 제13조제 1항제4호	면허취소			
바. 조종 중 고의 또는 과실로 사람을 사상(死傷)하거나 다른 사람의 재산에 중대한 손해를 입힌 경우	법 제13조제 1항제6호				
1) 고의 또는 과실로 사람을 죽게 하거나 사람에게 3주 이상의 치료가 필요하다고 의사가 진단한 상해를 입힌 경우 또는 고의로 다른 사람에게 중대한 재산상 손해를 입힌 경우		면허정지 6개월	면허취소		
2) 과실로 다른 사람에게 3주 미만의 치료가 필요하다고 의사가 진단한 상해를 입히거나 다른 사람에게 중대한 재산상 손해를 입힌 경우		경고	면허정지 2개월	면허정지 6개월	면허취소
사. 면허증을 다른 사람에게 빌려주어 조종하게 한 경우	법 제13조제 1항제7호	면허정지 3개월	면허정지 6개월	면허취소	
아. 법 제23조를 위반하여 약물의 영향으로 인하여 정상적으로 조종하지 못할 염려가 있는 상태에서 동력수상레저기구를 조종한 경우	법 제13조제 1항제8호	면허정지 6개월	면허취소		
자. 그 밖에 이 법 또는 이 법에 따른 수상레저활동의 안전과 질서 유지를 위한 명령을 위반한 경우	법 제13조제 1항제9호	경고	면허정지 2개월	면허정지 6개월	면허취소

18 면허시험 업무의 대행

① 해양경찰청장은 면허시험 실시에 관한 업무의 전부 또는 일부를 해양경찰청장이 지정하는 기관이나 단체(이하 "시험대행기관"이라 한다)로 하여금 대행하게 할 수 있다.

> 시행령 제11조(시험대행기관의 지정기준 등) [16 경사승진]
> ① 법 제14조제1항에 따른 시험대행기관(이하 "시험대행기관"이라 한다)의 지정을 받으려는 자는 다음 각 호의 요건을 모두 갖추어야 한다.
>   1. 시험장별로 책임운영자 1명 및 시험관 4명 이상을 갖출 것
>   2. 시험장별로 해양수산부령으로 정하는 기준에 맞는 실기시험용 시설 등을 갖출 것
> ② 제1항제1호에 따른 시험장별 책임운영자는 수상레저활동 관련 업무 중 해양경찰청장이 정하여 고시하는 업무에 5년 이상 종사한 경력이 있는 사람이어야 하며, 시험장별 시험관은 조종면허(일반조종면허 시험대행기관의 경우에는 제1급 조종면허를 말하고, 요트조종면허 시험대행기관의 경우에는 요트조종면허를 말한다)와 제37조제1항에 따른 인명구조요원 자격을 갖춘 사람이어야 한다.
> ③ 시험대행기관으로 지정받으려는 자는 해양수산부령으로 정하는 바에 따라 해양경찰청장에게 그 지정을 신청하여야 한다.

② 해양경찰청장은 시험대행기관이 다음 각 호의 어느 하나에 해당하는 경우에는 그 지정을 취소하거나 6개월의 범위에

서 그 업무를 정지할 수 있다. 다만, 제1호 또는 제2호에 해당하면 그 지정을 취소하여야 한다.
1. 거짓이나 그 밖의 부정한 방법으로 지정을 받은 경우
2. 시험대행기관의 장, 책임운영자 또는 종사자가 면허시험에 관하여 부정행위를 한 경우(지시 또는 묵인한 경우를 포함한다)
3. 제5항에 따른 지정기준에 미치지 못하게 된 경우
4. 이 법 또는 이 법에 따른 면허시험 대행업무를 적정하게 수행하지 못할 사유가 발생한 경우

③ 시험대행기관은 제1항에 따른 면허시험 대행업무에 대하여 해양경찰청장에게 보고하여야 한다.
④ 해양경찰청장은 제3항에 따라 보고받은 면허시험 대행업무에 대하여 처리 내용을 확인하고, 이 법 또는 이 법에 따른 명령을 위반한 사실을 발견하면 필요한 조치를 할 수 있다.

수상레저안전법 시행규칙 [별표 3] 〈개정 20. 2. 28.〉

시험대행기관의 시험장별 실기시험시설기준(제10조 관련)

구분	내용
시험용 수상레저기구	영 별표 2에 따른 실기시험용 수상레저기구의 규격에 알맞은 수상레저기구 3대 이상(요트의 경우에는 2대 이상을 말한다)을 갖추어야 한다.
실기시험 코스	별표 1 제1호나목 또는 같은 표 제2호나목의 운항코스와 유사한 모양 및 구조를 갖춘 실기시험 코스를 갖출 것. 다만, 일반조종면허 실기시험의 운항코스는 같은 표 제1호나목의 기준에 맞아야 한다.
안전시설	속력은 20노트 이상이고 정원은 4명 이상인 비상구조선 1대 이상, 구명조끼 20개 이상, 구명튜브 5개 이상, 소화기 3개 이상, 예비 노 3개 이상, 조난신호 장비 및 구급용 장비(비상의약품, 들것)를 갖출 것
부대시설	60제곱미터 이상인 안전교육장, 20제곱미터 이상인 행정실, 10제곱미터 이상인 감독실과 화장실을 갖추고 응시자가 이용할 수 있는 주차공간이 있을 것

19 종사자 교육

① 면허시험 면제교육기관, 안전교육 위탁기관, 시험대행기관에서 시험·교육 업무에 종사하는 사람은 해양경찰청장이 실시하는 교육을 받아야 한다.

시행규칙 제13조(종사자에 대한 교육)
① 법 제16조제1항에 따라 해양경찰청장이 실시하는 교육을 받아야 하는 사람은 다음 각 호와 같다.
  1. 면허시험 면제교육기관의 책임운영자 및 강사
  2. 안전교육 위탁기관의 강사
  3. 시험대행기관의 책임운영자 및 시험관
  4. 제28조제1항에 따른 검사대행자의 안전검사원
② 해양경찰청장은 교육대상자별로 1년에 한 번 정기교육을 실시하며, 교육대상자가 종사하는 기관별로 이수해야 하는 교육시간은 다음 각 호와 같다.
  1. 면허시험 면제교육기관, 시험대행기관 : 21시간 이상
  2. 안전교육 위탁기관 : 8시간 이상
  3. 제28조제1항에 따른 검사대행자 : 14시간 이상
③ 해양경찰청장은 필요한 경우 제2항에 따른 정기교육 외에 1년에 8시간 이하의 수시교육을 실시한다.
④ 해양경찰청장은 제2항에 따라 정기교육을 받은 사람에 대하여 시험을 실시하고, 100점 만점에 60점 이상을 받은 사람을 교육이수자로 인정하여야 한다.

20 안전장비의 착용

수상레저활동을 하는 사람은 구명조끼 등 인명안전에 필요한 장비를 해양수산부령으로 정하는 바에 따라 착용하여야 한다.

> 시행규칙 제14조(인명안전장비의 착용) [14 해경]
> ① 수상레저활동을 하는 사람은 법 제17조에 따라 해양경찰서장 또는 시장·군수·구청장(구청장은 자치구의 구청장을 말하고, 특별자치시의 경우에는 특별자치시장을, 특별자치도의 경우에는 특별자치도지사를 말하며, 서울특별시 한강의 경우에는 서울특별시의 한강 관리에 관한 업무를 관장하는 기관의 장을 말한다. 이하 이 장 및 제5장에서 같다)이 인명안전장비에 관하여 특별한 지시를 하지 않는 경우에는 구명조끼[서프보드 또는 패들보드를 이용한 수상레저활동의 경우에는 보드 리쉬(board leash : 서프보드 또는 패들보드와 발목을 연결하여 주는 장비를 말한다)를 말한다]를 착용해야 하며, 워터슬레드를 이용한 수상레저활동 또는 래프팅을 할 때에는 구명조끼와 함께 안전모를 착용하여야 한다.
> ② 해양경찰서장 또는 시장·군수·구청장은 수상레저활동의 형태, 수상레저기구의 종류 및 날씨 등을 고려하여 수상레저활동자가 착용하여야 할 구명조끼·구명복 또는 안전모 등 인명안전장비의 종류를 정하여 특별한 지시를 할 수 있다.
> ③ 해양경찰서장 또는 시장·군수·구청장은 제2항에 따라 수상레저활동자가 착용하여야 하는 인명안전장비의 종류를 특별히 지시할 때에는 수상레저활동자가 보기 쉬운 장소에 그 사실을 게시하여야 한다.

21 운항규칙 등의 준수 [18 승진, 21 해경]

수상레저활동을 하는 사람은 대통령령으로 정하는 바에 따라 운항방법, 기구의 속도 및 「수상레저기구의 등록 및 검사에 관한 법률」 제16조제2항에 따른 운항구역 등에 관한 사항을 준수하여야 한다.

> 수상레저안전법 시행령 [별표 7] 〈개정 22. 7. 14.〉
>
> **수상레저활동자가 지켜야 하는 운항규칙**(시행령 제15조 관련)
>
> 1. 주위의 상황 및 다른 수상레저기구와의 충돌위험을 충분히 판단할 수 있도록 시각·청각과 그 밖에 당시의 상황에 적합하게 이용할 수 있는 모든 수단을 이용하여 항상 적절한 경계를 해야 한다.
> 2. 등록대상 동력수상레저기구의 경우에는 해양경찰청장이 지정·고시하는 항해구역을 준수해야 한다. 다만, 다음 각 목의 어느 하나에 해당하는 경우에는 그렇지 않다.
>   가. 항해구역을 평수구역(「선박안전법 시행령」제2조제1항제3호가목에 따른 평수구역을 말한다. 이하 같다)으로 지정받은 동력수상레저기구를 이용하여 평수구역의 끝단 및 가까운 육지 또는 섬으로부터 10해리(해양수산부령으로 정하는 기관을 사용하는 동력수상레저기구는 5해리) 이내의 연해구역(「선박안전법 시행령」제2조제1항제3호나목에 따른 연해구역을 말한다. 이하 같다)을 항해하려는 경우
>   나. 항해구역을 평수구역으로 지정받은 동력수상레저기구를 이용하여 항해구역을 연해구역 이상으로 지정받은 동력수상레저기구와 500미터 이내의 거리에서 동시에 이동하려고 관할 해양경찰서장에게 운항신고(수상레저기구의 종류, 운항시간, 운항자의 성명 및 연락처 등의 신고를 말한다. 이하 같다)를 하여 해양경찰서장이 허용한 경우
> 3. 다이빙대·계류장 및 교량으로부터 20미터 이내의 구역이나 해양경찰서장 또는 시장·군수·구청장(특별자치시의 경우에는 특별자치시장을, 특별자치도의 경우에는 특별자치도지사를 말하고, 서울특별시 한강의 경우에는 한강 관리에 관한 업무를 관장하는 기관의 장을 말한다. 이하 이 표에서 같다)이 지정하는

위험구역에서는 **10노트 이하의 속력으로 운항**해야 하며, 해양경찰서장 또는 시장·군수·구청장이 별도로 정한 운항지침을 따라야 한다. [18 해경, 21 해경]
4. 태풍·풍랑·해일·호우·대설·강풍과 관련된 주의보 이상의 기상특보가 발효된 구역에서는 수상레저기구를 운항해서는 안 된다. 다만, 다음 각 목의 어느 하나에 해당하는 경우에는 그렇지 않다. [22 경장승진]
   가. 해양경찰서장 또는 시장·군수·구청장이 해당 구역의 기상 상태를 고려하여 그 운항을 허용한 경우
   나. 기상특보 중 **풍랑·호우·대설·강풍 주의보**가 발효된 구역에서 파도 또는 바람만을 이용하여 활동이 가능한 수상레저기구를 운항하려고 관할 해양경찰서장 또는 시장·군수·구청장에게 운항신고를 한 경우
   다. 기상특보 중 **풍랑·호우·대설·강풍 경보**가 발효된 구역에서 파도 또는 바람만을 이용하여 활동이 가능한 수상레저기구를 운항하려고 관할 해양경찰서장 또는 시장·군수·구청장에게 운항신고를 하여 해양경찰서장 또는 시장·군수·구청장이 허용한 경우
5. 다른 수상레저기구와 정면으로 충돌할 위험이 있을 때에는 음성신호·수신호 등 적당한 방법으로 상대에게 이를 알리고 우현 쪽으로 진로를 피해야 한다. [18 해경, 21 해경]
6. 다른 수상레저기구의 진로를 횡단하는 경우에 충돌의 위험이 있을 때에는 다른 수상레저기구를 오른쪽에 두고 있는 수상레저기구가 진로를 피해야 한다.
7. 다른 수상레저기구와 같은 방향으로 운항하는 경우에는 2미터 이내로 근접하여 운항해서는 안 된다. [18 해경]
8. 다른 수상레저기구를 앞지르기하려는 경우에는 앞지르기당하는 수상레저기구를 완전히 앞지르기하거나 그 수상레저기구에서 충분히 멀어질 때까지 그 수상레저기구의 진로를 방해해서는 안 된다.
9. 다른 사람 또는 다른 수상레저기구의 안전을 위협하거나 수상레저기구의 소음기를 임의로 제거하거나 굉음을 발생시켜 놀라게 하는 행위를 해서는 안 된다. [18 해경]
10. 안개 등으로 가시거리가 0.5킬로미터 이내로 제한되는 경우에는 수상레저기구를 운항해서는 안 된다. [21 해경, 22 경장승진]
11. 다음 각 목의 어느 하나에 해당하는 곳으로부터 **150미터 이내**의 구역에서는 인위적으로 파도를 발생시키는 특수장치가 설치된 동력수상레저기구를 운항해서는 안 된다. 다만, 동력수상레저기구에 설치된 특수장치를 이용하여 인위적으로 파도를 발생시키지 않고 **5노트 이하**의 속력으로 운항하는 경우에는 그렇지 않다. [개정 22. 7. 14]
    가. 계류장
    나. 공기주입형 고정식 튜브 등 수상에 띄우는 수상레저기구 및 설비가 설치된 곳

22 기상에 따른 수상레저활동의 제한

누구든지 수상레저활동을 하려는 구역이 다음 각 호의 어느 하나에 해당하는 경우에는 수상레저활동을 하여서는 아니 된다. 다만, 파도 또는 바람만을 이용하는 수상레저기구의 특성을 고려하여 대통령령으로 정하는 경우에는 그러하지 아니하다.
1. 태풍·풍랑·폭풍해일·호우·대설·강풍과 관련된 주의보 이상의 기상특보가 발효된 경우
2. 안개 등으로 가시거리가 0.5킬로미터 이내로 제한되는 경우

23 원거리 수상레저활동의 신고   [15 해경, 15 경감승진, 16 해경, 18 경장승진, 19 경장·경감승진]

① 출발항으로부터 10해리 이상 떨어진 곳에서 수상레저활동을 하려는 사람은 해양수산부령으로 정하는 바에 따라 해양경찰관서나 경찰관서에 신고하여야 한다. 다만, 「선박의 입항 및 출항 등에 관한 법률」 제4조에 따른 출입 신고를 하거나 「선박안전 조업규칙」 제15조에 따른 출항·입항 신고를 한 선박인 경

우에는 그러하지 아니하다. (신고 X)
② 제1항에도 불구하고 「수상레저기구의 등록 및 검사에 관한 법률」 제3조에 따른 동력수상레저기구(이하 "등록 대상 동력수상레저기구"라 한다)가 아닌 수상레저기구로 수상레저활동을 하려는 사람은 출발항으로부터 10해리 이상 떨어진 곳에서 수상레저활동을 하여서는 아니 된다. 다만, 안전관리 선박의 동행, 선단의 구성 등 해양수산부령으로 정하는 경우에는 그러하지 아니하다.

> **시행규칙 제15조(원거리 수상레저활동의 신고)**
> ① 법 제19조제1항 본문에 따라 원거리 수상레저활동을 신고하려는 자는 별지 제21호서식의 원거리 수상레저활동 신고서를 해양경찰관서 또는 경찰관서에 제출(인터넷 또는 팩스를 이용한 제출을 포함한다)하여야 한다.
> ② 법 제19조제2항 단서에서 "안전관리 선박의 동행, 선단의 구성 등 해양수산부령으로 정하는 경우"란 다음 각 호의 어느 하나에 해당하는 경우를 말한다.
> 1. 「선박안전법 시행규칙」 제15조제1항에 따른 연해구역, 근해구역 또는 원양구역을 항해구역으로 하는 동력수상레저기구와 500미터 이내의 거리에서 동행하여 수상레저활동을 하는 경우
> 2. 위치를 확인할 수 있는 통신기기를 구비한 수상레저기구 2대 이상으로 선단(船團)을 구성하여 선단 내의 수상레저기구 간에 500미터(무동력수상레저기구 간에는 200미터를 말한다) 이내의 거리를 유지하며 수상레저활동을 하는 경우

24 사고의 신고 등

① 수상레저활동을 하는 사람은 다음 각 호의 어느 하나에 해당할 때에는 해양수산부령으로 정하는 바에 따라 지체 없이 해양경찰관서, 경찰관서 또는 소방관서 등 관계 행정기관에 신고하여야 한다.
 1. 수상레저기구에 동승한 사람이 사고로 사망·실종 또는 중상을 입은 경우
 2. 충돌, 좌초 또는 그 밖에 수상레저기구의 안전운항에 영향을 미치거나 미칠 우려가 있는 사고가 발생하였을 경우

> **시행규칙 제16조(사고의 신고)**
> 법 제19조제3항에 따라 사고를 신고하려는 자는 전화·팩스 또는 그 밖의 적절한 방법으로 다음 각 호의 사항을 신고해야 한다.
> 1. 사고 발생의 날짜, 시간 및 장소
> 2. 사고와 관련된 수상레저기구의 종류
> 3. 사고자 및 조종자의 인적사항
> 4. 피해상황 및 조치사항

② 제1항에 따른 신고를 받은 관계 행정기관의 장은 인명구조, 사고 수습 등을 위하여 필요한 조치를 하여야 한다.
③ 제1항에 따른 신고를 받은 경찰서장 또는 소방서장은 제2항에 따른 필요한 조치 후에 사고 장소가 해수면인 경우에는 관할 해양경찰서장에게, 내수면인 경우에는 관할 특별자치시장·특별자치도지사·시장·군수 및 구청장(구청장은 자치구의 구청장을, 서울특별시의 관할구역에 있는 한강의 경우에는 서울특별시의 한강 관리에 관한 업무를 관장하는 기관의 장을 말한다. 이하 "시장·군수·구청장"이라 한다)에게 그 결과를 통보하여야 한다.

25 무면허조종의 금지

누구든지 조종면허를 받아야 조종할 수 있는 동력수상레저기구를 조종면허를 받지 아니하고(조종면허의 효력이 정지된 경우를 포함한다) 조종하여서는 아니 된다. 다만, 다음 각 호의 어느 하나에 해당하는 경우에는 그러하지 아니하다.

1. 1급 조종면허가 있는 자의 감독하에 수상레저활동을 하는 경우로서 해양수산부령으로 정하는 경우
2. 조종면허를 가진 사람과 동승하여 조종하는 경우로서 해양수산부령으로 정하는 경우

> **시행규칙 제17조(무면허조종이 허용되는 경우)** [13 경감승진, 15 해경, 16 경장, 16 경사승진, 16 해경]
> ① 법 제20조제1호에서 "해양수산부령으로 정하는 경우"란 다음 각 호의 요건을 모두 충족하는 경우를 말한다.
> 1. 동시 감독하는 수상레저기구가 3대 이하인 경우
> 2. 해당 수상레저기구가 다른 수상레저기구를 견인하고 있지 아니하는 경우
> 3. 다음 각 목의 어느 하나에 해당하는 경우
>   가. 법 제39조제1항에 따른 수상레저사업을 등록한 자(이하 "수상레저사업자"라 한다)의 사업장 안에서 탑승 정원이 4명 이하인 수상레저기구를 조종하는 경우(수상레저사업자 또는 그 종사자가 이용객을 탑승시켜 조종하는 경우는 제외한다)
>   나. 면허시험과 관련하여 수상레저기구를 조종하는 경우
>   다. 「초·중등교육법」 제2조 및 「고등교육법」 제2조에 따른 학교에서 실시하는 교육·훈련과 관련하여 수상레저기구를 조종하는 경우
>   라. 수상레저활동 관련단체 중 해양경찰청장이 정하여 고시하는 단체가 실시하는 비영리목적의 교육·훈련과 관련하여 수상레저기구를 조종하는 경우
> ② 법 제20조제2호에서 "해양수산부령으로 정하는 경우"란 제1급조종면허 소지자 또는 요트조종면허 소지자와 함께 탑승하여 조종하는 경우를 말한다. 다만, 해당 면허의 소지자가 법 제22조 및 제23조에 위반하여 술에 취한 상태 또는 약물복용 상태에서 탑승하는 경우는 제외한다.

26 야간 수상레저활동의 금지 [16 승진]

① 누구든지 해진 후 30분부터 해뜨기 전 30분까지는 수상레저활동을 하여서는 아니 된다. 다만, 해양수산부령으로 정하는 바에 따라 야간 운항장비를 갖춘 수상레저기구를 사용하는 경우에는 그러하지 아니하다.

> **시행규칙 제18조(야간 운항장비)** [14 경장승진, 18 해경, 19 해경, 21 해경]
> ① 법 제21조제1항 단서에 따라 야간 수상레저활동을 하려는 사람이 갖추어야 하는 운항장비는 다음 각 호와 같다.
> 1. 항해등, 2. 나침반, 3. 야간 조난신호장비, 4. 통신기기, 5. 전등, 6. 구명튜브
> 7. 소화기, 8. 자기점화등, 9. 위성항법장치, 10. 등(燈)이 부착된 구명조끼

② 해양경찰서장이나 시장·군수·구청장은 필요하다고 인정하면 일정한 구역에 대하여 해양수산부령으로 정하는 바에 따라 제1항 본문에 따른 시간을 조정할 수 있다.

> **시행규칙 제19조(야간 수상레저활동시간의 조정)**
> 해양경찰서장 또는 시장·군수·구청장은 법 제21조제2항에 따라 야간 수상레저활동시간을 조정하려는 경우에는 해가 진 후 30분부터 24시까지의 범위에서 조정하여야 한다.

27 주취 중 조종 금지

① 누구든지 술에 취한 상태(「해사안전법」 제41조제5항에 따른 술에 취한 상태를 말한다. 이하 같다)에서

동력수상레저기구를 조종하여서는 아니 된다.

> 해사안전법 제41조(술에 취한 상태에서의 조타기 조작 등 금지) [15 해경, 15 경장승진]
> ⑤ 제1항에 따른 술에 취한 상태의 기준은 혈중알코올농도 0.03퍼센트 이상으로 한다.

② 다음 각 호에 해당하는 사람(이하 이 조에서 "관계공무원"이라 한다)은 동력수상레저기구를 조종한 사람이 제1항을 위반하였다고 인정할 만한 상당한 이유가 있는 경우에는 술에 취하였는지를 측정할 수 있다. 이 경우 동력수상레저기구를 조종한 사람은 그 측정에 따라야 한다.
  1. 경찰공무원
  2. 시·군·구 소속 공무원 중 수상레저안전업무에 종사하는 사람
③ 제2항에 따라 관계공무원(근무복을 착용한 경찰공무원은 제외한다)이 술에 취하였는지 여부를 측정하는 때에는 그 권한을 표시하는 증표를 지니고 이를 해당 동력수상레저기구를 조종한 사람에게 제시하여야 한다.

> 시행규칙 제20조(관계공무원의 증표)
> 법 제22조제3항에 따른 증표는 다음 각 호와 같다.
>   1. 경찰공무원 : 경찰공무원증
>   2. 특별자치시·특별자치도·시·군·자치구(서울특별시 한강의 경우에는 한강관리에 관한 업무를 관장하는 기관을 말한다)의 소속 공무원 : 공무원증

④ 제2항에 따라 술에 취하였는지 여부를 측정한 결과에 불복하는 사람에 대해서는 본인의 동의를 받아 혈액채취 등의 방법으로 다시 측정할 수 있다.

28 약물복용 등의 상태에서 조종 금지 [17 승진]

누구든지 「마약류 관리에 관한 법률」 제2조에 따른 마약·향정신성의약품·대마의 영향, 「화학물질관리법」 제22조에 따른 환각물질의 영향, 그 밖의 사유로 인하여 정상적으로 조종하지 못할 우려가 있는 상태에서 동력수상레저기구를 조종하여서는 아니 된다.

29 정원 초과 금지

누구든지 대통령령으로 정하는 바에 따라 그 수상레저기구의 정원을 초과하여 사람을 태우고 운항하여서는 아니 된다.

30 수상레저활동 금지구역의 지정 등 [15 경감승진]

① 해양경찰서장 또는 시장·군수·구청장은 수상레저활동의 안전을 위하여 필요하다고 인정하면 수상레저활동 금지구역(수상레저기구별 수상레저활동 금지구역을 포함한다)을 지정할 수 있다.
② 누구든지 제1항에 따라 지정된 금지구역에서 수상레저활동을 하여서는 아니 된다.

31 시정명령 [18 경감승진]

해양경찰서장 또는 시장·군수·구청장은 수상레저활동의 안전을 위하여 필요하다고 인정하면 수상레저활동을 하는 사람 또는 수상레저활동을 하려는 사람에게 다음 각 호의 사항을 명할 수 있다. 다만, 수상레저활

동을 하려는 사람에 대한 시정명령은 사고의 발생이 명백히 예견되는 경우로 한정한다.
1. 수상레저기구의 탑승(수상레저기구에 의하여 밀리거나 끌리는 경우를 포함한다. 이하 같다) 인원의 제한 또는 조종자의 교체
2. 수상레저활동의 일시정지
3. 수상레저기구의 개선 및 교체

32 일시정지·확인 등

① 관계 공무원은 수상레저기구를 타고 있는 사람이 이 법 또는 이 법에 따른 명령을 위반하였다고 인정하는 경우에는 수상레저기구를 멈추게 하고 이를 확인하거나 그 수상레저활동을 하는 사람에게 면허증이나 신분증의 제시를 요구할 수 있다.
② 관계 공무원은 제1항에 따라 수상레저기구를 멈추게 하고 면허증 등의 제시를 요구하는 경우에는 그 권한을 표시하는 증표를 지니고 이를 관계인에게 내보여야 한다.

34 한국수상레저안전협회의 설립 등

① 수상레저활동 안전관리에 대한 연구·개발, 홍보 및 교육훈련 등 해양경찰청장 등의 행정기관이 위탁하는 업무의 수행과 수상레저산업의 건전한 발전 및 수상레저 관련 종사자의 안전관리 업무능력 향상을 위하여 한국수상레저안전협회(이하 "협회"라 한다)를 설립할 수 있다.
② 협회는 법인으로 한다.

35 수상레저활동안전협의회의 운영

① 시·도지사는 수상레저활동의 효율적인 안전관리를 위한 협조체제를 마련하기 위하여 해당 지역을 관할하는 관계 행정기관 및 단체 등의 대표자로 구성된 수상레저활동안전협의회를 구성·운영할 수 있다.
② 제1항에 따른 수상레저활동안전협의회의 구성과 운영에 필요한 사항은 대통령령으로 정하는 바에 따라 해당 지방자치단체의 조례로 정한다.

37 수상레저사업의 등록 등 [11 해경, 16 해경, 18 경장승진, 18 해경, 19 해경]

① 수상레저기구를 빌려 주는 사업 또는 수상레저활동을 하는 사람을 수상레저기구에 태우는 사업(이하 "수상레저사업"이라 한다)을 경영하려는 자는 하천이나 그 밖의 공유수면의 점용 또는 사용의 허가 등에 관한 사항을 다음 각 호의 구분에 따른 자에게 등록을 하여야 한다. 이 경우 수상레저기구를 빌려 주는 사업을 경영하려는 수상레저사업자에게는 해양수산부령으로 정하는 바에 따라 등록기준을 완화할 수 있다.
 1. 영업구역이 해수면인 경우 : 해당 지역을 관할하는 해양경찰서장
 2. 영업구역이 내수면인 경우 : 해당 지역을 관할하는 시장·군수·구청장
 3. 영업구역이 둘 이상의 해양경찰서장 또는 시장·군수·구청장의 관할 지역에 걸쳐 있는 경우 : 수상레저사업에 사용되는 수상레저기구를 주로 매어두는 장소를 관할하는 해양경찰서장 또는 시장·군수·구청장
② 제1항에 따라 등록을 한 수상레저사업자는 등록 사항에 변경이 있으면 해양수산부령으로 정하는 바에 따라 변경등록을 하여야 한다.
③ 제1항 또는 제2항에 따라 등록 또는 변경등록 신청을 받은 해양경찰서장 또는 시장·군수·구청장은 그 등록 전에 해당 영업구역을 관할하는 다른 해양경찰서장 또는 시장·군수·구청장과 협의하여야 한

다.
④ 제1항에 따른 등록기준·절차 및 영업구역 조정 등 수상레저사업의 등록 등에 필요한 사항은 해양수산부령으로 정한다.

♣ 수상레저안전법 시행규칙 [별표 10] 〈개정 20. 11. 27.〉

수상레저사업 등록기준(제30조제3항 관련)

1. 수상레저사업(별표 9의2에 해당하는 수상레저기구를 빌려만 주는 사업은 제외한다)

항목			내용
사업장 기준			수상레저기구의 계류장·탑승장, 매표소, 화장실 및 승객대기시설을 갖추어야 한다.
영업구역			사업장의 규모, 수상레저기구의 종류 및 보유인력 등을 고려하여 수상레저활동의 안전 및 질서를 확보할 수 있다고 인정되는 구역이어야 한다.
자격기준			- 수상레저사업자 또는 그 종사자 중 1명 이상은 제1급 조종면허 또는 요트조종면허(세일링 요트만을 이용한 수상레저사업을 경영하는 경우에만 해당한다)를 갖추어야 한다. - 무동력 수상레저기구만을 이용하여 수상레저사업을 하는 경우에는 수상레저사업자 또는 그 종사자 중 1명 이상이 제2급 조종면허 이상의 자격을 갖추기만 하면 된다. [15 경장승진, 18 해경] - 래프팅용 수상레저기구만을 이용하여 수상레저사업을 하는 경우에는 조종면허를 갖춘 사람을 확보하지 아니하여도 된다. - 조종면허를 갖고서 수상레저사업장에 종사하고 있는 사람은 해당 수상레저사업장에 종사하고 있는 기간 동안 다른 수상레저사업장에 종사하여서는 아니 된다.
수상레저기구	공통		- 법 제30조제3항 및 영 제22조에 따른 등록 대상 수상레저기구인 경우에는 법 제37조에 따른 안전검사를 받은 기구여야 하고, 등록 대상 수상레저기구가 아닌 경우에는 법 제45조에 따른 안전점검을 받은 기구여야 한다.
	공기주입형 고정식 튜브	블롭점프	- 점프대의 높이는 수면으로부터 5미터 이내여야 한다. - 에어매트(점프대 아래에 설치하는 공기주입형 고정식 튜브를 말한다)는 움직이지 않도록 로프 등으로 고정해야 하고, 로프 등은 에어매트 밑으로 설치해야 한다. - 에어매트 주변의 수심은 2미터 이상이어야 하고, 수면으로 떨어지는 사람이 장애물에 부딪히지 않도록 에어매트의 앞쪽으로 5미터 이상, 양옆으로 3미터 이상의 공간을 확보해야 하며, 부표 등을 설치하여 그 공간을 표시해야 한다. - 점프대에서 뛰는 사람의 안전을 위해 점프대와 에어매트는 2미터 이상 겹쳐서 설치해야 한다. - 선착장 정면부 등 다른 수상레저기구의 운항을 방해할 수 있는 장소에 설치해서는 안된다.
		워터파크	- 워터파크 주변의 수심은 1미터 이상이어야 한다. - 워터파크 높이는 수면으로부터 8미터 이내로 설치해야 한다. - 워터파크 주변에는 물에 빠진 사람을 신속하게 구조하기 위해 폰툰(Pontoon) 등 도보이동을 위한 설비를 설치해야 하고, 워터파크와 도보이동을 위한 설비 사이의 거리는 1미터 이상이 되어야 한다. - 선착장 정면부 등 다른 수상레저기구의 운항을 방해할 수 있는 장소에 설치해서는 안된다.

인명구조용 장비 등	구명조끼	- 수상레저기구 탑승정원의 110퍼센트 이상에 해당하는 수의 구명조끼를 갖추어야 하고, 탑승정원의 10퍼센트는 소아용으로 한다. [17 경장·경감승진, 18 해경, 19 경감승진] - 구명조끼는 「전기용품 및 생활용품 안전관리법」 또는 해양수산부장관이 고시하는 선박의 구명설비 기준에 적합한 제품이어야 한다.
	안전모	- 워터슬레드, 공기주입형 고정식튜브(블록점프)를 사용하거나 래프팅을 하는 경우에는 탑승정원의 110퍼센트 이상에 해당하는 수의 안전모를 갖춰야 하고, 탑승정원의 10퍼센트는 소아용으로 하며, 갖춰야 하는 안전모의 기준은 다음과 같다. • 충격 흡수성이 있을 것 • 충격으로 쉽게 벗어지지 않도록 고정시킬 수 있을 것 • 인체에 상처를 주지 아니하는 구조일 것 • 좌우, 상하로 충분한 시야를 가질 수 있도록 할 것 • 청력에 현저한 장애를 주지 않도록 할 것
	비상구조선	- 수상레저기구(래프팅에 사용되는 수상레저기구와 수상스키, 패러세일, 워터슬레드 등 견인되는 수상레저기구는 제외한다)의 수에 따라 다음의 구분에 따른 비상구조선을 갖추어야 한다. 다만, 케이블 수상스키 또는 케이블 웨이크보드 등 케이블을 사용하는 수상레저기구만을 갖춘 수상레저사업장의 경우 다른 수상레저기구가 없더라도 반드시 1대 이상의 비상구조선을 갖추어야 한다. [13 해경] • 수상레저기구가 30대 이하인 경우 : 1대 이상의 비상구조선 • 수상레저기구가 31대 이상 50대 이하인 경우 : 2대 이상의 비상구조선 • 수상레저기구가 51대 이상인 경우 : 50대를 초과하는 50대마다 1대씩 더한 수 이상의 비상구조선 - 비상구조선은 비상구조선임을 표시하는 주황색 깃발을 달아야 한다. - 비상구조선은 탑승정원이 3명 이상, 속도가 시속 20노트(knot) 이상이어야 하고, 다음의 장비를 갖추어야 한다. • 망원경 1개 이상 • 구명튜브 5개 이상 또는 1자형 튜브 1개 이상 • 호루라기 1개 이상 • 30미터 이상의 구명줄 - 비상구조선은 수상레저사업자가 해당 수상레저사업에 사용되는 수상레저기구 중에서 정하여 사용하되, 지정된 비상구조선은 사업장 구역의 순시(巡視)와 사고 발생 시 인명구조를 위하여 사용하여야 하며, 영업 중에는 항상 사용할 수 있어야 한다. 다만, 「선박안전법 시행규칙」 제15조제1항에 따른 평수(平水)구역, 연해구역, 근해구역 및 원양구역을 항행하는 모터보트 또는 세일링요트를 운용하는 수상레저사업자가 그 모터보트 또는 세일링요트의 수 만큼 해당 수상레저기구 안에 비상구조선을 적재한 경우에는 적용하지 아니하며, 제30조제5항에 따라 해양경찰서장 또는 시장·군수·구청장이 이 표 중 계류장을 갖추지 아니하여도 된다고 조정한 경우에는 비상구조선을 최대한 빨리 사용할 수 있도록 수면과 가까운 장소에 비상구조선을 두어야 한다. [18 해경]
	구명튜브	- 탑승 정원이 4명 이상인 수상레저기구(수상오토바이 및 워터슬레드는 제외한다)에는 그 탑승 정원의 30퍼센트 이상에 해당하는 수의 구명튜브를 갖추어야 한다. - 무동력수상레저기구에는 구명튜브를 갈음하여 스로 백(throw bag, 구명 구조 로프 가방)을 갖출 수 있다. - 드로우 백에 딸린 구명줄은 지름 6밀리미터 이상, 길이 20미터 이상이어야 한다.
	구명줄	- 탑승 정원이 13명 이상인 수상레저기구에는 지름 10밀리미터 이상, 길이 30미터 이상의 구명줄 1개 이상을 갖추어야 한다.

	예비용 노·상앗대	- 노 또는 상앗대가 있는 수상레저기구는 그 수의 10퍼센트 이상에 해당하는 수의 예비용 노 또는 상앗대를 갖추어야 한다. - 탑승 정원이 4명 이상인 동력수상레저기구(수상오토바이는 제외한다)에는 1개 이상의 예비용 노를 갖추어야 한다.
	통신장비	영업구역이 2해리 이상인 경우에는 수상레저기구에 사업장 또는 가까운 무선국과 연락할 수 있는 통신장비를 갖추어야 한다.
	소화기	탑승 정원이 13명 이상인 동력수상레저기구에는 선실, 조타실(操舵室) 및 기관실에 각각 1개 이상의 소화기를 갖추어야 하고, 그 외 탑승 정원이 4명 이상인 동력수상레저기구(수상오토바이는 제외한다)에는 1개 이상의 소화기를 갖추어야 한다.
인명구조요원		- 비상구조선의 수에 해당하는 인명구조요원을 두어야 하고, 래프팅의 경우에는 래프팅기구의 수에 해당하는 래프팅가이드를 두어야 한다. 다만, 승선정원이 4명 이하인 래프팅기구의 경우에는 영 제37조제3항 및 제4항에 따라 시장·군수·구청장 등이 정하는 수의 래프팅가이드를 두어야 하고, 워터파크의 경우에는 면적이 660m² 를 초과할 때마다 1명의 인명구조요원을 추가로 두어야 한다. - 인명구조요원 및 래프팅가이드는 해양경찰청장이 정하여 고시하는 수상레저활동 관련단체 또는 기관에서 정해진 교육과정을 이수한 후 해당 자격을 취득한 사람이어야 한다. - 인명구조요원 및 래프팅가이드의 자격을 취득하려는 사람이 수상레저활동 관련 단체 또는 기관에서 받아야 하는 교육과정은 해양경찰청장이 고시한다. - 인명구조요원 및 래프팅가이드 자격을 갖추고 수상레저사업장에 종사하고 있는 사람은 해당 수상레저사업장에 종사하고 있는 기간 동안 다른 수상레저사업장에 종사하여서는 안된다. - 블롭점프 및 워터파크를 동시에 운영하는 경우에는 비상구조선의 수에 따라 두는 인명구조요원 외에 별도의 인명구조요원을 기구마다 각각 두어야 한다.

38 사업등록의 유효기간 등

① 제37조제1항에 따른 수상레저사업의 등록 유효기간은 10년으로 하되, 10년 미만으로 영업하려는 경우에는 해당 영업기간을 등록 유효기간으로 한다.

② 제1항에 따른 등록 유효기간이 지난 후 계속하여 수상레저사업을 하려는 자는 해양수산부령으로 정하는 바에 따라 등록을 갱신하여야 한다.

> 시행규칙 제31조의3(수상레저사업 등록의 갱신신청 등)
> ① 해양경찰서장 또는 시장·군수·구청장은 법 제39조의3제1항에 따른 등록의 유효기간 종료일 1개월 전까지 해당 수상레저사업자에게 수상레저사업 등록을 갱신할 것을 알려야 한다.
> ② 법 제39조의3제1항에 따라 등록을 갱신하려는 자는 등록의 유효기간 종료일 5일 전까지 별지 제35호서식에 따른 수상레저사업 등록·갱신등록 신청서(전자문서로 된 신청서를 포함한다)를 관할 해양경찰서장 또는 시장·군수·구청장에게 제출하여야 한다.

39 수상레저사업 등록의 결격사유

다음 각 호의 어느 하나에 해당하는 자는 수상레저사업 등록을 할 수 없다.
1. 미성년자, 피성년후견인, 피한정후견인
2. 이 법을 위반하여 징역 이상의 실형(實刑)을 선고받고 그 집행이 끝나거나 집행이 면제된 날부터 2년이 지나지 아니

한 사람
3. 이 법을 위반하여 징역 이상의 형의 집행유예를 선고받고 그 유예기간 중에 있는 사람
4. 제48조에 따라 등록이 취소(이 조 제1호에 해당하여 등록이 취소된 경우는 제외한다)된 날부터 2년이 지나지 아니한 자

40 권리·의무의 승계

다음 각 호의 어느 하나에 해당하는 자는 수상레저사업 등록에 따른 수상레저사업자의 권리·의무를 승계한다.
1. 수상레저사업자가 사망한 경우 그 상속인
2. 수상레저사업자가 그 사업을 양도한 경우 그 양수인
3. 법인인 수상레저사업자가 합병한 경우 합병 후 존속하는 법인이나 합병에 따라 설립되는 법인

41 휴업 등의 신고

① 수상레저사업자가 등록된 사업기간 중에 휴업하거나 폐업하려는 경우에는 해양수산부령으로 정하는 바에 따라 해양경찰서장 또는 시장·군수·구청장에게 신고하여야 한다.
② 수상레저사업자가 휴업한 수상레저사업을 다시 개업하려는 경우에는 해양수산부령으로 정하는 바에 따라 해양경찰서장 또는 시장·군수·구청장에게 신고하여야 한다. 이 경우 해양경찰서장 또는 시장·군수·구청장은 그 내용을 검토하여 이 법에 적합하면 신고를 수리하여야 한다.
③ 제1항 또는 제2항에 따른 휴업이나 폐업 또는 재개업의 신고를 받은 해양경찰서장 또는 시장·군수·구청장은 수상레저사업장 소재지의 관할 세무서에 휴업이나 폐업 또는 재개업 사실을 통보하여야 한다.

> 시행규칙 제32조(휴업 등 신고)
> ① 수상레저사업자가 법 제42조제1항에 따라 휴업하거나 폐업 하려는 경우에는 별지 제38호서식의 수상레저사업 휴업·폐업·재개업 신고서(전자문서로 된 신고서를 포함한다)에 수상레저사업자 등록증을 첨부하여 휴업하거나 폐업하기 3일전까지 해양경찰서장 또는 시장·군수·구청장에게 제출해야 한다. 다만, 재해나 그 밖의 부득이한 사유가 있는 경우에는 휴업 또는 폐업을 하는 날까지 제출할 수 있다.
> ② 수상레저사업자가 법 제42조제2항에 따라 다시 개업하려는 경우에는 별지 제38호서식의 수상레저사업 재개업 신고서(전자문서로 된 신고서를 포함한다)와 제30조제1항 각 호의 서류를 첨부하여 다시 개업하기 7일전까지 해양경찰서장 또는 시장·군수·구청장에게 제출해야 한다.

42 이용요금

수상레저사업자는 탑승료·대여료 등 이용요금을 정한 경우에는 해양수산부령으로 정하는 바에 따라 해양경찰서장 또는 시장·군수·구청장에게 신고한 후 사업장 안의 잘 보이는 장소에 게시하여야 한다. 신고한 사항을 변경하려는 경우에도 또한 같다.

43 안전점검

① 해양경찰서장 또는 시장·군수·구청장은 수상레저활동의 안전을 위하여 관계 공무원으로 하여금 수상레저기구와 선착장 등 수상레저시설에 대하여 안전점검을 실시하도록 하여야 하고, 그 결과를 공개할 수 있다.

44 사업자의 안전점검 등 조치

① 수상레저사업자와 그 종사자는 수상레저활동의 안전을 위하여 다음 각 호의 조치를 하여야 한다.

1. 수상레저기구와 시설의 안전점검
2. 영업구역의 기상·수상 상태의 확인
3. 영업구역에서 사고가 발생하는 경우 구호조치 및 해양경찰관서·경찰관서·소방관서 등 관계 행정기관에 통보
4. 이용자에 대한 안전장비 착용조치 및 탑승 전 안전교육
5. 사업장 내 인명구조요원이나 래프팅가이드의 배치 또는 탑승
6. 비상구조선(수상레저사업장과 그 영업구역의 순시 및 인명구조를 위하여 사용되는 동력수상레저기구를 말한다. 이하 이 조에서 같다)의 배치

② 수상레저사업자와 그 종사자는 영업구역에서 다음 각 호의 행위를 하여서는 아니 된다.
1. 14세 미만인 사람(보호자를 동반하지 아니한 사람으로 한정한다), 술에 취한 사람 또는 정신질환자를 수상레저기구에 태우거나 이들에게 수상레저기구를 빌려 주는 행위
2. 수상레저기구의 정원을 초과하여 태우는 행위
3. 수상레저기구 안에서 술을 판매·제공하거나 수상레저기구 이용자가 수상레저기구 안으로 이를 반입하도록 하는 행위
4. 영업구역을 벗어나 영업을 하는 행위
5. 제26조에 따른 수상레저활동시간 외에 영업을 하는 행위
6. 대통령령으로 정하는 폭발물·인화물질 등의 위험물을 이용자가 타고 있는 수상레저기구로 반입·운송하는 행위
7. 「수상레저기구의 등록 및 검사에 관한 법률」 제15조에 따른 안전검사를 받지 아니한 동력수상레저기구를 영업에 사용하는 행위
8. 비상구조선을 그 목적과 다르게 이용하는 행위

> **시행령 제37조(인명구조요원·래프팅가이드의 자격기준 등)**
> ① 법 제48조제1항제5호에 따른 **인명구조요원 및 래프팅가이드**는 다음 각 호의 구분에 따른 자격을 갖춘 사람이어야 한다.
> 1. **인명구조요원의 경우** : 다음 각 목의 어느 하나에 해당하는 사람
>   가. 별표 10의2의 기준을 충족하는 기관이나 단체 중 해양경찰청장이 지정하는 수상레저 관련 기관이나 단체(이하 이 조에서 "교육기관"이라 한다)에서 교육과정을 마친 후 인명구조요원 자격을 취득한 사람
>   나. 「수상에서의 수색·구조 등에 관한 법률」 제30조의2에 따른 수상구조사
> 2. **래프팅가이드** : 교육기관에서 교육과정을 마친 후 래프팅가이드 자격을 취득한 사람

46 영업의 제한 등   [17 승진, 18 경사승진]

① 해양경찰서장 또는 시장·군수·구청장은 다음 각 호의 어느 하나에 해당하는 경우에는 수상레저사업자에게 영업구역이나 시간의 제한 또는 영업의 일시정지를 명할 수 있다. 다만, 제3호부터 제5호까지에 해당하는 경우에는 이용자의 신체가 직접 수면에 닿는 수상레저기구 등 대통령령으로 정하는 수상레저기구(=서프보드, 수상스키 또는 패러세일 등 수상레저활동을 하는 사람이 활동 과정에서 수면에 닿게 되는 수상레저기구)를 이용한 영업행위에 대해서만 이를 명할 수 있다.
1. 기상·수상 상태가 악화된 경우
2. 수상사고가 발생한 경우

3. 유류·화학물질 등의 유출 또는 녹조·적조 등의 발생으로 수질이 오염된 경우
4. 부유물질 등 장애물이 발생한 경우
5. 사람의 신체나 생명에 피해를 줄 수 있는 유해생물이 발생한 경우
6. 그 밖에 대통령령으로 정하는 사유가 발생한 경우

② 해양경찰서장 또는 시장·군수·구청장은 제1항 각 호의 사유가 소멸되거나 완화되었다고 판단되는 경우 영업구역이나 시간의 제한 또는 영업의 일시정지를 해제하여야 한다.

47 자료 제출 등

해양경찰서장 또는 시장·군수·구청장은 수상레저활동의 안전을 위하여 필요하다고 인정하면 대통령령으로 정하는 바에 따라 수상레저사업자에게 관련 서류나 자료를 제출하게 할 수 있다.

48 수상레저사업의 등록취소 등 [18 경감승진]

해양경찰서장 또는 시장·군수·구청장은 수상레저사업자가 다음 각 호의 어느 하나에 해당하는 경우에는 해양수산부령으로 정하는 바에 따라 수상레저사업의 **등록을 취소하거나 3개월의 범위에서 영업의 전부 또는 일부의 정지를 명할 수 있다.** 다만, 제1호부터 제3호까지에 해당하면 수상레저사업의 **등록을 취소하여야 한다.**

1. 거짓이나 그 밖의 부정한 방법으로 등록을 한 경우
2. 제39조 각 호의 어느 하나에 해당하게 된 경우
3. 공유수면의 점용 또는 사용 허가기간 만료 이후에도 사업을 계속하는 경우
4. 수상레저사업자 또는 그 종사자의 고의 또는 과실로 사람을 사상한 경우
5. 수상레저사업자가 「수상레저기구의 등록 및 검사에 관한 법률」 제6조, 제9조, 제10조, 제13조, 제15조, 제17조의 규정을 위반한 수상레저기구를 수상레저사업에 이용한 경우
6. 제37조제2항에 따라 변경등록을 하지 아니한 경우
7. 제42조부터 제46조까지, 제49조제2항, 제50조의 규정 또는 명령을 위반한 경우

49 보험등의 가입

① 등록 대상 동력수상레저기구의 소유자는 동력수상레저기구의 사용으로 다른 사람이 사망하거나 부상한 경우에 피해자(피해자가 사망한 경우에는 손해배상을 받을 권리를 가진 자를 말한다)에 대한 보상을 위하여 소유한 날로부터 1개월 이내에 대통령령으로 정하는 바에 따라 보험이나 공제(이하 "보험등"이라 한다)에 가입하여야 한다.
② 수상레저사업자는 대통령령으로 정하는 바에 따라 그 종사자와 이용자의 피해를 보전하기 위하여 보험등에 가입하여야 한다.

50 보험등의 가입 정보 제공

수상레저사업자는 제49조에 따른 보험등의 가입 여부에 관한 정보를 대통령령으로 정하는 바에 따라 종사자 및 이용자에게 알려야 한다.

56 과징금

① 해양경찰청장은 면허시험 면제교육기관, 안전교육 위탁기관, 시험대행기관 또는 검사대행자가 다음 각 호의 구분에 따른 사유에 해당하여 업무정지처분을 하여야 하는 경우로서 그 업무정지가 그 기관을 이용하는 자에게 심한 불편을 주거나 그 밖에 공익을 해칠 우려가 있다고 인정되면 **업무정지처분에 갈음하여 1천만원 이하의 과징금을 부과할 수 있다.**

57 수수료

① 다음 각 호의 어느 하나에 해당하는 자는 해양수산부령으로 정하는 바에 따라 해양경찰청장 또는 시장·군수·구청장에게 수수료를 내야 한다.
1~4 〈생략〉
② 다음 각 호의 어느 하나에 해당하는 경우에는 안전교육 위탁기관 및 시험대행기관이 정하는 수수료를 해당 대행기관 등에 내야 한다.
1. 제13조제2항에 따라 안전교육을 위탁하여 실시하는 경우
2. 제18조제1항에 따라 시험대행기관이 면허시험 업무를 대행하는 경우
③ 제2항에 따라 안전교육 위탁기관 및 시험대행기관이 수수료를 정하거나 변경하려면 해양경찰청장의 승인을 받아야 한다.
④ 안전교육 위탁기관 및 시험대행기관이 제2항에 따라 수수료를 징수한 경우 그 수입은 안전교육 위탁기관, 시험대행기관의 수입으로 한다.

58 청문

① 해양경찰청장은 다음 각 호의 어느 하나에 해당하는 처분을 하려면 청문을 하여야 한다.
   1. 제10조제1항에 따른 면허시험 면제교육기관의 지정취소, 업무정지 또는 제56조제1항제1호에 따른 과징금 부과
   2. 제14조제1항에 따른 안전교육 위탁기관의 지정취소, 업무정지 또는 제56조제1항제2호에 따른 과징금 부과
   3. 제18조제2항에 따른 시험대행기관의 지정취소, 업무정지 또는 제56조제1항제3호에 따른 과징금 부과
② 해양경찰서장 또는 시장·군수·구청장은 제48조에 따라 수상레저사업의 등록을 취소하려면 청문을 하여야 한다.

59 권한의 위임

이 법에 따른 **해양경찰청장의 권한**은 **대통령령**으로 정하는 바에 따라 **그 일부를 그 소속 기관의 장에게 위임할 수 있다**.

> ∧ 행령 제39조(권한의 위임) [18 승진]
> **해양경찰청장**은 법 제54조에 따라 다음 각 호의 구분에 따른 권한을 **지방해양경찰청장, 해양경찰서장 또는 시장·군수·구청장**(특별자치시장을 포함한다. 이하 이 조에서 같다)에게 **위임**한다.
> 1. **지방해양경찰청장** : 법 제29조의2제2항에 따른 **안전관리계획의 시행에 필요한 지도·감독**
> 2. **해양경찰서장** : 다음 각 목의 권한
>   가. 법 제11조에 따른 **면허증의 발급**
>   나. 법 제13조제1항에 따른 **조종면허의 취소·정지처분**
>   다. 법 제59조제1항제10호에 따른 **과태료의 부과·징수**
> 3. **시장·군수·구청장** : 법 제59조제2항제8호에 따른 **과태료의 부과·징수**

61 벌칙

다음 각 호의 어느 하나에 해당하는 자는 **1년 이하의 징역 또는 1천만원 이하의 벌금**에 처한다.
1. 제16조제3항을 위반하여 면허증을 빌리거나 빌려주거나 이를 알선한 자
2. 제25조 각 호 외의 부분 본문을 위반하여 조종면허를 받지 아니하고 동력수상레저기구를 조종한 사람
3. 제27조제1항을 위반하여 술에 취한 상태에서 동력수상레저기구를 조종한 사람
4. 술에 취한 상태라고 인정할 만한 상당한 이유가 있는데도 제27조제2항에 따른 관계공무원의 측정에 따르지 아니한 사람

5. 제28조를 위반하여 약물복용 등으로 인하여 정상적으로 조종하지 못할 우려가 있는 상태에서 동력수상레저기구를 조종한 사람
6. 제37조제1항 및 제2항을 위반하여 등록 또는 변경등록을 하지 아니하고 수상레저사업을 한 자
7. 제48조에 따른 수상레저사업 등록취소 후 또는 영업정지기간에 수상레저사업을 한 자

62 벌칙

다음 각 호의 어느 하나에 해당하는 자는 6개월 이하의 징역 또는 500만원 이하의 벌금에 처한다.
1. 제43조제2항에 따른 정비·원상복구의 명령을 위반한 수상레저사업자
2. 제44조를 위반하여 안전을 위하여 필요한 조치를 하지 아니하거나 금지된 행위를 한 수상레저사업자와 그 종사자
3. 제46조에 따른 영업구역이나 시간의 제한 또는 영업의 일시정지 명령을 위반한 수상레저사업자

63 양벌규정

법인의 대표자나 법인 또는 개인의 대리인, 사용인, 그 밖의 종업원이 그 법인 또는 개인의 업무에 관하여 제61조 및 제62조의 어느 하나에 해당하는 위반행위를 하면 그 행위자를 벌하는 외에 그 법인 또는 개인에게도 해당 조문의 벌금형을 과한다. 다만, 법인 또는 개인이 그 위반행위를 방지하기 위하여 해당 업무에 관하여 상당한 주의와 감독을 게을리하지 아니한 경우에는 그러하지 아니하다.

64 과태료

① 다음 각 호의 어느 하나에 해당하는 자에게는 100만원 이하의 과태료를 부과한다. 〈생략〉
③ 제1항 및 제2항에 따른 과태료는 대통령령으로 정하는 바에 따라 해수면의 경우에는 해양경찰청장, 지방해양경찰청장 또는 해양경찰서장이, 내수면의 경우에는 시장·군수·구청장이 부과·징수한다.
⑦ 제1항 및 제2항에 따른 과태료의 부과·징수, 재판 및 집행 등의 절차에 관한 사항은 「질서위반행위규제법」을 따른다. [17 경사·경감승진]

2. 수상레저기구의 등록 및 검사에 관한 법률 [시행 23. 6. 11]

1 목적

이 법은 수상레저기구의 등록 및 검사에 관한 사항을 정하여 수상레저기구의 성능 및 안전을 확보함으로써 공공의 복리를 증진함을 목적으로 한다.

2 정의

이 법에서 사용하는 용어의 뜻은 다음과 같다.
1. "수상레저활동"이란 「수상레저안전법」 제2조제1호에 따른 수상레저활동을 말한다.
2. "수상레저기구"란 「수상레저안전법」 제2조제3호에 따른 수상레저기구를 말한다.
3. "동력수상레저기구"란 「수상레저안전법」 제2조제4호에 따른 동력수상레저기구를 말한다.
4. "수상"이란 「수상레저안전법」 제2조제6호에 따른 수상을 말한다.
5. "해수면"이란 「수상레저안전법」 제2조제7호에 따른 해수면을 말한다.
6. "내수면"이란 「수상레저안전법」 제2조제8호에 따른 내수면을 말한다.

7. "운항구역"이란 수상레저기구 운항의 안전확보를 위하여 운항할 수 있는 최대구역으로서 기구의 종류, 크기, 구조, 설비 등을 고려하여 대통령령으로 정하는 구역을 말한다.

3 적용범위

이 법은 수상레저활동에 사용하거나 사용하려는 것으로서 다음 각 호의 어느 하나에 해당하는 동력수상레저기구에 대하여 적용한다. 다만, 동력수상레저기구의 총톤수, 출력 등을 고려하여 대통령령으로 정하는 경우에는 그러하지 아니하다.
1. 수상오토바이
2. 모터보트
3. 고무보트
4. 세일링요트(돛과 기관이 설치된 것을 말한다. 이하 같다)

4 적용배제

이 법은 다음 각 호의 경우에는 적용하지 아니한다.
1. 「유선 및 도선 사업법」에 따른 유·도선사업 및 그 사업과 관련된 수상에서의 행위를 하는 경우
2. 「체육시설의 설치·이용에 관한 법률」에 따른 체육시설업 및 그 사업과 관련된 수상에서의 행위를 하는 경우
3. 「낚시 관리 및 육성법」에 따른 낚시어선업 및 그 사업과 관련된 수상에서의 행위를 하는 경우

5 사무의 지도·감독

해양경찰청장은 동력수상레저기구의 등록에 관한 적절하고 효율적인 제도를 확립하고, 관련 행정의 합리적인 발전을 도모하기 위하여 이 법에서 특별자치시장·특별자치도지사·시장·군수 및 구청장(구청장은 자치구의 구청장을, 서울특별시 한강의 경우에는 서울특별시의 한강 관리에 관한 업무를 관장하는 기관의 장을 말하며, 이하 "시장·군수·구청장"이라 한다)의 권한으로 규정한 동력수상레저기구의 등록에 관한 사무를 지도·감독할 수 있다.

6 등록

① 동력수상레저기구(「선박법」 제8조에 따라 등록된 선박은 제외한다. 이하 이 조에서 같다)를 취득한 자는 주소지를 관할하는 시장·군수·구청장에게 동력수상레저기구를 취득한 날부터 1개월 이내에 등록신청을 하여야 하고, 등록되지 아니한 동력수상레저기구를 운항하여서는 아니 된다.
② 시장·군수·구청장은 다음 각 호의 어느 하나에 해당하는 경우 등록신청을 거부할 수 있다.
1. 등록신청 사항에 거짓이 있는 경우
2. 동력수상레저기구의 구조, 설비 및 장치가 제15조제1항제1호 및 같은 조 제5항에 따른 신규검사 기준에 맞지 아니한 경우

7 등록원부

① 시장·군수·구청장은 제6조제1항에 따라 등록신청을 받으면 신청자를 동력수상레저기구 등록원부(이하 "등록원부"라 한다)에 소유자로 등록하여야 한다.
② 등록원부를 열람하거나 등록원부의 사본을 발급받으려는 자는 시장·군수·구청장에게 열람 또는 발급을 신청하여야 한다.
③ 시장·군수·구청장은 제2항의 신청에 따라 등록원부를 열람하게 하거나 그 사본을 발급하는 경우 개인정보의 유출을 방지하기 위하여 그 내용의 일부를 표시하지 아니할 수 있다.
④ 등록원부에는 등록번호, 기구의 종류, 기구의 명칭, 보관장소, 기구의 제원, 추진기관의 종류 및 형식, 기구의 소유자, 공유자의 인적사항 및 저당권 등에 관한 사항을 기재하여야 한다. 이 경우 세부 기재사항, 서식 및 기재방법 등 등록원부의 작성에 필요한 사항은 대통령령으로 정한다.

8 등록증·등록번호판의 발급 등

① 시장·군수·구청장은 제7조제1항에 따른 소유자에게 동력수상레저기구 등록증(이하 "등록증"이라 한다)과 등록번호판을 발급하여야 한다.
② 동력수상레저기구의 소유자는 등록증 또는 등록번호판이 없어지거나, 알아보기 곤란하게 된 경우에는 시장·군수·구청장에게 신고하고 다시 발급받을 수 있다.

9 변경등록

동력수상레저기구의 등록 사항 중 변경 사항이 있는 경우(제10조의 말소등록은 제외한다) 그 소유자나 점유자는 대통령령으로 정하는 바에 따라 시장·군수·구청장에게 변경등록을 신청하여야 한다.

10 말소등록

① 소유자는 등록된 동력수상레저기구가 다음 각 호의 어느 하나에 해당하는 경우에는 해양수산부령으로 정하는 바에 따라 등록증 및 등록번호판을 반납하고 시장·군수·구청장에게 말소등록을 신청하여야 한다. 다만, 등록증 및 등록번호판을 분실 등의 사유로 반납할 수 없는 경우에는 그 사유서를 제출하고 등록증 및 등록번호판을 반납하지 아니할 수 있다.
1. 동력수상레저기구가 멸실되거나 수상사고 등으로 본래의 기능을 상실한 경우
2. 동력수상레저기구의 존재 여부가 3개월간 분명하지 아니한 경우
3. 총톤수·추진기관의 변경 등 해양수산부령으로 정하는 사유로 동력수상레저기구에서 제외된 경우
4. 동력수상레저기구를 수출하는 경우
5. 수상레저활동 외의 목적으로 사용하게 된 경우
② 제1항에 따라 소유자가 말소등록 신청을 하지 아니하는 경우에는 관할 시장·군수·구청장은 1개월 이내의 기간을 정하여 소유자에게 해당 동력수상레저기구의 말소등록을 신청할 것을 최고하고, 그 기간 이내에 말소등록 신청을 하지 아니하면 직권으로 그 동력수상레저기구의 등록을 말소할 수 있다.
③ 시장·군수·구청장은 제1항에 따라 등록번호판을 반납받은 경우에는 다시 사용할 수 없는 상태로 폐기하여야 한다.

11 소유권 변동의 효력

「자동차 등 특정동산 저당법」 제3조제2호다목에 따라 저당권의 목적이 되는 동력수상레저기구에 대한 소유권의 득실변경은 해당 등록원부에 등록을 하여야 그 효력이 생긴다.

12 압류등록 등

① 시장·군수·구청장은 「민사집행법」에 따라 법원으로부터 압류등록의 촉탁이 있거나 「국세징수법」이나 「지방세징수법」에 따라 행정관청으로부터 압류등록의 촉탁이 있는 경우에는 해당 등록원부에 압류등록을 하고 소유자 및 이해관계자 등에게 통지하여야 한다.
② 시장·군수·구청장은 「민사집행법」에 따라 법원으로부터 압류해제의 촉탁이 있거나 「국세징수법」이나 「지방세징수법」에 따라 행정관청으로부터 압류해제의 촉탁이 있는 경우에는 해당 등록원부에 압류등록을 해제하여야 한다.

13 등록번호판의 부착 등

① 동력수상레저기구의 소유자는 동력수상레저기구의 잘 보이는 곳에 등록번호판을 부착하여야 한다.
② 누구든지 제1항에 따른 등록번호판을 부착하지 아니한 동력수상레저기구를 운항하여서는 아니 된다.

14 시험운항의 허가

① 제15조제1항제1호의 신규검사를 받기 전에 국내에서 동력수상레저기구로 시험운항(조선소 등에서 건조·개조·수리 중 운항하는 것을 말한다)을 하고자 하는 자는 해양수산부령으로 정하는 안전장비를 비치 또는 코유하고, 해양경찰서장 또는 시장·군수·구청장(이하 "시험운항허가 관서의 장"이라 한다)의 허가(이하 "시험운항허가"라 한다)를 받아야 한다.
② 시험운항허가 관서의 장은 시험운항허가의 신청을 받은 경우에는 시험운항의 목적, 기간 및 운항구역을 정하여 시험운항을 허가할 수 있다. 이 경우 시험운항을 허가하는 때에는 허가사항이 기재된 시험운항허가증을 발급하여야 한다.
③ 시험운항허가를 받은 자는 제2항의 시험운항허가증에 기재된 시험운항의 목적, 기간 및 운항구역을 준수하고, 제1항에 따른 안전장비를 동력수상레저기구에 비치 또는 보유하여 운항하여야 한다.
④ 시험운항허가를 받은 자는 제2항의 시험운항허가증에 기재된 기간이 만료된 경우에는 시험운항허가증을 반납하여야 한다.

15 안전검사

① 동력수상레저기구의 소유자는 해양경찰청장이 실시하는 다음 각 호의 구분에 따른 검사(이하 "안전검사"라 한다)를 받아야 한다.
1. 신규검사: 제6조에 따른 등록을 하려는 경우 실시하는 검사
2. 정기검사: 제6조에 따른 등록 이후 일정 기간마다 정기적으로 실시하는 검사
3. 임시검사: 다음 각 목의 사항을 변경하려는 경우 실시하는 검사
   가. 정원 또는 운항구역. 이 경우 정원의 변경은 해양경찰청장이 정하여 고시하는 최대승선정원의 범위 내로 한정한다.
   나. 해양수산부령으로 정하는 구조, 설비 또는 장치
② 안전검사의 대상 동력수상레저기구 중 「수상레저안전법」 제37조에 따른 수상레저사업에 이용도는 동력수상레저기구는 1년마다, 그 밖의 동력수상레저기구는 5년마다 정기검사를 받아야 한다.
③ 동력수상레저기구의 소유자는 제1항 각 호의 어느 하나에 해당하는 안전검사를 받지 아니하거나 검사에 합격하지 못한 동력수상레저기구를 운항하여서는 아니 된다. 다만, 해양수산부령으로 정하는 경우에는 그러하지 아니하다.
④ 제1항제3호에 따른 임시검사를 받는 시기가 제1항제2호에 따른 정기검사 시기와 중복되는 경우에는 정기검사로 대체할 수 있다.

16 안전검사증·안전검사필증의 발급 등

① 해양경찰청장 또는 제18조제1항의 검사대행자(이하 "해양경찰청장등"이라 한다)는 안전검사에 합격한 동력수상레저기구의 소유자에게 안전검사증 및 안전검사필증을 발급하여야 한다. 다만, 안전검사필증의 발급은 제15조제1항제1호 및 제2호의 경우에 한정한다.
② 해양경찰청장등은 제1항에 따른 안전검사증에 해당 동력수상레저기구의 정원·운항구역 등을 지정하고, 그 내용을 기재하여야 한다.
③ 동력수상레저기구의 소유자는 안전검사증 또는 안전검사필증이 없어지거나, 알아보기 곤란하게 된 경우에는 해양경찰청장등에게 신고하고 다시 발급받을 수 있다.

17 안전검사필증의 부착

① 제16조제1항 및 제3항에 따라 안전검사필증을 발급 또는 재발급받은 동력수상레저기구의 소유자는 동력수상레저기구의 잘 보이는 곳에 안전검사필증을 부착하여야 한다.

18 안전검사 업무의 대행

① 해양경찰청장은 동력수상레저기구의 안전검사에 관한 업무의 전부 또는 일부를 해양경찰청장이 지정하는 기관이나 단체(이하 "검사대행자"라 한다)로 하여금 대행하게 할 수 있다.
② 검사대행자는 제1항에 따라 대행하는 업무에 대하여 해양경찰청장에게 보고하여야 한다.
③ 해양경찰청장은 제2항에 따라 검사대행자가 보고한 사항에 대하여 그 내용을 확인하고, 이 법 또는 이 법에 따른 명령을 위반한 사실이 발견되면 필요한 조치를 할 수 있다.

19 검사대행자의 지정취소

① 해양경찰청장은 검사대행자가 다음 각 호의 어느 하나에 해당하는 경우 그 지정을 취소하거나 6개월의 범위에서 기간을 정하여 업무의 전부 또는 일부의 정지를 명할 수 있다. 다만, 제1호에 해당하면 그 지정을 취소하여야 한다.
1. 거짓이나 그 밖의 부정한 방법으로 지정을 받은 경우
2. 고의 또는 중대한 과실로 사실과 다르게 안전검사를 한 경우
3. 제18조제4항에 따른 검사 관련 기술인력·시설·장비 등의 기준에 미치지 못하게 된 경우
4. 업무와 관련하여 부정한 금품을 수수하거나 그 밖의 부정한 행위를 한 경우
5. 이 법 또는 이 법에 따른 명령을 위반한 경우

20 안전검사원 교육

① 검사대행자에 소속되어 검사업무에 종사하는 사람(이하 "안전검사원"이라 한다)은 해양경찰청장이 실시하는 교육을 받아야 한다. 다만, 검사업무의 기술적·전문적 특성을 고려하여 해양수산부령으로 정하는 사람에 대하여는 그러하지 아니하다.

21 동력수상레저기구의 구조·설비 등

동력수상레저기구는 해양경찰청장이 정하여 고시하는 성능 및 안전 기준에 적합한 다음 각 호에 따른 구조·설비 또는 장치의 전부 또는 일부를 갖추어야 한다.
1. 선체
2. 추진기관
3. 배수설비
4. 돛대
5. 조타·계선·양묘설비
6. 전기설비
7. 구명·소방설비
8. 그 밖에 해양수산부령으로 정하는 설비

22 무선설비

① 동력수상레저기구의 소유자는 「전파법」과 해양경찰청장이 정하여 고시하는 성능 및 안전 기준에 적합한 무선설비를 동력수상레저기구에 갖추어야 한다. 다만, 동력수상레저기구의 구조, 정원 및 운항구역 등을 고려하여 해양수산부령으로 정하는 동력수상레저기구는 그러하지 아니하다.
② 제1항에 따라 무선설비를 갖춘 동력수상레저기구의 소유자 또는 사용자는 안전운항과 해양사고 발생 시 신속한 대응을 위하여 동력수상레저기구를 운항하는 경우 무선설비를 작동하여야 한다.

23 위치발신장치

① 동력수상레저기구의 소유자는 해양경찰청장이 정하여 고시하는 성능 및 안전 기준에 적합한 위치발신장치(동력수상레저기구의 위치 및 제원 등에 관한 정보를 자동으로 발신하는 장치를 말한다. 이하 같다)를 동력수상레저기구에 갖추어야 한다. 다만, 동력수상레저기구의 구조, 정원 및 운항구역 등을 고려하여 해양수산부령으로 정하는 동력수상

레저기구는 그러하지 아니하다.
② 제1항에 따라 위치발신장치를 갖춘 동력수상레저기구의 소유자 또는 사용자는 안전운항과 해양사고 발생 시 신속한 대응을 위하여 동력수상레저기구를 운항하는 경우 위치발신장치를 작동하여야 한다.
③ 제22조제1항에 따른 무선설비가 위치발신장치의 기능을 가지고 있을 때에는 위치발신장치를 갖춘 것으로 본다.

24 기타 안전 기준

제21조부터 제23조까지 외의 동력수상레저기구의 복원성, 동력수상레저기구에 설치 또는 비치되는 물건 등 해양수산부령으로 정하는 사항은 해양경찰청장이 정하여 고시하는 성능 및 안전 기준에 적합하여야 한다.

25 과징금

① 해양경찰청장은 검사대행자가 제19조제1항제2호부터 제5호까지에 따른 사유에 해당하여 업무정지처분을 하여야 하는 경우로서 그 업무정지가 그 기관을 이용하는 자에게 심한 불편을 주거나 그 밖에 공익을 해칠 우려가 있다고 인정되면 업무정지처분에 갈음하여 1천만원 이하의 과징금을 부과할 수 있다.
② 제1항에도 불구하고 해양경찰청장은 검사대행자가 제1항에 따른 과징금 부과처분을 받고, 그 처분을 받은 날로부터 2년 이내에 다시 과징금 부과처분의 대상이 되는 위반행위를 한 경우에는 업무정지처분을 명하여야 한다.
③ 제1항에 따라 과징금을 부과하는 위반행위의 종류, 위반의 정도 등에 따른 과징금의 금액과 그 밖에 필요한 사항은 대통령령으로 정한다.
④ 해양경찰청장은 검사대행자가 제1항에 따른 과징금을 납부기한까지 내지 아니하면 국세강제징수의 예에 따라 징수한다.

26 수수료

① 다음 각 호의 어느 하나에 해당하는 자는 해양수산부령으로 정하는 바에 따라 해양경찰청장 또는 시장·군수·구청장에게 수수료를 내야 한다.
1. 제6조, 제9조 및 제10조에 따라 등록·변경등록·말소등록 등을 신청하려는 자
2. 제7조제2항에 따라 등록원부 사본의 발급을 신청하려는 자
3. 제8조제1항에 따라 등록번호판을 받으려는 자
4. 제8조제2항에 따라 등록증 및 등록번호판의 재발급을 신청하려는 자
5. 제15조제1항에 따라 안전검사를 받으려는 자
② 다음 각 호의 어느 하나에 해당하는 경우에는 검사대행자가 정하는 수수료를 검사대행자에게 내야 한다.
1. 제16조에 따라 안전검사증 및 안전검사필증을 재발급하는 경우
2. 제18조제1항에 따라 검사대행자가 안전검사 업무를 대행하는 경우
③ 제2항에 따라 검사대행자가 수수료를 정하거나 변경하려면 해양경찰청장의 승인을 받아야 한다.
④ 검사대행자가 제2항에 따라 수수료를 징수한 경우 그 수입은 검사대행자의 수입으로 한다.

27 청문

해양경찰청장은 제19조제1항에 따른 검사대행자의 지정취소, 업무정지 또는 제25조제1항에 따른 과징금 부과 처분을 하려면 청문을 하여야 한다.

28 권한의 위임

이 법에 따른 해양경찰청장의 권한은 대통령령으로 정하는 바에 따라 그 일부를 그 소속 기관의 장 또는 시장·군수·구청장에게 위임할 수 있다.

29 벌칙 적용 시의 공무원 의제

검사대행자의 임직원 및 안전검사원은 「형법」 제127조 및 제129조부터 제132조까지의 규정을 적용할 때에는 공무원으로 본다.

30 벌칙

다음 각 호의 어느 하나에 해당하는 자는 6개월 이하의 징역 또는 500만원 이하의 벌금에 처한다.
1. 제6조제1항을 위반하여 등록되지 아니한 동력수상레저기구를 운항한 자
2. 제14조제1항을 위반하여 시험운항허가를 받지 아니하고 동력수상레저기구를 운항한 자
3. 제15조제3항 본문을 위반하여 안전검사를 받지 아니하거나 검사에 합격하지 못한 동력수상레저기구를 운항한 자

31 양벌규정

법인의 대표자나 법인 또는 개인의 대리인, 사용인, 그 밖의 종업원이 그 법인 또는 개인의 업무에 관하여 제30조의 어느 하나에 해당하는 위반행위를 하면 그 행위자를 벌하는 외에 그 법인 또는 개인에게도 해당 조문의 벌금형을 과한다. 다만, 법인 또는 개인이 그 위반행위를 방지하기 위하여 해당 업무에 관하여 상당한 주의와 감독을 게을리하지 아니한 경우에는 그러하지 아니하다.

32 과태료

① 다음 각 호의 어느 하나에 해당하는 자에게는 100만원 이하의 과태료를 부과한다.
1. 제6조제1항을 위반하여 동력수상레저기구를 취득한 날부터 1개월 이내에 등록신청을 하지 아니한 자
2. 제13조제2항을 위반하여 등록번호판을 부착하지 아니한 동력수상레저기구를 운항한 자
3. 정당한 사유 없이 제15조제1항을 위반하여 동력수상레저기구의 안전검사를 받지 아니한 수상레저사업자
4. 거짓이나 그 밖의 부정한 방법으로 제18조제1항에 따른 검사대행자로 지정을 받은 자
5. 제19조제1항제2호에 따라 고의 또는 중대한 과실로 사실과 다르게 안전검사를 한 자
6. 제20조를 위반하여 교육을 받지 아니한 사람

② 다음 각 호의 어느 하나에 해당하는 자에게는 50만원 이하의 과태료를 부과한다.
1~9 〈생략〉

③ 제1항 및 제2항에 따른 과태료는 대통령령으로 정하는 바에 따라 해수면의 경우에는 해양경찰청장, 지방해양경찰청장 또는 해양경찰서장이, 내수면의 경우에는 시장·군수·구청장이 부과·징수한다.

④ 제1항 및 제2항에 따른 과태료의 부과·징수, 재판 및 집행 등의 절차에 관한 사항은 「질서위반행위규제법」을 따른다.

제3절 | 해상교통

1. 해사안전법

1 목적 [18 해경, 19 경장·경사승진, 19 해경]

이 법은 선박의 안전운항을 위한 안전관리체계를 확립하여 선박항행과 관련된 모든 위험과 장해를 제거함으로써 해사안전(海事安全) 증진과 선박의 원활한 교통에 이바지함을 목적으로 한다. ⇒ 국제해상충돌예방규칙(COLREG)을 국내법에 수용하기 위하여 제정

2 정의

해사안전관리	선원·선박소유자 등 인적 요인, 선박·화물 등 물적 요인, 항행보조시설·안전제도 등 환경적 요인을 종합적·체계적으로 관리함으로써 선박의 운용과 관련된 모든 일에서 발생할 수 있는 사고로부터 사람의 생명·신체 및 재산의 안전을 확보하기 위한 모든 활동 [19 승진]
선박	물에서 항행수단으로 사용하거나 사용할 수 있는 모든 종류의 배(물 위에서 이동할 수 있는 수상항공기와 수면비행선박을 포함) [15 경감승진, 19 경장승진]
수상항공기	물 위에서 이동할 수 있는 항공기 [20 경사승진]
수면비행선박	표면효과 작용을 이용하여 수면 가까이 비행하는 선박
대한민국선박	선박법 제2조(한국선박) 다음 각 호의 선박을 대한민국 선박(이하 "한국선박"이라 한다)으로 한다. 1. 국유 또는 공유의 선박 2. 대한민국 국민이 소유하는 선박 3. 대한민국의 법률에 따라 설립된 상사법인(商事法人)이 소유하는 선박 4. 대한민국에 주된 사무소를 둔 제3호 외의 법인으로서 그 대표자(공동대표인 경우에는 그 전원)가 대한민국 국민인 경우에 그 법인이 소유하는 선박
위험화물운반선	선체의 한 부분인 화물창(貨物倉)이나 선체에 고정된 탱크 등에 해양수산부령으로 정하는 위험물을 싣고 운반하는 선박 시행규칙 제2조(위험물의 범위) ① 「해사안전법」(이하 "법"이라 한다) 제2조제6호에서 "해양수산부령으로 정하는 위험물"이란 다음 각 호의 어느 하나에 해당하는 것을 말한다. 다만, 해당 선박에서 연료로 사용되는 것은 제외한다. 1. 별표 1에 해당하는 화약류로서 총톤수 300톤 이상의 선박에 적재된 것 2. 고압가스 중 인화성 가스로서 총톤수 1천톤 이상의 선박에 산적된 것 3. 인화성 액체류로서 총톤수 1천톤 이상의 선박에 산적된 것 4. 200톤 이상의 유기과산화물로서 총톤수 300톤 이상의 선박에 적재된 것 5. 제2호 및 제3호에 따른 위험물을 산적한 선박에서 해당 위험물을 내린 후 선박 내에 남아 있는 인화성 가스로서 화재 또는 폭발의 위험이 있는 것
거대선	길이 200미터 이상의 선박 [13 해경, 15 경사승진, 16 경감승진]
고속여객선	시속 15노트 이상으로 항행하는 여객선 [13 해경, 13 경감승진, 15 경사승진, 16 경감승진]
동력선	기관을 사용하여 추진(推進)하는 선박. 다만, 돛을 설치한 선박이라도 주로 기관을 사용하여 추

	진하는 경우에는 동력선으로 봄.
범선	돛을 사용하여 추진하는 선박. 다만, 기관을 설치한 선박이라도 주로 돛을 사용하여 추진하는 경우에는 범선으로 봄.
어로에 종사하고 있는 선박	그물, 낚싯줄, 트롤망, 그 밖에 조종성능을 제한하는 어구(漁具)를 사용하여 어로(漁撈) 작업을 하고 있는 선박 ※ 트롤망(trawl網) : 바다 밑바닥으로 끌고 다니면서 해저에 사는 물고기를 잡는 데 사용되는 그물
조종불능선	선박의 조종성능을 제한하는 고장이나 그 밖의 사유로 조종을 할 수 없게 되어 다른 선박의 진로를 피할 수 없는 선박
조종제한선	다음 각 목의 작업과 그 밖에 선박의 조종성능을 제한하는 작업에 종사하고 있어 다른 선박의 진로를 피할 수 없는 선박을 말한다. [14 경감승진, 15 경장승진] 가. 항로표지, 해저전선 또는 해저파이프라인의 부설·보수·인양 작업 나. 준설(浚渫)·측량 또는 수중 작업 다. 항행 중 보급, 사람 또는 화물의 이송 작업 라. 항공기의 발착(發着)작업 마. 기뢰(機雷)제거작업 바. 진로에서 벗어날 수 있는 능력에 제한을 많이 받는 예인(曳引)작업
흘수제약선	가항(可航)수역의 수심 및 폭과 선박의 흘수와의 관계에 비추어 볼 때 그 진로에서 벗어날 수 있는 능력이 매우 제한되어 있는 동력선 [20 경장·경감승진] ♣ 흘수(吃水, draught) : 선박의 최하부와 수면이 접하는 부분까지의 수직거리(선체가 물에 잠기는 깊이)
해양시설	자원의 탐사·개발, 해양과학조사, 선박의 계류(繫留)·수리·하역, 해상주거·관광·레저 등의 목적으로 해저(海底)에 고착된 교량·터널·케이블·인공섬·시설물이거나 해상부유 구조물로서 선박이 아닌 것
해상교통 안전진단	해상교통안전에 영향을 미치는 다음 각 목의 사업(이하 "안전진단대상사업"이라 한다)으로 발생할 수 있는 항행안전 위험 요인을 전문적으로 조사·측정하고 평가하는 것을 말한다. [13 해경] 가. 항로 또는 정박지의 지정·고시 또는 변경 나. 선박의 통항을 금지하거나 제한하는 수역(水域)의 설정 또는 변경 다. 수역에 설치되는 교량·터널·케이블 등 시설물의 건설·부설 또는 보수 라. 항만 또는 부두의 개발·재개발 마. 그 밖에 해상교통안전에 영향을 미치는 사업으로서 대통령령으로 정하는 사업 시행령 제1조의2(해상교통안전에 영향을 미치는 사업) 「해사안전법」(이하 "법"이라 한다) 제2조제16호마목에서 "대통령령으로 정하는 사업"이란 다음 각 호의 어느 하나에 해당하는 사업으로서 최고 속력이 시속 60노트 이상인 선박을 사용하는 사업을 말한다. 1. 「해운법」 제2조제2호에 따른 해상여객운송사업 2. 「해운법」 제2조제3호에 따른 해상화물운송사업
항행장애물	선박으로부터 떨어진 물건, 침몰·좌초된 선박 또는 이로부터 유실(遺失)된 물건 등 해양수산부령으로 정하는 것으로서 선박항행에 장애가 되는 물건 시행규칙 제4조(항행장애물) 법 제2조제17호에서 "해양수산부령으로 정하는 것"이란 다음 각 호의 어느 하나에 해당하

	는 것을 말한다. 1. 선박으로부터 수역에 떨어진 물건 2. 침몰·좌초된 선박 또는 침몰·좌초되고 있는 선박 3. 침몰·좌초가 임박한 선박 또는 침몰·좌초가 충분히 예견되는 선박 4. 제2호 및 제3호의 선박에 있는 물건 5. 침몰·좌초된 선박으로부터 분리된 선박의 일부분
통항로	선박의 항행안전을 확보하기 위하여 한쪽 방향으로만 항행할 수 있도록 되어 있는 일정한 범위의 수역 [14 경사승진, 22 경장승진]
제한된 시계	안개·연기·눈·비·모래바람 및 그 밖에 이와 비슷한 사유로 시계(視界)가 제한되어 있는 상태
항로지정제도	선박이 통항하는 항로, 속력 및 그 밖에 선박 운항에 관한 사항을 지정하는 제도 [13 해경, 15 경감승진, 17 경장·경사승진, 19 경사승진]
항행 중	선박이 다음 각 목의 어느 하나에 해당하지 아니하는 상태 [13 해경, 15 경사승진, 16 경장·경감승진, 18 경사승진] 가. 정박(碇泊) 나. 항만의 안벽(岸壁) 등 계류시설에 매어 놓은 상태[계선부표(繫船浮標)나 정박하고 있는 선박에 매어 놓은 경우를 포함] 다. 얹혀 있는 상태
길이	선체에 고정된 돌출물을 포함하여 선수(船首)의 끝단부터 선미(船尾)의 끝단 사이의 최대 수평거리 [13 경사승진, 22 경장승진]
폭	선박 길이의 횡방향 외판의 외면으로부터 반대쪽 외판의 외면 사이의 최대 수평거리
통항분리제도	선박의 충돌을 방지하기 위하여 통항로를 설정하거나 그 밖의 적절한 방법으로 한쪽 방향으로만 항행할 수 있도록 항로를 분리하는 제도 [15 경감승진]
분리선, 분리대	서로 다른 방향으로 진행하는 통항로를 나누는 선 또는 일정한 폭의 수역
연안통항대	통항분리수역의 육지 쪽 경계선과 해안 사이의 수역
예인선열	선박이 다른 선박을 끌거나 밀어 항행할 때의 선단(船團) 전체
대수속력	선박의 물에 대한 속력으로서 자기 선박 또는 다른 선박의 추진장치의 작용이나 그로 인한 선박의 타력(惰力)에 의하여 생기는 것

♣ 정박(碇泊) : 선박이 해상에서 닻을 바다 밑바닥에 내려놓고 운항을 멈추는 것
♣ 정류(停留) : 선박이 해상에서 일시적으로 운항을 멈추는 것
♣ 계류(繫留) : 선박을 다른 시설에 붙들어 매어 놓는 것
♣ 계선(繫船) : 선박이 운항을 중지하고 정박하거나 계류하는 것
♣ 안벽(岸壁) : 선박을 계류하여 하역을 가능하게 하는 구조물
♣ 부표(浮標) : 선박의 항로를 지시하거나 위험물이 있음을 경고하기 위하여 물위에 띄우는 항로표지
♣ 닻(anchor) : 배를 한 곳에 떠 있게 하거나 멈추게 하기 위하여 물 밑바닥으로 가라앉히는 갈고리

3 적용범위 [16 경감승진, 17 경사·경감승진]

① 이 법은 다음 각 호의 어느 하나에 해당하는 선박과 해양시설에 대하여 적용한다.
1. 대한민국의 영해, 내수(해상항행선박이 항행을 계속할 수 없는 하천·호수·늪 등은 제외한다. 이하 같다)에 있는 선박이나 해양시설. 다만, 대한민국선박이 아닌 선박(이하 "외국선박"이라 한다) 중 다

음 각 목에 해당하는 외국선박에 대하여 제46조부터 제50조까지의 규정을 적용할 때에는 대통령령으로 정하는 바에 따라 이 법의 일부를 적용한다.
    가. 대한민국의 항(港)과 항 사이만을 항행하는 선박
    나. 국적의 취득을 조건으로 하여 선체용선(船體傭船)으로 차용(=선박임대차계약)한 선박
  2. 대한민국의 영해 및 내수를 제외한 해역에 있는 대한민국선박
  3. 대한민국의 배타적경제수역에서 항행장애물을 발생시킨 선박
  4. 대한민국의 배타적경제수역 또는 대륙붕에 있는 해양시설

② 이 법 또는 이 법에 따른 명령 중 선박소유자에 관한 규정은 선박을 공유하는 경우로서 선박관리인을 임명하였을 때에는 그 선박관리인에게 적용하고, 선박을 임차(賃借)하였을 때에는 그 선박임차인에게 적용하며, 선장에 관한 규정은 선장을 대신하여 그 직무를 수행하는 자에게도 적용한다.

③ 이 법 또는 이 법에 따른 명령 중 해양시설의 소유자에 관한 규정은 해양시설을 임대차한 경우에는 그 임차인에게 적용한다.

4 국가 등의 책무

① 국가 및 지방자치단체는 해양을 이용하거나 보존하기 위한 시책을 수립하는 경우에는 해사안전에 관한 사항을 고려하여야 한다.

② 국가는 국민의 안전한 해양이용을 촉진하기 위하여 국민에 대한 해사안전 지식·정보의 제공, 해사안전 교육 및 해사안전 문화의 홍보에 노력하여야 한다.

③ 국가는 외국 및 국제기구 등과 해사안전에 관한 기술협력, 정보교환, 공동 조사·연구를 위한 기구설치 등 효율적인 국제협력을 추진하기 위하여 노력하여야 하며, 해사안전 관련 산업의 진흥 및 국제화에 필요한 지원을 하여야 한다.

5 선박·해양시설 소유자의 책무

선박·해양시설 소유자는 국가의 해사안전에 관한 시책에 협력하여 자기가 소유·관리하거나 운영하는 선박·해양시설로부터 해양사고 등이 발생하지 아니하도록 종사자에 대한 교육·훈련 등을 실시하고 제반 안전규정을 준수하여야 한다.

6 국가해사안전기본계획

① 해양수산부장관은 해사안전 증진을 위한 국가해사안전기본계획(이하 "기본계획"이라 한다)을 5년 단위로 수립하여야 한다. 다만, 기본계획 중 항행환경개선에 관한 계획은 10년 단위로 수립할 수 있다.

7 해사안전시행계획

① 해양수산부장관은 기본계획을 시행하기 위하여 매년 해사안전시행계획(이하 "시행계획"이라 한다)을 수립·시행하고 이에 필요한 재원을 확보하기 위하여 노력하여야 한다.

② 해양수산부장관은 시행계획의 수립을 위하여 필요하다고 인정하는 경우에는 관계 중앙행정기관의 장, 시·도지사, 시장·군수·구청장, 공공기관의 장, 해사안전과 관련된 기관·단체 또는 개인에 대하여 관련 자료의 제출, 의견의 진술 또는 그 밖에 필요한 협력을 요청할 수 있다. 이 경우 요청을 받은 자는 특별한 사유가 없으면 이에 따라야 한다.

> 시행령 제4조(해사안전시행계획)
>   ① 해양수산부장관은 법 제7조제1항에 따른 해사안전시행계획(이하 "시행계획"이라 한다)을 수립하려는 경

우에는 시행계획의 수립지침을 작성하여 관계 중앙행정기관의 장, 특별시장·광역시장·특별자치시장·도지사·특별자치도지사(이하 "시·도지사"라 한다), 시장·군수·구청장(자치구의 구청장을 말한다. 이하 같다), 「공공기관의 운영에 관한 법률」 제4조에 따른 공공기관의 장(이하 "공공기관의 장"이라 한다)에게 통보하여야 한다.
② 관계 중앙행정기관의 장, 시·도지사, 시장·군수·구청장 및 공공기관의 장(이하 이 조에서 "기관별 작성권자"라 한다)은 제1항에 따라 수립지침을 통보받은 경우에는 매년 10월 31일까지 다음 연도의 기관별 해사안전시행계획(이하 이 조에서 "기관별 시행계획"이라 한다)을 작성하여 해양수산부장관에게 제출하여야 한다.
⑤ 기관별 작성권자는 매년 2월 말일까지 전년도 시행계획의 추진실적을 해양수산부장관에게 제출하여야 한다.

7의2 기본계획 및 시행계획의 국회 제출 등

① 해양수산부장관은 기본계획 및 시행계획을 수립하거나 변경한 때에는 관계 중앙행정기관의 장 및 시·도지사에게 통보하고 지체 없이 국회 소관 상임위원회에 제출하여야 한다.

7의3 국제해사기구의 회원국 감사 대응계획 등

① 해양수산부장관은 국제해사기구가 주관하는 회원국 감사에 대비하기 위한 계획(이하 "대응계획"이라 한다)을 7년마다 수립하여야 한다.
② 해양수산부장관은 대응계획을 시행하기 위하여 매년 점검계획(이하 "점검계획"이라 한다)을 수립하여야 한다.

8 보호수역의 설정 및 입역허가

① 해양수산부장관은 제3조 제1항 제4호에 따른 해양시설 부근 해역에서 선박의 안전항행과 해양시설의 보호를 위한 수역(이하 "보호수역"이라 한다)을 설정할 수 있다.
② 누구든지 보호수역에 입역(入域)하기 위하여는 해양수산부장관의 허가를 받아야 하며, 해양수산부장관은 해양시설의 안전 확보에 지장이 없다고 인정하거나 공익상 필요하다고 인정하는 경우 보호수역의 입역을 허가할 수 있다.
③ 해양수산부장관은 제2항에 따른 입역허가에 필요한 조건을 달 수 있다.

> 시행령 제5조(보호수역의 고시 등)
>   ① 해양수산부장관은 법 제8조제1항에 따라 보호수역을 설정하는 경우에는 해당 보호수역의 위치 및 범위를 고시하고 해도(海圖)에 표시하여야 한다. 보호수역을 변경하거나 폐지하는 경우에도 또한 같다.
>   ② 법 제8조제5항에 따른 보호수역의 범위는 법 제3조제1항제4호에 따른 해양시설 부근 해역의 선박교통량 및 「해양법에 관한 국제연합 협약」에 따른 국제적인 기준을 고려하여 정한다.
>
> 시행규칙 제5조(보호수역 입역허가)
>   ① 법 제8조제2항에 따라 보호수역 입역허가를 받으려는 자는 별지 제1호서식의 보호수역 입역허가 신청서를 관할 지방해양수산청장에게 제출하여야 한다.

9 보호수역의 입역 [14 경장승진, 15 경사승진, 19 해경]

① 제8조제2항에도 불구하고 다음 각 호의 어느 하나에 해당하면 해양수산부장관의 허가를 받지 아니하고

보호수역에 입역할 수 있다(=무허가 보호수역 입역).
1. 선박의 고장이나 그 밖의 사유로 선박 조종이 불가능한 경우
2. 해양사고를 피하기 위하여 부득이한 사유가 있는 경우
3. 인명을 구조하거나 또는 급박한 위험이 있는 선박을 구조하는 경우
4. 관계 행정기관의 장이 해상에서 안전 확보를 위한 업무를 하는 경우
5. 해양시설을 운영하거나 관리하는 기관이 그 해양시설의 보호수역에 들어가려고 하는 경우

> 시행규칙 제6조(보호수역 입역통지)
> ① 법 제9조제1항에 따라 보호수역에 입역한 자는 지체 없이 그 입역 사유를 관할 지방해양수산청장에게 통지하여야 한다.
> ② 제1항에 따라 입역한 자는 그 입역 사유가 해소된 경우에는 관할 지방해양수산청장에게 통지한 후 지체 없이 보호수역으로부터 나와야 한다.

10 교통안전특정해역의 설정 등 [16 경장승진, 19 해경]

① **해양수산부장관**은 다음 각 호의 어느 하나에 해당하는 해역으로서 **대형 해양사고가 발생할 우려가 있는 해역**(이하 "**교통안전특정해역**"이라 한다)을 설정할 수 있다.
  1. 해상교통량이 아주 많은 해역
  2. 거대선, 위험화물운반선, 고속여객선 등의 통항이 잦은 해역
② **해양수산부장관**은 관계 행정기관의 장의 의견을 들어 해양수산부령으로 정하는 바에 따라 **교통안전특정해역 안에서의 항로지정제도**를 시행할 수 있다.

> 시행령 제6조(교통안전특정해역의 범위)
> 법 제10조제3항에 따른 **교통안전특정해역의 범위**는 별표 1과 같다.
> (별표1 : **인천, 부산, 울산, 포항, 여수**) [13 경감승진, 17 해경, 18 경사승진, 19 경장·경장·경감승진]
>
> 시행규칙 제7조(교통안전특정해역에서의 항로지정제도)
> ① 법 제10조제2항에 따라 **교통안전특정해역**(법 제10조제1항에 따른 교통안전특정해역을 말한다. 이하 같다)에서의 항로지정제도는 다음 각 호의 구분에 따라 운영한다.
>   1. 교통안전특정해역 지정항로의 범위 : 별표 2 [17 해경]
>
> | 항로명 | 구분 |
> |---|---|
> | **인천항** 출입항로 | 입항항로(제1항로, 동수도 항로), 출항항로(제2항로, 서수도 항로), 신항출입항로(제3항로, 북장자 서항로), 주의해역 |
> | **부산항** 출입항로 | 분리대, 입항항로, 출항항로 |
> | **광양만** 출입항로 | 분리대, 입항항로제1구간, 출항항로제1구간, 제1주의해역, 분리선, 입항항로제2구간, 출항항로제2구간, 제2주의해역, 깊은 수심 항로제1구간, 입항항로제3구간, 출항항로제3구간, 항행금지구역, 제3주의해역, 깊은수심항로제2구간, 입항항로제4구간, 출항항로제4구간, 제4주의해역 |
>
>   2. 교통안전특정해역 지정항로에서의 속력 : 별표 3. 다만, **해양사고를 피하거나 인명이나 선박을 구조하기 위하여 부득이한 경우에는 그러하지 아니하다.**

항로명	속력(대수속력을 말한다)
부산항 출입항로	10노트
광양만 출입항로	14노트(위험화물운반선은 12노트)

   3. 교통안전특정해역 지정항로에서의 항법 : 별표 4
② 제1항제1호에도 불구하고 다음 각 호의 어느 하나에 해당하는 경우에는 별표 2에 따른 지정항로를 이용하지 아니하고 교통안전특정해역을 항행할 수 있다. 이 경우 해당 지정항로를 이용하고 있는 다른 선박의 안전한 통항을 방해하여서는 아니 된다.
   1. 해양경비·해양오염방제 및 항로표지의 설치 등을 위하여 긴급히 항행할 필요가 있는 경우
   2. 해양사고를 피하거나 인명이나 선박을 구조하기 위하여 부득이한 경우
   3. 교통안전특정해역과 접속된 항구에 입·출항하지 아니하는 경우

11 거대선 등의 항행안전확보 조치   [14·16 경사승진, 17 경장·경사승진, 18 경장승진, 19 해경]

해양경찰서장은 거대선, 위험화물운반선, 고속여객선, 그 밖에 해양수산부령으로 정하는 선박이 교통안전특정해역을 항행하려는 경우 항행안전을 확보하기 위하여 필요하다고 인정하면 선장이나 선박소유자에게 다음 각 호의 사항을 명할 수 있다.

1. 통항시각의 변경
2. 항로의 변경
3. 제한된 시계의 경우 선박의 항행 제한
4. 속력의 제한
5. 안내선의 사용
6. 그 밖에 해양수산부령으로 정하는 사항

> 시행규칙 제8조(항행안전확보조치가 필요한 선박)
> 법 제11조 각 호 외의 부분에서 "그 밖에 해양수산부령으로 정하는 선박"이란 다음 각 호의 어느 하나에 해당하는 선박을 말한다.
>   1. 흘수제약선
>   2. 수면비행선박
>   3. 선박 또는 물체를 끌거나 미는 선박 중 그 예인선열(曳引船列)의 길이가 200미터 이상인 경우에 해당하는 선박

※ 예인선열 : 선박이 다른 선박을 끌거나 밀어 항행할 때의 선단(船團) 전체

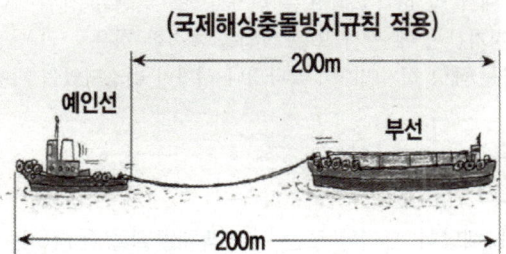

조치대상선박	1. 거대선, 2. 위험화물운반선, 3. 고속여객선, 4. 흘수제약선 5. 수면비행선박 6. 선박 또는 물체를 끌거나 미는 선박 중 그 예인선열(曳引船列)의 길이가 200미터 이상인 경우에 해당하는 선박
조치내용	1. 통항시각의 변경, 2. 항로의 변경, 3. 제한된 시계의 경우 선박의 항행 제한 4. 속력의 제한, 5. 안내선의 사용, 6. 그 밖에 해양수산부령으로 정하는 사항

12 어업의 제한 등

① 교통안전특정해역에서 어로 작업에 종사하는 선박은 항로지정제도에 따라 그 교통안전특정해역을 항행하는 다른 선박의 통항에 지장을 주어서는 아니 된다.
② 교통안전특정해역에서는 어망 또는 그 밖에 선박의 통항에 영향을 주는 어구 등을 설치하거나 양식업을 하여서는 아니 된다.
③ 교통안전특정해역으로 정하여지기 전에 그 해역에서 면허를 받은 어업권·양식업권을 행사하는 경우에는 해당 어업면허 또는 양식업 면허의 유효기간이 끝나는 날까지 제2항을 적용하지 아니한다(=어망 또는 어구 등을 설치하거나 양식업을 할 수 있다).
④ 특별자치도지사·시장·군수·구청장(자치구의 구청장을 말한다)이 교통안전특정해역에서 어업면허, 양식업 면허, 어업허가 또는 양식업 허가(면허 또는 허가의 유효기간 연장을 포함한다)를 하려는 경우에는 미리 해양경찰청장과 협의하여야 한다.

13 공사 또는 작업

① 교통안전특정해역에서 해저전선이나 해저파이프라인의 부설, 준설, 측량, 침몰선 인양작업 또는 그 밖에 선박의 항행에 지장을 줄 우려가 있는 공사나 작업을 하려는 자는 해양경찰청장의 허가를 받아야 한다. 다만, 관계 법령에 따라 국가가 시행하는 항로표지 설치, 수로 측량 등 해사안전에 관한 업무의 경우에는 그러하지 아니하다(허가 X).
② 해양경찰청장은 제1항에 따른 허가를 하면 그 사실을 해양수산부장관에게 보고하여야 하며, 해양수산부장관은 이를 고시하여야 한다.
③ 해양경찰청장은 제1항에 따라 공사 또는 작업의 허가를 받은 자가 다음 각 호의 어느 하나에 해당하면 그 허가를 취소하거나 6개월의 범위에서 공사나 작업의 전부 또는 일부의 정지를 명할 수 있다. 다만, 제1호 또는 제4호에 해당하는 경우에는 그 허가를 취소하여야 한다.
  1. 거짓이나 그 밖의 부정한 방법으로 제1항에 따른 허가를 받은 경우
  2. 공사나 작업이 부진하여 이를 계속할 능력이 없다고 인정되는 경우
  3. 제1항에 따라 허가를 할 때 붙인 허가조건 또는 허가사항을 위반한 경우
  4. 정지명령을 위반하여 정지기간 중에 공사 또는 작업을 계속한 경우
④ 제1항에 따라 허가를 받은 자는 해당 허가기간이 끝나거나 허가가 취소되었을 때에는 해당 구조물을 제거하고 원래 상태로 복구하여야 한다.

14 유조선의 통항제한

① 다음 각 호의 어느 하나에 해당하는 석유 또는 유해액체물질을 운송하는 선박(이하 "유조선"이라 한다)의 선장이나 항해당직을 수행하는 항해사는 유조선의 안전운항을 확보하고 해양사고로 인한 해양오염을

방지하기 위하여 유조선의 통항을 금지한 해역(이하 "유조선통항금지해역"이라 한다)에서 항행하여서는 아니 된다.
1. 원유, 중유, 경유 또는 이에 준하는 「석유 및 석유대체연료 사업법」 제2조제2호가목에 따른 탄화수소유, 같은 조 제10호에 따른 가짜석유제품, 같은 조 제11호에 따른 석유대체연료 중 원유·중유·경유에 준하는 것으로 해양수산부령으로 정하는 기름 1천500킬로리터 이상을 화물로 싣고 운반하는 선박

> **시행규칙 제10조(원유 등에 준하는 기름)**
> 법 제14조제1항제1호에서 "해양수산부령으로 정하는 기름"이란 「산업표준화법」 제12조에 따른 한국산업표준의 석유제품 증류시험방법에 따라 시험하는 경우에 섭씨 266도 이하에서는 그 부피의 50퍼센트를 초과하는 양이 유출되지 아니하는 탄화수소유, 가짜석유제품 및 석유대체연료를 말한다.

2. 「해양환경관리법」 제2조제7호에 따른 유해액체물질을 1천500톤 이상 싣고 운반하는 선박

② 유조선통항금지해역의 범위는 대통령령으로 정한다.

③ 유조선은 다음 각 호의 어느 하나에 해당하면 제1항에도 불구하고 유조선통항금지해역에서 항행할 수 있다. [16 해경, 18 경감승진]
1. 기상상황의 악화로 선박의 안전에 현저한 위험이 발생할 우려가 있는 경우
2. 인명이나 선박을 구조하여야 하는 경우
3. 응급환자가 생긴 경우
4. 항만을 입항·출항하는 경우. 이 경우 유조선은 출입해역의 기상 및 수심, 그 밖의 해상상황 등 항행여건을 충분히 헤아려 유조선통항금지해역의 바깥쪽 해역에서부터 항구까지의 거리가 가장 가까운 항로를 이용하여 입항·출항하여야 한다.

14의2 시운전금지해역의 설정

① 누구든지 충돌 등 해양사고를 방지하기 위하여 시운전(조선소 등에서 선박을 건조·개조·수리 후 인도 전까지 또는 건조·개조·수리 중 시험운전하는 것을 말한다. 이하 이 조 및 제106조제5호의2에서 같다)을 금지한 해역(이하 "시운전금지해역"이라 한다)에서 길이 100미터 이상의 선박에 대하여 해양수산부령으로 정하는 시운전을 하여서는 아니 된다.

15 해상교통안전진단 [11 해경]

① 해양수산부장관은 안전진단대상사업을 하려는 자(국가기관의 장 또는 지방자치단체의 장인 경우는 제외한다. 이하 "사업자"라 한다)에게 해양수산부령으로 정하는 안전진단기준에 따른 해상교통안전진단을 실시하도록 하여야 한다.

② 사업자는 안전진단대상사업에 대하여 「항만법」, 「공유수면 관리 및 매립에 관한 법률」 및 「선박의 입항 및 출항 등에 관한 법률」 등 해양의 이용 또는 보존과 관련된 관계 법령에 따른 허가·인가·승인·신고 등(이하 "허가등"이라 한다)을 받으려는 경우 제1항에 따라 실시한 해상교통안전진단의 결과(이하 "안전진단서"라 한다)를 허가등의 권한을 가진 행정기관(이하 "처분기관"이라 한다)의 장에게 제출하여야 한다.

③ 제1항 및 제2항에 따라 해상교통안전진단을 실시하고 안전진단서를 제출하여야 하는 안전진단대상사업의 범위는 대통령령으로 정한다.

④ 제2항에 따라 안전진단서를 제출받은 처분기관은 허가등을 하기 전에 사업자로부터 이를 제출받은 날부터 10일 이내에 해양수산부장관에게 제출하여야 한다.
⑤ 해양수산부장관은 처분기관으로부터 안전진단서를 제출받은 날부터 45일 이내에 안전진단서를 검토한 후 해양수산부령으로 정하는 바에 따라 그 의견(이하 "검토의견"이라 한다)을 처분기관에 통보하여야 한다. 이 경우 안전진단서의 서류를 보완하거나 관계 기관과의 협의에 걸리는 기간은 통보기간에 산입하지 아니한다.
⑥ 해양수산부장관은 제5항에 따른 안전진단서 검토를 위하여 해상교통안전 관련 분야의 전문가 또는 **대통령령으로 정하는 해상교통안전진단 전문기관(이하 "해상교통안전진단 전문기관"**이라 한다)의 의견을 들을 수 있다.

> 시행령 제7조의4(해상교통안전진단 전문기관의 지정) 법 제15조제6항에서 "대통령령으로 정하는 해상교통안전진단 전문기관"이란 다음 각 호의 기관을 말한다.
> 1. 「한국해양교통안전공단법」에 따른 한국해양교통안전공단
> 2. 그 밖에 해상교통안전진단을 수행할 수 있는 기술적·재정적 능력과 설비를 보유한 것으로 해양수산부장관이 인정하여 고시하는 기관 또는 단체

⑦ 처분기관은 해양수산부장관으로부터 검토의견을 통보받은 날부터 10일 이내에 이를 사업자에게 통보하여야 한다.

16 안전진단서 제출이 면제되는 사업 등

① 사업자는 제15조제2항에도 불구하고 안전진단대상사업이 다음 각 호의 어느 하나에 해당하여 안전진단서 제출이 필요하지 아니하다고 판단하는 경우 해양수산부령으로 정하는 바에 따라 해당 사업의 목적, 내용, 안전진단서 제출이 필요하지 아니한 사유 등이 포함된 의견서를 해양수산부장관에게 제출하여야 한다.
　1. 선박통항안전, 재난대비 또는 복구를 위하여 긴급히 시행하여야 하는 사업
　2. 그 밖에 선박의 통항에 미치는 영향이 적은 사업으로 해양수산부장관이 정하여 고시하는 사업
② 제1항에 따라 의견서를 제출받은 해양수산부장관은 해양수산부령으로 정하는 바에 따라 의견서를 검토한 후 의견서를 제출받은 날부터 30일 이내에 안전진단서 제출 필요성 여부를 결정하여 그 결과를 통보하여야 한다. 이 경우 의견서의 서류를 보완하는 데 걸리는 기간은 통보기간에 산입하지 아니한다.
③ 해양수산부장관이 제2항에 따라 사업자에게 안전진단서를 제출하라고 통보한 경우 사업자는 해양수산부장관에게 안전진단서를 제출하여야 한다.
④ 해양수산부장관은 사업자로부터 안전진단서를 제출받은 날부터 45일 이내에 안전진단서를 검토한 후 검토의견을 사업자에게 통보하여야 한다. 이 경우 안전진단서의 서류를 보완하거나 관계 기관과의 협의에 걸리는 기간은 통보기간에 산입하지 아니한다.

17 검토의견에 대한 이의신청

① 검토의견에 이의가 있는 사업자는 처분기관을 경유하여 해양수산부장관에게 이의신청을 할 수 있다. 이 경우 사업자는 검토의견을 통보받은 날부터 30일 이내에 처분기관에 이의신청서를 제출하여야 한다. 다만, 천재지변 등 부득이한 사정이 있을 때에는 그 기간을 제출기간에 산입하지 아니한다.
② 해양수산부장관은 제1항에 따른 이의신청 내용의 타당성을 검토하여 그 결과(이하 "검토결과"라 한다)를 해양수산부령으로 정하는 바에 따라 20일 이내에 처분기관을 거쳐 이의신청을 한 자에게 통보하여야 한다. 다만, 천재지변 등 부득이한 사정이 있을 때에는 10일의 범위에서 통보기간을 연장할 수 있다.

18 처분기관의 허가등

① 처분기관은 이의신청이 없는 검토의견 또는 검토결과를 반영하여 허가등을 하여야 하며, 허가등을 하였을 때에는 해양수산부장관에게 통보하여야 한다.
② 처분기관은 이의신청이 없는 검토의견 또는 검토결과대로 사업자가 사업을 시행하는지를 **확인하여 그 결과를 대통령령으로 정하는 바에 따라 해양수산부장관에게 제출하여야 하며**, 이를 위하여 사업자에게 이행에 관련된 자료의 제출을 요구하거나 현장조사를 실시할 수 있다.

> 시행령 제7조의5(확인 결과의 제출시기)
> 법 제15조제2항에 따른 처분기관은 법 제18조제2항에 따른 확인 결과를 안전진단대상사업의 개시 후 3개월 및 완료 후 3개월 이내에 각각 해양수산부장관에게 제출해야 한다. 다만, 법 제2조제16호나목의 사업의 경우에는 완료 후 3개월 이내에, 같은 호 마목의 사업의 경우에는 개시 후 3개월 이내에 한 차례만 제출한다.

18의2 국가기관 또는 지방자치단체의 해상교통안전진단 등

① 제15조에도 불구하고 국가기관의 장 또는 지방자치단체의 장은 안전진단대상사업을 시행하려는 경우에는 해양수산부장관에게 안전진단서를 제출하고 협의를 요청하여야 한다.
② 제1항에 따라 협의를 요청받은 해양수산부장관은 협의를 요청받은 날부터 45일 이내에 안전진단서를 검토한 후 그 검토의견을 협의를 요청한 국가기관의 장 또는 지방자치단체의 장에게 통보하여야 한다. 이 경우 해양수산부장관은 안전진단서의 검토를 위하여 해상교통안전 관련 분야의 전문가 또는 해상교통안전진단 전문기관의 의견을 들을 수 있다.
③ 제2항에 따른 검토의견에 이의가 있는 국가기관의 장 또는 지방자치단체의 장은 검토의견을 통보받은 날부터 30일 이내에 이의의 내용·사유 등을 적어 해양수산부장관에게 재협의를 요청할 수 있다. 다만, 천재지변 등 부득이한 사정이 있을 때에는 그 기간을 재협의 요청기간에 산입하지 아니한다.
④ 해양수산부장관은 제3항에 따른 재협의 요청을 받은 경우 그 타당성을 검토한 후 그 검토결과를 재협의를 요청받은 날부터 20일 이내에 재협의를 요청한 국가기관의 장 또는 지방자치단체의 장에게 통보하여야 한다. 다만, 천재지변 등 부득이한 사정이 있을 때에는 10일 이내의 범위에서 통보기간을 연장할 수 있다.
⑤ 국가기관의 장 또는 지방자치단체의 장은 해양수산부장관의 검토의견 또는 검토결과에 따라 안전진단대상사업을 시행하여야 하며, 대통령령으로 정하는 바에 따라 그 이행 결과를 해양수산부장관에게 제출하여야 한다.
⑥ 해양수산부장관은 국가기관의 장 또는 지방자치단체의 장이 제1항부터 제5항까지의 규정에 따른 절차를 거치지 아니하거나 제5항에 따른 해양수산부장관의 검토의견 또는 검토결과에 따르지 아니하고 안전진단대상사업을 시행하는 경우에는 사업계획의 취소, 사업의 중지, 인공구조물의 철거, 운영정지 및 원상회복 등 필요한 조치를 할 것을 해당 국가기관의 장 또는 지방자치단체의 장에게 요청할 수 있다.
⑦ 해양수산부장관은 국가기관의 장 또는 지방자치단체의 장이 검토의견 또는 검토결과에 따라 안전진단대상사업을 시행하는지 확인하기 위하여 해상교통안전 관련 분야의 전문가 또는 해상교통안전진단 전문기관의 의견을 듣거나 현장조사를 의뢰할 수 있고, 해당 국가기관의 장 또는 지방자치단체의 장에게 관련 자료의 제출을 요청할 수 있다.

> 시행규칙 제14조의2(안전진단 결과의 이행 확인 절차)
> 해양수산부장관은 법 제18조제6항 또는 제18조의2제7항에 따라 사업자나 국가기관 등의 장이 검토의견 또는 검토결과대로 사업을 시행하는지 직접 확인하거나 현장조사를 의뢰하려는 경우에는 **사업 현장 등을 방문하기 7일 전까지** 다음 각 호의 사항을 해당 사업자, 처분기관 또는 국가기관 등의 장에게 통지해야 한다. 다만, 긴급히 조치할 필요가 있거나 사전에 통지할 경우 확인 목적을 달성할 수 없다고 인정될 때에는 통지하지 않을 수 있다.
> 1. **확인 근거 및 목적**

```
2. 확인 일시
3. 확인자의 인적사항
4. 확인 사항
```

19 해상교통안전진단의 대행

① 제15조제1항에 따른 사업자나 제18조의2제1항에 따라 해양수산부장관에게 협의를 요청하여야 하는 국가기관의 장 또는 지방자치단체의 장은 제2항에 따라 등록한 안전진단대행업자로 하여금 해상교통안전진단을 대행하게 할 수 있다.
② 해상교통안전진단을 대행하려는 자(이하 "안전진단대행업자"라 한다)는 해양수산부령으로 정하는 기술인력·장비 등 자격을 갖추어 해양수산부장관에게 등록하여야 한다. 등록한 사항 중 해양수산부령으로 정하는 사항을 변경하려는 경우에도 또한 같다.

20 안전진단대행업자의 결격사유

다음 각 호의 자는 안전진단대행업자로 등록할 수 없다.
1. 피성년후견인·피한정후견인 또는 미성년자
2. 이 법을 위반하거나 「형법」 제186조에 따른 등대·표지 손괴 또는 선박의 교통을 방해함으로써 금고 이상의 실형을 선고받고 그 집행이 끝나거나(집행이 끝난 것으로 보는 경우를 포함한다) 집행이 면제된 날부터 2년이 지나지 아니한 자
3. 이 법을 위반하거나 「형법」 제186조에 따른 등대·표지 손괴 또는 선박의 교통을 방해함으로써 금고 이상의 형의 집행유예를 선고받고 그 유예기간 중에 있는 자
4. 제23조에 따라 등록이 취소(제1호에 해당하여 등록이 취소된 경우는 제외한다)된 날부터 2년이 지나지 아니한 자
5. 대표자가 제1호부터 제4호까지의 어느 하나에 해당하는 법인

21 권리와 의무의 승계

① 제19조에 따른 안전진단대행업자로 등록한 자가 그 영업을 양도하거나 법인이 합병한 경우에는 그 양수인 또는 합병 후에 존속하는 법인이나 합병으로 설립되는 법인은 그 등록에 따른 권리와 의무를 승계한다.
② 제1항에 따라 권리와 의무를 승계한 자는 승계한 날부터 30일 이내에 해양수산부령으로 정하는 바에 따라 해양수산부장관에게 신고하여야 한다.
③ 해양수산부장관은 제2항에 따른 신고를 받은 날부터 3일 이내에 신고수리 여부를 신고인에게 통지하여야 한다.
④ 해양수산부장관이 제3항에서 정한 기간 내에 신고수리 여부 또는 민원 처리 관련 법령에 따른 처리기간의 연장 여부를 신고인에게 통지하지 아니하면 그 기간(민원 처리 관련 법령에 따라 처리기간이 연장 또는 재연장된 경우에는 해당 처리기간을 말한다)이 끝난 날의 다음 날에 신고를 수리한 것으로 본다.

22 사업의 휴업 또는 폐업의 신고

안전진단대행업자로 등록한 자는 그 사업을 휴업하거나 폐업하려면 해양수산부령으로 정하는 바에 따라 해양수산부장관에게 신고하여야 한다.

23 안전진단대행업자의 등록 취소 등

① 해양수산부장관은 안전진단대행업자가 다음 각 호의 어느 하나에 해당하면 그 등록을 취소하거나 6개월 이내의 기간을 정하여 영업의 정지를 명할 수 있다. 다만, 제1호부터 제3호까지, 제5호, 제11호 또는 제12호에 해당하면 그 등록을 취소하여야 한다.
1. 제15조제1항에 따른 안전진단기준을 따르지 아니하거나, 해상교통안전진단업무를 수행하지 아니하고 거짓으로 안전진단서를 작성한 경우
2. 거짓이나 그 밖의 부정한 방법으로 등록하거나 변경등록을 한 경우
3. 제19조제2항 전단에 따른 해양수산부령으로 정한 자격을 갖추지 못하게 된 경우
4. 제19조제2항 후단에 따른 변경등록을 하지 아니한 경우
5. 제20조 각 호의 어느 하나에 해당하게 된 경우. 다만, 법인의 대표자가 제20조 각 호의 어느 하나에 해당하게 된 날부터 6개월이 되는 날까지 시정한 경우에는 그 등록을 취소하지 아니한다.
6. 제21조제2항을 위반하여 권리·의무에 대한 승계신고를 하지 아니한 경우
7. 제22조를 위반하여 사업의 휴업 또는 폐업 신고를 하지 아니한 경우
8. 제58조제1항제1호에 따른 출석 또는 진술을 거부·방해하거나 기피한 경우
9. 제58조제1항제2호에 따른 출입·검사·확인·조사 또는 점검을 거부·방해하거나 기피한 경우
10. 제58조제1항제3호에 따른 서류제출 또는 보고를 하지 아니하거나 거짓으로 서류제출 또는 보고를 한 경우
11. 영업정지 명령을 위반하여 정지기간 중에 해상교통안전진단 대행 업무를 계속한 경우
12. 다른 안전진단대행업자로 하여금 해상교통안전진단을 하게 한 경우

25 항행장애물의 보고 등

① 다음 각 호의 어느 하나에 해당하는 항행장애물을 발생시킨 선박의 선장, 선박소유자 또는 선박운항자(이하 "항행장애물제거책임자"라 한다)는 해양수산부령으로 정하는 바에 따라 해양수산부장관에게 지체 없이 그 항행장애물의 위치와 제27조에 따른 위험성 등을 보고하여야 한다.
1. 떠다니거나 침몰하여 다른 선박의 안전운항 및 해상교통질서에 지장을 주는 항행장애물
2. 「항만법」 제2조제1호에 따른 항만의 수역, 「어촌·어항법」 제2조제3호에 따른 어항의 수역, 「하천법」 제2조제1호에 따른 하천의 수역(이하 "수역등"이라 한다)에 있는 시설 및 다른 선박 등과 접촉할 위험이 있는 항행장애물

② 대한민국선박이 외국의 배타적경제수역에서 항행장애물을 발생시켰을 경우 항행장애물제거책임자는 그 해역을 관할하는 외국 정부에 지체 없이 보고하여야 한다.
③ 제1항의 보고를 받은 해양수산부장관은 항행장애물 주변을 항행하는 선박과 인접 국가의 정부에 항행장애물의 위치와 내용 등을 알려야 한다.

26 항행장애물의 표시 등

① 항행장애물제거책임자는 항행장애물이 다른 선박의 항행안전을 저해할 우려가 있는 경우에는 지체 없이 항행장애물에 위험성을 나타내는 표시를 하거나 다른 선박에게 알리기 위한 조치를 하여야 한다. 다만, 항행장애물 중 침몰·좌초된 선박에 대하여는 「항로표지법」 제14조에 따라 조치하여야 한다.
② 해양수산부장관은 항행장애물제거책임자가 제1항에 따른 표시나 조치를 하지 아니하는 경우 항행장애물제거책임자에게 그 표시나 조치를 하도록 명할 수 있다.

③ 항행장애물제거책임자가 제2항에 따른 명령을 이행하지 아니하거나 시급히 표시하지 아니하면 선박의 항행안전에 위해(危害)를 미칠 우려가 큰 경우 해양수산부장관은 직접 항행장애물에 표시할 수 있다.

27 항행장애물의 위험성 결정

① 해양수산부장관은 항행장애물이 선박의 항행안전이나 해양환경에 중대한 영향을 끼치는지를 고려하여 항행장애물의 위험성을 결정하여야 한다.

28 항행장애물 제거

① 항행장애물제거책임자는 항행장애물을 제거하여야 한다.
② 항행장애물제거책임자가 제1항에 따라 항행장애물을 제거하지 아니하는 때에는 해양수산부장관은 그 항행장애물제거책임자에게 항행장애물을 제거하도록 명할 수 있다.
③ 항행장애물제거책임자가 제2항에 따른 명령을 이행하지 아니하거나 항행장애물이 제27조에 따라 위험성이 있다고 결정된 경우 해양수산부장관이 직접 항행장애물을 제거할 수 있다.

29 비용징수 등

① 해양수산부장관은 제26조제3항 및 제28조제3항에 따른 항행장애물의 표시·제거에 드는 비용의 징수에 대비하여 필요한 경우에는 선박소유자에게 비용 지급을 보증하는 서류의 제출을 요구할 수 있다.
② 제26조제3항 및 제28조제3항에 따른 항행장애물의 표시·제거에 쓰인 비용은 항행장애물제거책임자의 부담으로 하되, 항행장애물제거책임자를 알 수 없는 경우에는 대통령령으로 정하는 바에 따라 그 항행장애물 또는 항행장애물을 발생시킨 선박을 처분하여 비용에 충당할 수 있다. [15 경감승진]

30 국내항의 입항·출항 등 거부

해양수산부장관은 제29조제1항의 요구에 응하지 아니하는 선박에 대하여는 국내항의 입항·출항을 거부하거나 국내계류시설의 사용을 허가하지 아니할 수 있다.

31 항로의 지정 등

① 해양수산부장관은 선박이 통항하는 수역의 지형·조류, 그 밖에 자연적 조건 또는 선박 교통량 등으로 해양사고가 일어날 우려가 있다고 인정하면 관계 행정기관의 장의 의견을 들어 그 수역의 범위, 선박의 항로 및 속력 등 선박의 항행안전에 필요한 사항을 해양수산부령으로 정하는 바에 따라 고시할 수 있다.
② 해양수산부장관은 태풍 등 악천후를 피하려는 선박이나 해양사고 등으로 자유롭게 조종되지 아니하는 선박을 위한 수역 등을 지정·운영할 수 있다.

32 외국선박의 통항

① 외국선박은 해양수산부장관의 허가를 받지 아니하고는 대한민국의 내수에서 통항할 수 없다.

> 시행규칙 제24조(외국선박의 내수 통항허가)
> ① 법 제32조제1항에 따라 내수 통항의 허가를 받으려는 외국선박은 다음 각 호의 서류를 관할 지방해양수산청장에게 제출하여야 한다.
>   1. 선박의 명세
>   2. 선박소유자 및 선박운항자의 성명(명칭) 또는 주소

>   3. 내수 통항이 필요한 사유
>   4. 통항 위치 및 일정 등을 기재한 통항계획서
>   5. 해상교통에 미치는 영향 및 안전대책

② 제1항에도 불구하고 「영해 및 접속수역법」 제2조제2항에 따른 직선기선에 따라 내수에 포함된 해역에서는 정박·정류(停留)·계류 또는 배회(徘徊)함이 없이 계속적이고 신속하게 통항할 수 있다. 다만, 다음 각 호의 경우에는 그러하지 아니하다.
  1. 불가항력이나 조난으로 인하여 필요한 경우
  2. 위험하거나 조난상태에 있는 인명·선박·항공기를 구조하기 위한 경우
  3. 그 밖에 대한민국 항만에의 입항 등 해양수산부령으로 정하는 경우

> 시행규칙 제25조(외국선박의 통항)
>   법 제32조제2항제3호에서 "해양수산부령으로 정하는 경우"란 다음 각 호의 어느 하나에 해당하는 경우를 말한다.
>   1. 「선박의 입항 및 출항 등에 관한 법률」 제4조에 따른 허가를 받거나 신고를 하고 무역항의 수상구역등에 출입하기 위하여 대기하는 경우
>   2. 「선박법」 제6조 단서에 따라 불개항장에서의 기항 허가를 받고 대기하는 경우

33 특정선박에 대한 안전조치

① 대한민국의 영해 또는 내수를 통항하는 외국선박 중 다음 각 호의 선박(이하 "특정선박"이라 한다)은 「해상에서의 인명안전을 위한 국제협약」 등 관련 국제협약에서 정하는 문서를 휴대하거나 해양수산부령으로 정하는 특별예방조치를 준수하여야 한다.
  1. 핵추진선박
  2. 핵물질 등 위험화물운반선
② 해양수산부장관은 특정선박에 의한 해양오염 방지, 경감 및 통제를 위하여 필요하면 통항로를 지정하는 등 안전조치를 명할 수 있다.

34 항로 등의 보전

① 누구든지 항로에서 다음 각 호의 어느 하나에 해당하는 행위를 하여서는 아니 된다.
  1. 선박의 방치
  2. 어망 등 어구의 설치나 투기
② 해양경찰서장은 제1항을 위반한 자에게 방치된 선박의 이동·인양 또는 어망 등 어구의 제거를 명할 수 있다. [19 경사·경감승진]
③ 누구든지 「항만법」 제2조제1호에 따른 항만의 수역 또는 「어촌·어항법」 제2조제3호에 따른 어항의 수역 중 대통령령으로 정하는 수역에서는 해상교통의 안전에 장애가 되는 스킨다이빙, 스쿠버다이빙, 윈드서핑 등 대통령령으로 정하는 행위를 하여서는 아니 된다. 다만, 해상교통안전에 장애가 되지 아니한다고 인정되어 해양경찰서장의 허가를 받은 경우와 「체육시설의 설치·이용에 관한 법률」 제20조에 따라 신고한 체육시설업과 관련된 해상에서 행위를 하는 경우에는 그러하지 아니하다. [19 승진]

> 시행령 제10조(해상교통장애행위)

① 법 제34조제3항 본문에서 "대통령령으로 정하는 수역"이란 **해상안전 및 해상교통 여건 등을 고려하여 해양경찰서장이 정하여 고시하는 수역**을 말한다. [18 경장승진]
  1 ~ 16. 삭제
② 해양경찰서장은 제1항에 따른 수역을 정하여 고시하는 경우에는 **해당 수역을 이용하는 사람이 보기 쉬운 장소에 그 사실을 게시**하여야 한다.
③ 법 제34조제3항 본문에서 "**스킨다이빙, 스쿠버다이빙, 윈드서핑 등 대통령령으로 정하는 행위**"란 다음 각 호의 어느 하나에 해당하는 행위를 말한다. 다만, 선박 및 레저기구가 제1항의 수역을 통과하기 위하여 침로(針路)나 속력의 급격한 변경 등이 없이 다른 선박의 항행안전을 저해하지 않고 항행하는 경우는 제외한다.
  1. 「수상레저안전법」 제2조제1호에 따른 **수상레저활동**
  2. 「수중레저활동의 안전 및 활성화 등에 관한 법률」 제2조제2호에 따른 **수중레저활동**
  3. 「마리나항만의 조성 및 관리 등에 관한 법률」 제2조제3호에 따른 **마리나선박을 이용한 유람, 스포츠 또는 여가 행위**
  4. 「유선 및 도선 사업법」 제2조제1호에 따른 **유선사업에 사용되는 선박을 이용한 고기잡이, 관광 또는 그 밖의 유락 행위**

시행령 제11조(해양레저활동의 허가)
① 법 제34조제3항 단서에 따른 허가를 받으려는 사람은 구명설비 등 안전에 필요한 장비를 갖추고 해양수산부령으로 정하는 바에 따라 관할 해양경찰서장에게 허가신청서(전자문서로 된 신청서를 포함한다)를 제출하여야 한다.
② 해양경찰서장은 제1항에 따른 허가신청을 받은 경우에는 해상교통안전에의 장애 여부 및 해상교통 여건을 종합적으로 고려하여 허가 여부를 결정하여야 한다.

④ 해양경찰서장은 제3항에 따라 허가를 받은 사람이 다음 각 호의 어느 하나에 해당하면 그 허가를 취소하거나 해상교통안전에 장애가 되지 아니하도록 시정할 것을 명할 수 있다. 다만, 제3호에 해당하는 경우에는 그 허가를 취소하여야 한다.
1. 항로나 정박지 등 해상교통 여건이 달라진 경우
2. 허가 조건을 위반한 경우
3. 거짓이나 그 밖의 부정한 방법으로 허가를 받은 경우

35 수역등 및 항로의 안전 확보 [17 경사승진, 22 경장승진]

① 누구든지 **수역등 또는 수역등의 밖으로부터 10킬로미터 이내의 수역**에서 **선박 등을 이용**하여 수역등이나 항로를 점거하거나 차단하는 행위를 함으로써 선박 통항을 방해하여서는 아니 된다.
② 해양경찰서장은 제1항을 위반하여 선박 통항을 방해한 자 또는 방해할 우려가 있는 자에게 일정한 시간 내에 **스스로 해산할 것을 요청**하고, 이에 따르지 아니하면 해산을 명할 수 있다.
③ 제2항에 따른 해산명령을 받은 자는 지체 없이 물러가야 한다.

37 선박위치정보의 공개 제한 등 [17 해경]

① 항해자료기록장치 등 해양수산부령으로 정하는 전자적 수단으로 선박의 항적(航跡) 등을 기록한 정보(이하 "선박위치정보"라 한다)를 보유한 자는 다음 각 호의 경우(=공개할 수 있는 사유)를 제외하고는 선박위치정보를 공개하여서는 아니 된다.
  1. **선박위치정보의 보유권자가 그 보유 목적에 따라 사용**하려는 경우
  2. 「해양사고의 조사 및 심판에 관한 법률」 제16조에 따른 **조사관 등이 해양사고의 원인을 조사하기 위**

하여 요청하는 경우
3. 「재난 및 안전관리 기본법」 제3조제7호에 따른 긴급구조기관이 급박한 위험에 처한 선박 또는 승선자를 구조하기 위하여 요청하는 경우
3의2. 중앙행정기관의 장 또는 공공기관의 장이 항만시설의 보안, 여객선의 안전운항 관리, 「통합방위법」 제2조 제4호에 따른 통합방위작전의 수행 또는 관세의 부과·징수 등에 관한 소관 업무를 수행하기 위하여 요청하는 경우
3의3. 선박소유자의 동의를 받은 경우
4. 6개월 이상의 기간이 지난 선박위치정보로서 해양수산부령으로 정하는 경우

> 시행규칙 제30조(선박위치정보의 공개)
> 법 제37조제1항제4호에서 "해양수산부령으로 정하는 경우"란 다음 각 호의 어느 하나에 해당하는 경우를 말한다.
> 1. 「해양사고의 조사 및 심판에 관한 법률」에 따라 조사·심판이 종료된 경우
> 2. 선원에 대한 교육용으로 사용하는 경우
> 3. 해상교통안전진단을 위하여 필요한 경우
> 4. 그 밖에 해사안전의 증진 및 선박의 원활한 교통 확보를 위하여 해양수산부장관이 필요하다고 인정하는 경우

② 직무상 선박위치정보를 알게 된 선박소유자, 선장 및 해원(海員) 등은 선박위치정보를 누설·변조·훼손하여서는 아니 된다.

38 선박 출항통제 [18 해경, 21 해경]

① 해양수산부장관은 해상에 대하여 기상특보가 발표되거나 제한된 시계 등으로 선박의 안전운항에 지장을 줄 우려가 있다고 판단될 경우에는 선박소유자나 선장에게 선박의 출항통제를 명할 수 있다.

> 시행규칙 제31조(선박출항통제)
> 법 제38조제2항에 따른 선박출항통제의 기준 및 절차는 별표 10과 같다.

♣ 해사안전법 시행규칙 제31조 [별표 10] [개정 23. 1. 11]

<u>선박출항통제의 기준 및 절차</u>(제31조 관련)

1. 국제항해에 종사하지 않는 여객선 및 여객용 수면비행선박
   ㄱ. 적용선박 : 「해운법」 제2조제1호의2에 따른 여객선 중 국제항해에 종사하지 않는 여객선 및 여객용 수면비행선박(이하 "내항여객선"이라 한다)
   ㄴ. 출항통제권자 : 해양경찰서장
   ㄷ. 기상상태별 출항통제선박 및 통제절차

기상상태	출항통제선박	통제절차
풍랑·폭풍해일주의보	1) 「선박안전법 시행령」 제2조제1항제3호가목에 따른 평수구역(이하 "평수구역"이라 한다) 밖을 운항하는 내항여객선. 다만, 「기상법 시행령」 제8조제1항에	가) 「해운법」 제22조에 따른 운항관리자(이하 이 표에서 "운항관리자"라 한다)는 풍랑·폭풍해일주의보 발효 시 기상상황을 종합분석(다음 기항지 도착예정시간 내에 출항정지조건등에 해당하는 기

		따른 해상예보구역 중 앞바다(이하 이 표에서 "앞바다"라고 한다)에서 운항하는 내항여객선과 총톤수 **2,000톤** 이상 내항여객선에 대해서는 운항항로의 해상상태가 「해운법」 제21조에 따른 운항관리규정의 출항정지조건·운항정지조건(이하 "출항정지조건등"이라 한다)에 해당하지 않는 내항여객선에 한정하여 출항을 허용할 수 있다.	상특보·예보의 발표 여부를 포함하여야 한다)할 것 나) 운항관리자는 해당 내항여객선의 출항정지조건등을 확인하고 선장의 의견을 들을 것 다) 운항관리자는 앞바다에서 운항하는 내항여객선 및 총톤수 **2,000톤** 이상 내항여객선에 대하여 종합분석된 해상상태가 출항정지조건등에는 해당하지 않아 출항을 허용하려는 경우에는 출항통제권자에게 보고할 것 라) 출항통제권자는 해상상태 및 운항관리자의 보고 등을 고려하여 해당 내항여객선의 출항 여부를 결정할 것
		2) **평수구역 안에서 운항하는 내항여객선**. 다만, **운항항로의 해상상태가 해당 내항여객선의 출항정지조건등에 해당하여 안전운항에 위험이 있다고 판단될 경우에만 운항을 통제할 수 있다.**	가) 운항관리자는 평수구역 안에서 운항하는 내항여객선이 출항통제선박에 해당된다고 판단되는 경우에는 출항통제권자에게 보고할 것 나) 출항통제권자는 해상상태 및 운항관리자의 보고 등을 고려하여 해당 내항여객선의 출항 여부를 결정할 것
	풍랑·폭풍해일경보, 태풍주의보·경보	모든 내항여객선	출항통제권자는 해당 기상특보가 발효되면 해당 내항여객선의 출항을 통제하여야 한다. [21 해경]
시계 제한 시	시정 **1킬로미터** 이내	**모든 내항여객선(여객용 수면비행선박은 제외**한다) [21 해경]	**출항통제권자는 시계제한 시 해당 내항여객선의 출항을 통제**하여야 한다.
	시정 **11킬로미터** 이내	여객용 수면비행선박	

※ 비고
1. 기상특보의 발표 기준은 「기상법 시행령」 제9조에 따른다.
2. "여객용 수면비행선박"이란 「해운법」 제3조제1호 또는 제2호의 내항 정기여객운송사업 또는 내항 부정기 여객운송사업에 종사하는 「선박법」 제1조의2제1항제1호에 따른 수면비행선박을 말한다.
3. "총톤수"란 선박국적증서 또는 선적증서에 기재된 톤수를 말한다.

2. 내항여객선 외의 선박
  가. 적용선박 : 내항여객선을 제외한 선박. 다만, 다음의 어느 하나에 해당하는 선박에 대해서는 적용하지 않는다.
    1) 「수상레저안전법」에 따른 수상레저기구
    2) 「낚시 관리 및 육성법」에 따른 낚시어선
    3) 「유선 및 도선 사업법」에 따른 유·도선
    4) **「어선안전조업법」에 따른 어선** 〈개정 23. 1. 11〉
  나. **출항통제권자 : 지방해양수산청장**
  다. 기상상태별 출항통제선박 및 통제절차

기상상태	출항통제선박	통제절차
풍랑·폭풍해일주의보	1) 평수구역 밖을 운항하는 선박 중 총톤수 **250톤 미만**으로서 길이 **35미터 미만**의 국제항해에 종사하지 않는 선박 2) 국제항해에 종사하는 예부선 결합선박 3) 수면비행선박(여객용 수면비행선박은 제외한다)	출항통제권자는 해당 기상특보가 발효되거나 시계제한 시 출항신고 선박의 총톤수·길이·항행구

풍랑·폭풍해일경보	1) 총톤수 1,000톤 미만으로서 길이 63미터 미만의 국제항해에 종사하지 않는 선박 2) 국제항해에 종사하는 예부선 결합선박	역 등을 확인하여 통제대상 여부를 판단한 후 해당 선박의 출항을 통제하여야 한다.
태풍주의보 및 경보	1) 총톤수 7,000톤 미만의 국제항해에 종사하지 않는 선박 2) 국제항해에 종사하는 예부선 결합선박	
시계 제한시	시정 0.5킬로미터 이내	1) 화물을 적재한 유조선·가스운반선 또는 화학제품운반선 [향도선(嚮導船)을 활용하는 경우는 제외한다] 2) 레이더 및 초단파 무선전화(VHF) 통신설비를 갖추지 않은 선박
	시정 11킬로미터 이내	수면비행선박(여객용 수면비행선박은 제외한다)

※ 비고
1. ~~위 표에도 불구하고 어선의 출항통제에 관한 사항은 「어선안전조업법 시행규칙」 제4조에 따른 기상특보 발효 시 조치사항을 적용한다.~~ 〈삭제 23. 1. 11〉
2. 출항통제권자는 선박의 안전운항 확보, 항만의 효율적 운영 또는 재난·안전관리 등을 위하여 필요하다고 인정하는 경우에는 출항통제를 완화하거나 적용하지 않을 수 있다.
3. "총톤수" 및 "길이"란 선박국적증서 또는 선적증서에 기재된 톤수 및 길이를 말한다. 이 경우 예부선 결합선박[추진기관이 설치되어 있는 선박에 결합하여 운항하는 압항부선(押航艀船)은 제외한다]은 예선톤수만을 말한다.

※ 내항여객선에 대한 출항통제는 해양경찰서장이 하고, 내항여객선 외의 선박에 대한 출항통제는 지방해양수산청장이 한다.

	내용
평수구역	호소·하천 및 항내의 수역과 해양수산부령으로 정하는 18개 수역
연해구역	영해기점으로부터 20해리 이내의 수역과 해양수산부령으로 정하는 5개 수역
근해구역	동쪽은 동경 175도, 서쪽은 동경 94도, 남쪽은 남위 11도 및 북쪽은 북위 63도의 선으로 둘러싸인 수역
원양구역	모든 수역

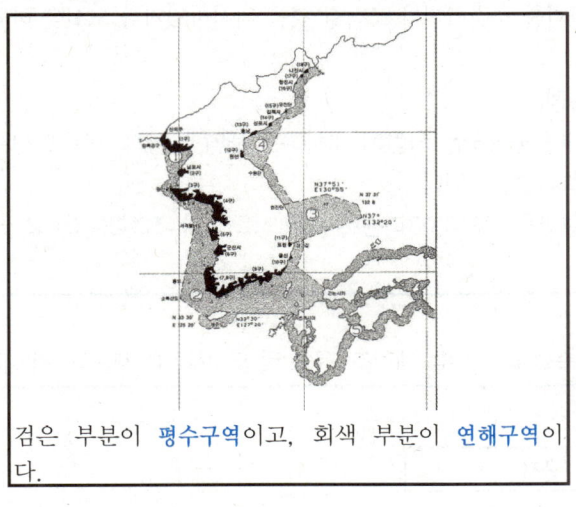

검은 부분이 평수구역이고, 회색 부분이 연해구역이다.

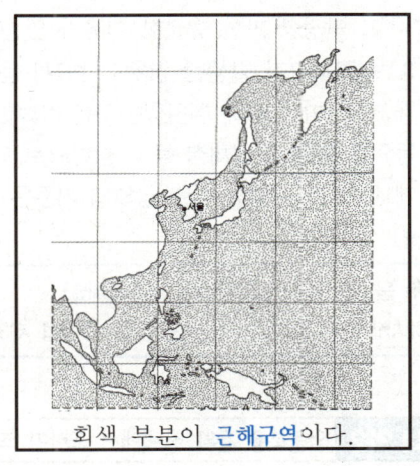

회색 부분이 근해구역이다.

39 순찰

해양경찰서장은 선박 통항의 안전과 질서를 유지하기 위하여 소속 경찰공무원에게 수역등·항로 또는 보호수역을 순찰하게 하여야 한다.

40 정선 등

① 해양경찰서장은 이 법 또는 이 법에 따른 명령을 위반하였거나 위반한 혐의가 있는 사람이 승선하고 있는 선박에 대하여 정선(停船)하거나 회항(回航)할 것을 명할 수 있다.
(추적X, 나포X)
② 제1항에 따른 정선명령이나 회항명령은 대통령령으로 정하는 방법으로 그 선박에서 항해당직을 수행하고 있는 사람에게 알려야 한다.

41 술에 취한 상태에서의 조타기 조작 등 금지

① 술에 취한 상태에 있는 사람은 운항을 하기 위하여 「선박직원법」 제2조제1호에 따른 선박[총톤수 5톤 미만의 선박과 같은 호 나목 및 다목에 해당하는 외국선박을 포함하고, 시운전선박(국내 조선소에서 건조 또는 개조하여 진수 후 인도 전까지 시운전하는 선박을 말한다) 및 이동식 시추선·수상호텔 등 「선박안전법」 제2조제1호에 따라 해양수산부령으로 정하는 부유식 해상구조물은 제외한다. 이하 이 조 및 제41조의2에서 같다]에 따른 선박의 조타기(操舵機)를 조작하거나 조작할 것을 지시하는 행위 또는 「도선법」 제2조제1호에 따른 도선(이하 "도선"이라 한다)을 하여서는 아니 된다.
② 해양경찰청 소속 경찰공무원은 다음 각 호의 어느 하나에 해당하는 경우에는 운항을 하기 위하여 조타기를 조작하거나 조작할 것을 지시하는 사람(이하 "운항자"라 한다) 또는 제1항에 따른 도선을 하는 사람(이하 "도선사"라 한다)이 술에 취하였는지 측정할 수 있으며, 해당 운항자 또는 도선사는 해양경찰청 소속 경찰공무원의 측정 요구에 따라야 한다. 다만, 제3호에 해당하는 경우에는 반드시 술에 취하였는지를 측정하여야 한다.
  1. 다른 선박의 안전운항을 해치거나 해칠 우려가 있는 등 해상교통의 안전과 위험방지를 위하여 필요하다고 인정되는 경우
  2. 제1항을 위반하여 술에 취한 상태에서 조타기를 조작하거나 조작할 것을 지시하였거나 도선을 하였다고 인정할 만한 충분한 이유가 있는 경우
  3. 해양사고가 발생한 경우 : 반드시 음주 측정
③ 제2항에 따라 술에 취하였는지를 측정한 결과에 불복하는 사람에 대하여는 해당 운항자 또는 도선사의 동의를 받아 혈액채취 등의 방법으로 다시 측정할 수 있다.
⑤ 제1항에 따른 술에 취한 상태의 기준은 혈중알코올농도 0.03퍼센트 이상으로 한다. [17 경장승진, 19 간부후보]

> ♣ 음주단속 규정이 있는 법 [17 해경]
> 해사안전법 제41조, 낚시관리 및 육성법 제30조, 수상레저안전법 제22조, 유선 및 도선사업법 제12조, 제16조

41의2 약물복용 등의 상태에서 조타기 조작 등 금지

약물(「마약류 관리에 관한 법률」 제2조제1호에 따른 마약류를 말한다. 이하 같다)·환각물질(「화학물질관리법」 제22조제1항에 따른 환각물질을 말한다. 이하 같다)의 영향으로 인하여 정상적으로 다음 각 호의 행위를 하지 못할 우려가 있는 상태에서는 해당 행위를 하여서는 아니 된다.

1. 「선박직원법」 제2조제1호에 따른 선박의 조타기를 조작하거나 조작할 것을 지시하는 행위
2. 「선박직원법」 제2조제1호에 따른 선박의 도선

41의3 위험방지를 위한 조치

해양경찰서장은 운항자 또는 도선사가 제41조제1항 및 제41조의2를 위반한 경우에는 그 운항자 또는 도선사가 정상적으로 조타기를 조작하거나 조작할 것을 지시할 수 있는 상태가 될 때까지 조타기 조작 또는 조작 지시를 하지 못하게 명령하거나 도선을 하지 못하게 명령하는 등 필요한 조치를 취할 수 있다.

42 해기사면허의 취소·정지 요청

해양경찰청장은 「선박직원법」 제4조에 따른 해기사면허를 받은 자가 다음 각 호의 어느 하나에 해당하는 경우 해양수산부장관에게 해당 해기사면허를 취소하거나 1년의 범위에서 해기사면허의 효력을 정지할 것을 요청할 수 있다.

1. 제41조제1항을 위반하여 술에 취한 상태에서 운항을 하기 위하여 조타기를 조작하거나 그 조작을 지시한 경우
2. 제41조제2항제2호를 위반하여 술에 취한 상태에서 조타기를 조작하거나 조작할 것을 지시하였다고 인정할 만한 상당한 이유가 있음에도 불구하고 해양경찰청 소속 경찰공무원의 측정요구에 따르지 아니한 경우
3. 제41조의2를 위반하여 약물·환각물질의 영향으로 인하여 정상적으로 조타기를 조작하거나 그 조작을 지시하지 못할 우려가 있는 상태에서 조타기를 조작하거나 그 조작을 지시한 경우

43 해양사고가 일어난 경우의 조치 [15 경장승진]

① 선장이나 선박소유자는 해양사고가 일어나 선박이 위험하게 되거나 다른 선박의 항행안전에 위험을 줄 우려가 있는 경우에는 위험을 방지하기 위하여 신속하게 필요한 조치를 취하고, 해양사고의 발생 사실과 조치 사실을 지체 없이 해양경찰서장이나 지방해양수산청장에게 신고하여야 한다. [18 경사승진]
② 지방해양수산청장은 제1항에 따른 신고를 받으면 지체 없이 그 사실을 해양경찰서장에게 통보하여야 한다.
③ 해양경찰서장은 선장이나 선박소유자가 제1항에 따라 신고한 조치 사실을 적절한 수단을 사용하여 확인하고, 조치를 취하지 아니하였거나 취한 조치가 적당하지 아니하다고 인정하는 경우에는 그 선박의 선장이나 선박소유자에게 해양사고를 신속하게 수습하고 해상교통의 안전을 확보하기 위하여 필요한 조치를 취할 것을 명하여야 한다.
④ 해양경찰서장은 해양사고가 일어나 선박이 위험하게 되거나 다른 선박의 항행안전에 위험을 줄 우려가 있는 경우 필요하면 구역을 정하여 다른 선박에 대하여 선박의 이동·항행 제한 또는 조업중지를 명할 수 있다.

43의2 해양교통안전정보관리체계의 구축 등

① 해양수산부장관은 해양사고 원인정보 등 해양수산부령으로 정하는 해양교통안전정보(이하 "해양교통안전정보"라 한다)를 통합적으로 유지·관리하기 위하여 해양교통안전정보관리체계(이하 이 조에서 "해양교통안전정보관리체계"라 한다)를 구축·운영할 수 있다.

44 항행보조시설의 설치와 관리

① 해양수산부장관은 선박의 항행안전에 필요한 항로표지·신호·조명 등 항행보조시설을 설치하고 관리

· 운영하여야 한다.
③ 해양경찰청장, 지방자치단체의 장 또는 운항자는 다음 각 호의 수역에 「항로표지법」 제2조제1호에 따른 항로표지를 설치할 필요가 있다고 인정하면 해양수산부장관에게 그 설치를 요청할 수 있다.
  1. 선박교통량이 아주 많은 수역
  2. 항행상 위험한 수역

> 항로표지법 시행규칙 제2조(항로표지의 종류)
> ① 「항로표지법」(이하 "법"이라 한다) 제2조제1호에 따른 항로표지의 종류는 다음 각 호와 같다.
>
> | | |
> |---|---|
> | 광파(光波)표지 | 유인등대, 무인등대, 등표(燈標), 도등(導燈), 조사등(照射燈), 지향등(指向燈), 등주, 교량등, 통항신호등, 등부표(燈浮標), 고정부표(spar buoy), 대형 등부표(LANBY) 및 등선(燈船) |
> | 형상표지 | 입표(立標), 도표(導標), 교량표, 통항신호표 및 부표 |
> | 음파표지 | 전기 혼(electric horn), 에어 사이렌(air siren), 모터 사이렌(motor siren) 및 다이아폰(diaphone) |
> | 전파표지 | 레이더 비콘(radar beacon), 위성항법보정시스템(DGNSS) 및 지상파항법시스템(LORAN, R-Mode 등) |
> | 특수신호표지 | 해양기상신호지, 조류신호표지 및 자동위치식별신호표지(AIS AtoN) |

45 선장의 권한

① 누구든지 선박의 안전을 위한 선장의 전문적인 판단을 방해하거나 간섭하여서는 아니 된다.
② 선장은 선박의 안전관리를 위하여 제46조의2에 따라 선임된 안전관리책임자에게 선박과 그 시설의 정비·수리, 선박운항일정의 변경 등을 요구할 수 있고, 그 요구를 받은 안전관리책임자는 타당성 여부를 검토하여 그 결과를 10일 이내에 선박소유자에게 알려야 한다. 다만, 안전관리책임자가 선임되지 아니하거나 선박소유자가 안전관리책임자로 선임된 경우에는 선장이 선박소유자에게 직접 요구할 수 있다.

46 선박의 안전관리체제 수립 등

① 해양수산부장관은 선박소유자가 그 선박과 사업장에 대하여 선박의 안전운항 등을 위한 관리체제(이하 "안전관리체제"라 한다)를 수립하고 시행하는 데 필요한 시책을 강구하여야 한다.
② 다음 각 호의 어느 하나에 해당하는 선박(해저자원을 채취·탐사 또는 발굴하는 작업에 종사하는 이동식 해상구조물을 포함한다. 이하 이 조 및 제47조부터 제54조까지의 규정에서 같다)을 운항하는 선박소유자는 안전관리체제를 수립하고 시행하여야 한다. 다만, 「해운법」 제21조에 따른 운항관리규정을 작성하여 해양수산부장관으로부터 심사를 받고 시행하는 경우에는 안전관리체제를 수립하여 시행하는 것으로 본다.
  1. 「해운법」 제3조에 따른 해상여객운송사업에 종사하는 선박
  2. 「해운법」 제23조에 따른 해상화물운송사업에 종사하는 선박으로서 총톤수 500톤 이상의 선박[기선(機船)과 밀착된 상태로 결합된 부선(艀船)을 포함한다]
  3. 국제항해에 종사하는 총톤수 500톤 이상의 어획물운반선과 이동식 해상구조물
  4. 수면비행선박
  5. 그 밖에 대통령령으로 정하는 선박

> 시행령 제15조(안전관리체제를 수립·시행해야 하는 선박)
> ① 법 제46조제2항제5호에서 "대통령령으로 정하는 선박"이란 다음 각 호의 어느 하나에 해당하는 선박을 말한다.
>   1. 「해운법」 제23조에 따른 **해상화물운송사업에 종사하는 선박으로서 총톤수 100톤 이상 500톤 미만의 유류·가스류 및 화학제품류를 운송하는 선박**(기선과 밀착된 상태로 결합된 부선을 포함한다)
>   2. 「선박안전법 시행령」 제2조제1항제3호가목 본문에 따른 **평수(平水)구역 밖을 운항하는 선박으로서 다음 각 목의 어느 하나에 해당하는 부선이나 구조물을 끌거나 미는 선박**
>   가. 총톤수가 2천톤 이상이거나 길이가 100미터 이상인 부선
>   나. 길이가 100미터 이상인 구조물
>   다. 각각의 부선의 총톤수의 합이 2천톤 이상인 2척 이상의 부선
>   라. 밀리거나 끌리는 각각의 구조물의 길이의 합이 100미터 이상인 2개 이상의 구조물
>   마. 밀리거나 끌리는 부선이나 구조물의 길이의 합이 100미터 이상인 부선과 구조물
>   3. **국제항해에 종사하는 총톤수 500톤 이상의 준설선(浚渫船)**

46의2 선박소유자의 안전관리책임자 선임의무 등

① 제46조제2항에 따라 안전관리체제를 수립·시행하여야 하는 선박소유자(같은 조 제4항에 따라 안전관리체제의 수립·시행을 위탁한 경우에는 위탁받은 자를 말한다. 이하 제2항 및 제3항에서 같다)는 선박 및 사업장의 안전관리업무를 수행하게 하기 위하여 안전관리책임자와 안전관리자를 선임하여야 한다. **이 경우 안전관리책임자와 안전관리자는 제61조의2에 따른 선박안전관리사 자격을 가진 사람 중에서 선임하여야 한다.**

46의3 안전관리책임자 등의 업무 등

① 안전관리책임자는 선박의 안전관리에 관한 업무를 선박소유자와 직접 협의할 수 있는 권한을 가진 자로서, 다음 각 호의 업무를 수행한다.
1. 안전관리체제의 시행 및 개선
2. 선원에 대한 안전교육 실시 및 이에 대한 사후점검
3. 안전관리체제의 유효성 검토 및 부적합사항의 분석
4. 선박에 보급되는 장치, 부품 등의 적격품 여부 확인
5. 선박의 안전운항 및 해양오염방지를 위한 필요자원 및 육상지원의 적절한 제공 여부 확인 및 보장
6. 선박에 대한 안전정보·기술정보 등의 제공
7. 그 밖에 대통령령으로 정하는 업무

47 인증심사

① 선박소유자는 제46조제2항에 따라 안전관리체제를 수립·시행하여야 하는 선박이나 사업장에 대하여 다음 각 호의 구분에 따라 해양수산부장관으로부터 안전관리체제에 대한 인증심사(이하 "인증심사"라 한다)를 받아야 한다.
1. **최초인증심사** : 안전관리체제의 수립·시행에 관한 사항을 확인하기 위하여 **처음으로** 하는 심사
2. **갱신인증심사** : 선박안전관리증서 또는 안전관리적합증서의 **유효기간이 끝난 때에** 하는 심사
3. **중간인증심사** : 최초인증심사와 갱신인증심사 **사이** 또는 갱신인증심사와 갱신인증심사 **사이**에 해양수산부령으로 정하는 시기에 행하는 심사
4. **임시인증심사** : 최초인증심사를 받기 전에 임시로 선박을 운항하기 위하여 다음 각 목의 어느 하나에 대하여 하는 심사 [14 경사승진]

    가. 새로운 종류의 선박을 추가하거나 신설한 사업장
    나. 개조 등으로 선종이 변경되거나 신규로 도입한 선박
  5. 수시인증심사 : 제1호부터 제4호까지의 인증심사 외에 선박의 해양사고 및 외국항에서의 항행정지 예방 등을 위하여 해양수산부령으로 정하는 경우에 사업장 또는 선박에 대하여 하는 심사

> 시행규칙 제36조(수시인증심사를 받아야 하는 사업장 또는 선박)
> ① 법 제47조제1항제5호에서 "해양수산부령으로 정하는 경우"란 다음 각 호의 어느 하나에 해당하는 경우를 말한다.
>   1. 법 제56조제1항 및 제2항에 따라 사업장이나 선박에 대한 점검 결과 선박의 안전 확보를 위하여 필요하다고 인정하는 경우
>   2. 법 제58조제1항에 따른 지도·감독 결과 해양사고를 방지하고 해사안전관리 업무를 효율적으로 수행하기 위하여 필요하다고 인정하는 경우
>   3. 「해양사고의 조사 및 심판에 관한 법률」 제2조제1호에 따른 해양사고가 발생한 경우로서 해당 선박의 안전 확보를 위하여 필요하다고 인정하는 경우

② 선박소유자는 인증심사에 합격하지 아니한 선박을 항행에 사용하여서는 아니 된다. 다만, 천재지변 등으로 인하여 인증심사를 받을 수 없다고 인정되는 등 해양수산부령으로 정하는 경우에는 그러하지 아니하다.
③ 인증심사를 받으려는 자는 해양수산부령으로 정하는 바에 따라 수수료를 내야 한다.

48 인증심사 업무의 대행 등

① 해양수산부장관은 다음 각 호의 업무를 해양수산부장관이 지정하는 인증심사대행기관(이하 "정부대행기관"이라 한다)이 대행하게 할 수 있다. 이 경우 해양수산부장관은 대통령령으로 정하는 바에 따라 정부대행기관과 협정을 체결하여야 한다.
  1. 인증심사
  2. 제49조제1항 및 제2항에 따른 선박안전관리증서 등의 발급
⑥ 해양수산부장관은 정부대행기관이 다음 각 호의 어느 하나에 해당하면 그 지정을 취소하거나 6개월의 범위에서 업무의 전부나 일부를 정지할 것을 명할 수 있다. 다만, **제1호, 제3호 또는 제6호에 해당하는 경우에는 그 지정을 취소하여야 한다.**
  1. **거짓이나 그 밖의 부정한 방법으로 지정을 받은 경우**
  2. 정부대행기관의 지정기준을 충족하지 못하게 된 경우
  3. **인증심사에 관한 업무를 수행할 능력이 없다고 인정된 경우**
  4. 제5항을 위반하여 수수료의 승인 또는 변경승인을 받지 아니하고 수수료를 징수한 경우
  5. 제8항을 위반하여 대행업무에 관한 보고를 하지 아니한 경우
  6. **업무정지명령을 위반하여 정지기간 중에 대행업무를 계속한 경우**
⑦ 해양수산부장관은 제6항제4호 및 제5호에 따라 정부대행기관에 업무정지를 명하여야 하는 경우로서 그 업무정지가 해당 업무의 이용자에게 심한 불편을 주거나 공익을 저해할 우려가 있는 때에는 그 업무정지를 갈음하여 인증심사 업무와 관련된 **매출액의 100분의 5를 곱한 금액**을 초과하지 아니하는 범위에서 과징금을 부과할 수 있다.

49 선박안전관리증서 등의 발급 등

① 해양수산부장관은 최초인증심사나 갱신인증심사에 합격하면 그 선박에 대하여는 선박안전관리증서를 내주고, 그 사업장에 대하여는 안전관리적합증서를 내주어야 한다.
② 해양수산부장관은 임시인증심사에 합격하면 그 선박에 대하여는 임시선박안전관리증서를 내주고, 그 사업장에 대하여는 임시안전관리적합증서를 내주어야 한다.
③ 선박소유자는 그 선박에는 선박안전관리증서나 임시선박안전관리증서의 원본과 안전관리적합증서나 임

시안전관리적합증서의 사본을 갖추어 두어야 하며, 그 사업장에는 안전관리적합증서나 임시안전관리적합증서의 원본을 갖추어 두어야 한다.
④ 제1항에 따른 선박안전관리증서와 안전관리적합증서의 유효기간은 각각 5년으로 하고, 제2항에 따른 임시안전관리적합증서의 유효기간은 1년, 임시선박안전관리증서의 유효기간은 6개월로 한다.
⑤ 제1항에 따른 선박안전관리증서는 5개월의 범위에서, 제2항에 따른 임시선박안전관리증서는 6개월의 범위에서 해양수산부령으로 정하는 바에 따라 각각 한 차례만 (삭제 21. 4. 13) 유효기간을 연장할 수 있다.
⑥ 해양수산부장관은 선박소유자가 제47조제1항제3호에 따른 중간인증심사 또는 같은 항 제5호에 따른 수시인증심사에 합격하지 못하면 그 인증심사에 합격할 때까지 제1항에 따른 안전관리적합증서 또는 선박안전관리증서의 효력을 정지하여야 한다.
⑦ 제6항에 따라 안전관리적합증서의 효력이 정지된 경우에는 해당 사업장에 속한 모든 선박의 선박안전관리증서의 효력도 정지된다.

50 인증심사에 대한 이의신청

① 인증심사에 불복하는 자는 심사결과를 통지받은 날부터 30일 이내에 그 사유를 적어 해양수산부장관이 정하는 바에 따라 이의신청을 할 수 있다.
② 인증심사에 관하여 이의가 있는 자는 제1항에 따른 이의신청 여부와 관계없이 「행정심판법」에 따른 행정심판청구 또는 「행정소송법」에 따른 행정소송을 제기할 수 있다.

51 안전관리대행업의 등록

① 선박소유자로부터 안전관리체제의 수립과 시행에 관한 업무를 위탁받아 대행하는 업(이하 "안전관리대행업"이라 한다)을 경영하려는 자는 해양수산부장관에게 등록하여야 한다. 등록한 사항 중 해양수산부령으로 정하는 사항을 변경하려는 경우에도 또한 같다.

54 안전관리대행업의 등록 취소 등

① 해양수산부장관은 안전관리대행업을 등록한 자가 다음 각 호의 어느 하나에 해당하면 그 등록을 취소하거나 6개월 이내의 기간을 정하여 영업의 전부나 일부를 정지할 것을 명할 수 있다. 다만, 제1호·제4호 또는 제12호에 해당하면 그 등록을 취소하여야 한다.
 1. 거짓이나 그 밖의 부정한 방법으로 등록한 경우
 2. 제51조제1항 후단을 위반하여 변경등록을 하지 아니한 경우
 3. 제51조제2항에 따른 사업장 안전관리체제를 갖추지 못하게 된 경우
 4. 법인의 대표자가 제52조제1항의 결격사유에 해당하게 된 경우. 다만, 법인의 대표자가 제52조제1항의 결격사유에 해당하게 된 날부터 6개월이 되는 날까지 시정한 경우에는 그 등록을 취소하지 아니한다.
 5. 안전관리체제의 수립과 시행에 관한 업무를 수행하지 아니하고 거짓으로 서류를 작성한 경우
 6. 제53조제1항을 위반하여 권리·의무에 대한 승계신고를 하지 아니한 경우
 7. 제53조제2항을 위반하여 사업의 휴업 또는 폐업 신고를 하지 아니한 경우
 8. 제58조제1항제1호에 따른 출석 또는 진술을 거부·방해하거나 기피한 경우
 9. 제58조제1항제2호에 따른 출입·검사·확인·조사 또는 점검을 거부·방해하거나 기피한 경우

10. 제58조제1항제3호에 따른 서류제출 또는 보고를 하지 아니하거나 거짓으로 서류제출 또는 보고를 한 경우
11. 제59조에 따른 개선명령을 이행하지 아니한 경우
12. 영업정지 명령을 위반하여 정지기간 중에 안전관리대행업의 영업을 계속한 경우

55 외국선박 통제

① 해양수산부장관은 대한민국의 영해에 있는 외국선박 중 대한민국의 항만에 입항하였거나 입항할 예정인 선박에 대하여 선박 안전관리체제, 선박의 구조·시설, 선원의 선박운항지식 등이 대통령령으로 정하는 해사안전에 관한 국제협약의 기준에 맞는지를 확인할 수 있다.
② 해양수산부장관은 제1항에 따른 확인 결과 외국선박의 안전관리체제, 선박의 구조·시설, 선원의 선박운항지식 등이 국제협약의 기준에 미치지 못하는 경우로서, 해당 선박의 크기·종류·상태 및 항행기간을 고려할 때 항행을 계속하는 것이 인명이나 재산에 위험을 불러일으키거나 해양환경 보전에 장해를 미칠 우려가 있다고 인정되는 경우에는 그 선박에 대하여 항행정지를 명하는 등 필요한 조치를 할 수 있다.
③ 해양수산부장관은 제2항에 따른 위험과 장해가 없어졌다고 인정할 때에는 지체 없이 해당 선박에 대한 조치를 해제하여야 한다.

56 선박 점검 등

① 해양수산부장관은 대한민국선박이 외국 정부의 선박통제에 따라 항행정지 처분을 받은 경우에는 그 선박의 사업장에 대하여 안전관리체제의 적합성 여부를 점검하거나 그 선박이 국내항에 입항할 경우 해양수산부령으로 정하는 바에 따라 관련되는 선박의 안전관리체제, 선박의 구조·시설, 선원의 선박운항지식 등에 대하여 점검을 할 수 있다. 다만, 외국 정부에서 확인을 요청하는 경우 등 필요한 경우에는 외국에서 점검을 할 수 있다.
② 해양수산부장관은 외국 정부의 선박통제에 따른 항행정지를 예방하기 위한 조치가 필요하다고 인정하는 경우 해양수산부령으로 정하는 바에 따라 관련되는 선박에 대하여 제1항에 따른 점검(이하 "특별점검"이라 한다)을 할 수 있다.
③ 해양수산부장관은 특별점검의 결과 선박의 안전 확보를 위하여 필요하다고 인정하면 그 선박의 소유자 또는 해당 사업장에 대하여 해양수산부령으로 정하는 바에 따라 시정·보완 또는 항행정지를 명할 수 있다.

57 선박안전도정보의 공표

① 해양수산부장관은 국민의 선박 이용의 안전을 도모하기 위하여 다음 각 호에서 정하는 선박의 해양사고 발생 건수, 관계 법령이나 국제협약에서 정한 선박의 안전에 관한 기준의 준수 여부 및 그 선박의 소유자·운항자 또는 안전관리대행자 등에 대한 정보를 공표할 수 있다. 다만, 대통령령으로 정하는 중대한 해양사고가 발생한 선박에 대하여는 사고개요, 해당 선박의 명세 및 소유자 등 해양수산부령으로 정하는 정보를 공표하여야 한다.
 1. 「해운법」 제3조에 따른 해상여객운송사업에 종사하는 선박으로서 해양수산부령으로 정하는 선박
 2. 「해운법」 제23조에 따른 해상화물운송사업에 종사하는 선박으로서 해양수산부령으로 정하는 선박
 3. 대한민국의 항만에 기항(寄港)하는 외국선박으로서 해양수산부령으로 정하는 선박
 4. 그 밖에 국제해사기구 등 해사안전과 관련된 국제기구의 요청 등에 따라 해당 선박의 안전도에 대한 정보를 제공할 필요가 있다고 해양수산부장관이 인정하는 선박

시행령 제19조의2(선박안전도정보의 공표)

법 제57조제1항 각 호 외의 부분 단서에서 "**대통령령으로 정하는 중대한 해양사고가 발생한 선박**"이란 선박의 구조·설비 또는 운용과 관련하여 다음 각 호의 어느 하나에 해당하는 해양사고가 발생한 선박을 말한다.
1. 사람이 사망하거나 실종된 사고
2. 선박이 충돌·좌초·전복(顚覆)·침몰 등으로 멸실되거나 감항능력(堪航能力)을 상실하여 선박에 대한 수난구호 또는 예인(曳引)작업이 이루어진 사고
3. 다음 각 목의 구분에 따른 유류(油類) 또는 기름이 유출된 사고
   가. 「유류오염손해배상 보장법」 제2조제5호에 따른 유류 : 30킬로리터 이상
   나. 법 제14조제1항제1호에 따른 기름(가목에 따른 유류는 제외한다) : 100킬로리터 이상

59 개선명령

① 해양수산부장관은 지도·감독 결과 필요하다고 인정하거나 해양사고의 발생빈도와 경중 등을 고려하여 필요하다고 인정할 때에는 그 선박의 선장, 선박소유자, 안전관리대행업자, 그 밖의 관계인에게 다음 각 호의 조치를 명할 수 있다.
  1. 선박 시설의 보완이나 대체
  2. 소속 직원의 근무시간 등 근무 환경의 개선
  3. 소속 임직원에 대한 교육·훈련의 실시
  4. 그 밖에 해사안전관리에 관한 업무의 개선
② 해양수산부장관은 제1항제1호에 따른 조치를 명할 경우에는 선박 시설을 보완하거나 대체하는 것을 마칠 때까지 해당 선박의 항행정지를 함께 명할 수 있다.

60 이의신청

① 제55조제2항에 따른 항행정지명령 또는 제56조제3항에 따른 시정·보완 명령, 항행정지명령에 불복하는 선박소유자는 명령을 받은 날부터 90일 이내에 그 불복 사유를 적어 해양수산부장관에게 이의신청을 할 수 있다.
② 제1항에 따라 이의신청을 받은 해양수산부장관은 이의신청에 대하여 검토한 결과를 60일 이내에 신청인에게 통보하여야 한다. 다만, 부득이한 사정이 있을 때에는 30일 이내의 범위에서 통보시한을 연장할 수 있다.
④ 제55조제2항에 따른 항행정지명령 또는 제56조제3항에 따른 시정·보완 명령, 항행정지명령에 이의가 있는 자는 제1항에 따른 이의신청여부와 관계없이 「행정심판법」에 따른 행정심판청구 또는 「행정소송법」에 따른 행정소송을 제기할 수 있다.

61의2 선박안전관리사 자격제도의 관리·운영 등 [시행 24. 1. 5]

① 해양수산부장관은 해사안전 및 선박·사업장 안전관리를 효과적이고 전문적으로 하기 위하여 선박안전관리사 자격제도를 관리·운영한다.
② 선박안전관리사는 다음 각 호의 업무를 수행한다.
  1. 안전관리체제의 수립·시행 및 개선·지도
  2. 선박에 대한 안전관리 점검·개선 및 지도·조언
  3. 선박과 사업장 종사자의 안전을 위한 교육 및 점검
  4. 선박과 사업장에 대한 작업환경의 점검 및 개선
  5. 해양사고 예방 및 재발방지에 관한 지도·조언
  6. 여객관리 및 화물관리에 관한 업무

7. 선박안전·보안기술의 연구개발 및 해상교통안전진단에 관한 참여·조언
8. 그 밖에 해사안전관리 및 보안관리에 필요한 업무

③ 선박안전관리사가 되려는 자는 대통령령으로 정하는 응시자격을 갖추고 해양수산부장관이 실시하는 자격시험에 합격하여야 한다. 다만, 「국가기술자격법」 또는 다른 법률에 따른 선박 안전관리와 관련된 자격의 보유자 등 대통령령으로 정하는 자에 대해서는 자격시험의 일부를 면제할 수 있다.

④ 선박안전관리사는 다른 사람에게 자격증을 대여하거나 그 명의를 사용하게 하여서는 아니 된다.

⑤ 이 법에 따른 선박안전관리사가 아니면 선박안전관리사 또는 이와 유사한 명칭을 사용하지 못한다.

⑥ 선박안전관리사의 등급, 자격시험의 과목·합격기준 및 자격증의 발급 등 그 밖에 자격시험에 관하여 필요한 사항은 대통령령으로 정한다.

61의3 부정행위자에 대한 제재 [시행 24. 1. 5]

해양수산부장관은 부정한 방법으로 선박안전관리사 자격시험에 응시한 사람 또는 선박안전관리사 자격시험에서 부정행위를 한 사람에 대하여는 그 시험을 중지하게 하거나 무효로 하고, 그 처분이 있은 날부터 2년간 선박안전관리사 자격시험 응시자격을 정지한다.

61의4 결격사유 [시행 24. 1. 5]

다음 각 호의 어느 하나에 해당하는 자는 선박안전관리사가 될 수 없다.
1. 피성년후견인
2. 이 법, 「해운법」, 「선박안전법」, 「선박직원법」, 「선원법」 또는 「국제항해선박 및 항만시설의 보안에 관한 법률」을 위반하여 금고 이상의 형을 선고받고 그 집행이 끝나거나 집행을 받지 아니하기로 확정된 후 3년이 지나지 아니한 자
3. 제2호에 따른 죄를 범하여 금고 이상의 형의 집행유예를 선고받고 그 유예기간 중에 있는 자
4. 제61조의5제1항에 따라 자격이 취소된 날부터 3년이 지나지 아니한 자

61의5 자격의 취소·정지 [시행 24. 1. 5]

① 해양수산부장관은 선박안전관리사가 다음 각 호의 어느 하나에 해당하는 경우에는 그 자격을 취소하거나 3년 이내의 기간을 정하여 그 자격의 정지를 명할 수 있다. 다만, 제1호부터 제3호까지의 어느 하나에 해당하면 그 자격을 취소하여야 한다.
1. 거짓이나 그 밖의 부정한 방법으로 선박안전관리사 자격을 취득한 경우
2. 제61조의2제4항을 위반하여 다른 사람에게 자격증을 대여하거나 그 명의를 사용하게 한 경우
3. 제61조의4에 따른 결격사유에 해당하게 된 경우
4. 자격정지 기간 중에 업무를 수행한 경우
5. 자격정지 처분을 3회 이상 받았거나 자격정지 기간 종료 후 2년 이내에 다시 자격정지 처분에 해당하는 행위를 한 경우

61의6 선박안전관리사 고용 선박소유자에 대한 우선지원 [시행 24. 1. 5]

해양수산부장관은 선박안전관리사를 고용한 선박소유자 등 이 법에 따른 사업자에 대하여 다른 사업자에 우선하여 자금 등을 지원할 수 있다. 다만, 제46조의2제1항에 따른 의무를 이행하기 위하여 선박안전관리사를 고용한 경우는 제외한다.

62 적용

이 절(§62~§68)은 모든 시계상태에서 적용한다.

63 경계

선박은 주위의 상황 및 다른 선박과 충돌할 수 있는 위험성을 충분히 파악할 수 있도록 시각·청각 및 당시의 상황에 맞게 이용할 수 있는 모든 수단을 이용하여 항상 적절한 경계를 하여야 한다.

64 안전한 속력 [13 경감승진, 17 해경, 18 경장승진]

① 선박은 다른 선박과의 충돌을 피하기 위하여 적절하고 효과적인 동작을 취하거나 당시의 상황에 알맞은 거리에서 선박을 멈출 수 있도록 항상 안전한 속력으로 항행하여야 한다.
② 제1항에 따른 안전한 속력을 결정할 때에는 다음 각 호(레이더를 사용하고 있지 아니한 선박의 경우에는 제1호부터 제6호까지)의 사항을 고려하여야 한다.
  1. 시계의 상태
  2. 해상교통량의 밀도
  3. 선박의 정지거리·선회성능, 그 밖의 조종성능
  4. 야간의 경우에는 항해에 지장을 주는 불빛의 유무
  5. 바람·해면 및 조류의 상태와 항행장애물의 근접상태
  6. 선박의 흘수와 수심과의 관계
  7. 레이더의 특성 및 성능
  8. 해면상태·기상, 그 밖의 장애요인이 레이더 탐지에 미치는 영향
  9. 레이더로 탐지한 선박의 수·위치 및 동향

65 충돌 위험 [18 해경]

① 선박은 다른 선박과 충돌할 위험이 있는지를 판단하기 위하여 당시의 상황에 알맞은 모든 수단을 활용하여야 한다.
② 레이더를 설치한 선박은 다른 선박과 충돌할 위험성 유무를 미리 파악하기 위하여 레이더를 이용하여 장거리 주사(走査), 탐지된 물체에 대한 작도(作圖), 그 밖의 체계적인 관측을 하여야 한다.
③ 선박은 불충분한 레이더 정보나 그 밖의 불충분한 정보에 의존하여 다른 선박과의 충돌 위험 여부를 판단하여서는 아니 된다.
④ 선박은 접근하여 오는 다른 선박의 나침방위에 뚜렷한 변화가 일어나지 아니하면 충돌할 위험성이 있다고 보고 필요한 조치를 하여야 한다. 접근하여 오는 다른 선박의 나침방위에 뚜렷한 변화가 있더라도 거대선 또는 예인작업에 종사하고 있는 선박에 접근하거나, 가까이 있는 다른 선박에 접근하는 경우에는 충돌을 방지하기 위하여 필요한 조치를 하여야 한다. [11 경사승진]

66 충돌을 피하기 위한 동작 [15 해경, 18 해경]

① 선박은 제1절부터 제3절까지 및 제6절에 따른 항법에 따라 다른 선박과 충돌을 피하기 위한 동작을 취하되, 이 법에서 정하는 바가 없는 경우에는 될 수 있으면 충분한 시간적 여유를 두고 적극적으로 조치하여 선박을 적절하게 운용하는 관행에 따라야 한다.
② 선박은 다른 선박과 충돌을 피하기 위하여 침로(針路)나 속력을 변경할 때에는 될 수 있으면 다른 선박이 그 변경을 쉽게 알아볼 수 있도록 충분히 크게 변경하여야 하며, 침로나 속력을 소폭으로 연속적으로 변경하여서는 아니 된다. [15 해경, 16 경사승진]

③ 선박은 넓은 수역에서 충돌을 피하기 위하여 침로를 변경하는 경우에는 적절한 시기에 큰 각도로 침로를 변경하여야 하며, 그에 따라 다른 선박에 접근하지 아니하도록 하여야 한다.

> ※ 침로(針路) : 자침(磁針)이 가리키는 방향(=배가 가는 방향)
> ※ 항로(航路) : 배가 가야 할 곳으로 정해진 길

④ 선박은 다른 선박과의 충돌을 피하기 위하여 동작을 취할 때에는 다른 선박과의 사이에 안전한 거리를 두고 통과할 수 있도록 그 동작을 취하여야 한다. 이 경우 그 동작의 효과를 다른 선박이 완전히 통과할 때까지 주의 깊게 확인하여야 한다.
⑤ 선박은 다른 선박과의 충돌을 피하거나 상황을 판단하기 위한 시간적 여유를 얻기 위하여 필요하면 속력을 줄이거나 기관의 작동을 정지하거나 후진하여 선박의 진행을 완전히 멈추어야 한다.
⑥ 이 법에 따라 다른 선박의 통항이나 통항의 안전을 방해하여서는 아니 되는 선박은 다음 각 호의 사항을 준수하고 유의하여야 한다.
   1. 다른 선박이 안전하게 지나갈 수 있는 여유 수역이 충분히 확보될 수 있도록 조기에 동작을 취할 것
   2. 다른 선박에 접근하여 충돌할 위험이 생긴 경우에는 그 책임을 면할 수 없으며, 피항동작(避航動作)을 취할 때에는 이 장(章)에서 요구하는 동작에 대하여 충분히 고려할 것
⑦ 이 법에 따라 통항할 때에 다른 선박의 방해를 받지 아니하도록 되어 있는 선박은 다른 선박과 서로 접근하여 충돌할 위험이 생긴 경우 이 장의 규정에 따라야 한다.

67 좁은 수로등 [18 경감승진]

① 좁은 수로나 항로(이하 "좁은 수로등"이라 한다)를 따라 항행하는 선박은 항행의 안전을 고려하여 될 수 있으면 좁은 수로등의 오른편 끝 쪽에서 항행하여야 한다. 다만, 제31조제1항에 따라 해양수산부장관이 특별히 지정한 수역 또는 제68조제1항에 따라 통항분리제도가 적용되는 수역에서는 좁은 수로등의 오른편 끝 쪽에서 항행하지 아니하여도 된다.
② 길이 20미터 미만의 선박이나 범선은 좁은 수로등의 안쪽에서만 안전하게 항행할 수 있는 다른 선박의 통행을 방해하여서는 아니 된다.
③ 어로에 종사하고 있는 선박은 좁은 수로등의 안쪽에서 항행하고 있는 다른 선박의 통항을 방해하여서는 아니 된다.
④ 선박이 좁은 수로등의 안쪽에서만 안전하게 항행할 수 있는 다른 선박의 통항을 방해하게 되는 경우에는 좁은 수로등을 횡단하여서는 아니 된다.
⑤ 제71조제2항 및 제3항에 따른 앞지르기 하는 배는 좁은 수로등에서 앞지르기당하는 선박이 앞지르기 하는 배를 안전하게 통과시키기 위한 동작을 취하지 아니하면 앞지르기 할 수 없는 경우에는 기적신호를 하여 앞지르기 하겠다는 의사를 나타내야 한다. 이 경우 앞지르기 당하는 선박은 그 의도에 동의하면 기적신호를 하여 그 의사를 표현하고, 앞지르기 하는 배를 안전하게 통과시키기 위한 동작을 취하여야 한다.
⑥ 선박이 좁은 수로등의 굽은 부분이나 항로에 있는 장애물 때문에 다른 선박을 볼 수 없는 수역에 접근하는 경우에는 특히 주의하여 항행하여야 한다.
⑦ 선박은 좁은 수로등에서 정박(정박 중인 선박에 매어 있는 것을 포함한다)을 하여서는 아니 된다. 다만, 해양사고를 피하거나 인명이나 그 밖의 선박을 구조하기 위하여 부득이하다고 인정되는 경우에는 그러

하지 아니하다.

68 통항분리제도 [20 해경]

① 이 조는 다음 각 호의 수역(이하 "통항분리수역"이라 한다)에 대하여 적용한다.
   1. 국제해사기구가 채택하여 통항분리제도가 적용되는 수역
   2. 해상교통량이 아주 많아 충돌사고 발생의 위험성이 있어 통항분리제도를 적용할 필요성이 있는 수역으로서 해양수산부령으로 정하는 수역

> 시행규칙 제54조(통항분리방식이 적용되는 수역)
> 법 제68조제1항제2호에서 "해양수산부령으로 정하는 수역"이란 별표 15의 통항분리방식이 적용되는 수역을 말한다. → 홍도, 보길도, 거문도

② 선박이 통항분리수역을 항행하는 경우에는 다음 각 호의 사항을 준수하여야 한다.
   1. 통항로 안에서는 정하여진 진행방향으로 항행할 것
   2. 분리선이나 분리대에서 될 수 있으면 떨어져서 항행할 것
   3. 통항로의 출입구를 통하여 출입하는 것을 원칙으로 하되, 통항로의 옆쪽으로 출입하는 경우에는 그 통항로에 대하여 정하여진 선박의 진행방향에 대하여 될 수 있으면 작은 각도로 출입할 것
③ 선박은 통항로를 횡단하여서는 아니 된다. 다만, 부득이한 사유로 그 통항로를 횡단하여야 하는 경우에는 그 통항로와 선수방향(船首方向)이 직각에 가까운 각도로 횡단하여야 한다.
④ 선박은 연안통항대에 인접한 통항분리수역의 통항로를 안전하게 통과할 수 있는 경우에는 연안통항대를 따라 항행하여서는 아니 된다. 다만, 다음 각 호의 선박의 경우에는 연안통항대를 따라 항행할 수 있다.
   [14·22 경장승진]
   1. 길이 20미터 미만의 선박
   2. 범선
   3. 어로에 종사하고 있는 선박
   4. 인접한 항구로 입항·출항하는 선박
   5. 연안통항대 안에 있는 해양시설 또는 도선사의 승하선(乘下船) 장소에 출입하는 선박
   6. 급박한 위험을 피하기 위한 선박
⑤ 통항로를 횡단하거나 통항로에 출입하는 선박 외의 선박은 급박한 위험을 피하기 위한 경우나 분리대 안에서 어로에 종사하고 있는 경우 외에는 분리대에 들어가거나 분리선을 횡단하여서는 아니 된다.
⑥ 통항분리수역에서 어로에 종사하고 있는 선박은 통항로를 따라 항행하는 다른 선박의 항행을 방해하여서는 아니 된다.
⑦ 모든 선박은 통항분리수역의 출입구 부근에서는 특히 주의하여 항행하여야 한다.
⑧ 선박은 통항분리수역과 그 출입구 부근에 정박(정박하고 있는 선박에 매어 있는 것을 포함한다)하여서는 아니 된다. 다만, 해양사고를 피하거나 인명이나 선박을 구조하기 위하여 부득이하다고 인정되는 사유가 있는 경우에는 그러하지 아니하다(=정박할 수 있다).
⑨ 통항분리수역을 이용하지 아니하는 선박은 될 수 있으면 통항분리수역에서 멀리 떨어져서 항행하여야 한다.
⑩ 길이 20미터 미만의 선박이나 범선은 통항로를 따라 항행하고 있는 다른 선박의 항행을 방해하여서는

아니 된다.
⑪ 통항분리수역 안에서 해저전선을 부설·보수 및 인양하는 작업을 하거나 항행안전을 유지하기 위한 작업을 하는 중이어서 조종능력이 제한되고 있는 선박은 그 작업을 하는 데에 필요한 범위에서 제1항부터 제10항까지의 규정을 적용하지 아니한다.

69 적용

이 절(§69~§76)은 선박에서 다른 선박을 눈으로 볼 수 있는 상태에 있는 선박에 적용한다.

70 범선

① 2척의 범선이 서로 접근하여 충돌할 위험이 있는 경우에는 다음 각 호에 따른 항행방법에 따라 항행하여야 한다.
  1. 각 범선이 다른 쪽 현(舷)에 바람을 받고 있는 경우에는 좌현(左舷)에 바람을 받고 있는 범선이 다른 범선의 진로를 피하여야 한다.
  2. 두 범선이 서로 같은 현에 바람을 받고 있는 경우에는 바람이 불어오는 쪽의 범선이 바람이 불어가는 쪽의 범선의 진로를 피하여야 한다.
  3. 좌현에 바람을 받고 있는 범선은 바람이 불어오는 쪽에 있는 다른 범선을 본 경우로서 그 범선이 바람을 좌우 어느 쪽에 받고 있는지 확인할 수 없는 때에는 그 범선의 진로를 피하여야 한다.
② 제1항을 적용할 때에 바람이 불어오는 쪽이란 종범선(縱帆船)에서는 주범(主帆)을 펴고 있는 쪽의 반대쪽을 말하고, 횡범선(橫帆船)에서는 최대의 종범(縱帆)을 펴고 있는 쪽의 반대쪽을 말하며, 바람이 불어가는 쪽이란 바람이 불어오는 쪽의 반대쪽을 말한다.

71 앞지르기 [17 해경]

① 앞지르기 하는 배는 제1절과 이 절의 다른 규정에도 불구하고 앞지르기당하고 있는 선박을 완전히 앞지르기하거나 그 선박에서 충분히 멀어질 때까지 그 선박의 진로를 피하여야 한다.
② 다른 선박의 양쪽 현의 정횡(正橫)으로부터 22.5도를 넘는 뒤쪽[밤에는 다른 선박의 선미등(船尾燈)만을 볼 수 있고 어느 쪽의 현등(舷燈)도 볼 수 없는 위치를 말한다]에서 그 선박을 앞지르는 선박은 앞지르기 하는 배로 보고 필요한 조치를 취하여야 한다.
③ 선박은 스스로 다른 선박을 앞지르기 하고 있는지 분명하지 아니한 경우에는 앞지르기 하는 배로 보고 필요한 조치를 취하여야 한다.
④ 앞지르기 하는 경우 2척의 선박 사이의 방위가 어떻게 변경되더라도 앞지르기 하는 선박은 앞지르기가 완전히 끝날 때까지 앞지르기당하는 선박의 진로를 피하여야 한다.

 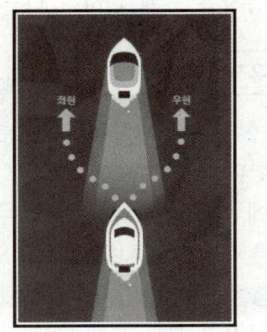

72 마주치는 상태   [18 해경]

① 2척의 동력선이 마주치거나 거의 마주치게 되어 충돌의 위험이 있을 때에는 각 동력선은 서로 다른 선박의 좌현 쪽을 지나갈 수 있도록 침로를 우현(右舷) 쪽으로 변경하여야 한다.
② 선박은 다른 선박을 선수(船首) 방향에서 볼 수 있는 경우로서 다음 각 호의 어느 하나에 해당하면 마주치는 상태에 있다고 보아야 한다.
  1. 밤에는 2개의 마스트등을 일직선으로 또는 거의 일직선으로 볼 수 있거나 양쪽의 현등을 볼 수 있는 경우
  2. 낮에는 2척의 선박의 마스트가 선수에서 선미(船尾)까지 일직선이 되거나 거의 일직선이 되는 경우
③ 선박은 마주치는 상태에 있는지가 분명하지 아니한 경우에는 마주치는 상태에 있다고 보고 필요한 조치를 취하여야 한다.

73 횡단하는 상태

2척의 동력선이 상대의 진로를 횡단하는 경우로서 충돌의 위험이 있을 때에는 다른 선박을 우현 쪽에 두고 있는 선박이 그 다른 선박의 진로를 피하여야 한다. 이 경우 다른 선박의 진로를 피하여야 하는 선박은 부득이한 경우 외에는 그 다른 선박의 선수 방향을 횡단하여서는 아니 된다.

74 피항선의 동작

이 법에 따라 다른 선박의 진로를 피하여야 하는 모든 선박[이하 "피항선"(避航船)이라 한다]은 될 수 있으

면 미리 동작을 크게 취하여 다른 선박으로부터 충분히 멀리 떨어져야 한다.

75 유지선의 동작   [16 해경, 16 경사승진]

① 2척의 선박 중 1척의 선박이 다른 선박의 진로를 피하여야 할 경우 다른 선박은 그 침로와 속력을 유지하여야 한다. [11 경사승진]
② 제1항에 따라 침로와 속력을 유지하여야 하는 선박[이하 "유지선"(維持船)이라 한다]은 피항선이 이 법에 따른 적절한 조치를 취하고 있지 아니하다고 판단하면 제1항에도 불구하고 스스로의 조종만으로 피항선과 충돌하지 아니하도록 조치를 취할 수 있다. 이 경우 유지선은 부득이하다고 판단하는 경우 외에는 자기 선박의 좌현 쪽에 있는 선박을 향하여 침로를 왼쪽으로 변경하여서는 아니 된다.
③ 유지선은 피항선과 매우 가깝게 접근하여 해당 피항선의 동작만으로는 충돌을 피할 수 없다고 판단하는 경우에는 제1항에도 불구하고 충돌을 피하기 위하여 충분한 협력을 하여야 한다.
④ 제2항과 제3항은(=유지선이 스스로 피항조치를 하거나 충돌을 피하기 위한 협력을 한 경우라도) 피항선에게 진로를 피하여야 할 의무를 면제하는 것은 아니다.

76 선박 사이의 책무   [18 해경]

① 항행 중인 선박은 제67조, 제68조 및 제71조에 따른 경우 외에는 이 조에서 정하는 항법에 따라야 한다.
② 항행 중인 동력선은 다음 각 호에 따른 선박의 진로를 피하여야 한다. [14 경감승진, 16 경장승진, 18 해경]
  1. 조종불능선
  2. 조종제한선
  3. 어로에 종사하고 있는 선박
  4. 범선
③ 항행 중인 범선은 다음 각 호에 따른 선박의 진로를 피하여야 한다.]
  1. 조종불능선
  2. 조종제한선
  3. 어로에 종사하고 있는 선박
④ 어로에 종사하고 있는 선박 중 항행 중인 선박은 될 수 있으면 다음 각 호에 따른 선박의 진로를 피하여야 한다.
  1. 조종불능선
  2. 조종제한선
⑤ 조종불능선이나 조종제한선이 아닌 선박은 부득이하다고 인정하는 경우 외에는 제86조에 따른 등화나 형상물을 표시하고 있는 흘수제약선의 통항을 방해하여서는 아니 된다.
⑥ 수상항공기는 될 수 있으면 모든 선박으로부터 충분히 떨어져서 선박의 통항을 방해하지 아니하도록 하되, 충돌할 위험이 있는 경우에는 이 법에서 정하는 바에 따라야 한다.
⑦ 수면비행선박은 선박의 통항을 방해하지 아니하도록 모든 선박으로부터 충분히 떨어져서 비행(이륙 및 착륙을 포함한다. 이하 같다)하여야 한다. 다만, 수면에서 항행하는 때에는 이 법에서 정하는 동력선의 항법을 따라야 한다.

♣ 선박간의 책무순위

수상항공기	항해 중인 동력선	범선	어로종사선	흘수제약선	조종불능선
수면비행선박					조종제한선

피항선⇐ ———————————————————————— ⇒ 유지선

77 제한된 시계에서 선박의 항법 [17 해경, 21 해경]

① 이 조는 시계가 제한된 수역 또는 그 부근을 항행하고 있는 선박이 서로 시계 안에 있지 아니한 경우에 적용한다.
② 모든 선박은 시계가 제한된 그 당시의 사정과 조건에 적합한 안전한 속력으로 항행하여야 하며, 동력선은 제한된 시계 안에 있는 경우 기관을 즉시 조작할 수 있도록 준비하고 있어야 한다.
③ 선박은 제1절에 따라 조치를 취할 때에는 시계가 제한되어 있는 당시의 상황에 충분히 유의하여 항행하여야 한다.
④ 레이더만으로 다른 선박이 있는 것을 탐지한 선박은 해당 선박과 얼마나 가까이 있는지 또는 충돌할 위험이 있는지를 판단하여야 한다. 이 경우 해당 선박과 매우 가까이 있거나 그 선박과 충돌할 위험이 있다고 판단한 경우에는 충분한 시간적 여유를 두고 피항동작을 취하여야 한다.
⑤ 제4항에 따른 피항동작이 침로를 변경하는 것만으로 이루어질 경우에는 될 수 있으면 다음 각 호의 동작은 피하여야 한다.
   1. 다른 선박이 자기 선박의 양쪽 현의 정횡 앞쪽에 있는 경우 좌현 쪽으로 침로를 변경하는 행위(앞지르기당하고 있는 선박에 대한 경우는 제외한다)
   2. 자기 선박의 양쪽 현의 정횡 또는 그곳으로부터 뒤쪽에 있는 선박의 방향으로 침로를 변경하는 행위
⑥ 충돌할 위험성이 없다고 판단한 경우 외에는 다음 각 호의 어느 하나에 해당하는 경우 모든 선박은 자기 배의 침로를 유지하는 데에 필요한 최소한으로 속력을 줄여야 한다. 이 경우 필요하다고 인정되면 자기 선박의 진행을 완전히 멈추어야 하며, 어떠한 경우에도 충돌할 위험성이 사라질 때까지 주의하여 항행하여야 한다.
   1. 자기 선박의 양쪽 현의 정횡 앞쪽에 있는 다른 선박에서 무중신호(霧中信號)를 듣는 경우
   2. 자기 선박의 양쪽 현의 정횡으로부터 앞쪽에 있는 다른 선박과 매우 근접한 것을 피할 수 없는 경우

78 적용

① 이 절(§78~§89)은 모든 날씨에서 적용한다.
② 선박은 해지는 시각부터 해뜨는 시각까지 이 법에서 정하는 등화(燈火)를 표시하여야 하며, 이 시간 동안에는 이 법에서 정하는 등화 외의 등화를 표시하여서는 아니 된다. 다만, 다음 각 호의 어느 하나에 해당하는 등화는 표시할 수 있다.
   1. 이 법에서 정하는 등화로 오인되지 아니할 등화
   2. 이 법에서 정하는 등화의 가시도(可視度)나 그 특성의 식별을 방해하지 아니하는 등화
   3. 이 법에서 정하는 등화의 적절한 경계(警戒)를 방해하지 아니하는 등화
③ 이 법에서 정하는 등화를 설치하고 있는 선박은 해뜨는 시각부터 해지는 시각까지도 제한된 시계에서는 등화를 표시하여야 하며, 필요하다고 인정되는 그 밖의 경우에도 등화를 표시할 수 있다.

④ 선박은 낮 동안에는 이 법에서 정하는 형상물을 표시하여야 한다.

79 등화의 종류 [15 해경, 18 경감승진, 19 경장·경사승진]

선박의 등화는 다음 각 호와 같다.

1. 마스트등 : 선수와 선미의 중심선상에 설치되어 225도에 걸치는 수평의 호(弧)를 비추되, 그 불빛이 정선수 방향으로부터 양쪽 현의 정횡으로부터 뒤쪽 22.5도까지 비출 수 있는 흰색 등(燈)
2. 현등(舷燈) : 정선수 방향에서 양쪽 현으로 각각 112.5에 걸치는 수평의 호를 비추는 등화로서 그 불빛이 정선수 방향에서 좌현 정횡으로부터 뒤쪽 22.5도까지 비출 수 있도록 좌현에 설치된 붉은색 등과 그 불빛이 정선수 방향에서 우현 정횡으로부터 뒤쪽 22.5도까지 비출 수 있도록 우현에 설치된 녹색 등
3. 선미등 : 135도에 걸치는 수평의 호를 비추는 흰색 등으로서 그 불빛이 정선미 방향으로부터 양쪽 현의 67.5도까지 비출 수 있도록 선미 부분 가까이에 설치된 등
4. 예선등(曳船燈) : 선미등과 같은 특성을 가진 황색 등 [16 경장승진]
5. 전주등(全周燈) : 360도에 걸치는 수평의 호를 비추는 등화. 다만, 섬광등(閃光燈)은 제외한다.
6. 섬광등 : 360도에 걸치는 수평의 호를 비추는 등화로서 일정한 간격으로 1분에 120회 이상 섬광을 발하는 등
7. 양색등(兩色燈) : 선수와 선미의 중심선상에 설치된 붉은색과 녹색의 두 부분으로 된 등화로서 그 붉은색과 녹색 부분이 각각 현등의 붉은색 등 및 녹색 등과 같은 특성을 가진 등
8. 삼색등(三色燈) : 선수와 선미의 중심선상에 설치된 붉은색·녹색·흰색으로 구성된 등으로서 그 붉은색·녹색·흰색의 부분이 각각 현등의 붉은색 등과 녹색 등 및 선미등과 같은 특성을 가진 등

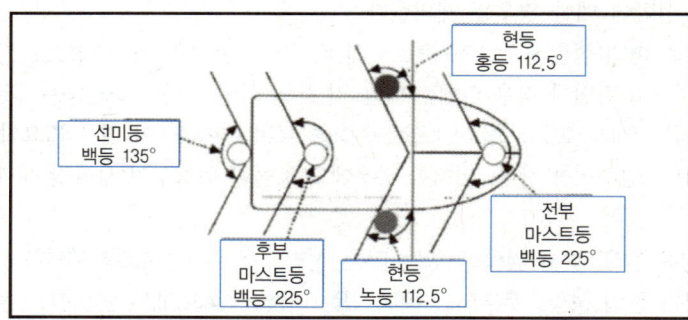

80 등화 및 형상물의 기준

이 법에서 규정하는 등화의 가시거리·광도 등 기술적 기준, 등화·형상물의 구조와 설치할 위치 등에 관하여 필요한 사항은 해양수산부장관이 정하여 고시한다.

81 항행 중인 동력선

① 항행 중인 동력선은 다음 각 호의 등화를 표시하여야 한다.
1. 앞쪽에 마스트등 1개와 그 마스트등보다 뒤쪽의 높은 위치에 마스트등 1개. 다만, 길이 50미터 미만의 동력선은 뒤쪽의 마스트등을 표시하지 아니할 수 있다.
2. 현등 1쌍(길이 20미터 미만의 선박은 이를 대신하여 양색등을 표시할 수 있다. 이하 이 절에서 같다)
3. 선미등 1개

② 수면에 떠있는 상태로 항행 중인 해양수산부령으로 정하는 선박(=공기부양선)은 제1항에 따른 등화에 덧붙여 사방을 비출 수 있는 황색의 섬광등 1개를 표시하여야 한다.
③ 수면비행선박이 비행하는 경우에는 제1항에 따른 등화에 덧붙여 사방을 비출 수 있는 고광도 홍색 섬광등 1개를 표시하여야 한다.
④ 길이 12미터 미만의 동력선은 제1항에 따른 등화를 대신하여 흰색 전주등 1개와 현등 1쌍을 표시할 수 있다.
⑤ 길이 7미터 미만이고 최대속력이 7노트 미만인 동력선은 제1항이나 제4항에 따른 등화를 대신하여 흰색 전주등 1개만을 표시할 수 있으며, 가능한 경우 현등 1쌍도 표시할 수 있다.
⑥ 길이 12미터 미만인 동력선에서 마스트등이나 흰색 전주등을 선수와 선미의 중심선상에 표시하는 것이 불가능할 경우에는 그 중심선 위에서 벗어난 위치에 표시할 수 있다. 이 경우 현등 1쌍은 이를 1개의 등화(燈火)로 결합하여 선수와 선미의 중심선상 또는 그에 가까운 위치에 표시하되, 그 표시를 할 수 없을 경우에는 될 수 있으면 마스트등이나 흰색 전주등이 표시된 선으로부터 가까운 위치에 표시하여야 한다.

82 항행 중인 예인선

① 동력선이 다른 선박이나 물체를 끌고 있는 경우에는 다음 각 호의 등화나 형상물을 표시하여야 한다.
  1. 제81조제1항제1호에 따라 앞쪽에 표시하는 마스트등을 대신하여 같은 수직선 위에 마스트등 2개. 다만, 예인선의 선미로부터 끌려가고 있는 선박이나 물체의 뒤쪽 끝까지 측정한 예인선열의 길이가 200미터를 초과하면 같은 수직선 위에 마스트등 3개를 표시하여야 한다.
  2. 현등 1쌍
  3. 선미등 1개
  4. 선미등의 위쪽에 수직선 위로 예선등 1개
  5. 예인선열의 길이가 200미터를 초과하면 가장 잘 보이는 곳에 마름모꼴의 형상물 1개
② 다른 선박을 밀거나 옆에 붙여서 끌고 있는 동력선은 다음 각 호의 등화를 표시하여야 한다.
  1. 제81조제1항제1호에 따라 앞쪽에 표시하는 마스트등을 대신하여 같은 수직선 위로 마스트등 2개
  2. 현등 1쌍
  3. 선미등 1개
③ 끌려가고 있는 선박이나 물체는 다음 각 호의 등화나 형상물을 표시하여야 한다.
  1. 현등 1쌍
  2. 선미등 1개
  3. 예인선열의 길이가 200미터를 초과하면 가장 잘 보이는 곳에 마름모꼴의 형상물 1개

④ 2척 이상의 선박이 한 무리가 되어 밀려가거나 옆에 붙어서 끌려갈 경우에는 이를 1척의 선박으로 보고 다음 각 호의 등화를 표시하여야 한다.
  1. 앞쪽으로 밀려가고 있는 선박의 앞쪽 끝에 현등 1쌍
  2. 옆에 붙어서 끌려가고 있는 선박은 선미등 1개와 그의 앞쪽 끝에 현등 1쌍
⑤ 일부가 물에 잠겨 잘 보이지 아니하는 상태에서 끌려가고 있는 선박이나 물체 또는 끌려가고 있는 선박이나 물체의 혼합체는 제3항에도 불구하고 다음 각 호의 등화나 형상물을 표시하여야 한다.

1. 폭 25미터 미만이면 앞쪽 끝과 뒤쪽 끝 또는 그 부근에 흰색 전주등 각 1개
2. 폭 25미터 이상이면 제1호에 따른 등화에 덧붙여 그 폭의 양쪽 끝이나 그 부근에 흰색 전주등 각 1개
3. 길이가 100미터를 초과하면 제1호와 제2호에 따른 등화 사이의 거리가 100미터를 넘지 아니하도록 하는 흰색 전주등을 함께 표시
4. 끌려가고 있는 맨 뒤쪽의 선박이나 물체의 뒤쪽 끝 또는 그 부근에 마름모꼴의 형상물 1개. 이 경우 예인선열의 길이가 200미터를 초과할 때에는 가장 잘 볼 수 있는 앞쪽 끝 부분에 마름모꼴의 형상물 1개를 함께 표시한다.

⑥ 끌려가고 있는 선박이나 물체에 제3항 또는 제5항에 따른 등화나 형상물을 표시할 수 없는 경우에는 끌려가고 있는 선박이나 물체를 조명하거나 그 존재를 나타낼 수 있는 가능한 모든 조치를 취하여야 한다.

⑦ 통상적으로 예인작업에 종사하지 아니한 선박이 조난당한 선박이나 구조가 필요한 다른 선박을 끌고 있는 경우로서 제1항이나 제2항에 따른 등화를 표시할 수 없을 때에는 그 등화들을 표시하지 아니할 수 있다. 이 경우 끌고 있는 선박과 끌려가고 있는 선박 사이의 관계를 표시하기 위하여 끄는 데에 사용되는 줄을 탐조등으로 비추는 등 제94조에 따른 가능한 모든 조치를 취하여야 한다.

⑧ 밀고 있는 선박과 밀려가고 있는 선박이 단단하게 연결되어 하나의 복합체를 이룬 경우에는 이를 1척의 동력선으로 보고 제81조를 적용한다.

> 해사안전법 제2조
> 28. "예인선열"(曳引船列)이란 선박이 다른 선박을 끌거나 밀어 항행할 때의 선단(船團) 전체를 말한다.
>
> 선박의 입항 및 출항 등에 관한 법률 시행규칙 제9조(예인선의 항법 등)
> ① 법 제15조제1항에 따라 예인선이 무역항의 수상구역등에서 다른 선박을 끌고 항행하는 경우에는 다음 각 호에서 정하는 바에 따라야 한다.
> 1. 예인선의 선수(船首)로부터 피(被)예인선의 선미(船尾)까지의 길이는 200미터를 초과하지 아니할 것. 다만, 다른 선박의 출입을 보조하는 경우에는 그러하지 아니하다.
> 2. 예인선은 한꺼번에 3척 이상의 피예인선을 끌지 아니할 것

83 항행 중인 범선 등

① 항행 중인 범선은 다음 각 호의 등화를 표시하여야 한다. [11 경사승진]
  1. 현등 1쌍
  2. 선미등 1개
② 항행 중인 길이 20미터 미만의 범선은 제1항에 따른 등화를 대신하여 마스트의 꼭대기나 그 부근의 가장 잘 보이는 곳에 삼색등 1개를 표시할 수 있다.
③ 항행 중인 범선은 제1항에 따른 등화에 덧붙여 마스트의 꼭대기나 그 부근의 가장 잘 보이는 곳에 전주등 2개를 수직선의 위아래에 표시할 수 있다. 이 경우 위쪽의 등화는 붉은색, 아래쪽의 등화는 녹색이어야 하며, 이 등화들은 제2항에 따른 삼색등과 함께 표시하여서는 아니 된다.
④ 길이 7미터 미만의 범선은 될 수 있으면 제1항이나 제2항에 따른 등화를 표시하여야 한다. 다만, 이를 표시하지 아니할 경우에는 흰색 휴대용 전등이나 점화된 등을 즉시 사용할 수 있도록 준비하여 충돌을

방지할 수 있도록 충분한 기간 동안 이를 표시하여야 한다.
⑤ 노도선(櫓櫂船)[노나 삿대(상앗대)로 움직이는 배]은 이 조에 따른 범선의 등화를 표시할 수 있다. 다만, 이를 표시하지 아니하는 경우에는 제4항 단서에 따라야 한다.
⑥ 범선이 기관을 동시에 사용하여 진행하고 있는 경우에는 앞쪽의 가장 잘 보이는 곳에 원뿔꼴로 된 형상물 1개를 그 꼭대기가 아래로 향하도록 표시하여야 한다.

84 어선

① 항망(桁網)이나 그 밖의 어구를 수중에서 끄는 트롤망어로에 종사하는 선박은 항행에 관계없이 다음 각 호의 등화나 형상물을 표시하여야 한다.
  1. 수직선 위쪽에는 녹색, 그 아래쪽에는 흰색 전주등 각 1개 또는 수직선 위에 2개의 원뿔을 그 꼭대기에서 위아래로 결합한 형상물 1개
  2. 제1호의 녹색 전주등보다 뒤쪽의 높은 위치에 마스트등 1개. 다만, 어로에 종사하는 길이 50미터 미만의 선박은 이를 표시하지 아니할 수 있다.
  3. 대수속력이 있는 경우에는 제1호와 제2호에 따른 등화에 덧붙여 현등 1쌍과 선미등 1개

② 제1항에 따른 어로에 종사하는 선박 외에 어로에 종사하는 선박은 항행 여부에 관계없이 다음 각 호의 등화나 형상물을 표시하여야 한다.
  1. 수직선 위쪽에는 붉은색, 아래쪽에는 흰색 전주등 각 1개 또는 수직선 위에 두 개의 원뿔을 그 꼭대기에서 위아래로 결합한 형상물 1개
  2. 수평거리로 150미터가 넘는 어구를 선박 밖으로 내고 있는 경우에는 어구를 내고 있는 방향으로 흰색 전주등 1개 또는 꼭대기를 위로 한 원뿔꼴의 형상물 1개
  3. 대수속력(=선박의 물에 대한 속력)이 있는 경우에는 제1호와 제2호에 따른 등화에 덧붙여 현등 1쌍과 선미등 1개

③ 트롤망어로와 선망어로(旋網漁撈)에 종사하고 있는 선박에는 제1항과 제2항에 따른 등화 외에 해양수산부령으로 정하는 추가신호를 표시하여야 한다.
④ 어로에 종사하고 있지 아니하는 선박은 이 조에 따른 등화나 형상물을 표시하여서는 아니 되며, 그 선박과 같은 길이의 선박이 표시하여야 할 등화나 형상물만을 표시하여야 한다.

85 조종불능선과 조종제한선

① 조종불능선은 다음 각 호의 등화나 형상물을 표시하여야 한다.
  1. 가장 잘 보이는 곳에 수직으로 붉은색 전주등 2개 [16 경감승진, 18 해경]
  2. 가장 잘 보이는 곳에 수직으로 둥근꼴이나 그와 비슷한 형상물 2개
  3. 대수속력이 있는 경우에는 제1호와 제2호에 따른 등화에 덧붙여 현등 1쌍과 선미등 1개

② 조종제한선은 기뢰제거작업에 종사하고 있는 경우 외에는 다음 각 호의 등화나 형상물을 표시하여야 한다.
  1. 가장 잘 보이는 곳에 수직으로 위쪽과 아래쪽에는 붉은색 전주등, 가운데에는 흰색 전주등 각 1개
  2. 가장 잘 보이는 곳에 수직으로 위쪽과 아래쪽에는 둥근꼴, 가운데에는 마름모꼴의 형상물 각 1개
  3. 대수속력이 있는 경우에는 제1호에 따른 등화에 덧붙여 마스트등 1개, 현등 1쌍 및 선미등 1개
  4. 정박 중에는 제1호와 제2호에 따른 등화나 형상물에 덧붙여 제88조에 따른 등화나 형상물

③ 동력선이 진로로부터 이탈능력을 매우 제한받는 예인작업에 종사하고 있는 경우에는 제82조제1항에 따른 등화나 형상물에 덧붙여 제2항제1호와 제2호에 따른 등화나 형상물을 표시하여야 한다.
④ 준설(浚渫)이나 수중작업에 종사하고 있는 선박이 조종능력을 제한받고 있는 경우에는 제2항에 따른 등화나 형상물을 표시하여야 하며, 장애물이 있는 경우에는 이에 덧붙여 다음 각 호의 등화나 형상물을 표시하여야 한다.
  1. 장애물이 있는 쪽을 가리키는 뱃전에 수직으로 붉은색 전주등 2개나 둥근꼴의 형상물 2개
  2. 다른 선박이 통과할 수 있는 쪽을 가리키는 뱃전에 수직으로 녹색 전주등 2개나 마름모꼴의 형상물 2개
  3. 정박 중인 때에는 제88조에 따른 등화나 형상물을 대신하여 제1호와 제2호에 따른 등화나 형상물
⑤ 잠수작업에 종사하고 있는 선박이 그 크기로 인하여 제4항에 따른 등화와 형상물을 표시할 수 없으면 다음 각 호의 표시를 하여야 한다.
  1. 가장 잘 보이는 곳에 수직으로 위쪽과 아래쪽에는 붉은색 전주등, 가운데에는 흰색 전주등 각 1개
  2. 국제해사기구가 정한 국제신호서(國際信號書) 에이(A) 기(旗)의 모사판(模寫版)을 1미터 이상의 높이로 하여 사방에서 볼 수 있도록 표시
⑥ 기뢰제거작업에 종사하고 있는 선박은 해당 선박에서 1천미터 이내로 접근하면 위험하다는 경고로서 제81조에 따른 동력선에 관한 등화, 제88조에 따른 정박하고 있는 선박의 등화나 형상물에 덧붙여 녹색의 전주등 3개 또는 둥근꼴의 형상물 3개를 표시하여야 한다. 이 경우 이들 등화나 형상물 중에서 하나는 앞쪽 마스트의 꼭대기 부근에 표시하고, 다른 2개는 앞쪽 마스트의 가름대의 양쪽 끝에 1개씩 표시하여야 한다.
⑦ 길이 12미터 미만의 선박은 잠수작업에 종사하고 있는 경우 외에는 이 조에 따른 등화와 형상물을 표시하지 아니할 수 있다.

86 흘수제약선 [13 해경, 13 경감승진, 20 경장승진]

흘수제약선은 제81조에 따른 동력선의 등화에 덧붙여 가장 잘 보이는 곳에 붉은색 전주등 3개를 수직으로 표시하거나 원통형의 형상물 1개를 표시할 수 있다.

87 도선선 [13 경사승진, 14 경장승진, 19 경장·경사승진]

① 도선업무에 종사하고 있는 선박은 다음 각 호의 등화나 형상물을 표시하여야 한다.
  1. 마스트의 꼭대기나 그 부근에 수직선 위쪽에는 흰색 전주등[360도에 걸치는 수평의 호를 비추는 등화. 다만, 섬광등(閃光燈)은 제외], 아래쪽에는 붉은색 전주등 각 1개
  2. 항행 중에는 제1호에 따른 등화에 덧붙여 현등 1쌍과 선미등 1개
  3. 정박 중에는 제1호에 따른 등화에 덧붙여 제88조에 따른 정박하고 있는 선박의 등화나 형상물
② 도선선이 도선업무에 종사하지 아니할 때에는 그 선박과 같은 길이의 선박이 표시하여야 할 등화나 형상물을 표시하여야 한다.

88 정박선과 얹혀 있는 선박

① 정박 중인 선박은 가장 잘 보이는 곳에 다음 각 호의 등화나 형상물을 표시하여야 한다.
  1. 앞쪽에 흰색의 전주등 1개 또는 둥근꼴의 형상물 1개

2. 선미나 그 부근에 제1호에 따른 등화보다 낮은 위치에 흰색 전주등 1개

② 길이 50미터 미만인 선박은 제1항에 따른 등화를 대신하여 가장 잘 보이는 곳에 흰색 전주등 1개를 표시할 수 있다.

③ 정박 중인 선박은 갑판을 조명하기 위하여 작업등 또는 이와 비슷한 등화를 사용하여야 한다. 다만, 길이 100미터 미만의 선박은 이 등화들을 사용하지 아니할 수 있다.

④ 얹혀 있는 선박은 제1항이나 제2항에 따른 등화를 표시하여야 하며, 이에 덧붙여 가장 잘 보이는 곳에 다음 각 호의 등화나 형상물을 표시하여야 한다.
1. 수직으로 붉은색의 전주등 2개
2. 수직으로 둥근꼴의 형상물 3개 [21 해경]

⑤ 길이 7미터 미만의 선박이 좁은 수로등 정박지 안 또는 그 부근과 다른 선박이 통상적으로 항행하는 수역이 아닌 장소에 정박하거나 얹혀 있는 경우에는 제1항과 제2항에 따른 등화나 형상물을 표시하지 아니할 수 있다.

⑥ 길이 12미터 미만의 선박이 얹혀 있는 경우에는 제4항에 따른 등화나 형상물을 표시하지 아니할 수 있다.

89 수상항공기 및 수면비행선박

수상항공기 및 수면비행선박은 이 절에서 규정하는 특성을 가진 등화와 형상물을 표시할 수 없거나 규정된 위치에 표시할 수 없는 경우 그 특성과 위치에 관하여 될 수 있으면 이 절에서 규정하는 것과 비슷한 등화나 형상물을 표시하여야 한다.

90 기적의 종류

"기적"(汽笛)이란 다음 각 호의 구분에 따라 단음(短音)과 장음(長音)을 발할 수 있는 음향신호장치를 말한다.
1. 단음 : 1초 정도 계속되는 고동소리
2. 장음 : 4초부터 6초까지의 시간 동안 계속되는 고동소리

91 음향신호설비 [18 해경, 21 해경, 22 경장승진]

① 길이 12미터 이상의 선박은 기적 1개를, 길이 20미터 이상의 선박은 기적 1개 및 호종(號鐘) 1개를 갖추어 두어야 하며, 길이 100미터 이상의 선박은 이에 덧붙여 호종과 혼동되지 아니하는 음조와 소리를 가진 징을 갖추어 두어야 한다. 다만, 호종과 징은 각각 그것과 음색이 같고 이 법에서 규정한 신호를 수동으로 행할 수 있는 다른 설비로 대체할 수 있다.

② 길이 12미터 미만의 선박은 제1항에 따른 음향신호설비를 갖추어 두지 아니하여도 된다. 다만, 이들을 갖추어 두지 아니하는 경우에는 유효한 음향신호를 낼 수 있는 다른 기구를 갖추어 두어야 한다.

92 조종신호와 경고신호 [17 경장·경감승진, 18 해경, 19 경장·경감승진, 20 해경]

① 항행 중인 동력선이 서로 상대의 시계 안에 있는 경우에 이 법의 규정에 따라 그 침로를 변경하거나 그 기관을 후진하여 사용할 때에는 다음 각 호의 구분에 따라 기적신호를 행하여야 한다.
1. 침로를 오른쪽으로 변경하고 있는 경우 : 단음 1회 [22 경장승진]
2. 침로를 왼쪽으로 변경하고 있는 경우 : 단음 2회
3. 기관을 후진하고 있는 경우 : 단음 3회

② 항행 중인 동력선은 다음 각 호의 구분에 따른 발광신호를 적절히 반복하여 제1항에 따른 기적신호를 보충할 수 있다.
   1. 침로를 오른쪽으로 변경하고 있는 경우 : 섬광 1회
   2. 침로를 왼쪽으로 변경하고 있는 경우 : 섬광 2회
   3. 기관을 후진하고 있는 경우 : 섬광 3회
③ 제2항에 따른 섬광의 지속시간 및 섬광과 섬광 사이의 간격은 1초 정도로 하되, 반복되는 신호 사이의 간격은 10초 이상으로 하며, 이 발광신호에 사용되는 등화는 적어도 5해리의 거리에서 볼 수 있는 흰색 전주등이어야 한다.
④ 선박이 좁은 수로등에서 서로 상대의 시계 안에 있는 경우 제67조제5항에 따른 기적신호를 할 때에는 다음 각 호에 따라 행하여야 한다. [20 해경]
   1. 다른 선박의 우현 쪽으로 앞지르기하려는 경우에는 장음 2회와 단음 1회의 순서로 의사를 표시할 것
   2. 다른 선박의 좌현 쪽으로 앞지르기하려는 경우에는 장음 2회와 단음 2회의 순서로 의사를 표시할 것
   [21 해경]
   3. 앞지르기당하는 선박이 다른 선박의 앞지르기에 동의할 경우에는 장음 1회, 단음 1회의 순서로 2회에 걸쳐 동의의사를 표시할 것
⑤ 서로 상대의 시계 안에 있는 선박이 접근하고 있을 경우에는 하나의 선박이 다른 선박의 의도 또는 동작을 이해할 수 없거나 다른 선박이 충돌을 피하기 위하여 충분한 동작을 취하고 있는지 분명하지 아니한 경우에는 그 사실을 안 선박이 즉시 기적으로 단음을 5회 이상 재빨리 울려 그 사실을 표시하여야 한다. 이 경우 의문신호(疑問信號)는 5회 이상의 짧고 빠르게 섬광을 발하는 발광신호로써 보충할 수 있다.
[17 해경]
⑥ 좁은 수로등의 굽은 부분이나 장애물 때문에 다른 선박을 볼 수 없는 수역에 접근하는 선박은 장음으로 1회의 기적신호를 울려야 한다. 이 경우 그 선박에 접근하고 있는 다른 선박이 굽은 부분의 부근이나 장애물의 뒤쪽에서 그 기적신호를 들은 경우에는 장음 1회의 기적신호를 울려 이에 응답하여야 한다.
[13 해경, 22 경장승진]
⑦ 100미터 이상 거리를 두고 둘 이상의 기적을 갖추어 두고 있는 선박이 조종신호 및 경고신호를 울릴 때에는 그 중 하나만을 사용하여야 한다.

음향신호	의미	
■	침로를 오른쪽으로 변경하고 있는 경우	
■ ■	침로를 왼쪽으로 변경하고 있는 경우	
■ ■ ■	기관을 후진하고 있는 경우	
▬ ▬ ■	선박이 좁은 수로등에서 서로 상대의 시계 안에 있는 경우	다른 선박의 우현 쪽으로 앞지르기하려는 경우
▬ ▬ ■ ■		다른 선박의 좌현 쪽으로 앞지르기하려는 경우
▬ ■ ▬ ■		추월당하는 선박이 다른 선박의 추월에 동의할 경우
■ ■ ■ ■ ■	서로 상대의 시계 안에 있는 선박이 접근하고 있을 경우에 하나의 선박이 다른 선박의 의도 또는 동작을 이해할 수 없거나 다른 선박이 충돌을 피하기 위하여 충분한 동작을 취하고 있는지 분명하지 아니한 경우	
▬	좁은 수로등의 굽은 부분이나 장애물 때문에 다른 선박을 볼 수 없는 수역에 접근하는 경우	
▬	시계가 제한된 수역이나 그 부근에 있는 모든 선박	항행 중인 동력선이 대수속력이 있는 경우

― ―	항행 중인 동력선이 정지하여 대수속력이 없는 경우
― ■ ■	조종불능선, 조종제한선, 흘수제약선, 범선, 어로 작업을 하고 있는 선박 또는 다른 선박을 끌고 있거나 밀고 있는 선박
― ■ ■ ■	끌려가고 있는 선박에 승무원이 있을 경우

93 제한된 시계 안에서의 음향신호   [20 해경]

① 시계가 제한된 수역이나 그 부근에 있는 모든 선박은 밤낮에 관계없이 다음 각 호에 따른 신호를 하여야 한다.

1. 항행 중인 동력선은 대수속력이 있는 경우에는 2분을 넘지 아니하는 간격으로 장음을 1회 울려야 한다.
2. 항행 중인 동력선은 정지하여 대수속력이 없는 경우에는 장음 사이의 간격을 2초 정도로 연속하여 장음을 2회 울리되, 2분을 넘지 아니하는 간격으로 울려야 한다.
3. 조종불능선, 조종제한선, 흘수제약선, 범선, 어로 작업을 하고 있는 선박 또는 다른 선박을 끌고 있거나 밀고 있는 선박은 제1호와 제2호에 따른 신호를 대신하여 2분을 넘지 아니하는 간격으로 연속하여 3회의 기적(장음 1회에 이어 단음 2회를 말한다)을 울려야 한다.
4. 끌려가고 있는 선박(2척 이상의 선박이 끌려가고 있는 경우에는 제일 뒤쪽의 선박)은 승무원이 있을 경우에는 2분을 넘지 아니하는 간격으로 연속하여 4회의 기적(장음 1회에 이어 단음 3회를 말한다)을 울릴 것. 이 경우 신호는 될 수 있으면 끌고 있는 선박이 행하는 신호 직후에 울려야 한다.
5. 정박 중인 선박은 1분을 넘지 아니하는 간격으로 5초 정도 재빨리 호종을 울릴 것. 다만, 정박하여 어로 작업을 하고 있거나 작업 중인 조종제한선은 제3호에 따른 신호를 울려야 하고, 길이 100미터 이상의 선박은 호종을 선박의 앞쪽에서 울리되, 호종을 울린 직후에 뒤쪽에서 징을 5초 정도 재빨리 울려야 하며, 접근하여 오는 선박에 대하여 자기 선박의 위치와 충돌의 가능성을 경고할 필요가 있을 경우에는 이에 덧붙여 연속하여 3회(단음 1회, 장음 1회, 단음 1회) 기적을 울릴 수 있다.
6. 얹혀 있는 선박 중 길이 100미터 미만의 선박은 1분을 넘지 아니하는 간격으로 재빨리 호종을 5초 정도 울림과 동시에 그 직전과 직후에 호종을 각각 3회 똑똑히 울릴 것. 이 경우 그 선박은 이에 덧붙여 적절한 기적신호를 울릴 수 있다.
7. 얹혀 있는 선박 중 길이 100미터 이상의 선박은 그 앞쪽에서 1분을 넘지 아니하는 간격으로 재빨리 호종을 5초 정도 울림과 동시에 그 직전과 직후에 호종을 각각 3회씩 똑똑히 울리고, 뒤쪽에서는 그 호종의 마지막 울림 직후에 재빨리 징을 5초 정도 울릴 것. 이 경우 그 선박은 이에 덧붙여 알맞은 기적신호를 할 수 있다.
8. 길이 12미터 미만의 선박은 제1호부터 제7호까지의 규정에 따른 신호를, 길이 12미터 이상 20미터 미만인 선박은 제5호부터 제7호까지의 규정에 따른 신호를 하지 아니할 수 있다. 다만, 그 신호를 하지 아니한 경우에는 2분을 넘지 아니하는 간격으로 다른 유효한 음향신호를 하여야 한다.
9. 도선선이 도선업무를 하고 있는 경우에는 제1호, 제2호 또는 제5호에 따른 신호에 덧붙여 단음 4회로 식별신호를 할 수 있다.

② 밀고 있는 선박과 밀려가고 있는 선박이 단단하게 연결되어 하나의 복합체를 이룬 경우에는 이를 1척의 동력선으로 보고 제1항을 적용한다.

94 주의환기신호

① 모든 선박은 다른 선박의 주의를 환기시키기 위하여 필요하면 이 법에서 정하는 다른 신호로 오인되지 아니하는 발광신호 또는 음향신호를 하거나 다른 선박에 지장을 주지 아니하는 방법으로 위험이 있는 방향에 탐조등을 비출 수 있다.
② 제1항에 따른 발광신호나 탐조등은 항행보조시설로 오인되지 아니하는 것이어야 하며, 스트로보등(燈)이나 그 밖의 강력한 빛이 점멸하거나 회전하는 등화를 사용하여서는 아니 된다.

95 조난신호

① 선박이 조난을 당하여 구원을 요청하는 경우 국제해사기구가 정하는 신호를 하여야 한다.
② 선박은 제1항에 따른 목적 외에 같은 항에 따른 신호 또는 이와 오인될 위험이 있는 신호를 하여서는 아니 된다.

96 절박한 위험이 있는 특수한 상황

① 선박, 선장, 선박소유자 또는 해원은 다른 선박과의 충돌 위험 등 절박한 위험이 있는 모든 특수한 상황(관계 선박의 성능의 한계에 따른 사정을 포함한다. 이하 같다)에 합당한 주의를 하여야 한다.
② 제1항에 따른 절박한 위험이 있는 특수한 상황에 처한 경우에는 그 위험을 피하기 위하여 제1절부터 제3절까지에 따른 항법을 따르지 아니할 수 있다.
③ 선박, 선장, 선박소유자 또는 해원은 이 법의 규정을 태만히 이행하거나 특수한 상황에 요구되는 주의를 게을리함으로써 발생한 결과에 대하여는 면책되지 아니한다.

97 등화 및 형상물의 설치와 표시에 관한 특례

선박의 구조나 그 운항의 성질상 이 장 제4절에 따른 등화나 형상물을 설치 또는 표시할 수 없거나 표시할 필요가 없는 선박에 대하여는 해양수산부령으로 정하는 바에 따라 등화 및 형상물의 설치와 표시에 관한 특례를 정할 수 있다.

97의2 해양안전문화 진흥을 위한 시책의 추진

해양수산부장관은 국민의 해양안전에 관한 의식을 높이고 해양안전문화를 진흥하기 위하여 다음 각 호의 사업을 적극적으로 추진하여야 한다.
1. 해양안전 교육 및 해양안전 체험활동 사업
2. 해양안전 의식을 높이기 위한 캠페인 및 홍보 사업
3. 해양안전행동요령 등 해양안전에 관한 지침의 개발·보급 사업
4. 해양안전문화 우수사례의 발굴 및 확산 사업
5. 그 밖에 해양안전문화의 진흥에 필요한 사업

97의3 해양안전헌장

① 해양수산부장관은 국민의 해양안전에 관한 의식을 고취하고 해양사고를 예방하기 위하여 해양안전에 관한 사항과 해사안전관리 등 해양안전과 관련된 업무에 종사하는 자가 준수하여야 할 사항 등을 규정한 해양안전헌장을 제정·고시할 수 있다.

97의4 해양안전의 날 등

해양수산부장관은 대통령령으로 정하는 바에 따라 국민의 해양안전에 관한 의식을 고취하기 위하여 해양안전의 날을

정하고 필요한 행사 등을 할 수 있다.

> 해사안전법 시행령 제20조의2(해양안전의 날 등)
> ① 법 제97조의4에 따른 해양안전의 날은 매월 1일로 한다.

97의5 선박안전관리사협회의 설립

① 안전관리책임자 등 선박안전관리 종사자는 선박안전관리 업무의 개선·발전과 선박안전관리사의 권익증진 및 자질 향상을 위하여 선박안전관리사협회(이하 "협회"라 한다)를 설립할 수 있다.

98 청문

해양수산부장관이나 해양경찰청장은 다음 각 호의 어느 하나에 해당하는 처분을 하려면 청문을 하여야 한다.
1. 제13조제3항에 따른 공사 또는 작업 허가의 취소
2. 제23조제1항에 따른 안전진단대행업자 등록의 취소
3. 제48조제6항에 따른 정부대행기관 지정의 취소
4. 제54조제1항에 따른 안전관리대행업 등록의 취소
5. 제57조의2제4항에 따른 해사안전 우수사업자 지정의 취소 또는 지정 효력의 정지
6. 제61조의5제1항에 따른 선박안전관리사 자격의 취소

99 권한의 위임·위탁

① 이 법에 따른 해양수산부장관 또는 해양경찰청장의 권한은 대통령령으로 정하는 바에 따라 그 일부를 그 소속 기관의 장 또는 지방자치단체의 장에게 위임할 수 있다.
② 이 법에 따른 해양수산부장관의 권한은 대통령령으로 정하는 바에 따라 그 일부를 해양경찰청장 또는 그 소속 기관의 장에게 위임할 수 있다.
③ 해양수산부장관은 이 법에 따른 업무의 일부를 대통령령으로 정하는 바에 따라 해사안전과 관련된 전문기관에 위탁할 수 있다.

100 비밀유지

다음 각 호의 어느 하나에 해당하는 업무에 종사하거나 종사하였던 사람은 그 직무상 알게 된 비밀을 타인에게 누설하거나 직무상 목적 외에 사용하여서는 아니 된다. 다만, 해사안전을 위하여 해양수산부장관이 필요하다고 인정하면 그러하지 아니하다.
1. 제48조제1항에 따른 인증심사의 대행 업무
2. 제99조제3항에 따라 전문기관에 위탁된 업무

101 행정대집행의 적용 특례

① 해양수산부장관은 제26조제2항 및 제28조제2항에 따른 항행장애물의 표시·제거 명령을 신속하게 시행하여야 할 긴급한 필요가 있으나 「행정대집행법」 제3조제1항 및 제2항에 따른 절차에 따르면 그 목적을 달성하기가 곤란한 경우에는 해당 절차를 거치지 아니하고 필요한 조치를 할 수 있다.

> 해사안전법 시행령 제22조(선박 등의 보관 및 처리)
> ① 해양수산부장관은 법 제101조제2항에 따라 보관 중인 선박 등이 다음 각 호의 어느 하나에 해당하여 그 보관이 부적당하다고 인정될 경우에는 공매하여 그 대금을 보관할 수 있다.

1. 멸실·손상 또는 부패의 우려가 있거나 가격이 현저히 감소될 우려가 있을 때
2. 폭발물, 가연성의 물건이거나 보건상 유해한 물건 또는 그 밖에 보관상 위험이 발생할 우려가 있는 것일 때
3. 물건의 가격에 비하여 보관비용이 현저히 많을 때

② 제1항에 따른 공매로 취득한 금액 중에서 해당 물건의 보관과 공매 등에 든 비용을 제외하고 남은 금액이 있는 경우에는 「공탁법」에 따라 공탁하여야 한다.

102 벌칙 적용 시 공무원 의제

제48조제1항에 따라 해양수산부장관의 업무를 대행하는 정부대행기관 및 제99조제3항에 따라 위탁받은 업무에 종사하는 전문기관의 임직원은 「형법」 제129조부터 제132조까지의 규정을 적용할 때에는 공무원으로 본다.

103 벌칙

제18조제4항에 따른 사업중지명령을 위반한 자는 5년 이하의 징역 또는 5천만원 이하의 벌금에 처한다.

104 벌칙

다음 각 호의 어느 하나에 해당하는 자는 3년 이하의 징역 또는 3천만원 이하의 벌금에 처한다.

3. 제41조의2를 위반하여 약물·환각물질의 영향으로 인하여 정상적으로 「선박직원법」 제2조제1호에 따른 선박의 조타기를 조작하거나 그 조작을 지시하는 행위 또는 도선을 하지 못할 우려가 있는 상태에서 조타기를 조작하거나 그 조작을 지시한 운항자 또는 도선을 한 자
4. 제100조를 위반하여 업무를 수행하는 과정에서 알게 된 비밀을 누설한 자나 직무상 목적 외에 사용한 자

104의2 벌칙

① 제41조제1항을 위반하여 술에 취한 상태에서 「선박직원법」 제2조제1호에 따른 선박(같은 호 각 목의 어느 하나에 해당하는 외국선박을 포함한다)의 조타기를 조작하거나 그 조작을 지시한 운항자 또는 도선을 한 사람은 다음 각 호의 구분에 따라 처벌한다. [22 경장승진]
1. 혈중알코올농도가 0.2퍼센트 이상인 사람은 2년 이상 5년 이하의 징역이나 2천만원 이상 3천만원 이하의 벌금
2. 혈중알코올농도가 0.08퍼센트 이상 0.2퍼센트 미만인 사람은 1년 이상 2년 이하의 징역이나 1천만원 이상 2천만원 이하의 벌금
3. 혈중알코올농도가 0.03퍼센트 이상 0.08퍼센트 미만인 사람은 1년 이하의 징역이나 1천만원 이하의 벌금

② 제41조제1항을 위반하여 2회 이상 술에 취한 상태에서 「선박직원법」 제2조제1호에 따른 선박(같은 호 각 목의 어느 하나에 해당하는 외국선박을 포함한다)의 조타기를 조작하거나 그 조작을 지시한 운항자 또는 도선을 한 사람은 2년 이상 5년 이하의 징역이나 2천만원 이상 3천만원 이하의 벌금에 처한다.

<음주운항 재범에 대한 가중처벌 사건> [22. 8. 31. 2022헌가10] : 위헌
헌법재판소는 2022. 8. 31. 재판관 7:2의 의견으로, 음주운항 금지규정 위반 전력이 1회 이상 있는 사람이 다시 음주운항을 한 경우 2년 이상 5년 이하의 징역이나 2천만 원 이상 3천만 원 이하의 벌금에 처하도록 규정한 해사안전법 제104조의2 제2항 중 '제41조 제1항을 위반하여 2회 이상 술에 취한 상태에서 선박의 조타기를 조작한 운항자'에 관한 부분이 헌법에 위반된다는 결정을 선고하였다. [위헌]

□ 결정의 의의
○ 헌법재판소는 2021. 11. 25. 음주운전 재범을 가중처벌하는 구 도로교통법(2018. 12. 24. 법률 제16037호로 개정되고, 2020. 6. 9. 법률 제17371호로 개정되기 전의 것) 조항에 대하여 책임과 형벌 사이의 비례성을 인정할 수 없다는 이유로 위헌결정을 하였고(2019헌바446등), 그 후 유사한 취지의 도로교통법 조항들에 대해서도 위헌결정을 하였다(헌재 22. 5. 26. 2021헌가30등; 헌재 22. 5. 26. 2021헌가32등).

○ 이 사건은 도로교통법상 음주운전 재범 가중처벌 규정과 유사한 구조로, 음주운항 금지규정 위반 전력이 있는 사람이 다시 음주운항 금지규정 위반행위를 한 경우를 가중처벌하는 해사안전법 조항에 대하여 헌법재판소가 처음으로 위헌 여부를 판단한 사건이다.
○ 헌법재판소는 과거의 위반 전력 등과 관련하여 아무런 제한을 두지 않고 죄질이 비교적 가벼운 음주운항 재범까지 일률적으로 법정형의 하한인 징역 2년 또는 벌금 2천만 원을 기준으로 가중처벌하도록 하는 것은 책임과 형벌 사이의 비례성을 인정할 수 없어 헌법에 위반된다고 판단하였다.

③ 제41조제2항을 위반하여 **해양경찰청 소속 경찰공무원의 측정 요구에 따르지 아니한**「선박직원법」제2조제1호에 따른 **선박**(같은 호 각 목의 어느 하나에 해당하는 외국선박을 포함한다)**의 조타기를 조작하거나 그 조작을 지시한 운항자 또는 도선을 한 사람**은 다음 각 호의 구분에 따라 처벌한다.
  1. **측정 요구에 1회 따르지 아니한 사람**은 3년 이하의 징역이나 3천만원 이하의 벌금
  2. **측정 요구에 2회 이상 따르지 아니한 사람**은 2년 이상 5년 이하의 징역이나 2천만원 이상 3천만원 이하의 벌금

106 벌칙

다음 각 호의 어느 하나에 해당하는 자는 **1년 이하의 징역 또는 1천만원 이하의 벌금**에 처한다.
1. 제8조제2항을 위반하여 허가 없이 보호수역에 입역한 자
2. 제8조제3항의 허가조건을 위반한 자
2의2. 제11조제1호 또는 제3호에 따른 명령을 위반한 자
3. 제12조제2항을 위반하여 교통안전특정해역에서 어망 또는 그 밖에 선박의 통항에 영향을 주는 어구 등을 설치하거나 양식업을 한 자
4. 제13조제1항에 따른 허가를 받지 아니하고 교통안전특정해역에서 공사나 작업을 한 자
5. 제14조제1항을 위반하여 유조선통항금지해역에서 항행한 자
5의2. 제14조의2제1항을 위반하여 시운전금지해역에서 길이 100미터 이상 선박을 시운전한 자
6~12. 〈생략〉
12의2. 제45조제4항에 따른 조치명령에 따르지 아니한 자
12의3. 제46조의2제4항을 위반하여 안전관리체제를 유지하기 위하여 필요한 조치나 지도·감독을 하지 아니한 자
12의4. 제46조의2제5항에 따른 이행명령에 따르지 아니한 자
13~16. 〈생략〉
16의2. 제61조의2제4항을 위반하여 자격증을 다른 사람에게 대여하거나 그 명의를 사용하게 한 자
17~18. 〈생략〉

107 벌칙

다음 각 호의 어느 하나에 해당하는 자는 **500만원 이하의 벌금**에 처한다.
1~3 〈생략〉

108 벌칙

다음 각 호의 어느 하나에 해당하는 자는 300만원 이하의 벌금에 처한다.
1. 제38조제1항에 따른 명령을 위반한 자
2. 제46조의3제4항 전단에 따른 시정 등의 조치 요구를 하지 아니한 자
3. 제46조의3제5항을 위반하여 조치요구에 응하지 아니하거나 안전관리책임자 또는 안전관리체제 수립·시행을 위탁받은 자에게 불이익한 처우를 한 자
4. 제46조의3제6항에 따른 이행명령에 따르지 아니한 자
5. 제46조의3제7항에 따른 변경선임 요구에 특별한 사정 없이 따르지 아니한 자

109 양벌규정

법인의 대표자나 법인 또는 개인의 대리인, 사용인, 그 밖의 종업원이 그 법인 또는 개인의 업무에 관하여 제103조부터 제108조까지의 어느 하나에 해당하는 위반행위를 하면 그 행위자를 벌하는 외에 그 법인 또는 개인에게도 해당 조문의 벌금형을 과(科)한다. 다만, 법인 또는 개인이 그 위반행위를 방지하기 위하여 해당 업무에 관하여 상당한 주의와 감독을 게을리하지 아니한 경우에는 그러하지 아니하다.

110 과태료

① 제37조를 위반하여 선박위치정보를 공개하거나 누설·변조·훼손한 자에게는 2천만원 이하의 과태료를 부과한다.
② 다음 각 호의 어느 하나에 해당하는 자에게는 1천만원 이하의 과태료를 부과한다.
  1. 제18조제3항에 따른 이행명령을 위반한 자
  2. 제58조제1항에 따른 출석이나 진술을 거부하거나 검사·확인·조사 또는 점검을 거부·방해하거나 기피한 자
  3. 제58조제1항에 따른 보고 또는 서류의 제출을 하지 아니하거나 거짓된 보고 또는 거짓된 서류를 제출한 자
  4. 제63조부터 제66조까지, 제71조부터 제73조까지 및 제77조에 따른 항행방법에 관한 규정을 위반한 자
③ 다음 각 호의 어느 하나에 해당하는 자에게는 300만원 이하의 과태료를 부과한다.
  1~23 〈생략〉
  24. 제91조부터 제95조까지에 따라 음향신호와 발광신호 등을 갖추어 두는 것과 그 사용에 관한 규정을 위반한 자
  25. 제106조제17호 외의 선박의 선장이나 선박소유자로서 제43조제1항에 따른 신고를 하지 아니하였거나 또는 게을리하였거나 거짓으로 신고한 자
④ 제45조 제1항을 위반하여 선장의 전문적 판단을 방해하거나 간섭한 자에게는 200만원 이하의 과태료를 부과한다.
⑤ 다음 각 호의 어느 하나에 해당하는 자에게는 100만원 이하의 과태료를 부과한다.
  1. 제46조의3 제3항을 위반하여 교육을 받지 아니한 자
  2. 제61조의2 제5항을 위반하여 선박안전관리사 또는 이와 유사한 명칭을 사용한 자
⑥ 제1항부터 제5항까지의 규정에 따른 과태료는 대통령령으로 정하는 바에 따라 해양수산부장관, 해양경찰청장, 지방해양수산청장 또는 해양경찰서장이 부과·징수한다.

2. 선박의 입항 및 출항 등에 관한 법률 (약칭 : 선박입출항법)

1 목적 [16 경사승진]

이 법은 무역항의 수상구역 등에서 선박의 입항·출항에 대한 지원과 선박운항의 안전 및 질서 유지에 필요한 사항을 규정함을 목적으로 한다.

2 정의 [14 경사승진, 15 경장승진, 17 경장·경사승진, 21 해경]

이 법에서 사용하는 용어의 뜻은 다음과 같다.
1. "무역항"이란 「항만법」 제2조제2호에 따른 항만을 말한다.

> 항만법 제2조(정의)
> 2. "무역항" 이란 국민경제와 공공의 이해(利害)에 밀접한 관계가 있고, 주로 외항선이 입항·출항하는 항만으로서 제3조제1항에 따라 대통령령으로 정하는 항만을 말한다. [13 경사승진]

♣ 항만법 시행령 [별표 2]
국가관리무역항과 지방관리무역항의 구분(제3조제2항 관련) [14 해경]

구분	항만명
1. 국가관리무역항 (14개)	경인항, 인천항, 평택·당진항, 대산항, 장항항, 군산항, 목포항, 여수항, 광양항, 마산항, 부산항, 울산항, 포항항, 동해·묵호항
2. 지방관리무역항 (17개)	서울항, 태안항, 보령항, 완도항, 하동항, 삼천포항, 통영항, 장승포항, 옥포항, 고현항, 진해항, 호산항, 삼척항, 옥계항, 속초항, 제주항, 서귀포항

2. "무역항의 수상구역등"이란 무역항의 수상구역과 「항만법」 제2조제5호가목1)의 수역시설 중 수상구역 밖의 수역시설로서 해양수산부장관이 지정·고시한 것을 말한다.

> 제2조(정의)
> 5. "항만시설" 이란 다음 각 목의 어느 하나에 해당하는 시설을 말한다. 이 경우 다음 각 목의 시설이 항만구역 밖에 있는 경우에는 해양수산부장관이 지정·고시하는 시설로 한정한다.
> 가. 기본시설
> 1) 항로, 정박지, 소형선 정박지, 선회장(旋回場) 등 수역시설(水域施設)

2의2. "관리청"이란 무역항의 수상구역등에서 선박의 입항 및 출항 등에 관한 행정업무를 수행하는 다음 각 목의 구분에 따른 행정관청을 말한다.
    가. 「항만법」 제3조제2항제1호에 따른 국가관리무역항 : 해양수산부장관
    나. 「항만법」 제3조제2항제2호에 따른 지방관리무역항 : 특별시장·광역시장·도지사 또는 특별자치도지사(이하 "시·도지사"라 한다)
3. "선박"이란 「선박법」 제1조의2제1항에 따른 선박을 말한다.
4. "예선"(曳船)이란 「선박안전법」 제2조제13호에 따른 예인선(曳引船)(이하 "예인선"이라 한다) 중 무역항에 출입하거나 이동하는 선박을 끌어당기거나 밀어서 이안(離岸)·접안(接岸)·계류(繫留)를 보조하는 선박을 말한다.

5. "**우선피항선**"(優先避航船)이란 주로 무역항의 수상구역에서 운항하는 선박으로서 다른 선박의 진로를 피하여야 하는 다음 각 목의 선박을 말한다. [15 경장승진, 16 경감승진, 17 경장승진, 21 해경]
   가. 「선박법」제1조의2제1항제3호에 따른 부선(艀船)[예인선이 부선을 끌거나 밀고 있는 경우의 예인선 및 부선을 포함하되, 예인선에 결합되어 운항하는 압항부선(押航艀船)은 제외한다]
   나. 주로 노와 삿대로 운전하는 선박
   다. 예선
   라. 「항만운송사업법」제26조의3제1항에 따라 항만운송관련사업을 등록한 자가 소유한 선박
   마. 「해양환경관리법」제70조제1항에 따라 해양환경관리업을 등록한 자가 소유한 선박 또는 「해양폐기물 및 해양오염퇴적물 관리법」제19조제1항에 따라 해양폐기물관리업을 등록한 자가 소유한 선박(폐기물해양배출업으로 등록한 선박은 제외한다)
   바. 가목부터 마목까지의 규정에 해당하지 아니하는 총톤수 20톤 미만의 선박
6. "**정박**"(碇泊)이란 선박이 해상에서 닻을 바다 밑바닥에 내려놓고 운항을 멈추는 것을 말한다. [17 해경]
7. "**정박지**"(碇泊地)란 선박이 정박할 수 있는 장소를 말한다.
8. "**정류**"(停留)란 선박이 해상에서 일시적으로 운항을 멈추는 것을 말한다. [19 경장·경사·경감승진, 21 해경]
9. "**계류**"란 선박을 다른 시설에 붙들어 매어 놓는 것을 말한다.
10. "**계선**"(繫船)이란 선박이 운항을 중지하고 정박하거나 계류하는 것을 말한다. [18 해경, 21 해경]
11. "**항로**"란 선박의 출입 통로로 이용하기 위하여 제10조에 따라 지정·고시한 수로를 말한다. [16 경사승진]
12. "**위험물**"이란 화재·폭발 등의 위험이 있거나 인체 또는 해양환경에 해를 끼치는 물질로서 해양수산부령으로 정하는 것을 말한다. 다만, 선박의 항행 또는 인명의 안전을 유지하기 위하여 해당 선박에서 사용하는 위험물은 제외한다.
13. "**위험물취급자**"란 제37조제1항제1호에 따른 위험물운송선박의 선장 및 위험물을 취급하는 사람을 말한다.

3 다른 법률과의 관계

무역항의 수상구역등에서의 선박 입항·출항에 관하여는 다른 법률에 특별한 규정이 있는 경우를 제외하고는 이 법에 따른다.

4 출입 신고

① 무역항의 수상구역등에 출입하려는 선박의 선장(이하 이 조에서 "선장"이라 한다)은 대통령령으로 정하는 바에 따라 관리청에 신고하여야 한다. 다만, 다음 각 호의 선박은 출입 신고를 하지 아니할 수 있다(= 출입신고 면제선박). [16 경장승진]
  1. 총톤수 5톤 미만의 선박
  2. 해양사고구조에 사용되는 선박
  3. 「수상레저안전법」제2조제3호에 따른 수상레저기구 중 국내항 간을 운항하는 모터보트 및 동력요트
  4. 그 밖에 공공목적이나 항만 운영의 효율성을 위하여 해양수산부령으로 정하는 선박

> **시행규칙 제4조(신고의 면제)**
> 법 제4조제1항제4호에서 "**해양수산부령으로 정하는 선박**"이란 다음 각 호의 선박을 말한다.

1. 관공선, 군함, 해양경찰함정 등 공공의 목적으로 운영하는 선박
2. 도선선(導船船), 예선(曳船) 등 선박의 출입을 지원하는 선박
3. 「선박직원법 시행령」 제2조제1호에 따른 연안수역을 항행하는 정기여객선(「해운법」에 따라 내항 정기 여객운송사업에 종사하는 선박을 말한다)으로서 경유항(經由港)에 출입하는 선박
4. 피난을 위하여 긴급히 출항하여야 하는 선박
5. 그 밖에 항만운영을 위하여 지방해양수산청장이나 시·도지사가 필요하다고 인정하여 출입 신고를 면제한 선박

② 관리청은 제1항에 따른 신고를 받은 경우 그 내용을 검토하여 이 법에 적합하면 신고를 수리하여야 한다.

시행령 제2조(출입 신고)

「선박의 입항 및 출항 등에 관한 법률」(이하 "법"이라 한다) 제4조제1항에 따른 출입 신고는 다음 각 호의 구분에 따른다.
1. 내항선(국내에서만 운항하는 선박을 말한다)이 무역항의 수상구역등의 안으로 입항하는 경우에는 입항 전에, 무역항의 수상구역등의 밖으로 출항하려는 경우에는 출항 전에 해양수산부령으로 정하는 바에 따라 내항선 출입 신고서를 관리청에 제출할 것
2. 외항선(국내항과 외국항 사이를 운항하는 선박을 말한다)이 무역항의 수상구역등의 안으로 입항하는 경우에는 입항 전에, 무역항의 수상구역등의 밖으로 출항하려는 경우에는 출항 전에 해양수산부령으로 정하는 바에 따라 외항선 출입 신고서를 관리청에 제출할 것
3. 무역항을 출항한 선박이 피난, 수리 또는 그 밖의 사유로 출항 후 12시간 이내에 출항한 무역항으로 귀항하는 경우에는 그 사실을 적어 서면 또는 전자적 방법으로 관리청에 제출할 것
4. 선박이 해양사고를 피하기 위한 경우나 그 밖의 부득이한 사유로 무역항의 수상구역등의 안으로 입항하거나 무역항의 수상구역등의 밖으로 출항하는 경우에는 그 사실을 적어 서면 또는 전자적 방법으로 관리청에 제출할 것

시행규칙 제3조(선박 출입 신고서 등)

③ 무역항의 수상구역등으로 입항하는 선박의 선장은 해당 선박의 출항 일시가 이미 정해진 경우에는 입항과 출항의 신고를 동시에 할 수 있다.
④ 제1항부터 제3항까지에 따라 출입신고서를 제출한 선박의 선장은 해당 선박의 출입 일시가 변경된 경우에는 지체 없이 그 사실을 지방해양수산청장, 시·도지사 또는 항만공사에 신고하여야 한다.

③ 제1항에도 불구하고 전시·사변이나 그에 준하는 국가비상사태 또는 국가안전보장에 필요한 경우에는 선장은 대통령령으로 정하는 바에 따라 관리청의 허가를 받아야 한다.

시행령 제3조(출입 허가의 대상 선박)

법 제4조제3항에 따라 다음 각 호의 어느 하나에 해당하는 선박의 선장은 관리청의 출입 허가를 받아야 한다.
1. 외국 국적의 선박으로서 무역항을 출항한 후 바로 다음 기항 예정지가 북한인 선박
2. 외국 국적의 선박으로서 북한에 기항한 후 1년 이내에 무역항에 최초로 입항하는 선박
2의2. 「국제항해선박 및 항만시설의 보안에 관한 법률」 제33조제1항제3호에 따른 행위를 한 외국인 선원이 승무하였던 국제항해선박(같은 법 제2조제1호에 따른 국제항해선박을 말한다)으로서 해양수산부장관이 국가안전보장을 위하여 무역항 출입에 특별한 관리가 필요하다고 인정하는 선박
3. 전시·사변이나 이에 준하는 국가비상사태 또는 국가안전보장에 필요한 경우로서 관계 중앙행정기관의 장이나 「국제항해선박 및 항만시설의 보안에 관한 법률」 제2조제9호에 따른 국가보안기관의 장(이하 "국

가보안기관의 장"이라 한다)이 무역항 출입에 특별한 관리가 필요하다고 인정하는 선박

시행령 제4조(출입 허가의 신청)
　법 제4조제3항에 따라 **출입 허가를 받으려는 선박의 선장**은 해양수산부령으로 정하는 바에 따라 **출입 허가 신청서에 다음 각 호의 서류를 첨부**하여 입항하거나 출항하기 전에 **관리청에 제출**하여야 한다.
　1. 승무원 명부
　2. 승객 명부
　3. 「남북교류협력에 관한 법률 시행령」 제33조에 따라 수송장비 운행의 승인을 받은 서류(「남북교류협력에 관한 법률」 제20조제1항에 따라 통일부장관의 승인을 받아 남한과 북한 사이를 항행하는 선박만 해당한다)

시행규칙 제5조(출입 허가의 신청)
　법 제4조제3항에 따라 **출입 허가를 받으려는 선박의 선장**은 무역항의 수상구역등에 출입하기 3일 전까지 별지 제3호서식에 따른 **출입 허가 신청서를 지방해양수산청장 또는 시·도지사에게 제출**하여야 한다.

5 정박지의 사용 등

① **관리청**은 무역항의 수상구역등에 정박하는 선박의 종류·톤수·흘수(吃水) 또는 적재물의 종류에 따른 정박구역 또는 정박지를 지정·고시할 수 있다.
② **무역항의 수상구역등에 정박하려는 선박**(우선피항선은 제외한다)은 제1항에 따른 **정박구역 또는 정박지에 정박하여야 한다**. 다만, 해양사고를 피하기 위한 경우 등 **해양수산부령으로 정하는 사유가 있는 경우**에는 그러하지 아니하다. [14 경장승진]

시행규칙 제6조(정박지의 지정 신청)
　② 법 제5조제2항 단서에서 **"해양수산부령으로 정하는 사유"**란 다음 각 호의 경우를 말한다.
　1. 「해양사고의 조사 및 심판에 관한 법률」 제2조제1호에 따른 **해양사고를 피하기 위한 경우**
　2. **선박의 고장이나 그 밖의 사유로 선박을 조종할 수 없는 경우**
　3. **인명을 구조하거나 급박한 위험이 있는 선박을 구조하는 경우**
　4. **해양오염 등의 발생 또는 확산을 방지하기 위한 경우**
　5. 그 밖에 선박의 안전운항을 위하여 지방해양수산청장 또는 시·도지사가 필요하다고 인정하는 경우

③ 우선피항선은 다른 선박의 항행에 방해가 될 우려가 있는 장소에 정박하거나 정류하여서는 아니 된다.
④ 제2항 단서에 따라 정박구역 또는 정박지가 아닌 곳에 정박한 선박의 선장은 즉시 그 사실을 관리청에 신고하여야 한다.

6 정박의 제한 및 방법 등

① **선박은 무역항의 수상구역등에서 다음 각 호의 장소에는 정박하거나 정류하지 못한다**.
　1. 부두·잔교(棧橋)·안벽(岸壁)·계선부표·돌핀 및 선거(船渠)의 부근 수역
　2. 하천, 운하 및 그 밖의 좁은 수로와 계류장(繫留場) 입구의 부근 수역
② 제1항에도 불구하고 **다음 각 호의 경우에는 제1항 각 호의 장소에 정박하거나 정류할 수 있다**. [17 경감승진, 18 경감승진, 18 해경]
　1. 「해양사고의 조사 및 심판에 관한 법률」 제2조제1호에 따른 **해양사고를 피하기 위한 경우**

2. 선박의 고장이나 그 밖의 사유로 선박을 조종할 수 없는 경우
3. 인명을 구조하거나 급박한 위험이 있는 선박을 구조하는 경우
4. 제41조에 따른 허가(=관리청의 허가)를 받은 공사 또는 작업에 사용하는 경우

③ 제1항에 따른 선박의 정박 또는 정류의 제한 외에 무역항별 무역항의 수상구역등에서의 정박 또는 정류 제한에 관한 구체적인 내용은 관리청이 정하여 고시한다.
④ 무역항의 수상구역등에 정박하는 선박은 지체 없이 예비용 닻을 내릴 수 있도록 닻 고정장치를 해제하고, 동력선은 즉시 운항할 수 있도록 기관의 상태를 유지하는 등 안전에 필요한 조치를 하여야 한다.
⑤ 관리청은 정박하는 선박의 안전을 위하여 필요하다고 인정하는 경우에는 무역항의 수상구역등에 정박하는 선박에 대하여 정박 장소 또는 방법을 변경할 것을 명할 수 있다.

7 선박의 계선 신고 등

① 총톤수 20톤 이상의 선박을 무역항의 수상구역등에 계선하려는 자는 해양수산부령으로 정하는 바에 따라 관리청에 신고하여야 한다. [16 해경, 21 해경]
② 관리청은 제1항에 따른 신고를 받은 경우 그 내용을 검토하여 이 법에 적합하면 신고를 수리하여야 한다.
③ 제1항에 따라 선박을 계선하려는 자는 관리청이 지정한 장소에 그 선박을 계선하여야 한다.
④ 관리청은 계선 중인 선박의 안전을 위하여 필요하다고 인정하는 경우에는 그 선박의 소유자나 임차인에게 안전 유지에 필요한 인원의 선원을 승선시킬 것을 명할 수 있다.

8 선박의 이동명령 [22 해경학]

관리청은 다음 각 호의 경우에는 무역항의 수상구역등에 있는 선박에 대하여 해양수산부장관이 정하는 장소로 이동할 것을 명할 수 있다.
1. 무역항을 효율적으로 운영하기 위하여 필요하다고 판단되는 경우
2. 전시·사변이나 그에 준하는 국가비상사태 또는 국가안전보장을 위하여 필요하다고 판단되는 경우

8의2 선박의 피항명령 등

① 관리청은 「재난 및 안전관리 기본법」 제3조제1호가목에 따른 자연재난이 발생하거나 발생할 우려가 있는 경우 무역항의 수상구역등에 있는 선박에 대하여 다른 구역으로 피항할 것을 선박소유자 또는 선장에게 명할 수 있다.
② 관리청은 접안 또는 정박 금지구역의 설정 등 제1항에 따른 피항명령에 필요한 사항을 협의하기 위하여 대통령령으로 정하는 바에 따라 다음 각 호의 자를 포함한 협의체를 구성하여 운영할 수 있다.
1. 「해운법」에 따른 해운업자
2. 관리청이 필요하다고 인정하는 자

> **시행령 제6조의2**(선박대피협의체의 구성 및 운영)
> ① 관리청은 법 제8조의2제2항에 따른 협의체(이하 "선박대피협의체"라 한다)를 무역항별로 다음 각 호의 사람으로 구성하여 운영할 수 있다.
> 1. 「해운법」 제38조제1항에 따른 해운업자(법인인 경우에는 그 임직원을 말한다)
> 2. 해당 무역항을 관할하는 지방해양경찰청 소속 공무원 중 지방해양경찰청장이 지명하는 공무원
> 3. 해당 무역항을 관할하는 「항만공사법」에 따른 항만공사의 임직원(항만공사가 설립된 무역항인 경우만 해당한다)
> 4. 그 밖에 관리청이 법 제8조의2제1항에 따른 피항명령에 관한 협의를 위하여 선박대피협의체에 참여할 필요가 있다고 인정하는 중앙행정기관이나 기관·법인·단체의 소속 공무원 또는 임직원
> ② 선박대피협의체는 다음 각 호의 사항을 협의한다.

1. 접안 또는 정박 금지구역의 설정
2. 선박 대피의 개시 및 완료 시점
3. 항만 운영의 중단 및 재개 시점
4. 그 밖에 선박 대피에 필요한 사항
③ 관리청은 다음 각 호의 경우 선박대피협의체의 회의를 소집할 수 있다. 다만, 제1호의 경우에는 선박대피협의체의 회의를 소집해야 한다.
1. 「재난 및 안전관리 기본법」 제3조제1호가목에 따른 자연재난이 발생하거나 발생할 우려가 있는 경우
2. 관리청이 무역항의 수상구역등에 있는 선박 및 항만시설의 안전을 위하여 필요하다고 인정하는 경우
④ 제1항부터 제3항까지에서 규정한 사항 외에 선박대피협의체의 구성 및 운영에 필요한 사항은 관리청이 선박대피협의체와 협의하여 정한다.

9 선박교통의 제한 [22 해경학]

① 관리청은 무역항의 수상구역등에서 선박교통의 안전을 위하여 필요하다고 인정하는 경우에는 항로 또는 구역을 지정하여 선박교통을 제한하거나 금지할 수 있다.
② 관리청이 제1항에 따라 항로 또는 구역을 지정한 경우에는 항로 또는 구역의 위치, 제한·금지 기간을 정하여 공고하여야 한다.

10 항로 지정 및 준수

① 관리청은 무역항의 수상구역등에서 선박교통의 안전을 위하여 필요한 경우에는 무역항과 무역항의 수상구역 밖의 수로를 항로로 지정·고시할 수 있다.
② 우선피항선 외의 선박은 무역항의 수상구역등에 출입하는 경우 또는 무역항의 수상구역등을 통과하는 경우에는 제1항에 따라 지정·고시된 항로를 따라 항행하여야 한다. 다만, 해양사고를 피하기 위한 경우 등 해양수산부령으로 정하는 사유가 있는 경우에는 그러하지 아니하다.

> 시행규칙 제8조(항로 준수의 예외)
> 법 제10조제2항 단서에서 "해양수산부령으로 정하는 사유"란 제6조제2항 각 호의 어느 하나에 해당하는 경우를 말한다.

11 항로에서의 정박 등 금지 [18 해경]

① 선장은 항로에 선박을 정박 또는 정류시키거나 예인되는 선박 또는 부유물을 내버려두어서는 아니 된다. 다만, 제6조제2항 각 호의 어느 하나에 해당하는 경우는 그러하지 아니하다.

> 선박의 입항 및 출항 등에 관한 법률 제6조(정박의 제한 및 방법 등)
> ② 제1항에도 불구하고 다음 각 호의 경우에는 제1항 각 호의 장소에 정박하거나 정류할 수 있다.
> 1. 「해양사고의 조사 및 심판에 관한 법률」 제2조제1호에 따른 해양사고를 피하기 위한 경우
> 2. 선박의 고장이나 그 밖의 사유로 선박을 조종할 수 없는 경우
> 3. 인명을 구조하거나 급박한 위험이 있는 선박을 구조하는 경우
> 4. 제41조에 따른 허가(=관리청의 허가)를 받은 공사 또는 작업에 사용하는 경우

② 제6조제2항제1호부터 제3호까지의 사유로 선박을 항로에 정박시키거나 정류시키려는 자는 그 사실을 관리청에 신고하여야 한다. 이 경우 제2호에 해당하는 선박의 선장은 「해사안전법」 제85조제1항에 따른 조종불능선 표시(=수직으로 붉은색 전주등 2개)를 하여야 한다.

12 항로에서의 항법 [13 경감승진, 17 승진, 18 경장승진, 19 경장·경사·경감승진, 21 해경]

① 모든 선박은 항로에서 다음 각 호의 항법에 따라 항행하여야 한다.
  1. 항로 밖에서 항로에 들어오거나 항로에서 항로 밖으로 나가는 선박은 항로를 항행하는 다른 선박의 진로를 피하여 항행할 것
  2. 항로에서 다른 선박과 나란히 항행하지 아니할 것
  3. 항로에서 다른 선박과 마주칠 우려가 있는 경우에는 오른쪽으로 항행할 것
  4. 항로에서 다른 선박을 추월하지 아니할 것. 다만, 추월하려는 선박을 눈으로 볼 수 있고 안전하게 추월할 수 있다고 판단되는 경우에는 「해사안전법」 제67조제5항 및 제71조에 따른 방법으로 추월할 것
  5. 항로를 항행하는 제37조제1항제1호에 따른 위험물운송선박(제2조제5호라목에 따른 선박 중 급유선은 제외한다) 또는 「해사안전법」 제2조제14호에 따른 흘수제약선(吃水制約船)의 진로를 방해하지 아니할 것
  6. 「선박법」 제1조의2제1항제2호에 따른 범선은 항로에서 지그재그(zigzag)로 항행하지 아니할 것
② 관리청은 선박교통의 안전을 위하여 특히 필요하다고 인정하는 경우에는 제1항에서 규정한 사항 외에 따로 항로에서의 항법 등에 관한 사항을 정하여 고시할 수 있다. 이 경우 선박은 이에 따라 항행하여야 한다.

13 방파제 부근에서의 항법 [13 경사승진]

무역항의 수상구역등에 입항하는 선박이 방파제 입구 등에서 출항하는 선박과 마주칠 우려가 있는 경우에는 방파제 밖에서 출항하는 선박의 진로를 피하여야 한다.

14 부두등 부근에서의 항법 [13 경사승진, 15 경감승진, 16 경감승진, 17 경사·경감승진, 18 해경]

선박이 무역항의 수상구역등에서 해안으로 길게 뻗어 나온 육지 부분, 부두, 방파제 등 인공시설물의 튀어나온 부분 또는 정박 중인 선박(이하 이 조에서 "부두등"이라 한다)을 오른쪽 뱃전에 두고 항행할 때에는 부두등에 접근하여 항행하고, 부두등을 왼쪽 뱃전에 두고 항행할 때에는 멀리 떨어져서 항행하여야 한다.

15 예인선 등의 항법 [13 경사승진]

① 예인선이 무역항의 수상구역등에서 다른 선박을 끌고 항행할 때에는 해양수산부령으로 정하는 방법에 따라야 한다.

> 시행규칙 제9조(예인선의 항법 등)
>   ① 법 제15조제1항에 따라 예인선이 무역항의 수상구역등에서 다른 선박을 끌고 항행하는 경우에는 다음 각 호에서 정하는 바에 따라야 한다.
>   1. 예인선의 선수(船首)로부터 피(被)예인선의 선미(船尾)까지의 길이는 200미터를 초과하지 아니할 것. 다만, 다른 선박의 출입을 보조하는 경우에는 그러하지 아니하다.
>   2. 예인선은 한꺼번에 3척 이상의 피예인선을 끌지 아니할 것(=최대 2척의 피예인선을 끌 수 있다) [16 해경, 18 해경, 21 해경]

② 범선이 무역항의 수상구역등에서 항행할 때에는 돛을 줄이거나 예인선이 범선을 끌고 가게 하여야 한다.

16 　진로방해의 금지　[16 경감승진]

① 우선피항선은 무역항의 수상구역등이나 무역항의 수상구역 부근에서 다른 선박의 진로를 방해하여서는 아니 된다.
② 제41조제1항에 따라 공사 등의 허가를 받은 선박과 제42조제1항에 따라 선박경기 등의 행사를 허가받은 선박은 무역항의 수상구역등에서 다른 선박의 진로를 방해하여서는 아니 된다.

17 　속력 등의 제한　[13 경사승진]

① 선박이 무역항의 수상구역등이나 무역항의 수상구역 부근을 항행할 때에는 다른 선박에 위험을 주지 아니할 정도의 속력으로 항행하여야 한다.
② 해양경찰청장은 선박이 빠른 속도로 항행하여 다른 선박의 안전 운항에 지장을 초래할 우려가 있다고 인정하는 무역항의 수상구역등에 대하여는 관리청에 무역항의 수상구역등에서의 선박 항행 최고속력을 지정할 것을 요청할 수 있다. [14 경감승진, 15 경감승진, 20 해경]
③ 관리청은 제2항에 따른 요청을 받은 경우 특별한 사유가 없으면 무역항의 수상구역등에서 선박 항행 최고속력을 지정·고시하여야 한다. 이 경우 선박은 고시된 항행 최고속력의 범위에서 항행하여야 한다.

18 　항행 선박 간의 거리

무역항의 수상구역등에서 2척 이상의 선박이 항행할 때에는 서로 충돌을 예방할 수 있는 상당한 거리를 유지하여야 한다.

23 　예선의 사용의무

① 관리청은 항만시설을 보호하고 선박의 안전을 확보하기 위하여 관리청이 정하여 고시하는 일정 규모 이상의 선박에 대하여 예선을 사용하도록 하여야 한다.
② 관리청은 제1항에 따라 예선을 사용하여야 하는 선박이 그 규모에 맞는 예선을 사용하게 하기 위하여 예선의 사용기준(이하 "예선사용기준"이라 한다)을 정하여 고시할 수 있다.

24 　예선업의 등록 등

① 무역항에서 예선업무를 하는 사업(이하 "예선업"이라 한다)을 하려는 자는 관리청에 등록하여야 한다. 등록한 사항 중 해양수산부령으로 정하는 사항을 변경하려는 경우에도 또한 같다. [13 경사승진]

> 시행규칙 제10조(예선업의 등록 신청 등)
> ① 법 제24조제1항에 따라 예선업의 등록을 하려는 자는 별지 제5호서식에 따른 예선업 등록신청서(전자문서를 포함한다)에 다음 각 호의 서류를 첨부하여 지방해양수산청장 또는 시·도지사에게 제출하여야 한다.
>   1. 정관(법인인 경우만 해당)한다)
>   2. 사업계획서
>   3. 예선의 척수(隻數), 제원(諸元) 현황 및 소화장비 등의 시설현황
>   4. 「한국해양교통안전공단법」에 따라 설립된 한국해양교통안전공단(이하 "한국해양교통안전공단"이라 한다) 또는 「선박안전법」 제60조제2항에 따른 선급법인(船級法人)(이하 "선급법인"이라 한다)이 발행한 예항력(曳航力) 증명서

② 제1항에 따른 예선업의 등록 또는 변경등록은 무역항별로 하되, 다음 각 호의 기준을 충족하여야 한다.
1. 예선은 자기소유예선[자기 명의의 국적취득조건부 나용선(裸傭船) 또는 자기 소유로 약정된 리스예선을 포함한다]으로서 해양수산부령으로 정하는 무역항별 예선보유기준에 따른 마력[이하 "예항력"(曳航力)이라 한다]과 척수가 적합할 것
2. 예선추진기형은 전(全)방향추진기형일 것
3. 예선에 소화설비 등 해양수산부령으로 정하는 시설을 갖출 것
4. 예선의 선령(船齡)이 해양수산부령으로 정하는 기준에 적합하되, 등록 또는 변경등록 당시 해당 예선의 선령이 12년 이하일 것. 다만, 관리청이 예선 수요가 적어 사업의 수익성이 낮다고 인정하는 무역항에 등록 또는 변경등록하는 선박의 경우와 해양환경공단이 「해양환경관리법」 제67조에 따라 해양오염방제에 대비·대응하기 위하여 선박을 배치하고자 변경등록하는 경우에는 그러하지 아니하다.

26 등록의 취소 등

관리청은 예선업자가 다음 각 호의 어느 하나에 해당하는 경우에는 그 등록을 취소하거나 6개월 이내의 기간을 정하여 사업정지를 명할 수 있다. 다만, 제1호부터 제3호까지의 어느 하나에 해당하는 경우에는 그 등록을 취소하여야 한다.
1. 거짓이나 그 밖의 부정한 방법으로 등록 또는 변경등록을 한 경우
2. 제24조제2항에 따른 기준을 충족하지 못하게 된 경우
3. 제25조제1항 각 호의 어느 하나에 해당하게 된 경우
3의2. 제25조의2제3항에 따른 조건을 위반하는 경우
4. 제29조제1항 또는 제2항을 위반하여 정당한 사유 없이 예선의 사용 요청을 거절하거나 예항력 검사를 받지 아니한 경우
4의2. 제29조의2제1항의 단서를 위반하여 예선을 공동으로 배정하는 경우
5. 제49조제2항에 따른 개선명령을 이행하지 아니한 경우

27 과징금 처분

① 관리청은 예선업자가 제26조제4호에 해당하여 사업을 정지시켜야 하는 경우로서 사업을 정지시키면 예선사용기준에 맞게 사용할 예선이 없는 경우에는 사업정지 처분을 대신하여 1천만원 이하의 과징금을 부과할 수 있다.
③ 관리청은 예선업자가 제1항에 따른 과징금을 납부하지 아니하면 국세 체납처분의 예 또는 「지방행정제재·부과금의 징수 등에 관한 법률」에 따라 징수할 수 있다.

> 시행령 제9조(과징금의 부과 및 납부)
> ① 관리청은 법 제27조제1항에 따라 과징금을 부과하는 경우 위반행위의 내용과 해당 과징금의 금액을 서면으로 자세히 밝혀 과징금을 낼 것을 과징금 부과 대상자에게 통지해야 한다.
> ② 제1항에 따른 통지를 받은 자는 통지를 받은 날부터 20일 이내에 관리청이 정하는 수납기관에 과징금을 내야 한다. 다만, 천재지변이나 그 밖의 부득이한 사유로 그 기간 내에 과징금을 낼 수 없는 경우에는 그 사유가 없어진 날부터 7일 이내에 내야 한다.
> ③ 제2항에 따라 과징금을 받은 수납기관은 영수증을 발급하고, 과징금을 받은 사실을 지체 없이 관리청에 통보하여야 한다.
> ④ ~~과징금은 분할하여 낼 수 없다.~~ 〈삭제 21. 9. 24〉

28 권리와 의무의 승계

다음 각 호의 어느 하나에 해당하는 자는 예선업자의 권리와 의무를 승계한다.
1. 예선업자가 사망한 경우 그 상속인
2. 예선업자가 사업을 양도한 경우 그 양수인
3. 법인인 예선업자가 다른 법인과 합병한 경우 합병 후 존속하는 법인이나 합병으로 설립되는 법인

29 예선업자의 준수사항

① 예선업자는 다음 각 호의 경우를 제외하고는 예선의 사용 요청을 거절하여서는 아니 된다.
　　1. 다른 법령에 따라 선박의 운항이 제한된 경우
　　2. 천재지변이나 그 밖의 불가항력적인 사유로 예선업무를 수행하기가 매우 어려운 경우
　　3. 제30조에 따른 예선운영협의회에서 정하는 정당한 사유가 있는 경우
② 예선업자는 등록 또는 변경등록한 각 예선이 등록 또는 변경등록 당시의 예항력을 유지할 수 있도록 관리하고, 해양수산부령으로 정하는 바에 따라 예선이 적정한 예항력을 가지고 있는지 확인하기 위하여 해양수산부장관이 실시하는 검사를 받아야 한다.
③ 해양수산부장관은 제2항에 따른 검사방법을 정하여 고시할 수 있다.

> 시행규칙 제13조(예선의 예항력검사)
> ① 법 제29조제2항에 따라 예선은 다음 각 호의 구분에 따른 예항력검사의 유효기간 내에 한국해양교통안전공단 또는 선급법인이 실시하는 정기 예항력검사를 받아야 한다.
> 　　1. 검사 당시 예선의 선령이 25년 미만인 경우 : 5년
> 　　2. 검사 당시 예선의 선령이 25년 이상인 경우 : 3년

29의2 예선의 배정 방법

① 예선의 사용 요청을 받은 예선업자는 단독으로 예선을 배정하여야 한다. 다만, 예선의 공동 활용 등을 위하여 필요한 경우로서 예선업자가 예선 사용자 등에게 예선 공동 배정의 방법·내용을 미리 공표한 경우에는 예선업자 간 공동으로 예선을 배정할 수 있다.

32 위험물의 반입

① 위험물을 무역항의 수상구역등으로 들여오려는 자는 해양수산부령으로 정하는 바에 따라 관리청에 신고하여야 한다.

> 시행규칙 제14조(위험물 반입의 신고)
> ① 법 제32조제1항에 따라 위험물을 무역항의 수상구역등으로 들여오려는 자는 반입 24시간 전에 다음 각 호의 서류를 지방해양수산청장 또는 시·도지사에게 제출하여야 한다. 다만, 위험물을 육상으로 반입하는 경우에는 무역항의 육상구역으로 위험물을 들여오기 전까지, 전(前) 출항지부터 반입항까지의 운항 시간이 24시간 이내이고 해상으로 위험물을 반입하는 경우에는 무역항의 수상구역등으로 위험물을 들여오기 전까지 위험물 반입신고서 등을 제출할 수 있다.

② 관리청은 제1항에 따른 신고를 받은 경우 그 내용을 검토하여 이 법에 적합하면 신고를 수리하여야 한다.

33 위험물운송선박의 정박 등

제37조제1항제1호에 따른 위험물운송선박은 관리청이 지정한 장소가 아닌 곳에 정박하거나 정류하여서는 아니 된다.

34 위험물의 하역

① 무역항의 수상구역등에서 위험물을 하역하려는 자는 대통령령으로 정하는 바에 따라 자체안전관리계획을 수립하여 관리청의 승인을 받아야 한다. 승인받은 사항 중 대통령령으로 정하는 사항을 변경하려는 경우에도 또한 같다.
② 관리청은 무역항의 안전을 위하여 필요하다고 인정할 때에는 제1항에 따른 자체안전관리계획을 변경할 것을 명할 수 있다.
③ 관리청은 기상 악화 등 불가피한 사유로 무역항의 수상구역등에서 위험물을 하역하는 것이 부적당하다고 인정하는 경우에는 제1항에 따른 승인을 받은 자에 대하여 해양수산부령으로 정하는 바에 따라 그 하역을 금지 또는 중지하게 하거나 무역항의 수상구역등 외의 장소를 지정하여 하역하게 할 수 있다.
④ 무역항의 수상구역등이 아닌 장소로서 해양수산부령으로 정하는 장소에서 위험물을 하역하려는 자는 무역항의 수상구역등에 있는 자로 본다.

> **시행규칙 제17조(위험물 하역의 제한 등)**
> ② 법 제34조제4항에서 "해양수산부령으로 정하는 장소"란 총톤수 1천톤 이상의 위험물 운송선박이 접안할 수 있는 부두시설 및 위험물 하역작업에 필요한 시설을 갖추고, 산적액체위험물을 취급하는 장소를 말한다.

37 선박수리의 허가 등 [14 경사·경감승진]

① 선장은 무역항의 수상구역등에서 다음 각 호의 선박을 불꽃이나 열이 발생하는 용접 등의 방법으로 수리하려는 경우 해양수산부령으로 정하는 바에 따라 **관리청의 허가**를 받아야 한다. 다만, **제2호의 선박**은 기관실, 연료탱크, 그 밖에 해양수산부령으로 정하는 선박 내 위험구역에서 수리작업을 하는 경우에만 허가를 받아야 한다.
  1. 위험물을 저장·운송하는 선박과 위험물을 하역한 후에도 인화성 물질 또는 폭발성 가스가 남아 있어 화재 또는 폭발의 위험이 있는 선박(이하 "위험물운송선박"이라 한다)
  2. 총톤수 20톤 이상의 선박(위험물운송선박은 제외한다) [18 승진, 18 해경]
② 관리청은 제1항에 따른 허가 신청을 받았을 때에는 신청 내용이 다음 각 호의 어느 하나에 해당하는 경우를 제외하고는 허가하여야 한다.
  1. 화재·폭발 등을 일으킬 우려가 있는 방식으로 수리하려는 경우
  2. 용접공 등 수리작업을 할 사람의 자격이 부적절한 경우
  3. 화재·폭발 등의 사고 예방에 필요한 조치가 미흡한 것으로 판단되는 경우
  4. 선박수리로 인하여 인근의 선박 및 항만시설의 안전에 지장을 초래할 우려가 있다고 판단되는 경우
  5. 수리장소 및 수리시기 등이 항만운영에 지장을 줄 우려가 있다고 판단되는 경우
  6. 위험물운송선박의 경우 수리하려는 구역에 인화성 물질 또는 폭발성 가스가 없다는 것을 증명하지 못하는 경우
③ 총톤수 20톤 이상의 선박을 제1항 단서에 따른 위험구역 밖에서 불꽃이나 열이 발생하는 용접 등의 방법으로 수리하려는 경우에 그 선박의 선장은 해양수산부령으로 정하는 바에 따라 관리청에 신고하여야 한다.
④ 관리청은 제3항에 따른 신고를 받은 경우 그 내용을 검토하여 이 법에 적합하면 신고를 수리하여야 한다.
⑤ 제1항부터 제3항까지에 따라 선박을 수리하려는 자는 그 선박을 관리청이 지정한 장소에 정박하거나 계류하여야 한다.
⑥ 관리청은 수리 중인 선박의 안전을 위하여 필요하다고 인정하는 경우에는 그 선박의 소유자나 임차인에게 **해양수산부령**으로 정하는 바에 따라 안전에 필요한 조치를 할 것을 명할 수 있다.

> 시행규칙 제21조(선박수리 허가의 신청 등)
> ④ 법 제37조제6항에 따라 지방해양수산청장 또는 시·도지사가 명할 수 있는 안전에 필요한 조치는 다음 각 호와 같다.
>   1. 안전시설 및 인원의 보강
>   2. 작업시간의 조정
>   3. 수리장소의 일시적 변경
>   4. 그 밖에 선박안전을 위하여 필요한 사항

38 폐기물의 투기 금지 등

① 누구든지 무역항의 수상구역등이나 무역항의 수상구역 밖 10킬로미터 이내의 수면에 선박의 안전운항을 해칠 우려가 있는 흙·돌·나무·어구(漁具) 등 폐기물을 버려서는 아니 된다. [13 경사승진, 18 경감승진, 22 경장승진]

② 무역항의 수상구역등이나 무역항의 수상구역 부근에서 석탄·돌·벽돌 등 흩어지기 쉬운 물건을 하역하는 자는 그 물건이 수면에 떨어지는 것을 방지하기 위하여 대통령령으로 정하는 바에 따라 필요한 조치를 하여야 한다.

③ 관리청은 제1항을 위반하여 폐기물을 버리거나 제2항을 위반하여 흩어지기 쉬운 물건을 수면에 떨어뜨린 자에게 그 폐기물 또는 물건을 제거할 것을 명할 수 있다.

39 해양사고 등이 발생한 경우의 조치 [16 해경]

① 무역항의 수상구역등이나 무역항의 수상구역 부근에서 해양사고·화재 등의 재난으로 인하여 다른 선박의 항행이나 무역항의 안전을 해칠 우려가 있는 조난선(遭難船)의 선장은 즉시 「항로표지법」 제2조제1호에 따른 항로표지를 설치하는 등 필요한 조치를 하여야 한다.

② 제1항에 따른 조난선의 선장이 같은 항에 따른 조치를 할 수 없을 때에는 해양수산부령으로 정하는 바에 따라 해양수산부장관에게 필요한 조치를 요청할 수 있다.

③ 해양수산부장관이 제2항에 따른 조치를 하였을 때에는 그 선박의 소유자 또는 임차인은 그 조치에 들어간 비용을 해양수산부장관에게 납부하여야 한다.

④ 해양수산부장관은 선박의 소유자 또는 임차인이 제3항에 따른 조치 비용을 납부하지 아니할 경우 국세체납처분의 예에 따라 이를 징수할 수 있다.

> 시행규칙 제23조(위험 예방조치 비용의 산정 및 납부)
> ① 법 제39조제3항에 따른 위험 예방조치 비용의 산정방법은 「항로표지법」 제14조제5항에 따른다.
> ② 법 제39조제3항에 따라 선박의 소유자 또는 임차인은 제1항에 따라 산정된 위험 예방조치 비용을 항로표지의 설치 등 위험 예방조치가 종료된 날부터 5일 이내에 지방해양수산청장 또는 시·도지사에게 납부하여야 한다.

40 장애물의 제거 [16 경감승진, 17 해경]

① 관리청은 무역항의 수상구역등이나 무역항의 수상구역 부근에서 선박의 항행을 방해하거나 방해할 우려가 있는 물건(이하 "장애물"이라 한다)을 발견한 경우에는 그 장애물의 소유자 또는 점유자에게 제거를 명할 수 있다.

② 관리청은 장애물의 소유자 또는 점유자가 제1항에 따른 명령을 이행하지 아니하는 경우에는 「행정대집행법」 제3조 제1항 및 제2항에 따라 대집행(代執行)을 할 수 있다.
③ 관리청은 다음 각 호의 어느 하나에 해당하는 경우로서 제2항에 따른 절차에 따르면 그 목적을 달성하기 곤란한 경우에는 그 절차를 거치지 아니하고 장애물을 제거하는 등 필요한 조치를 할 수 있다.
  1. 장애물의 소유자 또는 점유자를 알 수 없는 경우
  2. 제2조제2호에 따른 수역시설을 반복적, 상습적으로 불법 점용하는 경우
  3. 그 밖에 선박의 항행을 방해하거나 방해할 우려가 있어 신속하게 장애물을 제거하여야 할 필요가 있는 경우
④ 제3항에 따라 장애물을 제거하는 데 들어간 비용은 그 물건의 소유자 또는 점유자가 부담하되, 소유자 또는 점유자를 알 수 없는 경우에는 대통령령으로 정하는 바에 따라 그 물건을 처분하여 비용에 충당한다.
⑤ 제3항에 따른 조치는 선박교통의 안전 및 질서유지를 위하여 필요한 최소한도에 그쳐야 한다.
⑥ 관리청은 제2항 및 제3항에 따라 제거된 장애물을 보관 및 처리하여야 한다. 이 경우 전문지식이 필요하거나 그 밖에 특수한 사정이 있어 직접 처리하기에 적당하지 아니하다고 인정할 때에는 대통령령으로 정하는 바에 따라 「한국자산관리공사 설립 등에 관한 법률」에 따라 설립된 한국자산관리공사에게 장애물의 처리를 대행하도록 할 수 있다.

> **시행령 제16조(장애물의 제거 등)**
> ① **관리청**은 법 제40조제4항에 따라 무역항의 수상구역등이나 무역항의 수상구역 부근에서 선박의 항행을 방해하거나 방해할 우려가 있는 물건(이하 "장애물"이라 한다)을 처분하려는 경우에는 **공매(公賣)로 처분**한다. 다만, 그 물건의 가액(價額)이 공매비용에 미치지 못할 우려가 있는 경우에는 공매 외의 방법으로 처분할 수 있다.
> ② **관리청**이 제1항 본문에 따라 **공매를 하려는 경우**에는 **다음 각 호의 사항을 공고**해야 한다. 이 경우 공고는 관리청의 게시판 및 인터넷 홈페이지에 7일 이상 게시하는 방법으로 해야 하며, 필요하면 관보 또는 공보나 「신문 등의 진흥에 관한 법률」 제9조제1항에 따라 전국을 보급지역으로 등록한 일반일간신문에 게재하는 방법으로 할 수 있다.
>   1. 공매할 물건의 명칭 및 내용
>   2. 공매의 장소 및 일시
>   3. 입찰보증금을 받는 경우에는 그 금액
> ③ 관리청은 제1항과 제2항에 따른 공매로 취득한 금액 중에서 해당 물건의 제거와 공매 등에 든 비용을 제외하고 남은 금액이 있으면 「공탁법」에 따라 공탁해야 한다.
> ④ 관리청이 법 제40조제6항 전단에 따라 장애물을 보관 및 처리하는 경우에는 장애물을 원형 상태로 보관하고, 그 장애물의 소유자 또는 점유자(이하 이 조 및 제17조에서 "소유자등"이라 한다)를 알 수 있는 경우에는 그 장애물의 보관 장소를 소유자등에게 통보하여 7일 이내에 처리하도록 해야 한다.
> ⑤ 관리청은 제4항에 따른 기간에 소유자등이 장애물을 처리하지 아니하는 경우 또는 소유자등을 알 수 없는 경우에는 제2항에 따라 공고를 하고 공매로 처분할 수 있다. 이 경우 공매로 취득한 금액 중에서 해당 물건의 보관과 공매 등에 든 비용을 제외하고 남은 금액이 있으면 소유자등에게 돌려주어야 하고, 소유자등을 알 수 없는 경우에는 「공탁법」에 따라 공탁해야 한다.

41 공사 등의 허가

① **무역항의 수상구역등이나 무역항의 수상구역 부근에서 대통령령으로 정하는 공사 또는 작업을 하려는 자**는 해양수산부령으로 정하는 바에 따라 **관리청의 허가**를 받아야 한다.
② 관리청이 제1항에 따른 허가를 할 때에는 선박교통의 안전과 화물의 보전 및 무역항의 안전에 필요한 조치를 명할 수 있다.

> **시행령 제18조(공사 등의 허가 범위)**
> 법 제41조제1항에서 **"대통령령으로 정하는 공사 또는 작업"**이란 **다음 각 호의 어느 하나에 해당하는 공사 또는 작업**을 말한다. 다만, 「항만법」, 「항만 재개발 및 주변지역 발전에 관한 법률」 또는 「공유수면 관리 및 매립에 관한 법률」에 따라 해양수산부장관이나 특별시장·광역시장·도지사 또는 특별자치도지사의 허가나 면

허를 받은 공사 또는 작업은 제외한다.
1. 사람이나 장비를 수중(水中)에 투입하는 공사 또는 작업
2. 「항만법」 제2조제5호에 따른 항만시설 외의 시설물 또는 인공구조물을 신축·개축하거나 변경·제거하는 공사 또는 작업
3. 그 밖에 무역항의 안전을 위하여 해양수산부령으로 정하는 공사 또는 작업

42 선박경기 등 행사의 허가

① 무역항의 수상구역등에서 선박경기 등 대통령령으로 정하는 행사를 하려는 자는 해양수산부령으로 정하는 바에 따라 관리청의 허가를 받아야 한다. [15 해경]

> 시행령 제19조(선박경기 등 행사)
> 법 제42조제1항에서 "선박경기 등 대통령령으로 정하는 행사"란 다음 각 호의 어느 하나에 해당하는 행사를 말한다.
> 1. 요트, 모터보트 등을 이용한 선박경기
> 2. 해양폐기물 수거 등 해양환경 정화활동
> 3. 해상퍼레이드 등 축제 행사
> 4. 선박을 이용한 불꽃놀이 행사
> 5. 그 밖에 선박교통의 안전에 지장을 줄 우려가 있는 행사

② 관리청은 제1항에 따른 허가 신청을 받았을 때에는 다음 각 호의 어느 하나에 해당하는 경우를 제외하고는 허가하여야 한다.
1. 행사로 인하여 선박의 충돌·좌초·침몰 등 안전사고가 생길 우려가 있다고 판단되는 경우
2. 행사의 장소와 시간 등이 항만운영에 지장을 줄 우려가 있는 경우
3. 다른 선박의 출입 등 항행에 방해가 될 우려가 있다고 판단되는 경우
4. 다른 선박이 화물을 싣고 내리거나 보존하는 데에 지장을 줄 우려가 있다고 판단되는 경우

③ 관리청은 제1항에 따른 허가를 하였을 때에는 해양경찰청장에게 그 사실을 통보하여야 한다.

43 부유물에 대한 허가

① 무역항의 수상구역등에서 목재 등 선박교통의 안전에 장애가 되는 부유물에 대하여 다음 각 호의 어느 하나에 해당하는 행위를 하려는 자는 해양수산부령으로 정하는 바에 따라 관리청의 허가를 받아야 한다.
1. 부유물을 수상(水上)에 띄워 놓으려는 자
2. 부유물을 선박 등 다른 시설에 붙들어 매거나 운반하려는 자

② 관리청은 제1항에 따른 허가를 할 때에는 선박교통의 안전에 필요한 조치를 명할 수 있다.

44 어로의 제한

누구든지 무역항의 수상구역등에서 선박교통에 방해가 될 우려가 있는 장소 또는 항로에서는 어로(漁撈)(어구 등의 설치를 포함한다)를 하여서는 아니 된다.

45 불빛의 제한

① 누구든지 무역항의 수상구역등이나 무역항의 수상구역 부근에서 선박교통에 방해가 될 우려가 있는 강

력한 불빛을 사용하여서는 아니 된다.
② 관리청은 제1항에 따른 불빛을 사용하고 있는 자에게 그 빛을 줄이거나 가리개를 씌우도록 명할 수 있다.

46 기적 등의 제한

① 선박은 무역항의 수상구역등에서 특별한 사유 없이 기적(汽笛)이나 사이렌을 울려서는 아니 된다.
② 제1항에도 불구하고 무역항의 수상구역등에서 기적이나 사이렌을 갖춘 선박에 화재가 발생한 경우 그 선박은 해양수산부령으로 정하는 바에 따라 화재를 알리는 경보를 울려야 한다.

> 시행규칙 제29조(화재 시 경보방법)
> ① 법 제46조제2항에 따라 화재를 알리는 경보는 기적(汽笛)이나 사이렌을 장음(4초에서 6초까지의 시간 동안 계속되는 울림을 말한다)으로 5회 울려야 한다. [15 경사승진, 17 해경]
> ② 제1항의 경보는 적당한 간격을 두고 반복하여야 한다.

47 출항의 중지

관리청은 선박이 이 법 또는 이 법에 따른 명령을 위반한 경우에는 그 선박의 출항을 중지시킬 수 있다.

48 검사·확인 등

① 관리청은 다음 각 호의 경우 그 선박의 소유자·선장이나 그 밖의 관계인에게 출석 또는 진술을 하게 하거나 관계 서류의 제출 또는 보고를 요구할 수 있으며, 관계 공무원으로 하여금 그 선박이나 사무실·사업장, 그 밖에 필요한 장소에 출입하여 장부·서류 또는 그 밖의 물건을 검사하거나 확인하게 할 수 있다.
  1. 제4조, 제5조제2항·제3항, 제6조제1항·제4항, 제7조, 제10조제2항, 제11조, 제23조, 제32조, 제33조, 제34조 제1항부터 제3항까지, 제35조, 제37조, 제40조제1항, 제41조, 제42조제1항, 제43조, 제44조 중 어느 하나를 위반한 자가 있다고 인정되는 경우
  2. 제24조제1항에 따른 예선업의 등록 사항을 이행하고 있는지 확인할 필요가 있는 경우
  3. 적정예선 척수 산정 및 예선업계의 경영여건 파악을 위하여 필요한 경우
③ 제1항에 따라 선박에 출입하여 관계 서류 등을 검사·확인하는 공무원은 그 권한을 표시하는 증표를 지니고 관계인에게 보여주어야 한다.

> 시행령 제20조(무역항 단속공무원의 자격)
> 법 제48조제1항에 따라 검사·확인 업무를 수행하는 공무원은 관리청이 다음 각 호의 어느 하나에 해당하는 소속 공무원 중에서 임명한다.
> 1. 7급 이상 공무원은 2년 이상, 8급 및 9급 공무원은 3년 이상 해양수산 관련 부서 또는 관리청(해양수산관서를 포함한다) 소속 순찰선에서 근무한 경력이 있는 사람
> 2. 5급 항해사, 5급 기관사 또는 4급 운항사 이상의 해기사 면허를 가진 사람으로서 3년 이상 선박에 승무한 경력이 있는 사람
> 3. 「선박안전법」 제65조제1항에 따른 위험물검사등대행기관에서 3년 이상 위험물검사 업무에 종사한 경력이 있는 사람

49 개선명령

① 관리청은 제48조제1항에 따른 검사 또는 확인 결과 무역항의 수상구역등에서 선박의 안전 및 질서 유지

를 위하여 필요하다고 인정하는 경우에는 그 선박의 소유자·선장이나 그 밖의 관계인에게 다음 각 호의 사항에 관하여 개선명령을 할 수 있다.
1. 시설의 보강 및 대체(代替)
2. 공사 또는 작업의 중지
3. 인원의 보강
4. 장애물의 제거
5. 선박의 이동
6. 선박 척수의 제한
7. 그 밖에 해양수산부령으로 정하는 사항

> 시행규칙 제32조(그 밖의 개선명령)
> 법 제49조제7호에서 "해양수산부령으로 정하는 사항"이란 다음 각 호의 사항을 말한다.
> 1. 무역항의 수상구역등에서 선박 또는 승무원 및 승객에 대한 일시적인 출입제한
> 2. 작업 또는 행사의 일시적인 제한
> 3. 공사 또는 수리계획의 변경

② 관리청은 예선업자 등이 다른 예선업자의 사업이나 다른 예선 사용자의 예선사용을 부당하게 방해하는 등 대통령령으로 정하는 사유로 인하여 예선업의 건전한 발전을 저해하거나 예선 사용자의 권익을 침해한 사실이 있다고 인정되는 경우에는 해당 예선업자 등에 대하여 사업 내용의 변경 또는 예선운영 방법 등에 관하여 개선명령을 할 수 있다.

50 항만운영정보시스템의 사용 등

① 해양수산부장관은 이 법에 따른 입항·출항 선박의 정보관리 및 민원사무의 처리 등을 위하여 항만운영정보시스템을 구축·운영할 수 있다.

51 수수료

다음 각 호의 어느 하나에 해당하는 자는 해양수산부령으로 정하는 바에 따라 수수료를 납부하여야 한다.
1. 제24조제1항에 따른 예선업의 등록을 하려는 자
2. 제41조제1항에 따른 공사 등의 허가를 받으려는 자

52 청문

해양수산부장관 또는 시·도지사는 다음 각 호의 어느 하나에 해당하는 처분을 하려는 경우에는 청문을 하여야 한다.
1. 제26조에 따른 예선업 등록의 취소
2. 제36조제4항에 따른 지정교육기관 지정의 취소
3. 제50조제4항에 따른 중계망사업자 지정의 취소

53 권한의 위임·위탁

① 이 법에 따른 해양수산부장관의 권한 또는 해양경찰청장의 권한은 대통령령으로 정하는 바에 따라 그 일부를 그 소속기관의 장, 시·도지사에게 위임할 수 있다.
② 이 법에 따른 관리청의 권한은 대통령령으로 정하는 바에 따라 그 일부를 해양경찰청장에게 위임 또는 위탁할 수 있다.
③ 관리청의 제4조제2항에 따른 신고의 수리 권한은 대통령령으로 정하는 바에 따라 「항만공사법」에 따른 항만공사에

위탁할 수 있다.

54 벌칙

다음 각 호의 어느 하나에 해당하는 자는 **2년 이하의 징역 또는 2천만원 이하의 벌금**에 처한다.
1. 거짓이나 그 밖의 부정한 방법으로 제24조제1항에 따른 등록을 한 자
2. 제24조제1항에 따른 등록을 하지 아니하고 예선업을 한 자

58 양벌규정

법인의 대표자나 법인 또는 개인의 대리인, 사용인, 그 밖의 종업원이 그 법인 또는 개인의 업무에 관하여 제54조부터 제57조까지의 어느 하나에 해당하는 위반행위를 하면 그 행위자를 벌하는 외에 그 법인 또는 개인에게도 해당 조문의 벌금형을 과(科)한다. 다만, 법인 또는 개인이 그 위반행위를 방지하기 위하여 해당 업무에 관하여 상당한 주의와 감독을 게을리하지 아니한 경우에는 그러하지 아니하다.

59 과태료

① 다음 각 호의 어느 하나에 해당하는 자에게는 300만원 이하의 과태료를 부과한다.
   1~5 〈생략〉
② 다음 각 호의 어느 하나에 해당하는 자에게는 200만원 이하의 과태료를 부과한다.
   1~22 〈생략〉
③ 제1항 및 제2항에 따른 과태료는 대통령령으로 정하는 바에 따라 관리청이 부과·징수한다.

3. 선박교통관제에 관한 법률

1 목적

이 법은 선박교통관제에 필요한 사항을 규정함으로써 선박교통의 안전 및 항만운영의 효율성을 높이고 해양환경을 보호하는 데 이바지함을 목적으로 한다.

2 정의

이 법에서 사용하는 용어의 정의는 다음과 같다.
1. "**선박교통관제**"란 선박교통의 안전을 증진하고 해양환경과 해양시설을 보호하기 위하여 선박의 위치를 탐지하고 선박과 통신할 수 있는 설비를 설치·운영함으로써 선박의 동정을 관찰하며 선박에 대하여 안전에 관한 정보 및 항만의 효율적 운영에 필요한 항만운영정보를 제공하는 것을 말한다.
2. "**선박교통관제구역**"이란 선박교통관제를 시행하기 위하여 해양경찰청장이 해양수산부장관과 협의하여 고시하는 수역을 말한다.
3. "**선박교통관제사**"란 해양수산부령으로 정하는 자격을 갖추고 선박교통관제를 시행하는 사람을 말한다.

3 적용범위

이 법은 대한민국의 「영해 및 접속수역법」 제1조 및 제3조에 따른 영해 및 내수(해상항행선박이 항행을 계속할 수 없는 하천·호수·늪 등은 제외한다)에 있는 선박 중에서 제13조에 따른 관제대상선박에 대하여 적용한다.

4 국가의 책무

국가는 선박교통의 안전 및 효율성을 높이고 해양환경을 보호하기 위하여 선박교통관제에 필요한 시책을 마련하고 시행하여야 한다.

5 선박소유자의 책무

① 선박소유자는 국가의 선박교통관제에 관한 시책에 협력하여 자기가 소유·관리하거나 운영하는 선박이 선박교통관제에 따르도록 운항자에 대하여 다음 각 호의 사항을 포함하는 교육·훈련 등을 실시하고 제반 안전규정을 준수하여야 한다.
 1. 선박교통관제의 목적·용어, 통신절차 및 정보교환 방법
 2. 선박교통관제의 관련 규정 및 제반 준수사항
 3. 국내 선박교통관제 운영 현황
 4. 그 밖에 해양수산부령으로 정하는 사항

> 시행령 제2조(운항자에 대한 교육·훈련)
> ① 「선박교통관제에 관한 법률」(이하 "법"이라 한다) 제5조제1항에 따른 교육·훈련의 내용은 별표 1과 같다.
> ② 선박소유자는 법 제5조제1항에 따른 교육·훈련을 다음 각 호의 어느 하나에 해당하는 기관에 위탁하여 실시할 수 있다.
> 1. 법 제11조제3항에 따른 **선박교통관제관서**(해당 선박교통관제구역에서 공사·작업·조사 등에 종사하

는 선박의 경우로 한정한다)
2. 「선박직원법」 제2조제4호의3에 따른 지정교육기관 중 **해양경찰청장이 정하여 고시하는 교육기관**
3. 「한국해양수산연수원법」에 따라 설립된 **한국해양수산연수원**

6 국제 교류·협력의 증진

해양경찰청장은 선박교통관제 관련 국제기구 및 외국의 정부·단체 등과 선박교통관제에 관한 정보교환 및 공동 조사·연구 등 국제 교류·협력의 증진을 위하여 관계 중앙행정기관의 의견을 들어 필요한 조치를 할 수 있다.

7 다른 법률과의 관계

선박교통관제에 관하여는 다른 법률에 특별한 규정이 있는 경우를 제외하고는 이 법에 따른다.

8 선박교통관제 기본계획

① **해양경찰청장**은 선박교통관제 기본계획(이하 "기본계획"이라 한다)을 **5년 단위로 수립**하여야 한다.
② 기본계획은 「해사안전법」 제6조제1항에 따른 국가해사안전기본계획의 내용에 부합되어야 한다.
③ 기본계획에는 다음 각 호의 사항이 포함되어야 한다.
  1. 선박교통관제 정책의 기본방향 및 목표
  2. 선박교통관제 운영에 관한 사항
  3. 선박교통관제를 위한 시설의 구축 및 유지·관리에 관한 사항
  4. 선박교통관제사의 교육·훈련에 관한 사항
  5. 선박교통관제 관련 국제 협력에 관한 사항
  6. 선박교통관제의 중장기 발전계획에 관한 사항
  7. 그 밖에 선박교통관제에 관한 사항으로서 해양경찰청장이 필요하다고 인정하는 사항
④ 해양경찰청장은 기본계획을 수립하거나 변경하는 경우 관계 중앙행정기관의 장과 협의하여야 한다.
⑤ 해양경찰청장은 기본계획의 수립을 위하여 필요한 경우 관계 중앙행정기관의 장, 「공공기관의 운영에 관한 법률」 제4조에 따른 공공기관의 장, 그 밖의 관계 기관에 자료의 제출, 의견의 진술 또는 그 밖에 필요한 협력을 요청할 수 있다.

9 선박교통관제 시행계획

① 해양경찰청장은 기본계획을 시행하기 위하여 매년 선박교통관제 시행계획(이하 "시행계획"이라 한다)을 수립하여야 한다.
② 해양경찰청장은 시행계획의 수립을 위하여 필요한 경우 관계 중앙행정기관의 장, 「공공기관의 운영에 관한 법률」 제4조에 따른 공공기관의 장, 그 밖의 관계 기관에 자료의 제출, 의견의 진술 또는 그 밖에 필요한 협력을 요청할 수 있다.

10 기본계획 및 시행계획의 국회제출 등

① 해양경찰청장은 기본계획 및 시행계획을 수립하거나 변경한 때에는 관계 중앙행정기관의 장 및 특별시장·광역시장·도지사·특별자치도지사에게 통보하고 지체 없이 국회 소관 상임위원회에 제출하여야 한다.

② 해양경찰청장은 기본계획 및 시행계획을 수립하거나 변경한 때에는 대통령령으로 정하는 바에 따라 이를 공표하여야 한다.

11 선박교통관제의 시행

① 해양경찰청장은 선박교통의 안전을 도모하기 위하여 선박교통관제를 시행하여야 한다.

> 시행령 제6조(선박교통관제구역의 설정기준) [22 경장승진]
> **해양경찰청장**은 법 제11조제2항에 따라 다음 각 호의 수역 중에서 유효한 레이더 탐지범위 내의 해상교통량 및 이동경로 등을 고려하여 **선박교통관제구역을 설정**해야 한다.
> 1. 「선박의 입항 및 출항 등에 관한 법률」 제2조제2호에 따른 **무역항의 수상구역등**
> 2. 「해사안전법」 제10조에 따른 **교통안전특정해역**
> 3. 「연안관리법」 제2조제2호에 따른 **연안해역**

③ 해양경찰청장은 효율적인 선박교통관제의 시행을 위하여 선박교통관제관서를 설치 및 운영할 수 있다.

12 선박교통관제에 관한 규정

① 해양경찰청장은 관할 선박교통관제구역에서 제13조에 따른 관제대상선박이 따라야 할 선박교통관제에 관한 규정을 대통령령으로 정하는 바에 따라 고시하여야 한다.
② 해양경찰청장이 제1항에 따라 선박교통관제에 관한 규정을 고시하는 경우 선박교통의 안전을 확보하기 위하여 관계 중앙행정기관의 의견을 들어야 한다.

> 시행령 제7조(선박교통관제에 관한 규정)
> ① 법 제12조제1항에 따른 **선박교통관제에 관한 규정**에는 **다음 각 호의 사항이 포함**되어야 한다.
> 1. 법 제11조제3항에 따른 **선박교통관제관서**(이하 "선박교통관제관서"라 한다)의 사용명칭
> 2. 법 제13조에 따른 **관제대상선박**(이하 "관제대상선박"이라 한다)이 선박교통관제구역 안에서 이동하거나 해당 선박에 도선사가 승선·하선하는 때의 관제통신 방법
> 3. 기상이 악화되거나 시계(視界)가 제한된 경우의 선박운항통제에 관한 사항
> 4. 그 밖에 해상교통의 안전을 위해 해양경찰청장이 필요하다고 인정하는 사항

> **선박교통관제에 관한 규정**
> [시행 22. 12. 29.] [해양경찰청고시]
>
> **제1조(목적)**
> 이 규칙은 「선박교통관제에 관한 법률」 제2조제2호, 제12조제1항, 제13조 및 같은 법 시행령 제7조부터 제9조까지, 제10조제4항에서 해양경찰청장에게 위임된 사항과 그 시행에 필요한 사항을 규정함을 목적으로 한다.
>
> **제2조(적용 범위)**
> 이 규칙은 「선박교통관제에 관한 법률」(이하 "법"이라 한다) 제11조제3항에 따른 선박교통관제관서(이하 "선박교통관제관서"라 한다)와 법 제2조제2호에 따른 선박교통관제구역(이하 "선박교통관제구역"이라 한다)에서의 법 제13조에 따른 관제대상선박(이하 "관제대상선박"이라 한다)에 적용한다.
>
> **제3조(다른 법령·규칙과의 관계)**
> 선박교통관제구역에서 선박교통관제에 관하여 다른 법령이나 규칙에 특별한 규정이 있는 경우를 제외하고는 이 규칙에서 정하는 바에 따른다.

제5조(관제대상선박)

관제대상선박은 다음 각 호와 같다.
1. 법 제13조제1호부터 제3호까지의 선박
2. 「해운법」 제2조제1의2호에 따른 여객선
3. 총톤수 300톤 미만의 선박 중 「선박설비기준」 제108조의5에 따른 자동식별장치를 설치한 다음 각 목의 선박
   가. 「선박안전법」 제2조제13호에 따른 예인선
   나. 「유선 및 도선 사업법」 제2조제1호에 따른 유선
   다. 「선박의 입항 및 출항 등에 관한 법률」 제2조제4호에 따른 예선 및 같은 조 제5호에 따른 급수선·급유선·도선선·통선
   라. 공사 또는 작업에 종사하는 선박
   마. 해양조사선·순찰선·표지선·측량선·어업지도선·시험조사선 등 국가 또는 지방자치단체 등에서 소유·운영하는 관공선

■ 선박교통관제에 관한 규정 [별표 2]

관제대상선박(제5조 관련)

구 분 (선박교통관제구역)	관제대상선박
경인연안 구역, 태안연안 구역, 진도연안 구역, 여수연안 구역	· 국제항해에 종사하는 선박 · 총톤수 300톤 이상의 선박(다만, 내항어선은 제외한다) · 「해사안전법」 제2조제6호에 따른 위험화물운반선 · 「해운법」 제2조제1의2호에 따른 여객선 · 총톤수 300톤 미만의 선박 중 「선박설비기준」 제108조의5에 따른 자동식별장치를 설치한 다음 각 호의 선박 1. 「선박안전법」 제2조제13호에 따른 예인선 2. 「유선 및 도선 사업법」 제2조제1호에 따른 유선 3. 공사 또는 작업에 종사하는 선박 4. 해양조사선·순찰선·표지선·측량선·어업지도선·시험조사선 등 국가 또는 지방자치단체 등에서 소유·운영하는 관공선
통영연안 구역, 대산항 구역, 평택·당진항 구역, 인천항 구역, 경인항 구역, 여수·광양항 구역, 완도항 구역, 목포항 구역, 군산항 구역, 울산항 구역, 부산항 구역, 부산신항 구역, 마산항 구역, 동해항 구역, 포항항 구역, 제주항 구역	· 국제항해에 종사하는 선박 · 총톤수 300톤 이상의 선박(다만, 내항어선은 제외한다) · 「해사안전법」 제2조제6호에 따른 위험화물운반선 · 「해운법」 제2조제1의2호에 따른 여객선 · 총톤수 300톤 미만의 선박 중 「선박설비기준」 제108조의5에 따른 자동식별장치를 설치한 다음 각 호의 선박 1. 「선박안전법」 제2조제13호에 따른 예인선 2. 「유선 및 도선 사업법」 제2조제1호에 따른 유선 3. 「선박의 입항 및 출항 등에 관한 법률」 제2조제4호에 따른 예선 4. 「선박의 입항 및 출항 등에 관한 법률」 제2조제5호라목에 따른 급수선·급유선·도선선·통선 5. 공사 또는 작업에 종사하는 선박 6. 해양조사선·순찰선·표지선·측량선·어업지도선·시험조사선 등 국가 또는 지방자치단체 등에서 소유·운영하는 관공선

제7조(진입·진출 신고 등)

① 관제대상선박의 선장은 영 제7조제1항제2호에 따라 선박교통관제구역 안에서 이동하거나 해당 선박에 도선사가 승선·하선하는 경우 별표 2에 따라 관할 선박교통관제관서와 관제통신을 해야 한다.
② 제1항에도 불구하고 관제대상선박의 선장은 도선사가 승선·하선하는 경우 관할 선박교통관제관서와의 관제통신을 도선사에게 수행하도록 할 수 있다.
③ 관제대상선박의 선장은 영 제8조제1항 및 제2항에 따라 선박교통관제구역에 진입하거나 진출하려는 경우 별표 3에 따라 관할 선박교통관제관서에 신고해야 한다.
④ 관제대상선박의 선장이 제1항부터 제3항까지에 따른 사항을 선박교통관제관서와 관제통신하거나 신고하는 경우 초단파 무선전화를 사용해야 한다.
⑤ 제4항에도 불구하고 관제대상선박의 선장이 사전에 관할 선박교통관제관서와 협의를 거쳐 제3항에 따른 신고사항을 선박자동식별장치 등에 입력하고, 관할 선박교통관제관서에서 이를 확인할 수 있는 경우에는 해당 사항을 신고한 것으로 본다.

제8조(선박운항통제)

관제대상선박의 선장은 영 제7조제1항제3호에 따라 다음 각 호의 어느 하나에 해당하는 경우 선박교통관제관서의 선박운항통제(안전한 장소로 대피하는 것을 포함한다)에 따라야 한다.
1. 선박교통관제구역 내 기상특보(풍랑·폭풍해일·태풍)가 발효되거나 시계(視界)가 <u>500미터 이하</u>로 제한된 경우
2. 「해사안전법」 제38조제1항에 따라 선박의 출항이 통제된 경우

제9조(선장의 준수사항)

선박교통관제구역 내에서 운항하는 관제대상선박의 선장은 영 제7조제1항제4호에 따라 다음 각 호의 사항을 준수해야 한다. 다만, 해양사고를 피하기 위한 경우 등 긴급한 사유가 있는 경우에는 예외로 한다.
1. 지정된 항로 및 항법 준수
2. 지정된 최고속력의 범위에서 항행

제11조(관제통신 녹음 보존기간)

① 영 제10조제4항에 따른 관제통신 녹음정보의 보존기간은 60일로 한다. 다만, 선박교통관제관서와 관제대상선박으로서 영 제10조제1항 각 호의 어느 하나에 해당하는 선박의 선장은 해양사고의 조사 및 심판 등에 관한 업무와 관련된 기관으로부터 관제통신 녹음정보의 보존기간 연장을 요청받았을 경우 특별한 사유가 없으면 해당 해양사고의 조사 및 심판 등이 종료될 때까지 보존기간을 연장해야 한다.
② 영 제10조제3항에 따라 관제통신 녹음을 수기(手記)로 대체한 경우에도 보존기간의 연장에 관하여 제1항을 준용한다.

13 관제대상선박 [18 승진실무]

선박교통관제를 실시하는 대상 선박(이하 "관제대상선박"이라 한다)은 다음 각 호와 같다.
1. 국제항해에 취항하는 선박
2. 총톤수 300톤 이상의 선박(다만, 「어선법」 제2조제1호에 따른 어선 중 국내항 사이만을 항행하는 내항어선은 제외한다)
3. 「해사안전법」 제2조제6호에 따른 위험화물운반선
4. 그 밖에 관할 선박교통관제구역에서 이동하는 선박의 특성 등에 따라 해양경찰청장이 고시하는 선박

14 선장의 의무 등

① 관제대상선박의 선장은 선박교통관제에 따라야 한다. 다만, 선박교통관제에 따를 경우 선박을 안전하게 운항할 수 없는 명백한 사유가 있는 경우에는 선박교통관제에 따르지 아니할 수 있다.

② 관제대상선박의 선장은 선박교통관제사의 관제에도 불구하고 그 선박의 안전운항에 대한 책임을 면제받지 아니한다.
③ 관제대상선박의 선장은 선박교통관제구역을 출입하려는 때에는 해당 선박교통관제구역을 관할하는 선박교통관제관서에 신고하여야 한다.
④ 관제대상선박의 선장은 선박교통관제구역을 출입·이동하는 경우 해양수산부령으로 정하는 무선설비와 관제통신 주파수를 갖추고 관제통신을 항상 청취·응답하여야 한다. 다만, 통신의 장애로 인하여 선박교통관제사와 지정된 주파수로 통화가 불가능할 때에는 휴대전화 등 다른 통신주파수를 이용하여 보고할 수 있다.
⑤ 선박교통관제구역 내에서 항행 중인 관제대상선박의 선장은 항로상의 장애물이나 해양사고 발생 등으로 선박교통의 안전을 해치거나 해칠 우려가 있다고 인지한 경우에는 지체 없이 이를 선박교통관제관서에 신고하여야 한다.

> 시행령 제8조(관제대상선박의 신고)
> ① **관제대상선박의 선장**은 법 제14조제3항에 따라 다음 각 호의 구분에 따른 내용을 **선박교통관제관서에 신고**해야 한다.
>   1. **진입 신고 : 선박교통관제구역으로 들어오는 경우**
>   가. 선박명, 호출부호, 통과위치
>   나. 선박교통관제구역 안에 있는 「항만법」제2조제5호가목1)에 따른 정박지(이하 "정박지"라 한다) 또는 같은 목 4)에 따른 계류시설(이하 "계류시설"이라 한다)에 입항하는 선박의 경우에는 입항 예정 시각, 입항 시각 및 입항 장소
>   다. 그 밖에 해양경찰청장이 정하는 사항
>   2. **진출 신고 : 선박교통관제구역에서 나가는 경우**
>   가. 선박명, 통과위치
>   나. 선박교통관제구역 안에 있는 정박지 또는 계류시설에서 출항하는 선박의 경우에는 출항 예정 시각, 출항 시각 및 출항 장소
>   다. 그 밖에 해양경찰청장이 정하는 사항
> ② 제1항에 따른 신고의 절차·내용 및 방법에 관한 구체적인 사항은 해양경찰청장이 선박교통관제구역별로 정하여 고시한다.
>
> 시행령 제9조(관제통신의 제원)
> **해양경찰청장**은 법 제14조제6항에 따라 **다음 각 호의 사항이 포함된 선박교통관제관서별 관제통신 제원(諸元)을 고시**해야 한다.
>   1. 호출부호
>   2. 관제통신시설
>   3. 조난·긴급·안전 통신용 채널
>   4. 관제통신용 채널
>   5. 운용시간

15 관제통신의 녹음

① **선박교통관제관서와 대통령령으로 정하는 선박의 선장**은 제14조제4항에 따른 **관제통신을 녹음하여 보존**하여야 한다.

> 시행령 제10조(관제통신 녹음)
> ① 법 제15조제1항에서 **"대통령령으로 정하는 선박"**이란 **관제대상선박으로서 다음 각 호의 어느 하나에 해당하는 선박**을 말한다.
>   1. **국제항해에 취항하는 다음 각 목의 선박**
>   가. **13명** 이상의 여객을 운송할 수 있는 선박
>   나. 가목 외의 선박으로서 총톤수 **3천톤** 이상의 선박
>   2. **「해운법」 제4조에 따른 해상여객운송사업에 사용되는 선박으로서 국내항해에 종사하는 총톤수 300톤 이상의 여객선**
> ② 선박교통관제관서와 제1항 각 호에 따른 선박의 선장(이하 "선박교통관제관서등"이라 한다)은 법 제14조 제4항에 따른 관제통신을 녹음하여 관제통신을 한 날짜 및 시각과 함께 보존해야 한다.
> ③ 선박교통관제관서등은 제2항에 따라 관제통신을 녹음하려는 경우 전자적 수단을 이용해야 한다. 다만, 관제통신 녹음시설의 일시적인 고장 등으로 전자적 수단을 이용한 관제통신 녹음이 불가능한 경우에는 수기(手記)로 대체할 수 있다.
> ④ 제2항 및 제3항에 따른 **정보의 보존기간은 60일**로 한다. 다만, 해양사고의 조사 및 심판 등을 위해 필요한 경우에는 해양경찰청장이 정하여 고시하는 기준에 따라 보존기간을 연장할 수 있다.
> ⑤ 제1항부터 제4항까지에서 규정한 사항 외에 선박교통관제관서의 관제통신 녹음 및 보존 등에 필요한 사항은 해양경찰청장이 정한다.

16 선박교통관제사의 자격 등

① **관제업무는 선박교통관제사가 수행**하여야 한다.
② 선박교통관제사는 해양수산부령으로 정하는 공무원 중에서 해양경찰청장이 시행하는 선박교통관제사 교육을 이수하고 평가를 통과한 사람으로 한다.

> 시행규칙 제5조(선박교통관제사의 자격)
> ① 법 제16조제2항에서 "해양수산부령으로 정하는 공무원"이란 해양경찰청 소속 공무원 중 다음 각 호의 어느 하나에 해당하는 사람을 말한다.
>   1. 「선박직원법」 제4조에 따른 5급 항해사 이상의 면허(이하 "면허"라 한다)를 취득한 사람으로서 면허 취득 후 승무경력이 1년 이상인 사람
>   2. 「국가기술자격법」에 따른 무선설비·전파전자통신 또는 정보통신 산업기사 이상의 자격을 가진 사람
>   3. 다음 각 목의 어느 하나에 해당되는 학교에서 개설한 선박교통관제와 관련된 교육을 이수한 사람으로서 면허를 취득한 사람
>   가. 「초·중등교육법」 제2조제3호에 따른 고등학교·고등기술학교
>   나. 「고등교육법」 제2조 각 호에 따른 학교
> ② 제1항제3호에 따른 선박교통관제와 관련된 교육에 관한 세부사항은 해양경찰청장이 정하여 고시한다.

③ 선박교통관제사는 직무수행에 필요한 정기적인 교육 및 평가를 받아야 한다.

> 시행령 제11조(선박교통관제사의 교육 및 평가)
> ① 선박교통관제사가 되려는 공무원은 법 제16조제2항에 따라 이론 및 실습교육을 내용으로 하는 선박교통관제사 기본교육(이하 "기본교육"이라 한다)을 이수하고 평가를 통과해야 한다.
> ② 선박교통관제사는 법 제16조제3항에 따라 다음 각 호의 어느 하나에 해당하는 교육 중 가장 최근에 이수한 교육의 이수일부터 5년 6개월 이내에 이론 및 실습교육을 내용으로 하는 선박교통관제사 보수교육(이

하 "보수교육"이라 한다)을 이수하고 평가를 통과해야 한다. 다만, 재난·재해 등 불가피한 사유로 보수교육을 받을 수 없는 경우 해양경찰청장은 보수교육을 받아야 하는 시기를 1년 이내의 기간에서 연장할 수 있다.
1. 기본교육
2. 보수교육
3. 그 밖에 해양경찰청장이 정하는 교육

③ 제1항 및 제2항에 따른 평가는 이론 및 실습 내용에 대한 이해도와 교육참여도를 그 대상으로 하고, 평가를 통과하기 위해서는 이론 및 실습 내용에 대한 평가 점수와 교육참여도 점수의 평균이 60점 이상이어야 한다. 다만, 40점 미만의 평가항목이 있는 경우 불합격 처리하며, 불합격 처리된 사람에 대해서는 재평가를 실시할 수 있다.

17 전문교육기관의 지정 등

① 해양경찰청장은 선박교통관제사를 육성하기 위하여 해양수산부령으로 정하는 바에 따라 선박교통관제사 전문교육기관(이하 "전문교육기관"이라 한다)을 지정할 수 있다.
② 전문교육기관의 장은 교육의 시행에 관한 세부적인 사항은 해양경찰청장과 협의 후 실시하여야 한다.
③ 해양경찰청장은 전문교육기관에 대하여 예산의 범위에서 필요한 경비의 전부 또는 일부를 지원할 수 있다.
⑤ 해양경찰청장은 제1항에 따라 전문교육기관으로 지정된 기관이 다음 각 호의 어느 하나에 해당하는 경우에는 그 지정을 취소할 수 있다. 다만, 제1호에 해당하는 경우에는 지정을 취소하여야 한다.
1. 거짓이나 그 밖의 부정한 방법으로 지정을 받은 경우
2. 제4항에 따른 지정기준을 충족하지 못하게 된 경우
3. 제4항에 따라 지정받은 내용과 다르게 교육·훈련을 실시한 경우
4. 거짓이나 그 밖의 부정한 방법으로 교육·훈련생의 교육·훈련과정 이수 처리를 한 경우

⑥ 해양경찰청장은 제5항에 따라 전문교육기관의 지정을 취소하는 경우에는 청문을 하여야 한다.

18 선박교통관제사의 업무

선박교통관제사는 다음 각 호의 업무를 수행한다.
1. 선박교통관제구역에서 출입하거나 이동하는 선박에 대한 관찰확인, 안전정보의 제공 및 안전에 관한 조언·권고·지시
2. 혼잡한 교통상황의 발생을 예방하기 위한 선박교통정보 및 기상청에서 발표한 기상특보 등의 제공
3. 「선박의 입항 및 출항 등에 관한 법률」 제2조제2호에 따른 무역항의 수상구역등에서 항만의 효율적 운영에 필요한 선박 출입신고·선석(船席)·정박지(碇泊地)·도선(導船)·예선(曳船) 정보 등 항만운영정보의 제공
4. 「선박의 입항 및 출항 등에 관한 법률」 제8조부터 제18조까지의 규정에 따른 무역항 질서 단속에 관한 정보의 제공
5. 「해사안전법」 제38조에 따른 선박 출항통제 관련 정보의 제공
6. 그 밖에 선박교통안전과 효율성 증진을 위하여 해양수산부령으로 정하는 업무

> 시행규칙 제7조(선박교통관제사의 업무)
> 법 제18조제6호에서 "해양수산부령으로 정하는 업무"란 다음 각 호의 업무를 말한다.
> 1. 관제업무 관련 법규 위반의 감시·적발 및 관계기관의 위법 선박 감시·적발 지원
> 2. 선박교통관제구역 내의 해양사고 발생 사실을 최초로 접수한 경우 관할 해양경찰서에 해당 사실 전파
> 3. 「선박의 입항 및 출항 등에 관한 법률」 제50조제1항에 따른 항만운영정보시스템에의 자료 입력
> 4. 그 밖에 선박교통관제관서의 운영에 필요한 업무로서 해양경찰청장이 정하는 업무

19 관제업무 절차

선박교통관제사가 관제업무에 종사하는 경우에는 해양수산부령으로 정하는 절차에 따라 업무수행을 하여야 한다. 다만, 선박교통관제사가 선박이 명백한 사고위험에 처할 우려가 있다고 판단하는 경우에는 관제업무 절차를 따르지 아니할 수 있다.

> 시행규칙 제8조(관제업무 절차) [19 승진]
> ① 법 제19조에 따라 선박교통관제사는 다음 각 호의 단계별 절차에 따라 선박교통관제를 시행한다.
>   1. 1단계(관찰·확인) : 선박교통관제구역 내에서 관제대상선박이 해양사고 위험이 있는지 관찰·확인
>   2. 2단계(정보제공) : 선박교통관제사가 필요하다고 인정하거나 관제대상선박에서 요구하는 경우 선박교통의 안전을 위해 필요한 정보를 제공
>   3. 3단계(조언·권고) : 관제대상선박에 선박교통의 안전을 위한 조치에 관한 조언·권고
>   4. 4단계(지시) : 관제대상선박이 명백한 해양사고 위험에 처할 우려가 있는 경우 시정 또는 안전조치를 지시
> ② 제1항에 따른 단계별 절차의 세부 사항은 「선박교통관제에 관한 법률 시행령」 제6조 각 호에 따른 해역별 특성에 따라 해양경찰청장이 정한다.

20 선박교통관제사의 권한

① **선박교통관제사**는 선박교통관제구역 내 해상기상상태, 항로상태, 해상교통량 및 해양사고 등을 고려하여 선박의 안전 확보를 위하여 필요하다고 판단되는 경우 **선박의 입항·출항 및 이동시간을 조정할 수 있다.**
② 선박교통관제사는 선박교통관제구역에서 해양사고가 발생한 경우 즉시 경비함정 출동과 도선 또는 예선의 지원을 요청할 수 있다.

21 관제시설의 설치·관리

① **해양경찰청장은 선박교통관제의 시행을 위하여 레이더, 초단파 무선전화, 선박자동식별장치 등 관제업무를 위한 시설(이하 "관제시설"이라 한다)을 설치**하여야 한다.
② 해양경찰청장은 관제시설의 관리를 위하여 관제시설의 수리 등에 필요한 시설·장비를 확보하고 이를 유지하여야 한다.

> 선박교통관제시설 설치 및 관리에 관한 규칙 제14조(관제시설의 내용연수)
> ① 관제시설의 내용연수는 다음 각 호와 같으며, 다음 각 호에 해당하지 않는 관제시설은 「물품관리법」 등 관련 법령에 따른다.
> 1. 선박교통관제 운영 시스템: 10년
> 2. 레이더: 10년
> 3. 선박자동식별장치: 10년
> 4. 초단파 무선전화: 7년
> 5. 무선전송 시스템: 8년
> 6. 초단파 방향탐지 시스템: 10년
> 7. 초단파 자동방송 시스템: 10년
> ② 관제시설이 「물품관리법」 등 관련 법령에서 정하는 경제적 수리한계가 초과된 경우에는 제1항에 따른 내용연수를 적용하지 않는다.

22 관제시설의 기술기준

① 관제시설은 「전파법」 제45조에 따른 기술기준에 적합하여야 한다.
② 해양경찰청장은 관제시설을 새로이 설치하거나 그 성능을 개량하려는 때에는 국제적으로 인정되는 규격과 기준에 따라야 한다.

> 시행규칙 제10조(관제시설의 기술기준)
> ① 법 제22조제3항에 따른 **관제시설의 기술기준**은 다음 각 호와 같다.
>   1. **레이더** : 「전파법」에 따른 무선국으로 개설허가가 가능한 주파수의 전파를 사용해야 하며, 관제대상선박을 탐지·추적할 수 있어야 한다.
>   2. **초단파 무선전화** : 「전파법」에 따른 무선국으로 개설허가가 가능한 초단파대 해상이동업무용 주파수의 전파를 사용해야 하며, 관제대상선박과 음성통신을 할 수 있어야 한다.
>   3. **선박자동식별장치** : 「전파법」에 따른 무선국으로 개설허가가 가능한 161.975메가헤르츠(MHz)와 162.025메가헤르츠(MHz) 주파수의 전파를 사용해야 하며, 관제대상선박의 위치 등 정보를 수신할 수 있어야 한다.
>   4. **선박교통관제 운영 시스템** : 제1호 및 제3호에 따른 관제시설 등에서 수신한 정보를 통합·전시할 수 있어야 한다.
> ② 제1항에 따른 관제시설의 기술기준에 관한 세부 사항은 해양경찰청장이 정한다.

23 기술의 개발·지원

해양경찰청장은 대통령령으로 정하는 바에 따라 관제시설의 기술개발을 추진하고 이에 필요한 지원을 할 수 있다.

24 한국선박교통관제협회

① 선박교통관제에 대한 연구·개발 및 교육훈련 등 해양경찰청장 등의 행정기관이 위탁하는 업무의 수행을 위하여 한국선박교통관제협회(이하 "관제협회"라 한다)를 설립할 수 있다.
② 관제협회는 법인으로 한다.

25 권한 등의 위임·위탁

① 이 법에 따른 해양경찰청장의 권한은 대통령령으로 정하는 바에 따라 그 일부를 해양경찰청 소속 기관의 장에게 위임할 수 있다.
② 해양경찰청장은 이 법에 따른 업무의 일부를 대통령령으로 정하는 바에 따라 해양경찰청장이 정하여 고시하는 전문기관에 위탁할 수 있다.

26 벌칙

제14조제1항 본문에 따른 선박교통관제에 정당한 사유 없이 따르지 아니한 사람은 1년 이하의 징역 또는 1천만원 이하의 벌금에 처한다.

27 과태료

① 다음 각 호의 어느 하나에 해당하는 사람에게는 300만원 이하의 과태료를 부과한다.
  1~4 〈생략〉
② 제14조제5항에 따라 신고를 하지 아니하거나 거짓으로 신고한 사람에게는 200만원 이하의 과태료를 부과한다.

③ 제1항 및 제2항에 따른 과태료는 대통령령으로 정하는 바에 따라 해양경찰청장, 지방해양경찰청장 또는 해양경찰서장이 부과·징수한다.

◆ 선박교통관제 적용대상 선박

1. 국제항해에 종사하는 선박
2. 총톤수 300톤 이상인 선박(내항 어선은 제외한다)
3. 「해사안전법」 제2조 제6호에 따른 위험화물운반선
4. 그 밖에 관할 선박교통관제구역에서 이동하는 선박의 특성 등에 따라 해양경찰청장이 정하여 고시하는 선박

◆ 관제업무의 절차 (선박교통관제에 관한 법률 시행규칙 제8조 제1항)

1단계(관찰·확인)	선박교통관제구역 내에서 관제대상선박이 해양사고 위험이 있는지 관찰·확인
2단계(정보제공)	선박교통관제사가 필요하다고 인정하거나 관제대상선박에서 요구하는 경우 선박교통의 안전을 위해 필요한 정보를 제공
3단계(조언·권고)	관제대상선박에 선박교통의 안전을 위한 조치에 관한 조언·권고
4단계(지시)	관제대상선박이 명백한 해양사고 위험에 처할 우려가 있는 경우 시정 또는 안전조치를 지시

4. 선박교통관제 운영규칙

1 목적

이 규칙은 「선박교통관제에 관한 법률」, 같은 법 시행령 및 시행규칙에서 선박교통관제와 관련하여 위임된 사항과 그 시행에 필요한 사항을 정하고 해상교통관제센터의 효율적인 운영에 필요한 사항을 규정함을 목적으로 한다.

2 정의

이 규칙에서 사용하는 용어의 뜻은 다음과 같다.
1. "해상교통관제센터"란 「선박교통관제에 관한 법률」(이하 "법"이라 한다) 제11조제3항 및 「해양경찰청과 그 소속기관 직제」 제32조에 따른 선박교통관제의 시행을 위해 설치·운영하는 관서를 말한다.
2. "관제업무"란 법 제2조제2호에 따른 선박교통관제구역(이하 "선박교통관제구역"이라 한다)에서 운항하는 관제대상선박에 대하여 선박교통관제사가 법 제18조 각 호에 따라 수행하는 업무를 말한다.
3. "교대근무"란 근무조를 나누거나 일정 인원을 편성하여 계획에 의한 반복 주기에 따라 교대로 업무를 수행하는 근무형태를 말한다.
4. "비번"이란 교대근무자가 다음 근무시작 전까지 자유롭게 쉬는 것을 말한다.
5. "휴무"란 「국가공무원 복무규정」 제9조에 따른 근무시간에 해당함에도 불구하고 교대근무자의 누적된 피로 회복 등 건강 유지를 위하여 근무에서 벗어나 자유롭게 쉬는 것을 말한다.
6. "관제근무"란 선박교통관제사가 해상교통관제센터 내의 지정된 관제석에서 관제업무를 수행하는 것을 말한다.
7. "대기근무"란 관제근무 후 사무처리, 다음 업무수행의 준비, 사고 대응 등을 위하여 해상교통관제센터 내에서 해상교통관제센터장(이하 "센터장"이라 한다) 또는 관제팀장의 지휘·감독하에 대기하는 것을 말한다.

8. "휴게"란 선박교통관제사의 관제집중도 유지 및 업무의 효율성 확보를 위하여 근무 중 해상교통관제센터 내에서 자유롭게 쉬는 것을 말한다.
9. "센터장"이란 「해양경찰청과 그 소속기관 직제 시행규칙」 제32조제3항에 따라 관제센터 소관업무를 총괄하며 소속직원의 사무분장에 대한 사항을 지휘·감독하는 사람을 말한다.
10. "관제팀장"이란 선박교통관제사 중 센터장이 지정한 사람으로서 제18조제2항에 따른 교대근무조의 관제업무를 총괄하는 사람을 말한다.
11. "선박교통관제사"란 법 제18조에 따른 업무를 수행하는 사람으로서 「선박교통관제에 관한 법률 시행규칙」(이하 "시행규칙"이라 한다) 제5조에 따른 자격을 보유한 사람을 말한다.
12. "시설행정팀장"이란 관제시설 설치·관리, 행정, 정보보호업무를 총괄하는 사람을 말한다.
13. "시설담당자"란 제17조에 따른 자격을 보유한 사람으로서 관제시설 설치·관리 업무를 담당하는 사람을 말한다.
14. "행정담당자"란 해상교통관제센터의 행정업무를 담당하는 사람을 말한다.
15. "정보보호담당자"란 제17조에 따른 자격을 보유한 사람으로서 관제시설의 정보보호업무를 담당하는 사람을 말한다.

3 적용범위

이 규칙은 관제업무를 수행하기 위해 해상교통관제센터에 소속된 경찰공무원 및 일반직 공무원에게 적용한다.

4 다른 법령·규칙과의 관계

해상교통관제센터의 운영 등에 관하여 다른 법령이나 규칙 등에 특별한 규정이 있는 경우를 제외하고는 이 규칙에서 정하는 바에 따른다.

5 운용시간

해상교통관제센터의 운용시간은 「전파법」에서 정한 무선국 허가증에 기재된 운용시간에 따른다.

6 사용언어

선박교통관제사가 관제업무를 수행하기 위하여 사용하는 언어는 한국어 또는 영어로 한다.

7 선박교통관제구역의 분리 운영

지방해양경찰청장(이하 "지방청장"이라 한다)은 효율적인 관제업무의 수행을 위하여 「선박교통관제에 관한 법률 시행령」(이하 "영"이라 한다) 제6조에 따라 설정된 선박교통관제구역을 해상교통관제센터 별로 섹터(sector)와 관제통신용 채널(channel)로 나누어 관제할 수 있다.

8 선박교통관제구역 경계 관리

지방청장은 소속 해상교통관제센터 간 선박교통관제구역이 서로 맞닿아 있거나 인접하여 해양사고 위험이 높은 경계에 대해서는 별도의 관제방법을 마련하여 운영할 수 있다. 다만, 경계를 관할하는 지방해양경찰청이 다른 경우에는 지방청장 간 협의해야 한다.

9 관제통신

① 선박교통관제사는 법 제14조제4항에 따른 관제통신을 항상 청취·응답해야 한다.
② 제1항에도 불구하고, 선박교통관제사는 통신의 장애로 인하여 지정된 주파수로 직접 통화가 불가능할 때에는 휴대전화 등 다른 통신망을 이용 할 수 있다.

10 선박교통관제사의 업무

시행규칙 제7조제4호에서 "해양경찰청장이 정하는 업무"란 다음 각 호와 같다.

1. 선박교통관제구역을 통항하는 선박의 항행안전을 위하여 다음 각 목의 어느 하나에 해당하는 사항을 인지한 경우 또는 필요한 시간에 항행안전방송의 시행
   가. 기상특보 사항
   나. 해양사고 발생 시 구조에 관한 사항
   다. 항행경보에 관한 사항
   라. 공사 및 장애물 등으로 인한 항행제한에 관한 사항
   마. 그 밖에 해상교통안전에 필요한 사항
2. 관제업무를 수행함에 있어 관제대상선박의 선장에 대한 항법 관련 법규 준수여부를 감시하고, 필요한 경우 선박운항의 의사결정에 도움을 줄 수 있는 다음 각 목의 어느 하나에 해당하는 사항을 조언
   가. 접근선박의 침로와 속력 또는 항행 방향
   나. 항행로와 변침점에 대한 상대적인 위치
   다. 위험화물운반선, 흘수제약선, 조종불능선 및 조종제한선의 위치 등
   라. 위험상황에 처할 우려가 있는 선박에 대한 경고방송
3. 유관기관으로부터 다음 각 목의 어느 하나에 해당하는 사항을 요청 받은 경우 이에 대한 지원 및 정보의 제공
   가. 「선박안전법」 제68조제4항에 따라 해양수산부장관으로부터 출항정지 명령을 받은 선박에 대한 확인요청
   나. 태풍 내습 시 피항 선박 현황 정보의 제공
   다. 해양사고 발생 시 사고수습을 위해 필요한 정보의 제공
   라. 항만운영정보시스템(Port-Mis) 자료 입력(다만, 항만공사 등 항만운영기관으로부터 파견된 직원이 있을 경우 업무를 대신하게 할 수 있다)

11 선박운항통제

① 센터장은 「선박교통관제에 관한 규정」 제8조에 따른 선박운항통제를 할 수 있다.
② 센터장은 제1항에 따라 선박운항을 통제한 경우에는 다음 각 호의 사항을 별도 서식에 따라 기록·유지해야 한다.
  1. 관할 선박교통관제구역에 발효된 기상특보의 종류, 발효·해제 시각
  2. 관할 선박교통관제구역의 시계(視界)
  3. 선박운항통제 및 해제 시각

12 관제업무 절차

① 선박교통관제사는 시행규칙 제8조제1항의 단계별 절차에 따라 선박교통관제를 시행한다. 다만, 사고위험 등 긴급한 사유가 있는 경우 자체 판단에 따라 절차 중 일부를 생략하고, 다음 단계를 시행할 수 있다.
② 제1항에도 불구하고 영 제6조제2호 또는 제3호의 해역을 담당하는 선박교통관제사는 1단계부터 3단계까지의 관제업무 시행을 원칙으로 한다.

13 경비함정 출동요청

선박교통관제사는 관할 선박교통관제구역에서 다음 각 호의 어느 하나에 해당하는 경우 즉시 관할 해양경찰서장(서해5도 특별경비단장을 포함한다)에게 경비함정의 출동을 요청할 수 있다.
  1. 해양사고가 발생하거나 발생할 우려가 있는 경우
  2. 관제업무 관련 법규를 위반한 선박의 단속을 위해 필요한 경우

14 관제운영매뉴얼

① 센터장은 관제업무, 관제시설 운용, 소속직원의 복무 등에 대한 세부적인 내용 및 절차를 별표 1에 따른 관제운영매뉴얼로 정하여 업무에 활용해야 한다.
② 센터장은 관제운영매뉴얼에 대해 법령의 제·개정, 신규 제도의 도입 등으로 내용을 수정하거나 보완할 필요가 있는 경우 지체 없이 개정해야 한다.
③ 지방청장은 연1회 이상 해상교통관제센터별 소관 관제운영매뉴얼에 대해 구성 체계, 체계적 관리 및 활용도 등을 점검하고 개선하게 할 수 있다.

15 소속직원 업무지정 등

① 센터장은 해상교통관제센터의 효율적인 운영 및 업무처리 등을 위해 다음 각 호의 담당자를 지정한다. 다만, 제1호의 관제팀장은 제16조에 해당하는 사람이 없는 경우 계급을 고려하여 적임자를 지정할 수 있다.
 1. 관제팀장
 2. 선박교통관제사
 3. 시설행정팀장
 4. 시설담당자
 5. 행정담당자
 6. 정보보호담당자
② 센터장은 해상교통관제센터의 원활한 운영을 위해 제1항 각 호의 담당자에게 다른 직무를 겸임시키거나, 다른 담당자의 업무를 지원하게 할 수 있다.

16 관제팀장의 자격

관제팀장은 다음 각 호에 모두 해당하는 사람 중 센터장이 지정한다.
 1. 선박교통관제사 중 최상위 계급인 사람
 2. 관제업무 경력이 5년 이상인 사람
 3. 「선박교통관제 교육 등에 관한 규칙」 제11조제3항에 따른 선임선박교통관제사 교육을 이수한 사람

17 시설관리자의 자격

시설담당자 및 정보보호담당자(이하 "시설관리자"라 한다)는 「국가기술자격법」에 따른 다음 각 호의 동급 이상 자격증 또는 경력을 가지고 해양경찰청장이 시행하는 시설관리자 직무교육을 이수해야 한다.
 1. 전자기기·통신기기·통신선로·정보기기운용·전파전자통신·무선설비·방송통신·정보처리 기능사 중 하나 이상의 자격증을 소지하고 2년 이상 관련 분야에서 연구 또는 근무
 2. 전자·정보통신·통신선로·사무자동화·전파전자통신·무선설비·방송통신·정보처리·전자계산기제어·정보보안 산업기사
 3. 전자·정보통신·전파전자통신·무선설비·방송통신·정보처리·전자계산기·전자계산기조직응용·정보보안 기사
 4. 전자응용·정보통신·컴퓨터시스템응용·정보관리 기술사
 5. 멀티미디어콘텐츠제작전문가

18 근무방법 및 운영기준

① 센터장은 선박교통관제사의 다음 달 근무계획표를 매월 작성하고 그에 따라 근무하도록 해야 한다.
② 선박교통관제사의 근무방법은 3개조 또는 4개조로 나누어 교대근무를 실시하는 것으로 한다. 다만, 임산부는 「해양경찰청 인사운영 규칙」 제51조제1항 및 제2항에 따른다.
③ 센터장은 선박교통관제사가 교육·출장·휴가 등의 사유로 불가피하게 근무계획표상의 업무를 수행할 수 없을 때에는 24시간 교대근무를 초과하지 않는 범위에서 대체 근무자를 지정하거나 제1항에 따른 근무계획표를 변경할 수 있다.

④ 센터장은 선박교통관제사의 관제근무 시간이 주간에는 2시간, 야간에는 3시간을 초과하여 연속되지 않도록 해야 한다.
⑤ 센터장은 선박교통관제사의 관제근무, 대기근무, 휴게 시간을 지정해야 한다. 이때 제4항에 따른 관제근무 시간을 고려하여 휴게 시간이 최대한 보장되도록 해야 한다.
⑥ 센터장은 비상상황이 발생한 경우 비번·휴무 중인 소속직원에게 비상소집 또는 보강 근무를 명할 수 있다. 이 경우 센터장은 비상소집에 동원된 소속직원에게 「국가공무원 복무규정」 제11조제2항에 따라 대체휴무를 주거나 「공무원수당 등에 관한 규정」 제15조에 따라 초과근무수당이 지급될 수 있도록 해야 한다.
⑦ 지방청장은 소속 해상교통관제센터의 선박교통량, 관제업무량, 근무인원 및 여건 등을 고려하여 제2항에 따른 근무방법, 제4항에 따른 관제근무 시간을 변경할 수 있다.

19 인계·인수

선박교통관제사는 근무 교대 30분 전에 출근하여 이전 근무자와 15분간 다음 각 호의 사항을 인계·인수하고 15분간 합동근무 후 교대한다.
 1. 해상교통상황 등 관제업무 현황
 2. 기상상태 및 특보사항
 3. 관제시설 일일점검 결과 등 특이사항
 4. 각종 지시사항
 5. 그 밖에 관제업무에 필요한 사항

20 상황보고 등

선박교통관제사는 선박교통관제구역 내 해양사고 등 각종 사고 상황을 인지하였을 때에는 지체 없이 소속 지방해양경찰청 종합상황실(사고 해역 관할 해양경찰서 종합상황실을 포함한다)과 유관기관에 보고 및 전파해야 한다. 다만, 긴급상황이라고 판단한 경우에는 선(先) 조치 후(後) 보고할 수 있다.

21 근무일지 등의 작성

① 선박교통관제사는 다음 각 호의 업무 내용이 포함된 근무일지와 관제일지를 작성해야 한다.
 1. 근무일지: 근무자명, 근무시간, 관제장비 운용상태, 기상특보사항, 일일관제 통계, 인계·인수사항, 그 밖의 특이사항 등
 2. 관제일지: 선박명, 교신시각, 선박이동사항, 항행안전 지원 및 조치사항, 담당자, 전산입력사항 등(다만, 선박교통관제사가 수기의 특성상 미처 기재하지 못한 세부사항은 필요한 경우 녹취록 등을 활용하여 확인할 수 있다)
② 전자적 수단으로 근무일지를 입력한 경우에는 제1항의 근무일지를 작성한 것으로 간주한다.
③ 제1항에 따른 근무일지와 관제일지에 기록된 모든 항목들은 명백하게 식별이 가능하고 불필요한 표시나 주석이 없어야 한다.
④ 관제일지에 작성된 항목을 정정할 경우에는 최초 작성한 선박교통관제사가 원안의 글자를 알 수 있도록 해당 글자의 중앙에 가로로 두 선을 긋고 서명한 후 정정날짜·시간을 기록해야 한다.

22 관제통신 녹음시설 고장 시 기록

영 제10조제5항에 따라 선박교통관제사는 관제통신 녹음시설의 고장 등으로 녹음 및 보존이 불가능하다고 인지한 경우 다음 각 호의 사항을 관제일지에 기록해야 한다.
 1. 관제통신 녹음시설의 고장 시각 및 사유
 2. 고장 당시 사용한 관제통신용 채널 또는 채널 변경 사유
 3. 관제시설 고장 시 중단기간·통신상태·취해진 조치
 4. 그 밖에 선박교통관제사가 필요하다고 판단되는 추가정보 사항

23 녹음정보 등의 보존기간 및 활용

① 관제통신 녹음정보 및 관제운영상황 녹화정보(이하 "녹음정보 등"이라 한다)와 제20조에 따른 각종 일지의 보존기간은 다음 각 호와 같다.
  1. **녹음정보 등: 60일**
  2. **근무일지: 1년**
  3. **관제일지: 3년**
② 센터장은 해양사고의 조사 및 심판, 수사 등의 업무와 관련된 기관으로부터 녹음정보 등의 보존기간 연장을 요청받았을 경우 특별한 사유가 없으면 해당 해양사고의 조사 및 심판, 수사 등이 종료될 때까지 보존기간을 연장해야 한다.
③ 영 제10조제3항에 따라 관제통신 녹음정보를 수기(手記)로 대체한 경우에도 보존기간에 관하여 제2항을 준용한다.
④ 센터장은 관제통신 녹음정보 및 관제운영상황 녹화정보를 다음 각 호와 같은 목적으로 활용할 수 있다. 이 경우 「개인정보보호법」 등 관련 법령을 준수해야 한다.
  1. 선박교통관제사의 직무교육
  2. 관제사례 발표
  3. 학술연구
  4. 관제시설 기술개발

24 지도점검

① 해양경찰청장과 지방청장은 소속 해상교통관제센터의 운영실태에 대하여 지도점검을 실시할 수 있다.
② 센터장은 제1항에 따른 지도점검 결과 즉시 개선이 가능한 사항은 바로 조치하고 중·장기적으로 개선이 필요한 사항은 조치계획을 수립하여 이행해야 한다.

5. 유선 및 도선사업법

1 목적 [11 경사승진]

이 법은 유선사업(遊船事業) 및 도선사업(渡船事業)에 관하여 필요한 사항을 정하여 유선 및 도선의 안전운항과 유선사업 및 도선사업의 건전한 발전을 도모함으로써 공공의 안전과 복리의 증진에 이바지함을 목적으로 한다.

2 정의

이 법에서 사용하는 용어의 뜻은 다음과 같다.
1. "유선사업"이란 유선 및 유선장(遊船場)을 갖추고 수상에서 고기잡이, 관광, 그 밖의 유락(遊樂)을 위하여 선박을 대여하거나 유락하는 사람을 승선시키는 것을 영업으로 하는 것으로서 「해운법」을 적용받지 아니하는 것을 말한다.
2. "도선사업"이란 도선 및 도선장을 갖추고 내수면 또는 대통령령으로 정하는 바다목에서 사람을 운송하거나 사람과 물건을 운송하는 것을 영업으로 하는 것으로서 「해운법」을 적용받지 아니하는 것을 말한다. [19 승진]

> 시행령 제2조(바다목)
> 「유선 및 도선 사업법」(이하 "법"이라 한다) 제2조제2호에서 "대통령령으로 정하는 바다목"이란 다음 각 호의 해역을 말한다.
> 1. 내수면과 해수면이 접하는 하구나 해안과 해안을 잇는 만(灣)의 형태를 갖춘 해역
> 2. 육지와 도서(島嶼) 간 및 도서와 도서 간의 거리가 비교적 가깝고 「해운법」에 따른 여객선이 운항되지 아니하는 해역(여객선이 운항되고 있는 도서 중 한 곳과 여객선이 운항되지 아니하는 다른 도서 간의 해역을 포함한다)

3. "유선장" 및 "도선장"이란 유선 및 도선(이하 "유·도선"이라 한다)을 안전하게 매어두고 승객이 승선·하선을 할 수 있게 한 시설과 승객 편의시설을 말한다.
4. "수상"이란 내수면과 해수면을 말한다. [21 해경, 21 경사승진]
5. "내수면"이란 하천, 댐, 호수, 늪, 그 밖에 인공으로 조성된 담수(淡水)와 기수(汽水)의 수류(水流) 또는 수면을 말한다.
6. "해수면"이란 바다의 수류나 수면을 말한다.

2의2 적용배제 [18 승진]

이 법은 다음 각 호의 경우에는 적용하지 아니한다.
1. 「수상레저안전법」에 따른 수상레저사업 및 그 사업과 관련된 수상에서의 행위를 하는 경우
2. 「체육시설의 설치·이용에 관한 법률」에 따른 체육시설업 및 그 사업과 관련된 수상에서의 행위를 하는 경우
3. 「낚시 관리 및 육성법」에 따른 낚시어선업 및 그 사업과 관련된 수상에서의 행위를 하는 경우
4. 「마리나항만의 조성 및 관리 등에 관한 법률」에 따른 마리나업 및 그 사업과 관련된 수상에서의 행위를 하는 경우

5. 「수중레저활동의 안전 및 활성화 등에 관한 법률」에 따른 수중레저사업 및 그 사업과 관련된 수상에서의 행위를 하는 경우
6. 「항로표지법」에 따른 항로표지(사설항로표지를 포함한다)의 설치·관리, 위탁관리업 및 그 사업과 관련된 수상에서의 행위를 하는 경우

3 사업의 면허 또는 신고 [15 해경, 20 해경]

① 유선사업 및 도선사업(이하 "유·도선사업"이라 한다)을 하려는 자는 대통령령으로 정하는 유·도선의 규모 또는 영업구역에 따라 다음 각 호의 구분에 따른 관할관청의 면허를 받거나 관할관청에 신고하여야 한다. 면허 또는 신고사항을 변경하려는 경우에도 또한 같다.
  1. 유선장 및 도선장(이하 "유·도선장"이라 한다) 또는 영업구역이 내수면과 해수면에 걸쳐 있거나 둘 이상의 특별시·광역시·특별자치시·도 또는 특별자치도(이하 "시·도"라 한다)에 걸쳐 있는 경우 : 해당 유·도선을 주로 매어두는 장소를 관할하는 특별시장·광역시장·특별자치시장·도지사 또는 특별자치도지사(이하 "시·도지사"라 한다) 또는 지방해양경찰청장 [13 경사승진, 15경감승진, 18 경감승진]
  2. 영업구역이 내수면인 경우 : 특별자치도지사·시장·군수·구청장(구청장은 자치구의 구청장을 말하며, 이하 "시장·군수·구청장"이라 한다). 다만, 영업구역이 둘 이상의 특별자치도·시·군·구(구는 자치구를 말하며, 이하 "시·군·구"라 한다)의 관할구역에 걸쳐 있고 운항거리가 5해리 이상인 경우에는 시·도지사, 운항거리가 5해리 미만인 경우에는 해당 유·도선을 주로 매어두는 장소를 관할하는 시장·군수·구청장
  3. 영업구역이 해수면인 경우 : 해당 유·도선을 주로 매어두는 장소를 관할하는 해양경찰서장 [16 경장승진, 18 해경]
  4. 서울특별시의 한강에서 운항하는 유·도선의 경우 : 서울특별시의 한강 관리에 관한 업무 중 유·도선에 관한 업무를 관장하는 기관의 장

> **시행령 제3조(면허·신고사업의 구분)** [11 경사승진, 15 경장승진, 19 경감승진]
> ① 유선사업 및 도선사업(이하 "유·도선사업"이라 한다) 중 법 제3조제1항에 따라 **면허를 받아야 하는 대상**은 유선 및 도선(이하 "유·도선"이라 한다)의 규모 또는 영업구역이 다음 **각 호의 어느 하나에 해당**하는 유·도선사업으로 한다.
>   1. 총톤수가 5톤 이상인 선박
>   2. 총톤수가 5톤 미만인 선박 중 승객 정원이 13명 이상인 선박
>   3. 유·도선사업의 영업구역이 2해리 이상인 경우
> ② 법 제3조제1항에 따라 신고를 하여야 하는 유·도선사업은 제1항에 해당하지 아니하는 유·도선사업으로 한다.

② 제1항 각 호에 따라 면허신청 또는 신고를 받은 관할관청(이하 "관할관청"이라 한다)은 유·도선사업의 면허를 발급하거나 신고를 수리(受理)할 때에 그 영업구역이 내수면과 해수면에 걸쳐 있거나 둘 이상의 시·도 또는 시·군·구에 걸쳐 있는 경우에는 관계 시·도지사나 시장·군수·구청장 또는 지방해양경찰청장이나 해양경찰서장과 미리 협의하여야 하며, 유·도선장이 「자연공원법」 제2조제5호에 따른 공원구역 안에 있는 경우에는 공원관리청과 미리 협의하여야 한다.
③ 관할관청은 제1항 각 호 외의 부분 전단에 따른 신고를 받은 날부터 7일 이내, 같은 항 각 호 외의 부분 후단에 따른

변경신고를 받은 날부터 5일 이내에 신고수리 여부를 신고인에게 통지하여야 한다.
④ 관할관청은 제3항에 따른 기간 이내에 수리여부를 통지할 수 없을 때에는 그 기간이 끝나는 날의 다음 날부터 기산(起算)하여 제1항 각 호 외의 부분 전단에 따른 신고의 경우 7일, 같은 항 각 호 외의 부분 후단에 따른 변경신고의 경우 5일의 범위에서 기간을 연장할 수 있다. 이 경우 관할관청은 연장된 사실과 연장 사유를 신청인에게 지체 없이 문서(전자문서를 포함한다)로 통지하여야 한다.
⑤ 관할관청은 유·도선사업의 면허를 발급하거나 신고를 수리하였을 때에는 그 내용을 관계 시·도지사나 시장·군수·구청장 또는 지방해양경찰청장이나 해양경찰서장, 공원관리청, 경찰서장, 지방해양항만관서의 장과 「도로법」 제23조에 따른 도로관리청(도선사업만 해당한다) 및 그 밖에 대통령령으로 정하는 관계 기관(=지방환경관서, 육군 및 해군의 사단급 이상 부대)에 각각 통보하여야 한다.
⑥ 관할관청은 제1항에 따라 면허를 발급할 때에 유·도선의 안전강화 및 편의시설 확보 등을 위하여 행정안전부령 또는 해양수산부령으로 정하는 바에 따라 필요한 조건을 붙일 수 있다.

3의2 「관광진흥법」에 따른 관광사업 등록 의제

① 유선사업을 하려는 자로서 「관광진흥법」 제3조제1항제3호에 따른 관광객 이용시설업 중 유선사업과 관련된 업(이하 "일반관광유람선업"이라 한다)을 하려는 자는 유선사업의 면허를 신청하거나 신고를 할 때 「관광진흥법」 제4조에 따라 일반관광유람선업의 등록에 필요한 서류를 함께 제출할 수 있다.
② 관할관청은 제1항에 따른 신청이나 신고를 받은 경우 유선사업의 면허를 발급하거나 신고를 수리하기 전에 일반관광유람선업 등록 관계 행정기관의 장과 협의하여야 하며, 협의를 요청받은 관계 행정기관의 장은 대통령령으로 정하는 기간 내에 의견을 제출하여야 한다.
③ 제2항에 따른 협의가 완료된 경우 유선사업의 면허를 발급받은 자나 신고가 수리된 자(이하 "유·도선사업자"라 한다)는 「관광진흥법」 제4조제1항에 따라 일반관광유람선업의 등록을 한 것으로 본다.
④ 제2항에 따른 협의를 한 관할관청은 유선사업의 면허를 발급하거나 신고를 수리한 경우 그 결과를 지체 없이 해당 관계 행정기관의 장에게 통보하여야 한다.

3의3 사업의 승계

① 다음 각 호의 어느 하나에 해당하는 자는 유·도선사업자의 지위를 승계한다.
   1. 유·도선사업자가 사망한 경우 그 상속인(피상속인이 사망한 날부터 6개월 이내에 제3항에 따른 신고를 한 자로 한정한다)
   2. 유·도선사업자가 그 사업을 양도한 경우 그 양수인
   3. 법인인 유·도선사업자가 합병한 경우 합병 후 존속하는 법인이나 합병으로 설립되는 법인
② 다음 각 호의 어느 하나에 해당하는 절차에 따라 유·도선사업의 시설과 설비를 전부 인수한 자는 유·도선사업자의 지위를 승계한다.
   1. 「민사집행법」에 따른 경매
   2. 「채무자 회생 및 파산에 관한 법률」에 따른 환가(換價)
   3. 「국세징수법」·「관세법」 또는 「지방세징수법」에 따른 압류재산의 매각
   4. 그 밖에 제1호부터 제3호까지의 규정에 따른 절차에 준하는 절차
③ 제1항 또는 제2항에 따라 유·도선사업자의 지위를 승계한 자는 행정안전부령 또는 해양수산부령으로 정하는 바에 따라 관할관청에 신고하여야 한다.
④ 관할관청은 제3항에 따른 신고를 받은 날부터 7일 이내에 신고수리 여부를 신고인에게 통지하여야 한다.
⑤ 관할관청이 제4항에서 정한 기간 내에 신고수리 여부 또는 민원 처리 관련 법령에 따른 처리기간의 연장을 신고인에

지 통지하지 아니하면 그 기간이 끝난 날의 다음 날에 신고를 수리한 것으로 본다.
⑥ 제1항 또는 제2항에 따른 승계인의 결격사유에 관하여는 제6조를 준용한다. 다만, 제6조제1항제5호에 해당하는 법인이 6개월 이내에 그 임원을 교체하여 임명한 경우 또는 상속인이 피상속인이 사망한 날부터 6개월 이내에 그 유·도선사업을 다른 사람에게 양도한 경우에는 그러하지 아니하다.

4 시설기준 등

유·도선사업자는 사업의 종류별로 대통령령으로 정하는 기준에 적합한 선박과 시설·장비·인력을 갖추고 이를 유지·관리하여야 한다.

4의2 면허의 기준

① 관할관청은 유·도선사업의 면허를 하려는 때에는 다음 각 호에 적합한지를 심사하여야 한다. 면허를 변경하려는 경우에도 또한 같다.
1. 유·도선사업 면허 신청자가 보유한 유선 또는 도선의 선령(船齡)이 대통령령으로 정한 기준에 적합할 것

> 시행령 [별표 1] 〈개정 17. 7. 26.〉
>
> **유선 또는 도선의 선령기준**(제6조 관련) [21 해경]
>
> 1. 선령의 일반 기준
>   가. 「선박안전법」의 적용을 받는 유선 또는 도선(각각 비상구조선을 포함한다. 이하 이 표에서 같다) : 20년 이하
>   나. 「선박안전법」의 적용을 받지 않는 유선 또는 도선 : 다음의 구분에 따른 선령
>   1) 목선(木船) 및 합성수지선 : 15년 이하
>   2) 강선(鋼船) : 20년 이하

2. 유·도선사업 면허 신청자가 보유한 선박과 시설·장비·인력이 제4조의 시설기준에 적합할 것

② 관할관청은 유·도선사업을 신고하려는 자가 보유한 선박의 선령이 제1항제1호의 기준에 적합하지 아니한 경우에는 그 신고를 수리하여서는 아니 된다. 변경신고를 수리하는 경우에도 또한 같다.

5 면허 또는 신고의 유효기간   [15 해경, 16 경감승진, 18 해경, 21 해경, 23 경사승진]

① 제3조에 따른 유선사업의 면허 또는 신고의 유효기간은 10년으로 하되, 연중 한시적으로 영업하는 경우에는 해당 연도로만 하며, 도선사업의 면허 또는 신고의 유효기간은 영구로 하되, 연중 한시적으로 영업하는 경우에는 5년으로 한다.
② 제1항에 따른 면허 또는 신고의 유효기간이 지난 후 계속하여 사업을 하려는 자는 행정안전부령 또는 해양수산부령으로 정하는 바에 따라 면허를 갱신받거나 신고를 갱신하여야 한다.
③ 관할관청은 제2항에 따른 갱신신고를 받은 날부터 5일 이내에 신고수리 여부를 신고인에게 통지하여야 한다.
④ 관할관청이 제3항에서 정한 기간 내에 신고수리 여부 또는 민원 처리 관련 법령에 따른 처리기간의 연장을 신고인에게 통지하지 아니하면 그 기간이 끝난 날의 다음 날에 신고를 수리한 것으로 본다.

> 시행규칙 제5조(면허 또는 신고의 갱신)
> ① 관할관청은 법 제5조제1항에 따른 면허 또는 신고의 유효기간 종료일 1개월 전까지 해당 유·도선사업자에게 유

・도선사업의 갱신에 관한 사항을 전화, 팩스, 전자우편 또는 휴대전화 문자전송 등의 방법으로 알려야 한다.
② 법 제5조제2항에 따라 면허를 갱신받거나 신고를 갱신하려는 자는 면허 또는 신고의 유효기간 종료일 5일 전까지 별지 제9호서식의 사업 면허・신고 갱신신청・신고서를 관할관청에 제출하여야 한다.

제6조(휴업・폐업 등의 신고)
① 법 제7조제1항제1호에 따라 휴업 또는 폐업을 하려는 자는 별지 제10호서식의 사업 휴업・폐업 신고서에 사업면허증 또는 사업신고확인증을 첨부하여 휴업일 또는 폐업일 3일 전까지 관할관청에 제출하여야 한다.
② 법 제7조제1항제1호에 따라 유・도선의 운항을 중단하려는 자는 별지 제10호서식의 사업 운항중단신고서를 운항중단 시작일 3일 전까지 관할관청에 제출하여야 한다. 다만, 기관 고장 등 부득이한 사유가 있는 경우에는 운항중단 당일에 신고할 수 있다.

6 결격사유

① 다음 각 호의 어느 하나에 해당하는 자는 제3조에 따른 유・도선사업의 면허를 받거나 신고를 할 수 없다
  1. 미성년자・피성년후견인 또는 피한정후견인
  2. 이 법, 「선박안전법」, 「선박법」, 「선박직원법」, 「선원법」, 「해사안전법」, 「물환경보전법」 또는 「해양환경관리법」을 위반하여 금고 이상의 형을 선고받고 그 집행이 끝나거나 집행을 받지 아니하기로 확정된 날부터 2년이 지나지 아니한 사람
  3. 이 법, 「선박안전법」, 「선박법」, 「선박직원법」, 「선원법」, 「해사안전법」, 「물환경보전법」 또는 「해양환경관리법」을 위반하여 금고 이상의 형의 집행유예를 선고받고 그 집행유예기간 중에 있는 사람
  4. 제9조제1항에 따라 유・도선사업의 면허가 취소(이 항 제1호에 해당하여 면허가 취소된 경우는 제외한다)된 후 2년이 지나지 아니한 자
  5. 임원 중 제1호부터 제4호까지의 어느 하나에 해당하는 사람이 있는 법인
② 제9조제1항에 따라 유・도선사업의 폐쇄명령을 받은 자는 그 사업이 폐쇄(이 조 제1항제1호에 해당하여 사업이 폐쇄된 경우는 제외한다)된 후 1년이 지나지 아니하고는 제3조에 따른 유・도선사업의 신고를 할 수 없다.

7 유・도선사업의 휴업・폐업 등

① 유・도선사업자는 다음 각 호의 어느 하나에 해당하는 경우 행정안전부령 또는 해양수산부령으로 정하는 바에 따라 미리 관할관청에 신고하여야 한다.
  1. 사업을 휴업 또는 폐업하거나 선박의 일부를 운항중단하려는 경우
  2. 휴업기간 또는 운항중단기간 중 사업 또는 운항을 재개하려는 경우
② 관할관청은 제1항에 따른 신고(폐업신고의 경우는 제외한다)를 받은 날부터 3일 이내에 신고수리 여부를 신고인에게 통지하여야 한다.
③ 관할관청이 제2항에서 정한 기간 내에 신고수리 여부 또는 민원 처리 관련 법령에 따른 처리기간의 연장을 신고인에게 통지하지 아니하면 그 기간이 끝난 날의 다음 날에 신고를 수리한 것으로 본다.
④ 제1항제1호에 따른 폐업신고가 신고서의 기재사항 및 첨부서류에 흠이 없고, 법령 등에 규정된 형식상의 요건을 충족하는 경우에는 신고서가 접수기관에 도달된 때에 신고 의무가 이행된 것으로 본다.
⑤ 제1항제1호에 따른 휴업의 경우 휴업기간은 도선의 경우는 계속하여 6개월, 유선의 경우는 계속하여 1년을 넘을 수 없다. [21 해경]

시행규칙 제6조(휴업·폐업 등의 신고)
① 법 제7조제1항제1호에 따라 휴업 또는 폐업을 하려는 자는 별지 제10호서식의 사업 휴업·폐업 신고서에 사업면허증 또는 사업신고확인증을 첨부하여 휴업일 또는 폐업일 3일 전까지 관할관청에 제출하여야 한다.

8 영업구역 및 영업시간 등   [14 경사승진, 18 경감승진, 19 경장·경사승진]

① 유·도선의 영업구역은 선박의 톤수 및 성능에 따라 대통령령으로 정한다.

시행령 제7조(영업구역)
① 법 제8조제1항에 따른 유·도선의 영업구역은 다음 각 호와 같다.
  1. 「선박안전법」을 적용받는 유·도선의 경우에는 선박검사 시에 정해진 항해구역 내에서 관할관청이 지정한 구역 또는 거리 이내
  2. 「선박안전법」을 적용받지 아니하는 유·도선의 경우에는 제13조에 따른 안전검사 시에 정해진 구역 또는 거리 이내
② 제1항 각 호에 따른 유·도선의 영업구역 내에 중간 기착지(寄着地)를 정하는 경우에는 다음 각 호의 요건을 갖추어야 한다.
  1. 중간 기착지로 인하여 「해운법」에 따른 해상운송여객사업자의 영업권을 침해할 우려가 없을 것
  2. 유선사업의 경우 중간 기착지로 인하여 사람을 운송하거나 사람과 물건을 운송하는 목적으로 이용될 우려가 없을 것

② 유·도선의 영업시간은 해 뜨기 전 30분부터 해 진 후 30분까지로 한다. 다만, 대통령령으로 정하는 바에 따라 야간운항에 필요한 조명시설 등 안전운항 시설과 장비를 갖춘 경우에는 해뜨기 전 30분 이전 또는 해 진 후 30분 이후에도 영업을 할 수 있다. [21 경사승진]

시행령 제8조(야간운항에 필요한 안전운항 시설 및 장비) [21 해경]
유·도선사업의 면허를 발급받은 자나 신고가 수리된 자(이하 "유·도선사업자"라 한다)가 법 제8조제2항 단서에 따라 해뜨기 전 30분 이전 또는 해 진 후 30분 이후 유·도선 영업을 하려는 경우에는 해당 유·도선 등에 다음 각 호의 구분에 따른 시설 및 장비를 모두 갖추어야 한다.
  1. 해당 유·도선 : 다음 각 목의 모든 장비
    가. 전등 1개 이상
    나. 자기점화등 1개 이상
    다. 등(燈)이 부착된 승선 정원에 해당하는 수의 구명조끼
  2. 해당 유선장 또는 도선장(이하 "유·도선장"이라 한다) : 다음 각 목의 모든 시설 및 장비
    가. 자기점화등 1개 이상
    나. 승선장 및 하선장에 각각 100럭스 이상의 조도(밝기)를 갖춘 조명시설

③ 제1항과 제2항은 다음 각 호의 어느 하나에 해당하는 경우에는 적용하지 아니한다(=영역구역과 영업시간을 적용하지 아니한다).
  1. 응급환자가 발생한 경우
  2. 공공 목적으로 운항이 필요한 경우
④ 유·도선은 기상특보(「기상법」 제14조에 따른 기상특보를 말한다. 이하 같다) 발효 시 운항할 수 없다.

[19 승진]

⑤ 제4항에도 불구하고 「선박안전법」 제8조제3항에 따른 **항해구역 중 평수구역(平水區域)**(평수구역이 없는 해수면의 경우에는 대통령령으로 정하는 범위의 해수면을 말한다)**에서 운항하는 유·도선은 행정안전부령 또는 해양수산부령**으로 정하는 기준 및 절차에 따라 **기상특보**(대통령령으로 정하는 기상특보에 한정한다) 발효 시에도 운항할 수 있다. [16 경사승진]

⑥ 시장·군수·구청장 또는 해양경찰서장은 제5항에 따라 운항이 허용된 경우에도 해당 영업구역의 실제 기상상태를 확인하여 안전운항에 지장이 있다고 판단할 때에는 유·도선의 운항을 제한할 수 있다.

9 행정처분 [18 경사승진, 19 승진]

① 관할관청은 유·도선사업자가 다음 각 호의 어느 하나에 해당하면 **그 사업의 면허를 취소하거나 그 사업의 폐쇄 또는 3개월 이내의 기간을 정하여 그 사업의 일부 또는 전부의 정지를 명할 수 있다.** 다만, **제1호·제2호 및 제8호에 해당하는 경우에는 그 사업의 면허를 취소하여야 한다.**

1. **제6조제1항 각 호(결격사유)의 어느 하나에 해당하게 된 경우.** 다만, 다음 각 목의 어느 하나에 해당하는 경우는 제외한다.
   가. 법인이 제6조제1항제5호에 해당하는 경우에 6개월 이내에 그 임원을 교체하여 임명한 경우
   나. 유·도선사업자의 상속인이 제6조제1항제1호부터 제4호까지의 어느 하나에 해당하는 경우에 피상속인이 사망한 날부터 6개월 이내에 유·도선사업을 다른 사람에게 양도한 경우
2. **거짓이나 그 밖의 부정한 방법으로 면허를 받은 사실이 드러난 경우**

2의2. 「공유수면 관리 및 매립에 관한 법률」에 따른 공유수면의 점용 또는 사용 허가기간의 만료, 「하천법」에 따른 하천점용허가 유효기간의 만료, 「농어촌정비법」에 따른 농업생산기반시설이나 용수의 사용기간의 만료 및 「어촌·어항법」에 따른 어항시설의 점용 또는 사용 허가기간이 만료된 경우. 다만, 공유수면 등의 점용 또는 사용 허가기간의 연장과 관련하여 법적인 분쟁(행정심판 또는 행정소송)이 있는 경우에는 처분을 유예하여야 한다.
3. 유·도선사업자, 선원(인명구조요원을 포함한다. 이하 같다), 그 밖의 종사자의 고의 또는 중대한 과실이나 주의의무 태만 등으로 인하여 안전사고가 발생한 경우
4. 사고를 당한 피해자에게 정당한 사유 없이 필요한 보호조치를 하지 아니하거나 피해보상을 하지 아니한 경우
5. 「선박안전법」, 「선박법」, 「선박직원법」, 「물환경보전법」, 「해양환경관리법」, 그 밖의 관계 법령을 위반한 경우
6. 제3조제1항, 제3조의3제3항, 제7조제1항, 제32조제1항, 제34조제1항·제2항에 따른 신고를 하지 아니하거나 거짓이나 그 밖의 부정한 방법으로 신고를 한 경우
7. 제27조 각 호에 따른 명령을 이행하지 아니한 경우

7의2. 제12조제3항 또는 제16조제3항을 위반하여 유선 또는 도선을 조종한 경우
   8. **제4조의2제1항제1호에 따른 선령 기준에 미달하게 된 경우**

② 제1항에 따라 지방해양경찰청장 또는 해양경찰서장이 도선사업의 면허를 취소하거나 폐쇄 또는 정지를 명하려면 미리 관계 시·도지사 또는 시장·군수·구청장과 협의하여야 한다.
④ 제3조의3에 따른 유·도선사업의 승계가 있는 경우 종전의 유·도선사업자에 대한 제1항 각 호의 어느 하나의 위반을 사유로 한 행정처분의 효과는 그 처분기간이 끝나는 날까지 유·도선사업자의 지위를 승계한 자에게 승계되며, 행정처분의 절차가 진행 중일 때에는 유·도선사업자의 지위를 승계한 자에 대하여 그 절차를 계속 진행할 수 있다.

9의2 과징금 처분 [18 승진]

① 관할관청은 제9조제1항에 따라 **도선사업자**에 대하여 **사업정지를 명하는 경우로서 그 사업정지가 국민에게 심한 불편을 주거나 그 밖에 공익을 해칠 우려가 있을 때에는 사업정지처분을 갈음하여 1천만원 이하의 과징금을 부과할 수 있다.**

③ 관할관청은 제1항에 따른 과징금을 내야 하는 자가 납부기한까지 내지 아니하면 국세 체납처분의 예 또는 「지방행정제재·부과금의 징수 등에 관한 법률」에 따라 징수한다.

> 시행규칙 제10조(과징금을 부과할 위반행위의 종류와 과징금의 금액)
> ① 법 제9조의2제2항에 따른 과징금을 부과하는 위반행위의 종류와 과징금의 금액은 별표 3과 같다.
> ② **관할관청**은 도선사업 운항구역의 여건, 위반행위의 정도, 위반 횟수 및 사업체의 규모나 매출액 등을 고려하여 **제1항에 따른 과징금 금액을 2분의 1의 범위에서 늘리거나 줄일 수 있다. 다만, 늘리는 경우에도 과징금의 총액은 1천만원을 초과할 수 없다.**
>
> 시행규칙 제11조(과징금의 부과 및 납부)
> ① **관할관청**은 법 제9조의2제2항에 따라 **과징금을 부과하려는 경우**에는 그 위반행위의 종류와 과징금의 금액 등을 명시한 별지 제14호서식의 과징금납부통지서에 따라 **서면으로 통지**하여야 한다.
> ② 제1항에 따른 통지를 받은 자는 20일 이내에 과징금을 그 통지서에 지정된 수납기관에 납부하여야 한다. 다만, **천재지변이나 그 밖의 부득이한 사유로 그 기간 내에 과징금을 납부할 수 없는 경우에는 그 사유가 없어진 날부터 7일 이내에 납부**하여야 한다.

11 승선 정원의 기준

관할관청은 행정안전부령 또는 해양수산부령으로 정하는 바에 따라 유선 중 「**선박안전법**」을 적용받지 아니하는 유선의 승선 정원을 정한다.

> 시행규칙 제13조(승선 정원 등 기준) [14 경사승진, 15 경감승진, 17 경장·경감승진, 17 해경, 21 해경]
> ① 법 제11조에 따른 **유선의 승선 정원**과 법 제14조에 따른 **도선의 승선 정원**은 승객 및 선원이 안전하게 탑승할 수 있는 장소의 제곱미터 단위의 면적을 0.35제곱미터로 나눈 값으로 한다.
> ② 도선에 사람과 화물을 함께 싣는 경우에는 화물 55킬로그램을 승선 인원 1명으로 계산한다.

12 유선사업자 등의 안전운항 의무 [18 경장승진]

① 유선사업자와 선원은 선박의 안전을 점검하고 기상 상태를 확인하는 등 안전운항에 필요한 조치를 하여야 하며, 승객에게 위해(危害)가 없도록 수면(水面)의 상황에 따라 안전하게 유선을 조종하도록 하여야 한다.
② **유선사업자와 선원**은 다음 각 호의 안전에 관한 사항을 매뉴얼로 작성하여 유선장 및 행정안전부령 또는 해양수산부령으로 정하는 **유선의 선실이나 통로에 비치**하고 출항하기 전에 승객에게 영상물 상영 또는 방송 등을 통하여 안내하여야 한다.
  1. 안전한 승선·하선의 방법
  2. 선내 위험구역 출입금지에 관한 사항
  3. 인명구조장비의 위치 및 사용법
  4. 유사 시 대처요령
  5. 그 밖에 필요하다고 인정되는 안전에 관한 사항

> 시행규칙 제13조의2(승객 안전 매뉴얼 비치 대상 유선)
> 다음 각 호의 어느 하나에 해당하는 **유선의 선실이나 통로**에는 법 제12조제2항에 따라 **승객의 안전에 관한 사항을 매뉴얼로 작성하여 비치**하여야 한다.

1. 총 톤수가 5톤 이상인 유선
2. 총 톤수가 5톤 미만의 선박 중 승객 정원이 13명 이상인 유선
3. 그 밖에 관할관청이 해당 영업구역의 수심(水深)·수세(水勢)·운항거리 등을 고려하여 **승객 안전 매뉴얼의 비치가 필요하다고 인정하는 유선**

③ 유선사업자와 선원은 음주, 약물중독, 그 밖의 사유로 정상적인 조종을 할 수 없는 우려가 있는 경우에는 유선을 조종하여서는 아니 된다. 이 경우 음주로 정상적인 조종을 할 수 없는 우려가 있는 경우란「해사안전법」제41조제5항에 따른 술에 취한 상태를 말한다.

④ **유선사업자와 선원은** 안전운항을 위하여 필요한 경우 및 대통령령으로 정하는 소형 유선의 경우에는 승객 등 승선자 전원에게 구명조끼를 착용하도록 하여야 한다.

> **시행령 제10조(소형 유·도선) [16 경사승진]**
> 법 제12조제4항에서 "대통령령으로 정하는 소형 유선" 및 법 제16조제4항에서 "대통령령으로 정하는 소형 도선"이란 각각 총톤수 5톤 미만의 선박 중 관할관청이 해당 영업구역의 수심(水深)·수세(水勢)·운항거리 등을 고려하여 승객 등 승선자가 구명조끼를 착용할 필요가 있다고 인정하여 지정하는 선박을 말한다.

⑤ **유선사업자, 선원, 그 밖의 종사자**는 유선 및 유선장에서 **다음 각 호의 행위를 하여서는 아니 된다.** [18 경사승진]

1. **보호자를 동반하지 아니한 14세 미만의 사람, 술에 취한 사람**(제6호 단서에 따른 유선에 승선하는 경우는 제외한다),「정신건강증진 및 정신질환자 복지서비스 지원에 관한 법률」제3조제1호에 따른 **정신질환자로 의심되는 사람으로서 자신 또는 타인의 안전을 해할 위험이 크다고 인정되는 사람**[보호자가 동승(同乘)하는 경우에는 제외한다], **말이나 행동이 상당히 수상하다고 의심되는 사람** 또는「감염병의 예방 및 관리에 관한 법률」제2조제13호에 따른 **감염병환자에게 유선을 대여하거나 승선하게 하는 행위**
2. 정원을 초과하여 승선하게 하는 행위
3. 요금 외의 금품을 요구하는 행위
4. 정당한 사유 없이 운항을 기피하는 행위
5. 무리하게 승선을 권유하거나 정당한 사유 없이 승선 또는 선박 대여를 거부하는 행위
6. 유선 내에서 주류를 판매하거나 제공하는 행위 또는 유선 내에 주류를 반입하게 하는 행위. 다만,「관광진흥법」에 따라 등록(제3조의2에 따라 일반관광유람선업 등록이 의제된 경우를 포함한다)한 관광유람선과 대통령령으로 정하는 유선의 경우에는 그러하지 아니하다(=판매·제공·반입하게 할 수 있다).

> **시행령 제11조(주류의 판매·반입 등) [16 경사승진, 21 해경]**
> 법 제12조제5항제6호 단서에서 "대통령령으로 정하는 유선" 및 법 제18조제1항제4호 단서에서 "대통령령으로 정하는 도선"이란 각각 길이 24미터 이상으로서 총톤수 50톤 이상인 선박을 말한다.

7. 도박, 고성방가 또는 음란행위 등 공공질서와 선량한 풍속을 해치는 행위
8. 영업시간 외에 항행하거나 영업구역 외 또는 항행구역(배를 매어두는 장소와 영업구역이 격리되어 있는 경우의 그 구간을 말한다. 이하 같다) 외에서 항행하는 행위
9. 대통령령으로 정하는 폭발물·인화물질 등 위험물을 일반 승객과 함께 반입하거나 운송하는 행위(위

험물 보관시설 등 격리시설을 설치하여 선원 등 종사자가 안전하게 관리할 수 있는 경우는 제외한다)

> **시행령 제11조의2(폭발물·인화물질 등 위험물)**
> 법 제12조제5항제9호 및 제18조제2항제3호에서 "대통령령으로 정하는 폭발물·인화물질 등 위험물"이란 화약·폭약·탄약 등 폭발물, 고압가스 및 인화성 액체류로서 행정안전부령 또는 해양수산부령으로 정하는 것을 말한다.

10. 수상에 유류·분뇨·폐기물을 버리는 행위
11. 유선의 운항 중 구명조끼, 구명부환(救命浮環), 구명줄 등 인명구조용 장비나 설비에 잠금장치를 하는 행위

> ※ **구명부환** : 인명구호를 위한 도넛 모양의 튜브

13 유선 승객의 준수사항 [16 경감승진], 18 해경]

① 유선의 승객은 안전수칙을 준수하고, 운항질서의 유지 및 위해방지를 위한 주의를 다하여야 한다.
② 유선의 승객은 다음 각 호의 행위를 하여서는 아니 된다.
  1. 정원을 초과하여 승선을 요구하는 행위
  2. 유선사업자, 선원, 그 밖의 종사자의 구명조끼 착용 지시나 그 밖에 안전운항 및 위해방지를 위한 주의사항 또는 지시를 위반하는 행위
  3. 제12조제5항제6호 단서에 해당하지 아니하는 유선 내에서 술을 마시거나 그 밖에 선내의 질서를 어지럽히는 행위
  4. 인명구조용 장비나 그 밖의 유선 설비를 파손하여 그 효용을 해치는 행위
  5. 제12조제5항제7호 또는 제9호에 해당하는 행위
  6. 조타실(操舵室), 기관실 등 선장이 지정하는 승객출입 금지장소에 선장 또는 그 밖의 종사자의 허락 없이 출입하는 행위
③ 승객이 유선을 빌려 스스로 유선을 조종하는 경우에 그 승객에 대하여는 제12조제3항, 같은 조 제5항제6호 및 제8호를 준용한다.
④ 승객이 유선을 빌려 스스로 조종하는 경우에 해당 유선을 조종하는 승객은 유선장과 연락 가능한 통신장비를 휴대하고 연락체계를 유지하여야 한다.

14 승선 정원, 적재 중량 등의 기준

관할관청은 행정안전부령 또는 해양수산부령으로 정하는 바에 따라 도선 중 「선박안전법」을 적용받지 아니하는 도선의 승선 정원 및 적재 중량과 용량을 정한다.

> **시행규칙 제15조(도선의 적재 중량 등 산정기준)**
> ① 법 제14조에 따른 도선의 적재 중량 및 용량의 산정기준은 다음 각 호와 같다.
>   1. 적재 중량 : 선박의 길이·너비·깊이를 미터 단위로 측정하고 이를 서로 곱하여 얻은 수의 10분의 7에 0.39를 곱하여 얻은 값으로 하되, 그 단위는 톤으로 한다.
>   2. 적재 용량 : 선박의 길이·너비·깊이를 미터 단위로 측정하고 이를 서로 곱하여 얻은 수의 10분의 7에 0.5를 곱하여 얻은 값으로 하되, 그 단위는 세제곱미터로 한다.

15 운항 준비 및 운항 거부의 금지

① 도선사업자는 영업시간 중 언제든지 도선을 운항할 수 있도록 필요한 준비를 하여야 한다.
② 도선사업자는 다음 각 호의 어느 하나에 해당하는 경우를 제외하고는 승객의 출선(出船) 요구를 거부하거나 출선을 지연시켜서는 아니 된다. [16 경장승진, 17 경장·경감승진]
  1. 폭풍우, 홍수, 그 밖의 사유로 운항이 위험한 경우
  2. 해당 운항이 공공의 안녕질서에 반하는 경우
  3. 선체(船體)의 고장이나 그 밖의 정당한 사유가 있는 경우

16 도선사업자 등의 안전운항 의무

① 도선사업자와 선원은 선박의 안전을 점검하고 기상 상태를 확인하는 등 안전운항에 필요한 조치를 하여야 하며, 승객과 적재물에 위해가 없도록 수면의 상황에 따라 안전하게 도선을 조종하도록 하여야 한다.
② 도선사업자와 선원은 다음 각 호의 안전에 관한 사항을 매뉴얼로 작성하여 도선장 및 행정안전부령 또는 해양수산부령으로 정하는 도선의 선실이나 통로에 비치하고 출항하기 전에 승객에게 영상물 상영 또는 방송 등을 통하여 안내하여야 한다.
  1. 안전한 승선·하선의 방법
  2. 선내 위험구역 출입금지에 관한 사항
  3. 인명구조장비의 위치 및 사용법
  4. 유사 시 대처요령
  5. 그 밖에 필요하다고 인정되는 안전에 관한 사항
③ 도선사업자와 선원은 음주, 약물중독, 그 밖의 사유로 정상적인 조종을 할 수 없는 우려가 있는 경우에는 도선을 조종하여서는 아니 된다. 이 경우 음주로 정상적인 조종을 할 수 없는 우려가 있는 경우란 「해사안전법」 제41조제5항에 따른 술에 취한 상태를 말한다.
④ 도선사업자와 선원은 안전운항을 위하여 필요한 경우 및 대통령령으로 정하는 소형 도선의 경우에는 승객 등 승선자 전원에게 구명조끼를 착용하도록 하여야 한다.

> 시행령 제10조(소형 유·도선)
> 법 제12조제4항에서 "대통령령으로 정하는 소형 유선" 및 법 제16조제4항에서 "대통령령으로 정하는 소형 도선"이란 각각 총톤수 5톤 미만의 선박 중 관할관청이 해당 영업구역의 수심(水深)·수세(水勢)·운항거리 등을 고려하여 승객 등 승선자가 구명조끼를 착용할 필요가 있다고 인정하여 지정하는 선박을 말한다.

18 승선 또는 선적의 제한 등

① 도선사업자, 선원, 그 밖의 종사자는 도선과 도선장에서 다음 각 호의 행위를 하여서는 아니 된다.
  1. 승선 정원, 적재 중량 또는 용량을 초과하여 승선시키거나 선적하는 행위
  2. 정당한 사유 없이 승선을 거부하는 행위
  3. 운임 외의 금품을 요구하는 행위
  4. 도선 내에서 주류를 판매하거나 제공하는 행위 또는 도선 내에 주류를 반입(운송을 목적으로 싣는 것은 제외한다)하게 하는 행위. 다만, 대통령령으로 정하는 도선의 경우에는 그러하지 아니하다.

> **시행령 제11조(주류의 판매·반입 등)**
> 법 제12조제5항제6호 단서에서 "대통령령으로 정하는 유선" 및 법 제18조제1항제4호 단서에서 "대통령령으로 정하는 도선"이란 각각 길이 24미터 이상으로서 총톤수 50톤 이상인 선박을 말한다.

  5. 음란행위나 그 밖에 선량한 풍속을 해치는 행위
  6. 영업시간 외에 항행하거나 영업구역 외 또는 항행구역 외에서 항행하는 행위
  7. 수상에 유류·분뇨·폐기물을 버리는 행위
  8. 도선의 운항 중 구명조끼, 구명부환, 구명줄 등 인명구조용 장비나 설비에 잠금장치를 하는 행위
② 도선사업자, 선원, 그 밖의 종사자는 다음 각 호의 어느 하나에 해당하는 사람 또는 물건을 일반 승객 또는 물건과 함께 운송하여서는 아니 된다. 다만, 위험물 보관시설 등 격리시설을 설치하여 선원 등 종사자가 안전하게 관리할 수 있는 경우에는 그러하지 아니하다.
  1. 감염병환자 또는 「정신건강증진 및 정신질환자 복지서비스 지원에 관한 법률」 제3조제1호에 따른 정신질환자로 의심되는 사람으로서 자신 또는 타인의 안전을 해할 위험이 크다고 인정되는 사람(보호자가 동승하는 경우에는 제외한다)
  2. 시체
  3. 대통령령으로 정하는 폭발물·인화물질 등 위험물
  4. 승객에게 불쾌감을 주거나 위해를 끼칠 우려가 있는 물건

19 도선 승객의 준수사항

① 도선의 승객은 안전수칙을 준수하고 운항질서의 유지 및 위해방지를 위한 주의를 다하여야 한다.
② 도선의 승객에 대하여는 제13조제2항을 준용한다. 이 경우 "유선사업자"는 "도선사업자"로, "유선"은 "도선"으로 보며, 제13조제2항제3호 중 "제12조제5항제6호 단서에 해당하지 아니하는 유선'은 "제18조제1항제4호 단서에 해당하지 아니하는 도선"으로 본다.

20 안전검사 [11 경사승진]

① 유·도선사업자는 「선박안전법」을 적용받지 아니하는 유·도선(비상구조선을 포함한다)에 대하여 관할관청의 안전검사를 받아야 한다.

> **시행령 제12조(안전검사)** [20 경사승진]
> ① 유·도선사업을 하려는 자는 제4조에 따른 면허신청 또는 신고 시에 법 제20조제1항에 따른 안전검사(이하 "안전검사" 라 한다)를 받아야 한다.
> ② 유·도선사업자는 유·도선(비상구조선을 포함한다)의 선체구조를 변경하거나 기관을 교체하였을 때에는 14일 이내에 안전검사를 받아야 한다. [18 해경]
> ③ 유·도선사업자는 제1항 또는 제2항에 따른 안전검사를 받은 후 1년마다 검사유효기간 만료일 후 30일 이내에 정기적으로 안전검사를 받아야 한다.
> ④ 제1항부터 제3항까지의 규정에 따른 안전검사를 받으려면 행정안전부령 또는 해양수산부령으로 정하는 안전검사 신청서에 다음 각 호의 서류를 첨부하여 관할관청에 제출하여야 한다.
>   1. 선박의 구조도면 1부(구조가 같은 선박이 2척 이상일 경우에는 그 대표되는 선박의 구조도면 1부만 제출한다)
>   2. 인명구조용 장비에 대한 명세서 1부

시행령 제13조(안전검사의 기준)

법 제20조제2항에 따른 유·도선(비상구조선을 포함한다) 안전검사의 기준은 다음 각 호와 같다.
1. (시행령)제14조 및 별표 1에 따른 유·도선(비상구조선을 포함한다)의 규격 및 시설·설비 기준과 선령 기준에 맞는지 여부

> ♣ 유선 및 도선 사업법 시행령 [별표 1]
>
> ### 유선 또는 도선의 선령기준(제6조 관련) [15 경사승진, 19 경장승진]
>
> 1. **선령의 일반 기준**
>   가. 「선박안전법」의 적용을 받는 유선 또는 도선(각각 비상구조선을 포함한다. 이하 이 표에서 같다) : 20년 이하
>   나. 「선박안전법」의 적용을 받지 않는 유선 또는 도선 : 다음의 구분에 따른 선령
>   1) 목선(木船) 및 합성수지선 : 15년 이하
>   2) 강선(鋼船) : 20년 이하
>
> 2. **선령의 연장 기준**
>   가. 제1호가목에 따른 선령기준의 적용을 받는 유선 또는 도선이 그 선령기준을 초과한 경우로서 다음의 구분에 따른 요건을 갖춘 경우에는 5년의 범위에서 1년 단위로 그 선령을 연장할 수 있다.
>   1) 선령이 20년 초과 25년 이하인 유선 또는 도선 : 행정안전부장관이 정하여 고시하는 선박검사기준(이하 "선박검사기준"이라 한다)에 따라 관할관청이 검사를 의뢰하는 검사기관(이하 "검사기관"이라 한다)에서 검사를 실시한 결과 안전운항에 지장이 없는 것으로 판정되었을 것
>   2) 선령이 25년을 초과한 유선 또는 도선(목선인 유선 또는 도선 및 합성수지선인 유선 또는 도선은 제외한다) : 선박검사기준에 따라 검사기관에서 검사를 실시한 결과 및 행정안전부장관이 정하여 고시하는 선박관리평가기준에 따른 선박 평가 결과 안전운항에 지장이 없는 것으로 판정되었을 것
>   나. 제1호나목에 따른 선령기준의 적용을 받는 유선 또는 도선(목선인 유선 또는 도선은 제외한다)이 그 선령기준을 초과한 경우로서 법 제20조제1항에 따른 안전검사 결과 안전운항에 지장이 없는 것으로 판정된 경우에는 10년의 범위에서 1년 단위로 그 선령을 연장할 수 있다.
>
> 3. **선령의 계산 방법**
> 제1호 및 제2호에 따른 선령은 해당 선박을 진수(進水)한 날부터 계산한다. 다만, 진수한 날을 알 수 없으면 진수한 달의 1일부터, 진수한 달을 알 수 없으면 진수한 해의 1월 1일부터 계산한다.

2. (시행령) 제17조 및 제18조에 따른 인명구조용 장비의 기준과 시설기준에 맞는지 여부
3. 행정안전부령 또는 해양수산부령으로 정하는 승선 정원, 적재 중량, 적재 용량 및 선원 정원에 맞는지 여부

시행령 제14조(유·도선의 규격 및 시설·설비 기준 등) [16 경감승진]
① 「선박안전법」을 적용받지 아니하는 유·도선(비상구조선을 포함한다)의 안전검사를 위한 규격 및 시설·설비 기준은 다음 각 호와 같다.
1. 선박(제2항에 따른 고시로 정하는 선박은 제외한다)의 길이가 깊이의 10배 또는 너비의 6배를 초과하지 아니할 것
2. 안전운항에 지장을 주지 아니하도록 선체의 내부식성(耐腐蝕性)과 강도를 유지할 것
3. 추진기관이 설치된 선박의 경우 조타(操舵)장치가 유효하게 작동하고, 기관은 안전운항에 지장이 없도

록 쉽고 확실하게 조작할 수 있는 기능을 갖추어야 하며, 점검과 보수가 쉬울 것
② 제1항에 따른 규격 등의 기준에 관한 세부적인 사항과 그 밖에 안전운항을 위하여 갖추어야 할 시설 및 설비는 행정안전부장관과 해양경찰청장이 공동으로 정하여 고시한다.

21 안전관리계획의 수립 등   [14 경장·경사승진, 16 경감승진]

① 시·도지사 또는 지방해양경찰청장은 매년 유·도선 안전관리계획을 수립·시행하여야 한다.
② 행정안전부장관 또는 해양경찰청장은 제1항의 유·도선 안전관리계획의 수립에 필요한 지침을 정하고, 그 시행에 필요한 지도·감독을 할 수 있다.

22 인명구조용 장비의 비치 등

① 유·도선사업자는 유·도선의 사고 시에 대비할 수 있는 인명구조용 장비를 갖추지 아니하거나 인명구조요원을 배치하지 아니하고는 영업을 할 수 없다.
② 제1항의 인명구조용 장비의 기준과 인명구조요원의 자격 및 배치기준은 대통령령으로 정한다.

> **시행령 제17조(유선의 인명구조용 장비 등)** [13 경감승진, 15 경사승진, 16 해경, 17 해경, 17 경장승진, '18 경장승진, 18 해경, 19 승진, 21 경장승진]
>
> ① 법 제22조제2항에 따라 유선사업자가 유선 및 유선장에 갖추어야 하는 인명구조용 장비의 기준과 시설기준은 다음 각 호와 같다.
> 1. 유선에는 승선 정원의 120퍼센트 이상에 해당하는 수의 구명조끼(구명조끼 중 승선 정원의 20퍼센트에 해당하는 수의 구명조끼는 소아용으로 하여야 한다)를 갖출 것
> 2. 유선장에 유선(5톤 이상의 선박으로서 제6호에 따른 장비를 갖춘 유선은 제외한다)이 30척 이하인 경우에는 1척 이상, 31척 이상 50척 이하인 경우에는 2척 이상, 51척 이상인 경우에는 50척을 초과하는 50척마다 1척씩 더한 수 이상의 비상구조선을 갖출 것
> 3. 승선 정원이 5명 이상이거나 추진기관을 설치한 유선에는 그 승선 정원의 30퍼센트 이상에 해당하는 수의 구명부환(救命浮環)을 갖출 것. 다만, 승선 정원의 50퍼센트 이상(영업구역이 내수면인 경우에는 25퍼센트 이상)을 태울 수 있는 수의 구명정(救命艇), 구명뗏목 또는 구명부기(救命浮器)를 갖춘 경우에는 승선 정원의 15퍼센트 이상에 해당하는 수의 구명부환으로 한다.
> 4. 승선 정원이 13명 이상인 유선에는 유선마다 지름 10밀리미터 이상, 길이 30미터 이상의 구명줄 1개 이상이나 드로우 백(throw bag) 1개 이상을 갖출 것
> 5. 유선장에는 노도(櫓棹)가 있는 유선 수의 10퍼센트 이상에 해당하는 수의 선박에 필요한 예비 노도를 갖출 것
> 6. 2해리 이상을 운항하는 유선에는 유선장 또는 가까운 무선국과 연락할 수 있는 통신장비를 갖출 것
> 7. 영업구역이 내수면인 유선(2해리 미만을 운항하는 유선의 경우에는 추진기관을 설치한 유선 중 야간운항을 하는 유선만 해당한다)에는 위성위치확인시스템(GPS)을 이용하여 위치정보를 취득할 수 있는 휴대전화를 갖출 것
> 8. 승선 정원이 13명 이상인 유선에는 유선마다 선실·조타실 및 기관실별로 1개 이상의 소화기를 갖출 것
> 9. 유선장에는 유선을 안전하게 매어두는 시설과 승객의 승선·하선에 필요한 1개 이상의 구명부환을 갖춘 승강장 설비를 갖출 것
> 10. 유선장에는 승객이 이용하기에 적정한 규모의 대기시설, 매표소, 화장실을 갖출 것

11. 삭제
12. 잠수를 영업 수단으로 하는 유선의 유선장에는 그 영업에 적정한 규모의 해상선착장과 「선박안전법」 제8조부터 제12조까지의 규정에 따른 선박의 검사에 합격한 승객운송선 및 비상구조선을 갖출 것

② 제1항제2호 및 제12호의 비상구조선은 승선 정원 4명 이상, 시속 20노트 이상의 성능을 가진 것으로서 다음 각 호의 장비를 모두 갖추어야 하며, 영업구역의 순시와 사고발생 시의 인명구조용으로만 사용하여야 한다. [18 경장승진]
  1. 망원경 1개
  2. 자기점화등 1개 이상
  3. 구명조끼 4개
  4. 구명부환 2개 이상
  5. 드로우 백 1개 이상

③ 유선에 갖추어 두어야 하는 인명구조용 장비는 해양수산부장관이 고시하는 선박구명설비기준에 적합한 것이어야 한다. 다만, 제1항제1호에 따른 장비는 관할관청이 해당 영업구역의 수심·수세 및 운항거리 등을 고려하여 사용에 지장이 없다고 인정하는 경우에는 그러하지 아니하다.

④ 제1항제1호부터 제5호까지의 규정에 따른 인명구조용 장비는 승객, 선원, 인명구조요원, 그 밖의 종사자가 쉽게 이용할 수 있도록 갖추어 두어야 한다.

> ※ **구명부기** : 인명구조를 위하여 물에 뜨도록 만든 기구
> ※ **드로우 백** : 물에 뜨는 주머니 속에 물에 잘 뜨고 눈에도 잘 보이는 고강도 로프를 담아 두었다가 비상시에 물에 떠내려가는 인명에게 던져 구조할 목적으로 쓰이는 것
> ※ **노도** : 노와 삿대(상앗대)

시행령 제18조(도선의 인명구조용 장비 등)

① 법 제22조제2항에 따라 **도선사업자가 도선 및 도선장에 갖추어야 하는 인명구조용 장비의 기준과 시설기준**은 다음 각 호와 같다.
  1. **제17조제1항제1호 및 제3호에 해당하는 인명구조용 장비를 갖출 것**
  2. 도선마다 **지름 10밀리미터 이상, 길이 30미터 이상의 구명줄 1개 이상이나 드로우 백 1개 이상을 갖출 것**
  3. **승객을 주로 운송하는 도선에는 도선마다 선실·조타실 및 기관실별로 1개 이상의 소화기를 갖추고, 화물을 주로 운송하는 도선에는 취급하는 화물에 발생한 화재를 진압할 수 있는 소화설비를 갖출 것**
  4. **노도가 있는 도선에는 도선마다 해당 노선에 적응하는 데 필요한 수의 예비 노도를 갖출 것**
  5. **승객을 주로 운송하는 도선의 경우 도선 주위에 난간 등의 위험방지 설비를 할 것**
  6. **도선장에는 도선장 간의 연락설비를 갖출 것**
  7. **제17조제1항제6호·제7호 및 제9호부터 제10호까지에 해당하는 장비와 시설을 갖출 것**. 이 경우 "유선"은 "도선"으로, "유선장"은 "도선장"으로 본다.

② 도선에 갖추어 두어야 하는 인명구조용 장비에 관하여는 제17조제3항 및 제4항을 준용한다.

시행령 제20조(인명구조요원) [21 해경]

① 법 제22조제2항에 따라 **유·도선사업자가 배치하여야 하는 인명구조요원**은 다음 각 호의 어느 하나에 해당하는 사람이어야 한다.
  1. 「수상레저안전법」 제48조제3항에 따른 **인명구조요원 자격을 취득한 사람**
  2. 해군 또는 해양경찰로 복무한 자로서 **수상인명구조에 경험이 있는 사람**
  3. 「한국해양수산연수원법」에 따른 **한국해양수산연수원에서 안전 및 해양사고방지교육을 이수한 사람**

4. 그 밖에 제1호 및 제3호에 상당하는 자격이 있다고 관할관청이 인정하는 사람
② 제1항에 따른 **인명구조요원의 최소인원수**는 다음 각 호의 구분에 따른다.
1. 유선사업
   가. 승객 정원이 13명 미만인 유선 : 30척까지는 1명으로 하되, 30척을 초과하는 경우에는 30척을 초과하는 20척마다 1명을 추가한 인원수
   나. 승객 정원이 13명 이상인 유선 : 승객 정원 50명 까지는 1명, 51명 이상 100명까지는 2명으로 하되, 100명을 초과하는 경우에는 100명을 초과하는 100명마다 1명을 추가한 인원수 [16 해경]
2. 도선사업
   가. 승객 정원이 50명 이하인 도선 : 1명
   나. 승객 정원이 51명 이상인 도선 : 승객 정원이 100명까지는 2명으로 하되, 100명을 초과하는 경우에는 100명을 초과하는 100명마다 1명을 추가한 인원수
③ 유·도선의 선원이 제1항에 따른 자격을 갖춘 경우에는 인명구조요원의 임무를 겸할 수 있고, 제2항에 따른 인명구조요원 최소인원수에 포함하여 산정할 수 있다.

23 선원의 정원·자격 및 명부 등

① 「선박직원법」을 적용받지 아니하는 유·도선 선원의 정원 및 자격기준은 행정안전부령 또는 해양수산부령으로 정한다.
② 유·도선사업자는 행정안전부령 또는 해양수산부령으로 정하는 바에 따라 그 영업소 안에 선원의 명부를 작성하여 갖추어 두어야 한다.

시행규칙 제17조(선원 정원 등의 기준)
① 법 제23조제1항에 따른 **유·도선의 선원은 1명 이상**으로 한다. 다만, 승선 정원이 **20명 이상인 유·도선은 2명 이상**으로 한다.
② 제1항에 따른 선원은 다음 각 호의 어느 하나에 해당하는 사람이어야 한다.
   1. 「선박직원법」에 따른 항해사, 운항사 또는 소형선박조종사의 면허증을 소지한 사람
   2. 승선 경력 및 능력 등을 고려하여 관할관청이 별도로 정하는 기준에 맞는 사람
   3. 「수상레저안전법」 제4조에 따른 동력수상레저기구 조종면허 중 일반조종면허를 받은 사람
③ 제1항 및 제2항은 노로 젓는 보트 등 승객이 조종하는 선박에 대해서는 적용하지 아니한다.

24 유·도선사업자 등의 안전교육

① 유·도선사업자, 선원, 그 밖의 종사자는 대통령령으로 정하는 바에 따라 유·도선의 안전운항에 필요한 교육을 이수하여야 한다.
② 유·도선사업자는 선원 및 그 종사자가 교육을 이수하는 데에 필요한 조치를 하고, 교육을 이수하지 아니한 선원 및 그 종사자를 근무하게 하여서는 아니 된다.

시행령 제21조(안전교육)
① 행정안전부장관·해양경찰청장 및 관할관청은 법 제24조제1항에 따른 유·도선의 안전운항에 필요한 교육(이하 "안전교육"이라 한다)을 위하여 필요한 교육과정을 개설하여 운영할 수 있다.
② 안전교육의 교육시간은 매년 **8시간 이내**로 한다.

시행규칙 제19조(안전교육과목 등)
① 영 제21조제3항에 따른 유·도선의 안전운항에 필요한 교육과목은 다음 각 호와 같다.
　　1. 운항규칙 등 수상교통의 안전에 관한 과목
　　2. 생존기술, 응급조치, 인명구조용 장비 사용법 등 수난구호에 관한 과목
　　3. 그 밖에 유·도선사업 및 유·도선의 안전운항에 관하여 필요한 과목

24의2 선원 등의 비상상황 대비훈련

① 유·도선사업자는 유·도선에 승선하는 다음 각 호의 사람(「선원법」 제15조제1항에 따라 비상시에 대비한 훈련을 받은 사람은 제외한다)에 대하여 **비상상황 대비훈련을 실시하여야** 한다.
　1. 선원
　2. 그 밖의 종사자

시행규칙 제19조의2(선원 등의 비상상황 대비훈련)
① 법 제24조의2제1항에 따른 비상상황 대비훈련(이하 "비상상황 대비훈련"이라 한다)의 종류 및 실시 주기는 별표 4와 같다.

[별표 4] 〈신설 16. 7. 19.〉

비상상황 대비훈련의 종류 및 실시 주기(제19조의2 관련) [18 경사승진]

구분	훈련내용	실시 주기
1. 선내숙지 훈련	가. 선내방송 및 비상신호 나. 비상탈출구 위치, 승객 유도 다. 인명구조장비 및 안전설비 위치 및 수량, 관리방법 라. 승객 안전사항 마. 비상연락망	매월
2. 퇴선 훈련	가. 개인별 역할 및 대응방법 나. 퇴선위치 및 승객 유도	매월
3. 기름유출대응, 소화 훈련	가. 사고 위치별 배치 위치 나. 개인별 역할 및 대응방법 다. 기름유출시 대응장비 사용법 라. 소화기 등 소화장비 사용법	매월
4. 인명구조, 추락 및 충돌·좌초사고대응 훈련	가. 사고 위치별 배치 위치 나. 개인별 역할 및 대응방법 다. 인명구조장비 사용법 및 장비활용 구조	6개월
5. 침수 및 추진기관 사고대응 훈련	가. 사고 위치별 배치 위치 나. 개인별 역할 및 대응방법 다. 침수시 대응 장비사용법	6개월

비고
1. 훈련은 유·도선사업자(또는 선장)가 지정하는 일시에 실시한다.
2. 승객이 승선하고 있는 상태에서 훈련을 실시하는 경우에는 혼란이 발생하지 않도록 훈련 상황을 안내한 후 실시하여야 한다.

3. 선내방송 시에는 "(훈련) ○○구역 ○○발생 ○○비상배치"를 공지하는 것을 원칙으로 한다.
   4. 비상상황 대비훈련 시에 비상신호 방법은 기적 또는 싸이렌에 의한 **연속 7회의 단음과 계속 1회의 장음**으로 한다.
   5. 비상상황 대비훈련 표준절차

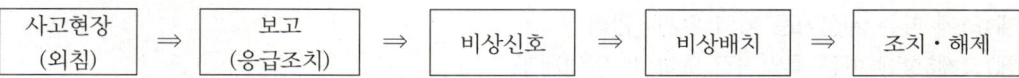

② 유·도선사업자는 비상상황 대비훈련을 실시한 경우에는 그 훈련내용을 별지 제18호의2서식의 비상상황 대비훈련 기록대장에 기록하고, 훈련 실시 상황을 동영상 또는 사진으로 촬영하여야 한다.
③ 유·도선사업자는 제2항에 따라 기록한 비상상황 대비훈련 기록대장과 촬영한 동영상(또는 사진)을 훈련 실시일부터 **1년** 동안 보관하여야 한다.

25 출항·입항의 기록·관리 등

① **유·도선사업자**는 유·도선의 안전운항과 위해방지를 위하여 **대통령령으로 정하는 선박**(휴업·휴지 중인 유·도선을 포함한다)의 출항·입항[내수면의 경우에는 출선 및 귀선(歸船)을 말한다] 시에 행정안전부령 또는 해양수산부령으로 정하는 바에 따라 **그 출항·입항에 관한 사항을 기록·관리**하여야 한다.

> 시행령 제22조(출항·입항 기록·관리대상) [18 경장승진]
> 법 제25조제1항에서 **"대통령령으로 정하는 선박"** 이란 다음 각 호의 어느 하나에 해당하는 선박을 말한다.
> 1. **운항거리가 2해리 이상이거나 운항시간이 1시간을 초과하는 선박**(내수면에 운항하는 유·도선으로서 관할관청이 정하는 유·도선은 제외한다)
> 2. 그 밖에 관할관청이 지정하는 선박

② 제1항에 따른 선박을 운항하는 유·도선사업자는 그 선박에 승선하는 승객이 행정안전부령 또는 해양수산부령으로 정하는 바에 따라 승선신고서를 작성하여 제출하도록 하여야 한다.
③ 유·도선사업자는 행정안전부령 또는 해양수산부령으로 정하는 바에 따라 승선하려는 승객의 신분과 제2항에 따른 승선신고서 기재내용을 확인하여야 한다.
④ 유·도선사업자는 승객이 정당한 사유 없이 제2항에 따른 승선신고서를 작성하여 제출하지 아니하거나 제3항에 따른 신분확인 요구에 따르지 아니하는 경우에는 승선을 거부하여야 한다.
⑤ **유·도선사업자**는 제2항에 따라 **제출받은 승선신고서를 3개월 동안 보관**하여야 한다.

26 검사 등

① 관할관청은 유·도선의 안전운항과 위해방지를 위하여 관계 공무원으로 하여금 유·도선 및 유·도선장에 대하여 검사 또는 안전점검을 하도록 하여야 하며, 관계인에게 필요한 질문 또는 보고를 하게 하거나 장부 등을 검사하게 할 수 있다.

27 개선명령 등 [16 경사승진, 18 경감승진, 19 경장·경사승진]

관할관청은 유·도선의 안전사고 예방과 공공복리의 증진을 위하여 특히 필요하다고 인정할 때에는 유·도선사업자에게 다음 각 호의 사항을 명할 수 있다.
1. 승선 정원이나 적재 중량 또는 용량의 제한
2. 영업시간 또는 운항횟수의 제한
3. 영업구역의 제한 또는 영업의 일시 정지

4. 유·도선 또는 유·도선장시설의 개선·변경 및 원상복구
5. 운항 약관의 변경
6. 제3조제6항에 따라 유·도선사업 면허 발급 시 붙인 조건의 이행
7. 제4조에 따른 시설기준 등의 유지·관리
8. 제7조제5항에 따른 휴업기간 초과 시 영업재개
9. 제33조에 따른 보험 등에의 가입
10. 그 밖에 안전사고 예방을 위하여 필요한 사항

28 사고발생 시의 인명구조 의무

유·도선사업자와 선원은 선박이 전복·충돌하거나 그 밖에 영업구역에서 사고가 발생한 때에는 인명구조에 필요한 조치를 하여야 한다.

29 사고발생의 보고 [15 경사승진]

① 유·도선사업자와 선원은 다음 각 호의 어느 하나에 해당하는 경우에는 지체 없이 인접 시장·군수·구청장과 경찰서장 또는 해양경찰서장에게 그 사실을 보고하여야 한다.
  1. 승객이 사망하거나 실종되거나 중상자가 발생한 때 및 승객 중에 감염병으로 인정되는 환자가 있는 경우
  2. 충돌, 좌초, 그 밖의 사고로 인하여 선체가 심하게 손상되는 등 선박 운항에 장애가 생긴 경우
  3. 교량, 수리시설, 수표(水標), 입표(立標), 호안(護岸), 그 밖에 수면에 설치된 인공구조물을 파손한 경우
② 시장·군수·구청장과 경찰서장·해양경찰서장은 제1항의 보고를 받으면 지체 없이 관할 시·도지사 또는 지방해양경찰청장에게 보고하고, 인명구조 활동 등 사고 수습을 위하여 필요한 조치를 하여야 한다.

30의2 유·도선안전협회의 설립

① 유·도선사업자는 유·도선사업의 건전한 발전 및 유·도선의 안전 등을 도모하기 위하여 유·도선안전협회(이하 "협회"라 한다)를 설립할 수 있다.

31 운항규칙

① 「해사안전법」을 적용받지 아니하는 유·도선의 운항규칙에 관하여 필요한 사항은 대통령령으로 정한다.
② 유·도선사업자와 선원은 운항규칙을 준수하여야 한다.

> 시행령 제25조(운항규칙) [14 경감승진, 17 경사·경감승진]
> 법 제31조제1항에 따른 유·도선의 운항규칙은 다음 각 호와 같다.
>   1. 유·도선은 주위의 상황 및 다른 선박(유·도선을 포함한다. 이하 같다)과의 충돌의 위험을 충분히 판단할 수 있도록 시각·청각 및 당시의 상황에 적합하게 이용할 수 있는 모든 수단에 의하여 항상 적절한 경계를 하여야 한다.
>   2. 유·도선은 다른 선박과의 충돌을 피하기 위하여 적절하고 유효한 동작을 취하거나 당시의 상황에 적합한 거리에서 선박을 정지시킬 수 있도록 항상 안전한 속력으로 운항해야 한다.
>   3. 유·도선은 시계(視界)를 제한받는 때나 교량, 유·도선장 등의 부근 및 하천 폭이 좁은 구역에서는 속도를 줄여 운항하여야 하며, 특히 추진기관이 설치되지 아니한 제10조에 따른 소형 유·도선의 운항에 지장

이 없도록 그 운항구역에 접근하지 아니하거나 저속으로 운항하여야 한다.
4. 유·도선은 시계가 제한된 구역에서 앞쪽에 다른 선박이 있는 경우 왼쪽으로 진로를 변경해서는 아니 된다.
5. 유·도선이 다른 선박과 마주칠 때에는 진로를 오른쪽으로 변경하여야 한다.
6. 유·도선이 다른 선박과 같은 방향으로 운항하는 경우에는 근접하거나 경쟁적으로 운항해서는 아니 된다.
7. 유·도선이 다른 선박을 앞지르기하려는 경우에는 앞지르기당하는 선박을 완전히 앞지르기하거나 그 선박에서 충분히 멀어질 때까지 그 선박의 진로를 방해해서는 아니 된다.
8. 유·도선과 다른 선박이 서로 진로를 횡단하는 경우에 충돌의 위험이 있을 때에는 다른 선박을 오른쪽에 두고 있는 선박이 그 다른 선박의 진로를 피하여야 한다.
9. 제10조에 따른 소형 유·도선이 내수면을 횡단할 때에는 다른 대형선박의 진로를 방해해서는 아니 된다.
   [18 경사승진]
10. 유·도선장 또는 선착장으로 들어오는 유·도선은 유·도선장 또는 선착장 밖으로 나가는 유·도선의 진로를 방해해서는 아니 된다.
11. 유·도선은 사업의 면허 또는 신고 시에 정해진 유·도선장 또는 선착장 외의 장소에 정박하거나 승객을 승선·하선시켜서는 아니 된다.
12. 야간운항을 하는 유·도선은 운항 및 승객의 승선·하선에 필요한 불빛을 표시하여야 한다.
13. 선박 길이가 12미터 이상이거나 관할관청이 지정한 유·도선은 기적(汽笛) 또는 호종(선박 위치 알림종) 등 음향신호를 설치하여 다음 각 호의 구분에 따른 방법으로 음향신호를 해야 한다.
    가. 다른 선박과 서로 시계 내에 있는 경우 오른쪽으로 진로를 변경할 때에는 단음 1회, 왼쪽으로 진로를 변경할 때에는 단음 2회, 후진할 때에는 단음 3회
    나. 다른 선박을 오른쪽으로 앞지르기할 때에는 장음 2회 후 단음 1회, 왼쪽으로 앞지르기할 때에는 장음 2회 후 단음 2회
    다. 다른 선박의 주의를 환기하기 위하여 필요할 때 단음 5회 이상
14. 유·도선이 조난을 당하여 구원을 요청하는 경우에는 국제해사기구가 정하는 신호를 하여야 한다.

32 운항약관

① 유·도선사업자는 대통령령으로 정하는 바에 따라 운항약관을 정하여 사업면허의 신청 또는 사업신고를 할 때 관할관청에 신고하여야 한다. 이를 변경하려는 경우에도 또한 같다.
② 제1항의 운항약관에는 유·도선의 승객·수하물 및 소하물의 운송 조건, 운송에 대한 유·도선사업자의 책임, 피해보상을 위한 보험 또는 공제의 가입 등 행정안전부령 또는 해양수산부령으로 정하는 사항이 포함되어야 한다.
③ 관할관청은 제1항에 따른 신고 또는 변경신고를 받은 날부터 5일 이내에 신고수리 여부를 신고인에게 통지하여야 한다.
④ 관할관청이 제3항에서 정한 기간 내에 신고수리 여부 또는 민원 처리 관련 법령에 따른 처리기간의 연장을 신고인에게 통지하지 아니하면 그 기간이 끝난 날의 다음 날에 신고를 수리한 것으로 본다.

33 보험 등에의 가입

① 유·도선사업자는 대통령령으로 정하는 바에 따라 승객, 선원, 그 밖의 종사자의 피해보상을 위하여 보험 또는 공제에 가입하여야 한다.

34 요금 및 운임

① 유선사업자는 승선료 또는 선박 대여료를 정하려면 대통령령으로 정하는 바에 따라 관할관청에 신고하여야 한다. 이를 변경하려는 경우에도 또한 같다.
② 도선사업자는 운임을 정하려면 대통령령으로 정하는 바에 따라 관할관청에 신고하여야 한다. 이를 변경하려는 경우에도 또한 같다.
③ 관할관청은 제36조에 따른 보조금을 지급받는 도선사업자가 제2항에 따라 운임을 신고한 경우 그 도선사업자에 대하여 낙도(落島)

또는 수몰지역, 그 밖에 지리적 여건으로 인하여 도선을 이용할 수 밖에 없는 지역주민들의 운임을 일반 승객보다 낮게 정하도록 요구할 수 있다.

35 요금 등의 게시

유·도선사업자는 행정안전부령 또는 해양수산부령으로 정하는 바에 따라 다음 각 호의 사항을 유·도선 및 유·도선장의 승객이 쉽게 볼 수 있는 장소에 게시하여야 한다.
1. 승선료, 선박 대여료 또는 운임
2. 승선 정원(객실이 구분되어 있는 경우에는 객실별로 구분하여야 한다)
3. 영업구역 및 영업시간
4. 제13조 및 제19조에 따른 승객의 준수사항
5. 구명조끼 착용법, 비상탈출구의 위치 및 비상탈출 방법
6. 인명구조장비 및 소화설비의 보관 장소

36 보조금의 지급 등

① 지방자치단체는 도선의 안전운항과 주민의 교통편의를 위하여 필요한 경우 영세 도선사업자의 노후 선박의 교체, 안전시설의 설치 및 개선, 적자 노선에 대한 손실보전 등에 드는 비용의 전부 또는 일부를 보조금으로 지급할 수 있다.
② 국가 또는 지방자치단체는 유선 또는 도선의 선령이 제4조의2제1항제1호에 따른 기준에 적합하지 아니한 선령에 가까워져서 유선 또는 도선을 새로 건조(建造)하려는 사업자에 대하여 재정적 지원이 필요하다고 인정되는 경우 유선 또는 도선의 건조에 드는 자금의 일부를 보조 또는 융자하거나 융자를 알선할 수 있다.

> 시행령 제29조(보조 또는 융자 등)
> ① 행정안전부장관·해양경찰청장 또는 지방자치단체의 장은 법 제36조제2항에 따라 유선 또는 도선을 새로 건조(建造)하려는 사업자에 대하여 다음 각 호의 구분에 따른 금액의 범위에서 재정적 지원을 할 수 있다.
>   1. 보조 : 유선 또는 도선의 건조에 드는 자금의 100분의 40 이내의 금액
>   2. 융자(융자의 알선을 포함한다. 이하 같다) : 유선 또는 도선의 건조에 드는 자금의 100분의 80 이내의 금액

36의2 손실보상을 위한 조치 등

① 관할관청은 「공익사업을 위한 토지 등의 취득 및 보상에 관한 법률」제4조에 해당하는 공익사업의 일환으로 시행되는 육지와 도서 간의 연륙교(連陸橋) 또는 도서와 도서 간의 연도교(連島橋) 건설에 따라 도선사업자가 손실을 입은 때에는 해당 도선사업자가 제3조에 따른 면허 또는 신고에 대하여 사업시행자로부터 적절한 보상을 받을 수 있도록 자료의 제공 등 필요한 조치를 하여야 한다.
② 제1항에 따른 도선사업자에 대한 손실보상에 관한 사항은 「공익사업을 위한 토지 등의 취득 및 보상에 관한 법률」의 관계 규정에서 정하는 바에 따른다.

37 청문

관할관청은 제9조제1항에 따라 유·도선사업의 면허취소·사업폐쇄 또는 사업정지를 명하려면 청문을 하여야 한다.

38 권한의 위임 등

① 시·도지사 또는 지방해양경찰청장은 이 법에 따른 권한의 일부를 대통령령으로 정하는 바에 따라 그 소속 기관, 시장·군수·구청장 또는 해양경찰서장에게 위임할 수 있다.
② 관할관청은 대통령령으로 정하는 바에 따라 제20조에 따른 검사업무 및 제24조에 따른 교육업무를 관계 전문기관에

위탁할 수 있다. 이 경우 위탁받은 업무를 수행하는 사람은 「형법」 제129조부터 제132조까지의 규정을 적용할 때에는 공무원으로 본다.

39 벌칙

① 제28조를 위반하여 유·도선사업자와 선원이 인명구조에 필요한 조치를 하지 아니하였을 때에는 1년 이하의 징역 또는 1천만원 이하의 벌금에 처한다.
② 제1항의 죄를 범하여 사람을 상해에 이르게 한 때에는 1년 이상 5년 이하의 징역에 처한다.
③ 제1항의 죄를 범하여 사람을 사망에 이르게 한 때에는 무기 또는 3년 이상의 징역에 처한다.

42 양벌규정

법인의 대표자나 법인 또는 개인의 대리인, 사용인, 그 밖의 종업원이 그 법인 또는 개인의 업무에 관하여 제40조 또는 제41조의 위반행위를 하면 그 행위자를 벌하는 외에 그 법인 또는 개인에게도 해당 조문의 벌금형을 과(科)한다. 다만, 법인 또는 개인이 그 위반행위를 방지하기 위하여 해당 업무에 관하여 상당한 주의와 감독을 게을리하지 아니한 경우에는 그러하지 아니하다.

43 과태료

① 다음 각 호의 어느 하나에 해당하는 자에게는 300만원 이하의 과태료를 부과한다.
  1. 제7조제1항, 제12조제4항, 제12조제5항제10호, 제15조제2항, 제16조제4항, 제18조제1항제7호, 제23조제2항, 제24조의2제1항, 제25조, 제29조제1항, 제31조제2항, 제34조제1항·제2항 또는 제35조를 위반한 자
  2. 제13조제2항(제19조제2항에 따라 준용되는 경우를 포함한다)을 위반한 자
  3. 제12조제2항 또는 제16조제2항을 위반하여 안전에 관한 사항을 매뉴얼로 작성하여 비치하지 아니한 자
② 제1항에 따른 과태료는 대통령령으로 정하는 바에 따라 관할관청이 부과·징수한다.

6. 낚시관리 및 육성법

1 목적 [18 승진, 19 승진]

이 법은 낚시의 관리 및 육성에 관한 사항을 규정함으로써 건전한 낚시문화를 조성하고 수산자원을 보호하며, 낚시 관련 산업 및 농어촌의 발전과 국민의 삶의 질 향상에 이바지하는 것을 목적으로 한다.

2 정의

낚시	낚싯대와 낚싯줄·낚싯바늘 등 도구(이하 "낚시도구"라 한다)를 이용하여 어류·패류·갑각류, 그 밖에 대통령령으로 정하는 수산동물을 낚는 행위
낚시인	낚시터에서 낚시를 하거나 낚시를 하려는 사람
낚시터	낚시가 이루어지는 바다·바닷가·내수면 등의 장소
낚시터업	영리를 목적으로 낚시터에 일정한 수면을 구획하거나 시설을 설치하여 낚시인이 낚시를 할 수 있도록 장소와 편의를 제공하는 영업
낚시터업자	낚시터업을 경영하는 자로서 제10조에 따라 허가를 받거나 제16조에 따라 등록한 자
낚시어선업	낚시인을 낚시어선에 승선시켜 낚시터로 안내하거나 그 어선에서 낚시를 할 수 있도록 하는 영업
낚시어선	「어선법」에 따라 등록된 어선으로서 낚시어선업에 쓰이는 어선
낚시어선업자	낚시어선업을 경영하는 자로서 제25조에 따라 신고한 자
미끼	수산동물을 낚기 위하여 사용하는 떡밥 등
수면관리자	제3조 각 호의 어느 하나에 해당하는 수면 등을 소유 또는 점용하거나 그 밖의 방법으로 실질적으로 지배하는 자

3 적용범위 [17 경장승진]

이 법은 다음 각 호의 수면 등에 적용한다.

1. 바다
2. 「수산업법」 제2조제16호에 따른 바닷가

> 수산업법 제2조(정의)
> 16. "바닷가"란 「해양조사와 해양정보 활용에 관한 법률」 제8조제1항제3호에 따른 해안선으로부터 지적공부(地籍公簿)에 등록된 지역까지의 사이를 말한다.

3. 「수산업법」 제3조제3호에 따른 어업을 목적으로 하여 인공적으로 조성된 육상(陸上)의 해수면
4. 「내수면어업법」 제2조제2호에 따른 공공용 수면(公共用 水面)

> 내수면어업법 제2조(정의)
> 2. "공공용 수면(公共用 水面)"이란 국가, 지방자치단체 또는 대통령령으로 정하는 공공단체가 소유하고 있거나 관리하는 내수면을 말한다.

5. 「내수면어업법」 제2조제3호에 따른 사유수면(私有水面)

> 내수면어업법 제2조(정의)
>   3. "사유수면(私有水面)"이란 사유토지에 자연적으로 생기거나 인공적으로 조성된 내수면을 말한다.

6. 낚시터업을 목적으로 인공적으로 조성된 육상의 해수면

4 다른 법률과의 관계

① 낚시어선업에 대하여는「유선 및 도선사업법」을 적용하지 아니한다.
② 낚시의 관리 및 육성에 관하여 다른 법률에 특별한 규정이 있는 경우를 제외하고는 이 법에서 정하는 바에 따른다.

5 낚시제한기준의 설정   [13 경사승진]

① 해양수산부장관은 수생태계와 수산자원의 보호 등을 위하여 낚시로 잡을 수 없는 수산동물의 종류·마릿수·체장(體長)·체중 등과 수산동물을 잡을 수 없는 낚시 방법·도구 및 시기 등에 관한 기준(이하 "낚시제한기준"이라 한다)을 정할 수 있다.
③ 특별시·광역시·특별자치시·도·특별자치도(이하 "시·도"라 한다) 또는 시·군·구(자치구를 말한다)는 관할 수역의 수생태계와 수산자원의 보호 등을 위하여 특히 필요하다고 인정되면 그 시·도 또는 시·군·자치구의 조례로 제1항에 따라 정한 낚시제한기준보다 강화된 낚시제한기준(기준 항목의 추가를 포함한다)을 정할 수 있다.
④ 특별시장·광역시장·특별자치시장·도지사·특별자치도지사(이하 "시·도지사"라 한다) 또는 시장·군수·구청장(자치구의 구청장을 말한다)은 제3항에 따라 낚시제한기준이 설정·변경된 경우에는 지체 없이 해양수산부장관에게 보고하고, 낚시인이 알 수 있도록 필요한 조치를 하여야 한다.

6 낚시통제구역

① 특별자치도지사·특별자치시장·시장·군수 또는 구청장(자치구의 구청장을 말하며, 서울특별시의 관할구역에 있는 한강의 경우에는 한강관리에 관한 업무를 관장하는 기관의 장을 말한다. 이하 "시장·군수·구청장"이라 한다)은 수생태계와 수산자원의 보호, 낚시인의 안전사고 예방 등을 위하여 일정한 지역을 낚시통제구역으로 지정하여 고시할 수 있다. 이 경우 수면관리자가 따로 있으면 그 수면관리자와 미리 협의하여야 한다. [14 경장승진, 15 경장승진, 18 경감승진, 20 해경]
② 시장·군수·구청장은 제1항에 따른 낚시통제구역의 지정 목적이 달성되었거나 지정 목적이 상실된 경우 또는 당초 지정 목적의 달성을 위하여 그 대상과 인접한 지역을 추가로 지정할 필요가 있는 경우에는 지체 없이 낚시통제구역의 전부 또는 일부의 지정을 해제하거나 대상 구역을 변경하여 고시하여야 한다. 이 경우 수면관리자가 따로 있으면 그 수면관리자와 미리 협의하여야 한다.
③ 시장·군수·구청장은 제1항 및 제2항에 따라 낚시통제구역을 지정하거나 변경 또는 해제한 경우에는 지체 없이 낚시통제구역의 명칭 및 위치 등 대통령령으로 정하는 사항을 해당 지방자치단체의 공보 및 인터넷 홈페이지에 공고하고 일반인이 열람할 수 있도록 도면 등을 갖추어 두어야 하며, 공고한 내용을 알리는 안내판을 낚시통제구역에 설치하여야 한다.
④ 제1항에 따른 낚시통제구역의 지정 시 안내판의 규격·내용 및 설치 장소는 해양수산부령으로, 통제기간 등 고려사항, 지정·지정해제·변경의 절차 및 그 밖에 필요한 사항은 해당 특별자치도·특별자치시·시·군·구(자치구를 말하며, 서울특별시의 관할구역에 있는 한강의 경우에는 한강관리에 관한 업무를 관장하는 기관을 말한다. 이하 "시·군·구"라 한다)의 조례로 정한다.

7 수면 등에서의 금지행위 [17 승진]

누구든지 제3조 각 호의 수면 등에서 낚시를 하는 경우에는 다음 각 호의 행위를 하여서는 아니 된다.
1. 오물이나 쓰레기를 버리는 행위
2. 낚시도구나 미끼를 낚시 용도로 사용하지 아니하고 버리는 행위
3. 제5조에 따른 낚시제한기준을 위반하여 수산동물을 잡는 행위

7의2 낚시로 포획한 수산동물의 판매 등 금지

누구든지 낚시로 포획한 수산동물을 타인에게 판매하거나 판매할 목적으로 저장·운반 또는 진열하여서는 아니 된다.

8 유해 낚시도구의 제조 등 금지 [17 경장·경사·경감승진]

① 누구든지 수생태계와 수산자원의 보호에 지장을 주거나 수산물의 안전성을 해칠 수 있는 중금속 등 유해 물질이 허용기준 이상으로 함유되거나 잔류된 낚시도구(이하 "유해 낚시도구"라 한다)를 사용 또는 판매(불특정 다수인에게 제공하는 행위를 포함한다)하거나 판매할 목적으로 제조·수입·저장·운반 또는 진열하여서는 아니 된다. 다만, 학술연구나 관람 또는 전시 등 해양수산부령으로 정하는 경우에는 그러하지 아니하다.

> 시행규칙 제3조(유해 낚시도구의 제조 등 금지의 예외)
> 법 제8조제1항 단서에서 "해양수산부령으로 정하는 경우"란 다음 각 호의 어느 하나에 해당하는 경우를 말한다.
> 1. 다음 각 목의 어느 하나에 해당하는 자가 법 제8조제1항 본문에 따른 유해 낚시도구를 학술연구나 관람 또는 전시를 목적으로 제조·수입·저장·운반·진열 또는 사용하는 경우
>   가. 「고등교육법」 제2조제1호·제2호·제4호 또는 제6호에 따른 대학·산업대학·전문대학 또는 기술대학과 그 부설연구시설
>   나. 국공립연구기관
>   다. 「특정연구기관 육성법」에 따른 특정연구기관
>   라. 「산업기술연구조합 육성법」에 따른 산업기술연구조합
>   마. 「박물관 및 미술관 진흥법」에 따른 박물관
>   바. 그 밖에 해양수산부장관이 정하여 고시하는 자
> 2. 법 제8조제1항 본문에 따른 유해 낚시도구를 수출하거나 수출할 목적으로 제조·수입·저장·운반 또는 진열하는 경우

9 낚시인 안전의 관리

① 시장·군수·구청장 또는 관할 해양경찰서장은 낚시인의 생명과 신체의 안전을 확보하기 위하여 기상악화 등 대통령령으로 정하는 경우에는 낚시인에게 다음 각 호의 조치를 명할 수 있다. [15 경사승진, 19 경장·경사승진]
1. 안전한 장소로의 이동
2. 안전사고 방지를 위하여 시장·군수·구청장 또는 해양경찰서장이 필요하다고 인정하는 지역의 출입 금지

② 시장·군수·구청장은 제1항 각 호의 사항과 그 밖에 낚시인의 안전관리에 필요한 사항이 포함된 안전관리 지침을 정하여 시행하여야 한다. 이 경우 해수면에 관한 사항은 관할 해양경찰서장과 미리 협의하여야 한다. [17 승진]

> **시행령 제6조(낚시인 안전의 관리)**
> 법 제9조제1항 각 호 외의 부분에서 "대통령령으로 정하는 경우"란 다음 각 호의 어느 하나에 해당하는 경우를 말한다.
> 1. 「기상법 시행령」 제8조제2항제1호부터 제3호까지 및 제5호부터 제7호까지의 규정에 따른 호우·대설·폭풍해일·태풍·강풍·풍랑 주의보 또는 경보가 발표된 경우
> 2. 그 밖에 특별자치도지사·시장·군수 또는 구청장(자치구의 구청장을 말하며, 서울특별시의 관할 구역에 있는 한강의 경우에는 한강관리에 관한 업무를 관장하는 기관의 장을 말한다. 이하 "시장·군수·구청장"이라 한다) 또는 관할 해양경찰서장이 낚시인의 생명과 신체에 위해(危害)가 발생할 수 있다고 판단하는 경우

10 낚시터업의 허가

① 제3조제1호부터 제4호까지의 수면 등(=바다, 바닷가, 어업을 목적으로 하여 인공적으로 조성된 육상의 해수면, 공공용 수면)에서 낚시터업을 하려는 자는 해양수산부령으로 정하는 바에 따라 해당 수면 등을 관할하는 시장·군수·구청장의 허가를 받아야 한다. 낚시터의 위치·구역 및 대통령령으로 정하는 중요한 사항을 변경하려는 경우에도 같다. [14 해경, 20 해경]

> **시행령 제7조(낚시터업의 허가)**
> ① 법 제10조제1항 후단에서 "대통령령으로 정하는 중요한 사항"이란 다음 각 호의 사항을 말한다.
> 1. 낚시터의 명칭
> 2. 낚시터 관리선
> 3. 낚시터의 수면에 설치된 부유형(浮游型) 및 고정형(固定型) 시설물(이하 "수상시설물"이라 한다)
> 4. 낚시터의 최대수용인원

② 낚시터업의 허가를 받으려는 수면 등이 둘 이상의 시·군·구에 걸쳐 있는 경우에는 허가를 받으려는 면적이 큰 수면 등을 관할하는 시장·군수·구청장에게 허가를 받아야 한다.
③ 시장·군수·구청장이 낚시터업의 허가를 하려면 해당 수면 등의 용도, 수질 등 환경의 오염 상태, 수산자원의 상태, 어업인과의 이해관계 및 낚시인의 안전에 관한 사항 등을 고려하여야 한다.
④ 시장·군수·구청장은 제1항에 따라 제3조제1호 및 제2호에 따른 수면 등(=바다, 바닷가)에서의 낚시터업을 허가한 경우 그 허가한 사항을 관할 해양경찰서장에게 즉시 통보하여야 한다. [18 경장승진]
⑤ 제3조제4호에 해당하는 수면(=공공용 수면)에서 제1항에 따른 낚시터업의 허가를 받으면 다음 각 호의 허가 또는 승인을 받은 것으로 본다.
  1. 「공유수면 관리 및 매립에 관한 법률」 제8조에 따른 공유수면의 점용 또는 사용의 허가
  2. 「농어촌정비법」 제23조제1항에 따른 농업생산기반시설의 사용허가
⑥ 시장·군수·구청장은 동일한 위치의 수면 등에 대하여 허가의 신청이 경합(競合)된 경우에는 대통령령으로 정하는 우선순위에 따라 허가를 할 수 있다.

> **시행령 제7조(낚시터업의 허가)**

② 법 제10조제6항에서 "대통령령으로 정하는 우선순위"란 다음 각 호에 따른 순위를 말한다.
  1. 「수산업협동조합법」 제15조에 따른 어촌계, 같은 법 제19조에 따른 지구별수협, 「농어업경영체 육성 및 지원에 관한 법률」 제16조에 따른 영어조합법인, 「내수면어업법」 제15조에 따른 내수면어업계, 「수산자원관리법」 제34조에 따른 어업인단체, 그 밖에 허가를 받으려는 수면이 있는 지역의 농업인 또는 어업인의 공동이익을 위하여 조직된 법인
  2. 낚시터업을 5년 이상 경영하였거나 이에 종사한 자 또는 법 제47조제1항에 따른 전문교육을 받은 자
  3. 수생태계 보전 및 수산자원 보호나 건전한 낚시문화 조성 및 낚시산업 발전에 관한 경험과 실적이 있는 자
③ 제2항에도 불구하고 다음 각 호의 어느 하나에 해당하는 자는 우선순위에서 배제된다.
  1. 법(법에 따른 명령이나 처분을 포함한다)을 위반하여 행정처분이나 형사처벌을 받은 자
  2. 수생태계 보전 및 수산자원 보호와 관련하여 「수산업법」, 「양식산업발전법」, 「수산자원관리법」 또는 「내수면어업법」(해당 법에 따른 명령이나 처분을 포함한다)을 위반하여 행정처분이나 형사처벌을 받은 자

11 낚시터업의 허가기준

① 시장·군수·구청장은 낚시터업 허가의 신청 내용이 다음 각 호의 기준에 적합한 경우에만 허가를 할 수 있다.
  1. 낚시인의 안전과 편의 및 낚시터의 관리에 필요한 시설과 장비를 갖출 것
  2. 제48조에 따른 보험이나 공제에 가입할 것
  3. 수생태계와 수산자원의 보호, 수산물의 안전성보장 및 건전한 낚시문화 조성에 지장을 줄 수 있는 시설이나 장비를 설치하지 아니할 것
  4. 「양식산업발전법」 제10조에 따라 면허를 받은 양식업 구역의 일정 부분을 이용하는 낚시터업인 경우에는 면허를 받은 양식 어종으로 한정할 것

12 허가의 유효기간 [13 경감승진, 18 경감승진]

① 제10조에 따른 낚시터업 허가의 유효기간은 10년으로 한다. 다만, 수생태계와 수산자원의 보호 또는 공익사업의 시행 등을 위하여 대통령령으로 정하는 경우에는 그 유효기간을 10년 이내로 할 수 있다.

시행령 제9조(허가의 유효기간 단축 사유)
법 제12조제1항 단서에서 "대통령령으로 정하는 경우"란 다음 각 호의 경우를 말한다.
  1. 낚시터업 허가를 받으려는 수면의 물환경의 보호를 위하여 필요한 경우
  2. 낚시 대상 수산동물의 산란·성육(成育) 등 번식을 보호하기 위하여 필요한 경우
  3. 「공익사업을 위한 토지 등의 취득 및 보상에 관한 법률」 제4조 각 호에 따른 공익사업을 위하여 필요한 경우
  4. 낚시터업 허가를 받으려는 수면의 사용승인기간이 10년 미만인 경우

② 시장·군수·구청장은 제1항에 따라 허가한 낚시터업의 유효기간이 만료되는 경우에 낚시터업자가 유효기간의 연장을 신청하면 유효기간이 만료된 다음 날부터 매회 10년 이내에서 2회까지 그 기간을 연장할 수 있다.
③ 제1항 및 제2항에도 불구하고 「수산업법」 또는 「양식산업발전법」에 따라 면허나 허가를 받은 구역의 일정 부분을 이용하는 낚시터업의 경우에는 그 낚시터업 허가의 유효기간은 해당 구역의 면허나 허가의

만료일 이내로 한다.

> 시행규칙 제5조(유효기간 만료에 대한 사전통지)
> ① 시장·군수·구청장은 법 제12조제1항에 따른 낚시터업 허가의 유효기간이 끝나기 6개월 전까지 다음 각 호의 사항을 낚시터업 허가를 받은 자에게 알려야 한다.
>   1. 낚시터업 허가의 유효기간을 연장하려면 유효기간이 끝나기 3개월 전까지 유효기간 연장 신청을 하여야 한다는 사실
>   2. 낚시터업 허가의 유효기간 연장 신청 절차 및 방법
> ② 제1항에 따른 통지는 휴대전화 문자메시지, 전자우편, 팩스, 전화 또는 문서 등으로 할 수 있다.
>
> 시행규칙 제6조(허가의 유효기간 연장)
> ① 법 제12조제2항에 따라 낚시터업 허가의 유효기간을 연장하려는 자는 유효기간이 끝나기 3개월 전까지 별지 제4호서식의 낚시터업 허가 유효기간 연장 신청서에 낚시터업 허가증과 제4조제1항 각 호의 서류를 첨부하여 해당 낚시터를 관할하는 시장·군수·구청장에게 제출하여야 한다.
> ② 제1항에 따른 신청을 받은 시장·군수·구청장은 낚시터업 허가의 유효기간을 연장한 경우에는 별지 제3호서식의 낚시터업 허가증을 신청인에게 발급하여야 한다.

13 수면 등 이용의 협의

시장·군수·구청장은 제3조제4호의 수면에서 낚시터업을 하려는 자가 제10조에 따른 허가를 신청하면 대통령령으로 정하는 바에 따라 수면관리자와 미리 협의하여야 한다. 제12조제2항에 따라 유효기간의 연장신청을 받은 경우에도 같다.

14 허가의 취소 등

① 시장·군수·구청장은 제10조에 따라 허가를 받은 낚시터업자가 다음 각 호의 어느 하나에 해당하면 그 허가를 취소하거나 6개월 이내의 기간을 정하여 그 영업의 전부 또는 일부의 정지를 명할 수 있다. 다만, 제1호 또는 제2호에 해당하면 그 허가를 취소하여야 한다.
  1. 거짓이나 그 밖의 부정한 방법으로 낚시터업의 허가 또는 변경허가를 받거나 낚시터업 허가의 유효기간을 연장받은 경우
  2. 영업정지 기간 중에 영업을 한 경우
  3. 허가를 받은 후 1년 이내에 영업을 시작하지 아니하거나 정당한 사유 없이 1년 이상 계속하여 휴업을 한 경우
  4. 제10조제1항 후단에 따른 낚시터업의 변경허가를 받지 아니하고 낚시터업을 한 경우
  5. 제11조에 따른 낚시터업의 허가기준을 충족하지 못하게 된 경우
  6. 낚시터업자가 「부가가치세법」 제8조제8항 및 제9항에 따라 관할 세무서장에게 폐업신고를 하거나 관할 세무서장이 사업자등록을 말소한 경우
② 제1항에 따라 영업 허가가 취소된 자(같은 항 제6호에 따라 취소된 경우는 제외한다)는 취소된 날부터 1년이 지나지 아니하면 낚시터업의 허가 신청을 할 수 없다.

15 원상회복 등

① 다음 각 호의 어느 하나에 해당하는 자는 낚시터에 설치한 시설·장비나 그 밖의 물건을 제거하는 등 낚시터를 원상으로 회복하여야 한다.

1. 낚시터업 허가를 받지 아니하고 낚시터업을 경영한 자
2. 낚시터업의 허가가 취소된 자
3. 허가받은 낚시터업을 폐업한 자
4. 제11조제1항제3호에 따라 설치가 제한된 시설이나 장비를 설치한 자

② 시장·군수·구청장은 제1항에도 불구하고 낚시터를 원상으로 회복할 의무가 있는 자(이하 "원상회복 의무자"라 한다)가 원상회복을 할 수 없거나 할 필요가 없는 등 대통령령으로 정하는 사유에 해당하면 직권으로 또는 원상회복 의무자의 신청을 받아 해양수산부령으로 정하는 바에 따라 원상회복을 면제할 수 있다. 이 경우 수면관리자가 따로 있으면 그 수면관리자와 미리 협의하여야 한다.

③ 시장·군수·구청장은 원상회복 의무자가 제1항에 따른 원상회복에 필요한 조치 등을 하지 아니하면 일정한 기간을 정하여 낚시터의 원상회복을 명할 수 있다.

④ 시장·군수·구청장은 제3항에 따른 원상회복의 명령을 받은 자가 이를 이행하지 아니할 때에는 「행정대집행법」에 따라 대집행할 수 있다.

16 낚시터업의 등록

① 제3조제5호(=사유수면) 또는 제6호(=낚시터업을 목적으로 인공적으로 조성된 육상의 해수면)의 수면에서 낚시터업을 하려는 자는 해양수산부령으로 정하는 바에 따라 해당 수면을 관할하는 시장·군수·구청장에게 등록하여야 한다. 낚시터의 위치와 구역, 낚시터의 명칭 등 대통령령으로 정하는 중요한 사항을 변경하려는 경우에도 같다. [20 해경]

② 낚시터업의 등록을 하려는 수면이 둘 이상의 시·군·구에 걸쳐 있는 경우에는 등록하려는 면적이 큰 수면을 관할하는 시장·군수·구청장에게 등록을 하여야 한다.

17 낚시터업의 등록기준

시장·군수·구청장은 낚시터업 등록의 신청 내용이 제11조제1항제1호부터 제3호까지의 기준에 적합한 경우에만 등록을 할 수 있다.

18 등록의 유효기간

① 제16조에 따른 낚시터업 등록의 유효기간은 10년으로 한다. 다만, 공익사업을 위하여 필요한 경우 등 대통령령으로 정하는 경우에는 그 유효기간을 10년 이내로 할 수 있다.

② 시장·군수·구청장은 제1항에 따라 등록된 낚시터업의 유효기간이 만료되는 경우에 낚시터업자가 유효기간의 연장을 신청하면 유효기간이 만료된 다음 날부터 매회 10년의 기간 내에서 그 기간을 연장할 수 있다.

> 시행규칙 제11조(등록의 유효기간 연장)
> ① 법 제18조제2항에 따라 낚시터업 등록의 유효기간을 연장하려는 자는 유효기간이 끝나기 3개월 전까지 별지 제4호서식의 낚시터업 등록 유효기간 연장 신청서에 낚시터업 등록증과 제4조제1항 각 호의 서류를 첨부하여 해당 낚시터를 관할하는 시장·군수·구청장에게 제출하여야 한다.

19 등록의 취소 등 [14 해경]

① 시장·군수·구청장은 제16조에 따라 등록한 낚시터업자가 다음 각 호의 어느 하나에 해당하는 경우에

는 그 등록을 취소하거나 6개월 이내의 기간을 정하여 그 영업의 전부 또는 일부의 정지를 경할 수 있다. 다만, 제1호 또는 제2호에 해당하는 경우에는 그 등록을 취소하여야 한다.
1. 거짓이나 그 밖의 부정한 방법으로 낚시터업의 등록 또는 변경등록을 하거나 낚시터업 등록의 유효기간을 연장받은 경우
2. 영업정지 기간 중에 영업을 한 경우
3. 제16조제1항 후단에 따른 낚시터업의 변경등록을 하지 아니하고 낚시터업을 한 경우
4. 제17조의 낚시터업의 등록기준을 충족하지 못하게 된 경우
5. 낚시터업자가 「부가가치세법」 제8조제8항 및 제9항에 따라 관할 세무서장에게 폐업신고를 하거나 관할 세무서장이 사업자등록을 말소한 경우

② 제1항에 따라 영업의 등록이 취소된 자(같은 항 제5호에 따라 취소된 경우는 제외한다)는 취소된 날부터 1년이 지나지 아니하면 낚시터업의 등록 신청을 할 수 없다.

20 낚시터업자 등의 준수사항

① 낚시터업자와 그 종사자는 다음 각 호의 사항을 지켜야 한다.
1. 수생태계의 균형에 교란을 가져오거나 가져올 우려가 있는 어종(이하 "방류 금지 어종"이라 한다)을 낚시터업자가 경영하는 낚시터에 방류하지 말 것
2. 수질의 한계기준을 초과하여 낚시터 수질을 오염시키지 말 것
3. 수생태계 보존의 한계기준을 초과하여 낚시터 수생태계를 훼손시키지 말 것
4. 제1호부터 제3호까지의 규정에 준하는 사항으로서 수생태계와 수산자원의 보호나 수산물의 안전성 확보를 위하여 필요하다고 인정하여 해양수산부령으로 정하는 사항을 준수할 것

> 시행규칙 제12조(낚시터업자 등의 준수사항)
> 법 제20조제1항제4호에서 "해양수산부령으로 정하는 사항"이란 다음 각 호의 사항을 말한다.
> 1. 수산생물의 서식지·산란지의 파괴·훼손 금지
> 2. 「수산생물질병 관리법」에 따라 허가받지 아니한 의약품이나 화학물질의 사용제한 또는 사용금지
> 3. 그 밖에 수생태계와 수산자원의 보호나 수산물의 안전성 확보를 위하여 필요하다고 인정하여 해양수산부장관이 고시하는 사항

20의2 낚시터이용객 안전 등을 위한 조치

시장·군수·구청장은 낚시터이용객의 안전과 사고 방지 및 그 밖에 낚시터업의 질서유지를 위하여 필요하다고 인정할 때에는 관할 경찰서장 또는 해양경찰서장의 의견을 들어 낚시터업자에게 다음 각 호의 조치를 명할 수 있다.
1. 영업시간의 제한이나 영업의 일시정지
2. 인명안전에 관한 설비의 비치, 착용 및 관리
3. 그 밖에 낚시터이용객의 안전과 사고 방지 및 낚시터업의 질서유지를 위하여 필요하다고 인정하는 사항

21 낚시터업의 승계

① 다음 각 호의 어느 하나에 해당하는 자는 종전의 낚시터업으로 허가받거나 등록한 자의 지위를 승계한다.
1. 낚시터업으로 허가받거나 등록한 자가 그 영업을 양도한 경우 그 양수인
2. 낚시터업으로 허가받거나 등록한 자가 사망한 경우 그 상속인

3. 법인이 합병한 경우 합병 후 존속하는 법인이나 합병으로 설립되는 법인
② 다음 각 호의 어느 하나에 해당하는 절차에 따라 영업 시설과 장비의 전부를 인수한 자는 이 법에 따른 종전의 낚시터업으로 허가받거나 등록한 자의 지위를 승계한다.
　　1. 「민사집행법」에 따른 경매
　　2. 「채무자 회생 및 파산에 관한 법률」에 따른 환가(換價)
　　3. 「국세징수법」, 「관세법」 또는 「지방세법」에 따른 압류재산의 매각
　　4. 그 밖에 제1호부터 제3호까지의 규정에 준하는 절차
③ 제1항 및 제2항에 따라 종전의 낚시터업으로 허가받거나 등록한 자의 지위를 승계한 자는 1개월 이내에 해양수산부령으로 정하는 바에 따라 시장·군수·구청장에게 승계 사실을 신고하여야 한다.

22 행정제재처분 효과의 승계

① 제14조제1항 또는 제19조제1항에 따라 종전의 낚시터업자에게 한 행정제재처분의 효과는 그 처분기간이 만료된 날부터 1년간 제21조제1항에 따라 낚시터업을 승계한 낚시터업자에게 승계된다.
② 제21조제1항에 따라 낚시터업을 승계한 낚시터업자에 대하여는 제14조제1항 또는 제19조제1항에 따라 진행 중인 행정제재처분의 절차를 계속 이어서 할 수 있다.
③ 제1항 및 제2항에도 불구하고 제21조제1항에 따라 낚시터업을 승계한 낚시터업자가 그 영업의 승계 시에 종전의 낚시터업자에 대한 행정제재처분 또는 종전의 낚시터업자의 위반사실을 알지 못하였음을 증명하는 때에는 그러하지 아니하다.

23 폐쇄조치

① 시장·군수·구청장은 다음 각 호의 어느 하나에 해당하는 자에 대하여 관계 공무원에게 해당 낚시터를 폐쇄하도록 할 수 있다.
　　1. 제10조제1항 또는 제16조제1항을 위반하여 허가를 받지 아니하거나 등록을 하지 아니하고 영업을 하는 자
　　2. 제14조제1항이나 제19조제1항에 따라 허가가 취소되거나 등록이 취소된 후에 계속하여 영업을 하는 자
② 시장·군수·구청장은 제1항의 폐쇄조치를 위하여 관계 공무원에게 다음 각 호의 조치를 하게 할 수 있다.
　　1. 해당 낚시터의 간판, 그 밖의 영업표지물의 제거·삭제
　　2. 해당 낚시터가 적법한 낚시터가 아님을 알리는 게시문 등의 부착
　　3. 해당 낚시터의 시설물이나 그 밖에 영업에 사용하는 기구 등을 사용할 수 없게 하는 봉인
③ 시장·군수·구청장은 제2항제3호에 따른 봉인을 한 후 봉인을 계속할 필요가 없다고 인정하거나 낚시터업자 또는 그 대리인이 해당 낚시터를 폐쇄할 것을 약속하거나 그 밖의 정당한 사유를 들어 봉인의 해제를 요청하는 경우에는 봉인을 해제할 수 있다.
④ 시장·군수·구청장은 제1항에 따라 낚시터를 폐쇄하려면 미리 해당 낚시터업자 또는 그 대리인에게 서면으로 알려 주어야 한다. 다만, 안전사고가 발생하여 긴급히 폐쇄하여야 할 경우 등 긴급한 사유가 있으면 그러하지 아니하다.
⑤ 제2항에 따른 조치는 그 영업을 할 수 없게 하기 위하여 필요한 최소한의 범위에 그쳐야 한다.
⑥ 제1항 및 제2항에 따라 낚시터를 폐쇄하는 관계 공무원은 그 권한을 표시하는 증표를 지니고 이를 관계인에게 보여 주어야 한다.

24 휴업·폐업 등의 신고   [14 해경, 14 경사승진, 20 해경]

낚시터업자는 다음 각 호의 어느 하나의 경우에는 해양수산부령으로 정하는 바에 따라 그 사실을 시장·군수·구청장에게 신고하여야 한다.

1. 낚시터업을 허가 또는 등록의 유효기간 내에 폐업하려는 경우
2. 3개월을 초과하여 휴업하려는 경우
3. 휴업 후 영업을 다시 하려는 경우
4. 휴업기간을 연장하려는 경우

25 낚시어선업의 신고   [21 경사승진]

① 낚시어선업을 하려는 자는 낚시어선의 대상·규모·선령·설비·안전성 검사, 선장의 자격 전문교육 이수 등 대통령령으로 정하는 요건(이하 "신고요건"이라 한다)을 갖추어 어선번호, 어선의 명칭 등 대통령령으로 정하는 사항(이하 "신고사항"이라 한다)에 관한 낚시어선업의 신고서를 작성하여 해당 낚시어선의 선적항(船籍港)을 관할하는 시장·군수·구청장에게 신고하여야 한다. 어선번호, 어선의 명칭 등 대통령령으로 정하는 중요한 신고사항을 변경하려는 때에도 같다.

> 시행령 제16조(낚시어선업의 신고요건 등) [17 해경, 18 경사승진, 21 해경]
> ① 법 제25조제1항 전단에서 "대통령령으로 정하는 요건"이란 다음 각 호의 요건 모두를 말한다.
> 1. 낚시어선이 「수산업법」 또는 「내수면어업법」에 따라 어업허가를 받은 어선으로서 총톤수 10톤 미만의 동력어선일 것
> 2. 낚시어선이 선령(船齡) 20년 이하인 목선(木船)이거나 선령 25년 이하인 강선(鋼船)·합성수지선·알루미늄선일 것
> 3. 낚시어선에 별표 4에 따른 설비를 갖출 것
> 4. 법 제25조의2제1항 본문에 따른 낚시어선의 안전성 검사를 받았을 것
> 5. 낚시어선의 선장은 다음 각 목에 따른 요건을 모두 갖출 것
>   가. 「선박직원법」 제4조제2항제6호에 따른 소형선박 조종사 면허 또는 그 상위등급의 해기사 면허를 받았을 것
>   나. 「선박직원법」 제2조제6호에 따른 승무경력이 2년 이상이거나 120일 이상의 선박 출입항 기록을 보유할 것
> 6. 법 제47조제2항에 따른 전문교육을 이수할 것(최초로 낚시어선업을 신고하는 경우로 한정한다)

② 시장·군수·구청장은 제1항에 따라 신고한 내용이 신고요건에 적합하면 신고인에게 낚시어선업 신고확인증을 발급하여야 한다.
③ 제1항에 따른 낚시어선업 신고의 유효기간은 제48조에 따라 가입한 보험이나 공제의 계약기간으로 하되, 3년을 초과할 수 없다.

♣ 낚시 관리 및 육성법 시행령 [별표 4]

낚시어선이 갖추어야 하는 설비 (제16조제1항제3호 관련)
[16 해경, 17 경사·경감승진, 18 해경, 19 해경, 19 경사·경감승진, 21 해경]

구분	설비
1. 안전·구명설비	가. 최대승선인원의 120퍼센트 이상에 해당하는 수의 구명조끼. 이 중 20퍼센트 이상은 어린

		이용으로 하여야 한다. 나. **최대승선인원의 30퍼센트 이상**에 해당하는 수의 **구명부환** 다. **지름 10mm 이상, 길이 30m 이상인 구명줄 1개 이상** 라. 가까운 무선국 또는 출입항신고기관 등과 상시 연락할 수 있는 통신기기 마. 난간 손잡이(hand rail) 바. 유효기간 이내의 비상용 구급약품세트(붕대, 거즈, 소독약, 해열제, 소화제가 포함되어야 한다) 사. 자기점화등(自己點火燈) 1개 이상 아. **최대승선인원의 100퍼센트 이상을 수용할 수 있는 구명뗏목**(최대승선인원이 13명 이상인 낚시어선에 한정한다) 자. **선박 자동식별장치**(최대승선인원이 13명 이상인 낚시어선에 한정한다) 차. **승객이 이용하는 선실에는 2개 이상의 비상탈출구**(2020년 1월 1일 이후 건조된 낚시어선에 한정한다) 카. **항해용 레이더**(일출 전 또는 일몰 후 영업하는 낚시어선에 한정한다) 타. **위성 비상 위치 지시용 무선표지설비**(EPIRB를 말하며, 일출 전 또는 일몰 후 영업하는 최대승선인원 13명 이상인 낚시어선에 한정한다) 파. **구명조끼에 부착할 수 있는 등**(燈, 일출 전 또는 일몰 후에 영업하는 낚시어선에 한정한다)
2. 소화설비		가. **총톤수 5톤 미만 낚시어선의 경우** : **2개 이상의 간이식 소화기** 나. **총톤수 5톤 이상 낚시어선의 경우** : **2개 이상의 휴대식 소화기**
3. 전기설비		낚시인의 안전을 위해 사용하는 조명 등의 전기설비
4. 그 밖의 설비		가. 분뇨를 수면으로 배출하지 않는 방식의 화장실 나. 용량이 40리터 이상인 쓰레기통 2개 이상 다~마. 삭제 바. 그 밖에 시장·군수·구청장이 승객의 안전을 위하여 필요하다고 인정하여 고시하는 설비

25의2 낚시어선의 안전성 검사

① 제25조제1항에 따라 **낚시어선업을 하려는 자는 낚시어선의 선체, 기관 및 설비 등에 대하여 매년 안전성 검사를 받아야 한다.** 다만, 「어선법」에 따른 어선검사를 받은 경우에는 생략할 수 있다.

시행규칙 제16조의2(낚시어선 안전성 검사의 시기 등)

① 법 제25조의2제1항에 따른 **낚시어선 안전성 검사**(이하 "낚시어선 안전성 검사"라 한다)는 **낚시어선업의 신고를 하기 전** 또는 제16조의4제2항에 따른 낚시어선 안전성 검사증서의 유효기간 만료일 전후 3개월 이내(이하 "검사기간"이라 한다)에 받아야 한다.

제16조의4(낚시어선 안전성 검사증서의 발급 및 유효기간)

② 제1항 전단에 따른 **검사증서의 유효기간**은 **1년**으로 한다. 다만, 낚시어선 안전성 검사를 받은 다음 해의 1월 1일부터 검사기간의 말일까지 「어선법」 제21조제1항제1호 또는 제2호에 따른 검사를 받은 경우에는 종전의 검사증서의 유효기간을 1년 연장한다.
③ 제2항 본문에 따른 검사증서 유효기간의 기산일은 다음 각 호의 구분에 따른다.
  1. 최초로 낚시어선 안전성 검사를 받은 경우 : 해당 검사증서의 발급일

2. 검사기간 중에 검사를 받은 경우 : 종전 검사증서의 유효기간 만료일의 다음 날
3. 검사기간이 경과한 후에 검사를 받은 경우 : 해당 검사증서의 발급일

26 신고사항 등의 보고

① 제25조제1항에 따라 낚시어선업의 신고를 받은 시장·군수·구청장은 해양수산부령으로 정하는 바에 따라 시·도지사에게 신고받은 사항 등을 보고하여야 한다. 이 경우 바다에서 하는 낚시어선업인 경우에는 시장·군수·구청장은 그 신고받은 사항을 즉시 관할 해양경찰서장에게 통보하여야 한다.
② 제1항에 따라 보고를 받은 시·도지사는 그 내용을 해양수산부령으로 정하는 바에 따라 해양수산부장관에게 보고하여야 한다.

27 영업구역

① 낚시어선업의 영업구역은 그 낚시어선의 선적항이 속한 시·도지사의 관할 수역으로 하되, 외측한계는 「영해 및 접속수역법」에 따른 영해로 한다. 다만, 해양수산부장관이 연접한 시·도 간 수역에 대하여 대통령령으로 정하는 바에 따라 공동영업구역을 지정하는 경우에는 그 공동영업구역과 해당 시·도지사의 관할 수역을 영업구역으로 한다.

> **시행령 제18조(공동영업구역의 지정)**
> ① 시·도지사는 그의 관할 수역과 연접한 다른 시·도지사의 관할 수역을 법 제27조 단서에 따른 공동영업구역으로 지정할 필요가 있다고 인정되면 해양수산부령으로 정하는 바에 따라 해양수산부장관에게 그 지정을 요청할 수 있다.
>> **시행규칙 제18조(공동영업구역의 지정 요청)**
>> 영 제18조제1항에 따라 공동영업구역의 지정을 요청하려는 시·도지사는 별지 제14호서식의 요청서에 다음 각 호의 서류를 첨부하여 해양수산부장관에게 제출하여야 한다.
>> 1. 공동영업구역 지정 요청 사유서
>> 2. 공동영업구역으로 지정받으려는 구역(이하 이 조에서 "지정요청구역"이라 한다)을 관할하는 시·도지사 간의 협의 결과에 관한 서류
>> 3. 지정요청구역의 위치와 구역에 관한 도면
>> 4. 지정요청구역의 낚시어선업 실태조사서
>
> ② 해양수산부장관은 제1항에 따른 요청을 받은 경우에는 해당 특별시·광역시·도 또는 특별자치도 사이에 협의회를 구성하여 공동영업구역에 관한 조정을 하게 할 수 있다.
> ③ 해양수산부장관은 제2항에 따른 협의회에서 공동영업구역에 관한 조정이 이루어진 경우에는 그 구역을 공동영업구역으로 지정하여야 한다. [14 해경]

② 제1항 본문에도 불구하고 영해의 범위를 「영해 및 접속수역법」에 따라 기선으로부터 12해리 미만으로 정하고 있는 수역을 관할하는 시·도지사가 영해 바깥쪽 해역에서의 영업이 필요하다고 특별히 인정하는 경우에는 관할 지방해양경찰청장의 의견을 들어 해양수산부장관에게 영업구역 확대를 요청할 수 있다. [20 해경]
③ 제2항에 따라 시·도지사가 요청하는 경우 해양수산부장관은 해당 시·도지사 및 해양경찰청장 등 관계기관과 협의하여 영해 바깥쪽 해역을 영업구역으로 지정할 수 있다.

28 승선정원

낚시어선의 승선정원은 「어선법」에 따른 어선검사증서에 적힌 어선원 및 어선원 외의 사람 각각의 최대승선인원으로 한다.

28의2 낚시어선 안전요원의 승선 등

① 낚시어선업자는 낚시어선의 규모, 영업시간 등이 해양수산부령으로 정하는 기준에 해당하는 경우 낚시승객의 안전을 담당하는 자(이하 "낚시어선 안전요원"이라 하며 선원에 포함한다. 이하 같다)를 승선시켜야 한다.

> 시행규칙 제18조의2(낚시어선 안전요원의 승선 기준 등)
> ① 법 제28조의2제1항에서 "해양수산부령으로 정하는 기준에 해당하는 경우"란 다음 각 호의 모두에 해당하는 경우를 말한다. 다만, 낚시어선에 승객을 태워 낚시터까지 안내만 하는 경우와 육지 또는 「도서개발 촉진법」제2조제1항 각 호에 따른 지역의 해안선으로부터 2해리 안쪽의 해역에서 낚시어선업의 영업을 하는 경우는 제외한다. [22 경장승진]
>   1. 오후 8시부터 다음날 오전 4시까지 사이에 낚시어선업의 영업을 하는 경우
>   2. 법 제33조제1항에 따른 출항 신고 시 13명 이상이 승선하고 있는 경우
> ② 법 제28조의2제1항에 따른 낚시어선 안전요원(이하 "낚시어선 안전요원"이라 한다)은 선장이 아닌 선원으로서 다음 각 호의 어느 하나에 해당하는 사람이어야 한다. [22 경장승진]
>   1. 「수상레저안전법」제48조제3항에 따른 인명구조요원의 자격을 취득한 사람
>   2. 「선원법 시행규칙」별표 2에 따른 기초안전교육 중 어느 하나의 교육 및 같은 표에 따른 여객선교육 중 어느 하나의 교육을 이수한 사람
>   3. 법 제47조제1항에 따른 전문교육을 이수한 사람
> ③ 낚시어선 안전요원은 낚시어선에 승선한 승객의 안전 확보, 수산자원 보호 및 해양환경오염 방지를 그 임무로 한다.

29 낚시어선업자 등의 안전운항 의무 등

① 낚시어선업자 및 선원은 낚시어선의 안전을 점검하고 기상상태를 확인하는 등 안전운항에 필요한 조치를 하여야 하며, 승객에게 위해(危害)가 없도록 수면의 상황에 따라 안전하게 낚시어선을 조종하여야 한다.
② 낚시어선업자 및 선원은 다음 각 호의 행위를 하여서는 아니 된다. [16 해경, 18 해경, 22 승진]
  1. 영업 중 낚시를 하는 행위
  2. 보호자를 동반하지 아니한 14세 미만의 사람, 「정신건강증진 및 정신질환자 복지서비스 지원에 관한 법률」제3조제1호에 따른 정신질환자 등 승선에 부적격한 사람을 승선하게 하는 행위
  3. 그 밖에 낚시어선의 안전운항에 위해를 끼친다고 인정되는 행위
③ 낚시어선업자 및 선원은 안전운항을 위하여 낚시어선에 승선한 승객 등 승선자 전원에게 구명조끼를 착용하도록 하여야 한다. 이 경우 승객이 구명조끼를 착용하지 아니하면 승선을 거부할 수 있다.
④ 낚시어선업자 및 선원은 출항하기 전 승선한 승객에게 안전사고 예방 및 수산자원 보호, 환경오염 방지 등을 위하여 해양수산부장관이 정하는 바에 따라 다음 각 호의 사항을 안내하여야 한다.
  1. 안전한 승·하선 방법, 인명구조 장비와 소화설비의 보관장소와 사용법, 비상신호, 비상시 집합장소의 위치와 피난요령, 인명구조에 관련된 기관의 유선번호 및 유사시 대처요령 등 안전에 관한 사항

2. 포획금지 체장·체중 등 수산자원보호에 관한 사항
3. 쓰레기 투기 금지 등 환경오염 방지에 관한 사항

29의2 운항규칙

① 해상항행선박이 항행을 계속할 수 없는 하천·호소 등「해사안전법」을 적용받지 아니하는 장소에서의 낚시어선 운항규칙에 관하여 필요한 사항은 대통령령으로 정한다.
② 낚시어선업자와 선원은 제1항에 따른 운항규칙을 준수하여야 한다.

> **시행령 제18조의2(운항규칙)**
> ① 낚시어선업자와 선원이 준수해야 하는 법 제29조의2제1항에 따른 낚시어선 운항규칙은 다음 각 호와 같다.
> 1. 주위의 상황 및 다른 선박과의 충돌의 위험을 충분히 판단할 수 있도록 시각·청각 및 당시의 상황에 적합하게 이용할 수 있는 모든 수단을 이용하여 항상 적절한 경계를 하여야 한다.
> 2. 다른 선박과의 충돌을 피하기 위하여 적절하고 유효한 동작을 취하거나 당시의 상황에 적합한 거리에서 선박운항정지(정선)할 수 있도록 항상 안전한 속력으로 운항해야 한다.
> 3. 시계(視界)를 제한받는 때나 교량 등의 부근 및 하천 폭이 좁은 구역에서는 속도를 줄여 운항하여야 한다.
> 4. 시계가 제한된 구역에서 앞쪽에 다른 선박이 있는 경우 왼쪽으로 진로를 변경해서는 아니 된다.
> 5. 다른 선박과 마주칠 때에는 진로를 오른쪽으로 변경하여야 한다.
> 6. 다른 선박과 같은 방향으로 운항하는 경우에는 근접하거나 경쟁적으로 운항해서는 아니 된다.
> 7. 다른 선박을 앞지르기하려는 경우에는 앞지르기당하는 선박을 완전히 앞지르기하거나 그 선박에서 충분히 멀어질 때까지 그 선박의 진로를 방해해서는 안 된다.
> 8. 낚시어선과 다른 선박이 서로 진로를 횡단하는 경우에 충돌의 위험이 있을 때에는 다른 선박을 오른쪽에 두고 있는 선박이 그 다른 선박의 진로를 피하여야 한다.
> 9. 선착장 등으로 들어오는 낚시어선은 선착장 등의 밖으로 나가는 다른 선박의 진로를 방해해서는 아니 된다.
> 10. 낚시가 금지되어 있는 장소에 정박하거나 승객을 승선·하선시켜서는 아니 된다.
> 11. 야간운항을 하는 경우 안전 운항 및 승객의 승선·하선에 필요한 불빛을 표시하여야 한다.

30 술에 취한 상태에서의 조종 금지 등

① 낚시어선업자 및 선원은 술에 취한 상태에서 낚시어선을 조종하거나 술에 취한 상태에 있는 낚시어선업자 또는 선원에게 낚시어선을 조종하게 하여서는 아니 된다. 이 경우 "술에 취한 상태"란「해사안전법」제41조제5항에 따른 술에 취한 상태를 말한다.

> **해사안전법 제41조**
> ⑤ 제1항에 따른 술에 취한 상태의 기준은 혈중알코올농도 0.03퍼센트 이상으로 한다. [15 경사승진]

② 다음 각 호에 해당하는 사람(이하 이 조에서 "관계 공무원"이라 한다)은 낚시어선업자 및 선원이 제1항을 위반하였다고 인정할 만한 상당한 이유가 있는 경우에는 술에 취하였는지를 측정할 수 있다. 이 경우 낚시어선업자 및 선원은 그 측정에 따라야 한다.
1. 경찰공무원
2. 시·군·구 소속 공무원 중 수상안전업무에 종사하는 사람

③ 제2항에 따라 관계 공무원(근무복을 착용한 경찰공무원은 제외한다)이 술에 취하였는지 여부를 측정하는 때에는 그 권한을 표시하는 증표를 지니고 이를 해당 낚시어선업자 및 선원에게 보여 주어야 한다.
④ 제2항에 따른 측정의 결과에 불복하는 낚시어선업자 및 선원에 대하여는 해당 낚시어선업자 및 선원의 동의를 받아 혈액채취 등의 방법으로 다시 측정할 수 있다.
⑤ 관계 공무원은 낚시어선업자 또는 선원이 제2항 또는 제4항에 따른 측정결과가 제1항 후단에 따른 술에 취한 상태에 해당하는 경우에는 해당 낚시어선업자 또는 선원에 대하여 조종·승선 제한 등 필요한 조치를 하여야 한다.

31 약물복용의 상태에서의 조종 금지

낚시어선업자 및 선원은 약물복용의 상태에서 낚시어선을 조종하거나 약물복용의 상태에 있는 낚시어선업자 또는 선원에게 낚시어선을 조종하게 하여서는 아니 된다. 이 경우 "약물복용의 상태"란 「마약류관리에 관한 법률」 제2조에 따른 마약·향정신성의약품·대마 또는 「화학물질관리법」 제22조에 따른 환각물질의 영향으로 정상적인 조종을 할 수 없는 우려가 있는 경우를 말한다.

32 낚시어선업 신고확인증 등의 게시

낚시어선업자는 낚시어선업 신고확인증과 제35조제2항에 따라 시장·군수·구청장이 고시하는 사항을 해양수산부령으로 정하는 바에 따라 승객이 잘 볼 수 있도록 낚시어선에 게시하여야 한다.

33 출입항 신고 등

① 낚시어선업자는 승객을 승선하게 하여 항구·포구 등에 출항이나 입항(이하 "출입항"이라 한다)을 하려는 경우에는 해양수산부령으로 정하는 바에 따라 어선의 출입항 신고에 관한 업무를 담당하는 기관(이하 "출입항신고기관"이라 한다)의 장에게 신고하여야 한다.
② 제1항에 따라 출항 신고를 하려는 낚시어선업자는 그 신고서에 해당 낚시어선에 승선할 선원과 승객의 명부(이하 "승선자명부"라 한다)를 첨부하여 출입항신고기관의 장에게 제출하여야 한다.
③ 제1항에 따라 출항 신고를 하려는 낚시어선업자는 승선하는 승객으로 하여금 해양수산부령으로 정하는 바에 따라 승선자명부를 작성하도록 하여야 한다. 이 경우 낚시어선업자는 승객에게 신분증을 요구하여 승선자명부 기재내용을 확인하여야 한다.
④ 낚시어선업자는 승객이 정당한 사유 없이 승선자명부를 작성하지 아니하거나 제3항 후단에 따른 신분증 제시 요구에 따르지 아니하는 경우에는 승선을 거부하여야 한다.
⑤ 낚시어선업자는 해당 낚시어선에 승선자명부의 사본을 3개월 동안 갖추어 두어야 한다.

34 출항의 제한

① 출입항신고기관의 장은 시간, 기상 및 해상 상황에 관한 정보 등을 고려하여 낚시어선업자·선원·승객의 안전을 위하여 필요하다고 인정할 때에는 낚시어선의 출항을 제한할 수 있다.

> **시행령 제19조(출항의 제한)** [20 해경, 21 해경]
> 법 제34조제1항에 따른 낚시어선의 출항제한은 다음 각 호의 경우에 할 수 있다.
> 1. 「기상법 시행령」 제8조제1항에 따라 초당 풍속 12미터 이상 또는 파고(波高) 2미터 이상으로 예보가 발표된 경우
> 2. 「기상법 시행령」 제8조제2항제1호부터 제3호까지 및 제5호부터 제7호까지의 규정에 따른 호우·대설·

폭풍해일・태풍・강풍・풍랑 주의보 또는 경보가 발표된 경우
3. 기상청장이 제2호에 따른 주의보 또는 경보를 발표하기 전에 이를 사전에 알리기 위한 정보를 발표한 경우
4. **안개 등으로 인하여 해상에서의 시계가 1킬로미터 이내인 경우**
5. 일출 전 또는 일몰 후. 다만, 별표 4 제1호카목 및 타목에 따른 설비를 갖추고 법 제35조제1항제1호에 따라 시장・군수・구청장이 영업을 제한하지 않는 시간대에 영업하는 경우는 제외한다.
6. 그 밖에 법 제33조제1항에 따른 출입항신고기관(이하 "출입항신고기관"이라 한다)의 장이 해상상황의 급작스런 악화 등으로 인하여 낚시어선의 출항이 어렵다고 판단하는 경우

35 안전운항 등을 위한 조치

① **시장・군수・구청장**은 낚시어선의 안전운항과 사고 방지 및 그 밖에 낚시어선업의 질서유지를 위하여 특히 필요하다고 인정할 때에는 **관할 경찰서장 또는 관할 해양경찰서장의 의견을 들어 낚시어선업자에게 다음 각 호의 지시나 조치를 명할 수 있다.** [15 경감승진, 16 경장・경사승진, 20 해경, 22 경장승진]
  1. 영업시간이나 운항 횟수의 제한
  2. 영업구역의 제한 또는 영업의 일시정지
  2의2. 인명안전에 관한 설비의 비치 및 관리
  3. 그 밖에 낚시어선의 안전운항과 사고 방지 및 낚시어선업의 질서유지를 위하여 **필요하다고 인정하는 사항**
② 시장・군수・구청장은 낚시어선의 안전운항, 승객의 안전사고 예방, 수질오염의 방지 및 수산자원의 보호 등을 위하여 낚시어선의 승객이 준수하여야 하는 사항을 정하여 고시하여야 한다.
③ **시장・군수・구청장**은 낚시어선업자 또는 선원이 잘 볼 수 있는 출입항 장소에 낚시어선업자 또는 선원이 준수하여야 할 사항을 표기한 **표지판을 설치**하여야 한다. 이 경우 표지판에는 다음 각 호의 사항이 포함되어야 한다. [18 경사승진]
  1. 제1항에 따른 **안전운항 등을 위한 조치**
  2. 제29조, 제29조의2, 제30조부터 제33조까지 및 제37조제1항에 따른 **낚시어선업자 또는 선원의 준수사항 등**
  3. 제34조제2항에 따른 **출항제한의 기준**
  4. 제3조 각 호의 수면 등에 유류(油類)・분뇨・폐기물을 버리는 행위 등 다른 법령에 따라 금지되는 사항

36 낚시어선 승객의 준수사항

낚시어선업자 또는 선원은 안전운항을 위하여 낚시어선에 승선한 승객에게 다음 각 호의 사항을 준수하도록 조치할 수 있다. 이 경우 낚시어선의 승객은 낚시어선업자 또는 선원의 조치에 협조하여야 한다.
1. 제29조제3항에 따른 **구명조끼 착용에 관한 사항**
2. 제33조제3항에 따른 **승선자명부 작성 및 신분증 확인에 관한 사항**
3. 제35조제2항에 따라 **낚시어선 승객이 준수하여야 하는 사항**

37 사고발생의 보고 [19 해경, 19 경감승진]

① **낚시어선업자 또는 선원**은 다음 각 호의 어느 하나에 해당할 때에는 **사고 장소가 내수면인 경우에는 사고발생 지점에서 가장 가까운 시장・군수・구청장에게**, **해수면인 경우에는 관할 해양경찰서장에게** 그 사실을 지체 없이 보고하고 사고의 수습에 필요한 조치를 하여야 한다.
  1. 승객이 사망하거나 실종되었을 경우
  2. 충돌, 좌초 또는 그 밖에 낚시어선의 안전운항에 영향을 미치거나 미칠 우려가 있는 사고가 발생하였을 경우

② 제1항에 따른 보고를 받은 시장·군수·구청장 또는 해양경찰서장은 지체 없이 관할 시·도지사 또는 지방해양경찰청장에게 이를 보고하고 인명 구조 등 사고 수습을 위하여 필요한 조치를 하여야 한다.

38 영업의 폐쇄 등 [18 경장승진]

① 시장·군수·구청장은 낚시어선업자가 다음 각 호의 어느 하나에 해당하면 영업의 폐쇄를 명하거나 3개월 이내의 기간을 정하여 그 영업의 정지를 명할 수 있다. 다만, 제1호부터 제4호까지에 해당하는 경우에는 영업의 폐쇄를 명하여야 한다.
 1. 제25조제1항 전단에 따른 낚시어선업의 신고를 하지 아니하고 낚시어선업을 한 경우
 2. 거짓이나 그 밖의 부정한 방법으로 낚시어선업을 신고한 경우
 3. 「어선법」에 따라 어선의 등록이 말소된 경우
 4. 영업정지 기간 중 영업을 한 경우
 5. 낚시어선업자, 선원의 고의 또는 중대한 과실이나 주의의무 태만으로 인하여 안전사고가 발생한 경우
 6. 제25조에 따른 낚시어선업의 신고요건을 충족하지 못하게 된 경우
 7. 제27조에 따른 낚시어선업의 영업구역을 위반한 경우
 8. 낚시승객을 승선시킨 상태에서 제30조제1항을 위반하여 낚시어선업자 또는 선원이 술에 취한 상태에서 낚시어선을 조종한 경우
 9. 낚시승객을 승선시킨 상태에서 제31조를 위반하여 낚시어선업자 또는 선원이 약물복용의 상태에서 낚시어선을 조종한 경우
 10. 제48조에 따른 보험이나 공제에 가입하지 아니한 경우
② 제1항에 따라 영업의 폐쇄명령을 받은 자는 그 영업이 폐쇄된 날부터 2년이 지나지 아니하면 낚시어선업의 신고를 할 수 없다.

39 폐업신고 등

① 낚시어선업을 폐업하려는 자는 해양수산부령으로 정하는 바에 따라 그 사실을 시장·군수·구청장에게 신고하여야 한다. 이 경우 바다에서의 낚시어선업을 폐업한 때에는 시장·군수·구청장은 신고받은 사항을 관할 해양경찰서장에게 즉시 통보하여야 한다.

> 시행규칙 제21조(폐업신고) [20 해경]
> ① 법 제39조제1항 전단에 따라 낚시어선업을 폐업하려는 자는 별지 제17호서식의 낚시어선업 폐업신고서에 낚시어선업 신고확인증을 첨부하여 해당 낚시어선의 선적항을 관할하는 시장·군수·구청장에게 제출하여야 한다. 다만, 다음 각 호의 어느 하나에 해당하는 경우에는 각 호의 구분에 따른 날부터 30일 이내에 폐업신고를 하여야 한다.
> 1. 낚시어선을 매도하거나 임대한 경우 : 매매 또는 임대차 계약일
> 2. 낚시어선을 분실하거나 도난당하여 그 소재(所在)를 6개월 이상 알 수 없는 경우 : 분실하거나 도난당한 날부터 6개월이 지난 날
> 3. 낚시어선이 침몰한 경우 : 침몰한 날

② 제38조제1항에 따라 영업의 정지명령을 받은 후 그 기간이 끝나지 아니한 자는 제1항에 따른 폐업신고를 할 수 없다.

40 미끼기준의 설정

① 해양수산부장관은 미끼의 안전성 확보를 위하여 필요한 경우에는 미끼의 종류별로 특정물질의 함량기준(이하 "미끼기준"이라 한다)을 설정할 수 있다.

41 미끼의 제조 등의 금지

누구든지 미끼기준에 적합하지 아니한 미끼를 판매하거나 판매할 목적으로 제조·수입·사용·저장·운반 또는 진열하여서는 아니 된다.

42 폐기 등의 조치

① 해양수산부장관, 시·도지사 또는 시장·군수·구청장은 제50조에 따른 검사 결과 해당 미끼가 미끼기준에 적합하지 아니한 경우에는 관계 공무원으로 하여금 해당 미끼를 압류 또는 폐기하게 하거나, 해당 미끼의 제조업자·수입업자 또는 판매업자에게 그 미끼를 회수·폐기하게 하거나 그 밖에 해당 미끼의 안전상의 위해가 제거될 수 있도록 용도·처리방법 등을 정하여 필요한 조치를 할 것을 명할 수 있다.
② 제1항에 따라 압류 또는 폐기를 하는 공무원은 그 권한을 표시하는 증표를 지니고 이를 관계인에게 보여 주어야 한다.
④ 해양수산부장관, 시·도지사 또는 시장·군수·구청장은 제1항에 따라 폐기처분 명령을 받은 자가 그 명령을 이행하지 아니하는 경우에는 「행정대집행법」에 따라 대집행할 수 있다.

43 낚시진흥기본계획 등

① 해양수산부장관은 낚시 및 낚시 관련 산업의 발전을 위하여 5년마다 낚시진흥기본계획을 수립·시행하여야 한다.

44 우수낚시터의 지정 등

① 해양수산부장관은 제10조나 제16조에 따라 낚시터업의 허가를 받거나 등록을 한 낚시터 중에서 해양수산부령으로 정하는 기준에 적합한 낚시터를 우수낚시터로 지정할 수 있다.

> 시행규칙 제23조(우수낚시터의 지정기준 등)
> ① 법 제44조제1항에 따른 우수낚시터로 지정받으려면 다음 각 호의 기준에 적합하여야 한다.
>   1. 우수낚시터 지정 신청일 기준 최근 3년간 해당 낚시터업자가 법령(법령에 따른 명령이나 처분을 포함한다)을 위반하여 행정처분, 과태료 부과처분 또는 형사처벌을 받은 전력이 없을 것
>   2. 그 밖에 해당 낚시터의 시설·장비 및 수질 현황 등이 해양수산부장관이 정하여 고시하는 기준에 적합할 것

② 우수낚시터로 지정을 받으려는 자는 해양수산부장관에게 신청하여야 한다.
③ 해양수산부장관은 우수낚시터가 다음 각 호의 어느 하나에 해당하면 지정을 취소할 수 있다.
  1. 거짓이나 그 밖의 부정한 방법으로 지정을 받은 경우
  2. 제1항에 따른 지정기준을 갖추지 못하게 된 경우
⑤ 제1항에 따라 지정된 우수낚시터에 대하여는 해양수산부장관이 정하는 기준에 따라 예산의 범위에서 낚시터의 시설·운영 또는 환경의 개선 등에 필요한 비용을 지원할 수 있다.

45의2 검정기관의 지정 등

① 해양수산부장관은 제8조에 따른 낚시도구의 유해물질 허용기준 적합 여부와 제40조에 따른 미끼기준 적합 여부를 검정(이하 "검정"이라 한다)하기 위하여 필요한 인력 및 설비를 갖춘 기관을 검정기관(이하 "검정기관"이라 한다)으로 지정할 수 있다.
② 검정기관의 장은 제1항에 따라 검정기관으로 지정받은 후 명칭, 소재지, 검정대상 등 대통령령으로 정하는 중요사항이 변경된 경우에는 변경신고를 하여야 한다.

45의3 검정기관의 지정 취소 등

① 해양수산부장관은 검정기관이 다음 각 호의 어느 하나에 해당하는 경우에는 그 지정을 취소하거나 6개월 이내의 기간을 정하여 검정 업무의 정지를 명할 수 있다. 다만, 제1호 또는 제2호에 해당하는 경우에는 그 지정을 취소하여야 한다.
  1. 거짓이나 그 밖의 부정한 방법으로 지정을 받은 경우
  2. 업무정지 기간 중에 검정 업무를 한 경우
  3. 검정 결과를 거짓으로 내준 경우
  4. 제45조의2제2항에 따른 지정기준에 맞지 아니하게 된 경우

46 명예감시원

① 해양수산부장관은 낚시터의 안전관리와 수산자원의 보호 및 건전한 낚시문화의 조성을 위하여 낚시인 및 낚시 관련 단체나 법인의 임직원 등을 명예감시원으로 위촉하여 감시·지도 및 계몽을 하게 할 수 있다.
② 해양수산부장관은 예산의 범위에서 명예감시원에게 감시 활동에 필요한 경비를 지급할 수 있다.

47 교육·홍보

① 낚시터업자, 낚시어선업자 및 선원은 낚시인의 안전과 수산자원의 보호 등을 위하여 해양수산부장관이 실시하는 전문교육을 매년 받아야 한다.

50 출입·검사 등

① 해양수산부장관, 시·도지사 또는 시장·군수·구청장은 낚시 관련 사업의 지도·감독과 미끼의 안정성 확보를 위하여 필요하다고 인정하면 낚시도구를 제조·수입·판매·보관하는 자, 낚시터업자, 낚시어선업자, 미끼를 제조·수입·판매·보관하는 자 및 그 밖의 관계인에게 필요한 보고를 하게 하거나 자료를 제출하게 할 수 있으며, 관계 공무원(「수산업법」 제69조에 따른 어업감독 공무원을 포함한다)으로 하여금 다음 각 호의 장소에 출입하여 시설·장부나 그 밖의 물건을 검사하게 하거나 관계인에게 질문을 하게 할 수 있다.
  1. 낚시도구의 제조·수입·판매·보관 장소
  2. 제10조 및 제16조에 따라 낚시터업의 허가를 받거나 등록을 하여 영업 중인 낚시터
  3. 제25조에 따라 낚시어선업 신고를 하여 영업 중인 낚시어선
  4. 미끼의 제조·수입·판매·보관 장소
  5. 「수산업법」 제65조에 따른 유어장 등 그 밖의 낚시 관련 장소
② 제1항에 따라 검사하는 경우에는 필요한 최소한의 물건을 무상으로 수거할 수 있다.
③ 제1항에 따라 관계 공무원이 출입·검사 등을 할 때에는 낚시터업자, 낚시어선업자 등의 관계인은 정당한 사유 없이 거부·방해 또는 기피하여서는 아니 된다.
④ 제1항에 따라 출입·검사 등을 하는 관계 공무원은 그 권한을 표시하는 증표를 지니고 이를 관계인에게 보여 주어야 한다.

51 청문 [14 경장·경감승진]

해양수산부장관이나 시장·군수·구청장은 다음 각 호의 어느 하나에 해당하는 처분을 하려면 청문을 하여야 한다.
1. 제14조에 따른 낚시터업 허가의 취소
2. 제19조에 따른 낚시터업 등록의 취소
3. 제38조에 따른 낚시어선업의 영업폐쇄명령
4. 제44조제3항에 따른 우수낚시터 지정의 취소
5. 제45조의3에 따른 검정기관 지정의 취소

52 권한의 위임 및 위탁

① 이 법에 따른 해양수산부장관의 권한은 대통령령으로 정하는 바에 따라 그 일부를 소속 기관의 장 또는 시·도지사에게 위임할 수 있다.
② 해양수산부장관은 이 법에 따른 권한의 일부를 대통령령으로 정하는 바에 따라 제45조제2항에 따른 낚시 관련 단체 또는 비영리법인에 위탁할 수 있다.

52의2 벌칙 적용에서 공무원 의제

제52조제2항에 따라 위탁받은 업무에 종사하는 단체 및 비영리법인의 임직원은 「형법」 제129조부터 제132조까지의 규정에 따른 벌칙을 적용할 때에는 공무원으로 본다.

53 벌칙

① 다음 각 호의 어느 하나에 해당하는 자는 1년 이하의 징역 또는 1천만원 이하의 벌금에 처한다.
1. 제8조제1항 본문을 위반하여 유해 낚시도구를 판매할 목적으로 제조하거나 수입한 자
2. 제10조제1항에 따른 낚시터업의 허가 또는 변경허가를 받지 아니하고 낚시터업을 한 자
3. 거짓이나 그 밖의 부정한 방법으로 낚시터업의 허가 또는 변경허가를 받은 자
4. 제23조제2항제2호 및 제3호에 따라 관계 공무원이 부착한 게시문 등이나 봉인을 제거하거나 손상한 자
5. 제41조를 위반하여 미끼기준에 적합하지 아니한 미끼를 판매할 목적으로 제조하거나 수입한 자

② 다음 각 호의 어느 하나에 해당하는 자는 6개월 이하의 징역 또는 500만원 이하의 벌금에 처한다.
1. 거짓이나 그 밖의 부정한 방법으로 낚시터업의 등록 또는 변경등록을 받은 자
2. 제16조제1항에 따른 낚시터업의 등록 또는 변경등록을 하지 아니하고 낚시터업을 한 자
3. 제20조제1항제1호를 위반하여 방류 금지 어종을 낚시터업자가 경영하는 낚시터에 방류한 자
3의2. 제20조의2제1호 및 제2호에 따른 명령을 거부하거나 기피한 자
4. 제25조제1항 전단에 따른 낚시어선업의 신고를 하지 아니하고 낚시어선업을 한 자 [17 경사·경감승진]
5. 해상항행선박이 항행을 계속할 수 없는 하천·호소 등 「해사안전법」의 적용대상이 아닌 장소에서 제30조제1항을 위반하여 술에 취한 상태에서 낚시어선을 조종하거나 술에 취한 상태에 있는 자에게 낚시어선을 조종하게 한 자
6. 해상항행선박이 항행을 계속할 수 없는 하천·호소 등 「해사안전법」의 적용대상이 아닌 장소에서 술에 취한 상태라고 인정할 만한 상당한 이유가 있는데도 제30조제2항에 따른 관계 공무원의 측정에 따르지 아니한 자
6의2. 해상항행선박이 항행을 계속할 수 없는 하천·호소 등 「해사안전법」의 적용대상이 아닌 장소에서 제31조를 위반하여 약물복용의 상태에서 낚시어선을 조종하거나 약물복용의 상태에 있는 자에게 낚시어선을 조종하게 한 자
6의3. 제33조제1항에 따른 출입항 신고를 하지 아니하였거나 거짓으로 신고하고 출입항한 자
7. 제34조제1항에 따른 출항제한 조치를 위반하고 출항한 자
8. 제35조제1항제1호·제2호 및 제2호의2에 따른 명령을 거부하거나 기피한 자

9. 제38조제1항에 따라 영업이 폐쇄된 낚시어선업을 계속한 자

54 양벌규정

법인의 대표자나 법인 또는 개인의 대리인, 사용인, 그 밖의 종업원이 그 법인 또는 개인의 업무에 관하여 제53조의 위반행위를 하면 그 행위자를 벌하는 외에 그 법인 또는 개인에게도 해당 조문의 벌금형을 과(科)한다. 다만, 법인 또는 개인이 그 위반행위를 방지하기 위하여 해당 업무에 관하여 상당한 주의와 감독을 게을리하지 아니한 경우에는 그러하지 아니하다.

55 과태료

① 다음 각 호의 어느 하나에 해당하는 자에게는 300만원 이하의 과태료를 부과한다.
    1~8 〈생략〉
    9. 제21조제3항을 위반하여 낚시터업의 승계 사실을 정하여진 기한까지 신고하지 아니한 자
    10~17 〈생략〉
    18. 제37조제1항에 따른 사고발생 보고를 하지 아니하거나 사고 수습을 위한 조치를 하지 아니한 자 [13 해경]
    19~25 〈생략〉
② 다음 각 호의 어느 하나에 해당하는 자에게는 100만원 이하의 과태료를 부과한다.
    1~8 〈생략〉
③ 제1항 및 제2항에 따른 과태료는 대통령령으로 정하는 바에 따라 해양수산부장관, 시·도지사 또는 시장·군수·구청장이 부과·징수한다.

CHAPTER 09 수사

제1절 | 수사의 기초

1. 수사의 의의

형사사건에서 수사기관이 하는 공소의 제기 및 유지를 위한 준비절차로 범죄사실을 탐지하고, 범인의 검거·조사하고, 증거를 수집·보전하는 활동이다.

(1) 수사는 수사기관의 활동

검사가 당사자로서 공판정에서의 피고인신문, 증인신문은 소송행위이므로 수사가 아니다. 일반 사인의 현행범 체포는 수사가 아니다. 법원의 피고인구속·압수·수색·검증 등은 수사가 아니다.

(2) 수사의 시기와 범위

수사는 주로 공소제기 전에 행하여지나 공소제기 후라도 공소유지 여부를 결정하기 위해서 행하여질 수도 있다. 수사는 1차적으로는 범죄혐의 유무를 밝히는 것을 목적으로 하나, 2차적으로는 양형이나 소송조건의 수사도 할 수 있다.

수사는 수사기관이 범죄혐의가 있다고 인정할 때 개시된다. 따라서 수사기관의 활동이라도 수사 개시 이전의 내사, 불심검문, 변사자검시, 주택가 순찰 등은 엄격한 의미에서 수사라고 할 수 없다.

2. 형식적 의의의 수사와 실질적 의의의 수사

형식적 의의의 수사	① 수사를 하는 과정에서 어떠한 수단과 방법을 선택할 것인가 ② 절차적 (형사소송법적) 측면의 수사 ③ 인권보장과 공공복리의 조화를 추구하고, 합법성이 요구된다.
실질적 의의의 수사	① 범인은 누구이고, 범행 동기는 무엇이고, 범행의 수단과 방법은 무엇인가 ② 실체적 측면의 수사 ③ 실체적 진실발견을 추구하고, 합리성이 요구된다.

3. 수사의 과정 [18 경감, 21 경위]

수사의 하강과정	수사기관이 범죄사실에 대하여 자신이 스스로 심증을 형성해 가는 과정으로 형사소송법상 엄격한 증명은 필요없고, 주로 연역적(=전개적) 추리를 한다.
수사의 상승과정	수사기관이 판사에게 확신을 주기 위해 증거를 수집하는 과정으로 형사소송법상 엄격한 증명이 필요하고 주로 귀납적 추리를 한다.

4. 수사의 대상

(1) 사실적 내용(= 범행재현의 3요소)
법률적 평가 이전에 그 평가의 전제가 되는 범인의 구체적인 행위를 명확하게 밝히는 활동

수사요소의 충족	① 4하 원칙 : 주체, 일시, 장소, 행동·결과 ② 6하 원칙 : 주체, 일시, 장소, 행동·결과, 동기, 수단·방법 ③ 8하 원칙 : 주체, 일시, 장소, 행동·결과, 동기, 수단·방법, 공범, 객체
행위의 필연성	범행이 재현되려면 충족된 수사요소가 현실성을 가져야 하며, 그로부터 범행이 일어날 수 밖에 없는 조건을 묘사할 수 있어야 한다는 것
사건의 형태성	수사된 각종 수사자료를 체계적으로 검토하여 사건의 전모를 파악하는 것

(2) 법률적 내용
범인의 행위가 범죄의 구성요건해당성, 위법성, 책임, 처벌조건의 구비 여부를 밝히는 활동을 말한다.

5. 수사의 조건

수사의 필요성 (=수사의 개시 요건)	범죄혐의	수사기관은 범죄혐의가 있을 때에만 수사를 할 수 있다. 범죄혐의란 구체적 사실에 근거를 둔 수사기관의 "주관적" 혐의를 말한다. 범죄혐의가 없으면 수사의 필요성이 없어서 수사를 개시할 수 없다. 다만 피의자를 체포·구속을 할 때에는 증거에 의한 "객관적" 혐의가 있어야 한다.
	공소제기의 가능성	공소제기의 가능성이 없는 경우 즉 소송조건의 흠결이 있는 경우에는 수사를 개시할 수 없다. 친고죄나 전속고발범죄에 있어서 고소·고발이 없더라도 고소·고발의 가능성이 있는 경우에는 임의수사와 강제수사도 허용된다(제한적 긍정설)
수사의 상당성 (=수사의 실행 조건)	비례의 원칙	강제수사는 목적 달성에 필요한 최소한에 그쳐야 하고, 공익과 사익 사이에 정당한 균형관계가 있어야 한다. 수사비례의 원칙은 특히 강제수사에서 강조된다.
	수사상 신의칙(信義則)	범죄수사에 있어서 수사기관은 국민을 속이거나 곤궁에 빠뜨려서는 안된다는 원칙. 신의칙은 함정수사에서 문제되는데, 이미 범죄의사를 가지고 있는 자에 대하여 범죄에 나아갈 기회를 제공하는 수사방법(=기회제공형 함정수사)은 적법한 수사로서 허용된다. 다만 범죄의사가 없는 자를 수사기관이 범죄의사를 일으키게 하여 범죄의 실행을 기다렸다가 그를 체포하는 수사방법(=범의유발형 함정수사)은 상당성이 없어서 위법하다.

6. 수사의 지도원리

실체진실주의	범죄사실의 진실을 파악, 임의성 없는 자백의 증거능력 제한, 진술거부권, 변호인 선임권, 증거보전청구권
무죄추정의 원리	형사절차에서 유죄의 확정판결이 있기 전에는 무죄로 추정된다.

	in dubio pro reo (=의심스러울 때에는 피고인의 이익으로)
수사비례의 원칙	필요최소한도의 법리
적정절차의 원리	인권 보장의 기초원리이며 형사절차 전체의 기본원리이다.

◆ 범죄의 징표 [20 간부]

의의	범죄의 징표란 범죄에 수반하여 나타나는 내적·외적 현상. 이 중에서 외적인 징표를 범적(犯跡, 범죄의 흔적)이라고 한다.	
형태	생물학적 특징에 의한 징표	인상, 지문, 혈액형, DNA, 신체의 특징 등
	심리학적 특징에 의한 징표	원한, 치정, 미신, 이욕, 불안, 초조, 자살, 도주, 증거인멸 등
	사회관계에 의한 징표	성명, 가족, 주거, 경력, 직업, 목격자, 풍설(=떠도는 소문) 등
	자연현상에 의한 징표	물건의 특정, 물건의 이동, 족적 등
	문서에 의한 징표	필체의 감정, 종이질의 감정 등

◆ 수사의 수단

종류 [21 경위]	듣는 수사	범죄를 직접 경험했거나 타인으로부터 전해들은 사람의 기억을 증거화하는 수사수단 (ex 피의자신문, 참고인조사, 풍설의 탐문 등)	
	보는 수사	범죄장소 등에 남겨진 수사자료를 입수하여 증거화하는 수사수단 (ex 수색, 검증, 실황조사 등)	
	추리 수사	추리의 선에 따라 수사자료를 입수하는 수사수단	
방향	횡적 수사	폭을 넓혀가는 수사 (ex 현장관찰, 탐문수사, 행적수사, 미행, 수색, 감별수사 등).	
		장점	범행에 관계있는 광범위한 자료수집으로 사건에 대하여 신중한 판단을 할 수 있다.
		단점	투여한 노력과 시간에 비하여 비경제적이다.
	종적 수사	깊이 파고드는 집중적인 수사 (ex 유류품수사, 수법수사, 장물수사, 인상특징수사, 수배수사 등)	
		장점	특정 정보의 성질·특징 등을 깊이 관찰하여 범인에 도달하는 수사로서 신속하게 범인을 검거할 수 있다
		단점	한정된 자료로 잘못된 판단을 할 수 있다.

7. 수사의 원칙 [21 해경]

(1) 범죄수사의 3대 원칙

신속착수의 원칙	범죄수사는 신속히 착수하여 수행해야 한다는 원칙
현장보존의 원칙	범죄현장을 잘 보존하고 관찰해야 한다는 원칙[범죄현장은 '증거의 보고(寶庫)']
공중(민중)협력의 원칙	수사기관은 일반 공중의 협력을 얻으면서 수사를 해야 한다는 원칙[사회는 '증거의 바다']

(2) 범죄수사상의 준수 원칙

선증후포(先證後捕)의 원칙	수사기관은 증거를 확보한 후 범인을 체포해야 한다는 원칙
법령준수의 원칙	형사소송법 등 관계법령을 준수하여 국민의 자유와 권리를 부당하게 침해해서는 안된다는 원칙
민사사건 불관여의 원칙	수사는 형사사건에 한하여 행해져야 하며, 민사사건에 대하여 수사권을 발동해서는 안된다는 원칙
종합수사의 원칙	모든 수사자료를 종합하여 상황을 판단하는 동시에 모든 지식과 기술을 활용하여 수사를 종합적으로 하여야 한다는 원칙

(3) 수사실행의 5원칙

수사자료 완전수집의 원칙 (수사의 제1법칙)	수사기관은 사건해결의 관건이 되는 자료를 누락·멸실되는 일이 없도록 전력을 다하여 자료를 수집하여야 한다는 원칙.
수사자료 감식·검토의 원칙	수집된 수사자료는 면밀하게 감식되고 검토되어야 한다는 원칙. 단순한 수사기관의 검토나 판단에만 그칠 것이 아니라 과학적 지식 또는 그 시설·장비를 유용하게 이용하여야 한다.
적절한 추리의 원칙	적절한 추리로써 합리적인 판단을 하여야 한다는 원칙.
검증적 수사의 원칙	여러 가지 추측 중에서 과연 어떤 추측이 정당한 것인가를 가리기 위하여 그들 추측 하나 하나를 모든 각도에서 검토해야 한다는 원칙. 수사사항의 결정 → 수사방법의 결정 → 수사실행
사실판단 증명의 원칙	수사에 의해 획득한 확신 있는 판단은 모두에게 그 판단이 진실이라는 것을 객관적으로 증명할 수 있어야 한다는 원칙. 수사기관은 자신의 판단에 진실이라는 이유 또는 객관적 증거를 제시하여야 한다.

(4) 범죄수사의 기본원칙

임의수사의 원칙, 수사비례의 원칙, 수사비공개의 원칙, 자기부죄강요금지의 원칙, 강제수사법정주의, 영장주의, 제출인환부의 원칙(=수사기관이 압수물을 제출인(피압수자)에게 환부하는 것이 원칙)

8. 수사기관

검사		검사는 범죄혐의가 있다고 사료하는 때에는 범인, 범죄사실과 증거를 수사한다.
사법경찰관리	일반사법경찰관리	① 사법경찰관 : 수사관, 경무관, 총경, 경정, 경감, 경위 ⇒ 수사를 개시·진행·종결 ② 사법경찰리 : 경사, 경장, 순경 ⇒ 수사 보조
	특별사법경찰관리	법률상 당연히 사법경찰관리의 권한이 있는 자와 검사장의 지명에 의하여 사법경찰관리로서의 권한이 인정되는 자로서 지정된 구역과 직무범위 내에서만 수사가 가능
검사와 사법경찰관의 관계		검사와 사법경찰관은 수사, 공소제기 및 공소유지에 관하여 서로 협력하여야 한다.

◆ **(해양경찰청) 수사본부 운영 규칙** [시행 21. 10. 12.]

제2조(중요사건) [22 승진, 20 승진]
수사본부 설치 대상 중요사건은 다음 각 호에 해당하고 중요하다고 인정되는 사건으로 한다.
1. 살인, 강도, 강간, 약취유인, 방화사건
2. 5인 이상 상해 또는 업무상과실치사상 사건
3. 국가중요시설물 파괴 및 인명피해가 발생한 테러사건 또는 그러한 테러가 예상되는 사건
4. 〈삭 제〉
5. 집단 특수공무집행 방해사건
6. 선박의 충돌·침몰·도주사건
7. 기름 또는 유해물질 30㎘이상 해양오염사고
8. 그 밖의 사회적 이목을 집중시키거나 중대한 영향을 미칠 우려가 있는 사건

제3조(수사본부의 설치)
① 해양경찰청장은 중요사건이 발생한 경우, 필요하다고 인정할 때에는 지방해양찰청장에게 수사본부 또는 합동수사본부의 설치를 명하여 그 사건을 특별수사하게 할 수 있고, 이 경우 지방해양경찰청장은 수사본부를 설치하여야 한다.
② 지방해양경찰청장은 제2조의 중요사건이 발생한 경우, 필요하다고 인정할 때에는 수사본부를 설치하거나 해양경찰서장에게 수사본부의 설치를 명하여 그 사건을 특별수사하게 할 수 있다.

제4조(수사본부의 설치장소)
수사본부는 사건 발생지를 관할하는 해양경찰서에 설치함을 원칙으로 한다. 다만, 관계기관과 공조가 필요하거나 사건내용에 따라 다른 곳에 설치하는 것이 적당하다고 인정될 때에는 그러하지 아니한다.

제5조(수사본부의 설치지시)
해양경찰청장 또는 지방해양경찰청장이 수사본부의 설치를 명할 때에는 신속히 관할 지방해양경찰청장 또는 해양경찰서장에게 다음 각 호의 사항을 지시하여야 한다.
1. 설치장소
2. 사건의 개요
3. 수사요강

4. 그 밖에 수사에 필요한 사항

제6조(수사본부장)
① 수사본부장(이하 "본부장"이라 한다)은 다음 각 호의 어느 하나에 해당하는 자 중에서 지방해양경찰청장이 지명한다.
1. 지방해양경찰청 안전총괄부장 또는 지방해양경찰청 수사과장
2. 해양경찰서 수사과장

② 본부장은 수사본부 수사요원을 지휘·감독하여 수사본부를 운영 관리한다.

제7조(수사부본부장, 수사전임관)
① 수사본부의 부본부장(이하 "부본부장"이라 한다)은 본부장이 수사부서 총경 또는 경정급으로 보하며, 본부장을 보좌하고 수사본부 운영관리에 원활을 기하며, 인접 해양경찰서장의 공조수사지휘에 임한다.
② 수사전임관은 수사본부를 설치한 지방해양경찰청, 해양경찰서 사건 주무과의 경정 또는 경감급을 본부장이 지정하고, 수사본부의 중추로써 수사요원의 지도·관리, 직접 수사 등 수사추진에 임한다.

제18조(비치서류)
① 수사본부에서는 다음 각 호의 서류를 갖추고 수사진행상황을 기록하여야 한다.
1. 사건수사지휘 및 진행부
2. 수사일지 및 수사요원 배치표
3. 수사보고서철
4. 용의자 명부
5. 참고인 명부

② 해양경찰관서 해당과장은 제1항의 서류와 사건기록의 사본을 작성하여 한꺼번에 철하여 두고, 연구하는 동시에 앞으로의 수사 및 교양자료로 한다.
③ 제1항의 서류와 사건기록 사본의 보존기간은 범인을 검거하였을 경우에는 3년, 검거하지 못한 사건인 경우에는 공소시효 완성 후 1년으로 한다.

제19조(수사본부의 해산) [19 승진, 18 승진]
① 지방해양경찰청장은 다음 각 호의 어느 하나에 해당한 경우에는 수사본부의 해산을 명한다.
1. 범인을 검거하였을 때
2. 오랜 기간 수사하였으나 사건해결의 전망이 없을 때
3. 그 밖에 특별수사를 계속할 필요가 없게 되었을 때

② 지방해양경찰청장은 수사본부를 해산하였을 때에는 각 해양경찰서장, 그 밖에 관련 기관장에게 해산 사실 및 사유를 알려야 한다.

◆ **긴급배치의 종별 사건범위와 경력동원 기준** (해양경찰청 수사긴급배치규칙 제3조, 제7조)

구분	갑호	을호 [21 간부]
사건범위	1. 살인, 강도, 강간, 약취유인, 방화사건 2. 기타 중요사건 (인사사고를 동반한 선박 충돌도주사건, 총기, 대량의 탄약 및 폭발물 절도, 구인 또는 구속피의자 도주)	1. 중요 상해치사 2. 5,000만원 이상 다액절도, 관공서 및 국가중요시설 절도, 국보급 문화재 절도 3. 기타 해양경찰관서장이 중요하다고 판단하여 긴급배치가 필요하다고 인정하는 사건

| 경력동원 | 형사(수사)요원, 형사기동정요원, 해양파출소요원은 가동경력 100% | 형사(수사)요원, 형사기동정요원은 가동경력 100%, 해양파출소 요원은 가동경력 50% |

◆ **(해양경찰청) 수사긴급배치규칙** [시행 21. 10. 12.]

제1조(목적)
이 규칙은 해양경찰서에서 실시하는 수사긴급배치(이하 "긴급배치"라 한다)에 관하여 필요한 사항을 정함을 목적으로 한다.

제2조(정의)
긴급배치라 함은 중요사건이 발생하였을 때, 적시성이 있다고 판단되는 경우, 신속한 경찰력 배치, 범인의 도주로 차단, 검문검색을 통하여 범인을 체포하고 현장을 보존하는 등의 초동조치로 범죄수사자료를 수집하는 수사활동을 말한다.

제3조(긴급배치의 종별 및 사건범위)
긴급배치는 사건의 긴급성 및 중요도에 따라 갑호, 을호로 구분 운용하며, 긴급배치 종별, 사건범위는 별표1과 같다.

[별표 1] 긴급배치종별 사건 범위

갑 호	을 호
1. 살인, 강도, 강간, 약취유인 방화사건 2. 그 밖에 중요사건 인사사고를 동반한 선박충돌 도주사건, 총기 대량의 탄약 및 폭발물 절도, 구인 또는 구속 피의자 도주	1. 중요 상해치사 2. 5,000만원 이상 다액절도, 관공서 및 국가 중요시설 절도, 국보급 문화재 절도 3. 그 밖에 해양경찰관서장이 중요하다고 판단하여 긴급배치가 필요하다고 인정하는 사건

제4조(발령권자)
① 긴급배치의 발령권자는 다음과 같다.
1. 긴급배치를 사건발생지 관할해양경찰서 또는 인접 해양경찰서에 시행할 경우는 발생지 관할 해양경찰서장이 발령한다. 인접 해양경찰서가 인접 지방해양경찰청 관할인 경우도 같다.
2. 긴급배치를 사건발생지 지방해양경찰청의 전 해양경찰서 또는 인접 지방해양경찰청에 시행할 경우는 발생지 지방해양경찰청장이 발령한다.
3. 전국적인 긴급배치는 해양경찰청장이 발령한다.
② 발령권자는 긴급배치를 함에 있어, 사건의 종류, 규모, 태양, 범인 도주 및 차량 이용 등을 감안하여 별지 서식제1호 긴급배치 수배서에 의해 신속히 긴급배치 수배를 하여야 한다.
③ 제1항의 경우 2개 이상의 해양경찰서 또는 지방해양경찰청에 긴급배치를 발령을 할 경우, 발령권자는 긴급배치 수배사항을 관련 해양경찰서에 통보를 하여야 하며, 통보를 받은 해당 해양경찰서장은 지체 없이 긴급배치를 하여야 한다.

제5조(보고 및 조정) [18 경사승진]
① 발령권자는 긴급배치 발령시에는 지체없이 별지 서식 제2호 긴급배치실시부에 의거, 차상급 기관의 장에게 보고하여야 하며, 비상해제시는 **6시간 이내**에 같은 서식에 의해 해제일시 및 사유, 단속실적 등을

보고하여야 한다.
② 발령권자의 상급 기관의 장은 긴급배치에 불합리한 점이 발견되면 이를 조정해야 한다.

제6조(긴급배치의 생략)
발령권자는 다음 각호에 해당되는 경우에는 긴급배치를 생략할 수 있다.
1. 사건발생후 상당시간이 경과하여 범인을 체포할 수 없다고 인정될 때
2. 사건내용이 일체불상이거나 애매하여 긴급배치에 필요한 자료를 얻지 못 할 때
3. 범인의 성명, 주거, 연고선 등이 판명되어 조속히 체포할 수 있다고 판단된 때
4. 그 밖에 사건의 성질상 긴급배치가 필요하지 않다고 인정될 때

제7조(경력동원기준) [22 승진]
① 긴급배치 종별에 따른 경력동원 기준은 다음과 같다.
1. 갑호배치 : 형사(수사)요원, 형사기동정요원, 해양파출소 요원은 가동경력 **100%**
2. 을호배치 : 형사(수사)요원, 형사기동정요원은 가동경력 **100%**, 해양파출소 요원은 가동경력 **50%**
② 발령권자는 긴급배치 실시상 필요하다고 인정할 때는 전항의 규정에 불구하고 추가로 경력을 동원 배치할 수 있다.

제9조(긴급배치의 실시)
① 긴급배치의 실시는 범행현장 및 부근의 교통요소, 범인의 도주로, 잠복, 배회처, 주요 항·포구 등 예상되는 지점 또는 지역에 경찰력을 배치하고, 탐문수사 및 검문검색을 실시한다. 다만, 사건의 상황에 따라 그 일부만 실시할 수 있다.
② 관외 중요사건 발생을 관할 해양경찰서장보다 먼저 인지한 해양경찰서장은 신속히 해양경찰청장 또는 관할지방해양경찰청장에게 보고하는 동시에 관할을 불문, 초동조치를 취하고 즉시 관할 해양경찰서장에게 사건을 인계하여야 하며, 필요한 경우 공조수사를 하여야 한다.

제12조(긴급배치의 해제)
다음 각호에 해당할 때에는 긴급배치를 해제하여야 한다.
① 범인을 체포하였을 때
② 허위신고 또는 중요사건에 해당되지 않음이 판단되었을 때
③ 긴급배치를 계속한다 하더라도 효과가 없다고 인정될 때

제13조(긴급배치 해제의 특례)
해양경찰청장·지방해양경찰청장 또는 해양경찰서장은 긴급배치의 장기화로 인하여 당면 타업무 추진에 지장을 가져온다고 인정될 때에는 긴급배치를 해제하고 필요한 최소한도의 경찰력만으로 경계 및 수사를 명할 수 있다.

제2절 | 수사의 진행

1. 수사자료 [21 해경·경위]

기초자료	범죄가 현실적으로 발생했을 때 수사에 제공하기 위하여 평소 수사활동을 통해 수집되는 자료. ex) 범죄통계, 우범자 동향 등
사건자료	구체적인 범죄사건 수사와 관련하여 그 사건의 수사방침 수립과 범인 및 범죄사실의 발견을 위하여 수집되는 모든 자료. ex) 유형자료(유류품), 무형자료(수법, 냄새), 내탐에 의한 자료(탐문, 미행, 은신, 파수를 통하여 얻은 자료)
감식자료	수사를 과학적으로 추진하기 위해서 과학지식과 기술을 이용해서 범인의 발견, 범죄의 증명에 활용하는 자료. ex) 지문, 유전자, 혈액형 등
참고자료	수사과정의 반성·분석·검토를 통해서 얻어진 자료로서 나중에 수사에 활용될 수 있는 자료. ex) 수사성패의 교훈, 새로 발견된 범행수법

2. 입건전 조사(=내사)와 입건

(해양경찰청) 입건전조사 사건 처리에 관한 규칙
[시행 23. 4. 20.] [해양경찰청훈령]

제1장 총칙

제1조(목적) 이 규칙은 「검사와 사법경찰관의 상호협력과 일반적 수사준칙에 관한 규정」 제16조제3항, 「해양경찰수사규칙」 제19조에 따른 입건전조사와 관련한 세부 절차를 규정함으로써 입건전조사 사무의 적정한 운영을 도모하는 것을 목적으로 한다.

제2조(입건전조사의 기본)
① 경찰관은 피조사자와 그 밖의 피해자·참고인 등(이하 "관계인"이라 한다)에 대한 「해양경찰수사규칙」 제19조에 따른 입건전조사(이하 "입건전조사"라고 한다)를 실시하는 경우 관계인의 인권보호에 유의해야 한다.
② 경찰관은 신속·공정하게 입건전조사를 진행해야 하며, 관련 혐의 및 관계인의 정보가 정당한 사유 없이 외부로 유출되거나 공개되는 일이 없도록 해야 한다.
③ 경찰관은 입건전조사를 할 때에는 임의적인 방법으로 하는 것을 원칙으로 하며, 필요 최소한의 범위에서 남용되지 않도록 유의해야 한다.

제2장 입건전조사의 착수

제3조(사건의 분류) 입건전조사 사건은 다음 각 호와 같이 분류한다. [21 경위]
 1. 진정사건: 범죄와 관련하여 진정·탄원 또는 투서 등 서면으로 접수된 사건
 2. 신고사건: 범죄와 관련하여 전화신고 또는 방문신고 등 서면이 아닌 방법으로 접수된 사건
 3. 첩보사건
   가. 경찰관이 대상자, 범죄혐의 및 증거 자료 등 조사 단서에 관한 사항을 작성·제출한 범죄첩보 사건
   나. 범죄에 관한 정보, 풍문 등 진상을 확인할 필요가 있는 사건
 4. 기타조사사건: 제1호부터 제3호까지를 제외하고 범죄를 의심할 만한 정황이 있는 사건

제4조(사건의 수리)
① 경찰관은 입건전조사 사건이 수사의 단서로서 조사할 가치가 있다고 인정되는 경우에는 이를 수리하고 소속 수사부서의 장에게 보고해야 한다.

② 경찰관은 제1항에 따라 사건을 수리하는 경우 관련 사항을 형사사법정보시스템에 입력해야 하고, 별지 제1호서식의 입건전조사 사건부에 기재하여 관리해야 한다.

제5조(첩보사건의 착수)

① 경찰관은 첩보사건의 입건전조사에 착수하고자 할 때에는 형사사법정보시스템을 통하여 별지 제2호서식의 입건전조사 착수보고서를 작성하여 소속 수사부서의 장에게 보고하고 지휘를 받아야 한다.
② 수사부서의 장은 사건·첩보 등이 수사 단서로서 입건전조사의 가치가 있다고 판단하는 경우 형사사법정보시스템을 통하여 별지 제3호서식의 입건전조사 착수지휘서에 의하여 소속 경찰관에게 조사의 착수를 지휘할 수 있다.

제6조(사건의 이송)

경찰관은 관할이 없거나 범죄 특성 및 병합처리 등을 고려하여 소속 해양경찰관서에서 처리하는 것이 적당하지 않은 입건전조사 사건을 다른 해양경찰관서 또는 기관에 이송할 수 있다. 이 경우 「해양경찰수사규칙」 별지 제97호서식의 사건이송서를 작성하여 함께 송부해야 한다.

제3장 입건전조사의 진행

제7조(보고·지휘·방식 등)

① 입건전조사의 보고·지휘, 출석요구, 진정·신고 사건의 진행상황의 통지, 각종 조서작성, 압수·수색·검증을 포함한 강제처분 등 구체적인 조사 방법 및 세부 절차에 대해서는 그 성질에 반하지 않는 범위에서 「해양경찰수사규칙」, 「(해양경찰청) 범죄수사규칙」을 준용한다. 이 경우 "수사"는 "입건전조사"로 본다.
② 진정·탄원·신고에 대해 입건전조사를 개시한 경우, 경찰관은 다음 각 호의 어느 하나에 해당하는 날부터 7일 이내에 진정인·탄원인·피해자 또는 그 법정대리인(피해자가 사망한 경우에는 그 배우자·직계친족·형제자매를 포함한다. 이하 "진정인등"이라 한다)에게 입건전조사 진행상황을 통지해야 한다. 다만, 진정인등의 연락처를 모르거나 소재가 확인되지 않으면 연락처나 소재를 알게 된 날부터 7일 이내에 입건전조사 진행상황을 통지해야 한다.
1. 진정·탄원·신고에 따라 조사에 착수한 날
2. 제1호에 따라 조사에 착수한 날부터 매 1개월이 지난 날
③ 제2항에 따른 통지는 서면, 전화, 팩스, 전자우편, 문자메시지 등 진정인등이 요청한 방법으로 할 수 있으며, 진정인등이 별도로 요청한 방법이 없는 때에는 서면 또는 문자메시지로 통지한다. 이 경우 서면으로 하는 통지는 「해양경찰수사규칙」 별지 제9호서식의 수사 진행상황 통지서에 따른다.
④ 경찰관은 입건전조사 기간이 3개월을 초과하는 경우 별지 제4호서식의 입건전조사 진행상황보고서를 작성하여 소속 수사부서의 장에게 보고해야 한다.

제4장 입건전조사의 종결 등

제8조(수사절차로의 전환)

경찰관은 입건전조사 과정에서 구체적인 사실에 근거를 둔 범죄의 혐의를 인식한 때에는 지체 없이 범죄인지서를 작성하여 소속 수사부서의 장의 지휘를 받아 수사를 개시해야 한다.

제9조(불입건 결정 지휘)

수사부서의 장은 입건전조사에 착수한 날부터 6개월 이내에 수사절차로 전환하지 않은 사건에 대하여 불입건 결정(「해양경찰수사규칙」 제19조제2항제2호, 제3호 및 제5호에 따른 결정을 말한다. 이하 같다) 지휘를 해야 한다. 다만, 다수의 관계인 조사, 관련자료 추가확보·분석, 외부 전문기관 감정 등 입건전조사가 계속 필요한 사유가 소명된 경우에는 6개월의 범위에서 조사기간을 연장할 수 있다.

3. 수사의 실행

(해양경찰청) 범죄수사규칙
[시행 2022. 8. 22.] [해양경찰청훈령]

제1편 총칙

제1조(목적)
이 규칙은 해양경찰청 소속 경찰공무원이 범죄를 수사할 때에 지켜야 할 방법과 절차, 그 밖에 수사에 필요한 사항을 정함으로써 수사사무의 적정한 운영을 기함을 목적으로 한다.

제3조(특별사법경찰관리 직무범위 사건을 직접 수사하는 경우)
경찰관이 특별사법경찰관리의 직무범위에 속하는 범죄를 먼저 알게 되어 직접 수사하고자 할 때에는 경찰관이 소속된 해양경찰관서의 장의 지휘를 받아 수사해야 한다. 이 경우 해당 특별사법경찰관리와 긴밀히 협조해야 한다.

제6조(수사가 경합하는 경우)
경찰관이 하는 수사가 특별사법경찰관리와 경합할 때에는 경찰관이 소속된 해양경찰관서 수사부서장(이하 "소속 수사부서장"이라 한다)의 지휘를 받아 해당 특별사법경찰관리와 필요한 사항을 협의해야 한다.

제2편 수사에 관한 사항
제1장 통칙
제1절 수사의 기본원칙

제7조(사건의 관할)
① 사건의 수사는 범죄지, 피의자의 주소·거소 또는 현재지를 관할하는 해양경찰관서가 담당한다.
② 사건관할을 달리하는 수개의 사건이 관련된 때에는 1개의 사건에 관할이 있는 해양경찰관서는 다른 사건까지 병합하여 수사를 할 수 있다.

제8조(제척)
경찰관은 다음 각 호의 어느 하나에 해당하는 경우 수사직무(조사 등 직접적인 수사 및 수사지휘를 포함한다)에서 제척된다.
1. 경찰관 본인이 피해자인 때
2. 경찰관 본인이 피의자 또는 피해자의 친족이거나 친족이었던 사람인 때
3. 경찰관 본인이 피의자 또는 피해자의 법정대리인이거나 후견감독인인 때

제9조(기피신청과 신청권자)
① 피의자, 피해자와 그 변호인은 경찰관이 다음 각 호의 어느 하나에 해당하는 때 해당 경찰관에 대해 기피를 신청할 수 있다. 다만, 변호인은 피의자, 피해자의 명시한 의사에 반하지 않는 경우에 한정하여 기피를 신청할 수 있다.
1. 경찰관이 제8조 각 호의 어느 하나에 해당되는 때
2. 경찰관이 불공정한 수사를 하였거나 그러할 염려가 있다고 볼만한 객관적·구체적 사정이 있을 때
② 제1항에 따른 기피신청은 해양경찰관서에 접수된 고소·고발·진정·탄원·신고 사건에 한정하여 할 수 있다.

제11조의2(공정수사위원회)
① 제9조에 따른 기피신청의 수용여부를 심의·의결하기 위하여 각 해양경찰관서에 공정수사위원회를 둔다.
② 공정수사위원회는 위원장 1명을 포함하여 5명의 위원으로 구성한다. 이 경우 위원장은 감사부서의 장이 되고, 위원은 수사부서 소속 경찰관 2명과 수사부서 이외의 부서 소속 경찰관 2명이 되도

록 해야 한다.
③ 공정수사위원회는 재적위원 전원의 출석으로 개의하고 출석위원 과반수의 찬성으로 의결한다.

제12조(회피)

해양경찰서의 장은「검사와 사법경찰관의 상호협력과 일반적 수사준칙에 관한 규정」(이하 "「수사준칙」"이라 한다) 제11조에 따른 소속 경찰관의 회피신청을 허가한 때에는 회피신청서를 제출받은 날 부터 3일 이내에 사건 담당 경찰관을 재지정해야 한다.

제14조(사건의 단위)

「형사소송법」제11조의 관련사건 또는 다음 각 호에 해당하는 범죄사건은 1건으로 처리한다. 다만, 분리수사를 하는 경우는 예외로 한다.
1. 판사가 청구기각 결정을 한 즉결심판 청구 사건
2. 피고인으로부터 정식재판 청구가 있는 즉결심판 청구 사건

제2장 수사의 개시

제43조(수사의 개시 등)

경찰관이 수사를 개시할 때에는 범죄의 경중과 정상, 범인의 성격, 사건의 파급성과 모방성, 수사의 완급 등 제반 사정을 고려하여 수사의 시기 또는 방법을 신중하게 결정해야 한다.

제44조(훈방)

① 경찰관은 죄질이 매우 경미하고, 피해 회복 및 피해자의 처벌의사 등을 종합적으로 고려하여 범인을 훈방(訓放)할 수 있다.
② 훈방을 위해 필요한 경우에는 해양경찰청장이 정하는 위원회의 조정·심의·의결을 거칠 수 있다.
③ 경찰관이 범인을 훈방할 때에는 공정하고 투명하게 해야 하고 반드시 그 이유와 근거를 기록에 남겨야 한다.

제46조(피해신고의 접수 및 처리)

① 경찰관은 범죄로 인한 피해신고가 있는 경우 관할 여부를 불문하고 이를 접수해야 한다.

제48조(고소·고발의 수리)

경찰관은 관할 여부를 불문하고 고소·고발을 접수해야 한다. 다만, 제7조에 따른 규정된 관할권이 없어 계속 수사가 어려운 경우에는「해양경찰수사규칙」제98조에 따라 책임수사가 가능한 관서로 이송해야 한다.

제49조(고소·고발의 반려)

경찰관은 접수한 고소·고발이 다음 각 호의 어느 하나에 해당하는 경우 고소인 또는 고발인의 동의를 받아 이를 수리하지 않고 반려할 수 있다.
1. 고소·고발 사실이 범죄를 구성하지 않을 경우
2. 공소시효가 완성된 사건인 경우
3. 동일한 사안에 대하여 이미 법원의 판결이나 수사기관의 결정(경찰의 불송치 결정 또는 검사의 불기소 결정)이 있었던 사실을 발견한 경우에 새로운 증거 등이 없어 다시 수사를 해도 동일하게 결정될 것이 명백하다고 판단되는 경우
4. 피의자가 사망하였거나 피의자인 법인이 존속하지 않게 되었음에도 고소·고발된 사건인 경우
5. 반의사불벌죄의 경우, 처벌을 희망하지 않는 의사표시가 있거나 처벌을 희망하는 의사가 철회되었음에도 고소·고발된 사건인 경우
6. 「형사소송법」제223조 및 제225조에 따라 고소 권한이 없는 사람이 고소한 사건인 경우. 다만, 고발로 수리할 수 있는 사건은 제외한다.
7. 「형사소송법」제224조, 제232조, 제235조에 따른 고소 제한규정에 위반하여 고소·고발된 사건인 경우. 이 경우「형사소송법」제232조는 친고죄 및 반의사불벌죄로 한정한다.

제50조(자수사건의 수사)

경찰관이 자수사건을 수사할 때에는 자수한 사람이 해당 범죄사실의 범인으로서 이미 발각되어 있었던 것인지 여부와 진범이나 자기의 다른 범죄를 숨기기 위해서 해당 사건만을 자수하는 것인지 여부를 주의해야 한다.

제51조(고소 취소에 따른 조치)
경찰관이 친고죄에 해당하는 사건을 송치한 후 고소인으로부터 그 고소의 취소를 수리하였을 때에는 즉시 필요한 서류를 작성하여 해당 검사에게 송부해야 한다.

제52조(고소·고발사건 수사 시 주의사항)
① 경찰관은 고소·고발을 수리하였을 때 즉시 수사에 착수해야 한다.
② 고소사건을 수사할 때에는 고소권의 유무, 자기 또는 배우자의 직계존속에 대한 고소 여부, 친고죄는 「형사소송법」 제230조에 따른 소정의 고소 기간의 경과여부, 피해자의 명시한 의사에 반하여 죄를 논할 수 없는 사건은 처벌을 희망하는가의 여부를 각각 조사해야 한다.
③ 고발사건을 수사할 때에는 자기 또는 배우자의 직계존속에 대한 고발인지 여부, 고발이 소송조건인 범죄는 고발권자의 고발이 있는지 여부 등을 조사해야 한다.
④ 경찰관은 고소·고발에 따라 범죄를 수사할 때에는 다음 각 호의 사항에 주의해야 한다.
1. 무고, 비방을 목적으로 하는 허위 또는 현저하게 과장된 사실의 유무
2. 해당 사건의 범죄사실 이외의 범죄 유무

제53조(친고죄의 긴급수사착수)
경찰관은 친고죄에 해당하는 범죄가 있음을 인지한 경우 즉시 수사를 하지 않으면 향후 증거수집 등이 현저히 곤란하게 될 우려가 있다고 인정될 때에는 고소권자의 고소가 제출되기 전에도 수사를 할 수 있다. 다만, 고소권자의 명시한 의사에 반하여 수사할 수 없다.

제55조(변사사건 발생보고)
경찰관은 변사자 또는 변사로 의심되는 사체를 발견하거나 사체가 있다는 신고를 받았을 때에는 즉시 소속 해양경찰서의 장에게 보고해야 한다.

제56조(변사자 조사결과보고서 작성 등)
① 「해양경찰수사규칙」 제27조제1항에 따라 검시에 참여한 검시조사관은 별지 제15호서식의 변사자조사결과보고서를 작성해야 한다.
② 경찰관이 「형사소송법」 제222조제1항 및 제3항에 따라 검시를 하였을 때에는 의사의 검안서, 촬영한 사진 등을 검시조서에 첨부해야 하고, 변사자의 가족·친족·이웃사람·관계자 등의 진술조서를 작성하였을 때에는 그 조서도 첨부해야 한다.
③ 경찰관은 검시를 한 경우에 범죄로 인한 사망이라고 인식하면 신속하게 수사를 개시하고, 소속 해양경찰서의 장에게 보고해야 한다.

> **해양경찰수사규칙 제27조(변사자의 검시·검증)** [21 승진]
> ① 사법경찰관은 법 제222조제1항 및 제3항에 따라 검시를 하는 경우에는 의사를 참여시켜야 하며, 그 **의사로 하여금 검안서를 작성**하게 해야 한다. 이 경우 사법경찰관은 검시 조사관을 참여시킬 수 있다.
> ② 사법경찰관은 법 제222조에 따른 검시 또는 검증 결과 사망의 원인이 범죄로 인한 것으로 판단하는 경우에는 신속하게 수사를 개시해야 한다.
>
> **제29조(검시의 주의사항)**
> 사법경찰관리는 검시할 때에는 다음 각 호의 사항에 주의해야 한다.
> 1. 검시에 착수하기 전에 변사자의 위치, 상태 등이 변하지 않도록 현장을 보존하고, 변사자 발견 당시 변사자의 주변 환경을 조사할 것
> 2. 변사자의 소지품이나 그 밖에 변사자가 남겨 놓은 물건이 수사에 필요하다고 인정되는 경우에는 이를 보존하는 데 유의할 것
> 3. 검시하는 경우에는 잠재지문 및 변사자의 지문 채취에 유의할 것
> 4. 자살자나 자살로 의심되는 사체를 검시하는 경우에는 교사자(敎唆者) 또는 방조자의 유무와 유서가 있

는 경우 그 진위를 조사할 것
5. 등록된 지문이 확인되지 않거나 부패 등으로 신원확인이 곤란한 경우에는 디엔에이(DNA) 감정을 의뢰하고, 입양자로 확인된 경우에는 입양기관 탐문 등 신원확인을 위한 보강 조사를 할 것
6. 신속하게 절차를 진행하여 유족의 장례 절차에 불필요하게 지장을 초래하지 않도록 할 것

제30조(검시와 참여자) [21 승진]
사법경찰관리는 검시에 **특별한 지장이 없다고 인정**하면 변사자의 가족·친족, 이웃사람·친구, 시·군·구·읍·면·동의 공무원이나 그 밖에 필요하다고 인정하는 사람을 검시에 참여시켜야 한다.

형사소송법 제222조(변사자의 검시) [20 승진]
① 변사자 또는 변사의 의심있는 사체가 있는 때에는 그 소재지를 관할하는 지방검찰청 검사가 검시하여야 한다.
② 전항의 검시로 범죄의 혐의를 인정하고 긴급을 요할 때에는 영장없이 검증할 수 있다.
③ 검사는 사법경찰관에게 전2항의 처분을 명할 수 있다.

형사소송법 제215조(압수, 수색, 검증)
① 검사는 범죄수사에 필요한 때에는 피의자가 죄를 범하였다고 의심할 만한 정황이 있고 해당 사건과 관계가 있다고 인정할 수 있는 것에 한정하여 지방법원판사에게 청구하여 발부받은 영장에 의하여 압수, 수색 또는 검증을 할 수 있다.
② 사법경찰관이 범죄수사에 필요한 때에는 피의자가 죄를 범하였다고 의심할 만한 정황이 있고 해당 사건과 관계가 있다고 인정할 수 있는 것에 한정하여 검사에게 신청하여 검사의 청구로 지방법원판사가 발부한 영장에 의하여 압수, 수색 또는 검증을 할 수 있다.

제57조(검시의 요령과 주의사항 등)
① 경찰관은 검시할 때 다음 각 호의 사항을 면밀히 조사해야 한다.
1. 변사자의 등록기준지 또는 국적, 주거, 직업, 성명, 연령과 성별
2. 변사장소 주위의 지형과 사물의 상황
3. 변사체의 위치, 자세, 인상, 치아, 전신의 형상, 상처, 문신 그 밖의 특징
4. 사망의 추정연월일
5. 사인(특히 범죄행위에 기인 여부)
6. 흉기 그 밖의 범죄행위에 사용되었다고 의심되는 물건
7. 발견일시와 발견자
8. 의사의 검안과 관계인의 진술
9. 소지금품 및 유류품
10. 착의 및 휴대품
11. 참여인
12. 중독사의 의심이 있을 때에는 증상, 독물의 종류와 중독에 이른 과정
② 경찰관이 변사자를 검시, 검증, 해부, 조사 등을 하였을 때에는 특히 인상·착의·전신, 그 밖의 특징이 있는 소지품의 촬영, 지문의 채취 등을 하여 향후의 수사 또는 신원조사에 지장을 주지 않도록 해야 한다.

제58조(사체의 인도 등)
① 경찰관은 「해양경찰수사규칙」 제31조에 따라 사체를 인도할 때 인수받는 사람에게 별지 제16호서식의 검시필증을 교부해야 한다.
② 변사체는 후일을 위해 매장함을 원칙으로 한다.

해양경찰수사규칙 제31조(사체의 인도) [21 승진, 19 승진]
① 사법경찰관은 변사자에 대한 검시 또는 검증이 종료된 때에는 사체를 소지품 등과 함께 신속히 유족

등에게 인도한다. 다만, 사체를 인수할 사람이 없거나 변사자의 신원이 판명되지 않은 경우에는 사체가 현존하는 지역의 특별자치시장·특별자치도지사·시장·군수 또는 자치구의 구청장에게 인도해야 한다.

제59조(「가족관계의 등록 등에 관한 법률」에 따른 통보)

① 경찰관은 변사체를 검시 한 경우에 사망자의 등록기준지가 분명하지 않거나 사망자를 인식할 수 없을 때에는 검시조서를 첨부하여 별지 제17호서식의 사망통지서를 「가족관계의 등록 등에 관한 법률」 제90조제1항에 따라 지체 없이 사망지의 시·읍·면의 장에게 통보해야 한다.
② 경찰관은 제1항에 따라 통보한 사망자가 「가족관계의 등록 등에 관한 법률」에 따른 등록이 되어 있음이 판명되었거나 사망자의 신원을 알 수 있게 된 때에는 「가족관계의 등록 등에 관한 법률」 제90조제2항에 따라 지체 없이 그 취지를 사망지의 시·읍·면의 장에게 통보해야 한다.

제3장 임의수사

제1절 출석요구와 조사 등

제60조(출석요구)

경찰관은 「형사소송법」 제200조 및 같은 법 제221조의 출석요구에 따라 출석한 피의자 또는 사건관계인에게 지체 없이 진술을 들어야 하며 피의자 또는 사건관계인이 장시간 기다리게 하는 일이 없도록 해야 한다.

제61조(조사장소 등)

① 경찰관이 피의자 또는 사건관계인 조사를 할 때에는 소속 해양경찰관서의 사무실 또는 조사실에서 해야 하고, 부득이한 사유로 그 이외의 장소에서 하는 경우에는 소속 해양경찰관서의 장에게 사전 승인을 받아야 한다. 다만, 해양경찰청 수사국 소속 경찰관은 수사국장에게 사전 승인을 받아야 한다.
② 경찰관이 치료 등 건강상의 이유로 출석이 현저히 곤란한 피의자 또는 사건관계인을 해양경찰관서 이외의 장소에서 조사하는 경우에는 피조사자의 건강상태를 충분히 고려해야 하고, 수사에 중대한 지장이 없으면 가족, 의사, 그 밖의 적당한 사람을 참여시켜야 한다.
③ 경찰관이 피의자신문 이외의 조사를 할 때 피조사자가 해양경찰관서로부터 멀리 떨어져 거주하거나 그 밖의 사유로 출석조사가 곤란한 경우에는 별지 제18호서식의 우편조서를 작성하여 우편, 팩스, 전자우편 등의 방법으로 조사할 수 있다.

제62조(임의성의 확보)

① 경찰관은 조사를 할 때 고문, 폭행, 협박, 신체구속의 부당한 장기화 그 밖에 진술의 임의성에 관하여 의심받을 만한 방법을 취해서는 안 된다.
② 경찰관은 조사를 할 때에는 희망하는 진술을 상대자에게 시사하는 등의 방법으로 진술을 유도하거나 진술의 대가로 이익을 제공할 것을 약속하거나 그 밖에 진술의 진실성을 잃게 할 염려가 있는 방법을 취해서는 안 된다.

제63조(조사 시 진술거부권 등의 고지)

「형사소송법」 제244조의3에 따른 진술거부권의 고지는 조사를 상당 시간 중단하거나 회차를 달리하거나 담당 경찰관이 교체된 경우에도 다시 해야 한다.

제64조(대질조사 시 유의사항)

경찰관은 대질신문을 하는 경우에 사건의 특성 및 그 시기와 방법에 주의하여 한쪽이 다른 한쪽으로부터 위압을 받는 등 다른 피해가 발생하지 않도록 해야 한다.

제65조(공범자의 조사)

경찰관은 공범자를 조사 할 때 분리조사를 통해 범행은폐 등 통모를 방지해야 하고, 필요한 경우 대질신문 등을 할 수 있다.

제66조(증거의 제시)

경찰관은 조사과정에서 피의자에게 증거를 제시할 필요가 있는 때에는 적절한 시기와 방법을 고려해야 하고, 그 당시의 피의자의 진술이나 정황 등을 조서에 적어야 한다.

제67조(직접진술의 확보)
① 경찰관이 사실을 명백히 하기 위하여 피의자 이외의 관계있는 사람을 조사할 필요가 있을 때에는 가능한 그 사실을 직접 경험한 사람의 진술을 들어야 한다.
② 경찰관이 사건 수사에 있어 중요한 사항에 속한 타인의 진술을 내용으로 하는 진술을 들었을 때에는 그 사실을 직접 경험한 사람의 진술을 듣도록 노력해야 한다.

제68조(진술자의 사망 등에 대비하는 조치)
경찰관은 피의자가 아닌 사람을 조사할 때 피조사자가 다음 각 호에 모두 해당할 경우에는 수사의 지장이 없는 범위에서 피의자, 변호인 그 밖의 적당한 사람을 참여하게 하거나 검사에게 증인신문 청구를 신청하는 등 필요한 조치를 해야 한다.
1. 피조사자가 사망, 정신장애 또는 신체장애 등의 사유로 공판준비 또는 공판기일에 진술하지 못하는 경우
2. 피조사자의 진술이 범죄의 증명에 꼭 필요한 것으로 인정될 경우

제71조(피의자신문조서 등 작성 시 주의사항)
① 경찰관이 피의자신문조서와 진술조서를 작성할 때에는 다음 각 호의 사항에 주의해야 한다.
1. 형식에 흐르지 말고, 추측이나 과장을 배제하며, 범의 착수의 방법, 실행행위의 태양, 미수·기수의 구별, 공모사실 등 범죄의 구성요건에 대한 사항은 특히 명확히 적을 것
2. 필요할 때에는 진술자의 진술 태도 등을 기입하여 진술의 내용뿐 아니라 진술 당시의 상황을 명백히 알 수 있도록 할 것
② 경찰관은 조사가 진행 중인 동안에는 수갑·포승 등을 해제해야 한다. 다만, 자살, 자해, 도주, 폭행의 우려가 현저한 사람으로서 담당경찰관 및 유치인 보호주무자가 수갑·포승 등 사용이 반드시 필요하다고 인정한 사람은 예외로 한다.

제72조(진술서 등의 작성)
① 경찰관은 피의자와 그 밖의 관계자로부터 수기, 자술서, 경위서 등의 서류를 제출받는 경우에도 필요한 때에는 피의자신문조서 또는 진술조서를 작성해야 한다.
② 경찰관은 「해양경찰수사규칙」 제39조제3항에 따라 진술인이 진술서로 작성하여 제출 하는 경우에 가능한 자필로 작성하도록 하고, 경찰관이 대신 쓰지 않도록 해야 한다.

제73조(수사과정의 기록)
경찰관은 조사과정에서 수갑·포승 등을 사용한 경우, 그 사유와 사용 시간을 기록해야 한다.

제74조(피의자의 진술에 따른 실황조사)
경찰관은 피의자의 진술에 따라 흉기, 장물 그 밖의 증거자료를 발견하였을 경우에 증명력 확보를 위해 필요할 때에는 실황조사를 하여 그 발견의 상황을 실황조사서에 정확히 기록해야 한다.

제75조(실황조사서 작성)
① 경찰관은 피의자, 피해자, 참고인 등의 진술을 실황조사서에 작성할 필요가 있는 경우에 「형사소송법」 제199조 및 제244조에 따라야 한다.
② 경찰관은 제1항의 경우, 피의자의 진술은 미리 피의자에게 제63조에 따른 진술거부권 등을 고지하고 이를 조서에 명백히 기록해야 한다.

제2절 변호인 접견·참여

제76조(변호인의 선임)
① 경찰관은 변호인의 선임에 특정 변호인을 시사하거나 추천해서는 안 된다.
② 경찰관은 피의자가 조사 중 변호인 선임 의사를 밝히거나 피의자신문 과정에 변호인 참여를 요청하는 경우 즉시 조사를 중단하고, 변호인 선임 또는 변호인의 신문과정 참여를 보장해야 한다.

제78조(접견 장소 및 관찰)

① 변호인등의 접견은 해양경찰관서 내 지정된 장소에서 이루어져야 한다.
② 제1항에도 불구하고 별도로 지정된 접견실이 없는 경우에는 해양경찰관서 내 조사실 등 적정한 공간을 이용할 수 있다.
③ 체포·구속된 피의자와 변호인 또는 변호인이 되려는 자와의 접견에는 경찰관이 참여하지 못하고, 그 내용을 청취 또는 녹취하지 못한다. 다만 보이는 거리에서 체포·구속된 피의자를 관찰할 수 있다.
④ 경찰관은 「형의 집행 및 수용자의 처우에 관한 법률」 제92조의 금지물품이 수수되지 않도록 관찰하며 이러한 물품의 수수행위를 발견한 때에는 이를 제지하고 유치인보호주무자에게 보고해야 한다.

제3절 영상녹화

제82조(영상녹화물의 제작·보관)

① 경찰관이 「해양경찰수사규칙」 제44조에 따라 영상녹화물을 제작할 때에는 영상녹화물 표면에 사건번호, 죄명, 진술자 성명 등 사건정보를 기재해야 한다.
② 경찰관은 제1항에 따라 제작한 영상녹화물 중 하나는 수사기록에 편철하고 나머지 하나는 보관한다.
③ 「해양경찰수사규칙」 제44조에 따라 경찰관은 피조사자의 기명날인 또는 서명을 받을 수 없는 경우에 기명날인 또는 서명란에 그 취지를 적어 넣고 직접 기명날인 또는 서명한다.
④ 경찰관은 영상녹화물을 제작한 후 별지 제25호서식에 따른 영상녹화물 관리대장에 등록해야 한다.

제83조(봉인 전 재생·시청)

경찰관은 제82조에 따라 제작한 영상녹화물 원본을 봉인하기 전에 진술자 또는 변호인이 녹화물의 시청을 요구하는 경우 영상녹화물을 재생하여 시청하게 해야 한다. 이 경우 진술자 또는 변호인이 녹화된 내용에 이의를 제기할 때에는 그 취지를 기재한 서면을 사건기록에 편철해야 한다.

제4절 수배

제86조(지명수배·지명통보 관리 및 감독 부서)

① 해양경찰관서의 지명수배·지명통보 관리 감독 부서는 다음 각호와 같다
 1. 해양경찰청: 형사과
 2. 지방해양경찰청, 해양경찰서: 수사과
② 지방해양경찰청 및 해양경찰서 수사과장은 수배관리자를 지정하고 관리·감독한다.

제88조(지명수배)

경찰관이 「해양경찰수사규칙」 제45조에 따라 지명수배를 한 경우에는 체포영장 또는 구속영장의 유효기간에 유의해야 하고, 유효기간 경과 후에도 계속 수배할 필요가 있는 때에는 유효기간 만료 전에 체포영장 또는 구속영장을 재발부 받아야 한다.

제95조(지명수배자 발견 시 조치)

① 경찰관은 「해양경찰수사규칙」 제46조제1항에 따라 지명수배자를 발견한 경우에는 체포 또는 구속하고, 지명수배한 경찰관서(이하 "수배관서"라 한다)에 인계해야 한다.

제96조(지명수배자의 인수·호송 등)

③ 검거된 지명수배자의 지명수배가 여러 건인 경우에는 다음 각 호의 수배관서 순위에 따라 지명수배자를 인계받아 조사해야 한다.
 1. 공소시효 만료 3개월 이내이거나 공범에 대한 수사 또는 재판이 진행 중인 수배관서
 2. 법정형이 중한 죄명으로 지명수배된 수배관서
 3. 검거관서와 동일한 지방검찰청 또는 지청의 관할구역에 있는 수배관서
 4. 검거관서와 거리 또는 교통 상 가장 인접한 수배관서

제97조(재지명수배의 제한)

긴급체포한 지명수배자를 석방한 경우에는 영장을 발부받지 않고 동일한 범죄사실에 다시 지명수배하지 못한다.

제98조(중요지명피의자 종합 공개수배)

① 지방해양경찰청장은 지명수배를 한 후, 6개월이 경과하여도 검거하지 못한 피의자 중 다음 각 호의 어느 하나에 해당하는 중요지명피의자를 매년 5월과 11월 연 2회 선정하여 수사국장에게 별지 제36호서식의 중요지명피의자 종합 공개수배 보고서에 따라 보고해야 한다.
1. 강력범(살인·강도·성폭력·마약·방화·폭력·절도범을 말한다)
2. 다액·다수피해 경제사범, 부정부패 사범
3. 그밖에 신속한 검거를 위해 전국적 공개수배가 필요하다고 판단되는 사람
② 수사국장은 제101조에 따른 공개수배위원회를 개최하여 제1항의 중요지명피의자 종합 공개수배 대상자를 선정하고, 매년 6월과 12월 중요지명피의자 종합 공개수배 전단을 별지 제37호서식의 중요지명피의자 종합 공개수배에 따라 작성하여 게시하는 방법으로 공개수배 할 수 있다.
③ 해양경찰서장은 제2항에 따른 중요지명피의자 종합 공개수배 전단을 다음 각 호에 따라 게시·관리해야 한다.
1. 관할 내 다중의 눈에 잘 띄는 장소, 수배자의 은신 또는 이용·출현 예상 장소 등을 선별하여 게시한다.
2. 관할 내 교도소·구치소 등 교정시설, 읍·면사무소·주민센터 등 관공서, 병무관서, 군 부대 등에 게시한다.
3. 검거 등 사유로 종합 공개수배를 해제한 경우 즉시 검거표시를 한다.
4. 신규 종합 공개수배 전단을 게시할 때에는 이전에 게시한 전단을 회수하여 폐기한다.
④ 중요지명피의자 종합 공개수배 전단은 언론매체·정보통신망 등에 게시할 수 있다.

제99조(긴급 공개수배)

① 해양경찰관서의 장은 법정형이 사형·무기 또는 장기 3년 이상 징역이나 금고에 해당하는 죄를 범하였다고 의심할만한 타당한 이유가 있고, 범죄의 상습성, 사회적 관심, 공익에 대한 위험 등을 고려할 때 신속한 검거가 필요한 사람에 대해 긴급 공개수배를 할 수 있다.

제100조(언론매체·정보통신망 등을 이용한 공개수배)

① 언론매체·정보통신망 등을 이용한 공개수배는 제101조에 따른 공개수배위원회의 심의를 거쳐야 한다. 다만, 공개수배위원회를 개최할 시간적 여유가 없는 긴급한 경우에는 사후 심의할 수 있으며, 이 경우 지체 없이 위원회를 개최해야 한다.

제101조(공개수배위원회 구성·운영 등)

① 수사국장은 중요지명피의자 종합 공개수배, 긴급 공개수배 등 공개수배에 관한 사항을 심의하기 위하여 공개수배위원회를 둘 수 있다.
② 제1항에 따라 공개수배위원회를 두는 경우 위원장은 형사과장으로 하고, 위원회는 위원장 1명을 포함하여 7명 이상 11명 이내로 성별을 고려하여 구성한다. 이 경우 외부 전문가를 포함해야 한다.

제103조(지명통보자 발견 시 조치)

① 경찰관은 지명통보자를 발견한 경우「해양경찰수사규칙」제48조에 따라 지명통보자에게 지명통보된 사실 등을 고지한 뒤 별지 제38호서식의 지명통보사실 통지서를 교부하고, 별지 제39호서식의 지명통보자 소재발견 보고서를 작성한 후「해양경찰수사규칙」제98조에 따라 사건이송서와 함께 지명통보를 한 관서(이하 "통보관서"라 한다)에 인계해야 한다. 다만, 지명통보 된 사실 등을 고지받은 지명통보자가 지명통보사실통지서를 교부받기 거부하는 경우에는 그 취지를 지명통보자 소재발견 보고서에 기재해야 한다.

제105조(장물수배)

경찰관이 장물수배(수사 중인 사건의 장물을 다른 경찰관서에 그 발견을 요청하는 수배를 말한다)를 할 때에는 발견해야 할 장물의 명칭, 모양, 상표, 품질, 품종 그 밖의 특징 등을 명백히 해야 하

며 사진, 도면, 동일한 견본·조각을 첨부하는 등 필요한 조치를 해야 한다.

제106조(장물수배서)

① 해양경찰서장은 범죄수사에 필요하다고 인정할 때에는 장물과 관련 있는 영업주에 대하여 장물수배서를 발급할 수 있으며, 장물수배서는 다음 각 호로 구분한다.
1. 특별 중요 장물수배서: 수사본부를 설치하고 수사하고 있는 사건에 발급하는 장물수배서
2. 중요 장물수배서: 수사본부를 설치하고 수사하고 있는 사건 이외의 중요한 사건에 발급하는 장물수배서
3. 보통 장물수배서: 그 밖의 사건에 발급하는 장물수배서

② 제1항에 따른 장물수배서는 다음 각 호의 색깔로 구분하여 발급해야 한다.
1. 특별 중요 장물수배서: 홍색
2. 중요 장물수배서: 청색
3. 보통 장물수배서: 백색

③ 장물수배서를 발급할 때에는 제105조를 준용한다.
④ 해양경찰서장은 장물수배서를 발급하거나 배부하였을 때 별지 제40호서식의 장물수배서 원부와 별지 제41호서식의 장물수배서 배부부에 따라 각각 그 상황을 명확히 작성해야 한다.

제4장 강제수사

제1절 체포·구속

제111조(영장에 의한 체포)

① 경찰관이 「형사소송법」 제200조의2제1항 및 「해양경찰수사규칙」 제50조에 따라 체포영장을 신청할 때에는 별지 제43호서식의 체포영장신청부에 필요한 사항을 적어야 한다.
② 경찰관이 체포영장에 따라 피의자를 체포한 경우에는 별지 제44호서식의 체포·구속영장 집행원부에 그 내용을 적어야 한다.

제112조(긴급체포)

① 「형사소송법」 제200조의3제1항의 "긴급을 요하여"는 피의자를 우연히 발견한 경우 등과 같이 체포영장을 받을 시간적 여유가 없는 때를 말하며 피의자의 연령, 경력, 범죄성향이나 범죄의 경중, 태양, 그 밖에 제반사항을 고려하여 인권침해가 없도록 해야 한다.
② 「형사소송법」 제200조의3제1항에 따라 긴급체포를 하였을 때에는 같은 법 제200조의3제3항에 따라 즉시 긴급체포서를 작성하고, 별지 제45호서식의 긴급체포원부에 필요한 사항을 적어야 한다.
③ 긴급체포한 피의자를 석방한 때에는 긴급체포원부에 석방일시 및 석방사유를 적어야 한다.

제113조(현행범인의 체포)

① 경찰관은 「해양경찰수사규칙」 제52조제2항에 따라 현행범인인수서를 작성할 때에는 체포자로부터 성명, 주민등록번호(외국인인 경우에는 외국인등록번호, 해당 번호들이 없거나 이를 알 수 없는 경우에는 생년월일 및 성별을 포함하며, 이하 "주민등록번호등"이라 한다), 주거, 직업, 체포일시·장소 및 체포의 사유를 청취하여 적어야 한다.
② 경찰관이 현행범인을 체포하거나 인도받은 경우에는 별지 제46호서식의 현행범인체포원부에 필요한 사항을 적어야 한다.
③ 경찰관이 다른 해양경찰관서의 관할구역 내에서 현행범인을 체포하였을 때에는 체포지를 관할하는 해양경찰관서에 인도하는 것을 원칙으로 한다.

제114조(현행범인의 조사 및 석방)

① 경찰관은 「수사준칙」 제28조제1항에 따라 현행범인을 석방할 때 소속 수사부서장의 지휘를 받아야 한다.
② 제1항에 따라 현행범인을 석방할 때에는 별지 제46호서식의 현행범인 체포원부에 석방일시 및 석방사유를 적어야 한다.

제115조(체포보고서)

경찰관은 피의자를 영장에 의한 체포, 긴급체포, 현행범인으로 체포하였을 때 별지 제47호서식의 피

의자 체포보고서를 작성하여 소속 해양경찰관서의 장에게 보고해야 한다.

제116조(구속영장 신청)

① 경찰관이 「형사소송법」 제201조제1항 및 「수사준칙」 제29조제1항에 따라 구속영장을 신청할 때에는 범죄의 중대성, 재범의 위험성, 피해자 및 중요 참고인 등에 대한 위해 우려, 피의자의 연령, 건강상태 그 밖의 제반사항 등을 고려해야 한다.
② 경찰관이 「형사소송법」 제200조의2제5항 및 「수사준칙」 제29조제2항에 따라 체포한 피의자에 대해 구속영장을 신청할 때에는 구속영장 신청서에 제1항의 사유를 인정할 수 있는 자료를 첨부해야 하고, 긴급체포 후 구속영장을 신청할 때에는 「형사소송법」 제200조의3제1항의 사유를 인정할 수 있는 자료도 함께 첨부해야 한다.
③ 경찰관은 「형사소송법」 제200조의2제5항(같은 법 제213조의2에서 준용하는 경우를 포함한다) 및 같은 법제200조의4제1항에 따라 체포한 피의자를 구속하고자 할 때 체포한 때부터 48시간 내에 구속영장을 신청하되 검사의 영장청구에 필요한 시한을 고려해야 한다.
④ 제3항에 따른 구속영장을 신청하였을 때에는 별지 제48호서식의 구속영장신청부에 필요한 사항을 적어야 한다.

제119조(체포·구속영장의 재신청)

경찰관은 「형사소송법」 제200조의2제4항 및 「수사준칙」 제31조에 따라 동일한 범죄사실로 다시 체포·구속영장을 신청할 때 다음 각 호의 사유에 해당하는 경우에는 그 취지를 체포·구속영장 신청서에 적어야 한다.
1. 체포·구속영장의 유효기간이 경과된 경우
2. 체포·구속영장을 신청하였으나 발부 받지 못한 경우
3. 체포·구속되었다가 석방된 경우

제120조(영장 없는 체포 시 권리고지)

경찰관이 「형사소송법」 제200조의3에 따라 피의자를 긴급체포하거나 같은 법 제212조에 따라 현행범을 체포한 경우 피의자에 대한 권리의 고지는 「수사준칙」 제32조를 준용한다.

제122조(체포·구속 시의 주의사항)

① 경찰관이 피의자를 체포·구속할 때에는 필요한 한도를 넘어서 실력을 행사하는 일이 없도록 하고 그 시간·방법을 고려해야 한다.
② 경찰관이 다수의 피의자를 동시에 체포·구속할 때에는 각각의 피의자별로 피의사실, 증거방법, 체포·구속 시의 상황, 인상, 체격 그 밖의 특징 등을 명확히 구분하여 체포·구속, 압수·수색 또는 검증 그 밖의 처분에 관한 서류의 작성, 조사, 증명에 지장을 주지 않도록 해야 한다.
③ 경찰관이 피의자를 체포·구속할 때에는 피의자의 건강상태를 조사하고, 체포·구속으로 인하여 현저하게 건강을 해할 염려가 있다고 인정할 때에는 그 사유를 소속 해양경찰관서의 장에게 보고해야 한다.
④ 피의자가 도주, 자살 또는 폭행 등을 할 염려가 있을 때에는 수갑·포승 등 경찰장구를 사용할 수 있다.

제123조(체포·구속적부심사)

① 경찰관은 피의자에 대한 체포·구속적부심사 심문기일과 장소를 통보받은 경우 「형사소송규칙」 제104조제2항에 따라 심문기일까지 수사관계서류와 증거물을 검사를 거쳐 법원에 제출해야 하고, 심문기일에 피의자를 법원에 출석시켜야 한다.
② 경찰관은 제1항에 따라 수사관계서류 및 증거물을 제출하는 경우에 별지 제115호서식의 수사관계서류 등 제출서에 소정의 사항을 작성하고, 「형사소송법」 제214조의2제5항 각 호의 사유가 있거나 같은 조 제6항에 따른 석방조건을 부가할 필요가 있는 경우 및 같은 조 제11항에 따른 공범의 분리심문이나 그 밖의 수사상의 비밀보호를 위한 조치가 필요한 때에는 그 뜻을 적은 서면을 수사관계서류 등 제출서에 첨부한다.
③ 경찰관은 법원이 석방결정을 한 경우에 피의자를 즉시 석방해야 하고, 보증금의 납입을 조건으로 석방결정을 한 경우에는 보증금 납입증명서를 제출받은 후 석방해야 한다.

제128조(피의자와의 접견등)

① 경찰관은 변호인 또는 변호인이 되려는 사람으로부터 체포·구속된 피의자와의 접견, 서류 또는 물건의 수수, 의사의 진료(이하 "접견등"이라 한다) 신청이 있을 때에는 정당한 사유가 없으면 신청을 받아들여야 한다.
② 경찰관은 변호인 아닌 사람으로부터 접견등의 신청이 있을 때에는 면밀히 검토하여 피의자가 도망 또는 죄증을 인멸할 염려가 없고 유치장의 보안상 지장이 없다고 판단되는 경우 제1항에 준하여 처리한다.

제2절 압수·수색·검증

제131조(압수·수색 또는 검증영장의 신청)

경찰관은 「형사소송법」 제215조제2항에 따라 압수·수색·검증영장을 신청할 때 별지 제57호서식의 압수·수색·검증영장신청부에 신청의 절차, 발부 후의 상황 등을 명확히 적어야 한다.

제133조(압수·수색 또는 검증영장의 제시)

경찰관이 부득이한 사유로 피압수자에게 「형사소송법」 제219조에서 준용하는 같은 법 제118조에 따라 영장을 제시할 수 없을 때에는 참여인에게 이를 제시해야 한다.

제136조(소유권 포기서) [21 경감]

경찰관은 압수물의 소유자가 그 물건의 소유권을 포기한다는 의사표시를 하였을 때에는 별지 제60호서식의 소유권포기서를 제출받아야 한다.

제139조(임의 제출물의 압수 등)

① 경찰관은 소유자등에게 임의 제출을 요구할 필요가 있을 때 별지 제61호서식의 물건제출요청서를 발부할 수 있다.
② 경찰관은 소유자등이 임의 제출한 물건을 압수할 때 물건을 제출한 사람에게 임의 제출의 취지 및 이유를 적은 별지 제62호서식의 임의제출서를 받아야 하고, 「해양경찰수사규칙」 제64조제1항에 따른 압수조서와 같은 조 제2항의 압수목록교부서를 작성해야 한다. 이 경우 물건을 임의 제출한 사람에게 압수목록교부서를 교부해야 한다.
③ 경찰관은 임의 제출한 물건을 압수한 경우에 소유자등이 그 물건의 소유권을 포기한다는 의사표시를 했을 때에는 제2항에 따른 임의제출서에 그 취지를 작성하게 하거나 별지 제60호서식의 소유권포기서를 제출하게 해야 한다.

제140조(유류물의 압수)

① 경찰관이 유류물을 압수할 때에는 거주자, 관리자 또는 이에 준하는 사람을 참여시켜야 한다. 다만, 대상자가 참여의사가 없음을 분명하게 밝히거나 참여할 사람이 없는 경우는 예외로 한다.
② 경찰관은 제1항에 따라 압수를 할 때에는 압수조서 등에 그 물건이 발견된 상황 등을 명확히 기록하고 압수목록을 작성해야 한다.

제141조(압수·수색 또는 검증 시 주의사항)

① 경찰관이 압수·수색 또는 검증을 할 때에는 부득이한 사유가 있는 경우 이외에는 건조물, 기구 등을 파괴하거나 서류, 그 밖의 물건을 흐트러지지 않게 해야 하고, 압수·수색 또는 검증을 종료하였을 때에는 원상회복해야 한다.
② 경찰관이 압수를 할 때에는 지문 등 수사자료가 손상되지 않도록 주의하는 동시에 그 물건을 되도록 원상태로 보존하기 위한 적당한 조치를 하여 멸실, 파손, 변질, 변형, 혼합 또는 산일되지 않도록 해야 한다.

제142조(압수물의 보관 등)

① 경찰관은 압수물을 보관할 때 「해양경찰수사규칙」 제67조제1항에 따라 압수물에 사건명, 피의자의 성명 및 압수목록에 적은 순위·번호를 기입한 이름표를 붙여 견고한 상자 또는 보관에 적합한 창고 등에 보관해야 한다.
② 경찰관은 압수금품 중 현금, 귀금속 등 중요금품과 유치인으로부터 제출받은 임치 금품을 별도

로 지정된 보관담당자로 하여금 금고에 보관하게 해야 한다.
③ 경찰관은 압수물이 유가증권인 경우 원형보존 필요 여부를 판단하고, 그 취지를 수사보고서에 작성하여 수사기록에 편철해야 한다.

제143조(압수물의 폐기)
「해양경찰수사규칙」 제68조제1항에 따른 압수물의 폐기는 재생이 불가능한 방식으로 해야 하고, 다른 법령에서 별도의 규정을 두고 있는 경우는 그에 따라야 한다.

제144조(폐기, 대가보관 시 주의사항)
경찰관이 압수물을 폐기 또는 대가보관 처분을 할 때 다음 사항에 주의해야 한다.
1. 폐기처분을 할 때에는 사전에 반드시 사진을 촬영해 둘 것
2. 그 물건의 상황을 사진, 도면, 모사도 또는 기록 등의 방법에 따라 명백히 할 것
3. 특히 필요가 있다고 인정될 때에는 해당 압수물의 성질과 상태, 가격 등을 감정해둘 것. 이 경우에는 재감정할 경우를 고려하여 그 물건의 일부를 보존해 둘 것
4. 위험발생, 멸실, 파손 또는 부패의 염려가 있거나 보관하기 어려운 물건 등 폐기 또는 대가보관의 처분을 해야 할 타당한 이유를 명백히 할 것

제3절 통신수사

제151조(범죄수사목적 통신제한조치 허가신청 등)
① 경찰관은 「통신비밀보호법」 제6조제2항 및 제4항에 따라 검사에게 통신제한조치 허가를 신청하는 경우 별지 제63호서식의 통신제한조치 허가신청서(사전)에 따른다.

제152조(긴급통신제한조치 등)
① 경찰관이 「통신비밀보호법」 제8조제1항에 따라 긴급통신제한조치를 하는 경우에는 별지 제67호서식의 긴급검열·감청서에 따른다.

제4절 증거

제163조(현장조사)
경찰관은 범죄현장을 직접 관찰(이하 "현장조사"라 한다)할 필요가 있는 범죄를 인지하였을 때 신속히 그 현장에 가서 필요한 수사를 해야 한다.

제164조(부상자의 구호 등)
① 경찰관은 현장조사 시 부상자가 있을 때에는 지체 없이 구호조치를 해야 한다.
② 경찰관은 제1항의 경우에 빈사상태의 중상자가 있을 때에는 응급 구호조치를 하는 동시에 가능한 경우에 한정하여 그 사람으로부터 범인의 성명, 범행의 원인, 피해자의 주거, 성명, 연령, 목격자 등을 청취해 두어야 하고, 그 중상자가 사망하였을 때에는 그 시각을 적어 놓아야 한다.

제165조(현장보존)
① 경찰관은 범죄가 실행된 지점뿐만 아니라 현장보존의 범위를 충분히 정하여 수사자료를 발견하기 위해 노력해야 한다.
② 경찰관이 보존해야 할 현장의 범위를 정하였을 때에는 지체 없이 출입금지 표시 등 적절한 조치를 하여 함부로 출입하는 사람이 없도록 해야 한다. 이때 현장에 출입한 사람이 있을 경우 그들의 성명, 주거 등 인적사항을 적어야 하며, 현장 또는 그 근처에서 배회하는 등 수상한 사람이 있을 때에는 그들의 성명, 주거 등을 파악하여 기록하도록 노력해야 한다.
③ 경찰관은 현장을 보존할 때 가능한 범행 당시의 상황 그대로 보존해야 한다.
④ 경찰관은 부상자의 구호, 증거물의 변질·분산·분실 방지 등을 위해 특히 부득이한 사정이 있는 경우를 제외하고 함부로 현장에 들어가서는 안 된다.
⑤ 경찰관은 현장에서 발견된 수사자료 중 햇빛, 열, 비, 바람 등으로 변질, 변형 또는 멸실할 우려가 있는 것은 덮개로 가리는 등 적당한 방법으로 그 원상을 보존하도록 노력해야 한다.
⑥ 경찰관은 부상자의 구호 그 밖의 부득이한 이유로 현장을 변경할 필요가 있는 경우 등 수사자료를 원상태로 보존할 수 없을 때에는 사진, 도면, 기록 그 밖의 적당한 방법으로 그 원상을 보존하도

록 노력해야 한다.

제166조(현장에서의 수사사항) [22 승진]

① 경찰관은 현장에서 수사를 할 때 현장 감식 그 밖에 과학적이고 합리적인 방법으로 다음 각 호의 사항을 명백히 하도록 노력하여 범행의 과정을 전반적으로 파악해야 한다.
1. 일시 관계
    가. 범행의 일시와 이를 추정할 수 있는 사항
    나. 발견의 일시와 상황
    다. 범행당시의 기상 상황
    라. 특수일 관계(시일, 명절, 축제일 등)
    마. 그 밖에 일시에 관하여 참고가 될 사항
2. 장소 관계
    가. 현장으로 통하는 도로와 상황
    나. 가옥 그 밖의 현장근처에 있는 물건과 그 상황
    다. 현장 방실의 위치와 그 상황
    라. 현장에 있는 기구, 그 밖의 물품의 상황
    마. 지문, 족적, DNA시료 그 밖의 흔적, 유류품의 위치와 상황
    바. 그 밖에 장소에 관하여 참고가 될 사항
3. 피해자 관계
    가. 범인과의 응대, 그 밖의 피해 전의 상황
    나. 피해 당시의 저항자세 등의 상황
    다. 상해의 부위와 정도, 피해 금품의 종류, 수량, 가액 등 피해의 정도
    라. 사체의 위치, 창상, 유혈 그 밖의 상황
    마. 그 밖에 피해자에 관하여 참고가 될 사항
4. 피의자 관계
    가. 현장 침입 및 도주 경로
    나. 피의자의 수와 성별
    다. 범죄의 수단, 방법 그 밖의 범죄 실행의 상황
    라. 피의자의 범행동기, 피해자와의 면식 여부, 현장에 대한 지식 유무를 추정할 수 있는 상황
    마. 피의자의 인상·풍채 등 신체적 특징, 말투·습벽 등 언어적 특징, 그 밖의 특이한 언동
    바. 흉기의 종류, 형상과 가해의 방법 그 밖의 가해의 상황
    사. 그 밖에 피의자에 관하여 참고가 될 사항

② 경찰관은 제1항에 따른 현장감식을 하였을 경우에는 별지 제108호서식의 현장감식결과보고서를 작성해야 한다.

제169조(증거물의 보존)

① 경찰관은 지문, 족적, 혈흔 그 밖에 멸실할 염려가 있는 증거물은 특히 그 보존에 유의하고 검증조서 또는 다른 조서에 그 성질 형상을 상세히 적거나 사진을 촬영해야 한다.
② 경찰관은 사체해부 또는 증거물의 파괴 그 밖의 원상의 변경이 필요한 검증을 하거나 감정을 위촉할 때 제1항에 준하여 변경 전의 형상을 알 수 있도록 유의해야 한다.
③ 제1항 및 제2항의 경우 또는 유류물, 그 밖의 자료를 발견하였을 때에는 증거물의 위치를 알 수 있도록 원근법으로 사진을 촬영하되, 가까이 촬영할 때에는 가능한 증거물 옆에 자틀 놓고 촬영해야 한다.
④ 경찰관은 제3항의 경우 증명력의 보전을 위해 필요하다고 인정되는 참여인을 함께 촬영하거나, 자료 발견 연월일시와 장소를 적은 서면에 참여인의 서명을 요구하여 이를 함께 촬영하고, 참여인이 없는 경우에는 비디오 촬영 등으로 현장상황과 자료수집과정을 녹화해야 한다.

제170조(감정의뢰 위촉 등)

① 경찰관이 「형사소송법」 제221조제2항에 따라 수사에 필요하여 국립과학수사연구원 등에게 감정을 의뢰하는 경우에는 별지 제24호서식의 감정의뢰서에 따른다.

제5절 외국인 등 관련범죄에 관한 특칙

제182조(외국인 등 관련범죄 수사의 착수)

경찰관은 외국인 등 관련 범죄 중 중요한 범죄는 미리 수사국장에게 보고하여 그 지시를 받아 수사에 착수해야 한다. 다만, 긴급한 경우에는 필요한 처분을 한 후 신속히 수사국장의 지시를 받아야 한다.

제183조(대·공사 등에 관한 특칙)

① 경찰관은 외국인 등 관련범죄를 수사할 때 다음 각 호의 어느 하나에 해당하는 사람의 외교 특권을 침해하는 일이 없도록 주의해야 한다.
1. 외교관 또는 외교관의 가족
2. 그 밖의 외교의 특권을 가진 사람
② 제1항에 규정된 사람의 사용인을 체포하거나 조사할 필요가 있다고 인정될 때에는 현행범인의 체포 그 밖의 긴급 부득이한 경우를 제외하고는 미리 수사국장에게 보고하여 그 지시를 받아야 한다.
③ 경찰관은 피의자가 외교 특권을 가진 사람인지 여부가 의심스러운 경우에는 신속히 수사국장에게 보고하여 그 지시를 받아야 한다.

제184조(대·공사관 등에의 출입)

① 경찰관은 대·공사관과 대·공사나 대·공사관원의 사택 별장 또는 그 밖의 숙박하는 장소에 해당 대·공사나 대·공사관원의 청구가 있을 경우 이외에는 출입해서는 안 된다. 다만, 중대한 범죄를 범한 사람을 추적 중 그 사람이 위 장소에 들어간 경우에 지체할 수 없을 때에는 대·공사, 대·공사관원 또는 이를 대리할 권한을 가진 사람의 사전 동의를 얻어 수색해야 한다.
② 경찰관이 제1항에 따라 수색을 할 때에는 지체 없이 수사국장에게 보고하여 그 지시를 받아야 한다.

제185조(외국군함에의 출입)

① 경찰관은 외국군함에 관하여는 해당 군함의 함장의 청구가 있는 경우 외에는 그 군함에 출입해서는 안 된다.
② 경찰관은 중대한 범죄를 범한 사람이 도주하여 대한민국의 영해에 있는 외국군함으로 들어갔을 때에는 신속히 수사국장에게 보고하여 그 지시를 받아야 한다. 다만, 급속을 요할 때에는 해당 군함의 함장에게 범죄자의 임의 인도를 요구할 수 있다.

제186조(외국군함의 승무원에 대한 특칙)

경찰관은 외국군함에 속하는 군인이나 군속이 그 군함을 떠나 대한민국의 영해 또는 영토 내에서 죄를 범한 경우에는 신속히 수사국장에게 보고하여 그 지시를 받아야 한다. 다만, 현행범, 그 밖에 긴급한 경우에는 체포, 그 밖의 수사상 필요한 조치를 한 후 신속히 수사국장에게 보고하여 그 지시를 받아야 한다.

제187조(영사 등에 관한 특칙)

① 경찰관은 임명국의 국적을 가진 대한민국 주재의 총영사, 영사 또는 부영사에 대한 사건이 구속 또는 조사할 필요가 있다고 인정될 때에는 미리 수사국장에게 보고하여 그 지시를 받아야 한다.
② 총영사, 영사 또는 부영사의 사무소는 해당 영사의 청구나 동의가 있는 경우 외에는 출입해서는 안 된다.
③ 경찰관은 총영사, 영사 또는 부영사의 사택이나 명예영사의 사무소 또는 사택에서 수사할 필요가 있다고 인정될 때에는 미리 수사국장에게 보고하여 그 지시를 받아야 한다.
④ 경찰관은 총영사, 영사 또는 부영사나 명예영사의 사무소 안에 있는 기록문서를 열람하거나 압수해서는 안 된다.

제188조(외국 선박 내의 범죄) [19 해경]

경찰관은 대한민국의 영해에 있는 외국 선박 내에서 발생한 범죄로써 다음 각 호의 어느 하나에 해당할 때에는 수사를 해야 한다.
1. 대한민국 육상이나 항내의 안전을 해할 때

2. 승무원 이외의 사람이나 대한민국의 국민에 관계가 있을 때
3. 중대한 범죄가 발생하였을 때

◆ 고소와 고발

차이점		고소	고발
	주체	피해자, 법정대리인, 친족, 지정고소권자	고소권자 및 범인 이외의 제3자
	기간	친고죄 : 범인을 알게 된 날로부터 6개월 (원칙)	제한X
	대리	O	X
	취소	제1심 판결 선고 후에는 취소X	제한X

해양경찰수사규칙 제24조(고소·고발사건의 수사기간) [22 승진, 21 간부]
① 사법경찰관리는 고소·고발을 수리한 날부터 **3개월 이내**에 수사를 마쳐야 한다.
② 사법경찰관리는 제1항의 기간 내에 수사를 완료하지 못한 경우에는 그 이유를 **소속수사부서장**에게 보고하고 수사기간 연장을 승인받아야 한다.

4. 통신비밀보호법 [시행 22. 12. 27]

제1조(목적)
이 법은 통신 및 대화의 비밀과 자유에 대한 제한은 그 대상을 한정하고 엄격한 법적 절차를 거치도록 함으로써 통신비밀을 보호하고 통신의 자유를 신장함을 목적으로 한다.

제2조(정의)
이 법에서 사용하는 용어의 정의는 다음과 같다.
1. "통신"이라 함은 우편물 및 전기통신을 말한다.
2. "우편물"이라 함은 우편법에 의한 통상우편물과 소포우편물을 말한다.
3. "전기통신"이라 함은 전화·전자우편·회원제정보서비스·모사전송·무선호출 등과 같이 유선·무선·광선 및 기타의 전자적 방식에 의하여 모든 종류의 음향·문언·부호 또는 영상을 송신하거나 수신하는 것을 말한다.
4. "당사자"라 함은 우편물의 발송인과 수취인, 전기통신의 송신인과 수신인을 말한다.
5. "내국인"이라 함은 대한민국의 통치권이 사실상 행사되고 있는 지역에 주소 또는 거소를 두고 있는 대한민국 국민을 말한다.
6. "검열"이라 함은 우편물에 대하여 당사자의 동의없이 이를 개봉하거나 기타의 방법으로 그 내용을 지득 또는 채록하거나 유치하는 것을 말한다.
7. "감청"이라 함은 전기통신에 대하여 당사자의 동의없이 전자장치·기계장치등을 사용하여 통신의 음향·문언·부호·영상을 청취·공독하여 그 내용을 지득 또는 채록하거나 전기통신의 송·수신을 방해하는 것을 말한다.
8. "감청설비"라 함은 대화 또는 전기통신의 감청에 사용될 수 있는 전자장치·기계장치 기타 설비를 말한다. 다만, 전기통신 기기·기구 또는 그 부품으로서 일반적으로 사용되는 것 및 청각교정을 위한 보청기 또는 이와 유사한 용도로 일반적으로 사용되는 것중에서, 대통령령이 정하는 것은 제외한다.

8의2. "불법감청설비탐지"라 함은 이 법의 규정에 의하지 아니하고 행하는 감청 또는 대화의 청취에 사용되는 설비를 탐지하는 것을 말한다.
9. "전자우편"이라 함은 컴퓨터 통신망을 통해서 메시지를 전송하는 것 또는 전송된 메시지를 말한다.
10. "회원제정보서비스"라 함은 특정의 회원이나 계약자에게 제공하는 정보서비스 또는 그와 같은 네트워크의 방식을 말한다.
11. "**통신사실확인자료**"라 함은 다음 각목의 어느 하나에 해당하는 전기통신사실에 관한 자료를 말한다.
   가. 가입자의 전기통신일시
   나. 전기통신개시·종료시간
   다. 발·착신 통신번호 등 상대방의 가입자번호
   라. 사용도수
   마. 컴퓨터통신 또는 인터넷의 사용자가 전기통신역무를 이용한 사실에 관한 컴퓨터통신 또는 인터넷의 로그기록자료
   바. 정보통신망에 접속된 정보통신기기의 위치를 확인할 수 있는 발신기지국의 위치추적자료
   사. 컴퓨터통신 또는 인터넷의 사용자가 정보통신망에 접속하기 위하여 사용하는 정보통신기기의 위치를 확인할 수 있는 접속지의 추적자료
12. "단말기기 고유번호"라 함은 이동통신사업자와 이용계약이 체결된 개인의 이동전화 단말기기에 부여된 전자적 고유번호를 말한다.

제3조(통신 및 대화비밀의 보호)
① 누구든지 이 법과 형사소송법 또는 군사법원법의 규정에 의하지 아니하고는 우편물의 검열·전기통신의 감청 또는 통신사실확인자료의 제공을 하거나 공개되지 아니한 타인간의 대화를 녹음 또는 청취하지 못한다.
② 우편물의 검열 또는 전기통신의 감청(이하 "통신제한조치"라 한다)은 범죄수사 또는 국가안전보장을 위하여 보충적인 수단으로 이용되어야 하며, 국민의 통신비밀에 대한 침해가 최소한에 그치도록 노력하여야 한다.
③ 누구든지 단말기기 고유번호를 제공하거나 제공받아서는 아니된다. 다만, 이동전화단말기 제조업체 또는 이동통신사업자가 단말기의 개통처리 및 수리 등 정당한 업무의 이행을 위하여 제공하거나 제공받는 경우에는 그러하지 아니하다.

제4조(불법검열에 의한 우편물의 내용과 불법감청에 의한 전기통신내용의 증거사용 금지)
제3조의 규정에 위반하여, 불법검열에 의하여 취득한 우편물이나 그 내용 및 불법감청에 의하여 지득 또는 채록된 전기통신의 내용은 재판 또는 징계절차에서 증거로 사용할 수 없다.

제5조(범죄수사를 위한 통신제한조치의 허가요건)
① 통신제한조치는 다음 각호의 범죄를 계획 또는 실행하고 있거나 실행하였다고 의심할만한 충분한 이유가 있고 다른 방법으로는 그 범죄의 실행을 저지하거나 범인의 체포 또는 증거의 수집이 어려운 경우에 한하여 허가할 수 있다.
   1~12 〈생략〉
② 통신제한조치는 제1항의 요건에 해당하는 자가 발송·수취하거나 송·수신하는 특정한 **우편물이나 전기통신** 또는 그 해당자가 일정한 기간에 걸쳐 발송·수취하거나 송·수신하는 **우편물이나 전기통신**을 대상으로 허가될 수 있다.

제6조(범죄수사를 위한 통신제한조치의 허가절차)

① 검사(군검사를 포함한다. 이하 같다)는 제5조제1항의 요건이 구비된 경우에는 법원(軍事法院을 포함한다. 이하 같다)에 대하여 각 피의자별 또는 각 피내사자별로 통신제한조치를 허가하여 줄 것을 청구할 수 있다.

② 사법경찰관(軍司法警察官을 포함한다. 이하 같다)은 제5조제1항의 요건이 구비된 경우에는 검사에 대하여 각 피의자별 또는 각 피내사자별로 통신제한조치에 대한 허가를 신청하고, 검사는 법원에 대하여 그 허가를 청구할 수 있다.

③ 제1항 및 제2항의 통신제한조치 청구사건의 관할법원은 그 통신제한조치를 받을 통신당사자의 쌍방 또는 일방의 주소지·소재지, 범죄지 또는 통신당사자와 공범관계에 있는 자의 주소지·소재지를 관할하는 지방법원 또는 지원(군사법원을 포함한다)으로 한다.

⑦ 통신제한조치의 기간은 2개월을 초과하지 못하고, 그 기간 중 통신제한조치의 목적이 달성되었을 경우에는 즉시 종료하여야 한다. 다만, 제5조제1항의 허가요건이 존속하는 경우에는 소명자료를 첨부하여 제1항 또는 제2항에 따라 2개월의 범위에서 통신제한조치기간의 연장을 청구할 수 있다.

⑧ 검사 또는 사법경찰관이 제7항 단서에 따라 통신제한조치의 연장을 청구하는 경우에 통신제한조치의 총 연장기간은 1년을 초과할 수 없다. 다만, 다음 각 호의 어느 하나에 해당하는 범죄의 경우에는 통신제한조치의 총 연장기간이 3년을 초과할 수 없다.

1. 「형법」 제2편 중 제1장 내란의 죄, 제2장 외환의 죄 중 제92조부터 제101조까지의 죄, 제4장 국교에 관한 죄 중 제107조, 제108조, 제111조부터 제113조까지의 죄, 제5장 공안을 해하는 죄 중 제114조, 제115조의 죄 및 제6장 폭발물에 관한 죄
2. 「군형법」 제2편 중 제1장 반란의 죄, 제2장 이적의 죄, 제11장 군용물에 관한 죄 및 제12장 위령의 죄 중 제78조·제80조·제81조의 죄
3. 「국가보안법」에 규정된 죄
4. 「군사기밀보호법」에 규정된 죄
5. 「군사기지 및 군사시설보호법」에 규정된 죄

제7조(국가안보를 위한 통신제한조치)

① 대통령령이 정하는 정보수사기관의 장(이하 "情報搜査機關의 長"이라 한다)은 국가안전보장에 상당한 위험이 예상되는 경우 또는 「국민보호와 공공안전을 위한 테러방지법」 제2조제6호의 대테러활동에 필요한 경우에 한하여 그 위해를 방지하기 위하여 이에 관한 정보수집이 특히 필요한 때에는 다음 각 호의 구분에 따라 통신제한조치를 할 수 있다.

1. 통신의 일방 또는 쌍방당사자가 내국인인 때에는 고등법원 수석판사의 허가를 받아야 한다. 다만, 군용전기통신법 제2조의 규정에 의한 군용전기통신(작전수행을 위한 전기통신에 한한다)에 대하여는 그러하지 아니하다.
2. 대한민국에 적대하는 국가, 반국가활동의 혐의가 있는 외국의 기관·단체와 외국인, 대한민국의 통치권이 사실상 미치지 아니하는 한반도내의 집단이나 외국에 소재하는 그 산하단체의 구성원의 통신인 때 및 제1항제1호 단서의 경우에는 서면으로 대통령의 승인을 얻어야 한다.

② 제1항의 규정에 의한 통신제한조치의 기간은 4월을 초과하지 못하고, 그 기간중 통신제한조치의 목적이 달성되었을 경우에는 즉시 종료하여야 하되, 제1항의 요건이 존속하는 경우에는 소명자료를 첨부하여 고등법원 수석판사의 허가 또는 대통령의 승인을 얻어 4월의 범위 이내에서 통신제한조치의 기간을 연장할 수 있다. 다만, 제1항제1호 단서의 규정에 의한 통신제한조치는 전시·사변 또는 이에 준하는 국가비상사태에 있어서 적과 교전상태에 있는 때에는 작전이 종료될 때까지 대통령의 승인을 얻지 아니하고 기간을 연장할 수 있다.

제8조(긴급통신제한조치) [21 경사]

① 검사, 사법경찰관 또는 정보수사기관의 장은 국가안보를 위협하는 음모행위, 직접적인 사망이나 심각한 상해의 위험을 야기할 수 있는 범죄 또는 조직범죄등 중대한 범죄의 계획이나 실행 등 긴박한 상황에 있고 제5조제1항 또는 제7조제1항제1호의 규정에 의한 요건을 구비한 자에 대하여 제6조 또는 제7조제1항 및 제3항의 규정에 의한 절차를 거칠 수 없는 긴급한 사유가 있는 때에는 법원의 허가없이 통신제한조치를 할 수 있다.

② 검사, 사법경찰관 또는 정보수사기관의 장은 제1항에 따른 통신제한조치(이하 "긴급통신제한조치"라 한다)의 집행에 착수한 후 지체 없이 제6조(제7조제3항에서 준용하는 경우를 포함한다)에 따라 법원에 허가청구를 하여야 한다.

③ 사법경찰관이 긴급통신제한조치를 할 경우에는 미리 검사의 지휘를 받아야 한다. 다만, 특히 급속을 요하여 미리 지휘를 받을 수 없는 사유가 있는 경우에는 긴급통신제한조치의 집행착수후 지체없이 검사의 승인을 얻어야 한다.

④ 검사, 사법경찰관 또는 정보수사기관의 장이 긴급통신제한조치를 하고자 하는 경우에는 반드시 긴급검열서 또는 긴급감청서(이하 "긴급감청서등"이라 한다)에 의하여야 하며 소속기관에 긴급통신제한조치대장을 비치하여야 한다.

⑤ 검사, 사법경찰관 또는 정보수사기관의 장은 긴급통신제한조치의 집행에 착수한 때부터 36시간 이내에 법원의 허가를 받지 못한 경우에는 해당 조치를 즉시 중지하고 해당 조치로 취득한 자료를 폐기하여야 한다.

⑥ 검사, 사법경찰관 또는 정보수사기관의 장은 제5항에 따라 긴급통신제한조치로 취득한 자료를 폐기한 경우 폐기이유·폐기범위·폐기일시 등을 기재한 자료폐기결과보고서를 작성하여 폐기일부터 7일 이내에 제2항에 따라 허가청구를 한 법원에 송부하고, 그 부본(副本)을 피의자의 수사기록 또는 피내사자의 내사사건기록에 첨부하여야 한다.

⑦ 정보수사기관의 장은 국가안보를 위협하는 음모행위, 직접적인 사망이나 심각한 상해의 위험을 야기할 수 있는 범죄 또는 조직범죄등 중대한 범죄의 계획이나 실행 등 긴박한 상황에 있고 제7조제1항제2호에 해당하는 자에 대하여 대통령의 승인을 얻을 시간적 여유가 없거나 통신제한조치를 긴급히 실시하지 아니하면 국가안전보장에 대한 위해를 초래할 수 있다고 판단되는 때에는 소속 장관(국가정보원장을 포함한다)의 승인을 얻어 통신제한조치를 할 수 있다.

⑨ 정보수사기관의 장은 제8항에 따른 통신제한조치의 집행에 착수한 후 지체 없이 제7조에 따라 대통령의 승인을 얻어야 한다.

⑩ 정보수사기관의 장은 제8항에 따른 통신제한조치의 집행에 착수한 때부터 36시간 이내에 대통령의 승인을 얻지 못한 경우에는 해당 조치를 즉시 중지하고 해당 조치로 취득한 자료를 폐기하여야 한다.

제9조의2(통신제한조치의 집행에 관한 통지)

① 검사는 제6조제1항 및 제8조제1항에 따라 통신제한조치를 집행한 사건에 관하여 공소를 제기하거나, 공소의 제기 또는 입건을 하지 아니하는 처분(기소중지결정, 참고인중지결정을 제외한다)을 한 때에는 그 처분을 한 날부터 30일 이내에 우편물 검열의 경우에는 그 대상자에게, 감청의 경우에는 그 대상이 된 전기통신의 가입자에게 통신제한조치를 집행한 사실과 집행기관 및 그 기간 등을 서면으로 통지하여야 한다. 다만, 고위공직자범죄수사처(이하 "수사처"라 한다)검사는 「고위공직자범죄수사처 설치 및 운영에 관한 법률」제26조제1항에 따라 서울중앙지방검찰청 소속 검사에게 관계 서류와 증거물을 송부한 사건에 관하여 이를 처리하는 검사로부터 공소를 제기하거나 제기하지 아니하는 처분(기소중지결정, 참고인중지결정은 제외한다)의 통보를 받은 경우에도 그 통보를 받은 날부터 30일 이내에 서면으로 통지하여야 한다.

② 사법경찰관은 제6조제1항 및 제8조제1항에 따라 통신제한조치를 집행한 사건에 관하여 검사로부터

공소를 제기하거나 제기하지 아니하는 처분(기소중지 또는 참고인중지 결정은 제외한다)의 통보를 받거나 검찰송치를 하지 아니하는 처분(수사중지 결정은 제외한다) 또는 내사사건에 관하여 입건하지 아니하는 처분을 한 때에는 그 날부터 30일 이내에 우편물 검열의 경우에는 그 대상자에게, 감청의 경우에는 그 대상이 된 전기통신의 가입자에게 통신제한조치를 집행한 사실과 집행기관 및 그 기간 등을 서면으로 통지하여야 한다.

③ 정보수사기관의 장은 제7조제1항제1호 본문 및 제8조제1항의 규정에 의한 통신제한조치를 종료한 날부터 30일 이내에 우편물 검열의 경우에는 그 대상자에게, 감청의 경우에는 그 대상이 된 전기통신의 가입자에게 통신제한조치를 집행한 사실과 집행기관 및 그 기간 등을 서면으로 통지하여야 한다.

④ **제1항 내지 제3항의 규정에 불구하고 다음 각호의 1에 해당하는 사유가 있는 때에는 그 사유가 해소될 때까지 통지를 유예할 수 있다.**
 1. 통신제한조치를 통지할 경우 국가의 안전보장·공공의 안녕질서를 위태롭게 할 현저한 우려가 있는 때
 2. 통신제한조치를 통지할 경우 사람의 생명·신체에 중대한 위험을 초래할 염려가 현저한 대

⑥ **검사, 사법경찰관 또는 정보수사기관의 장은** 제4항 각호의 사유가 해소된 때에는 **그 사유가 해소된 날부터 30일 이내에** 제1항 내지 제3항의 규정에 의한 **통지를 하여야 한다.**

제12조(통신제한조치로 취득한 자료의 사용제한)

제9조의 규정에 의한 **통신제한조치의 집행으로 인하여 취득된 우편물 또는 그 내용과 전기통신의 내용은 다음 각호의 경우외에는 사용할 수 없다.**
 1. 통신제한조치의 목적이 된 제5조제1항에 규정된 범죄나 이와 관련되는 범죄를 수사·소추하거나 그 범죄를 예방하기 위하여 사용하는 경우
 2. 제1호의 범죄로 인한 징계절차에 사용하는 경우
 3. 통신의 당사자가 제기하는 손해배상소송에서 사용하는 경우
 4. 기타 다른 법률의 규정에 의하여 사용하는 경우

제13조(범죄수사를 위한 통신사실 확인자료제공의 절차)

① 검사 또는 사법경찰관은 수사 또는 형의 집행을 위하여 필요한 경우 전기통신사업법에 의한 전기통신사업자(이하 "전기통신사업자"라 한다)에게 통신사실 확인자료의 열람이나 제출(이하 "통신사실 확인자료제공"이라 한다)을 요청할 수 있다.

⑦ **전기통신사업자는** 검사, 사법경찰관 또는 정보수사기관의 장에게 통신사실 확인자료를 제공한 때에는 **자료제공현황 등을 연 2회 과학기술정보통신부장관에게 보고**하고, 해당 통신사실 확인자로 제공사실 등 필요한 사항을 기재한 대장과 통신사실 확인자료제공요청서등 관련자료를 통신사실확인자료를 제공한 날부터 **7년간 비치**하여야 한다.

5. 해양경찰 인권보호 직무규칙 [시행 22. 9. 14.] [해양경찰청훈령]

제1장 총칙

제1조(목적)

이 규칙은 해양경찰청 소속 경찰관이 모든 사람의 기본적 인권을 보장하기 위하여 경찰활동 전 과정에서 지켜야 할 직무기준을 정함을 목적으로 한다.

제2조(정의)

이 규칙에서 사용하는 용어의 뜻은 다음과 같다.
 1. "인권"이란 「국가인권위원회법」 제2조제1호에 따른 인권을 말한다.

> **국가인권위원회법 제2조(정의)**
> 1. "인권"이란 「대한민국헌법」 및 법률에서 보장하거나 대한민국이 가입·비준한 국제인권조약 및 국제관습법에서 인정하는 인간으로서의 존엄과 가치 및 자유와 권리를 말한다.

2. "인권침해"란 해양경찰청 소속 경찰관(이하 "경찰관"이라 한다)이 직무수행과 관련하여 모든 사람에게 보장된 인권을 침해하는 것을 말한다.
3. "사회적 약자"란 장애인, 19세 미만의 자(이하 "소년"이라 한다), 여성, 노약자, 외국인, 그 밖에 신체적·경제적·정신적·문화적인 차별 등으로 어려움을 겪고 있어 사회적 보호가 필요한 자를 말한다. [23 간부]
4. "성(性)적 소수자"란 동성애자, 양성애자, 성전환자 등 당사자의 성 정체성을 기준으로 소수인 자를 말한다.
5. "피해자"란 「범죄피해자보호법」 제3조제1항제1호에 따른 범죄피해자를 말한다.
6. "신고자등"이란 범죄에 관한 신고·진정·고소·고발 등 수사단서의 제공이나 진술, 그 밖에 자료제출 행위 또는 범인검거를 위한 제보나 검거활동에 기여한 자를 말한다.

제3조(다른 규칙과의 관계)

경찰관이 직무를 수행함에 있어서 인권보호 업무와 관련해서는 이 규칙이 다른 규칙보다 우선하여 적용된다. 다만, 다른 규칙에서 명시적으로 이 규칙의 적용을 배제하는 경우에는 그렇지 않다.

제2장 인권보호를 위한 기본원칙

제4조(인권보호 원칙)

① 경찰관은 직무수행 시 인권을 최우선 가치로 삼고 인권보장과 관련된 모든 규정과 원칙을 준수하여 모든 사람의 인권을 존중하고 보호해야 한다.
② 경찰관은 모든 사람이 성별, 장애, 종교, 인종, 민족, 사회적 신분, 병력, 국적 등 어떤 사유로도 차별받지 않도록 평등하게 대우해야 한다.

제5조(피해자 및 신고자등 보호 원칙)

① 경찰관은 피해자의 심정을 이해하고 그 인격을 존중하며, 신체적·정신적·경제적 피해의 회복과 권익증진을 위하여 노력해야 한다.
② 경찰관은 피해자 및 신고자등의 생명·신체의 안전과 비밀을 보장해야 한다.

제6조(무죄 추정)

경찰관은 법원의 확정판결을 받기 전까지는 모든 피의자에 대하여 죄가 있는 것으로 간주하는 언행이나 취급을 해서는 안 된다.

제7조(접견교통권 등 보장)

경찰관은 피의자에게 법률에 보장된 변호인 및 변호인이 되려는 자와의 접견, 물건 등의 수수, 의료검진 등의 권리를 보장해야 한다.

제8조(폭행·가혹행위 등 금지)

① 경찰관은 직무수행 전 과정에서 폭행·가혹행위를 포함하여 신체에 대한 부당한 침해 또는 위협을 가하거나 이를 교사 또는 방조해서는 안 된다.
② 경찰관은 직무수행 중 폭언, 강압적인 어투, 비하하는 언어 등을 피의자 등에게 사용하거나 모욕감 또는 수치심을 유발하는 언행을 해서는 안 된다.

제9조(개인정보 및 사생활 보호)

① 경찰관은 개인정보를 부당하게 열람·취득하거나 직무수행과 관련하여 모든 사람의 명예와 사생활을 침해해서는 안 된다.
② 경찰관은 직무수행 중 알게 된 개인정보를 본래 목적 외에 사용하거나, 다른 사람에게 누설해서는 안 된다.

제10조(사회적 약자 보호)

① 경찰관은 직무수행 중 사회적 약자에 대해서는 그 특성에 따른 세심한 배려를 해야 한다.
② 경찰관은 직무수행 중 사회적 약자에 대해서는 신뢰관계에 있는 자 또는 의사소통이 가능한 보조인의 참여를 보장해야 한다.

제11조(직무수단의 한계)

경찰관은 직무를 수행함에 있어서 인권을 침해하지 않도록 해당 직무의 목적 달성을 위해 가장 적합하고도 필요 최소한의 수단과 방법을 선택해야 한다.

제12조(부당한 명령의 금지)

① 경찰관은 다른 경찰관에게 법령이나 규칙을 위반하는 인권침해 행위를 명령 또는 강요해서는 안 된다.
② 경찰관은 구체적 직무수행과 관련하여 인권침해 행위를 명령 또는 강요받았을 때에는 이를 거부하거나 이의를 제기할 수 있다.
③ 경찰관은(해당 경찰관의 상급자를 말한다) 제2항에 따른 거부나 이의제기를 이유로 해당 경찰관에게 어떠한 불이익한 처분을 해서는 안 된다.

제3장 인권보호기구

제1절 인권위원회 등

제14조(설치)

① 인권을 존중하는 경찰활동상 정립을 위해 해양경찰청에 인권위원회(이하 "인권위"라 한다)를 두고, 지방해양경찰청 및 해양경찰서에 시민인권단(이하 "인권단"이라 한다)을 둘 수 있다.
② 제1항에 따른 인권단의 구성·운영·임무 등에 대해서는 제15조부터 제24조 까지를 준용한다. 이 경우 "해양경찰청장"은 "지방해양경찰청장·해양경찰서장"으로, "인권담당관"은 "인권보호관"으로 본다.

제15조(임무)

인권위 임무는 다음 각 호와 같다.
1. 인권과 관련된 해양경찰의 제도·정책·관행에 대한 자문, 개선권고 및 의견표명
2. 해양경찰에 의한 인권침해 행위에 대한 조사 및 시정권고
3. 인권과 관련된 해양경찰 시설에 대한 방문조사
4. 인권교육

제16조(구성)

① 인권위는 위원장 1명을 포함하여 7명 이상 20명 이하의 위원으로 구성한다.
② 위원장과 위원은 법조계·학계·종교계·노동계·여성계·언론계 등 사회적으로 덕망이 있고 학식과 경험이 풍부한 사람 중에서 해양경찰청장이 위촉한다.

제17조(위원의 임기 등)

① 위원장 및 위원의 임기는 2년으로 하되, 연임할 수 있다.
② 위원이 부득이한 사유로 직무를 수행할 수 없다고 인정되거나 그 직무상 의무를 위반하는 등 위원으로서의 자격을 유지하기가 부적합하다고 인정되는 경우 해양경찰청장은 그 위원을 해촉할 수 있다.
③ 위촉 위원에 결원이 생긴 경우 새로 위촉할 수 있고, 이 경우 새로 위촉된 위원의 임기는 위촉된 날부터 기산한다.

제18조(위원장의 직무 등)

① 위원장은 인권위를 대표하며, 인권위의 업무를 총괄한다.
② 위원장이 부득이한 사유로 그 직무를 수행할 수 없는 경우에는 위원장이 미리 지명한 위원이 그 직무를 대행한다.

제20조(인권위의 운영)

① 인권위의 회의는 정기회의와 임시회의로 구분한다.
② 정기회의는 연 1회 소집하며, 임시회의는 위원장이 필요하다고 인정하거나 해양경찰청장 또는 재적위원 3분의 1 이상이 요구하는 경우 위원장이 소집한다.
③ 위원회의 회의는 재적위원 과반수의 출석으로 개의하고 출석위원 과반수의 찬성으로 의결한다.

제24조(비밀준수 의무 등)

위원 또는 위원이었던 사람은 직무상 알게 된 내용을 외부로 누설해서는 안 된다.

제2절 인권담당관 및 인권보호관

제25조(운영 및 지정)

① 경찰관의 인권의식 향상과 인권보호 실태의 지도·감독·조치 등을 위해 해양경찰청에 인권담당관을 두고, 지방해양경찰청과 해양경찰서에 인권보호관을 둔다.
② 인권담당관은 해양경찰청 수사심사과장이 되고, 인권보호관은 지방해양경찰청과 해양경찰서의 수사과장이 된다.

제4장 수사

제1절 수사일반

제27조(임의수사 원칙)

수사는 원칙적으로 상대방의 자유로운 의사에 따른 동의나 승낙 하에 임의적인 방법으로 이루어져야 한다.

제28조(불구속수사 원칙)

① 수사는 불구속으로 함을 원칙으로 한다.
② 체포한 피의자라 하더라도 수사결과 명백히 불구속 사안에 해당할 경우에는 신속하게 석방해야 한다.
③ 구속수사를 하는 경우에도 구속기간을 줄이도록 노력해야 한다.

제29조(공정한 수사의 원칙)

① 경찰관은 주어진 권한을 자의적으로 행사하거나 남용해서는 안 되며, 중립적인 입장에서 신속하고 공정한 수사를 해야 한다.
② 경찰관은 사건관계인과 친족이거나 친분이 있는 등 수사의 공정성을 의심받을 염려가 있는 경우에는 사건의 재배당을 요청하거나 소속 수사부서의 장에게 보고하는 등 필요한 조치를 해야 한다.

제30조(사실확인 시 유의사항)

경찰관은 사실확인(입건전조사 등을 말한다)을 할 때에는 그 사실이 외부에 알려져 사건관계인이 부당한 피해를 입지 않도록 해야 한다.

제31조(출석요구 시 유의사항)

① 경찰관은 피해자 등에 대하여 출석요구를 할 때에는 사전에 준비를 철저히 하여 잦은 출석으로 인한 피해를 주지 않도록 1회 조사를 원칙으로 한다.
② 제1항에 따른 출석요구를 할 때에는 피해자 등이 오랜 시간 대기하는 일이 없도록 시간적 차이를 두어야 한다.
③ 출석 요구의 방법, 출석 시간 및 장소 등을 정할 때에는 피해자 등의 사생활이 침해되거나 명예가 훼손되지 않도록 해야 하며, 가능한 상대방의 의견을 존중해야 한다.

제32조(임의동행 시 유의사항)

경찰관 임의동행에 관한 사항은 「해양경찰 수사규칙」 제35조를 준용한다.

제33조(영장심의 위원회)

① 구속영장 신청의 적정성을 확인하기 위하여 구속영장 신청 전에 사건관련 부서의 과장 등 3명

이상으로 구성된 영장심의위원회를 개최해야 한다. 다만, 긴박한 사정 등 영장심의위원회를 개최할 수 없는 사유가 있는 경우에는 예외로 한다.
② 영장심의위원회는 별지 제2호서식의 영장심의-구속영장 신청 적부심사서에 따라 구속영장 신청의 적정성 등에 대한 심의를 하고, 그 결과 해당 사건의 처리 절차나 구속영장 신청 요건 등에 문제가 있을 경우에는 보완 수사하도록 해야 한다.

제34조(체포·구속 시 유의사항)

① 경찰관은 체포·구속할 때 상대방의 신체와 명예 등을 부당히 침해하지 않는 장소, 시간, 방법 등을 선택해야 한다.
② 경찰관은 피의자를 체포하는 경우 범죄사실의 요지, 체포의 이유, 변호인 선임권이 있다는 사실을 고지하고 변명의 기회를 주어야 한다.
③ 체포·구속영장을 집행하는 경우에는 피의자에게 영장을 제시하고 제2항의 내용을 고지해야 한다.
④ 의사소통에 어려움이 있는 소년, 노약자, 장애인, 외국인 등에 대하여는 사후에라도 제2항 및 제3항의 고지사항에 대하여 당사자뿐 아니라 신뢰관계에 있는 자의 이해 여부를 확인해야 한다.
⑤ 경찰관은 제2항 및 제3항에 따른 고지를 할 때에는 피의자가 충분히 이해할 수 있도록 설명하고, 고지한 사실을 조서에 기록하거나 확인서를 받아야 한다.

제35조(무기 등 사용의 한계)

① 경찰관은 직무수행 중 무기, 경찰장구 및 그 밖의 물리력을 사용하는 경우라도 최소한의 정도에 그쳐야 한다. 특히 도주하는 상대방의 등 뒤에서는 가급적 위해를 가하는 무기 사용을 하지 않아야 한다.
② 경찰관은 체포·구속된 피의자에게 수갑 등 경찰장구를 사용하고자 할 때에는 현실적인 도주 가능성, 본인 또는 제3자에 대한 위해의 우려 등을 신중히 고려하여 최소한에 그쳐야 한다.

제36조(현행범 체포 시 유의사항)

① 경찰관은 형사소송법 제211조제1항에 따른 현행범을 체포할 때에는 범죄행위를 실행하여 끝마친 순간 또는 이에 접착된 시간적·장소적 범위 내에 있는 자로서 죄증이 명백히 존재하는 경우로 한정해야 한다.
② 「형사소송법」 제211조제2항에 따른 현행범을 체포할 때에는 주변 상황을 합리적으로 판단하여 충분한 범죄혐의가 인정되는 경우에 한정해야 한다.

제37조(긴급체포 시 유의사항)

① 경찰관이 긴급체포를 하는 경우에는 범죄의 중대성과 긴급성의 요건을 엄격히 해석하여 필요 최소한의 범위에서만 해야 한다.
② 부득이하게 긴급체포를 해야 할 경우에는 사전에 수사부서의 장(파출소장, 함·정장을 포함한다)의 허가를 받는 것을 원칙으로 한다. 다만, 부득이한 사유가 있는 경우에는 긴급체포 후 즉시 수사부서의 장에게 보고해야 한다.
③ 자진출석 등 임의적으로 수사에 협조한 피의자에 대하여는 특별한 사유가 없는 한 긴급체포를 해서는 안 된다.

제38조(체포영장에 따른 지명수배)

경찰관은 소재불명 피의자를 지명수배 하고자 할 때에는 원칙적으로 체포영장을 발부받아야 한다. 다만, 긴급을 요하는 경우에는 우선 지명수배 후 지체 없이 체포영장을 발부받아야 한다.

제39조(압수·수색 시 유의사항)

① 경찰관은 압수·수색 영장을 신청할 경우에는 수사상 범죄혐의와 관련된 증거물의 수집이나 보전에 불가피한 범위에서 압수·수색할 장소 및 대상을 구체적으로 특정해야 한다.
② 압수·수색 영장을 집행할 경우에는 사생활과 명예, 주거의 평온을 최대한 보장해야 한다.

제40조(통지 의무)

경찰관은 각종 통지를 할 때에는 법령에서 정하는 방법으로 신속히 통지해야 한다. 다만, 긴급을 요하는 경우에는 구두 또는 통신매체를 이용하여 통지할 수 있으며, 이 경우 다시 서면으로 통지해야 한다.

제41조(변호인 참여 신청권 보장)

① 피의자 또는 그 변호인, 법정대리인, 배우자, 직계친족, 형제자매는 피의자 신문과정에 변호인의 참여를 신청할 수 있다.
② 경찰관은 피의자신문 전에 피의자 또는 그 외의 신청권자에게 변호인 참여하에 신문·조사를 받을 수 있음을 고지해야 한다. 다만, 변호인 참여로 인하여 신문방해, 공범 등의 증거인멸 또는 도주를 쉽게 할 객관적이고 현저한 이유가 있는 때에는 변호인의 참여를 제한할 수 있다.
③ 변호인이 참여를 통보받고도 상당한 시간 내에 출석하지 않거나 변호인 사정으로 출석할 수 없는 경우, 협의된 일시에 출석하지 않는 경우에는 변호인의 참여 없이 피의자를 신문할 수 있다.
④ 경찰관은 변호인 참여 신청 여부를 피의자 신문조서에 기재해야 하고, 변호인이 참여한 경우에는 조서 끝부분에 참여 변호인의 기명날인 또는 서명을 받아야 한다.

제42조(진술거부권 고지)

① 경찰관은 진술거부권을 고지할 때 다음 각 호의 내용을 상대방이 정확히 이해하였는지 확인해야 한다.
1. 일체의 진술을 하지 않거나 개개의 질문에 대하여 진술을 하지 않을 수 있다는 사실
2. 진술을 하지 않더라도 불이익을 받지 않는다는 사실
3. 진술을 거부할 권리를 포기하고 진술한 내용은 법정에서 유죄의 증거로 사용될 수 있다는 사실
4. 신문을 받을 때에는 변호인을 참여하게 하는 등 변호인의 조력을 받을 수 있다는 사실
② 경찰관은 신뢰관계에 있는 자가 참여한 경우에는 당사자뿐 아니라 그 참여자의 이해 여부까지도 확인해야 한다.

제43조(수사과정의 녹화 및 보존)

해양경찰관서의 장은 인권침해를 방지하기 위하여 필요한 경우에는 수사과정을 녹화·보존할 수 있다.

제44조(심야조사 금지)

① 경찰관은 「검사와 사법경찰관의 상호협력과 일반적 수사준칙에 관한 규정」제21조제1항에 따른 심야(오후 9시부터 다음날 오전 6시까지를 말한다)조사를 해서는 안 된다.
② 제1항에도 불구하고 다음 각 호의 어느 하나에 해당하는 경우에는 심야조사를 할 수 있다.
1. 심야조사를 하지 않으면 피의자의 석방을 불필요하게 지연시킬 수 있는 경우
2. 사건의 성질상 심야조사를 하지 않으면 공범자의 검거 및 증거 수집에 어려움이 있거나 타인의 신체, 재산에 급박한 위해가 발생 할 우려가 있는 경우
3. 야간에 현행범을 체포하거나 피의자를 긴급체포한 후 48시간 이 내에 구속영장을 신청하기 위하여 불가피한 경우
4. 공소시효가 임박한 경우
5. 피의자나 사건관계인이 출국, 입국, 원거리 거주, 직업상 사유 등 재출석이 곤란한 구체적인 사유를 들어 심야조사를 요청한 경우(변호인이 심야조사에 동의하지 않는다는 의사를 명시한 경우는 제외한다)로서 해당 요청에 상당한 이유가 있다고 인정되는 경우
6. 그 밖에 피의자 또는 그 변호인의 서면상 동의를 받은 경우
③ 경찰관은 제2항에 따라 심야조사를 하는 경우에는 반드시 피의자·피해자 등 조사대상자에게 동의 여부를 물어 그 결과와 심야조사의 사유를 조서에 명확히 기재해야 하며, 피의자를 조사하는 경우에는 조사자 이외의 경찰관을 참여시켜야 한다.
④ 경찰관은 소년·노약자·장애인 피의자가 가족·친족 등 신뢰관계에 있는 사람이 심야조사 참관을 요구하는 경우에는 이를 보장해 주어야 한다. 다만, 그 외의 피의자가 가족 등의 참관을 요구하는 경우에는 수사에 지장을 초래하지 않는 범위에서 허용할 수 있다.
⑤ 심야조사를 할 때에는 피의자의 적절한 휴식을 보장해야 한다.

제45조(화상조사 등)

① 경찰관은 조사에 지장이 없는 범위에서 도서지역 등 원거리 주민이나 경미사건의 고소인·피의

자 또는 참고인에 대해서는 소환하지 않고 화상조사시스템을 이용한 화상조사를 실시할 수 있다.
② 경찰관은 거동이 불편한 노약자 또는 장애인이 제1항에 따른 화상조사를 요청하는 경우에는 특별한 사유가 없는 한 이에 응해야 한다.
③ 제2항에 따른 화상조사의 요청이 있는 경우에도 불구하고 여건상 화상조사를 할 수 없는 부득이한 사정이 있는 때에는 출장조사를 할 수 있다.
④ 경찰관은 불구속 수사가 예상되는 지명수배 피의자 중 신병인수에 많은 시간이 소요되어 피의자의 석방을 지연시킬 우려가 있는 경우에는 제1항에 따른 화상조사를 활용해야 한다.

제3절 사회적 약자 보호

제53조(소년범 수사)
① 경찰관은 소년을 수사할 때에는 처벌보다 지도·육성·보호가 우선임을 명심해야 한다.
② 경찰관은 소년의 심리·생리·성행·환경, 그 밖의 비행 원인 등을 이해하고 수사에 임해야 하며, 되도록 구속을 피하고 부득이하게 체포·구속을 하는 경우에는 그 시기와 방법에 대하여 신중을 기해야 한다.
③ 경찰관은 소년을 조사할 때 소년의 심리상태를 고려하여 친밀한 언어를 사용하고, 진술녹화실 등 안정되고 조용한 장소에서 조사해야 한다.

제54조(외국인 수사)
① 경찰관은 외국인 피의자를 체포·구속할 때에는 해당국 영사기관에 체포·구속사실의 통보와 해당 영사기관원과 접견·교통을 요청할 수 있음을 고지하고 영사기관 통보 확인서를 작성해야 한다.
② 피의자가 영사기관 통보 및 접견을 요청한 경우에는 영사기관 체포·구속통보서를 작성하여 해당 영사기관에 지체 없이 통보해야 한다. 다만, 별도 외국과의 조약에 따라 피의자 의사와 관계없이 해당 영사기관에 통보하게 되어 있는 경우에는 반드시 이를 통보해야 한다.

제55조(장애인 수사)
① 경찰관은 장애인을 상대로 수사를 할 때에는 수사 전에 장애인 본인 또는 관련 전문기관으로부터 장애유무 및 등급 등을 미리 확인하고 장애 유형에 적합한 조사방법을 선택·실시해야 한다.
② 정신적 장애 또는 언어장애로 인하여 의사소통에 어려움이 있는 장애인을 조사할 때에는 의사소통이 가능한 보조인을 참여시켜야 하며, 이해관계가 상충되는 장애인들이 관련된 사건은 각 이해당사자별 1명 이상의 보조인 참여를 원칙으로 한다.
③ 장애인 피해자가 동성(同性) 통역사의 참여를 원하는 경우 이에 응해야 한다.
④ 해양경찰관서의 장은 장애인의 불편을 최소화하도록 수사 또는 민원 사무실 위치·구조 및 편의시설, 장애유형에 적합한 의사소통장비 등의 마련과 개선을 위하여 지속적으로 노력해야 한다.

제56조(성적 소수자 수사)
경찰관은 성적 소수자가 자신의 성 정체성에 대하여 공개하기를 원하지 않을 경우에는 이를 최대한 존중해야 하며, 불가피하게 가족 등에게 알려야 할 경우에도 그 사유를 충분히 설명해야 한다.

제5장 유치인 인권보장

제57조(유치인 권리고지)
유치인 보호관은 유치인을 입감할 때 유치인의 제반 권리에 대하여 고지해야 한다.

제58조(신체검사할 때 유의사항)
유치인에 대한 신체검사는 동성의 유치인보호관이 해야 하며, 신체검사로부터 알게 된 사실을 누설하지 않도록 해야 한다.

제59조(유치인 건강관리)
유치인보호관은 유치장의 보건위생을 위하여 침구류 세탁 및 위생소독을 수시로 해야 하고, 유치인의 진료 요구에는 구체적인 건강상태 등을 파악하여 의사의 진료 또는 상비약의 지급 등 그에 알맞은 조치를 신속하게 취해야 한다.

제60조(사회적 약자에 대한 배려)

① 해양경찰관서의장은 여성 유치인의 정서적·생리적 특성 등을 고려하여 유치실 구조, 시설 등을 개선해야 한다.
② 노약자·장애인 유치인을 위하여 목발, 휠체어 등 필요한 기구 등을 비치하고 이를 적극 활용할 수 있도록 해야 한다.
③ 외국인 유치인에 대해서는 원칙적으로 분리 입감해야 한다.
④ 성적 소수자인 유치인에 대해서는 당사자가 원하는 경우 독거수용 등의 조치를 해야 한다.

제61조(유치인 호송 시 유의사항)

① 유치인을 호송할 때에는 호송차량 탑승 장면이나 이동 중 피호송인의 모습이 외부인에게 노출되지 않도록 노력해야 한다.
② 노약자·환자 등 도주의 위험성이 없다고 판단되는 유치인을 개별 호송하는 경우에는 수갑·포승을 사용하지 않을 수 있다.

제6장 언론 공개

제62조(수사사건 언론공개의 기준)

① 경찰관은 원칙적으로 수사사건에 대하여 공판청구 전에 언론공개를 해서는 안 된다.
② 경찰관은 제1항에도 불구하고 공공의 이익 및 국민의 알권리를 보장하기 위해 다음 각 호의 어느 하나에 해당하는 경우 소속 해양경찰관서장의 승인을 받아 언론에 공개할 수 있다.
1. 중요범인 검거 및 참고인·증거 발견을 위해 특히 필요하다고 인정되는 경우
2. 국민의혹 또는 불안을 해소하거나 유사범죄 예방을 위해 특히 필요하다고 인정되는 경우
3. 그 밖에 공익을 위해 특히 필요하다고 인정되는 경우
③ 경찰관은 제1항에 따라 언론에 공개하는 경우에도 객관적이고 정확한 증거 및 자료를 바탕으로 필요한 사항만 공개해야 한다.
④ 경찰관은 개인의 신상정보 등이 기록된 모든 서류 및 부책 등은 외부로 유출되지 않도록 보안 관리해야 한다.

제63조(수사사건 언론공개의 한계)

경찰관은 제62조제2항 및 제3항에 따라 수사사건을 언론에 공개할 때에도 다음 각 호의 어느 하나에 해당하는 사항을 공개해서는 안 된다.
1. 범죄와 직접 관련이 없는 명예·사생활에 관한 사항
2. 보복 당할 우려가 있는 사건관계인의 신원에 관한 사항
3. 범죄 수법 및 검거 경위에 관한 자세한 사항
4. 그 밖에 법령에 따라 공개가 금지된 사항

제64조(초상권 침해 금지)

경찰관은 해양경찰관서 안에서 피의자, 피해자 등 사건관계인의 신원을 추정할 수 있거나 신분이 노출될 우려가 있는 장면이 촬영되지 않도록 해야 한다.

제65조(예외적 공개 허용)

경찰관은 피의자가 「특정강력범죄의 처벌에 관한 특례법」 제8조의2제1항 또는 「성폭력범죄의 처벌 등에 관한 특례법」 제25조에 해당하는 경우에는 그 피의자의 얼굴, 실명, 및 나이 등 신상에 관한 정보를 공개할 수 있다.

6. 수사의 종결

제200조(수사자료표의 작성)
① 경찰관은 「형의 실효 등에 관한 법률」 제5조제1항에 따라 다음 각 호를 제외한 피의자에 대한 수사자료표를 작성해야 한다.
1. 즉결심판 대상자
2. 고소 또는 고발로 수리한 사건 중 「수사준칙」 제51조제1항제3호의 각 목에 해당하는 사건의 피의자
② 제1항의 경우 전자수사자료표시스템을 이용하여 전자문서로 작성한다. 다만, 입원, 교도소 수감 등 불가피한 사유로 피의자가 해양경찰관서에 출석하여 조사받을 수 없는 경우에는 종이 수사자료표를 작성하여 입력한다.

제203조(송치 서류)
① 「해양경찰수사규칙」 제109조제2항제5호의 그 밖의 서류는 접수 또는 작성순서에 따라 편철하고 같은 조 같은 항 제4호와 제5호의 서류는 각 장마다 면수를 적어 넣고 같은 조 같은 항 제2호부터 제4호까지의 서류에는 송치명의인으로 간인해야 한다.
② 「해양경찰수사규칙」 제109조제2항제4호의 서류에는 각 장마다 면수를 적어 넣되, 1장으로 이루어진 때에는 1로 표시하고, 2장 이상으로 이루어진 때에는 1-1, 1-2, 1-3의 방법으로 적어야 한다.

제204조(불송치 서류 등)
① 고소·고발 수리하여 수사한 사건이 다음 각 호의 어느 하나에 해당하는 경우에는 범죄·수사경력 회보서를 첨부하지 아니할 수 있다.
1. 혐의없음
2. 공소권없음
3. 죄가안됨
4. 각하
5. 수사중지(참고인중지)

◆ 검사의 사건처리 [20 간부, 20 채용, 18 채용]

검찰사건사무규칙 제98조(사건의 결정)
검사가 사건의 수사를 종결할 때에는 수사준칙 제52조제1항에 따라 다음 각 호의 구분에 따른 결정을 한다.

공소의 제기	범죄의 객관적 혐의가 충분하고 소송조건을 구비하여 유죄판결을 받을 수 있다고 인정되어 법원에 공소를 제기하는 것		
불기소결정	협의의 불기소처분	혐의 없음	혐의없음(범죄인정안됨): 피의사실이 범죄를 구성하지 않거나 피의사실이 인정되지 않는 경우
			혐의없음(증거불충분): 피의사실을 인정할 만한 충분한 증거가 없는 경우
		죄가 안됨	피의사실이 범죄구성요건에는 해당하지만 법률상 범죄의 성립을 조각하는 사유가 있어 범죄를 구성하지 않는 경우
		공소권 없음	가. 확정판결이 있는 경우 나. 통고처분이 이행된 경우 다. 「소년법」·가정폭력처벌법·성매매처벌법 또는 아동학대처벌

			법에 따른 보호처분이 확정된 경우(보호처분이 취소되어 검찰에 송치된 경우는 제외한다) 　라. 사면이 있는 경우 　마. 공소의 시효가 완성된 경우 　바. 범죄 후 법령의 개정이나 폐지로 형이 폐지된 경우 　사. 법률에 따라 형이 면제된 경우 　아. 피의자에 관하여 재판권이 없는 경우 　자. 같은 사건에 관하여 이미 공소가 제기된 경우(공소를 취소한 경우를 포함한다. 다만, 공소를 취소한 후에 다른 중요한 증거를 발견한 경우는 포함되지 않는다) 　차. 친고죄 및 공무원의 고발이 있어야 논할 수 있는 죄의 경우에 고소 또는 고발이 없거나 그 고소 또는 고발이 무효 또는 취소된 경우 　카. 반의사불벌죄의 경우 처벌을 희망하지 않는 의사표시가 있거나 처벌을 희망하는 의사표시가 철회된 경우 　타. 피의자가 사망하거나 피의자인 법인이 존속하지 않게 된 경우
		각하	가. 고소 또는 고발이 있는 사건에 관하여 고소인 또는 고발인의 진술이나 고소장 또는 고발장에 의하여 제2호부터 제4호까지의 규정에 따른 사유에 해당함이 명백한 경우 　나. 법 제224조, 제232조제2항 또는 제235조에 위반한 고소·고발의 경우 　다. 같은 사건에 관하여 검사의 불기소결정이 있는 경우(새로이 중요한 증거가 발견되어 고소인, 고발인 또는 피해자가 그 사유를 소명한 경우는 제외한다) 　라. 법 제223조, 제225조부터 제228조까지의 규정에 따른 고소권자가 아닌 자가 고소한 경우 　마. 고소인 또는 고발인이 고소·고발장을 제출한 후 출석요구나 자료제출 등 혐의 확인을 위한 수사기관의 요청에 불응하거나 소재불명이 되는 등 고소·고발사실에 대한 수사를 개시·진행할 자료가 없는 경우 　바. 고발이 진위 여부가 불분명한 언론 보도나 인터넷 등 정보통신망의 게시물, 익명의 제보, 고발 내용과 직접적인 관련이 없는 제3자로부터의 전문(傳聞)이나 풍문 또는 고발인의 추측만을 근거로 한 경우 등으로서 수사를 개시할만한 구체적인 사유나 정황이 충분하지 않은 경우 　사. 고소·고발 사건(진정 또는 신고를 단서로 수사개시된 사건을 포함한다)의 사안의 경중 및 경위, 피해회복 및 처벌의사 여부, 고소인·고발인·피해자와 피고소인·피고발인·피의자와의 관계, 분쟁의 종국적 해결 여부 등을 고려할 때 수사 또는 소추에 관한 공공의 이익이 없거나 극히 적은 경우로서 수사를 개시·진행할 필요성이 인정되지 않는 경우
	기소유예		피의사실이 인정되나 「형법」제51조 각 호의 사항을 참작하여 소추할 필요가 없는 경우
	기소중지		피의자의 소재불명 등의 사유로 수사를 종결할 수 없는 경우에 그 사유가 해소될 때까지 내리는 잠정적 수사종결처분
	참고인중지		참고인·고소인·고발인 또는 같은 사건 피의자의 소재불명으로 수사를 종결할 수 없는 경우에 그 사유가 해소될 때까지 내리는 처분
	송치		소년보호사건 송치, 가정보호사건 송치, 성매매보호사건 송치, 아동보호사건송치

◆ 공소권없음 vs 각하 (검찰사건사무규칙) [20 간부]

공소권없음	각하
1. 확정판결이 있는 경우 2. 통고처분이 이행된 경우 3. 「소년법」·가정폭력처벌법·성매매처벌법 또는 아동학대처벌법에 따른 보호처분이 확정된 경우 (보호처분이 취소되어 검찰에 송치된 경우는 제외한다) 4. 사면이 있는 경우 5. 공소의 시효가 완성된 경우 6. 범죄 후 법령의 개폐로 형이 폐지된 경우 7. 법률에 따라 형이 면제된 경우 8. 피의자에 관하여 재판권이 없는 경우 9. 같은 사건에 관하여 이미 공소가 제기된 경우 (공소를 취소한 경우를 포함한다. 다만, 공소를 취소한 후에 다른 중요한 증거를 발견한 경우는 포함되지 않는다) 10. 친고죄 및 공무원의 고발이 있어야 논할 수 있는 죄의 경우에 고소 또는 고발이 없거나 그 고소 또는 고발이 무효 또는 취소된 경우 11. 반의사불벌죄의 경우 처벌을 희망하지 않는 의사표시가 있거나 처벌을 희망하는 의사표시가 철회된 경우 12. 피의자가 사망하거나 피의자인 법인이 존속하지 않게 된 경우	1. 고소 또는 고발이 있는 사건에 관하여 고소인 또는 고발인의 진술이나 고소장 또는 고발장에 의하여 제2호부터 제4호까지의 규정에 따른 사유에 해당함이 명백한 경우 2. 법 제224조, 제232조제2항 또는 제235조에 위반한 고소·고발의 경우 3. 같은 사건에 관하여 검사의 불기소결정이 있는 경우 (새로이 중요한 증거가 발견되어 고소인, 고발인 또는 피해자가 그 사유를 소명한 경우는 제외한다) 4. 법 제223조, 제225조부터 제228조까지의 규정에 따른 고소권자가 아닌 자가 고소한 경우 5. 고소인 또는 고발인이 고소·고발장을 제출한 후 출석요구나 자료제출 등 혐의 확인을 위한 수사기관의 요청에 불응하거나 소재불명이 되는 등 고소·고발 사실에 대한 수사를 개시·진행할 자료가 없는 경우 6. 고발이 진위 여부가 불분명한 언론 보도나 인터넷 등 정보통신망의 게시물, 익명의 제보, 고발 내용과 직접적인 관련이 없는 제3자로부터의 전둔(傳聞)이나 풍문 또는 고발인의 추측만을 근거로 한 경우 등으로서 수사를 개시할만한 구체적인 사유나 정황이 충분하지 않은 경우 7. 고소·고발 사건(진정 또는 신고를 단서로 수사개시된 사건을 포함한다)의 사안의 경중 및 경위, 피해회복 및 처벌의사 여부, 고소인·고발인·피해자와 피고소인·피고발인·피의자와의 관계, 분쟁의 종국적 해결 여부 등을 고려할 때 수사 또는 소추에 관한 공공의 이익이 없거나 극히 적은 경우로서 수사를 개시·진행할 필요성이 인정되지 않는 경우

◆ 임의수사와 강제수사

임의수사	강제수사
출석요구, 피의자신문, 참고인조사, 감정·통역·번역의 위촉, 실황조사, 사실조회, 촉탁조사	체포·구속, 압수·수색·검증, 통신제한조치, 수사상 감정유치·증거보전·증인신문, 기타 감정에 필요한 처분

◆ 체포와 구속

영장에 의한 체포	**형사소송법 제200조의2(영장에 의한 체포)** ① 피의자가 죄를 범하였다고 의심할 만한 상당한 이유가 있고, 정당한 이유없이 제200조의 규정에 의한 출석요구에 응하지 아니하거나 응하지 아니할 우려가 있는 때에는 검사는 관할 지방법원판사에게 청구하여 체포영장을 발부받아 피의자를 체포할 수 있고, 사법경찰관은 검사에게 신청하여 검사의 청구로 관할지방법원판사의 체포영장을 발부받아 피의자를 체포할 수 있다. 다만, 다액 50만원이하의 벌금, 구류 또는 과료에 해당하는 사건에 관하여는 피의자가 일정한 주거가 없는 경우 또는 정당한 이유없이 제200조의 규정에 의한 출석요구에 응하지 아니한 경우에 한한다. ⑤ 체포한 피의자를 구속하고자 할 때에는 체포한 때부터 48시간이내에 제201조의 규정에 의하여 구속영장을 청구하여야 하고, 그 기간내에 구속영장을 청구하지 아니하는 때에는 피의자를 즉시 석방하여야 한다
긴급체포 [21 승진, 20 간부]	**형사소송법 제200조의3(긴급체포)** ① 검사 또는 사법경찰관은 피의자가 사형·무기 또는 **장기 3년** 이상의 징역이나 금고에 해당하는 죄를 범하였다고 의심할 만한 상당한 이유가 있고, 다음 각 호의 어느 하나에 해당하는 사유가 있는 경우에 긴급을 요하여 지방법원판사의 체포영장을 받을 수 없는 때에는 그 사유를 알리고 영장없이 피의자를 체포할 수 있다. 이 경우 긴급을 요한다 함은 피의자를 우연히 발견한 경우등과 같이 체포영장을 받을 시간적 여유가 없는 때를 말한다. 1. 피의자가 증거를 인멸할 염려가 있는 때 2. 피의자가 도망하거나 도망할 우려가 있는 때
현행범인의 체포	**형사소송법 제211조(현행범인과 준현행범인)** ① 범죄를 실행하고 있거나 실행하고 난 직후의 사람을 현행범인이라 한다. ② 다음 각 호의 어느 하나에 해당하는 사람은 현행범인으로 본다. 1. 범인으로 불리며 추적되고 있을 때 2. 장물이나 범죄에 사용되었다고 인정하기에 충분한 흉기나 그 밖의 물건을 소지하고 있을 때 3. 신체나 의복류에 증거가 될 만한 뚜렷한 흔적이 있을 때 4. 누구냐고 묻자 도망하려고 할 때 **제212조(현행범인의 체포)** 현행범인은 누구든지 영장없이 체포할 수 있다. **제213조(체포된 현행범인의 인도)** ① 검사 또는 사법경찰관리 아닌 자가 현행범인을 체포한 때에는 즉시 검사 또는 사법경찰관리에게 인도하여야 한다. ② 사법경찰관리가 현행범인의 인도를 받은 때에는 체포자의 성명, 주거, 체포의 사유를 물어야 하고 필요한 때에는 체포자에 대하여 경찰관서에 동행함을 요구할 수 있다.
구속	**형사소송법 제201조(구속)** ① 피의자가 죄를 범하였다고 의심할 만한 상당한 이유가 있고 제70조제1항 각 호의 1에 해당하는 사유(1. 피고인이 일정한 주거가 없는 때 2. 피고인이 증거를 인멸할 염려가 있는 때 3. 피고인이 도망하거나 도망할 염려가 있는 때)가 있을 때에는 검사는 관할지방법원판사에게 청구하여 구속영장을 받아 피의자를 구속할 수 있고 사법경찰관은 검사에게 신청하여 검사의 청구로 관할지방법원판사의 구속영장을 받아 피의자를 구속할 수 있다. 다만, 다액 50만원이하의 벌금, 구류 또는 과료에 해당하는 범죄에 관하여는 피의자가 일정한 주거가 없는 경우에 한한다.

제3절 | 수사행정

1. 유치와 호송

> **경찰관직무집행법 제9조(유치장)**
> 법률에서 정한 절차에 따라 체포·구속된 사람 또는 신체의 자유를 제한하는 판결이나 처분을 받은 사람을 수용하기 위하여 경찰서와 해양경찰서에 유치장을 둔다.

(해양경찰청) 피의자 유치 및 호송 규칙

[시행 22. 9. 14.] [해양경찰청훈령]

제1장 총칙

제1조(목적)
이 규칙은 피의자(피고인, 구류 처분을 받은 자 및 의뢰입감자를 포함한다. 이하 같다)의 유치 및 호송에 필요한 사항을 규정함을 목적으로 한다.

제2조(정의)
이 규칙에서 사용하는 용어의 뜻은 다음과 같다.
1. "유치인보호주무자"란 해양경찰서 수사과장을 말한다. [23 간부]
2. "유치인보호관"이란 해양경찰서장을 보좌하여 유치인 보호 및 유치장 관리를 담당하는 경찰관을 말한다.
3. "입감의뢰자"란 사건을 담당하는 등 피의자의 입감을 의뢰하는 자를 말한다.
4. "신체등"이란 신체, 의류 등을 말한다.
5. "휴대금품"이란 피의자가 소지하고 있는 현금, 유가증권 및 휴대품을 말한다.

제6조(관계부책의 비치와 기록요령)
② 근무일지에는 유치인보호관의 근무상황, 감독순시 상황, 정기점검결과, 수감자 현황, 위생상황 및 유치인의 의뢰사항과 조치결과 등을 기록해야 한다.
③ 체포·구속인 접견부에는 유치인의 성명, 접견신청자의 인적사항, 유치인과의 관계, 접견일시, 대화요지, 입회자 등 필요사항을 기록해야 한다.
④ 체포·구속인 교통부에는 유치인의 성명, 접견신청자의 인적사항, 유치인과의 관계, 수발의 구별, 교통일시, 서신내용의 요지, 취급자 등 필요사항을 기록해야 한다.
⑤ 물품차입부에는 유치인의 성명, 차입자의 인적사항, 물품 및 수량 등을 정확히 기록해야 한다.
⑥ 임치 및 급식상황표에는 임치금품의 수량과 임치금품의 처리현황 등을 일자별로 정확히 기록하고 급식상황을 관식·사식을 구분하여 표시해야 하며, 비고란에는 입감 시부터 출감 시까지 수감했던 유치실을 일자별로 구분하여 기록해야 한다.
⑦ 체포·구속인명부에는 체포·구속 및 석방 사항, 죄명, 인상착의, 체포·구속된 자의 인적사항, 범죄경력 및 가족관계 등을 기록하되 주민등록번호를 대조하는 등 본인여부를 반드시 확인하고 기록해야 한다. [18 경위승진]

제2장 유치

제7조(유치장소)
피의자를 유치할 때에는 유치장을 사용해야 한다. 다만, 질병 그 밖에 특별한 사유가 있어 해양경찰서장이 필요하다고 인정할 때에는 의료기관 등 다른 적절한 장소에 유치할 수 있다.

제8조(피의자의 유치 등) [23 간부]
① 피의자를 유치장에 입감시키거나 출감시킬 때에는 유치인보호주무자가 발부하는 별지 제2호서

식의 피의자 입감·출감 지휘서에 따라야 하며, 동시에 3명 이상의 피의자를 입감시킬 때에는 경위 이상 경찰관이 입회하여 순차적으로 입감시켜야 한다. [23 간부]
② 다음 각 호에 해당하는 사람은 유치장이 허용하는 범위에서 분리하여 유치해야 한다. 이 경우 신체장애인에 대해서는 신체장애를 고려한 처우를 해야 한다. [23 간부]
1. 형사범과 구류 처분을 받은 자
2. 19세 이상의 사람과 19세 미만의 사람
3. 신체장애인
4. 사건 관련 공범자 등
③ 입감의뢰자는 유치인 보호에 필요한 다음 각 호의 사항을 유치인보호주무자에게 알려야 한다. 이 경우 유치인보호주무자는 제1항에 따른 입감지휘서 등을 통해 유치인보호관에게 알려야 한다.
1. 범죄사실의 요지
2. 구속사유
3. 유치인의 성격적 특징
4. 사고 우려와 질병 유무
5. 그 밖에 유치인 보호에 필요하다고 인정되는 사항
④ 유치인보호관은 새로 입감한 유치인에게 유치장 내에서의 일과표, 접견, 연락절차, 별표 3의 유치인에 대한 인권보장 등에 대하여 설명하고, 인권침해를 당한 경우 「국가인권위원회법 시행령」 제6조에 따라 진정할 수 있음을 알리고 그 방법을 안내해야 한다.
⑤ 해양경찰서장과 유치인보호주무자는 외국인이 제4항에 따른 내용을 이해할 수 있게 다양한 방법을 마련해야 하고, 청각 및 언어 장애인 등의 요청이 있을 때에는 수화 통역사를 연계하는 등 원활한 의사소통을 위한 조치를 취해야 한다.

제9조(신체등의 검사)

① 유치인보호관은 피의자를 유치하는 과정에서 피의자의 생명, 신체에 대한 위해를 방지하고, 유치장내의 안전과 질서를 유지하기 위하여 필요하다고 인정될 때에는 유치인의 신체등 및 유치실을 검사할 수 있다.
② 제1항에 따른 신체등의 검사는 동성(同性)의 유치인보호관이 실시해야 한다. 다만, 여성유치인보호관이 없을 경우에는 미리 지정하여 신체등의 검사방법을 교육 받은 여성경찰관으로 하여금 대신하게 할 수 있다.
③ 유치인보호관은 신체등의 검사를 하기 전에 유치인에게 검사 목적과 절차를 설명하고, 스스로 제10조제1항에 따른 위험물등을 제출할 것을 고지해야 한다.
④ 신체등의 검사는 유치인보호주무자가 별지 제2호서식의 피의자 입감·출감 지휘서에 지정하는 방법으로 유치장내 신체검사실에서 해야 하며, 그 종류와 기준 및 방법은 다음 각 호와 같다. [18 승진]
1. 외표검사: 죄질이 경미하고 동작과 언행에 특이사항이 없으며 위험물등을 은닉하고 있지 않다고 판단되는 유치인에 대하여 신체등의 외부를 눈으로 확인하고 손으로 가볍게 두드려 만지면서 하는 검사 [23 간부]
2. 간이검사: 탈의막 안에서 속옷은 벗지 않고 신체검사용 의복을 착용하도록 한 상태에서 위험물등의 은닉여부를 확인하는 검사
3. 정밀검사: 살인, 강도, 절도, 강간, 방화, 마약류, 조직폭력 등 죄질이 중하거나 유치장 근무자 및 다른 유치인에 대한 위해 또는 자해할 우려가 있다고 판단되는 유치인에 대하여 탈의막 안에서 속옷을 벗고 신체검사용 의복을 착용하도록 한 후 정밀하게 위험물등의 은닉여부를 확인하는 검사
⑤ 유치인보호관은 외표검사, 간이검사에서 위험물등을 은닉하고 있다고 판단되는 유치인에 대해서는 유치인보호주무자에게 보고하고 정밀검사를 해야 한다. 다만, 신속한 위험물등의 제거가 필요한 경우에는 정밀검사 후 유치인보호주무자에게 지체 없이 보고해야 한다.
⑥ 유치인보호관은 제4항과 제5항에 따른 신체등의 검사를 하는 경우에는 부당하게 이를 지연하거나 신체에 대한 굴욕감을 주는 언행 등으로 유치인의 고통이나 수치심을 유발하는 일이 없도록 주의해야 하며, 검사결과를 근무일지에 기록하고 특이사항에 대하여는 해양경찰서장과 유치인보호주무자에게 즉시 보고해야 한다.

제10조(위험물등의 취급)

① 유치인보호주무자는 피의자를 유치하는 과정에 그 피의자가 수사상 또는 유치장의 보안상 지장이 있다고 인정되는 다음 각 호의 어느 하나에 해당하는 물건(이하 "위험물등"이라 한다)을 소지하고 있을 때에는 그 물건을 유치기간 중 보관해야 한다. 다만 보관하는 것이 적당하지 않은 물건은 유치인에게 알린 후 폐기하거나 유치인으로 하여금 자신이 지정하는 사람에게 보내게 할 수 있다.
1. 허리띠, 넥타이, 구두끈, 안경, 금속물 그 밖에 자살에 사용될 우려가 있는 물건. 다만, 구두끈, 안경은 자해할 위험이 없다고 판단되는 경우 소지를 허용할 수 있다.
2. 성냥, 라이터, 담배, 주류 그 밖에 유치장의 안전 및 질서를 해칠 우려가 있는 물건
3. 죄증인멸 등 수사에 지장이 있다고 우려되는 물건 또는 범죄의 도구로 이용될 우려가 있는 물건
4. 미확인 의약품, 독극물 및 다량 또는 장기 복용함으로써 현저하게 건강을 해칠 우려가 있는 약품
② 피의자 유치 시 휴대금품은 출감 시까지 보관해야 한다. 다만 다음 각 호의 어느 하나에 해당하는 물건은 유치인으로 하여금 자신이 지정하는 사람에게 보내게 하거나 그 밖에 적당한 방법으로 처분하게 할 수 있다.
1. 부패하거나 없어질 우려가 있는 물건
2. 물품의 종류 크기 등을 고려할 때 보관하기 어려운 것
3. 유치인으로부터 신청이 있는 금품 및 귀중품
4. 그 밖에 보관할 가치가 없는 물건
③ 제1항 및 제2항에 따라 위험물등 또는 휴대금품을 보관할 때에는 「범죄수사규칙」 별지 제55호서식의 임치증명서를 교부하고 같은 규칙 별지 제56호서식의 임치 및 급식상황표에 명확히 기록해야 하며, 금품과 귀중품은 유치장 내 금고에 보관해야 한다.

제13조(여성의 유치)
① 여성은 남성과 분리하여 유치해야 한다.
② 해양경찰서장은 여성유치인이 친권이 있는 생후 18개월 이내의 유아의 대동(帶同)을 신청한 때에는 다음 각 호의 어느 하나에 해당하는 사유가 없다고 인정되는 경우 이를 허가해야 한다. 이 경우 유아의 양육에 필요한 설비와 물품의 제공, 그 밖에 양육을 위하여 필요한 조치를 해야 한다.
1. 유아가 질병·부상, 그 밖의 사유로 유치장에서 생활하는 것이 적당하지 않은 경우
2. 유치인이 질병·부상, 그 밖의 사유로 유아를 양육하는 것이 적당하지 않은 경우
3. 유치장에 감염병이 유행하거나 그 밖의 사정으로 유아의 대동이 적당하지 않은 경우
③ 제2항에 따른 유아의 대동 허가를 받으려는 사람은 해양경찰서장에게 별지 제3호서식의 유아대동신청서를 제출해야 하며, 해양경찰서장이 이를 허가할 때에는 해당 신청서를 별지 제2호서식의 피의자 입감·출감 지휘서에 첨부해야 한다.
④ 해양경찰서장은 유아의 대동을 허가하지 않은 경우에는 「형의 집행 및 수용자의 처우에 관한 법률 시행령」 제80조에 따라 해당 유치인의 의사를 고려하여 유아보호에 적당하다고 인정하는 개인 또는 법인에게 그 유아를 보낼 수 있다. 다만, 적당한 개인 또는 법인이 없는 경우에는 해양경찰서 소재지 관할 시장·군수 또는 구청장에게 보내서 보호하게 해야 한다.

제14조(통모방지)
① 공범자 또는 그 밖의 사건과 관련된 피의자들을 유치할 때에는 유치실 시설의 허용범위에서 분리하여 유치하는 등 서로 통모하지 않도록 유의해야 한다.
② 유치인보호주무자는 공범자 등을 입감시킬 때 별지 제2호서식의 피의자 입감·출감 지휘서의 비고란에 공범자의 성명을 기입하여 분리 유치되도록 해야 한다.
③ 유치인의 유치실을 옮길 때에는 옮기는 유치실안의 공범자의 유무를 확인하여 분리 유치되도록 해야 한다.

제4장 보안

제22조(수갑등의 사용)
① 경찰관은 다음 각 호의 어느 하나에 해당하는 때에는 유치인보호주무자의 허가를 받아 유치인에 대하여 수갑 또는 수갑·포승(이하 "수갑등"이라 한다)을 사용할 수 있다. 다만, 허가를 받을 시간적 여유가 없는 때에는 사용 후 지체 없이 유치인보호주무자에게 보고하여 사후승인을 얻어야 한다.

1. 송치, 출정 및 병원진료 등으로 유치장 외의 장소로 유치인을 호송하는 때와 조사 등으로 출감할 때. 다만, 다음 각 목의 어느 하나에 해당하는 사람에 대해서는 수갑등을 사용하지 않는다.
    가. 구류선고 및 감치명령을 받은 사람
    나. 미성년자·고령자·장애인·임산부·환자 중 주거와 신분이 확실하고 도주의 우려가 없는 사람
2. 도주하거나 도주하려고 하는 때
3. 자살 또는 자해하거나 하려고 하는 때
4. 다른 사람에게 위해를 가하거나 가하려고 하는 때
5. 유치장 등의 시설 또는 물건을 손괴하거나 손괴하려고 하는 때

③ 경찰관이 제1항제1호부터 제5호까지의 사유로 수갑등을 사용하는 때에는 그 사유와 시간을 근무일지에 기재해야 하며, 사전에 해당 유치인에게 수갑등의 사용이유를 고지해야 한다.
④ 경찰관은 수갑등을 유치인에 대한 징벌이나 고통을 가할 목적으로 사용할 수 없으며, 수갑등을 제외한 일체의 계구는 유치장내에 비치해서는 안 된다.
⑤ 경찰관은 수갑등의 사용사유가 없어진 때에는 지체 없이 해제해야 한다.
⑥ 수갑등을 사용하더라도 해양경찰관서 내에서 조사가 진행 중인 동안에는 다음 각 호에 해당하는 사람을 제외하고는 수갑등을 해제해야 한다. 다만, 제1호 또는 제2호에 해당하는 경우라도 자살, 자해, 도주, 폭행의 우려가 없다고 판단되는 때에는 수갑등을 해제할 수 있다.
1. 「특정강력범죄의 처벌에 관한 특례법」 제2조의 죄를 범한 사람
2. 「마약류 불법거래 방지에 관한 특례법」 제2조제2항의 죄를 범한 사람
3. 자살, 자해, 도주, 폭행의 우려가 현저한 자로서 담당경찰관 및 유치인보호주무자가 수갑등의 사용이 반드시 필요하다고 인정한 사람

제39조(접견시간 및 요령)

① 유치인의 접견시간은 다음 각 호의 구분에 따라 실시한다.
1. 평일에는 09:00~21:00까지로 한다. 다만, 원거리에서 온 접견희망자 등 특별한 경우에는 해양경찰서장의 허가를 받아 22:00까지 연장할 수 있다.
2. 토요일과 일요일, 공휴일은 09:00~20:00까지로 한다.
② 제1항에도 불구하고 변호인의 접견 신청이 있는 때에는 접견시간을 제한하지 않는다. 다만, 유치인의 안전 또는 유치장 내 질서유지 등 관리에 지장이 있는 경우에는 그렇지 않다.
③ 유치인의 접견 시간은 <u>1회에 30분 이내</u>로, 접견횟수는 <u>1일 3회 이내</u>로 하여 접수순서에 따라 접견자의 수를 고려하여 균등하게 시간을 배분해야 한다. 다만, 변호인과의 접견은 예외로 한다.
[21 간부, 18 승진]

제9장 호송

제47조(정의)

이 장에서 사용하는 용어의 뜻은 다음과 같다.
1. "호송관"이란 피호송자의 호송을 담당하는 경찰관을 말한다.
2. "호송관서"란 피호송자를 호송하고자 하는 해양경찰관서를 말한다.
3. "인수관서"란 호송된 피호송자를 인수하는 관서를 말한다.
4. "이감호송"이란 피호송자의 수용장소를 다른 곳으로 이동하거나 특정관서에 인계하기 위한 호송을 말한다.
5. "왕복호송"이란 피호송자를 특정장소에 호송하여 필요한 용무를 마치고 다시 발송관서 또는 호송관서로 호송하는 것을 말한다.
6. "집단호송"이란 한번에 다수의 피호송자를 호송하는 것을 말한다.
7. "비상호송"이란 전시, 사변 또는 이에 준하는 국가비상 사태나 천재지변으로 피호송자를 다른 곳에 수용하기 위한 호송을 말한다.
8. "호송수단"이란 호송에 필요한 수송수단을 말한다.

제49조(호송관의 결격사유 및 수)

① 호송관서의 장은 다음 각 호의 어느 하나에 해당하는 사람을 호송관으로 지명해서는 안 된다.

1. 피호송자와 친족 또는 가족 등의 특수한 신분관계가 있거나 있었던 사람
2. 신체 및 건강상태가 호송업무를 감당하기 곤란하다고 인정되는 사람
3. 그 밖에 호송근무에 부적합하다고 인정되는 사람
② 호송관서의 장은 호송수단과 피호송자의 죄질, 형량, 범죄경력, 성격, 체력, 사회적 지위, 인원, 호송거리, 도로사정, 기상 등을 고려하여 호송관 수를 결정해야 한다. 다만, 호송인원은 어떠한 경우라도 2명 이상 지정해야 하며, 시보순경 또는 의무경찰만으로 지명할 수 없다.
③ 호송관서의 장은 호송관이 5명 이상일 경우에는 경위 1명을 지휘·감독관으로 지정해야 한다.

제50조(피호송자의 신체검색)
① 호송관은 반드시 호송주무관의 지휘에 따라 포박하기 전에 피호송자에 대하여 안전호송에 필요한 신체검색을 실시해야 한다.
② 여성인 피호송자의 신체검색은 여성경찰관이 행하거나 성년의 여성을 참여시켜야 한다.

제51조(피호송자에 대한 수갑등의 사용)
① 호송관은 호송관서를 출발하기 전에 반드시 피호송자에게 수갑을 채우고 포승으로 포박해야 한다. 다만, 다음 각 호의 어느 하나에 해당하는 사람은 예외로 한다.
1. 구류선고 및 감치명령을 받은 사람
2. 미성년자·고령자·장애인·임산부·환자 중 주거와 신분이 확실하고 도주의 우려가 없는 사람
② 호송관은 피호송자가 2명 이상일 때에는 피호송자별로 수갑을 채우고 포승으로 포박한 후 호송수단을 고려하여 2명부터 5명까지를 1조로 하고 상호 연결시켜 포박해야 한다.
③ 호송주무관은 제1항 및 제2항에 따른 포박의 적정여부를 확인해야 한다.

제52조(호송의 방법)
① 호송은 호송관이 피호송자를 인수관서 또는 출석시켜야 할 장소와 유치시킬 장소에 직접 호송한다.
② 호송주무관은 중요 범죄인을 호송할 경우에는 특별한 안전조치를 마련해야 한다.

제54조(영치금품의 처리)
피호송자의 영치금품은 다음 각 호의 구분에 따라 처리한다.
1. 금전, 유가증권은 호송관서에서 인수관서에 직접 송부한다. 다만 소액의 금전, 유가증권 또는 당일로 호송을 마칠 수 있을 때에는 호송관에게 운송을 위탁할 수 있다.
2. 피호송자가 호송도중에 필요한 식량·의류·침구류 등을 본인의 비용으로 구입하고자 청구하는 경우에는 구입에 필요한 금액을 호송관에게 맡긴다.
3. 물품은 호송관에게 운송을 위탁한다. 다만, 위험하거나 호송관이 휴대하기에 부적절한 물품은 호송관서에서 인수관서로 직접 송부할 수 있다.
4. 송치하는 금품을 호송관에게 운송을 위탁할 경우의 보관책임은 호송관서에 있고, 그렇지 않은 경우에는 송부한 관서에 보관책임이 있다.

제55조(호송시간)
호송은 일출 전 또는 일몰 후에는 할 수 없다. 다만, 기차, 선박 및 차량을 이용하는 때 또는 특별한 사유가 있는 경우에는 그렇지 않다.

제56조(호송수단)
① 호송수단은 경찰 호송차 그 밖에 경찰이 보유하고 있는 차량(이하 "경찰차량"이라 한다)에 의함을 원칙으로 한다. 다만, 경찰차량을 사용할 수 없거나 그 밖에 특별한 사유가 있는 때에는 도보나 경비함·정, 경찰항공기 또는 일반 교통수단을 이용할 수 있다.
② 호송관서의 장은 호송 여건을 고려하여 호송수단을 결정해야 한다.
③ 집단호송은 가능한 경찰차량을 사용해야 한다.
④ 호송에 사용되는 경찰차량에는 커튼 등을 설치하여 피호송자의 신분이 외부에 노출되지 않도록 해야 한다.

제63조(호송 중 유의사항)

호송관은 호송 중 다음 각 호의 사항을 준수해야 한다.
1. 피호송자의 가족이나 그 밖에 관계인을 동반하거나 면접, 물건 수수행위 등을 하게 해서는 안 된다.
2. 피호송자에게 흡연하게 해서는 안 된다.
3. 도심지, 번화가 그 밖에 복잡한 곳을 가능한 한 피해야 한다.
4. 피호송자가 용변을 보고자 할 때에는 화장실에 같이 들어가거나 화장실문을 열고 감시를 철저히 해야 한다.
5. 피호송자를 포박한 수갑 또는 포승은 질병의 치료, 용변 및 식사할 때에 한쪽 수갑만을 필요한 시간동안 풀어주는 것을 제외하고는 호송이 끝날 때까지 변경하거나 풀어 주어서는 안 된다.
6. 항상 피호송자의 기습으로부터 방어할 수 있는 자세와 감시가 용이한 위치를 유지해야 한다.
7. 호송 중 피호송자에게 식사를 하게 할 때에는 가까운 경찰서에서 해야 한다. 다만, 열차, 선박, 항공기에 의한 호송일 때에는 그렇지 않을 수 있다.
8. 호송 시에는 호송하는 모습이 가급적 타인에게 노출되지 않도록 유의해야 한다.

제64조(호송관의 임무)
호송관은 호송 근무 중 다음의 사항을 충실히 수행해야 한다.
1. 호송관서의 장 또는 호송주무관의 지휘·명령
2. 피호송자의 도주 및 증거인멸, 자해, 자살행위 등의 방지
3. 피호송자의 건강과 신변 안전조치

제65조(호송관의 책임한계)
호송관은 피호송자를 인수한 때로부터 호송을 끝마치고 인수관서에 인계할 때까지 제64조에 따라 책임을 진다.

제66조(사고발생시의 조치)
호송관은 호송 중 피호송자가 도주, 사망, 질병 또는 그 밖에 사고가 발생한 경우 다음 각 호의 구분에 따라 신속하게 조치해야 한다.
1. 피호송자가 도망하였을 경우
   가. 즉시 사고발생지 관할 해양경찰관서에 신고하고 도주 피의자 수배 및 수사에 필요한 사항을 알려주어야 하며, 소속 해양경찰관서의 장에게 전화, 전보 그 밖에 신속한 방법으로 보고하여 그 지휘를 받아야 한다. 이 경우에 즉시 보고할 수 없는 때에는 신고 관서에 보고를 의뢰할 수 있다.
   나. 호송관서의 장은 보고받은 즉시 상급 감독관서에 보고 및 관할 검찰청에 통보하는 동시에 인수관서에 통지하고 도주 피의자의 수사에 착수해야 하며, 사고발생지 관할 해양경찰서장에게 수사를 의뢰해야 한다.
   다. 도주한 자에 관한 호송관계서류 및 금품은 호송관서에 보관해야 한다.
2. 피호송자가 사망하였을 경우
   가. 즉시 사망지 관할 해양경찰관서에 신고하고 시체와 서류 및 영치금품은 신고 관서에 인도해야 한다. 다만, 부득이한 경우에는 다른 도착지의 관할 해양경찰관서에 인도할 수 있다.
   나. 인도를 받은 해양경찰관서는 즉시 호송관서와 인수관서에 사망일시, 원인 등을 통지하고, 서류와 금품은 호송관서에 송부한다.
   다. 호송관서의 장은 통지받은 즉시 상급 감독관서 및 관할 검찰청에 통보하는 동시에 사망자의 유족 또는 연고자에게 이를 통지해야 한다.
   라. 「형의 집행 및 수용자의 처우에 관한 법률」제128조 등에 따라 통지 받을 가족이 없거나, 통지를 받은 가족이 통지를 받은 날부터 3일 내에 그 시신을 인수하지 않으면 시, 읍, 면의 장에게 가매장을 하도록 의뢰해야 한다.
3. 피호송자가 병에 걸렸을 경우
   가. 경증으로 호송에 큰 지장이 없고 당일로 호송을 마칠 수 있을 경우에는 호송관이 적절한 응급조치를 취하고 호송을 계속해야 한다.
   나. 중증으로 호송을 계속하는 것이 곤란하다고 인정될 경우에는 피호송자 및 그 서류와 금품을 발병지에서 가까운 해양경찰관서에 인도해야 한다.

다. 나목에 따라 인수한 해양경찰관서는 즉시 피호송자의 질병을 치료해야 하며, 질병의 상태를 호송관서 및 인수관서에 통지하고, 질병이 치유된 때에는 호송관서에 통지함과 동시에 치료한 해양경찰관서에서 지체 없이 호송해야 한다. 다만, 진찰한 결과 24시간 이내에 치유될 수 있다고 진단되었을 경우에는 치료 후 호송관서의 호송관이 호송을 계속하게 해야 한다.

제67조(피호송자의 숙박)

① 호송관은 피호송자를 숙박시켜야 할 사유가 발생하였을 때에는 체류지 관할 해양경찰서 유치장 또는 교도소를 이용해야 한다.
② 호송관은 제1항에 따른 숙박을 시킬 수 없는 지역에 있을 경우에는 가장 가까운 해양경찰관서에 숙박 협조를 의뢰해야 한다.

제71조(호송관의 총기 휴대)

① 호송관은 호송근무에 임할 때에는 호송관서의 장이 특별한 지시가 없는 한 총기를 휴대해야 한다.
② 호송관이 호송 중 휴대할 총기는 권총 또는 소총, 가스총 등으로 한다.

제74조(정기교육) [18 승진]

해양경찰서장은 소속 유치인보호관에 대하여 피의자의 유치에 관한 관계법령 및 규정 등을 <u>매월 1회 이상</u> 정기적으로 교육해야 한다.

2. 수배

(1) 의의와 종류

구분		내용
의의		피의자 및 수사자료를 발견・확보하기 위하여 다른 경찰관서에 대하여 수사상 필요한 조치를 의뢰하는 공조수사
종류	사건수배	사건의 용의자와 수사자료 그 밖의 참고사항에 관하여 통보를 요구하는 것
	긴급사건수배	다른 경찰관서에 긴급한 조치를 의뢰할 필요가 있을 때에는 긴급배치, 긴급수사 그 밖의 필요한 조치를 요구하는 것
	지명수배	특정한 피의자에 대한 체포를 의뢰하는 것
	지명통보	특정한 피의자를 발견한 경우 그에 대한 출석요구를 의뢰하는 것
	장물수배	수사중인 사건의 장물에 관하여 다른 경찰관서에 그 발견을 요청하는 것

(2) 지명수배

해양경찰수사규칙 제45조(지명수배)

① 사법경찰관리는 다음 각 호의 어느 하나에 해당하는 사람의 소재를 알 수 없을 때에는 지명수배를 할 수 있다.
1. 법정형이 사형, 무기 또는 장기 3년 이상의 징역이나 금고에 해당하는 죄를 범했다고 의심할 만한 상당한 이유가 있어 체포영장 또는 구속영장이 발부된 사람

> 2. 제47조에 따른 지명통보의 대상인 사람 중 지명수배를 할 필요가 있어 체포영장 또는 구속영장이 발부된 사람
>
> ② 제1항에도 불구하고 법 제200조의3제1항에 따른 긴급체포를 하지 않으면 수사에 현저한 지장을 초래하는 경우에는 영장을 발부받지 않고 지명수배할 수 있다. 이 경우 지명수배 후 신속히 체포영장을 발부받아야 하며, 체포영장을 발부받지 못한 때에는 즉시 지명수배를 해제해야 한다.
>
> **제46조(지명수배자 발견 시 조치)**
> ① 사법경찰관리는 제45조제1항에 따라 지명수배된 사람(이하 "지명수배자"라 한다)을 발견한 때에는 체포영장 또는 구속영장을 제시하고, 수사준칙 제32조제1항에 따라 권리 등을 고지한 후 체포 또는 구속하며 별지 제35호서식의 권리 고지 확인서를 받아야 한다. 다만, 체포영장 또는 구속영장을 소지하지 않은 경우 긴급하게 필요하면 지명수배자에게 영장이 발부되었음을 고지한 후 체포 또는 구속할 수 있으며 사후에 지체 없이 그 영장을 제시해야 한다.
> ② 사법경찰관은 제45조제2항에 따라 영장을 발부받지 않고 지명수배한 경우에는 지명수배자에게 긴급체포한다는 사실과 수사준칙 제32조제1항에 따른 권리 등을 고지한 후 긴급체포해야 한다. 이 경우 지명수배자로부터 별지 제35호서식의 권리 고지 확인서를 받고 제51조제1항에 따른 긴급체포서를 작성해야 한다.

(3) 지명통보

> **해양경찰수사규칙 제47조(지명통보)**
>
> 사법경찰관리는 다음 각 호의 어느 하나에 해당하는 사람의 소재를 알 수 없을 때에는 지명통보를 할 수 있다.
> 1. 법정형이 장기 3년 미만의 징역 또는 금고, 벌금에 해당하는 죄를 범했다고 의심할 만한 상당한 이유가 있고, 출석요구에 응하지 않은 사람
> 2. 법정형이 장기 3년 이상의 징역이나 금고에 해당하는 죄를 범했다고 의심되더라도 사안이 경미하고, 출석요구에 응하지 않은 사람
>
> **제48조(지명통보자 발견 시 조치)**
> 사법경찰관리는 제47조에 따라 지명통보된 사람(이하 "지명통보자"라 한다)을 발견한 때에는 지명통보자에게 지명통보된 사실, 범죄사실의 요지 및 지명통보한 해양경찰관서(이하 이 조 및 제49조에서 "통보관서"라 한다)를 고지하고, 발견된 날부터 1개월 이내에 통보관서에 출석해야 한다는 내용과 정당한 사유 없이 출석하지 않을 경우 지명수배되어 체포될 수 있다는 내용을 통지해야 한다.
>
> **제49조(지명수배·지명통보 해제)**
> 사법경찰관리는 다음 각 호의 어느 하나에 해당하는 경우에는 즉시 지명수배 또는 지명통보를 해제해야 한다.
> 1. 지명수배자를 검거한 경우
> 2. 지명통보자가 통보관서에 출석하여 조사에 응한 경우
> 3. 공소시효의 완성, 친고죄에서 고소의 취소, 피의자의 사망 등 공소권이 소멸된 경우
> 4. 지명수배됐으나 체포영장 또는 구속영장의 유효기간이 지난 후 체포영장 또는 구속영장이 재발부되지 않은 경우

5. 그 밖에 지명수배 또는 지명통보의 필요성이 없어진 경우

(4) 장물수배

(해양경찰청) 제106조(장물수배서) [22 해경·승진, 21 승진]

① 해양경찰서장은 범죄수사에 필요하다고 인정할 때에는 장물과 관련 있는 영업주에 대하여 장물수배서를 발급할 수 있으며, 장물수배서는 다음 각 호로 구분한다.
 1. 특별 중요 장물수배서: 수사본부를 설치하고 수사하고 있는 사건에 발급하는 장물수배서
 2. 중요 장물수배서: 수사본부를 설치하고 수사하고 있는 사건 이외의 중요한 사건에 발급하는 장물수배서
 3. 보통 장물수배서: 그 밖의 사건에 발급하는 장물수배서
② 제1항에 따른 장물수배서는 다음 각 호의 색깔로 구분하여 발급해야 한다.
 1. 특별 중요 장물수배서: 홍색
 2. 중요 장물수배서: 청색
 3. 보통 장물수배서: 백색

(5) 수배의 해제

해양경찰 수사규칙 제49조(지명수배·지명통보 해제)

사법경찰관리는 다음 각 호의 어느 하나에 해당하는 경우에는 즉시 지명수배 또는 지명통보를 해제해야 한다.
1. 지명수배자를 검거한 경우
2. 지명통보자가 통보관서에 출석하여 조사에 응한 경우
3. 공소시효의 완성, 친고죄에서 고소의 취소, 피의자의 사망 등 공소권이 소멸된 경우
4. 지명수배됐으나 체포영장 또는 구속영장의 유효기간이 지난 후 체포영장 또는 구속영장이 재발부되지 않은 경우
5. 그 밖에 지명수배 또는 지명통보의 필요성이 없어진 경우

제4절 | 각종 수사기법

1. 유류품 수사

동일성	유류품과 **범행과의 관계**, 유류품이 직접 범행에 사용된 것인가를 검토(ex 물건의 존재가 명확할 것, 물건의 특징이 합치될 것, 유류상황과 진술이 합치될 것, 흉기가 상해부위와 합치될 것 등을 검토).
관련성	유류품과 **범인과의 관계**, 유류품이 범인의 물건이 확실한가를 검토(ex 범인이 유류품 및 그의 일부라고 인정할 만한 것과 동종의 물건을 소유하거나 휴대하고 있었을 것, 범인이 유류품에 존재하는 사용버릇을 가지고 있는 인물일 것 등을 검토),
기회성	유류품과 **현장과의 관계**, 범인이 현장에 유류할 기회가 있었는가를 검토(ex 범인이 현장에 갈 수 있었을 것, 유류할 기회가 있었을 것, 범인이 범행시각에 근접하여 현장 및 그 부근에 있었을 것 등을 검토).
완전성	유류품과 **범행시의 관계**, 유류품이 범행시와 동일한 상태로 보전되어 있는가를 검토

2. 감별수사

감별수사는 폭을 넓혀 가는 수사로 횡적 수사의 일종이다. 감별수사는 감유무의 판단과 수사, 감대상자 선정, 감적격자 수사의 순서로 이루어진다.

연고감 [19 간부, 18 채용]	의의	범인과 피해자, 그 가족 및 피해가옥과의 관계
	판단자료	- 가옥의 구조, 방의 배치를 잘 알고 있는 상황일 때 - 가족의 외출시각 기타 습관을 잘 알고 있었을 때 - 처음 방문한 자나 타인이 잘 알 수 없는 장소로 침입한 때 - 시정장치를 여는 특수방법을 알고 있는 상황에 있을 때 - 목표로 되는 물건이 있는 곳으로 직행하고, 필요 이상으로 물색하지 않았을 때 - 위장공작 등 발각방지를 위하여 교묘한 수단을 썼을 때 폭행·협박 수단의 검토 직장관계로 출입한 경우 거래나 금전대차 관계로 내왕이 있는 경우 피해자의 휴대전화, 일기, 메모, 우편물, 명함 등에 의하여 파악되는 경우
	적격자수사	연고감 수사대상자를 중심으로 범행의 동기를 가진 자, 범행의 기회를 가진 자 등을 중심으로 수사를 진행하여야 한다. 또한 피해자 등에 대한 수사를 할 때 신중한 접근이 요구된다.
지리감	의의	범인과 범행지 및 그 주변지역과의 관계
	판단자료	- 장물의 은닉장소가 지리에 정통한 상황에 놓였을 때 - 특정 장소의 정기 통행자를 노렸을 때 - 도주경로가 상세한 상황에 놓였을 때 - 범인의 언어에서 그 지방 사투리가 있을 때 [22 해경] 교통기관 이용상황의 검토 범행지 부근을 자주 내왕한 경우 범행지 부근에 거주하거나 거주하였던 경우 범행지 부근에서 범죄를 행한 전력이 있는 경우

	적격자수사	지리감 수사대상자를 중심으로 그가 사건 당시 범죄현장을 배회한 사실이 있는지 여부 등을 중심으로 수사를 진행하여야 한다. 효과적인 지리감 수사를 위하여 담당구역을 지정하여 책임있는 수사를 하여야 하고, 평소 관내 우범자 동향 등의 기초자료를 수집해야 한다.
양자의 관계		연고감이 있는 사건은 대개 지리감도 있는 경우가 많다. 지리감은 연고감에 비하여 수사대상도 많고 수사범위도 넓다. [22 해경]

3. 알리바이 수사

의의		① 알리바이(Alibi) : 어떤 범죄가 행해진 경우에 그 범행일시에 그 현장에 있지 않았다는 사실을 주장하여 자기의 무죄를 입증하는 것. 현장부재증명(現場不在證明) ② 알리바이 수사 : 혐의자가 주장하는 알리바이의 존재 여부를 확인하는 수사활동.
종류	절대적 알리바이	범죄가 행하여진 그 시각에 혐의자가 현실적으로 범죄현장 이외의 다른 장소에 있었다는 사실이 명확하게 입증되는 경우
	상대적 알리바이 [22 해경]	혐의자가 그 시간까지는 범죄현장에 도저히 도착할 수 없었다거나 범행 후 제3의 장소에 그 시간까지는 도저히 도착할 수 없었던 경우
	위장 알리바이 [18 승진]	사전에 계획적으로 자기의 존재를 확실히 인상 깊게 해놓고 그 사이 극히 짧은 시간 내에 범죄를 감행하는 경우 (ex 회식장소에 있었던 것으로 자기 존재를 각인해 놓고 화장실에 가는 척하고 범죄를 저지르고 회식장소로 돌아오는 경우)
	청탁 알리바이	범죄 실행 후 자기의 존재를 은폐하기 위하여 가족, 동료, 친지에게 시간과 장소를 약속 혹은 청탁해 놓은 경우
수사방법		① 알리바이 수사시 착안점으로는 기억의 문제(목격자 등 진술인의 기억이 확실한지 여부), 기회의 문제(혐의자가 범죄현장에 존재했을 가능성이 있었는지 여부), 시간과 장소의 문제(범죄현장과 혐의자 소재 장소간의 원근과 시간)가 있다. ② 수사기관은 범행시간의 확정, 체류시간 등의 확인, 이동시간의 정확한 측정, 범죄태양의 고찰, 알리바이 공작 유무의 검토를 통해 알리바이의 허위 여부를 증명해야 한다. ③ 위장 알리바이나 청탁 알리바이는 미세한 부분에서 모순점이 발견되므로 오히려 진실발견이 더 용이해 질 수 있다.

4. (해양경찰청) 과학수사 기본규칙 [시행 21. 7. 26.]

제1조(목적) 이 규칙은 과학수사 업무의 원칙, 절차 및 전문 과학수사기법 등에 관한 사항을 규정함으로써 사건의 실체적 진실 발견, 국민 인권 보호 및 해양과학수사 발전에 기여하는 것을 목적으로 한다.

제2조(정의) 이 규칙에서 사용하는 용어의 뜻은 다음과 같다.
1. "과학수사"란 과학적으로 검증된 지식·기술·기법·장비·시설 등을 활용하여 현장감식 또는 감정 등을 통해 객관적·과학적 증거를 확보하기 위한 수사 활동을 말한다.
2. "과학수사관"이란 해양경찰청 과학수사팀 및 지방해양경찰청 과학수사계에 소속되어 과학수사 관련 업무를 수행하는 사람을 말한다.
3. "현장감식"이란 범죄가 행하여졌거나 행하여진 것으로 의심되는 사건현장에 임장하여 상황의 관찰 및 증거물의 수집·채취 등을 통해 사건의 진상을 파악하거나 범죄와 범인을 결부시킬 수 있는 증거자료를 확보하기 위한 수사 활동을 말한다.
4. "감정(鑑定)"이란 특별한 학식·경험 등의 자격을 갖춘 과학수사관이 과학수사 장비 또는 시스템 등을 활용

하여 일정한 사실을 판단하는 것을 말한다.
5. "과학적범죄분석시스템(SCAS : Scientific Crime Analysis System)"이란 현장감식 및 증거물 수집·채취에 관한 정보, 증거물 감정 정보, 범죄분석을 위한 과학수사 데이터 등을 관리하는 전산시스템을 말한다.
6. "지문자동검색시스템(AFIS : Automated Fingerprint Identification System)"이란 주민등록증 발급신청서·외국인의 생체정보·수사자료표 지문의 원본을 저장·관리하면서 변사자 또는 사건현장 등에서 채취한 지문과 비교하여 신원을 확인하는 전산시스템을 말한다.
7. "선박충돌재현시스템"이란 해상에서 발생한 사고 선박의 시간대별 위치, 속력 및 침로(針路) 등의 자료를 바탕으로 항적을 재현하는 시스템을 말한다.

제3조(다른 법령·규칙과의 관계) 해양경찰 과학수사 업무에 대하여 다른 법령 또는 규칙에 특별한 규정이 있는 경우를 제외하고는 이 규칙에서 정하는 바에 따른다.

5. 지문

지문은 손가락 끝마디의 안쪽에 피부가 융기한 선 또는 점으로 형성된 각종 무늬이다. 지문은 사람마다 달라 동일한 지문을 가진 사람은 한 명도 없다는 '만인부동(萬人不同)'이라는 특징이 있다. 또한 지문은 태어날 때부터 일생동안 변하지 않는다라는 '종생불변(終生不變)'이라는 특징이 있다.

지문분류의 방식은 영국의 헨리가 창안한 헨리(Henry)식과 독일의 테오도어 로셔가 창안한 함부르크(Hamburg)식이 있는데, 우리나라는 후자의 분류법을 따르고 있다.

◆ 지문의 종류

현장지문		범죄현장에서 채취한 지문
	현재지문	가공을 하지 않고 육안으로 식별되는 지문 ① 정상지문 : 혈액·잉크·먼지 등이 손가락에 묻은 후 피사체에 인상된 지문으로 무인(拇印)했을 때의 지문과 동일 ② 역지문 : 먼지 쌓인 물체, 연한 점토, 마르지 않는 도장면에 인상된 지문. 선의 고랑과 이랑이 반대로 나타남
	잠재지문	인상된 그대로의 상태로는 육안으로 식별되지 않고, 이화학적 가공을 하여야 가시상태로 되는 지문, 잠재지문 채취방법 중 초산은 용액법을 사용하면 자색으로 현출된 지문을 검출할 수 있다.
준현장지문		범죄현장 이외의 장소에서 채취된 지문
관계자지문		현장지문 또는 준현장지문 중에서 피의자지문이 아닌 지문
유류지문		현장지문 또는 준현장지문 중에서 관계자지문에 해당하지 아니하는 것으로 피의자가 유류하였다고 인정되는 지문

◆ 잠재지문 검출방법 [18 해경]

고체법	분말법	분말을 지문이 찍혔다고 판단되는 물체에 묻혀 분비물에 부착시켜 지문채취용 솔을 이용하여 잠재지문을 검출하는 방법
액체법	닌히드린 용액법	땀에 있는 아미노산에 닌히드린을 작용시켜 **자청색**의 반응을 시키는 방법
	초산은 용액법	초산은 용액을 땀에 있는 염분과 작용시켜 태양광선에 쪼여 **자색**으로 지문을 검출하는 방법
기체법	요오드증기 검출법 (=옥도가스 검출법)	요오드증기를 잠재지문의 분비물에 작용시켜 **다갈색**으로 착색된 지문을 검출하는 방법

| 오스믹산 용액법 | 오스믹산 증기에 의해 **흑색**의 잠재지문을 검출하는 방법 |
| 강력순간접착제법 | 본드의 증기에 의해 **백색**의 잠재지문을 검출하는 방법 |

◆ (해양경찰청) 지문 및 수사자료표 등에 관한 규칙 [시행 21. 1. 1.]

제1조(목적)
이 규칙은 「형의 실효 등에 관한 법률」 제2조제4호에 따른 수사자료표의 관리, 지문의 채취와 분류, 지문감식에 의한 신원확인 등을 체계적이고 효율적으로 수행하기 위하여 필요한 사항을 규정함을 목적으로 한다.

제2조(정의)
이 규칙에서 사용하는 용어의 정의는 다음 각호와 같다.
1. "지문"이란 손가락 끝마디의 안쪽에 피부가 융기(隆起)한 선 또는 점(이하 "융선"이라 한다)으로 형성된 각종 무늬를 말한다.
2. "수사자료표"란 「형의 실효 등에 관한 법률」 제2조제4호에 따른 수사자료표를 말한다.
3. "범죄경력자료"란 「형의 실효 등에 관한 법률」 제2조제5호의 범죄경력자료를 말한다.
4. "수사경력자료"란 「형의 실효 등에 관한 법률」 제2조제6호의 수사경력자료를 말한다.
5. "특이사항자료"란 피의자 등이 수사 또는 유치중에 도주, 자해기도, 흉기저항 등을 한 경우 그와 관련된 내용으로서 수사자료표에 기재되거나 범죄경력조회시스템에 입력된 자료를 말한다.
6. "범죄경력조회"란 「형의 실효 등에 관한 법률」 제2조제8호의 범죄경력조회를 말한다.
7. "수사경력조회"란 「형의 실효 등에 관한 법률」 제2조제9호의 수사경력조회를 말한다.
8. "특이사항조회"란 함은 수사 또는 유치중에 도주, 자해기도, 흉기저항 등의 전력에 관하여 수사자료표 및 전산입력된 특기사항자료를 열람·대조확인하는 방법으로 하는 조회를 말한다.
9. "지문자동검색시스템(Automated Fingerprint Identification System, 이하 "AFIS"라 한다)"이란 주민등록증발급신청서, 외국인지문원지, 별지 제2호서식에 의한 수사자료표를 이미지 형태로 전산입력하여 필요시 단말기에 현출시켜 지문을 열람·대조확인할 수 있는 시스템을 말한다.
10. "전자수사자료표시스템(Electronic Record Identification System, 이하 "E-CRIS 라 한다)"이란 관련 DB자료 및 라이브 스캐너(생체지문인식기)로 신원을 확인하고 필요사항을 전산입력하는 등 수사자료표를 전자문서로 작성, 실시간 경찰청에 전송 관리하는 시스템을 말한다.
11. "신원확인조회"란 신원을 확인할 필요가 있는 피의자, 변사자 등에 대하여 주민등록증발급신청서, AFIS, E-CRIS 등에 의해 신원을 확인하는 조회를 말한다.
12. "**현장지문**"이란 범죄현장에서 채취한 지문을 말한다.
13. "**준현장지문**"이란 피의자 검거를 위하여 범죄현장 이외의 장소에서 채취한 지문을 말한다.
14. "**관계자지문**"이란 현장지문 또는 준현장지문 중에서 피의자의 지문이 아닌 지문을 말한다. [23 간부]
15. "**유류지문**"이란 현장지문 또는 준현장지문 중에서 피의자가 유류하였다고 인정되는 지문을 말한다. [23 간부]
16. "라이브스캐너(생체지문인식기)"란 지문을 전자적으로 채취하는 장비를 말한다.
17. "형사사법정보시스템"이란 「형사사법절차 전자화 촉진법」 제2조제4호의 형사사법정브시스템을 말한다.

제3조(수사자료표의 구분)
수사자료표는 범죄경력자료와 수사경력자료로 구분한다.

제4조(수사자료표의 작성대상) [18 경사]
사법경찰관은 피의자에 대하여 수사자료표를 작성해야 한다. 다만, 다음 각 호에 해당하는 자는 예외로 한다.
1. 즉결심판대상자 및 즉결심판에 불복하여 정식재판을 청구한 피고인
2. 사법경찰관이 수리한 고소·고발사건에 대하여 혐의없음, 죄가안됨, 공소권없음, 각하의 불송치 결정 및 참고인중지 의견으로 수사중지 결정을 하는 사건의 피의자
3. 형사미성년자인 피의자

제5조(수사자료표의 작성)
① 수사자료표 작성자는 E-CRIS를 이용 전자문서로 작성한다. 다만 피의자가 입원, 교도소 수감, 해상, 원격지, 그밖에 불가피한 사유로 해양경찰관서에 출석하여 조사받을 수 없는 경우에는 종이 수사자료표를 작성하여 경찰청 범죄분석담당관실로 송부해야 한다.

제14조(지문 채취방법)
① 별지 제1호와 제2호의 수사자료표, 별지 제13호서식의 신원확인조회서를 작성함에 있어 지문채취는 지문의 융선과 삼각도가 완전히 현출되도록 회전하여 채취해야 한다.
② 별지 제1호서식의 수사자료표 지문란에는 오른손 첫째 손가락의 지문을 채취하고 절단, 손상 등 그 밖에 사유로 지문을 채취할 수 없는 경우에는 다음 각 호에 정한 순서에 의하여 지문을 채취한다.
1. 왼손 첫째 손가락
2. 오른손 둘째·셋째·넷째·다섯째 손가락
3. 왼손 둘째·셋째·넷째·다섯째 손가락

6. 시체현상 [21 간부, 20 해경, 19 승진, 18 해경]

(1) 초기현상(물리적 변화)

체온의 냉각	사망 후에는 체열이 방출만 되므로 시간이 경과할수록 **체온이 주위의 온도와 같아지거나** 경우에 따라서는 수분 증발로 주위의 온도보다 더 낮아질 수 있다.
시체건조	사망 후에는 수분의 공급이 정지되므로 몸의 표면은 습윤성(濕潤性)을 잃고 건조하게 된다.
각막의 혼탁	각막은 사후 **12시간 전후부터** 흐려지기 시작하고, **24시간 이상**이 경과하면 현저하게 흐려지게 되고, **48시간 이상** 경과하면 완전히 불투명하게 된다.
시체얼룩	① 사망으로 혈액순환이 정지되고 **중력에 의하여 적혈구가 신체의 낮은 곳으로 모이게 되는 혈액침전현상 때문에** 시체의 피부 하부가 멍이 든 것처럼 **암적갈색으로 변하는 현상** ② 일반적으로 사망 후 1~3시간부터 생기기 시작하여, 10~12시간부터는 뚜렷하게 나타난다. ③ 사망 후 4~5시간 후에는 이동성 시체얼룩이 생기는데, 이 경우 시체의 자세를 바꿔 놓으면 시체얼룩도 이동한다. **사망 후 10시간 후에는 침윤성(浸潤性) 시체얼룩이 생기는데**, 이 경우에는 **시체의 자세를 바꿔 놓아도 이미 형성된 시체얼룩은 이동하거나 사라지지 않는다.** ④ 시체얼룩은 **주위 온도가 높을수록 빠르게 나타난다.** ⑤ 정상적인 시체얼룩은 시체의 혈액과 같이 **암적갈색**을 띤다. 익사 또는 저체온사와 같이 차가운 곳에서 사망하거나 사망 후에라도 차가운 곳에 둔 경우, 일산화탄소나 청산가리 중독의 경우에는 **빨간색(선홍색)**을 띤다. 염소산칼륨이나 아질산소다 중독의 경우에는 **황갈색이나 암갈색**을 띠며, 황화수소가스 중독의 경우에는 **녹갈색**을 띤다.
시체굳음	① 사망 후 일정한 시간이 지나 근육이 경직되고 관절이 고정되어 시체가 뻣뻣해지는 현상 ② 일반적으로 사망 후 **1~2시간부터** 생기기 시작하고, **10~12시간 경과부터는** 완전히 굳어지게

	된다. ③ Nysten 법칙에 의할 때 시체굳음은 **턱관절 → 어깨관절 → 팔다리 → 손가락 ·발가락 순으로** 신체의 상부에서 하부로 진행된다. ④ 시체굳음은 근육 발달이 양호한 사람일수록 강하게 나타난다.

(2) 후기현상(화학적 변화)

자가용해 (자가분해)	세포나 조직이 죽거나 파괴되었을 때 그것을 형성하고 있는 물질이 무균상태에서도 분해되는 현상. **부패균의 작용과는 관계가 없다.**
부패	① 부패는 **부패균의 작용에 의하여** 질소화합물의 분해 현상 즉 시체가 썩는 현상이다. 부패할 때에는 황화수소가스나 암모니아가스 등 부패가스로 인하여 특유의 악취가 나게 된다. ② 부패의 3대 조건은 다음과 같다. - **공기의 유통이 좋을수록** 부패가 잘 된다. - **온도가 20~30℃ 사이일 때** 부패가 잘 된다.(30℃ 이상의 고온에서는 건조가 부패보다 빨리 진행된다). - **습도가 60~66% 사이일 때** 부패가 잘 된다. ③ **Casper 법칙**에 의할 때 공기 중 → 물속 → 흙속 순으로 부패가 빨리 진행된다. 같은 조건이 주어진다면 **공기 중 : 물속 : 흙속에서의 부패 비율은 1 : 2 : 8**이 된다.
미라화	고온 건조한 지역에서 **시체의 건조가 부패·분해보다 빠를 때** 생기는 현상.
시체밀랍	화학적 분해에 의해 고체 형태의 지방산 혹은 그 화합물로 변화한 상태. **비정형격 부패 형태로 수중 또는 수분이 많은 지중(地中)에서** 형성되는 현상.
백골화	부패가 진행되어 시체가 뼈만 남은 상태. 일반적으로 소아는 사후 4~5년, 성인은 사후 7~10년이 지나면 완전히 백골화가 된다.

7. 프로파일링

(1) 의의

프로파일링은 범죄자의 **신원(identity)**을 파악하는 것이 아니라 **유형(type)**을 파악하는 것이며, 범죄자가 범죄현장에 보통의 경우와는 다른 특별한 흔적을 남겼을 때 이를 유용하게 활용할 수 있다.

(2) 전제조건

① 모든 범인은 각자의 독특한 개인성향을 가지고 있다.
② 모든 범죄현장에는 범죄자의 성향이 반영된다.
③ 범인은 동일한 범죄수법에 의해 범행하는 경향이 있다.
④ 범인의 성격은 변하지 않는다.

(3) 종류

지리학적 프로파일링	범행위치 및 피해자의 거주지 등 범죄와 관련된 정보를 계량화하여 범인이 생활하는 근거지를 지도로 표현하는 방법이다. 한국은 도시 간의 간격이 협소하고 거주지역 내 인구가 밀집되어 있어 지리학적 프로파일링을 적용하기 어렵다.
심리학적 프로파일링	범죄현장에서 수집된 유형·무형의 증거를 분석해서 범죄자의 성격유형을 파악해 내고, 다른 범죄와의 연관성을 밝혀냄으로써 용의자를 특정하고 수사선을 설정하는 방법

8. (경찰청) 범죄수법공조자료관리규칙 [시행 21. 1. 22.]

제1조(목적)
이 규칙은 범죄수법과 피의자의 사진 등 각종 인적, 물적 특징에 관한 자료의 수집, 관리방법과 그 조직적인 운영절차를 규정함으로써 과학적인 범죄수사에 기여함을 목적으로 한다.

제2조(정의)
이 규칙에서 사용하는 용어의 정의는 다음과 같다.
1. "**범죄수법**"이라 함은 반복적인 범인의 범행수단·방법 및 습벽에 의하여 범인을 식별하려는 인적특징의 유형기준을 말한다.
2. "**수법범죄**"라 함은 범죄수법자료를 활용하여 범죄수사를 실행할 수 있는 범죄를 말한다.
3. "수법·수배·피해통보 전산자료 입력코드번호부"라 함은 수법원지, 피해통보표 입력사항과 지명수배통보자의 죄명에 전산입력번호를 부여한 부책을 말한다.
4. "**수법원지**"라 함은 수법범인의 인적사항, 인상특징, 수법내용, 범죄사실, 직업, 사진 등을 전산입력한 것을 말한다.
5. "**피해통보표**"라 함은 피해사건이 발생하여 그 범인이 누구인지 판명되지 아니하였을 때에 해당사건의 피해자, 범인의 인상·신체·기타특징, 범행수법, 피해사실, 용의자 인적사항, 피해품, 유류품 등 수사자료가 될 수 있는 내용을 전산입력한 것을 말한다.
6. "**공조제보**"라 함은 경찰관서 상호간에 있어서 범인, 여죄, 장물을 발견하고 범인을 검거하기 위하여 필요한 수사자료를 서면, 전신, 영상 또는 전산자료로 행하는 수배, 통보, 조회 등을 말한다.
7. "지문자동검색시스템(AFIS)"이란 개인의 인적사항 및 십지지문 등이 채취되어 있는 주민등록발급 신청서를 고속의 대용량 컴퓨터에 이미지 형태로 입력, 필요시 단말기에 현출시켜 지문을 확인하거나 변사자 인적사항 및 현장유류 지문 등을 자동으로 검색하여 동일인 여부를 확인하는 체계로서 범죄분석담당관에서 구축·운영중인 것을 말한다.
8. "경찰 형사사법정보시스템(이하 '경찰시스템'이라 한다.)"이란 경찰 형사사법정보시스템 운영규칙 제2조제1호에서 규정한 시스템을 말한다.

제3조(수법원지의 전산입력)
① 경찰서장(경찰청, 시·도경찰청에서 처리한 사건에 대하여는 '경찰청장, 시·도경찰청장'을 포함한다. 이하 같다.)은 다음 각 호에 해당하는 피의자를 검거하였거나 인도받아 조사하여 구속 송치할 때에는 제2조제3호의 "**수법·수배·피해통보 전산자료 입력코드번호부**"에 규정된 내용에 따라 경찰시스템을 활용하여 수법원지를 전산입력하여 경찰청장에게 전산송부하여야 한다. 다만 불구속 피의자도 재범의 우려가 있다고 인정되는 자에 대하여는 전산입력 할 수 있다.
1. 강도

2. 절도
3. 사기
4. 위조·변조(통화, 유가증권, 우편, 인지, 문서, 인장)
5. 약취·유인
6. 공갈
7. 방화
8. 강간
9. 제1호 내지 제8호중 특별법에 위반하는 죄
10. 장물

② 제1항의 피의자가 여죄가 있고 그것이 범죄수법 소분류가 각각 상이한 유형의 수법일 때에는 그 수법마다 수법원지를 전산입력하여야 한다.
③ 수법원지는 해당 범인을 수사하거나 조사 송치하는 경찰공무원이 직접 전산입력하여야 한다.
④ 사건 담당과장은 사건송치기록 검토 후 수법원지 입력누락 여부 및 입력된 수법원지 내용의 오류나 입력사항 누락 여부를 검토하여 수정하고 경찰시스템에서 승인하여야 한다.

제4조(수법원지 전산입력방법)
수법원지 각 항의 전산입력은 다음 각 호에 의하여야 한다.
1. 해당죄명 입력
2. 작성관서·일자순으로 수법원지 작성번호 부여 및 사건연도·번호 입력
3. 피의자의 성별 입력
4. 피의자의 성명과 주민등록번호는 타인의 인적사항을 도용하는 일이 없도록 지문자료 대조확인 등 정확히 파악 입력
5. 피의자의 공범 등에게 확인, 이명·별명·아명·속명 등 최대한 입력
6. 직업은 단순히 "무직", "없음" 등으로 기재하기 보다는 과거의 직업 등도 파악하여 주된 것을 입력
7. 수법 소분류는 "수법·수배·피해통보 전산자료 입력코드번호부"에 따라 피의자의 주된 범행수법을 정확히 분류 입력
8. 수법내용은 해당 코드번호와 그 내용을 동시 입력
9. 출생지, 등록기준지, 주소는 수법원지 입력 당해 피의자 1명에 한하여 입력
10. 공범은 당해 피의자의 공범 모두(미검거 공범포함)의 성명과 생년월일을 입력하고, 그 수가 많을 경우에는 각 공범이 수법원지상 상호 연계될 수 있도록 입력
11. 인상 및 신체적 특징은 수사자료로 활용할 수 있도록 특징종별 부위, 형태 또는 크기 등을 상세하게 파악 입력
12. 혈액형은 "A, 에이" "B, 비" "AB, 에이비" "O, 오"로 입력하되, 혈액형을 모르거나 불확실한 경우에 한하여 "X, 모름"으로 입력
13. 지문번호는 반드시 피의자의 신원확인조회 또는 범죄경력조회를 실시하여 전산상의 지문분류 번호를 입력한다. 다만 전산상 신원확인자료·범죄경력이 없는 피의자의 경우에는 지문번호를 직접 분류하여 입력한다.
14. 범행(수법)개요는 피의자의 주된 범행수단과 방법이 부각되도록 상세히 입력

제5조(피의자 사진촬영)
검거피의자 사진은 다음 각 호의 규정에 따라 촬영하여야 한다.
1. 명함판(5cm×8cm) 크기로 전신상과 상반신 정면, 측면 상을 촬영할 것
2. 측면상은 원칙적으로 좌우면상을 촬영하되 좌우면에 신체적 특징이 있을 때에는 좌측면상을 촬영할 것

3. 사진은 인상 및 신체적 특징부위가 크게 부각되도록 촬영할 것
4. 정면상 촬영시는 촬영관서, 년, 월, 일, 성명을 기재한 가로 24cm, 세로 8cm의 표식판을 앞가슴에 부착하고 얼굴이 크게 나타나도록 할 것
5. 사진의 배경이 단색(회색)이 되고 전신상에 있어서는 신장을 나타내는 눈금이 선명하게 표시되도록 촬영할 것

제6조(수리한 수법원지의 처리 및 보관)
경찰청장은 수법원지의 전산송부를 받았을 때에는 다음 각 호와 같이 처리하여야 한다.
1. 범죄수법 분류 및 수법내용 입력 사항을 검토, "수법·수배·피해통보 전산자료 입력코드번호부"에 따라 재분류 및 보완 수정한 후 전산입력하여야 한다.
2. 범죄수법 소분류가 동일한 동일 피의자의 수법원지가 중복 입력된 때에는 그 중 가장 최근자료를 보관하되 다른 원지의 입력 사항 중필요한 사항을 전산입력하여야 한다.
3. 수법원지는 성별, 수법 소분류별, 생년월일 순으로 보관하여야 한다.

제7조(피해통보표의 전산입력)
① 경찰서장은 제3조제1항 각 호에 해당하는 범죄의 신고를 받았거나 또는 인지하였을 때에는 지체없이 제2조제3호의 "수법·수배·피해통보 전산자료 입력코드번호부"에 수록된 내용에 따라 경찰시스템을 활용하여 피해통보표를 전산입력하여 경찰청장에게 전산송부하여야 한다. 다만 당해 범죄의 피의자가 즉시 검거되었거나 피의자의 성명·생년월일·소재 등 정확한 신원이 판명된 경우에는 그러하지 아니하다.
② 피해통보표는 반드시 당해 사건을 담당하는 수사경찰관이 전산입력하여야 한다.
③ 사건 담당과장은 사건발생보고서 검토시 경찰청 및 시·도경찰청에 보고되는 속보 사건을 포함한 해당 범죄의 피해통보표의 입력여부 및 입력된 피해통보표 내용의 오류나 입력사항 누락여부를 검토, 수정하여야 한다.

제8조(피해통보표의 관리 및 활용)
① 피해통보표를 입력한 담당경찰관은 입력누락 여부를 수시로 확인하고, 입력된 전산자료를 관리하여야 한다.
② 범행수법이 동일한 피해통보표를 2건 이상 입력하였을 때에는 동일범에 의한 범죄여부, 재범 우려 등을 종합분석하여 수사자료로 활용한다.
③ 피해통보표는 동일한 수법범죄의 발생여부, 검거피의자의 여죄와 중요장물의 수배, 통보, 조회 등 수사자료로 활용한다.

제9조(공조제보의 실시)
① 시·도경찰청장 및 경찰서장은 발생사건의 범인검거 또는 검거피의자의 여죄 및 장물 등의 발견을 위하여 다른 경찰관서에 수배·통보·조회를 할 때에는 서면, 전신, 전산기 등으로 신속히 공조제보를 하여야 한다.
② 제1항의 공조제보가 긴급을 요할 때에는 경찰전화로 할 수 있다.

제10조(피해통보표의 장물 수배)
① 재산범죄 사건의 피해품은 경찰시스템 피해통보표의 피해품 란에 각각 전산입력하여 장물조회 등의 수사자료로 활용한다.
② 피해통보표에 전산입력한 피해품은 장물수배로 본다.

제11조(수법, 여죄 및 장물조회)

① 경찰공무원은 수법범죄사건 현장을 임장하였거나 수법범인을 검거한 경우 또는 수사활동 과정에 있어서 필요한 사안에 관하여는 다음 각 호의 구분에 따라 해당사항을 적극적으로 조회·관리하여야 한다.
1. 수법범죄가 발생하였으나 즉시 범인을 검거하지 못하고 수사중인 사건에 대하여는 유형의 유류물 외에도 무형의 유류물인 범행수법 등을 수집·분석한 후 경찰 시스템 등을 이용 동일수법 조회를 실시, 수사에 활용하여야 한다.
2. 동일수법 조회는 수법코드·신체특징·성명(이명)별로 각각 또는 종합적으로 하는 것을 원칙으로 하여 신상·사진·범행사실을 검색하고 검색된 자료는 교통면허사진, 지문자동검색시스템(AFIS) 지문, 수용자, 수배자, 주민자료 등을 연계 검색하여 수사자료의 효용성을 높인다.
3. 수사경찰관은 필요한 때에는 수법원지를 직접 열람하거나 범인을 목격한 목격자에게 수법원지에 첨부된 피의자의 사진을 경찰시스템을 이용하여 열람하게 할 수 있다. 다만 열람에 의하여 알게 된 피의자 및 경찰시스템 관련사항을 누설하여서는 아니된다.
4. 동일수법 조회결과 검색한 용의자에 대하여는 행적수사 등을 철저히 하고 그 결과를 명확히 기록 관리하여야 하며, 검색자료의 편철 및 폐기 등은 보안에 유의, 합리적인 방법으로 관리한다.

② 현재 검거 조사중인 피의자의 여죄 및 발생사건들의 범죄수법의 동일성 또는 불심대상자 등이 소지한 수상한 물건, 중고품 상가나 사회에서 거래·유통되고 있는 수상한 물건, 출처 불명품 등에 대한 장물 여부는 다음 각 호의 구분에 따라 적극적으로 조회하여야 한다.
1. 검거한 피의자의 여죄 및 발생사건의 동일성 조회는 경찰시스템을 활용, 동일수법 분류·내용·특성·발생지(관서)·발생기간 등을 다각적으로 대조·검색하고 지명수배·통보 중인 여죄는 인적사항 등에 의한 수배조회의 실시로 파악하여야 한다.
2. 장물조회는 경찰시스템을 활용, 전산 입력되어있는 피해통보표의 피해품과 물품 고유번호, 품명, 재료, 중량 등 특징을 대조·검색하여야 한다.
3. 발견한 여죄 및 장물은 각 피해통보표 입력 경찰관서 및 지명수배·통보관서와 공조수사하여야 한다.

제12조(수법원지 및 피해통보표의 삭제)

① 수법원지가 다음 각 호에 해당할 때에는 전산자료를 삭제하여야 한다.
1. 피작성자가 사망하였을 때
2. 피작성자가 80세 이상이 되었을 때
3. 작성자의 수법분류번호가 동일한 원지가 2건 이상 중복될 때 1건을 제외한 자료

② 피해통보표가 다음 각 호에 해당할 때에는 전산자료를 삭제하여야 한다.
1. 피의자가 검거되었을 때
2. 피의자가 사망하였을 때
3. 피해통보표 전산입력 후 10년이 경과하였을 때

◆ **검사와 사법경찰관의 상호협력과 일반적 수사준칙에 관한 규정** [시행 21. 1. 1]

제1조(목적)

이 영은 「형사소송법」 제195조에 따라 검사와 사법경찰관의 상호협력과 일반적 수사준칙에 관한 사항을 규정함으로써 수사과정에서 국민의 인권을 보호하고, 수사절차의 투명성과 수사의 효율성을 보장함을 목적으로 한다.

제2조(적용 범위)

검사와 사법경찰관의 협력관계, 일반적인 수사의 절차와 방법에 관하여 다른 법령에 특별한 규정이 있는 경우를 제외하고는 이 영이 정하는 바에 따른다.

제3조(수사의 기본원칙)

① 검사와 사법경찰관은 모든 수사과정에서 헌법과 법률에 따라 보장되는 피의자와 그 밖의 피해자·참고인 등(이하 "사건관계인"이라 한다)의 권리를 보호하고, 적법한 절차에 따라야 한다.
② 검사와 사법경찰관은 예단(豫斷)이나 편견 없이 신속하게 수사해야 하고, 주어진 권한을 자의적으로 행사하거나 남용해서는 안 된다.
③ 검사와 사법경찰관은 수사를 할 때 다음 각 호의 사항에 유의하여 실체적 진실을 발견해야 한다.
1. **물적 증거를 기본**으로 하여 객관적이고 신빙성 있는 증거를 발견하고 수집하기 위해 노력할 것
2. 과학수사 기법과 관련 지식·기술 및 자료를 충분히 활용하여 합리적으로 수사할 것
3. 수사과정에서 선입견을 갖지 말고, 근거 없는 추측을 배제하며, 사건관계인의 진술을 과신하지 않도록 주의할 것
④ 검사와 사법경찰관은 다른 사건의 수사를 통해 확보된 증거 또는 자료를 내세워 관련이 없는 사건에 대한 자백이나 진술을 강요해서는 안 된다.

제4조(불이익 금지)

검사와 사법경찰관은 피의자나 사건관계인이 인권침해 신고나 그 밖에 인권 구제를 위한 신고, 진정, 고소, 고발 등의 행위를 하였다는 이유로 부당한 대우를 하거나 불이익을 주어서는 안 된다.

제5조(형사사건의 공개금지 등)

① <u>검사와 사법경찰관</u>은 <u>공소제기 전의 형사사건에 관한 내용을 공개해서는 안 된다</u>.
② 검사와 사법경찰관은 수사의 전(全) 과정에서 피의자와 사건관계인의 사생활의 비밀을 보호하고 그들의 명예나 신용이 훼손되지 않도록 노력해야 한다.
③ 제1항에도 불구하고 <u>법무부장관, 경찰청장 또는 해양경찰청장</u>은 <u>무죄추정의 원칙과 국민의 알권리 등을 종합적으로 고려하여 형사사건 공개에 관한 준칙을 정할 수 있다</u>.

제6조(상호협력의 원칙)

① <u>검사와 사법경찰관</u>은 <u>상호 존중</u>해야 하며, <u>수사, 공소제기 및 공소유지와 관련하여 협력</u>해야 한다.
② <u>검사와 사법경찰관은 수사와 공소제기 및 공소유지를 위해 필요한 경우 수사·기소·재판 관련 자료를 서로 요청할 수 있다</u>.
③ 검사와 사법경찰관의 협의는 신속히 이루어져야 하며, 협의의 지연 등으로 수사 또는 관련 절차가 지연되어서는 안 된다.

제7조(중요사건 협력절차)

검사와 사법경찰관은 공소시효가 임박한 사건이나 내란, 외환, 선거, 테러, 대형참사, 연쇄살인 관련 사건, 주한 미합중국 군대의 구성원·외국인군무원 및 그 가족이나 초청계약자의 범죄 관련 사건 등 많은 피해자가 발생하거나 국가적·사회적 피해가 큰 중요한 사건(이하 "중요사건"이라 한다)의 경우에는 송치 전에 수사할 사항, 증거수집의 대상, 법령의 적용 등에 관하여 상호 의견을 제시·교환할 것을 요청할 수 있다.

제8조(검사와 사법경찰관의 협의)

① <u>검사와 사법경찰관</u>은 <u>수사와 사건의 송치, 송부 등에 관한 이견의 조정이나 협력 등이 필요한 경우 서로 협의를 요청할 수 있다</u>. 다만, <u>다음 각 호의 어느 하나에 해당하는 경우에는 상대방의 협의 요청에 응해야 한다</u>.
1. 중요사건에 관하여 상호 의견을 제시·교환하는 것에 대해 이견이 있거나, 제시·교환한 의견의 내용에 대해 이견이 있는 경우
2. 「형사소송법」(이하 "법"이라 한다) 제197조의2제2항 및 제3항에 따른 정당한 이유의 유무

에 대해 이견이 있는 경우
3. 법 제197조의3제4항 및 제5항에 따른 정당한 이유의 유무에 대해 이견이 있는 경우
4. 법 제197조의4제2항 단서에 따라 사법경찰관이 계속 수사할 수 있는지 여부나 사법경찰관이 계속 수사할 수 있는 경우 수사를 계속할 주체 또는 사건의 이송 여부 등에 대해 이견이 있는 경우
5. 법 제222조에 따라 **변사자 검시를 하는 경우에 수사의 착수 여부나 수사할 사항 등에 대해 이견의 조정이나 협의가 필요한 경우**
6. 법 제245조의8제2항에 따른 재수사의 결과에 대해 이견이 있는 경우
7. 법 제316조제1항에 따라 사법경찰관이 조사자로서 공판준비 또는 공판기일에서 진술하게 된 경우
② 제1항제1호, 제2호, 제4호 또는 제6호의 경우 해당 검사와 사법경찰관의 협의에도 불구하고 이견이 해소되지 않는 경우에는 해당 검사가 소속된 검찰청의 장과 해당 사법경찰관이 소속된 경찰관서(지방해양경찰관서를 포함한다. 이하 같다)의 장의 협의에 따른다.

제9조(수사기관협의회)

① 대검찰청, 경찰청 및 해양경찰청 간에 수사에 관한 제도 개선 방안 등을 논의하고, 수사기관 간 협조가 필요한 사항에 대해 서로 의견을 협의·조정하기 위해 수사기관협의회를 둔다.
② 수사기관협의회는 다음 각 호의 사항에 대해 협의·조정한다.
1. 국민의 인권보호, 수사의 신속성·효율성 등을 위한 제도 개선 및 정책 제안
2. 국가적 재난 상황 등 관련 기관 간 긴밀한 협조가 필요한 업무를 공동으로 수행하기 위해 필요한 사항
3. 그 밖에 제1항의 어느 한 기관이 수사기관협의회의 협의 또는 조정이 필요하다고 요구한 사항
③ 수사기관협의회는 반기마다 정기적으로 개최하되, 제1항의 어느 한 기관이 요청하면 수시로 개최할 수 있다.
④ 제1항의 각 기관은 수사기관협의회에서 협의·조정된 사항의 세부 추진계획을 수립·시행해야 한다.
⑤ 제1항부터 제4항까지의 규정에서 정한 사항 외에 수사기관협의회의 운영 등에 필요한 사항은 수사기관협의회에서 정한다.

제10조(임의수사 우선의 원칙과 강제수사 시 유의사항)

① 검사와 사법경찰관은 수사를 할 때 수사 대상자의 자유로운 의사에 따른 임의수사를 원칙으로 해야 하고, 강제수사는 법률에서 정한 바에 따라 필요한 경우에만 최소한의 범위에서 하되, 수사 대상자의 권익 침해의 정도가 더 적은 절차와 방법을 선택해야 한다.
② 검사와 사법경찰관은 피의자를 체포·구속하는 과정에서 피의자 및 현장에 있는 가족 등 지인들의 인격과 명예를 침해하지 않도록 유의해야 한다.
③ 검사와 사법경찰관은 압수·수색 과정에서 사생활의 비밀, 주거의 평온을 최대한 보장하고, 피의자 및 현장에 있는 가족 등 지인들의 인격과 명예를 침해하지 않도록 유의해야 한다.

제11조(회피)

검사 또는 사법경찰관리는 피의자나 사건관계인과 친족관계 또는 이에 준하는 관계가 있거나 그 밖에 수사의 공정성을 의심 받을 염려가 있는 사건에 대해서는 소속 기관의 장의 허가를 받아 그 수사를 회피해야 한다.

제12조(수사 진행상황의 통지)

① 검사 또는 사법경찰관은 수사에 대한 진행상황을 사건관계인에게 적절히 통지하도록 노력해야 한다.
② 제1항에 따른 통지의 구체적인 방법·절차 등은 법무부장관, 경찰청장 또는 해양경찰청장이 정한다.

제13조(변호인의 피의자신문 참여·조력)

① 검사 또는 사법경찰관은 피의자신문에 참여한 변호인이 피의자의 옆자리 등 실질적인 조력을 할 수 있는 위치에 앉도록 해야 하고, 정당한 사유가 없으면 피의자에 대한 법적인 조언·상담을 보장해야 하며, 법적인 조언·상담을 위한 변호인의 메모를 허용해야 한다.

② 검사 또는 사법경찰관은 피의자에 대한 신문이 아닌 단순 면담 등이라는 이유로 변호인의 참여·조력을 제한해서는 안 된다.
③ 제1항 및 제2항은 검사 또는 사법경찰관의 사건관계인에 대한 조사·면담 등의 경우에도 적용한다.

제14조(변호인의 의견진술)

① 피의자신문에 참여한 변호인은 검사 또는 사법경찰관의 신문 후 조서를 열람하고 의견을 진술할 수 있다. 이 경우 변호인은 별도의 서면으로 의견을 제출할 수 있으며, 검사 또는 사법경찰관은 해당 서면을 사건기록에 편철한다.
② 피의자신문에 참여한 변호인은 신문 중이라도 검사 또는 사법경찰관의 승인을 받아 의견을 진술할 수 있다. 이 경우 검사 또는 사법경찰관은 정당한 사유가 있는 경우를 제외하고는 변호인의 의견진술 요청을 승인해야 한다.
③ 피의자신문에 참여한 변호인은 제2항에도 불구하고 부당한 신문방법에 대해서는 검사 또는 사법경찰관의 승인 없이 이의를 제기할 수 있다.
④ 검사 또는 사법경찰관은 제1항부터 제3항까지의 규정에 따른 의견진술 또는 이의제기가 있는 경우 해당 내용을 조서에 적어야 한다.

제15조(피해자 보호)

① 검사 또는 사법경찰관은 피해자의 명예와 사생활의 평온을 보호하기 위해 「범죄피해자 보호법」 등 피해자 보호 관련 법령의 규정을 준수해야 한다.
② 검사 또는 사법경찰관은 피의자의 범죄수법, 범행 동기, 피해자와의 관계, 언동 및 그 밖의 상황으로 보아 피해자가 피의자 또는 그 밖의 사람으로부터 생명·신체에 위해를 입거나 입을 염려가 있다고 인정되는 경우에는 직권 또는 피해자의 신청에 따라 신변보호에 필요한 조치를 강구해야 한다.

제16조(수사의 개시)

① 검사 또는 사법경찰관이 다음 각 호의 어느 하나에 해당하는 행위에 착수한 때에는 수사를 개시한 것으로 본다. 이 경우 검사 또는 사법경찰관은 해당 사건을 즉시 입건해야 한다.
1. 피혐의자의 수사기관 출석조사
2. 피의자신문조서의 작성
3. 긴급체포
4. 체포·구속영장의 청구 또는 신청
5. 사람의 신체, 주거, 관리하는 건조물, 자동차, 선박, 항공기 또는 점유하는 방실에 대한 압수·수색 또는 검증영장(부검을 위한 검증영장은 제외한다)의 청구 또는 신청
② 검사 또는 사법경찰관은 수사 중인 사건의 범죄 혐의를 밝히기 위한 목적으로 관련 없는 사건의 수사를 개시하거나 수사기간을 부당하게 연장해서는 안 된다.
③ 검사 또는 사법경찰관은 입건 전에 범죄를 의심할 만한 정황이 있어 수사 개시 여부를 결정하기 위한 사실관계의 확인 등 필요한 조사를 할 때에는 적법절차를 준수하고 사건관계인의 인권을 존중하며, 조사가 부당하게 장기화되지 않도록 신속하게 진행해야 한다.
④ 검사 또는 사법경찰관은 제3항에 따른 조사 결과 입건하지 않는 결정을 한 때에는 피해자에 대한 보복범죄나 2차 피해가 우려되는 경우 등을 제외하고는 피혐의자 및 사건관계인에게 통지해야 한다.
⑤ 제4항에 따른 통지의 구체적인 방법 및 절차 등은 법무부장관, 경찰청장 또는 해양경찰청장이 정한다.
⑥ 제3항에 따른 조사와 관련한 서류 등의 열람 및 복사에 관하여는 제69조제1항, 제3항, 제5항(같은 조 제1항 및 제3항을 준용하는 부분으로 한정한다. 이하 이 항에서 같다) 및 제6항(같은 조 제1항, 제3항 및 제5항에 따른 신청을 받은 경우로 한정한다)을 준용한다.

제17조(변사자의 검시 등)

① <u>사법경찰관</u>은 <u>변사자 또는 변사한 것으로 의심되는 사체가 있으면 변사사건 발생사실을 검사에게 통보</u>해야 한다.
② 검사는 법 제222조제1항에 따라 검시를 했을 경우에는 검시조서를, 검증영장이나 같은 조 제2

항에 따라 검증을 했을 경우에는 검증조서를 각각 작성하여 사법경찰관에게 송부해야 한다.
③ 사법경찰관은 법 제222조제1항 및 제3항에 따라 검시를 했을 경우에는 검시조서를 검증영장이나 같은 조 제2항 및 제3항에 따라 검증을 했을 경우에는 검증조서를 각각 작성하여 검사에게 송부해야 한다.
④ 검사와 사법경찰관은 법 제222조에 따라 변사자의 검시를 한 사건에 대해 사건 종결 전에 수사할 사항 등에 관하여 상호 의견을 제시·교환해야 한다.

제18조(검사의 사건 이송 등)

① 검사는 다음 각 호의 어느 하나에 해당하는 때에는 사건을 검찰청 외의 수사기관에 이송해야 한다.
1. 「검찰청법」 제4조제1항제1호 각 목에 해당되지 않는 범죄에 대한 고소·고발·진정 등이 접수된 때
2. 「검사의 수사개시 범죄 범위에 관한 규정」 제2조 각 호의 범죄에 해당하는 사건 수사 중 범죄혐의 사실이 「검찰청법」 제4조제1항제1호 각 목의 범죄에 해당되지 않는다고 판단되는 때. 다만 구속영장이나 사람의 신체, 주거, 관리하는 건조물, 자동차, 선박, 항공기 또는 점유하는 방실에 대하여 압수·수색 또는 검증영장이 발부된 경우는 제외한다.
② 검사는 다음 각 호의 어느 하나에 해당하는 때에는 사건을 검찰청 외의 수사기관에 이송할 수 있다.
1. 법 제197조의4제2항 단서에 따라 사법경찰관이 범죄사실을 계속 수사할 수 있게 된 때
2. 그 밖에 다른 수사기관에서 수사하는 것이 적절하다고 판단되는 때
③ 검사는 제1항 또는 제2항에 따라 사건을 이송하는 경우에는 관계 서류와 증거물을 해당 수사기관에 함께 송부해야 한다.

제19조(출석요구)

① 검사 또는 사법경찰관은 피의자에게 출석요구를 할 때에는 다음 각 호의 사항을 유의해야 한다.
1. 출석요구를 하기 전에 우편·전자우편·전화를 통한 진술 등 출석을 대체할 수 있는 방법의 선택 가능성을 고려할 것
2. 출석요구의 방법, 출석의 일시·장소 등을 정할 때에는 피의자의 명예 또는 사생활의 비밀이 침해되지 않도록 주의할 것
3. 출석요구를 할 때에는 피의자의 생업에 지장을 주지 않도록 충분한 시간적 여유를 두도록 하고, 피의자가 출석 일시의 연기를 요청하는 경우 특별한 사정이 없으면 출석 일시를 조정할 것
4. 불필요하게 여러 차례 출석요구를 하지 않을 것
② 검사 또는 사법경찰관은 피의자에게 출석요구를 하려는 경우 피의자와 조사의 일시·장소에 관하여 협의해야 한다. 이 경우 변호인이 있는 경우에는 변호인과도 협의해야 한다.
③ 검사 또는 사법경찰관은 피의자에게 출석요구를 하려는 경우 피의사실의 요지 등 출석요구의 취지를 구체적으로 적은 출석요구서를 발송해야 한다. 다만, 신속한 출석요구가 필요한 경우 등 부득이한 사정이 있는 경우에는 전화, 문자메시지, 그 밖의 상당한 방법으로 출석요구를 할 수 있다.
④ 검사 또는 사법경찰관은 제3항 본문에 따른 방법으로 출석요구를 했을 때에는 출석요구서의 사본을, 같은 항 단서에 따른 방법으로 출석요구를 했을 때에는 그 취지를 적은 수사보고서를 각각 사건기록에 편철한다.
⑤ 검사 또는 사법경찰관은 피의자가 치료 등 수사관서에 출석하여 조사를 받는 것이 현저히 곤란한 사정이 있는 경우에는 수사관서 외의 장소에서 조사할 수 있다.
⑥ 제1항부터 제5항까지의 규정은 피의자 외의 사람에 대한 출석요구의 경우에도 적용한다.

제20조(수사상 임의동행 시의 고지)

검사 또는 사법경찰관은 임의동행을 요구하는 경우 상대방에게 동행을 거부할 수 있다는 것과 동행하는 경우에도 언제든지 자유롭게 동행 과정에서 이탈하거나 동행 장소에서 퇴거할 수 있다는 것을 알려야 한다.

제21조(심야조사 제한)

① 검사 또는 사법경찰관은 조사, 신문, 면담 등 그 명칭을 불문하고 피의자나 사건관계인에 대해 **오후 9시부터 오전 6시까지** 사이에 조사(이하 "심야조사"라 한다)를 해서는 안 된다. 다만, 이미

작성된 조서의 열람을 위한 절차는 자정 이전까지 진행할 수 있다.
② 제1항에도 불구하고 다음 각 호의 어느 하나에 해당하는 경우에는 심야조사를 할 수 있다. 이 경우 심야조사의 사유를 조서에 명확하게 적어야 한다.
1. 피의자를 체포한 후 48시간 이내에 구속영장의 청구 또는 신청 여부를 판단하기 위해 불가피한 경우
2. 공소시효가 임박한 경우
3. 피의자나 사건관계인이 출국, 입원, 원거리 거주, 직업상 사유 등 재출석이 곤란한 구체적인 사유를 들어 심야조사를 요청한 경우(변호인이 심야조사에 동의하지 않는다는 의사를 명시한 경우는 제외한다)로서 해당 요청에 상당한 이유가 있다고 인정되는 경우
4. 그 밖에 사건의 성질 등을 고려할 때 심야조사가 불가피하다고 판단되는 경우 등 법무부장관, 경찰청장 또는 해양경찰청장이 정하는 경우로서 검사 또는 사법경찰관의 소속 기관의 장이 지정하는 인권보호 책임자의 허가 등을 받은 경우

제22조(장시간 조사 제한)

① 검사 또는 사법경찰관은 조사, 신문, 면담 등 그 명칭을 불문하고 피의자나 사건관계인을 조사하는 경우에는 대기시간, 휴식시간, 식사시간 등 모든 시간을 합산한 조사시간(이하 "총조사시간"이라 한다)이 12시간을 초과하지 않도록 해야 한다. 다만, 다음 각 호의 어느 하나에 해당하는 경우에는 예외로 한다.
1. 피의자나 사건관계인의 서면 요청에 따라 조서를 열람하는 경우
2. 제21조제2항 각 호의 어느 하나에 해당하는 경우
② 검사 또는 사법경찰관은 특별한 사정이 없으면 총조사시간 중 식사시간, 휴식시간 및 조서의 열람시간 등을 제외한 실제 조사시간이 8시간을 초과하지 않도록 해야 한다.
③ 검사 또는 사법경찰관은 피의자나 사건관계인에 대한 조사를 마친 때부터 8시간이 지나기 전에는 다시 조사할 수 없다. 다만, 제1항제2호에 해당하는 경우에는 예외로 한다.

제23조(휴식시간 부여)

① 검사 또는 사법경찰관은 조사에 상당한 시간이 소요되는 경우에는 특별한 사정이 없으면 피의자 또는 사건관계인에게 조사 도중에 최소한 2시간마다 10분 이상의 휴식시간을 주어야 한다.
② 검사 또는 사법경찰관은 조사 도중 피의자, 사건관계인 또는 그 변호인으로부터 휴식시간의 부여를 요청받았을 때에는 그때까지 조사에 소요된 시간, 피의자 또는 사건관계인의 건강상태 등을 고려해 적정하다고 판단될 경우 휴식시간을 주어야 한다.
③ 검사 또는 사법경찰관은 조사 중인 피의자 또는 사건관계인의 건강상태에 이상 징후가 발견되면 의사의 진료를 받게 하거나 휴식하게 하는 등 필요한 조치를 해야 한다.

제24조(신뢰관계인의 동석)

① 법 제244조의5에 따라 피의자와 동석할 수 있는 신뢰관계에 있는 사람과 법 제221조제3항에서 준용하는 법 제163조의2에 따라 피해자와 동석할 수 있는 신뢰관계에 있는 사람은 피의자 또는 피해자의 직계친족, 형제자매, 배우자, 가족, 동거인, 보호·교육시설의 보호·교육담당자 등 피의자 또는 피해자의 심리적 안정과 원활한 의사소통에 도움을 줄 수 있는 사람으로 한다.
② 피의자, 피해자 또는 그 법정대리인이 제1항에 따른 신뢰관계에 있는 사람의 동석을 신청한 경우 검사 또는 사법경찰관은 그 관계를 적은 동석신청서를 제출받거나 조서 또는 수사보고서에 그 관계를 적어야 한다.

제25조(자료·의견의 제출기회 보장)

① 검사 또는 사법경찰관은 조사과정에서 피의자, 사건관계인 또는 그 변호인이 사실관계 등의 확인을 위해 자료를 제출하는 경우 그 자료를 수사기록에 편철한다.
② 검사 또는 사법경찰관은 조사를 종결하기 전에 피의자, 사건관계인 또는 그 변호인에게 자료 또는 의견을 제출할 의사가 있는지를 확인하고, 자료 또는 의견을 제출받은 경우에는 해당 자료 및 의견을 수사기록에 편철한다.

제26조(수사과정의 기록)

① 검사 또는 사법경찰관은 법 제244조의4에 따라 조사(신문, 면담 등 명칭을 불문한다. 이하 이

조에서 같다) 과정의 진행경과를 다음 각 호의 구분에 따른 방법으로 기록해야 한다.
1. 조서를 작성하는 경우: 조서에 기록(별도의 서면에 기록한 후 조서의 끝부분에 편철하는 것을 포함한다)
2. 조서를 작성하지 않는 경우: 별도의 서면에 기록한 후 수사기록에 편철
② 제1항에 따라 조사과정의 진행경과를 기록할 때에는 다음 각 호의 구분에 따른 사항을 구체적으로 적어야 한다.
1. 조서를 작성하는 경우에는 다음 각 목의 사항
  가. 조사 대상자가 조사장소에 도착한 시각
  나. 조사의 시작 및 종료 시각
  다. 조사 대상자가 조사장소에 도착한 시각과 조사를 시작한 시각에 상당한 시간적 차이가 있는 경우에는 그 이유
  라. 조사가 중단되었다가 재개된 경우에는 그 이유와 중단 시각 및 재개 시각
2. 조서를 작성하지 않는 경우에는 다음 각 목의 사항
  가. 조사 대상자가 조사장소에 도착한 시각
  나. 조사 대상자가 조사장소를 떠난 시각
  다. 조서를 작성하지 않는 이유
  라. 조사 외에 실시한 활동
  마. 변호인 참여 여부

제27조(긴급체포)

① 사법경찰관은 법 제200조의3제2항에 따라 긴급체포 후 12시간 내에 검사에게 긴급체포의 승인을 요청해야 한다. 다만, 제51조제1항제4호가목 또는 제52조제1항제3호에 따라 수사중지 결정 또는 기소중지 결정이 된 피의자를 소속 경찰관서가 위치하는 특별시·광역시·특별자치시·도 또는 특별자치도 외의 지역이나 「연안관리법」 제2조제2호나목의 바다에서 긴급체포한 경우에는 긴급체포 후 24시간 이내에 긴급체포의 승인을 요청해야 한다.
② 제1항에 따라 긴급체포의 승인을 요청할 때에는 범죄사실의 요지, 긴급체포의 일시·장소, 긴급체포의 사유, 체포를 계속해야 하는 사유 등을 적은 긴급체포 승인요청서로 요청해야 한다. 다만, 긴급한 경우에는 「형사사법절차 전자화 촉진법」 제2조제4호에 따른 형사사법정보시스템(이하 "형사사법정보시스템"이라 한다) 또는 팩스를 이용하여 긴급체포의 승인을 요청할 수 있다.
③ 검사는 사법경찰관의 긴급체포 승인 요청이 이유 있다고 인정하는 경우에는 지체 없이 긴급체포 승인서를 사법경찰관에게 송부해야 한다.
④ 검사는 사법경찰관의 긴급체포 승인 요청이 이유 없다고 인정하는 경우에는 지체 없이 사법경찰관에게 불승인 통보를 해야 한다. 이 경우 사법경찰관은 긴급체포된 피의자를 즉시 석방하고 그 석방 일시와 사유 등을 검사에게 통보해야 한다.

제28조(현행범인 조사 및 석방)

① 검사 또는 사법경찰관은 법 제212조 또는 제213조에 따라 현행범인을 체포하거나 체포된 현행범인을 인수했을 때에는 조사가 현저히 곤란하다고 인정되는 경우가 아니면 지체 없이 조사해야 하며, 조사 결과 계속 구금할 필요가 없다고 인정할 때에는 현행범인을 즉시 석방해야 한다.
② 검사 또는 사법경찰관은 제1항에 따라 현행범인을 석방했을 때에는 석방 일시와 사유 등을 적은 피의자 석방서를 작성해 사건기록에 편철한다. 이 경우 사법경찰관은 석방 후 지체 없이 검사에게 석방 사실을 통보해야 한다.

제29조(구속영장의 청구·신청)

① 검사 또는 사법경찰관은 구속영장을 청구하거나 신청하는 경우 법 제209조에서 준용하는 법 제70조제2항의 필요적 고려사항이 있을 때에는 구속영장 청구서 또는 신청서에 그 내용을 적어야 한다.
② 검사 또는 사법경찰관은 체포한 피의자에 대해 구속영장을 청구하거나 신청할 때에는 구속영장 청구서 또는 신청서에 체포영장, 긴급체포서, 현행범인 체포서 또는 현행범인 인수서를 첨부해야 한다.

제30조(구속 전 피의자 심문)

사법경찰관은 법 제201조의2제3항 및 같은 조 제10항에서 준용하는 법 제81조제1항에 따라 판사가 통지한 피의자 심문 기일과 장소에 체포된 피의자를 출석시켜야 한다.

제31조(체포·구속영장의 재청구·재신청)

검사 또는 사법경찰관은 동일한 범죄사실로 다시 체포·구속영장을 청구하거나 신청하는 경우(체포·구속영장의 청구 또는 신청이 기각된 후 다시 체포·구속영장을 청구하거나 신청하는 경우와 이미 발부받은 체포·구속영장과 동일한 범죄사실로 다시 체포·구속영장을 청구하거나 신청하는 경우를 말한다)에는 그 취지를 체포·구속영장 청구서 또는 신청서에 적어야 한다.

제32조(체포·구속영장 집행 시의 권리 고지)

① <u>검사 또는 사법경찰관</u>은 <u>피의자를 체포하거나 구속할 때</u>에는 법 제200조의5(법 제209조에서 준용하는 경우를 포함한다)에 따라 피의자에게 <u>피의사실의 요지</u>, <u>체포·구속의 이유</u>와 <u>변호인을 선임할 수 있음을 말하고</u>, <u>변명할 기회</u>를 주어야 하며, <u>진술거부권을 알려주어야 한다</u>.
② 제1항에 따라 피의자에게 알려주어야 하는 진술거부권의 내용은 법 제244조의3제1항제1호부터 제3호까지의 사항으로 한다.
③ 검사와 사법경찰관이 제1항에 따라 피의자에게 그 권리를 알려준 경우에는 피의자로부터 권리고지 확인서를 받아 사건기록에 편철한다.

제33조(체포·구속 등의 통지)

① 검사 또는 사법경찰관은 피의자를 체포하거나 구속하였을 때에는 법 제200조의6 또는 제209조에서 준용하는 법 제87조에 따라 변호인이 있으면 변호인에게, 변호인이 없으면 법 제30조제2항에 따른 사람 중 피의자가 지정한 사람에게 24시간 이내에 서면으로 사건명, 체포·구속의 일시·장소, 범죄사실의 요지, 체포·구속의 이유와 변호인을 선임할 수 있음을 통지해야 한다.
② 검사 또는 사법경찰관은 제1항에 따른 통지를 하였을 때에는 그 통지서 사본을 사건기록에 편철한다. 다만, 변호인 및 법 제30조제2항에 따른 사람이 없어서 체포·구속의 통지를 할 수 없을 때에는 그 취지를 수사보고서에 적어 사건기록에 편철한다.
③ 제1항 및 제2항은 법 제214조의2제2항에 따라 검사 또는 사법경찰관이 같은 조 제1항에 따른 자 중에서 피의자가 지정한 자에게 체포 또는 구속의 적부심사를 청구할 수 있음을 통지하는 경우에도 준용한다.

제34조(체포·구속영장 등본의 교부)

검사 또는 사법경찰관은 법 제214조의2제1항에 따른 자가 체포·구속영장 등본의 교부를 청구하면 그 등본을 교부해야 한다.

제35조(체포·구속영장의 반환)

① 검사 또는 사법경찰관은 체포·구속영장의 유효기간 내에 영장의 집행에 착수하지 못했거나, 그 밖의 사유로 영장의 집행이 불가능하거나 불필요하게 되었을 때에는 즉시 해당 영장을 법원에 반환해야 한다. 이 경우 체포·구속영장이 여러 통 발부된 경우에는 모두 반환해야 한다.
② 검사 또는 사법경찰관은 제1항에 따라 체포·구속영장을 반환하는 경우에는 반환사유 등을 적은 영장반환서에 해당 영장을 첨부하여 반환하고, 그 사본을 사건기록에 편철한다.
③ 제1항에 따라 사법경찰관이 체포·구속영장을 반환하는 경우에는 그 영장을 청구한 검사에게 반환하고, 검사는 사법경찰관이 반환한 영장을 법원에 반환한다.

제36조(피의자의 석방)

① 검사 또는 사법경찰관은 법 제200조의2제5항 또는 제200조의4제2항에 따라 구속영장을 청구하거나 신청하지 않고 체포 또는 긴급체포한 피의자를 석방하려는 때에는 다음 각 호의 구분에 따른 사항을 적은 피의자 석방서를 작성해야 한다.
1. 체포한 피의자를 석방하려는 때: 체포 일시·장소, 체포 사유, 석방 일시·장소, 석방 사유 등
2. 긴급체포한 피의자를 석방하려는 때: 법 제200조의4제4항 각 호의 사항
② 사법경찰관은 제1항에 따라 피의자를 석방한 경우 다음 각 호의 구분에 따라 처리한다.
1. 체포한 피의자를 석방한 때: 지체 없이 검사에게 석방사실을 통보하고, 그 통보서 사본을 사건기록에 편철한다.

2. 긴급체포한 피의자를 석방한 때: 법 제200조의4제6항에 따라 즉시 검사에게 석방 사실을 보고하고, 그 보고서 사본을 사건기록에 편철한다.

제37조(압수·수색 또는 검증영장의 청구·신청)

검사 또는 사법경찰관은 압수·수색 또는 검증영장을 청구하거나 신청할 때에는 압수·수색 또는 검증의 범위를 범죄 혐의의 소명에 필요한 최소한으로 정해야 하고, 수색 또는 검증할 장소·신체·물건 및 압수할 물건 등을 구체적으로 특정해야 한다.

제38조(압수·수색 또는 검증영장의 제시)

① 검사 또는 사법경찰관은 법 제219조에서 준용하는 법 제118조에 따라 영장을 제시할 때에는 피압수자에게 법관이 발부한 영장에 따른 압수·수색 또는 검증이라는 사실과 영장에 기재된 범죄사실 및 수색 또는 검증할 장소·신체·물건, 압수할 물건 등을 명확히 알리고, 피압수자가 해당 영장을 열람할 수 있도록 해야 한다.
② 압수·수색 또는 검증의 처분을 받는 자가 여럿인 경우에는 모두에게 개별적으로 영장을 제시해야 한다.

제39조(압수·수색 또는 검증영장의 재청구·재신청 등)

압수·수색 또는 검증영장의 재청구·재신청(압수·수색 또는 검증영장의 청구 또는 신청이 기각된 후 다시 압수·수색 또는 검증영장을 청구하거나 신청하는 경우와 이미 발부받은 압수·수색 또는 검증영장과 동일한 범죄사실로 다시 압수·수색 또는 검증영장을 청구하거나 신청하는 경우를 말한다)과 반환에 관해서는 제31조 및 제35조를 준용한다.

제40조(압수조서와 압수목록)

검사 또는 사법경찰관은 증거물 또는 몰수할 물건을 압수했을 때에는 압수의 일시·장소, 압수 경위 등을 적은 압수조서와 압수물건의 품종·수량 등을 적은 압수목록을 작성해야 한다. 다만, 피의자신문조서, 진술조서, 검증조서에 압수의 취지를 적은 경우에는 그렇지 않다.

제41조(전자정보의 압수·수색 또는 검증 방법)

① 검사 또는 사법경찰관은 법 제219조에서 준용하는 법 제106조제3항에 따라 컴퓨터용디스크 및 그 밖에 이와 비슷한 정보저장매체(이하 이 항에서 "정보저장매체등"이라 한다)에 기억된 정보(이하 "전자정보"라 한다)를 압수하는 경우에는 해당 정보저장매체등의 소재지에서 수색 또는 검증한 후 범죄사실과 관련된 전자정보의 범위를 정하여 출력하거나 복제하는 방법으로 한다.
② 제1항에도 불구하고 제1항에 따른 압수 방법의 실행이 불가능하거나 그 방법으로는 압수의 목적을 달성하는 것이 현저히 곤란한 경우에는 압수·수색 또는 검증 현장에서 정보저장매체등에 들어 있는 전자정보 전부를 복제하여 그 복제본을 정보저장매체등의 소재지 외의 장소로 반출할 수 있다.
③ 제1항 및 제2항에도 불구하고 제1항 및 제2항에 따른 압수 방법의 실행이 불가능하거나 그 방법으로는 압수의 목적을 달성하는 것이 현저히 곤란한 경우에는 피압수자 또는 법 제123조에 따라 압수·수색영장을 집행할 때 참여하게 해야 하는 사람(이하 "피압수자등"이라 한다)이 참여한 상태에서 정보저장매체등의 원본을 봉인(封印)하여 정보저장매체등의 소재지 외의 장소로 반출할 수 있다.

제42조(전자정보의 압수·수색 또는 검증 시 유의사항)

① 검사 또는 사법경찰관은 전자정보의 탐색·복제·출력을 완료한 경우에는 지체 없이 피압수자등에게 압수한 전자정보의 목록을 교부해야 한다.
② 검사 또는 사법경찰관은 제1항의 목록에 포함되지 않은 전자정보가 있는 경우에는 해당 전자정보를 지체 없이 삭제 또는 폐기하거나 반환해야 한다. 이 경우 삭제·폐기 또는 반환확인서를 작성하여 피압수자등에게 교부해야 한다.
③ 검사 또는 사법경찰관은 전자정보의 복제본을 취득하거나 전자정보를 복제할 때에는 해시값(파일의 고유값으로서 일종의 전자지문을 말한다)을 확인하거나 압수·수색 또는 검증의 과정을 촬영하는 등 전자적 증거의 동일성과 무결성(無缺性)을 보장할 수 있는 적절한 방법과 조치를 취해야 한다.

④ 검사 또는 사법경찰관은 압수·수색 또는 검증의 전 과정에 걸쳐 피압수자등이나 변호인의 참여권을 보장해야 하며, 피압수자등과 변호인이 참여를 거부하는 경우에는 신뢰성과 전문성을 담보할 수 있는 상당한 방법으로 압수·수색 또는 검증을 해야 한다.
⑤ 검사 또는 사법경찰관은 제4항에 따라 참여한 피압수자등이나 변호인이 압수 대상 전자정보와 사건의 관련성에 관하여 의견을 제시한 때에는 이를 조서에 적어야 한다.

제43조(검증조서)
검사 또는 사법경찰관은 검증을 한 경우에는 검증의 일시·장소, 검증 경위 등을 적은 검증조서를 작성해야 한다.

제44조(영장심의위원회)
법 제221조의5에 따른 영장심의위원회의 위원은 해당 업무에 전문성을 가진 중립적 외부 인사 중에서 위촉해야 하며, 영장심의위원회의 운영은 독립성·객관성·공정성이 보장되어야 한다.

제5절 시정조치요구

제45조(시정조치 요구의 방법 및 절차 등)
① 검사는 법 제197조의3제1항에 따라 사법경찰관에게 사건기록 등본의 송부를 요구할 때에는 그 내용과 이유를 구체적으로 적은 서면으로 해야 한다.
② 사법경찰관은 제1항에 따른 요구를 받은 날부터 7일 이내에 사건기록 등본을 검사에게 송부해야 한다.
③ 검사는 제2항에 따라 사건기록 등본을 송부받은 날부터 30일(사안의 경중 등을 고려하여 10일의 범위에서 한 차례 연장할 수 있다) 이내에 법 제197조의3제3항에 따른 시정조치 요구 여부를 결정하여 사법경찰관에게 통보해야 한다. 이 경우 시정조치 요구의 통보는 그 내용과 이유를 구체적으로 적은 서면으로 해야 한다.
④ 사법경찰관은 제3항에 따라 시정조치 요구를 통보받은 경우 정당한 이유가 있는 경우를 제외하고는 지체 없이 시정조치를 이행하고, 그 이행 결과를 서면에 구체적으로 적어 검사에게 통보해야 한다.
⑤ 검사는 법 제197조의3제5항에 따라 사법경찰관에게 사건송치를 요구하는 경우에는 그 내용과 이유를 구체적으로 적은 서면으로 해야 한다.
⑥ 사법경찰관은 제5항에 따라 서면으로 사건송치를 요구받은 날부터 7일 이내에 사건을 검사에게 송치해야 한다. 이 경우 관계 서류와 증거물을 함께 송부해야 한다.
⑦ 제5항 및 제6항에도 불구하고 검사는 공소시효 만료일의 임박 등 특별한 사유가 있을 때에는 제5항에 따른 서면에 그 사유를 명시하고 별도의 송치기한을 정하여 사법경찰관에게 통지할 수 있다. 이 경우 사법경찰관은 정당한 이유가 있는 경우를 제외하고는 통지받은 송치기한까지 사건을 검사에게 송치해야 한다.

제46조(징계요구의 방법 등)
① 검찰총장 또는 각급 검찰청 검사장은 법 제197조의3제7항에 따라 사법경찰관리의 징계를 요구할 때에는 서면에 그 사유를 구체적으로 적고 이를 증명할 수 있는 관계 자료를 첨부하여 해당 사법경찰관리가 소속된 경찰관서의 장(이하 "경찰관서장"이라 한다)에게 통보해야 한다.
② 경찰관서장은 제1항에 따른 징계요구에 대한 처리 결과와 그 이유를 징계를 요구한 검찰총장 또는 각급 검찰청 검사장에게 통보해야 한다.

제47조(구제신청 고지의 확인)
사법경찰관은 법 제197조의3제8항에 따라 검사에게 구제를 신청할 수 있음을 피의자에게 알려준 경우에는 피의자로부터 고지 확인서를 받아 사건기록에 편철한다. 다만, 피의자가 고지 확인서에 기명날인 또는 서명하는 것을 거부하는 경우에는 사법경찰관이 고지 확인서 끝부분에 그 사유를 적고 기명날인 또는 서명해야 한다.

제48조(동일한 범죄사실 여부의 판단 등)
① 검사와 사법경찰관은 법 제197조의4에 따른 수사의 경합과 관련하여 동일한 범죄사실 여부나

영장(「통신비밀보호법」 제6조 및 제8조에 따른 통신제한조치허가서 및 같은 법 제13조에 따른 통신사실 확인자료제공 요청 허가서를 포함한다. 이하 이 조에서 같다) 청구·신청의 시간적 선후관계 등을 판단하기 위해 필요한 경우에는 그 필요한 범위에서 사건기록의 상호 열람을 요청할 수 있다.
② 제1항에 따른 영장 청구·신청의 시간적 선후관계는 검사의 영장청구서와 사법경찰관의 영장신청서가 각각 법원과 검찰청에 접수된 시점을 기준으로 판단한다.
③ 검사는 제2항에 따른 사법경찰관의 영장신청서의 접수를 거부하거나 지연해서는 안 된다.

제49조(수사경합에 따른 사건송치)
① 검사는 법 제197조의4제1항에 따라 사법경찰관에게 사건송치를 요구할 때에는 그 내용과 이유를 구체적으로 적은 서면으로 해야 한다.
② 사법경찰관은 제1항에 따른 요구를 받은 날부터 7일 이내에 사건을 검사에게 송치해야 한다. 이 경우 관계 서류와 증거물을 함께 송부해야 한다.

제50조(중복수사의 방지)
검사는 법 제197조의4제2항 단서에 따라 사법경찰관이 범죄사실을 계속 수사할 수 있게 된 경우에는 정당한 사유가 있는 경우를 제외하고는 그와 동일한 범죄사실에 대한 사건을 이송하는 등 중복수사를 피하기 위해 노력해야 한다.

제4장 사건송치와 수사종결
제1절 통칙
제51조(사법경찰관의 결정)
① 사법경찰관은 사건을 수사한 경우에는 다음 각 호의 구분에 따라 결정해야 한다.
1. 법원송치
2. 검찰송치
3. 불송치
   가. 혐의없음
     1) 범죄인정안됨
     2) 증거불충분
   나. 죄가안됨
   다. 공소권없음
   라. 각하
4. 수사중지
   가. 피의자중지
   나. 참고인중지
5. 이송
② 사법경찰관은 하나의 사건 중 피의자가 여러 사람이거나 피의사실이 여러 개인 경우로서 분리하여 결정할 필요가 있는 경우 그중 일부에 대해 제1항 각 호의 결정을 할 수 있다.
③ 사법경찰관은 제1항제3호나목 또는 다목에 해당하는 사건이 다음 각 호의 어느 하나에 해당하는 경우에는 해당 사건을 검사에게 이송한다.
1. 「형법」 제10조제1항에 따라 벌할 수 없는 경우
2. 기소되어 사실심 계속 중인 사건과 포괄일죄를 구성하는 관계에 있는 경우
④ 사법경찰관은 제1항제4호에 따른 수사중지 결정을 한 경우 7일 이내에 사건기록을 검사에게 송부해야 한다. 이 경우 검사는 사건기록을 송부받은 날부터 30일 이내에 반환해야 하며, 그 기간 내에 법 제197조의3에 따라 시정조치요구를 할 수 있다.
⑤ 사법경찰관은 제4항 전단에 따라 검사에게 사건기록을 송부한 후 피의자 등의 소재를 발견한 경우에는 소재 발견 및 수사 재개 사실을 검사에게 통보해야 한다. 이 경우 통보를 받은 검사는 지체 없이 사법경찰관에게 사건기록을 반환해야 한다.

제52조(검사의 결정)

① 검사는 사법경찰관으로부터 사건을 송치받거나 직접 수사한 경우에는 다음 각 호의 구분에 따라 결정해야 한다.
1. 공소제기
2. 불기소
   가. 기소유예
   나. 혐의없음
      1) 범죄인정안됨
      2) 증거불충분
   다. 죄가안됨
   라. 공소권없음
   마. 각하
3. 기소중지
4. 참고인중지
5. 보완수사요구
6. 공소보류
7. 이송
8. 소년보호사건 송치
9. 가정보호사건 송치
10. 성매매보호사건 송치
11. 아동보호사건 송치
② 검사는 하나의 사건 중 피의자가 여러 사람이거나 피의사실이 여러 개인 경우로서 분리하여 결정할 필요가 있는 경우 그중 일부에 대해 제1항 각 호의 결정을 할 수 있다.

제53조(수사 결과의 통지)

① 검사 또는 사법경찰관은 제51조 또는 제52조에 따른 결정을 한 경우에는 그 내용을 고소인·고발인·피해자 또는 그 법정대리인(피해자가 사망한 경우에는 그 배우자·직계친족·형제자매를 포함한다. 이하 "고소인등"이라 한다)과 피의자에게 통지해야 한다. 다만, 제51조제1항제4호가목에 따른 피의자중지 결정 또는 제52조제1항제3호에 따른 기소중지 결정을 한 경우에는 고소인등에게만 통지한다.
② 고소인등은 법 제245조의6에 따른 통지를 받지 못한 경우 사법경찰관에게 불송치 통지서로 통지해 줄 것을 요구할 수 있다.
③ 제1항에 따른 통지의 구체적인 방법·절차 등은 법무부장관, 경찰청장 또는 해양경찰청장이 정한다.

제54조(수사중지 결정에 대한 이의제기 등)

① 제53조에 따라 **사법경찰관으로부터 제51조제1항제4호에 따른 수사중지 결정의 통지를 받은 사람은 해당 사법경찰관이 소속된 바로 위 상급경찰관서의 장에게 이의를 제기할 수 있다.**
② 제1항에 따른 이의제기의 절차·방법 및 처리 등에 관하여 필요한 사항은 경찰청장 또는 해양경찰청장이 정한다.
③ 제1항에 따른 통지를 받은 사람은 해당 수사중지 결정이 법령위반, 인권침해 또는 현저한 수사권 남용이라고 의심되는 경우 검사에게 법 제197조의3제1항에 따른 신고를 할 수 있다.
④ 사법경찰관은 제53조에 따라 고소인등에게 제51조제1항제4호에 따른 수사중지 결정의 통지를 할 때에는 제3항에 따라 신고할 수 있다는 사실을 함께 고지해야 한다.

제55조(소재수사에 관한 협력 등)

① 검사와 사법경찰관은 소재불명(所在不明)인 피의자나 참고인을 발견한 때에는 해당 사실을 통보하는 등 서로 협력해야 한다.
② 검사는 법 제245조의5제1호 또는 법 제245조의7제2항에 따라 송치된 사건의 피의자나 참고인의 소재 확인이 필요하다고 판단하는 경우 피의자나 참고인의 주소지 또는 거소지 등을 관할하는 경찰서의 사법경찰관에게 소재수사를 요청할 수 있다. 이 경우 요청을 받은 사법경찰관은 이에 협력해야 한다.

③ 검사 또는 사법경찰관은 제51조제1항제4호 또는 제52조제1항제3호·제4호에 따라 수사중지 또는 기소중지·참고인중지된 사건의 피의자 또는 참고인을 발견하는 등 수사중지 결정 조는 기소중지·참고인중지 결정의 사유가 해소된 경우에는 즉시 수사를 진행해야 한다.

제56조(사건기록의 등본)
① 검사 또는 사법경찰관은 사건 관계 서류와 증거물을 분리하여 송부하거나 반환할 필요가 있으나 해당 서류와 증거물의 분리가 불가능하거나 현저히 곤란한 경우에는 그 서류와 증거물을 등사하여 송부하거나 반환할 수 있다.
② 검사 또는 사법경찰관은 제45조제1항, 이 조 제1항 등에 따라 사건기록 등본을 송부받은 경우 이를 다른 목적으로 사용할 수 없으며, 다른 법령에 특별한 규정이 있는 경우를 제외하고는 그 사용 목적을 위한 기간이 경과한 때에 즉시 이를 반환하거나 폐기해야 한다.

제57조(송치사건 관련 자료 제공)
검사는 사법경찰관이 송치한 사건에 대해 검사의 공소장, 불기소결정서, 송치결정서 및 법원의 판결문을 제공할 것을 요청하는 경우 이를 사법경찰관에게 지체 없이 제공해야 한다.

제58조(사법경찰관의 사건송치)
① 사법경찰관은 관계 법령에 따라 검사에게 사건을 송치할 때에는 송치의 이유와 범위를 적은 송치 결정서와 압수물 총목록, 기록목록, 범죄경력 조회 회보서, 수사경력 조회 회보서 등 관계 서류와 증거물을 함께 송부해야 한다.
② 사법경찰관은 피의자 또는 참고인에 대한 조사과정을 영상녹화한 경우에는 해당 영상녹화물을 봉인한 후 검사에게 사건을 송치할 때 봉인된 영상녹화물의 종류와 개수를 표시하여 사건기록과 함께 송부해야 한다.
③ 사법경찰관은 사건을 송치한 후에 새로운 증거물, 서류 및 그 밖의 자료를 추가로 송부할 때에는 이전에 송치한 사건명, 송치 연월일, 피의자의 성명과 추가로 송부하는 서류 및 증거물 등을 적은 추가송부서를 첨부해야 한다.

제59조(보완수사요구의 대상과 범위)
① **검사**는 법 제245조의5제1호에 따라 **사법경찰관으로부터 송치받은 사건에 대해 보완수사가 필요하다고 인정하는 경우**에는 **특별히 직접 보완수사를 할 필요가 있다고 인정되는 경우를 제외하고는 사법경찰관에게 보완수사를 요구하는 것을 원칙**으로 한다.
② 검사는 법 제197조의2제1항제1호에 따라 사법경찰관에게 송치사건 및 관련사건(법 제11조에 따른 관련사건 및 법 제208조제2항에 따라 간주되는 동일한 범죄사실에 관한 사건을 말한다. 다만, 법 제11조제1호의 경우에는 수사기록에 명백히 현출(現出)되어 있는 사건으로 한정한다)에 대해 다음 각 호의 사항에 관한 보완수사를 요구할 수 있다.
1. 범인에 관한 사항
2. 증거 또는 범죄사실 증명에 관한 사항
3. 소송조건 또는 처벌조건에 관한 사항
4. 양형 자료에 관한 사항
5. 죄명 및 범죄사실의 구성에 관한 사항
6. 그 밖에 송치받은 사건의 공소제기 여부를 결정하는 데 필요하거나 공소유지와 관련해 필요한 사항
③ 검사는 사법경찰관이 신청한 영장(「통신비밀보호법」 제6조 및 제8조에 따른 통신제한조치허가서 및 같은 법 제13조에 따른 통신사실 확인자료 제공 요청 허가서를 포함한다. 이하 이 항에서 같다)의 청구 여부를 결정하기 위해 필요한 경우 법 제197조의2제1항제2호에 따라 사법경찰관에게 보완수사를 요구할 수 있다. 이 경우 보완수사를 요구할 수 있는 범위는 다음 각 호와 같다.
1. 범인에 관한 사항
2. 증거 또는 범죄사실 소명에 관한 사항
3. 소송조건 또는 처벌조건에 관한 사항
4. 해당 영장이 필요한 사유에 관한 사항
5. 죄명 및 범죄사실의 구성에 관한 사항
6. 법 제11조(법 제11조제1호의 경우는 수사기록에 명백히 현출되어 있는 사건으로 한정한다)와

관련된 사항
7. 그 밖에 사법경찰관이 신청한 영장의 청구 여부를 결정하기 위해 필요한 사항

제60조(보완수사요구의 방법과 절차)

① 검사는 법 제197조의2제1항에 따라 보완수사를 요구할 때에는 그 이유와 내용 등을 구체적으로 적은 서면과 관계 서류 및 증거물을 사법경찰관에게 함께 송부해야 한다. 다만, 보완수사 대상의 성질, 사안의 긴급성 등을 고려하여 관계 서류와 증거물을 송부할 필요가 없거나 송부하는 것이 적절하지 않다고 판단하는 경우에는 해당 관계 서류와 증거물을 송부하지 않을 수 있다.
② 보완수사를 요구받은 사법경찰관은 제1항 단서에 따라 송부받지 못한 관계 서류와 증거물이 보완수사를 위해 필요하다고 판단하면 해당 서류와 증거물을 대출하거나 그 전부 또는 일부를 등사할 수 있다.
③ 사법경찰관은 법 제197조의2제2항에 따라 보완수사를 이행한 경우에는 그 이행 결과를 검사에게 서면으로 통보해야 하며, 제1항 본문에 따라 관계 서류와 증거물을 송부받은 경우에는 그 서류와 증거물을 함께 반환해야 한다. 다만, 관계 서류와 증거물을 반환할 필요가 없는 경우에는 보완수사의 이행 결과만을 검사에게 통보할 수 있다.
④ 사법경찰관은 법 제197조의2제1항제1호에 따라 보완수사를 이행한 결과 법 제245조의5제1호에 해당하지 않는다고 판단한 경우에는 제51조제1항제3호에 따라 사건을 불송치하거나 같은 항 제4호에 따라 수사중지할 수 있다.

제61조(직무배제 또는 징계 요구의 방법과 절차)

① 검찰총장 또는 각급 검찰청 검사장은 법 제197조의2제3항에 따라 사법경찰관의 직무배제 또는 징계를 요구할 때에는 그 이유를 구체적으로 적은 서면에 이를 증명할 수 있는 관계 자료를 첨부하여 해당 사법경찰관이 소속된 경찰관서장에게 통보해야 한다.
② 제1항의 직무배제 요구를 통보받은 경찰관서장은 정당한 이유가 있는 경우를 제외하고는 그 요구를 받은 날부터 20일 이내에 해당 사법경찰관을 직무에서 배제해야 한다.
③ 경찰관서장은 제1항에 따른 요구의 처리 결과와 그 이유를 직무배제 또는 징계를 요구한 검찰총장 또는 각급 검찰청 검사장에게 통보해야 한다.

제3절 사건불송치와 재수사요청

제62조(사법경찰관의 사건불송치)

① 사법경찰관은 법 제245조의5제2호 및 이 영 제51조제1항제3호에 따라 불송치 결정을 하는 경우 불송치의 이유를 적은 불송치 결정서와 함께 압수물 총목록, 기록목록 등 관계 서류와 증거물을 검사에게 송부해야 한다.
② 제1항의 경우 영상녹화물의 송부 및 새로운 증거물 등의 추가 송부에 관하여는 제58조제2항 및 제3항을 준용한다.

제63조(재수사요청의 절차 등)

① **검사**는 법 제245조의8에 따라 **사법경찰관에게 재수사를 요청하려는 경우**에는 법 제245조의5제2호에 따라 **관계 서류와 증거물을 송부받은 날부터 90일 이내에 해야 한다**. 다만, 다음 각 호의 어느 하나에 해당하는 경우에는 관계 서류와 증거물을 송부받은 날부터 90일이 지난 후에도 재수사를 요청할 수 있다.
1. 불송치 결정에 영향을 줄 수 있는 명백히 새로운 증거 또는 사실이 발견된 경우
2. 증거 등의 허위, 위조 또는 변조를 인정할 만한 상당한 정황이 있는 경우
② 검사는 제1항에 따라 재수사를 요청할 때에는 그 내용과 이유를 구체적으로 적은 서면으로 해야 한다. 이 경우 법 제245조의5제2호에 따라 송부받은 관계 서류와 증거물을 사법경찰관에게 반환해야 한다.
③ 검사는 법 제245조의8에 따라 재수사를 요청한 경우 그 사실을 고소인등에게 통지해야 한다.

제64조(재수사 결과의 처리)

① 사법경찰관은 법 제245조의8제2항에 따라 재수사를 한 경우 다음 각 호의 구분에 따라 처리한

다.
1. 범죄의 혐의가 있다고 인정되는 경우: 법 제245조의5제1호에 따라 검사에게 사건을 송치하고 관계 서류와 증거물을 송부
2. 기존의 불송치 결정을 유지하는 경우: 재수사 결과서에 그 내용과 이유를 구체적으로 적어 검사에게 통보
② 검사는 사법경찰관이 제1항제2호에 따라 재수사 결과를 통보한 사건에 대해서 다시 재수사를 요청을 하거나 송치 요구를 할 수 없다. 다만, 사법경찰관의 재수사에도 불구하고 관련 법리에 위반되거나 송부받은 관계 서류 및 증거물과 재수사결과만으로도 공소제기를 할 수 있을 정도로 명백히 채증법칙에 위반되거나 공소시효 또는 형사소추의 요건을 판단하는 데 오류가 있어 사건을 송치하지 않은 위법 또는 부당이 시정되지 않은 경우에는 재수사 결과를 통보받은 날부터 30일 이내에 법 제197조의3에 따라 사건송치를 요구할 수 있다.

제65조(재수사 중의 이의신청)
사법경찰관은 법 제245조의8제2항에 따라 재수사 중인 사건에 대해 법 제245조의7제1항에 따른 이의신청이 있는 경우에는 재수사를 중단해야 하며, 같은 조 제2항에 따라 해당 사건을 지체 없이 검사에게 송치하고 관계 서류와 증거물을 송부해야 한다.

제5장 보칙

제66조(재정신청 접수에 따른 절차)
① 사법경찰관이 수사 중인 사건이 법 제260조제2항제3호에 해당하여 같은 조 제3항에 따라 지방검찰청 검사장 또는 지청장에게 재정신청서가 제출된 경우 해당 지방검찰청 또는 지청 소속 검사는 즉시 사법경찰관에게 그 사실을 통보해야 한다.
② 사법경찰관은 제1항의 통보를 받으면 즉시 검사에게 해당 사건을 송치하고 관계 서류와 증거물을 송부해야 한다.
③ 검사는 제1항에 따른 재정신청에 대해 법원이 법 제262조제2항제1호에 따라 기각하는 결정을 한 경우에는 해당 결정서를 사법경찰관에게 송부해야 한다. 이 경우 제2항에 따라 송치받은 사건을 사법경찰관에게 이송해야 한다.

제67조(형사사법정보시스템의 이용)
검사 또는 사법경찰관은 「형사사법절차 전자화 촉진법」 제2조제1호에 따른 형사사법업무와 관련된 문서를 작성할 때에는 형사사법정보시스템을 이용해야 하며, 그에 따라 작성한 문서는 형사사법정보시스템에 저장·보관해야 한다. 다만, 다음 각 호의 어느 하나에 해당하는 문서로서 형사사법정보시스템을 이용하는 것이 곤란한 경우는 그렇지 않다.
1. 피의자나 사건관계인이 직접 작성한 문서
2. 형사사법정보시스템에 작성 기능이 구현되어 있지 않은 문서
3. 형사사법정보시스템을 이용할 수 없는 시간 또는 장소에서 불가피하게 작성해야 하거나 형사사법정보시스템의 장애 또는 전산망 오류 등으로 형사사법정보시스템을 이용할 수 없는 상황에서 불가피하게 작성해야 하는 문서

제68조(사건 통지 시 주의사항 등)
검사 또는 사법경찰관은 제12조에 따라 수사 진행상황을 통지하거나 제53조에 따라 수사 결과를 통지할 때에는 해당 사건의 피의자 또는 사건관계인의 명예나 권리 등이 부당하게 침해되지 않도록 주의해야 한다.

제69조(수사서류 등의 열람·복사)
① 피의자, 사건관계인 또는 그 변호인은 검사 또는 사법경찰관이 수사 중인 사건에 관한 본인의 진술이 기재된 부분 및 본인이 제출한 서류의 전부 또는 일부에 대해 열람·복사를 신청할 수 있다.
② 피의자, 사건관계인 또는 그 변호인은 검사가 불기소 결정을 하거나 사법경찰관이 불송치 결정을 한 사건에 관한 기록의 전부 또는 일부에 대해 열람·복사를 신청할 수 있다.

③ 피의자 또는 그 변호인은 필요한 사유를 소명하고 고소장, 고발장, 이의신청서, 항고장, 재항고장(이하 "고소장등"이라 한다)의 열람·복사를 신청할 수 있다. 이 경우 열람·복사의 범위는 피의자에 대한 혐의사실 부분으로 한정하고, 그 밖에 사건관계인에 관한 사실이나 개인정보, 증거방법 또는 고소장등에 첨부된 서류 등은 제외한다.
④ 체포·구속된 피의자 또는 그 변호인은 현행범인체포서, 긴급체포서, 체포영장, 구속영장의 열람·복사를 신청할 수 있다.
⑤ 피의자 또는 사건관계인의 법정대리인, 배우자, 직계친족, 형제자매로서 피의자 또는 사건관계인의 위임장 및 신분관계를 증명하는 문서를 제출한 사람도 제1항부터 제4항까지의 규정에 따라 열람·복사를 신청할 수 있다.
⑥ 검사 또는 사법경찰관은 제1항부터 제5항까지의 규정에 따른 신청을 받은 경우에는 해당 서류의 공개로 사건관계인의 개인정보나 영업비밀이 침해될 우려가 있거나 범인의 증거인멸·도주를 용이하게 할 우려가 있는 경우 등 정당한 사유가 있는 경우를 제외하고는 열람·복사를 허용해야 한다.

제70조(영의 해석 및 개정)
① 이 영을 해석하거나 개정하는 경우에는 법무부장관은 행정안전부장관과 협의하여 결정해야 한다.
② 제1항에 따른 해석 및 개정에 관한 법무부장관의 자문에 응하기 위해 법무부에 외부전문가로 구성된 자문위원회를 둔다.

제71조(민감정보 및 고유식별정보 등의 처리)
검사 또는 사법경찰관리는 범죄 수사 업무를 수행하기 위해 불가피한 경우 「개인정보 보호법」 제23조에 따른 민감정보, 같은 법 시행령 제19조에 따른 주민등록번호, 여권번호, 운전면허의 면허번호 또는 외국인등록번호나 그 밖의 개인정보가 포함된 자료를 처리할 수 있다.

◆ 다음 중 「검사와 사법경찰관의 상호협력과 일반적 수사준칙에 관한 규정」에 대한 설명으로 가장 옳지 않은 것은? [22 해경 간부]
① 검사와 사법경찰관은 수사와 사건의 송치, 송부 등에 관한 이견의 조정이나 협력 등이 필요한 경우 서로 협의를 요청할 수 있다.
② 사법경찰관은 변사자 또는 변사한 것으로 의심되는 사체가 있으면 변사사건 발생사실을 검사에게 보고해야 한다.
③ 검사는 「형사소송법」 제197조의4 제2항 단서에 따라, 사법경찰관이 범죄사실을 계속 수사할 수 있게 된 경우에는 정당한 사유가 있는 경우를 제외하고는 그와 동일한 범죄사실에 대한 사건을 이송하는 등 중복수사를 피하기 위해 노력해야 한다.
④ 검사는 「형사소송법」 제245조의5 제1호에 따라, 사법경찰관으로부터 송치받은 사건에 대해 보완수사가 필요하다고 인정하는 경우에는 특별히 직접 보완수사를 할 필요가 있다고 인정되는 경우를 제외하고는 사법경찰관에게 보완수사를 요구하는 것을 원칙으로 한다.

[해설] ②
① [O] 『검사와 사법경찰관의 상호협력과 일반적 수사준칙에 관한 규정』 제8조(검사와 사법경찰관의 협의) 제1항 본문
② [X] 사법경찰관은 변사자 또는 변사한 것으로 의심되는 사체가 있으면 변사사건 발생사실을 검사에게 통보해야 한다{『검사와 사법경찰관의 상호협력과 일반적 수사준칙에 관한 규정』 제17조(변사자의 검시 등) 제1항}.
③ [O] 『검사와 사법경찰관의 상호협력과 일반적 수사준칙에 관한 규정』 제50조(중복수사의 방지)
④ [O] 『검사와 사법경찰관의 상호협력과 일반적 수사준칙에 관한 규정』 제59조(보완수사요구의 대상과 범위) 제1항

CHAPTER 10 정보

제1절 | 총설

1. 정보의 평가요소와 효용

(1) 정보의 평가요소(=평가기준, 질적 요건) [22 승진, 21 승진, 20 해경, 19 간부]

적실성 (relevance)	① 정보는 **정보사용자의 사용목적(당면 문제)과 관련된 것**이어야 한다(적합성 또는 관련성). ② 정보는 의사결정 상황에서 문제의 상황을 파악·진단하며 대안을 분석함에 있어서 도움이 될수록 적실성은 커지고, 그 가치도 높아진다.
정확성 (accuracy)	① 정보는 **사실과 일치되는 것**이어야 한다. 즉, 정보는 정확해야만 그 가치가 높아진다. ② 정보는 사용하는 사람의 자질에 따라 그 형태가 달라질 수 있다. ③ 정보의 정확성을 평가할 때의 기준은 정보가 생산되는 시점이다.
적시성 (timeliness)	① 정보는 정책결정이 이루어지는 시점에 비추어 **가장 적절한 시기에 존재**하여야 한다. ② 정보는 사용자가 필요한 시기에 제공될 때 그 가치가 높아진다(사용자의 사용시점). ③ 정보제공이 너무 빠르면 불확실한 변수로 인한 오류가 있게 되고 보안성이 상실되기 쉬우며, 지나치게 늦으면 정보가치가 상실되거나 감소한다.
완전성 (completeness)	① 정보는 시간이 허용하는 한 **최대한 완전한 지식**이어야만 그 가치가 높아진다(첩보와 정보를 구별하는 기준). ② 정보를 해석하거나 해당 정책과 관련된 의사결정을 하는 데 있어서 추가적인 정보를 필요로 하지 않는 상태를 뜻하는 것으로, 가능한 한 주제와 관련된 사항을 모두 망라하여 작성되어야 하며(ex 보고서), 부분적 단편적인 정보는 사용자가 의사결정을 하는 데 도움을 주지 못한다. ※ 정보의 완전성을 지나치게 추구하다 보면 정보를 필요로 하는 시기, 즉 적시성을 놓칠 수 있는데, 이것이 정보의 완전성과 적시성과의 딜레마이다.
객관성 (objectivity)	① 정보는 국익증대와 안보추구라는 차원에서 **완전한 객관적 입장을 유지**해야 한다. ② 생산자나 사용자의 의도에 따라 정보가 주관적으로 왜곡되면 선호정책의 합리화 도구로 전락될 수 있다.
필요성 (necessity)	정보는 반드시 **사용자에게 필요한 지식**이어야 한다.
정보제공 빈도(frequency)	정보는 정보사용자가 얼마나 자주 정보를 접하느냐, 즉 **빈도가 잦을수록 그 가치가 높아진다**.

◆ 자료·첩보·정보의 구별 [21 승진, 19 승진, 18 승진]

자료	역사적 사실, 각종 자료, 각종 신호
첩보(1차 정보, 생정보(生情報))	목적을 가지고 의식적으로 수집한 것이지만 아직 분석이나 평가 등의 과정을 거치지 않은 것으로서 부정확한 견문·지식을 포함한다. 첩보는 사용자가 필요로 하는 적시에 제공될 것이 요구되지 않는다. ex) 신문기사, 방송뉴스, 취업자료, 풍문, 루머
정보(2차 정보, 지식)	특정한 상황에서 가치가 객관적으로 평가되고 체계화된 지식, 정책 결정을 위해 가공된 지식, 여러 사람의 협동 작업을 통하여 생산된다.

◆ 범죄첩보의 특징

결과지향성	수사 후 현출되는 결과가 있어야 한다.
결합성	여러 첩보가 서로 결합하여 이루어진다.
혼합성	단순한 사실의 나열이 아니라 그 속에 하나의 원인과 결과를 내포하고 있다.
가치변화성	수사기관의 필요성에 따라 가치가 달라진다.
시한성	시간이 경과함에 따라 가치가 감소한다.

◆ 첩보의 분류

통합의 원칙	첩보를 분류하는 데 있어서 우선 다른 것과의 관계를 고려하여야 한다.
점진의 원칙	순차적으로 분류하여야 한다는 원칙으로 간단한 것에서 복잡한 것으로, 일반적인 것에서 특수한 것으로 분류해 나가야 한다.
일관성의 원칙	분류의 목적을 고려하여 어떠한 기준으로 분류할 것인지를 확실히 정하고 일관성 있게 하여야 한다.
상호배제의 원칙	분류의 세부항목은 애매한 점이 없이 확실하고 중복이 없도록 하여야 한다.
병치(竝置)의 원칙	유사한 것이나 관계되는 자료는 가깝게 위치할 수 있도록 분류하여야 한다.

(2) 정보의 효용 [21 승진, 20승진, 18 승진]

구분	내용
형식효용 (form utility)	① 정보는 정보사용자의 요구에 맞는 형식(형태)에 부합할 때 형식효용이 높다는 평가를 받게 된다. 즉, 가치있는 정보라도 읽혀질 때 그 역할이 인정될 수 있는 것이다. ② 정보사용자의 수준에 따른 정보 형태가 결정된다. 　㉠ 전략정보 : 대통령 등 최고정책결정자에 대한 정보보고서는 '1면주의' 원칙이 요구된다. 높은 수준의 정책결정자일수록 정책결정의 범위와 기회가 많고, 접하는 정보의 양도 많아 모든 내용의 정보보고서를 읽어보기 어렵다. 따라서 1장의 보고서에 알리고자 하는 정보내용이 축약되어 있어야 한다. 　㉡ 전술정보 : 정책결정자나 실무자에게 제공되므로 비교적 상세하고 구체적이어야 한다.
시간효용 (time utility)	① 정보는 정보사용자가 정보를 필요로 하는 시점에 제공될 때 시간효용이 높다는 평가를 받는다. 시간효용은 적시성과 밀접히 관련되며 정책결정이 이루어지는 시점에 제공되어야 한다. ② 정보사용자의 명시적 요구가 없더라도 정보생산자가 스스로 판단하여 정보사용자에게 가장 적절한 시기에 필요한 정보를 제공할 수 있어야 한다.

접근효용 (approach utility)	① 정보는 정보사용자가 쉽게 접근할 수 있어야 한다. 경찰청 정보기록실 운영과 가장 관련성이 높은 정보효용은 접근효용이다. ② 그러나 정보의 비밀성(통제효용)을 유지해야 할 필요와 충돌할 수 있으므로 통제효용을 저해하지 않는 범위 내에서 정보자료들의 접근성을 높이는 방향으로 효율적으로 관리하여야 한다.
소유효용 (possession utility)	① 정보는 상대적으로 많이 소유할수록 집적의 효과를 발휘할 수 있다. ② 국가간의 정보역량의 차이는 어떤 국가가 특정상황에 대해 얼마나 많은 정보를 가지고 있는지에 따라 결정된다. '정보는 국력이다'라고 표현할 수 있다.
통제효용 (control utility)	① 정보는 정보를 필요로 하는 사람들에게 필요한 만큼 제공되도록 통제되어야 한다. ② 정보의 통제는 국익과 안보를 위해 필요한 경우 정책판단과 정책결정의 비밀성을 유지하기 위한 것이다. 이를 '차단의 법칙' 또는 '알 사람만 알아야 하는 원칙(한정의 원칙, 필요성의 원칙)'이라고도 한다.

2. 정보의 분류 [21 승진, 20승진, 19 승진]

성질 (사용수준)에 따른 분류	전략정보(국가정보), 전술정보(부문정보), 방첩정보[적대적 제3국 또는 집단의 정보공작력(ex 간첩·태업·전복)에 대항하기 위한 정보로서 소극적·방어적 기능을 수행]
정보출처에 따른 분류	근본·부차적 출처, 정기·우연출처, 비밀·공개출처
입수형태에 따른 분류	직접정보, 간접정보
정보요소에 따른 분류	정치·경제·사회·군사·과학·산업정보
사용목적(대상)에 따른 분류	적극정보(국가의 경찰기능에 필요한 정보 이외의 모든 정보), 소극정보(=보안정보, 국가안전보장을 위태롭게 하는 간첩활동·태업·전복에 대비할 국가적 취약점의 분석과 판단에 관한 정보로서 국가의 경찰기능을 위한 정보)
분석형태(기능)에 따른 분류	기본정보, 현용정보, 판단정보
경찰업무에 따른 분류	보안·범죄·외사·일반·교통정보
수집활동에 따른 분류	인간정보, 기술정보
내용에 따른 분류	국내정보, 국외정보

◆ 분석형태(기능)에 따른 정보의 분류 [19 해경, 18 승진]

구분	내용
기본정보 (과거)	모든 사상(事象)의 정적인 상태를 기술한 것으로 비교적 변화가 적고 기초적인 사항을 내용으로 하고 있으며, 이미 경험했거나 경험 중에 있는 사항에 관한 정보
현용정보 (현재)	모든 사상(事象)의 동태(動態)를 현재의 시점에서 객관적으로 기술한 정보로 의사결정자에게 그때그때의 동향을 알리기 위한 정보. 정책결정자(=정보사용자)는 판단정보보다 현용정보를 더 선호한다.
판단정보(=기획정보)(미래)	과거와 현재를 바탕으로 논리적 사고와 추리적 능력을 통하여 미래에 있을 수 있는 어떤 상태를 예측한 평가정보

제2절 | 정보의 순환 과정

1. 정보 순환 과정 [22 승진, 20 승진]

정보의 순환과정은 일반적으로 요구, 수집, 생산, 배포 등의 단계를 거치는데 첩보가 정보화되려면 정보의 순환과정을 거쳐야 한다. 각 단계마다 소순환과정을 통하여 전체 순환과정에 연결된다. 정보의 순환과정은 연속적으로 또는 동시에 이루어질 수도 있다. 정보수집 활동은 먼저 공개 출처 자료의 활용가능성 판단에서 시작되어야 한다.

1단계	정보 요구	① 정보의 사용자가 필요성의 결정에 따라 첩보의 수집활동을 집중 지시하는 단계(**정보 순환과정 중 최초의 단계**, 정보활동의 기초단계) ② 소순환과정 : 첩보 기본요소 결정 → 첩보 수집계획서 작성 → 첩보수집 명령하달 → 사후검토(=수집활동에 대한 조정·감독) [19 승진]
2단계	첩보 수집	① 수집기관이 수집지시 및 수집요구에 의해 첩보를 수집하고 이를 지시 또는 요구한 사용자에게 제공하는 단계(**정보순환과정 중 가장 중요하고 어려운 단계**) ② 소순환과정 : 출처의 개척 → 첩보의 수집 → 첩보의 전달
3단계	정보 생산 [21 경감]	① 수집된 첩보를 기록·평가·조사·분석·결론 도출 과정을 통해 정보로 전환하여 처리하는 단계(**학문적 성격이 가장 많이 지배되는 단계**) ② 소순환과정 : 선택 → 기록 → 평가 → 분석 → 종합 → 해석 [22 승진, 18 승진] ③ 선택이란 입수된 첩보 중에서 긴급성·유용성·신뢰성·적합성 등을 1차적으로 평가하여 필요한 자료를 가려내는 것 ④ 기록이란 당장 사용할 필요가 없는 첩보이거나 이미 사용된 첩보는 기록·관리하는 것 ⑤ 평가란 첩보의 출처에 대한 신뢰성 및 내용에 대한 사실적 타당성을 판정하는 것 ⑥ 분석이란 정선된 첩보를 가지고 정보요구를 해결하기 위한 가설들을 논리적으로 검증하는 것 ⑦ 종합이란 평가와 분석을 통하여 증명된 사실을 근거로 정보를 생산하기 위하여 결집시키는 것 ⑧ 해석이란 분석·종합된 모든 정보내용을 상황과 배경지식에 결합시켜 그 의의와 중요성을 결정하고 건전한 결론을 도출하는 것
4단계	정보 배포	생산된 정보가 정보를 필요로 하는 정보의 사용권자에게 유용한 형태, 즉 구두·서면·도식 등으로 배포하는 단계

2. 정보요구의 방법 [22 간부·승진, 21 해경, 20 승진, 19 해경]

PNIO (국가정보목표우선순위)	① PNIO(Priority of National Intelligence Objective)란 **'국가안전보장이나 정책에 관련되는 국가정보목표의 우선순위'** 로서 정부에서 기획된 연간 기본정책을 수행함에 있어 필요로 하는 자료를 목표로 하여 선정됨. ② PNIO는 국가정책의 수립자와 수행자의 질문에 대한 응답을 위하여 선정된 우선적인 정보목표일 뿐만 아니라 국가의 전 정보기관 활동의 기본방침. 국가정보원에서 작성 ③ 정보기관의 일상업무에 있어서 국가정보활동의 우선순위는 통상적으로 PNIO에 귀결되고, 해양경찰청에서 정보활동계획을 수립할 때 가장 중요한 지침.
EEI(첩보기본요소)	① EEI(Essential Elements of Information)란 **'정부의 각 부서에서 맡고 있는**

	정책계획을 수행함에 있어 우선적으로 필요로 하는 일반적·포괄적 첩보요소' ② EEI는 해당 부서의 정보활동을 위한 일반적인 지침으로 국가지도자 또는 정책수립자가 임무를 효과적으로 수행하기 위하여 우선적으로 필요로 하는 정보요구 사항으로 정보수집계획서의 핵심을 이루는 기준. 따라서 사전첩보수집계획서 작성을 필요로 함. ③ EEI는 계속적이고 반복적이며, 전체적 지역에 걸쳐 수집되어야 할 사항의 요구수단으로 첩보수집 요구에 있어 가장 기본이 되는 지침이다. 따라서 어떤 특정지역에 한정된 것 또는 비항구적·비일반적 성격의 첩보는 EEI의 형식을 취하지 않는다.
SRI(특별첩보요구)	① SRI(Special Requirements for Information)란 특정 지역의 특별한 돌발상황에 대한 단기적 해결을 위하여 필요한 범위 내에서 임시적·단편적·지역적인 첩보를 요구하는 것. ② SRI는 특별한 사전의 수집계획서가 필요치 않으며 수시로 단편적 사항에 대하여 명령되는 것으로 요구자의 즉흥적인 첩보요구방법. ③ 정보기관의 활동은 주로 SRI(특별첩보요구)에 의하여 이루어지는데, 첩보수집지침은 사안과 대상에 따라 상이하며 구체성과 전문성이 요구됨. ④ 사전첩보수집계획서 작성을 요하지 않는다.
OIR(기타정보 요구)	① OIR(Other Intelligence Requirement)란 급변하는 정세의 변화에 따라 불가피하게 정책상 수정이 요구되거나 이를 위한 자료가 절실히 요구될 때 PNIO에 우선하여 이를 충족시키기 위한 정보요구를 말한다. ② 일반적으로 OIR은 PNIO에 포함되어 있지 않거나 포함되어 있더라도 그 우선순위가 늦게 책정되어 있기 때문에 OIR로 책정되는 정보는 PNIO에 우선하여 작성한다.

◆ **EEI(첩보기본요소)와 SRI(특별첩보요구)의 비교**

EEI(첩보기본요소)	SRI(특별첩보요구)
① 우선적으로 필요로 하는 가장 기본적인 사항으로 첩보수집계획서의 핵심 ② 전체적인 의미를 가진 일반적인 내용으로 계속적·반복적으로 수집할 필요가 있는 사항 ③ 대부분 통계표와 같이 공개적인 것이 많고 문서화되어 사회연구기관에서 주로 담당 ④ 사전에 반드시 첩보수집계획서를 작성함 ⑤ 광범위한 지역에 걸쳐 수집되어야 할 항시적 요구사항 ⑥ 해당 부서의 정보활동을 위한 일반지침 ⑦ PNIO(국가정보목표우선순위)를 지침으로 작성	① 임시적이고 돌발적이며 특수지역 내지 특수사항에 대한 단기적 문제해결을 위한 첩보요구 ② 수시로 단편적 사항에 대하여 명령되는 것이 원칙 ③ 첩보수집지침은 사안과 대상에 따라 상이하며 비교적 구체성과 전문성이 요구 ④ 사전수집계획서를 요하지 않고, 구두로 하는 경우가 많음 ⑤ 통상 정보기관은 주로 SRI에 의하여 정보활동이 이루어짐 ⑥ 2015년 대전 지역에서 메르스(MERS)로 인하여 사망한 사람의 유가족 분노가 커지자 경찰청에서 일선 경찰서에 첩보 수집을 요구

◆ **정보의 요구 종류**

종적 요구	정보기관의 상위에 있는 정책결정자의 요구
횡적 요구	정보기관과 수평적(=횡적) 관계에 있는 다른 기관들이 자신들의 임무수행을 위해 요구
내적 요구	정보기관 자체 판단에 의한 요구

3. 정보의 배포

(1) 정보배포의 원칙 [23 간부, 19 승진]

필요성	정보는 반드시 알아야 할 필요가 있는 대상에게만 알려야 한다는 원칙.
적시성	효과를 극대화하기 위한 것으로 정보는 필요한 시기에 배포되어야 한다는 원칙.
보안성	정보배포 시에는 보안을 갖추기 위한 장치가 필요하다는 원칙.
적당성	정보는 사용자의 능력과 상황에 맞추어서 적당한 양을 조절하여 필요한 만큼만 배포하여야 한다는 원칙.
계속성	이미 배포된 정보와 관련성을 가진 새로운 정보를 조직적이고 계속적으로 배포해야 한다는 원칙.

(2) 정보배포의 수단 [21 해경·승진]

비공식적 방법	개인적인 대화의 형태로 이루어지며, 질문에 대한 답변이나 토의 형태로 직접 전달하는 방법.
브리핑	① 정보사용자 또는 다수 인원에 대하여 개인의 정보내용을 요약하여 구두로 설명하는 것. ② 강연식·문답식으로 진행되며 시간을 절약하는데 이점이 있고 특히 **현용 정보의 배포수단**으로써 많이 이용.
메모	① **정보분석관이 가장 많이 활용**하는 방법으로 정보사용자 또는 관계기관에 대하여 메모의 형식으로 정보를 배포하는데, 신속성이 생명. ② 정기간행물에 적절히 포함시킬 수 없는 긴급한 정보, 즉 현용정보를 전달하는데 주로 사용. ③ 메모는 분석된 내용에 대한 요약이나 결론만을 언급하지만 정확성은 다른 수단에 비해 높지 않다.
일일정보 보고서 [23 간부]	① 매일 24시간에 걸친 정치, 경제, 사회, 문화 등 제반 정세의 변화를 중심으로 망라한 보고서. ② 사전에 고안된 양식에 의해 매일 작성되어 제한된 대상에게 배포되며 대부분 현용 정보이므로 신속한 전달이 중요시됨.
정기간행물	광범위한 배포를 위하여 출판되며 공인된 사용자로 하여금 가장 최근의 중요한 진행상황을 알 수 있도록 하는 전달방법으로서 주간·월간 등으로 발행·배포.
특별보고서	축적된 정보가 다수의 사람이나 기관에게 이해관계가 있거나 가치가 있을 때에 사용하는 정보의 배포수단.
연구과제 보고서	특정한 기관 또는 사용자가 요청한 문제에 대하여 정보를 작성하고 배포하는 것.
전화(전신)	돌발적이고 긴급을 요하는 정보의 배포를 위하여 이용되는 수단으로, 흔히 해외에서 주재하는 기관이나 요원에게 최근의 상황을 신속히 전달하는데 효과적인 정보의 배포수단. 특히 보안유지가 요구되는 방법.
휴대폰 문자메시지	최근 활용도가 증가하고 있는 수단으로써 정보사용자가 공식회의나 행사 등에 참석하고 있어 물리적 접촉이 용이하지 않거나 사실확인 차원의 단순보고에 주로 활용됨.
도표·사진	내용을 쉽게 이해하는데 효과적이며 다른 수단의 설명을 보충하거나 요약하기 위하여 이용하는 방법

4. 정보생산자와 정보사용자의 관계

정보사용자 로부터의 장애요인	시간적 제약성	정책결정자는 수많은 문서와 구두보고에 시달리고 있고, 전달된 정보도 충분한 시간을 갖고 검토할 수 없다는 시간적 제약성이 있다.
	선호정보	정책결정자는 이미 선호정책과 그 결과에 대해서 생각하고 있으며, 그것을 뒷받침할 수 있는 정보를 원한다.
	자존심	정책결정자는 자존심 때문에 자신의 견해를 반대하는 정보들을 비현실적이고 가치 없는 것으로 치부해 버리기도 한다.
	과도한 기대	정책결정자는 정보가 그것들에 대한 비밀스런 대답과 지침을 주기를 기대하지만, 그 기대가 충족되지 못할 경우에는 정보불신으로 이어지게 된다.
	판단정보 소외	정책결정자는 현용정보를 가장 높이 평가하며, 장기적인 판단정보는 그보다 낮게 평가한다.
정보생산자 로부터의 장애요인	다른 정보와의 경쟁	신문·방송 및 인터넷과 사설정보지 등에 의해서도 정보의 생산·배포가 이루어지고 있다.
	편향적 분석	정보분석관의 객관적 분석의 결여와 정보기관의 집단적 편견은 정보실패의 주요원인이 된다.
	적시성	정책결정자의 수요에 맞추어 제 시간에 정보보고서를 제출할 수 있어야 한다.
	적합성	아무리 정보분석이 깊이가 있고 광범위하다 할지라도 정책결정자의 요구에 부합하지 않으면 정책수립에 도움이 되지 않는다.
	판단의 불명확성	정보는 애매하고 불명확한 사안을 다루는 데다 정보기관간의 흥정을 통해 정보를 왜곡시키기도 하고, 각주(footnote)를 통해 정보판단보고서의 초점을 흐려버릴 수도 있다.

◆ **정보보고서의 종류**

견문보고서	경찰관이 보고 들은 국내외의 정치·경제·사회·문화 등 여러 분야에 관한 보고서
중요상황정보	매일 전국의 사회갈등이나 집회시위 상황을 정리하여 그 다음 날 아침에 경찰 내부와 정부 각 기관에 전파하는 보고서
정보상황보고서 (=속보)	사회갈등이나 집단시위 등에 대한 보고서
정보판단서	다른 견문과 자료를 종합·분석하여 작성한 보고서, 경력동원 등 조치를 요하는 보고서
정책보고서	정부정책의 문제점을 파악하고 개선책을 보고하는 문서

◆ **정보용어** [21 승진, 20 승진]

판단됨	상황이 전개될 것이 거의 확실시되는 근거가 있는 경우
예상됨	단기적으로 어떤 상황이 전개될 것이 비교적 확실한 경우
전망됨	장기적으로 활동의 윤곽이 어떠하리라는 예측을 할 경우
추정됨	구체적인 근거 없이 현재 나타난 동향의 원인이나 배경 등을 다소 막연히 추측할 경우
우려됨	구체적인 징후는 없으나 전혀 그 가능성을 배제하기 곤란하여 최소한의 대비가 필요한 경우

CHAPTER 11 보안

제1절 | 방첩

1. 서설

(1) 방첩의 의의

적국에 의한 간첩·태업·전복 등의 위해로부터 국가안전을 보장하기 위한 일체의 활동

(2) 방첩의 대상

간첩(spy)	타국의 국가기밀수집이나 내부혼란을 조장할 목적으로 타국에 잠입하거나 이에 지원·동조·협조하는 세력
태업(sabotage)	국가의 방위력 또는 전쟁수행능력을 물리적 또는 심리적 방법으로 파괴 또는 약화시키기 위하여 취하여지는 모든 행위. 태업의 종류는 물리적 태업과 심리적 태업이 있다. 물리적 태업에는 방화태업, 폭파태업, 기계태업이 있고, 이 중 방화태업이 가장 파괴력이 강하고 우연한 사고로 위장이 용이하다. 심리적 태업에는 선전태업, 경제태업, 정치태업이 있다.
전복(subversion)	위헌적인 방법으로 국가를 변혁하여 국가기능을 소멸시키거나 정권을 타도하여 탈취하는 모든 행위. 종류로는 국가전복(협의의 혁명으로 피지배자가 지배자를 무력으로 타도하여 정권을 탈취하는 행위)과 정부전복(쿠테타로 동일계급 내의 일부세력이 집권세력을 폭력으로써 기습·제압하여 정권을 차지하거나 권력을 강화하는 행위)이 있다.

(3) 방첩의 기본원칙 [23 간부]

완전협조의 원칙	일반국민의 적극적 협력 없이 방첩기관만으로 방첩의 사명을 완수할 수 없으므로 전담기관인 **방첩기관과 보조기관 및 일반대중과 완전협조가 이루어져야 방첩목표를 달성할 수 있다는 원칙**
치밀의 원칙	적에 대한 정확한 정보판단과 전술전략의 완전한 분석 등으로 보다 **치밀한 계획과 준비로서 방첩활동을 수행하여야 한다는 원칙**
계속접촉의 원칙	방첩기관이 간첩용의자를 발견하였다고 해서 즉시 검거해서는 안 되며, **조직망 전체를 파악할 때까지 계속해서 유형·무형의 접촉을 해야 한다는 원칙**(탐지 → 판명 → 주시 → 이용 → 검거(타진) 순서로 진행)

(4) 방첩의 수단 [23 간부, 19 해경, 18 승진]

적극적 방첩수단	① 침투되어 있는 적 및 적의 공작망을 분쇄하기 위하여 취하는 공격적 수단(ex 대간첩행위, 대태업행위, 대전복행위) ② 적에 대한 첩보수집, 적의 첩보공작분석, 대상인물 감시, 침투공작전개, 역용공작, 간첩신문
소극적 방첩수단	① 적의 비밀공작으로부터 우리를 보호하기 위한 자체보안의 기능을 발휘하는 방어적 수단 ② 정보 및 자재보안의 확립, 인원보안의 확립, 시설보안의 확립, 보안업무 규정의 확립(= 가장 효과적), 입법사항 건의
기만적 방첩수단	① 비밀이 적에게 노출되어 있는 상황에서 우리가 기도한 바를 적이 오인하도록 방해하는 수단 ② 허위정보의 유포, 유언비어의 유포, 양동간계시위(자기편의 작전 의도를 숨기고 적의 판단을 혼란하게 하기 위하여 본래의 작전과는 다른 어떤 행동을 눈에 띄게 드러내어 상대방을 속이는 전술, 양동작전)

2. 간첩

(1) 간첩의 종류 [22 간부·승진, 20 승진]

활동방법에 따른 분류	고정간첩	일정한 공작기간이 없고, 지역적 연고권과 생업을 유지하며 합법적 신분을 구비하여 일정한 지역에서 장기적·고정적으로 활동하는 간첩.
	배회간첩	일정한 공작기간이 있고, 일정한 주거 없이 전국을 배회하면서 활동하는 간첩(배회기간 중 확고한 토대가 구축되고 합법적 신분을 획득하면 고정간첩으로 변할 수 있다).
	공행간첩	상사주재원, 외교관 등과 같이 공용의 명목 하에 입국하여 합법적 신분을 갖고 있는 것을 이용하여 활동하는 간첩.
활동범위(임무, 사명)에 따른 분류	일반간첩	가장 전형적인 형태의 간첩으로 국가기밀을 수집하거나 태업 또는 전복 등을 전개하는 간첩.
	증원간첩	이미 구성된 간첩망의 보강을 위해 파견되는 간첩 또는 간첩으로 이용할 양민 등의 납치, 월북 등을 주된 임무로 하는 간첩.
	보급간첩	간첩을 파견함에 필요한 일정한 장소에서 토대를 구축하거나 간첩 활동에 필요한 공작금, 장비 등 물적 지원을 임무로 하는 간첩.
	무장간첩	특별한 훈련을 받으며 주로 요인암살, 간첩의 호송, 월북안내, 연락 및 남파루트를 개척하고 부차적으로 휴전선 일대의 군사정보 수집을 사명으로 하는 간첩.
인원수에 따른 분류	대량형 간첩	특정한 목표나 임무 없이 광범위한 분야에서 정보를 수집하는 간첩(주로 전시에 파견된다).
	지명형 간첩	특정한 목표와 임무를 부여받고 특정한 정보를 수집하도록 개별적으로 지명하여 파견된 간첩(고정간첩인 경우가 많으며 전시나 평시를 불문하고 파견된다).

◆ 간첩의 종류 : 손자(孫子)병법 용간편

향간(鄕間)	적국의 시민을 이용하여 정보활동(=민간인 포섭)
내간(內間)	적의 관리를 매수하여 정보활동(=적국 공무원 포섭)
반간(反間)	적의 간첩을 역이용하여 아군을 위하여 활동(=이중간첩)
사간(死間)	고의로 허위를 조작하여 배반할 염려가 있는 아군의 간첩으로 하여금 그것을 사실로 알고 적에게 누설하게 하는 것. 이 경우 간첩은 보통 피살되기 때문에 사간이라 한다(=역정보)
생간(生間)	적국 내에 잠입하여 정보활동을 하고 돌아와 보고하는 간첩(=정찰공작원)

(2) 간첩망의 형태와 장단점 [20 승진]

구분	내용		
삼각형	지하당 구축을 하명받은 간첩이 3명 이내의 공작원을 포섭·지휘하고 공작원 간의 횡적 연락을 차단시키는 형태(지하당 구축에 많이 사용)	장점	공작원 간의 횡적 연락이 안 되므로 비교적 보안유지가 잘되고 일망타진의 가능성이 적다.
		단점	공작원의 검거 시 주공작원의 정체가 쉽게 규명되고 활동범위가 좁다.
써클형	간첩이 합법적인 신분으로 활동하면서 대상국의 정치·사회문제를 이용하여 적국의 이념이나 사상에 동조하도록 유도하는 형태(현대 첩보전에서 가장 많이 이용)	장점	간첩활동이 자유롭고 대중적 조직 및 동원이 가능하다.
		단점	간첩의 정체가 폭로되었을 때 외교적 문제가 야기될 수 있다.
단일형	간첩이 단일·특수목적을 수행하기 위하여 동조자를 포섭하지 않고 단독으로 활동하는 형태.	장점	보안유지 및 신속한 활동이 가능하다.
		단점	활동범위가 좁고 공작성과가 비교적 낮다.
피라미드형	간첩이 자기 아래 주공작원 2~3명을 두고, 주공작원은 다시 자기 아래 2~3명의 행동공작원을 두는 행태(특히 간첩과 주공작원 간, 행동공작원 상호 간에 연락원을 두고 종횡으로 연결하는 방식을 레포형이라고 한다.).	장점	일시에 많은 공작을 입체적으로 수행할 수 있고 활동범위가 넓다.
		단점	행동의 노출이 쉽고 일망타진 가능성이 높으며 조직 구성에 많은 시간이 필요하다.

※ 공작의 4대 요소 : 주관자, 목표, 공작금, 공작원

제2절 | 심리전

선전·선동·모략 등의 수단에 의해 직접 상대국(적국)의 국민 또는 군대에 정신적 자극을 주어 사상의 혼란과 국론의 분열을 유발시킴으로써 우리의 의도대로 유도하는 비무력 전술.

선전	특정집단의 심리적 작용을 자극하여 감정이나 견해 등을 자기 측에 유리한 방향으로 유도하기 위하여 계획적으로 특정한 주장과 지식 등을 전파하는 심리전의 기술.
선동	대중의 심리를 자극, 감정을 폭발시킴으로써 그들의 이성·판단력을 마비시켜 폭력을 유발하게 하는 심리전의 기술.
모략	상대 측의 특정개인·단체에 누명을 씌워 사회적으로 몰락·매장시키거나, 상대국 세력을 약화 또는 단결력을 파괴시키는 심리전의 기술. 새로운 사실·사건이 일어났을 때 또는 대상집단이 새로운 변화를 요구하거나 불평불만이 있을 때 모략의 시기로 적절하다. 모략의 형태에는 날조, 기만, 교란, 독필사용이 있는데, 독필사용이란 특정한 목표대상을 모략하거나 협박하는 불온편지·투서를 말하며, 농촌보다는 도시를, 하위층보다는 고위층을 상대로 사용하는 것이 효과적이다.

◆ 선전의 종류와 장단점 [21 해경, 18 해경]

형태			의의와 장단점
백색선전	출처를 공개하고 행하는 선전	장점	주제의 선정과 용어 사용에 제한을 받지만 신뢰도가 높음
		단점	적국 내에서는 할 수 없음
흑색선전	출처를 위장하고 행하는 선전 [ex 북한의 한국민족민주전선(반제민족민주전선으로 개명)에서 운영하는 구국의 소리 방송]	장점	선전내용을 임의로 할 수 있고, 적국 내에서도 수행이 가능하며, 특수목표를 대상으로 특정한 계층에 대해 즉각적으로 집중적인 선전을 할 수 있음
		단점	정상적인 통신망을 이용할 수 없고, 출처노출 방지를 위한 지나친 주의가 요구됨
회색선전	출처를 밝히지 않고 행하는 선전	장점	선전이라는 선입관을 주지 않고 효과를 얻을 수 있음
		단점	적이 회색선전이라는 것을 감지하여 역선전을 할 경우 대항이 어렵고, 출처를 은폐하면서 선전의 효과를 거두기가 곤란함

제3절 | 국가보안법과 보안관찰법

1. 국가보안법 [시행 17. 7. 7] ⇒ 고의범만 처벌하고 과실범 처벌규정이 없음

제1조(목적등)
① 이 법은 국가의 안전을 위태롭게 하는 반국가활동을 규제함으로써 국가의 안전과 국민의 생존 및 자유를 확보함을 목적으로 한다.
② 이 법을 해석적용함에 있어서는 제1항의 목적달성을 위하여 필요한 최소한도에 그쳐야 하며, 이를 확대해석하거나 헌법상 보장된 국민의 기본적 인권을 부당하게 제한하는 일이 있어서는 아니된다.

제2조(정의) [22 승진, 21 승진]
① 이 법에서 "반국가단체"라 함은 정부를 참칭하거나 국가를 변란할 것을 목적으로 하는 국내외의 결사 또는 집단으로서 지휘통솔체제를 갖춘 단체를 말한다.

> 정부참칭 : 합법적인 절차에 의하지 아니하고 임의로 정부를 조직하여 진정한 정부인 양 사칭하는 것
>
> 국가변란 : 정부를 전복하여 새로운 정부를 조직하는 것

제3조(반국가단체의 구성등)
① 반국가단체를 구성하거나 이에 가입한 자는 다음의 구별에 따라 처벌한다.
1. 수괴의 임무에 종사한 자는 사형 또는 무기징역에 처한다.
2. 간부 기타 지도적 임무에 종사한 자는 사형·무기 또는 5년 이상의 징역에 처한다.
3. 그 이외의 자는 2년 이상의 유기징역에 처한다.
② 타인에게 반국가단체에 가입할 것을 권유한 자는 2년 이상의 유기징역에 처한다.
③ 제1항 및 제2항의 미수범은 처벌한다.
④ 제1항제1호 및 제2호의 죄를 범할 목적으로 예비 또는 음모한 자는 2년 이상의 유기징역에 처한다.
⑤ 제1항제3호의 죄를 범할 목적으로 예비 또는 음모한 자는 10년 이하의 징역에 처한다.

제4조(목적수행)
① 반국가단체의 구성원 또는 그 지령을 받은 자가 그 목적수행을 위한 행위를 한 때에는 다음의 구별에 따라 처벌한다.
1. 형법 제92조 내지 제97조·제99조·제250조제2항·제338조 또는 제340조제3항에 규정된 행위를 한 때에는 그 각조에 정한 형에 처한다.
2. 형법 제98조에 규정된 행위를 하거나 국가기밀을 탐지·수집·누설·전달하거나 중개한 때에는 다음의 구별에 따라 처벌한다.
    가. 군사상 기밀 또는 국가기밀이 국가안전에 대한 중대한 불이익을 회피하기 위하여 한정된 사람에게만 지득이 허용되고 적국 또는 반국가단체에 비밀로 하여야 할 사실, 물건 또는 지식인 경우에는 사형 또는 무기징역에 처한다.
    나. 가목외의 군사상 기밀 또는 국가기밀의 경우에는 사형·무기 또는 7년 이상의 징역에 처한다.
3. 형법 제115조·제119조제1항·제147조·제148조·제164조 내지 제169조·제177조 내지 제180조·제192조 내지 제195조·제207조·제208조·제210조·제250조제1항·제252조·제253조·제333조 내지 제337조·제339조 또는 제340조제1항 및 제2항에 규정된 행위를 한 때에는 사형·무기 또는 10년 이상의 징역에 처한다.

4. 교통·통신, 국가 또는 공공단체가 사용하는 건조물 기타 중요시설을 파괴하거나 사람을 약취·유인하거나 함선·항공기·자동차·무기 기타 물건을 이동·취거한 때에는 사형·무기 또는 5년 이상의 징역에 처한다.
5. 형법 제214조 내지 제217조·제257조 내지 제259조 또는 제262조에 규정된 행위를 하거나 국가기밀에 속하는 서류 또는 물품을 손괴·은닉·위조·변조한 때에는 3년 이상의 유기징역에 처한다.
6. 제1호 내지 제5호의 행위를 선동·선전하거나 사회질서의 혼란을 조성할 우려가 있는 사항에 관하여 허위사실을 날조하거나 유포한 때에는 2년 이상의 유기징역에 처한다.

② 제1항의 미수범은 처벌한다.
③ 제1항제1호 내지 제4호의 죄를 범할 목적으로 예비 또는 음모한 자는 2년 이상의 유기징역에 처한다.
④ 제1항제5호 및 제6호의 죄를 범할 목적으로 예비 또는 음모한 자는 10년 이하의 징역에 처한다.

제5조(자진지원·금품수수) [21 승진, 20 승진]
① 반국가단체나 그 구성원 또는 그 지령을 받은 자를 지원할 목적으로 (간첩 이외의 자가) 자진하여 제4조제1항 각호에 규정된 행위를 한 자는 제4조제1항의 예에 의하여 처벌한다.
② **국가의 존립·안전이나 자유민주적 기본질서를 위태롭게 한다는 정을 알면서** 반국가단체의 구성원 또는 그 지령을 받은 자로부터 금품을 수수한 자는 7년 이하의 징역에 처한다.
③ 제1항 및 제2항의 미수범은 처벌한다.
④ 제1항의 죄를 범할 목적으로 예비 또는 음모한 자는 10년 이하의 징역에 처한다.

제6조(잠입·탈출) [22 승진]
① **국가의 존립·안전이나 자유민주적 기본질서를 위태롭게 한다는 정을 알면서** 반국가단체의 지배하에 있는 지역으로부터 잠입하거나 그 지역으로 탈출한 자는 10년 이하의 징역에 처한다.
② **반국가단체나 그 구성원의 지령을 받거나 받기 위하여 또는 그 목적수행을 협의하거나 협의하기 위하여 잠입하거나 탈출한 자**는 사형·무기 또는 5년 이상의 징역에 처한다.
④ 제1항 및 제2항의 미수범은 처벌한다.
⑤ 제1항의 죄를 범할 목적으로 예비 또는 음모한 자는 7년 이하의 징역에 처한다.
⑥ 제2항의 죄를 범할 목적으로 예비 또는 음모한 자는 2년 이상의 유기징역에 처한다.

제7조(찬양·고무등)
① **국가의 존립·안전이나 자유민주적 기본질서를 위태롭게 한다는 정을 알면서** 반국가단체나 그 구성원 또는 그 지령을 받은 자의 활동을 찬양·고무·선전 또는 이에 동조하거나 국가변란을 선전·선동한 자는 7년 이하의 징역에 처한다.
③ 제1항의 행위를 목적으로 하는 단체를 구성하거나 이에 가입한 자는 1년 이상의 유기징역에 처한다.
④ 제3항에 규정된 단체의 구성원으로서 사회질서의 혼란을 조성할 우려가 있는 사항에 관하여 허위사실을 날조하거나 유포한 자는 2년 이상의 유기징역에 처한다.
⑤ 제1항·제3항 또는 제4항의 행위를 할 목적으로 문서·도화 기타의 표현물을 제작·수입·복사·소지·운반·반포·판매 또는 취득한 자는 그 각항에 정한 형에 처한다.
⑥ 제1항 또는 제3항 내지 제5항의 미수범은 처벌한다.
⑦ 제3항의 죄를 범할 목적으로 예비 또는 음모한 자는 5년 이하의 징역에 처한다.

제8조(회합·통신등)
① **국가의 존립·안전이나 자유민주적 기본질서를 위태롭게 한다는 정을 알면서** 반국가단체의 구성원 또는 그 지령을 받은 자와 회합·통신 기타의 방법으로 연락을 한 자는 10년 이하의 징역에 처한다.

③ 제1항의 미수범은 처벌한다.

제9조(편의제공)
① 이 법 제3조 내지 제8조의 죄를 범하거나 범하려는 자라는 정을 알면서 총포·탄약·화약 기타 무기를 제공한 자는 5년 이상의 유기징역에 처한다.
② 이 법 제3조 내지 제8조의 죄를 범하거나 범하려는 자라는 정을 알면서 금품 기타 재산상의 이익을 제공하거나 잠복·회합·통신·연락을 위한 장소를 제공하거나 기타의 방법으로 편의를 제공한 자는 10년 이하의 징역에 처한다. 다만, **본범과 친족관계가 있는 때에는 그 형을 감경 또는 면제할 수 있다.**
③ 제1항 및 제2항의 미수범은 처벌한다.
④ 제1항의 죄를 범할 목적으로 예비 또는 음모한 자는 1년 이상의 유기징역에 처한다.

제10조(불고지)
제3조(반국가단체구성죄), 제4조(목적수행죄), 제5조제1항·제3항(第1項의 未遂犯에 한한다)·제4항의 죄를 범한 자라는 정을 알면서
수사기관 또는 정보기관에 고지하지 아니한 자는 5년 이하의 징역 또는 200만원 이하의 벌금에 처한다. 다만, **본범과 친족관계가 있는 때에는 그 형을 감경 또는 면제한다.**

> 불고지죄에 있어 고지의무의 대상이 되는 것은 자신의 범죄사실이 아니고 타인의 범죄사실에 대한 것이므로 자기에게 불리한 진술을 강요받지 아니하 진술거부권의 문제가 발생할 여지가 없다(憲裁 98. 7. 16. 96헌바35).

제11조(특수직무유기)
범죄수사 또는 정보의 직무에 종사하는 공무원이 이 법의 죄를 범한 자라는 정을 알면서 그 직무를 유기한 때에는 10년 이하의 징역에 처한다. 다만, **본범과 친족관계가 있는 때에는 그 형을 감경 또는 면제할 수 있다.**

제12조(무고, 날조)
① 타인으로 하여금 형사처분을 받게 할 목적으로 이 법의 죄에 대하여 무고 또는 위증을 하거나 증거를 날조·인멸·은닉한 자는 그 각조에 정한 형에 처한다.
② **범죄수사 또는 정보의 직무에 종사하는 공무원이나 이를 보조하는 자 또는 이를 지휘하는 자**가 직권을 남용하여 제1항의 행위를 한 때에도 제1항의 형과 같다. 다만, 그 법정형의 최저가 2년미만일 때에는 이를 2년으로 한다.

제13조(특수가중)
이 법, 군형법 제13조·제15조 또는 형법 제2편제1장 내란의 죄·제2장 외환의 죄를 범하여 금고 이상의 형의 선고를 받고 그 형의 집행을 종료하지 아니한 자 또는 그 집행을 종료하거나 집행을 받지 아니하기로 확정된 후 5년이 경과하지 아니한 자가 제3조제1항제3호 및 제2항 내지 제5항, 제4조제1항제1호 중 형법 제94조제2항·제97조 및 제99조, 동항제5호 및 제6호, 제2항 내지 제4항, 제5조, 제6조제1항 및 제4항 내지 제6항, 제7조 내지 제9조의 죄를 범한 때에는 그 죄에 대한 법정형의 최고를 사형으로 한다. [단순위헌, 2002헌가5, 2002. 11. 28. 국가보안법(1980. 12. 31. 법률 제3318호로 전문개정된 것) 제13조 중 "이 법, 군형법 제13조·제15조 또는 형법 제2편 제1장 내란의 죄·제2장 외환의 죄를 범하여 금고 이상의 형의 선고를 받고 그 형의 집행을 종료하지 아니한 자 또는 그 집행을 종료하거나 집행을 받지 아니하기로 확정된 후 5년이 경과하지 아니한 자가 …… 제7조 제5항, 제1항의 죄를 범한 때에는 그 죄에 대

한 법정형의 최고를 사형으로 한다."부분은 헌법에 위반된다.]

제14조(자격정지의 병과)
이 법의 죄에 관하여 유기징역형을 선고할 때에는 그 형의 장기 이하의 자격정지를 병과할 수 있다.

제15조(몰수·추징)
① 이 법의 죄를 범하고 그 보수를 받은 때에는 이를 몰수한다. 다만, 이를 몰수할 수 없을 때에는 그 가액을 추징한다.
② 검사는 이 법의 죄를 범한 자에 대하여 소추를 하지 아니할 때에는 압수물의 폐기 또는 국고귀속을 명할 수 있다.

제16조(형의 감면)
다음 각호의 1에 해당한 때에는 그 형을 감경 또는 면제한다.
1. 이 법의 죄를 범한 후 자수한 때
2. 이 법의 죄를 범한 자가 이 법의 죄를 범한 타인을 고발하거나 타인이 이 법의 죄를 범하는 것을 방해한 때

제17조(타법적용의 배제)
이 법의 죄를 범한 자에 대하여는 노동조합및노동관계조정법 제39조의 규정을 적용하지 아니한다.

> 제39조(근로자의 구속제한) 근로자는 쟁의행위 기간 중에는 현행범외에는 이 법 위반을 이유로 구속되지 아니한다.

제18조(참고인의 구인·유치)
① 검사 또는 사법경찰관으로부터 이 법에 정한 죄의 참고인으로 출석을 요구받은 자가 정당한 이유없이 2회 이상 출석요구에 불응한 때에는 관할법원판사의 구속영장을 발부받아 구인할 수 있다. [22 해경]
② 구속영장에 의하여 참고인을 구인하는 경우에 필요한 때에는 근접한 경찰서 기타 적당한 장소에 임시로 유치할 수 있다.

제19조(구속기간의 연장) [22 해경]
① 지방법원판사는 제3조 내지 제10조의 죄로서 사법경찰관이 검사에게 신청하여 검사의 청구가 있는 경우에 수사를 계속함에 상당한 이유가 있다고 인정한 때에는 형사소송법 제202조의 **구속기간의 연장을 1차에 한하여 허가할 수 있다.**
② 지방법원판사는 제1항의 죄로서 검사의 청구에 의하여 수사를 계속함에 상당한 이유가 있다고 인정한 때에는 형사소송법 제203조의 **구속기간의 연장을 2차에 한하여 허가할 수 있다.**
③ 제1항 및 제2항의 기간의 연장은 각 10일 이내로 한다.
[단순위헌, 90헌마82, 1992. 4. 14. 국가보안법(1980. 12. 31. 법률제3318호, 개정 1991. 5. 31. 법률제4373호) 제19조중 제7조(찬양·고무죄) 및 제10조(불고지죄)의 죄에 관한 구속기간 연장부분은 헌법에 위반된다.]

제20조(공소보류)
① 검사는 이 법의 죄를 범한 자에 대하여 형법 제51조의 사항을 참작하여 공소제기를 보류할 수 있다.
② 제1항에 의하여 공소보류를 받은 자가 공소의 제기없이 2년을 경과한 때에는 소추할 수 없다. [22 해경]
③ 공소보류를 받은 자가 법무부장관이 정한 감시·보도에 관한 규칙에 위반한 때에는 공소보류를 취소할

수 있다.
④ 제3항에 의하여 공소보류가 취소된 경우에는 형사소송법 제208조의 규정에 불구하고 동일한 범죄사실로 재구속할 수 있다.

2. 보안관찰법 [시행 20. 8. 5]

제1조(목적)
이 법은 특정범죄를 범한 자에 대하여 재범의 위험성을 예방하고 건전한 사회복귀를 촉진하기 위하여 보안관찰처분을 함으로써 국가의 안전과 사회의 안녕을 유지함을 목적으로 한다.

제2조(보안관찰해당범죄)
이 법에서 "보안관찰해당범죄"라 함은 다음 각호의 1에 해당하는 죄를 말한다.
1. 형법 제88조(내란목적의 살인)·제89조(미수범)[第87條(내란죄)의 未遂犯을 제외한다]·제90조(예비·음모·선전·선동)[第87條에 해당하는 罪(내란죄)를 제외한다]·제92조 내지 제98조(외환유치, 여적, 모병이적, 시설제공이적, 시설파괴이적, 물건제공이적, 간첩)·제100조(미수범)[第99條(일반이적)의 未遂犯을 제외한다] 및 제101조(예비·음모·선전·선동)[第99條에 해당하는 罪(일반이적)를 제외한다].
2. 군형법 제5조 내지 제8조(반란, 반란목적의 군용물탈취, 미수범, 예비·음모·선전·선동)·제9조제2항(이적목적반란불보고) 및 제11조 내지 제16조(군대 및 군용시설제공, 군용시설 등 파괴, 간첩, 일반이적, 미수범, 예비·음모·선전·선동)
3. 국가보안법 제4조(목적수행), 제5조(자진지원·금품수수)(제1항중 第4條第1項第6號에 해당하는 행위를 제외한다), 제6조(잠입·탈출), 제9조제1항(무기제공의 편의제공)·제3항(미수범)(第2項의 未遂犯을 제외한다)·제4항(예비·음모)

제3조(보안관찰처분대상자)
이 법에서 "보안관찰처분대상자"라 함은 보안관찰해당범죄 또는 이와 경합된 범죄로 금고 이상의 형의 선고를 받고 그 형기합계가 3년 이상인 자로서 형의 전부 또는 일부의 집행을 받은 사실이 있는 자를 말한다.

제4조(보안관찰처분)
① 제3조에 해당하는 자중 보안관찰해당범죄를 다시 범할 위험성이 있다고 인정할 충분한 이유가 있어 재범의 방지를 위한 관찰이 필요한 자에 대하여는 보안관찰처분을 한다.
② 보안관찰처분을 받은 자는 이 법이 정하는 바에 따라 소정의 사항을 주거지 관할경찰서장(이하 "管轄警察署長"이라 한다)에게 신고하고, 재범방지에 필요한 범위안에서 그 지시에 따라 보안관찰을 받아야 한다.

제5조(보안관찰처분의 기간)
① 보안관찰처분의 기간은 2년으로 한다.
② 법무부장관은 검사의 청구가 있는 때에는 보안관찰처분심의위원회의 의결을 거쳐 그 기간을 갱신할 수 있다.

제6조(보안관찰처분대상자의 신고)
① 보안관찰처분대상자는 대통령령이 정하는 바에 따라 그 형의 집행을 받고 있는 교도소, 소년교도소, 구치소, 유치장 또는 군교도소(이하 "矯導所등"이라 한다)에서 출소전에 거주예정지 기타 대통령령

으로 정하는 사항을 교도소등의 장을 경유하여 거주예정지 관할경찰서장에게 신고하고, 출소후 7일 이내에 그 거주예정지 관할경찰서장에게 출소사실을 신고하여야 한다. 제20조제3항에 해당하는 경우에는 법무부장관이 제공하는 거주할 장소(이하 "居所"라 한다)를 거주예정지로 신고하여야 한다.

② 보안관찰처분대상자는 교도소등에서 출소한 후 제1항의 신고사항에 변동이 있을 때에는 변동이 있는 날부터 7일이내에 그 변동된 사항을 관할경찰서장에게 신고하여야 한다. 다만, 제20조제3항에 의하여 거소제공을 받은 자가 주거지를 이전하고자 할 때에는 미리 관할경찰서장에게 제18조제4항 단서에 의한 신고를 하여야 한다.

③ 교도소등의 장은 제3조에 해당하는 자가 생길 때에는 지체없이 보안관찰처분심의위원회와 거주예정지를 관할하는 검사 및 경찰서장에게 통고하여야 한다.

제7조(보안관찰처분의 청구)
보안관찰처분청구는 검사가 행한다.

제8조(청구의 방법)
① 제7조의 규정에 의한 보안관찰처분청구는 검사가 보안관찰처분청구서(이하 "處分請求書"라 한다)를 법무부장관에게 제출함으로써 행한다.

제10조(심사)
① 법무부장관은 처분청구서와 자료에 의하여 청구된 사안을 심사한다.

제12조(보안관찰처분심의위원회)
① 보안관찰처분에 관한 사안을 심의·의결하기 위하여 법무부에 보안관찰처분심의위원회(이하 "委員會"라 한다)를 둔다.
② 위원회는 위원장 1인과 6인의 위원으로 구성한다.
③ 위원장은 법무부차관이 되고, 위원은 학식과 덕망이 있는 자로 하되, 그 과반수는 변호사의 자격이 있는 자이어야 한다.
④ 위원은 법무부장관의 제청으로 대통령이 임명 또는 위촉한다.
⑤ 위촉된 위원의 임기는 2년으로 한다. 다만, 공무원인 위원은 그 직을 면한 때에는 위원의 자격을 상실한다.

제14조(결정)
① 보안관찰처분에 관한 결정은 위원회의 의결을 거쳐 법무부장관이 행한다.
② 법무부장관은 위원회의 의결과 다른 결정을 할 수 없다. 다만, 보안관찰처분대상자에 대하여 위원회의 의결보다 유리한 결정을 하는 때에는 그러하지 아니하다.

제16조(결정의 취소등)
① 검사는 법무부장관에게 보안관찰처분의 취소 또는 기간의 갱신을 청구할 수 있다.
② 법무부장관은 제1항의 규정에 의한 청구를 받은 때에는 위원회의 의결을 거쳐 이를 심사·결정하여야 한다.

제17조(보안관찰처분의 집행)
① 보안관찰처분의 집행은 검사가 지휘한다.
② 제1항의 지휘는 결정서등본을 첨부한 서면으로 하여야 한다.

③ 검사는 피보안관찰자가 도주하거나 1월 이상 그 소재가 불명한 때에는 보안관찰처분의 집행중지결정을 할 수 있다. 그 사유가 소멸된 때에는 지체없이 그 결정을 취소하여야 한다.

제18조(신고사항)
① 보안관찰처분을 받은 자(이하 "被保安觀察者"라 한다)는 보안관찰처분결정고지를 받은 날부터 7일 이내에 다음 각호의 사항을 주거지를 관할하는 지구대 또는 파출소의 장(이하 "지구대·파출소장"이라 한다)을 거쳐 관할경찰서장에게 신고하여야 한다. 제20조제3항에 해당하는 경우에는 법무부장관이 제공하는 거소를 주거지로 신고하여야 한다.
1. 등록기준지, 주거(실제로 生活하는 居處), 성명, 생년월일, 성별, 주민등록번호
2. 가족 및 동거인 상황과 교우관계
3. 직업, 월수, 본인 및 가족의 재산상황
4. 학력, 경력
5. 종교 및 가입한 단체
6. 직장의 소재지 및 연락처
7. 보안관찰처분대상자 신고를 행한 관할경찰서 및 신고일자
8. 기타 대통령령이 정하는 사항

② 피보안관찰자는 보안관찰처분결정고지를 받은 날이 속한 달부터 매3월이 되는 달의 말일까지 다음 각호의 사항을 지구대·파출소장을 거쳐 관할경찰서장에게 신고하여야 한다.
1. 3월간의 주요활동사항
2. 통신·회합한 다른 보안관찰처분대상자의 인적사항과 그 일시, 장소 및 내용
3. 3월간에 행한 여행에 관한 사항(申告를 마치고 중지한 旅行에 관한 사항을 포함한다)
4. 관할경찰서장이 보안관찰과 관련하여 신고하도록 지시한 사항

③ 피보안관찰자는 제1항의 신고사항에 변동이 있을 때에는 7일 이내에 지구대·파출소장을 거쳐 관할경찰서장에게 신고하여야 한다. 피보안관찰자가 제1항의 신고를 한 후 제20조제3항에 의하여 거소제공을 받거나 제20조제5항에 의하여 거소가 변경된 때에는 제공 또는 변경된 거소로 이전한 후 7일 이내에 지구대·파출소장을 거쳐 관할경찰서장에게 신고하여야 한다.

④ 피보안관찰자가 주거지를 이전하거나 국외여행 또는 10일 이상 주거를 이탈하여 여행하고자 할 때에는 미리 거주예정지, 여행예정지 기타 대통령령이 정하는 사항을 지구대·파출소장을 거쳐 관할경찰서장에게 신고하여야 한다. 다만, 제20조제3항에 의하여 거소제공을 받은 자가 주거지를 이전하고자 할 때에는 제20조제5항에 의하여 거소변경을 신청하여 변경결정된 거소를 거주예정지로 신고하여야 한다.

⑤ 관할경찰서장은 제1항 내지 제4항의 규정에 의한 신고를 받은 때에는 신고필증을 교부하여야 한다.

제23조(행정소송)
이 법에 의한 법무부장관의 결정을 받은 자가 그 결정에 이의가 있을 때에는 행정소송법이 정하는 바에 따라 그 결정이 집행된 날부터 60일 이내에 서울고등법원에 소를 제기할 수 있다. 다만, 제11조의 규정에 의한 면제결정신청에 대한 기각결정을 받은 자가 그 결정에 이의가 있을 때에는 그 결정이 있는 날부터 60일 이내에 서울고등법원에 소를 제기할 수 있다.

제27조(벌칙)
① 보안관찰처분대상자 또는 피보안관찰자가 보안관찰처분 또는 보안관찰을 면탈할 목적으로 은신 또는 도주한 때에는 3년 이하의 징역에 처한다.
② 정당한 이유없이 제6조제1항·제2항 및 제18조제1항 내지 제4항의 규정에 의한 신고를 하지 아니하거나 허위의 신고를 한 자 또는 그 신고를 함에 있어서 거주예정지나 주거지를 명시하지 아니한 자는 2

년 이하의 징역 또는 100만원 이하의 벌금에 처한다.

보안관찰법 제2조 등 위헌소원 [21. 6. 24. 2017헌바479]
【판시사항】
변동신고조항 및 이를 위반할 경우 처벌하도록 정한 보안관찰법 제27조 제2항 중 제6조 제2항 전문에 관한 부분(이하 변동신고조항과 합하여 '변동신고조항 및 위반 시 처벌조항'이라 한다)**이 과잉금지원칙을 위반하여 청구인의 사생활의 비밀과 자유 및 개인정보자기결정권을 침해하는지 여부(적극) ⇒ 헌법불합치**

제4절 | 남북교류협력과 북한이탈주민 대책

1. 남북교류협력에 관한 법률 (약칭 : 남북교류협력법) [시행 21. 3. 9]

제1조(목적)
　이 법은 군사분계선 이남지역과 그 이북지역 간의 상호 교류와 협력을 촉진하기 위하여 필요한 사항을 규정함으로써 한반도의 평화와 통일에 이바지하는 것을 목적으로 한다.

제2조(정의)
1. "**출입장소**"란 군사분계선 이북지역(이하 "북한"이라 한다)으로 가거나 북한으로부터 들어올 수 있는 군사분계선 이남지역(이하 "남한"이라 한다)의 항구, 비행장, 그 밖의 장소로서 대통령령으로 정하는 곳을 말한다.
2. "**교역**"이란 남한과 북한 간의 물품, 대통령령으로 정하는 용역 및 전자적 형태의 무체물(이하 "물품등"이라 한다)의 반출·반입을 말한다.
3. "**반출·반입**"이란 매매, 교환, 임대차, 사용대차, 증여, 사용 등을 목적으로 하는 남한과 북한 간의 물품등의 이동(단순히 제3국을 거치는 물품등의 이동을 포함한다. 이하 같다)을 말한다.
4. "**협력사업**"이란 남한과 북한의 주민(법인·단체를 포함한다)이 공동으로 하는 환경, 경제, 학술, 과학기술, 정보통신, 문화, 체육, 관광, 보건의료, 방역, 교통, 농림축산, 해양수산 등에 관한 모든 활동을 말한다.

제3조(다른 법률과의 관계)
　남한과 북한의 왕래·접촉·교역·협력사업 및 통신 역무(役務)의 제공 등 남한과 북한 간의 상호 교류와 협력(이하 "남북교류·협력"이라 한다)**을 목적으로 하는 행위에 관하여는 이 법률의 목적 범위에서 다른 법률에 우선하여 이 법을 적용한다.**

제9조(남북한 방문)
　① **남한의 주민이 북한을 방문하거나 북한의 주민이 남한을 방문하려면 대통령령으로 정하는 바에 따라 통일부장관의 방문승인을 받아야 하며, 통일부장관이 발급한 증명서**(이하 "방문증명서"라 한다)**를 소지하여야 한다.** [22 승진, 19 해경]

시행령 제12조(방문승인 신청)
① 법 제9조제1항·제6항 단서 및 제8항 단서에 따라 북한을 방문하기 위하여 통일부장관의 방문승인을

받으려는 남한의 주민과 재외국민(법 제9조제8항 각 호의 어느 하나에 해당하는 사람을 말한다. 이하 같다)은 방문 7일 전까지 방문승인 신청서에 다음 각 호의 서류를 첨부하여 통일부장관에게 제출하여야 한다. 다만, 제18조에 따른 가족인 북한주민을 방문하기 위하여 통일부장관이 정하는 바에 따라 신청인 본인의 신원에 관한 서류를 미리 제출한 경우에는 제1호의 서류를 첨부하지 아니할 수 있다.
1. 방문승인 신청인 인적사항
2. 북한 당국이나 단체 등의 초청 의사를 확인할 수 있는 서류
3. 방문증명서용 사진(발급신청일 전 3개월 이내에 촬영한 모자를 쓰지 않은 천연색 상반신 사진으로서 가로 3.5센티미터·세로 4.5센티미터인 것을 말한다) 1매
4. 그 밖에 통일부장관이 필요하다고 인정하는 서류
② 법 제9조제1항 및 제6항 단서에 따라 남한을 방문하기 위하여 통일부장관의 방문승인을 받으려는 북한의 주민은 방문 7일 전까지 방문승인 신청서에 제1항제3호 및 제4호의 서류를 첨부하여 통일부장관에게 제출하여야 한다.
③ 통일부장관은 방문승인을 하는 경우 법 제9조제1항에 따른 방문증명서(이하 "방문증명서"라 한다)를 발급한다. 다만, 방문승인을 받은 사람이 유효기간이 끝나지 아니한 복수방문증명서(법 제9조제2항제2호에 따른 복수방문증명서를 말한다. 이하 같다)를 가지고 있는 경우에는 그러하지 아니하다.
④ 복수방문증명서는 남북교류 및 협력을 추진하기 위하여 수시로 남북한을 방문할 필요가 있다고 통일부장관이 인정하는 사람에게 발급한다.
⑤ 통일부장관은 방문승인을 하는 경우 법 제9조제4항에 따라 1년 이내의 범위에서 방문기간을 부여할 수 있다.

② 방문증명서는 유효기간을 정하여 북한방문증명서와 남한방문증명서로 나누어 발급하며, 다음 각 호와 같이 구분한다.
1. 한 차례만 사용할 수 있는 방문증명서
2. 유효기간이 끝날 때까지 여러 차례 사용할 수 있는 방문증명서(이하 "복수방문증명서"라 한다)
③ 복수방문증명서의 유효기간은 5년 이내로 하며, 5년의 범위에서 연장할 수 있다.
④ 통일부장관은 방문승인을 하는 경우 대통령령으로 정하는 범위에서 북한 또는 남한에 머무를 수 있는 방문기간(이하 "방문기간"이라 한다)을 부여하여야 하고, 남북교류·협력의 원활한 추진을 위하여 대통령령으로 정하는 바에 따라 북한방문결과보고서 제출 등 조건을 붙일 수 있다.
⑤ 방문승인을 받은 사람은 방문기간 내에 한 차례에 한하여 북한 또는 남한을 방문할 수 있다.
⑥ 복수방문증명서를 발급받은 사람 중 외국을 거치지 아니하고 북한 또는 남한을 직접 방문하는 사람 등 대통령령으로 정하는 사람은 제5항에도 불구하고 방문기간 내에 횟수에 제한없이 북한 또는 남한을 방문할 수 있다. 다만, 방문기간 내에라도 방문 목적이나 경로를 달리하여 방문할 경우에는 통일부장관의 방문승인을 별도로 받아야 한다.
⑦ 통일부장관은 제1항 및 제6항 단서에 따라 방문승인을 받은 사람이 다음 각 호의 어느 하나에 해당하는 경우에는 그 승인을 취소할 수 있다. 다만 제1호의 경우에는 그 승인을 취소하여야 한다.
1. 거짓이나 그 밖의 부정한 방법으로 방문승인을 받은 경우
2. 제4항에 따른 조건을 위반한 경우
3. 남북교류·협력을 해칠 명백한 우려가 있는 경우
4. 국가안전보장, 질서유지 또는 공공복리를 해칠 명백한 우려가 있는 경우
⑧ 다음 각 호의 어느 하나에 해당하는 사람(이하 "재외국민"이라 한다)이 외국에서 북한을 왕래할 때에는 통일부장관이나 재외공관(在外公館)의 장에게 신고하여야 한다. 다만, 외국을 거치지 아니하고 남한과 북한을 직접 왕래할 때에는 제1항에 따라 발급된 방문증명서를 소지하여야 한다.
1. 외국정부로부터 영주권을 취득하였거나 이에 준하는 장기체류허가를 받은 사람
2. 외국에 소재하는 외국법인 등에 취업하여 업무수행의 목적으로 북한을 방문하는 사람

제9조의2(남북한 주민 접촉)
① 남한의 주민이 북한의 주민과 회합·통신, 그 밖의 방법으로 접촉하려면 통일부장관에게 미리 신고

하여야 한다. 다만, 대통령령으로 정하는 부득이한 사유에 해당하는 경우에는 접촉한 후에 신고할 수 있다.
② 방문증명서를 발급받은 사람이 그 방문 목적의 범위에서 당연히 인정되는 접촉을 하는 경우 등 대통령령으로 정하는 경우에 해당하면 제1항의 접촉신고를 한 것으로 본다.
③ 통일부장관은 제1항 본문에 따라 접촉에 관한 신고를 받은 때에는 남북교류·협력을 해칠 명백한 우려가 있거나 국가안전보장, 질서유지 또는 공공복리를 해칠 명백한 우려가 있는 경우에만 신고의 수리(受理)를 거부할 수 있다.
④ 제1항 본문에 따른 접촉신고를 받은 통일부장관은 남북교류·협력의 원활한 추진을 위하여 대통령령으로 정하는 바에 따라 북한주민접촉결과보고서 제출 등 조건을 붙이거나, 3년 이내의 유효기간을 정하여 수리할 수 있다. 다만, 대통령령으로 정하는 가족인 북한주민과 접촉을 목적으로 하는 경우에는 5년 이내의 유효기간을 정할 수 있다.
⑤ 통일부장관은 필요하다고 인정할 경우 제4항에 따른 유효기간을 3년의 범위에서 연장할 수 있다.

제10조(외국 거주 동포의 출입 보장) [22 승진]
외국 국적을 보유하지 아니하고 대한민국의 여권(旅券)을 소지하지 아니한 외국 거주 동포가 남한을 왕래하려면 「여권법」 제14조제1항에 따른 여행증명서를 소지하여야 한다.

제11조(남북한 방문에 대한 심사)
북한을 직접 방문하는 남한주민과 남한을 직접 방문하는 북한주민은 출입장소에서 대통령령으로 정하는 바에 따라 심사를 받아야 한다.

제12조(남북한 거래의 원칙) [21 승진, 19 해경]
남한과 북한 간의 거래는 국가 간의 거래가 아닌 민족내부의 거래로 본다.

제13조(반출·반입의 승인) [22 승진, 21 승진, 19 해경]
① 물품등을 반출하거나 반입하려는 자는 대통령령으로 정하는 바에 따라 그 물품등의 품목, 거래형태 및 대금결제 방법 등에 관하여 통일부장관의 승인을 받아야 한다. 승인을 받은 사항 중 대통령령으로 정하는 주요 내용을 변경할 때에도 또한 같다.

제17조(협력사업의 승인 등)
① 협력사업을 하려는 자는 협력사업마다 다음 각 호의 요건을 모두 갖추어 통일부장관의 승인을 받아야 한다. 승인을 받은 협력사업의 내용을 변경할 때에도 또한 같다.
1. 협력사업의 내용이 실현 가능하고 구체적일 것
2. 협력사업으로 인하여 남한과 북한 간에 분쟁을 일으킬 사유가 없을 것
3. 이미 시행되고 있는 협력사업과 심각한 경쟁을 하게 될 가능성이 없을 것
4. 협력사업을 하려는 분야의 사업실적이 있거나 협력사업을 추진할 만한 자본·기술·경험 등을 갖추고 있을 것
5. 국가안전보장, 질서유지 또는 공공복리를 해칠 명백한 우려가 없을 것
② 통일부장관은 제1항의 협력사업의 승인을 하려면 미리 관계 행정기관의 장과 협의하여야 하며, 변경승인을 하려면 중요하다고 인정되는 경우에 한하여 미리 관계 행정기관의 장과 협의하여야 한다.

제20조(수송장비의 운행)
① 남한과 북한 간에 선박·항공기·철도차량 또는 자동차 등(이하 "수송장비"라 한다)을 운행하려는 자는

통일부장관의 승인을 받아야 한다.
② 통일부장관은 제1항에 따라 수송장비의 운행을 승인하는 경우 남북교류·협력의 원활한 추진을 위하여 대통령령으로 정하는 바에 따라 운행노선 등 조건을 붙이거나, 5년 이내의 유효기간을 정할 수 있다.

제23조(검역 등)
① 북한에서 오는 수송장비와 화물 및 사람은 검역조사(檢疫調査)를 받아야 한다.

2. 북한이탈주민의 보호 및 정착지원에 관한 법률 (약칭 : 북한이탈주민법) [시행 21. 10. 21]

제1조(목적)
이 법은 군사분계선 이북지역에서 벗어나 대한민국의 보호를 받으려는 군사분계선 이북지역의 주민이 정치, 경제, 사회, 문화 등 모든 생활 영역에서 신속히 적응·정착하는 데 필요한 보호 및 지원에 관한 사항을 규정함을 목적으로 한다.

제2조(정의)
이 법에서 사용하는 용어의 뜻은 다음과 같다.
1. "북한이탈주민"이란 군사분계선 이북지역(이하 "북한"이라 한다)에 주소, 직계가족, 배우자, 직장 등을 두고 있는 사람으로서 북한을 벗어난 후 외국 국적을 취득하지 아니한 사람을 말한다.
2. "보호대상자"란 이 법에 따라 보호 및 지원을 받는 북한이탈주민을 말한다.
3. "정착지원시설"이란 보호대상자의 보호 및 정착지원을 위하여 제10조제1항에 따라 설치·운영하는 시설을 말한다.
4. "보호금품"이란 이 법에 따라 보호대상자에게 지급하거나 빌려주는 금전 또는 물품을 말한다.

제3조(적용범위)
이 법은 대한민국의 보호를 받으려는 의사를 표시한 북한이탈주민에 대하여 적용한다.

제4조(기본원칙)
① 대한민국은 보호대상자를 인도주의에 입각하여 특별히 보호한다.
② 대한민국은 외국에 체류하고 있는 북한이탈주민의 보호 및 지원 등을 위하여 외교적 노력을 다하여야 한다.
③ 보호대상자는 대한민국의 자유민주적 법질서에 적응하여 건강하고 문화적인 생활을 할 수 있도록 노력하여야 한다.
④ 통일부장관은 북한이탈주민에 대한 보호 및 지원 등을 위하여 북한이탈주민의 실태를 파악하고, 그 결과를 정책에 반영하여야 한다.

제5조(보호기준 등)
① 보호대상자에 대한 보호 및 지원 기준은 나이, 성별, 세대 구성, 학력, 경력, 자활 능력, 건강 상태 및 재산 등을 고려하여 합리적으로 정하여야 한다.
② 이 법에 따른 보호 및 정착지원은 원칙적으로 개인을 단위로 하되, 필요하다고 인정하는 경우에는 대통령령으로 정하는 바에 따라 세대를 단위로 할 수 있다.
③ 보호대상자를 정착지원시설에서 보호하는 기간은 1년 이내로 하고, 거주지에서 보호하는 기간은 5년

으로 한다. 다만, 특별한 사유가 있는 경우에는 제6조에 따른 북한이탈주민 보호 및 정착지원협의회의 심의를 거쳐 그 기간을 단축하거나 연장할 수 있다.

제7조(보호신청 등)
① 북한이탈주민으로서 이 법에 따른 보호를 받으려는 사람은 재외공관이나 그 밖의 행정기관의 장(각급 군부대의 장을 포함한다. 이하 "재외공관장등"이라 한다)에게 보호를 직접 신청하여야 한다. 다만, 보호를 직접 신청하지 아니할 수 있는 대통령령으로 정하는 사유가 있는 경우에는 그러하지 아니하다.
② 제1항 본문에 따른 보호신청을 받은 재외공관장등은 지체 없이 그 사실을 소속 중앙행정기관의 장을 거쳐 통일부장관과 국가정보원장에게 통보하여야 한다.
③ 제2항에 따라 통보를 받은 국가정보원장은 보호신청자에 대하여 보호결정 등을 위하여 필요한 조사 및 일시적인 신변안전조치 등 임시보호조치를 한 후 지체 없이 그 결과를 통일부장관에게 통보하여야 한다.
④ 국가정보원장은 제3항에 따른 조사 및 임시보호조치를 하기 위한 시설(이하 "임시보호시설"이라 한다)을 설치·운영하여야 한다.

제8조(보호 결정 등)
① 통일부장관은 제7조제3항에 따른 통보를 받으면 협의회의 심의를 거쳐 보호 여부를 결정한다. 다만, 국가안전보장에 현저한 영향을 줄 우려가 있는 사람에 대하여는 국가정보원장이 그 보호 여부를 결정하고, 그 결과를 지체 없이 통일부장관과 보호신청자에게 통보하거나 알려야 한다.
② 제1항 본문에 따라 보호 여부를 결정한 통일부장관은 그 결과를 지체 없이 관련 중앙행정기관의 장을 거쳐 재외공관장등에게 통보하여야 하고, 통보를 받은 재외공관장등은 이를 보호신청자에게 즉시 알려야 한다.

제9조(보호 결정의 기준)
① 제8조제1항 본문에 따라 보호 여부를 결정할 때 다음 각 호의 어느 하나에 해당하는 사람은 보호대상자로 결정하지 아니할 수 있다.
1. 항공기 납치, 마약거래, 테러, 집단살해 등 국제형사범죄자
2. 살인 등 중대한 비정치적 범죄자
3. 위장탈출 혐의자
4. ~~체류국에 10년 이상 생활 근거지를 두고 있는 사람~~ 삭제 〈20. 12. 8.〉
5. 국내 입국 후 3년이 지나서 보호신청한 사람
6. 그 밖에 국가안전보장·질서유지·공공복리에 대한 중대한 위해 발생 우려, 보호신청자의 경제적 능력 및 해외체류 여건 등을 고려하여 보호대상자로 정하는 것이 부적당하거나 보호 필요성이 현저히 부족하다고 대통령령으로 정하는 사람

> **시행령 제16조(보호 결정의 기준)**
> ① 법 제9조제1항제6호에서 "보호대상자로 정하는 것이 부적당하다고 대통령령으로 정하는 사람"이란 다음 각 호의 어느 하나에 해당하는 사람을 말한다.
> 1. 보호대상자로 결정할 경우 정치적·외교적으로 대한민국에 중대한 어려움을 발생시킬 것으로 예상되는 사람
> 2. 제12조의3에 따른 조사 및 임시보호조치의 기간 중 다른 사람의 신변안전에 중대한 위해를 초래할 우려가 있는 폭력행위를 하거나 시설을 파손한 사람
> 3. 북한을 이탈한 후 제3국에서 합법적인 체류자격을 획득한 사람
> 4. 북한을 이탈한 후 제3국에서 억류(抑留)·감금·은둔·도피 또는 강제혼인 등의 사정없이 정상적 또는 안정적인 생활이 가능했다고 인정되는 사람

제11조의2(무연고청소년 보호)
① 통일부장관은 무연고청소년(보호대상자로서 직계존속을 동반하지 아니한 만 24세 이하의 무연고 아동·청소년을 말한다. 이하 이 조에서 같다)의 보호를 위하여 무연고청소년의 보호자(법인이 보호하는 경우 법인의 대표자를 말한다. 이하 이 조에서 "보호자"라 한다)를 선정할 수 있다.

제13조(학력 인정)
보호대상자는 대통령령으로 정하는 바에 따라 북한이나 외국에서 이수한 학교 교육의 과정에 상응하는 학력을 인정받을 수 있다.

제14조(자격 인정)
① 보호대상자는 관계 법령에서 정하는 바에 따라 북한이나 외국에서 취득한 자격에 상응하는 자격 또는 그 자격의 일부를 인정받을 수 있다.

제16조(직업훈련)
① 통일부장관은 직업훈련을 희망하는 보호대상자 또는 보호대상자이었던 사람에 대하여 대통령령으로 정하는 바에 따라 직업훈련을 실시할 수 있다.

제17조(취업보호 등)
① 통일부장관은 보호대상자가 정착지원시설로부터 그의 거주지로 전입한 후 대통령령으로 정하는 바에 따라 최초로 취업한 날부터 3년간 취업보호를 실시한다. 다만, 사회적 취약계층, 장기근속자 등 취업보호 기간을 연장할 필요가 있는 경우로서 대통령령으로 정하는 사유에 해당하는 경우에는 1년의 범위에서 취업보호 기간을 연장할 수 있다.

제18조(특별임용)
① 북한에서의 자격이나 경력이 있는 사람 등 북한이탈주민으로서 공무원으로 채용하는 것이 필요하다고 인정되는 사람에 대하여는 「국가공무원법」 제28조제2항 및 「지방공무원법」 제27조제2항에도 불구하고 북한을 벗어나기 전의 자격·경력 등을 고려하여 국가공무원 또는 지방공무원으로 특별임용할 수 있다.
② 북한의 군인이었던 보호대상자가 국군에 편입되기를 희망하면 북한을 벗어나기 전의 계급, 직책 및 경력 등을 고려하여 국군으로 특별임용할 수 있다.

CHAPTER 12 외사

제1절 | 외사 일반

해양경찰청과 그 소속기관 직제 시행규칙 [시행 23. 2. 28]

제8조의2(국제정보국)
① 국제정보국에 정보과·외사과·보안과 및 국제협력과를 두며, 정보과장·외사과장·보안과장 및 국제협력과장은 총경으로 보한다.
② 정보과장은 다음 사항을 분장한다.
1. 정보업무에 관한 기획·지도 및 조정
2. 공공안녕에 대한 위험의 예방과 대응을 위한 정보의 수집·종합·분석·작성 및 배포
3. 정책정보의 수집·종합·분석·작성 및 배포
4. 해상집회·시위 등 집단사태의 관리에 관한 지도·조정
5. 그 밖에 국 내 다른 과의 주관에 속하지 않는 사항
③ 외사과장은 다음 사항을 분장한다.
1. 외사경찰업무에 관한 기획·지도 및 조정
2. 외사방첩업무에 관한 사항
3. 외사정보의 수집·종합·분석·작성 및 배포
4. 국제형사경찰기구에 관한 사항
5. 국제사법공조에 관한 사항
6. 국제해항에서의 외사활동 계획 및 지도
④ 보안과장은 다음 사항을 분장한다.
1. 보안경찰업무에 관한 기획·지도 및 조정
2. 보안방첩업무에 관한 사항
3. 보안정보의 수집·종합·분석·작성 및 배포
4. 항만에서의 보안활동 계획 및 지도
⑤ 국제협력과장은 다음 사항을 분장한다.
1. 해양경찰직무와 관련된 국제협력 업무에 관한 계획의 수립·조정 업무
2. 외국 해양치안기관 및 주한외국공관과의 교류·협력 업무
3. 해양경찰 관련 국제기구 참여 및 국제협약 등과 관련된 업무
4. 해외주재관 파견·운영 및 공무 국외여행
5. 국제해양 정보 수집·분석 및 배포

1. 국적법

(1) 국적의 취득

국적법 제2조(출생에 의한 국적 취득)
① 다음 각 호의 어느 하나에 해당하는 자는 출생과 동시에 대한민국 국적(國籍)을 취득한다.
 1. 출생 당시에 부(父)또는 모(母)가 대한민국의 국민인 자
 2. 출생하기 전에 부가 사망한 경우에는 그 사망 당시에 부가 대한민국의 국민이었던 자
 3. 부모가 모두 분명하지 아니한 경우나 국적이 없는 경우에는 대한민국에서 출생한 자
② 대한민국에서 발견된 기아(棄兒)는 대한민국에서 출생한 것으로 추정한다.

제3조(인지에 의한 국적 취득)
① 대한민국의 국민이 아닌 자(이하 "외국인"이라 한다)로서 대한민국의 국민인 부 또는 모에 의하여 인지(認知)된 자가 다음 각 호의 요건을 모두 갖추면 법무부장관에게 신고함으로써 대한민국 국적을 취득할 수 있다.
 1. 대한민국의 「민법」상 미성년일 것
 2. 출생 당시에 부 또는 모가 대한민국의 국민이었을 것
② 제1항에 따라 신고한 자는 그 신고를 한 때에 대한민국 국적을 취득한다.
③ 제1항에 따른 신고 절차와 그 밖에 필요한 사항은 대통령령으로 정한다.

제4조(귀화에 의한 국적 취득)
① 대한민국 국적을 취득한 사실이 없는 외국인은 법무부장관의 귀화허가(歸化許可)를 받아 대한민국 국적을 취득할 수 있다.
② 법무부장관은 귀화허가 신청을 받으면 제5조부터 제7조까지의 귀화 요건을 갖추었는지를 심사한 후 그 요건을 갖춘 사람에게만 귀화를 허가한다.
③ 제1항에 따라 귀화허가를 받은 사람은 법무부장관 앞에서 국민선서를 하고 귀화증서를 수여받은 때에 대한민국 국적을 취득한다. 다만, 법무부장관은 연령, 신체적·정신적 장애 등으로 국민선서의 의미를 이해할 수 없거나 이해한 것을 표현할 수 없다고 인정되는 사람에게는 국민선서를 면제할 수 있다.

제5조(일반귀화 요건)
외국인이 귀화허가를 받기 위해서는 제6조나 제7조에 해당하는 경우 외에는 다음 각 호의 요건을 갖추어야 한다.
 1. 5년 이상 계속하여 대한민국에 주소가 있을 것
 1의2. 대한민국에서 영주할 수 있는 체류자격을 가지고 있을 것
 2. 대한민국의 「민법」상 성년일 것
 3. 법령을 준수하는 등 법무부령으로 정하는 품행 단정의 요건을 갖출 것
 4. 자신의 자산(資産)이나 기능(技能)에 의하거나 생계를 같이하는 가족에 의존하여 생계를 유지할 능력이 있을 것
 5. 국어능력과 대한민국의 풍습에 대한 이해 등 대한민국 국민으로서의 기본 소양(素養)을 갖추고 있을 것
 6. 귀화를 허가하는 것이 국가안전보장·질서유지 또는 공공복리를 해치지 아니한다고 법무부장관이 인정할 것

제6조(간이귀화 요건)
① 다음 각 호의 어느 하나에 해당하는 외국인으로서 대한민국에 3년 이상 계속하여 주소가 있는 사람은 제5조제1호 및 제1호의2의 요건을 갖추지 아니하여도 귀화허가를 받을 수 있다.
1. 부 또는 모가 대한민국의 국민이었던 사람
2. 대한민국에서 출생한 사람으로서 부 또는 모가 대한민국에서 출생한 사람
3. 대한민국 국민의 양자(養子)로서 입양 당시 대한민국의 「민법」상 성년이었던 사람

② 배우자가 대한민국의 국민인 외국인으로서 다음 각 호의 어느 하나에 해당하는 사람은 제5조제1호 및 제1호의2의 요건을 갖추지 아니하여도 귀화허가를 받을 수 있다. 〈개정 17. 12. 19.〉
1. 그 배우자와 혼인한 상태로 대한민국에 2년 이상 계속하여 주소가 있는 사람
2. 그 배우자와 혼인한 후 3년이 지나고 혼인한 상태로 대한민국에 1년 이상 계속하여 주소가 있는 사람
3. 제1호나 제2호의 기간을 채우지 못하였으나, 그 배우자와 혼인한 상태로 대한민국에 주소를 두고 있던 중 그 배우자의 사망이나 실종 또는 그 밖에 자신에게 책임이 없는 사유로 정상적인 혼인 생활을 할 수 없었던 사람으로서 제1호나 제2호의 잔여기간을 채웠고 법무부장관이 상당(相當)하다고 인정하는 사람
4. 제1호나 제2호의 요건을 충족하지 못하였으나, 그 배우자와의 혼인에 따라 출생한 미성년의 자(子)를 양육하고 있거나 양육하여야 할 사람으로서 제1호나 제2호의 기간을 채웠고 법무부장관이 상당하다고 인정하는 사람

제7조(특별귀화 요건)
① 다음 각 호의 어느 하나에 해당하는 외국인으로서 대한민국에 주소가 있는 사람은 제5조제1호·제1호의2·제2호 또는 제4호의 요건을 갖추지 아니하여도 귀화허가를 받을 수 있다.
1. 부 또는 모가 대한민국의 국민인 사람. 다만, 양자로서 대한민국의 「민법」상 성년이 된 후에 입양된 사람은 제외한다.
2. 대한민국에 특별한 공로가 있는 사람
3. 과학·경제·문화·체육 등 특정 분야에서 매우 우수한 능력을 보유한 사람으로서 대한민국의 국익에 기여할 것으로 인정되는 사람

② 제1항제2호 및 제3호에 해당하는 사람을 정하는 기준 및 절차는 대통령령으로 정한다.

(2) 국적회복에 의한 국적 취득

제9조(국적회복에 의한 국적 취득)
① 대한민국의 국민이었던 외국인은 법무부장관의 국적회복허가(國籍回復許可)를 받아 대한민국 국적을 취득할 수 있다.
② 법무부장관은 국적회복허가 신청을 받으면 심사한 후 다음 각 호의 어느 하나에 해당하는 사람에게는 **국적회복을 허가하지 아니한다.**
1. 국가나 사회에 위해(危害)를 끼친 사실이 있는 사람
2. 품행이 단정하지 못한 사람
3. 병역을 기피할 목적으로 대한민국 국적을 상실하였거나 이탈하였던 사람
4. 국가안전보장·질서유지 또는 공공복리를 위하여 법무부장관이 국적회복을 허가하는 것이 적당하지 아니하다고 인정하는 사람

③ 제1항에 따라 국적회복허가를 받은 사람은 법무부장관 앞에서 국민선서를 하고 국적회복증서를 수여받은 때에 대한민국 국적을 취득한다. 다만, 법무부장관은 연령, 신체적·정신적 장애 등으로 국민선서

의 의미를 이해할 수 없거나 이해한 것을 표현할 수 없다고 인정되는 사람에게는 국민선서를 면제할 수 있다.

(3) 국적의 포기와 선택

국적법 제10조(국적 취득자의 외국 국적 포기 의무)
① 대한민국 국적을 취득한 외국인으로서 외국 국적을 가지고 있는 자는 대한민국 국적을 취득한 날부터 1년 내에 그 외국 국적을 포기하여야 한다.

제12조(복수국적자의 국적선택의무)
① 만 20세가 되기 전에 복수국적자가 된 자는 만 22세가 되기 전까지, 만 20세가 된 후에 복수국적자가 된 자는 그 때부터 2년 내에 제13조와 제14조에 따라 하나의 국적을 선택하여야 한다. 다만, 제10조제2항에 따라 법무부장관에게 대한민국에서 외국 국적을 행사하지 아니하겠다는 뜻을 서약한 복수국적자는 제외한다.
② 제1항 본문에도 불구하고 「병역법」 제8조에 따라 병역준비역에 편입된 자는 편입된 때부터 3개월 이내에 하나의 국적을 선택하거나 제3항 각 호의 어느 하나에 해당하는 때부터 2년 이내에 하나의 국적을 선택하여야 한다. 다만, 제13조에 따라 대한민국 국적을 선택하려는 경우에는 제3항 각 호의 어느 하나에 해당하기 전에도 할 수 있다.
③ 직계존속(直系尊屬)이 외국에서 영주(永住)할 목적 없이 체류한 상태에서 출생한 자는 병역의무의 이행과 관련하여 다음 각 호의 어느 하나에 해당하는 경우에만 제14조에 따른 국적이탈신고를 할 수 있다.
  1. 현역·상근예비역·보충역 또는 대체역으로 복무를 마치거나 마친 것으로 보게 되는 경우
  2. 전시근로역에 편입된 경우
  3. 병역면제처분을 받은 경우

[2022. 9. 15. 법률 제18978호에 의하여 2020. 9. 24. 헌법재판소에서 헌법불합치 결정된 이 조 제2항 본문을 제14조의2를 신설하여 개정함.]

제14조의2(대한민국 국적의 이탈에 관한 특례)
① 제12조제2항 본문 및 제14조제1항 단서에도 불구하고 다음 각 호의 요건을 모두 충족하는 복수국적자는 「병역법」 제8조에 따라 병역준비역에 편입된 때부터 3개월 이내에 대한민국 국적을 이탈한다는 뜻을 신고하지 못한 경우 법무부장관에게 대한민국 국적의 이탈 허가를 신청할 수 있다.
  1. 다음 각 목의 어느 하나에 해당하는 사람일 것
    가. 외국에서 출생한 사람(직계존속이 외국에서 영주할 목적 없이 체류한 상태에서 출생한 사람은 제외한다)으로서 출생 이후 계속하여 외국에 주된 생활의 근거를 두고 있는 사람
    나. 6세 미만의 아동일 때 외국으로 이주한 이후 계속하여 외국에 주된 생활의 근거를 두고 있는 사람
  2. 제12조제2항 본문 및 제14조제1항 단서에 따라 병역준비역에 편입된 때부터 3개월 이내에 국적 이탈을 신고하지 못한 정당한 사유가 있을 것

제14조의3(복수국적자에 대한 국적선택명령)
① 법무부장관은 복수국적자로서 제12조제1항 또는 제2항에서 정한 기간 내에 국적을 선택하지 아니한 자에게 1년 내에 하나의 국적을 선택할 것을 명하여야 한다.
② 법무부장관은 복수국적자로서 제10조제2항, 제13조제1항 또는 같은 조 제2항 단서에 따라 대한민국에

서 외국 국적을 행사하지 아니하겠다는 뜻을 서약한 자가 그 뜻에 현저히 반하는 행위를 한 경우에는 6개월 내에 하나의 국적을 선택할 것을 명할 수 있다.
③ 제1항 또는 제2항에 따라 국적선택의 명령을 받은 자가 대한민국 국적을 선택하려면 외국 국적을 포기하여야 한다.
④ 제1항 또는 제2항에 따라 국적선택의 명령을 받고도 이를 따르지 아니한 자는 그 기간이 지난 때에 대한민국 국적을 상실한다.

제15조(외국 국적 취득에 따른 국적 상실)
① 대한민국의 국민으로서 자진하여 외국 국적을 취득한 자는 그 외국 국적을 취득한 때에 대한민국 국적을 상실한다.
② 대한민국의 국민으로서 다음 각 호의 어느 하나에 해당하는 자는 그 외국 국적을 취득한 때부터 6개월 내에 법무부장관에게 대한민국 국적을 보유할 의사가 있다는 뜻을 신고하지 아니하면 그 오국 국적을 취득한 때로 소급(遡及)하여 대한민국 국적을 상실한 것으로 본다.
1. 외국인과의 혼인으로 그 배우자의 국적을 취득하게 된 자
2. 외국인에게 입양되어 그 양부 또는 양모의 국적을 취득하게 된 자
3. 외국인인 부 또는 모에게 인지되어 그 부 또는 모의 국적을 취득하게 된 자
4. 외국 국적을 취득하여 대한민국 국적을 상실하게 된 자의 배우자나 미성년의 자(子)로서 그 외국의 법률에 따라 함께 그 외국 국적을 취득하게 된 자

2. 출입국관리법과 여권법

(1) 국민의 출입국

출입국관리법 제3조(국민의 출국)
① 대한민국에서 대한민국 밖의 지역으로 출국(이하 "출국"이라 한다)하려는 국민은 유효한 여권을 가지고 출국하는 출입국항에서 출입국관리공무원의 출국심사를 받아야 한다. 다만, 부득이한 사유로 출입국항으로 출국할 수 없을 때에는 관할 지방출입국·외국인관서의 장의 허가를 받아 출입국항이 아닌 장소에서 출입국관리공무원의 출국심사를 받은 후 출국할 수 있다.

제4조(출국의 금지)
① 법무부장관은 다음 각 호의 어느 하나에 해당하는 국민에 대하여는 **6개월 이내의 기간을 정하여 출국을 금지할 수 있다.**
1. 형사재판에 계속(係屬) 중인 사람
2. 징역형이나 금고형의 집행이 끝나지 아니한 사람
3. 대통령령으로 정하는 금액(1천만원) 이상의 벌금이나 (2천만원 이상의) 추징금을 내지 아니한 사람
4. 대통령령으로 정하는 금액(5천만원) 이상의 국세·관세 또는 (3천만원 이상의) 지방세를 정당한 사유 없이 그 납부기한까지 내지 아니한 사람
5. **「양육비 이행확보 및 지원에 관한 법률」 제21조의4제1항에 따른 양육비 채무자 중 양육비 이행심의위원회의 심의·의결을 거친 사람**
6. 그 밖에 제1호부터 제5호까지의 규정에 준하는 사람으로서 대한민국의 이익이나 공공의 안전 또는 경제질서를 해칠 우려가 있어 그 출국이 적당하지 아니하다고 법무부령으로 정하는 사람

> **시행규칙 제6조의2(출국금지 대상자)**
>
> ① 법 제4조제1항제6호에서 "법무부령으로 정하는 사람"이란 다음 각 호의 어느 하나에 해당하는 사람을 말한다.
> 1. 「병역법」 제65조제6항에 따라 보충역 편입처분이나 사회복무요원소집의 해제처분이 취소된 사람
> 2. 거짓이나 그 밖의 부정한 방법으로 병역면제·전시근로역·보충역의 처분을 받고 그 처분이 취소된 사람
> 3. 「병역법 시행령」 제128조제4항에 따라 징병검사·입영 등의 연기처분이 취소된 사람
> 4. 종전 「병역법」(2004. 12. 31. 법률 제7272호로 개정되기 전의 것을 말한다) 제65조제4항에 따라 병역면제 처분이 취소된 사람. 다만, 영주귀국의 신고를 한 사람은 제외한다.
> 5. 「병역법」 제76조제1항 각 호 또는 제5항에 해당하는 병역의무불이행자
> 6. 「병역법」 제86조를 위반하여 병역의무 기피·감면 목적으로 도망가거나 행방을 감춘 사람
> 7. 2억원 이상의 국세를 포탈한 혐의로 세무조사를 받고 있는 사람
> 8. 20억원 이상의 허위 세금계산서 또는 계산서를 발행한 혐의로 세무조사를 받고 있는 사람
> 9. 영 제98조에 따른 출입국항에서 타인 명의의 여권 또는 위조·변조여권 등으로 출입국하려고 한 사람
> 10. 3천만원 이상의 공금횡령(橫領) 또는 금품수수(收受) 등의 혐의로 감사원의 감사를 받고 있는 사람
> 11. 「전자장치 부착 등에 관한 법률」 제13조에 따라 위치추적 전자장치가 부착된 사람
> 12. 출국 시 공중보건에 현저한 위해를 끼칠 염려가 있다고 법무부장관이 인정하는 사람
> 13. 그 밖에 출국 시 국가안보 또는 외교관계를 현저하게 해칠 염려가 있다고 법무부장관이 인정하는 사람

② **법무부장관은 범죄 수사를 위하여 출국이 적당하지 아니하다고 인정되는 사람에 대하여는 1개월 이내의 기간을 정하여 출국을 금지할 수 있다.** 다만, 다음 각 호에 해당하는 사람은 그 호에서 정한 기간으로 한다.
1. **소재를 알 수 없어 기소중지 또는 수사중지(피의자중지로 한정한다)된 사람 또는 도주 등 특별한 사유가 있어 수사진행이 어려운 사람 : 3개월 이내**
2. **기소중지 또는 수사중지(피의자중지로 한정한다)된 경우로서 체포영장 또는 구속영장이 발부된 사람 : 영장 유효기간 이내**

제4조의2(출국금지기간의 연장)
① 법무부장관은 출국금지기간을 초과하여 계속 출국을 금지할 필요가 있다고 인정하는 경우에는 그 기간을 연장할 수 있다.
② 제4조제3항에 따라 출국금지를 요청한 기관의 장은 출국금지기간을 초과하여 계속 출국을 금지할 필요가 있을 때에는 출국금지기간이 끝나기 3일 전까지 법무부장관에게 출국금지기간을 연장하여 줄 것을 요청하여야 한다.

제4조의3(출국금지의 해제)
① 법무부장관은 출국금지 사유가 없어졌거나 출국을 금지할 필요가 없다고 인정할 때에는 즉시 출국금지를 해제하여야 한다.
② 제4조제3항에 따라 출국금지를 요청한 기관의 장은 출국금지 사유가 없어졌을 때에는 즉시 법무부장관에게 출국금지의 해제를 요청하여야 한다.

제4조의4(출국금지결정 등의 통지)
① 법무부장관은 제4조제1항 또는 제2항에 따라 출국을 금지하거나 제4조의2제1항에 따라 출국금지기간을 연장하였을 때에는 즉시 당사자에게 그 사유와 기간 등을 밝혀 서면으로 통지하여야 한다.

② 법무부장관은 제4조의3제1항에 따라 출국금지를 해제하였을 때에는 이를 즉시 당사자에게 통지하여야 한다.
③ **법무부장관**은 제1항에도 불구하고 **다음 각 호의 어느 하나에 해당하는 경우에는 제1항의 통지를 하지 아니할 수 있다.**
1. 대한민국의 안전 또는 공공의 이익에 중대하고 명백한 위해(危害)를 끼칠 우려가 있다고 인정되는 경우
2. 범죄수사에 중대하고 명백한 장애가 생길 우려가 있다고 인정되는 경우. 다만, 연장기간을 포함한 총 출국금지기간이 3개월을 넘는 때에는 당사자에게 통지하여야 한다.
3. 출국이 금지된 사람이 있는 곳을 알 수 없는 경우

제4조의5(출국금지결정 등에 대한 이의신청)
① 제4조제1항 또는 제2항에 따라 출국이 금지되거나 제4조의2제1항에 따라 출국금지기간이 연장된 사람은 출국금지결정이나 출국금지기간 연장의 통지를 받은 날 또는 그 사실을 **안 날부터 10일 이내에** 법무부장관에게 출국금지결정이나 출국금지기간 연장결정에 대한 이의를 신청할 수 있다.
② 법무부장관은 제1항에 따른 이의신청을 받으면 그 날부터 **15일 이내에 이의신청의 타당성 여부를 결정**하여야 한다. 다만, 부득이한 사유가 있으면 **15일의 범위에서 한 차례만 그 기간을 연장할 수 있다.**
③ 법무부장관은 제1항에 따른 이의신청이 이유 있다고 판단하면 즉시 출국금지를 해제하거나 출국금지기간의 연장을 철회하여야 하고, 그 이의신청이 이유 없다고 판단하면 이를 기각하고 당사자에게 그 사유를 서면에 적어 통보하여야 한다.

제4조의6(긴급출국금지)
① **수사기관**은 범죄 피의자로서 **사형·무기 또는 장기 3년 이상의 징역이나 금고에 해당하는 죄**를 범하였다고 의심할 만한 상당한 이유가 있고, 다음 각 호의 어느 하나에 해당하는 사유가 있으며, 긴급한 필요가 있는 때에는 제4조제3항에도 불구하고 **출국심사를 하는 출입국관리공무원에게 출국금지를 요청할 수 있다.**
1. 피의자가 증거를 인멸할 염려가 있는 때
2. 피의자가 도망하거나 도망할 우려가 있는 때
② 제1항에 따른 요청을 받은 출입국관리공무원은 출국심사를 할 때에 출국금지가 요청된 사람을 출국시켜서는 아니 된다.
③ 수사기관은 제1항에 따라 **긴급출국금지를 요청한 때로부터 6시간 이내에** 법무부장관에게 긴급출국금지 승인을 요청하여야 한다. 이 경우 검사의 검토의견서 및 범죄사실의 요지, 긴급출국금지의 사유 등을 기재한 긴급출국금지보고서를 첨부하여야 한다.
④ 법무부장관은 수사기관이 제3항에 따른 긴급출국금지 승인 요청을 하지 아니한 때에는 제1항의 수사기관 요청에 따른 출국금지를 해제하여야 한다. **수사기관이 긴급출국금지 승인을 요청한 때로부터 12시간 이내에 법무부장관으로부터 긴급출국금지 승인을 받지 못한 경우에도** 또한 같다.
⑤ 제4항에 따라 출국금지가 해제된 경우에 수사기관은 동일한 범죄사실에 관하여 다시 긴급출국금지 요청을 할 수 없다.

제6조(국민의 입국)
① 대한민국 밖의 지역에서 대한민국으로 입국(이하 "입국")하려는 국민은 유효한 여권을 가지고 입국하는 출입국항에서 출입국관리공무원의 입국심사를 받아야 한다. 다만, 부득이한 사유로 출입국항으로 입국할 수 없을 때에는 지방출입국·외국인관서의 장의 허가를 받아 출입국항이 아닌 장소에서 출입국관리공무원의 입국심사를 받은 후 입국할 수 있다.

(2) 여권

여권법 제2조(여권의 소지)

외국을 여행하려는 국민은 이 법에 따라 발급된 여권을 소지하여야 한다.

제3조(발급권자)

여권은 외교부장관이 발급한다.

제4조(여권의 종류) [21 승진]

① 여권의 종류는 다음 각 호와 같다.
1. 일반여권
2. 관용여권
3. 외교관여권
4. 긴급여권(제1호부터 제3호까지의 규정에 따른 여권을 발급받거나 재발급받을 시간적 여유가 없는 경우로서 여권의 긴급한 발급이 필요하다고 인정되어 발급하는 여권을 말한다)

② 여권은 1회에 한정하여 외국여행을 할 수 있는 여권(이하 "단수여권"이라 한다)과 유효기간 만료일까지 횟수에 제한 없이 외국여행을 할 수 있는 여권(이하 "복수여권"이라 한다)으로 구분하며, 여권의 종류별로 다음 각 호의 구분에 따라 발급한다.
1. 일반여권·관용여권과 외교관여권 : 단수여권과 복수여권
2. 긴급여권 : 단수여권

③ 관용여권과 외교관여권의 발급대상자는 대통령령으로 정한다.

제5조(여권의 유효기간)

① 제4조에 따른 여권(긴급여권은 제외한다)의 종류별 유효기간은 다음 각 호와 같다.
1. 일반여권 : 10년 이내
2. 관용여권 : 5년 이내
3. 외교관여권 : 5년 이내

② 여권의 종류별 유효기간의 설정 등에 필요한 사항은 대통령령으로 정한다.

> **시행령 제6조(일반여권의 유효기간)**
> ① 일반여권의 유효기간은 10년으로 한다.
>
> **제9조(관용여권의 유효기간)**
> ① 관용여권의 유효기간은 5년으로 한다.
>
> **제12조(외교관여권의 유효기간)**
> ① 외교관여권의 유효기간은 5년으로 한다.
>
> **제15조(단수여권의 유효기간)**
> ① 단수여권의 유효기간은 1년으로 한다.
> ② 제1항에도 불구하고 외교부장관은 재판이 진행 중인 사유 등으로 관계 행정기관의 장이 일정기간 동안의 국외여행만 가능하다고 통보한 사람에게는 그 기간을 유효기간으로 하는 단수여권을 발급할 수 있다.

제6조(단수여권의 발급)

① 외교부장관은 다음 각 호의 어느 하나에 해당하는 경우에는 1년 이내의 유효기간이 설정된 단수여권을 발급할 수 있다.
1. 여권발급 신청인이 요청하는 경우
2. 제12조제4항에 따라 여권을 발급하는 경우

4. 제11조제2항의 확인기간 내에 유학생의 학사일정에 따른 출국 등 부득이한 사유로 국외여행을 하여야 할 필요가 있다고 인정되는 사람에게 여권을 발급하는 경우
5. 긴급여권을 발급하는 경우

제12조(여권의 발급 등의 거부·제한)
① 외교부장관은 다음 각 호의 어느 하나에 해당하는 사람에 대하여는 여권의 발급 또는 재발급을 거부할 수 있다.
1. 장기 2년 이상의 형(刑)에 해당하는 죄로 인하여 기소(起訴)되어 있는 사람 또는 장기 3년 이상의 형에 해당하는 죄로 인하여 기소중지 또는 수사중지(피의자중지로 한정한다)되거나 체포영장·구속영장이 발부된 사람 중 국외에 있는 사람
2. 제24조부터 제26조까지의 죄를 범하여 실형을 선고받고 그 집행이 끝나거나(집행이 끝난 것으로 보는 경우를 포함한다) 집행이 면제되지 아니한 사람
2의2. 제2호의 죄를 범하여 형의 집행유예를 선고받고 그 유예기간 중에 있는 사람
3. 제2호의 죄 외의 죄를 범하여 금고 이상의 실형을 선고받고 그 집행이 끝나거나(집행이 끝난 것으로 보는 경우를 포함한다) 집행이 면제되지 아니한 사람
3의2. 제2호의 죄 외의 죄를 범하여 금고 이상의 형의 집행유예를 선고받고 그 유예기간 중에 있는 사람
4. 국외에서 대한민국의 안전보장·질서유지나 통일·외교정책에 중대한 침해를 일으킬 우려가 있는 경우로서 다음 각 목의 어느 하나에 해당하는 사람
   가. 출국할 경우 테러 등으로 생명이나 신체의 안전이 침해될 위험이 큰 사람
   나. 「보안관찰법」 제4조에 따라 보안관찰처분을 받고 그 기간 중에 있으면서 같은 법 제22조에 따라 경고를 받은 사람

제13조(여권의 효력상실) [22 승진, 21 승진]
① 여권은 다음 각 호의 어느 하나에 해당하는 때에는 그 효력을 잃는다.
1. 여권의 명의인이 사망하거나 「국적법」에 따라 대한민국 국적을 상실한 때
1의2. 여권의 유효기간이 끝난 때
2. 여권이 발급된 날부터 6개월이 지날 때까지 신청인이 그 여권을 받아가지 아니한 때
3. 여권을 잃어버려 그 명의인이 대통령령으로 정하는 바에 따라 분실을 신고한 때
4. 여권의 발급 또는 재발급을 신청하기 위하여 반납된 여권의 경우에는 신청한 여권이 발급되거나 재발급된 때
5. 발급된 여권이 변조된 때
6. 여권이 다른 사람에게 양도되거나 대여되어 행사된 때
7. 삭제
8. 제19조에 따라 여권의 반납명령을 받고도 지정한 반납기간 내에 정당한 사유 없이 여권을 반납하지 아니한 때
9. 단수여권의 경우에는 여권의 명의인이 해당 단수여권을 발급한 국가(재외공관의 장이 단수여권을 발급한 경우에는 그 재외공관이 설치된 국가)로 복귀한 때

제14조(여권을 갈음하는 증명서)
① 외교부장관은 국외에 체류하거나 거주하고 있는 사람으로서 여권의 발급·재발급이 거부 또는 제한되었거나 외국에서 강제 퇴거된 사람 등 대통령령으로 정하는 사람에게 여행목적지가 기재된 서류로서 여권을 갈음하는 증명서(이하 "여행증명서"라 한다)를 발급할 수 있다.
② 여행증명서의 유효기간은 1년 이내로 하되, 그 여행증명서의 발급 목적을 이루면 그 효력을 잃는다.

(3) 외국인의 입국

출입국관리법 제2조(정의) [22 승진]

1. "국민"이란 대한민국의 국민을 말한다.
2. "**외국인**"이란 대한민국의 국적을 가지지 아니한 사람을 말한다.
3. "난민"이란 「난민법」 제2조제1호에 따른 난민을 말한다.
4. "**여권**"이란 대한민국정부·외국정부 또는 권한 있는 국제기구에서 발급한 여권 또는 난민여행증명서나 그 밖에 여권을 갈음하는 증명서로서 대한민국정부가 유효하다고 인정하는 것을 말한다.
5. "**선원신분증명서**"란 대한민국정부나 외국정부가 발급한 문서로서 선원임을 증명하는 것을 말한다.
6. "출입국항"이란 출국하거나 입국할 수 있는 대한민국의 항구·공항과 그 밖의 장소로서 대통령령으로 정하는 곳을 말한다.
7. "**재외공관의 장**"이란 외국에 주재하는 대한민국의 대사(大使), 공사(公使), 총영사(總領事), 영사(領事) 또는 영사업무를 수행하는 기관의 장을 말한다.
8. "선박등"이란 대한민국과 대한민국 밖의 지역 사이에서 사람이나 물건을 수송하는 선박, 항공기, 기차, 자동차, 그 밖의 교통기관을 말한다.
9. "승무원"이란 선박등에서 그 업무를 수행하는 사람을 말한다.
10. "운수업자"란 선박등을 이용하여 사업을 운영하는 자와 그를 위하여 통상 그 사업에 속하는 거래를 대리하는 자를 말한다.
10의2. "지방출입국·외국인관서"란 출입국 및 외국인의 체류 관리업무를 수행하기 위하여 법령에 따라 각 지역별로 설치된 관서와 외국인보호소를 말한다.
11. "보호"란 출입국관리공무원이 제46조제1항 각 호에 따른 강제퇴거 대상에 해당된다고 의심할 만한 상당한 이유가 있는 사람을 출국시키기 위하여 외국인보호실, 외국인보호소 또는 그 밖에 법무부장관이 지정하는 장소에 인치(引致)하고 수용하는 집행활동을 말한다.
12. "외국인보호실"이란 이 법에 따라 외국인을 보호할 목적으로 지방출입국·외국인관서에 설치한 장소를 말한다.
13. "외국인보호소"란 지방출입국·외국인관서 중 이 법에 따라 외국인을 보호할 목적으로 설치한 시설로서 대통령령으로 정하는 곳을 말한다.
14. "출입국사범"이란 제93조의2, 제93조의3, 제94조부터 제99조까지, 제99조의2, 제99조의3 및 제100조에 규정된 죄를 범하였다고 인정되는 자를 말한다.
15. "생체정보"란 이 법에 따른 업무에서 본인 일치 여부 확인 등에 활용되는 사람의 지문·얼굴·홍채 및 손바닥 정맥 등의 개인정보를 말한다.
16. "**출국대기실**"이란 지방출입국·외국인관서의 장이 제76조제1항 각 호의 어느 하나에 해당하는 외국인의 인도적 처우 및 원활한 탑승수속과 보안구역내 안전확보를 위하여 그 외국인이 출국하기 전까지 대기하도록 출입국항에 설치한 시설을 말한다.

제7조(외국인의 입국)
① 외국인이 입국할 때에는 유효한 여권과 법무부장관이 발급한 사증(査證)을 가지고 있어야 한다.
② 다음 각 호의 어느 하나에 해당하는 외국인은 제1항에도 불구하고 사증 없이 입국할 수 있다.
1. 재입국허가를 받은 사람 또는 재입국허가가 면제된 사람으로서 그 허가 또는 면제받은 기간이 끝나기 전에 입국하는 사람
2. 대한민국과 사증면제협정을 체결한 국가의 국민으로서 그 협정에 따라 면제대상이 되는 사람
3. 국제친선, 관광 또는 대한민국의 이익 등을 위하여 입국하는 사람으로서 대통령령으로 정하는 바에

따라 따로 입국허가를 받은 사람

> **시행령 제8조(국제친선 등을 위한 입국허가)**
>
> ① 법 제7조제2항제3호에 따라 사증 없이 입국할 수 있는 외국인은 다음 각 호의 어느 하나에 해당하는 사람으로 한다.
>   1. 외국정부 또는 국제기구의 업무를 수행하는 사람으로서 부득이한 사유로 사증을 가지지 아니하고 입국하려는 사람
>   2. 법무부령으로 정하는 기간 내에 대한민국을 관광하거나 통과할 목적으로 입국하려는 사람
>   3. 그 밖에 법무부장관이 대한민국의 이익 등을 위하여 입국이 필요하다고 인정하는 사람

4. 난민여행증명서를 발급받고 출국한 후 그 유효기간이 끝나기 전에 입국하는 사람

제8조(사증) [19 승진]
① 제7조에 따른 사증은 1회만 입국할 수 있는 단수사증(單數查證)과 2회 이상 입국할 수 있는 복수사증(複數查證)으로 구분한다.
② 법무부장관은 사증발급에 관한 권한을 대통령령으로 정하는 바에 따라 **재외공관의 장**에게 위임할 수 있다.

제10조(체류자격)
입국하려는 외국인은 다음 각 호의 어느 하나에 해당하는 체류자격을 가져야 한다.
1. 일반체류자격 : 이 법에 따라 대한민국에 체류할 수 있는 기간이 제한되는 체류자격
2. 영주자격 : 대한민국에 영주(永住)할 수 있는 체류자격

제10조의2(일반체류자격)
① 제10조제1호에 따른 일반체류자격(이하 "일반체류자격"이라 한다)은 다음 각 호의 구분에 따른다.
1. **단기체류자격** : 관광, 방문 등의 목적으로 대한민국에 90일 이하의 기간(사증면제협정이나 상호주의에 따라 90일을 초과하는 경우에는 그 기간) 동안 머물 수 있는 체류자격
2. **장기체류자격** : 유학, 연수, 투자, 주재, 결혼 등의 목적으로 대한민국에 90일을 초과하여 법무부령으로 정하는 체류기간의 상한 범위에서 거주할 수 있는 체류자격

제10조의3(영주자격)
① 제10조제2호에 따른 영주자격(이하 "영주자격"이라 한다)을 가진 외국인은 활동범위 및 체류기간의 제한을 받지 아니한다.
② **영주자격을 취득하려는 사람**은 대통령령으로 정하는 영주의 자격에 부합한 사람으로서 다음 각 호의 요건을 모두 갖추어야 한다.
1. 대한민국의 법령을 준수하는 등 품행이 단정할 것
2. 본인 또는 생계를 같이하는 가족의 소득, 재산 등으로 생계를 유지할 능력이 있을 것
3. 한국어능력과 한국사회·문화에 대한 이해 등 대한민국에서 계속 살아가는 데 필요한 기본소양을 갖추고 있을 것

제11조(입국의 금지 등) [21 해경]
① **법무부장관**은 다음 각 호의 어느 하나에 해당하는 외국인에 대하여는 **입국을 금지**할 수 있다.
1. 감염병환자, 마약류중독자, 그 밖에 공중위생상 해를 끼칠 염려가 있다고 인정되는 사람
2. 「총포·도검·화약류 등의 안전관리에 관한 법률」에서 정하는 총포·도검·화약류 등을 위법하게

가지고 입국하려는 사람
3. 대한민국의 이익이나 공공의 안전을 해치는 행동을 할 염려가 있다고 인정할 만한 상당한 이유가 있는 사람
4. 경제질서 또는 사회질서를 해치거나 선량한 풍속을 해치는 행동을 할 염려가 있다고 인정할 만한 상당한 이유가 있는 사람
5. 사리 분별력이 없고 국내에서 체류활동을 보조할 사람이 없는 정신장애인, 국내체류비용을 부담할 능력이 없는 사람, 그 밖에 구호(救護)가 필요한 사람
6. 강제퇴거명령을 받고 출국한 후 **5년이 지나지 아니한** 사람
7. 1910년 8월 29일부터 1945년 8월 15일까지 사이에 다음 각 목의 어느 하나에 해당하는 정부의 지시를 받거나 그 정부와 연계하여 인종, 민족, 종교, 국적, 정치적 견해 등을 이유로 사람을 학살·학대하는 일에 관여한 사람
   가. 일본 정부
   나. 일본 정부와 동맹 관계에 있던 정부
   다. 일본 정부의 우월한 힘이 미치던 정부
8. 제1호부터 제7호까지의 규정에 준하는 사람으로서 법무부장관이 그 입국이 적당하지 아니하다고 인정하는 사람

제16조의2(난민 임시상륙허가)
① 지방출입국·외국인관서의 장은 선박등에 타고 있는 외국인이 「난민법」 제2조제1호에 규정된 이유나 그 밖에 이에 준하는 이유로 그 생명·신체 또는 신체의 자유를 침해받을 공포가 있는 영역에서 도피하여 곧바로 대한민국에 비호(庇護)를 신청하는 경우 그 외국인을 상륙시킬 만한 상당한 이유가 있다고 인정되면 법무부장관의 승인을 받아 90일의 범위에서 난민 임시상륙허가를 할 수 있다. 이 경우 법무부장관은 외교부장관과 협의하여야 한다.

시행규칙 제11조(단체사증의 발급)
① 재외공관의 장은 일시방문하는 외교사절단, 국제행사참가단체, 수학여행단체 기타 이에 준하는 여행객 단체로서 그 구성원의 수가 법무부장관이 따로 정하는 인원을 초과하는 단체의 구성원이 동일한 선박등으로 입국하고자 하는 때에는 단체사증을 발급할 수 있다.

시행규칙 제12조(사증의 유효기간등) [18 승진]
① 단수사증의 유효기간은 발급일부터 3개월로 한다.
② 복수사증의 유효기간은 발급일부터 다음 각 호의 기간으로 한다.
   1. 영 별표 1의2 중 체류자격 1. 외교(A-1)부터 3. 협정(A-3)까지에 해당하는 사람의 복수사증은 3년 이내
   1의2. 영 별표 1의2 중 29. 방문취업(H-2)의 체류자격에 해당하는 사람의 복수사증은 5년 이내
   2. 복수사증발급협정등에 의하여 발급된 복수사증은 협정상의 기간
   3. 상호주의 기타 국가이익등을 고려하여 발급된 복수사증은 법무부장관이 따로 정하는 기간

◆ **출입국관리법 시행령 [별표 1]** <개정 19. 6. 11.>

단기체류자격

체류자격(기호)	체류자격에 해당하는 사람 또는 활동범위
1. 사증면제(B-1)	대한민국과 사증면제협정을 체결한 국가의 국민으로서 그 협정에 따른 활동을 하려는 사람
2. 관광·통과(B-2)	관광·통과 등의 목적으로 대한민국에 사증 없이 입국하려는 사람
3. 일시취재(C-1)	일시적인 취재 또는 보도활동을 하려는 사람
4. 단기방문(C-3)	시장조사, 업무 연락, 상담, 계약 등의 상용(商用)활동과 관광, 통과, 요양, 친지 방문, 친선경기, 각종 행사나 회의 참가 또는 참관, 문화예술, 일반연수, 강습, 종교의식 참석, 학술자료 수집, 그 밖에 이와 유사한 목적으로 90일을 넘지 않는 기간 동안 체류하려는 사람(영리를 목적으로 하는 사람은 제외한다)
5. 단기취업(C-4)	가. 일시 흥행, 광고·패션 모델, 강의·강연, 연구, 기술지도 등 별표 1의2 중 14. 교수(E-1)부터 20. 특정활동(E-7)까지의 체류자격에 해당하는 분야에 수익을 목적으로 단기간 취업활동을 하려는 사람 나. 각종 용역계약 등에 의하여 기계류 등의 설치·유지·보수, 조선 및 산업설비 제작·감독 등을 목적으로 국내 공공기관·민간단체에 파견되어 단기간 영리활동을 하려는 사람 다. 법무부장관이 관계 중앙행정기관의 장과 협의하여 정하는 농작물 재배·수확(재배·수확과 연계된 원시가공 분야를 포함한다) 및 수산물 원시가공 분야에서 단기간 취업 활동을 하려는 사람으로서 법무부장관이 인정하는 사람

■ **출입국관리법 시행령 [별표 1의2]** <개정 20. 8. 5.>

장기체류자격

체류자격(기호)	체류자격에 해당하는 사람 또는 활동범위
1. 외교(A-1)	대한민국정부가 접수한 외국정부의 외교사절단이나 영사기관의 구성원, 조약 또는 국제관행에 따라 외교사절과 동등한 특권과 면제를 받는 사람과 그 가족
2. 공무(A-2)	대한민국정부가 승인한 외국정부 또는 국제기구의 공무를 수행하는 사람과 그 가족
3. 협정(A-3)	대한민국정부와의 협정에 따라 외국인등록이 면제되거나 면제할 필요가 있다고 인정되는 사람과 그 가족
4. 문화예술(D-1)	수익을 목적으로 하지 않는 문화 또는 예술 관련 활동을 하려는 사람(대한민국의 전통문화 또는 예술에 대하여 전문적인 연구를 하거나 전문가의 지도를 받으려는 사람을 포함한다)
5. 유학(D-2)	전문대학 이상의 교육기관 또는 학술연구기관에서 정규과정의 교육을 받거나 특정 연구를 하려는 사람
6. 기술연수(D-3)	법무부장관이 정하는 연수조건을 갖춘 사람으로서 국내의 산업체에서 연수를 받으려는 사람
7. 일반연수(D-4)	법무부장관이 정하는 요건을 갖춘 교육기관이나 기업체, 단체 등에서 교육 또는 연수를 받거나 연구활동에 종사하려는 사람[연수기관으로부터 체재비를 초과하는 보수(報酬)를 받거나 유학(D-2)·기술연수(D-3) 체류자격에 해당하는 사람은 제외한다]
8. 취재(D-5)	외국의 신문사, 방송사, 잡지사 또는 그 밖의 보도기관으로부터 파견되거나 외국 보도기관과의 계약에 따라 국내에 주재하면서 취재 또는 보도활동을 하려는 사람
9. 종교(D-6)	가. 외국의 종교단체 또는 사회복지단체로부터 파견되어 대한민국에 있는 지부 또는 유관 종교단체에서 종교활동을 하려는 사람 나. 대한민국 내의 종교단체 또는 사회복지단체의 초청을 받아 사회복지활동을 하려는 사람

	다. 그 밖에 법무부장관이 인정하는 종교활동 또는 사회복지활동에 종사하려는 사람
10. 주재 (D-7)	가. 외국의 공공기관·단체 또는 회사의 본사, 지사, 그 밖의 사업소 등에서 1년 이상 근무한 사람으로서 대한민국에 있는 그 계열회사, 자회사, 지점 또는 사무소 등에 필수 전문인력으로 파견되어 근무하려는 사람[기업투자(D-8) 체류자격에 해당하는 사람은 제외하며, 국가기간산업 또는 국책사업에 종사하려는 경우나 그 밖에 법무부장관이 필요하다고 인정하는 경우에는 1년 이상의 근무요건을 적용하지 않는다] 나. 「자본시장과 금융투자업에 관한 법률」 제9조제15항제1호에 따른 상장법인 또는 「공공기관의 운영에 관한 법률」 제4조제1항에 따른 공공기관이 설립한 해외 현지법인이나 해외지점에서 1년 이상 근무한 사람으로서 대한민국에 있는 그 본사나 본점에 파견되어 전문적인 지식·기술 또는 기능을 제공하거나 전수받으려는 사람(상장법인의 해외 현지법인이나 해외지점 중 본사의 투자금액이 미화 50만 달러 미만인 경우는 제외한다)

11. 기업투자 (D-8)	가. 「외국인투자 촉진법」에 따른 외국인투자기업의 경영·관리 또는 생산·기술 분야에 종사하려는 필수전문인력으로서 법무부장관이 인정하는 사람[외국인이 경영하는 기업(법인은 제외한다)에 투자한 사람 및 국내에서 채용된 사람은 제외한다]
	나. 지식재산권을 보유하는 등 우수한 기술력으로 「벤처기업육성에 관한 특별조치법」 제2조의2 제1항제2호다목에 따른 벤처기업을 설립한 사람 중 같은 법 제25조에 따라 벤처기업 확인을 받은 사람 또는 이에 준하는 사람으로서 법무부장관이 인정하는 사람
	다. 다음의 어느 하나에 해당하는 사람으로서 지식재산권을 보유하거나 이에 준하는 기술력 등을 가진 사람 중 법무부장관이 인정한 법인 창업자
	  1) 국내에서 전문학사 이상의 학위를 취득한 사람
	  2) 외국에서 학사 이상의 학위를 취득한 사람
	  3) 관계 중앙행정기관의 장이 지식재산권 보유 등 우수한 기술력을 보유한 사람으로 인정하여 추천한 사람

12. 무역경영 (D-9)	대한민국에 회사를 설립하여 경영하거나 무역, 그 밖의 영리사업을 위한 활동을 하려는 사람으로서 필수 전문인력에 해당하는 사람[수입기계 등의 설치, 보수, 조선 및 산업설비 제작·감독 등을 위하여 대한민국 내의 공공기관·민간단체에 파견되어 근무하려는 사람을 포함하되, 국내에서 채용하는 사람과 기업투자(D-8) 체류자격에 해당하는 사람은 제외한다]
13. 구직 (D-10)	가. 교수(E-1)부터 특정활동(E-7)까지의 체류자격[예술흥행(E-6) 체류자격 중 법무부장관이 정하는 공연업소의 종사자는 제외한다]에 해당하는 분야에 취업하기 위하여 연수나 구직활동 등을 하려는 사람으로서 법무부장관이 인정하는 사람 나. 기업투자(D-8) 다목에 해당하는 법인의 창업 준비 등을 하려는 사람으로서 법무부장관이 인정하는 사람
14. 교수 (E-1)	「고등교육법」 제14조제1항·제2항 또는 제17조에 따른 자격요건을 갖춘 외국인으로서 전문대학 이상의 교육기관이나 이에 준하는 기관에서 전문 분야의 교육 또는 연구·지도 활동에 종사하려는 사람
15. 회화지도 (E-2)	법무부장관이 정하는 자격요건을 갖춘 외국인으로서 외국어전문학원, 초등학교 이상의 교육기관 및 부설어학연구소, 방송사 및 기업체 부설 어학연수원, 그 밖에 이에 준하는 기관 또는 단체에서 외국어 회화지도에 종사하려는 사람
16. 연구 (E-3)	대한민국 내 공공기관·민간단체으로부터 초청을 받아 각종 연구소에서 자연과학 분야의 연구, 사회과학·인문학·예체능 분야의 연구 또는 산업상 고도기술의 연구·개발에 종사하려는 사람 [교수(E-1) 체류자격에 해당하는 사람은 제외한다]
17. 기술지도 (E-4)	자연과학 분야의 전문지식 또는 산업상 특수한 분야에 속하는 기술을 제공하기 위하여 대한민국 내 공공기관·민간단체로부터 초청을 받아 종사하려는 사람
18. 전문직업 (E-5)	대한민국 법률에 따라 자격이 인정된 외국의 변호사, 공인회계사, 의사, 그 밖에 국가공인 자격이 있는 사람으로서 대한민국 법률에 따라 할 수 있도록 되어 있는 법률, 회계, 의료 등의 전문업무에 종사하려는 사람[교수(E-1) 체류자격에 해당하는 사람은 제외한다]

19. 예술흥행 (E-6)		수익이 따르는 음악, 미술, 문학 등의 예술활동과 수익을 목적으로 하는 연예, 연즈, 연극, 운동 경기, 광고·패션 모델, 그 밖에 이에 준하는 활동을 하려는 사람
20. 특정활동 (E-7)		대한민국 내의 공공기관·민간단체 등과의 계약에 따라 법무부장관이 특별히 지정하는 활동에 종사하려는 사람
20의2. 계절근로 (E-8)		법무부장관이 관계 중앙행정기관의 장과 협의하여 정하는 농작물 재배·수확(재배·수확과 연계된 원시가공 분야를 포함한다) 및 수산물 원시가공 분야에서 취업 활동을 하려는 사람으로서 법무부장관이 인정하는 사람
21. 비전문취업 (E-9)		「외국인근로자의 고용 등에 관한 법률」에 따른 국내 취업요건을 갖춘 사람(일정 자격이나 경력 등이 필요한 전문직종에 종사하려는 사람은 제외한다)
22. 선원취업 (E-10)		다음 각 목에 해당하는 사람과 그 사업체에서 6개월 이상 노무를 제공할 것을 조건으로 선원근로계약을 체결한 외국인으로서 「선원법」 제2조제6호에 따른 부원(部員)에 해당하는 사람 가. 「해운법」 제3조제1호·제2호·제5호 또는 제23조제1호에 따른 사업을 경영하는 사람 나. 「수산업법」 제7조제1항제1호, 제40조제1항 또는 제51조제1항에 따른 사업을 경영하는 사람 다. 「크루즈산업의 육성 및 지원에 관한 법률」 제2조제7호에 따른 국적 크루즈사업자로서 같은 조 제4호에 따른 국제순항 크루즈선을 이용하여 사업을 경영하는 사람

23. 방문동거
(F-1)
		가. 친척 방문, 가족 동거, 피부양(被扶養), 가사정리, 그 밖에 이와 유사한 목적으로 체류하려는 사람으로서 법무부장관이 인정하는 사람
		나. 다음의 어느 하나에 해당하는 사람의 가사보조인
		  1) 외교(A-1), 공무(A-2) 체류자격에 해당하는 사람
		  2) 미화 50만 달러 이상을 투자한 외국투자가(법인인 경우 그 임직원을 포함한다)로서 기업투자(D-8), 거주(F-2), 영주(F-5), 결혼이민(F-6) 체류자격에 해당하는 사람
		  3) 인공지능(AI), 정보기술(IT), 전자상거래 등 기업정보화(e-business), 생물산업(BT), 나노기술(NT) 분야 등 법무부장관이 정하는 첨단·정보기술 업체에 투자한 외국투자가(법인인 경우 그 임직원을 포함한다)로서 기업투자(D-8), 거주(F-2), 영주(F-5), 결혼이민(F-6) 체류자격에 해당하는 사람
		  4) 취재(D-5), 주재(D-7), 무역경영(D-9), 교수(E-1)부터 특정활동(E-7)까지의 체류자격에 해당하거나 그 체류자격에서 거주(F-2) 바목 또는 별표 1의3 영주(F-5) 제1호의 체류자격으로 변경한 전문인력으로서 법무부장관이 인정하는 사람
		다. 외교(A-1)부터 협정(A-3)까지의 체류자격에 해당하는 사람의 동일한 세대에 속하지 않는 동거인으로서 그 체류의 필요성을 법무부장관이 인정하는 사람
		라. 그 밖에 부득이한 사유로 직업활동에 종사하지 않고 대한민국에 장기간 체류하여야 할 사정이 있다고 인정되는 사람

24. 거주
(F-2)
		가. 국민의 미성년 외국인 자녀 또는 별표 1의3 영주(F-5) 체류자격을 가지고 있는 사람의 배우자 및 그의 미성년 자녀
		나. 국민과 혼인관계(사실상의 혼인관계를 포함한다)에서 출생한 사람으로서 법무부장관이 인정하는 사람
		다. 난민의 인정을 받은 사람
		라. 「외국인투자 촉진법」에 따른 외국투자가 등으로 다음의 어느 하나에 해당하는 사람
		  1) 미화 50만 달러 이상을 투자한 외국인으로서 기업투자(D-8) 체류자격으로 3년 이상 계속 체류하고 있는 사람
		  2) 미화 50만 달러 이상을 투자한 외국법인이 「외국인투자 촉진법」에 따른 국내 외국인투자기업에 파견한 임직원으로서 3년 이상 계속 체류하고 있는 사람
		  3) 미화 30만 달러 이상을 투자한 외국인으로서 2명 이상의 국민을 고용하고 있는 사람
		마. 별표 1의3 영주(F-5) 체류자격을 상실한 사람 중 국내 생활관계의 권익보호 등을 고려하여 법무부장관이 국내에서 계속 체류하여야 할 필요가 있다고 인정하는 사람(강제퇴거된 사람은 제외한다)
		바. 외교(A-1)부터 협정(A-3)까지의 체류자격 외의 체류자격으로 대한민국에 5년 이상 계속 체류하여 생활 근거지가 국내에 있는 사람으로서 법무부장관이 인정하는 사람
		사. 삭제 〈22. 12. 27.〉
		아. 「국가공무원법」 또는 「지방공무원법」에 따라 공무원으로 임용된 사람으로서 법무부장관이 인정하는 사람
		자. 나이, 학력, 소득 등이 법무부장관이 정하여 고시하는 기준에 해당하는 사람
		차. 투자지역, 투자대상, 투자금액 등 법무부장관이 정하여 고시하는 기준에 따라 부동산 등 자산에 투자한 사람 또는 법인의 임원, 주주 등으로서 법무부장관이 인정하는 외국인. 이 경우 법인에 대해서는 법무부장관이 투자금액 등을 고려하여 체류자격 부여인원을 정한다.
		카. 법무부장관이 대한민국에 특별한 기여를 했거나 공익의 증진에 이바지했다고 인정하는 사람

	타. 자목부터 카목까지의 규정에 해당하는 사람의 배우자 및 자녀(법무부장관이 정하는 요건을 갖춘 자녀만 해당한다)	
	파. 「국가균형발전 특별법」 제2조제9호에 따른 인구감소지역 등에서의 인력 수급과 지역 활력 회복을 지원하기 위하여 법무부장관이 대상 업종·지역, 해당 지역 거주·취업 여부 및 그 기간 등을 고려하여 고시하는 기준에 해당하는 사람	
25. 동반 (F-3)	문화예술(D-1), 유학(D-2), 일반연수(D-4)부터 특정활동(E-7)까지, 거주(F-2), 재외동포(F-4) 및 방문취업(H-2)의 체류자격에 해당하는 사람의 배우자 및 미성년 자녀로서 배우자가 없는 사람. 다만, 거주(F-2)의 체류자격 중 타목의 체류자격에 해당하는 사람은 제외한다.	
26. 재외동포 (F-4)	「재외동포의 출입국과 법적 지위에 관한 법률」 제2조제2호에 해당하는 사람(단순 노무행위 등 이 영 제23조제3항 각 호에서 규정한 취업활동에 종사하려는 사람은 제외한다)	
27. 결혼이민 (F-6)	가. 국민의 배우자 나. 국민과 혼인관계(사실상의 혼인관계를 포함한다)에서 출생한 자녀를 양육하고 있는 부 또는 모로서 법무부장관이 인정하는 사람 다. 국민인 배우자와 혼인한 상태로 국내에 체류하던 중 그 배우자의 사망이나 실종, 그 밖에 자신에게 책임이 없는 사유로 정상적인 혼인관계를 유지할 수 없는 사람으로서 법무부장관이 인정하는 사람	
28. 관광취업 (H-1)	대한민국과 "관광취업"에 관한 협정이나 양해각서 등을 체결한 국가의 국민으로서 협정 등의 내용에 따라 관광과 취업활동을 하려는 사람(협정 등의 취지에 반하는 업종이나 국내법에 따라 일정한 자격요건을 갖추어야 하는 직종에 취업하려는 사람은 제외한다)	

(4) 외국인의 상륙 [22 해경, 21 승진, 20 간부]

	내용	기간	허가권자
관광 상륙허가	관광을 목적으로 대한민국과 외국 해상을 국제적으로 순회하여 운항하는 여객운송선박 중 법무부령으로 정하는 선박에 승선한 외국인 승객에 대하여 그 선박의 장 또는 운수업자가 상륙허가를 신청한 경우	3일 범위	출입국 관리공무원
승무원상륙허가	다음 어느 하나에 해당하는 외국인승무원에 대하여 선박등의 장 또는 운수업자나 본인이 신청한 경우 1. 승선 중인 선박등이 대한민국의 출입국항에 정박하고 있는 동안 휴양 등의 목적으로 상륙하려는 외국인승무원 2. 대한민국의 출입국항에 입항할 예정이거나 정박 중인 선박등으로 옮겨 타려는 외국인승무원	15일 범위	〃
긴급 상륙허가	선박등에 타고 있는 외국인(승무원을 포함한다)이 질병이나 그 밖의 사고로 긴급히 상륙할 필요가 있어 선박등의 장이나 운수업자가 신청한 경우	30일 범위	〃
재난 상륙허가	조난을 당한 선박등에 타고 있는 외국인(승무원을 포함한다)을 긴급히 구조할 필요가 있어 선박등의 장, 운수업자, 구호업무 집행자 또는 외국인을 구조한 선박등의 장이 신청한 경우	30일 범위	지방출입국·외국인관서의 장
난민임시 상륙허가	선박등에 타고 있는 외국인이 「난민법」 제2조 제1호에 규정된 이유나 그 밖에 이에 준하는 이유로 그 생명·신체 또는 신체의 자유를 침해 받을 공포가 있는 영역에서 도피하여 곧바로 대한민국에 비호(庇護)를 신청한 경우	90일 범위	〃
상륙허가를 받은 사람이 그 허가기간 내에 출국할 수 없을 때에는 원래의 허가기간만큼 기간 연장이 가능하다.			

(5) 외국인 등록

> **제31조(외국인등록)**
> ① 외국인이 입국한 날부터 90일을 초과하여 대한민국에 체류하려면 대통령령으로 정하는 바에 따라 입국한 날부터 90일 이내에 그의 체류지를 관할하는 지방출입국·외국인관서의 장에게 외국인등록을 하여야 한다. 다만, 다음 각 호의 어느 하나에 해당하는 외국인의 경우에는 그러하지 아니하다.
> 1. 주한외국공관(대사관과 영사관을 포함한다)과 국제기구의 직원 및 그의 가족
> 2. 대한민국정부와의 협정에 따라 외교관 또는 영사와 유사한 특권 및 면제를 누리는 사람과 그의 가족
> 3. 대한민국정부가 초청한 사람 등으로서 법무부령으로 정하는 사람
>
> **제33조(외국인등록증의 발급 등)**
> ① 제31조에 따라 외국인등록을 받은 지방출입국·외국인관서의 장은 대통령령으로 정하는 바에 따라 그 외국인에게 외국인등록증을 발급하여야 한다. 다만, 그 외국인이 17세 미만인 경우에는 발급하지 아니할 수 있다.
> ② 제1항 단서에 따라 외국인등록증을 발급받지 아니한 외국인이 17세가 된 때에는 90일 이내에 체류지 관할 지방출입국·외국인관서의 장에게 외국인등록증 발급신청을 하여야 한다.
> ③ 영주자격을 가진 외국인에게 발급하는 외국인등록증(이하 "영주증"이라 한다)의 유효기간은 10년으로 한다.

(6) 외국인의 강제퇴거 [21 승진]

> **출입국관리법 제46조(강제퇴거의 대상자)** [21 승진]
> ① 지방출입국·외국인관서의 장은 이 장에 규정된 절차에 따라 다음 각 호의 어느 하나에 해당하는 외국인을 대한민국 밖으로 강제퇴거시킬 수 있다.
> 1. 유효한 여권과 법무부장관이 발급한 사증없이 입국한 사람
> 2. 허위초청 등의 행위로 입국한 외국인
> 3. 입국금지 사유가 입국 후에 발견되거나 발생한 사람
> 4. 입국심사를 받지 않고 입국한 사람 또는 선박 등을 타고 불법적으로 입국한 사람
> 5. 조건부 입북허가에 있어 지방출입국·외국인관서의 장이 붙인 허가조건을 위반한 사람
> 6. 지방출입국·외국인관서의 장 또는 출입국관리공무원의 허가를 받지 아니하고 상륙한 사람
> 7. 외국인 상륙에 있어 지방출입국·외국인관서의 장 또는 출입국관리공무원이 붙인 허가조건을 위반한 사람
> 8. 외국인의 체류 및 활동범위, 외국인 고용의 제한, 체류자격 외 활동, 체류자격 부여, 체류자격 변경허가 또는 체류자격 연장허가 규정을 위반한 사람
> 9. 허가를 받지 아니하고 근무처를 변경·추가하거나 근무처의 변경허가·추가허가를 받지 아니한 외국인을 고용·알선한 사람
> 10. 법무부장관이 정한 거소 또는 활동범위의 제한이나 그 밖의 준수사항을 위반한 사람
> 10의2. 제20조, 제21조, 제23조부터 제25조까지, 제25조의2, 제25조의3 및 제25조의4에 따른 허가 신청과 관련하여 위조·변조된 문서 등을 입증자료로 제출하거나 거짓 사실이 적힌 신청서 등을 제출하는 등 부정한 행위를 한 사람
> 11. 출국심사를 받지 않고 출국하려고 한 사람

12. 외국인등록 의무를 위반한 사람
12의2. 외국인등록증 등의 채무이행 확보수단 제공 등의 금지 규정을 위반한 외국인
13. 금고 이상의 형을 선고받고 석방된 사람
14. 제76조의4제1항 각 호의 어느 하나에 해당하는 사람
15. 그 밖에 제1호부터 제10호까지, 제10호의2, 제11호, 제12호, 제12호의2, 제13호 또는 제14호에 준하는 사람으로서 법무부령으로 정하는 사람

제67조(출국권고)

① 지방출입국·외국인관서의 장은 대한민국에 체류하는 외국인이 다음 각 호의 어느 하나에 해당하면 그 외국인에게 자진하여 출국할 것을 권고할 수 있다.
1. 외국인의 체류 및 활동범위와 체류자격 외 활동 규정을 위반한 사람으로서 그 위반 정도가 가벼운 경우
2. 제1호에서 규정한 경우 외에 이 법 또는 이 법에 따른 명령을 위반한 사람으로서 법무부장관이 그 출국을 권고할 필요가 있다고 인정하는 경우

제68조(출국명령)

① 지방출입국·외국인관서의 장은 다음 각 호의 어느 하나에 해당하는 외국인에게는 출국명령을 할 수 있다.
1. 강제퇴거사유에 해당한다고 인정되나 자기비용으로 자진하여 출국하려는 사람
2. 출국권고를 받고도 이행하지 아니한 사람
3. 제89조에 따라 각종 허가 등이 취소된 사람
3의2. 제89조의2제1항에 따라 영주자격이 취소된 사람. 다만, 제89조의2제2항에 따라 일반체류자격을 부여받은 사람은 제외한다.
4. 제100조제1항부터 제3항까지의 규정에 따른 과태료 처분 후 출국조치하는 것이 타당하다고 인정되는 사람
5. 제102조제1항에 따른 통고처분(通告處分) 후 출국조치하는 것이 타당하다고 인정되는 사람

(7) 고발과 통고처분

제101조(고발) [21 승진, 19 간부]

① 출입국사범에 관한 사건은 지방출입국·외국인관서의 장의 고발이 없으면 공소(公訴)를 제기할 수 없다.
② 출입국관리공무원 외의 수사기관이 제1항에 해당하는 사건을 입건(立件)하였을 때에는 지체 없이 관할 지방출입국·외국인관서의 장에게 인계하여야 한다.

제102조(통고처분)

① 지방출입국·외국인관서의 장은 출입국사범에 대한 조사 결과 범죄의 확증을 얻었을 때에는 그 이유를 명확하게 적어 서면으로 벌금에 상당하는 금액(이하 "범칙금"이라 한다)을 지정한 곳에 낼 것을 통고할 수 있다.
② 지방출입국·외국인관서의 장은 제1항에 따른 통고처분을 받은 자가 범칙금(犯則金)을 임시납부하려는 경우에는 임시납부하게 할 수 있다.
③ 지방출입국·외국인관서의 장은 조사 결과 범죄의 정상이 금고 이상의 형에 해당할 것으로 인정되면 즉시 고발하여야 한다.

제105조(통고처분의 불이행과 고발)
① 출입국사범은 통고서를 송달받으면 15일 이내에 범칙금을 내야 한다.
② 지방출입국·외국인관서의 장은 출입국사범이 제1항에 따른 기간에 범칙금을 내지 아니하면 고발하여야 한다. 다만, 고발하기 전에 범칙금을 낸 경우에는 그러하지 아니하다.
③ 출입국사범에 대하여 강제퇴거명령서를 발급한 경우에는 제2항 본문에도 불구하고 고발하지 아니한다.

제106조(일사부재리)
출입국사범이 통고한 대로 범칙금을 내면 동일한 사건에 대하여 다시 처벌받지 아니한다.

◆ 출입국관리사범에 대한 일반적인 조치

내국인	출국금지
외국인	입국금지, 출국정지, 강제퇴거, 보호 및 일시보호, 출국권고, 출국명령
내·외국인	고발조치, 통고처분

※ 내국인에게는 출국금지조치를 취하고, 외국인에게는 출국정지조치를 취한다.

3. 밀항단속법 [시행 20. 5. 19]

제1조(목적)
이 법은 대한민국 국민이 적법한 절차를 밟지 아니하고 대한민국 외의 지역으로 도항(渡航)하는 것을 방지함을 목적으로 한다.

제2조(정의)
1. "밀항"(密航)이란 관계 기관에서 발행한 여권, 선원수첩, 그 밖에 출국에 필요한 유효한 증명 없이 대한민국 외의 지역으로 도항하거나 국경을 넘는 것을 말한다.
2. "이선·이기"(離船·離機)란 대한민국 외의 지역에서 승선한 선박이나 탑승한 항공기로부터 무단이탈하거나 선장 또는 기장, 그 밖의 책임자가 지정한 시간 내에 귀환하지 아니하는 것을 말한다.

제3조(밀항·이선 등)
① 밀항 또는 이선·이기한 사람은 3년 이하의 징역 또는 3천만원 이하의 벌금에 처한다.
② 제1항의 경우 미수범도 처벌한다.
③ 제1항의 죄를 범할 목적으로 예비(豫備)하거나 음모한 사람은 1년 이하의 징역 또는 1천만원 이하의 벌금에 처한다.

제4조(밀항 등 알선)
① 제3조제1항의 행위를 알선한 사람은 3년 이하의 징역 또는 3천만원 이하의 벌금에 처한다.
② 영리를 목적으로 제1항의 행위를 한 사람은 5년 이하의 징역 또는 5천만원 이하의 벌금이 처한다.

제4조의2(몰수·추징)
① 제3조 또는 제4조의 경우에 그 범죄에 제공되었거나 제공하려던 선박 등 도구로서 범인 이외의 자의 소유가 아닌 것은 몰수할 수 있다.
② 제4조제2항의 경우에 받았거나 받기로 약속한 보수는 몰수한다. 이 경우 해당 보수를 몰수할 수 없을 때에는 그 가액을 추징한다.

제5조(형의 가중)
상습적으로 제3조 또는 제4조의 죄를 범한 사람은 각 죄에 정한 형의 2분의 1까지 가중한다.

제6조(형의 감면 등)
① 밀항 또는 이선·이기한 사람으로서 재외공관에 자수 또는 귀환하였거나 밀항 또는 이선·이기에 착수하였다가 관계 수사기관이나 해당 선장 또는 기장, 그 밖의 책임자에게 자수한 사람은 형을 경감하거나 면제할 수 있다.
② 직계혈족·배우자·동거친족 또는 그 배우자를 위하여 제3조제1항의 행위를 교사하거나 방조한 때에는 벌하지 아니한다.

제7조(사건 통보 등)
① 사법경찰관리가 이 법을 위반한 사건을 수사하였을 때에는 지체 없이 그 사실을 관할 지방출입국·외국인관서의 장에게 통보하여야 한다.
② 제1항의 경우에 그 수사기관의 장은 지방출입국·외국인관서의 장으로부터 출입국관리사무 처리에 필요한 자료의 제출요구를 받으면 그에 따라야 한다.

제2절 | 국제협력

1. 국제형사사법 공조법 [시행 21. 1. 5]

제1조(목적)
이 법은 형사사건의 수사 또는 재판과 관련하여 외국의 요청에 따라 실시하는 공조(共助) 및 외국에 대하여 요청하는 공조의 범위와 절차 등을 정함으로써 범죄를 진압하고 예방하는 데에 국제적인 협력을 증진함을 목적으로 한다.

제2조(정의)
1. "공조"란 대한민국과 외국 간에 형사사건의 수사 또는 재판에 필요한 협조를 제공하거나 제공받는 것을 말한다.
2. "공조조약"이란 대한민국과 외국 간에 체결된 공조에 관한 조약·협정 등을 말한다.
3. "요청국"이란 대한민국에 공조를 요청한 국가를 말한다.
4. "공조범죄"란 공조의 대상이 되어 있는 범죄를 말한다.

제3조(공조조약과의 관계)
공조에 관하여 공조조약에 이 법과 다른 규정이 있는 경우에는 그 규정에 따른다.

제4조(상호주의) [21 승진]
공조조약이 체결되어 있지 아니한 경우에도 동일하거나 유사한 사항에 관하여 대한민국의 공조요청에 따른다는 요청국의 보증이 있는 경우에는 이 법을 적용한다.

제5조(공조의 범위)
공조의 범위는 다음 각 호와 같다.
1. 사람 또는 물건의 소재에 대한 수사
2. 서류·기록의 제공
3. 서류 등의 송달
4. 증거 수집, 압수·수색 또는 검증
5. 증거물 등 물건의 인도(引渡)
6. 진술 청취, 그 밖에 요청국에서 증언하게 하거나 수사에 협조하게 하는 조치

제6조(공조의 제한) [18 해경·승진]
다음 각 호의 어느 하나에 해당하는 경우에는 공조를 하지 아니할 수 있다.
1. 대한민국의 주권, 국가안전보장, 안녕질서 또는 미풍양속을 해칠 우려가 있는 경우
2. 인종, 국적, 성별, 종교, 사회적 신분 또는 특정 사회단체에 속한다는 사실이나 정치적 견해를 달리한다는 이유로 처벌되거나 형사상 불리한 처분을 받을 우려가 있다고 인정되는 경우
3. 공조범죄가 정치적 성격을 지닌 범죄이거나, 공조요청이 정치적 성격을 지닌 다른 범죄에 대한 수사 또는 재판을 할 목적으로 한 것이라고 인정되는 경우
4. 공조범죄가 대한민국의 법률에 의하여는 범죄를 구성하지 아니하거나 공소를 제기할 수 없는 범죄인 경우

5. 이 법에 요청국이 보증하도록 규정되어 있음에도 불구하고 요청국의 보증이 없는 경우

제7조(공조의 연기)
대한민국에서 수사가 진행 중이거나 재판에 계속(係屬)된 범죄에 대하여 외국의 공조요청이 있는 경우에는 그 수사 또는 재판 절차가 끝날 때까지 공조를 연기할 수 있다.

제14조(외교부장관의 조치) [21 승진]
외교부장관은 요청국으로부터 형사사건의 수사에 관한 공조요청을 받았을 때에는 공조요청서에 관계 자료 및 의견을 첨부하여 법무부장관에게 송부하여야 한다.

제15조(법무부장관의 조치)
① 공조요청서를 받은 법무부장관은 공조요청에 응하는 것이 타당하다고 인정하는 경우에는 제2항의 경우를 제외하고는 다음 각 호의 어느 하나의 조치를 하여야 한다.
1. 공조를 위하여 적절하다고 인정되는 지방검찰청 검사장(이하 "검사장"이라 한다) 또는 고위공직자범죄수사처장에게 관계 자료를 송부하고 공조에 필요한 조치를 하도록 명하거나 요구하는 것
2. 제9조제3항의 경우에는 수형자가 수용되어 있는 교정시설의 장에게 수형자의 이송에 필요한 조치를 명하는 것

제17조(검사 등의 처분)
① 검사는 공조에 필요한 자료를 수집하기 위하여 관계인의 출석을 요구하여 진술을 들을 수 있고, 감정·통역 또는 번역을 촉탁할 수 있으며, 서류나 그 밖의 물건의 소유자·소지자(所持者) 또는 보관자에게 그 제출을 요구하거나, 행정기관이나 그 밖의 공사단체(公私團體)에 공조에 필요한 사실을 조회하거나 필요한 사항의 보고를 요구할 수 있다.
② 검사는 공조에 필요한 경우에는 판사에게 청구하여 발급받은 영장에 의하여 압수·수색 또는 검증을 할 수 있다.
③ 검사는 요청국에 인도하여야 할 증거물 등이 법원에 제출되어 있는 경우에는 법원의 인도허가 결정을 받아야 한다.
④ 검사는 사법경찰관리를 지휘하여 제1항의 수사를 하게 할 수 있고, 사법경찰관은 검사에게 신청하여 검사의 청구로 판사가 발부한 영장에 의하여 제2항에 따른 압수·수색 또는 검증을 할 수 있다.

제21조(공조 자료 등의 송부 등)
① 제15조제1항제1호에 따른 명령 또는 요구를 받은 검사장 또는 고위공직자범죄수사처장은 공조에 필요한 조치를 마치면 지체 없이 수집한 공조 자료 등을 법무부장관에게 송부하여야 한다.

제22조(법무부장관의 공조 자료 송부 등)
① 법무부장관은 제21조에 따른 공조 자료 등을 받거나 보고받았을 때에는 공조에 필요한 자료를 외교부장관에게 송부하여야 한다.

제23조(법무부장관의 조치) [21 승진]
① 법무부장관은 법원에서 하여야 할 형사재판에 관한 공조요청서를 받았을 때에는 이를 법원행정처장에게 송부하여야 한다. 다만, 이 법 또는 공조조약에 따라 공조할 수 없거나 공조하지 아니하는 것이 타당하다고 인정하는 경우에는 그러하지 아니하다.
② 법무부장관은 제1항 단서에 따라 공조하지 아니하는 것이 타당하다고 인정하는 경우에는 법원행정처

장과 협의하여야 한다.

제24조(법원행정처장의 조치) [21 승진]
법원행정처장은 법무부장관으로부터 제23조제1항에 따른 공조요청서를 받았을 때에는 이를 관할 지방법원장에게 송부하여야 한다.

제29조(검사 등의 공조요청)
검사 또는 고위공직자범죄수사처장은 외국에 수사에 관한 공조요청을 하려면 법무부장관에게 공조요청서를 송부하여야 하고, 사법경찰관은 검사에게 신청하여 법무부장관에게 공조요청서를 송부하여야 한다.

제30조(법무부장관의 조치)
제29조에 따른 공조요청서를 받은 법무부장관은 외국에 공조요청하는 것이 타당하다고 인정하는 경우에는 그 공조요청서를 외교부장관에게 송부하여야 한다. 다만, 긴급한 조치가 필요한 경우나 특별한 사정이 있는 경우에는 외교부장관의 동의를 받아 공조요청서를 직접 외국에 송부할 수 있다.

제31조(외교부장관의 조치)
외교부장관은 법무부장관으로부터 제30조에 따른 공조요청서를 받았을 때에는 이를 외국에 송부하여야 한다. 다만, 외교 관계상 공조요청하는 것이 타당하지 아니하다고 인정하는 경우에는 이에 관하여 법무부장관과 협의하여야 한다.

제33조(법원의 공조요청)
① 법원이 형사재판에 관하여 외국에 공조요청을 하는 경우에는 법원행정처장에게 공조요청서를 송부하여야 한다. 이 경우 법원은 그 사실을 검사에게 통지하여야 한다.
② 법원행정처장은 제1항에 따른 공조요청서를 받았을 때에는 법무부장관에게 이를 송부하여야 한다.

제38조(국제형사경찰기구와의 협력)
① 행정안전부장관은 국제형사경찰기구로부터 외국의 형사사건 수사에 대하여 협력을 요청받거나 국제형사경찰기구에 협력을 요청하는 경우에는 다음 각 호의 조치를 취할 수 있다.
1. 국제범죄의 정보 및 자료 교환
2. 국제범죄의 동일증명(同一證明) 및 전과 조회
3. 국제범죄에 관한 사실 확인 및 그 조사
② 제1항 각 호를 제외한 협력요청이 이 법에 따른 공조에 관한 것인 경우에는 이 법에 따른다.

2. 범죄인인도법 [시행 21. 1. 5]

제1조(목적)
이 법은 범죄인 인도(引渡)에 관하여 그 범위와 절차 등을 정함으로써 범죄 진압 과정에서의 국제적인 협력을 증진함을 목적으로 한다.

제2조(정의)
1. "인도조약"이란 대한민국과 외국 간에 체결된 범죄인의 인도에 관한 조약·협정 등의 합의를 말한다.
2. "청구국"이란 범죄인의 인도를 청구한 국가를 말한다.
3. "인도범죄"란 범죄인의 인도를 청구할 때 그 대상이 되는 범죄를 말한다.
4. "범죄인"이란 인도범죄에 관하여 청구국에서 수사나 재판을 받고 있는 사람 또는 유죄의 재판을 받은 사람을 말한다.
5. "긴급인도구속"이란 도망할 염려가 있는 경우 등 긴급하게 범죄인을 체포·구금(拘禁)하여야 할 필요가 있는 경우에 범죄인 인도청구가 뒤따를 것을 전제로 하여 범죄인을 체포·구금하는 것을 말한다.

제3조(범죄인 인도사건의 전속관할)
이 법에 규정된 범죄인의 인도심사 및 그 청구와 관련된 사건은 서울고등법원과 서울고등검찰청의 전속관할로 한다.

제3조의2(인도조약과의 관계)
범죄인 인도에 관하여 인도조약에 이 법과 다른 규정이 있는 경우에는 그 규정에 따른다.

제4조(상호주의)
인도조약이 체결되어 있지 아니한 경우에도 범죄인의 인도를 청구하는 국가가 같은 종류 또는 유사한 인도범죄에 대한 대한민국의 범죄인 인도청구에 응한다는 보증을 하는 경우에는 이 법을 적용한다.

제5조(인도에 관한 원칙)
대한민국 영역에 있는 범죄인은 이 법에서 정하는 바에 따라 청구국의 인도청구에 의하여 소추(訴追), 재판 또는 형의 집행을 위하여 청구국에 인도할 수 있다.

제6조(인도범죄)
대한민국과 청구국의 법률에 따라 인도범죄가 사형, 무기징역, 무기금고, 장기(長期) 1년 이상의 징역 또는 금고에 해당하는 경우에만 범죄인을 인도할 수 있다.

제7조(절대적 인도거절 사유) [18 승진]
다음 각 호의 어느 하나에 해당하는 경우에는 범죄인을 인도하여서는 아니 된다.
1. 대한민국 또는 청구국의 법률에 따라 인도범죄에 관한 공소시효 또는 형의 시효가 완성된 경우
2. 인도범죄에 관하여 대한민국 법원에서 재판이 계속(係屬) 중이거나 재판이 확정된 경우
3. 범죄인이 인도범죄를 범하였다고 의심할 만한 상당한 이유가 없는 경우. 다만, 인도범죄에 관하여 청구국에서 유죄의 재판이 있는 경우는 제외한다.
4. 범죄인이 인종, 종교, 국적, 성별, 정치적 신념 또는 특정 사회단체에 속한 것 등을 이유로 처벌되거나 그 밖의 불리한 처분을 받을 염려가 있다고 인정되는 경우

제8조(정치적 성격을 지닌 범죄 등의 인도거절)

① 인도범죄가 정치적 성격을 지닌 범죄이거나 그와 관련된 범죄인 경우에는 범죄인을 인도하여서는 아니 된다. 다만, 인도범죄가 다음 각 호의 어느 하나에 해당하는 경우에는 그러하지 아니하다.
1. 국가원수(國家元首)·정부수반(政府首班) 또는 그 가족의 생명·신체를 침해하거나 위협하는 범죄
2. 다자간 조약에 따라 대한민국이 범죄인에 대하여 재판권을 행사하거나 범죄인을 인도할 의무를 부담하고 있는 범죄
3. 여러 사람의 생명·신체를 침해·위협하거나 이에 대한 위험을 발생시키는 범죄

② 인도청구가 범죄인이 범한 정치적 성격을 지닌 다른 범죄에 대하여 재판을 하거나 그러한 범죄에 대하여 이미 확정된 형을 집행할 목적으로 행하여진 것이라고 인정되는 경우에는 범죄인을 인도하여서는 아니 된다.

제9조(임의적 인도거절 사유) [18 승진]

다음 각 호의 어느 하나에 해당하는 경우에는 범죄인을 인도하지 아니할 수 있다.
1. 범죄인이 대한민국 국민인 경우
2. 인도범죄의 전부 또는 일부가 대한민국 영역에서 범한 것인 경우
3. 범죄인의 인도범죄 외의 범죄에 관하여 대한민국 법원에 재판이 계속 중인 경우 또는 범죄인이 형을 선고받고 그 집행이 끝나지 아니하거나 면제되지 아니한 경우
4. 범죄인이 인도범죄에 관하여 제3국(청구국이 아닌 외국을 말한다. 이하 같다)에서 재판을 받고 처벌되었거나 처벌받지 아니하기로 확정된 경우
5. 인도범죄의 성격과 범죄인이 처한 환경 등에 비추어 범죄인을 인도하는 것이 비인도적(非人道的)이라고 인정되는 경우

제10조(인도가 허용된 범죄 외의 범죄에 대한 처벌 금지에 관한 보증)

인도된 범죄인이 다음 각 호의 어느 하나에 해당하는 경우를 제외하고는 인도가 허용된 범죄 외의 범죄로 처벌받지 아니하고 제3국에 인도되지 아니한다는 청구국의 보증이 없는 경우에는 범죄인을 인도하여서는 아니 된다.
1. 인도가 허용된 범죄사실의 범위에서 유죄로 인정될 수 있는 범죄 또는 인도된 후에 범한 범죄로 범죄인을 처벌하는 경우
2. 범죄인이 인도된 후 청구국의 영역을 떠났다가 자발적으로 청구국에 재입국한 경우
3. 범죄인이 자유롭게 청구국을 떠날 수 있게 된 후 45일 이내에 청구국의 영역을 떠나지 아니한 경우
4. 대한민국이 동의하는 경우

제10조의2(동의 요청에 대한 법무부장관의 조치)

법무부장관은 범죄인을 인도받은 청구국으로부터 인도가 허용된 범죄 외의 범죄로 처벌하거나 범죄인을 제3국으로 다시 인도하는 것에 관한 동의 요청을 받은 경우 그 요청에 타당한 이유가 있다고 인정될 때에는 이를 승인할 수 있다. 다만, 청구국이나 제3국에서 처벌하려는 범죄가 제7조 각 호 또는 제8조에 해당되는 경우에는 그 요청을 승인하여서는 아니 된다.

제11조(인도청구를 받은 외교부장관의 조치)

외교부장관은 청구국으로부터 범죄인의 인도청구를 받았을 때에는 인도청구서와 관련 자료를 법무부장관에게 송부하여야 한다.

제12조(법무부장관의 인도심사청구명령)

① 법무부장관은 외교부장관으로부터 제11조에 따른 인도청구서 등을 받았을 때에는 이를 서울고등검찰청 검사장(檢事長)에게 송부하고 그 소속 검사로 하여금 서울고등법원(이하 "법원"이라 한다)에 범죄인의 인도허가 여부에 관한 심사(이하 "인도심사"라 한다)를 청구하도록 명하여야 한다. 다만, 인도조약 또는 이 법에 따라 범죄인을 인도할 수 없거나 인도하지 아니하는 것이 타당하다고 인정되는 경우에는 그러하지 아니하다.
② 법무부장관은 제1항 단서에 따라 인도심사청구명령을 하지 아니하는 경우에는 그 사실을 외교부장관에게 통지하여야 한다.

제13조(인도심사청구)

① 검사는 제12조제1항에 따른 법무부장관의 인도심사청구명령이 있을 때에는 지체 없이 법원에 인도심사를 청구하여야 한다. 다만, 범죄인의 소재(所在)를 알 수 없는 경우에는 그러하지 아니하다.
② 범죄인이 제20조에 따른 인도구속영장에 의하여 구속되었을 때에는 구속된 날부터 3일 이내에 인도심사를 청구하여야 한다.

제14조(법원의 인도심사)

① 법원은 제13조에 따른 인도심사의 청구를 받았을 때에는 지체 없이 인도심사를 시작하여야 한다.
② 법원은 범죄인이 인도구속영장에 의하여 구속 중인 경우에는 구속된 날부터 2개월 이내에 인도심사에 관한 결정(決定)을 하여야 한다.
③ 범죄인은 인도심사에 관하여 변호인의 도움을 받을 수 있다.
④ 제3항의 경우에는 「형사소송법」 제33조를 준용한다.
⑤ 법원은 인도심사에 관한 결정을 하기 전에 범죄인과 그의 변호인에게 의견을 진술할 기회를 주어야 한다. 다만, 인도심사청구 각하결정(却下決定) 또는 인도거절 결정을 하는 경우에는 그러하지 아니하다.

제15조(법원의 결정)

① 법원은 인도심사의 청구에 대하여 다음 각 호의 구분에 따라 결정을 하여야 한다.
 1. 인도심사의 청구가 적법하지 아니하거나 취소된 경우 : 인도심사청구 각하결정
 2. 범죄인을 인도할 수 없다고 인정되는 경우 : 인도거절 결정
 3. 범죄인을 인도할 수 있다고 인정되는 경우 : 인도허가 결정
② 제1항에 따른 결정에는 그 이유를 구체적으로 밝혀야 한다.
③ 제1항에 따른 결정은 그 주문(主文)을 검사에게 통지함으로써 효력이 발생한다.
④ 법원은 제1항에 따른 결정을 하였을 때에는 지체 없이 검사와 범죄인에게 결정서의 등본을 송달하고, 검사에게 관계 서류를 반환하여야 한다.

제24조(긴급인도구속의 청구를 받은 외교부장관의 조치)

외교부장관은 청구국으로부터 범죄인의 긴급인도구속을 청구받았을 때에는 긴급인도구속 청구서와 관련 자료를 법무부장관에게 송부하여야 한다.

제42조(법무부장관의 인도청구 등)

① 법무부장관은 대한민국 법률을 위반한 범죄인이 외국에 있는 경우 그 외국에 대하여 범죄인 인도 또는 긴급인도구속을 청구할 수 있다.

제43조(인도청구서 등의 송부)
법무부장관은 제42조 및 제42조의4에 따라 범죄인 인도청구, 긴급인도구속청구, 동의 요청 등을 결정한 경우에는 인도청구서 등과 관계 자료를 외교부장관에게 송부하여야 한다.

제44조(외교부장관의 조치)
외교부장관은 법무부장관으로부터 제43조에 따른 인도청구서 등을 송부받았을 때에는 이를 해당 국가에 송부하여야 한다.

제47조(검찰총장 경유)
이 법에 따라 법무부장관이 검사장 등에게 하는 명령과 검사장·지청장 또는 검사가 법무부장관에게 하는 건의·보고 또는 서류 송부는 검찰총장을 거쳐야 한다. 다만, 고위공직자범죄수사처장 또는 그 소속 검사의 경우에는 그러하지 아니하다.

◆ 범죄인 인도에 관한 제(諸)원칙(범죄인 인도법)

상호주의(§4)	범죄인의 인도를 청구하는 국가가 동종의 또는 유사한 인도범죄어 대한 범죄인 인도청구에 응한다는 보증이 있는 경우에 인도한다는 원칙
쌍방가벌성의 원칙(§6)	청구국과 피청구국 쌍방의 법률에 의하여 범죄를 구성하지 않는 경우에는 범죄인을 인도하지 않는다는 원칙
특정성 원칙(§10)	인도된 범죄인이 인도가 허용된 범죄 외의 범죄로 처벌받지 않는다는 원칙
자국민 불인도의 원칙(§9)	① 자국민은 인도하지 않는다는 원칙(우리나라는 임의적 거절사유) ② 대륙법 채택, 영미법 채택 않음
정치범 불인도의 원칙(§8)	① 정치적 성격을 지닌 범죄는 인도하지 않는다는 원칙으로 우리나라에서도 이 원칙을 명문으로 규정하고 있으나, 정치범죄에 해당하는지 여부는 전적으로 피청구국의 판단에 의존하는 것이기 때문에 정치범죄에 대한 개념정의는 하지 않고 있음 ② 국가원수암살범, 집단살해, 전쟁범죄, 항공기납치, 마약거래, 인종차별, 야만·약탈행위 등은 예외 ※ 가해조항 : 정치범에 해당하는 범죄인 경우에도 국가원수나 그 가족을 살해한 자는 정치범으로 인정하지 않음
군사범 불인도의 원칙	① 군사범죄(탈영, 항명 등)자는 인도하지 않는다는 원칙 ② 우리나라는 명문규정을 두고 있지 않음
최소한 중요성의 원칙(§6)	① 어느 정도 중요성 있는 범죄만 인도한다는 원칙 ② 우리나라는 사형, 무기징역, 무기금고, 장기 1년 이상의 범죄만 인도
유용성의 원칙(§7)	① 실제로 처벌하기 위해 필요한 범죄자만 인도한다는 원칙 ② 시효완성, 사면 등으로 처벌하지 못하는 범죄자는 인도대상에서 제외

3. 인터폴(ICPO) : 국제형사경찰기구(International Criminal Police Organization)

1923년 비엔나에서 19개국 경찰기관장이 참석한 가운데 제2차 국제형사경찰회의가 개최되어 국제형사경찰위원회(ICPC : International Criminal Police Commission)를 창립하였다.

인터폴은 회원국 상호간 필요한 각종 정보와 자료를 교환하고 범죄의 예방과 수사를 위해 각 회원국 간의 현행법 범위 내에서 세계인권선언의 정신에 입각하여 회원국간 상호 협력을 증진시키는 것을 목적으로 한다.

인터폴 협력의 원칙으로는 주권의 존중, 일반법의 집행, 보편성의 원칙, 평등성의 원칙, 업무방법의 유연성 등이 있다.

행정안전부장관은 국제형사경찰기구로부터 외국의 형사사건 수사에 대하여 협력을 요청받거나 국제형사경찰기구에 협력을 요청하는 경우 국제범죄의 정보 및 자료교환, 국제범죄의 동일증명 및 전과조회 등의 조치를 취할 수 있다. 어떠한 정치적·군사적·종교적·인종적 활동이나 기능을 수행하는 것은 엄격히 금지되어 있는 회원국 간의 협력기구이지 국제수사기관이 아니다. 인터폴의 공용어는 영어, 불어, 스페인어, 아랍어이다. 이러한 인터폴에 우리나라는 가입되어 있으나 북한은 가입되어 있지 않다.

◆ **국제수배서의 종류** [22 간부, 20 해경, 19 해경]

구분	내용
적색수배서(Red Notice)	일반 형법을 위반하여 체포영장이 발부되고 범인인도를 목적으로 하는 경우에 한하여 발행
청색수배서(Blue Notice)	주로 수배자의 신원과 소재확인을 위해 발행
녹색수배서(Green Notice)	여러 국가에서 상습적으로 범행하였거나 범행할 가능성이 있는 국제범죄자의 동향을 파악케 하여 사전에 그 범행을 방지할 목적으로 발행
황색수배서(Yellow Notice)	가출인의 소재확인 또는 기억상실자 등의 신원을 파악할 목적으로 발행
흑색수배서(Black Notice)	사망자의 신원을 확인할 수 없거나 사망자가 가명을 사용하였을 경우 정확한 신원을 확인할 목적으로 발행
장물수배서(Stolen Property Notice)	도난당하거나 불법적으로 취득한 것으로 보이는 물건이나 문화재 등에 대해 수배하는 것으로 상품적 가치 및 문화적 가치를 고려하여 발행
자주색수배서(Purple Notice)	세계 각국에서 범인들이 범행시 사용한 새로운 범죄수법 등을 사무총국에서 집중적으로 관리하고, 각 회원국에 배포함으로써 수사기관이 범죄예방과 수사자료에 활용하도록 하는 한편 경찰 교육기관의 교육자료로 이용할 목적으로 발행
오렌지 수배서(Orange Notice)	인터폴 사무총국에서 2004년부터 폭발물, 테러범(위험인물) 등에 대한 보안을 경보하기 위하여 발행(국제수배자 조회 등을 통해 검거된 테러 용의자 및 배후조직에 대한 정보를 입수)
INTERPOL-UN수배서	인터폴과 국제연합 안전보장이사회가 협력하여 국제테러범 및 테러단체에 대한 제재를 목적으로 발행

CHAPTER 13 해양환경

제1절 | 해양환경관리법   [시행 23. 4. 19]

1 목적   [13 경사승진, 20 경장승진]

이 법은 선박, 해양시설, 해양공간 등 해양오염물질을 발생시키는 발생원을 관리하고, 기름 및 유해액체물질 등 해양오염물질의 배출을 규제하는 등 해양오염을 예방, 개선, 대응, 복원하는 데 필요한 사항을 정함으로써 국민의 건강과 재산을 보호하는 데 이바지함을 목적으로 한다.

2 정의   [18 해경]

1. "해양환경"이란 「해양환경 보전 및 활용에 관한 법률」 제2조제1호에 따른 해양환경을 말한다.
2. "해양오염"이란 「해양환경 보전 및 활용에 관한 법률」 제2조제3호에 따른 해양오염을 말한다.
3. "배출"이라 함은 오염물질 등을 유출(流出)·투기(投棄)하거나 오염물질 등이 누출(漏出)·용출(溶出)되는 것을 말한다. 다만, 해양오염의 감경·방지 또는 제거를 위한 학술목적의 조사·연구의 실시로 인한 유출·투기 또는 누출·용출을 제외한다.
4. "폐기물"이라 함은 해양에 배출되는 경우 그 상태로는 쓸 수 없게 되는 물질로서 해양환경에 해로운 결과를 미치거나 미칠 우려가 있는 물질(제5호[기름(폐유 포함)]·제7호(유해액체물질) 및 제8호(포장유해물질)에 해당하는 물질을 제외한다)을 말한다. [14 경사승진, 20 경장승진]
5. "기름"이라 함은 「석유 및 석유대체연료 사업법」에 따른 원유 및 석유제품(석유가스를 제외한다)과 이들을 함유하고 있는 액체상태의 유성혼합물(이하 "액상유성혼합물"이라 한다) 및 폐유를 말한다. [15 경장승진, 22 경장승진]
6. "선박평형수(船舶平衡水)"란 「선박평형수 관리법」 제2조제2호에 따른 선박평형수를 말한다.
7. "유해액체물질"이라 함은 해양환경에 해로운 결과를 미치거나 미칠 우려가 있는 액체물질(기름을 제외한다)과 그 물질이 함유된 혼합 액체물질로서 해양수산부령이 정하는 것을 말한다. [18 해경]

> 선박에서의 오염방지에 관한 규칙 제3조(유해액체물질의 분류) [11 경사승진]
> ① 「해양환경관리법」(이하 "법"이라 한다) 제2조제7호에서 "해양수산부령이 정하는 것"이란 다음 각 호의 물질을 말한다.
>   1. X류 물질 : 해양에 배출되는 경우 해양자원 또는 인간의 건강에 심각한 위해를 끼치는 것으로서 해양배출을 금지하는 유해액체물질
>   2. Y류 물질 : 해양에 배출되는 경우 해양자원 또는 인간의 건강에 위해를 끼치거나 해양의 쾌적성 또는 해양의 적합한 이용에 위해를 끼치는 것으로서 해양배출을 제한하여야 하는 유해액체물질
>   3. Z류 물질 : 해양에 배출되는 경우 해양자원 또는 인간의 건강에 경미한 위해를 끼치는 것으로서 해양배출을 일

> 부 제한하여야 하는 유해액체물질
> 4. **기타 물질** : 「위험화학품 산적운송선박의 구조 및 설비를 위한 국제코드」 제18장의 오염분류에서 기타 물질로 표시된 물질로서 탱크세정수 배출 작업으로 해양에 배출할 경우 현재는 해양자원, 인간의 건강, 해양의 쾌적성 그 밖에 적법한 이용에 **위해가 없다고 간주**되어 제1호부터 제3호까지의 규정에 따른 범주에 해당되지 아니하는 것으로 알려진 물질
> 5. **잠정평가물질** : **제1호부터 제4호까지의 규정에 따라 분류되어 있지 아니한 액체물질**로서 산적(散積)운송하기 위한 신청이 있는 경우 해양수산부장관이 「산적된 유해액체물질에 의한 오염규제를 위한 규칙」 부록 1에 정하여진 유해액체물질의 분류를 위한 지침에 따라 **잠정적으로 제1호부터 제4호까지의 어느 하나에 해당하는 것**으로 평가한 물질

8. "**포장유해물질**"이라 함은 **포장된 형태로 선박에 의하여 운송되는 유해물질 중 해양에 배출되는 경우 해양환경에 해로운 결과를 미치거나 미칠 우려가 있는 물질**로서 해양수산부령이 정하는 것을 말한다.
9. "**유해방오도료(有害防汚塗料)**"라 함은 **생물체의 부착을 제한·방지하기 위하여 선박 또는 해양시설 등에 사용하는 도료**(이하 "방오도료"라 한다) **중 유기주석 성분 등 생물체의 파괴작용을 하는 성분이 포함된 것**으로서 해양수산부령이 정하는 것을 말한다.
10. "**잔류성오염물질(殘留性汚染物質)**"이라 함은 해양에 유입되어 생물체에 농축되는 경우 장기간 지속적으로 급성·만성의 독성(毒性) 또는 발암성(發癌性)을 야기하는 화학물질로서 해양수산부령으로 정하는 것을 말한다. [23 경사승진]
11. "**오염물질**"이라 함은 해양에 유입 또는 해양으로 배출되어 해양환경에 해로운 결과를 미치거나 미칠 우려가 있는 폐기물·기름·유해액체물질 및 포장유해물질을 말한다.
12. "**오존층파괴물질**"이라 함은 「오존층 보호를 위한 특정물질의 관리에 관한 법률」 제2조제1호가목에 해당하는 물질을 말한다.
13. "**대기오염물질**"이란 오존층파괴물질, 휘발성유기화합물과 「대기환경보전법」 제2조제1호의 대기오염물질 및 같은 조 제3호의 온실가스 중 이산화탄소를 말한다. [13 경사승진]
14. "**배출규제해역**"이란 선박운항에 따른 대기오염 및 이로 인한 육상과 해상에 미치는 악영향을 방지하기 위하여 선박으로부터 해양수산부령으로 정하는 대기오염물질의 배출을 특별히 규제하는 조치가 필요한 해역으로서 해양수산부령이 정하는 해역을 말한다.
15. "**휘발성유기화합물**"이라 함은 탄화수소류 중 기름 및 유해액체물질로서 「대기환경보전법」 제2조제10호에 해당하는 물질을 말한다.
16. "**선박**"이라 함은 **수상(水上) 또는 수중(水中)에서 항해용으로 사용하거나 사용될 수 있는 것**(선외기를 장착한 것을 포함한다) 및 해양수산부령이 정하는 **고정식·부유식 시추선 및 플랫폼**을 말한다. [22 경장승진]
17. "**해양시설**"이라 함은 해역(「항만법」 제2조제1호의 규정에 따른 항만을 포함한다. 이하 같다)의 안 또는 해역과 육지 사이에 연속하여 설치·배치하거나 투입되는 시설 또는 구조물로서 해양수산부령이 정하는 것을 말한다.
18. "**선저폐수(船底廢水 = Bilge)**"라 함은 선박의 밑바닥에 고인 액상유성혼합물을 말한다.
19. "**항만관리청**"이라 함은 「항만법」 제20조의 관리청, 「어촌·어항법」 제35조의 어항관리청 및 「항만공사법」에 따른 항만공사를 말한다.
20. "**해역관리청**"이란 「해양환경 보전 및 활용에 관한 법률」 제2조제8호에 따른 해역관리청을 말한다.
21. "**선박에너지효율**"이란 선박이 화물운송과 관련하여 사용한 에너지량을 이산화탄소 발생비율로 나타낸

것을 말한다. [22 경장승진]

22. "선박에너지효율설계지수"란 선박의 건조 또는 개조 단계에서 사전적으로 계산된 선박의 에너지효율을 나타내는 지표로, 선박이 1톤의 화물을 1해리 운송할 때 배출할 것으로 예상되는 이산화탄소량을 제41조의2제1항에서 해양수산부장관이 정하여 고시하는 방법에 따라 계산한 지표를 말한다.
23. "선박에너지효율지수"란 현존하는 선박의 운항단계에서 사전적으로 계산된 선박의 에너지효율을 나타내는 지표로, 선박이 1톤의 화물을 1해리 운송할 때 배출할 것으로 예상되는 이산화탄소량을 제41조의5제1항에서 해양수산부장관이 정하여 고시하는 방법에 따라 계산한 지표를 말한다.
24. "선박운항탄소집약도지수"란 사후적으로 계산된 선박의 연간 에너지효율을 나타내는 지표로, 선박이 1톤의 화물을 1해리 운송할 때 배출된 이산화탄소량을 제41조의6제1항에서 해양수산부장관이 정하여 고시하는 방법에 따라 매년 계산한 지표를 말한다.

3 적용범위 [13 경사승진, 15 경사승진, 22 경장승진]

① 이 법은 다음 각 호의 해역·수역·구역 및 선박·해양시설 등에서의 해양환경관리에 관하여 적용한다. 다만, 방사성물질과 관련한 해양환경관리(연구·학술 또는 정책수립 목적 등을 위한 조사는 제외한다) 및 해양오염방지에 대하여는 「원자력안전법」이 정하는 바에 따른다.
 1. 「영해 및 접속수역법」에 따른 영해 및 대통령령이 정하는 해역
 2. 「배타적 경제수역 및 대륙붕에 관한 법률」 제2조에 따른 배타적 경제수역
 3. 제15조의 규정에 따른 환경관리해역
 4. 「해저광물자원 개발법」 제3조의 규정에 따라 지정된 해저광구
② 제1항 각 호의 해역·수역·구역 밖에서 「선박법」 제2조의 규정에 따른 대한민국 선박(이하 "대한민국 선박"이라 한다)에 의하여 행하여진 해양오염의 방지에 관하여는 이 법을 적용한다.
③ 대한민국선박 외의 선박(이하 "외국선박"이라 한다)이 제1항 각 호의 해역·수역·구역 안에서 항해 또는 정박하고 있는 경우에는 이 법을 적용한다. 다만, 제32조, 제41조의3제2항부터 제5항까지, 제41조의4, 제49조부터 제54조까지, 제54조의2, 제56조부터 제58조까지, 제60조, 제112조 및 제113조의 규정은 국제항해에 종사하는 외국선박에 대하여 적용하지 아니한다.

4 국제협약과의 관계 [15 해경, 18 경감승진]

해양환경 및 해양오염과 관련하여 국제적으로 발효된 국제협약에서 정하는 기준과 이 법에서 규정하는 내용이 다른 때에는 국제협약의 효력을 우선한다. 다만, 이 법의 규정내용이 국제협약의 기준보다 강화된 기준을 포함하는 때에는 그러하지 아니하다.

15 환경관리해역의 지정·관리 [22 해경간부, 23 경사승진]

① 해양수산부장관은 해양환경의 보전·관리를 위하여 필요하다고 인정되는 경우에는 다음 각 호의 구분에 따라 환경보전해역 및 특별관리해역(이하 "환경관리해역"이라 한다)을 지정·관리할 수 있다. 이 경우 관계 중앙행정기관의 장 및 관할 시·도지사 등과 미리 협의하여야 한다.
 1. 환경보전해역 : 해양환경 및 생태계가 양호한 해역 중 「해양환경 보전 및 활용에 관한 법률」 제13조제1항에 따른 해양환경기준의 유지를 위하여 지속적인 관리가 필요한 해역으로서 해양수산부장관이 정하여 고시하는 해역(해양오염에 직접 영향을 미치는 육지를 포함한다) [14 경장·경사승진, 20 해경]

2. **특별관리해역** :「해양환경 보전 및 활용에 관한 법률」제13조제1항에 따른 해양환경기준의 유지가 곤란한 해역 또는 해양환경 및 생태계의 보전에 현저한 장애가 있거나 장애가 발생할 우려가 있는 해역으로서 해양수산부장관이 정하여 고시하는 해역(해양오염에 직접 영향을 미치는 육지를 포함한다) [15 경장승진, 16 경사승진, 17 해경, 18 해경]

> **시행령 제9조(환경관리해역의 지정 등)**
> ① 해양수산부장관은 법 제15조에 따라 같은 조 제1항에 따른 환경관리해역(이하 "환경관리해역"이라 한다)을 지정, 해제 또는 변경하려는 경우에는 해당 지역에 거주하는 지역주민 및 해당 해역에서 어업활동을 하는 어업인 등 이해관계자(이하 "지역주민등"이라 한다)의 의견을 미리 들어야 한다.
> ② 해양수산부장관은 제1항에 따라 지역주민등의 의견을 듣기 위하여 필요한 경우 직접 공청회를 개최하거나, 광역시장·도지사·특별자치도지사(이하 "시·도지사"라 한다) 또는 시장·군수·구청장(자치구의 구청장을 말한다. 이하 같다)에게 공청회를 개최하여 줄 것을 요청할 수 있다.

16 환경관리해역기본계획의 수립 등 [15 해경]

① 해양수산부장관은 환경관리해역에 대하여 다음 각 호의 사항이 포함된 환경관리해역기본계획을 5년마다 수립하고, 환경관리해역기본계획을 구체화하여 특정 해역의 환경보전을 위한 해역별 관리계획을 수립·시행하여야 한다. 이 경우 관계 행정기관의 장과 미리 협의하여야 한다.
 1. 해양환경의 관측에 관한 사항
 2. 오염원의 조사·연구에 관한 사항
 3. 해양환경 보전 및 개선대책에 관한 사항
 4. 환경관리에 따른 주민지원에 관한 사항
 5. 그 밖에 환경관리해역의 관리에 관하여 필요한 것으로서 대통령령으로 정하는 사항

② 환경관리해역기본계획은「해양수산발전 기본법」제7조에 따른 해양수산발전위원회의 심의를 거쳐 확정한다.

17 환경관리해역기본계획의 국회 제출 등

① 해양수산부장관은 환경관리해역기본계획 및 해역별 관리계획을 수립한 때에는 지체 없이 국회 소관 상임위원회에 제출하여야 한다.

18 해양환경개선조치

① 해역관리청은 오염물질의 유입·확산 또는 퇴적 등으로 인한 해양오염을 방지하고 해양환경을 개선하기 위하여 필요하다고 인정되는 때에는 대통령령으로 정하는 바에 따라 다음 각 호의 해양환경개선조치를 할 수 있다.
 1. 오염물질 유입·확산방지시설의 설치
 2. 오염물질(폐기물은 제외한다)의 수거 및 처리
 3. 삭제
 4. 그 밖에 해양환경개선과 관련하여 필요한 사업으로서 해양수산부령이 정하는 조치

19 해양환경개선부담금

① 해양수산부장관은 해양환경 및 해양생태계에 현저한 영향을 미치는 다음 각 호의 행위에 대하여 해양환경개선부담금(이하 "부담금"이라 한다)을 부과·징수한다.
   1. 「해양폐기물 및 해양오염퇴적물 관리법」 제19조제1항제1호에 따른 폐기물해양배출업을 하는 자가 폐기물을 해양에 배출하는 행위
   2. 선박 또는 해양시설에서 대통령령이 정하는 규모 이상의 오염물질을 해양에 배출하는 행위
   3. 「해양폐기물 및 해양오염퇴적물 관리법」 제9조제1항제2호에 따라 폐기물을 고립시키는 방법으로 해양에 배출하는 행위
   4. 「해양폐기물 및 해양오염퇴적물 관리법」 제10조제1항에 따라 이산화탄소 스트림을 해양지중저장하는 행위

22 오염물질의 배출금지 등   [18 해경]

① 누구든지 선박으로부터 오염물질을 해양에 배출하여서는 아니 된다. 다만, 다음 각 호의 경우에는 그러하지 아니하다.
   1. 선박의 항해 및 정박 중 발생하는 폐기물을 배출하고자 하는 경우에는 해양수산부령으로 정하는 해역에서 해양수산부령으로 정하는 처리기준 및 방법에 따라 배출할 것
   2. 다음 각 목의 구분에 따라 기름을 배출하는 경우
      가. 선박에서 기름을 배출하는 경우에는 해양수산부령이 정하는 해역에서 해양수산부령이 정하는 배출기준 및 방법에 따라 배출할 것
      나. 유조선에서 화물유가 섞인 선박평형수, 화물창의 세정수(洗淨水) 및 선저폐수를 배출하는 경우에는 해양수산부령이 정하는 해역에서 해양수산부령이 정하는 배출기준 및 방법에 따라 배출할 것
      다. 유조선에서 화물창의 선박평형수를 배출하는 경우에는 해양수산부령이 정하는 세정도(洗淨度)에 적합하게 배출할 것
   3. 다음 각 목의 구분에 따라 유해액체물질을 배출하는 경우
      가. 유해액체물질을 배출하는 경우에는 해양수산부령이 정하는 해역에서 해양수산부령이 정하는 사전처리 및 배출방법에 따라 배출할 것
      나. 해양수산부령이 정하는 유해액체물질의 산적운반(散積運搬)에 이용되는 화물창(선박평형수의 배출을 위한 설비를 포함한다)에서 세정된 선박평형수를 배출하는 경우에는 해양수산부령이 정하는 정화방법에 따라 배출할 것
② 누구든지 해양시설 또는 해수욕장·하구역 등 대통령령이 정하는 장소(이하 "해양공간"이라 한다)에서 발생하는 오염물질을 해양에 배출하여서는 아니 된다. 다만, 다음 각 호의 경우에는 그러하지 아니하다.
   1. 해양시설 및 해양공간(이하 "해양시설등"이라 한다)에서 발생하는 폐기물을 해양수산부령이 정하는 해역에서 해양수산부령이 정하는 처리기준 및 방법에 따라 배출하는 경우
   2. 해양시설등에서 발생하는 기름 및 유해액체물질을 해양수산부령이 정하는 처리기준 및 방법에 따라 배출하는 경우
③ 다음 각 호의 어느 하나에 해당하는 경우에는 제1항 및 제2항의 규정에 불구하고 선박 또는 해양시설등에서 발생하는 오염물질(폐기물은 제외한다. 이하 이조에서 같다)을 해양에 배출할 수 있다. [20 경사승진]
   1. 선박 또는 해양시설등의 안전확보나 인명구조를 위하여 부득이하게 오염물질을 배출하는 경우
   2. 선박 또는 해양시설등의 손상 등으로 인하여 부득이하게 오염물질이 배출되는 경우
   3. 선박 또는 해양시설등의 오염사고에 있어 해양수산부령이 정하는 방법에 따라 오염피해를 최소화하는 과정에서 부득이하게 오염물질이 배출되는 경우

22의2 폐기물의 배출률

① 선박의 항해 및 정박 중 발생하는 폐기물을 해양수산부령으로 정하는 해역에 배출하려는 선박의 소유자(선박을 임대하는 경우에는 선박임차인을 말한다. 이하 같다)는 해양수산부령으로 정하는 바에 따라 해양수산부장관의 승인을 받은 배출률[선박의 흘수(吃水) 및 속력에 따른 시간당 폐기물 배출량을 말한다. 이하 같다]을 준수하여 폐기물을 배출하여야 한다.
② 제1항에 따라 폐기물을 배출한 선박의 소유자는 폐기물을 배출한 장소, 배출량 등을 그 선박의 기관일지에 기재하여야 한다.

♣ 선박에서의 오염방지에 관한 규칙 [별표 3] <개정 20. 11. 19.>

선박 안에서 발생하는 폐기물의 배출해역별 처리기준 및 방법(제8조제2호 관련)

1. 선박 안에서 발생하는 폐기물의 처리
   가. 다음의 폐기물을 제외하고 모든 폐기물은 해양에 배출할 수 없다.
      1) 음식찌꺼기
      2) 해양환경에 유해하지 않은 화물잔류물
      3) 선박 내 거주구역에서 목욕, 세탁, 설거지 등으로 발생하는 중수(中水)[화장실 오수(汚水) 및 화물구역 오수는 제외한다. 이하 같다]
      4) 「수산업법」에 따른 어업활동 중 혼획(混獲)된 수산동식물(폐사된 것을 포함한다. 이하 같다) 또는 어업활동으로 인하여 선박으로 유입된 자연기원물질(진흙, 퇴적물 등 해양에서 비롯된 자연상태 그대로의 물질을 말하며, 어장의 오염된 퇴적물은 제외한다. 이하 같다)
   나. 가목에서 배출 가능한 폐기물을 해양에 배출하려는 경우에는 영해기선으로부터 가능한 한 멀리 떨어진 곳에서 항해 중에 버리되, 다음의 해역에 버려야 한다.
      1) 음식찌꺼기는 영해기선으로부터 최소한 12해리 이상의 해역. 다만, 분쇄기 또는 연마기를 통하여 25㎜ 이하의 개구(開口)를 가진 스크린을 통과할 수 있도록 분쇄되거나 연마된 음식찌꺼기의 경우 영해기선으로부터 3해리 이상의 해역에 버릴 수 있다. [20 해경]
      2) 화물잔류물
         가) 부유성 화물잔류물은 영해기선으로부터 최소한 25해리 이상의 해역
         나) 가라앉는 화물잔류물은 영해기선으로부터 최소한 12해리 이상의 해역
         다) 일반적인 하역방법으로 회수될 수 없는 화물잔류물은 영해기선으로부터 최소한 12해리 이상의 해역. 이 경우 국제협약 부속서 5의 부록 1에서 정하는 기준에 따라 분류된 물질을 포함해서는 안 된다.
         라) 화물창을 청소한 세정수는 영해기선으로부터 최소한 12해리 이상의 해역. 다만, 다음의 조건에 만족하는 것으로서 해양환경에 해롭지 아니한 일반 세제를 사용한 경우로 한정한다.
            (1) 국제협약 부속서 제3장의 적용을 받는 유해물질이 포함되어 있지 아니할 것
            (2) 발암성 또는 돌연변이를 발생시키는 것으로 알려진 물질이 포함되어 있지 아니할 것
      3) 해수침수, 부패, 부식 등으로 사용할 수 없게 된 화물은 국제협약이 정하는 바에 따른다.
      4) 선박 내 거주구역에서 발생하는 중수는 아래 해역을 제외한 모든 해역에서 배출할 수 있다.
         가) 「국토의 계획 및 이용에 관한 법률」 제40조에 따른 수산자원보호구역
         나) 「수산자원관리법」 제46조에 따른 보호수면 및 같은 법 제48조에 따른 수산자원관리수면
         다) 「농수산물 품질관리법」 제71조에 따른 지정해역 및 같은 법 제73조제1항에 따른 주변해역
      5) 「수산업법」에 따른 어업활동 중 혼획된 수산동식물 또는 어업활동으로 인하여 선박으로 유입된 자연기원물질은 같은 법에 따른 면허 또는 허가를 받아 어업활동을 하는 수면에 배출할 수 있다.

　　　　　6) 동물사체는 국제해사기구에서 정하는 지침을 고려하여 육지로부터 가능한 한 멀리 떨어진 해역에 배출할 수 있다.
　　다. 폐기물이 다른 처분요건이나 배출요건의 적용을 받는 다른 배출물과 혼합되어 있는 경우에는 보다 엄격한 폐기물의 처분요건이나 배출요건을 적용한다.
　　라. 가목 및 나목에도 불구하고, 선박소유자는 항만에 정박 중 가목 및 나목에 따른 폐기물을 법 제37조제1항 각 호의 어느 하나에 해당하는 자에게 인도하여 처리할 수 있다.
　　마. 「1974년 해상에서의 인명안전을 위한 국제협약」 제6장 1-1.2규칙에서 정의된 고체산적화물 중 곡물을 제외한 화물은 국제협약 부속서 5의 부록 1에서 정하는 기준에 따라 분류되어야 하며, 화주는 해당 화물이 해양환경에 유해한지 여부를 공표해야 한다.
2. 폐기물의 처분에 관한 특별요건
　　육지로부터 **12해리** 이상 떨어진 위치에 있는 고정되거나 부동하는 플랫폼과 이들 플랫폼에 접안되어 있거나 그로부터 **500m** 이내에 있는 다른 모든 선박에서 음식찌꺼기를 해양에 버릴 때에는 분쇄기 또는 연마기를 통하여 분쇄 또는 연마한 후 버려야 한다. 이 경우 음식찌꺼기는 **25㎜** 이하의 개구를 가진 스크린을 통과할 수 있도록 분쇄되거나 연마되어야 한다.
3. 국제특별해역 및 제12조의2에 따른 극지해역 안에서의 폐기물 처분에 관하여는 국제협약 부속서 5에 따른다.
4. 길이 **12m** 이상의 모든 선박은 제1호 및 제3호에 따른 폐기물의 처리 요건을 승무원과 여객에게 한글과 영문으로 작성·고지하는 안내표시판을 잘 보이는 곳에 게시하여야 한다.
5. 총톤수 **100톤** 이상의 선박과 최대승선인원 **15명** 이상의 선박은 선원이 실행할 수 있는 폐기물관리계획서를 비치하고 계획을 수행할 수 있는 책임자를 임명하여야 한다. 이 경우 폐기물관리계획서에는 선상 장비의 사용방법을 포함하여 쓰레기의 수집, 저장, 처리 및 처분의 절차가 포함되어야 한다.

24 해양오염방지활동

② 해역관리청은 오염방지활동을 위하여 필요하다고 인정되는 때에는 해양공간에 대하여 수질검사 등 해양수산부령이 정하는 조사·측정활동을 할 수 있다.
③ 해역관리청은 제2항에 따른 조사·측정활동 등 오염방지활동을 위하여 필요한 선박 또는 처리시설을 운영할 수 있다.

25 폐기물오염방지설비의 설치 등

① 해양수산부령으로 정하는 선박의 소유자는 그 선박 안에서 발생하는 해양수산부령으로 정하는 폐기물을 저장·처리하기 위한 설비(이하 "**폐기물오염방지설비**"라 한다)를 해양수산부령으로 정하는 기준에 따라 설치하여야 한다.

> 선박에서의 오염방지에 관한 규칙제14조(분뇨오염방지설비의 대상선박·종류 및 설치기준)
> ① **다음 각 호의 어느 하나에 해당하는 선박의 소유자**는 법 제25조제1항에 따라 그 선박 안에서 발생하는 **분뇨를 저장·처리하기 위한 설비**(이하 "**분뇨오염방지설비**"라 한다)를 설치하여야 한다. 다만, 「선박안전법 시행규칙」 제4조제11호 및 「어선법」 제3조제9호에 따른 위생설비 중 대변용 설비를 설치하지 아니한 선박의 소유자와 대변소를 설치하지 아니한 「수상레저안전법」 제30조에 따라 등록한 수상레저기구(이하 "수상레저기구"라 한다)의 소유자는 그러하지 아니하다.
> 　1. **총톤수 400톤 이상의 선박**(선박검사증서 상 최대승선인원이 16인 미만인 부선은 제외한다)
> 　2. 선박검사증서 또는 어선검사증서 상 **최대승선인원이 16명 이상인 선박**
> 　3. 수상레저기구 안전검사증에 따른 **승선정원이 16명 이상인 선박**

4. 소속 부대의 장 또는 경찰관서·해양경찰관서의 장이 정한 승선인원이 16명 이상인 군함과 경찰용 선박

26 기름오염방지설비의 설치 등

① 선박의 소유자는 선박 안에서 발생하는 기름의 배출을 방지하기 위한 설비(이하 "기름오염방지설비"라 한다)를 해당 선박에 설치하거나 폐유저장을 위한 용기를 비치하여야 한다. 이 경우 그 대상선박과 설치기준 등은 해양수산부령으로 정한다.

27 유해액체물질오염방지설비의 설치 등

① 유해액체물질을 산적하여 운반하는 선박으로서 해양수산부령이 정하는 선박의 소유자는 유해액체물질을 그 선박 안에서 저장·처리할 수 있는 설비 또는 유해액체물질에 의한 해양오염을 방지하기 위한 설비(이하 "유해액체물질오염방지설비"라 한다)를 해양수산부령이 정하는 기준에 따라 설치하여야 한다.

28 선박평형수 및 기름의 적재제한

① 해양수산부령이 정하는 유조선의 화물창 및 해양수산부령이 정하는 선박의 연료유탱크에는 선박평형수를 적재하여서는 아니 된다. 다만, 새로이 건조한 선박을 시운전하거나 선박의 안전을 확보하기 위하여 필요한 경우로서 해양수산부령이 정하는 경우에는 그러하지 아니하다.

> 선박에서의 오염방지에 관한 규칙 제19조(화물창 및 연료유탱크에의 선박평형수 적재 제한)
> ① 법 제28조제1항 본문에서 "해양수산부령이 정하는 유조선"이란 분리평형수탱크가 설치된 유조선을 말한다.
> ② 법 제28조제1항 본문에서 "해양수산부령이 정하는 선박"이란 1979년 12월 31일 후에 인도된 선박으로서 다음 각 호의 선박을 말한다.
>   1. 총톤수 150톤 이상의 유조선
>   2. 총톤수 4천톤 이상의 선박
>
> 선박에서의 오염방지에 관한 규칙 제20조(화물창 및 연료유탱크에의 선박평형수 적재 허용)
> 법 제28조제1항 단서에서 "해양수산부령이 정하는 경우"란 다음 각 호의 어느 하나에 해당하는 경우를 말한다.
>   1. 겸용선이 안전하게 하역하기 위하여 필요한 경우
>   2. 교량, 그 밖의 장애물 밑을 안전하게 통과하기 위하여 필요한 경우
>   3. 「항만법」 제2조제1호에 따른 항만 또는 운하에서 안전하게 항해하기 위하여 필요한 경우
>   4. 비바람이 심한 날씨에 선박이 안전하게 항해하기 위하여 필요한 경우
>   5. 부유시설 등을 이용하여 정밀검사 또는 두께 계측을 시행하기 위하여 필요한 경우
>   6. 화물창의 수압시험을 위하여 필요한 경우

② 해양수산부령이 정하는 선박의 경우 그 선박의 선수(船首)탱크 및 충돌격벽(衝突隔璧)보다 앞쪽에 설치된 탱크에는 기름을 적재하여서는 아니 된다.

> 선박에서의 오염방지에 관한 규칙 제21조(선수탱크 등에의 기름적재 금지 대상선박)
> 법 제28조제2항에서 "해양수산부령이 정하는 선박"이란 총톤수 400톤 이상인 선박으로서 다음 각 호의 어느

하나에 해당하는 선박을 말한다.
1. 1982년 1월 1일 이후에 건조계약이 체결된 것
2. 건조계약이 체결되지 아니한 선박으로서 1982년 7월 1일 이후에 건조된 것

29 포장유해물질의 운송

선박을 이용하여 포장유해물질을 운송하려는 자는 해양수산부령이 정하는 바에 따라 포장·표시 및 적저방법 등의 요건에 적합하게 이를 운송하여야 한다.

30 선박오염물질기록부의 관리 [18 경장승진, 20 해경]

① 선박의 선장(피예인선의 경우에는 선박의 소유자를 말한다)은 그 선박에서 사용하거나 운반·처리하는 폐기물·기름 및 유해액체물질에 대한 다음 각 호의 구분에 따른 기록부(이하 "선박오염물질기록부[폐기물기록부, 기름기록부, 유해액체물질기록부]"라 한다)를 그 선박(피예인선의 경우에는 선박의 소유자의 사무실을 말한다) 안에 비치하고 그 사용량·운반량 및 처리량 등을 기록하여야 한다.
1. 폐기물기록부 : 해양수산부령이 정하는 일정 규모 이상의 선박에서 발생하는 폐기물의 총량·처리량 등을 기록하는 장부. 다만, 제72조제1항의 규정에 따라 해양환경관리업자가 처리대장을 작성·비치하는 경우에는 동 처리대장으로 갈음한다.

> 선박에서의 오염방지에 관한 규칙 제23조(선박오염물질기록부 비치대상선박)
> ① 법 제30조제1항제1호에서 "해양수산부령이 정하는 일정 규모 이상의 선박"이란 다음 각 호의 어느 하나에 해당하는 선박을 말한다.
>   1. 총톤수 400톤 이상의 선박
>   2. 선박검사증서 상 최대승선인원이 15명 이상인 선박(운항속력으로 1시간 이내의 항해에 종사하는 선박은 제외한다)

2. 기름기록부 : 선박에서 사용하는 기름의 사용량·처리량을 기록하는 장부. 다만, 해양수산부령이 정하는 선박의 경우를 제외하며, 유조선의 경우에는 기름의 사용량·처리량 외에 운반량을 추가로 기록하여야 한다. [18 경사승진, 22 경감승진]

> 선박에서의 오염방지에 관한 규칙 제23조(선박오염물질기록부 비치대상선박)
> ② 법 제30조제1항제2호 단서에서 "해양수산부령이 정하는 선박"이란 유조선 외의 선박으로서 다음 각 호의 어느 하나에 해당하는 선박을 말한다.
>   1. 총톤수 100톤[군함과 경찰용 선박의 경우에는 경하배수톤수(사람, 화물 등을 적재하지 않은 선박 자체의 톤수) 200톤] 미만의 선박
>   2. 선저폐수가 생기지 아니하는 선박

3. 유해액체물질기록부 : 선박에서 산적하여 운반하는 유해액체물질의 운반량·처리량을 기록하는 장부

② 선박오염물질기록부(폐기물기록부, 기름기록부, 유해액체물질기록부)의 보존기간은 최종기재를 한 날부터 3년으로 하며, 그 기재사항·보존방법 등에 관하여 필요한 사항은 해양수산부령으로 정한다. [15 경사승진, 16 경감승진, 16 해경, 23 경사승진]

30의2 전자기록부의 관리 등 [신설 22. 10. 18.]

① 선박의 소유자는 다음 각 호의 사항을 전자적 정보기록장치나 시스템(이하 "전자기록부"라 한다)에 전자적 방법으로 기록할 수 있다. 이 경우 전자기록부에 기록한 사항은 각 호에 규정된 기록부 또는 기관일지에 기재한 것으로 본다.
1. 제30조에 따른 선박오염물질기록부에 기재하여야 할 사항
2. 제42조에 따른 오존층파괴물질기록부에 기재하여야 할 사항
3. 제43조제4항 및 제44조제3항에 따라 기관일지에 기재하여야 할 사항
4. 기타 해양수산부령으로 정한 사항

② 전자기록부를 사용하고자 하는 선박의 소유자는 전자기록부의 설비 및 보안사항 등에 관하여 해양수산부령으로 정하는 요건을 갖추어 해양수산부장관에게 전자기록부 검사를 신청하여야 한다.
③ 해양수산부장관은 제2항에 따른 신청이 적합하다고 인정되는 경우에는 서면으로 전자기록부 적합확인서를 발급하여야 한다.
④ 선박의 소유자는 제3항에 따른 전자기록부 적합확인서를 해당 선박에 비치하여야 한다.

31 선박해양오염비상계획서의 관리 등 [17 경장·경사승진]

① 선박의 소유자는 기름 또는 유해액체물질이 해양에 배출되는 경우에 취하여야 하는 조치사항에 대한 내용을 포함하는 기름 및 유해액체물질의 해양오염비상계획서(이하 "선박해양오염비상계획서"라 한다)를 작성하여 해양경찰청장의 검인을 받은 후 이를 그 선박에 비치하고, 선박해양오염비상계획서에 따른 조치 등을 이행하여야 한다.

> 선박에서의 오염방지에 관한 규칙 제25조(선박해양오염비상계획서 비치대상 등)
> ① 법 제31조에 따라 기름 또는 유해액체물질의 해양오염비상계획서(이하 "선박해양오염비상계획서"라 한다)를 갖추어두어야 하는 선박은 다음 각 호와 같다.
>   1. 기름의 해양오염비상계획서를 갖추어 두어야 하는 선박
>   가. 총톤수 150톤 이상의 유조선
>   나. 총톤수 400톤 이상의 유조선 외의 선박(군함, 경찰용 선박 및 국내항해에만 사용하는 부선은 제외한다)
>   다. 시추선 및 플랫폼
>   2. 유해액체물질의 해양오염비상계획서를 갖추어두어야 하는 선박 : 총톤수 150톤 이상의 선박으로서 유해액체물질을 산적하여 운송하는 선박

32 선박 해양오염방지관리인

① 해양수산부령으로 정하는 선박의 소유자는 그 선박에 승무하는 선원 중에서 선장을 보좌하여 선박으로부터의 오염물질 및 대기오염물질의 배출방지에 관한 업무를 관리하게 하기 위하여 대통령령으로 정하는 자격을 갖춘 사람을 해양오염방지관리인으로 임명하여야 한다. 이 경우 유해액체물질을 산적하여 운반하는 선박의 경우에는 유해액체물질의 해양오염방지관리인 1명 이상을 추가로 임명하여야 한다.

> 선박에서의 오염방지에 관한 규칙 제27조(해양오염방지관리인 승무대상 선박)
> 법 제32조제1항에서 "해양수산부령이 정하는 선박"이란 다음 각 호의 선박을 말한다. [18 해경]
> 1. 총톤수 150톤 이상인 유조선
> 2. 총톤수 400톤 이상인 선박[국적취득조건부로 나용선(裸傭船)한 외국선박을 포함한다]. 다만, 부선 등 선박의 구조상 오염물질 및 대기오염물질을 발생하지 아니하는 선박은 제외한다.

② 선박의 소유자는 제1항의 규정에 따른 해양오염방지관리인을 임명한 증빙서류를 선박 안에 비치하여야 한다.
③ 제1항에 따라 해양오염방지관리인을 임명한 선박의 소유자는 해양오염방지관리인이 여행·질병 또는 그 밖의 사유

로 일시적으로 직무를 수행할 수 없는 경우 대통령령으로 정하는 자격을 갖춘 사람을 대리자로 지정하여 그 직무를 대행하게 하여야 한다. 이 경우 대리자가 해양오염방지관리인의 직무를 대행하는 기간은 30일을 초과할 수 없다.
④ 선박의 소유자는 제1항에 따른 해양오염방지관리인 또는 제3항에 따른 해양오염방지관리인의 대리자에게 오염물질 및 대기오염물질을 이송 또는 배출하는 작업을 지휘·감독하게 하여야 한다.

32의2 선박대선박 기름화물이송 관리

① 해상에서 유조선 간(이하 "선박대선박"이라 한다)에 기름화물을 이송하려는 선박소유자는 그 이송하는 작업방법 등 해양수산부령으로 정하는 사항을 기술한 계획서(이하 "선박대선박 기름화물이송계획서"라 한다)를 작성하여 해양수산부장관의 검인을 받은 후 선박에 비치하고, 이송작업 시 이를 준수하여야 한다.
② **선박의 선장은 선박대선박 기름화물의 이송작업에 관하여 이송량, 이송시간 등 해양수산부령으로 정하는 사항을 기름기록부에 기록**하여야 하고, **최종 기록한 날부터 3년간 보관**하여야 한다. [14 해경]
③ 제3조제1항제1호 및 제2호에 따른 해역·수역 안에서 선박대선박 기름화물이송작업을 하려는 선박의 선장은 작업계획을 해양수산부장관에게 사전에 보고하여야 한다.

> 선박에서의 오염방지에 관한 규칙 제27조의2(선박대선박 기름화물이송계획서의 검인 등)
> ① 법 제32조의2제1항 및 제4항에 따라 **총톤수 150톤 이상의 유조선**에는 법 제32조의2제1항에 따른 **선박대선박 기름화물이송계획서**(이하 "선박대선박 기름화물이송계획서"라 한다)를 **비치**하여야 한다.

33 해양시설의 신고 및 변경신고

① 해양시설의 소유자(설치·운영자를 포함하며, 그 시설을 임대하는 경우에는 시설임차인을 말한다. 이하 같다)는 다음 각 호의 구분에 따라 **해양수산부장관 또는 시·도지사**에게 그 시설을 신고하여야 한다. 이 경우 신고내용 중 해양수산부령으로 정하는 중요한 내용의 변경이 있는 경우에는 변경신고를 하여야 한다.
  1. 「배타적 경제수역 및 대륙붕에 관한 법률」제2조에 따른 배타적 경제수역, 「항만법」제3조제2항제1호 및 제3항제1호에 따른 국가관리무역항 및 국가관리연안항의 해양시설 : 해양수산부장관
  2. 제1호 외의 해역의 해양시설 : 시·도지사

34 해양시설오염물질기록부의 관리

① 기름 및 유해액체물질을 취급하는 해양시설 중 해양수산부령이 정하는 해양시설의 소유자는 그 시설 안에 기름 및 유해액체물질의 기록부(이하 "해양시설오염물질기록부"라 한다)를 비치하고 기름 및 유해액체물질의 사용량과 반입·반출에 관한 사항 등을 기록하여야 한다.
② **해양시설오염물질기록부의 보존기간은 최종기재를 한 날부터 3년**으로 하며, 그 기재사항·관리방법 등에 관하여 필요한 사항은 해양수산부령으로 정한다.

35 해양시설오염비상계획서의 관리 등

① 기름 및 유해액체물질을 사용·저장 또는 처리하는 해양시설의 소유자는 기름 및 유해액체물질이 해양에 배출되는 경우에 취하여야 하는 조치사항에 대한 내용이 포함된 해양오염비상계획서(이하 "해양시설오염비상계획서"라 한다)를 작성하여 **해양경찰청장의 검인**을 받은 후 그 해양시설에 비치하고, 해양시설오염비상계획서에 따른 **조치 등을 이행**하여야 한다. 다만, 해양시설오염비상계획서를 그 해양시설에 비치하는 것이 곤란한 때에는 해양시설의 소유자의 사무실에 비치할 수 있다. [19 경장·경사·경감승진]

> 시행규칙 제19조(해양시설오염비상계획서)
> ① 법 제35조에 따라 해양시설오염비상계획서(이하 "해양시설오염비상계획서"라 한다)를 갖추어야 하는 해양시설은 별표 1 제1호가목의 시설 중 합계용량 300킬로리터 이상인 시설로 한다.

36 해양시설 해양오염방지관리인

① 해양수산부령으로 정하는 해양시설의 소유자는 그 해양시설에 근무하는 직원 중에서 해양시설로부터의 오염물질의 배출방지에 관한 업무를 관리하게 하기 위하여 대통령령으로 정하는 자격을 갖춘 사람을 해양오염방지관리인으로 임명하여야 한다.

> 시행규칙 제20조(해양오염방지관리인을 두어야 하는 해양시설)
> 법 제36조제1항에서 "해양수산부령이 정하는 해양시설"이란 별표 1 제1호의 시설을 말한다.
>
> ♣ 해양환경관리법 시행규칙 [별표 1] <개정 20. 12. 4.>
>
> **해양시설의 범위**(제3조 관련) [13 해경]
>
> | 구분 | 시설의 종류 | 범위 |
> |---|---|---|
> | 1. 기름, 유해액체물질, 폐기물, 그 밖의 물건의 공급(공급받는 경우를 포함한다)·처리 또는 저장 등의 목적으로 해역 안 또는 해역과 육지 사이에 연속하여 설치·배치된 시설 또는 구조물(해역과 일시적으로 연결되는 시설 또는 구조물을 포함한다) | 가. 기름 및 유해액체물질 저장(비축을 포함한다)시설 | 계류시설(돌핀), 선박과 저장시설을 연결하는 이송설비, 저장시설, 자가처리시설 |
> | | 나. 법 제38조에 따른 오염물질저장시설 | 저장시설, 교반시설, 처리시설 |
> | | 다. 선박 건조 및 수리시설, 해체시설 | 저장시설, 상가시설 및 수리시설(이동식 시설은 제외한다) |
> | | 라. 시멘트·석탄·사료·곡물·고철·광석·목재·토사의 하역시설 | 해양수산부장관이 정하여 고시하는 계류시설, 하역설비(컨베이어 벨트를 포함한다) |
> | | 마. 해양폐기물 및 해양오염퇴적물관리법」 제19조제1항제1호에 따른 폐기물해양배출업자의 폐기물저장시설 | 폐기물저장시설, 교반시설 및 이송관 |

② 해양시설의 소유자는 해양오염방지관리인을 임명(바꾸어 임명한 경우를 포함한다)한 경우에는 지체 없이 이를 해양수산부령으로 정하는 바에 따라 해양경찰청장에게 신고하여야 한다.
③ 해양시설의 소유자는 해양오염방지관리인이 여행·질병 또는 그 밖의 사유로 일시적으로 직무를 수행할 수 없는 경우 대통령령으로 정하는 자격을 갖춘 사람을 대리자로 지정하여 그 직무를 대행하게 하여야 한다. 이 경우 대리자가 해양오염방지관리인의 직무를 대행하는 기간은 30일을 초과할 수 없다.
④ 해양시설의 소유자는 제1항에 따른 해양오염방지관리인 또는 제3항에 따른 해양오염방지관리인의 대리자에게 오염물질을 이송 또는 배출하는 작업을 지휘·감독하게 하여야 한다.

36의2 해양시설의 안전점검

① 기름 및 유해액체물질과 관련된 해양시설로서 해양수산부령으로 정하는 해양시설의 소유자는 그 해양시설에 대한 안전점검을 실시하여야 한다.
② 제1항에 따른 안전점검을 실시한 해양시설의 소유자는 해양수산부장관의 요청이 있거나 안전점검 결과 해양수산부령으로 정하는 중대한 결함이 있는 경우 그 안전점검 결과를 지체 없이 해양수산부장관에게 보고하여야 한다.

③ 제1항에 따른 안전점검을 실시한 해양시설의 소유자는 안전점검을 완료한 날부터 3년간 그 결과를 보관하여야 한다.

37 선박 및 해양시설에서의 오염물질의 수거·처리

① 선박 및 해양시설의 소유자는 해당 선박 및 해양시설에서 발생하는 오염물질 중 해양수산부령으로 정하는 물질을 다음 각 호의 어느 하나에 해당하는 자에게 수거·처리하게 하여야 한다.
  1. 제38조제1항의 규정에 따른 오염물질저장시설의 설치·운영자
  2. 제70조제1항제3호의 규정에 따른 유창청소업을 영위하는 자(이하 "유창청소업자"라 한다)

> 시행규칙 제21조(해양시설에서 발생하는 오염물질의 수거·처리)
> ① 해양시설에서 발생하는 오염물질로서 법 제37조제1항에 따라 수거·처리하게 하여야 하는 물질은 다음 각 호와 같다.
>   1. 폐기물
>   2. 기름(해양시설의 소유자가 스스로의 설비나 장비를 이용하여 유분 성분이 100만분의 15 이하가 되도록 처리하는 경우는 제외한다)
>   3. 유해액체물질(해양시설의 소유자가 스스로의 설비나 장비를 이용하여 「물환경보전법」 별표 13 제1호가목2)에 따른 가지역에 적용하는 같은 표 제2호 항목별 배출허용기준 이하로 처리하는 경우는 제외한다) 또는 포장유해물질 잔류물

② 제1항에도 불구하고 다음 각 호의 어느 하나에 해당하는 선박 또는 해양시설의 소유자는 해당 선박 또는 해양시설에서 발생하는 물질을 해양수산부령으로 정하는 바에 따라 「폐기물관리법」 제25조제8항에 따른 폐기물처리업자로 하여금 수거·처리하게 할 수 있다.
  1. 육상에 위치한 해양시설(해역과 육지 사이에 연속하여 설치된 해양시설을 포함한다)
  2. 조선소에서 건조 중인 선박
  3. 조선소에서 건조 완료 후 「선박법」 제8조제1항 또는 「어선법」 제13조제1항에 따라 등록하기 전에 시운전하는 선박
  4. 총톤수 20톤 미만의 소형선박
  5. 조선소 또는 수리조선소에서 수리 중인 선박(항해 중에 발생한 오염물질을 제1항에 따라 모두 수거·처리한 선박에 한정한다)
  6. 해체 중인 선박

38 오염물질저장시설

① 해역관리청은 선박 또는 해양시설에서 배출되거나 해양에 배출된 오염물질을 저장하기 위한 시설(이하 "오염물질저장시설"이라 한다)을 설치·운영하여야 한다.

39 잔류성오염물질의 조사 등

① 해양수산부장관은 잔류성오염물질의 오염실태 및 진행상황 등에 대하여 해양수산부령으로 정하는 바에 따라 측정·조사하여야 한다. 이 경우 해양수산부장관은 그 측정·조사결과 해양환경의 관리에 문제가 있다고 인정되는 경우 해당 잔류성오염물질의 사용금지 및 사용제한 요청 등 해양수산부령으로 정하는 조치를 하여야 한다.

40 유해방오도료의 사용금지 등

① 누구든지 선박 또는 해양시설등에 유해방오도료 또는 이를 사용한 설비 등(이하 "유해방오시스템"이라 한다)을 사용

하여서는 아니 된다.

41 대기오염물질의 배출방지를 위한 설비의 설치 등

① 선박의 소유자는 해양수산부령이 정하는 바에 따라 그 선박에 대기오염물질의 배출을 방지하거나 감축하기 위한 설비(이하 "대기오염방지설비"라 한다)를 설치하여야 한다.

41의2 선박에너지효율설계지수의 계산 등

① 국제항해에 사용되는 총톤수 400톤 이상의 선박 중 해양수산부령으로 정하는 선박을 건조하거나 다음 각 호의 어느 하나에 해당하는 개조를 하려는 경우에는 그 선박의 소유자는 해양수산부장관이 정하여 고시하는 최소 출력 이상의 추진기관을 설치하고 해양수산부장관이 정하여 고시하는 방법에 따라 선박에너지효율설계지수를 계산하여 그 결과를 해양수산부장관에게 보고하여야 한다.
  1. 선박의 길이·너비·깊이·운송능력 또는 기관출력을 실질적으로 변경하기 위한 것으로 해양수산부령으로 정하는 개조
  2. 선박의 용도를 변경하기 위한 개조
  3. 선박의 사용연한을 연장하기 위한 것으로 해양수산부령으로 정하는 개조
  4. 해양수산부령으로 정하는 선박에너지효율설계지수 허용값을 초과하여 변경하는 등 선박에너지효율을 실질적으로 변경하기 위한 것으로 해양수산부령으로 정하는 개조

② 제1항에 따른 선박 중 해양수산부령으로 정하는 선박의 소유자는 제1항에 따라 계산된 선박에너지효율설계지수가 해양수산부령으로 정하는 선박에너지효율설계지수 허용값을 초과하는 선박의 건조 또는 개조를 하여서는 아니 된다.

③ 해양수산부장관은 제1항에 따라 계산된 선박에너지효율설계지수와 제2항에 따른 선박에너지효율설계지수 허용값을 해양수산부령으로 정하는 바에 따라 국제해사기구에 제출하여야 한다. 〈신설 22. 10. 18.〉

41의3 선박에너지효율관리계획서의 비치 등

① 국제항해에 사용되는 총톤수 400톤 이상의 선박 중 해양수산부령으로 정하는 선박의 소유자는 선박에너지효율을 향상시키기 위한 계획의 수립·시행·감시·평가 및 개선 등에 관한 절차 및 방법을 기술한 계획서(이하 "선박에너지효율관리계획서"라 한다)를 작성하여 선박에 비치하여야 한다.

② 제1항에 따라 선박에너지효율관리계획서를 비치하여야 하는 선박 중 총톤수 5천톤 이상의 선박의 소유자는 작성한 선박에너지효율관리계획서의 검사를 해양수산부장관에게 요청하여야 한다.

41의4 선박연료유 사용량 등 보고 등

① 제41조의3제3항에 따라 선박에너지효율적합확인서를 발급받은 선박의 소유자는 해당 연도에 선박에서 사용한 연료유의 사용량 및 선박의 운항거리 및 선박운항탄소집약도지수 등 해양수산부령으로 정하는 사항(이하 "선박연료유 사용량등"이라 한다)을 다음 해 3월 31일까지 해양수산부장관에게 보고하여야 한다.

② 제1항에도 불구하고 선박의 소유자는 해당 선박이 대한민국선박이 아니게 되거나 선박의 매각, 폐선 등으로 선박을 사용하지 아니하게 된 경우에는 해당 사유가 발생한 날부터 해양수산부령으로 정하는 기간 내에 해당 연도의 선박연료유 사용량등을 해양수산부장관에게 보고하여야 한다.

③ 해양수산부장관은 제1항 또는 제2항에 따라 보고된 선박연료유 사용량등을 검증하고, 적합한 경우

해당 선박의 소유자(제2항에 해당하는 경우에는 같은 항에 따라 보고한 자를 말한다)에게 선박연료유 사용량등 검증확인서를 발급하여야 한다.
④ 선박의 소유자는 제3항에 따른 선박연료유 사용량등 검증확인서를 해당 선박에 **5년 이상 비치**하여야 한다. 〈개정 22. 10. 18.〉
⑤ 해양수산부장관은 제3항에 따라 선박연료유 사용량등을 검증한 결과를 국제해사기구에 제출하여야 한다.

41의5 선박에너지효율지수의 계산 등 [신설 22. 10. 18.]

① 국제항해에 사용되는 총톤수 400톤 이상의 선박 중 해양수산부령으로 정하는 선박의 소유자는 해양수산부장관이 정하여 고시하는 방법에 따라 선박에너지효율지수를 계산하여야 한다. 이 경우 선박에 대하여 다음 각 호의 어느 하나에 해당하는 개조를 하는 때에도 또한 같다.
1. 선박의 길이·너비·깊이·운송능력 또는 기관출력을 실질적으로 변경하기 위한 것으로 해양수산부령으로 정하는 개조
2. 선박의 용도를 변경하기 위한 개조
3. 선박의 사용연한을 연장하기 위한 것으로 해양수산부령으로 정하는 개조
4. 해양수산부령으로 정하는 선박에너지효율지수 허용값을 초과하여 변경하는 등 선박에너지효율을 실질적으로 변경하기 위한 것으로 해양수산부령으로 정하는 개조

41의6 선박운항탄소집약도지수의 계산 등 [신설 22. 10. 18.]

① 국제항해에 사용되는 총톤수 5천톤 이상의 선박 중 해양수산부령으로 정하는 선박의 소유자는 해양수산부장관이 정하여 고시하는 방법에 따라 매년 선박운항탄소집약도지수를 계산하고 계산결과를 해양수산부장관에게 제출하여야 한다.

42 오존층파괴물질의 배출규제

① 누구든지 선박으로부터 오존층파괴물질을 배출(선박의 유지보수 또는 장치·설비의 배치 중에 발생하는 배출을 포함한다)하여서는 아니 된다. 다만, 오존층파괴물질을 회수하는 과정에서 누출되는 경우에는 그러하지 아니하다.
② 선박의 소유자는 오존층파괴물질이 포함된 설비를 선박에 설치하여서는 아니 된다.
③ 선박의 소유자는 선박으로부터 오존층파괴물질이 포함된 설비를 제거하는 때에는 그 설비를 해양수산부장관이 지정·고시하는 업체 또는 단체에게 인도하여야 한다. 이 경우 지정·고시되는 업체 또는 단체는 해양수산부령이 정하는 기준에 적합한 회수설비 및 수용시설 등을 갖추어야 한다.
④ 국제항해에 사용되는 총톤수 400톤 이상 선박의 소유자는 오존층파괴물질을 포함하고 있는 설비의 목록을 작성·관리하여야 한다.
⑤ 제4항에 따른 선박의 소유자는 선박에서 오존층파괴물질을 배출하거나 충전하는 경우 그 오존층파괴물질량 등을 기록한 장부(이하 "오존층파괴물질기록부"라 한다)를 작성하여 비치하여야 한다.

43 질소산화물의 배출규제

① 선박의 소유자는 해양수산부령으로 정하는 디젤기관을 「대기환경보전법」 제76조제1항에 따른 질소산화물의 배출허용기준을 초과하여 작동하여서는 아니 된다. 다만, 비상용·인명구조용 선박 등 비상사용 목적의 선박 및 군함·해양경찰청함정 등 방위·치안 목적의 공용선박에 설치되는 디젤기관은 그러하지 아니하다.
② 제1항의 규정에 불구하고 해당 디젤기관에 해양수산부령이 정하는 기준에 적합한 배기가스정화장치 등을 설치하여

제1항 각 호 외의 부분 본문의 규정에 따른 질소산화물의 배출허용기준 이하로 배출량을 감축할 수 있는 경우에는 그 디젤기관을 작동할 수 있다.

④ 선박의 소유자는 배출규제해역을 진입·진출하는 경우 또는 해당 해역에서 운전상태가 변경되는 경우에는 해당 선박에 설치되어 있는 디젤기관의 운전상태, 선박의 위치 및 일시 등 해양수산부령으로 정하는 사항을 그 선박의 기관일지에 기재하여야 한다. 〈신설 22. 10. 18.〉

44 연료유의 황함유량 기준 등

① 선박의 소유자는 배출규제해역과 그 밖의 해역으로 구분하여 대통령령으로 정하는 황함유량 기준을 초과하는 연료유를 사용해서는 아니 된다. 다만, 다음 각 호의 어느 하나에 해당하는 경우에는 그러하지 아니하다.
  1. 해양수산부령으로 정하는 기준에 적합한 배기가스정화장치를 설치·가동하여 해양수산부령으로 정하는 황산화물 배출제한 기준량 이하로 황산화물 배출량을 감축하는 경우
  2. 이 항 각 호 외의 부분 본문에 따른 황함유량 기준을 충족하는 연료유를 공급받기 위하여 노력하였음에도 불구하고 해당 선박이 운항하는 해역의 인근 항만에서 황함유량 기준을 충족하는 연료유를 공급받을 수 없는 경우로서 해양수산부령으로 정하는 바에 따라 해양수산부장관의 인정을 받은 경우

> 시행령 제42조(연료유의 황함유량 기준)
> 법 제44조제1항 각 호 외의 부분 본문에서 "대통령령으로 정하는 황함유량 기준"이란 다음 각 호의 기준을 말한다.
>   1. **황산화물배출규제해역: 0.1퍼센트**(무게 퍼센트)
>   2. 그 밖의 해역
>   가. **경유: 0.5퍼센트**(무게 퍼센트). 다만, 법 제3조제1항제1호 및 제2호에 따른 영해 및 배타적 경제수역 안에서만 항해하는 선박의 경우에는 0.05퍼센트(무게 퍼센트)
>   나. **중유: 0.5퍼센트**(무게 퍼센트)

③ 선박의 소유자는 다음 각 호의 어느 하나에 해당하는 경우에는 해양수산부령으로 정하는 연료유의 교환 등에 관한 사항을 그 선박의 기관일지에 기재하여야 한다.
  1. 배출규제해역을 항해하는 경우
  2. 제1항제1호에 따른 배기가스정화장치가 제대로 가동되지 아니하여 같은 호에 따른 황산화물 배출제한 기준량 이하로 황산화물 배출량을 감축하지 못한 경우
  3. 제1항제2호에 해당하는 경우

④ 선박의 소유자는 제3항의 규정에 따른 기관일지를 해당 연료유를 공급받은 때부터 1년간 그 선박에 보관하여야 한다. [14 해경]

44의2 부적합 연료유의 적재금지

선박의 소유자는 제44조제1항에 따른 황함유량 기준(배출규제해역 외의 해역에서의 황함유량 기준을 말한다. 이하 제45조에서 같다)을 초과하는 연료유를 선박에 적재해서는 아니 된다. 다만, 다음 각 호의 어느 하나에 해당하는 경우에는 그러하지 아니하다.
1. 제44조제1항 각 호의 어느 하나에 해당하는 경우
2. 연료유를 화물로서 운송하는 경우

45 연료유의 공급 및 확인 등

① 선박에 연료유를 공급하는 다음 각 호의 자(이하 "선박연료공급업자"라 한다)는 대통령령으로 정하는 연료유의 품질기준에 미달하거나 제44조제1항에 따른 황함유량 기준을 초과하는 연료유를 선박에 공급하여서는 아니 된다. 다만, 연료

유를 공급받는 선박이 제44조제1항제1호에 해당하는 경우에는 그러하지 아니하다.
1. 「항만운송사업법」 제26조의3의 규정에 따라 선박연료공급업의 등록을 한 자
2. 「조세특례제한법」 제106조의2의 규정에 따라 어업용 면세연료유를 공급하는 수산업협동조합

② 선박연료공급업자는 연료유에 포함된 황성분 등이 기재된 연료유공급서를 작성하여 그 사본을 해당 연료유로부터 채취한 견본(이하 "연료유견본"이라 한다)과 함께 선박의 소유자에게 제공하여야 한다. 다만, 해양수산부령이 정하는 소형의 선박에 연료유를 공급하는 선박연료공급업자는 그러하지 아니하다.

> 선박에서의 오염방지에 관한 규칙 제35조(연료유의 공급)
> ② 법 제45조제2항 단서에서 "**해양수산부령이 정하는 소형의 선박**"이란 **총톤수 400톤 미만의 선박 및 합계 출력 130킬로와트 미만의 내연기관이 설치된 부선**을 말한다.

③ <u>선박연료공급업자</u>(제2항 단서의 규정에 따른 선박연료공급업자를 제외한다)는 제2항의 규정에 따른 <u>연료유공급서를 3년간 그의 주된 사무소에 보관</u>하여야 하고, <u>선박의 소유자는 연료유공급서의 사본을 3년간 선박에 보관</u>하여야 한다. [14 해경, 23 경사승진]

④ <u>선박의 소유자는 연료유를 공급받은 날부터 해당 연료유가 소모될 때까지 연료유견본을 보관</u>하여야 한다. 다만, 그 <u>연료유가 소모될 때까지의 기간이 1년 미만인 경우</u>에는 다음 각 호의 구분에 다른 기간 동안 보관하여야 한다. [14 해경, 23 경사승진]
1. 국내항해에만 종사하는 선박 등 해양수산부령으로 정하는 선박 : 6개월 이내의 기간으로서 해양수산부령으로 정하는 기간
2. 제1호 외의 선박 : 1년

> 선박에서의 오염방지에 관한 규칙 제35조(연료유의 공급)
> ③ 법 제45조제4항제1호에 따라 다음 각 호의 구분에 따른 선박은 다음 각 호에서 정하는 기간 동안 연료유 견본을 보관해야 한다. 〈신설 20. 11. 19.〉
> 1. **국내항해에만 종사하는 선박으로서 정기항로를 운항하는 선박: 3개월**
> 2. **국내항해에만 종사하는 선박으로서 제1호 외의 선박: 6개월**

46 선박 안에서의 소각금지 등

① 누구든지 선박의 항해 및 정박 중에 다음 각 호의 물질을 선박 안에서 소각하여서는 아니 된다. 다만, 제5호의 물질(폴리염화비닐)을 해양수산부령으로 정하는 선박소각설비에서 소각하는 경우에는 그러하지 아니하다.
1. 화물로 운송되는 기름・유해액체물질 및 포장유해물질의 잔류물과 그 물질에 오염된 포장재
2. 폴리염화비페닐
3. 해양수산부장관이 정하여 고시하는 기준량 이상의 중금속이 포함된 쓰레기
4. 할로겐화합물질을 함유하고 있는 정제된 석유제품
5. 폴리염화비닐
6. 육상으로부터 이송된 폐기물
7. 배기가스정화장치의 잔류물

47 휘발성유기화합물의 배출규제 등

① 해양수산부장관은 선박으로부터 휘발성유기화합물의 배출을 규제하기 위하여 휘발성유기화합물규제항만을 지정하

여 고시할 수 있다.
② 제1항의 규정에 따라 지정된 휘발성유기화합물규제항만에서 휘발성유기화합물을 함유한 기름·유해액체물질 중 해양수산부령이 정하는 물질을 선박에 싣기 위한 시설을 설치하는 해양시설의 소유자는 유증기(油蒸氣) 배출제어장치를 설치하고 작동시켜야 한다.
④ 제2항의 규정에 따른 유증기 배출제어장치를 설치한 해양시설의 소유자는 해양수산부령이 정하는 바에 따라 유증기 배출제어장치의 작동에 관한 기록을 동 장치를 작동한 날부터 3년간 보관하여야 한다.

49 정기검사 [13 경감승진, 16 경장승진, 20 경사·경감 승진]

① 폐기물오염방지설비·기름오염방지설비·유해액체물질오염방지설비 및 대기오염방지설비(이하 "해양오염방지설비"라 한다)를 설치하거나 제26조제2항의 규정에 따른 선체 및 제27조제2항의 규정에 따른 화물창을 설치·유지하여야 하는 선박(이하 "검사대상선박"이라 한다)의 소유자가 해양오염방지설비, 선체 및 화물창(이하 "해양오염방지설비등"이라 한다)을 선박에 최초로 설치하여 항해에 사용하려는 때 또는 제56조의 규정에 따른 유효기간이 만료한 때에는 해양수산부령이 정하는 바에 따라 해양수산부장관의 검사(이하 "정기검사"라 한다)를 받아야 한다.
② 해양수산부장관은 정기검사에 합격한 선박에 대하여 해양수산부령이 정하는 해양오염방지검사증서를 교부하여야 한다.

> 선박에서의 오염방지에 관한 규칙 제39조(정기검사)
> ③ 지방해양수산청장은 법 제49조제2항에 따라 정기검사에 합격한 선박에 대하여 별지 제9호서식의 해양오염방지 검사증서 및 별지 제10호서식의 해양오염방지검사증서 추록을 발급하여야 한다.

50 중간검사

① 검사대상선박의 소유자는 정기검사와 정기검사의 사이에 해양수산부령이 정하는 바에 따라 해양수산부장관의 검사(이하 "중간검사"라 한다)를 받아야 한다.
② 해양수산부장관은 중간검사에 합격한 선박에 대하여 제49조제2항의 규정에 따른 해양오염방지검사증서에 그 검사결과를 표기하여야 한다.

51 임시검사 [13 경감승진, 14 경사·경감승진, 22·23 경사승진]

① 검사대상선박의 소유자가 해양오염방지설비등을 교체·개조 또는 수리하고자 하는 때에는 해양수산부령이 정하는 바에 따라 해양수산부장관의 검사(이하 "임시검사"라 한다)를 받아야 한다.
② 해양수산부장관은 임시검사에 합격한 선박에 대하여 제49조제2항의 규정에 따른 해양오염방지검사증서에 그 검사결과를 표기하여야 한다.

52 임시항해검사 [13 경감승진, 15 경사승진, 16 해경, 23 경사승진]

① 검사대상선박의 소유자가 제49조제2항의 규정에 따른 해양오염방지검사증서를 교부받기 전에 임시로 선박을 항해에 사용하고자 하는 때에는 해당 해양오염방지설비등에 대하여 해양수산부령이 정하는 바에 따라 해양수산부장관의 검사(이하 "임시항해검사"라 한다)를 받아야 한다.
② 해양수산부장관은 임시항해검사에 합격한 선박에 대하여 해양수산부령이 정하는 임시해양오염방지검사

증서를 교부하여야 한다.

53 방오시스템검사

① 해양수산부령이 정하는 선박의 소유자가 제40조제2항의 규정에 따라 방오시스템을 선박에 설치하여 항해에 사용하려는 때에는 해양수산부령이 정하는 바에 따라 해양수산부장관의 검사(이하 "방오시스템검사"라 한다)를 받아야 한다.
② 해양수산부장관은 방오시스템검사에 합격한 선박에 대하여 해양수산부령이 정하는 방오시스템검사증서를 교부하여야 한다.

54 대기오염방지설비의 예비검사 등

① 해양수산부령이 정하는 대기오염방지설비를 제조·개조·수리·정비 또는 수입하려는 자는 해양수산부령이 정하는 바에 따라 해양수산부장관의 검사(이하 "예비검사"라 한다)를 받을 수 있다.
② 해양수산부장관은 예비검사에 합격한 대기오염방지설비에 대하여 해양수산부령이 정하는 예비검사증서를 교부하여야 한다.

54의2 에너지효율검사

① 제41조의2제1항, 제41조의3제1항 및 제41조의5제1항에 따른 선박의 소유자는 해양수산부령으로 정하는 바에 따라 해양수산부장관이 실시하는 선박에너지효율에 관한 검사(이하 "에너지효율검사"라 한다)를 받아야 한다.
② 해양수산부장관은 에너지효율검사에 합격한 선박에 대하여 해양수산부령으로 정하는 에너지효율검사증서를 발급하여야 한다.

55 협약검사증서의 교부 등

① 해양수산부장관은 정기검사·중간검사·임시검사·임시항해검사 및 방오시스템검사(이하 "해양오염방지선박검사"라 한다)에 합격한 선박의 소유자 또는 선장으로부터 그 선박을 국제항해에 사용하기 위하여 해양오염방지에 관한 국제협약에 따른 검사증서(이하 "협약검사증서"라 한다)의 교부신청이 있는 때에는 해양수산부령이 정하는 바에 따라 협약검사증서를 교부하여야 한다.

56 해양오염방지검사증서 등의 유효기간

① 해양오염방지검사증서, 방오시스템검사증서, 에너지효율검사증서 및 협약검사증서의 유효기간은 다음 각 호와 같다.
  1. 해양오염방지검사증서 : 5년
  2. 방오시스템검사증서 : 영구
  3. 에너지효율검사증서 : 영구
  4. 협약검사증서 : 5년
② 해양수산부장관은 제1항의 규정에 따른 해양오염방지검사증서 및 협약검사증서의 유효기간을 해양수산부령이 정하는 기간의 범위 안에서 그 효력을 연장할 수 있다.
③ 중간검사 또는 임시검사에 불합격한 선박의 해양오염방지검사증서 및 협약검사증서의 유효기간은 해당 검사에 합격할 때까지 그 효력이 정지된다.

④ 선박의 소유자가 제41조의2에 따른 선박에너지효율설계지수 및 제41조의5에 따른 선박에너지효율지수가 변경되는 개조를 한 경우 그 개조를 한 선박에 대하여 에너지효율검사를 다시 받아야 하며, **그 선박의 에너지효율검사증서는 해당 검사에 합격할 때까지 효력이 정지**된다. 〈신설 22. 10. 18.〉

57 해양오염방지검사증서 등을 교부받지 아니한 선박의 항해 등

① 선박의 소유자는 해양오염방지검사증서·임시해양오염방지검사증서·방오시스템검사증서 또는 에너지효율검사증서를 교부받지 아니한 검사대상선박을 항해에 사용하여서는 아니 된다. 다만, 해양오염방지선박검사·에너지효율검사 또는 「선박안전법」 제7조 내지 제12조의 규정에 따른 선박검사를 받기 위하여 항해하는 경우에는 그러하지 아니하다.
② 선박의 소유자는 협약검사증서를 교부받지 아니한 선박을 국제항해에 사용하여서는 아니 된다.
③ 선박의 소유자는 해양오염방지검사증서·임시해양오염방지검사증서·방오시스템검사증서·에너지효율검사증서 및 협약검사증서(이하 "해양오염방지검사증서등"이라 한다)에 기재된 조건에 적합하지 아니한 방법으로 그 선박을 항해(국제항해를 포함한다)에 사용하여서는 아니 된다. 다만, 해양오염방지선박검사·에너지효율검사 또는 「선박안전법」 제7조 내지 제12조의 규정에 따른 선박검사를 받기 위하여 항해하는 경우에는 그러하지 아니하다.
④ 해양오염방지검사증서등을 교부받은 선박의 소유자는 그 선박 안에 해양오염방지검사증서등을 비치하여야 한다.

58 부적합 선박에 대한 조치

① 해양수산부장관은 해양오염방지설비등, 방오시스템 또는 연료유의 황함유량 등이 제25조제1항, 제26조제1항·제2항, 제27조제1항·제2항, 제40조제2항, 제41조제1항 또는 제44조제1항에 따른 설치기준, 기술기준 또는 황함유량기준 등에 적합하지 아니하다고 인정되는 경우에는 그 선박의 소유자에 대하여 그 해양오염방지설비등, 방오시스템 또는 연료유의 교체·개조·변경·수리 그 밖에 필요한 조치를 명령할 수 있다.
③ 해양수산부장관은 다음 각 호의 어느 하나에 해당하는 경우에는 그 선박의 소유자에 대하여 수정·교체·개조·비치 등 필요한 조치를 명령할 수 있다.
  1. 선박에너지효율이 제41조의2에 따른 선박에너지효율설계지수의 계산방법 및 허용값, 추진기관의 최소 출력기준에 적합하지 아니하다고 인정되는 경우
  2. <u>선박에너지효율이 제41조의5에 따른 선박에너지효율지수 및 제41조의6에 따른 선박운항탄소집약도지수의 계산방법 및 허용값에 적합하지 아니하다고 인정되는 경우</u> 〈신설 22. 10. 18.〉
  3. 선박에너지효율관리계획서를 비치하지 아니한 경우

59 해양오염방지를 위한 항만국통제

① 해양수산부장관은 우리나라의 항만·항구 또는 연안에 있는 외국선박에 설치된 해양오염방지설비등과 방오시스템, 외국선박이 사용하는 연료유의 황함유량 또는 선박에너지효율이 해양오염방지에 관한 국제협약에 따른 기술상의 기준 또는 황함유량 기준에 적합하지 아니하다고 인정되는 경우에는 그 선박의 선장에게 해양오염방지설비등과 방오시스템, 연료유 또는 선박에너지효율 관련 설비 등의 교체·개조·변경·수리·개선이나 그 밖에 필요한 조치(이하 "항만국통제"라 한다)를 명령할 수 있다.
② 항만국통제의 시행에 필요한 절차는 「선박안전법」 제68조 내지 제70조의 규정을 준용한다.

60 재검사

① <u>해양오염방지선박검사, 예비검사 및 에너지효율검사를 받은 자가 그 검사결과에 대하여 불복이 있는 때에는 그 결과에 관한 통지를 받은 날부터 90일 이내에 그 사유를 갖추어 해양수산부장관에게 재검사를 신청할 수 있다.</u>

② 제1항의 규정에 따라 재검사 신청을 받은 해양수산부장관은 소속 공무원으로 하여금 재검사를 하게 하고 그 결과를 신청인에게 60일 이내에 통보하여야 한다. 다만, 부득이한 사유가 있는 때에는 30일의 범위 안에서 통보시한을 연장할 수 있다.

③ 해양오염방지선박검사, 예비검사 및 에너지효율검사에 대하여 불복이 있는 자는 제1항 및 제2항의 규정에 따른 재검사의 절차를 거치지 아니하고는 행정소송을 제기할 수 없다. 다만, 「행정소송법」 제18조제2항 및 제3항에 해당하는 경우에는 그러하지 아니하다.

> ※ 해양환경관리법에 따른 검사의 종류 [13 해경]
> 제49조(정기검사), 제50조(중간검사), 제51조(임시검사), 제52조(임시항해검사), 제53조(방오시스템검사), 제54조(대기오염방지설비의 예비검사 등), 제54조의2(에너지효율검사), 제60조(재검사)

61 국가긴급방제계획의 수립·시행 [21 경감승진]

① 해양경찰청장은 해양수산부령으로 정하는 오염물질이 해양에 배출될 우려가 있거나 배출되는 경우를 대비하여 대통령령이 정하는 바에 따라 해양오염의 사전예방 또는 방제에 관한 국가긴급방제계획을 수립·시행하여야 한다. 이 경우 해양경찰청장은 미리 해양수산부장관의 의견을 들어야 한다.

② 국가긴급방제계획은 「해양수산발전 기본법」 제7조에 따른 해양수산발전위원회의 심의를 거쳐 확정한다.

> 시행령 제44조(국가긴급방제계획의 수립·시행 등)
> ① 법 제61조제1항에 따라 국가긴급방제계획에 포함되는 사항은 다음 각 호와 같다.
>   1. 오염물질의 배출에 대비한 사전 예방 계획
>   가. 국가 방제체제 및 대응조직의 구성과 운영
>   나. 해양오염 대비·대응을 위한 관계 기관 등의 임무와 역할
>   다. 방제장비, 자재 및 약제의 확보
>   라. 해양오염 대비·대응을 위한 교육과 훈련
>   마. 인접 국가 간 방제지원·협력체제의 구성과 운영
>   바. 방제기술 전문가의 자문 및 지원
>   사. 해양오염 방제를 위한 조사·연구 및 기술개발 등
>   2. 오염물질 배출 시 방제조치 계획
>   가. 국가가 행하는 긴급 방제조치의 범위
>   나. 오염현장 상황조사, 방제방법 결정, 사고해역 지휘·통제 등 방제 실행
>   다. 방제장비, 자재 및 약제의 긴급 동원 및 지원
>   라. 해상안전의 확보와 위험방지 조치
>   마. 해양오염사고 영향과 피해조사 등 사후관리
>   바. 방제평가 및 방제종료의 기준 등 방제조치와 관련하여 필요한 사항

62 방제대책본부 등의 설치

① 해양경찰청장은 해양오염사고로 인한 긴급방제를 총괄지휘하며, 이를 위하여 해양경찰청장 소속으로 방제대책본부를 설치할 수 있다. [21 경감승진]

② 해양경찰청장은 제1항에 따라 설치된 방제대책본부의 조치사항 및 결과에 대하여 해양수산부령으로 정하는 바에 따라 해양수산부장관에게 보고하여야 한다.

> 시행령 제45조(방제대책본부의 구성·운영 등) [17 경장·경사승진]

① 법 제62조제3항에 따른 **방제대책본부의 장**(이하 이 조에서 **"본부장"**이라 한다)은 **해양경찰청장**이 되고, 그 **구성원**은 해양경찰청 소속 공무원과 관계 기관의 장이 파견한 자로 구성한다.

63 오염물질이 배출되는 경우의 신고의무 [19 해경, 21·22 경감승진]

① 대통령령이 정하는 배출기준을 초과하는 오염물질이 해양에 배출되거나 배출될 우려가 있다고 예상되는 경우 다음 각 호의 어느 하나에 해당하는 자는 지체 없이 해양경찰청장 또는 해양경찰서장에게 이를 신고하여야 한다.
 1. 배출되거나 배출될 우려가 있는 오염물질이 적재된 선박의 선장 또는 해양시설의 관리자. 이 경우 해당 선박 또는 해양시설에서 오염물질의 배출원인이 되는 행위를 한 자가 신고하는 경우에는 그러하지 아니하다.
 2. 오염물질의 배출원인이 되는 행위를 한 자
 3. 배출된 오염물질을 발견한 자

> 시행규칙 제29조(해양시설로부터의 오염물질 배출신고)
> ① 법 제63조에 따라 해양시설로부터의 오염물질 배출을 신고하려는 자는 서면·구술·전화 또는 무선통신 등을 이용하여 신속하게 하여야 하며, 그 신고사항은 다음 각 호와 같다.
>   1. 해양오염사고의 발생일시·장소 및 원인
>   2. 배출된 오염물질의 종류, 추정량 및 확산상황과 응급조치상황
>   3. 사고선박 또는 시설의 명칭, 종류 및 규모
>   4. 해면상태 및 기상상태
> ② 해양경찰청장 또는 해양경찰서장 외의 자는 제1항에 따른 신고를 받은 경우에는 지체 없이 그 내용을 해양경찰청장 또는 해양경찰서장에게 알려야 한다.

64 오염물질이 배출된 경우의 방제조치 [18 경감승진, 21 경장승진]

① 제63조제1항제1호 및 제2호에 해당하는 자(이하 "방제의무자"라 한다, 1. 배출되거나 배출될 우려가 있는 오염물질이 적재된 선박의 선장 또는 해양시설의 관리자 2. 오염물질의 배출원인이 되는 행위를 한 자)는 배출된 오염물질에 대하여 대통령령이 정하는 바에 따라 다음 각 호에 해당하는 조치(이하 "방제조치"라 한다)를 하여야 한다.
 1. 오염물질의 배출방지
 2. 배출된 오염물질의 확산방지 및 제거
 3. 배출된 오염물질의 수거 및 처리

> 시행령 제48조(오염물질이 배출된 경우의 방제조치)
> ① 법 제64조제1항에 따른 방제조치는 다음 각 호의 조치로서 오염물질의 배출 방지와 배출된 오염물질의 확산방지 및 제거를 위한 응급조치를 한 후 현장에서 할 수 있는 최대한의 유효적절한 조치여야 한다.
>   1. 오염물질의 확산방지울타리의 설치 및 그 밖에 확산방지를 위하여 필요한 조치
>   2. 선박 또는 시설의 손상부위의 긴급수리, 선체의 예인·인양조치 등 오염물질의 배출 방지조치
>   3. 해당 선박 또는 시설에 적재된 오염물질을 다른 선박·시설 또는 화물창으로 옮겨 싣는 조치
>   4. 배출된 오염물질의 회수조치
>   5. 해양오염방제를 위한 자재 및 약제의 사용에 따른 오염물질의 제거조치

> 6. 수거된 오염물질로 인한 2차오염 방지조치
> 7. 수거된 오염물질과 방제를 위하여 사용된 자재 및 약제 중 재사용이 불가능한 물질의 안전처리조치
> ② 해양경찰청장은 제1항에 따른 방제조치를 위하여 필요한 경우 다음 각 호의 조치를 직접 하거나 관계 기관에 지원을 요청할 수 있다.
> 1. 오염해역을 통행하는 선박의 통제
> 2. 오염해역의 선박안전에 관한 조치
> 3. 인력 및 장비·시설 등의 지원 등

② 오염물질이 항만의 안 또는 항만의 부근 해역에 있는 선박으로부터 배출되는 경우 다음 각 호의 어느 하나에 해당하는 자는 방제의무자가 방제조치를 취하는데 적극 협조하여야 한다. [18 경감승진]
  1. 해당 항만이 배출된 오염물질을 싣는 항만인 경우에는 해당 오염물질을 보내는 자
  2. 해당 항만이 배출된 오염물질을 내리는 항만인 경우에는 해당 오염물질을 받는 자
  3. 오염물질의 배출이 선박의 계류 중에 발생한 경우에는 해당 계류시설의 관리자
  4. 그 밖에 오염물질의 배출원인과 관련되는 행위를 한 자
③ 해양경찰청장은 방제의무자가 자발적으로 방제조치를 행하지 아니하는 때에는 그 자에게 시한을 정하여 방제조치를 하도록 명령할 수 있다.
④ 해양경찰청장은 방제의무자가 제3항의 규정에 따른 방제조치명령에 따르지 아니하는 경우에는 직접 방제조치를 할 수 있다. 이 경우 방제조치에 소요된 비용은 대통령령이 정하는 바에 따라 방제의무자가 부담한다.

65 오염물질이 배출될 우려가 있는 경우의 조치 등

① 선박의 소유자 또는 선장, 해양시설의 소유자는 선박 또는 해양시설의 좌초·충돌·침몰·화재 등의 사고로 인하여 선박 또는 해양시설로부터 오염물질이 배출될 우려가 있는 경우에는 해양수산부령이 정하는 바에 따라 오염물질의 배출방지를 위한 조치를 하여야 한다.

66 자재 및 약제의 비치 등

① 항만관리청 및 선박·해양시설의 소유자는 오염물질의 방제·방지에 사용되는 자재 및 약제를 보관시설 또는 해당 선박 및 해양시설에 비치·보관하여야 한다.

> 선박에서의 오염방지에 관한 규칙 제53조(선박에 비치할 자재·약제 비치기준 등)
> ① 법 제66조제1항에 따라 오염물질의 방제·방지를 위한 자재 및 약제(이하 "자재·약제"라 한다)를 갖추어 두어야 하는 선박은 다음 각 호와 같다. [14 해경]
>   1. 총톤수 100톤 이상의 유조선
>   2. 추진기관이 설치된 총톤수 1만톤 이상의 선박(유조선은 제외한다)
> 시행규칙 제32조(해양시설의 자재·약제 비치기준 등)
> ① 법 제66조제1항에 따라 오염물질의 방제·방지를 위한 자재 및 약제(이하 "자재·약제"라 한다)를 갖추어 두어야 하는 해양시설은 다음 각 호와 같다. [14 해경, 23 경사승진]
>   1. 오염물질을 300킬로리터 이상 저장할 수 있는 시설
>   2. 총톤수 100톤 이상의 유조선을 계류하기 위한 계류시설
> ② 법 제66조제3항에 따라 해양시설 안에 갖추어두어야 하는 자재·약제의 비치기준은 별표 11과 같다. 다만, 유처리제·유흡착재 또는 유겔화제(기름을 굳게 하는 물질)의 경우에는 해당 해양시설에 기준량의

10퍼센트 이상을 갖추어두고, 나머지는 제33조에 따른 보관시설에 보관할 수 있다.

67 방제선등의 배치 등

① 다음 각 호의 어느 하나에 해당하는 선박 또는 해양시설의 소유자는 기름의 해양유출사고에 대비하여 대통령령으로 정하는 기준에 따라 방제선 또는 방제장비(이하 "방제선등"이라 한다)를 해양수산부령으로 정하는 해역 안에 배치 또는 설치하여야 한다. [20 해경, 21 경감승진]
  1. 총톤수 500톤 이상의 유조선
  2. 총톤수 1만톤 이상의 선박(유조선을 제외한 선박에 한한다)
  3. 신고된 해양시설로서 저장용량 1만 킬로리터 이상의 기름저장시설

> 선박에서의 오염방지에 관한 규칙 제54조(방제선등의 배치해역)
> ① 법 제67조제1항제1호 및 제2호에 따른 선박의 소유자가 방제선 또는 방제장비(이하 "방제선등"이라 한다)를 배치하여야 하는 해역은 다음 각 호와 같다. 다만, 다음 각 호의 해역에서 기름이 배출되는 경우 3시간 이내에 도달할 수 있는 곳에 배치할 수 있다.
>   1. 「해사안전법」 제10조에 따른 교통안전 특정해역
>   2. 「항만법」 제2조제2호에 따른 무역항 중 다음 각 목의 항만
>   가. 인천항 나. 평택·당진항 다. 대산항 라. 군산항 마. 목포항 바. 여수항 사. 광양항
>   아. 마산항 자. 부산항 차. 울산항 카. 포항항 타. 동해·묵호항 파. 제주항

68 행정기관의 방제조치와 비용부담

① 해양경찰청장은 방제의무자의 방제조치만으로는 오염물질의 대규모 확산을 방지하기가 곤란하거나 긴급방제가 필요하다고 인정하는 경우에는 직접 방제조치를 하여야 한다.
② 제1항에도 불구하고 해안의 자갈·모래 등에 달라붙은 기름에 대하여는 다음 각 호의 구분에 따라 해당 지방자치단체의 장 또는 행정기관의 장이 방제조치를 하여야 한다.
  1. 기름이 하나의 시장·군수 또는 구청장(자치구의 구청장을 말한다. 이하 같다) 관할 해안에만 영향을 미치는 경우 : 해당 시장·군수 또는 구청장
  2. 기름이 둘 이상의 시장·군수 또는 구청장 관할 해안에 영향을 미치는 경우 : 해당 시·도지사. 이 경우 기름이 둘 이상의 시·도지사 관할 해안에 영향을 미치는 경우에는 각각의 관할 시·도지사로 한다.
  3. 군사시설과 그 밖에 대통령령으로 정하는 시설이 설치된 해안에 대한 방제조치 : 해당 시설관리기관의 장
③ 해양경찰청장은 시장·군수 또는 구청장과 시·도지사가 제2항에 따른 방제조치를 하는 경우에는 방제에 사용되는 자재·약제, 방제장비, 인력 및 기술 등을 지원하여야 한다.
④ 제1항 및 제2항에 따른 방제조치에 소요되는 비용은 대통령령이 정하는 바에 따라 선박 또는 해양시설의 소유자가 부담하게 할 수 있다. 다만, 천재·지변 등 대통령령이 정하는 사유에 해당하는 경우에는 그러하지 아니하다.

68의2 해양자율방제대

① 해양경찰청장은 지역의 자율적인 해양오염방제 기능을 강화하기 위하여 「수산업협동조합법」 제15조에 따른 어촌계에 소속된 어업인, 지역주민 등으로 해양자율방제대를 구성·운영할 수 있다.

② 해양경찰청장은 해양자율방제대 구성원의 역량강화를 위하여 교육·훈련을 실시할 수 있다.
③ 해양경찰청장은 예산의 범위에서 해양자율방제대와 구성원에게 그 활동에 필요한 경비를 지급할 수 있다.
④ 해양경찰청장은 해양자율방제대의 구성원이 해양오염방제 활동 등에 참여 또는 교육·훈련으로 인하여 질병에 걸리거나 부상을 입거나 사망한 때에는 해양수산부령으로 정하는 바에 따라 보상금을 지급하여야 한다.

69 방제분담금

① 배치의무자는 기름 등의 유출사고에 따른 방제조치 및 배출방지조치 등 해양오염방제조치에 소요되는 방제분담금(이하 "방제분담금"이라 한다)을 납부하여야 한다.

69의2 방제분담금 및 가산금의 강제징수

① 제96조제1항에 따른 해양환경공단은 방제분담금의 납부의무자가 납부기한까지 방제분담금을 내지 아니하면 그 납부기한의 다음 날부터 납부한 날까지의 기간에 대하여 대통령령으로 정하는 가산금을 징수한다. 이 경우 가산금은 체납된 방제분담금의 100분의 3을 초과하여서는 아니 된다.
② 제96조제1항에 따른 해양환경공단은 방제분담금의 납부의무자가 납부기한까지 방제분담금을 내지 아니하면 30일 이상의 기간을 정하여 독촉하고, 그 지정된 기간 내에 방제분담금과 제1항에 따른 가산금을 내지 아니하면 해양수산부장관의 승인을 받아 국세 체납처분의 예에 따라 징수할 수 있다.

70 해양환경관리업   [11 경사승진, 13 경사승진, 17 해경, 18 해경]

① 다음 각 호의 어느 하나에 해당하는 사업(이하 "해양환경관리업"이라 한다)을 영위하려는 자는 대통령령이 정하는 바에 따라 해양경찰청장에게 등록하여야 한다.
  1. 삭제
  2. 해양오염방제업 : 오염물질의 방제에 필요한 설비 및 장비를 갖추고 해양에 배출되거나 배출될 우려가 있는 오염물질을 방제하는 사업
  3. 유창청소업(油艙淸掃業) : 선박의 유창을 청소하거나 선박 또는 해양시설(그 해양시설이 기름 및 유해액체물질 저장시설인 경우에 한정한다)에서 발생하는 해양수산부령으로 정하는 오염물질의 수거에 필요한 설비 및 장비를 갖추고 그 오염물질을 수거하는 사업
  4. 삭제
  5. 삭제

71 결격사유

다음 각 호의 어느 하나에 해당하는 자는 해양환경관리업의 등록을 할 수 없다.
  1. 피성년후견인
  3. 이 법을 위반하여 징역 이상의 형의 선고를 받고 그 형의 집행이 종료(집행이 종료된 것으로 보는 경우를 포함한다)되거나 집행을 받지 아니하기로 확정된 후 1년이 경과되지 아니한 자
  4. 해양환경관리업의 등록이 취소(제1호에 해당하여 취소된 경우는 제외한다)된 후 1년이 경과되지 아니한 자
  5. 임원 중에 제1호, 제3호 또는 제4호에 해당하는 자가 있는 법인

75 등록의 취소 등

① 해양경찰청장은 해양환경관리업자가 다음 각 호의 어느 하나에 해당하는 때에는 그 등록을 취소하거나 6개월 이내의

기간을 정하여 영업정지를 명령할 수 있다. 다만, **제1호부터 제4호까지의 어느 하나에 해당하는 경우에는 등록을 취소하여야 한다.**
1. **제71조 각 호의 어느 하나에 해당하는 때(=결격사유).** 다만, 법인의 임원 중 제71조제1호, 제3호 또는 제4호에 해당하는 자가 있는 경우로서 6개월 이내에 그 임원을 바꾸어 임명한 때에는 그러하지 아니하다.
2. **거짓 그 밖의 부정한 방법으로 등록을 하거나 변경등록을 한 경우**
3. **1년에 2회 이상 영업정지처분을 받은 경우**
4. **영업정지기간 중에 영업을 한 경우**
5. 정당한 사유 없이 등록한 사항을 이행하지 아니한 경우
6. 제72조의 규정에 따른 의무를 위반한 경우
7. 제73조의 규정에 따른 명령에 따르지 아니하거나 거부한 경우
8. 등록 후 1년 이내에 영업을 하지 아니하거나 정당한 사유 없이 1년 이상 계속하여 영업실적이 없는 경우

77 해양오염영향조사

① **선박 또는 해양시설에서 대통령령이 정하는 규모 이상의 오염물질이 해양에 배출되는 경우에는 그 선박 또는 해양시설의 소유자**는 해양오염영향조사기관을 통하여 **해양오염영향조사를 실시**하여야 한다.
② 제1항의 규정에 따른 해양오염영향조사기관은 대통령령이 정하는 기준에 따라 해양수산부장관이 지정하여 고시한다.
③ **해양수산부장관**은 제1항의 규정에 따라 **해양오염영향조사를 하여야 하는 자가 대통령령이 정하는 기간 이내에 이를 행하지 아니하거나 대통령령이 정하는 바에 따라 긴급히 조사를 할 필요가 있다고 인정되는 경우에는 별도의 조사기관을 선정하여 실시하게 하여야 한다.**

> 시행령 제58조(해양오염영향조사)
> ③ 법 제77조제3항에서 "대통령령이 정하는 기간"이란 사고가 발생한 날부터 3개월을 말하고, "대통령령이 정하는 바에 따라 긴급히 조사를 할 필요가 있다고 인정되는 경우"란 다음 각 호의 어느 하나에 해당하는 경우를 말한다.
> 1. 해양수산부령으로 정하는 규모 이상의 오염물질이 대량으로 배출된 경우
> 2. 오염물질의 확산으로 양식시설 등의 대량 피해가 예상되는 경우

④ 해양수산부장관은 제3항의 규정에 따라 별도의 해양오염영향조사를 실시하게 하려는 경우에는 해양수산부령이 정하는 바에 따라「해양수산발전 기본법」제7조에 따른 해양수산발전위원회의 심의를 거쳐야 한다.

79 주민의 의견수렴

① **해양오염영향조사기관**은 해양오염영향에 대한 조사서(이하 "해양오염영향조사서"라 한다)를 작성함에 있어 **미리 설명회 또는 공청회를 개최**하여 해당 조사 대상지역 안에 거주하는 **주민의 의견을 수렴**한 후 **이를 해양오염영향조사서의 내용에 포함시켜야 한다.**

80 조사의 비용

① 제77조제1항 및 제3항의 규정에 따른 **해양오염영향조사에 소요되는 비용**은 대통령령이 정하는 바에 따라 **해양오염사고를 일으킨 선박 또는 해양시설의 소유자가 부담**한다. 다만, 천재지변 그 밖의 대통령령이 정하는 사유

에 해당하는 경우에는 그러하지 아니하다.

81 조사기관의 결격사유

다음 각 호의 어느 하나에 해당하는 자는 **해양오염영향조사기관으로 지정될 수 없다**.
1. 피성년후견인
2. ~~파산선고를 받고 복권되지 아니한 자~~ 삭제 〈2017. 10. 31.〉
3. 해양오염영향조사기관의 지정이 취소[제1호에 해당(거짓 그 밖의 부정한 방법으로 지정을 받은 때)하여 취소된 경우는 제외한다]된 후 2년이 경과되지 아니한 자
4. 이 법 또는 「물환경보전법」・「대기환경보전법」을 위반하여 금고 이상의 형의 선고를 받고 그 형의 집행이 종료(집행이 종료된 것으로 보는 경우를 포함한다)되거나 집행을 받지 아니하기로 확정된 후 1년이 경과되지 아니한 자
5. 대표이사가 제1호, 제3호 또는 제4호에 해당하는 법인

82 조사기관의 지정취소 등

① 해양수산부장관은 해양오염영향조사기관이 다음 각 호의 어느 하나에 해당하는 때에는 그 지정을 취소하거나 1년 이내의 기간을 정하여 업무정지를 명령할 수 있다. 다만, 제1호부터 제4호까지의 어느 하나에 해당하는 때에는 그 지정을 취소하여야 한다.
1. 거짓 그 밖의 부정한 방법으로 지정을 받은 때
2. 제77조제2항의 규정에 따른 **지정기준에 미달하게 된 때**
3. **제81조 각 호의 어느 하나에 해당하는 때**. 다만, 법인의 대표이사가 제81조제1호, 제3호 또는 제4호에 해당하는 경우로서 6개월 이내에 그 대표이사를 바꾸어 임명한 때에는 그러하지 아니하다.
4. **1년에 2회 이상 업무정지처분을 받은 때**
5. 다른 사람에게 지정기관의 권한을 대여하거나 도급받은 해양오염영향조사를 일괄하여 하도급한 때
6. 고의 또는 중대한 과실로 해양오염영향조사를 부실하게 행한 때

96 공단의 설립

① 해양환경의 보전・관리・개선을 위한 사업, 해양오염방제사업, 해양환경・해양오염 관련 기술개발 및 교육훈련을 위한 사업 등을 행하게 하기 위하여 **해양환경공단**(이하 "공단"이라 한다)을 설립한다.

110 해양환경측정기기 등의 형식승인 등

① 제12조제1항에 따른 **해양환경상태의 측정・분석・검사에 필요한 장비・기기**(이하 "해양환경측정기기"라 한다)를 제작・수입하려는 자는 해양수산부령으로 정하는 바에 따라 **해양수산부장관의 형식승인**을 받아야 한다. 다만, 시험・연구 또는 개발을 목적으로 제작・수입하는 해양환경측정기기에 대하여 해양수산부령으로 정하는 바에 따라 해양수산부장관의 확인을 받은 경우에는 그러하지 아니하다.
② **해양환경측정기기를 사용하고자 하는 때**에는 해양수산부령이 정하는 바에 따라 **해양수산부장관의 정도검사**를 받아야 하고, 이에 사용되는 표준용액・표준가스 등 표준물질(이하 "교정용품"이라 한다)을 공급・사용하고자 하는 때에는 해양수산부령이 정하는 바에 따라 **해양수산부장관의 검정**을 받아야 한다.
③ 해양수산부령으로 정하는 **해양오염방지설비(유해액체물질오염방지설비를 제외한다), 방오시스템 및 선박소각설비**(이하 "형식승인대상설비"라 한다)를 제작・제조하거나 수입하려는 자는 해양수산부령으로

정하는 바에 따라 해양수산부장관의 형식승인을 받아야 한다. 다만, 시험·연구 또는 개발을 목적으로 제작·제조하거나 수입하는 형식승인대상설비에 대하여 해양수산부령으로 정하는 바에 따라 해양수산부장관의 확인을 받은 경우에는 그러하지 아니하다.

④ 제66조제1항에 따라 오염물질의 방제·방지에 사용하는 자재·약제를 제작·제조하거나 수입하려는 자는 해양수산부령으로 정하는 바에 따라 해양경찰청장의 형식승인을 받아야 한다. 다만, 시험·연구 또는 개발을 목적으로 제작·제조하거나 수입하는 오염물질의 방제·방지에 사용하는 자재·약제에 대하여 해양수산부령으로 정하는 바에 따라 해양경찰청장의 확인을 받은 경우에는 그러하지 아니하다. [18 경장승진]

> 시행규칙 제66조(자재·약제의 형식승인 신청 등)
> ① 법 제110조제4항에 따라 형식승인을 받아야 하는 자재·약제의 종류는 다음 각 호와 같다. [11 경사승진, 23 경장승진]
> 1. 해양유류오염확산차단장치(오일펜스, Oil Fence)
> 2. 유처리제 3. 유흡착재 4. 유겔화제 5. 생물정화제제(生物淨化製劑)

111 선박해체의 신고 등 [14 경장·경감승진, 15 경감승진, 18 경사승진, 20 해경, 21 해경, 22 경사승진]

① 선박을 해체하고자 하는 자는 선박의 해체작업과정에서 오염물질이 배출되지 아니하도록 해양수산부령으로 정하는 바에 따라 작업계획을 수립하여 작업개시 7일 전까지 해양경찰청장에게 신고하여야 한다. 다만, 육지에서 선박을 해체하는 등 해양수산부령으로 정하는 방법에 따라 선박을 해체하는 경우에는 그러하지 아니하다(=신고하지 않아도 된다).

> 시행규칙 제73조(선박해체 해양오염방지작업계획의 신고 등)
> ① 선박을 해체하려는 자는 법 제111조제1항 본문에 따라 별지 제69호서식의 선박해체 해양오염방지 작업계획신고서에 다음 각 호의 서류를 첨부하여 작업개시 7일 전까지 선박을 해체하려는 장소를 관할하는 해양경찰서장에게 제출하여야 한다. 작업계획을 변경하려는 때에도 또한 같다.
> 1. 다음 각 목의 사항이 기재된 작업계획서
>   가. 해체하려는 선박의 해체 전 유창 청소와 오염물질의 처리에 관한 사항
>   나. 해체작업 중 발생할 수 있는 오염물질의 유출사고에 대비한 예방조치 사항
>   다. 오염물질의 유출사고 발생 시의 응급조치에 관한 사항
> 2. 해체장소 사용허가서 또는 그 증명서류
> 3. 해체할 선박의 권리를 입증할 수 있는 서류
> 4. 오염물질의 처리실적서
> ② 법 제111조제1항 단서에서 "해양수산부령으로 정하는 방법"이란 오염물질이 제거된 선박으로서 총톤수 100톤(군함과 경찰용 선박의 경우에는 경하배수톤수 200톤) 미만의 선박(유조선은 제외한다)을 육지에 올려놓고 해체하는 것을 말한다.

116 해양환경감시원 [17 경사·경감승진, 17 해경, 19 해경, 21 경사승진]

① 해양수산부장관 또는 해양경찰청장은 제115조제1항부터 제4항까지의 규정에 따른 직무를 수행하게 하기 위하여 소속 공무원을 해양환경감시원으로 지정할 수 있다.

> 시행령 제90조(해양환경감시원)

① 해양수산부장관 또는 해양경찰청장은 법 제116조제1항에 따라 그 소속 공무원 중에서 다음 각 호의 어느 하나에 해당하는 자를 해양환경감시원으로 임명한다.
  1. 해양공학기사·해양자원개발기사·해양환경기사·해양조사산업기사·조선산업기사·수질환경산업기사·대기환경산업기사·폐기물처리산업기사·화공산업기사·위험물산업기사 이상이거나 항해사·기관사 또는 운항사 각 3급 이상의 자격을 취득한 자
  2. 해양환경 관련 업무에 1년 이상 근무한 경력이 있는 자
  3. 「선박의 입항 및 출항 등에 관한 법률 시행령」 제20조에 따라 무역항 단속공무원으로 임명된 자
  4. 「선박안전법」 제76조에 따라 선박검사관으로 임명된 자

② 해양환경감시원의 직무는 다음 각 호와 같다.
  1. 해양수산부장관 소속 해양환경감시원
    가. 제89조제1항(선박의 오염방지를 위하여 필요한 경우, 대행기관으로부터 보고받은 자료의 검토결과 선박 또는 선박 관련 사업장·사무소에 출입할 필요가 있다고 인정되는 경우)에 따른 출입검사와 보고에 관한 사항
    나. 해양공간으로 유입되거나 해양에 배출되는 폐기물의 감시
    다. 해양공간에 대한 수질 및 오염원 조사활동
    라. 「해양폐기물 및 해양오염퇴적물 관리법」 제7조제6항에 따른 폐기물 해양배출 위탁자 및 같은 법 제21조제1항에 따른 해양폐기물관리업자의 사업시설에 대한 지도·검사
    마. 환경관리해역에서의 해양환경 개선을 위한 오염원 조사 활동
    바. 해양시설에서의 오염물질 배출감시 및 해양오염예방을 위한 지도·점검(해양시설오염물질기록부, 해양시설오염비상계획서 및 해양오염방지관리인과 관련된 업무는 제외한다)

  2. 해양경찰청장 소속 해양환경감시원 [22 해경간부]
    가. 제94조제2항제8호(국내항해에 운항하는 대한민국선박, 국제항해에 운항하는 대한민국선박으로서 제94조제4항제19호에 따라 지방해양수산청장이 출입검사를 하지 아니한 선박)에 따른 출입검사와 보고에 관한 사항
    나. 해양시설에서의 오염물질 배출감시 및 해양오염예방을 위한 지도·점검(해양시설오염물질기록부, 해양시설오염비상계획서 및 해양오염방지관리인과 관련된 업무로 한정한다)
    다. 해양오염방제업자 및 유창청소업자가 운영하는 시설에 대한 검사·지도
    라. 해양시설에서의 방제선등의 배치·설치 및 자재·약제의 비치 상황에 관한 검사
    마. 오염물질의 배출 또는 배출혐의가 있다고 인정된 경우 조사활동 및 감식·분석을 위한 오염시료 채취 등

116의2 명예해양환경감시원

① 해양수산부장관 또는 해양경찰청장은 효율적인 해양환경관리를 위한 지도·계몽 등을 위하여 해양환경의 보전·관리 및 해양오염방지를 위한 활동을 하는 민간단체의 회원 또는 해양환경관리를 위한 활동을 성실하게 수행하고 있는 사람을 명예해양환경감시원으로 위촉할 수 있다.
② 해양수산부장관 또는 해양경찰청장은 예산의 범위에서 명예해양환경감시원에게 그 활동에 필요한 경비를 지급할 수 있다.

117 정선·검색·나포·입출항금지 등

선박이 이 법의 규정을 위반한 혐의가 있다고 인정되는 경우에는 해역관리청 또는 해양경찰청장은 정선·검색·나포·입출항금지 그 밖에 필요한 명령이나 조치를 할 수 있다.

120 청문

해양수산부장관 또는 해양경찰청장은 다음 각 호의 어느 하나에 해당하는 처분을 하려는 때에는 「행정절차법」이 정하는 바에 따라 청문을 실시하여야 한다.

1. 제13조제3항의 규정에 따른 측정·분석능력인증의 취소
2. 제75조의 규정에 따른 등록의 취소
3. 제82조의 규정에 따른 지정의 취소
4. 제89조의 규정에 따른 등록의 취소
5. 제110조제9항의 규정에 따른 형식승인의 취소
6. 제110조의2제4항에 따른 성능인증의 취소

126 벌칙

다음 각 호의 어느 하나에 해당하는 자는 **5년 이하의 징역 또는 5천만원 이하의 벌금**에 처한다.

1. 제22조제1항 및 제2항의 규정을 위반하여 **선박 또는 해양시설로부터 기름·유해액체물질·포장유해물질을 배출한 자**
2. 제93조제2항의 규정에 따른 명령에 위반한 자

127 벌칙 [23 경감·경장승진]

다음 각 호의 어느 하나에 해당하는 자는 **3년 이하의 징역 또는 3천만원 이하의 벌금**에 처한다.

1. **제22조제1항 및 제2항의 규정을 위반하여** 선박 및 해양시설로부터 폐기물을 배출한 자
2. **과실로 제22조제1항 및 제2항의 규정을 위반하여 선박 또는 해양시설로부터** 기름·유해액체물질·포장유해물질을 배출한 자
3. 제57조제1항 내지 제3항의 규정을 위반하여 선박을 항해에 사용한 자
4. **제64조제1항 또는 제3항의 규정에 따른 방제조치를 하지 아니하거나 조치명령을 위반한 자**
5. 제65조의 규정에 따른 오염물질의 배출방지를 위한 조치를 하지 아니하거나 조치명령을 위반한 자

128 벌칙

다음 각 호의 어느 하나에 해당하는 자는 2년 이하의 징역 또는 2천만원 이하의 벌금에 처한다.

1. 과실로 제22조제1항 및 제2항의 규정을 위반하여 선박 또는 해양시설로부터 폐기물을 배출한 자
2. 제25조제1항의 규정에 따른 폐기물오염방지설비를 설치하지 아니하고 선박을 항해에 사용한 자
3. 제26조제1항의 규정에 따른 기름오염방지설비를 설치하지 아니하고 선박을 항해에 사용한 자
4. 제26조제2항의 규정에 따른 선체구조 등을 설치하지 아니하고 선박을 항해에 사용한 자
5. 제27조제1항의 규정에 따른 유해액체물질오염방지설비를 설치하지 아니하고 선박을 항해에 사용한 자
6. 제27조제2항의 규정을 위반하여 선박의 화물창을 설치한 자
7. 제40조제1항 및 제2항의 규정을 위반하여 유해방오도료·유해방오시스템을 사용하거나 적법한 기준 및 방법에 따른 방오도료·방오시스템을 사용·설치하지 아니한 자
8. 제67조제1항의 규정을 위반하여 방제선등을 배치 또는 설치하지 아니한 자
9. 제67조제3항의 규정에 따른 선박입출항금지명령 또는 시설사용정지명령을 위반한 자
10. 제70조제1항의 규정에 따른 등록을 하지 아니하고 해양환경관리업을 한 자
11. 제75조의 규정에 따라 등록이 취소된 자가 영업을 하거나 또는 영업정지명령을 받은 자가 영업정지기간 중 영업을 한 자
12. 제77조제1항의 규정에 따른 해양오염영향조사를 실시하지 아니한 자
13. 제82조제1항 및 제89조제1항의 규정에 따라 지정이 취소된 자가 업무를 하거나 또는 업무정지명령을 받은 자가 업무정지기간 중 업무를 한 자

14. 제84조제4항에 따른 해역이용협의서 또는 제85조제2항에 따른 해역이용영향평가서를 거짓으로 작성한 자
15. 제86조제1항 전단에 따른 평가대행자의 등록을 하지 아니하고 해역이용협의서등의 작성을 대행한 자
16. 제95조제1항의 규정에 따른 해양환경영향조사의 결과를 거짓으로 작성한 자
16의2. 제110조제1항 단서, 제3항 단서 및 제4항 단서에 따라 형식승인이 면제된 해양환경측정기기, 형식승인대상설비 또는 오염물질의 방제·방지에 사용하는 자재·약제를 판매한 자
17. 제110조9항의 규정에 따라 형식승인 또는 검정이 취소되거나 업무정지명령을 받은 자가 업무정지기간 중 업무를 한 자
17의2. 제110조의2제1항에 따라 형식승인대상외 자재·약제에 대한 성능인증을 받지 아니하거나 성능인증이 취소되었음에도 성능인증을 받은 것으로 표시하여 형식승인대상외 자재·약제를 제작·제조 및 수입하여 판매한 자
18. 제117조의 규정에 따른 정선·검색·나포·입출항금지 그 밖에 필요한 명령이나 조치를 거부·방해 또는 기피한 자

129 벌칙 [23 경감·경장·경사승진]

① 다음 각 호의 어느 하나에 해당하는 자는 **1년 이하의 징역 또는 1천만원 이하의 벌금**에 처한다.
1. 제15조의2제2항의 규정을 위반하여 특별관리해역 내에 시설을 설치하거나 오염물질의 총량배출을 위반한 자
2. 삭제 〈2019. 12. 3.〉
3. 제41조제1항의 규정에 따른 대기오염방지설비를 설치하지 아니하고 선박을 항해에 사용한 자
4. **제42조제1항의 규정을 위반하여 오존층파괴물질을 배출한 자**
5. 제43조제1항의 규정을 위반하여 질소산화물의 배출허용기준을 초과하여 디젤기관을 작동한 자
6. 제44조제1항을 위반하여 황함유량 기준을 초과하는 연료유를 사용한 자
6의2. 제44조의2를 위반하여 황함유량 기준을 초과하는 연료유를 선박에 적재한 자
7. 제45조제1항의 규정을 위반하여 품질기준에 미달하거나 황함유량 기준을 초과하는 연료유를 공급한 자
8. 제47조제2항의 규정을 위반하여 유증기 배출제어장치를 설치하지 아니하거나 작동시키지 아니한 자
9. 제47조제3항의 규정을 위반하여 검사를 받지 아니하고 유증기 배출제어장치를 설치한 자
10. 제63조제1항제1호 또는 제2호에 해당하는 자로서 신고를 하지 아니하거나 거짓으로 신고한 자
11. 제84조 및 제85조의 규정에 따른 협의절차 및 재협의 절차가 완료되기 전에 공사를 시행한 자
12. 제88조제1호부터 제3호까지의 규정을 위반하여 다른 해역이용협의서등의 내용을 복제 또는 법령이 정하는 기간 동안 보관하지 아니하거나 이를 거짓으로 작성한 자
13. 제118조제1항의 규정을 위반하여 비밀을 누설하거나 도용한 자

② 다음 각 호의 어느 하나에 해당하는 자는 1년 이하의 징역 또는 500만원 이하의 벌금에 처한다.
1. 삭제 〈2019. 12. 3.〉
2. 제25조제2항의 규정에 따른 기준을 위반하여 폐기물오염방지설비를 설치하거나 이를 유지·작동한 자
3. 제26조제3항의 규정을 위반하여 기름오염방지설비를 설치하거나 이를 유지·작동한 자
4. 제27조제4항의 규정을 위반하여 유해액체물질오염방지설비를 설치하거나 이를 유지·작동한 자
5. 제28조의 규정을 위반하여 선박평형수 또는 기름을 적재한 자
6. 제29조의 규정을 위반하여 포장유해물질을 운송한 자
7. 제37조의 규정을 위반하여 선박 및 해양시설에서 오염물질을 수거·처리하게 한 자
8. 제49조 내지 제53조의 규정에 따른 해양오염방지선박검사를 받지 아니한 선박을 항해에 사용한 자
8의2. 제54조의2를 위반하여 에너지효율검사를 받지 아니한 선박을 항해에 사용한 자
9. 제58조 또는 제59조의 규정에 따른 명령 또는 처분을 이행하지 아니한 자
9의2. 제64조제6항을 위반하여 제110조제4항·제6항 및 제7항에 따른 형식승인, 검정, 인정을 받지 아니하거나 제110조의2제3항에 따른 검정을 받지 아니한 자재·약제를 방제조치에 사용한 자
10. 제66조제1항을 위반하여 자재·약제를 보관시설 또는 선박 및 해양시설에 비치·보관하지 아니한 자
11. 제73조의 규정에 따른 처리명령을 위반한 자
12. 제110조제2항의 규정을 위반하여 정도검사를 받지 아니하고 해양환경측정기기를 사용하거나 교정용품을 공급·사용한 자
13. 제110조제1항 및 제3항부터 제7항까지의 규정에 따른 형식승인, 성능시험, 검정 또는 인정을 받지 아니하고 제작·제조하거나 수입한 자
14. 제111조제1항의 규정에 따른 신고를 하지 아니하고 선박을 해체한 자
15. 제115조제6항을 위반하여 출입검사·보고요구 등을 정당한 사유 없이 거부·방해 또는 기피한 자
16. 제118조제2항 및 제3항의 규정을 위반하여 직무상 알게 된 비밀을 누설하거나 도용한 자

130 양벌규정

법인의 대표자나 법인 또는 개인의 대리인, 사용인, 그 밖의 종업원이 그 법인 또는 개인의 업무에 관하여 제126조부터 제129조까지의 어느 하나에 해당하는 위반행위를 하면 그 행위자를 벌하는 외에 그 법인 또는 개인에게도 해당 조문의 벌금형을 과(科)한다. 다만, 법인 또는 개인이 그 위반행위를 방지하기 위하여 해당 업무에 관하여 상당한 주의와 감독을 게을리하지 아니한 경우에는 그러하지 아니하다.

131 외국인에 대한 벌칙적용의 특례

① 외국인에 대하여 제127조 및 제128조의 규정을 적용함에 있어서 고의로 우리나라의 영해 안에서 위반행위를 한 경우를 제외하고는 각 해당 조의 벌금형에 처한다.
② 제1항의 규정에 따른 외국인의 범위에 관하여는 「배타적 경제수역에서의 외국인어업 등에 대한 주권적 권리의 행사에 관한 법률」제2조의 규정을 적용하고, 외국인에 대한 사법절차에 관하여는 동법 제23조 내지 제25조의 규정을 준용한다.

133 과태료의 부과·징수 등 [22 해경간부, 23 경사승진]

제132조에 따른 과태료는 대통령령으로 정하는 바에 따라 **해양수산부장관, 해양경찰청장 또는 시·도지사**가 부과·징수한다.

> **유류오염손해배상 보장법 제14조(보장계약의 체결)** [11 경사승진]
> ① **대한민국 국적을 가진 유조선**으로 **200톤 이상의 산적 유류를 화물로 싣고 운송하는 유조선의 선박소유자**는 유류오염 손해배상 보장계약(이하 "보장계약"이라 한다)을 체결하여야 한다.
> ② **대한민국 국적을 가진 선박 외의 유조선**으로서 **200톤 이상의 산적 유류를 화물로 싣고 국내항에 입항·출항하거나 국내의 계류시설을 사용하려는 유조선의 선박소유자**는 보장계약을 체결하여야 한다.
> ③ 해양수산부장관은 제1항을 위반한 유조선에 대하여는 항행정지를 명할 수 있다.
> ④ 해양수산부장관은 제2항을 위반한 유조선에 대하여는 국내항의 입항·출항을 거부하거나 국내계류시설의 사용을 허가하지 아니할 수 있다.

◆ 해양오염 방제와 그 자재·약제

구분	자재·약제	내용
물리적 방제	오일펜스/오일붐 (oil fence/oil boom) [20 해경, 19 간부, 18 해경]	① 바다에 유출된 기름을 포위·포집하여 기름의 확산을 방지하고 회수지점으로 유도하기 위한 장비이다. ② 고형식, 팽창식(기계주입식, 용수철 팽창식), 형립식이 있다. 전장방식에는 포위전장, 유도전장, 폐쇄전장, 예인전장 등이 있다. ③ 기름의 이동 경로를 알고 설치하면 기름이 퍼지는 것을 신속하게 막을 수 있다는 장점이 있다.
	유회수기 (oil skimmer) [19 해경]	① 바다에 유출된 기름을 기계적으로 직접 흡입하여 수거하는 장비이다. ② 흡착식, 위어식(weir식) 그리고 진공식 등이 있다. ③ 화학약품을 사용하지 않아 2차적 오염의 위험이 없고, 단시간에 많은 기름을 회수할 수 있다는 장점이 있다.
	유흡착재 (oil adsorbent)	① 바다에 유출된 기름을 흡착하는 친유성(親油性, 기름을 끌어당기는 성질) 소재의 장비이다(주로 유회수기의 보조수단으로 이용된다). ② 매트모양·볼모양·쿠션모양, 로우프모양·펜스모양·스네어 모양(중질유 부착재)이 있다.

화학적 방제		③ 작은 기름덩어리를 회수할 때에 효과적이지만, 과도한 폐기물을 생성시키고 방제 비용을 증가시킨다는 단점이 있다.
	유처리제 (oil dispersant)	① 바다에 유출된 기름의 입자를 미립자로 분해시켜 수중에서 희석되고 자연 미생물에 의하여 분해되도록 하는 제제이다. ② 일반형(그대로 사용하는 것)과 농축형(물과 희석하여 사용하는 것)이 있다. ③ 기름을 제거하는 쉬운 방법이지만, 유처리제 자체에 많은 유독 물질이 포함되어 있어 또다른 해양오염을 일으킬 수 있다는 단점이 있다.
	유겔화제 (oil geller)	① 바다에 유출된 기름의 수거 편의를 위하여 기름을 겔(gel) 상태로 만드는 제제이다. ② 액상형과 분말형이 있다. ③ 기름을 쉽게 회수하기 위한 방법이지만, 유겔화제에 역시 많은 유독 물질이 포함되어 있기 때문에 또다른 해양오염을 일으킬 수 있다는 단점이 있다.
생물학적 방제	생물정화제제 (bioremediation)	① 바다에 유출된 기름을 직접 분해하여 소멸시키는 미생물(조류, 균류) 등의 제제이다. ② 미생물을 포함한 미생물제제와 미생물을 포함하지 않는 영양염제제(효소제제 등)가 있다. ③ 다른 방제방법에 비해 폐기물 발생이 적고 인력이 적게 든다는 장점이 있으나, 비용이 비싸고 실효성에 의문이 있다는 단점이 있다.
자연정화 방제	–	바다에 유출된 기름에 대하여 파고에너지를 이용하거나 그대로 내버려두는 방법

제2절 | 방제대책본부 운영 규칙

방제대책본부 운영 규칙 [시행 20. 12. 14.] [20 해경, 18 해경]

제1조(목적)
이 규칙은 「해양환경관리법」 제62조 및 같은 법 시행령 제45조의 규정에 따른 방제대책본부의 설치, 구성 및 운영에 관한 사항을 규정함을 목적으로 한다.

제2조(정의)
1. "지속성 기름"이란 「유류오염손해배상 보장법」 제2조제5호를 말한다.
2. "비지속성 기름"이란 휘발유, 경유 등 제1항 이외의 기름을 말한다.
3. "위험·유해물질"이란 「해양환경관리법 시행규칙」 제26조제2항에서 정한 것을 말한다.
4. "해안오염조사평가팀"이란 해양오염사고로 오염된 해안의 기름 상태 및 지형특성 등을 조사·평가하고 적절한 방제방법 및 우선 순위 등의 결정을 위하여 해양경찰서장이 구성·운영하는 비상설 조직을 말한다.
5. "기동방제지원팀"이란 해양경찰청장 또는 지방해양경찰청장이 대규모 해양오염사고 발생에 대비하여 해양오염방제요원 중 방제경험이 풍부한 사람으로 구성·운영하는 비상설 조직을 말한다.

제3조(적용 범위)
이 규칙은 해양오염사고에 따른 긴급방제를 수행하기 위하여 방제대책본부를 설치하였을 경우에 적용하며 다른 법령에 규정된 것을 제외하고는 이 규칙이 정하는 바에 따른다.

제4조(방제대책본부의 설치 기준)
① 해양경찰청장은 다음 각 호의 어느 하나에 해당하는 경우에는 방제대책본부를 설치해야 한다.
1. 지속성기름이 10㎘ 이상이 유출되거나 유출될 우려가 있는 경우
2. 비지속성기름 또는 위험·유해물질이 100㎘ 이상이 유출되거나 유출될 우려가 있는 경우
3. 제1호 및 제2호에서 규정한 사고 이외의 경우라도 국민의 재산이나 해양환경에 현저한 피해를 미치거나 미칠 우려가 있어 해양경찰청장이 방제대책본부의 설치가 필요하다고 인정하는 경우

② 제1항에도 불구하고 다음 각 호의 경우에는 방제대책본부를 설치하지 않을 수 있다.
1. 육지로부터 먼 해상에서 해양오염사고가 발생하여 연안유입 우려가 없는 경우
2. 단기간 내 방제조치 완료가 예상될 경우
3. 침몰한 선박 등에서 장기간에 걸쳐 소량씩 유출되어 대규모 오염피해의 우려가 없는 경우

③ 제1항 및 제2항에 따른 방제대책본부의 설치 여부는 「해양경찰청 종합상황실 운영 규칙」에 따른 상황대책팀 회의를 통해 결정한다. 다만, 긴급한 경우에는 해양경찰서장이 상황대책팀 회의 개최 이전에 설치를 지시할 수 있다.

제5조(방제대책본부의 설치 방법)
① 해양경찰청장은 오염물질의 유출 규모를 고려하여 다음 각 호의 기준에 따라 방제대책본부를 구분하여 운영할 수 있다. 다만, 유출 규모를 판단하기 곤란한 사고 초기에는 지역방제대책본부를 우선 설치하고, 이후 사고 상황을 평가하여 광역 또는 중앙방제대책본부로 전환하여 운영할 수 있다.
1. 중앙방제대책본부
  가. 지속성 기름이 500㎘ 이상 유출되거나 유출될 우려가 있는 경우
  나. 중앙재난안전대책본부 또는 중앙사고수습본부가 설치된 경우

2. 광역방제대책본부 : 지속성 기름이 50㎘ 이상(비지속성 기름 또는 위험·유해물질은 300㎘ 이상) 유출되거나 유출될 우려가 있는 경우
3. 지역방제대책본부 : 지속성 기름이 10㎘이상(비지속성 기름 또는 위험·유해물질은 100㎘ 이상) 유출되거나 유출될 우려가 있는 경우

② 제1항에 따른 방제대책본부장(이하 "본부장"이라 한다)은 다음 각 호와 같다.
1. 중앙방제대책본부장 : 해양경찰청장
2. 광역방제대책본부장 : 지방해양경찰청장
3. 지역방제대책본부장 : 해양경찰서장

③ 제1항에 따른 방제대책본부는 사고발생 해역을 관할하는 해양경찰서에 설치하는 것을 원칙으로 한다. 다만, 사고상황에 따라 필요한 경우에는 해양경찰청, 관할 지방해양경찰청 또는 별도의 장소에 설치할 수 있다.

제6조(방제대책본부의 구성)
① 제5조제1항의 방제대책본부 운영기준에 따른 방제대책본부의 조직체계와 담당 업무는 별표1과 같다. 다만, 사고의 규모 및 상황 등을 고려하여 반 또는 팀을 통합하여 운영할 수 있다.
② 방제대책본부의 구성원은 해양경찰공무원, 관계 기관의 장이 파견한 사람과 「해양환경관리법」 제64조

및 제65조에 따른 방제의무자(방제의무자가 지정한 해상보험·감정, 해양오염방제 또는 해상구난 관련 단·업체의 임직원 등의 대리인을 포함한다. 이하 같다) 등으로 구성한다.
③ 해양경찰서장은 매년 정기발령 후 1개월 이내에 방제대책본부 운영 요원을 선발하여 대상자에게 공지해야 한다.
④ 제3항에 따른 운영 요원을 선발한 이후에 변경사항이 있는 경우에는 후임자 또는 대행자가 그 임무를 수행한다. 이 경우 해당부서의 장은 그 사실을 해양오염방제과장에게 통지해야 한다.

제6조의2(직무대행)
본부장이 부득이한 사유로 직무를 수행할 수 없을 때에는 부본부장 또는 대응계획부장이 그 직무를 대행한다.

제7조(운영 요원의 파견 요청 등)
① 본부장은 소속 기관 또는 관계 기관의 장에게 방제대책본부 운영 요원을 파견할 것을 요청할 수 있다.
② 파견을 요청받은 기관의 장은 특별한 사유가 없으면 이에 따라야 하며, 이 경우 본부장에게 파견근무자 명단을 즉시 통보해야 한다.
③ 방제대책본부로 파견된 근무자는 본부장의 명령에 따라 지정된 장소에서 근무해야 한다.
④ 본부장은 파견근무자가 업무를 성실히 수행하지 않는 경우에는 해당 기관의 장에게 다른 근무자를 파견해 줄 것을 요청할 수 있다.

제8조(본부장의 임무)
① 본부장은 다음 각 호의 임무를 수행한다.
1. 오염사고 분석·평가 및 방제 총괄 지휘
2. 인접 국가 간 방제지원 및 협력
3. 오염물질 유출 및 확산의 방지
4. 방제인력·장비 등 동원범위 결정과 현장 지휘·통제
5. 방제전략의 수립과 방제방법의 결정·시행
6. 제1호부터 제5호까지에서 규정한 사항 외에 방제조치를 위해 필요한 사항

② 본부장은 「해양환경관리법 시행령」 제45조제4항 및 제5항에 따른 방제기술지원협의회 및 지역방제대책협의회를 운영할 수 있다.

제9조(방제대책회의)
① 본부장은 오염사고의 상황분석·평가 및 합리적 방제조치를 위해 방제대책회의를 개최할 수 있다.
② 제1항에 따른 방제대책회의는 본부장 주관으로 1일 1회 이상 개최하는 것을 원칙으로 한다. 다만, 회의 안건 또는 방제조치 사항이 없는 경우에는 생략할 수 있다.
③ 삭제
④ 제1항에 따른 방제대책회의를 개최하는 경우에는 과학적 방제와 원활한 방제협력·지원을 위하여 다음 각 호의 사람을 참여하게 할 수 있다.
1. 방제기술지원협의회 위원
2. 지역방제대책협의회 위원
3. 방제의무자
4. 제1호부터 제3호까지에서 규정한 사람 외에 본부장이 필요하다고 인정하는 사람

⑤ 제4항제1호, 제2호 및 제4호에 해당하는 사람이 방제대책회의에 참여한 경우에는 예산의 범위에서 수당, 여비 등을 지급할 수 있다.

⑥ 본부장은 방제대책회의를 개최한 경우에는 발언자, 발언내용 및 결정사항 등 회의내용을 별지 서식에 따라 기록·보존해야 한다.

제10조(보고체계)
① 광역 또는 지역방제대책본부장은 제4조에 따라 방제대책본부를 설치한 경우에 방제대책본부의 조치사항 및 결과 등을 해양경찰청장에게 보고해야 한다.
② 제1항에 따른 보고는 별표 2의 보고양식에 따라 1일 2회 이상 실시해야 한다.

제11조(운영 요원의 근무)
① 제6조에도 불구하고 다음 각 호의 경우에는 방제대책본부 운영 요원을 추가로 선발할 수 있다.
1. 방제대책본부 운영 기간이 2주일 이상 지속되는 경우
2. 기존 구성 요원만으로는 지정된 기한 안에 임무 수행이 불가능하다고 본부장이 인정한 경우

② 본부장은 사고상황의 변화에 따라 방제대책본부 운영 요원의 일부만 근무하게 하거나 교대근무조 편성 등의 방법으로 근무시간을 탄력적으로 운영할 수 있다.
③ 본부장은 방제대책본부의 운영에 지장이 없는 범위에서 야간 또는 휴일에 근무한 운영 요원과 기동방제지원요원에 대하여 그 근무 종료시각이 속하는 날의 전부 또는 일부를 휴무하게 할 수 있다.

제13조(방제대책본부의 해체 등)
① 해양오염방제 진행정도를 감안하여 방제대책본부를 광역방제대책본부 또는 지역방제대책본부로 전환하거나 해체할 수 있다.
② 제1항에 따른 방제대책본부의 해체 또는 전환은 방제대책회의를 거쳐 결정한다.
③ 본부장은 제2항에 따라 방제대책본부를 해체하기로 결정한 경우, 다음 각 호의 사항을 포함한 방제대책본부의 조치사항 및 결과를 해양수산부장관에게 보고해야 한다.
1. 해양오염사고 발생 개요
2. 방제대책본부의 구성 및 운영에 관한 사항(설치시기·장소 및 방제대책회의 결과 등 포함)
3. 해양오염 현황
4. 방제조치 현황 및 조치결과
5. 그 밖의 필요한 사항
④ 방제대책본부를 해체하는 경우에는 방제대책본부에서 수행한 모든 서류 및 자료를 사고발생해역을 관할하는 해양경찰서장에게 인계해야 한다.
⑤ 방제대책본부의 해체 후 해양경찰청 또는 지방해양경찰청에서 수행하던 업무는 사고발생해역을 관할하는 해양경찰서로 인계해야 한다.

◆ **국제항해선박 및 항만시설의 보안에 관한 법률 (약칭 : 국제선박항만보안법) [시행 21. 2. 19.]**

제1조(목적)
이 법은 국제항해에 이용되는 선박과 그 선박이 이용하는 항만시설의 보안에 관한 사항을 정함으로써 국제항해와 관련한 보안상의 위협을 효과적으로 방지하여 국민의 생명과 재산을 보호하는데 이바지함을 목적으로 한다.

제3조(적용범위)
① 이 법은 다음 각 호의 국제항해선박 및 항만시설에 대하여 적용한다. 다만, 이 법에 특별한 규정이

있으면 그 규정에 따른다.
1. 다음 각 목의 어느 하나에 해당하는 대한민국 국적의 국제항해선박
   가. 모든 여객선
   나. 총톤수 500톤 이상의 화물선
   다. 이동식 해상구조물(천연가스 등 해저자원의 탐사·발굴 또는 채취 등에 사용되는 것을 말한다)
2. 제1호 각 목의 어느 하나에 해당하는 대한민국 국적 또는 외국 국적의 국제항해선박과 선박항만연계 활동이 가능한 항만시설
② 제1항에도 불구하고 비상업용 목적으로 사용되는 선박으로서 국가 또는 지방자치단체가 소우하는 국제항해선박에 대하여는 이 법을 적용하지 아니한다.

제4조(국제협약과의 관계)
국제항해선박과 항만시설의 보안에 관하여 국제적으로 발효된 국제협약의 보안기준과 이 법의 규정내용이 다른 때에는 국제협약의 효력을 우선한다. 다만, 이 법의 규정내용이 국제협약의 보안기준보다 강화된 기준을 포함하는 때에는 그러하지 아니하다.

◆ 기름유출사고

1995. 씨프린스호 좌초사고	씨프린스호가 침몰하여 발생한 기름유출사고
2007. 허베이스피리트호 사고	태안군 근처 해상에서 발생한 기름유출사고
2014. 우이산호 사고	전남 여수시 GS칼텍스 원유2부두 송유관에 충돌하여 발생한 기름유출사고

MEMO

MEMO

MEMO

MEMO

MEMO